Der Kleinstaat im Völkerrecht

SCHRIFTEN ZUM STAATS- UND VÖLKERRECHT

Herausgegeben von Gilbert Gornig,
Burkhard Schöbener und Winfried Bausback

Begründet von Dieter Blumenwitz

Band 123

Peter Lang
Frankfurt am Main · Berlin · Bern · Bruxelles · New York · Oxford · Wien

Markus A. Meckler

Der Kleinstaat im Völkerrecht

Das Fürstentum Liechtenstein
im Spannungsfeld zwischen Souveränität
und kleinstaatenspezifischen Funktionsdefiziten

Peter Lang
Europäischer Verlag der Wissenschaften

Bibliografische Information der Deutschen Nationalbibliothek
Die Deutsche Nationalbibliothek verzeichnet diese Publikation in der Deutschen Nationalbibliografie; detaillierte bibliografische Daten sind im Internet über <http://www.d-nb.de> abrufbar.

Zugl.: Würzburg, Univ., Diss., 2005

Gedruckt auf alterungsbeständigem,
säurefreiem Papier.

D 20
ISSN 0172-7796
ISBN 3-631-55180-0

Printed in Germany 1 2 3 4 5 7

www.peterlang.de

Meinen Eltern

Vorwort

Diese Dissertation wäre ohne ohne die Anregung durch Herrn Prof. Dr. Dieter Blumenwitz nie begonnen und ohne seine Förderung und Betreuung niemals fertiggestellt worden. Dafür gebührt ihm mein tief empfundener Dank. Herr Prof. Dr. Dieter Blumenwitz ist am 2. April 2005 verstorben. Als meinen Doktorvater und ehemaligen Chef während meiner Tätigkeit als wissenschaftlicher Mitarbeiter am Lehrstuhl für Völkerrecht der Universität Würzburg werde ich ihn für immer in allerbester Erinnerung behalten.

Des Weiteren bedanke ich mich herzlich bei Herrn Privatdozenten Dr. Winfried Bausback für die unkomplizierte Übernahme der Erstkorrektur und die zügige Erstellung des Gutachtens. Ebenfalls gilt mein Dank Herrn Prof. Dr. Eckhard Pache für die Durchführung der Zweitkorrektur.

Im Laufe der Erstellung der vorliegenden Arbeit haben mich neben meinem Doktorvater eine Reihe von Personen inhaltlich und in Fragen des Dissertations-Managements unterstützt, indem sie mir für Diskussionen zur Verfügung standen und auf diesem Wege die Weiterentwicklung dieser Doktorarbeit wesentlich gefördert haben. In diesem Zusammenhang sei Herrn Prof. Dr. Burkhard Schöbener, Herrn Privatdozenten Dr. Winfried Bausback, Herrn Dr. Tobias H. Irmscher und Herr Dr. Klaus Berner herzlichst gedankt.

Nicht unerwähnt bleiben sollen auch alle (übrigen) Mitarbeiter des Lehrstuhls für Völkerrecht der Universität Würzburg, die mich während der gesamten Dissertationszeit mit Wohlwollen begleitet haben. Besonders bedanke ich mich auch bei Frau Ruth Rupp, die mit ihrem optimistischen Wesen stets eine große Hilfe war.

Zudem haben viele Freunde mit Tipps und menschlicher Unterstützung zum Gelingen dieses Buches beigetragen. Auch wenn sie hier nicht alle namentlich genannt werden können, sei ihnen allen sehr herzlich gedankt.

Ganz besonderer Dank versichert sei hier Frau Ellen Asche, die den gesamten Zeitraum der Erstellung dieser Arbeit und die damit verbundenen Tiefpunkte tapfer mit durchlebt hat und dem Ersteller der vorliegenden Dissertation mit ihrer fröhlichen Zuversicht stetig die wesentliche moralische Stütze war.

Die Arbeit widme ich meinen Eltern in Dankbarkeit für ihre Hilfe, Unterstützung und Geduld während meiner gesamten Ausbildung. Traurigerweise durfte mein Vater die Fertigstellung dieser Doktorarbeit nicht mehr erleben. Deshalb soll diese Veröffentlichung auch dem Ausdruck meiner liebevollen Erinnerung an seine Person dienen.

Die Arbeit hat wurde im März 2005 fertiggestellt und lag der Juristischen Fakultät der Bayerischen Julius-Maximilians-Universität Würzburg als Dissertation im Sommersemester 2005 vor. Eine Aktualisierung vor Drucklegung erfolgte lediglich punktuell.

München, Juni 2006

Markus A. Meckler

Inhaltsübersicht

INHALTSVERZEICHNIS **13**

ABKÜRZUNGSVERZEICHNIS **33**

EINLEITUNG **39**

I. Aktualität und Einführung in die Problematik *39*
II. Gang und Methode der Untersuchung *43*

KAPITEL 1: DER BEGRIFF DES KLEINSTAATES **47**

A. DER KLEINSTAAT IN GESCHICHTE UND LITERATUR **47**
I. Die Bedeutung kleiner und großer Staaten in der Geschichte *48*
II. Unterschiedliche Bewertung der Kleinstaatlichkeit in der Literatur *52*
B. DEFINITIONSVERSUCH DES BEGRIFFS DES KLEINSTAATES **54**
I. Terminologische Feststellungen *54*
II. Die beiden Dimensionen des Kleinstaatsbegriffes und ihre Bedeutung für den Überbegriff „Kleinstaat“ *56*
III. Der Begriff des Mikrostaates *58*
IV. Der Begriff des Kleinstaates im weiteren Sinne *79*
V. Ergebnis *89*
C. DER KLEINSTAAT ALS STAATSTYPUS **89**
I. Der Typusbegriff *90*
II. Die Funktionsdefizite des Kleinstaates als Typenelemente *92*
III. Die wesentlichen kleinstaatlichen Strategien gegen die Funktionsdefizite *103*
IV. Ergebnisse des typologischen Ansatzes bezüglich des Kleinstaatsbegriffes *113*
V. Ergebnis *114*
D. DAS FÜRSTENTUM LIECHTENSTEIN ALS TYPISCHER KLEINSTAAT? **115**

KAPITEL 2: DIE BESONDEREN HISTORISCHEN UMSTÄNDE DER ENTSTEHUNG DES FÜRSTENTUMS LIECHTENSTEIN **117**

A. DER GEBIETSASPEKT – DAS WERDEN LIECHTENSTEINS ALS EIGENE EINHEIT **117**
I. Kurze Landesbeschreibung *117*
II. Die „vorliechtensteinische“ Zeit *117*
III. Die Entstehung des Reichsfürstentums Liechtenstein (1719) *118*
B. DER IDENTIFIKATIONSASPEKT – DAS FÜRSTENHAUS LIECHTENSTEIN **119**
I. Ursprung des Geschlechts der Liechtenstein *119*
II. Der Aufstieg des Hauses Liechtenstein *123*

III. Die Konsolidierung der liechtensteinischen Position ... *127*
IV. Die gesellschaftlichen Veränderungen des 19. Jahrhunderts ... *130*
C. Disparität von Gebietsaspekt und Identifikationsaspekt ... 131
I. Rolle des Hauses Liechtenstein in den verschiedenen Ländern ... *131*
II. Zusammenfassung ... *143*
D. Ergebnis von Kapitel 2 ... 143

KAPITEL 3: DIE STAATLICHKEIT DES FÜRSTENTUMS LIECHTENSTEIN ... 145

A. Die Grundlagen der Drei-Elemente-Lehre ... 145
I. Staatsgebiet und Staatvolk ... *145*
II. Staatsgewalt ... *147*
B. Die äußere Souveränität des Fürstentums Liechtenstein ... 162
I. Die geschichtliche Entwicklung der Souveränität Liechtensteins ... *162*
II. Liechtensteins Souveränität in der Gegenwart ... *167*
III. Fazit ... *186*
C. Das internationale Auftreten des Fürstentums als Spiegel der inneren Souveränität ... 187
I. Allgemeines ... *187*
II. Die Verfassungssituation im Fürstentum Liechtenstein ... *187*
III. Auswirkungen der internen Organisation auf die Handlungsfähigkeit Liechtensteins in den internationalen Beziehungen ... *189*
D. Weitere in der Literatur diskutierte Voraussetzungen der Staatlichkeit ... 190
I. Völkerrechtliche Verkehrsfähigkeit ... *190*
II. Völkerrechtliche Anerkennung ... *191*
E. Ergebnis ... 192

KAPITEL 4: DIE KLEINSTAATENSPEZIFISCHEN AKTIONSFELDER UND HANDLUNGSINSTRUMENTARIEN LIECHTENSTEINS IM INTERNATIONALEN VERKEHR ... 193

A. Die Neutralität ... 193
I. Das Wesen der Neutralität ... *193*
II. Die im Falle Liechtensteins einschlägige Neutralitätsform ... *221*
III. Effektivität der liechtensteinischen Neutralität in der Zeit des Zweiten Weltkrieges ... *226*
IV. Neutralität und Kleinstaatlichkeit ... *232*
B. Die bilaterale Anbindung an die Nachbarstaaten ... 233
I. Die Auswirkungen auf die konkreten Funktionsdefizite ... *233*
II. Die Auswirkungen auf die Stellung des Kleinstaates an sich ... *236*

C. Die Mitgliedschaft in internationalen Organisationen 237
I. Erste schwierige Anfänge 237
II. Mitgliedschaft in Spezialorganisationen und -organen 251
III. Europäische Zusammenarbeit mit politischer Bedeutung 267
IV. Mitgliedschaften in globalen Internationalen Organisationen politischer Bedeutung 377
V. Gesamtergebnis zum liechtensteinischen Engagement in internationalen Organisationen 393
D. Die Möglichkeit der Inanspruchnahme internationaler Gerichtsbarkeit 396
I. Der Internationale Gerichtshof 397
II. Der Europäische Gerichtshof für Menschenrechte 400
III. Die Streitbeilegung auf der Ebene des Europäischen Wirtschaftsraumes 404
IV. Die Streitbeilegungsorgane auf der Ebene der Welthandelsorganisation 410
V. Die Streitbeilegung auf der Ebene der OSZE 415
VI. Ergebnis zu zur Teilhabe an Streitbeilegungssystemen 417
E. Zusammenfassung zu Kapitel 4 418
I. Zusammenfassende Bewertung des liechtensteinischen Einsatzes der kleinstaatenspezifischen Handlungsinstrumentarien 418
II. Unterstützende Auswirkungen auf die liechtensteinische Strategie durch eine veränderte Weltordnung 419
III. Fazit 420

KAPITEL 5: DIE BEWÄLTIGUNG DER KRIEGSFOLGESCHÄDEN LIECHTENSTEINS ALS PRÜFSTEIN FÜR DIE EFFEKTIVITÄT DER LIECHTENSTEINISCHEN GESAMTSTRATEGIE 421

A. Darstellung der von liechtensteinischen Staatsbürgern im 20. Jahrhundert erlittenen Kriegsfolgeschäden 422
I. Die Kriegsfolgeschäden im Zusammenhang mit dem Ersten Weltkrieg 422
II. Die Kriegsfolgeschäden im Zusammenhang mit dem Zweiten Weltkrieg 424
III. Ergebnis 429
B. Die zur Bewältigung der Kriegsfolgeschäden ergriffenen Maßnahmen 430
I. Die Maßnahmen in der Folge des Ersten Weltkrieges 430
II. Die Klageerhebung Liechtensteins vor dem IGH im Fall Nottebohm 431
III. Die Klagen des Fürsten vor tschechoslowakischen Gerichten 435
IV. Die Klagen und Beschwerden im „deutsch-liechtensteinischen Bilderstreit“ vor deutschen Gerichten 438
V. Verfahren vor internationalen Gerichten 448

VI. Das Verhalten des Fürstentum im Rahmen der Vorbereitung des Beitrittes der Nachfolgestaaten der Tschechoslowakei zur EU *463*
VII. Ergebnis bezüglich der zur Bewältigung der Kriegsfolgeschäden ergriffenen Maßnahmen *467*
C. Die kleinstaatenspezifischen Aspekte der Maßnahmen zur Bewältigung der liechtensteinischen Kriegsfolgeschäden ... 468
I. Die relevanten kleinstaatenspezifischen Funktionsdefizite *468*
II. Die relevanten kleinstaatenspezifischen Handlungsinstrumentarien *473*
III. Die Grenzen der Effektivität der kleinstaatlichen Handlungsinstrumentarien *477*
IV. Fazit *619*

ZUSAMMENFASSUNG, RESÜMEE UND AUSBLICK 621
I. Zusammenfassung *621*
II. Resümee und Ausblick *639*

LITERATURVERZEICHNIS 643

Inhaltsverzeichnis

INHALTSÜBERSICHT **9**

ABKÜRZUNGSVERZEICHNIS **33**

EINLEITUNG **39**

I. Aktualität und Einführung in die Problematik *39*
II. Gang und Methode der Untersuchung *43*

KAPITEL 1: DER BEGRIFF DES KLEINSTAATES **47**

A. DER KLEINSTAAT IN GESCHICHTE UND LITERATUR **47**
I. Die Bedeutung kleiner und großer Staaten in der Geschichte *48*
1. Die Antike 48
2. Das Mittelalter 48
3. Vom Beginn der Neuzeit bis zum Zweiten Weltkrieg 49
4. Die Zeit nach dem Zweiten Weltkrieg 50
5. Zusammenfassung 51
II. Unterschiedliche Bewertung der Kleinstaatlichkeit in der Literatur *52*
1. Negative Stimmen 52
2. Positive Stimmen 52
3. Zusammenfassung 53
B. DEFINITIONSVERSUCH DES BEGRIFFS DES KLEINSTAATES **54**
I. Terminologische Feststellungen *54*
1. Die unterschiedlichen Ansätze zum Kleinstaatsbegriffes 54
2. Der Sprachgebrauch im internationalen Vergleich 55
3. Zusammenfassung 56
II. Die beiden Dimensionen des Kleinstaatsbegriffes und ihre Bedeutung für den Überbegriff „Kleinstaat“ *56*
1. Der Begriff des *„Mikrostaates“* als Untergrenze der Kleinstaatlichkeit 57
2. Der Begriff des Kleinstaates im engeren Sinne als Obergrenze der Kleinstaatlichkeit 57
III. Der Begriff des Mikrostaates *58*
1. Die Vielfalt der Synonyme des Begriffes *„Mikrostaat“* 58
2. Entstehung des Begriffes 59
a) Der Prozeß der Dekolonialisierung 60
b) Die Mikrostaaten und die Vereinten Nationen 61

aa) Das ambivalente Verhältnis der Vereinten Nationen zu den Mikrostaaten ... 61
bb) Das Scheitern des *„Ministate-Committee"* ... 63
cc) Die Haltung der Vereinten Nationen gegenüber *„Mikrostaaten"* nach 1971 ... 65
3. Inhalt des Begriffes ... 66
a) Die möglichen Abgrenzungskriterien ... 66
aa) Das Kriterium der Bevölkerungsgröße ... 67
bb) Das Kriterium der Größe und Lage des Territoriums des *„Mikrostaates"* ... 69
cc) Das Kriterium des wirtschaftlichen Potentials ... 70
dd) Das Kriterium der Unabhängigkeit ... 72
ee) Das Kriterium der völkerrechtlichen Verkehrsfähigkeit ... 73
ff) Sonstige Kriterien zur Abgrenzung des Mikrostaatsbegriffs ... 75
b) Die Kombination mehrerer Kriterien ... 76
aa) Die unterschiedlichen wissenschaftlichen Ansätze ... 76
bb) Kritik an den wissenschaftlichen Kombinationsmodellen ... 76
4. Zwischenergebnisse ... 78
a) Ergebnis in Bezug auf den Begriff des Mikrostaates als Beschränkung des völkerrechtlichen Staatsbegriffes ... 78
b) Die Auswirkungen der Nichtdefinierbarkeit der Mikrostaatsbegriffes auf den Begriff des Kleinstaates ... 78
IV. Der Begriff des Kleinstaates im weiteren Sinne ... *79*
1. Unmöglichkeit der Abgrenzbarkeit der Kleinstaatsbegriffs *„nach oben"* ... 79
2. Die vorgeschlagenen Abgrenzungskriterien ... 80
a) Der physische Ansatz ... 80
b) Der sicherheitspolitische Ansatz ... 82
c) Der verhaltensspezifische Ansatz ... 85
d) Der rechtliche Ansatz ... 87
e) Sonstige Kriterien und die Kombination mehrerer Kriterien ... 88
3. Zwischenergebnis ... 89
V. Ergebnis ... *89*
C. DER KLEINSTAAT ALS STAATSTYPUS ... 89
I. Der Typusbegriff ... *90*
1. Die Larenz'sche Typenlehre ... 90
2. Die Kritik an der Typenlehre ... 90
3. Ergebnis ... 92
II. Die Funktionsdefizite des Kleinstaates als Typenelemente ... *92*
1. Grundlegende Probleme bei der Typusbeschreibung ... 93
2. Grundlage aller Funktionsdefizite des Kleinstaates ... 94
3. Funktionsdefizite im soziologischen Bereich ... 95

4. Funktionsdefizite im ökonomischen Bereich ... 96
5. Funktionsdefizite im Bereich der inneren Organisation von Kleinstaaten ... 98
6. Funktionsdefizite bezüglich der Rolle der Kleinstaaten im internationalen Verkehr ... 99
a) Diplomatische Repräsentation ... 99
b) Militärische Schwäche ... 100
c) Interdependenz und Dependenz ... 101
III. Die wesentlichen kleinstaatlichen Strategien gegen die Funktionsdefizite ... 103
1. Bewahrung und Betonung der kleinstaatlichen Souveränität ... 104
2. Betonung der Bedeutung des internationalen Rechts ... 104
3. Vermehrtes Engagement in internationalen Organisationen ... 106
4. Adaption der Machtpolitik der großen Staaten ... 109
5. Limitierung der Ziele ... 111
IV. Ergebnisse des typologischen Ansatzes bezüglich des Kleinstaatsbegriffes ... 113
1. Zusammenfassung der Funktionsdefizite als Versuch einer Typisierung des Kleinstaates ... 113
2. Auslandsbezug als Abhilfestrategie in allen Bereichen ... 113
V. Ergebnis ... 114
D. Das Fürstentum Liechtenstein als typischer Kleinstaat? ... 115

KAPITEL 2: DIE BESONDEREN HISTORISCHEN UMSTÄNDE DER ENTSTEHUNG DES FÜRSTENTUMS LIECHTENSTEIN ... 117
A. Der Gebietsaspekt – Das Werden Liechtensteins als eigene Einheit ... 117
I. Kurze Landesbeschreibung ... 117
II. Die „vorliechtensteinische" Zeit ... 117
III. Die Entstehung des Reichsfürstentums Liechtenstein (1719) ... 118
B. Der Identifikationsaspekt – Das Fürstenhaus Liechtenstein ... 119
I. Ursprung des Geschlechts der Liechtenstein ... 119
1. Die ersten historisch nachweisbaren Mitglieder des Hauses Liechtenstein ... 119
2. Das Geschlecht in der Zeit vor Hugo von Liechtenstein ... 120
a) Ursprungslegenden ... 120
b) Das liechtensteinische Geschlecht als Sproß älterer österreichischer Familien ... 121
c) Der mögliche Ursprung im bayrischen Donauraum ... 122
d) Fazit ... 122
II. Der Aufstieg des Hauses Liechtenstein ... 123
1. Heinrich I. von Liechtenstein und die Babenberger ... 123

2. Die liechtensteinische Unterstützung für Ottokar von Böhmen 123
3. Erste Blüte des Hauses Liechtenstein zu Beginn der habsburgischen Herrschaft in Österreich 124
4. Die Güterreduktion von 1394 124
5. Der große Aufschwung des Geschlechtes unter Karl I. von Liechtenstein 125
a) Erhebung in den Fürstenstand 125
b) Die Schlacht am Weißen Berg 125
c) Reichsfürstenwürde und Güterschwemme 126
III. Die Konsolidierung der liechtensteinischen Position *127*
1. Sicherung der neuerworbenen Güter 127
2. Der „*Krösus Österreichs*" und der Erwerb reichsfreien Gebietes 128
3. Vollendung des dynastischen Aufstieges 128
4. Der Gesamtbesitz im Jahre 1914 129
5. Fazit 129
IV. Die gesellschaftlichen Veränderungen des 19. Jahrhunderts *130*
C. DISPARITÄT VON GEBIETSASPEKT UND IDENTIFIKATIONSASPEKT 131
I. Rolle des Hauses Liechtenstein in den verschiedenen Ländern *131*
1. Bedeutung der Familie Liechtenstein in Österreich 131
a) Beziehung zu Österreich 131
aa) Geographischer Ursprung der Familie 131
bb) Österreichische Güter und Präsentation in der Kaiserstadt Wien .. 132
b) Beziehung zum Haus Habsburg 132
aa) Die liechtensteinische Rolle bei Begründung und Ausbau der habsburgischen Macht 133
bb) Die Liechtensteiner als Soldaten und Financiers der Habsburger .. 133
cc) Die liechtensteinische Loyalität gegenüber dem Haus Habsburg 134
2. Die Bedeutung der Familie Liechtenstein in den Ländern der Wenzelskrone 134
a) Balanceakt zwischen Wien und Prag 134
b) Schwerpunkt der Güter in den Ländern der Wenzelskrone 135
c) Das Verständnis der Schlacht am Weißen Berg als Niederlage des tschechischen Volkes 135
d) Versuch einer objektiven Bewertung der Schlacht am Weißen Berg ... 136
e) Fazit 137
3. Das Verhältnis von Fürstenhaus und Fürstentum Liechtenstein 137
a) Die Bedeutung des Fürstentums Liechtenstein für das Haus Liechtenstein 137
b) Die Bedeutung des Hauses Liechtenstein für das Fürstentum Liechtenstein 137
4. Gründe für den Erfolg des Hauses Liechtenstein über die Jahrhunderte 138

a) Relative Unabhängigkeit von den Landesherren auf Grund der Güterverteilung in mehreren Ländern 138
b) Geschicktes und glückvolles Handhaben der relativen Unabhängigkeit von den Landesherren 139
c) Innere Einigkeit des Hauses Liechtenstein 140
aa) Die Erbeinigung von 1386 140
bb) Die Senioratsverfassung von 1504 140
cc) Die Primogeniturverfassung von 1606 141
5. Die Galerie Liechtenstein 141
a) Die Geschichte der liechtensteinischen Sammlungen 141
b) Die Rettung der Galerie Liechtenstein nach Vaduz 142
II. Zusammenfassung 143
D. Ergebnis von Kapitel 2 143

KAPITEL 3: DIE STAATLICHKEIT DES FÜRSTENTUMS LIECHTENSTEIN 145
A. Die Grundlagen der Drei-Elemente-Lehre 145
I. Staatsgebiet und Staatvolk 145
II. Staatsgewalt 147
1. Definition 147
2. Verfasste Staatsgewalt 148
3. Souveräne Staatsgewalt 149
a) Die Etymologie 149
b) Die Geschichte des Begriffs 150
aa) Geschichtlicher Ausgangspunkt 150
bb) Aufkommen der Idee der Souveränität 151
cc) Der Souveränitätsbegriff des Jean Bodin 152
dd) Die Souveränität im Absolutismus 153
ee) Die Souveränität und die Ideen der Aufklärung 154
ff) Die Souveränität an der Schwelle zum 20. Jahrhundert 155
c) Der Begriff der Souveränität in der Gegenwart 156
aa) Kritik und Unverzichtbarkeit 156
bb) Die Unterscheidung von innerer und äußerer Souveränität 157
cc) Die äußere Souveränität 157
(1). Relative Souveränität 158
(2). Formelle Souveränitätstheorie 158
(3). Die materielle Souveränitätstheorie 159
4. Die Souveränität und der Staatsbegriff der Staatslehre 161
B. Die äußere Souveränität des Fürstentums Liechtenstein 162
I. Die geschichtliche Entwicklung der Souveränität Liechtensteins 162

1. Nach der Entstehung des Reichsfürstentums Liechtenstein (1719) 162
2. Das Ende des Reiches und der Eintritt in den Rheinbund (1806) 163
3. Die Zeit des Deutschen Bundes (1815-1866) 165
4. Die Anlehnung an Österreich (1852-1919) 166

II. Liechtensteins Souveränität in der Gegenwart *167*
1. Souveränitätsverlust durch fehlende Verteidigungsfähigkeit und Neutralität? 168
a) Fehlende Verteidigungsfähigkeit und Souveränität 168
b) Neutralität und Souveränität 169
c) Fazit 169
2. Eingeschränkte Souveränität durch die Beziehungen zur Schweiz? 169
a) Zwei Kategorien vertraglicher Bindung 170
b) Vertragliche Bindungen auf der Basis zumindest partieller Ungleichheit 170
aa) Zollvertrag (1923) 170
bb) Währungsabkommen (1980) 174
cc) Post- und Fernmeldevertrag (1920 / 1978) 176
dd) Diplomatische Vertretung durch die Schweiz (1919) 177
ee) Gesamtwertung und Zwischenergebnis 178
c) Rechtliche Einordnung der vertraglichen Beziehungen 179
3. Internationale Integration 181
a) Internationale Integration und Argumente pro Souveränität 182
b) Internationale Integration als Bedrohung für die Souveränität? 183
aa) Allgemeines 183
bb) EWR-Mitgliedschaft und Souveränität 184
III. Fazit *186*
C. Das internationale Auftreten des Fürstentums als Spiegel der inneren Souveränität **187**
I. Allgemeines *187*
II. Die Verfassungssituation im Fürstentum Liechtenstein *187*
III. Auswirkungen der internen Organisation auf die Handlungsfähigkeit Liechtensteins in den internationalen Beziehungen *189*
D. Weitere in der Literatur diskutierte Voraussetzungen der Staatlichkeit **190**
I. Völkerrechtliche Verkehrsfähigkeit *190*
II. Völkerrechtliche Anerkennung *191*
E. Ergebnis **192**

KAPITEL 4: DIE KLEINSTAATENSPEZIFISCHEN AKTIONSFELDER UND HANDLUNGSINSTRUMENTARIEN LIECHTENSTEINS IM INTERNATIONALEN VERKEHR 193

A. DIE NEUTRALITÄT 193

I. Das Wesen der Neutralität 193

1. Begriff und Rechtsquellen der völkerrechtlichen Neutralität 193
2. Die Entwicklung des Begriffs der Neutralität 195
a) Die Neutralität in Altertum und Mittelalter 195
b) Aufkommen der Neutralität als völkerrechtliches Institut 196
c) Das klassische Zeitalter der Neutralität 198
d) Neutralität zur Zeit des Völkerbundes 199
e) Neutralität und das Recht der Vereinten Nationen 201
3. Die gewöhnliche Neutralität 202
a) Neutralitätspflichten 203
aa) Enthaltungspflichten 203
bb) Verhinderungspflichten 204
cc) Die Pflicht zur Unparteilichkeit 205
dd) Duldungspflichten 206
(1). Begriff 206
(2). Sondervorschriften 206
ee) Spezielle Duldungspflichten bezüglich neutralen Vermögens 206
(1). Staatliches Vermögen 207
(a) Feindvermögen 207
(b) Neutrales Vermögen 208
(2). Privatvermögen 208
(a) Feindvermögen 208
(b) Neutrales Vermögen 211
b) Die Rechte der neutralen Staaten 215
aa) Das Recht auf territoriale Integrität 215
bb) Recht auf Fortbestand der friedlichen Beziehungen zu anderen Staaten 215
cc) Die Sanktionen des Neutralitätsrechtes 216
4. Die dauernde Neutralität 217
a) Begriffsbestimmung 217
b) Rechte und Pflichten 218
5. Neutralisation 219
a) Definitionsversuche 219
b) Kein allgemein auf Staaten anwendbarer Begriff 219
6. Faktisch dauernde Neutralität 220
a) Begriff 220
b) Die rechtliche Stellung faktisch dauernd neutraler Staaten 220

dd) Die Auswirkungen der Mitgliedschaft auf die Stellung des Kleinstaates Liechtenstein in der Völkerrechtsordnung 272
(1). Auswirkung der Teilnahme an der Konferenz an sich 272
(2). Auswirkung auf die konkreten Funktionsdefizite 273
ee) Ergebnis 274
b) Europarat 274
aa) Eckdaten zur Organisation 274
(1). Entstehungsgeschichte des Europarates 275
(2). Aufgaben des Europarates 275
bb) Der Weg Liechtensteins in den Europarat 277
(1). Die Phase der Zurückhaltung nach dem Zweiten Weltkrieg 277
(2). Die Phase der stetigen Annäherung an den Europarat 279
(3). Aufnahme mit Hindernissen 280
cc) Stellung der einzelnen Mitgliedstaaten im Europarat 283
dd) Die Auswirkungen der Mitgliedschaft auf die Stellung des Kleinstaates 285
(1). Auswirkung der Aufnahme in die Organisation an sich 285
(2). Auswirkung auf die konkreten Funktionsdefizite 288
ee) Ergebnis 293
3. Mitgliedschaften in Organisationen wirtschaftspolitischer Bedeutung ... 293
a) Europäische Freihandelsassoziation (EFTA) 294
aa) Eckdaten zur Organisation 294
(1). Entstehungsgeschichte der EFTA 294
(2). Aufgaben der EFTA 296
bb) Der Weg Liechtensteins in die EFTA 297
cc) Stellung der einzelnen Mitgliedstaaten in der EFTA 299
dd) Die Auswirkungen der Mitgliedschaft auf die Stellung des Kleinstaates 301
(1). Die Auswirkungen der Aufnahme in die Organisation an sich 301
(2). Die Auswirkungen auf die konkreten Funktionsdefizite 302
ee) Ergebnis 303
b) Europäischer Wirtschaftsraum (EWR) 303
aa) Eckdaten zum Europäischen Wirtschaftsraum 303
(1). Entstehungsgeschichte des EWR 303
(2). Wesen und Ziele des EWR-Abkommens 306
bb) Liechtenstein und der EWR 308
(1). Vorbereitung des Beitritts Liechtensteins auf multilateraler Ebene 308
(2). Vorbereitung des Beitritts Liechtensteins auf bilateraler Ebene .. 310
(3). Beitritt Liechtensteins in den EWR 311
cc) Stellung des einzelnen Vertragsstaates im System des EWR-

Abkommens ... 312
(1). Aufnahmeanforderungen ... 312
(2). Kräfteverhältnis im Rahmen der institutionellen Struktur des EWR ... 313
dd) Die Auswirkungen der Mitgliedschaft auf die Stellung des Kleinstaates ... 314
(1). Die Auswirkungen der Aufnahme in die Organisation an sich ... 314
(a) Anerkennung der Souveränität durch die Aufnahme in den EWR ... 314
(b) Doppelte Stärkung der Souveränität durch die Veränderung des bilateralen Verhältnisses zur Schweiz ... 314
(c) Europäische Integrationsvariante ohne Souveränitätsverlust ... 316
(2). Die Auswirkungen auf die konkreten Funktionsdefizite ... 319
(a) Faktische Privilegierung des Kleinstaates in wirtschaftlicher Hinsicht ... 319
(aa) Die sog. parallele Verkehrsfreiheit ... 319
(bb) EWR-Mitgliedschaft und finanzpolitische Nischenpolitik ... 322
(cc) Auswirkungen der EWR-Mitgliedschaft auf die liechtensteinische Wirtschaft – zusammenfassende Würdigung ... 324
(b) Das Vetorecht als politische Einflussnahmemöglichkeit ... 325
ee) Ergebnis ... 327
4. Bewertung der bisherigen Mitgliedschaften Liechtensteins in den europäischen Regionalorganisationen politischer Bedeutung ... 327
a) Verschiebung im Verhältnis von bilateralen und multilateralen Beziehungen ... 327
b) Veränderung der liechtensteinischen Motive ... 330
c) Zwischen verminderten Einflussnahmemöglichkeiten und Flexibilität ... 331
d) Fazit ... 333
5. Künftige europäische Integration ... 333
a) Handlungsbedarf der liechtensteinischen Politik ... 334
b) Die EU und die anderen sehr kleinen Staaten ... 336
aa) Andorra ... 337
bb) Malta ... 341
cc) Monaco ... 343
dd) San Marino ... 347
ee) Vatikanstaat ... 351
ff) Die anderen sehr kleinen Kleinstaaten als Modell für Liechtenstein? ... 352
c) Die Szenarien zukünftiger europäischer Integration in der Literatur ... 353
aa) Meinungsstand bis dem Beitritt zum EWR ... 354

bb) Auswirkungen des EWR-Beitrittes auf den Meinungsstand 355
cc) Ergebnis 357
d) Meinungsstand zur Größenverträglichkeit einer EU-Mitgliedschaft ... 357
e) Die Auswirkungen einer EU-Mitgliedschaft auf Liechtenstein als Kleinstaat 361
aa) Souveränitätsrelevante Aspekte 361
bb) Auswirkungen hinsichtlich der kleinstaatenspezifischen Funktionsdefizite 367
(1). Auswirkungen einer EU-Mitgliedschaft Liechtensteins auf die Zusammenarbeit mit der Schweiz 367
(2). Auswirkungen einer liechtensteinischen EU-Mitgliedschaft auf die liechtensteinische Nischenpolitik 370
(3). EU-Mitgliedschaft Liechtensteins und Neutralität 374
f) Fazit zur zukünftigen europäischen Integration Liechtensteins 375
IV. Mitgliedschaften in globalen Internationalen Organisationen politischer Bedeutung .. 377
1. Mitgliedschaft in den Vereinten Nationen 377
a) Liechtenstein und die Vereinten Nationen 377
aa) Die verbesserte Ausgangsposition 378
bb) Der Beitritt trotz innenpolitischen Widerstands 379
b) Der einzelne Mitgliedstaat im System der Satzung der Vereinten Nationen 380
aa) Aufnahmeanforderungen 381
bb) Kräfteverhältnisse im Rahmen der institutionellen Struktur der UN 382
c) Die Auswirkungen der Mitgliedschaft auf die Stellung des Kleinstaates 383
aa) Auswirkungen der Mitgliedschaft an sich 383
bb) Auswirkungen auf die konkreten Funktionsdefizite 384
2. Mitgliedschaft in der Welthandelsorganisation 386
a) Liechtenstein und die WTO 386
b) Der einzelne Mitgliedstaat im System der Satzung der WTO 388
aa) Aufnahmeerfordernisse 388
bb) Kräfteverhältnisse im Rahmen der institutionellen Struktur der WTO 389
c) Die Auswirkungen der Mitgliedschaft auf die Stellung des Kleinstaates 390
aa) Auswirkungen der Mitgliedschaft an sich 390
bb) Auswirkungen auf die konkreten Funktionsdefizite 390
3. Bewertung der Mitgliedschaften in globalen internationalen Organisationen politischer Bedeutung 392
V. Gesamtergebnis zum liechtensteinischen Engagement in internationalen Organisationen 393

1. Methodik des liechtensteinischen Vorgehens ... 393
a) Möglichst weitgehendes Parallelverhalten mit der Schweiz ... 393
b) Schrittweise Annäherung an die internationalen Organisationen ... 394
c) Selektives Vorgehen ... 394
d) Beitritt infolge Anhängigkeit ... 395
e) Fazit ... 395
2. Zusammenfassung der erarbeiteten Vorteile für Liechtenstein ... 396
D. Die Möglichkeit der Inanspruchnahme internationaler Gerichtsbarkeit ... 396
I. Der Internationale Gerichtshof ... 397
1. Zur Zuständigkeit *ratione materiae* ... 397
2. Zur Zuständigkeit *ratione personae* ... 398
3. Durchsetzung der Urteile ... 398
4. Wertung ... 399
II. Der Europäische Gerichtshof für Menschenrechte ... 400
1. Zur Zuständigkeit *ratione temporis et materiae* ... 400
2. Zur Zuständigkeit *ratione personae* ... 401
3. Durchsetzung der Urteile ... 402
4. Wertung ... 403
III. Die Streitbeilegung auf der Ebene des Europäischen Wirtschaftsraumes ... 404
1. Beilegung von Streitfällen ohne EU-Beteiligung ... 404
a) Zuständigkeiten des EFTA-Gerichtshofes ... 405
b) Durchsetzung der Urteile ... 406
c) Wertung ... 406
2. Beilegung von Streitfällen mit EU-Beteiligung ... 407
a) Darstellung des Verfahrens zur Streitbeilegung ... 407
b) Wertung ... 408
3. Gesamtbewertung ... 409
IV. Die Streitbeilegungsorgane auf der Ebene der Welthandelsorganisation ... 410
1. Die institutionellen Grundlagen des DSU ... 410
2. Zuständigkeit der Streitbeilegungsorgane des DSU ... 411
3. Umsetzung und Durchsetzung von Panel-Entscheidungen ... 412
4. Wertung ... 413
V. Die Streitbeilegung auf der Ebene der OSZE ... 415
VI. Ergebnis zu zur Teilhabe an Streitbeilegungssystemen ... 417
E. Zusammenfassung zu Kapitel 4 ... 418
I. Zusammenfassende Bewertung des liechtensteinischen Einsatzes der kleinstaatenspezifischen Handlungsinstrumentarien ... 418
II. Unterstützende Auswirkungen auf die liechtensteinische Strategie durch eine veränderte Weltordnung ... 419
III. Fazit ... 420

KAPITEL 5: DIE BEWÄLTIGUNG DER KRIEGSFOLGESCHÄDEN LIECHTENSTEINS ALS PRÜFSTEIN FÜR DIE EFFEKTIVITÄT DER LIECHTENSTEINISCHEN GESAMTSTRATEGIE 421

A. DARSTELLUNG DER VON LIECHTENSTEINISCHEN STAATSBÜRGERN IM 20. JAHRHUNDERT ERLITTENEN KRIEGSFOLGESCHÄDEN 422

I. Die Kriegsfolgeschäden im Zusammenhang mit dem Ersten Weltkrieg 422

1. Historische Umstände in Österreich-Ungarn 422
2. Konfiskation fürstlich-liechtensteinischen Besitzes in Böhmen und Mähren 423

II. Die Kriegsfolgeschäden im Zusammenhang mit dem Zweiten Weltkrieg 424

1. Konfiskation fürstlich-liechtensteinischen Besitzes in der Tschechoslowakei 424
2. Konfiskationen zum Nachteil anderer liechtensteinischer Staatsbürger in der Tschechoslowakei 426
3. Konfiskationen zum Nachteil anderer liechtensteinischer Staatsangehöriger außerhalb der Tschechoslowakei 427
   a) Friedrich Nottebohm und Guatemala 427
   b) Friedrich Nottebohm und das Fürstentum Liechtenstein 428

III. Ergebnis 429

B. DIE ZUR BEWÄLTIGUNG DER KRIEGSFOLGESCHÄDEN ERGRIFFENEN MAßNAHMEN 430

I. Die Maßnahmen in der Folge des Ersten Weltkrieges 430

II. Die Klageerhebung Liechtensteins vor dem IGH im Fall Nottebohm 431

1. Der Gang des Verfahrens 431
2. Die Entscheidung des Gerichtshofes 432
3. Ergebnis 435

III. Die Klagen des Fürsten vor tschechoslowakischen Gerichten 435

1. Die Entscheidungen der tschechoslowakischen Beschwerdeinstanzen .. 435
   a) Entscheidung des Landesnationalausschusses in Brno vom 16. Januar 1946 435
   b) Urteil des Verwaltungsgerichtes in Bratislava vom 21. November 1951 437
2. Ergebnis 438

IV. Die Klagen und Beschwerden im „deutsch-liechtensteinischen Bilderstreit" vor deutschen Gerichten 438

1. Der grundlegende Sachverhalt 438
2. Verfahren vor deutschen Gerichten 439
   a) Die Urteile des LG Köln und des OLG Köln 440
      aa) Die Argumentation des LG Köln im Urteil vom 10. Oktober 1995 441
      bb) Die Argumentation des OLG im Urteil vom 9. Juli 1996 443

(1). Zur Gültigkeit von Art. 3 Abs. 1 und 3, VI. Teil ÜV 443
(2). Zu den Voraussetzungen von Art. 3 Abs. 1 und 3, VI. Teil ÜV .. 444
cc) Ergebnis 446
b) Die Entscheidung des Bundesgerichtshofe
vom 25. September 1997 447
c) Der Beschluss des Bundesverfassungsgerichts vom 28. Januar 1998 ... 447
3. Ergebnis 448
V. Verfahren vor internationalen Gerichten *448*
1. Die Entscheidung des EGMR vom 12. Juli 2001 448
a) Die Argumentation des Gerichts 449
b) Die Minderheitsvoten 452
aa) Sondervotum Ress / Zupančič 452
bb) Sondervotum Costa 453
c) Ergebnis 454
2. Die Entscheidung des IGH vom 10. Februar 2005 454
a) Die Argumentation des Gerichts 456
b) Die Minderheitsvoten 459
aa) Sondervotum Kooijmans 459
bb) Sondervotum Elaraby 460
cc) Sondervotum Owada 461
dd) Sondervotum Berman 462
c) Ergebnis 463
VI. Das Verhalten des Fürstentum im Rahmen der Vorbereitung des Beitrittes der Nachfolgestaaten der Tschechoslowakei zur EU *463*
1. Ansatz für die Verknüpfung von Kriegsfolgenbeseitigung
und EWR-Beitritt 463
2. Entwicklung der Auseinandersetzung zwischen dem Fürstentum
und Tschechischer bzw. Slowakischer Republik 464
a) Entwicklung vor der Paraphierung des Erweiterungsabkommens
am 3. Juli 2003 464
b) Entwicklung bis zur Unterzeichung des Erweiterungsabkommens
am 13./14. Oktober 2003 465
c) Einlenken des Fürstentums Liechtenstein 466
3. Ergebnis 467
VII. Ergebnis bezüglich der zur Bewältigung der Kriegsfolgeschäden ergriffenen Maßnahmen *467*
C. DIE KLEINSTAATENSPEZIFISCHEN ASPEKTE DER MAßNAHMEN ZUR BEWÄLTIGUNG DER LIECHTENSTEINISCHEN KRIEGSFOLGESCHÄDEN .. 468
I. Die relevanten kleinstaatenspezifischen Funktionsdefizite *468*
1. Die eingeschränkte diplomatische Repräsentation des Fürstentums 468
2. Die machtpolitische Schwäche des Fürstentums Liechtenstein 469
a) Die Stellung des Fürstentums als neutraler Staat nach dem Ende

5. Kritik an der Begründung des BVerfGs im Fall *Liechtenstein* 549
a) Vereinbarkeit der Rechtsprechung mit Art. 101 Abs. 1 S. 2, Art. 100 Abs. 2 GG 550
aa) Zum Konfiskationsverbot hinsichtlich neutralen Privatvermögens 550
bb) Zum Verbot völkerrechtlicher Verträge zu Lasten dritter Staaten 552
cc) Zum Eingriff in das Regelungsrecht hinsichtlich der Staatsbürgerschaft 553
dd) Ergebnis 554
b) Vereinbarkeit der Rechtsprechung mit Art. 14 GG 554
aa) Die verfahrensrechtliche Dimension des Schutzbereiches 554
bb) Zum zeitlichen Anknüpfungspunkt für einen Grundrechtsverstoß 555
cc) Die Wirkung des Grundrechtsverstoßes und der deutsche *ordre public* 556
c) Vereinbarkeit der Rechtsprechung mit Art. 3 Abs. 1 GG 556
d) Vereinbarkeit der Rechtsprechung mit Art. 2 Abs. 1, Art. 59 Abs. 2 S. 1 GG 557
e) Zur grundsätzlichen verfassungsrechtlichen Bedeutung des Verfahrens 557
f) Zwischenergebnis 558
6. Kritik an den richterlichen Wertungen des EGMR im Fall *Liechtenstein* 558
a) Art. 6 Abs. 1 EMRK („*access to court*") 558
aa) Anwendbarkeit von Art. 6 Abs. 1 EMRK 559
bb) Schutzbereich und Eingriff 561
cc) Rechtfertigung des Klagestopps als Norm 561
(1). Erforderlichkeit einer gesetzlichen Grundlage 562
(2). Legitimer Zweck 564
(3). Zwischenergebnis 567
dd) Rechtfertigung der Anwendung des Klagestopps im konkreten Fall 568
(1). Die Frage der Verletzung des Kernbereichs des Konventionsrechts 568
(2). Kontrolle des vom EGMR durchgeführten Verhältnismäßigkeitstests 570
(3). Zwischenergebnis 572
ee) Ergebnis 572
b) Art. 6 Abs. 1 EMRK („*fair hearing*") 572
aa) Die Aussagen des Gerichts zum „*fair hearing*" im Kontext des Gesamturteils 573
bb) Überprüfung des gerichtlichen Ergebnisses 573
cc) Ergebnis 574

c) Art. 1 Abs. 1 ZP Nr. 1 („*enjoyment of possessions*") 574
aa) Argumentation mit der Entscheidung Ehemaliger König von Griechenland u. a. gegen Griechenland 574
bb) Die Grundlagen der Bewertung des Eigentums im Sinne des ZP Nr. 1 575
cc) Folgen der *Loizidou*-Entscheidung für Fälle mit *ius cogens*-Verstoß .. 577
dd) Ergebnis 578
d) Art. 14 EMRK 579
e) Zwischenergebnis 580
7. Wertung der Entscheidung des IGH im Fall *Certain Property* vom 10. Februar 2005 581
a) Zur entscheidenden Frage der Zuständigkeit ratione temporis 581
b) Zu den übrigen Problemen der Zulässigkeit 585
aa) Das Problem der *necessary third party rule* 585
bb) Zu den übrigen *preliminary objections* 587
cc) Ergebnis 587
c) Mögliche Anspruchsgrundlagen 587
aa) Ansprüche resultierend aus der Einbeziehung in den Regelungsbereich des Überleitungsvertrages 588
(1). Unterlassene Nichtanerkennung einer völkerrechtswidrigen Konfiskation 588
(2). Eigenständige Neutralitäts- und Souveränitätsverletzung 588
(3). Deutschlands „*change of position*" im Lichte des „*Estoppel*"-Grundsatzes 590
bb) Die Grundsätze des Bereicherungsrechts im Völkerrecht 591
cc) Ansprüche aus der Systematik des Überleitungsvertrages 593
(1). Anspruch aus Art. 3, VI. Teil ÜV i.V.m. Art. 5, VI. Teil ÜV 593
(2). Anspruch aus Art. 3, VI. Teil ÜV i.V.m. den Grundsätzen der Staatenverantwortlichkeit 594
d) Ergebnis zum Verfahren vor dem IGH 595
8. Bewertung des liechtensteinischen Vorgehens im Rahmen der EWR-Osterweiterung 595
a) Motivationslage Liechtensteins für das Einlenken 596
b) Positive Aspekte für Liechtenstein im Zusammenhang mit seinem Verhalten 597
c) Ergebnis 599
9. Zusammenfassende Wertung der Grenzen der Effektivität der Maßnahmen zur Bewältigung der Kriegsfolgeschäden Liechtensteins ... 599
a) Der Vorwurf des Rechtsmissbrauchs 599

b) Relevante Aspekte im Zusammenhang mit dem Misserfolg der gegen die Kriegsfolgen gerichteten Maßnahmen ... 602
aa) Die besondere Stellung der Bundesrepublik Deutschland nach dem Zweiten Weltkrieg ... 603
(1). Das „*Schlussstrich*"-Argument als überobligatorische Erfüllung völkervertraglicher Pflichten ... 603
(a) Vermeintliche Zwänge im Verhältnis Deutschlands zu den Siegermächten ... 604
(b) Die Causa Liechtenstein als Präzedenzfall für das Vertriebenenvermögen? ... 606
(2). Eingeschränkte Souveränität der Bundesrepublik? ... 609
bb) Der politische Wille zur europäischen Einigung ... 610
cc) Das Fürstenhaus und die Kriegsfolgeschäden ... 611
(1). Die historische Stellung des Fürstenhauses in den Ländern der Wenzelskrone und ihre Auswirkung auf die Entstehung der Kriegsfolgeschäden ... 611
(2). Die Bedeutung des Fürstenhauses für die Erfolglosigkeit der Überwindung der Kriegsfolgeschäden ... 612
dd) Ergebnis ... 614
c) Die Entwicklung der Effektivität der Maßnahmen ... 615
d) Bedeutung der Kleinstaatlichkeit für den Misserfolg der liechtensteinischen Maßnahmen ... 615
e) Fazit ... 617
10. Anmerkungen zu einem Verfahren der Streitbeilegungsorgane der OSZE ... 617
IV. Fazit ... *619*

ZUSAMMENFASSUNG, RESÜMEE UND AUSBLICK ... 621

I. Zusammenfassung ... *621*
1. Kapitel 1 ... 621
2. Kapitel 2 ... 622
3. Kapitel 3 ... 624
4. Kapitel 4 ... 627
5. Kapitel 5 ... 632
II. Resümee und Ausblick ... *639*

LITERATURVERZEICHNIS ... 643

Abkürzungsverzeichnis

a. A. .... andere Ansicht
ABGB .... Allgemeines Bürgerliches Gesetzbuch
Abl. .... Amtsblatt
Abs. .... Absatz
AdG .... Archiv der Gegenwart
a. E. .... am Ende
a. F. .... alte Fassung
AHKG .... Gesetz der Alliierten Hohen Kommission für Deutschland
AJIL .... American Journal of International Law
Anh. .... Anhang
Anm. .... Anmerkung
Art. .... Artikel
Aufl. .... Auflage
AVR .... Archiv des Völkerrechts

BAnz. .... Bundesanzeiger
BayVBl. .... Bayerische Verwaltungsblätter
BB .... Der Betriebsberater
BBl. .... Bundesblatt der Schweizerischen Eidgenossenschaft
Bd. .... Band
BGBl. .... Bundesgesetzblatt der Bundesrepublik Deutschland
BGH .... Bundesgerichtshof
BGHZ .... Entscheidungen des Bundesgerichtshofes in Zivilsachen
bspw. .... beispielsweise
betr. .... betreffend
BVerfG .... Bundesverfassungsgericht
BYIL .... The British Year Book of International Law
bzw. .... beziehungsweise

CEB .... Council of Europe Development Bank
chap. .... chapter / chapitre

d. .... der / die / das
DDR .... Deutsche Demokratische Republik
d. h. .... das heißt
Diss. .... Dissertation
DM .... Deutsche Mark
Doc. .... Document
DOD .... Deutscher Ostdienst

DSB ....Dispute Settlement Body
DSU ....Dispute Settlement Understanding

EBRD.........................European Bank for Reconstruction and Development
ECE ....Economic Commission for Europe
ECHR.........................European Court of Human Rights
ECMT ....European Conference of Ministers of Transport
ECOSOC..................Economic and Social Council
ECPT..........................European Conference of Postal and Telecommunications Administrations
EEA............................Eupopean Economic Area
EEE ....Espace Économique Eupopéen
EFTA ....Eurpean Free Trade Association
EG ....Europäische Gemeinschaft(en)
EGBGB ....Einführungsgesetz zum Bürgerlichen Gesetzbuch
EGMR........................Europäischer Gerichtshof für Menschenrechte
EGV ....Vertrag zur Gründung der Europäischen Gemeinschaft
EJIL ....European Journal of International Law
EMRK........................Europäische Menschenrechtskonvention
EPIL ....Encyclopedia of Public International Law
EPO ....Europäische Patentorganisation
EPÜ ....Europäisches Patentübereinkommen
etc...............................et cetera
EU ....Europäische Union
EuFriedStÜ...............Europäisches Abkommen über friedliche Streitbeilegung
EuGH.........................Europäischer Gerichtshof
EuGRZ ....Europäische Grundrechtezeitschrift
EuR.............................Europarecht
EUTELSAT ....European Telecommunications Satellite Organisation
EUV...........................Vertrag über die Europäische Union
EuZW.........................Europäische Zeitschrift für Wirtschaftrecht
EWR..........................Europäischer Wirtschaftsraum

f. ....folgender
FATF..........................Financial Action Task Force on Money Laundering
FAZ ....Frankfurter Allgemeine Zeitung
ff.................................folgende
Fn. ....Fußnote
FS ....Festschrift

GATS ....General Agreement on Trade in Services
GATT.........................General Agreement on Tarifs and Trade
gem. ....gemäß

Gz. ....Geschäftszeichen
GG............................Grundgesetz

Harv.ILJ ....Harvard International Law Journal
HLKO.......................Haager Landkriegsordnung
Hrsg. ....Herausgeber
h. M...........................herrschende Meinung

IAEA ....International Atomic Energy Agency
IARA ....Inter-allied reparation agency
I.C.J. ....International Court of Justice
ICPO ....International Criminal Police Organisation
IGH ....Internationaler Gerichtshof
IGH-Statut................Statut des Internationalen Gerichtshofes vom 26. Juni 1945
ILC............................International Law Commission
ILM...........................International Legal Materials
insb. ....insbesondere
INTELSAT ....International Telecommunications Satellite Organisation
IPrax ....Praxis des internationalen Privat- und Verfahrensrechts
i.S.v. ....im Sinne von
i.V.m. ....in Verbindung mit

JA ....Juristische Ausbildung
JIR.............................Jahrbuch für internationals Recht, nunmehr German Law Yearbook of International Law
JOR...........................Jahrbuch für Ostrecht
JuS............................Juristische Schulung
JWT..........................Journal of World Trade
JZ ....Juristenzeitung

Kap. ....Kapitel
KSZE ....Konferenz für Sicherheit und Zusammenarbeit in Europa

LG............................Landgericht
LGBl.........................Liechtensteinisches Landesgesetzblatt
lit. ....litera
LJZ...........................Liechtensteinische Juristen-Zeitung
LPS...........................Liechtenstein Politische Schriften
LV ....Liechtensteinische Landesverfassung

m. w. N.....................mit weiteren Nachweisen

NAFTA....................North American Free Trade Agreement

NATO ....North Atlantic Treaty Organization
n. F. ....neue Fassung
NJW ....Neue Juristische Wochenschrift
No. ....Number
Nr. ....Nummer
NZZ ....Neue Zürcher Zeitung

o. J. ....ohne Jahresangabe
OECD ....Organisation for Economic Co-operation and Development
OEEC ....Organisation for European Economic Co-operation
OLG ....Oberlandesgericht
OSCE ....Organization for Security and Co-operation in Europe
OSZE ....Organisation für Sicherheit und Zusammenarbeit in Europa

para. ....Paragraph
P.C.I.J. ....Permanent Court of International Justice
PFV ....Post- und Fernmeldevertrag
Pr. GS ....Preußische Gesetzessammlung
PTT ....Post-, Telefon- und Telegraphenbetriebe

qkm ....Quadratkilometer

RabelsZ ....Zeitschrift für ausländisches und internationales Privatrecht
Res. ....Resolution
RGBl. ....Reichsgesetzblatt
RGDIP ....Revue Générale de Droit International Public
RIW ....Recht der Internationalen Wirtschaft
Rn. ....Randnummer
ROW ....Recht in Ost und West
Rs. ....Rechtsache
Rspr. ....Rechtsprechung
RuStAG ....Reichs- und Staatsangehörigkeitsgesetz

S. ....Seite
SBZ ....Sowjetische Besatzungszone
SCOR ....Security Council Official Records
Slg. ....Sammlung
Sog. ....sogenannte(r)
StIGH ....Ständiger Internationaler Gerichtshof
SVN ....Satzung der Vereinten Nationen
SZ ....Süddeutsche Zeitung

TRIPS ....Agreement on Intellectual Property Rights

TRNC........................Türkische Republik Nordzypern

UA..............................Unterabsatz
u.a...............................unter anderem/und andere
ÜV..............................Überleitungsvertrag
UIT ....International Telecommunication Union
UN ....United Nations
UNCTAD................United Nations Conference on Trade and Development
UNITAR..................United Nations Institute for Training and Research
UNO..........................United Nations Organisation
UNYB ....Yearbook of the United Nations
UNTS ....United Nations Treaty Series
UPU...........................Universal Postal Union
US ....United States
USA ....United States of America
u. U. ....unter Umständen

v..................................versus / von
Verf...........................Verfasser
vgl..............................vergleiche
VN ....Vereinte Nationen
vol. ....volume
VIZ ....Zeitschrift für Vermögens- und Immobilienrecht

WbVR........................Wörterbuch des Völkerrechts
WIPO ....World Intellectual Property Organization
WTO..........................World Trade Organization
WVK ....Wiener Vertragsrechtskonvention

YBILC.......................Yearbook of the International Law Commission

ZaöRV.......................Zeitschrift für ausländisches öffentliches Recht und Völkerrecht
z. B.............................zum Beispiel
ZEuS..........................Zeitschrift für europarechtliche Studien
ZfP.............................Zeitschrift für Politik
Ziff.............................Ziffer
zit................................zitiert
ZNR...........................Zeitschrift für Neuere Rechtsgeschichte
ZP ....Zusatzprotokoll
ZPO...........................Zivilprozessordnung
ZRP ....Zeitschrift für Rechtspolitik
ZV..............................Zollvertrag

ZVglRWiss................Zeitschrift für vergleichende Rechtswissenschaft
ZStW ....Zeitschrift für die gesamte Strafrechtswissenschaft
z. T..............................zum Teil
ZVglRWiss................Zeitschrift für vergleichende Rechtswissenschaft

Einleitung

I. Aktualität und Einführung in die Problematik

„Der Krieg der Waffen in Europa ist zu Ende, der Kampf um Macht und Interessen geht weiter, mit ihm aber auch der Kampf ums Recht und das Ringen um eine Rechtsordnung unter den Völkern. Der Ablauf der Geschichte ist bestimmt durch diese Auseinandersetzung zwischen Macht und Recht. Beide sind geistige Wirklichkeiten und als solche von ewiger Dauer. Dem Wechsel unterworfen ist ihre Wirksamkeit, und es hängt von den Völkern und den einzelnen Menschen ab, ob die Macht oder das Recht herrschen sollen, und ob eine Ordnung gefunden wird, welche diesen beiden geistigen Gegebenheiten Platz und Rang zuweist."

In diesem Absatz, den PETER ZSCHOKKE[1] im Jahr 1945 einem Aufsatz unter dem Titel *„Das Recht des Kleinstaates"* voranstellte, wird die Hoffnung ersichtlich, dass nach der vollständigen Negierung des internationalen Rechts im Zweiten Weltkrieg im Rahmen der Auseinandersetzung zwischen Macht und Recht in Zukunft die Wirksamkeit des Rechts zum Vorteil der machtpolitisch Schwachen und damit auch zum Vorteil der Kleinstaaten gestärkt werde[2]. Jedoch enttäuschte in

1 ZSCHOKKE, Das Recht des Kleinstaates, S. 234.

2 MAIWALD, Recht und Macht, S. 1073: *„Das Thema des Verhältnisses zwischen Recht und Macht hat die Philosophen und die Juristen durch Jahrhunderte hinweg beschäftigt. Von der griechischen Philosophie an (...) bis in unsere Zeit ist es eines der großen Themen der Rechtsphilosophie gewesen und geblieben"*; der Autor weist auf S. 1073 (Fn. 1) auch auf die frühe Vorarbeit PLATONs in seiner Politeia hin: *„Thematisiert wird das Verhältnis zwischen Recht und Macht etwa in der Schilderung des Tyrannen (Politeia Buch VIII 556a ff.), dessen individueller Wille mit Hilfe brutaler Macht zum Gesetz wird, oder in der These des Thrasymachos (Politeia Buch I) ‚Das Gerechte ist der Vorteil des Stärkeren'..."*. Damit wird schon in der griechischen Philosophie angedeutet, dass zwischen Macht und Recht nicht unbedingt ein Spannungsverhältnis gesehen werden muss, wenn man entsprechenden philosophischen Grundentscheidungen folgt. So ist für SPINOZA *„...das Naturrecht (...) kein Normgebilde, sondern eine natürliche Macht des Menschen, die nur durch eine andere Macht begrenzt werden kann. (...) Macht und Recht decken sich"* (vgl. VERDROSS, Abendländische Rechtsphilosophie, S. 119 f.). Dieser Ansatz ist auch bei HOBBES aufzufinden, nach dessen Lehre die Macht das Gesetz macht (*„Auctoritas non veritas facit legem"*, vgl. bei MAIWALD, Recht und Macht, S. 1074). Rein positivistische Theorien zum Verhältnis von Macht und Recht, die von der Gleichsetzung von Recht und Macht ausgehen (vgl. dazu HENKEL, Einführung in die Rechtsphilosophie, S. 105 ff.), werden heute zumindest in Deutschland auf Grund des Versagens der Weimarer Verfassung kritisch betrachtet; mit Schaffung der sog. Ewigkeitsklausel (Art. 79 Abs. 3 GG) haben die Väter des Grundgesetzes ihre Überzeugung festgeschrieben, dass es Recht gibt, welches der Regelungsmöglichkeit des Gesetzgebers, also des Inhabers der staatlichen Macht entzogen ist. Diese Vorstellung, dass Recht mehr ist als die normative Ausprägung der faktischen Macht, überzeugt aus rechtsphilosophischer Sicht auch für

dieser Hinsicht die Nachkriegszeit vor dem Hintergrund des sich abzeichnenden Kalten Krieges, da die militärische Potenz angesichts der beginnenden Aufrüstung der beiden Blöcke an Bedeutung nicht abnahm[3]. Nach dem Zerfall des Warschauer Paktes und dem damit einhergehenden Ende der politisch allein auf das bipolare Machtgleichgewicht ausgerichteten Weltsicht schienen sich neue Freiräume für die zwischenstaatliche Problemlösung auf rechtlicher Grundlage zu ergeben. So eröffneten sich etwa neue Perspektiven für eine effektivere Arbeit des Weltsicherheitsrates, der während der Zeit des Kalten Krieges in besonderem Maße am Vetorecht der beiden Weltmächte litt[4]. Zudem ist eine Bedeutungszunahme der Konfliktlösung vor internationalen Gerichten zu erkennen. Als ein aktuelles Beispiel mag hier das Gutachten des Internationalen Gerichtshofes zum Bau der Mauer angeführt werden, die Israel von der Westbank trennen soll bzw. bereits trennt[5]. Von ebensolcher Aktualität ist die Klage (Rest-) Jugoslawiens bzw. Serbien und Montenegros vor dem IGH, mit dem der Balkanstaat die Rechtmäßigkeit der Bombardierungen durch die militärisch und damit machtpolitisch überlegenen NATO-Staaten überprüfen lassen wollte[6]. Die internationalen justiziellen Möglichkeiten werden zudem gerade von Kleinstaaten gerne in Anspruch genommen, da sie oft nicht in der Lage sind, ihre Interessen auf andere Weise durchzusetzen[7]. Die Zunahme der

---

den Bereich des Völkerrechtes. Zum sich verändernden Verhältnis von Macht und Recht vor dem Hintergrund der Globalisierung vgl. YILDIZ, Recht und politische Macht in der postmodernen Rechts-Staats-Form, S. 9 ff.

3 Dazu ist bei V. D. HEYDTE, Völkerrecht, Band I, S. 106, in seinem Lehrbuch aus dem Jahr 1958 im Kapitel *„Großmachtstellung und Völkerrecht"*: *„Ein geistvoller Theoretiker hat daher vorgeschlagen, dem so oft gehörten und vielfach als Grundrecht der Staaten proklamierten Satz: ‚Alle Staaten sind gleich' wenigstens einschränkend hinzuzufügen: ‚Doch einige Staaten sind noch gleicher als andere.'..."*.

4 SEIDL-HOHENVELDERN spricht in diesem Zusammenhang von der *„...Lähmung des Sicherheitsrates..."*, SEIDL-HOHENVELDERN / STEIN, Völkerrecht, § 91, Rn. 1795.

5 Vgl. Gutachten des Internationalen Gerichtshofes *Legal Consequences of the Construction of a Wall in the Occupied Palestinian Territory* vom 9. Juli 2004, verfügbar unter: http://www.icj-cij.org/icjwww/idecisions.htm.

6 Vgl. die Beschlüsse des Internationalen Gerichtshofes vom 2. Juni 1999 in den Fällen *Legality of Use of Force* (Yugoslavia v. United States of America) und *Legality of Use of Force* (Yugoslavia v. Spain) sowie die Urteile des IGH vom 15. Dezember 2004 in den Fällen *Legality of Use of Force* (Serbia and Montenegro v. Belgium), *Legality of Use of Force* (Serbia and Montenegro v. Canada), *Legality of Use of Force* (Serbia and Montenegro v. France), *Legality of Use of Force* (Serbia and Montenegro v. Germany), *Legality of Use of Force* (Serbia and Montenegro v. Italy), *Legality of Use of Force* (Serbia and Montenegro v. Netherlands), *Legality of Use of Force* (Serbia and Montenegro v. Portugal) und *Legality of Use of Force* (United Kingdom); verfügbar unter: http://www.icj-cij.org/icjwww/idecisions.htm.

7 Ein aktuelles Beispiel ist in diesem Zusammenhang das Vorhaben der Regierung des Südseestaates Tuvalu, die Industriestaaten vor dem Internationalen Gerichtshof zu verklagen und sie damit für die Erhöhung des Meeresspiegels verantwortlich zu machen, die diese durch ihren großen Anteil am weltweiten Ausstoß von Treibhausgasen maßgeblich

Bedeutung des Rechts und damit die Verschiebung dessen Verhältnis zur politischen Macht zum Vorteil des Rechts beschränkt sich außerdem nicht lediglich auf den zwischenstaatlichen Bereich, sondern bezieht in einem speziellen rechtlichen Rahmen auch das Individuum in völkerrechtliche Wirkungen mit ein. Beispielsweise wird mit der Einrichtung des Ständigen Internationalen Strafgerichtshofes versucht, der Entstehung neuer kriegerischer Auseinandersetzungen dadurch vorzubeugen, dass schlimmste Verbrechen mit der Intention geahndet werden, das Kontinuum von Gewalt und Gegengewalt in vielen Konflikten zu durchbrechen[8]. Die genannten positiven Entwicklungen dürfen aber nicht darüber hinwegtäuschen, dass das Recht sich auch heute noch nicht gegenüber der Macht durchgesetzt hat. So konnte das Gutachten zur Mauer in Israel den Konflikt genauso wenig lösen, wie die USA als mächtigster Staat der Erde dem Statut von Rom[9] vom 17. Juli 1998 zur Gründung des Internationalen Gerichtshofes beigetreten ist; im Rahmen der Klage Serbien und Montenegros kam es nicht einmal zur Überprüfung der materiell-rechtlichen Fragen.

Da der Kleinstaat mangels wesentlicher machtpolitischer Mittel auf die Respektierung seiner rechtlichen Position angewiesen ist[10], kann er als Sensor für das Verhältnis von Macht und Recht in der modernen Welt herangezogen werden[11]. An seinem Beispiel kann eruiert werden, inwieweit die politisch mächtigen Staaten sich im konkreten Problemfall über theoretische Bekundungen zu Gunsten des internationalen Rechtes hinaus von dessen materiellen Wirkungen tatsächlich binden lassen. Wenn man jedoch eine Untersuchung anstrengt, die den Kleinstaat in den Mittelpunkt ihrer Bestrebungen stellt, ist es unerlässlich, von einer festen Grundlage für den Begriff Kleinstaat auszugehen. Jedoch wird der Begriff Kleinstaat oft leichtfertig geführt. Autoren und Politiker aus großen, machtpolitisch bedeutsamen Nationalstaaten benutzen ihn gelegentlich abschätzig, Vertreter der kleinen Staaten neigen hingegen zu einer Verklärung der Umstände und schwärmen von der fami-

---

ausgelöst haben, vgl. SÜDDEUTSCHE ZEITUNG vom 5. März 2002 (S. 8) unter dem Titel: *„Land unter: Wegen des steigenden Meeresspiegels droht der Inselstaat Tuvalu zu verschwinden – jetzt will die Regierung die Industrieländer verklagen"*.

8 So titelte die SÜDDEUTSCHE ZEITUNG vom 23. Januar 2002 (S. 9) über den Ständigen Internationalen Strafgerichtshof: *„Völkerrecht schlägt Faustrecht – Wie die Staatenwelt versucht, die Spirale der Gewalt mit internationalen Gerichten zu stoppen"*.

9 Zugänglich etwa auf der Seite des Ständigen Internationalen Strafgerichtshofes http://www.icc-cpi.int/asp.html.

10 In diesem Sinne bereits bei ZSCHOKKE, Das Recht des Kleinstaates, S. 234.

11 Das Verhältnis von Macht und Recht ist nicht nur im Rahmen juristischer Fragestellungen relevant, vielmehr scheint sich darin ein Grundproblem menschlicher Existenz widerzuspiegeln. Aus diesem Grunde beschäftigt sich auch die Soziologie ausgiebig mit diesem Problem. Dazu vgl. beispielsweise die Aufsätze von TRAPPE, Macht und Recht, S. 93 ff.; HIRSCH, Macht und Recht, S. 1 ff.; grundlegend MAX WEBER, Wirtschaft und Gesellschaft, 4. Auflage, 1956.

liären Gemütlichkeit im Kleinstaat[12]. Dabei wird aber meist nicht klargestellt, welche Definition den jeweiligen Ausführungen zugrunde liegt. Es verbleibt in diesem Zusammenhang eine Vielzahl von Fragen: Was überhaupt ist ein Kleinstaat oder was macht ihn aus? Gibt es spezifische Situationen, in denen sich ein Kleinstaat wiederfindet, und, wenn ja, welche sind diese? Welche sind die möglichen und erprobten Handlungsmuster und Instrumentarien, die den Kleinstaat in die Lage versetzen, diese spezifischen Herausforderungen zu meistern, und wie funktionieren sie? Letztlich ist auch die Frage nach der Effektivität dieser Strategien zu stellen, wobei sich aus einer Analyse der Wirksamkeit kleinstaatenspezifischer Reaktionen im Einzelfall unter Umständen Aussagen über das Verhältnis von Macht und Recht in den internationalen Beziehungen zu Beginn des dritten Jahrtausends treffen lassen.

Die Thematik der Kleinstaatlichkeit besitzt aber nicht nur im Zusammenhang mit der Ermittlung der wahren Bedeutung des Rechts in der modernen Staatenwelt eine aktuelle Relevanz, sondern auch im europäischen Kontext ist von gesteigertem Interesse, welche Besonderheiten kleinen staatlichen Einheiten anhaften und welche spezifischen Herausforderungen deren Beteiligung an der internationalen Zusammenarbeit mit sich bringen. Denn spätestens seit der letzten Erweiterungsrunde der Europäischen Union[13], die eine Beschäftigung mit den Aufnahmeanträgen Maltas, Zyperns und der baltischen Staaten erforderlich machte, gilt dies nicht mehr nur für den wissenschaftlichen Diskurs in den kleineren Staaten selbst, der sich aus ureigenstem Interesse mit dem Status des Heimatlandes beschäftigt, sondern für die gesamte europäische Öffentlichkeit. Denn anders als etwa die Vereinten Nationen hat die Europäische Union für sich die Kleinstaatenfrage noch nicht abschließend beantwortet[14].

---

12 Einige Literaturstimmen zur Bewertung der Kleinstaatlichkeit im allgemeinen werden in Kap. 1, A.II. präsentiert.

13 Vgl. Vertrag zwischen dem Königreich Belgien, dem Königreich Dänemark, der Bundesrepublik Deutschland, der Hellenischen Republik, dem Königreich Spanien, der Französischen Republik, Irland, der Italienischen Republik, dem Großherzogtum Luxemburg, dem Königreich der Niederlande, der Republik Österreich, der Portugiesischen Republik, der Republik Finnland, dem Königreich Schweden, dem Vereinigten Königreich Großbritannien und Nordirland (Mitgliedstaaten der Europäischen Union) und der Tschechischen Republik, der Republik Estland, der Republik Zypern, der Republik Lettland, der Republik Litauen, der Republik Ungarn, der Republik Malta, der Republik Polen, der Republik Slowenien, der Slowakischen Republik über den Beitritt der Tschechischen Republik, der Republik Estland, der Republik Zypern, der Republik Lettland, der Republik Litauen, der Republik Ungarn, der Republik Malta, der Republik Polen, der Republik Slowenien und der Slowakischen Republik zur Europäischen Union, der am 16. April 2003 in Athen unterzeichnet wurde und am 1. Mai 2004 in Kraft trat, ABl. der Europäischen Union, Nr. L 236 vom 23. September 2003.

14 Zur Kleinstaatenfrage in der Europäischen Union finden sich Veröffentlichungen in großer Zahl; beispielhaft sei hier verwiesen auf: GSTÖHL, Flexible Integration für Kleinstaaten? – Liechtenstein und die Europäische Union, S. 1 ff.; SACK, Europas Zwerge,

II. Gang und Methode der Untersuchung

Die vorliegende Arbeit will all den eben aufgeworfenen Fragestellungen nachgehen, bedient sich dabei jedoch des Fürstentums Liechtenstein als Demonstrationsprobanden. Dies nicht lediglich zugunsten der Anschaulichkeit, sondern auch weil gerade dieser Kleinstaat, der trotz seiner Zugehörigkeit zur Gruppe der Allerkleinsten der Staatenwelt ein erstaunliches Selbstbewusstsein entwickelt hat, auf vielfältige Weise auf internationaler Bühne aktiv ist und damit zur Überwindung seiner kleinstaatenspezifischen Funktionsnachteile gewissermaßen alle Register zieht. Die Beschäftigung mit der Frage, wie gerade Liechtenstein seine kleinstaatlichen Rechte auf der internationalen Bühne zu verteidigen in der Lage ist, genießt besondere Aktualität angesichts der Entscheidung des IGH im Falle *Certain Property* vom 10. Februar 2005, in der eine Klage des Fürstentums gegen die Bundesrepublik Deutschland als unzulässig abgewiesen wurde[15]. Da wissenschaftliche Arbeiten zum Thema Liechtenstein üblicherweise von liechtensteinischen, schweizerischen oder generell solchen Autoren veröffentlicht werden, die aus unterschiedlichsten Gründen mit dem Fürstentum verbunden sind, erscheint eine solche Analyse gerade aus der Perspektive des *„objektiven"* Auslands als besonders reizvoll. Strukturell entwickelt sich die vorliegende Arbeit thematisch vom Generellen zum Speziellen. Während sich das erste Kapitel mit dem abstrakten Begriff des Kleinstaates befasst, sind die Kapitel 2-4 dem System Liechtenstein im allgemeinen gewidmet, wobei es insbesondere auf die Herausarbeitung der kleinstaatenspezifischen Strategien ankommen soll. Das (Schluss-)Kapitel 5 analysiert die Verteidigung liechtensteinischer Interessen in einem speziellen Problemkreis, wobei besondere Beachtung auf die Effektivität der Strategie gelegt wird.

Kapitel 1 bemüht sich darum, den Inhalt des Begriffes Kleinstaat und seiner Synonyme zu erhellen. Dafür wird zunächst der Gebrauch der Begrifflichkeit im deutschen Sprachraum, aber auch im internationalen Vergleich analysiert. Die Ausarbeitung setzt sich mit den beiden Dimensionen des Kleinstaatenbegriffes auseinander, denn zum Teil will die Literatur im Rahmen des Gesamtbegriffes zwischen *„Mikro-Staaten"* und den übrigen Kleinstaaten unterscheiden. Von herausragender Wichtigkeit ist in diesem Zusammenhang das Verhältnis zwischen der Einordnung eines Gemeinwesens in die Gruppe der *„Mikro-Staaten"* und dessen Staatlichkeit. Als Maßstab für die Abgrenzung der beiden Dimensionen des Kleinstaatsbegriffes werden die in der Literatur vorgeschlagenen Kriterien auf ihre Tauglichkeit zur Differenzierung untersucht. Auf dieser Grundlage soll eine Definition erarbeitet werden, die das Phänomen Kleinstaat umfassend beschreibt. Schließlich sollen Strategien erkannt, dargestellt und analysiert werden, welche die Kleinstaaten gegen

S. 45 ff.; SCHWOK, Théories du „petit État" européen, S. 111 ff.; TCHAKALOFF, La question des micro-États et l'Union européenne, S. 101 ff.

15 International Court of Justice, Case concerning *Certain Property* (Liechtenstein v. Germany), Preliminary Objections, Judgment of 10 February 2005; erhältlich auf: http://www.icj-cij.org.

ihre kleinstaatenspezifischen Nachteile entwickelt haben, bevor das Fürstentum Liechtenstein unter die erarbeitete Definition subsumiert wird.

Kapitel 2 bietet als erstes Kapitel zur Darstellung des Systems Liechtenstein eine kurze Einführung in die besonderen historischen Umstände der Entstehung des Fürstentums, ohne die die spezielle Situation des Kleinstaates in den internationalen Beziehungen im allgemeinen und die Problematik des Kapitel 5 im besonderen nicht verständlich darzustellen wäre. So wird jeweils in einem Unterkapitel zum einen die Entstehung des Fürstentums als eigenständige geographische und politische Einheit dargestellt, zum anderen ein historischer Abriss zur Entwicklung des liechtensteinischen Fürstenhauses gegeben. Da die historische Bedeutung des Geschlechts der Liechtenstein weit über die Grenzen des kleinen Fürstentums hinausgeht, ist das Auseinanderfallen des räumlichen Gewichts des Fürstenhauses als Identifikationsaspekt einerseits und des Fürstentums selbst als Gebietsaspekt andererseits zu erläutern. Diese Inkongruenz zwischen dem Einflussgebiet der Dynastie und den Grenzen des Fürstentums, welche über Jahrhunderte die Realität Liechtensteins entscheidend geprägt hat, gilt es darzustellen; dabei wird auch die historische Rolle der Fürstenfamilie in Österreich und in den Ländern der Wenzelskrone erklärt.

Kapitel 3 beschäftigt sich mit der Staatlichkeit Liechtensteins als Voraussetzung für die völkerrechtliche Teilnahme an den internationalen Beziehungen. Grundlage der Ausführungen ist dabei die anerkannte Drei-Elemente-Lehre, wobei der Schwerpunkt bei dem Element der Staatsgewalt liegen wird. Das Völkerrecht verlangt für die Staatlichkeit eines Gebietes die Souveränität der Staatsgewalt. Die vorliegende Arbeit bietet an dieser Stelle eine ausführliche Darstellung zum Begriff der Souveränität, welcher eine Erläuterung der historischen Entwicklung der Begrifflichkeit vorangestellt ist. Auf der Grundlage dieser definitorischen Vorarbeit wird die Entwicklung der Souveränität des Fürstentums in der Geschichte untersucht, wobei letztlich vier Epochen beleuchtet werden: die Zeit nach der Entstehung Liechtensteins als eigenständige politische Einheit im Jahre 1719, die Jahre des Rheinbundes, sowie des Deutschen Bundes und die Periode der Anlehnung an das k&k-Reich. Im Rahmen der anschließenden Analyse der Souveränität des Fürstentums in der Gegenwart wird auf drei Problemkreise abgestellt:: die fehlende Verteidigungsfähigkeit des Fürstentums bzw. dessen Neutralität, die vertraglichen Bindungen an die Schweiz und die Teilnahme Liechtensteins an der multilateral-internationalen Zusammenarbeit. Bezüglich des letztgenannten Komplexes wird insbesondere der Frage nachgegangen, wie sich die Teilnahme am Europäischen Wirtschaftsraum (EWR) auf die liechtensteinische Souveränität ausgewirkt hat. Anschließend wird unter dem Gesichtspunkt der inneren Souveränität ein kurzer Blick auf die Verfassungswirklichkeit im Fürstentum und deren Bedeutung für die Handlungsfähigkeit des Landes in den internationalen Beziehungen geworfen. Zum Abschluss des Kapitels werden in der Literatur diskutierte Voraussetzungen der Staatlichkeit behandelt, die über die Drei-Elemente-Lehre hinausgehen.

Das 4. Kapitel stellt die Handlungsinstrumentarien dar, mit denen das Fürstentum seine kleinstaatenspezifischen Funktionsnachteile auszugleichen sucht, wobei bewertet werden soll, in welchem Umfang es dem Kleinstaat gelungen ist, diesen Ausgleich auch wirklich zu leisten. Letztlich werden vier Strategien erläutert: die Neutralität, die bilaterale Anbindung an den Nachbarstaat (insofern kann auf die Vorarbeit in Kapitel 3 zurück gegriffen werden), die Möglichkeit der Inanspruchnahme internationaler Gerichtsbarkeit und vor allem die Mitgliedschaft in internationalen Organisationen. Bezüglich der letztgenannten Strategie erfolgt eine um Vollständigkeit bemühte Analyse der Einbindung des Fürstentums in die internationale Zusammenarbeit. Dabei wird unterschieden zwischen der Mitgliedschaft in Spezialorganisationen und –organen (wie dem Weltpostverein etc.), der Teilnahme an der Europäischen Integration im weiteren (OSZE, Europarat) wie im engeren Sinne (EWR) und in Organisationen von weltumspannender Bedeutung (VN, WTO). Alle Mitgliedschaften werden auf ihre Auswirkungen auf den Status des Fürstentums sowie auf die konkreten Funktionsdefizite untersucht. Außerdem erfolgt eine ausführliche Analyse der Möglichkeiten und Aussichten für eine zukünftige Teilnahme an der Europäischen Integration, wobei der Beitritt zur EU als besonderer Schritt diskutiert wird. Hinsichtlich der Strategie der Neutralität wird im Rahmen der Darstellung des Wesens der Neutralität auch deren Bedeutung für das Privatvermögen der Staatsangehörigen neutraler Staaten im Kriegsfall dargestellt. Darüber hinaus wird die durch das Fürstentum gewählte Neutralitätsform ermittelt und die Effektivität der liechtensteinischen Neutralität in den beiden Weltkriegen behandelt. In Bezug auf die Inanspruchnahme internationaler Gerichtsbarkeit durch das Fürstentum sowie auch zum Teil durch seine Staatsbürger werden Möglichkeiten für Klagen und Beschwerden vor dem IGH, dem EGMR, sowie auf der Ebene des EWR als auch der Welthandelsorganisation präsentiert. Dabei wird besonderes Gewicht auf die Frage der Durchsetzbarkeit der gerichtlichen Entscheidungen gelegt.

In Kapitel 5 soll schließlich anhand des liechtensteinischen Versuchs der Bewältigung seiner Kriegsfolgeschäden dargestellt werden, wie liechtensteinische Interessen in einem bestimmten Problemkreis verteidigt wurden bzw. werden. Nach einer kurzen Einführung zu den im Zusammenhang mit den beiden Weltkriegen des vergangenen Jahrhunderts von Liechtensteiner Staatsbürgern erlittenen Einbußen an geldwerten Gütern und Positionen werden die auf Grund dessen getätigten Maßnahmen beleuchtet. Dabei werden die folgenden Vorgänge dargestellt: die Klageerhebung Liechtensteins vor dem Internationalen Gerichtshof im Fall Nottebohm[16], die Klagen des Vaters des aktuellen Fürsten vor tschechoslowakischen Gerichten gegen die Konfiskationen auf der Grundlage der sog. Beneš-Dekrete[17],

---

16 I.C.J. Pleadings, *Nottebohm Case* (Liechtenstein v. Guatemala), Bd. I, S. 1 ff.; Entscheidung des Gerichtshofes vom 18. November 1953, I.C.J. Reports 1953, S. 111 ff.

17 Entscheidung des Landesnationalausschusses in Brno vom 16. Januar 1946 (Gz. 86/VIII 26-1946); Urteil des Verwaltungsgerichts Bratislava vom 21. November 1951 (Gz.

das Verhalten des Fürstentums im Zusammenhang mit dem Beitrittsgesuch der Tschechischen Republik zum Europäischen Wirtschaftsraum und die verschiedenen Klagen und Beschwerden sowohl des Fürsten als auch des Fürstentums im Zusammenhang mit dem sog. *„deutsch-liechtensteinischen Bilderstreit"*[18]. Im Anschluss werden die im Rahmen der Bewältigung der Kriegsfolgeschäden relevant gewordenen kleinstaatenspezifischen Funktionsdefizite anhand der begrifflichen Vorgaben aus Kapitel 1 analysiert und die ergriffenen Maßnahmen in die Systematik der in Kapitel 4 abstrakt herausgearbeiteten liechtensteinischen Handlungsinstrumentarien im Kampf gegen die kleinstaatenspezifischen Nachteile eingeordnet. Die Grenzen der vom Fürstentum angewandten kleinstaatenspezifischen Strategien sollen hauptsächlich dadurch ausgelotet werden, dass die genannten gerichtlichen Entscheidungen auf ihre rechtliche Vertretbarkeit untersucht werden. Nur wenn die Begründungen der Gerichte mit materiellem und prozessualem Völkerrecht in Einklang stehen, kann ausgeschlossen werden, dass die liechtensteinische Kleinstaatlichkeit eine Rolle für den Ausgang der Verfahren gespielt hat. Hinsichtlich des liechtensteinischen Vorgehens im Rahmen der EWR-Osterweiterung muss diesbezüglich eine freie Wertung erfolgen. Da jedoch andererseits ein Abweichen der Gerichte in den benannten Verfahren vom materiellen Völkerrecht nicht automatisch mit der Kleinstaatlichkeit des Fürstentums erklärt werden kann, muss, falls derartige Fehlurteile festgestellt werden, ermittelt werden, ob auch andere Aspekte identifiziert werden können, welche die Entscheidung der Gerichte zu erklären vermögen. Auf der Grundlage dieser Vorarbeit soll abschließend versucht werden, die tatsächliche Bedeutung der Kleinstaatlichkeit des Fürstentum für die weitgehende Erfolglosigkeit der bezüglich der Kriegsfolgeschäden unternommenen Maßnahmen zu ermitteln. Zudem soll geprüft werden, ob hinsichtlich der untersuchten Maßnahmen für den Verlauf des letzten Jahrhunderts eine Veränderung der Effektivität festgestellt werden kann.

138/46-5).

18 Urteil des LG Köln vom 10. Oktober 1995 (Aktenzeichen 5 O 182/92, veröffentlicht in IPRax 1996, S. 419ff.); Urteil des OLG Köln vom 9. Juli 1996, Aktenzeichen 22 U 215/95, veröffentlicht in: VIZ 1998, S. 213 ff., ROW 1998, S. 242 ff.; Beschluss des BGH vom 25. September 1997, Aktenzeichen II ZR 213/96; Beschluss des BVerfG vom 28. Januar 1998, Aktenzeichen 2 BvR 1981/97, veröffentlicht: VIZ 1998, S. 202; NJW 1998, S. 1700; IPRax 1998, S. 482; AVR, Band 36, 1998, S. 198; Urteil des EGMR vom 12. Juli 2001, *Prince Hans-Adam II of Liechtenstein v. Germany* [GC], No. 42527/98, ECHR Reports 2001-VIII, S. 1 ff.; deutsche Übersetzung in EuGRZ 28 (2001), S. 466 ff. = NJW 56 (2003), S. 649 ff.; Abdruck in englischer Sprache in AVR 40 (2002), S. 243 ff.; International Court of Justice, Case concerning *Certain Property* (Liechtenstein v. Germany), Preliminary Objections, Judgment of 10 February 2005; erhältlich auf: http://www.icj-cij.org.

Kapitel 1: Der Begriff des Kleinstaates

Der Kleinstaat wird in der juristischen Literatur wenig, wenn nicht sogar stiefmütterlich behandelt. In den Registern der meisten völkerrechtlichen Lehrbücher sucht man den Begriff vergeblich[19]. Die Behauptung, die Rechtswissenschaft zöge im Gegensatz zu den Naturwissenschaften, die sich *„...mit besonderer Hingabe und Liebe..."* den Mikrostrukturen widmen, die Beschäftigung mit den *„...großen Tieren..."* vor[20], scheint nicht völlig aus der Luft gegriffen zu sein. Dieses Desinteresse beschränkt sich jedoch in der Regel auf Autoren, die in größeren Ländern ansässig sind, während der Kleinstaat als Gegenstand wissenschaftlicher Betrachtung in der Fachliteratur kleinerer Staaten auf Grund eigener Betroffenheit immer wieder thematisiert wird[21]. Dabei ist es aus zwei Gründen wünschenswert, dass sich auch die Literatur in den großen Nationalstaaten mit dem Begriff des Kleinstaates auseinandersetzt. Zum einen treten am Beispiel von kleinen Staaten gewisse Zusammenhänge deutlicher hervor als am Beispiel von Großmächten, so dass sich der Kleinstaat auf Grund der Übersichtlichkeit der Umstände hervorragend als Forschungsobjekt eignet. Zum anderen sollte es nicht den Autoren der kleinen Staaten allein überlassen werden, den Status ihrer Heimatländer zu beleuchten, da sie nicht immer in der Lage sein werden, die kleinstaatlichen Umstände, in denen sie selbst leben, objektiv zu bewerten.

A. Der Kleinstaat in Geschichte und Literatur

Ohne an dieser Stelle der Kleinstaats-Definition vorzugreifen, soll zunächst die Rolle der Kleinstaaten in der Historie analysiert werden. Anschließend wird die Bandbreite der Bewertungen der Kleinstaatlichkeit in der Literatur aufgezeigt.

---

19 Vgl. nur EPPING in: IPSEN, Völkerrecht, § 5, Rn. 36 ff., der als einer der wenigen deutschen Autoren dem Begriff des Kleinstaates überhaupt eine eigene Überschrift widmet, sich dann aber auf wenige Zeilen beschränkt und eine Definition des Begriffes erst gar nicht versucht; RATON, Liechtenstein, S. 13, erkennt die hier behauptete allgemeine Affinität zur Größe ebenfalls und verweist deshalb ausdrücklich – seine eigene Beschäftigung mit dem Fürstentum Liechtenstein gewissermaßen verteidigend – auf die Faszination der Kleinheit: *„Unsere Aufmerksamkeit wird von großen Gemälden leichter als von Miniaturen gefesselt, obwohl diese kleinen Kunstwerke oft bezaubernd sind und mit großer Liebe hergestellt wurden. Ähnliches gilt auch für Staaten."*

20 So KÄGI, Der Kleinstaat in Geschichte und Gegenwart, S. 13.

21 So mag es nicht überraschen, dass das Gros der einschlägigen Veröffentlichungen in deutscher Sprache auf schweizerische, österreichische und liechtensteinische Wissenschaftler zurückgeht. Besonders deutlich ist das bei den Monographien, die sich ausschließlich mit dem Thema Kleinstaat auseinandersetzen: vgl. z. B. SEILER, Kleinststaaten im Europarat; RIKLIN / WILDHABER / WILLE (Hrsg.), Kleinstaat und Menschenrechte, Festschrift für Batliner; WASCHKUHN (Hrsg.), Kleinstaat – Grundsätzliche und aktuelle Probleme; FLEINER, Die Kleinstaaten in den Staatenverbindungen.

I. Die Bedeutung kleiner und großer Staaten in der Geschichte

Der Kleinstaat ist keine ausschließliche Erscheinung der Moderne, sondern ein zeitloses Phänomen. Ein Nebeneinander von großen und kleinen Einheiten gab es in in allen Epochen.

1. Die Antike

Im Altertums erleben beide Pole der möglichen Variationsbreite in Bezug auf die Größe eines Staatsgebildes ihre Blütezeiten. Zunächst bildet die antike Polis die Grundlage für das griechische Staatenwesen. Der Stadtstaat entsprach der aristotelischen Vorstellung, wonach eine „...*Vereinigung von mehreren Dörfern...*“[22] als Idealstaat anzusehen war. Diese frühe Form der Kleinstaatlichkeit ermöglichte den berühmten Philosophen der Antike, sich grundlegende Gedanken über die diversen Staatsformen zu machen; die „...*Auseinandersetzung mit dem Gelingen und Scheitern der verschiedenen Verfassungen...*“, letztlich also das Experimentieren am konkreten Fall, erlaubte den griechischen Staatsdenkern, sich ein politisches und staatsrechtliches Grundwissen anzueignen, von dessen Inhalten die Rechtswissenschaft noch heute zehren kann[23]. Den absoluten Gegensatz zur griechischen Polis stellt das Römische Reich der Spätantike dar, welches angesichts seiner schieren Größe nur als Weltreich bezeichnet werden kann. Dieser „...*Großstaat (...) in der Form einer Einheitsmonarchie...*“[24] hatte sich in fast kontinuierlicher Folge aus einem Stadtstaat entwickelt und umfasste zur Zeit seiner Blüte den gesamten Mittelmeerraum und Westeuropa.

2. Das Mittelalter

Die Antike endete mit dem Niedergang und der Dismembration des Römischen Reiches. Diese Desintegration sollte wieder Freiräume schaffen, die Möglichkeiten für eine kleinstaatliche Existenz bieten würden[25]. Im Mittelalter war die europäische Landkarte geprägt durch adelige Erbteilung, wechselnde Lehensverhältnisse und Heiratspolitik, was zu einer Zersplitterung des aristokratischen Grundbesitzes führte. KÄGI[26] bezeichnet den Kleinstaat deshalb als „...*die natürliche Lebensform des Mittelalters...*“. HROCH[27] überlegt, den Kleinstaat deshalb als die „...*Urform der europäischen Geschichte...*“ zu erkennen, sieht dies jedoch dann als „...*unzulässige Verallgemeinerung...*“ an. Allerdings gehört ihm zufolge die Kleinstaatlichkeit zu den „...*Normalerscheinungen der internationalen Beziehungen...*“ dieser Zeit. Aber schon im Mittelalter setzt das Phänomen der Herausbildung von Nationalstaaten ein, die durch den „...*Zusammenschluss von Kleinstaaten...*“ als „...*Produkt der Zentralisierung des*

---

22 Vgl. SCHLAPP, Ohne drohende Gebärde, S. 111.

23 KÄGI, Der Kleinstaat in Geschichte und Gegenwart, S. 18.

24 KÄGI, Der Kleinstaat in Geschichte und Gegenwart, S. 18.

25 Vgl. KÄGI, Der Kleinstaat in Geschichte und Gegenwart, S. 18.

26 KÄGI, Der Kleinstaat in Geschichte und Gegenwart, S. 19.

27 HROCH, Der Kleinstaat in der europäischen Geschichte, S. 236.

Feudalstaates..." entstehen. Diese Entwicklung beschränkt sich jedoch auf England, Spanien und Frankreich, weshalb in der Folge über Jahrhunderte „...*Gebiete mit überwiegenden Anteil an Kleinstaaten...*", wie etwa der deutschsprachige Raum, mit den zentralisierten Großmonarchien konkurrieren mussten[28].

Die kleinen Einheiten vermochten jedoch in vielen Fällen den Nachteil eingeschränkter militärischer Macht durch eine modernere Wirtschaftsordnung auszugleichen. Während die Umstände in der Feudalherrschaft mit Leibeigenschaft und Frondiensten den Menschen wenig Entfaltungsfreiraum ließen, gingen die „...*entscheidenden Initiativen...*" im kulturellen, wirtschaftlichen und auch politischen Bereich – verstärkt gegen Ende des Mittelalters – „...*vom städtischen Bürgertum der Kleinstaaten aus...*" („*Stadtluft macht frei!*"); getragen vor allem vom ökonomischen Erfolg des Wirtschaftsmodells Stadt, kommt „...*es (...) zu einer Blüte der städtischen Kleinstaaten in Italien (...), in Flandern, im Rheinland, in den Hafenstädten der Nord- und Ostseeküste...*"[29]. Um der einsetzenden Herausbildung von größeren Herrschaftsverbänden machtpolitisch entgegenwirken zu können, schließen sich viele der kleinen Einheiten zu Allianzen zusammen. So ist die Kleinstaatenallianz im Italien des 14. bzw. 15. Jahrhunderts der „...*Normalfall...*"[30]; ein berühmtes Beispiel aus dem nördlichen Europa bietet die Hanse[31]. In den meisten Fällen sollten diese Vereinigungen aber nicht dauerhaft in der Lage sein, sich gegen die später aufkommende Hegemonie der Großmächte durchzusetzen. Als eine Ausnahme mag dabei der Zusammenschluss der nordniederländischen Provinzen gelten[32], der zur Ausbildung einer gemeinsamen Identität führte und später in den Staat der Niederlande mündete.

3. Vom Beginn der Neuzeit bis zum Zweiten Weltkrieg

Zunächst blieb es bei der Zweiteilung Europas in Regionen, die vom Kleinstaat dominiert wurden, und solchen, in denen sich bereits große Nationalstaaten herausgebildet hatten. Erst unter der hegemonialen Machtausübung Napoleons kam es zur Beseitigung vieler kleiner staatlicher Bebilde. In der Heiligen Allianz war „...*zum ersten Mal (...) ein Europa der Großmächte...*" zu erkennen[33]. Die Idee des Großstaates setzte sich aber in Europa allgemein erst im 19. Jahrhundert durch, als „...*sich die klassischen Gebiete der Kleinstaaterei mit dem Fürsten als typischen Repräsentanten in den deutschen und italienischen Nationalstaat...*" verwandelten[34]. KÄGI bezeichnet den

28 HROCH, Der Kleinstaat in der europäischen Geschichte, S. 237.

29 KÄGI, Der Kleinstaat in Geschichte und Gegenwart, S. 19.

30 HROCH, Der Kleinstaat in der europäischen Geschichte, S. 237.

31 KÄGI, Der Kleinstaat in Geschichte und Gegenwart, S. 19.

32 HROCH, Der Kleinstaat in der europäischen Geschichte, S. 237.

33 KÄGI, Der Kleinstaat in Geschichte und Gegenwart, S. 20.

34 HROCH, Der Kleinstaat in der europäischen Geschichte, S. 237.

Großstaat als *„...beherrschende Macht der Neuzeit...“*[35]. Die Tendenz zu großen Einheiten wurde durch den einsetzenden kolonialen Wettlauf der europäischen Mächte um die Vorherrschaft in der Welt verstärkt und gewann dadurch einen globalen Charakter. Hatten Italien und Deutschland diese Entwicklung zunächst über Jahrhunderte hinweg auf Grund ihrer Geschichte unbeteiligt beobachten müssen, standen die beiden Länder nach ihrer nationalstaatlichen Einigung den klassischen Kolonialstaaten in ihrem imperialistischen Streben in nichts nach.

Insgesamt lässt sich festhalten, dass vom Beginn der Neuzeit bis zum *„...ausgehenden 19. Jahrhundert eine deutliche Tendenz zur Entstehung immer größerer Nationalstaaten zu verzeichnen war“*[36], die jedoch mit dem Ausgang des ersten Weltkrieges ihren ersten deutlichen Rückschlag erlitten hat. Österreich-Ungarn überlebte das Jahr 1918 nicht; es zerbrach wie das Osmanische Reich in eine Vielzahl von kleinen Staaten. Damit hatte der Drang zum Großstaat aber keinesfalls nachgelassen. Vielmehr sollten pervertierte Großmachtphantasien des nationalsozialistischen Deutschlands (*„Großdeutschland“*) die Welt ein zweites Mal in eine globale kriegerische Auseinandersetzung führen.

4. Die Zeit nach dem Zweiten Weltkrieg

Nach der historischen Katastrophe von Weltkrieg und Holocaust versuchten einige Autoren, die das Übel der Weltgeschichte in der *„bigness“* vieler Staaten sahen, eine Renaissance des Kleinstaates zu propagieren. KÄGI bezeichnet diese Ansätze als eine *„...Art neuer Erbsündenlehre für den Bereich des Politischen...“*[37]. Diese theoretischen Versuche, die historische Entwicklung hin zur Großmacht aufzuhalten, entsprachen freilich nicht der Realität. Nach der Blockbildung während des Kalten Krieges schien es überhaupt nur noch zwei Machtpole auf dem Globus zu geben; die Staaten der Völkergemeinschaft hatten sich in Bezug auf die Supermächte Sowjetunion und Vereinigte Staaten von Amerika formiert. Kleinstaatliche Unabhängigkeit hatte vermutlich nie weniger Raum als in diesem zeitlichen Abschnitt. Einige Autoren hatten für das Dritte Jahrtausend christlicher Zeitrechnung schon *„...das Erscheinen eines ‚Weltstaats‘...“* vorhergesagt[38].

---

[35] KÄGI, Der Kleinstaat in Geschichte und Gegenwart, S. 19.

[36] GESER, Die neue Weltordnung, S. 202.

[37] KÄGI, Der Kleinstaat in Geschichte und Gegenwart, S. 11/12, verweist auf *„...eine der radikalsten Stellungnahmen und Apologien...“* in diesem Zusammenhang: LEOPOLD KOHR, The breakdown of nations, London/New York, 1957; Die Überentwickelten oder die Gefahr der Größe, 1962; Weniger Staat, 1965.

[38] GESER, Die neue Weltordnung, S. 203, verweist auf die *„Diagnose zahlreicher Evolutionisten, die seit dem Neolithikum einen konsistenten Trend zur Herausbildung immer umfangreicherer politischer Herrschaftsgebilde zu erkennen glauben und für das nächste Jahrtausend deshalb das Erscheinen eines Weltstaats prognostizierten“*.

Andererseits hat sich weltweit die Anzahl unabhängiger Staaten seit dem Zweiten Weltkrieg stetig vermehrt. Hauptgrund dafür ist die sich seit 1945 abzeichnende Dekolonialisierung, die die Weltgemeinschaft mit einer *„...sprunghaft anwachsende(n) Zahl...“*[39] von neugegründeten Kleinstaaten konfrontierte. Der Niedergang der sowjetischen Macht führte dann zudem in den 90er Jahren des 20. Jahrhunderts zu einer zusätzlichen kleinstaatlichen Gründungswelle in Ost- und Mitteleuropa. Nicht nur die Sowjetunion selbst hat sich aufgelöst, sondern auch ihre Satellitenstaaten zeigten verstärkt Zerfallserscheinungen. So haben Tschechen und Slowaken friedlich beschlossen, getrennte Wege zu gehen, während sich Jugoslawien im Verlauf eines zerstörerischen Bürgerkrieges in mehrere kleine Einheiten aufgespalten hat[40]. Zu diesen Entwicklungen kommt noch die Tatsache, dass einige Staaten der westlichen Hemisphäre, die bisher als durchaus stabil angesehen wurden, Tendenzen der Aufspaltung aufzeigen[41]. Die Wissenschaft spricht im Zusammenhang mit den neuerdings wieder zunehmenden Kleinstaatenzahlen von einer neuen *„Re-Emergenz“*[42] bzw. *„Proliferation“*[43] des Kleinstaates.

5. Zusammenfassung

Insgesamt steht damit fest, dass im Überblick über die europäische Geschichte kein durchgehender Trend zur Bildung von Großstaaten zu erkennen ist. Vielmehr hat sich die Entwicklungsrichtung mehrmals umgekehrt. Die Kleinstaatlichkeit der Polis geht im Altertum langsam auf das römische Weltreich über, welches anschließend wieder zerfällt. Der kleinstaatliche Flickenteppich des beginnenden Mittelalters verändert sich bis zum Ende des 19. Jahrhunderts zum waffenstarrenden Europa der Nationalstaaten. Im 21. Jahrhundert zeichnet sich wiederum eine Trendumkehr ab. Kleinstaaten hat es dennoch zu jeder Zeit der Geschichte gegeben. GESER sieht deshalb den Kleinstaat als *„...überhistorisches Universalphänomen...“*[44].

---

39 FANGER, Die Verwaltung 1981, S. 69; zum Zusammenhang von Dekolonialisierung und Kleinstaatlichkeit ebenso: EHRHARDT, Mikrostaat, S. 1; GESER, Die neue Weltordnung, S. 202; SEILER, Kleinststaaten im Europarat, S. 8.

40 Vgl. SACK, Europas Zwerge, S. 45; GESER, Die neue Weltordnung, S. 202; HÄBERLE, Die Verwaltung 1992, S. 11.

41 GESER, Die neue Weltordnung, S. 202, nennt hier als Beispiele Kanada und Belgien. Beide Staaten leiden unter der Heterogenität ihrer Bevölkerung. Während die Aufspaltung Belgiens auf Grund der Mitgliedschaft des Landes in der Europäischen Union als sehr unwahrscheinlich gelten dürfte, haben sich die Autonomiebestrebungen der frankophonen Bevölkerung Kanadas bereits in einem Plebiszit konkretisiert, das auf Abtrennung Quebecs vom restlichen Kanada gerichtet, jedoch im Ergebnis erfolglos war.

42 KRAMER, Kleinstaaten-Theorie und Kleinstaaten-Außenpolitik, S. 249.

43 GESER, Ausgangspunkte zu einer Soziologie kleiner Staaten, S. 42.

44 GESER, Ausgangspunkte zu einer Soziologie kleiner Staaten, S. 41.

II. Unterschiedliche Bewertung der Kleinstaatlichkeit in der Literatur

Dieses überhistorische Universalphänomen hat verschiedene Autoren veranlasst, sich in recht emotionaler Weise zu äußern. Die Bewertungen reichen von harscher Ablehnung bis hin zu verzückter Anhängerschaft.

1. Negative Stimmen

Manche Autoren sehen den Kleinstaat ausschließlich negativ als Form des Zusammenlebens, die geprägt ist sowohl durch Rückständigkeit als auch durch einen in beängstigender Weise begrenzten Horizont der politisch handelnden Klasse (*„Kirchturmpolitik"*). Das Schlagwort *„Kleinstaaterei"* wird vor dem Hintergrund der Situation der deutschen Kleinstaaten vor der Begründung des Deutschen Reiches zum Schimpfwort[45]. Diese pejorative Sicht der Kleinstaatlichkeit kann beispielhaft deutlich gemacht werden an einem Zitat, das HÄBERLE[46] einem FREIHERRN VOM STEIN zuschreibt, der als Haupteigenschaften der Kleinstaaten folgendes sah: *„die Verengung des Blicks, die Lähmung des Charakters, das Kleinliche und Spießbürgerliche in ihnen, das Fehlen großer allgemeiner Interessen und als Folge davon das Mangeln des Gemeingeistes, der gründlichen politischen Bildung, der großen öffentlichen Meinung, des umfassenden praktischen Verstandes"*. Die negative Konnotation des Begriffes der *„Kleinstaaterei"* hat sich bis in die heutige Zeit erhalten.

2. Positive Stimmen

Andererseits finden sich viele Stimmen, die den Kleinstaat als ideale Staatsform darstellen. Sie propagieren das Bild einer Idylle, eines *„...Refugium(s) (...), das dem Individuum Schutz und Identifikationsmöglichkeiten gewährt..."*[47]. Schon MONTESQUIEU[48] sah die Kleinstaatlichkeit als optimale Voraussetzung (zumindest) für eine Republik: *„Dans une petite (république), le bien public est mieux senti, mieux connu, plus près de chaque citoyen; les abus y sont moins étendus, et par conséquent moins protégés"*. Für JEAN-JACQUES ROUSSEAU, selbst Bürger des zu seinen Lebzeiten unabhängigen Stadtstaates Genf (*„citoyen de Genève"*), war der republikanische Kleinstaat *„...das normative Modell seines politischen Denkens..."*[49]. Als Ideal hatte er *„...möglichst autarke Stadtstaaten oder Bauernrepubliken..."* vor Augen, die *„..., bedürfnislos, von stabilen Sitten und Bräuchen zusammengehalten..."* werden, denn ROUSSEAU zufolge könne nur in solchen Ge-

---

45 KÄGI, Der Kleinstaat in Geschichte und Gegenwart, S. 40-42, schildert anschaulich die angesprochenen Gefahren der Kleinstaatlichkeit.

46 HÄBERLE, Der Kleinstaat als Variante des Verfassungsstaates, S. 156; wahrscheinlich ist der preußische Staatsmann KARL REICHSFREIHERR VOM UND ZUM STEIN (1757-1831) gemeint.

47 So KREILE / MICHALSKY, Kleinstaaten im Prozeß der europäischen Integration, S. 229, die jedoch diese Aussage in der Folge wieder relativieren.

48 Zitiert nach SALADIN, Kleinstaaten mit Zukunft?, S. 136, Fn. 9.

49 KALTENBRUNNER, Lob des Kleinstaates, S. 170.

meinschaften „...*eine demokratische Ordnung funktionieren und die Trennung zwischen Privatmensch und Staatsbürger, Subjekt und Objekt der Regierung aufgehoben werden...*"[60]. In dieselbe Kerbe schlägt etwa ein Jahrhundert später auch JACOB BURCKHARDT mit folgender, oft zitierter Aussage, die schon deshalb als „*Klassikertext*"[61] zum Kleinstaatsbegriff bezeichnet werden kann: „*Der Kleinstaat ist vorhanden, damit ein Fleck auf der Welt sei, wo die größtmögliche Quote der Staatsangehörigen Bürger im vollen Sinne sind...*"[62]. „*Denn der Kleinstaat hat überhaupt nichts als die wirkliche tatsächliche Freiheit...*"[63]. Aber auch moderne Autoren setzen das Lob des Kleinstaates fort. FRANZ GSCHNITZER sieht die Stärke des Kleinstaat darin, dass dort „...*Staatsbewusstsein und Heimatgefühl...*" eine Einheit bildeten, „...*(d)er Bürger...*" im Kleinstaat „...*es mit Personen, nicht mit Ämtern zu tun...*" habe. Deshalb wird er „...*sich ganz anders als im Großstaat als mitbestimmend fühlen...*"[64]. Auch SALADIN, der ansonsten eher kritisch mit dem Begriff des Kleinstaates umgeht, bezeichnet es als „...*Chance des Kleinstaates...*", dass er es „...*vermag, weil er örtlich so eng begrenzt ist, weil er einen kleinen Ort umschließt in besonderer Weise, und zwar eben als ganzer, für seine Bewohner und Bewohnerinnen Heimat zu sein*"[65].

3. Zusammenfassung

Ob man nun den Gegnern des Kleinstaates vorwerfen mag, sie betrieben „...*Größenkult...*"[66], oder man bezichtigte die Anhänger der Kleinstaatlichkeit der Tagträumerei: es steht fest, dass die meisten der wertenden Aussagen über den Kleinstaat weltanschaulich vorgeprägt sind; die politische Realität des Staates, in dem der Autor lebt, und die historischen Zusammenhänge bestimmen seine Selbstverständlichkeiten. Während ROUSSEAU als Bürger der „*kleinsten Republik Europas*" als Verfechter der Kleinstaatlichkeit auftrat, sah VOM STEIN als Staatsmann der aufstrebenden Regionalhegemonialmacht Preußen die Vorteile im Großstaat. Schon auf Grund dieser großen Gegensätze und der Emotionalität der Auseinandersetzung ist es erstrebenswert, mit einer objektiven Begriffsdefinition eine tragfähige Kommunikationsgrundlage zu schaffen.

50 KALTENBRUNNER, Lob des Kleinstaates, S. 171.

51 So jedenfalls HÄBERLE, Der Kleinstaat als Variante des Verfassungsstaates, S. 154.

52 Zitiert nach SALADIN, Kleinstaaten mit Zukunft?, S. 137.

53 KALTENBRUNNER, Lob des Kleinstaates, S. 171, der auf JACOB BURCKHARDT, Weltgeschichtliche Betrachtungen, Pfullingen, o. J., S. 59 f., 130 f. verweist.

54 GSCHNITZER, Lebensrecht und Rechtsleben des Kleinstaates, S. 52.

55 SALADIN, Kleinstaaten mit Zukunft?, S. 149.

56 Selbigen will ROTHSCHILD, Liechtenstein ist ein kleiner Staat – na und?, S. 30, als grundsätzliches Malheur bei der Bewertung von Staatswesen erkannt haben.

B. Definitionsversuch des Begriffs des Kleinstaates

Eine fest umrissene Begrifflichkeit ist darüber hinaus jedoch unerlässlich, wenn das Phänomen der Kleinstaatlichkeit mit wissenschaftlichem Anspruch untersucht werden soll. Will man nachvollziehbare Ergebnisse hinsichtlich des Verhältnisses zwischen der – wie auch immer gearteten – Kleinheit eines Staates und den Besonderheiten seiner Rolle in der Staatengemeinschaft erreichen, sollte die Gruppe, die den Untersuchungsgegenstand bildet, möglichst sicher abgrenzbar sein.

I. Terminologische Feststellungen

Zur Erarbeitung einer Definition des Begriffes des Kleinstaates soll zunächst an Vorhandenem angesetzt werden. In diesem Sinne soll der Gebrauch des Begriffes in der wissenschaftlichen Literatur untersucht werden.

1. Die unterschiedlichen Ansätze zum Kleinstaatsbegriffes

Bei der Lektüre der einschlägigen Literatur sticht sehr bald ins Auge, dass der Gebrauch des Begriffs des Kleinstaates oft von terminologischen Unsicherheiten begleitet wird. Während einige Autoren den Begriff unkritisch verwenden und unter *„Kleinstaat"* schlicht *„kleine Staaten"* verstehen[57], unterscheidet die Mehrzahl der Beiträge in der Literatur zwischen zwei Größenordnungen von kleinen Staaten, nämlich zwischen *„kleineren"* und *„kleinsten"* Staaten[58]. Im Rahmen dieser Unterscheidung kommt es nun aber zu einer unterschiedlichen Verwendung des Begriffes *„Kleinstaat"*. Teilweise wird er ausschließlich auf die erste der beiden genannten Kategorien angewandt, während für die zweite Kategorie eigene Begrifflichkeiten geriert werden[59]. Damit bleibt Raum für *„Kleinstaat"* nur noch im Bereich der Staaten, die größer sind als die *„kleinsten"* Staaten und kleiner als jene, die nicht mehr als *„kleinere"* Staaten bezeichnet werden können. In einigen wenigen Veröffentlichungen wird jedoch – wohl aber eher aus Unachtsamkeit – genau der entgegengesetzte Weg eingeschlagen, indem das Wort *„Kleinstaat"* verwendet wird, obwohl ausschließlich die *„kleinsten"* Staaten behandelt werden[60]. Für die Masse der Auto-

---

57 So ausdrücklich HÄBERLE, Die Verwaltung 1992, S. 11; GSCHNITZER, Lebensrecht und Rechtsleben des Kleinstaates, S. 22, der dem *„Kleinstaat"* lediglich die Begriffe *„Super-"*, *„Groß-"* und *„Mittelstaat"* entgegenstellt; ZSCHOKKE, Das Recht des Kleinstaates, S. 234.

58 So wörtlich: GESER, Die neue Weltordnung, S. 202.

59 Vgl. beispielsweise KÄGI, Der Kleinstaat in Geschichte und Gegenwart, S. 14, der für die *„kleinsten"* Staaten den Begriff *„Zwergstaat"* benutzt.

60 Beispielsweise definiert HÄBERLE, Der Kleinstaat als Variante des Verfassungsstaates, S. 129, *„Kleinstaaten"* als solche, die über nicht mehr als 500 000 Einwohner verfügen. Aus der an der einschlägigen Stelle genannten Literatur wird aber ersichtlich, dass der Autor wohl die *„kleinsten"* Staaten meint; auf diesen Fehler weist SALADIN, Kleinstaaten mit Zukunft?, S. 136, Fn. 8 ausdrücklich hin. EPPING überschreibt in IPSEN, Völkerrecht,

ren stellt der Begriff *„Kleinstaat"* jedoch einen Überbegriff dar[61], der sowohl die *„kleineren"* als auch die *„kleinsten"* Staaten umfasst, womit die *„kleinsten"* Staaten als *„Sonderkategorie"*[62] innerhalb des Kleinstaatsbegriff verstanden werden. Verwirrenderweise verbleibt es aber für die *„kleineren"* Staaten, auch wenn ausschließlich diese gemeint sind, ebenfalls beim Begriff *„Kleinstaat"*, weshalb er somit mit zwei unterschiedlichen Bedeutungsinhalten verwandt wird[63]. Man könnte deshalb einerseits vom Kleinstaatsbegriff im weiteren Sinne sprechen, wenn es darum geht *„Kleinstaat"* als Überbegriff für *„kleinere"* und *„kleinste"* Staaten zu verwenden, andererseits vom Kleinstaatsbegriff im engeren Sinn, sollen nur die *„kleineren"* Staaten umfasst werden. Die Sprachverwirrung wird jedoch komplett, wenn man sich vergegenwärtigt, dass wiederum andere Autoren entgegen der Ansicht ihrer Kollegen einen einheitlichen Kleinstaatenbegriff propagieren, der auf die Unterscheidung zwischen *„kleineren"* und *„kleinsten"* Staaten verzichtet. Sie bezweifeln angesichts der *„... Vielfalt von Staatsgebilden, die man als ‚Kleinstaaten' zu bezeichnen pflegt..."* den Sinn der hier aufgezeigten Differenzierung[64]. Damit steht fest, dass der Begriff des Kleinstaates in der Literatur nicht einheitlich gebraucht wird. Die Begrifflichkeit wird auf *„kleinste"*, wie auf *„kleinere"* Staaten, aber auch als Überbegriff für diese beiden Kategorien angewandt; andere Autoren hingegen sehen die Kleinstaatlichkeit als einheitlichen Begriff, so dass unterschiedlich Größenordnungen unerheblich bleiben.

2. Der Sprachgebrauch im internationalen Vergleich

Nachdem die deutschsprachige Wissenschaft den Begriff des Kleinstaats uneinheitlich verwendet, lassen sich jedoch eventuell erhellende Schlussfolgerungen aus

---

§ 5, Rn. 36 ff, ebenfalls ein Kapitel, welches er den *„kleinsten"* Staaten widmit mit *„Kleinstaaten"*; dagegen verweist SEILER, Kleinststaaten im Europarat, S. 5, Fn. 4, fälschlicherweise auf BARSTON, The External Relations of Small States, S. 40 f., da dieser auf S. 41 in unmissverständlicher Weise definiert: *"...a small state is defined as having a population with an upper limit of between 10-15 million..."*.

61 SEILER, Kleinststaaten im Europarat, S. 5; GESER, Die neue Weltordnung, S. 202, der *„kleinere"* und *„kleinste"* Staaten unter der Überschrift *„Kleinstaatlichkeit"* zusammenfasst; FANGER, Die Verwaltung 1981, S. 69 ff.; WASCHKUHN, Kleinstaat, S. 11; ABT / DEUTSCH, Basic Problems of Small Countries, S. 22; einige Autoren unterscheiden begrifflich nicht zwischen den *„kleineren"* und den *„kleinsten"* Staaten, heben jedoch die Tatsache, dass ihr Untersuchungsgegenstand – in der Regel Liechtenstein – ein *„besonders kleiner Staat"* ist und beweisen so, dass sie von einer spezifischen Situation der *„kleinsten"* Staaten ausgehen: BRUHA / GEY-RITTER, Kleinstaat und Integration, S. 154; THÜRER, Liechtenstein und die Völkerrechtsordnung, S. 98 f..

62 So wörtlich THÜRER, Kleinstaat – Außenpolitische Aspekte, S. 218.

63 Deutlich wird dies bei WASCHKUHN, Kleinstaat, S. 11, der in der Einleitung des zitierten Aufsatzsammelbandes die Sprachregelung für das dem Werk zugrundeliegende Symposium folgendermaßen beschreibt: *„Für das Symposium wurde vereinbart, dass der Terminus ‚Kleinstaat' verwendet werde und damit sowohl die Klein- als auch die Kleinststaaten gemeint seien"*.

64 So zum Beispiel SALADIN, Kleinstaaten mit Zukunft?, S. 136.

dem Umgang anderer Sprachen mit dem Phänomen der *„kleineren"* und *„kleinsten"* Staaten ziehen. Bei Durchsicht englischsprachiger Texte fällt zunächst auf, dass die *„kleinsten"* Staaten als eigene Kategorie fast durchgehend Erwähnung finden. Dabei wird in den meisten Fällen der Begriff *„micro-"*[65] bzw. *„mini-state"*[66] verwandt. Die francophone Wissenschaft widmet sich der Gruppe der *„kleinsten"* Staaten unter dem Begriff des *„micro-état"*[67]. Dagegen verfügt weder die englische noch die französische Sprache über ein spezielles Wort für die Umschreibung der Gruppe der *„kleineren"* Staaten. Auch existiert in den genannten Sprachen kein fest geprägter Überbegriff, der *„micro-states"* und *„kleinere"* Staaten umfassen würde. Vielmehr verbleibt den Autoren sowohl der französischen als auch der englischen Sprache für die Bezeichnung der beiden genannten Kategorien schlicht das gewöhnliche Adjektiv für *„klein"*[68] – *„le petit état"* bzw. *„the small state"*[69]. Lediglich das Italienische bietet ein sprachliches Pendant zu *„Kleinstaat"*; man spricht von *„statino"* bzw. *„staterello"*[70]. Die Tatsache, dass sowohl in der italienischen als auch in der deutschen Sprache eigene Worte geschaffen wurden, um die *„kleineren"* Staaten zu kategorisieren, lässt sich mit der späten nationalen Einigung sowohl Italiens als auch Deutschlands erklären[71]. In den beiden Ländern war der Kleinstaat über Jahrhunderte die zum Teil verhasste Realität, weshalb sich seine Existenz auch in der Sprache niederschlug.

3. Zusammenfassung

Der Begriff des Kleinstaates wird in deutschsprachigen Literatur nicht einheitlich verwandt. Zudem hat der internationale Vergleich gezeigt, dass spezielle Begriffe – außer in der deutschen und in der italienischen Sprache – lediglich für das Phänomen des *„kleinsten"* Staaten existieren.

II. Die beiden Dimensionen des Kleinstaatsbegriffes und ihre Bedeutung für den Überbegriff *„Kleinstaat"*

Will man auf den *„Kleinstaat"* als juristischen Begriff nicht verzichten, ist es auf Grund der uneinheitlichen Verwendung der Begrifflichkeit unerlässlich, seine Bedeutung in systematischer Weise zu ermitteln. Dabei kann aber unter Umständen trotzdem an die beiden diskutierten Größenordnungen, nämlich der *„kleinsten"* und

---

65 SHEARER, Starke´s International Law, S. 88 f.; BROWNLIE, Public International Law, S. 83 f.

66 Beispielsweise MALANCZUK, Akehurst´s Introduction, S. 76.

67 Beispielsweise CHAPPEZ, micro-états, S. 541 ff.

68 So KÄGI, Der Kleinstaat in Geschichte und Gegenwart, S. 16.

69 So z. B. ABT / DEUTSCH, Basic Problems of Small Countries, S. 19 ff.; EISENSTADT, Small States in the „Post-Modern" Era, S. 107 ff.

70 Vgl. KÄGI, Der Kleinstaat in Geschichte und Gegenwart, S. 16.

71 Vgl. dazu bereits Kap. 1, A.I.3.

der *„kleineren"* Staaten, angeknüpft werden, um auf dieser Basis zu einer Definition des Gesamtbegriffes des Kleinstaates zu gelangen.

1. Der Begriff des „Mikrostaates" als Untergrenze der Kleinstaatlichkeit

Beachtete man, dass in der Debatte um die *„kleinsten"* Staaten, die unter der Überschrift *„Mikrostaat"* geführt wird, zumindest in der älteren Literatur auch die Staatlichkeit dieser Gemeinwesen bestritten wird[72], ginge es mit der Festlegung des Begriffes *„Mikrostaat"* auch um die Abgrenzung der Staatseigenschaft *„nach unten"*. Letztlich hieße das, dass die *„Mikrostaaten"* keine Staaten und damit schon begrifflich eben auch keine Kleinstaaten im weiteren Sinne[73] mehr sein könnten. Damit erhebt sich die Frage, welche rechtliche Qualität den Mikrostaaten dann zuzustehen sei. Teilweise werden sie in der Wissenschaft nur noch als *„entities"*[74], also schlicht Einheiten, oder immerhin als *„staatsähnliche Einheiten"* bezeichnet[75]. EHRHARDT will in seiner 1970 erschienenen Arbeit zum Begriff des Mikrostaates *„...Ansätze zu einer Auffassung..."* dahingehend erkannt haben, den Staaten, die man unter den Mikrostaatsbegriff subsumieren kann, *„...im Rahmen des Völkerrechts eine Rechtspersönlichkeit ‚sui generis'..."*[76] zuerkennen. Diese Einordnungsprobleme stellen sich jedoch nur, wenn dem Begriff des Mikrostaates in der Tat die Verneinung der Staatlichkeit der Bezugsobjekte inhärent wäre. Würde sich also ergeben, dass mittels einer allgemeingültigen und praktikablen Definition des Mikrostaatsbegriffes unter Verneinung der Staatsqualität der Bezugseinheiten die von dieser Eingrenzung erfassten Einheiten eindeutig von den *„kleineren"* Staaten zu trennen wären, würde der Begriff des Klein*staat*es sinnvoll nur auf die *„kleineren"* Staaten anzuwenden sein. Ein Überbegriff Klein*staat* könnte die Mikrostaaten nicht umfassen.

2. Der Begriff des Kleinstaates im engeren Sinne als Obergrenze der Kleinstaatlichkeit

Der Begriff der Kleinstaatlichkeit wäre dann anzuwenden zwischen der Untergrenze, die durch die Definition des Mikrostaat vorgegeben würde, und einer Obergrenze, die – wie auch immer geartet – die Kleinstaaten von den anderen Staaten bzw. Normstaaten trennen müsste. Es ergäbe sich so die folgende Größenstaffelung: Mikro-*„Staat"* – Kleinstaat – Normstaat. Diese Obergrenze wäre, für den Fall dass die Staatlichkeit des Mikrostaates doch zu bejahen wäre, mit der Abgrenzung zwischen dem Kleinstaat im engeren Sinne und dem Normstaat identisch; in

---

72 Vgl. etwa KOKOTT, Micro-States, in: BERNHARDT, EPIL, Band III, S. 362: *„The threshold question is, therefore, whether micro-states are States under public international law"*; HANS-JOACHIM SCHÜTZ in: WOLFRUM, Handbuch Vereinte Nationen, S. 610; ERHARDT, Mikrostaaten, S. 51.

73 Vgl. dazu bereits Kap. 1, B.I.1.

74 COHEN, The Concept of Statehood in United Nations Practice, S. 1147.

75 So EHRHARDT, Mikrostaaten, S. 30, in einem Verweis in einer Fußnote (Fn. 60).

76 EHRHARDT, Mikrostaaten, S. 77.

diesem Fall könnte der Begriff des Klein*staates* in zwei Größenordnungen bzw. Dimensionen Bestand haben

III. Der Begriff des Mikrostaates

Um jedoch eine unterschiedliche Einordnung von Mikrostaaten einerseits und Kleinstaaten im engeren Sinne andererseits zu ermöglichen, die für die erstgenannte Gruppe die einschneidende Folge haben kann, dass den betroffenen Einheiten die Staatlichkeit abgesprochen wird, müssen die beiden Gruppen definitorisch zu unterscheiden sein.

1. Die Vielfalt der Synonyme des Begriffes „Mikrostaat"

Zunächst sei jedoch darauf hingewiesen, dass in der Literatur eine Vielzahl von Begrifflichkeiten verwendet wird, um das Phänomen der ganz kleinen Gemeinwesen völkerrechtlicher Relevanz zu benennen, deren Staatlichkeit auf Grund ihrer Kleinheit in Zweifel steht. Allerdings eignen sich nicht alle Wortkreationen in gleichem Maße, einerseits da der Begriff möglichst auch in anderen Sprachen verstanden werden sollte. Andererseits sollte man einer Begrifflichkeit des Völkerrechts eine gewisse Objektivität angedeihen lassen, so dass sich Begriffe, denen Voreingenommenheit und Geringschätzung anzusehen sind, von selbst verbieten. Auch wenn man die Staatlichkeit der *„Mikrostaaten"* bestreiten sollte, erscheint es als unangebracht, die Bewohner des betroffenen Territoriums durch die Wortwahl kränken. In diesem Zusammenhang ist auf den Begriff *Liliputstaat*[77] hinzuweisen, der zur Zeit des Völkerbundes durchaus gebräuchlich war. Die Verwendung des Eigennamens des Landes der Däumlinge aus JONATHAN SWIFTs Roman *„Gullivers Reisen"* zeugt von einer gewissen Arroganz des Verwenders. Derartige Bezeichnungen verleiten dazu, die betroffenen *„Mikrostaaten"* unbesehen zu unterschätzen. Zudem sind sie geeignet, die Bewohner der betroffenen Gebietskörperschaften zu verunglimpfen. Dasselbe gilt für die in den unterschiedlichsten Veröffentlichungen neueren und älteren Datums mehr oder weniger häufig verwendeten Begriffe *„Diminutiv-"*[78], *„Miniatur-"*[79], *„Zwerg-"*[80] oder *„Pygmäenstaat"*[81]. Sie beinhalten alle ebenso

---

[77] So SHEARER, Starke's International Law, S. 88, jedoch in englischer Sprache *"Lilliputian state"*; EHRHARDT, Mikrostaaten, S. 11, Fn. 18, verweist auf die Verwendung des Begriffes in einem offiziellen Dokument der Vereinten Nationen (UN Doc. A/6701/Add. 1, S. 20).

[78] FARRAN, Diminutive States, S. 131 ff; MENDELSON, Diminutive States in the United Nations, S. 609 ff.

[79] Vgl. bei EHRHARDT, Mikrostaaten, S. 11; NIEDERMANN, Liechtenstein und Schweiz, S. 54.

[80] Etwa bei SCHREUER, Die Internationalen Organisationen, Rn. 836 oder KÄGI, Der Kleinstaat in Geschichte und Gegenwart, S. 14; aber auch gerade neuere Aufsätze verwenden den Begriff *„Zwergstaaten"*: SACK, Europas Zwerge, S. 45 ff.; KILB, Geographie von „Euroland", S. 909 ff.; auch im Englischen findet der Begriff Verwendung mit *"dwarf*

eine negative Wertung wie die Umschreibung sehr kleiner Staaten als Staub der staatlichen Einheiten[82]. Die Verwendung des Begriffes *„Stadtstaat"*[83] verbietet sich dagegen deswegen, weil er wohl nicht umfassend das Phänomen der *„kleinsten"* Einheiten umschreiben kann, vergegenwärtigt man sich, dass einige davon eher rural geprägt sind[84]. Hingegen erscheint der Begriff des *„Kleinststaates"*[85] durchaus als brauchbar; er ist neutral gefasst und lässt sich mit *„very small state"* und *„très petit état"* auch gut in andere Sprachen übertragen[86]. Die meisten Autoren jedoch bedienen sich des Begriffs des *„Mikrostaates"*[87], weshalb dieser auch in der vorliegenden Arbeit Verwendung finden soll[88]. Zudem kann er in allen Sprachen nahezu identisch gebraucht werden und beinhaltet keine Wertung, die über die Herausstellung der geringen Größe hinausginge.

2. Entstehung des Begriffes

Das Problem der sehr kleinen Staaten ist kein neues, jedoch war die Anzahl dieser kleinen Gemeinwesen bis zum Zweiten Weltkrieg auf wenige Fälle be-

---

state" bei VON GLAHN, Law Among Nations, S. 60 f.

81 Als Synonym für den Begriff Mikrostaat genannt bei: KOKOTT, Micro-States, in: BERNHARDT, EPIL, Band III, S. 362.

82 So GRARD, L'Union européenne et ses petits États, S. 49, der Staaten mit weniger als 100.000 Einwohnern mit *„...une poussière de petites entités..."* umschreibt.

83 Mit dem Begriff *„city-state"* argumentierte der Irak am 30. 11. 1961 im Sicherheitsrat gegen die Aufnahme Kuwaits in die Vereinten Nationen, UNYB 1961, S. 168 f.; zitiert nach EHRHARDT, Mikrostaat, S. 13, Fn. 28/29.

84 Beispiel Andorra (Landesgröße: 453 qkm, 27000 Einwohner): neben dem Tourismus ist die Landwirtschaft wichtigster Erwerbszweig des Landes, Quelle: SACK, Europas Zwerge, S. 46.

85 Etwa DAHM, Völkerrecht, Band II, S. 165; MALUNAT, Der Kleinststaat im Spannungsfeld von Dependenz und Autonomie, S. 60 ff.; die französische Entsprechung *„état exigu"* bei CHAPPEZ, micro-états, S. 543 ff. und bei VELLAS, états exigus, S. 559 ff.

86 SEILER, Kleinststaaten im Europarat, S. 7, entscheidet sich – jedoch erst nach längerer Auseinandersetzung mit den verschiedenen Begriffen – für *„Kleinststaat"*, obwohl er selbst der Ansicht ist, dass der Begrifflichkeit an sich die *„...internationale Verwendbarkeit..."* abgeht.

87 EHRHARDT, Mikrostaat, S. 14 f.; BROWNLIE, Public International Law, S. 83, der in englischer Sprache *„micro-state"* verwendet. RADOVANOVIĆ, Zwergstaaten-Problem, S. 26; CHAPPEZ, micro-états, S. 541 ff, verwendet im Französischen *„micro-états"*; FANGER, Die Verwaltung 1981, S 69; THÜRER, Kleinstaat – Außenpolitische Aspekte, S. 218; NIEDERMANN, Liechtenstein und Schweiz, S. 52 ff.

88 Auch der Begriff *„Mini"*-Staat wäre wohl vertretbar. So bei: WALLACE, International Law, S. 64; MALANCZUK, Akehurst's Introduction, S. 76; URBAN WHITAKER, Minimembership for mini-states, in: war/peace Report, April 1967, Vol. 7, No. 4, S. 3 ff.; zitiert nach EHRHARDT, Mikrostaaten, S. 12, Fn. 24.

schränkt[89], deren Existenz auf Grund ihrer historischen Entwicklung nicht kontrovers war[90].

a) Der Prozeß der Dekolonialisierung

Jedoch hatte die Kolonialisierung bereits an der Wende zum 20. Jahrhundert ihr höchstes Maß erreicht; hauptsächlich Afrika und große Teile Asiens waren unter den europäischen Großmächten aufgeteilt[91]. Deshalb war die damalige Völkerrechtsgemeinschaft angesichts etwa nur 50 selbständiger Staaten recht überschaubar[92]. Nach dem Zweiten Weltkrieg aber setzte sich schließlich die Idee des Selbstbestimmungsrechts der Völker als Prinzip weltweit durch, indem man nun von einer *„...mehr oder weniger unwiderlegliche(n) Vermutung für den Willen der jeweiligen Bevölkerung zur Unabhängigkeit...“* ausging und so die Voraussetzungen für eine *„...Neuverteilung der Welt...“* schuf[93]. Die Entkolonialisierung vollzog sich in den wenigsten Fällen von einem Tag auf den anderen, sondern stellte meist einen längeren Prozeß dar, in dem den ehemaligen Kolonien Schritt für Schritt die hoheitlichen Rechte des Mutterlandes übertragen wurden[94]. Die Entwicklung, die ihren Höhepunkt in den 60er Jahren des 20. Jahrhunderts hatte, konfrontierte die Völkergemeinschaft mit der Entstehung von annähernd 100 unabhängigen politischen Einheiten[95]. Dabei kam es zur verstärkten Bildung von sehr kleinen Gemeinwesen[96]. Der Trend hin zu mehr unabhängigen politischen Einheiten, die dadurch zwangs-

---

89 EHRHARDT, Mikrostaat, S. 1; nach SEILER, Kleinststaaten im Europarat, S. 8, kannte die Welt unmittelbar nach dem Zweiten Weltkrieg mit Andorra, Liechtenstein, Monaco und San Marino nur vier Mikrostaaten (*„Kleinststaaten“*); nach V. WEDEL, Der sogenannte „Mikrostaat“ im internationalen Verkehr, S. 303, Fn. 1, muss auch die *„città del vaticano“* zu den Mikrostaaten gezählt werden, wenn man den *„Vatikanstaat“* als Staat im Sinne des Völkerrechts ansieht.

90 So jedenfalls NIEDERMANN, Liechtenstein und Schweiz, S. 52/53.

91 BLECKMANN, Decolonization, in: BERNHARDT, EPIL, Band I, S. 973: *„Colonialization reached its zenith around the end of the 19th century...“*; dabei darf aber nicht übersehen werden, dass sich die ältesten Besitzungen der europäischen Kolonialmächte in Nordamerika bereits Ende des 18. Jahrhundert und in Südamerika dann Anfang des 19. Jahrhunderts die Freiheit erkämpft hatten, vgl. BLECKMANN, Fremdherrschaft und Dekolonisierung in rechtlicher Hinsicht, S. 255.

92 Dazu DARSOW, Zum Wandel des Staatsbegriffs, S. 8, Fn. 4: *„1914 existierten (...) 51 Staaten, davon 24 in Europa, 21 in Amerika, 4 in Asien (China, Japan, Siam, Persien) und 2 in Afrika (Liberia, Äthiopien)“*.

93 BLECKMANN, Fremdherrschaft und Dekolonisierung in rechtlicher Hinsicht, S. 254/255.

94 BLECKMANN, Decolonization, in: BERNHARDT, EPIL, Band I, S. 973, stellt den Vorgang als Spiegelbild der europäischen Integration dar: *„...in some respects like the process of integration in the European Communities in reverse...“*

95 So BLECKMANN, Decolonization, in: BERNHARDT, EPIL, Band I, S. 973.

96 RADOVANOVIĆ, Zwergstaaten-Problem, S. 26, geht im Jahre 1969 von etwa 50 solchen Mikrostaaten aus, ebenso CHAPPEZ, micro-états, S. 541, in einer Veröffentlichung aus dem Jahre 1971: *„une cinquantaine“*.

läufig kleiner werden müssen, setzt sich – wenn auch verlangsamt – bis heute fort: Das aktuelle Jahrbuch des Statistischen Bundesamtes nennt beispielsweise 196 *„Länder der Erde“*[97], wobei die *„Abhängigen Gebiete“* ausdrücklich nicht mitgezählt sind[98]. Von den 196 Ländern haben annähernd ein Viertel weniger als eine Million Einwohner, immerhin noch zehn Prozent in bezug auf die Gesamtanzahl verfügen gar über eine Bevölkerung von weniger als 100 000 Menschen[99]. Bei der Mehrheit der kleinsten Länder der zweiten Kategorie handelt es sich um Inselstaaten der Karibik und im Pazifik.

b) Die Mikrostaaten und die Vereinten Nationen

Die Problematik des Anwachsens der Anzahl von kleinsten unabhängigen politischen Einheiten hat die Völkergemeinschaft auf der Ebene der Vereinten Nationen über Jahre hinweg beschäftigt.

aa) Das ambivalente Verhältnis der Vereinten Nationen zu den Mikrostaaten

Die Vereinten Nationen sahen sich angesichts der beschriebenen Entwicklung während der 1960er Jahre in der Zwickmühle[100]. Einerseits war der Druck von Seiten der Vereinten Nationen die Kraft, die als hauptverantwortlich für die *„...Welle der Dekolonialisierung...“* zu bezeichnen ist[101]. Mit Art. 73 SVN hatten sich die Mitglieder die Verpflichtung, die Kolonien über kurz oder lang in die Unabhängigkeit zu entlassen, gewissermaßen selbst auferlegt[102]. In der Generalversammlung wurde eingedenk dieser Vorschrift schließlich am 14. Dezember 1960 die *„Declaration on the Granting of Independence to Colonial Countries and Peoples“* als Resolution 1514 (XV) verabschiedet, die die Verkündung der *„...Notwendigkeit...“* enthielt, *„...den Kolonialis-*

---

97 STATISTISCHES BUNDESAMT, Statistisches Jahrbuch 2004, S. 198 ff.

98 *„Abhängiges Gebiet“* stellt kraft Art. 73 SVN einen völkerrechtlichen Begriff dar; so schon EHRHARDT, Mikrostaaten, S. 2.

99 Die Zahlen ergeben sich aus den Angaben von STATISTISCHES BUNDESAMT, Statistisches Jahrbuch 2004, S. 198 ff.; im einzelnen liegen von den Einheiten *unter einer Million Einwohner* jeweils acht in Europa und in Afrika, elf in Amerika, vier in Asien und zehn in Australien / Ozeanien; die politischen Einheiten, die *weniger als 100 000 Menschen* beheimaten verteilen sich wie folgt auf die Kontinente: fünf in Europa, eine in Afrika, vier in Amerika, sechs in Australien / Ozeanien; in Asien gibt es kein solch kleines Gemeinwesen.

100 RADOVANOVIĆ überschreibt seinen Aufsatz deshalb mit *„Zwergstaaten-Problem“*; GUNTER, Ministate Problem, S. 110, spricht vom *„dilemma of ministate representation“*.

101 So BLECKMANN, Decolonization, in: BERNHARDT, EPIL, Band I, S. 973.

102 Art. 73 SVN lautet: *„Die Mitglieder der Vereinten Nationen, die die Verantwortung für die Verwaltung von solchen Hoheitsgebieten (= Hoheitsgebiete ohne Selbstregierung) haben oder übernehmen, deren Völker noch nicht die volle Selbstregierung erreicht haben, bekennen sich zu dem Grundsatz, dass die Interessen der Einwohner dieser Hoheitsgebiete Vorrang haben“*.

mus in allen Erscheinungsformen schnell und bedingungslos zu beenden..."[103]. Aber es blieb nicht bei der bloßen Verurteilung des Kolonialismus, die auf Grund der nicht bindenden Form der Generalversammlungsresolution ohnehin nicht mehr als eine politische Absichtserklärung bedeutet hätte, sondern es kam zur Einsetzung mehrerer Sonderausschüsse, deren „...*Tätigkeit (...) für die Erlangung der Unabhängigkeit...*" vieler ehedem abhängiger Gebiete „...*von ausschlaggebender Bedeutung...*" war[104].

Andererseits stellte sich bald heraus, dass auch die kleinste politische Einheit danach trachtete, ihren Eintritt in die Völkerrechtsgemeinschaft mit der Aufnahme in die Vereinten Nationen manifestieren zu lassen[105]. Die Aufnahme in die Weltorganisation schien die natürliche Konsequenz der Unabhängigkeit zu sein[106]. Jedoch barg die Erhöhung der Anzahl der Mitgliedstaaten durch hauptsächlich kleinere bis kleinste politische Einheiten ein Spannungspotential für das System der Vereinten Nationen. Grund dafür war das der UN-Charta eigene Prinzip der Gleichheit der Staaten (Art. 2 Ziff. 1 SVN), aus dem der Grundsatz gleichen Stimmrechts für alle Mitgliedsstaaten folgt („*one state – one vote*" - Prinzip)[107]. Vor allem die Großmächte befürchteten den massenhaften Eintritt dieser Gebiete und glaubten, so würden unter dem Gesichtspunkt der Gleichheit der Staaten und einer dadurch drohenden Dominierung durch die kleinen Staaten „...*Schwankungen in die Atmosphäre der UNO...*" hineingetragen und letztlich eine Schwächung der gesamten Organisation bewirkt[108]. Obwohl dieser „...*Zielkonflikt des Universalismus und des Unabhängigkeitsprinzips einerseits und der Arbeitseffektivität der Organisation andererseits...*"[109] schon früh gesehen wurde[110], setzte spätestens die Aufnahme des Sultanates der Malediven[111] am 21. September 1965 und von Barbados[112] am 9. Dezember 1966

---

103 So der Wortlaut der Resolution aus: United Nations Yearbook 1960, S. 49 f., zitiert nach EHRHARDT, Mikrostaaten, S. 2, der auch weiterführende Literatur bezüglich der Bedeutung der benannten Resolution anbietet.

104 Vgl. EHRHARDT, Mikrostaaten, S. 3.

105 DARSOW, Zum Wandel des Staatsbegriff, S. 173: „*Das Attribut souveräner Staatlichkeit erwies sich in diesem Zusammenhang von geradezu magischer Bedeutung auf dem Wege der antikolonialen Emanzipation. Die Aufnahme seitens der UN erschien als notwendiges Zeugnis wahrer Souveränität*"; GUNTER, Ministate Problem, S. 116, spricht von der Vollmitgliedschaft in den Vereinten Nationen als –"...*the final stamp of approval on their (the "micro-states") independence*".

106 So KOKOTT, Micro-States, in: BERNHARDT, EPIL, Band III, S. 362.

107 Vgl. v. WEDEL, Der sogenannte „Mikrostaat" im internationalen Verkehr, S. 312.

108 RADOVANOVIĆ, Zwergstaaten-Problem, S. 27; ähnlich: CHAPPEZ, micro-états, S. 542.

109 DARSOW, Zum Wandel des Staatsbegriffs, S. 174; ähnlich: v. WEDEL, Der sogenannte „Mikrostaat" im internationalen Verkehr, S. 312; SEILER, Kleinststaaten im Europarat, S. 8.

110 Vgl. beispielsweise den Aufsatz von FARRAN, Diminutive states, S. 131 ff. aus dem Jahre 1960.

111 Res. A/2009 (XX), United Nations Yearbook 1965, S. 236, zitiert nach: SEILER, Kleinststaaten im Europarat, S. 8, Fn. 19; nach DARSOW, Zum Wandel des Staatsbegriffs, S. 170, hatten die Malediven mit ihren ca. 300 qkm im Jahre 1965 etwas mehr als

eine langanhaltende Diskussion über die Mindestvoraussetzungen für eine Aufnahme in die Organisation in Gang. Um die kleinsten staatlichen Gemeinwesen, für welche die Erfüllung dieser Voraussetzungen fraglich war, beim Namen nennen zu können, wurde der Begriff *„Mikrostaat"* geprägt[113].

bb) Das Scheitern des *„Ministate-Committee"*

Von der Tatsache in Unruhe versetzt, dass noch viel kleinere abhängige Gebiete[114] die Unabhängigkeit erreichen und um Aufnahme in die Vereinten Nationen streben könnten, unternahm man auf UN-Ebene Anstrengungen, Kriterien zu erarbeiten, die es ermöglichen sollten, *„...that a distinction [could] be made between the right of independence and the question of full membership in the United Nations..."*[115]. In einem daraufhin im August vom Sicherheitsrat[116] eigens zu diesem Zweck eingerichteten *„Ministate-Committee"* wurden schließlich Wege erörtert, den Konflikt zwischen Universalitätsprinzip und dem Grundsatz der gleichen Stimmrechte in der Generalversammlung aufzulösen. Grundlage dieser Verhandlungen waren zwei Vorschläge britischer bzw. US-amerikanischer Provenienz. Letzterer sah die Einführung der eigenständigen Kategorie einer *„assoziierten Mitgliedschaft für die Mikrostaaten"* vor, wodurch für die betroffenen Beitrittskandidaten zwar die Last an Verpflichtungen vermindert, aber auch die Abstimmungsrechte beschränkt werden sollten[117]. Dagegen beinhaltete der Vorschlag des Vereinigten Königreichs die Vollmitgliedschaft der Mikrostaaten in den Vereinten Nationen, allerdings unter der Bedingung der *„freiwilligen"* Aufgabe bestimmter Rechte und Pflichten[118]. Jedoch war dem Unter-

---

100 000 Einwohner und waren damit der damals kleinste Mitgliedsstaat der Vereinten Nationen; der Inselstaat war insofern für die Frage der Aufnahme von kleinsten staatlichen Einheiten ein *„Präzedenzfall"*.

112 Vgl. AdG 1966, S. 12852 (C); zudem finden sich dort zeitgenössische Angaben zu Barbados: *„...die östlichste Insel der Kleinen Antillen (...) hat eine Fläche von 430 qkm und eine Bevölkerung von 241 706 (geschätzt Dezember 1961)..."*.

113 NIEDERMANN, Liechtenstein und Schweiz, S. 52 ff., der in Fn. 153 darauf hinweist, dass der UN-Generalsekretär U THANT den Begriff des Mikrostaates erstmals auch offiziell verwendet hat, und zwar in UN-Doc. A/6701/Add. 1, para. 163.

114 Das kleinste abhängige Gebiet stellte wohl das im Südpazifik liegende Pitcairn dar, dessen Einwohnerzahl V. WEDEL, Der sogenannte „Mikrostaat" im internationalen Verkehr, S. 307, Fn. 37, für den 31. Dezember 1968 mit 86 angibt und darauf hinweist, dass die Bevölkerungszahl saisonbedingt schwankt.

115 So der damalige UN-Generalsekretär U THANT, zitiert nach GUNTER, Ministate Problem, S. 111.

116 UN Docs. S/PV.L.1505-06 (1969), zitiert nach GUNTER, Ministate Problem, S. 111; der Autor geht ausführlich auf die Geschehnisse im *„Ministate Committee"* ein.

117 BROWNLIE, Public International Law, S. 83 f.; RADOVANOVIĆ, Zwergstaaten-Problem, S. 27.

118 Der britische Vorschlag war in der Form einer Erklärung verfasst, die ein aufzunehmender Mikrostaat hätte abgeben können; diese lautete in Auszügen: *„...and declares that it (der Mikrostaat) does not wish to participate in voting in any organ of the United Nati-*

nehmen aus drei Gründen kein Erfolg beschieden. Zum einen konnten sich die Mitglieder des *„Ministate-Committees“* schlicht auf keines der beiden Modelle einigen. Auch eine Stellungnahme des Legal Counsel der Vereinten Nationen konnte nicht weiterhelfen, da dieser weder den britischen noch den US-amerikanischen Vorschlag für mit dem Regelwerk der UN-Charta vereinbar hielt. Ohne eine Änderung der Satzung der Vereinten Nationen würde sogar der freiwillige Verzicht auf grundlegende Rechte aus der Charta gegen den Grundsatz aus Art. 2 Abs. 1 SVN verstoßen[119]. Ein Eingriff in das bestehende System der Vereinten Nationen war aber politisch nicht gewollt, da man befürchtete, dass die Infragestellung des Grundsatzes der souveränen Gleichheit der Staaten zu einer grundsätzlichen Diskussion über das Wesen der Weltorganisation führen könnte. Das *„Ministate Committee“* war jedoch nicht nur deshalb gescheitert, weil sich die Mitgliedstaaten nicht auf den Modus der Einbeziehung der *„Mikrostaaten“* einigen konnten. Als ebenso großes Hindernis für den Erfolg des Gremiums entpuppte sich die Frage der konkreten Bestimmung der Kandidaten, die den Status des *„Mikrostaates“* erhalten sollten. Zwar hatte der UN-Generalsekretär bereits frühzeitig eine Forschungsarbeit des UN-Instituts für Bildung und Forschung (UNITAR) angeregt. In der unter der Leitung von JACQUES RAPAPORT erarbeiteten und im Jahre 1969 veröffentlichten Studie *„The Status and Problems of Very Small States and Territories“*[120], die in der Literatur als solideste Hintergrundanalyse des gesamten Problems gelobt wurde[121], konnte *„...(e)ine allgemeingültige Umschreibung des Problems ‚Mikrostaat‘...“* nicht gefunden werden[122]. Eine Einigung wurde – und das ist der dritte Grund für das Scheitern des Komitees – vor allem dadurch zusätzlich erschwert, dass jeder Versuch, neuentstandene politische Einheiten zu kategorisieren, als Neokolonialismus ausgelegt wurde[123]. Angesichts dieser emotional geladenen Atmosphäre war eine Unterschei-

---

ons...“, *„...that the assessment of its financial contribution would be at a nominal level...“*.

119 GUNTER, Ministate Problem, S. 111, Fn. 61, zitiert das UN Doc. S/AC.16/Conf. Room Paper 8 (1971), at 11: *"...(g)rave doubts arise as to the propriety of a Member State renouncing, in a legally binding form, its fundamental Charter rights. While such a State may remain 'souverain' it hardly remains 'equal'."*

120 UNITAR series, No. 3, 1969, in der leicht veränderten und aktualisierten Version aus dem Jahre 1971: RAPAPORT UND ANDERE, UNITAR-Studie, S. 1 ff.

121 Vgl. GUNTER, Ministate Problem, S. 111: *„...the most solid background analysis of the entire problem...“*.

122 SEILER, Kleinststaaten im Europarat, S. 9.

123 So sah der Delegierte Somalias den Versuch, die Mitgliedschaft der Ministaaten zu beschränken, als Ausprägung einer *"...nineteenth century type of mentality favouring weighted membership..."* (vgl. UN Doc. S/AC.16/SR.9, at 7 (1971)); deutlich wird die Angst bereits aufgenommener Staaten, zu Mitgliedern zweiter Klasse gemacht zu werden, in einer Aussage des burundischen Delegierten: *"If the Organization were to pursue a policy of placing its Members in various classifications, it would detract from the sovereign equality of Member States“* (vgl. UN Doc. S/AC.16/SR.6, at 7 (1970)); beides zitiert nach: GUNTER, Ministate Problem, S. 112, Fn. 15/16.

dung von Staaten auch anhand von objektiven Kriterien auf Grund der „*...notwendigen Rücksichtnahme auf das Selbstwertgefühl der jungen Staaten...*“[124] ausgeschlossen. Dazu kam, dass sich viele Staaten der „*Dritten Welt*“ durch Neuzugänge in Gestalt der „*Mikrostaaten*“ eine Verstärkung ihrer eigenen Interessengruppe versprachen und deshalb zu den Plänen der Aufnahmebeschränkung in Opposition traten[125]. Letzten Endes bestand im Rahmen des „*Ministate Committee*“ nur darüber Einigkeit, dass der Gegenstand, mit dem sich das Gremium zu beschäftigen hatte, ein „*delicate problem*“ darstellt[126]. Damit steckte die ursprünglich enthusiastisch angegangene Debatte in einer Sackgasse[127]; das Komitee hatte damit sein Ziel verfehlt[128].

cc) Die Haltung der Vereinten Nationen gegenüber „*Mikrostaaten*“ nach 1971

Nachdem der Versuch, die Einbindung der kleinsten Staaten auf einen Sonderstatus zu gründen, gescheitert war, bestand keine andere Möglichkeit, als dem Drängen der entkolonialisierten Neustaaten nachzugeben und sie ohne Ansehung ihrer Größe als vollwertige Mitglieder in die Vereinten Nationen aufzunehmen. Es „*...entstand...*“ dabei sogar „*...der Eindruck, dass das Recht auf Mitgliedschaft allen entkolonialisierten Mikrostaaten automatisch eingeräumt wurde...*“; eine Prüfung der nach dem Wortlaut des Art. 4 SVN explizit geforderten Staatseigenschaft fand jedenfalls nicht mehr statt[129]. So bringt es SCHÜTZ auf den Punkt: „*Zur Zeit ist die Problematik der Mikrostaaten in den UN überhaupt kein Thema mehr*“[130]. Bis auf den heutigen Tag wurden schließlich eine große Anzahl kleinster Staaten in die Weltorganisation aufgenommen, wodurch die Befürchtungen jener, die eine Dominierung der Generalversammlung durch die kleinen Staaten vorhergesagt hatten, wahr wurden: schon im Jahre 1972 konnte VON WEDEL feststellen, dass „*...(e)ine Zweidrittelmehrheit in der UNO (...) unter Beteiligung beziehungsweise Repräsentation von nicht einmal 10 % der Weltbevölkerung zustande kommen...*“ kann[131]. Beachtet man, dass es sich bei der Masse der

---

124 DARSOW, Zum Wandel des Staatsbegriff, S. 175.

125 GUNTER, Ministate Problem, S. 116.

126 DARSOW, Zum Wandel des Staatsbegriff, S. 175.

127 GUNTER, Ministate Problem, S. 112, wörtlich: “*...the Ministate Committee reached an impasse...*”.

128 Nachdem im Jahr 1971 die letzte Sitzung des Komitees stattgefunden hatte (vgl. DARSOW, Zum Wandel des Staatsbegriff, S. 175), war das Problem jedoch nicht ausgeräumt: GUNTER, Ministate Problem, S. 123: “*...it is understood that the issue (die Wiedereinberufung des Komitees), if not the problem, is dead*”.

129 DARSOW, Zum Wandel des Staatsbegriff, S. 175, mit Verweis auf die Aufnahme Grenadas (vgl. SCOR 1778th Meeting, 21. 6. 1974).

130 HANS-JOACHIM SCHÜTZ in dem im Jahre 1991 von WOLFRUM herausgegebenen Handbuch Vereinte Nationen, S. 610; die Aussage kann aber auch zehn Jahre später noch Gültigkeit beanspruchen.

131 V. WEDEL, Der sogenannte „Mikrostaat“ im internationalen Verkehr, S. 303; genauer

kleinsten Staaten um recht strukturschwache Inselstaaten handelt, kann hier eine Überrepräsentation durch Staaten mit starkem wirtschaftlichen Entwicklungsbedarf.

3. Inhalt des Begriffes

Die Tatsache, sowohl dass der Begriff des *„Mikrostaats"* auf UN-Ebene keiner eindeutigen und verbindlichen Definition zugeführt werden konnte[132], als auch dass die Mikrostaatendebatte heute nicht mehr im selben Maße wie in den 60er und 70er Jahren des letzten Jahrhunderts geführt wird, hat aber die Literatur in den auf die letzte Sitzung des *„Ministate Committees"* folgenden drei Jahrzehnten nicht davon abhalten können, die kleinsten Staaten als eigenständige Kategorie unter den Staaten zu benennen und sie so zu einem spezifischen Gegenstand wissenschaftlicher Forschung zu machen[133]. In diesem Zusammenhang erhebt sich die Frage, ob die Einordnung einer politischen Einheit als *„Mikrostaat"* rechtliche Relevanz haben kann. Soll die *„Mikrostaatlichkeit"* als rechtlicher Begriff verwendet werden, ist seine Abgrenzbarkeit unverzichtbar. Kann nicht zweifellos festgestellt werden, ob ein Gemeinwesen einen *„Mikrostaat"* darstellt oder nicht, ist es widersinnig, die völkerrechtliche Stellung der Einheit von diesem Begriff abhängig zu machen.

a) Die möglichen Abgrenzungskriterien

Der einstige UN-Generalsekretär U THANT hat in seinem Jahresreport für 1966/67 folgende Definition gegeben: *„Mikrostaaten"* seien *„...entities which are exceptionally small in area, population and human and economic resources..."*[134]. Leider bleibt dabei offen, was unter *„exceptionally small"* zu verstehen ist[135], so dass diese Definition als

noch DARSOW, Zum Wandel des Staatsbegriff, S. 174: *„1971 repräsentierten 85 der 127 Delegationen nur 10 % der Weltbevölkerung und lediglich 5 % des wirtschaftlichen Potentials..."*.

132 So KOKOTT, Micro-States, in: BERNHARDT, EPIL, Band III, S. 362: *„Micro-States have never been authoritatively defined"*.

133 So auch Veröffentlichungen neueren oder neuesten Datums: KILB, Geographie von Euroland, S. 909 ff. (1999), und SACK, Europas Zwerge, S. 45 ff. (1997), kategorisieren die kleinsten Staaten Europas als *„Zwergstaaten"*, was schon in der Debatte in den 60er und 70er Jahren des 21. Jahrhunderts als Synonym für *„Mikrostaat"* galt (Kap. 1, B.III.1.); ebenso die Arbeiten von MALUNAT, Der Kleinststaat im Spannungsfeld von Dependenz und Autonomie, S. 1 ff. aus dem Jahre 1987 und von SEILER, Kleinststaaten im Europarat, S. 1 ff. aus dem Jahre 1995, wobei letzterer davon ausgeht, dass der Begriff des Kleinststaates nicht definiert werden kann (S. 9); etwas älter beispielsweise der Aufsatz von KÄGI, Der Kleinstaat in Geschichte und Gegenwart, S. 14, der die *„Zwergstaaten"* als eigene Stufe der Staatenklassifikation heranzieht.

134 UN-Doc. A/6701/Add. 1, para. 163, zitiert nach NIEDERMANN, Liechtenstein und Schweiz, S. 54, Fn. 158.

135 KOKOTT, Micro-States, in: BERNHARDT, EPIL, Band III, S. 362, merkt an: *„micro-states have never been authoritatively defined"*.

nicht praktikabel einzustufen ist. Sie kann jedoch als erster Anhaltspunkt dafür herangezogen werden, welche Kriterien anzulegen sind, um den „*Mikrostaat*" zu definieren. In der Literatur wird in der Regel verlangt, dass die diskutierten Merkmale kumulativ vorliegen.

aa) Das Kriterium der Bevölkerungsgröße

Fast bei jedem Autor wird das Kriterium der Bevölkerungsgröße der politischen Einheit angeführt. Das Unterscheidungsmerkmal gefällt auf Grund seiner unkomplizierten Verwendung beispielsweise anhand von aktuellen Bevölkerungsstatistiken. Im Gegensatz zu anderen möglichen Differenzierungskriterien erfordern Zahlen keinerlei weitergehende Auslegung. Grundsätzlich stellt eine „*...numerische Grenze...*" des Mikrostaatsbegriffs deshalb eine ideale Lösung dar, da sie auf Grund der damit erreichten „*...Deutlichkeit der Abgrenzung...*"[136] unmissverständlich ist. Jedoch verliert das Kriterium seine Vorteilhaftigkeit, wird man der Tatsache gewahr, dass mangels konstitutiver Definition des Begriffs in der Literatur eine Vielzahl von möglichen Bevölkerungsobergrenzen vorgeschlagen werden; die Spannweite liegt dabei zwischen 100 000 und 1 000 000.

Die Ziffer 100 000 stammt aus dem Vorentwurf einer Weltverfassung aus dem Jahre 1947/48, die von diversen Autoren unter der Leitung von ROBERT M. HUTCHINS und G. A. BORGESE erarbeitet wurde. Nach Art. 4 dieses Entwurfs[137] sollte je ein Abgeordneter für eine Million Menschen in die zu gründende Bundesversammlung entsandt werden. Als Ausnahme wird aber Staaten, die vor 1945 bereits souverän waren, aber weniger als eine Million Einwohner aufweisen trotzdem ein eigener Abgeordneter zugestanden. Die Rückausnahme sieht vor, dass jedoch Staaten, die kleiner als 100 000 Einwohner sind, der Wählereinheit des nächsten Nachbarstaates zugeschlagen werden. Aus dieser Unterscheidung zieht ein Autor eine mögliche numerische Grenze des Mikrostaatenbegriffs, allerdings ohne nachvollziehende Begründung[138]. Obwohl er diese Grenzziehung schließlich auf S. 92 seiner Veröffentlichung selbst in Zweifel zieht, sieht er „*...die Gegebenheiten Islands...*" insofern als geeigneten Ansatzpunkt für die 100 000 Grenze an, als „*...die Insel 1945 (...) (mit) 128 000 Einwohner(n) (...) der kleinste unabhängige Staat...*" gewesen sein soll. Die Behauptung, Island sei nach dem Zweiten Weltkrieg der kleinste unabhängige Staat gewesen, muss hier angesichts schuldig gebliebener Begründung schon deshalb zurückgewiesen werden, da in der vorliegenden Arbeit gerade die Unabhängigkeit des Fürstentums Liechtenstein zu prüfen sein wird, welches erheblich kleiner ist als Island. Allerdings erscheint die Grenzziehung für den Mikrostaatsbegriff bei 100 000 Einwohnern aus historischer Sicht mehr als verständlich, da die Debat-

---

136 SEILER, Kleinststaaten im Europarat, S. 10.

137 HUTCHINS, BORGESE UND ANDERE, „*Preliminary Draft of a World Constitution*", Chicago, 1948, S. 10; Art. 4 des Verfassungsentwurf ist abgedruckt bei EHRHARDT, Mikrostaaten, S. 91.

138 EHRHARDT, Mikrostaaten, S. 91 f.

te um die Begrifflichkeit an der Problematik eines UN-Beitritts kleinster Staaten initiiert wurde und Island seit seiner Aufnahme in die Vereinten Nationen am 19. November 1946[139] bis in die 1960er Jahre, gemessen an der Einwohnerzahl, der kleinste Mitgliedstaat der Weltorganisation war[140].

Eine ganze Reihe von Autoren in Veröffentlichungen vor allem älteren Datums bevorzugen dagegen das Limit von 300 000 Einwohnern. EHRHARDT[141] vertritt diese Ansicht und zitiert dafür eine ältere Studie von BLAIR[142], die allerdings ihre eigene Unterscheidung als willkürlich bezeichnet und sie nur aus pragmatischen Gründen festlegt. Aber auch in anderen Veröffentlichungen findet sich die von EHRHARDT vertretene Abgrenzung. Beispielsweise ziehen auch PLISCHKE und DARSOW bei 300 000 Einwohnern den Schlussstrich[143]. Auffällig ist bei der Argumentation EHRHARDTs, dass er den Begriff ausschließlich mit der Frage der Mitgliedschaft in den Vereinten Nationen verknüpft sieht, da er versucht, möglichst alle Staaten, die seinerzeit Mitglieder der Organisation waren, als Nicht-Mikrostaaten zu definieren.

Nachdem aber die Realität gezeigt hatte, dass mittels Mikrostaatsbegriff die Aufnahme vieler kleiner politischer Einheiten als Vollmitglieder nicht verhindert werden konnte, ist auch die Literatur davon abgegangen, die Definition in einer Weise zu ziehen, dass Mitgliedstaaten der Vereinten Nationen nicht betroffen sind; gerade neuere Veröffentlichungen setzen die Grenzlinie höher an. So gehen HÄBERLE[144] und VON WEDEL[145] beispielsweise von 500 000 Einwohnern aus. GUNTER[146] greift noch höher und will den Begriff der Mikrostaates erst bei

---

139 Vgl. SARTORIUS II, Text Nr. 1, Charta der Vereinten Nationen, Anhang: Verzeichnis der Mitglieder der Vereinten Nationen, S. 31.

140 BOYD, Die Vereinten Nationen, S. 27, der in dem zitierten Werk aus dem Jahre 1967 (die englischsprachige Originalversion stammt aus dem Jahr 1964) Island explizit als den kleinsten Mitgliedsstaat der UNO bezeichnet.

141 EHRHARDT, Mikrostaaten, S. 92 ff.

142 BLAIR, *„The Ministate Dilemma"*, Carnegie Endowment for International Peace, Occasional Paper No. 6, New York, 1967, S. 3/4; zitiert nach Ehrhardt, Mikrostaaten, S. 92, Fn. 41/42.

143 PLISCHKE, Microstates in World Affairs, S. 16 f.; DARSOW, Zum Wandel des Staatsbegriffs, S. 177, 185, geht von dieser Abgrenzung zwar aus, stellt diese aber an keiner Stelle ausdrücklich fest; letzteres hat schon SEILER, Kleinststaaten im Europarat, S. 12, richtig erkannt.

144 HÄBERLE, Der Kleinstaat als Variante des Verfassungsstaates, S. 129.

145 V. WEDEL, Der sogenannte „Mikrostaat" im internationalen Verkehr, S. 305.

146 GUNTER, Ministate Problem, S. 110, Fn. 1, der den *„Mikrostaat"* allerdings nur *„...loosely defined..."* sehen will, weil die Bezeichnung einiger Staaten mit weniger als einer Million Menschen als *„Mikrostaat"* auf Grund ihrer großen territorialen Ausdehnung nach seiner Ansicht lächerlich wäre (*„...as to make it ludicrous to refer to it as a ‚ministate'..."*); HARBERT, The behavior of the ministates, S. 109, zieht für seinen Aufsatz die Grenze für *„exceptionally small states"* ebenfalls bei einer Million.

1 000 000 Einwohner als Maximalzahl begrenzen. Auch die bereits zitierte UNITAR-Studie aus dem Jahr 1969 berücksichtigt alle Staaten bis zur Bevölkerungsgröße von einer Million, wodurch der Mikrostaatsbegriff doch zumindest faktisch größenmäßig umrissen wird, obwohl aus der Untersuchung ausdrücklich hervorgeht, dass nicht alle untersuchten Staaten deshalb automatisch *„Mikrostaaten"* sein müssen[147]. Seit 1996 geht UNITAR von einer erhöhten Schwelle von 1,5 Millionen Einwohner aus[148].

Letztlich kann eine Abgrenzung zwischen *„Mikrostaaten"* und anderen Staaten[149] anhand der Bevölkerungsgröße aber nur Sinn machen, wenn zwischen diesen beiden Gruppen wissenschaftlich nachweisbare Unterschiede aufgezeigt werden. Das dies aber nicht möglich ist, hat schon die UNITAR-Studie zutage gebracht, die gerade *„...keine abrupte Trennlinie, keine ‚Grenze' zwischen Kleinststaat und Staaten ‚normaler' Größe..."* herausarbeiten konnte[150]. Aus diesem Grund muss die Begrenzung des Begriffes *„Mikrostaat"* über die Größe der Bevölkerung der betreffenden Einheiten als willkürlich bezeichnet und deshalb als wissenschaftlich sinnlos abgelehnt werden[151]. Selbst wenn die Bevölkerungszahl lediglich als eine von vielen kumulativ zu prüfenden Kriterien begriffen wird, kann die Einordnung eines konkreten Staates zu einer der beiden Gruppen letztlich nicht von der Größe der Bevölkerung abhängen[152].

bb) Das Kriterium der Größe und Lage des Territoriums des *„Mikrostaates"*

Die genannten Vorteile des Kriteriums der Bevölkerungsgröße ergäben sich ebenso für das Merkmal der Größe des Territoriums. Eine darauf basierende Unter-

---

147 RAPAPORT UND ANDERE, UNITAR-Studie, S. 30, spricht in diesem Zusammenhang von *„...borderline cases..."*, weshalb die Grenzziehung bei 1 Million Einwohnern geschieht *„...without going into the question as to which of these constitute ‚real' mini-states or mini-territories"*.

148 TCHAKALOFF, La question des micro-États et l'Union européenne, S. 102.

149 SEILER, Kleinststaaten im Europarat, S. 13, spricht in diesem Zusammenhang von *„Normstaaten"*.

150 Vgl. die Analyse der Häufigkeitsverteilung von Staaten nach der Bevölkerungszahl aus der UNITAR-Studie bei SEILER, Kleinststaaten im Europarat, S. 10 f.

151 Beispielhaft für viele andere: CHAPPEZ, micro-états, S. 543 und KOKOTT, Micro-States, in: BERNHARDT, EPIL, Band III, S. 362; .

152 Dies ist selbst Vertretern eines zahlenmäßig definierten Mikrostaatenbegriffs bewusst: vgl. z. B. EHRHARDT, Mikrostaat, S. 89, der den Vorwurf der Willkürlichkeit seiner Festlegungen dadurch zu entkräften sucht, indem er einräumt, dass Staaten, die unter der Höchstbevölkerungszahl liegen trotzdem keine *„Mikrostaaten"* sind, wenn sie *„...völkerrechtliche Rechte und Pflichten von Staaten hinreichend wahrnehmen..."* können, so dass die Bevölkerungszahl letztlich gerade bei den kleinsten politischen Einheiten als Merkmal hinfällig wird, da sich die Prüfung maßgeblich auf die Fähigkeit der möglichen *„Mikrostaaten"*, völkerrechtliche Rechte und Pflichten wahrzunehmen, verlagert.

scheidung wäre leicht zu bewerkstelligen und überaus deutlich. Jedoch ist in der Literatur seit langer Zeit anerkannt, dass sich der Gebietsumfang nicht zur Begriffsfestlegung eignet; dem Merkmal, *„...‚a very small place' zu sein"*, wird keine große Aussagekraft zuerkannt[153].

Ein gewichtiger Grund dafür stellt die Tatsache dar, dass sich die Größe des Territoriums schon auf Grund naturräumlicher Unterschiede kaum vergleichen lässt[154]. Eine große Fläche allein ist kein Garant für eine wichtige Rolle in den internationalen Beziehungen, wenn der Löwenanteil davon etwa wegen widriger klimatischer Umstände im Grunde jegliche Nutzbarkeit vermissen lässt. Will man aber nur die nutzbare Fläche in Anrechnung stellen, ergeben sich angesichts vielfältiger Nutzungsformen Probleme bezüglich der dabei anzulegenden Kriterien. Bezöge man sich beispielsweise allein auf die landwirtschaftlich nutzbare Fläche, wären Agrarstaaten im Rahmen der Begrifflichkeit des Mikrostaats bevorzugt, während Wüstenstaaten, deren wirtschaftliche Grundlage die Ölförderung darstellt unter Umständen zu Unrecht als *„Mikrostaaten"* eingeordnet würden[155]. Außerdem müsste sich die Festlegung irgendeiner Obergrenze in Quadratkilometern oder Ähnlichem wie die numerische Definitionslinie in Bezug auf die Bevölkerungszahl den Vorwurf der Willkürlichkeit gefallen lassen[156].

Auch lässt sich die Lage des Territoriums auf dem Erdball nicht als Unterscheidungskriterium heranziehen. Zwar ist es richtig, dass sich die meisten der kleinsten Staaten nicht auf den großen Kontinentalplatten finden, sondern auf kleinen Inseln über alle Weltmeere verstreut sind, wodurch sich zwangsläufig eine gewisse *„...geographische Isolation..."*[157] ergibt. Jedoch gibt es durchaus auch kleinste politische Einheiten, die gerade nicht unter dieser naturräumlichen Abgetrenntheit leiden, sondern ganz im Gegenteil im dicht bevölkerten Europa in unmittelbarer Nähe eines großen Nationalstaates existieren (z. B. Monaco oder San Marino). Besonders beachtenswert ist in diesem Zusammenhang der Vatikanstaat, der innerhalb der italienischen Hauptstadt gelegen ist und somit mit Sicherheit nicht geographisch isoliert ist.

cc) Das Kriterium des wirtschaftlichen Potentials

Die eingangs bereits zitierte Mikrostaatendefinition U THANTs beinhaltete als weiteres Kriterium die *„...exceptional smallness in economic ressources..."*[158]. So knüpfen viele Autoren an diesem Punkt an und weisen darauf hin, dass die Mikrostaaten

---

153 So DARSOW, Zum Wandel des Staatsbegriffs, S. 195; so auch schon die UNITAR-Studie, RAPAPORT UND ANDERE, UNITAR-Studie, S. 183 f.

154 So auch SEILER, Kleinststaaten im Europarat, S. 14.

155 So bereits V. WEDEL, Der sogenannte „Mikrostaat" im internationalen Verkehr, S. 304.

156 Vgl. etwa KOKOTT, Micro-States, in: BERNHARDT, EPIL, Band III, S. 362.

157 So DARSOW, Zum Wandel des Staatsbegriffs, S. 176 f.

158 Siehe schon Fn. 134.

„...in aller Regel...“[159] oder *„...meist (...) zu den Ärmsten gehören...“*[160] und durch ihre ökonomische Abhängigkeit auffallen. Dabei ist zu beachten, dass diese Abhängigkeit sowohl auf andere Staaten als auch auf private Unternehmen bezogen sein kann[161]. Aus diesem Grund stellt MALUNAT bei der Begrenzung des Begriffes der *„Mikrostaaten“* sogar maßgeblich auf das frei von äußerem Einfluss nutzbare Wirtschaftspotential ab: *„Das Kriterium unabhängig erwerbbaren ökonomischen Wohlstandes wird damit zur Schlüsselgröße (...) der völkerrechtlichen Beurteilbarkeit von Kleinststaatlichkeit“*[162]. In der Regel wird der wirtschaftliche Erfolg des Landes am Bruttosozialprodukt gemessen[163], da nur so eine gewisse Vergleichbarkeit garantiert ist.

Jedoch erweist sich das Kriterium als unbrauchbar, wenn es darum geht, anhand dessen die Gruppe der *„Mikrostaaten“* von der der anderen Staaten abzugrenzen. Armut als solche eignet sich nicht als positives Abgrenzungsmerkmal, da es sowohl große bevölkerungsreiche Staaten gibt, deren Bruttosozialprodukt pro Einwohner im weltweiten Vergleich sehr niedrig liegt, wie auch sehr kleine Staaten ein sehr hohes Nationaleinkommen aufweisen können. Aber nicht nur im Vergleich des Nationaleinkommens pro Kopf können manche Kleinststaaten in Bezug auf Territorium und Bevölkerungszahl große Staaten übertreffen, sondern sogar in den Gesamtzahlen. Vergleicht man beispielsweise das mit 2 586 qkm und 459 000 Einwohnern recht überschaubare Großherzogtum Luxemburg mit dem mit 1 112 000 qkm und seinen mehr als 73 Millionen Einwohnern um ein Vielfaches größere Äthiopien, lässt sich unschwer ersehen, dass kein Konnex besteht zwischen physischer Größe und wirtschaftlichem Erfolg. Denn das von der Weltbank nachgewiesene Gesamtbruttosozialprodukt Luxemburgs von 17 523 Millionen US-Dollar aus dem Jahre 2002 ist fast dreimal so hoch wie das von Äthiopien aus demselben Jahr (6 516 Millionen US-Dollar). Bezogen auf den Einwohner zeigen die Zahlen im Vergleich für das kleine Luxemburg einen noch viel größeren Vorsprung: während der durchschnittliche Luxemburger im Jahre 2002 39 470 US-Dollar erwirtschaftet hat, entnimmt man der Tabelle für den durchschnittlichen Äthiopier die erschüt-

---

159 MALUNAT, Der Kleinstaat im Spannungsfeld von Dependenz und Autonomie, S. 64 f.

160 HANS-JOACHIM SCHÜTZ in: WOLFRUM, Handbuch Vereinte Nationen, S. 610.

161 Vgl. DARSOW, Zum Wandel des Staatsbegriffs, S. 177 f., der darauf hinweist, dass ein ganze Anzahl von *„Mikrostaaten“* finanziell von den Zuwendungen ihrer ehemaligen Kolonialherren abhängig seien. Zum anderen seien manche Kleinststaaten wirtschaftlich in der Hand von ausländischen Konzernen, vor allem wenn der Kleinststaat über Rohstoffreserven verfüge; mit deren Abbau und Vertrieb kontrolliere der Konzern einen *„...große(n) Teil der tatsächlichen Macht...“* im Staat; schon BERBER, Völkerrecht, Band I, § 18, S. 151, hat deutlich erkannt: *„...dass sich zahlreiche Abhängigkeitsverhältnisse vom Rechtlichen ins Soziologische zurückgezogen haben und dadurch zwar an Evidenz und Präzision, aber kaum an Effektivität verloren haben“*.

162 MALUNAT, Der Kleinstaat im Spannungsfeld von Dependenz und Autonomie, S. 65.

163 NIEDERMANN, Liechtenstein und Schweiz, S. 54; SEILER, Kleinststaaten im Europarat, S. 14.

ternd niedrige Zahl von 100 US-Dollar[164]. Außerdem muss gesagt werden, dass diesem Beispiel noch eine ganze Reihe weiterer Vergleichspaare mit demselben Ergebnis hinzugefügt werden könnte. SACK führt in diesem Zusammenhang aus, dass *„...territoriale Größe heutzutage längst nicht mehr mit (...) wirtschaftlicher Größe gleichzusetzen ist"*. Vielmehr gebe es *„...viele kerngesunde (...) Kleinststaaten, während zahlreiche Riesenreiche auf wackligen Füßen stehen..."*[165].

dd) Das Kriterium der Unabhängigkeit

Des Weiteren findet sich bei einigen wenigen Autoren das Kriterium der Unabhängigkeit[166]. Während aber DARSOW das Merkmal negativ auffasst, indem er die faktische Abhängigkeit der *„Mikrostaaten"* vor allem im wirtschaftlichen Bereich heraushebt und dabei politische Unabhängigkeit voraussetzt, sieht EHRHARDT laut der Überschrift für das entsprechende Kapitel seiner Arbeit die Unabhängigkeit als positives *„Merkmal des Mikrostaatsbegriff"*[167]. Diese Unabhängigkeit liegt ihm zufolge vor, wenn *„...ein territoriales Völkerrechtssubjekt (...) [in] seine[r] innen- und außenpolitische[n] Willensentfaltung formell lediglich vom allgemeinen und besonderen (...) Völkerrecht eingeschränkt wird"*[168]. EHRHARDT meint also, dass ein *„Mikrostaat"* rechtlich lediglich dem Völkerrecht unterworfen sein darf. Er formuliert damit jedoch eine Eigenschaft der Staatsgewalt, die in dieser Arbeit noch als *„Völkerrechtsunmittelbarkeit"*[169] beschrieben werden wird. Nun ist es zwar legitim zu fragen, ob *„Mikrostaaten"* den Erfordernissen der Staatlichkeit genügen[170], da die Staatlichkeit der Anknüpfungspunkt vieler Rechtswirkungen ist, beispielsweise Voraussetzung für die Aufnahme in die Vereinten Nationen (Art. 4 SVN) oder in das IGH-Statut (Art. 34 IGH-Statut), jedoch muss zuvor eine Möglichkeit gefunden werden, die *„Mikrostaaten"* von den übrigen Staaten zu trennen. Erst wenn dafür in Form einer Definition eine Grundlage geschaffen ist, kann die abstrakte Frage beantwortet werden, ob diese politischen Einheiten Staaten im Sinne des Völkerrechts sind. Zieht man aber zur Eingrenzung des Begriffs *„Mikrostaat"* bereits die Kriterien der Staatlichkeit heran, entsteht ein Zirkelschluss. Zudem ist eine negative Abgrenzung viel einfacher und effektiver: ist ein Gemeinwesen so klein, dass es nicht in ausreichendem Maße völkerrechtlich agieren kann, ist es kein *„Mikrostaat"* (positive Definition), sondern eben kein Staat (negative Definition). Für die Einführung von Zwischenkategorien, die gegebenenfalls mit einer völkerrechtlich minderen Stellung des

---

164 Alle in bezug auf Luxemburg und Äthiopien genannte Zahlen finden sich bei: STATISTISCHES BUNDESAMT, Statistisches Jahrbuch 2004, S. 198 und 366.

165 SACK, Europas Zwerge, S. 45.

166 Vgl. etwa EHRHARDT, Mikrostaaten, S. 96 f.; DARSOW, Zum Wandel des Staatsbegriffs, S. 179 f.

167 Vgl. Gliederung bei EHRHARDT, Mikrostaaten, S. IX.

168 EHRHARDT, Mikrostaaten, S. 97.

169 Dazu unten: Kap. 3, A.II.3.c)cc)(2).

170 Dies fragen sich in der Tat sehr viele Autoren; neben vielen anderen: KOKOTT, Micro-States, in: BERNHARDT, EPIL, Band III, S. 362 f.; VELLAS, états exigus, S. 559 ff.

betreffenden Verbandes einherginge, besteht deshalb kein Bedürfnis[171]. Die Unabhängigkeit ist demnach nicht geeignet als Kriterium im Rahmen des Begriffs des *„Mikrostaates"*.

ee) Das Kriterium der völkerrechtlichen Verkehrsfähigkeit

Recht häufig wird auch versucht, die *„Mikrostaatlichkeit"* über das Erfordernis der völkerrechtlichen Verkehrsfähigkeit abzugrenzen. Den *„Mikrostaaten"* fehle es, um in den Worten U THANTs zu sprechen, an ausreichend *„...economic and human ressources..."*[172], um *„die völkerrechtliche(n) Rechte und Pflichten von Staaten (...) hinreichend wahrnehmen..."* zu können[173]. Deshalb seien die *„...diplomatischen Unternehmungen der Mikrostaaten im allgemeinen sowohl geographisch als auch funktionell eng begrenzt..."*[174]. DARSOW[175] versucht diese These mit folgenden Beobachtungen zu untermauern: es sei eine Tendenz der europäischer Kleinststaaten zu beobachten, sich mit konsularischen Beziehungen zu begnügen, wobei die Konsulate zudem teilweise in diversen Nachbarstaaten gelegen seien. Diplomatische Beziehungen auf Botschafterebene vollziehen sich zum Teil im Wege der Vertretung durch andere Staaten. Eine ähnliche Tendenz zeige sich im außereuropäischen Bereich. Zudem sei die *„mikrostaatliche"* Interessenvertretung im Rahmen der Vereinten Nationen nicht von derselben Qualität und von gleichem Umfang wie die der anderen Staaten. Die durchschnittliche Stärke der von *„Mikrostaaten"* entsandten Delegationen sei erheblich kleiner als der des Durchschnittes, auch sei die Absenzquote der kleinsten Mitgliedstaaten auffällig hoch. Generell stellt DARSOW fest, die *„Mikrostaaten"* litten unter *„Isolation und Kommunikationsschwierigkeiten"*, wären deshalb unfähig, Probleme, die außerhalb ihrer Grenzen liegen, überhaupt zu erfassen und diese zu bewerten. Die Folge sei deshalb ein Stimmverhalten, das sich an dem anderer (meist großer) Staaten orientiert, bzw. sog. *„bloc-voting"*, was bedeutet, dass sich die *„Mikrostaaten"* bei Abstimmungen oft kritiklos einer Gruppe anschlössen[176]. Dass eine mangelhafte Mitarbeit, die sich – wie eben beschrieben - durch schwache Beteiligung und Fehlen von Einflussnahmemöglichkeit auszeichnet, als Spezifikum der *„Mikrostaatlichkeit"* anzusehen ist, hat schon HARBERT in einem Aufsatz aus dem Jahre 1976 angezweifelt. Der Autor, der das Stimmverhalten der *„Mikrostaaten"* in der Generalversammlung der Vereinten Nationen ausgiebig untersucht hat, stellt in diesem Zusammenhang fest, dass die kleinsten Staaten das beschriebene Verhalten an den Tag legen, nicht weil sie *„Mikrostaaten"* sind, sondern vielmehr auf Grund ihrer ökonomischen Schwäche und der Probleme die sich aus der Tatsache erklären, dass

---

171 NIEDERMANN, Liechtenstein und Schweiz, S. 56.

172 Vgl. Kap. 1, B.III.3.a.

173 Vgl. EHRHARDT, Mikrostaaten, S. 102.

174 DARSOW, Zum Wandel des Staatsbegriffs, S. 181.

175 DARSOW, Zum Wandel des Staatsbegriffs, S. 181 ff.

176 DARSOW, Zum Wandel des Staatsbegriffs, S. 184.

diese Staaten in den meisten Fällen aus Kolonien hervorgegangen sind[177]. Deshalb kann ein Zusammenhang zwischen Kleinheit und *funktionaler* Begrenzung der Aktionsmöglichkeiten auf internationaler Ebene jedenfalls nicht als nachgewiesen gelten.

Die Beobachtungen DARSOWs bezüglich der *geographischen* Beschränktheit des *„mikrostaatlichen"* Handlungsfeldes im internationalen Rahmen können dagegen weder widerlegt noch in Zweifel gezogen werden[178]. In der Tat sind *„...kleinste Staaten aufgrund ihrer Bevölkerungszahl regelmäßig nicht in der Lage (...), ein eigenes Netz permanenter diplomatischer Vertretungen einzurichten, und [sind] somit oft auf die Vertretung durch größere Staaten angewiesen..."*[179]. Jedoch erscheint die Schlussfolgerung darauf, dass ein *„Mikrostaat"* aus diesem Grunde nicht die völkerrechtlichen Rechte und Pflichten eines Staates erfüllen könne, nicht nur als nicht zwingend, sondern auch als unbegründet. Dies ergibt sich zunächst schon daraus, dass nicht wenige Staaten zu nennen sind, die auf Grund ihrer physischen Größe keinesfalls als *„Mikrostaaten"* eingeordnet werden würden, sich aber trotzdem nicht in der Lage sehen, diplomatische Vertretungen im gewöhnlichen Umfang zu unterhalten[180]. Hinzu kommt, dass die Fortentwicklung der modernen Kommunikationsmittel jedermann in die Lage versetzt hat, auch ohne körperliche Präsenz an Entscheidungsvorgängen teilnehmen zu können. Auch sehr kleine politische Einheiten sind heute auf Grund dieser neuen Arbeitsmöglichkeiten in der Lage, stets den gesuchten Gesprächspartner zu

---

177 HARBERT, The behavior of the ministates, S. 126 f.: *„...size alone is not the most significant differentiating variable. If anything, it appears likely that the crucial variable influencing ministate behavior is not smallness per se but prior colonial status and current economic debility, i. e., in cases where the ministates have acted cohesively they have done so not necessarily because they are ministates. Some mix of other factors (geography, history, economics, etc.) yields the voting behavior which we see.. ".*

178 Aus der Analyse der auswärtigen Beziehungen der Bundesrepublik Deutschland ergibt sich der folgende aufschlussreiche, jedoch aber sicherlich für die weltweite Vernetzung nicht repräsentative Überblick: neben den Kleinststaaten, die keinerlei auswärtige Beziehungen mit Deutschland pflegen, verfügen zehn *„Mikrostaaten"* dafür lediglich über eine zuständige Botschaft in Brüssel (z. B. Barbados, Dominica etc.), ebenfalls zehn über eine zuständige Botschaft lediglich in einer anderen europäischen Hauptstadt, meist in London oder Paris (z. B. für die Bahamas in London; für Dschibuti in Paris; für Surinam in Den Haag); dagegen verfügen zwei *„Mikrostaaten"* lediglich über eine omnizuständige Botschaft im eigenen Land (Cookinseln und San Marino); weiter fünf pflegen ausschließlich konsularische Beziehungen (z. B. St. Lucia oder die Malediven); vgl. OECKL, Taschenbuch des Öffentlichen Lebens, S 233 ff.

179 So SEILER, Kleinststaaten im Europarat, S. 15.

180 Beispielsweise unterhält Botsuana keine eigene Botschaft in Deutschland; das Gebiet der Bundesrepublik wird diesbezüglich von der Botschaft in Brüssel abgedeckt; genauso für Papua-Neuguinea, vgl. OECKL, Taschenbuch des Öffentlichen Lebens, S. 243/303; SEILER, Kleinststaaten im Europarat, S. 15, Fn. 49, weist darauf hin, dass folgende größere Staaten im Jahre 1985 keine eigene UNO-Vertretung in Genf unterhielten: Afghanistan, Albanien, Sambia und Zimbabwe.

finden oder auch angesprochen und/oder informiert zu werden. Damit kommt es mehr auf ein geschicktes Informationsmanagement an als auf ein weltumspannendes Netz von eigenen Botschaften. SEILER weist in diesem Zusammenhang darauf hin, dass die unumgänglichen persönlichen Gespräche auch für kleinste Einheiten dadurch möglich gemacht werden können, dass sie gebündelt dort geführt werden, wo die Dialogpartner gehäuft ansprechbar sind, beispielsweise im Umfeld der Vereinten Nationen in New York.

ff) Sonstige Kriterien zur Abgrenzung des Mikrostaatsbegriffs

Darüber werden noch einige andere Merkmale diskutiert, die zum Teil recht absurd anmuten. Da soll der *„Mikrostaat"* von den anderen Staaten auf Grund der Anzahl der Verkehrstoten unterschieden werden. Auch könne die Einordnung in die Gruppe der kleinsten Staaten daran festmacht werden, ob das völkerrechtsrelevante Territorium über einen Bahnhof oder einen Flughafen verfügt. Andere schlagen die Anzahl der zugelassenen Kraftfahrzeuge als Bezuggröße vor[181]. Das Kriterium der Kraftfahrzeugdichte, welches letztlich in absoluten Zahlen formuliert werden müsste, ist jedoch als genauso willkürlich zu bezeichnen wie das Abstellen auf die Bevölkerungszahl. Dazu kommt, dass die Zahlen auf Grund eines ganz unterschiedlichen Entwicklungsstandes der betreffenden Länder schon deshalb nicht vergleichbar wären. Dagegen ist die Frage, ob bestimmte Infrastrukturelemente in einem Land vorhanden sind oder nicht, von einer gewissen Zufälligkeit geprägt. Handelt es sich bei dem mutmaßlichen *„Mikrostaat"* um einen Stadtstaat, ist die Wahrscheinlichkeit, dass ein Bahnhof vorhanden ist, größer als bei einem kleinen rural strukturierten Gebilde. Ein Inselstaat wird um sehr viel wahrscheinlicher über einen Flugplatz verfügen als eine kleine politische Einheit, deren Bevölkerung die Einrichtungen einer nahen (ausländischen) Großstadt mitbenutzen kann (z. B. Vatikanstaat).

Auch könnte man der Idee verfallen, Staaten nach ihrer *„...kulturellen ‚Größe'..."* zu unterscheiden. ROTHSCHILD, der diesen Gedanken äußert, weist aber im selben Atemzug auf die Schwierigkeit der Bemessung der kulturellen Stärke eines Staates hin[182]. Das Kriterium wäre demnach nicht praktikabel. Dazu kommt, dass eine darauf gegründete Unterscheidung recht heikel wäre, da sich jeder Wissenschaftler, der sich anschickte, die Bewertung zu vollziehen, mit dem Vorwurf der Subjektivität und gegebenenfalls des Kulturimperialismus konfrontiert sähe.

---

181 Diese Kriterien werden bei NIEDERMANN, Staatskriterien und Kleinstaat, S. 87, genannt, jedoch als *„völlig absurde Kriterien"* verworfen.

182 ROTHSCHILD, Liechtenstein ist ein kleiner Staat – na und?, S. 31.

b) Die Kombination mehrerer Kriterien

aa) Die unterschiedlichen wissenschaftlichen Ansätze

Angesichts der Erfolglosigkeit des Unterfangens, den Begriff anhand einzelner Kriterien abzustecken, und *„...(u)m aus der üblichen ‚Eindimensionalität' auszubrechen...“*[183], haben einige Wissenschaftler versucht den *„Mikrostaat“* als von vielen Elementen bestimmtes Gesamtphänomen zu begreifen. Auf Grund dessen wurde nicht versucht, einzelne Merkmale abzufragen, sondern einen bestimmten Katalog von Kriterien aufzustellen, dem der jeweils überprüfte Staat genügen musste. Schon TAYLOR ist im Rahmen der UNITAR-Studie[184] auf diese Weise vorgegangen. Er überprüfte die politisch selbständigen Einheiten der Welt anhand des folgenden Dreiklangs: Bevölkerungszahl, Fläche und Bruttosozialprodukt. Dabei legte er ganz konkrete Mindestzahlen für diese drei Kategorien fest und ging nur von einem *„Mikrostaat“* aus, wenn alle Indices unterhalb dieser Messlatten lagen. Auf ähnlicher Grundlage arbeitet die den Sozialwissenschaften entlehnte sog. Cluster-Analyse. Das Verfahren vollzieht sich mittels einer speziellen Software, die zahlenmäßig darstellbare Koeffizienten nach einem bestimmten Muster mit dem Ziel verrechnet, die Gesamtzahl der einbezogenen Prüfungsobjekte in möglichst homogene Gruppen bzw. Haufen (gleich Cluster) einzuteilen[185]. Eine auf der Grundlage von Bevölkerungszahlen, Fläche und Bruttoinlandprodukt im Jahre 1989 durchgeführte Cluster-Analyse identifizierte weltweit 45 Mikrostaaten[186].

bb) Kritik an den wissenschaftlichen Kombinationsmodellen

Diese Ansätze sind jedoch aus zweierlei Gründen problematisch. Zum einen kann es vorkommen, dass diese Methoden auf Grund ihrer generalisierten Betrachtungsweise bei konsequenter Subsumtion auch solche Länder als *„Mikrostaaten“* ausweisen können, die gemeinhin nicht in diese Kategorie eingeordnet werden. So ermittelte die Untersuchung von TAYLOR El Salvador und den Libanon als der

---

183 SEILER, Kleinststaaten im Europarat, S. 17.

184 TAYLOR, CHARLES L., Statistical typology of micro-states and territories towards a definition of a micro-state, in: UNITAR Series No. 3, 1969, S. 183 ff.; auf diesen Ansatz verweisen: CHAPPEZ, micro-états, S. 543 und NIEDERMANN, Liechtenstein und Schweiz, S. 55.

185 Vgl. dazu: WASCHKUHN, Kleinstaat, S. 10; SEILER, Kleinstaaten im Europarat, S. 17.

186 Entnommen aus: SIEGLINDE U. GSTÖHL, The „Microstate Problem“ in the United Nations (Institut universitaire de hautes études internationales à Genève), Summer Semester 1989, zitiert nach WASCHKUHN, Kleinstaat, S. 11, Fn. 11; dabei wurden die folgenden politischen Einheiten als *„Mikrostaaten“* ermittelt: Andorra, Antigua und Barbuda, Äquatorialguinea, Bahamas, Bahrein, Barbados, Belize, Bhutan, Brunei, Dominica, Dschibuti, Fidschi, Gambia, Grenada, Guinea-Bissau, Jamaica, Kap Verde, Katar, Kiribati, Komoren, Lesotho, Libanon, Liechtenstein, Luxemburg, Malediven, Malta, Mauritius, Monaco, Nauru, Saint Kitts und Nevis, Saint Lucia, Saint Vincent und die Grenadinen, Salomonen, San Marino, São Tomé und Principe, Seschellen, Singapur, Swasiland, Tonga, Trinidad und Tobago, Tuvalu, Vanatu, Vatikanstadt, Westsamoa und Zypern.

Gruppe der Mikrostaaten zugehörig[187]; auch bei GSTÖHL ist der Libanon aufgelistet. Zum anderen ist das Ergebnis stark abhängig sowohl von der Auswahl und der Gewichtung der Kriterien als auch von der Festlegung von Minimal- bzw. Maximalschwellen in Bezug auf die ausgewählten Kriterien. Letztendlich muss auch der Gesamtmaßstab einer Analyse als willkürlich gelten, wenn die Einzelkriterien willkürlich festgelegt worden sind. Dies war auch den Akteuren des *„Ministate Committee"* bewusst und stellte wohl den Hauptgrund dafür dar, dass das Gremium nicht zu einer Lösung der sog. Mikrostaatenfrage vorstoßen konnte[188]. Auch SEILER kommt bei seinen Untersuchung zu folgendem Urteil: *„Die möglichen Kriterien der Definition eines Kleinststaates sind zahlreich, doch eine starre Abgrenzung erscheint bei jedem Kriterium arbiträr"*[189]. Hauptgrund für das Scheitern der Suche nach einer Definition des Begriffes *„Mikrostaat"* ist, dass die Gruppe der Staaten, die man von dem Begriff des *„Mikrostaates"* erfasst haben möchte, nicht die geringste Homogenität aufweist[190]. So verbietet sich die Verwendung des Begriffes *„Mikrostaat"* als Rechtsbegriff schon deshalb, weil er als wissenschaftliche Kategorie nicht definiert werden kann[191]. VON WEDEL sagt ganz deutlich: *„Der Begriff des Mikro-Staates hat im allgemeinen Völkerrecht keine Bedeutung"*[192]. Die Verwendung des Begriffes des *„Mikrostaates"* sowie seiner Synonyme im politischen Alltag ist aber unschädlich, wenn damit – untechnisch – ungewöhnlich kleine Staatsgebilde erfasst werden[193].

---

187 Nach NIEDERMANN, Liechtenstein und Schweiz, S. 55.

188 UN Doc. S/AC.16/SR.10, at 10 (1971), zitiert nach: GUNTER, Ministate Problem, S. 116, der den französischen Delegierten im *„Ministate Committee"* mit folgenden Worten zitiert: „...(the UNITAR study) *had concluded that there were many ways of defining a micro-State, all of them more or less arbitrary...*"; der Delegierte ging davon aus, *„...that the Committee would habe great difficulty in producing any definition at all of a micro-State..."*.

189 SEILER, Kleinststaaten im Europarat, S. 18; andere Autoren sind sich der Willkürlichkeit in Auswahl der Kriterien durchaus bewusst, ziehen aber Praktikabilitätsgründen trotzdem eine numerische Grenze bezogen auf die Bevölkerungszahlen; so weiß HARBERT, The behavior of the minstates, S. 111, um die *„...somewhat arbitrary choice of components..."*, doch sagt er schließlich: *„Nonetheless, one must ‚draw the line' somewhere..."*.

190 So NIEDERMANN, Staatselemente und Kleinstaat, S. 87.

191 Interessant ist in diesem Zusammenhang, dass der Begriff auch noch in der wissenschaftlichen Literatur neueren Datums auftaucht, es aber geradezu offensichtlich vermieden wird, sich an eine Definition zu wagen. So verwendet STAPPER den Begriff in seiner Dissertation *„Europäische Mikrostaaten und autonome Territorien im Rahmen der EG"* sogar im Titel, geht jedoch in der Arbeit nicht näher darauf ein.

192 v. WEDEL, Der sogenannte „Mikrostaat" im internationalen Verkehr, S. 314.

193 Mit demselben Ergebnis: NIEDERMANN, Liechtenstein und Schweiz, S. 57; NIEDERMANN, Staatskriterien und Kleinstaat, S. 86.

4. Zwischenergebnisse

a) Ergebnis in Bezug auf den Begriff des Mikrostaates als Beschränkung des völkerrechtlichen Staatsbegriffes

Auf Grund der Feststellung, dass der Begriff des *„Mikrostaates"* keiner Definition zugänglich ist, lassen sich zwei Schlussfolgerungen ziehen. Zunächst ist der Begriff des *„Mikrostaates"* demnach auch kein taugliches Merkmal, anhand dessen die Staatsqualität eines kleinen Gemeinwesens geprüft bzw. in Frage gestellt werden könnte. Die Ansätze, die von einer Verknüpfung des Begriffes des *„Mikrostaates"* und der Staatlichkeit dieser kleinsten politischen Einheiten in dem Sinne ausgehen, dass der *„Mikrostaat" per definitionem* kein Staat im Sinne des Völkerrechts ist[194], müssen zurückgewiesen werden.

Vielmehr muss jeder Fall einzeln an den Maßstäben des völkerrechtlichen Staatsbegriffs gemessen werden. Eine Verallgemeinerung nach dem Muster *„Mikrostaat"* = *„Nichtstaat"* ist demnach nicht möglich. Es wäre auch nicht einzusehen gewesen, warum kleine Gemeinwesen allein auf Grund ihrer Kleinheit benachteiligt werden sollten. Unter Umständen würde so das Selbstbestimmungsrecht eines Volkes missachtet[195]. Der Versuch, kleinste staatliche Einheiten nicht als Staaten im Sinne von Art. 4 SVN ansehen zu müssen, sie dadurch zu *„Unterstaaten"* zu machen, kann nur vor dem geschichtlichen Hintergrund der Angst der Großstaaten vor einer Destabilisierung des UN-Systems durch einen sprunghaften Anstieg der Mitgliederstaaten verstanden werden[196].

b) Die Auswirkungen der Nichtdefinierbarkeit der Mikrostaatsbegriffes auf den Begriff des Kleinstaates

Da der *„Mikrostaat"* als juristischer Begriff nicht definiert werden kann, ist es auch nicht möglich, anhand dessen den Begriff des *„Kleinstaates im weiteren Sinne"* *„nach unten"* zu beschränken. Auch entzieht sich der *„Mikrostaat"* der Anwendung als definitorischer Unterfall des Kleinstaatsbegriffs im weiteren Sinne, da keine Unterscheidungslinie zwischen *„Mikrostaat"* und *„Kleinstaat im engeren Sinne"* angegeben werden kann, die nicht dem Verdikt der Willkürlichkeit unterfallen würde. Damit ist der *„Kleinstaat"* in der Tat als einheitliches Phänomen zu begreifen[197].

---

194 So vor allem Ehrhardt, Mikrostaaten, S. 51: *„DER Mikrostaat lässt sich (...) nicht unter den herkömmlichen Staatsbegriff subsumieren"*.

195 DOEHRING, Völkerrecht, Rn. 433.

196 So NIEDERMANN, Staatskriterien und Kleinstaat, S. 86.

197 Vgl. zu diesem Verständnis bereits Kap. 1, B.I.1.

IV. Der Begriff des Kleinstaates im weiteren Sinne

Angesichts dieses einheitlichen Anwendungsfeldes für den Begriff des Kleinstaates würde er somit sowohl die *„kleinsten"* als auch die *„kleineren"* Staaten umfassen und somit die Bandbreite der eingangs mit *„Kleinstaat im weiteren Sinne"* bezeichneten Staatengruppe abdecken[198].

1. Unmöglichkeit der Abgrenzbarkeit der Kleinstaatsbegriffs *„nach oben"*

Für diesen einheitlichen Begriff müsste jedoch wiederum eine Definition gefunden werden, um eine saubere Trennung zwischen den Kleinstaaten und den übrigen Staaten zu ermöglichen. Allerdings ergeben sich bei der Umsetzung dieses Unterfangens ähnliche Probleme wie bezüglich des Begriffs des *„Mikrostaates"*. Will man die Staaten dieser Erde in unterschiedliche Kategorien einteilen, ergeben sich auf allen Stufen dieselben Schwierigkeiten einer eindeutigen Zuordnung. Hauptgrund dafür ist vor allem, dass die angelegten Kriterien letztlich ergebnisorientiert gewählt werden können, der Systematisierung damit die Objektivität fehlt. Auf Grund dieser Einsicht ist in der wissenschaftlichen Literatur die Meinung weit verbreitet, dass eine allgemeingültige Definition für den Begriff des Kleinstaates nicht gegeben werden kann[199]. Während manche Wissenschaftler daraus folgern, dass der Begriff als wissenschaftliche Kategorie völlig aufzugeben sei[200], finden sich in der Literatur trotzdem zahlreich Arbeiten, die das Wesen des Kleinstaates zu ergründen suchen und dabei unterschiedliche Abgrenzungsansätze erarbeiten. Begründet wird dieses augenscheinliche Paradoxon schlicht damit, dass die Existenz von Kleinstaaten eben nicht zu leugnen sei[201].

Dabei ist die Literatur zum Begriff des Kleinstaates sogar noch vielfältiger als sie dies bei der Suche nach der Definition des Mikrostaatsbegriffs war, da sich hin-

---

198 Vgl. dazu bereits Kap. 1, B.I.1.

199 CHRISTMAS-MØLLER, Thoughts on the scientific applicability of the small state concept, S. 35, spricht von *„the low scientific status of the word [small state]"*, EEK, The Conception of Small States, S. 11; FANGER, Die Verwaltung 1981, S. 70, spricht vom *„...bislang ungelöste[n] Problem der Konzeptualisierung von Kleinstaatlichkeit..."*; HÄNGGI, Small state as a third state, S. 81; KILIAN, Staat – Kleinstaat - Kleinststaat, S. 210, zufolge ist der *„...Kleinstaat (...) überhaupt keine eingeführte völkerrechtliche Kategorie..."*; MOURITZEN, Defensive Acquiescence, S. 240; ÓLAFSSON, Small States in a Global System, S. 3 : *„A commonly accepted definition of a small state is not available."*; SALADIN, Kleinstaaten mit Zukunft?, S. 136; SIEBER, Dimensions of small states´ dependence, S. 108; VOGEL, Small states´ efforts in international relations, S. 56; WASCHKUHN, Kleinstaat, S. 17.

200 Grundlegend: BAEHR, Small States: A tool for analysis?, S. 456 ff.

201 CHRISTMAS-MØLLER, Thoughts on the scientific applicability of the small state concept, S. 40, sagt dazu: *„A important reason why scholars have continued to use the concept [of small states] in their studies of politics ist probably that nobody has denied until now the existence of the phenomenon of small states in the real world"*.

sichtlich letzterem viele Autoren mit den Vorgaben der UNITAR-Studie auseinandersetzten und auf eine Hinzufügung weiterer Merkmale verzichteten. Zudem wurde die Auseinandersetzung um die Begrifflichkeit des *„Mikrostaates"* bezüglich der konkreten politischen Frage der Aufnahme der betroffenen Staaten in die Vereinten Nationen ausgefochten, während die Frage der Kleinstaatlichkeit (im weiten Sinne) aus rein wissenschaftlichem Interesse in der Literatur gestellt wird. So kann die Anzahl und die Unterschiedlichkeit der Vorschläge als ein weiteres Indiz für die Willkürlichkeit einer jeden Kleinstaatendefinition gewertet werden. FANGER[202] sagt hierzu: *„...die Anzahl der aufgestellten Definitionen ist annähernd identisch mit der Zahl der Autoren, die das Thema bearbeiten..."*.

2. Die vorgeschlagenen Abgrenzungskriterien

In der Folge sollen die Abgrenzungsversuche der Literatur in wesentlichen Zügen dargestellt werden, wobei sich die zahlreichen angebotenen Ansätze in vier Hauptgruppen unterscheiden lassen. Angesichts der parallelen Problematik ist es nicht überraschend, dass die meisten Kriterien, die für die Definitionsversuche des Mikrostaatsbegriffes herangezogen wurden, auch im Zusammenhang mit der Herausarbeitung der Kleinstaatenmerkmale eine Rolle spielen.

a) Der physische Ansatz

Klassischerweise spielen für die Einordnung als Kleinstaat Indikatoren eine Rolle, die an der messbaren kleinstaatlichen Realität ansetzen, wobei Beziehungen zu anderen Staaten vollständig außer Acht gelassen werden. Es wird bei diesem Ansatz schlicht das natürlich-gegenständliche Kapital (deshalb: physischer Ansatz[203]) des einen Staates mit dem eines anderen verglichen. So ist es nicht überraschend, dass sich viele Autoren auch hinsichtlich des Kleinstaatsbegriffes auf die Anzahl der Menschen, die auf dem betreffenden Territorium dauerhaft leben, sowie auf die Größe des Territoriums selbst beziehen. Die Spannweite des vorgeschlagenen Bevölkerungsmaximums[204] liegt etwa zwischen einer und fünfzehn Millionen Einwohnern[205]. Zum Teil wird vermieden, genaue Zahlen zu nennen, sondern man

---

202 FANGER, Die Verwaltung 1981, S. 70.

203 Schon VOGEL, Small states' efforts in international relations, S. 56, spricht vom *„physical concept"*.

204 Porto, The role of small states in the European Union, S. 159, Fn. 1: *„The criterion followed is a demographic criterion"*.

205 WASCHKUHN, Kleinstaat, S. 10: *„Unter dem Begriff ‚Kleinstaat' werden (...) Staaten bis zur Bevölkerungsgröße von bis zu 15 Millionen subsumiert"*, jedoch weist der Autor in Fn. 8 darauf hin, dass das Bostoner Center for the Study of Small States den Kleinstaatenbegriff offenhält für Staaten mit einer Bevölkerung zwischen 1 und 10 Millionen; BARSTON, The External Relations of Small States, S. 41, geht ebenfalls von einem *„...upper limit..."* von 10-15 Millionen Einwohnern aus; FANGER, Die Verwaltung 1981, S. 71, fasst den Meinungsstand anders zusammen: *„Einbezogen (in die Kleinstaatendefinition) werden im allgemeinen Staaten (...) mit unter 5-6 Millionen Einwohnern"* und

bezieht sich schlicht auf Beispielstaaten. Ein Autor weist etwa darauf hin, dass *„...unter dem Begriff ‚Kleinstaat' üblicherweise auch Staaten in der Größenordnung der Schweiz, Belgiens, Norwegens, Schwedens, Irlands oder Griechenlands verstanden werden...“*[206]. Andere Autoren sehen eine Lösung darin, schlicht alle Staaten als Kleinstaat anzusehen, die keine *„großen Staaten“* sind; diese Argumentation *e contrario* bleibt aber eine Mogelpackung, da nicht aufgezeigt wird, was einen Staat zum *„großen Staat“* macht[207].

Allerdings zeigen bereits die Ergebnisse der UNITAR-Studie, dass sich kein nachweisbarer Bruch zwischen Kleinstaaten im weiteren Sinne und den übrigen Staaten nachweisen lässt. Die Kurve, welche die Häufigkeit von politischen Einheiten in Beziehung setzt mit der Größe ihrer Bevölkerung, weist keine auffälligen Veränderungen im Bereich zwischen einer und fünfzehn Millionen Einwohnern. Die Häufigkeit der Staaten nimmt zwar mit zunehmender Größe ab, dies jedoch recht gleichmäßig[208]. Aus diesem Grund muss jede zahlenmäßige Festlegung der Kategorie Kleinstaat – wie in bezug auf den Begriff des *„Mikrostaates“* – als willkürlich bezeichnet werden. Dessen sind sich jedoch offensichtlich selbst jene Autoren bewusst, die eine Definition des Begriffes Kleinstaat über die Bevölkerungszahl versuchen. KRAMER bezeichnet beispielsweise die Abgrenzung über Bevölkerungsgröße und Fläche des Territoriums als *„...pragmatische definitorische Festlegung...“*[209]. Bei einigen Autoren wird die konkrete Obergrenze auch nur geschaffen, um eine Diskussionsgrundlage zu schaffen, ohne dass auf diese Weise eine definitorische Festlegung getroffen werden soll[210]. Es fällt zudem auf, dass das Element der Bevölkerungsgröße gerade in der aktuellen Literatur auf Grund seiner Einfachkeit wieder bevorzugt herangezogen wird. Die betreffenden Autoren benutzen das Kriterium quasi als Notnagel[211], indem sie ausdrücklich auf die Undefinierbarkeit des Klein-

---

stellt bei explizit nicht nur auf Staaten ab, sondern auch auf *„...assoziierte Territorien...“*; Fanger spricht zwar verwirrenderweise zum Teil von *„Ministaaten“*, angesichts des vorgegebenen Größenrahmens meint er jedoch wohl Kleinstaaten im weiteren Sinne; KIRT, Kleinstaat und Nationalstaat im Zeitalter der Globalisierung, S. 33: 15 Millionen; ÓLAFSSON, Small States in a Global System, S. 11: 1 Million; PFUSTERSCHMID-HARDTENSTEIN, Kleinstaat, Kleinstaat?, S. 81: 10 Millionen.

206 SEILER, Kleinststaaten im Europarat, S. 5.

207 So bestimmt GRARD, L'Union européenne et ses petits États, S. 47, die Gruppe der Kleinstaaten in der EU dadurch, dass er die größten fünf Staaten herausnimmt, ohne in überzeugender Weise zu sagen, warum er gerade dort die Grenze der Begrifflichkeit zieht.

208 RAPAPORT UND ANDERE, UNITAR-Studie, S. 185.

209 KRAMER, Kleinstaaten-Theorie und Kleinstaaten-Außenpolitik, S. 253.

210 Beispielsweise BARSTON, The External Relations of Small States, S. 41: *„For the purposes of this discussion a small state is defined as having a population with an upper limit of between 10-15 million“*.

211 HÄNGGI, Small state as a third state, S. 81, spricht vom kleinsten gemeinsamen Nenner: *„...the lowest common denominator as a point of departure...“*; KIRT, Kleinstaat und Nationalstaat im Zeitalter der Globalisierung, S. 33, sieht die Bevölkerungsgröße als *„...nur bedingt aussagekräftige, jedoch insofern objektive, weil mathematisch exakt bestimmbare*

staatenbegriffs hinweisen, die Staaten jedoch schlicht auf der Basis ihrer Einwohnerzahlen unterscheiden, um sich mit dem Phänomen Kleinstaat sinnvoll beschäftigen zu können[212].

Als weitere Kriterien des physischen Ansatzes käme – wie im Rahmen des Definitionsversuches des Mikrostaatsbegriffes – die Größe und die Lage des Staatsgebietes in Frage. Dass sich die beiden Merkmale jedoch nicht für die Kategorisierung von Staaten eignen, wurde schon in bezug auf den Mikrostaatsbegriff herausgearbeitet[213].

b) Der sicherheitspolitische Ansatz

Die Wissenschaft hat den Begriff des Kleinstaates im weiteren Sinne schon kurz nach dem Zweiten Weltkrieg entdeckt[214]. Das grundlegende Werk von FOX[215] rückt den Aspekt der Sicherheit in den Vordergrund. Sie geht ebenso wie MORGENTHAU[216] vom Schicksal vieler Kleinstaaten während des gerade vergangenen Krieges aus und sieht den Kleinstaat in einem *security dilemma*[217]. Ein Kleinstaat ist danach ein Staat, der nicht in der Lage ist, sich militärisch ausreichend zu verteidigen („*infériorité militaire*"[218]). Damit verbunden ist der Versuch, die Kleinstaaten von den übrigen Staaten abzugrenzen, indem auf die faktische politische Macht[219] abgestellt wird. Ein Staat sei dann ein Kleinstaat, wenn er auf der internationalen Bühne sich nicht in der Lage sieht, seinen eigenen politischen Willen selbständig mittels Machtpolitik durchzusetzen und seine nationalen Interessen zu schützen[220],

---

Norm...".

212 So KILIAN, Staat – Kleinstaat - Kleinststaat, S. 220, und ÓLAFSSON, Small States in a Global System, S. 11, die sich beide aus pragmatischen Gründen für eine Abgrenzung nach der Einwohnerzahl entscheiden.

213 Vgl. schon Kap. 1, B.III.3.a)bb).

214 So KNUDSEN, Analysing small-state security: The role of external factors, S. 4: „*The history of the small state as an analytical concept is primarily a postwar phenomenon*".

215 ANNETTE B. FOX, The Power of small states, Diplomacy in world war II, Chicago, 1959.

216 HANS J. MORGENTHAU, Politics among Nations, The struggle for power and peace, Third Edition, New York, 1960.

217 Vgl. VÄYRYNEN, Small states in different theoretical traditions of international relations research, S. 87; BARSTON, The External Relations of Small States, S. 40.

218 SCHWOK, Théories du „petit État" européen, S. 111.

219 VERHEST, Les petits pays et la construction européenne, S. 348/349, versucht eine Abgrenzung des Begriffes des Kleinstaates lediglich über die beiden Elemente Demographie und Macht.

220 JAQUET, Small State within Alliance Systems, S. 58: „*...a small state is a state that is neither on a world scale nor on a regional scale able to impose its political will or to protect its national interest by exerting power politics*"; ähnlich wohl auch V. D. HEYDTE, Völkerrecht, Band I, S. 106, wenn er die Kleinstaaten von den „*Vollstaaten*" dadurch unterscheiden will, dass die ersteren „*...wesensnotwendig der Anlehnung an einen anderen, größeren Staat, einer Art Symbiose, bedürfen...*".

flussnahme[233]. Aus den genannten Gründen ist das Kriterium der politischen Macht nicht geeignet zur Eingrenzung des Kleinstaatbegriffes.

c) Der verhaltensspezifische Ansatz

Ebenso scheitern Indices, die die Wirtschaftkraft des mutmaßlichen Kleinstaates aufgreifen. So werden von manchen Autoren das Bruttosozialprodukt[234] oder gar die Unterentwicklung[235] als solche als typisches Kleinstaatenmerkmal diskutiert. Jedoch taugt dies nicht als Kriterium der Abgrenzung der Kleinstaaten von den übrigen Staaten. Zum einen lassen sich viele Staaten finden, die sich von ihrer Einwohnerzahl als Kleinstaaten anbieten würden, jedoch in ihrer Wirtschaftskraft eine Vielzahl von in Bezug auf Einwohner und Fläche viel größeren Staaten bei weitem überflügeln; insofern ist das Ergebnis noch um einiges deutlicher als in bezug auf den Mikrostaatsbegriff. Vergleicht man etwa die Schweiz, die mit ihren 7,16 Millionen Einwohnern nach den diskutierten Obergrenzen als Kleinstaat zu bezeichnen wäre, mit Äthiopien, welches angesichts einer Bevölkerungsgröße von 72,42 Millionen Einwohnern eigentlich über den Verdacht, ein Kleinstaat zu sein, erhaben sein dürfte, so stellt man fest, dass das Gesamtbruttosozialprodukt der Eidgenossenschaft das der genannten afrikanischen Staates um mehr als den Faktor 40 übersteigt[236]. Der Begriff des Kleinstaates könnte nur mit Hilfe wirtschaftlicher Eckdaten ermittelt werden, wenn feststünde, dass der schlechter Entwicklungsstand wegen der fehlenden Größe des Staates besteht[237]. GRARD[238] fasst die Ungeeignetheit der Wirtschaftsstärke als Kriterium schlagkräftig folgendermaßen zusammen: *„Petit ne rime pas avec pauvre“*.

Das bedeutet jedoch nicht, dass das wirtschaftliche Verhalten des jeweiligen Staates nicht von Bedeutung sein müsste für die Erarbeitung einer Kleinstaatendefinition. So geht man bereits seit den 1960er mehr und mehr davon ab, das Phänomen Kleinstaat lediglich unter dem Kriterium der Sicherheit zu besprechen. Wegweisend ist insofern die wissenschaftliche Arbeit von KEOHANE, der neben

---

233 SIEBER, Dimensions of small states' dependence, S. 111, unterscheidet in diesem Sinn zwischen *„power“* und *„influence“*.

234 Vgl. THÜRER, Kleinstaat – Außenpolitische Aspekte, S. 218; Bjøl, The Small State in International Politics, S 29; ROTHSCHILD, Liechtenstein ist ein kleiner Staat – na und?, S. 31.

235 FANGER, Die Verwaltung 1981, S. 71.

236 Die Weltbank gibt für das Jahr 2002 für die Schweiz ein Bruttonationaleinkommen von 263 669 Millionen US-Dollar an; für Äthiopien liegt der Wert für dasselbe Jahr bei 6516 Millionen US-Dollar; die genannten Bevölkerungszahlen ergeben sich aus Schätzungen für das Jahr 2004; alle Zahlen stammen aus: STATISTISCHES BUNDESAMT, Statistisches Jahrbuch 2004, S. 198, 366.

237 Vgl. FANGER, Die Verwaltung 1981, S. 71, der die schwache Wirtschaftskraft als wirkliches Kleinstaatenproblem nur dann gelten lassen will, wenn eben der beschriebene Kausalzusammenhang besteht.

238 GRARD, L'Union européenne et ses petits États, S. 49.

dem Sicherheitsaspekt alle anderen Bereiche der Außenpolitik mit einbezieht und als wesentliches Kriterium zur Abgrenzung die Möglichkeit zur Einflussnahme im europäischen System sieht[239]. Darauf aufbauend verknüpft VITAL[240] die angebliche Einflusslosigkeit der Kleinstaaten mit bestimmten kleinstaatenspezifischen Verhaltensmustern, die zur Abgrenzung herangezogen werden sollen. Dieser verhaltensspezifische Ansatz wird im englischen mit *behaviourism* umschrieben[241]. Die Vertreter dieses Ansatzes wollen das Verhalten der Staaten in verschiedene abstrakt beschriebene Strategien kategorisieren, die zu einer qualitativen Unterscheidbarkeit führen sollen[242]. Beispielhaft sei hier etwa verwiesen auf die Ausarbeitungen von PETERSEN[243], der vier qualitativ unterschiedliche Stufen außenpolitischer Strategie beobachtet haben will: dominant, acquiescent (fügsam), balanced (ausgewogen) und quiescent (ruhig, still)[244].

Angesichts dieser sehr unscharfen Begriffe ist es jedoch offensichtlich, dass eine Umsetzung des verhaltensspezifischen Ansatzes zu ebenso unscharfen Ergebnissen führen muss. Selbst wenn man also auf dieser Grundlage eine Definition versuchen sollte, wäre diese mangels Anwendbarkeit wertlos. Überdies sind sich die Vertreter des Ansatzes selbst der Gefahr der Verfälschung ihres Konzeptes bewusst, weshalb sie zur Abgrenzung immer mehr und immer detaillierte Kriterien definieren, die nicht mehr unabhängig subsumierbar sind und die Wissenschaftler dem Verdacht aussetzen, ihre Theorie nur über die stetige Anpassung der Definition aufrecht erhalten können[245]. MOURITZEN stellt ans Ende seiner definitorischen

---

239 Vgl. CHRISTMAS-MØLLER, Thoughts on the scientific applicability of the small state concept, S. 43/44.

240 DAVID VITAL, The survival of small states. Studies in small power / great power conflict, London, 1971.

241 Vgl. CHRISTMAS-MØLLER, Thoughts on the scientific applicability of the small state concept, S. 37.

242 MOURITZEN, Defensive Acquiescence, S. 239, der sich bereits in einer maßgeblichen Zwischenüberschrift („*A shift of focus: from size to behaviour*") zum behaviourism bekennt, spricht im Zusammenhang mit den qualitativen Unterschieden bezüglich des Verhaltens von großen und kleinen Staaten auf S. 241 von „*...conceptual ‚steps'...*".

243 N. PETERSEN, Adaption as a framework for the analysis of foreign policy behaviour, London, 1977 bzw. N. PETERSEN, International power and foreign policy behaviour: The formulation of Danish security policy in the 1870-1914 period, in: K. GOLDMANN / G. SJÖSTEDT (Hrsg.), Power, capabilities, interdependence, London, 1979.

244 So jedenfalls MOURITZEN, Defensive Acquiescence, S. 241: „*...stipulates four qualitatively different foreign policy strategies*"; er nennt die vier Stufen auf S. 259, Fn. 5.

245 MOURITZEN, Defensive Acquiescence, S. 259, Note 6: „*There are problems of operationalization, in particular pertaining to the independent variables (problems that the author himself is aware of). A risk is that* Petersen *in his apparent fear of falsification includes too much in the operationalization of the independent variables: the 'quality' of decision-making, the country's reputation of toughness, willpower, etc.* [PETERSEN, International power and foreign policy behaviour, S. 250] *(...). These phenomena can hardly be observed independently from policy actually pursued. In other word, they*

Ausführungen die verblüffende Aussage über den *behaviour*-Ansatz: „*It seems to have weaknesses in other respects. These, however, will not be treated in this essay.*“[246].

d) Der rechtliche Ansatz

Über die rein politische Differenzierung des *behaviour*-Ansatzes hinaus übertragen einige Autoren das Machtkriterium auf eine rechtliche Ebene, indem sie Kleinstaatlichkeit annehmen wollen, wenn der betreffende Staat wenig Einfluss hat auf die Bildung positiven Völkerrechts[247] oder Völkergewohnheitsrechts[248]. Diese Abgrenzung überzeugt jedoch nicht. Die Bildung von Völkergewohnheitsrecht stellt zunächst auf die Anzahl der beteiligten Staaten ab, indem gefordert wird, dass „*...jedenfalls die Mehrzahl der Staaten an der Rechtserzeugung teilnehmen muss*“[249]. Insofern könnten kleine Staaten in durchaus nicht unerheblichem Maße Einfluss auf die Ausbildung von Völkergewohnheitsrecht nehmen, vor allem wenn sie ihre Interessen bündeln würden[250]. Selbst wenn man berücksichtigt, dass für die Staatenpraxis – als zweite Voraussetzung für das Entstehen von Völkergewohnheitsrecht – in zweiter Linie auch das Gewicht der teilnehmenden Staaten eine Rolle spielt, verbleibt den kleineren Staaten auf Grund ihrer großen Anzahl eine wesentliche Bedeutung[251]. So lässt sich schon nicht generell behaupten, die kleinen Staaten hätten keinen Einfluss auf die Bildung von Völkergewohnheitsrecht. Jedenfalls wäre das Kriterium auf Grund seiner schwerlichen Praktikabilität für die Abgrenzung des Begriffes Kleinstaat ungeeignet.

Ein weiterer rechtlicher Ansatz bedient sich der im Einzelfall überschaubaren institutionellen Mitwirkungsrechte der Staaten innerhalb von internationalen Organisationen und damit der Einflussmöglichkeiten auf die Bildung von positivem Völkerrecht. Nach THOMAS FLEINER ist ein „*...Kleinstaat de iure (...) ein Staat, dessen Mitbestimmungsrecht in einer internationalen Organisation im Vergleich zum Mitbestimmungs-*

---

threaten to make the theory true by definition, if they are not excluded from the operationalization of the independent variables".

246 MOURITZEN, Defensive Acquiescence, S. 241.

247 FLEINER, Kleinstaaten in Staatenverbindungen, S. 28: „*Ihre Vormachtstellung erringt die Großmacht durch ihren überwiegenden Einfluss auf die Entstehung des positiven Völkerrechtes*“.

248 CASTREN, La Position des Grands et Petits Etats dans la Communauté Internationale, S. 28 : „*...une grande importance pour le développement des règles du droit international coutumier...*“.

249 DOEHRING, Völkerrecht, Rn. 290.

250 JAQUET, The Role of a Small State within Alliance Systems, S.57, zur grundsätzlichen Möglichkeit von Kleinstaaten, ihre relative Schwäche durch Allianzen zu überwinden.

251 Jedenfalls hat man durch den Anstieg der Anzahl an Staaten durch die Dekolonialisierung eine Beeinflussung des Gewohnheitsrechtes zum Nachteil der alten Staaten befürchtet. Vgl. dazu V. WEDEL, Der sogenannte „Mikrostaat“ im internationalen Verkehr, S. 303.

recht der Mehrzahl anderer Staaten beschränkt ist..."[252]. Andere Autoren setzen einen Schritt vorher an und führen die *weak state*-Theorie MICHAEL HANDELs fort, der die kleinstaatlichen Teilnahme an internationalen Organisationen als ein wichtiges Element außenpolitischer Stärke ansieht[253]. Davon ausgehend propagieren manche Autoren als maßgebliches Kriterium zur Größenunterscheidung von Staaten die Fähigkeit, den internationalen Organisationen von Relevanz beizutreten; die Staaten, die dabei außen vor bleiben, sog. *third states*, seien nach empirischem Vergleich in der Regel Kleinstaaten[254]. Jedoch überzeugt auch dieser Ansatz nicht. Eine Abgrenzung über den Einfluss im Rahmen von internationalen Organisationen lässt sich schon deshalb nicht sinnvoll vornehmen, da die Satzungen der Organisationen in unterschiedlicher Weise den Status der Mitgliedstaaten festlegen. Nimmt man die Vereinten Nationen als Beispiel, stellt man fest, dass neben den ständigen Mitgliedern des Sicherheitsrates alle Mitgliedstaaten dieselben Rechte haben. Eine Unterscheidung zwischen ständigen Sicherheitsratsmitgliedern und den übrigen Staaten kommt jedoch einer Abgrenzung der Großmächte von allen anderen Staaten gleich, bietet jedoch keine vertretbare Grenzlinie für die Kleinstaatlichkeit. Zudem legt HÄNGGI seinem Definitionsversuch die Aufnahme in die *relevanten* internationalen Organisationen zugrunde, ohne diesbezüglich konkret zu werden. Mangels Subsumierbarkeit ist der Ansatz zudem nicht umsetzbar[255].

e) Sonstige Kriterien und die Kombination mehrerer Kriterien

Darüber hinaus werden weitere Kriterien genannt, die in der Regel aber nicht als Einzelmerkmal zu prüfen wären, sondern als zusätzliches Korrektiv. So werden etwa die Pro-Kopf-Kosten für die öffentliche Verwaltung, die Bevölkerungsdichte, Rohstoffverfügbarkeit[256] oder wiederum kulturelle Aspekte[257] diskutiert. All diesen Kriterien wird aber stets entgegen gehalten werden können, dass sie entweder auf einer willkürlichen Grenzziehung basieren bzw. dass von der auf ihrer Grundlage gezogenen Unterscheidung einige Staaten gerade nicht erfasst sein würden, die sich als Kleinstaat auf den ersten Blick geradezu aufdrängen. Dieselbe Kritik kann einer Kombination[258] von Merkmalen vorgeworfen werfen, da eine solche schon auf Grund der Vorauswahl der Kriterien willkürlich sein muss.

---

252 FLEINER, Kleinstaaten in Staatenverbindungen, S. 29.

253 HANDEL, Weak states in the international system, S. 68 ff.

254 HÄNGGI, Small state as a third state, S. 86: „*...the ability to join relevant international organizations will be used as the key indicator measuring the size of a country*", auf S. 85: „*States which stay outside, so-called third states, tend to be small states...*".

255 Was auch freimütig eingeräumt wird: HÄNGGI, Small state as a third state, S. 86: „*As the indicator is almost impossible to operationalize...*".

256 Vgl. FANGER, Die Verwaltung 1981, S. 70.

257 Vgl. CASTREN, La Position des Grands et Petits Etats dans la Communauté Internationale, S. 26.

258 GRARD, L'Union européenne et ses petits États, S. 47, spricht in diesem Zusammenhang von einem Cocktail von Variablen.

3. Zwischenergebnis

Insgesamt fällt auf, dass die Definitionsversuche sich dem Verlauf der Weltpolitik des letzten Jahrhunderts angepasst haben. Während nach 1945 die militärische Macht im Vordergrund stand, gewinnen im Umfeld des *behaviour*-Ansatzes ökonomische Aspekte an Bedeutung. Mit der Zunahme der Anzahl von internationalen Organisationen rücken die Teilnahmemöglichkeiten in deren institutionellen Gefügen in den Fokus. Nachdem offensichtlich die Erfolglosigkeit aller Ansätze erkannt worden ist, kommt gerade die aktuelle Literatur angesichts der damit verbundenen Unkompliziertheit auf die physischen Vergleichskriterien zurück, wobei diese im Bewusstsein um ihre Willkürlichkeit verwendet werden.

V. Ergebnis

Letztlich konnten somit keine zuverlässigen objektiven Kriterien gefunden werden, die den Kleinstaat wertneutral und umfassend umreißen würden[259]. Aus diesem Grund bemühen einige Autoren ein Bild aus der griechischen Mythologie: der Begriff Kleinstaat dürfe „*...nicht auf das Prokrustesbett*[260] *von fixierten Zahlen und Daten gezwungen werden...*"[261]. Der Begriff sei ohnehin einer ständigen Veränderung der Wahrnehmung unterworfen, wofür in den letzten Jahrzehnten vor allem die einsetzende Globalisierung verantwortlich gemacht wird[262]. In diesem Zusammenhang befürchtet etwa GESER gar eine „*Helvetisierung Europas*" bzw. eine „*Liechtensteinisierung der Schweiz*"[263]. Diese Gedanken unterstützen das hier gefundene Ergebnis, wonach es unmöglich ist, den Kleinstaat als abstrakten Begriff zu definieren.

C. Der Kleinstaat als Staatstypus

Das eben gewonnene Ergebnis muss jedoch nicht bedeuten, dass der Begriff des Kleinstaates in der wissenschaftlichen Literatur überhaupt nicht verwendbar wäre. Nachdem eine umfassende abstrakte Definition der Begrifflichkeit nicht gefunden

---

259 Vgl. VITAL, The analysis of Small Power Politics, S. 16: "*...in practice it is impossible to correlate boundaries which are founded on any reasonably objective or neutral measurement or indicator with actual or potential varieties of political and military behaviour...*".

260 Laut BROCKHAUS ENZYKLOPÄDIE, Band 15, Stichwort Prokrustes, S. 173, handelt es sich bei Prokrustes um einen „*...Riese(n), der alle, die in seine Hände fielen, auf ein Bett legte. Waren sie zu kurz, ‚streckte' er sie mit dem Hammer; waren sie zu lang, kürzte er sie mit Gewalt. (...)* Prokrustesbett *wird sprichwörtlich gebraucht für (...) ein Schema, in das etwas gewaltsam hineingezwängt wird*".

261 HÄBERLE, Der Kleinstaat als Variante des Verfassungsstaates, S. 129; ähnlich: NIEDERMANN, Staatskriterien und Kleinstaat, S. 76.

262 So HROCH, Der Kleinstaat in der europäischen Geschichte, S. 236.

263 GESER, Die neue Weltordnung, S. 204.

werden konnte, lässt sich das Phänomen der Kleinstaatlichkeit jedoch unter Umständen als besonderer Typus von Staat beschreiben.

I. Der Typusbegriff

1. Die Larenz'sche Typenlehre

LARENZ zufolge ist auf die Figur des *„Typus"* zurückzugreifen, wenn *„...der abstrakt-allgemeine Begriff und das logische System dieser Begriffe für sich allein nicht zureichen, um eine Lebenserscheinung oder einen Sinnzusammenhang in der Fülle seiner Ausprägungen zu erfassen..."*[264]. Um einen Typus zu ermitteln, soll zwar ebenso wie bei einer abstrakten Begrifflichkeit von einer *„...mehr oder minder große[n] Zahl von Eigenschaften..."*, die empirisch zu ermitteln sind, ausgegangen werden, jedoch sollen diese Eigenschaften nicht zu *„...isolierten Merkmalen verfestigt und aus diesen Merkmalen durch Weglassen immer allgemeinere Begriffe..."* gebildet werden; *„...das Denken in Typen..."* belässt *„...die Merkmale des Typus in ihrer Verbindung und bedient sich ihrer lediglich zum Zwecke der Beschreibung des Typus als eines Merkmals-Ganzen"*[265]. LARENZ sieht demnach den Typus als eine den *„...sog. abstrakten Begriffen (Klassenbegriffen)..."* bewusst gegenübergestellte *„...besondere Begriffs- und Denkform..."*[266], die, um einschlägig zu sein, nicht erfordert, dass alle Merkmale des Typusbegriffs anzutreffen sind, wie das bei einer herkömmlichen Subsumtion unter eine Definition unumgänglich wäre. Es kommt lediglich darauf an, dass eine gewisse Anzahl von Merkmalen erfüllt sind, so *„...dass der Sachverhalt ‚im Ganzen' dem Typus entspricht..."*; zudem sind die Kriterien *„...häufig abstufbar und bis zu einem gewissen Grade austauschbar..."*[267]. Der Typus stellt deshalb in der Gesamtheit seiner Elemente ein *„bewegliches System"*[268] dar, welches sich durch seine *„Offenheit"* auszeichnet[269].

2. Die Kritik an der Typenlehre

Allerdings ist diese Typenlehre in der rechtswissenschaftlichen Methodenlehre umstritten. Die Kritiker[270] begegnen der Typenlehre mit zwei Argumenten. Zum einen sei für den Typus auf Grund seiner Offenheit eine *„...Verschränkung von Tatsa-*

---

264 LARENZ, Methodenlehre der Rechtswissenschaft, S. 461.

265 LARENZ, Methodenlehre der Rechtswissenschaft, S. 462.

266 RÜTHERS, Rechtstheorie, Rn. 931.

267 BYDLINSKI, Juristische Methodenlehre und Rechtsbegriff, S. 544.

268 Vgl. LARENZ, Methodenlehre der Rechtswissenschaft, S. 469.

269 Vgl. BYDLINSKI, Juristische Methodenlehre und Rechtsbegriff, S. 544; vgl. auch: VOGEL, Juristische Methodik, S. 147.

270 MÜLLER, Juristische Methodik, S. 141 ff.; RÜTHERS, Rechtstheorie, Rn. 930 ff.; dagegen differenzierend: BYDLINSKI, Juristische Methodenlehre und Rechtsbegriff, S. 543 ff.; PAWLOWSKI, Methodenlehre für Juristen, Rn. 146 ff; VOGEL, Juristische Methodik, S. 147.

che und Bewertung..." charakteristisch, da bereits wertende Begriffe als Kriterien herangezogen werden können[271]. Durch eine solche Aufnahme von Merkmalen wird die für das Subsumtionsmodell charakteristische Trennung von vorgegebenen Kriterien und Sachverhalt aufgegeben; es komme zu einer Vermischung von „*...Sein und Sollen...*"[272]. Auf diese Weise betreibe der Rechtsanwender „*...in Wahrheit nicht Rechtsfindung, sondern Normsetzung...*"[273]. Dieses Argument ist nachvollziehbar, vergegenwärtigt man sich die Tatsache, dass die Typenlehre geschaffen wurde, um eine Rechtsanwendung im Lückenbereich zu ermöglichen, wenn also beispielsweise ein Begriff vom Gesetz vorausgesetzt wird, aber eine gesetzliche Definition nicht vollumfassend oder nicht vorhanden ist[274]. Die Kritiker wollen verhindern, dass der Rechtsanwender mittels wertender Kriterien im Rahmen des Typusbegriffes den Willen des Gesetzgebers verwässert. Diese Befürchtungen sind jedoch nicht begründet, wenn es nicht um normierte Begrifflichkeiten geht. So lassen auch die Kritiker der Typenlehre den Typus als „*...Darstellungs- und Ordnungsbegriff...*" zu, solange er nicht zu einem „*...Gebotsbegriff...*" umgedacht wird, aus dem „*...Rechtsnormen abgeleitet werden*"[275]. Ein Typus Kleinstaat würde aber gerade dazu dienen, eine gewisse Ordnung der Staaten zu schaffen; Rechtsfolgen würden sich daraus nicht ergeben. Eine Typisierung der Staaten würde es jedoch erleichtern, gewisse „*typische*" Phänomene zu beschreiben, zu erklären und unter einem festen Begriff zusammenzufassen.

Im zweiten Argument gegen die Typenlehre fassen die Kritiker die Behauptung zusammen, die Typisierung sei nicht erforderlich, da die gewünschte Lösung auch durch die herkömmliche Subsumtion unter abstrakte Begriffe zu erreichen sei. LARENZ habe zu Unrecht angenommen, dass abstrakte Definitionen „*...durch ihre Geschlossenheit gekennzeichnet seien...*"[276]. Vielmehr könnten die wertenden Gesichtspunkte, wie sie im Rahmen des Typus Berücksichtigung finden können, auch über die *ratio legis* in eine zunächst vage Definition eingebracht werden; die Typenlehre sei letztlich nur die „*...(eher überflüssige) Wiederholung des Postulats teleologischer Rechtsanwendung...*"[277]. Dieser Einwand geht aber offensichtlich ins Leere, wenn gerade keine funktionierende Definition existiert, wie es für den Kleinstaat der Fall ist[278].

---

271 VOGEL, Juristische Methodik, S. 147.

272 PAWLOWSKI, Methodenlehre für Juristen, Rn. 151.

273 RÜTHERS, Rechtstheorie, Rn. 933.

274 Wie etwa beim Begriff der bürgerlich-rechtlichen Gesellschaft, die in § 705 BGB vorausgesetzt wird, vgl. PAWLOWSKI, Methodenlehre für Juristen, Rn. 146.

275 RÜTHERS, Rechtstheorie, Rn. 934.

276 RÜTHERS, Rechtstheorie, Rn. 932.

277 BYDLINSKI, Juristische Methodenlehre und Rechtsbegriff, S. 546.

278 Nach WALTHER HOFER, Die Schweiz als „Kleinstaat" oder wie klein ist die Schweiz nun wirklich?, in: EWALD R. WEIBEL, MARKUS FELLER (Hrsg.), Schweizerische Identität und Europäische Integration, Stuttgart und Wien, 1992, S. 51 ff., zitiert nach WASCHKUHN, Kleinstaat, S. 7, könne es „*...gar nicht gelingen, einen allgemeinverbindlichen Begriff*

3. Ergebnis

Damit ist kein Grund ersichtlich, den Begriff des Kleinstaates nicht als Staatstypus zu begreifen[279]. Da es für völkerrechtliche Begrifflichkeiten anders als im nationalen Recht oft an verbindlichen Definitionen mangelt, erscheint die Denkform des Typus für das Völkerrecht gerade als eine vorzugswürdige Arbeitstechnik. Danach fällt ein Staat, der ein bestimmtes Kriterium nicht erfüllt, deshalb nicht aus der Begrifflichkeit heraus, sondern ist insofern – und nur in diesem Punkt – lediglich als atypischer Vertreter der Staatengruppe der Kleinstaaten zu bezeichnen.

II. Die Funktionsdefizite des Kleinstaates als Typenelemente

In der Folge soll nun der Typus Kleinstaat anhand seiner Funktionsdefizite, die ihn von den größeren Staaten unterscheiden, charakterisiert werden. Dies soll in verhältnismäßig gestraffter Form geschehen, da jene Kriterien, die bereits aus dem Definitionsversuch des Kleinstaatsbegriffes bekannt sind, nun als Merkmale des Staatstypus Kleinstaat tauglich sind. Jedoch dürfen sie nicht in fixierten Zahlen absolutiert werden, sondern müssen als Vergleichsgröße verstanden werden. Auf diese Weise erscheint das Phänomen Kleinstaat *„...im Sinne einer nach oben und unten (‚Zwergstaaten') offenen Skala, im Geiste ganzheitlicher Überlegungen, die das Materielle in den Vordergrund rücken...*"[280].

---

des Kleinstaates zu schaffen, es sei denn, er würde so allgemein, dass er schlicht nichtssagend bliebe".

279 Ohne den Begriff des Typus zu benutzen, geht VITAL, The analysis of Small Power Politics, S. 17, in ähnlicher Weise vor; er spricht von einem Paradigma: *„It is therefore possible, on the strength of such admittedly unsystematic and probably unsystematizable distinctions, to point to groups of states so defined and seek to bring out their common, irreducible and specific characteristics. The result, however, is less a model in the true sense than a paradigm"*; auch HÄBERLE, Der Kleinstaat als Variante des Verfassungsstaates, S. 157, geht von folgendem *„offene[n] Ansatz"* aus: *„Eine Vielzahl von verschiedenen Elementen und Aspekten, Perspektiven und Dimensionen, die ihrerseits im Zusammenspiel variabel sind, macht den Kleinstaat ideell und realtypisch aus und zu einem flexiblen Ganzen"*; auch ÓLAFSSON, Small states in the global system, S. 8, verfolgt eine typologischen Ansatz: *„The meaning of smallness as a theoretical term will be clarified through the study of various characteristics and problems of small states"*; CHRISTMAS-MØLLER, Thoughts on the scientific applicability of the small state concept, S. 40, hat den Ansatz bereits deutlich vor Augen, setzt ihn dann aber nicht um, da er eine Definition für erforderlich hält: *„Nobody doubted the existence of small states, most scholars also seemed to have a rather clear idea of what might be considered typical properties, but the problem was to identify the phenomenon as a separate category distinct from neighboring categories..."*.

280 HÄBERLE, Der Kleinstaat als Variante des Verfassungsstaates, S. 129, der aber in seinem Aufsatz nicht ausdrücklich von einer Typusbildung ausgeht.

1. Grundlegende Probleme bei der Typusbeschreibung

Aber auch bei einem deskriptiven Herangehen an den typischen Kleinstaat, existieren Gefahren, die den Erfolg der Typologisierung des Begriffes Kleinstaat in Frage stellen können. Zum einen verliert der typisierte Begriff des Kleinstaates dadurch an Schärfe, dass der Kleinstaat als solcher einen Forschungsgegenstand in verschiedenen Wissenschaften darstellt[281]. Man geht aus unterschiedlichen Perspektiven an dieselbe Erscheinung heran, ohne dass die Vorgaben und Ziele identisch wären, so dass der Kleinstaat als Phänomen je nach Ansatz der Untersuchung zwangsläufig in unterschiedlicher Weise beschrieben werden muss. Vor diesem Hintergrund wird in der Literatur angezweifelt, dass es überhaupt einen einheitlichen Kleinstaatsbegriff geben kann. So geht beispielsweise GABRIEL hart mit jenen Autoren ins Gericht, die versuchen, den Begriff des Kleinstaates generalisierend zu beschreiben. Eine *„...Beurteilung der Kleinstaatlichkeit...“* erfordere *„...die nötige Kontextualität...“*; der Kleinstaat könne kein *„...generalisiertes Ding-an-Sich...“* sein[282]. Jedoch muss die Kleinstaatlichkeit als Erscheinung auch nicht künstlich in verschiedene Begrifflichkeiten aufgespalten werden, denn der Typusbegriff ist auf Grund seiner Offenheit gerade in der Lage, eine Vielzahl von Elementen in die Typenbeschreibung aufzunehmen. Somit muss die Tatsache, dass der Kleinstaat Forschungsgegenstand verschiedener Wissenschaftsrichtungen ist, nicht als Nachteil, sondern vielmehr im Gegenteil als Vorteil begriffen werden. Auf diese Weise gewinnt der Begriff der Kleinstaatlichkeit lediglich an Facettenreichtum und Farbigkeit.

Viel problematischer gestaltet sich hingegen die Tatsache, dass auch die Formulierung von typischen Merkmalen der Kleinstaatlichkeit verbrämt ist durch die Weltanschauung des sich Äußernden und die meist auf die Herkunft des Autors zurückzuführende Einstellung zum Kleinstaat. So sind den vom Liechtensteiner BATLINER aufgestellten vier Strukturelementen des Kleinstaates die positive Grundhaltung des Autors gegenüber der beschriebenen Erscheinung offensichtlich anzumerken. BATLINER charakterisiert den Kleinstaat als (1) Ordnungseinheit der Geltung der Person, (2) als Friedensordnung, (3) als Lebenseinheit internationaler Solidarität und (4) als Lebenseinheit offener Kommunikation[283]. Bei ABT / DEUTSCH beispielsweise klingt dagegen offensichtliche Abneigung dem Kleinstaat gegenüber hervor, wenn sie die Hauptprobleme des Kleinstaates wie folgt recht düster aufzeigen: (1) Fehlende Qualifizierung und Kompetenz der Wirtschaft,

---

281 Beispielsweise untersuchen ROTHSCHILD, Kleinstaat und Interdependenz, S. 71 ff. und BÜCHEL, Der Kleinstaat aus ökonomischer Sicht, S. 97 ff. den Begriff der Kleinstaatlichkeit unter ökonomischen, BJØL, The Small State in International Politics, S. 29 ff. unter politischen, ZIHLMANN, Heilkraft der Bünde, S. 23 ff. unter soziologischen und NIEDERMANN, Staatskriterien und Kleinstaat, S. 75 ff. unter juristischen Gesichtspunkten.

282 GABRIEL, Kleinstaatlichkeit und Identität, S. 10, der die Arbeit von SALADIN, Kleinstaaten mit Zukunft?, S. 133 ff., lobt, da dieser die Kleinstaatlichkeit *„...als Teil des umfassenderen Phänomens Staat...“* behandelt.

283 Vgl. BATLINER, Strukturelemente des Kleinstaates, S. 16 ff.

(2) Koordination mit großen ausländischen Konzernen und anderen Staaten, (3) Überwindung ihres eigenen exzessiven Ehrgeizes, (4) Wachstum oder Tod und (5) Verteidigung gegen Aggressionen und Einschüchterung der Nachbarstaaten[284]. Gefärbte Verallgemeinerungen wie *„Friedensordnung"* oder *„exzessiver Ehrgeiz"* halten jedoch einer näheren Betrachtung nicht stand[285] und führen zu einer Einengung des Typusbegriffes, die weder sinnvoll noch vertretbar erscheint. Es muss deshalb bei der Beschreibung des Staatstypus Kleinstaat darauf geachtet werden, dass die Merkmale nicht durch *„Wertprämissen"*[286] des jeweiligen Autors verzerrt werden, sondern von Objektivität geprägt sind.

2. Grundlage aller Funktionsdefizite des Kleinstaates

Bei der Sammlung möglicher objektiver Charakteristika des Kleinstaates als Staatstypus fällt auf, dass fast alle diskutierten Kriterien damit im Zusammenhang stehen, dass die verfügbaren Mittel im Kleinstaat geringer sind als in großen Staaten[287]. Dass die sich daraus ergebenden Indices nicht als Elemente einer Definition im abstrakten Sinne taugen, ist schlicht der Tatsache zuzuschreiben, dass einige Kleinstaaten das Dilemma ihrer Beschränktheit durch geschicktes Wirtschaften und Taktieren überwinden konnten. Während ein kleines Territorium oder der Mangel an Rohstoffen einem effektiven Staatganzen nicht zwingend entgegenstehen, da ein funktionierendes Gemeinwesen auch auf kleinem Raum und bei angepasster Wirtschaft auch ohne eigene Rohstoffreserven verwirklicht werden kann, bleibt die kleine Bevölkerung stets das Hauptproblem des typischen Kleinstaates. Spätestens wenn man die Kleinheit zu Ende denkt und sich einen Ein-Mann-Staat vorstellt, wird offensichtlich, dass ein solches *„Gemeinwesen"* nicht in der Lage sein würde, alle Funktionen zu erfüllen, die die moderne und in höchstem Maße diversifizierte menschliche Gesellschaft im allgemeinen und die Staatlichkeit im besonderen erforderlich macht. Der typische Kleinstaat verfügt ebensowenig über die

---

284 ABT / DEUTSCH, Basic Problems of Small Countries, S. 21, die im englischen Original folgendermaßen formulieren: *„The main problems of small countries (...) are: 1. Quality and Competence, 2. Coordination with large corporations and countries, 3. Overcoming their own excessive ambitions, 4. Growing or dying (but growth need not be territorial), 5. Defense against the aggressions and fear of neighbouring countries"*.

285 GABRIEL, Kleinstaatlichkeit und Identität, S. 3, weist richtigerweise darauf hin, dass Kleinstaaten zwar oft als besonders friedensliebend gesehen werden, da man in der Regel nur an Staaten wie Dänemark, Schweden oder Norwegen denkt, dabei jedoch übersehen wird, dass es genauso viele Gegenbeispiele aufzuzählen gibt: etwa Ruanda, Kambodscha, El Salvador, Albanien, der Libanon oder Georgien.

286 So GABRIEL, Kleinstaatlichkeit und Identität, S. 8.

287 Insofern kann die Definition U THANTs für den Begriff des „Mikrostaates" in leichter Abwandlung (*„...entities which are (...) small in area, population and human and economic resources..."*) als richtiger Ansatz für den Begriff des Kleinstaates verstanden, wenn man die Umschreibung als Typusbeschreibung begreift; vgl. schon Kap. 1, B.III.3.a).

erforderlichen Mittel, um alle Aufgaben, die ein Staat gewöhnlich leistet, zu erbringen, wie auch die den Kleinstaat tragende Gesellschaft nicht allen Erfordernissen der Lebenswirklichkeit aus sich selbst heraus befriedigen kann. Diese Funktionsdefizite sind es gerade, die den typischen Kleinstaat charakterisieren.

Da diese Funktionsdefizite sich nicht ausschließlich in völkerrechtlichen Zusammenhängen ergeben, sondern auch in den Forschungsbereichen anderer Wissenschaften erkennbar werden, soll hier kurz auf die unterschiedlichen Facetten des kleinstaatlichen Dilemmas eingegangen und somit die Elemente des Typus Kleinstaat herausgearbeitet werden. Das Hauptgewicht in der vorliegenden völkerrechtlichen Arbeit liegt jedoch selbstredend auf der Beschreibung der kleinstaatlichen Funktionsdefizite im Rahmen der zwischenstaatlichen Beziehungen.

3. Funktionsdefizite im soziologischen Bereich

Der Soziologe sieht den Kleinstaat vorrangig als kleines Sozialsystem[288]. Die in der Literatur geführte Diskussion ist jedoch in besonderem Maße von Wertprämissen gekennzeichnet. Einerseits findet sich eine große Gruppe von Autoren, die den Kleinstaat in recht unkritischer Weise in ein positives Licht rücken. So wird dem Kleinstaat die Fähigkeit zugesprochen, *„...im allgemeinen größere Möglichkeiten für die Erhaltung und Entfaltung persönlicher Freiheit...“* zu bieten als größere Staaten[289]. Neben solchen relativierten Aussagen findet man jedoch auch Texte, die man ausschließlich als Sozialromantik zu kategorisieren hat, wie wenn beispielsweise ZIHLMANN den Kleinstaat von den anderen Staaten dadurch unterscheidet, dass ersterer sich durch einen *„...qualitativen Überschuß...“* auszeichnet, welcher sich aus der Struktur des Kleinstaates ergeben soll, *„...in deren Mittelpunkt der Mensch steht...“*[290]. Ein derartiges *„Lob des Kleinstaates“*[291] kann aus wissenschaftlicher Sicht ebensowenig ernst genommen werden wie die ohne wirkliche Argumente vorgetragene Kritik an der kleinstaatlichen Lebensform[292].

Seriöser sind jene Ansätze, die von der schlichten Tatsache ausgehen, dass das Hauptmerkmal der kleinstaatlichen Gesellschaft eben die beschränkte Anzahl der Mitglieder darstellt. Aus dieser Überschaubarkeit der Bevölkerung ergibt sich typi-

---

288 GESER, Ausgangspunkte zu einer Soziologie kleiner Staaten, S. 40, demzufolge der *„...Theorie des Kleinstaates...“* als *„...spezieller Anwendungsfall einer viel allgemeineren Theorie kleiner Sozialsysteme...“* zu konzipieren ist.

289 KÄGI, Der Kleinstaat in Geschichte und Gegenwart, S. 25.

290 ZIHLMANN, Heilkraft der Bünde, S. 24 f.

291 So bezeichnenswerter- bzw. erlicherweise auch der Titel des Sammelbandes, in dem der Aufsatz von ZIHLMANN erschienen ist.

292 Manche sehen die kleinstaatliche Gesellschaft geprägt von *„geistloser Provinzialität“* (vgl. bei WASCHKUHN, Strukturbedingungen des Kleinstaates, S. 20) oder von einer *„...gewisse[n] Enge und Eingespurtheit des Denkens...“*, SALADIN, Kleinstaaten mit Zukunft?, S. 141.

scherweise ein besonders dichtes Netz sozialer Kontakte (*„jeder kennt jeden"*)[293]. In Bezug auf die Eliten gilt diese Aussage auch für die größeren Kleinstaaten. GESER spricht bezüglich dieser gesteigerten sozialen Vernetzung vom *„...hohen Konnektivitätsgrad..."* der kleinstaatlichen Gesellschaft[294]. Daraus leitet der Autor zwei Hauptfolgen ab. Zum einen gelte in der Gesellschaft des Kleinstaates Konfliktvermeidung als vorrangiges Ziel. Dadurch dass in der kleinen Gesellschaft jeder gewissermaßen Betroffener sei, würde eine Konfliktaustragung und Konfliktbeilegung, wie sie in größeren Gesellschaften üblich sei, die Existenz der Gemeinschaft bedrohen[295]. Zum anderen entsteht das Problem, dass viele Entscheidungen, die in größeren Gesellschaften in tendenziell stärkerem Maße auf Grund von objektiven oder fachlichen Kriterien entschieden werden, in der kleinstaatlichen Gesellschaft von persönlichen Motiven beeinflusst werden[296]. Die Thesen GESERs überzeugen, denn es ist in der Tat naheliegend, dass eine Auseinandersetzung bewusst vermieden wird, weil man sein Gegenüber gut kennt und ihm eventuell sogar Sympathie entgegenbringt. Die Tendenz zur Konfliktvermeidung und das Risiko von Befangenheit müssen jedoch den Erfolg einer kleinen Gesellschaft nicht behindern; grundsätzlich stellen sie jedoch eine Belastung für die Entwicklung der Gemeinschaft dar.

4. Funktionsdefizite im ökonomischen Bereich

Wie die kleine Gesellschaft ist auch die kleine Wirtschaft zunächst im Nachteil. Die im typischen Kleinstaat vorliegende *„...Knappheit an materiellen und menschlichen Ressourcen sowie eine geringe Diversifikation dieser Rohstoffquellen..."* führt geradezu zwangsläufig zu einer *„...Enge und Inelastizität des Binnenmarktes..."*, also zu einer erhöhten Abhängigkeit von Auslandsmärkten[297]. Dies begründet sich damit, dass es umso schwieriger sein wird, alle Bedürfnisse der Bürger eines Staates mit Produkten aus heimischer Produktion zu befriedigen, je geringer die Bevölkerungszahl des betroffenen Gemeinwesens ist. Während ein großes Land *„...zumindest im Prinzip (...) alle Tätigkeiten im Inland beherbergen und somit autark sein..."* könnte, ist es in einem typischen kleinen Staat nicht möglich, dieselbe *„...Vielfalt der Industrie- und Dienstleistungsbranchen..."* zu entwickeln[298]; bestimmte Wirtschaft- oder Industriebereiche las-

---

293 EISENSTADT, Small States in the "Post-Modern Era", S. 112, spricht in diesem Zusammenhang von einer *„...special (...) density of social relations..."*.

294 GESER, Ausgangspunkte einer Soziologie kleiner Staaten, S. 60 ff.

295 GESER, Ausgangspunkte einer Soziologie kleiner Staaten, S. 63.

296 GESER, Ausgangspunkte einer Soziologie kleiner Staaten, S. 64 f.

297 FANGER, Die Verwaltung 1981, S. 71; die hohe Abhängigkeit von Auslandsmärkten macht den Kleinstaat unter Umständen auf politischen Niveau erpressbar durch einen großen Staat, wenn dieser faktischen Einfluss auf den internationalen Marktzugang des Kleinstaates hat, VOGEL, Small states' efforts in international relations, S. 59: *„...it [der andere Staat] can easily blackmail this [small] state..."*.

298 ROTHSCHILD, Liechtenstein ist ein kleiner Staat – na und?, S. 33.

des materiellen Rechts als problematisch, wenn man sich vor Augen hält, dass passende Präzedenzfälle bei einem geringen Gesamtvolumen von Prozessen lediglich zufällig vorhanden sein dürften. In der Literatur fehlt es typischerweise an kompetenten Diskussionspartner, so dass die wissenschaftliche Auseinandersetzung zu kurz kommt[308]. Um aus dieser Bredouille zu entkommen, bedient sich der Kleinstaat typischerweise des Kunstgriffes der Rezeption[309]. Dazu kommt, dass im Kleinstaat auf Grund der bereits beschriebenen Umstände bezüglich der Soziologie und der Ausbildungssituation sogar personell auf ausländisches Personal zurückgegriffen, das heißt etwa die Richterschaft mit Personen aus anderen Ländern ergänzt werden muss[310].

6. Funktionsdefizite bezüglich der Rolle der Kleinstaaten im internationalen Verkehr

Die beschränkten Ressourcen des Kleinstaates wirken sich ebenfalls im Außenverhältnis, also in den internationalen Beziehungen aus. Die entstehenden Probleme lassen sich in drei Hauptdefiziten des Kleinstaates zusammenfassen.

a) Diplomatische Repräsentation

Zum einen ergeben sich aus den aufgezeigten Mängeln an menschlichen und finanziellen Ressourcen Schwierigkeiten hinsichtlich der umfassenden Pflege diplomatischer Beziehungen. Für den typischen Kleinstaat stellt es eine übermäßige Anstrengung dar, in (annähernd) jedem Staat der Erde vertreten zu sein. Wirtschaftliche Zwänge erlauben den kleinstaatlichen Außenämtern, diplomatische Missionen in der Regel lediglich in den wichtigsten Ländern zu unterhalten[311]. Typischerweise verfügen die Kleinstaaten nur über einen begrenzten Apparat zur Aufrechterhaltung internationaler Beziehungen; ausgebildetes Personal existiert nicht in dem Umfang, wie es erforderlich wäre, um in vielen Ländern, vor allem auch auf anderen Kontinenten, Botschaften zu besetzen. Bei den kleineren Klein-

---

308 Zu dieser Problematik sehr anschaulich: GSCHNITZER, Lebensrecht und Rechtsleben des Kleinstaates, S. 26.

309 *„Der Kleinstaat macht aus der Not eine Tugend. Da er nicht über die Quantität von Personen und all das verfügen kann, was den größeren Verfassungsstaat primär aus Eigenem, häufig genug auch aus Fremdem an Recht schaffen lässt (‚knappe Ressource Recht'), bedient er sich fremder Vorarbeiten und Vorleistungen...“*, so HÄBERLE, Der Kleinstaat als Variante des Verfassungsstaates, S. 161, der dort auch ausdrücklich sagt: *„Der Kleinstaat ist spezifisch auf Rezeption angewiesen“*; GSCHNITZER, Lebensrecht und Rechtsleben des Kleinstaates, S. 26: *„Für den Kleinstaat stellt sich daher die Frage, ob und womit er sich die Arbeit am Recht so erleichtern kann, dass die vorhandenen Kräfte sie bewältigen können. Eines der Hauptmittel ist die Rezeption“*.

310 Vgl. HÄBERLE, Der Kleinstaat als Variante des Verfassungsstaates, S. 162.

311 CASTREN, La Position des Grands et Petits Etats dans la Communauté Internationale, S. 29: *„Les possibilités économiques ne lui [dem Kleinstaat] permettent d´entretenir des missions diplomatiques que dans les pays les plus importants...“*.

staaten ist sogar das Auswärtige Amt im Inland verhältnismäßig klein, in den kleinsten Staaten wird das Amt des Außenministers in vielen Fällen vom Staats- oder Regierungschef in Personalunion mitbetreut[312].

Auch ergeben sich aus der Tatsache, dass viele Kleinstaaten nicht in der Lage sind, in allen Staaten und bei den wichtigsten Internationalen Organisationen Vertreter zu bestellen, Probleme für die Seriosität der Diplomatie. Hält man sich noch einmal vor Augen, dass der typische Kleinstaat zudem über eine schwache Staatsgewalt verfügt, besteht die Gefahr, dass sich Elemente der internationalen Kriminalität über den Umweg der Einflussnahme auf den Kleinstaat den Schutz der diplomatischen Immunität erkaufen oder erschleichen. Auf Grund des Prinzips der souveränen Gleichheit der Staaten sind aber auch die Großmächte verpflichtet, den Schutz des kleinstaatlichen Diplomaten zu respektieren. So führt jedoch das Machtvakuum bei vielen kleinen Staaten und die mangelhafte Kontrolle ihrer Diplomaten bedauerlicherweise in vielen Fällen zu Misstrauen und Voreingenommenheit gegenüber kleinstaatlicher Gesandtschaften.

b) Militärische Schwäche

Des Weiteren bewirkt die Beschränktheit der kleinstaatlichen Ressourcen ein Sicherheitsdilemma[313]. Typischerweise handelt „*...es sich beim Kleinstaat um ein relativ schwaches, potentiell oder aktuell von Großstaaten bedrohtes Gebilde...*“[314]. „*Der offensiv wie defensiv machtlose Kleinstaat*“[315] ist durch seine begrenzten Mittel nicht nur daran gehindert, sich seinen Nachbarstaaten gegenüber aggressiv zu verhalten, sondern er ist auch regelmäßig nicht in der Lage, sich aus eigener Kraft einer gegen ihn gerichteten Aggression zu erwehren. Zwar sind auch größere Staaten unter Umständen von kriegerischer Bedrohung betroffen und sehen ihre Sicherheitsinteressen im Schutz ihres Staatsgebietes gegen den möglichen Gegner, jedoch erreicht die Bedrohung für einen Großstaat selten das existentielle Maß, wie das bei einem Kleinstaat leicht der Fall sein kann. Kleinstaaten müssen im Fall eines Krieges typischerweise um die Existenz des Staates und gegebenenfalls auch der Nation fürchten[316]. Insofern ist es nur verständlich, dass im Laufe der Geschichte in der Regel

312 Vgl. BARSTON, The External Relations of Small States, S. 43: “*Many small states have only a limited machinery for conducting external relations. But although the Foreign Ministry is usually relatively small...(...)...the post of Foreign Minister is generally held (...) by the Premier or Head of State...(...); Most small states do not have sufficient trained personnel to staff large organizations or many overseas posts*”.

313 So schon in Kap. 1, B.IV.2.b), dort jedoch als Abgrenzungsmerkmal einer abstrakten Definition.

314 THÜRER, Kleinstaat – Außenpolitische Aspekte, S. 225.

315 WASCHKUHN, Strukturbedingungen des Kleinstaates, S. 18.

316 BARSTON, The Small State in International Politics, S. 31, der auf die Beispiele der baltischen Staaten hinweist; in bezug auf Dänemark sagt der Autor: „*After the 1864 war with Prussia Danish statesmen for generations seriously discussed the possibility of the extinction of the state and the problem of the survival of the nation...*“.

Kleinstaaten Opfer von Annexionen wurden[317]. Typischerweise war es nicht nur leicht, diese militärisch zu nehmen, sondern sie boten sich auch vorbildlich an zur Arrondierung des Territoriums des Angreiferstaates; eine Integration nicht nur des besetzten Gebietes, sondern auch der dortigen Gesellschaft stellt schon auf Grund der Kleinheit in der Regel kein Problem dar. Bestes Beispiel aus der jüngeren Vergangenheit ist die irakische Invasion in Kuwait. Der Irak versuchte sein Vorgehen unter anderem auch damit zu begründen, dass *„...Kuwait historisch ein Teil des Iraks sei und dass seine Existenz als getrennter Staat eine künstliche Folge des britischen Kolonialismus sei"*[318].

c) Interdependenz und Dependenz

Die beschränkten Ressourcen des Kleinstaates bringen ihm darüber hinaus typischerweise einen weiteren Nachteil ein: eine verstärkte Abhängigkeit von Beziehungen zu anderen Staaten. Das im Verlauf der Globalisierung auch für große Nationalstaaten zugenommene Phänomen der *„externen Verflechtung"*[319] wird bei vielen Autoren mit dem Begriff der Interdependenz umschrieben[320]. Während dieses Phänomen für die großen Nationalstaaten damit ein gewissermaßen bislang – zumindest in diesem Umfang – unbekanntes Problem darstellt, ist der typische Kleinstaat von jeher vom international System abhängig; aus seiner Perspektive ist lediglich neu, dass nun auch die großen Staaten im erhöhten Maße Interdependenz-Effekte bewältigen müssen[321]. Der Grund für die Abhängigkeit des Kleinstaates von intensiven Auslandskontakten ergibt sich aber bereits aus der strukturellen Knappheit (*structural scarcity*)[322] der inländischen Ressourcen, also aus dem klein-

---

317 KILIAN, Staat – Kleinstaat - Kleinststaat, S. 232, nennt Beispiele für das Phänomen, dass Kleinstaaten *„...beliebte Opfer..."* der Großmächte sind: *„...Serbien, Montenegro 1915, Belgien und Luxemburg 1914, Österreich und CSR 1938, das Baltikum 1940..."*.

318 GREENWOOD, Iraks Invasion in Kuwait, S. 47.

319 So GSTÖHL, Flexible Integration für Kleinstaaten? – Liechtenstein und die Europäische Union, S. 41.

320 CHRISTMAS-MØLLER, Thoughts on the scientific applicability of the small state concept, S. 48: *„In the present world of hastily growing interdependence..."*; V. DÄNIKEN, Is the notion of small state still relevant?, S. 45, spricht von *„...global interdependence..."*; bei KIRT, Kleinstaat und Nationalstaat im Zeitalter der Globalisierung, S. 37, ist zu lesen, dass die Globalisierung ein *„Abklingen der tatsächlichen Macht von nationalen Regierungen innerhalb ihres Staatsgebietes"* bewirke.

321 SUNDELIUS, Coping with structural security problems, S. 282, zum Phänomen der Globalisierung: *„The traditionally small state face a somewhat different problem. Accustomed to dependence on the international system and having only marginal impact on the environment, small states have not suffered any drastic revisions with regard to international status. They remain small. To the contrary, the surrounding international environment has been transformed into a system characterized by interdependence"*.

322 VOGEL, Small states' efforts in international relations, S. 56: *„Structural scarcity (...) is always followed by one or another form of interdependence within the international system"*.

staatlichen System selbst. Diese Knappheit bewirke nach VOGEL eine Abhängigkeit vom Außenhandel, daraus folgend eine Empfindlichkeit gegenüber internationalen Geschehnissen und schließlich eine Durchdringung durch fremde Interessen bzw. faktische Fremdbestimmung[323]. Vor allem wirtschaftliche Zwänge wirken sich direkt auf die politische Entscheidungsfreiheit im Staat aus[324]. Eine hohe Interdependenz berührt dabei aber nicht Souveränitätsrechte, da die *„...rechtliche Handlungsfreiheit unangetastet...“* bleibt[325]. Bei einer asymmetrischen Ausgestaltung der interdependenten Beziehungen geht man darüber hinaus von einer gesteigerten Abhängigkeit aus, die in der Literatur mit dem Begriff der Dependenz betitelt wird[326]. Wo genau ein Staat im Spannungsfeld zwischen Interdependenz und Dependenz angesiedelt ist, hängt davon ab, wieviel Freiheit ihm in der Politikfindung verbleibt. Obwohl nun unter Hinweis auf die Auswirkungen der Globalisierung zum Teil bestritten wird, dass der Kleinstaat typischerweise abhänigiger ist als der große Staat[327], gehen die überzeugenderen Stimmen in der Literatur davon aus, dass der Kleinstaat tendenziell in höhergradiger Weise der Gefahr der Fremdbestimmung ausgeliefert ist[328]. Denn den großen Staaten, die zwar ebenfalls den Effekten der Globalisierung unterworfen sind, verbleiben nach wie vor Mittel der Machtpolitik. Zudem ist die Wirtschaft des großen Nationalstaates nach wie vor, jedenfalls in typischer Weise, weniger auf eine Außenverflechtung angewiesen als der Kleinstaat[329], da der Binnenmarkt eines großen Staates und damit der Binnenabsatz für die nationale Wirtschaft typischerweise einen nicht zu unterschätzenden Faktor darstellt. Deshalb leidet der typische Kleinstaat unter einem sog. *Abhängigkeitsdilemma*, da er an sich veranlasst ist, die Interdependenz aus ökonomischen Gründen

323 VOGEL, Small states' efforts in international relations, S. 58, spricht von: *„external economic dependence“*, *„external sensitivity“* und *„probability of foreign penetration“*.

324 Dazu SIEBER, Dimensions of small states' dependence, S. 107: *„...recent contributions have concentrated on the (economic) dependence relations of small states and the* resulting *impact on domestic and foreign policy“*.

325 GSTÖHL, Flexible Integration für Kleinstaaten? – Liechtenstein und die Europäische Union, S. 42.

326 Vgl. etwa GSTÖHL, Flexible Integration für Kleinstaaten? – Liechtenstein und die Europäische Union, S. 42; SUNDELIUS, Coping with structural security threats, S. 285.

327 Etwa V. DÄNIKEN, Is the notion of small states still relevant?, S. 45; SIEBER, Dimensions of small states' dependence, S. 108: *„There is (:..) no agreement on whether small states are more dependent than large ones“*.

328 Etwa BATLINER, Zu heutigen Problemen unseres Staates, S. 189; VÄYRYNEN, Small states in the New European Context, S. 111: *„In general, the limits on economic and political choices are more narrow in small than in large economies and, as a result, they can afford fewer mistakes“*.

329 ROTHSCHILD, Liechtenstein ist ein kleiner Staat – na und?, S. 34: *„Kleinstaaten sind (...) weit mehr als größere auf Außenhandel angewiesen, wenn sie einen modernen, hochdiversifizierten Lebensstandard anstreben“*; HÄNGGI, Small state as a third state, S. 85: *„Due to their limited resources, small states have to rely more on external strength derived from their interaction with other states“*.

zu erhöhen, dies jedoch nicht über Gebühr betreiben darf, da er sonst seine politische Autonomie gefähren würde[330], was im Extremfall dazu führen kann, dass man ihm auf Grund einer sehr starken Dependenz seine Souveränität abspricht. Selbst in moderner, ansonsten kleinstaatenfreundlicher Literatur wird die erhöhte Dependenzanfälligkeit eingeräumt; so äußert sich GSTÖHL folgendermaßen zum Thema Abhängigkeitsdilemma: *„Der Kleinstaat befindet sich (...) im allgemeinen in einem stärkeren Dilemma als ein großes Land, denn er ist aufgrund seiner Abhängigkeit und seines Unvermögens, das internationale System nachhaltig zu beeinflussen, in besonderem Ausmaß von externen Veränderungen betroffen. Der Kleinstaat ist darauf angewiesen, mit anderen Staaten zusammenzuarbeiten, um gewisse Leistungen erbringen zu können. Diese externe Arbeitsteilung hat jedoch eine erhöhte (Inter)dependenz und damit eine erhöhte Gefahr der Fremdbestimmung zur Folge, da sie die Autonomie staatlicher Entscheidungen in Frage stellt"*[331].

III. Die wesentlichen kleinstaatlichen Strategien gegen die Funktionsdefizite

Aber nicht nur die kleinstaatenspezifischen Funktionsdefizite nehmen an der typologischen Beschreibung des Kleinstaatsbegriffes teil. Der Kleinstaat manifestiert sich auch in den besonderen Handlungsmustern, die typischerweise von kleinen Staaten angewandt werden, um ihre Funktionsdefizite zu mindern. Es wurde schon viel veröffentlicht zu den möglichen kleinstaatlichen Strategien[332]; in dieser Arbeit soll diesbezüglich eine Zusammenstellung erfolgen.

330 SIEBER, Dimensions of small states' dependence, S. 114, die diese Dependenztheorie aber nicht auf den Kleinstaat beschränkt; WASCHKUHN, Strukturbedingungen des Kleinstaates, S. 15: *„Die wechselseitige Abhängigkeit oder Interdependenz (...) wirkt sich für den Kleinstaat sehr häufig zu ungleichgewichtigen oder asymmetrischen Beziehungen aus. Der Kleinstaat steht somit vor einem Abhängigkeitsdilemma"*.

331 GSTÖHL, Flexible Integration für Kleinstaaten? – Liechtenstein und die Europäische Union, S. 43.

332 Insofern sei verwiesen auf den verhaltensspezifischen Ansatz, der von der Herausarbeitung spezifischer Kleinstaatenstrategien ausgeht, die aber dann untauglicherweise als Definitionsmerkmale heranziehen will; die Ergebnisse des verhaltenspezifischen Ansatzes haben jedoch in typologischer Hinsicht eine große Bedeutung; bereits im Jahre 1979 analysiert VOGEL, Der Kleinstaat in der Weltpolitik, S.109 ff., sehr ausführlich *„Kleinstaatliche Verhaltensstrategien wider die Machtlosigkeit im internationalen System"*; auch WIBERG, Security problems of small nations, S. 21, geht zweistufig an das Phänomen Kleinstaat heran, indem zunächst fragt, welche Faktoren die Sicherheit des Staates bedrohen (Funktionsdefizite), um anschließend der Frage nachzugehen, wie der Kleinstaat das Sicherheitsproblem löst (Strategien); GSTÖHL, Flexible Integration für Kleinstaaten? – Liechtenstein und die Europäische Union, S. 41, spricht von *„...Optionen des Kleinstaates..."*.

1. Bewahrung und Betonung der kleinstaatlichen Souveränität

Wie eben bereits angesprochen, kann eine starke Dependenz dazu führen, dass ein Kleinstaat in den Verdacht kommt, nicht (oder nicht mehr) souverän zu sein. Aus diesem Grund bedarf die Wahrung der Souveränität nach BATLINER *„...aller Anstrengungen...“* des Kleinstaates[333]. Darüber hinaus ist es aber fast ebenso wichtig, dafür zu sorgen, dass der jeweilige Kleinstaat als souveräne Einheit in der Weltgemeinschaft wahrgenommen wird. Deshalb wird vor allem der kleinere Kleinstaat typischerweise die Tatsache der eigenen Souveränität im Rahmen seiner außenpolitischen Betätigkeit in den Vordergrund rücken, so dass der eben beschriebene Verdacht erst gar nicht aufkommen kann. Wenn bei CHRISTMAS-MØLLER zu lesen ist, dass die Wahrung der Souveränität als das Grundziel kleinstaatlicher Außenpolitik zu gelten hat[334], sollte man hinzufügen, dass in der Bedeutungshierarchie kleinstaatlicher Ziele gleich darauf die Aufgabe rangiert, jeden von dieser Souveränität in Kenntnis zu setzen. Denn das Vorliegen der Voraussetzungen völkerrechtlicher Souveränität allein führt nicht zur faktischen Behandlung als gleichberechtigter Partner auf zwischenstaatlicher Ebene; diese Unterschiedlichkeit überwindet letztlich erst die völkerrechtliche Anerkennung[335].

2. Betonung der Bedeutung des internationalen Rechts

Der Kleinstaat kann typischerweise sein Recht nicht durch Drohung oder Waffengewalt durchsetzen. Er ist demzufolge ganz besonders auf die Einhaltung der Regeln des internationalen Zusammenlebens und den internationalen Rechtsschutz angewiesen[336]. Wenn WASCHKUHN sagt, der Kleinstaat sei auf Grund *„...seiner geringen Machtfülle per se ein pazifistischer Staat...“*[337], dann kann man dem zustimmen, wenn man die Aussage nicht idealisiert, sondern schlicht die Erkenntnis daraus zieht, dass dem Kleinstaat auf Grund seiner faktischen (zumindest relativen) Schwäche in der Regel nur die gewaltlose Durchsetzung seiner Rechte bleibt[338]. Wenn man mit ZSCHOKKE davon ausgeht, dass der *„...Ablauf der Geschichte...“* seine konkrete Gestaltung erfährt durch die *„...Auseinandersetzungen zwischen Macht und Recht...“*[339], und die Kleinstaaten eben typischerweise über nicht viel Macht verfügen, erscheint es vernünftig, wenn nicht sogar zwingend, dass sich die Kleinstaaten um

---

333 BATLINER, Zu heutigen Problemen unseres Staates, S. 198.

334 CHRISTMAS-MØLLER, Thoughts on the scientific applicability of the small state concept, S. 48.

335 Zu den Voraussetzungen völkerrechtlicher Souveränität vgl. Kap. 3, A.II.3.c).

336 PFUSTERSCHMID-HARDTENSTEIN, Kleinstaat, Kleinstaat?, S. 91.

337 WASCHKUHN, Strukturbedingungen des Kleinstaates, S. 18.

338 So auch CASTREN, La Position des Grands et Petits Etats dans la Communauté Internationale, S. 29 : *„Un petit Etat ne peut guère défendre et renforcer ses droits par des menaces et encore moins par un recours aux armes“*.

339 ZSCHOKKE, Das Recht des Kleinstaates, S. 234, vgl. bereits Einleitung, I.

„...Kodifizierung, Stabilisierung und (...) Durchsetzbarkeit des Völkerrechts...‘[340], also um eine Zivilisierung[341] der internationalen Beziehungen bemühen. Dass dies in der Tat der Fall ist, kann eventuell bereits daran erahnt werden, dass *„...Städte wie Genf, Den Haag, Brüssel und Wien bei der Entwicklung und Kodifizierung des neueren Völkerrechts eine herausragende Rolle gespielt haben‘*[342].

Nach VOGEL verbleiben dem Kleinstaat im Wesentlichen isolationistische, integrationistische und neutralistische Auswege aus dem Abhängigkeitsdilemma[343]. Die isolationistische Strategie bemüht sich darum, so viele Leistungen wie möglich im Land selbst erbringen zu können. Dieses Unterfangen ist jedoch nur unter Verzicht auf Konsum ausländischer Güter möglich und ist für einen industrialisierten Kleinstaat, der auf ausländische Märkte angewiesen ist, kein gangbarer Weg; in sicherheitspolitischer Hinsicht ist das Schicksal des Kleinstaates in dieser Situation ungeklärt. Die in der modernen Welt demnach nur theoretische Handlungsmöglichkeit ist aber ohnehin nur dann denkbar, wenn die Souveränität des Kleinstaates von der Weltgemeinschaft respektiert wird; insofern ist die isolationistische Strategie abhängig vom Recht.

Dasselbe gilt für die neutralistische Ausrichtung, da die Neutralität im Grund nichts anderes bedeutet als ein partielle Isolation – der neutrale Staat hält sich in militärischer Hinsicht aus dem internationalen Geschehen heraus. Wirksam kann die neutralistische Politik nur sein, wenn die Neutralität des Kleinstaates auch faktisch respektiert wird. Integration als Strategie gegen kleinstaatenspezifische Funktionsdefizite ist eine Variante, die ganz offensichtlich von der Einhaltung internationalen Rechts abhängig ist; jede internationale Organisation funktioniert nur auf der Basis ihrer institutionellen Regeln. Hinsichtlich der möglichen kleinstaatenspezifischen Strategien besitzt das internationale Recht eine große Bedeutung. Die Einhaltung internationalen Rechts durch die Staatengemeinschaft, vor allem die Beachtung von Souveränität und Neutralität, versetzen den Kleinstaat demnach in eine konfortable Situation, die ihn seine relativ schwache bis nichtexistente Wehrhaftigkeit unter Umständen vergessen lässt.

---

340 Vgl. GREWE, Außenpolitik und Völkerrecht in der Praxis, S. 2 f.

341 So GOETSCHEL, The foreign and security policy interests of small states in today's Europe, S. 20: *„Due to their physical vulnerability, small states have always been interested in a ‚civilization' of international relations: The international ‚state of nature', described by realist scholars as a permanent state of war, should be modified by international norms diminishing the role of ‚instincts' and ‚compulsive behavior'"*.

342 GREWE, Außenpolitik und Völkerrecht in der Praxis, S. 3, der jedoch im Ergebnis nicht daran glaubt, dass die Entwicklung des Völkerrechts den Kleinstaaten eine bessere Stellung gegenüber den großen Staaten mit sich bringt.

343 VOGEL, Small states' efforts in international relations, S. 61/62.

3. Vermehrtes Engagement in internationalen Organisationen

Da der Kleinstaat *„...seinen besten Schutz als Teil einer von allgemeinen Prinzipien beherrschten, organisierten Rechtsgemeinschaft...“*[344] zu finden in der Lage ist, da er auf diese Weise, wenn das System funktioniert, dazu befähigt wird, willkürliche machtpolitische Maßnahmen der Großstaaten von sich abzuwenden, erscheint aus kleinstaatlicher Sicht die gemeinsame Einbindung von großen und kleinen Staaten in Internationale Organisationen erstrebenswert[345]. Insofern findet sich die eben angedeutete integrationistische Strategie wieder. In einem solchen Rahmen treffen die Mitgliedstaaten idealerweise als gleichberechtigte Partner aufeinander; das auf dieser Grundlage geschaffene positive Völkerrecht konkretisiert die Rechte und Pflichten der Mitgliedstaaten und die Streitbeilegungsorgane der internationalen Organisationen erlauben zudem die Durchsetzung auch kleinstaatlicher Positionen. Die Integration bewirkt die gemeinsame Erledigung von Aufgaben ebenso wie die Überwindung des Machtdefizits durch die orchestrierte Machtausübung durch alle Mitgliedstaaten[346]. Im Idealfall kann der Kleinstaat auf diese Weise, entgegen den Vorstellungen des sicherheitspolitischen Ansatzes, an der Lenkung der Welt teilhaben[347]. Die Konstruktion der internationalen Organisation ist für den Kleinstaat zudem vorteilhafter als eine bilaterale Zusammenarbeit, da ein multilaterales System weniger anfällig erscheint für asymmetrische Abhängigkeiten[348]. Auf Grund dieser Vorteile sieht VÄYRYNEN internationale Institutionen als *„...best friends...“* der Kleinstaaten[349]. Zudem bietet die Erforderlichkeit der kleinstaatlichen Zustimmung in Verfahren eine Möglichkeit, andere Interessen des Kleinstaates mit der Zustimmung zu verbinden. Diese Möglichkeit, den Verhandlungskuchen zu vergrößern

---

344 THÜRER, Kleinstaat – Außenpolitische Aspekte, S. 219.

345 BJØL, The Small State in International Politics, S. 34, dazu: *„At any rate there seems to be general agreement that the strengthening of international organizations is a characteristic small state goal. The more an international system approaches the model of the pluralistic domestic society, the safer the small state feels“.*

346 V. DÄNIKEN, Is the notion of small state still relevant?, S. 45, spricht von *„power sharing“.*

347 SUNDELIUS, Coping with structural security problems, S. 291: *„...engagement in an interdependent system also offers opportunities for influence and leadership“.*

348 TCHAKALOFF, La question des micro-États et l'Union européenne, S. 103: *„Les accords collectifs leur paraissent moins risqués pour leur indépendence que des accords bilatéraux avec un plus grand voisin...“*; GSTÖHL, Flexible Integration für Kleinstaaten? – Liechtenstein und die Europäische Union, S. 43: *„..[durch die Teilnahme an multilateralen Abkommen] kann ein Kleinstaat eine bessere Streuung seiner Abhängigkeit anstreben, um beispielsweise seine Dependenz von einem größeren Nachbarstaat zu verringern“.*

349 VÄYRYNEN, Small states in the New European Context, S. 114: *„Small states are (...) protected more than before by international institutions (...). Small states can also exercise influence through international institutions, at least in peacetime. In a sense, international institutions are the best friends of small states, which are more exposed to risks of war than large states“.*

und damit Themen an die großen Staaten heranzutragen, die ansonsten nicht in deren Interessensspektrum liegen würden, wird jedoch in der Literatur als Opportunismus betitelt; noch negativer erscheint der Vorwurf, Kleinstaaten würden tendenziell versuchen, ihre Mitgestimmungsrechte kapitalisieren[350].

Es darf aber nicht übersehen werden, dass die Teilhabe an der internationalen Zusammenarbeit auch einen Verlust an Autonomie der nationalen Regierungen mit sich bringen kann[351]. So besteht die Gefahr, dass sich das typische Abhängigkeitsdilemma des Kleinstaates im Rahmen der internationalen Zusammenarbeit fortsetzt[352]. Im Falle einer echten Integration kommt es außerdem zu einem Integrationsdilemma, da die Teilhabe am gemeinsamen Projekt den Verzicht auf Souveränitätsrechte bedeuten kann[353]. Dies jedoch stellt kein kleinstaatenspezifisches Problem dar, sondern trifft alle Staaten, die an der Integration teilnehmen. Da Kleinstaaten aber immer schon auf Grund des Abhängigkeitsdilemmas damit vertraut sind, dass eine gewisse Abhängigkeit *„...im Austausch gegen äußere Sicherheit oder attraktivere Tauschbeziehungen...“* zu ertragen ist, fällt Staaten *„...der Eintritt in supranationale Staatengemeinschaften“* umso leichter, je kleiner sie sind[354]. Für sie steht dann unter Umständen die durch die Aufnahme erwirkte *de facto*-Anerkennung ihrer Souveränität im Vordergrund[355].

In der Regel bewirkt die Einbindung in internationale Organisationen für den Kleinstaat aber eine Abmilderung des Abhängigkeitsdilemmas. Vor allem in klassischen Organisationen, die auf der Grundlage der souveränen Gleichheit der Staaten strukturiert sind (*„one state, one vote“*), kommt es gar zu einer Überrepräsentation der kleinen Staaten, wenn man ihre Stimmmacht mit ihrer Bevölkerungszahl in Re-

---

350 Vgl. SENS, Small-state security in Europ, S. 92, schreibt unter der Überschrift *„Strategies of Opportunism and Extraction: Loose Cannons on the European Ship“* bezüglich der Politik der Kleinstaaten im Rahmen der europäischen Integration: *„...small states attempt to capitalise on the widespread commitments to multilateralism and perhaps procedural requirements for unanimity or consensus of decision-making by threatening not to adhere to a policy or plan, and thus gain leverage that can be employed in bargaining to extract concessions or rewards designed to obtain changes in the policy position of the small state“*; der Autor gibt Beispiele.

351 SUNDELIUS, Coping with structural security problems, S. 285: *„It is widely recognized that participation in interdependent relations involves a loss of governmental autonomy“*.

352 Vgl. GOETSCHEL, The foreign and security policy interests of small states in today´s Europe, S. 26, schildert einen Beispielsfall: *„Military cooperation arrangements have the disadvantage of small states often having to ‚buy' their security with a deficit of participation in decision-making“*.

353 GOETSCHEL, The foreign and security policy interests of small states in today's Europe, S. 26: *„...integrations dilemma...“*.

354 PFUSTERSCHMID-HARDTENSTEIN, Kleinstaat, Kleinstaat?, S. 91.

355 Vgl. GSTÖHL, Flexible Integration für Kleinstaaten? – Liechtenstein und die Europäische Union, S. 43.

lation setzt. Auch in Regimen, die einer Stimmgewichtung unterworfen sind, wird in der Regel ein für den Kleinstaat günstiger Stimmanteil definiert[356]. Während insofern der Kleinstaat als Gewinner der Integration bzw. der internationalen Zusammenarbeit hervorzugehen scheint, kann sich gegebenenfalls jedoch ein *kleinstaatenspezifisches* Integrations-Dilemma ergeben. Dies ist dann der Fall, wenn eine Harmonisierung in den beteiligten Rechtssystemen der integrierten Struktur dazu führt, dass die wirtschaftlichen Nischenpolitiken[357] des Kleinstaate nicht mehr weitergeführt werden können; in bilaterale Beziehungen lassen sich Sonderwege in der Regel leichter aufrecht erhalten[358].

Ein weiterer Vorteil einer auf der Basis von Internationalen Organisationen vernetzten Staatengemeinschaft ergibt sich vor allem für die kleineren unter den Kleinstaaten daraus, dass sie auf diese Weise ihre Nachteile bezüglich der diplomatischen Repräsentation dadurch ausgleichen können, dass sie die Vollversammlungen der Internationalen Organisationen als *„Dikussionsforen“*[359] bzw. Kontaktbörsen begreifen. Idealerweise müssen die betreffenden Organisationen dafür aber möglichst viele Mitgliedstaaten umfassen.

Insgesamt ist es auf Grund der positiven Auswirkung von Mitgliedschaften in internationalen Organisationen auf Kleinstaaten nicht verwunderlich, dass für den Zeitraum der Proliferation[360] von Kleinstaaten auch eine Zunahme der Zahl von Internationalen Organisationen festzustellen ist. Zwar kann die Bedeutungssteigerung der Internationalen Organisationen bereits seit Mitte des 19. Jahrhunderts *„...als eine äußerst konsistent verlaufende säkulare Entwicklung...“* beobachtet werden, jedoch erfuhr diese *„...nach dem Zweiten Weltkrieg eine besonders dramatische Beschleunigung...“*[361]. GESER sieht darin gar eine *„Neue Weltordnung“*, die auf einer *„...dualen Ordnungsstruktur...“* beruht, die sich im Spannungsgefüge zwischen immer kleineren Einzelstaaten und tendenziell immer wichtiger werdenden internationalen Organisationen konstituiert[362]. Deshalb begreift man die *„...Trends zur Kleinstaatlichkeit und*

---

356 Dies ist beispielhaft an Art. 205 Abs. 2 EG zu sehen, dem zufolge das Großherzogtum Luxemburg ein Fünftel des Gewichtes der Bundesrepublik Deutschland erreicht, während die beiden Staaten bezüglich ihre Einwohnerzahl im Verhältnis von etwa 1 : 186 zueinander stehen. Die Berechnung erfolgte auf der Grundlage der Zahlen in: VEREINTE NATIONEN, Die Mitglieder der Vereinten Nationen, S. 39/40.

357 Dazu vgl. unten Kap. 1, C.III.5.

358 GSTÖHL, Flexible Integration für Kleinstaaten? – Liechtenstein und die Europäische Union, S. 24: *„...kann die zunehmende Multilateralisierung auch dazu führen, dass bisherige zumeist auf bilateralen Abkommen beruhende Nischenpolitiken in Bedrängnis geraten“*.

359 V. WEDEL, Der sogenannte „Mikrostaat“ im internationalen Verkehr, S. 312.

360 Vgl. dazu Kap. 1, B.III.2.a).

361 GESER, Die neue Weltordnung, S. 208.

362 GESER, Die neue Weltordnung, S. 221 f.; BATLINER, Zu heutigen Problemen unseres Staates, S. 190, stellt dazu schlicht fest: *„...die Welt und die Regionen sind in einen neuen Organisationszustand übergegangen“*.

zum Ausbau internationaler Organisationen..." richtigerweise als „*...einander wechselseitig bedingende und verstärkende Komplementärprozesse...*"[363].

4. Adaption der Machtpolitik der großen Staaten

Bevor sowohl Anzahl als auch Bedeutung von internationalen Organisationen im letzten Viertel des vergangenen Jahrhunderts bedeutend zunahmen, war der Kleinstaat auf andere Mechanismen angewiesen, um die aus den kleinstaatenspezifischen Funktionsdefiziten folgenden Probleme meistern zu können; diese vormals entwickelten Strategien haben auch heute noch ihre Bedeutung. So verbleibt dem typischen Kleinstaat nicht nur in sicherheitspolitischem Kontext neben der internationalen Zusammenarbeit und der Neutralität die dauerhaft Bindung an einen größeren Staat auf der Grundlage von bilateralen Verträgen als stärkste Form der Adaption der Politik eines größeren Staates, die in der Regel von einem stark asymmetrisch ausgestalteten Verhältnis geprägt sein wird und deshalb eine starke Fügung des Kleinstaates voraussetzt[364]. Besser ist für den Kleinstaat, eine Bezugs-

[363] So GESER, Die neue Weltordnung, S. 212.

[364] GOETSCHEL, Introduction to Small states inside and outside the European Union, S. 9; WIBERG, Security problems of small nations, S. 36, sieht im sicherheitspolitischen Bereich vier Wahlmöglichkeiten: „*1) a bilateral alliance with a major power; 2) an alliance of two or several states; 3) membership of a multilateral alliance around one or more major powers; 4) non-alignment, whether aiming at neutrality in any war or without such a generalised commitment*"; ABT / DEUTSCH, Basic Problems of small countries, S. 28 f., wird noch detaillierter und gar neun Möglichkeiten: 1) Bewaffnete Neutralität; 2) Unbewaffnete Neutralität; 3) Allianz mit einem starken Nachbarstaat gegen einen anderen, bedrohlicheren starken Nachbarstaat (z. B. Belgien im Jahre 1914); 4) Regionale Allianz mit einer Gruppe gleichgesinnter kleiner und großer Staaten gegen eine bedrohliche Großmacht oder gegen eine Koalition (z. B. Belgien, die Niederlande, Luxemburg, Dänemark, Norwegen, Griechenland, Deutschland und Italien in der NATO gegen den ehemaligen sowjetischen Warschauer Pakt, 1950-1990); 6) Allianz mit einer geographisch entfernten Weltmacht mit dem Ziel, Angriffe durch eine aggressive und auf Grund der Zusammenarbeit stärkere Gruppe von Nachbarstaaten (z. B. Israel und die Vereinigten Staaten von Amerika); 7) Verständigung mit einem bedrohlichen benachbarten Großstaat (z. B. die Tschechoslowakei und das Deutsche Reich im Jahre 1938); 8) Allianz mit einem großen und bedrohlichen Nachbarstaat (z. B. Österreich und das Deutsche Reich im Jahre 1938). 9) Hilfsappell an eine multinationale Organisation um Verteidigung gegen eine Aggression, wie den Völkerbund (z. B. Äthiopiens Hilfsgesuch gegen italienische Aggression im Jahre 1936) oder die Vereinten Nationen (z. B. Bosniens Aufruf zur Unterstützung gegen die serbische Aggression).

All diese von ABT / DEUTSCH genannten Strategien dienen dazu, dem Kleinstaat Sicherheit zu gewährleisten und seine Existenz zu garantieren. Allerdings verbergen sich dahinter völlig unterschiedliche Ausgangspositionen und Gesinnungen. Während bei der Neutralität als Lösung des Sicherheitsdilemmas (1 und 2) die Defensivstellung und der Wunsch, sich möglichst aus allen Auseinandersetzungen herauszuhalten, im Vordergrund stehen, sind die regionalen Allianzen (3 und 4) unter Umständen bereits von einem gewissen Selbstbewusstsein geprägt, das sich beispielsweise im Falle der NATO dadurch auszeichnet, dass die Verteidigungsgemeinschaft dem Warschauer Pakt offensiv die Stirn

macht zu finden, deren politische Ausrichtung möglichst mit den Zielen des Kleinstaats in Einklang steht, da eine Anbindung auf einer solchen Basis weniger Zwangswirkungen für den kleinen Partner freisetzt. Jedoch kann ein Kleinstaat unter Umständen auch die gleiche Schutzwirkung erreichen, ohne sich dauerhaft an einen großen Nachbarn binden zu müssen. Die Zielsetzung, das Beste für den eigenen Staat aus der gegebenen Situation des Abhängigkeitsdilemmas herauszuholen[365], kann gegebenenfalls auch bereits durch ein konsequentes Parallelverhalten der kleinstaatlichen Politik mit den Entscheidungen der Mächtigen erreicht werden; auf diese Weise steht der Kleinstaat faktisch in der schützenden Deckung der machtpolitischen Macher.

Vor diesem Hintergrund wird den Kleinstaaten allerdings die Tendenz nachgesagt[366], das internationale Machtgefüge leichtfertig dadurch aus dem Gleichgewicht zu bringen, dass sie zu leicht ihr Fähnchen in den Wind hängen und zu den Mächtigen überlaufen[367]. Diese Vorliebe für das kalkulierte Auf-den-Zug-Springen wird mit dem englischen Begriff des *bandwagoning* umschrieben[368]. Der Kleinstaat ist typischerweise, wie dies der sicherheitsrechtliche Ansatz schon als Unterscheidungsmerkmal heranziehen wollte, kein Weltenlenker; seine Politik hat in der Regel einen passiven bzw. reagierenden Charakter. *Bandwagoning* ist dabei als Parallelverhalten nur eine Ausprägung einer flexiblen Adaption[369] an die von ihm typischerweise nicht zu beeinflussende Machtpolitik der Großen.

---

bot. Dagegen erscheint die Bindung an einen bedrohlichen benachbarten Großstaat (6 und 7) lediglich als Notlösung, da sie in der Regel auf Druck des mächtigen Nachbarn entstehen und deshalb auf einem stark asymmetrischen Verhältnis aufbauen. Die Strategie Israels (5) muss wohl als Einzelfall gelten, da eine solche Konstellation in der Regel am fehlenden Interesse der Weltmächte scheitern wird. Grundsätzlich wird das Sicherheitsdilemma jedoch in allen Fällen dadurch ausgeglichen, dass man fehlende Stärke entweder durch Bündelung schafft oder durch Annäherung an bereits bestehende Macht für seine kleinstaatlichen Schutzinteressen nutzbar macht. Insofern ist auch die Anrufung von Internationalen Organisationen keine Neuigkeit, da diese – setzen sie einen kollektiv gebildeten Willen um – letztlich auch auf der Bündelung von politischer Macht basieren.

365 Vgl. nur den vollen Titel des Aufsatzes von HANS A. MOURITZEN zu den kleinstaatlichen Strategien: „*Defensive acquiescence: Making the best ouf of dependence*", MOURITZEN, Defensive Acquiescence, S. 239 ff.

366 SENS, Small-state security in Europe, S. 88: „*In contemporary Europe, the balancing versus bandwagoning debate may continue to be relevant*"; der Autor meint aber, dass sich bandwagoning-Verhalten wohl nur noch in Zentraleuropa und auf dem Balkan finden lasse.

367 Vgl. etwa SENS, Small-state security in Europe, S. 87.

368 LABS, Do weak states bandwagon?, S. 383 ff.; KAUFMAN, To balance or to bandwagon?, S. 420 ff.; RANDALL L. SCHWELLER, Bandwagoning for profit: Bringing the revisionist state back, S. 72 ff.

369 SIEBER, Dimensions of small states' dependence, S. 114, nennt die „*...flexible adaption...*" als einen Grund dafür, dass sich die europäischen Kleinstaaten über die Zeit behaupten konnten.

Eine ähnlich kräftesparende Verhaltensweise, die dem Kleinstaat tendenziell nachgesagt wird, stellt das sog. *free riding* dar. Das Konzept äußert sich im Rahmen der internationalen Beziehungen dadurch, dass ein Kleinstaat wenig oder nichts zu einer zwischenstaatlichen Unternehmung beisteuert, jedoch vom kollektiv Erreichten profitiert. Ein solches Verhalten wurde den europäischen Kleinstaaten während des Kalten Krieges vorgeworfen, welche die durch die NATO garantierte Sicherheit genossen, ohne einen entsprechenden Teil der Verteidigungslasten zu tragen[370].

5. Limitierung der Ziele

Kleinstaaten, die typischerweise unter struktureller Mittelknappheit leiden[371], müssen sich (auch) bei ihren außenpolitischen Anstrengungen auf das Wesentliche konzentrieren. GERARD BATLINER spricht in diesem Zusammenhang auch ganz offen von *„Maßhalten nach außen"*[372]. Da die Teilhabe an der internationalen Zusammenarbeit und die Aufbietung von diplomatischer Präsenz mit Aufwand und Kosten verbunden ist, muss sich die kleinstaatliche Außenpolitik in der Regel auf einige Kerngebiete beschränken[373]. Der typischerweise selektiv agierende Kleinstaat konzentriert sich auf Bereiche, in denen er mit den großen Staaten in Wettbewerb treten kann, vor allem im wirtschaftlichen Bereich; daneben bemüht er sich zur Bündelung der Kräfte um ein Mitwirken in sog. *multi target*-Unternehmungen auf internationaler Ebene, um die restlichen Themen abzudecken[374]. Wirtschaftlich erfolgreiche Kleinstaaten versuchen auf diese Weise quantitative Schwäche durch qualitative Tugenden auszugleichen[375]. Oder wie MOLLE auf den Punkt bringt: *„...[to] compensate lack of muscle power by being agile and smart...“*[376]. Diese flexible Ausrichtung der Politik im Sinne des sog. *smart approach*[377] manifestiert sich darin, dass

---

370 SENS, Small-state security in Europ, S. 88.

371 Vgl. dazu bereits etwa Kap. 1, C.II.6.c).

372 BATLINER, Zu heutigen Problemen unseres Staates, S. 210.

373 Vgl. etwa ÓLAFSSON, Small States in a Global System, S. 2; GESER, Die neue Weltordnung, S. 212.

374 So VOGEL, Small states' efforts in international relations, S. 61, der dieses Verhalten aber nur den Staaten der integrationistischen Strategie zuweist, was aber mit der Tatsache im Widerspruch steht, dass sich gerade die neutrale Schweiz auf die wirtschaftliche Komponente der internationalen Beziehungen verlegt hat (S. 63); das selektive Vorgehen kann vielmehr als Allgemeinplatz in die Kleinstaatentypologie eingehen.

375 GOETSCHEL, The foreign and security policy interests of small states in today´s Europe, S. 16: *„There are situations in which quantitative power attributes are not essential. Small states may attempt to compensate their traditional quantitative weakness by emphasizing qualitative virtues“.*

376 MOLLE, Small states in the European Union, S. 156.

377 Vgl. dazu auch KNUDSEN, Analysing small-state security: The role of external factors, S. 8: *„Long-term survival depends on the quality of small-state diplomacy, on finding the right policy, the wisest cours, the ‚smartest' approach“.*

sich der typische Kleinstaat in wirtschaftlicher Hinsicht eine Nische sucht. Auf Grund der Öffnung der Märkte in Rahmen von internationaler Zusammenarbeit im Bereich des Handels, sei es nun auf regionaler (EU, NAFTA etc.) oder globaler Ebene (WTO), wurden dem Kleinstaat dafür zusätzliche Freiräume geschaffen[378].

Vor allem in den kleineren der Kleinstaaten ist die einseitige außenpolitische Ausrichtung auf ökonomische Belange in der Regel verbunden mit einer verstärkten Verknüpfung von Politik und Wirtschaft. In diesem Sinne sieht VOGEL die *„Strategien der Konkordanz und der Tendenz zur Oligarchisierung in den Entscheidungsprozessen"* von Staat und Ökonomie als typisch kleinstaatlich. Konkordanz bedeutet dabei, dass die Beziehungen der Privatwirtschaft und des Staates einem gemeinsamen Konzept entspringen. Die Tendenz zur Oligarchisierung der Entscheidungsprozesse spiegelt sich darin wieder, dass die Konkordanz von Außenpolitik und Außenwirtschaft sich nicht dadurch bedingt, dass die eine die andere dominieren würde, sondern dass die Entscheidungen relativ konfliktfrei, harmonisch und demnach effizient unter Umständen in gemischt gouvernemental-privatwirtschaftlichen Kommissionen getroffen werden; die Entscheidungen werden deshalb von wenigen *„...unter Abschirmung gegenüber dem traditionellen demokratischen Entscheidungsgefüge..."* getroffen[379]. Das Parallelverhalten[380] von Wirtschaft und Politik findet seine perfekte Anwendung in den Fällen sog. Steuerparadiese. Darunter versteht man einen Staat, dessen Steuersystem von Steuerpflichtigen genutzt wird, vor allem um der Besteuerung in eigenen Wohnsitzstaat zu entgehen. Die wesentlichen Elemente sind dabei einerseits ein in aller Regel außergewöhnlich niedriger Steuersatz auf Erträge aus Kapital, andererseits ein strikt gehütetes Bankgeheimnis, welches jeglichen Informationsaustausch mit anderen Staaten über die Steuerpflichtigen auf Grund Gesetzes oder administrativer Übung kategorisch untersagt[381]. Diese Praktik des Steuerdumpings ist nicht mehr vom Begriff eines internationalen Wettbewerbes der Steuersysteme umfasst, sondern stellt im Grunde ein wirtschaftliches *free riding* dar, da der Kleinstaat über den Umweg der Steuerhinterziehung zum Nachteil des jeweiligen Wohnsitzstaates an dessen Wertschöpfung geradezu parasitär teilnimmt.

---

378 Vgl. etwa VÄYRYNEN, Small states in the New European Context, S. 112, für den europäischen Raum unter der Überschrift *„Small can be beautiful"*.

379 So VOGEL, Der Kleinstaat in der Weltpolitik, S. 153, der die aufgezeigte Strategie der Konkordanz und der Tendenz zur Oligarchisierung der Entscheidungsprozesse im Falle der Schweiz als intensiv angewendet sieht; WASCHKUHN, Strukturbedingungen des Kleinstaates, S. 17, geht von einem *„Konsistenzerfordernis"* bezüglich der kleinstaatlichen Innenpolitik aus, um über die *„Mobilisierung von Vermittlungs- und Konsensualisierungsprozessen"* sich einen wichtigen Standortvorteil zu schaffen, der die strukturellen Nachteile ausgleichen soll.

380 VOGEL, Small states´ efforts in international relations, S. 65, an anderer Stelle: *„There are no diverging interests!"*.

381 Vgl. TCHAKALOFF, La question des micro-États et l'Union européenne, S. 107, der vor allem das Großherzogtum Luxemburg als Steuerparadies enttarnt.

IV. Ergebnisse des typologischen Ansatzes bezüglich des Kleinstaatsbegriffes

1. Zusammenfassung der Funktionsdefizite als Versuch einer Typisierung des Kleinstaates

Fasst man die Ergebnisse des Typisierungsversuchs des Kleinstaatsbegriffes zusammen, lässt sich der Kleinstaat anhand seiner hauptsächlichen Funktionsdefizite und der dagegen unternommenen Strategien wie folgt charakterisieren:

> *Der Begriff des Kleinstaates beschreibt einen Staat, der auf Grund mangelnder menschlicher und naturräumlicher Ressourcen typischerweise durch einen hohen Konnektivitätsgrad innerhalb seiner Gesellschaft, einen kleinen Inlandsmarkt, eine schwache Staatgewalt, die Unfähigkeit, eine umfassende diplomatische Repräsentation zu garantieren, und durch ein Sicherheits- und Abhängigkeitsdilemma charakterisiert wird. Typischerweise entgegnet der Kleinstaat diesen Defiziten mit der Wahrung und Betonung seiner kleinstaatlichen Souveränität, mit der Betonung der Bedeutung des internationalen Rechts, mit einem vermehrten Engagement in internationalen Organisationen, mit einer Adaption der Machtpolitik großer Staaten und mit der Limitierung seiner Ziele.*

Ausdrücklich soll hier jedoch noch einmal darauf hingewiesen werden, dass die hier getroffene Charakterisierung weder eine Definition des Begriffes geben kann noch soll. Als Typusbegriff sind die Kriterien weder abschließend noch konstituierend.

2. Auslandsbezug als Abhilfestrategie in allen Bereichen

Auch wenn die meisten Funktionsdefizite des Kleinstaates letztlich nicht vollständig behoben werden können, existieren Strategien zur Relativierung der Folgen. Diese lassen sich letztlich ganz allgemein auf einen erhöhten Kontakt mit dem Ausland zurückführen. Nicht nur das klassische Sicherheitsdilemma findet seine Abmilderung in den Formen der internationalen Integration, sondern auch die Unzulänglichkeiten in den anderen aufgezeigten Bereichen können auf dieser kosmopolitischen Grundlage ausgeglichen werden. So mildern sich die soziologischen Nachteile einer kleinen Gesellschaft zumindest teilweise gewissermaßen selbstregelnd im Wege einer „*...hohen informellen Auslandsverflechtung...*" ab, die sich zum Beispiel typischerweise in überproportional vielen Eheschließungen mit ausländischen Partnern niederschlägt[382]. Die relativ hohe Abhängigkeit des Kleinstaates von ausländischen Märkten muss nicht immer zum Nachteil der kleinstaatlichen Wirtschaft gereichen, sondern kann bei geschickter Wahl einer Nischenstrategie gerade den durchschlagenden wirtschaftlichen Erfolg und zu einer internationalen Füh-

---

382 Vgl. GESER, Ausgangspunkte zu einer Soziologie kleiner Staaten, S. 50.

rungsrolle in bestimmten Bereichen führen[383]. Die Probleme mit der umfassenden diplomatischen Vertretung lassen sich unter Umständen durch faktisches Zusammenwirken mehrerer Kleinstaaten überwinden, ohne dass dadurch automatisch die Begründung einer Internationalen Organisation verbunden sein muss[384]. Voraussetzung für das Funktionieren dieser Strategien ist selbstredend eine möglichst offene und grenzenlose internationale Gemeinschaft; das Streben nach der Verwirklichung dieses Idealzustandes ist deshalb sicherlich ebenfalls typisch für kleinstaatliche Politik. So erscheint ein erhöhter Interdependenzgrad nicht nur als Funktionsdefizit, sondern bei geschickter Politik gleichzeitig als Lösungsansatz.

V. Ergebnis

Nachdem sich die Definition des Kleinstaatsbegriffes als unmöglich erwiesen hat, konnte im Wege der Typisierung des Phänomens Kleinstaat ein Begriff geschaffen werden, der der Verwendung in der Rechtswissenschaft zugänglich ist. Der Einwand, dass es *„...die Kleinstaaten schlechthin nicht gebe...“*, weil *„...reine Größenkriterien...“* auf Grund *„...zahlreiche[r] intervenierende[r] Variablen...“* *„...zu wenig aussagekräftig seien...“*[385], übersieht, dass ein kleines Staatvolk doch zunächst eine bestimmte Problemlage schafft. Ob die damit verbundenen Funktionsdefizite dann tatsächlich zur Ausprägung gelangen, hängt – gewissermaßen erst in zweiter Linie – von weiteren Faktoren, wie etwa dem Entwicklungsstand, ab. Wenn zum Teil bestritten wird, dass der Kleinstaat grundsätzlich an keinen Funktionsdefiziten leidet, wird meist übersehen, dass die dann genannten Beispielsfälle ihre Funktionsdefizite durch geschickte Politik abgemildert oder in bestimmten Bereichen überwunden haben; mit anderen Worten: Funktionsdefizite und Strategien gegen Funktionsdefizite verfügen über Wechselwirkungen. Da Taktik und Erfolg bei der Überwindung der Funktkionsdefizite in den diversen Kleinstaaten in den seltensten Fällen identisch sein werden und die kleinstaatlichen Strategien vielfältig sind, verdient die Feststellung Zustimmung: *„...[j]eder Kleinstaat ist exzeptionell...“*[386].

---

383 Vgl. KREILE / MICHALSKY, Kleinstaaten im Prozeß der europäischen Integration, S. 230, der vor allem die *„...Kommerzialisierung der Souveränität...“* als bedeutende Nische heraushebt; darunter kann man auch die hervorragende Bankwirtschaft in der Schweiz subsumieren, deren Erfolg jedenfalls auch darauf beruht, dass der eidgenössische Staat mit seinem strikten Verständnis des Bankgeheimnisses die entsprechenden Rahmenbedingungen und damit einen Standortvorteil für die Schweizer Banken geschaffen hat.

384 Diesbezüglich könnte man etwa an den gemeinschaftlichen Botschaftsbau der skandinavischen Länder im Berliner Tiergarten denken.

385 WASCHKUHN, Kleinstaat, S. 90: der Autor fasst dort die Diskussion zusammen, die auf den Vortrag von Rothschild gefolgt ist, welchem der Aufsatz ROTHSCHILD, Kleinstaat und Interdependenz, S. 71 ff., zugrundelag.

386 WASCHKUHN, Kleinstaat, S. 16, der in diesem Zusammenhang auf folgende Aussage eines UN-Botschafter Singapurs verweist: *„We feel that there is no single model to follow. Each country should take into account its different culture, historical experience and needs“*.

D. Das Fürstentum Liechtenstein als typischer Kleinstaat?

In der vorliegenden Arbeit soll am Beispiel des Fürstentums Liechtenstein aufgezeigt werden, wie ein Kleinstaat mit seiner problematischen Ausgangsposition umgehen kann bzw. ob oder gegebenenfalls wie sich die Kleinstaatlichkeit im konkreten Fall auf seine Stellung in der Völkerrechtsordnung auswirkt. Die Fragestellung setzt bereits voraus, dass das Fürstentum als Vertreter der Gruppe der Kleinstaaten in Frage kommt. Angesichts einer Anzahl von 34 294 Einwohnern Ende 2003, wobei davon noch 34 % als Ausländer, hauptsächlich Schweizer, Österreicher und Deutsche ausgewiesen sind[387], kann daran aber nicht gezweifelt werden, da Liechtenstein die typologischen Voraussetzungen des physischen Ansatzes als Staat mit einem sehr kleinen Volk und wenig Fläche geradezu beispielhaft erfüllt. Es ist offensichtlich, dass das Land bezüglich seiner menschlichen Ressourcen einer auffälligen Beschränktheit unterliegt. Unterstützt wird diese Aussage durch die Kleinheit des Territoriums von 160 Quadratkilometern[388]. Liechtenstein gehört damit zu den kleinsten eigenständischen politischen Einheiten der Welt[389]. In Bezug auf Bevölkerungs- und Gebietsgröße ist das Fürstentum ein typischer Kleinstaat. Die Frage, ob und gegebenenfalls inwieweit Liechtenstein auch in anderen Bereichen und Zusammenhängen typisch Kleinstaat ist bzw. wie ein typischer Kleinstaat handelt, wird im weiteren Verlauf der Arbeit an geeigneter Stelle wieder aufgegriffen werden[390].

---

387 Die Daten aus dem Jahre 2003 sind einer offiziellen Liechtenstein-Homepage entnommen: http://www.liechtenstein.li; ältere Zahlen sind in der folgenden Literatur veröffentlicht: 1970 wurden 21800 Einwohner gezählt, davon 30 % Ausländer, Quelle: NIEDERMANN, Liechtenstein und Schweiz, S. 26; 1975 dann 23970 Einwohner, Quelle: KRANZ, Geographie und Sprache, in: KRANZ, Fürstentum Liechtenstein – Eine Dokumentation, S. 280; 1986 dann 27000 Einwohner, Ausländeranteil: ein Drittel, Quelle: BATLINER, Portrait, S. 6.

388 KRANZ, Geographie und Sprache, in: KRANZ, Fürstentum Liechtenstein – Eine Dokumentation, S. 280.

389 Zur Veranschaulichung eignet sich ein Vergleich mit den (anderen) Mitgliedstaaten der Vereinten Nationen: von den – nach der Aufnahme Tuvalus – 189 Mitgliedern der Weltorganisation verfügen nur vier Staaten über ein kleineres Territorium als das Fürstentum Liechtenstein (San Marino, Tuvalu, Nauru und Monaco); nur fünf Mitglieder haben weniger Einwohner (Monaco, San Marino, Palau, Nauru und Tuvalu); Quelle: VEREINTE NATIONEN, Die Mitgliedstaaten der Vereinten Nationen, S. 37 ff.

390 Zur Beantwortung dieser Frage vgl. Kap. 4, E.I.

Kapitel 2: Die besonderen historischen Umstände der Entstehung des Fürstentums Liechtenstein

Es bedarf nicht nur einiger Anstrengung, einer sehr kleinen politischen Einheit auf Dauer die Eigenständigkeit zu erhalten, sondern es kann davon ausgegangen werden, dass es in der Geschichte eines solchen Landstriches bestimmte Besonderheiten zu beobachten gibt, die erst die Umstände bereiteten, die das Entstehen des Landes als eigenständige Einheit überhaupt ermöglicht haben. Allein die Tatsache, dass das kleine Liechtenstein bis auf den heutigen Tag neben den großen europäischen Nationalstaaten eine etwas kuriose, aber konstante Existenz aufweist, weckt Neugierde bezüglich der Frage, was die Liechtensteiner ursprünglich zusammengeführt hat und was sie immer noch zusammenhält. Diese Fragestellung ist jedoch geprägt vom modernen Verständnis des Staates als freiwilligen Zusammenschluss seiner Bürger. Die Arbeit wird jedoch zeigen, dass die Entstehung des Fürstentums Liechtenstein vielmehr auf Einflüsse von außen zurückzuführen ist, die hauptsächlich im Zusammenhang stehen mit absolutistischen Machtinteressen des Fürstengeschlechts der Liechtenstein.

A. Der Gebietsaspekt – Das Werden Liechtensteins als eigene Einheit

Der Ausschnitt Erdoberfläche, der heute geographisch das Fürstentum Liechtenstein ausmacht, figurierte nicht immer unter diesem Namen. Auch bestand es nicht seit Urzeiten als zusammenhängendes Staatswesen.

I. Kurze Landesbeschreibung

Um aber das Forschungsobjekt sicher vor Augen zu haben, ist zunächst eine Bestandsaufnahme ratsam. Das Fürstentum Liechtenstein liegt an den Ausläufern des Rätikon[391] in der alpinen Umgebung des Oberrheintals und grenzt dabei im Osten und Norden an Österreich (Land Vorarlberg), im Westen und Süden an die Schweiz (Kantone St. Gallen und Graubünden), wobei die westliche Grenze zur Schweiz durch den Rhein gebildet wird[392]. Andere unmittelbar angrenzende Nachbarstaaten hat das Fürstentum Liechtenstein nicht.

II. Die *„vorliechtensteinische"* Zeit

Das Gebiet des heutigen Liechtenstein stellte bis ins Hochmittelalter *„...kein feststellbares Eigenes, Zusammengehörendes..."* dar und stand über die Jahrhunderte im Ei-

---

391 KRANZ, Geographie und Sprache, in: KRANZ, Fürstentum Liechtenstein – Eine Dokumentation, S. 280.

392 NIEDERMANN, Liechtenstein und Schweiz, S. 20.

gentum vieler Herren[393]. Die Grafschaft Vaduz entsteht erst als eigenständige Einheit, als zwei Brüder aus dem Grafengeschlecht der Werdenberg-Sargans am 3. Mai 1342 einen Teilungsvertrag bezüglich des oberen Rheintales schließen. Der Herrschaft wird im Jahre 1396 von KÖNIG WENZEL kraft Urkunde die Reichsunmittelbarkeit verliehen[394]. In der ersten Hälfte des 15. Jahrhunderts wird dann die neuentstandene Grafschaft mit der Herrschaft Schellenberg vereinigt[395], wodurch die territorialstaatliche Landeshoheit so weit ausgebildet wird, dass die beiden Herrschaften ab diesem Zeitpunkt als ganzes oder einzeln veräußert werden können[396].

III. Die Entstehung des Reichsfürstentums Liechtenstein (1719)

Die Reichsunmittelbarkeit der beiden Besitztümer weckte gegen Ende des 17. Jahrhunderts die Begehrlichkeit des Hauses Liechtenstein. KARL VON LIECHTENSTEIN war bereits 1608 die Fürsten-, 1620 die Reichsfürstenwürde verliehen worden[397]. Allerdings hatte man damit lediglich einen Titel gewonnen; die Fürsten von Liechtenstein blieben weiterhin Lehensträger der Habsburger[398]. Der Besitz von reichsunmittelbarem Gebiet war erforderlich, damit das Haus Liechtenstein *„...zur Fürstenwürde auch den wirklichen Einsitz auf Reichs- und Kreistagen nehmen..."* konnte[399]. FÜRST JOHANN ADAM ANDREAS, genannt *„der Reiche"*, erwarb deshalb im Jahre 1699 die Herrschaft Schellenberg und, weil diese zu klein war, ein Reichsfürstentum zu begründen, im Jahre 1712 nach langen zähen Verhandlungen[400] die Grafschaft Vaduz vom überschuldeten GRAFEN JAKOB HANNIBAL VON HOHENEMS[401]. Schließlich erhob KAISER KARL VI. die reichsunmittelbaren Herrschaften Schellenberg und Vaduz am 23. Januar 1719 zu einem Reichsfürstentum unter dem Namen Liechtenstein[402].

Dies muss man als Besonderheit[403] in der europäischen Geschichte anerkennen, da in diesem Fall das Land den Namen des Herrschergeschlechtes erhält und nicht, wie es die Regel war, umgekehrt. Liechtenstein wurde der 343. Staat des Heiligen

---

393 GEIGER, Anschlussgefahren, S. 54 f.

394 RATON, Liechtenstein, S. 16.

395 SEILER, Schweiz und Liechtenstein, S. 102.

396 GEIGER, Anschlussgefahren, S. 55 f.

397 PRESS, Entstehung, S. 79.

398 RATON, Liechtenstein, S. 19.

399 GEIGER, Anschlussgefahren, S. 57.

400 Probleme ergaben sich sowohl im Verhältnis zu den Fürsten des Schwäbischen Kreises, zu dem Schellenberg und Vaduz gehörten, als auch zum Kaiser und Oberhaupt des Hauses Habsburg. Zudem entstanden Hindernisse durch interne Spannungen im Hause der Hohenems.

401 SEGER, Liechtensteinische Geschichte, S. 9.

402 GYGER, Liechtenstein und die EG, S. 48.

403 SEGER, Liechtensteinische Geschichte, S. 10.

Römischen Reiches Deutscher Nation und brachte dem Hause Liechtenstein den ersehnten Sitz auf dem Reichsfürstentag[404]. Allerdings dürften weder dieser Sitz noch wirtschaftliche Motive[405] wirklich den Ausschlag für den Erwerb geboten haben, sondern der *„...Gedanke der ständischen Erhöhung...“* auf Grund des erhöhten Prestiges der reichsunmittelbaren gegenüber der erbländischen Stellung[406].

B. Der Identifikationsaspekt – Das Fürstenhaus Liechtenstein

Das Schicksal des Landes am Oberrhein ist eng mit dem des hochadeligen Hauses Liechtenstein verbunden, dessen Namen es noch immer trägt. Da das Geschlecht der Liechtenstein vor dem Zweiten Weltkrieg weder seinen Hauptsitz noch den Schwerpunkt seiner Besitzungen im Fürstentum Liechtenstein hatte, weshalb von einer über die Grenzen des Landes hinausgehenden Bedeutung auszugehen ist, erscheint an dieser Stelle ein genauerer Blick auf das Haus Liechtenstein unumgänglich. Diese Betrachtung wird auch einen Einblick in das Verhältnis zwischen dem Geschlecht der Liechtenstein und dem tschechischen Volk liefern, welcher für das Verständnis der Hintergründe großer Teile von Kapitel 5 unverzichtbar ist.

I. Ursprung des Geschlechts der Liechtenstein

1. Die ersten nachweisbaren Mitglieder des Hauses Liechtenstein

Wie schon angesprochen wurde, hat das Haus Liechtenstein seinen Ursprung außerhalb des Fürstentums. Als erste urkundlich nachweisbare Person des Geschlechtes erkennt die Literatur[407] einmütig HUGO VON LIECHTENSTEIN, der Anfang des 12. Jahrhunderts die Veste Liechtenstein bei Mödling, südlich von Wien im heutigen Niederösterreich gelegen, als Stammburg der Familie erbaut[408]. Sein Name erscheint an sieben Stellen in den Saalbüchern von Klosterneuburg und Zwettl, leider aber ohne Angabe einer genauen Zeitmarke. Historische Zusammenhänge erlauben V. FALKE jedoch die Datierung der *„Nachrichten über den ersten Angehörigen des Hauses“* in die Jahre zwischen 1133 und 1156[409]; die ältesten Urkun-

---

404 KOHN, Sovereignty, S. 550.

405 PRESS, Entstehung, S. 82, der das neuentstandene Fürstentum einen *„ausgesprochenen Zuschußbetrieb“* nennt.

406 PRESS, Liechtenstein in Rheinbund und Deutschem Bund, S. 48 f.

407 V. FALKE, Geschichte des Hauses Liechtenstein, Band I, S. 16; OBERHAMMER, Hausarchiv, S. 113; WILHELM, Älteste Geschichte des Hauses Liechtenstein, S. 12.

408 KAISER, Geschichte Liechtensteins, S. 439; SCHMID, Hausrecht, S. 16, der angibt dass HUGO VON LIECHTENSTEIN in den sieben Urkunden sechs Mal als Zeuge und einmal als Schenkgeber genannt wird.

409 V. FALKE, Geschichte des Hauses Liechtenstein, Band I, S. 18.

den stammen dabei aus den Jahren vor 1141[410]. Jedoch gilt erst HEINRICH I. VON LIECHTENSTEIN (erstmal genannt 1233) als *„Stammvater der heutigen Liechtensteiner"*, da die verwandtschaftlichen Verknüpfungen in den drei Generationen zwischen HUGO und HEINRICH I. im Gegensatz zur Nachfolge HEINRICHS I. auf Grund fehlender bzw. verwirrender historischer Dokumente nicht einwandfrei nachzuweisen ist[411]. Da sich HEINRICH I. nach einer in Südmähren gelegenen neuerworbenen Herrschaft *„von Liechtenstein-Nikolsburg"* nennt, sieht man ihn auch als *„Stifter der österreichisch-mährischen Linie"*[412], wodurch eine Abgrenzung zur sog. *„steirischen Linie"* (Liechtenstein-Murau), der der berühmte Ritter und Minnesänger ULRICH VON LIECHTENSTEIN (1200-1275) entspringt, ermöglicht wird[413]. Das Geschlecht der Liechtenstein-Murau, welches im Jahre 1619 mit dem Tod OTTOs VIII. ausstirbt, hat aber keine mit dem heutigen Fürstenhaus Liechtenstein gemeinsamen Ursprünge, die historisch nachweisbar wären[414]. Obwohl gelegentlich behauptet wird, HEINRICH I. VON LIECHTENSTEIN-NIKOLSBURG und ULRICH VON LIECHTENSTEIN-MURAU seien sogar Brüder gewesen, sprechen die tatsächlichen Gegebenheiten eher dagegen. Es bleibt festzuhalten, dass nicht nur die Wirkungsbereiche der beiden Linien geographisch getrennt blieben[415], sondern dass der Name Liechtenstein in der betreffenden Zeit auch an weiteren Orten auftritt[416].

2. Das Geschlecht in der Zeit vor Hugo von Liechtenstein

Komplizierter wird es, wendet man sich von HUGO VON LIECHTENSTEIN weiter in die Vergangenheit. Denn bis heute ist die Herkunft der Liechtensteiner nicht zweifelsfrei geklärt.

a) Ursprungslegenden

„Die Ursprünge des uralten Adelsgeschlechtes (...) verlieren sich", wie es in einem Aufsatz des britischen Germanistikprofessors MARTIN heißt[417], *„in nebelhaften Legenden"*. So

---

410 v. FALKE, Geschichte des Hauses Liechtenstein, Band I, S. 17; ebenso WILHELM, Älteste Geschichte des Hauses Liechtenstein, S. 12; dagegen datiert OBERHAMMER, Hausarchiv, S. 113, die erste urkundliche Nennung Hugo von Liechtenstein ohne weiteren Nachweis *„um das Jahr 1136"*.

411 SCHMID, Hausrecht, S. 16 f.

412 KAISER, Geschichte Liechtensteins, S. 440.

413 v. FALKE, Geschichte des Hauses Liechtenstein, Band I, S. 1 ff., unterscheidet in selben Sinne zwischen *„österreichischem Haus"* und *„steirischem Haus"*.

414 SCHMID, Hausrecht, S. 18 (Fn. 12).

415 v. FALKE, Geschichte des Hauses Liechtenstein, Band I, S. 40.

416 v. FALKE, Geschichte des Hauses Liechtenstein, Band I, S. 8, gibt weitere fünf Orte an, an denen der Name Liechtenstein verbürgt ist: *„Es gab ein Liechtenstein in Franken, eines in Schwaben, ein anderes in Graubündten, es gab ein viertes in Österreich, ein fünftes in Steiermark, ein Schloß Liechtenstein im nördlichen Mähren und endlich eine gräfliche Familie Liechtenstein, genannt von Castelkorn, im südlichen Tirol."*

417 MARTIN, Das Haus Liechtenstein in der deutschen Literatur, S. 84.

existieren in der Tat mährische Sagen, die den Ursprung des liechtensteinischen Geschlechtes erklären wollen. Ein Landmann habe auf seinem Acker einen wertvollen *„lichten Stein"* gefunden, der den Reichtum der Familie des Finders begründet haben soll[418]. Nach einer anderen Sage sei *„...ein Liechtenstein mit sechst schneeweißen Hirschen nach Jerusalem gefahren..."*[419], wodurch jedoch leider weder die geographische Herkunft noch der Name des Geschlechtes eine Erklärung erfährt. Diese Thesen sind für die wissenschaftliche Erforschung der Genealogie des Fürstenhauses derer von und zu Liechtenstein ebenso wertlos wie die Behauptung, der Ursprung der Familie sei bereits zu Zeiten der Römischen Republik zu finden[420]. Vielmehr drängt sich der Eindruck auf, dass diese Erklärungsversuche in späterer Zeit erdacht und in Umlauf gebracht wurden, um dem Adelsgeschlecht zu huldigen und dessen Bedeutung zu unterstreichen[421].

b) Das liechtensteinische Geschlecht als Sproß älterer österreichischer Familien

Vielversprechender sind die Versuche, bestimmte Abstammungsverhältnisse zu anderen, älteren Geschlechtern nachzuweisen[422]. Jedoch bleiben bei all diesen Ansätzen unausgeräumte Zweifel, die sich vor allem aus der schlechten Quellenlage für die Zeit vor dem 12. Jahrhundert ergeben. Hinzu kommt, dass sich die Idee der Führung eines unveränderlichen Familiennamens noch nicht durchgesetzt hat bzw. dass Namen nicht immer in identischer Schreibweise verwendet wurden[423].

---

418 V. FALKE, Geschichte des Hauses Liechtenstein, Band I, S. 3, der ganz konkret von einem Silberklumpen spricht, während MARTIN, Das Haus Liechtenstein in der deutschen Literatur, S. 84, recht allgemein vom *„Fund eines Kleinods"* berichtet.

419 V. FALKE, Geschichte des Hauses Liechtenstein, Band I, S. 4.

420 Nachweis bei V. FALKE, Geschichte des Hauses Liechtenstein, Band I, S. 3.

421 V. FALKE, Geschichte des Hauses Liechtenstein, Band I, S. 4, in diesem Zusammenhang: *„Der Kranz der Sage ist ein Nimbus, der nur erlauchte Häupter umstrahlt"*.

422 So entlarvt V. FALKE die These, die Liechtensteiner stammten vom babenbergischen Ministerialengeschlecht derer VON KUENRING ab, als Irrtum, vgl. V. FALKE, Geschichte des Hauses Liechtenstein, Band I, S. 4 ff.; KAISER gibt AZZO VON ESTE aus der Familie der Babenberger (ZÖLLNER, Geschichte Österreichs, S. 61: *„Den Namen ‚Babenberger' gibt die historische Forschung dieser Familie nach dem Beispiele Bischof Ottos von Freising, der selbst dem Hause entstammte und es von dem 906 hingerichteten, in der Sage aber gefeierten Gegner König Konrads I., Adalbert von Bamberg, ableitet."*) selbst als HUGO VON LIECHTENSTEINs Vater an, vgl. KAISER, Geschichte Liechtensteins, S. 439; MITSCHA-MÄRHEIM versucht unter anderem eine Verbindung mit den Herren von MARCHLAND, einem Geschlecht karantanischen Ursprungs, nachzuweisen, vgl. MITSCHA-MÄRHEIM, Geschichte der älteren Liechtensteiner, S. 42, wobei Beachtung verdient, dass ZÖLLNER, Geschichte Österreichs, S. 43, die Karantanen als *„Alpenslawen"* bezeichnet und darüber aufklärt, dass es sich dabei um die Slowenen handelt.

423 Erkennbar an der Diskussion bei MITSCHA-MÄRHEIM, Geschichte der älteren Liechtensteiner, S. 20 f., über die Frage, ob HUGO VON LIECHTENSTEIN (manchmal auch VON STETTELDORF genannt) identisch ist mit einem gewissen HAGANO.

c) Der mögliche Ursprung im bayrischen Donauraum

Nicht nur weil sie in der Literatur die meisten Anhänger gefunden hat, erscheint aber die Version jener am überzeugendsten, die eine Abstammung von den Herren VON DONAUWÖRTH annehmen[424]. WILHELM setzt bei den Vorbesitzern der Güter des HUGO VON LIECHTENSTEIN um Petronell in Niederösterreich an, die er als Mitglieder der Donauwörther Stifterfamilie DE WERDE identifiziert und die über mehrere Generationen den Vornamen Manegold führen. Auf Grund vieler Verbindungen und Parallelen zwischen diesen Manegolden und HUGO VON LIECHTENSTEIN schließt WILHELM, dass es sich bei letzterem um einen Sohn von MANEGOLD III. gehandelt haben muss[425]. Die Erklärung passt insofern gut in den geschichtlichen Kontext, als der österreichische Donauraum, dessen Bevölkerung im 9. und 10. Jahrhundert durch ungarische Einfälle dezimiert worden war, nach der Schlacht am Lechfeld (955) von deutschen Wehrbauern neu besiedelt wurde. Diese Wanderungsbewegung vollzog sich unter dem Schutz von Rittern, die mit der Bevölkerung donauabwärts zogen. Unter ihnen mögen Angehörige der schwäbischen Familie DE WERDE gewesen sein, die sich dann nach ihrer Sesshaftwerdung in Niederösterreich nach ihrer neuen Burg LIECHTENSTEIN nannten[426].

d) Fazit

So lässt sich lediglich festhalten, dass es sich bei den Liechtenstein um ein Adelsgeschlecht handelt, das im niederösterreichischen Raum erstmals auftaucht. Die Liechtenstein waren als Angehörige einer Ministerialenfamilie[427] einerseits Her-

---

424 WILHELM, Älteste Geschichte des Hauses Liechtenstein, S. 12 ff.; SCHLAPP, Das ist Liechtenstein, S. 43; SEGER, Liechtensteinische Geschichte, S. 27; SEGER, Aus der Geschichte des Fürstenhauses, in: KRANZ, Fürstentum Liechtenstein – Eine Dokumentation, S. 24.

425 WILHELM, Älteste Geschichte des Hauses Liechtenstein, S. 12 ff.

426 So SEGER, Aus der Geschichte des Fürstenhauses, in: KRANZ, Fürstentum Liechtenstein – Eine Dokumentation, S. 24, der die Abstammung des Hauses Liechtenstein von den Herren von Donauwörth für *„wahrscheinlich"* erachtet; SCHLAPP, Das ist Liechtenstein, S. 43, verwendet das Adjektiv *„vermutlich"*.

427 Dabei war über lange Zeit umstritten, ob die Familie ministerialischer oder hochfreier Herkunft war (so PRESS, Haus Liechtenstein in der europäischen Geschichte, S. 17). MITSCHA-MÄRHEIM, Geschichte der älteren Liechtensteiner, S. 22, sorgt diesbezüglich für Aufklärung, indem er aus einer der schon erwähnten Urkunden, in denen HUGO VON LIECHTENSTEIN Erwähnung findet, den Schluss zieht, dass das Geschlecht der Liechtenstein ursprünglich hochfrei gewesen sein muss. Denn in diesem Dokument erscheint Hugo anlässlich einer Schenkung in einer Zeugenliste zwischen den Hochfreien HERTNID und KONRAD VON TRAISEN und HADMAR VON KUFFERN, was sinnwidrig wäre, wenn der Liechtensteiner nicht vom selben Stande gewesen wäre. Jedoch wird dann ein Mitglied des Hauses Liechtenstein bereits in einer Urkunde aus dem Jahre 1183 ausdrücklich als Ministeriale geführt (vgl. SCHMID, Hausrecht, S. 14). Es ist aber nicht bekannt, wann und warum dieser Übertritt in die Ministerialität erfolgt ist. Allerdings scheint diese Statusveränderung im 12. Jahrhundert der allgemeinen Entwicklung entsprochen haben, der bei

ren auf ihren Besitzungen und andererseits dem Landesherren untergeben; damit stellten sie sich zunächst als *„echte österreichische Herrenfamilie (...) im Spannungsfeld (...) zwischen der lokalen Autonomie und der höfischen Einbindung"* dar[428].

II. Der Aufstieg des Hauses Liechtenstein

1. Heinrich I. von Liechtenstein und die Babenberger

Als erstes Mitglied des Hauses Liechtenstein tritt HEINRICH I. deutlich in der europäischen Geschichte zutage, als er im Jahre 1246 zum Oberbefehlshaber über das österreichische Heer ernannt wird[429]. Er bewegte sich im Umfeld des HERZOGS FRIEDRICH DES STREITBAREN[430], der im selben Jahr in der *„sonst für die österreichischen Waffen günstig verlaufenden"* Schlacht an der Leitha gegen die Ungarn sein Ende fand, womit das österreichische Herrschergeschlecht der Babenberger *„im Mannesstamm"* ausstarb[431].

2. Die liechtensteinische Unterstützung für Ottokar von Böhmen

Das dadurch entstandene Machtvakuum provozierte die Mächtigen der Nachbarländer, vor allem in Böhmen, Ungarn und Bayern, dazu, mit unterschiedlichen Begründungen und diversen Hochzeiten mit babenbergischen Frauen Einfluss auf die österreichischen Gebiete zu erlangen. Dass sich bei diesem Kampf um das babenbergische Erbe der spätere böhmische KÖNIG OTTOKAR durchsetzte, lag vor allem an der Unterstützung durch den österreichischen Adel, der hoffte, sowohl durch die Konsolidierung der Macht OTTOKARs in Österreich weitere verheerende Übergriffe des ungarischen, aber auch des bayrischen Heeres zu verhindern[432] als auch durch die Ernennung des landfremden OTTOKAR auch in Zukunft die Autonomie des Adels zu garantieren[433]. HEINRICH I. *„...stand..."* beim neuen Herrscher *„...in großer Gunst..."* und wurde für seinen Einsatz zugunsten des Böhmenkönigs neben anderen Gütern mit der südmährischen Herrschaft Nikolsburg beschenkt[434].

---

vielen ehemals hochfreien Geschlechtern nachweisbar ist (MITSCHA-MÄRHEIM, Geschichte der älteren Liechtensteiner, S. 22, Fn. 5, der in diesem Zusammenhang von einem *„Trend"* spricht.).

428 PRESS, Haus Liechtenstein in der europäischen Geschichte, S. 17.

429 SCHLAPP, Das ist Liechtenstein, S. 44.

430 PRESS, Haus Liechtenstein in der europäischen Geschichte, S. 18.

431 ZÖLLNER, Geschichte Österreichs, S. 78.

432 ZÖLLNER, Geschichte Österreichs, S. 112.

433 PRESS, Haus Liechtenstein in der europäischen Geschichte, S. 18.

434 KAISER, Geschichte Liechtensteins, S. 440.

3. Erste Blüte des Hauses Liechtenstein zu Beginn der habsburgischen Herrschaft in Österreich

Als OTTOKAR den deutschen Fürsten zu mächtig geworden war und, weil er nicht vor dem Nürnberger Gerichtstag erscheinen wollte, mit der Reichsacht belegt worden war, lief der Großteil des österreichischen Adels zu den Gegnern über, die vom neugewählten deutschen König RUDOLF VON HABSBURG angeführt wurden[435]. Auch die Söhne HEINRICHs I., FRIEDRICH I. und HEINRICH II., fochten in der Schlacht auf dem Marchfeld (1278), die für OTTOKAR katastrophal endete, erfolgreich auf habsburgischer Seite. Eine weitere Ausdehnung erfuhr der Einfluss des Hauses Liechtenstein unter JOHANN I., der im Jahre 1368 Hofmeister ALBRECHTs III. VON ÖSTERREICH wurde. 1386 wurde er zudem Rat des KÖNIG WENZELs von Böhmen. JOHANN I. wusste seine Position für seinen eigenen Vorteil auszunutzen, vor allem indem er als einer der wichtigsten Geldgeber der stets unter Geldknappheit leidenden Herzöge von Österreich in der glücklichen Lage war, seinen Grundbesitz zu vergrößern. In seine Regierungszeit fällt unter anderem der Erwerb von Feldsberg (1370), Mistelbach (1383), Lundenburg (1389) und Zistersdorf (1391)[436]. Bis zum Ende des 14. Jahrhunderts hatten es die Liechtenstein damit zu einem ansehnlichen Familienbesitz gebracht. Ihnen gehörten *„große Teile von Niederösterreich und Wien sowie Herrschaften in Oberösterreich, Tirol und in der Steiermark...“*[437].

4. Die Güterreduktion von 1394

Diese erste Blüte des Hauses Liechtenstein fand aber ihr Ende, als ALBRECHT III. VON ÖSTERREICH fast alle Angehörige des Geschlechtes im Jahre 1394 festsetzen und einen Großteil ihres Besitzes konfiszieren ließ. Der Grund für diesen drastischen Schritt des Habsburgers ist heute nicht mehr genau feststellbar. Zum Teil zieht sich die Literatur auf die wohl offizielle Argumentation zurück, JOHANN I. VON LIECHTENSTEIN habe den in Ungnade gefallenen Bruder des böhmischen Königs unterstützt[438]. Viel wahrscheinlicher ist die These, dass JOHANN I. schlicht zuviel Macht in seiner Person vereint und so den Argwohn des Hauses Habsburg auf sich gezogen hatte.

Dieser Rückschlag sollte jedoch nicht das Ende des Geschlechtes der Liechtenstein herbeiführen[439]. Bereits die Neffen JOHANNs I. konnten sich wieder in der habsburgischen Entourage etablieren und Wilfersdorf (1406) und Steyregg (1407)

---

435 ZÖLLNER, Geschichte Österreichs, S. 114.

436 Zur gesamten Thematik PRESS, Haus Liechtenstein in der europäischen Geschichte, S. 19.

437 SCHLAPP, Das ist Liechtenstein, S. 44.

438 Vgl. KAISER, Geschichte Liechtensteins, S. 440.

439 In diesem Sinne: PRESS, Haus Liechtenstein in der europäischen Geschichte, S. 21: *„Der Schlag war verheerend, aber nicht tödlich.“*.

erwerben[440]. So finden sich während der zwei darauffolgenden Jahrhunderten viele Liechtensteins auf zivilen und militärischen Posten sowohl im Gefolge der österreichischen Herzöge[441] als auch im Umfeld der böhmischen Könige[442]. Während dieser Zeit gelingt auch die *„Arrondierung des* (verbliebenen) *liechtensteinischen Grundbesitzes im Grenzgebiet"* zwischen Niederösterreich und Mähren[443].

5. Der große Aufschwung des Geschlechtes unter Karl I. von Liechtenstein

a) Erhebung in den Fürstenstand

Gesteigerten Schwung erhält der Aufwärtsdrang des Geschlechtes aber erst wieder unter KARL I. VON LIECHTENSTEIN, der es zunächst zum Amt des Oberhofmeisters bei KAISER RUDOLF II. in Prag brachte (1600) und von letzterem als Landeshauptmann nach Mähren geschickt wurde (1604), dann aber im Jahre 1608 *„mit den mährischen Ständen (...) im habsburgischen Bruderzwist zu Erzherzog Matthias"*, dem Bruder RUDOLFs II. überschwenkte[444]. Der Kaiser hatte auf Grund exzentrischen Verhaltens Zweifel an seiner Regierungsfähigkeit aufkommen lassen, so dass sein Bruder neben den mährischen auch die österreichischen und ungarischen Stände auf seine Seite ziehen konnte, um sich an der Spitze eines Bündnisses *„...zur Aufrechterhaltung des inneren und äußeren Friedens..."* gegen seinen Bruder zu erheben. Als RUDOLF II. im Jahre 1612 militärisch geschlagen und der *„Habsburgische Bruderzwist"* zugunsten von MATTHIAS aufgelöst war, wurde letzterer im selben Jahre zum Kaiser gekrönt[445]. Als Gegenleistung für die Unterstützung im Rahmen der Fehde innerhalb der Familie Habsburg erhob KAISER MATTHIAS KARL I. VON LIECHTENSTEIN *„unter Überspringung der Grafenwürde"*[446] in den Fürstenstand (1608) und überließ ihm zudem mitsamt dem damit verbundenen Titel das schlesische Herzogtum Troppau (1614)[447]. KARL hatte damit nicht nur das Familienvermögen, sondern vor allem auch das Prestige und den Stand der Familie in Rahmen der Adelshierarchie erheblich erhöht.

b) Die Schlacht am Weißen Berg

Die Möglichkeiten KARLs I. VON LIECHTENSTEIN waren damit jedoch noch nicht ausgeschöpft. Der Beginn des 30-jährigen Krieges sollte ihm Raum für eine weitere Ausdehnung seiner Macht bieten. Denn Karl wirkte bei der Krönung des streng katholischen und gegenüber der protestantischen Lehre unversöhnlichen

---

[440] PRESS, Haus Liechtenstein in der europäischen Geschichte, S. 21.

[441] Vgl. KAISER, Geschichte Liechtensteins, S. 440.

[442] Vgl. etwa PRESS, Haus Liechtenstein in der europäischen Geschichte, S. 22.

[443] OBERHAMMER, Hausarchiv, S. 115.

[444] PRESS, Haus Liechtenstein in der europäischen Geschichte, S. 41 f.

[445] ZÖLLNER, Geschichte Österreichs, S. 205-208.

[446] PRESS, Haus Liechtenstein in der europäischen Geschichte, S. 43.

[447] PRESS, Entstehung, S. 79.

„habsburgischen Erben Ferdinand von der Steiermark" zum Böhmischen König *„maßgeblich"* mit[448], gegen den sich die von tschechischem Adel dominierten böhmischen Stände sowohl aus konfessionellen als auch aus einer antideutschen Stimmung heraus erhoben. Diese gespannte Situation bildete den Hintergrund für die allseits bekannten Ereignisse des 23. Mai 1618, die unter dem Schlagwort *„Prager Fenstersturz"* in die Geschichte eingingen, als nämlich eine Abordnung der Stände die königlichen Statthalter aus einem Fenster des Hradschin in den Burggraben warfen; die Situation eskalierte allerdings erst vollständig, als *„mit Ferdinand der kompromissloseste Gegenreformator"* als Kaiser FERDINAND II. im Jahre 1619 die Nachfolge von KAISER MATTHIAS antrat[449]. Trotz anfänglich nicht aussichtsreicher Lage blieb KARL I. jedoch an der Seite des neuen Kaisers und kämpfte im katholischen Ligaheer gegen die Truppen der böhmischen Aufständischen. Die kaiserliche Armee schlägt ihren Gegner schließlich entscheidend am 8. November 1620 in der Schlacht am Weißen Berg vor Prag, womit das Ende der ständischen Opposition und des Protestantismus in Böhmen besiegelt ist[450].

c) Reichsfürstenwürde und Güterschwemme

Im Auftrage des Kaisers sitzt KARL über die Urheber des Adelsaufstandes zu Gericht. Er lässt 48 Männer festnehmen, von denen 27 am 21. Juni 1621 auf dem Altstädter Ring in Prag hingerichtet werden[451]. Für seine Verdienste und seine Loyalität wurde KARL vom Kaiser entlohnt, indem er ihn am 23. Juni 1620 in den erblichen Reichsfürstenstand erhebt, ihn am 17. Januar 1622 zu seinem Statthalter in Böhmen macht und ihm schließlich, neben einer ganzen Reihe böhmischer Lehen, am 13. Mai 1623 das schlesische Herzogtum Jägerndorf als erbliches Lehen überlässt[452]. KARL VON LIECHTENSTEIN vergrößerte aber zudem seinen Besitz durch Ankäufe von Gebieten, die zuvor zum Nachteil der Aufständischen konfisziert worden und auf Grund des großen Angebotes billig zu erwerben waren. Diese *„Güterschwemme"* ermöglichte so dem wirtschaftlich potenten Fürstenhaus Liechtenstein eine *„gewaltige Expansion"*[453]. *„[U]mfangreicher und geschlossener Herrschaftsbesitz in Nordmähren und Ostböhmen bzw. im Raum Prag"*[454] kam so an das Haus Liechtenstein. Zudem erfuhr der Familienbesitz eine ansehnliche Vergrößerung durch die geschickte Heiratspolitik der Liechtenstein. Sowohl KARL selbst wie auch sein Bruder MAXIMILIAN heirateten eine Erbprinzessin aus dem reichen mährischen Geschlecht der Boskowitz, die umfangreiche Ländereien in Mähren in die Ehe mit-

---

448 PRESS, Haus Liechtenstein in der europäischen Geschichte, S. 45.

449 ZÖLLNER, Geschichte Österreichs, S. 210 und 211.

450 PRESS, Haus Liechtenstein in der europäischen Geschichte, S. 45.

451 KAISER, Geschichte Liechtensteins, S. 442; PRESS, Haus Liechtenstein in der europäischen Geschichte, S. 45, der in diesem Zusammenhang vom *„Prager Blutgericht"* spricht.

452 SCHMID, Hausrecht, S. 55.

453 PRESS, Haus Liechtenstein in der europäischen Geschichte, S. 46.

454 OBERHAMMER, Hausarchiv, S. 115.

brachten und die Zukäufe dieser Zeit mit ihrer Mitgift zumindest erleichterten[455]. Im Jahre 1654 standen 18, 2 % der Fläche Mährens in liechtensteinischem Eigentum; die Familie war damit die reichste des Landes[456]. Insgesamt hat das Geschlecht der Liechtenstein während der Lebenszeit KARLs I. einen *„ungeheueren Aufstieg"*[457] genommen, wobei im Gegensatz zu den Erfolgen des JOHANN I. die *„Früchte seiner Anstrengungen"*[458] dem Haus über eine lange Zeit erhalten bleiben sollten. Deshalb sieht SEGER KARL I. VON LIECHTENSTEIN als wichtigste Person in der Geschichte der liechtensteinischen Fürstenfamilie[459].

III. Die Konsolidierung der liechtensteinischen Position

1. Sicherung der neuerworbenen Güter

Obwohl der Familienbesitz unter KARL EUSEBIUS, dem ältesten Sohn und Nachfolger KARLs, sogar noch vermehrt werden konnte[460], war der neue Fürst vor allem damit beschäftigt, den unter KARL erworbenen Grundbesitz für das Haus Liechtenstein zu sichern. KARL EUSEBIUS sah sich noch bis ins Jahr 1680 mit erheblichen Nachzahlungsforderungen der kaiserlichen Kasse konfrontiert, die damit begründet wurden, dass zum einen das Hause Liechtenstein bei den eilig durchgeführten und umfangreichen Güterverkäufen übermäßig bevorteilt worden war und zum anderen Karl eine maßgebliche Beteiligung am sog. *„Prager Münzkonsortium von 1622"* nachgesagt wurde, einer Gruppe von finanzstarken Zeitgenossen, die eine planmäßige Verschlechterung des Münzmaterials zum Nachteil der kaiserlichen Kassen betrieben[461]. Trotz großer Belastung durch in diesem Zusammenhang gezahlte Entschädigungsleistungen war KARL EUSEBIUS bekannt für seinen kostenintensiven Lebenswandel, der dem eines typischen barocken Fürsten in vollem Umfang entsprach. Neben vielen anderen luxuriösen Spielereien unterhielt er ein in ganz Europa bekanntes Gestüt, erfreute sich am Bau von Gartenanlagen und begründete die bis heute weltberühmten liechtensteinischen Kunstsammlungen[462].

---

455 PRESS, Haus Liechtenstein in der europäischen Geschichte, S. 41.

456 OBERHAMMER, Hausarchiv, S. 115.

457 PRESS, Haus Liechtenstein in der europäischen Geschichte, S. 47.

458 v. FALKE, Geschichte des Hauses Liechtenstein, Band 2, S. 127.

459 SEGER, Liechtensteinische Geschichte, S. 27; SEGER, Aus der Geschichte des Fürstenhauses, in: KRANZ, Fürstentum Liechtenstein – Eine Dokumentation, S. 25.

460 Nach SCHMID, Hausrecht, S. 55, erwarb er für 240 000 Gulden die Herrschaft Lundenburg, die im Hochmittelalter schon liechtensteinisch gewesen und bei der Güterreduktion unter JOHANN I. von Liechtenstein verloren gegangen war.

461 Vgl. PRESS, Haus Liechtenstein in der europäischen Geschichte, S. 46/47, 50/51.

462 PRESS, Haus Liechtenstein in der europäischen Geschichte, S. 50; BAUMSTARK, Traditionsbewusstsein und Kennerschaft, S. 7.

2. Der *„Krösus Österreichs"* und der Erwerb reichsfreien Gebietes

Allerdings sollte das Haus Liechtenstein erst unter FÜRST JOHANN ADAM ANDREAS, dem Sohn des KARL EUSEBIUS, einen weiteren Entwicklungschub erleben. Obwohl die Handlungsmöglichkeiten des Adels mit dem Aufkommen des Absolutismus beschränkt wurden, vermochte JOHANN ADAM ANDREAS den Bestand an liechtensteinischen Besitzungen noch einmal in erheblichem Maße zu vergrößern. In seine Regierungszeit fällt dann auch der Erwerb von Vaduz und Schellenberg[463], wobei sich aber die dafür aufgebrachten Kaufsummen von 290 000 bzw. 115 000 Gulden gegenüber den mindestens 2 Millionen Gulden, die für Erwerbungen in Mähren, Böhmen, Österreich und Ungarn ausgegeben wurden, fast kärglich ausnehmen[464]. In Wien bewies der Fürst seine Liquidität mit dem Bau der Palais an der Löwelbastei und in der Rossau. Die beschriebene Expansion erreichte JOHANN ADAM ANDREAS allein durch geschicktes Wirtschaften und die Rationalisierung der Produktion auf den Gütern. Sein außerordentlich großes Kapital brachte ihm bald den Beinamen *„der Reiche"* ein; PRESS nennt ihn gar *„Krösus Österreichs"*[465]. Wenn VON FALKE JOHANN ADAM ANDREAS zu den bedeutsamsten Persönlichkeiten in der Geschichte des Hauses Liechtenstein zählt[466], ist ihm zuzustimmen, da das Finanzgenie des Fürsten dem Geschlecht nicht nur eine breitere wirtschaftliche Basis hinterließ, sondern auch weil durch den Kauf der Gebiete am Oberrhein der von KARL I. erkämpften Reichsfürstenwürde eine territoriale Grundlage geschaffen wurde. Letzteres bleibt sein größtes Verdienst, auch wenn die Erhebung von Schellenberg und Vaduz zum Reichsfürstentum Liechtenstein (1719) und die Durchsetzung von Sitz und Stimme auf dem Reichsfürstentag (1723) auch erst durch die enge Verbindung des Nachfolgers Fürst ANTON FLORIAN zum Kaiserhaus möglich wurde.

3. Vollendung des dynastischen Aufstieges

Während eine Vergrößerung des Grundbesitzes gar bis ins Jahr 1898 zwar langsam, aber stetig fortgesetzt wurde[467], vollendete sich der dynastische Aufstieg des Geschlechtes in der Regierungszeit JOHANN JOSEFs (1760-1836). Dadurch dass das Fürstentum Liechtenstein die napoleonischen Veränderungen der europäischen Landkarte überstanden hatte und das Fürstentum zumindest rechtlich mit dem Habsburgerreich auf gleicher Stufe stand, überflügelte das liechtensteinische Geschlecht eine ganze Reihe von Adelshäusern, die zuvor eine herausragendere Position am Wiener Hof innegehabt hatten. Seitdem wurde dem Haus Liechtenstein

---

463 Vgl. bereits Kap. 2, A.III.

464 Zahlen nach SCHMID, Hausrecht, S. 74, der sich dabei selbst auf V. FALKE, Geschichte des Hauses Liechtenstein, Band II, S. 327 ff. bzw. S. 343 ff. beruft.

465 PRESS, Haus Liechtenstein in der europäischen Geschichte, S. 52.

466 V. FALKE, Geschichte des Hauses Liechtenstein, Band II, S. 325.

467 OBERHAMMER, Hausarchiv, S. 117.

innerhalb Österreichs ein Rang zwar nach dem habsburgischen Erzhaus, aber vor der gesamten restlichen Hocharistokratie zugestanden[468]. Ausdruck dieser hervorgehobenen Stellung – allerdings mit zeitlicher Verzögerung – sind Ehen zwischen Mitgliedern des liechtensteinischen Geschlechtes und Angehörigen der herrschenden Häuser Wittelsbach und Habsburg[469]. Trotzdem blieb das Haus Liechtenstein stets ein Teil der Wiener Aristokratie; erst der Niedergang der österreichischen Monarchie brachte *„endgültig den vollständigen Eintritt (...) in den Kreis der europäischen Dynastien"*[470].

4. Der Gesamtbesitz im Jahre 1914

Der Sonderrolle des Hauses Liechtenstein an der Spitze der Adelshierarchie innerhalb der Habsburgmonarchie entspricht sein Reichtum. Der Umfang der liechtensteinischen Besitzungen ist enorm und wird im Jahre 1914 mit 1 844,12 Quadratkilometern angegeben[471]. Dabei konnte der damals regierende Fürst von Liechtenstein Ländereien im Fürstentum selbst, in den k&k-Kronländern Niederösterreich, Mähren, Schlesien, Böhmen, Salzburg, der Steiermark und in Ungarn, aber auch Güter in Preußen und Sachsen sein Eigen nennen[472].

5. Fazit

Das Haus Liechtenstein hat somit einen unvergleichbaren Aufstieg von einer einfachen Landherrenfamilie zu einem der reichsten und einflussreichsten Geschlechter im Donauraum erfahren[473]. Vielleicht einzigartig ist die Kontinuität der Präsenz an den Schnittstellen der Macht.

---

468 PRESS, Haus Liechtenstein in der europäischen Geschichte, S. 63.

469 So nahm im Jahre 1880 PRINZ ARNULF VON BAYERN eine liechtensteinische Prinzessin zur Gemahlin; PRINZ ALOIS VON LIECHTENSTEIN bekam 1903 die Nichte des österreichischen Kaisers, ERZHERZOGIN ELISABETH AMALIE, zur Frau, vgl. PRESS, Haus Liechtenstein in der europäischen Geschichte, S. 68/70; PRESS, Franz Josef II. und die Habsburgermonarchie, S. 82, schreibt zur zweiten Hochzeit: *„Dies war sozusagen die Krönung des Weges des Hauses Liechtenstein zur Souveränität. Ein Spross des formal zur Gleichberechtigung unter den souveränen Häusern aufgestiegenen einstigen Vasallengeschlechts heiratete eine Erzherzogin aus dem allerhöchsten Kaiserhaus"*.

470 PRESS, Franz Josef II. und die Habsburgermonarchie, S. 88.

471 KRAETZL, Fürstentum Liechtenstein und liechtensteinischer Güterbesitz, S. 119, der auf den Grundbesitz nach seiner Funktion wie folgt unterscheidet: forstwirtschaftlicher Grundbesitz von 1 394,62 qkm (ca. 75,61% der Gesamtfläche), landwirtschaftlicher Grundbesitz von 448, 81 qkm (ca. 24,35%), Wiener Grundbesitz von 0,07 qkm (ca. 0,005%) und Fabrikbesitz von 0,61 qkm (ca. 0,035%).

472 KRAETZL, Fürstentum Liechtenstein und liechtensteinischer Güterbesitz, S. 8.

473 Vgl. PRESS, Haus Liechtenstein in der europäischen Geschichte, S. 17.

IV. Die gesellschaftlichen Veränderungen des 19. Jahrhunderts

Das Geschlecht der Liechtenstein erreichte den Höhepunkt seiner Macht zu einem Zeitpunkt, als der Adel seinen Zenit als gesellschaftliche Institution in Österreich-Ungarn bereits überschritten hatte. Das 19. Jahrhundert ist geprägt von den Auswirkungen der beginnenden Industrialisierung auf die noch feudalen Gesetzen gehorchende Gesellschaft. Die Menschen beginnen, sich von der Scholle zu lösen, entziehen sich damit der unmittelbaren Abhängigkeit vom Adel. Im selben Maße steigt der Einfluss und die Bedeutung der Bourgeoisie, die als Gewinnerin aus den ökonomischen Umwälzungen hervorgeht. Die Revolution von 1848 zerschlug mit der Bauernbefreiung zudem die uralten Bindungen zwischen den Feudalherren und den Bauern; aus *„den mit obrigkeitlichen Rechten ausgestatteten Grundherren wurden bloße Großgrundbesitzer“*[474].

Jedoch versuchten die Liechtenstein, sich diesem neuen bürgerlichen Zeitalter anzupassen, um dadurch ihrer adeligen Stellung einen Platz in der Gesellschaft zu bewahren. So betonte Fürst ALOIS II. VON LIECHTENSTEIN (1796-1858) die Schicksalsgemeinschaft von Adel und Bauernschaft, die sich in ihrer landwirtschaftlichen Betätigung grundsätzlich mit denselben Problemen konfrontiert sahen, durch sein Engagement in der sog. *„Landwirtschaftsgesellschaft“*, dessen Vorsitz von 1849 bis 1858 innehatte. Der Fürst, der sich in der beschriebenen Funktion als innovativer Erneuerer erwiesen hat, konnte so für den Adel in dessen ökonomischer Pionierarbeit eine neue Aufgabe entwickeln[475]. Andere Mitglieder der Familie Liechtenstein versuchten dagegen, sich auf der politischen Ebene mit dem neuen Bewusstsein zu arrangieren und die Mittel des veränderten Systems für ihre Interessen zu nutzen[476].

---

474 ZÖLLNER, Geschichte Österreichs, S. 362.

475 PRESS, Haus Liechtenstein in der europäischen Geschichte, S. 66; ZÖLLNER, Geschichte Österreichs, S. 362, zählt die Liechtensteins zu den *„fortschrittlich gesinnte(n) Grundherren“*.

476 So wagten die Brüder ALFRED und ALOYS VON LIECHTENSTEIN, Neffen des zu dieser Zeit regierenden Fürsten JOHANN II. VON LIECHTENSTEIN (1840-1919), den Schritt von ihrer traditionell aristokratischen Stellung in Institutionen des konstitutionellen Systems. ALFRED VON LIECHTENSTEIN (1842-1907) stellte seine konservative Weltanschauung auf einen überzeugen Katholizismus und führte auf der Grundlage dieser konfessionellen Ausrichtung eine Gruppierung der Konservativen Partei an, die als *„Liechtensteinclub“* bekannt wurde. Er versuchte, seine Ideen als Mitglied zunächst des Steirischen Landtags, später des Wiener Reichstags und des Herrenhauses umzusetzen. Sein Bruder ALOYS (1846-1920) entfernte sich in seiner politischen Arbeit noch weiter von der adeligen Norm, indem er als Mitglied des Christlich-Sozialen Lagers, welches um die Jahrhundertwende der konservativen Partei den Rang ablief (vgl. ZÖLLNER, Geschichte Österreichs, S. 428), für die Abschaffung des Zensuswahlrechts und für Sozialreformen eintrat, wie sie in Deutschland von Bismarck angegangen wurden (vgl. PRESS, Haus Liechtenstein in der europäischen Geschichte, S. 77/78).

Jedoch waren die adeligen Vorreiter der neuen Gesellschaft sowohl im wirtschaftlichen als auch im politischen Bereich nicht nur im Hause Liechtenstein die Ausnahme. Insgesamt war der Adel in Österreich-Ungarn den veränderten Anforderungen nicht gewachsen. Der *„Wandel vom adeligen Grundherren zum modernen Unternehmer“*[477] wurde nur in Einzelfällen vollzogen. Zudem war die Aristokratie gegen Ende des 19. Jahrhunderts nicht mehr in der Lage, den aufkommenden Nationalitätskämpfen und Ansprüchen der unter Elend leidenden und deshalb höchst unzufriedenen Massen in effektiver Weise zu begegnen[478]. Allerdings sollten die Besitzstände des Adels zunächst nicht angegriffen werden.

C. Disparität von Gebietsaspekt und Identifikationsaspekt

I. Rolle des Hauses Liechtenstein in den verschiedenen Ländern

Das Geschlecht der Liechtenstein ist eine Adelsfamilie von europäischem Rang. Ihre Besitzungen waren im Zenit der Entwicklung über eine ganze Reihe von Ländern verstreut. Jedoch war ihre Verbundenheit mit den verschiedenen Regionen von unterschiedlicher Dauer und Tiefe. Daraus lassen sich gegebenenfalls wieder Rückschlüsse auf das tschechoslowakische Verhalten nach dem Ende des Zweiten Weltkrieges der Familie Liechtenstein gegenüber ziehen[479]. Auf Grund fehlender Bedeutung sollen die Beziehungen zu Ungarn, Sachsen und Preußen hier nicht dargestellt werden, sondern es soll sich konzentriert werden auf die Länder, in denen das Hauptgewicht der liechtensteinischen Besitzungen lag.

1. Bedeutung der Familie Liechtenstein in Österreich

Darunter fällt sicherlich Österreich, wobei beachtet werden muss, dass der Begriff Österreich in der Geschichte in geographischer Hinsicht viele Wandlungen erfahren hat. An dieser Stelle soll damit lediglich der Raum umschrieben sein, den die Republik Österreich heute umfasst.

a) Beziehung zu Österreich

aa) Geographischer Ursprung der Familie

Die offensichtlichste Verbindung mit Österreich ergibt sich aus dem geographischen Ursprung des Geschlechtes, dessen erste historisch nachweisbaren Vertreter

---

477 OBERHAMMER, Hausarchiv, S. 114.

478 vgl. ZÖLLNER, Geschichte Österreichs, S. 427 ff., der das Kapitel über den Zeitraum von 1894-1914 mit *„Politische Krise und Nationalitätenkampf“* überschreibt.

479 Diese Zusammenhänge werden in Kapitel 5 relevant werden.

im heutigen österreichischen Bundesland Niederösterreich gelebt haben[480]. Sieht man die Stammburg Liechtenstein bei Mödling als Keimzelle der liechtensteinischen Entwicklung, so stellt man zudem fest, dass die Burg schon vor dem Reichstag zu Regensburg im Jahre 1156 zu dem noch recht kleinen babenbergischen Österreich gehört hat[481]. Erst später konnte sich die Familie Liechtenstein mittels Neuerwerbungen in Mähren ein zweites Standbein verschaffen.

bb) Österreichische Güter und Präsentation in der Kaiserstadt Wien

Jedoch blieb sich das Haus Liechtenstein seiner niederösterreichischen Wurzeln bewusst, was etwa dadurch dokumentiert wurde, dass unter Fürst JOHANN I. die Liechtensteinsche Burg bei Mödling angekauft wurde, die seit der Güterreduktion von 1394 in anderen Händen war[482]. Außerdem legten die Liechtenstein stets höchsten Wert auf Präsenz in der kaiserlichen Residenzstadt Wien. Mit dem Stadtpalais in der heutigen Bankgasse und dem Gartenpalais der Familie in der Wiener Vorstadt Rossau beherbergt die österreichische Hauptstadt noch heute zwei Gebäude, deren Bau durch den nahezu sagenhaften Reichtum des Fürsten JOHANN ADAM ANDREAS ermöglicht wurden und die über Jahrhunderte hinweg den angemessenen Rahmen für die Selbstdarstellung des fürstlichen Hauses boten[483]. Zudem sorgte die Tatsache, dass ein nicht unerheblicher Teil des Familiengrundbesitzes in Österreich lag und auch heute noch liegt, für eine Bindung an das Land; in den Kronländern Niederösterreich, der Steiermark und Salzburg befanden sich im Jahr 1914 14,04% des forstwirtschaftlichen Gesamtbesitzes sowie 19,28% des landwirtschaftlichen Gesamtbesitzes der Hauses Liechtenstein[484].

b) Beziehung zum Haus Habsburg

Viel maßgeblicher als Ursprung und Besitz der Familie prägte jedoch die Nähe der Liechtenstein zum jeweiligen österreichischen Herrscherhaus die Beziehung zwischen dem Haus Liechtenstein und Österreich. Schon HEINRICH I. VON LIECHTENSTEIN kämpfte im Jahre 1246 in der Schlacht an der Leitha an der Seite des letzten Babenbergers[485]. Jedoch sollte sich für das liechtensteinische Geschlecht vor allem die tiefe Verbundenheit mit dem Haus Habsburg als sehr vorteilhaft erweisen. Jedenfalls in den entscheidenden Momenten bewiesen die Liechtenstein dem Herrscherhaus ihre Loyalität. Diese Treue wurde sicherlich nicht von

---

480 Kap. 2, B.I.1.

481 Vgl. ZÖLLNER, Geschichte Österreichs, S. 69 und Karte auf S. 673 (im Anh. Karten und Tafeln, Karte 2).

482 PRESS, Haus Liechtenstein in der europäischen Geschichte, S. 65.

483 Details zu den beiden Gebäuden bietet: BAUMSTARK, Traditionsbewusstsein und Kennerschaft, S. 10/12.

484 Die Zahlen sind errechnet aus den Angaben bei: KRAETZL, Fürstentum Liechtenstein und liechtensteinischer Grundbesitz, S. 118.

485 Vgl. schon Kap. 2, B.II.1.

Altruismus getragen, sondern von einem zum Teil recht ausgeprägten Gespür für die Macht und den eigenen Vorteil.

aa) Die liechtensteinische Rolle bei Begründung und Ausbau der habsburgischen Macht

Schon als die habsburgische Macht in Österreich durch den Sieg in der Schlacht auf dem Marchfeld im Jahre 1278 begründet wurde, war das Haus Liechtenstein an diesem Erfolg beteiligt[486]; die beiden Söhne HEINRICH I. VON LIECHTENSTEIN fochten für die habsburgische Sache[487]. Wiederum schlug sich mit KARL I. ein Liechtenstein tapfer für österreichische Interessen, als es sich gegen den aufständischen Adel in den Ländern der Wenzelskrone durchzusetzen galt, wodurch der habsburgische Machtbereich auf diese Gebiete erweitert wurde und *„Böhmen, Mähren und Schlesien (...) nunmehr für Österreich gesichert"* waren[488].

bb) Die Liechtensteiner als Soldaten und Financiers der Habsburger

Der militärische Impetus des Geschlechtes war aber mit den Gewinnen im 30-jährigen Krieg nicht erlahmt. Auch in den folgenden Jahrhunderten sollten Mitglieder der Familie Liechtenstein eine bedeutende Rolle in der österreichischen Armee spielen. So gilt beispielsweise Fürst JOSEF WENZEL (1696-1772) als *„Vater des österreichischen Artilleriewesens"*, da der Aristokrat Engagement und eigenes Kapital für die Verbesserung der Geschütze und eine rationalisierte Organisation des Militärs einsetzte[489]. Als großartiger Soldat wird in der Literatur auch Fürst JOHANN I. bezeichnet, der entscheidend zum ersten Sieg der österreichischen Truppen über Napoleon in der Schlacht von Aspern am 21. und 22. Mai 1809 beigetragen hatte[490]. Neben diesen offensichtlichen liechtensteinischen Hilfen militärischer Natur für die österreichischen bzw. habsburgischen Interessen darf nicht vergessen werden, dass das Haus Liechtenstein auf Grund seiner stets großen Kapitalkraft über die Jahrhunderte hinweg dem Erzhaus Kredit gewährt hat. PRESS geht schon für den Beginn des 17. Jahrhunderts von einer *„traditionelle[n] Gläubigerrolle der Liechtensteins"* gegenüber dem Kaiserhaus aus[491].

---

486 PRESS, Haus Liechtenstein in der europäischen Geschichte, S. 18.

487 Vgl. schon Kap. 2, B.II.3.

488 ZÖLLNER, Geschichte Österreichs, S. 212, bezüglich der Rolle KARLS I. VON LIECHTENSTEIN in den Ereignissen um das Jahr 1620.

489 PRESS, Haus Liechtenstein in der europäischen Geschichte, S. 59/60, weist daraus hin, das JOSEF WENZEL die österreichische Artillerie geradezu als *„fürstlich-liechtensteinisches Unternehmen"* betrieb, so dass Kaiser JOSEF II. nach dem Tode des Fürsten feststellen konnte, *„dass die österreichische Artillerie nun wirklich wieder eine kaiserliche sei"*.

490 BAUMSTARK, Introduction to The Princely Collections, S. xvi und xviii.

491 PRESS, Haus Liechtenstein in der europäischen Geschichte, S. 32.

cc) Die liechtensteinische Loyalität gegenüber dem Haus Habsburg

Das wechselseitige, geradezu symbiotische Abhängigkeitsverhältnis zwischen den Häusern Habsburg und Liechtenstein war wohl die Grundlage dafür, dass letzteres *„innerhalb des Habsburgerreiches zum einflussreichsten Adelsgeschlecht“*[492] aufsteigen konnte. Auch nachdem das Fürstentum Liechtenstein für souverän erklärt wurde, stand die *„...Loyalität...“* gegenüber Habsburg zunächst *„...über der Souveränität“*[493]. Erst als die Vorzeichen des Verfalls der Donaumonarchie mit der Distanz Fürst JOHANNs II. zum Wiener Hof zusammenfielen, war die *„Identifikation mit der Habsburger Monarchie“* so weit gelockert, dass eine neutrale Haltung des Fürstentums Liechtenstein schließlich möglich wurde[494].

2. Die Bedeutung der Familie Liechtenstein in den Ländern der Wenzelskrone

Die Liechtenstein begnügten sich aber nicht mit ihrer Nähe zu den Habsburgern, sondern verfügten über lange Zeit auch über gute Verbindungen zum Prager Hof.

a) Balanceakt zwischen Wien und Prag

Vom 14. Januar 1249, als HEINRICH I. VON LIECHTENSTEIN den Besitz Nikolsburg von MARKGRAF PREMYSL OTTOKAR VON MÄHREN, dem späteren König OTTOKAR VON BÖHMEN, geschenkt bekommt[495], bis zur Schlacht am Weißen Berg und zum Erlaß der *„Verneuerten Landesordnung“* von 1627, durch welche Böhmen und seine Nebenländer zum habsburgischen Erbkönigreich gemacht wurden[496], ist die Stellung des Geschlechts der Liechtenstein geprägt durch den Balanceakt zwischen den Loyalitätsansprüchen zwischen den beiden Herrschern[497]. Bei Konflikten zwischen den beiden Machtpolen wechselte das Haus Liechtenstein des Öfteren die Fronten. Mal unterstützten die Liechtenstein die böhmische Seite, mal die habsburgische.

Beispielsweise kämpfte HEINRICH II. VON LIECHTENSTEIN in der Schlacht auf dem Marchfeld an der Seite RUDOLFs VON HABSBURG, während er sich mit anderen Landherren gegen dessen Sohn ALBRECHT VON HABSBURG mit König WENZEL VON BÖHMEN verbündete, um ein Gegengewicht zur habsburgischen

---

492 SCHLAPP, Das ist Liechtenstein, S. 44.

493 PRESS, Haus Liechtenstein in der europäischen Geschichte, S. 66.

494 PRESS, Haus Liechtenstein in der europäischen Geschichte, S. 70/71; vgl. aber zur Effektivität der liechtensteinischen Neutralität im Ersten Weltkrieg: Kap. 4, A.III.1.

495 SCHMID, Hausrecht, S. 20, V. FALKE, Geschichte des Hauses Liechtenstein, Band I, S. 289 ff.

496 ZÖLLNER, Geschichte Österreichs, S. 213.

497 BAUMSTARK, Introduction to The Princely Collections, S. xi.

Macht zu begründen[498]. Es kam sogar vor, dass sich Mitglieder des Hauses Liechtenstein in unterschiedlichen Lagern wiederfanden[499].

b) Schwerpunkt der Güter in den Ländern der Wenzelskrone

Jedoch hatte sich das Haus Liechtenstein unter KARL I. fest auf die Seite der katholischen Habsburger gestellt. Wie schon ausgeführt wurde[500], hat sich KARL in der Schlacht am Weißen Berg und in den darauffolgenden Geschehnissen maßgeblich beteiligt und wurde dafür auch mit umfangreichem Landgewinn belohnt. Nachdem sich das ursprünglich niederösterreichische Geschlecht bereits nach der Güterreduktion von 1394 verstärkt in Mähren engagiert hatte[501], boten die Umstände der Erweiterung des habsburgischen Machtgebietes auf die Länder der böhmischen Krone dem Haus Liechtenstein die Möglichkeit, seinen *„wirtschaftlichen Schwerpunkt in diese Länder zu verlegen"*[502]. Noch im Jahre 1914 lag der Löwenanteil der liechtensteinischen Ländereien auf dem Gebiet der heutigen Tschechoslowakei. Laut einer Statistik aus diesem Jahr handelte es sich dabei um 85,65 % des forstwirtschaftlichen und 80,33 % des landwirtschaftlichen Familienbesitzes[503], der insgesamt zwölf Mal so groß war wie die Fläche des Fürstentums Liechtenstein[504]. Obwohl die Liechtenstein schon seit der Mitte des 13. Jahrhunderts als Grundherren in Mähren vertreten waren, machte es erst die Niederschlagung des böhmischen Adelsaufstandes groß.

c) Das Verständnis der Schlacht am Weißen Berg als Niederlage des tschechischen Volkes

Dass die starke Position des Hauses Liechtenstein in den Ländern der böhmischen Krone mit dem Ausgang der Schlacht am Weißen Berg in Zusammenhang stand, musste allerdings in der neueren Geschichte als Nachteil begriffen werden. Denn in der tschechoslowakischen Literatur und Politik nach 1870 wurde die *„Katastrophe von 1620"* als Beginn einer *„Überfremdung der böhmischen Herrschaften"* durch *„Germanisator[en] nichttschechischer Herkunft"* gesehen[505]. So wurde die Jahreszahl 1620 vor allem für die tschechischnationale Tradition das Symbol schlechthin für das

---

498 PRESS, Haus Liechtenstein in der europäischen Geschichte, S. 18/19.

499 PRESS, Haus Liechtenstein in der europäischen Geschichte, S. 25: *„Während Heinrich VII. gegen den Kaiser stand, zog sein Bruder Johann V. (verstorben 1473) als mährischer Herr mit dem Böhmenkönig Georg Podiebrad zur Unterstützung Friedrichs III. vor Wien"*.

500 Vgl. schon Kap. 2, B.II.5.b) und c).

501 PRESS, Haus Liechtenstein in der europäischen Geschichte, S. 21.

502 OBERHAMMER, Hausarchiv, S. 115.

503 Die Zahlen sind errechnet aus den Daten bei: KRAETZL, Fürstentum Liechtenstein und liechtensteinischer Güterbesitz, S. 118.

504 BAUMSTARK, Introduction to The Princely Collection, S. xviii.

505 RICHTER, Strukturwandel der grundbesitzenden Oberschicht Böhmens, S. 49 und 54, m. w. N.

angebliche *„Martyrium des tschechischen Volkes unter habsburgischer Herrschaft"*[506]. Auf der Grundlage dieses Geschichtsverständnisses wurde nicht nur die Enteignung der ehedem begünstigten Adelsgeschlechter am Ende des Zweiten, aber auch schon des Ersten Weltkrieges gewissermaßen als gerechte Ausgleichsmaßnahme verstanden, sondern das Schlagwort *„Weißer Berg"* wurde gar als Rechtfertigung für die Vertreibung der deutschstämmigen Bevölkerung angeführt[507]. Die Tatsache, dass KARL I. VON LIECHTENSTEIN als derjenige bekannt war, der die Strafaktion gegen die Urheber des Ständeaufstandes durchgeführt hat, konnte den guten Ruf seines Hauses bei der tschechischen Bevölkerung sicherlich nicht fördern.

d) Versuch einer objektiven Bewertung der Schlacht am Weißen Berg

Die beschriebene Auslegung der historischen Vorgänge ist bedingt durch das Bemühen um einen tschechischen Nationalstaat. Die dahin gehenden Bestrebungen wurden dadurch gefördert, dass, nachdem über viele Jahrhunderte hinweg, auch schon vor 1620, Menschen tschechischer und deutscher Tradition und Sprache zusammengelebt hatten[508], vor dem Ersten Weltkrieg alle Bemühungen, die sich verschärfenden Interessengegensätze zwischen tschechischen und deutschen Bevölkerungsteilen auszugleichen, scheiterten[509]. Diese Konfrontationssituation war der Hauptgrund dafür, in der gemeinsamen Geschichte die kulturellen und sprachlichen Unterschiede zu überbetonen.

In Bezug auf das Schlagwort *„Weißer Berg"* scheint diese Sichtweise auch falsch zu sein. Zwar führte die absolutistische Regierung von Wien aus zu einer verstärkten Verwendung der deutschen Sprache, es kann aber von einer *„Germanisierungspolitik"* nicht gesprochen werden. Vielmehr ging es bei den Geschehnissen von 1620 hauptsächlich um den Kampf *„zwischen Absolutismus und Ständemacht"* bzw. um eine konfessionelle Auseinandersetzung[510]. Die Deutung als deutsch-tschechischen Konflikt erscheint schon angesichts der Tatsache abwegig, dass sich die böhmischen Stände mit dem Kurfürsten FRIEDRICH VON DER PFALZ einen deutschen Aristokraten als Gegenkönig erwählt haben[511]. In dieselbe Richtung zeigen die Ausführungen RICHTERs, der mittels eines Vergleiches der Steuerverzeichnisse des sog. *„alten Pilsener Kreis"* aus den Jahren 1615 und 1654 aufzeigt, dass eine grund-

---

506 ZÖLLNER, Geschichte Österreichs, S. 213, Fn. 1, der allerdings gleich die These mitaufstellt, die *„Geschichtsschreibung des Westens"* sei generell *„slawophil"* und würde deshalb die Geschichte einseitig zum Vorteil der tschechischnationalen Sicht darstellen. Als Beispiel verweist der Autor auf das Buch von ERNEST DENIS, *„La Bohême depuis la Montagne Blanche"* (1903).

507 RICHTER, Strukturwandel der grundbesitzenden Oberschicht Böhmens, S. 54.

508 RICHTER, Strukturwandel der grundbesitzenden Oberschicht Böhmens, S. 49, spricht in diesem Sinne vom *„Zweivölkerland Böhmen"*.

509 Vgl. z.B. HOENSCH, Geschichte Böhmens, S. 392 ff.

510 ZÖLLNER, Geschichte Österreichs, S. 213.

511 Vgl. SEGER, Gundacker von Liechtenstein und Albrecht von Wallenstein, S. 80.

sätzliche Benachteiligung des tschechischen Adels nicht nachzuweisen ist. Bei den gewaltigen Besitzverschiebungen im alten Pilsener Kreis trat das *„...nationale Moment (...) offensichtlich ganz zurück...“*[512].

e) Fazit

So steht auch in Bezug auf das Haus Liechtenstein nicht seine ursprüngliche Abstammung aus Niederösterreich im Vordergrund, sondern die Tatsache, dass das Geschlecht seit Mitte des 13. Jahrhunderts in Mähren begütert ist. In den böhmischen Kronländern wurden die Liechtenstein Teil einer *„...gewissermaßen europäische[n] Oberschicht, deren Vertreter sich der Landestraditionen annahmen und doch bis in das 20. Jahrhundert die Geschicke des Reiches und Europas mitbestimmt haben...“*[513].

3. Das Verhältnis von Fürstenhaus und Fürstentum Liechtenstein

a) Die Bedeutung des Fürstentums Liechtenstein für das Haus Liechtenstein

Das Haus Liechtenstein war ursprünglich nur an der reichsfreien Stellung der sonst recht wenig profitablen Herrschaften Vaduz und Schellenberg interessiert[514]; man ließ das Land von *„landfremden Vögten“* verwalten[515]. ALOIS II. ist der erste regierende Fürst von Liechtenstein, der das Fürstentum anlässlich eines Besuches im Jahr 1842 mit eigenen Augen sieht. Diese Annäherung spiegelt die weise Voraussicht des Fürsten dahingehend wider, dass das Fürstentum nicht nur die *„entscheidende Grundlage der dynastischen Stellung“*[516], sondern auch reelle Fluchtburg für das Geschlecht bieten würde. Es sollte jedoch noch knapp ein Jahrhundert dauern, bis sich diese Notwendigkeit stellte, nämlich als Fürst FRANZ JOSEF II. angesichts der Sudetenkrise im Jahre 1938 *„seine ständige Wohnung und den Sitz seines Hauses“* nach Vaduz verlegte[517]. Angesichts des totalen Verlustes des Familienbesitzes in den Ländern der Wenzelskrone hat das Fürstentum Liechtenstein das Adelshaus vor dem Sturz in die absolute Bedeutungslosigkeit bewahrt.

b) Die Bedeutung des Hauses Liechtenstein für das Fürstentum Liechtenstein

Andererseits hat das Haus Liechtenstein auch eine große Bedeutung für das Fürstentum. Nicht nur dass es dem Fürstentum den Namen gegeben hat; es ist auch sehr unwahrscheinlich, dass sich das kleine und ärmliche Land – wäre es ehedem nicht von den reichen mächtigen Liechtenstein gekauft worden – als eigen-

---

512 RICHTER, Strukturwandel der grundbesitzenden Oberschicht Böhmens, S. 54-56.

513 RICHTER, Strukturwandel der grundbesitzenden Oberschicht Böhmens, S. 58.

514 Vgl. bereits Kap. 2, A.III.

515 SCHLAPP, Das ist Liechtenstein, S. 46.

516 PRESS, Haus Liechtenstein in der europäischen Geschichte, S. 68.

517 BAUMSTARK, Traditionsbewusstsein und Kennerschaft, S. 14.

ständige Einheit erhalten hätte. Entweder hätte es sich als weiterer Kanton der Schweiz angeschlossen, oder es wäre dem Sog der habsburgischen Macht erlegen. Zudem bildet auch heute noch der jeweilige Chef des Hauses die Spitze der verfassungsrechtlichen Hierarchie des Fürstentums. Des Weiteren darf daran gezweifelt werden, dass der wirtschaftliche Aufschwung, welches das Land vor allem nach dem Zweiten Weltkrieg erfahren hat, sich in der Form eingestellt hätte, wenn sich das Bemühen des fürstlichen Hauses nicht notgedrungen auf das Fürstentum konzentriert hätte. Der Verlust der zentraleuropäischen Güter hat demnach die Verbindung des Adelsgeschlechtes an das Fürstentum intensiviert[518].

4. Gründe für den Erfolg des Hauses Liechtenstein über die Jahrhunderte

Obwohl sich der Familienbesitz nach den Weltkriegen stark reduziert darstellt, hat sich das Haus Liechtenstein eine nicht unerhebliche Bedeutung bewahrt. Jedoch ist auffällig, dass es den Liechtenstein gelungen ist, vom 12. bis in das 21. Jahrhundert hinein kontinuierlich eine wichtige Rolle in der Geschichte zu spielen.

a) Relative Unabhängigkeit von den Landesherren auf Grund der Güterverteilung in mehreren Ländern

Als wesentliches[519] Geheimnis der kontinuierlichen Bedeutung des Geschlechtes muss man wohl die Tatsache erkennen, dass die Familie Liechtenstein über lange Strecken ihrer Geschichte hinweg das Glück hatte, nicht von der Willkür eines einzigen Herrschers und Lehensgebers abhängig zu sein. Von 1249-1627 war den Liechtensteins durch ihren Grundbesitz sowohl in den böhmischen als auch den österreichischen Kronländern eine Doppelstellung gesichert, die ihnen im Vergleich zu anderen Adelshäusern eine größere Freiheit dem jeweiligen Landesherren gegenüber ermöglichte[520]. So wie das Geschlecht der Liechtenstein in der genannten Zeitspanne neben seiner Ausgangsbasis Niederösterreich ein zweites Standbein in Mähren gefunden hatte, fand das Haus Liechtenstein, nachdem seit 1627 fast alle ihrer Besitzungen auf dem Territorium der Habsburgmonarchie lagen, mit dem reichsfreien Gebiet, das später das souveräne Fürstentum Liechtenstein werden sollte, ein weiteres Mal ein zweites Standbein, das außerhalb der direkten Einfluss-

---

518 So auch PRESS, Haus Liechtenstein in der europäischen Geschichte, S. 83.

519 BAUMSTARK, Introduction to The Princely Collections, S. xi: *„This alignment with both Lower Austria and Moravia, and thereby with their rulers in Vienna and Prague, was the essential driving force behind the House of Liechtenstein´s astounding growth in wealth and influence through the centuries".*

520 PRESS, Haus Liechtenstein in der europäischen Geschichte, S. 26, bezeichnet die Liechtenstein auf Grund der Lage ihrer Besitzungen an der Grenze zwischen zwei großen Einflusssphären als *„Grenzbarone"* und vergleicht sie deshalb unter anderen mit dem Haus von Savoyen.

nahmemöglichkeit des Hauses Habsburg lag und so die Unabhängigkeit des liechtensteinischen Geschlechtes erhöhte.

b) Geschicktes und glückvolles Handhaben der relativen Unabhängigkeit von den Landesherren

Die Doppelstellung in Niederösterreich und Mähren allein erklärt jedoch nicht den Aufstieg und den dauerhaften Erfolg des Adelshauses, denn die Liechtenstein waren nicht das einzige Geschlecht mit Besitzungen in den beiden Machtsphären[521]. Da eine solche Stellung auch das Risiko barg, als Spielball der Herrscher zwischen den Höfen in Wien und Prag zerrieben zu werden, bedurfte es weiterer Qualifikationen, um aus dieser Konstellation gestärkt hervorzugehen. Obwohl die Güterreduktion von 1394 zeigt, dass auch das Haus Liechtenstein aus den komplexen Beziehungen zwischen Wien und Prag nicht immer als Sieger hervorgegangen ist, haben es die Angehörigen der Familie in den meisten Fällen vermocht, *„in wechselndem Kräftespiel"*[522] zwischen den beiden Höfen am Ende doch auf der Seite des Siegers zu stehen. Aber es gelang dem Haus Liechtenstein nicht nur, seine beiden oft konkurrierenden Herrscher gegeneinander auszuspielen, sondern auch aus Querelen innerhalb des Hauses Habsburg Vorteile zu schlagen. Als sich die sog. albertinische und die sog. leopoldinische Linie des Hauses Habsburg im 15. Jahrhundert um das Erbe König ALBRECHTs II. stritt, der zum ersten Mal den *„österreichische[n] Herzogshut mit der böhmischen, ungarischen und deutschen Krone"*[523] in einer Person zusammengefasst hatte, erfuhr die Position der österreichischen Stände durch die ihnen zugewiesene *„Schiedsrichterrolle gegenüber dem Erzhaus"* eine deutliche Stärkung – allen voran profitierte hier das Haus Liechtenstein[524]. Ein Beispiel für das geschickte Wechseln der politischen Unterstützung ist das liechtensteinische Verhalten im sog. *„Habsburgischen Bruderzwist"*[525]. An diesem Parteiwechsel kann man zudem erkennen, dass KARL für sein Fortkommen alle ihm möglichen Mittel einsetzte: er war protestantisch erzogen worden, wechselte zum Katholizismus, um sich dem überzeugt katholischen Kaiser RUDOLF II. anzudienen; schließlich wandte er sich dann aber wieder gegen ihn, um mit dem Kaiser MATTHIAS zu paktieren, der vor allem von den Protestanten unterstützt wurde[526]. All die Entscheidungen, die sich im nachhinein als richtig erwiesen haben und das Haus Liechtenstein reich und groß haben werden lassen, kann man jedoch nicht allein dem außergewöhnlichen Gespür der Liechtenstein zuschreiben. Ohne eine gehörige Portion Glück

---

521 PRESS, Haus Liechtenstein in der europäischen Geschichte, S. 18, nennt hier die Geschlechter von Maissau und von Kuenring.

522 Vgl. PRESS, Haus Liechtenstein in der europäischen Geschichte, S. 23.

523 ZÖLLNER, Geschichte Österreichs, S. 144.

524 PRESS, Haus Liechtenstein in der europäischen Geschichte, S. 24.

525 Vgl. bereits Kap. 2, B.II.5.a); vgl. dazu auch: ZÖLLNER, Geschichte Österreichs, S. 205.

526 KAISER, Geschichte Liechtensteins, S. 441 f.

wäre die liechtensteinische Position nicht in dem Maße über die Jahrhunderte zu retten gewesen[527].

c) Innere Einigkeit des Hauses Liechtenstein

Des Weiteren war neben dem vernünftigen Wirtschaften und den auf Grund geschickter Heiratspolitik nie versiegenden neuen Kapitalquellen die interne Einigkeit des Hauses Liechtenstein wesentlich für dessen Aufstieg. Während andere Geschlechter sich durch Streitigkeiten ihrer Mitglieder selbst entkräfteten, schufen die Liechtenstein die juristischen Vorkehrungen, um das Vermögen der Gesamtfamilie zusammenzuhalten.

aa) Die Erbeinigung von 1386

Schon mit der Erbeinigung vom 5. September 1386 schließen drei der Söhne HARTNEIDS II. VON LIECHTENSTEIN mit fünf ihrer Neffen den ersten Hausvertrag, wonach sich *„...die Familie als Einheit...“* zeigt[528]. Die Vertragspartner vereinbaren, den gemeinsam ererbten Besitz nicht zu teilen und vereinbaren bestimmte gemeinsame Rechte und Pflichten[529].

bb) Die Senioratsverfassung von 1504

Nach weiteren derartigen Einzelverträgen gewinnt das liechtensteinische Hausrecht zu Beginn des 16. Jahrhunderts eine neue Qualität. Die Erbeinigung vom 3. März 1504 teilt die Güter zwar auf die drei damals existierenden Linien auf, jedoch ist dabei nur von einer Nutzungsteilung auszugehen, wodurch die Substanz allen Agnaten als Besitz zur Gesamthand verbleibt. Insgesamt ist diese Erbeinigung auf die Sicherung der Güter für das Gesamthaus ausgelegt[530]. Als Instrumente dienten für diesen Zweck *„ein innerfamiliäres Vorkaufsrecht, Garantien gegen Besitzaushöhlung durch erhöhte Mitgiften, Vorsorgemaßnahmen gegen innerfamiliäre Konflikte, Eindämmung der Verschwendung‘*[531]. Zudem wurde ein mit gewissen Vorrechten und Vorzügen verbundenes Seniorat eingeführt[532]. Diese Senioratsverfassung sollte bis zum Inkrafttreten der Erbeinigung der Brüder KARL, MAXIMILIAN und GUNDACKER am 29. September 1606 Gültigkeit besitzen.

---

527 Beispielsweise lässt sich die Sonderrolle des Hauses Liechtenstein, wie sie ihm durch Napoleon eingeräumt wurde, wohl nur mit Glück und Zufall erklären, vgl. dazu untern Kap. 3, B.I.2.

528 PRESS, Haus Liechtenstein in der europäischen Geschichte, S. 20.

529 SCHMID, Hausrecht, S. 29.

530 SCHMID, Hausrecht, S. 45.

531 PRESS, Haus Liechtenstein in der europäischen Geschichte, S. 27.

532 Vgl. SCHMID, Hausrecht, S. 46, der erklärt, dass unter dem Senior der *„älteste weltliche Agnat eines Hauses“* zu verstehen ist; maßgeblich war allein das Geburtsdatum, dagegen unwichtig, welcher Linie der Senior entsprang.

cc) Die Primogeniturverfassung von 1606

Die neue Familienordnung unterwarf das Eigentum der drei Brüder den Regelungen eines Fideikommisses, worunter man *„auf rechtsgeschäftlicher Stiftung beruhende Bindungen bestimmter Güter im Mannesstamm"* versteht. Die Erbfolge in den nächsten Generationen richtet sich danach nach dem festgehaltenen Willen der Stifter (*successio ex pacto et providentia maiorum*)[533]. Zudem ersetzte die Primogeniturerbfolge das Seniorat. Unter Primogenitur ist zu verstehen, dass *„...immer der Erstgeborene aus der ältesten Linie in das Nachlassgut folgt. (...) Die Seitenverwandten* [also aus den anderen Linien] *kommen (...) nicht zum Zuge, solange in der ältesten Linie noch Agnaten vorhanden sind.'*[534]. Außerdem wurde die Stellung des jeweiligen Primogenitus dadurch gestärkt, dass ihm gestattet ist, bestimmte Familiengüter *„zu einem Voraus zu besitzen, zu haben, zu nutzen und zu genießen'*[535]. Obwohl einige Familienmitglieder durch anderweitige Vererbung neuerworbener Güter Sinn und Zweck der Primogeniturverfassung gefährdeten, lässt sich feststellen, dass alle juristischen Sicherungsmechanismen, vor allem die Erbeinigung von 1606, den Familienverband aller Linien so fest zusammenschweißte, dass die Bemühungen *splendoris familiae causa* gebündelt werden konnten. Die Hausverfassung hat sich als sicheres Mittel gegen *„Partikularinteressen"* erwiesen und hat gewiss einen nicht unwesentlichen Anteil am Erfolg des Hauses Liechtenstein[536]. So wurde jedenfalls eine wesentliche Zersplitterung des Güterbesitzes ebenso verhindert[537], wie durch die eindeutige Erbfolge Streitigkeiten nach dem Aussterben der Linien KARLs und MAXIMILIANs vermieden werden konnten. Das Haus Liechtenstein konnte so über Jahrhunderte hinweg mit geeinter Kraft und mit einer Stimme nach außen auftreten.

5. Die Galerie Liechtenstein

Das Gemälde, welches den Anlass für den in Kapitel 5 zu behandelnden *„deutsch-liechtensteinischen Bilderstreit"* bot[538], entstammte der Galerie Liechtenstein. Aus diesem Grund soll hier kurz auf die Sammelungen der Fürsten von Liechtenstein eingegangen werden.

a) Die Geschichte der liechtensteinischen Sammlungen

Von einer *„planmäßige(n) Sammeltätigkeit über die Anforderungen einer standesgemäßen Repräsentation hinaus'*[539] kann im Hause Liechtenstein erst ab den Bemühungen des

---

533 SCHMID, Hausrecht, S. 61/62.

534 SCHMID, Hausrecht, S. 68.

535 SCHMID, Hausrecht, S. 64.

536 Vgl. SCHMID, Hausrecht, S. 96, auch: PRESS, Haus Liechtenstein in der europäischen Geschichte, S. 41.

537 Vgl. OBERHAMMER, Hausarchiv, S. 113.

538 Vgl. Kap. 5, B.IV.

539 BAUMSTARK, Traditionsbewusstsein und Kennerschaft, S. 8.

Fürsten KARL EUSEBIUS ausgegangen werden, der damit als Begründer der liechtensteinischen Sammlungen anzusehen ist. Fürst JOHANN ADAM ANDREAS vergrößerte die Galerie wesentlich, ließ sie von ihrem ursprünglichen Aufstellungsort im Schloß Feldsberg in den Wiener Stadtpalast verbringen und vermachte den Großteil davon in seinem Testament dem jeweiligen Primogenitus als Fideikommiß[540]. Ein kleinerer Teil, den JOHANN ADAM ANDREAS an seinen Neffen vermacht hatte, kommt, ebenso wie die zunächst eigenständigen Bestände der Seitenlinien, erst am Ende des 18. Jahrhunderts zum Familiengesamtbestand[541]. Fürst JOHANN I. erweiterte die Sammlung noch einmal um 711 Gemälde, ließ die gesamte Galerie in das liechtensteinische Gartenpalais in der Rossau verbringen und *„dort unter musealen Gesichtspunkten aufstellen"*[542], wo sie schließlich auch der Öffentlichkeit zugänglich gemacht wird[543]. Die Sammlungen, die darauf über lange Zeit zu den wichtigsten Sehenswürdigkeiten Wiens gehörten und unter JOHANN II. durch Zukäufe noch einmal maßgeblich vergrößert werden, verfügen auch heute noch *„über einen in sich geschlossenen, umfangreichen Bestand von Gemälden, an dem sich die Entwicklung der Malerei vom 15. bis zum 19. Jahrhundert, von der Frührenaissance bis zur Romantik, verfolgen lässt, wobei das Hauptgewicht bei der barocken Kunst des 17. Jahrhunderts liegt"*[544].

b) Die Rettung der Galerie Liechtenstein nach Vaduz

Bald nach dem *„Anschluss"* Österreichs an das Deutsche Reich wurde die Galerie Liechtenstein jedoch komplett auf die *„Reichsliste der unverzichtbaren Kunstgüter"* gesetzt und als solche mit einem Ausfuhrverbot belegt, welches bis zum Kriegsende nicht aufgehoben wurde. Allerdings wurden die Bilder wegen drohender Bombenangriffe auf Wien während des Zweiten Weltkrieges in verschiedenen liechtensteinischen Gütern in Österreich und Mähren zwischengelagert und konnten unter gewissem Verlust illegal und zum Teil einzeln und in Privatwagen am Ende des Krieges vor der herannahenden Sowjetarmee ins neutrale und sichere Fürstentum Liechtenstein verbracht werden. Die zum Teil abenteuerlichen Umstände der Bergung werden eindrucksvoll von WILHELM geschildert[545]. Die geretteten Gemälde befinden sich heute auf Schloß Vaduz und werden vereinzelt auf Ausstellungen gezeigt. In Gänze wurde die Galerie bisher nicht mehr gezeigt[546]. Einige Werke der Sammlungen sind der Öffentlichkeit als fürstliche Leihgaben im staatlichen

540 SCHMID, Hausrecht, S. 79; BAUMSTARK, Traditionsbewusstsein und Kennerschaft, S. 10/11.

541 BAUMSTARK, Traditionsbewusstsein und Kennerschaft, S. 11, der den von DALLINGER im Jahre 1780 herausgegebenen Katalog anführt, nachdem die Galerie in diesem Jahr schon mehr als 700 Werke umfasst hat.

542 BAUMSTARK, Traditionsbewusstsein und Kennerschaft, S. 12.

543 WILHELM, Der Weg der Liechtenstein-Galerie von Wien nach Vaduz, S. 5.

544 BAUMSTARK, Traditionsbewusstsein und Kennerschaft, S. 7.

545 WILHELM, Der Weg der Liechtenstein-Galerie von Wien nach Vaduz, S. 1 ff.

546 BAUMSTARK, Traditionsbewusstsein und Kennerschaft, S. 13.

Kunstmuseum Liechtenstein seit dessen Eröffnung im Jahre 2000 wieder zugänglich[547].

II. Zusammenfassung

Die Familie Liechtenstein gehört zum Hochadel europäischen Ranges. Obwohl ihre Wurzeln in Niederösterreich liegen, kann man die Liechtenstein schon auf Grund ihrer jahrhundertelangen Verwurzelung in Böhmen und Mähren auch schon vor 1914 nicht als lediglich österreichisches Adelshaus bezeichnen. Zwar ist das Erstarken des Hauses Liechtenstein mit dem Schicksal der Habsburger verbunden; jedoch darf nicht übersehen werden, dass die Liechtenstein schon vor der Übernahme der Macht in Österreich durch die Habsburger von Einfluss waren und dass sie das Haus Habsburg gewissermaßen überlebt haben.

D. Ergebnis von Kapitel 2

Heute steht „*Liechtenstein*" primär für den Staat am Oberrhein, nachdem über Jahrhunderte das nahezu sagenhaft reiche Adelsgeschlecht mit seinen Besitzungen in den österreichischen und böhmischen Kronländern im Vordergrund stand. Das Fürstentum Liechtenstein ist nicht mehr geographisch abgelegener Teil eines großen Gesamtbesitzes, sondern alleiniger Bezugspunkt der fürstlichen Bemühungen. So haben die Konfiskationen der liechtensteinischen Güter am Ende des Zweiten Weltkrieges Macht, Reichtum und Einfluss des Hauses Liechtenstein gemindert, die Bedeutung des Fürstentums für das Geschlecht der Liechtenstein jedoch vergrößert.

---

547 SÜDDEUTSCHE ZEITUNG vom 16. November 2000, S. 14.

Kapitel 3: Die Staatlichkeit des Fürstentums Liechtenstein

A. Die Grundlagen der Drei-Elemente-Lehre

Nachdem der Begriff des *„Mikrostaats"* zur Überprüfung der Staatlichkeit von sehr kleinen Gemeinwesen ausscheidet[548], sind in Bezug auf das Fürstentum Liechtenstein die im Völkerrecht üblichen Voraussetzungen der JELLINEK' schen Drei-Elemente-Lehre heranzuziehen, wonach die drei Elemente Staatsgebiet, Staatsvolk und effektive Staatsgewalt eingefordert werden[549].

I. Staatsgebiet und Staatvolk

Der Staat bedarf eines Staatsgebietes gewissermaßen als *„territoriale[s] Substrat des Staates'*[650]. Die Bindung des Staates an ein bestimmtes Gebiet ist erforderlich, um die Abgrenzung der Kompetenzen verschiedener Staaten zu gewährleisten, was schwerlich möglich wäre, würde man bloßen Personenverbänden, beispielsweise Nomadenstämmen, schon Staatsqualität zuweisen[551]. Der Begriff des Staatsgebietes umfasst dabei einen bestimmten Ausschnitt der Erdoberfläche nebst darüber befindlichen Luftraums, des darunter befindlichen Erdreiches und des Küstenstreifens bis zu 12 Seemeilen[552]. Das Fürstentum Liechtenstein verfügt über ein zusammenhängendes Staatsgebiet von 160 qkm Fläche ohne Küstenanteil[553].

Der Staat ist aber nicht nur eine territoriale Einheit, sondern auch ein Zusammenschluss von Individuen[554]. Unter Staatsvolk versteht man daher in diesem Zusammenhang einen auf Dauer angelegten Verbund von Menschen[555] *„...unter dem Dach einer gemeinsamen Herrschafts- und Rechtsordnung'*[656]. Dabei darf es sich nicht um eine Vereinigung von Menschen für einzelne Zwecke handeln, sondern um eine Gemeinschaft, *„...die in der Geschlechterfolge fortlebt...'*[657], gewissermaßen um eine Schicksalsgemeinschaft[558]. Anknüpfungspunkt für die Zugehörigkeit zu dieser Ge-

---

548 Vgl. dazu bereits Kap. 1, B.III.4.a).

549 JELLINEK, S. 394 ff.

550 HERDEGEN, Völkerrecht, § 8, Rn. 5.

551 BERBER, Völkerrecht, Band I, §14b, S. 118.

552 EPPING in: IPSEN, Völkerrecht, § 5, Rn. 4; HERDEGEN, Völkerrecht, § 8, Rn. 5.

553 NIEDERMANN, Liechtenstein und Schweiz, S. 20, siehe auch schon Kap. 2, A.I.

554 CRAWFORD, Statehood, S. 114, im englischsprachigen Original: *„territorial entities"* und *„aggregates of individuals"*.

555 EPPING in: IPSEN, Völkerrecht, § 5, Rn. 5.

556 HERDEGEN, Völkerrecht, § 8, Rn. 6.

557 VERDROSS, Völkerrecht, S. 192.

558 NIEDERMANN, Liechtenstein und Schweiz, S. 22.

meinschaft ist grundsätzlich allein die Teilhabe an der gemeinsamen Rechtsordnung; eine gemeinsame sprachliche, kulturelle, ethnische, geschichtliche oder religiöse Basis ist nicht erforderlich[559]. Allerdings werden neben dem verfassungsrechtlichen Band in der Regel noch weitere Gemeinsamkeiten bestehen, da nur so die soziologischen Voraussetzungen für ein stabiles Staatsgebilde gegeben sein dürften[560]. Umstritten dabei ist, ob zum Staatsvolk nur die Staatsbürger zählen oder die gesamte Bevölkerung[561]. Ende 2003 verfügt das Fürstentum Liechtenstein über 34 294 Einwohner; davon sind allerdings 34 % Ausländer[562].

Somit verfügt Liechtenstein sowohl über Staatsgebiet als auch über Staatsvolk. Es stellt sich jedoch die Frage, ob die beiden Staatselemente in ausreichender Größe gegeben sind. Die entscheidende Vorfrage ist dabei, ob überhaupt Mindestgrößen für Staatsgebiet und –volk existieren. Die wohl überwältigende Mehrheit der Autoren lehnt eine solche Beschränkung staatlicher Größe *„nach unten"* mittels wie auch immer gewählter Bevölkerungsuntergrenzen ab[563]. Dabei wird argumentiert, dass es für die Staatlichkeit allein auf eine effektive Ausübung des dritten Staatselementes, der Staatsgewalt, ankomme[564]. Es bestehe schlicht kein Grund, kleinen Einheiten die Staatsqualität nur wegen ihrer Kleinheit abzusprechen. Sinnvoller sei es, danach zu fragen, ob das in Frage stehende Gebilde in der Lage ist, sich wie ein Staat im Sinne des Völkerrechts zu verhalten oder nicht[565]. Die Gegenansicht verlangt aber eine gewisse, nicht näher genannte Größe als Mindestvoraussetzung staatlicher Existenz. EHRHARDT unterteilt die Ansicht noch einmal in zwei Untermeinungen[566]. Eine davon finde sich in den Ausführungen O'CONNELLs, der aus

---

559 EPPING in: IPSEN, Völkerrecht, § 5, Rn. 5.

560 BERBER, Völkerrecht, Band I, § 14 a, S. 117, der sagt, dass das verfassungsrechtliche Band *„soziologisch durch das Vorhandensein anderer Bande zweifellos gestützt und intensiviert wird"*.

561 Darstellung der Auseinandersetzung bei NIEDERMANN, Liechtenstein und Schweiz, S. 22; allerdings stellt die überwältigende Mehrheit in der Literatur lediglich auf die Staatsangehörigkeit ab. Dafür beispielsweise: DAHM/DELBRÜCK/WOLFRUM, Band I/1, § 12 II 1, S. 127.

562 Die Daten sind einer offiziellen Homepage entnommen: http://www.liechtenstein.li.

563 CRAWFORD, Statehood, der ausdrücklich eine Untergrenze in bezug auf Staatsgebiet (S. 111) und Staatsvolk (S. 114) ablehnt; BERBER, Völkerrecht, Band I, § 14 a, S. 118, wendet sich gegen eine Mindestgröße des Staatsvolkes; nach JENNINGS/WATTS, OPPENHEIM´S INTERNATIONAL LAW, Band I, S. 121, kommt es nicht darauf an, ob *„the country is small or large"*; im selben Sinne DAHM/DELBRÜCK/WOLFRUM, Band I/1, § 12 II 2, S. 128.

564 Beispielhaft CRAWFORD, Statehood, S. 116, der eine *„effective government"* als *„central to claim for statehood"* ansieht.

565 So NIEDERMANN, Liechtenstein und Schweiz, S. 24.

566 EHRHARDT, Mikrostaaten, S. 31. ff, der aber die Frage der Mindestanforderung für die Staatlichkeit im Rahmen seiner Ausarbeitung zum Begriff des Mikrostaates diskutiert und so in unzulässiger Weise die Staatsdefinition mit einem willkürlich festgelegten Mikrostaatsbegriff verknüpft.

der Praxis der Vereinten Nationen den Schluss gezogen hat, dass danach die Größe von Gebiet und Bevölkerung von geringerer Bedeutung sei als Autonomie und Stabilität der Regierung, dass sich aber Autonomie und Größe nicht selten gegenseitig bedingen[567]. Die Aussage, dass letztlich fehlende Größe meist fehlende Autonomie bedinge, steht aber nicht in Widerspruch zur hier vertretenen herrschenden Ansicht, da die Effektivität der Staatsgewalt auch hier der ausschlaggebenden Ansatzpunkt bleibt. Die zweite Untermeinung, in der EHRHARDT den Ausgangspunkt für seine Mikrostaatentheorie sieht, hält Einheiten unterhalb einer bestimmten Größe in Bezug auf den Staatsbegriff schlicht für ein Aliud, da keine Ähnlichkeit mehr mit dem klassischen Nationalstaat festzustellen sei[568]. Hintergrund ist hier, wie behauptet wird, die fehlende tatsächliche Handlungsfähigkeit, die in eine rechtliche Unfähigkeit umschlägt und so den Kleinstaat der Fülle seiner Rechte beraubt[569]. Auch hier fällt auf, dass mit der fehlenden Handlungsfähigkeit letztlich nicht die Kleinheit als solche kritisiert wird, sondern dass der wahre Ansatzpunkt die Unfähigkeit darstellt, wie ein Staat zu agieren. So steht fest, dass auch die Gegenmeinung die Effektivität der Staatsgewalt diskutiert, dies nur am falschen Platz. Die Kleinheit an sich stellt also nach richtiger Ansicht kein Hindernis für die Staatlichkeit dar, schon weil die angebliche Gegenansicht keine sinnvollen Kriterien für eine Mindestgröße anbieten kann; in diesem Zusammenhang würden ohnehin dieselben Probleme auftauchen wie bei dem Versuch, die Begriffe *„Mikrostaat"* und Kleinstaat zu definieren[570]. Damit sind Staatsgebiet und Staatsvolk Liechtensteins im Sinne der Staatsdefinition ausreichend.

II. Staatsgewalt

Die Staatsgewalt stellt die *„organisatorische Klammer"* zwischen *„personellem und territorialem Substrat des Staates"* dar, indem sie sich im gleichen Maße auf das Staatsgebiet und das Staatsvolk bezieht[571].

1. Definition

Staatsgewalt umschreibt im Völkerrecht das souveräne Recht, Gewalt gegen Menschen und Sachen auszuüben, was sich in der Territorialhoheit gegenüber

---

567 O'CONNELL, International Law, Band I, S. 305, im englischen Original: *„However, the extent of population and territory seems to be of less significance in United Nations practice than degree of autonomy and stability of government, though, not infrequently autonomy is correlative with size"*.

568 EHRHARDT, Mikrostaat, S. 32.

569 So VELLAS, états exigus, S. 563, 574, der der Ansicht ist, dass die *„exiguïté"* eine *„incapacité physique"* und diese wiederum eine *„incapacité juridique"* bewirkt, *„qui prive l'état exigu de la plénitude de ses droits"*.

570 Vgl. Kap. 1, B.III. und IV.

571 HERDEGEN, Völkerrecht, § 8, Rn. 7.

Menschen und Dingen auf dem Staatsgebiet und in der Personalhoheit über die eigenen Staatsbürger niederschlägt[572]. Die Staatsgewalt muss effektiv sein, sie muss sich also tatsächlich durchgesetzt haben[573] und zudem von Dauer sein[574]. Hinsichtlich der konkreten Ausgestaltung der Staatsgewalt ist das Völkerrecht wertneutral und gibt der Effektivität Vorrang vor der Legitimität des Trägers der Staatsgewalt[575].

2. Verfasste Staatsgewalt

Zum Teil wird darüber hinaus gefordert, dass ein Staat *„verfasst"* sein, also über eine Rechtsordnung verfügen muss, und dass außerdem die notwendigen Zwangsmittel gegeben sein müssen, um die Einhaltung der Regeln dieser Ordnung garantieren zu können[576]. Zudem muss die Staatsgewalt eine gewisse Individualität aufweisen, sie muss sich von anderen Staatsgewalten unterscheiden, eine eigene Existenz besitzen[577].

Die Ausübung staatlicher Gewalt im Fürstentum Liechtenstein gründet heute auf der Landesverfassung vom 5. Oktober 1921[578]; zudem verfügt das Fürstentum über eine Rechtsordnung, die ihre Grundlage in der Verfassung hat. Dem Stufenbau der liechtensteinischen Rechtsordnung liegt das Prinzip des Vorbehaltes des Gesetzes zugrunde, wonach mittelbar alle staatlichen Akte in ihrer Legitimationskette auf die Verfassung zurückverfolgt werden können[579]. Zudem besitzt das Fürstentum eine umfassende Zivil-, Straf-, Verwaltungs- und Verfassungsgerichtsbarkeit[580]. Auch behauptet das Fürstentum seine Steuerhoheit und erhebt *„...eine Reihe verschiedenartiger direkter und indirekter Abgaben, Verkehrs-, Aufwand- und Konsumsteuern, sowie steuerähnlicher Gebühren und Taxen..."*[581]. Die Eigenständigkeit der liech-

---

572 SCHWEITZER, Staatsrecht III, Rn. 574.

573 EPPING in: IPSEN, Völkerrecht, § 5, Rn 10.

574 DAHM/DELBRÜCK/WOLFRUM, Band I/1, § 12 II 3 b, S. 129.

575 SCHWEITZER, Staatsrecht III, Rn. 575; mit demselben Ergebnis auch der IGH im *West-Sahara*-Fall, ICJ Recueil, 1975, S. 43/44: *„De l'avis de la Cour, aucune règle de droit international n'exige que l'Etat ait une structure déterminée, comme le prouve la diversité des structure étatiques qui existent actuellement dans le monde."*

576 So NIEDERMANN, Liechtenstein und Schweiz, S. 29, der auf die von KELSEN entwickelte Lehre hinweist.

577 Vgl. etwa DAHM/DELBRÜCK/WOLFRUM, Band I/1, § 12 II 3 a, S. 128.

578 LGBl. 1921, Nr. 15, verwendet wurde hier die Ausgabe der Regierungskanzlei *„Verfassung des Fürstentums Liechtenstein"* (LV), Vaduz, 1981; mehr zur liechtensteinischen Verfassungssituation in Kap. 3, C.II.

579 KIEBER, Verfassungs- und Verwaltungsaufbau, in: KRANZ, Fürstentum Liechtenstein – eine Dokumentation S. 51.

580 ALLGÄUER, Parlamentarische Kontrolle, S. 86.

581 MATT, Steuern in Liechtenstein, in: KRANZ, Fürstentum Liechtenstein – eine Dokumentation S. 98.

tensteinischen Rechtsordnung wird auch dadurch nicht beeinträchtigt, dass etwa im Zivilrecht mit dem Allgemeinen Bürgerlichen Gesetzbuch (= ABGB) auf eine österreichische Kodifikation zurückgegriffen wird[582]. Die zwangsweise Durchsetzung auf Grund dieser Rechtsordnung ergangener Anordnungen legislativer, exekutiver oder judikativer Natur wird durch das Fürstlich Liechtensteinische Sicherheitskorps garantiert, welches auf der Grundlage des Polizeigesetzes vom 30. Dezember 1932 geschaffen wurde; Unterstützung findet diese Polizei durch die im Jahre 1937 gegründete Hilfspolizei[583]. Insgesamt kann somit an der Existenz einer verfassten Staatsgewalt des Fürstentums Liechtenstein nicht gezweifelt werden. Ob diese als Voraussetzung für die Staatlichkeit überhaupt erforderlich ist, kann mithin dahinstehen.

3. Souveräne Staatsgewalt

Damit das Fürstentum Liechtenstein heute als Staat im Sinne des Völkerrechts begriffen werden kann, müsste seine Staatsgewalt effektiv sein, wobei die Voraussetzung der Effektivität der Staatsgewalt im Begriff der Souveränität terminologisch gefasst wird. Während an der Souveränität von großen Staaten in der Regel nicht gezweifelt wird[584], wurde sie im Falle des Fürstentums im Laufe dessen Geschichte oft bestritten. So erklärte der sowjetische Vertreter TSARAPKIN im Jahre 1949 im Sicherheitsrat der Vereinten Nationen, nachdem er einige Beschränkungen der liechtensteinischen Handlungsfähigkeit aufgezählt hatte, Folgendes: *„It may be asked: What then remains of the sovereignty of Liechtenstein? The answer is: nothing.'*[585] Angesichts dieser Worte besteht Anlass, sich eingehender mit der Frage der Souveränität des Fürstentums auseinanderzusetzen. Dafür ist es jedoch unerlässlich, sich über den Inhalt des abstrakten Begriffs der Souveränität Klarheit zu verschaffen.

a) Die Etymologie

Souveränität ist die eingedeutschte Form von *souveraineté*, das die französische Sprache schon seit dem 12. Jahrhundert kennt. Bereits im 11. Jahrhundert ist das auf eine Person zu beziehende Substantiv *sovrain* gebräuchlich[586], welches sich

---

[582] Das ABGB wurde in Liechtenstein auf Grund einer fürstlichen Verordnung vom 18. Februar 1812 in Kraft gesetzt (vgl. BRAUNEDER, 175 Jahre ABGB, S. 94). Nachdem dem Fürsten mit der Verfassung vom 26. September 1862 die Möglichkeit genommen war, fremde Gesetze in Liechtenstein einzuführen, war die Grundlage für eine selbständige Entwicklung liechtensteinischen Rechtes auch im Privatrecht gelegt (BRAUNEDER, 175 Jahre ABGB, S. 102).

[583] NIEDERMANN, Liechtenstein und Schweiz, S. 31, Details dazu bei BATLINER, Polizei, in: KRANZ, Fürstentum Liechtenstein – Eine Dokumentation, S. 68 ff.: danach bestand das Sicherheitskorps im Jahre 1978 aus 36 Beamten und 2 Verwaltungsangestellten, die Hilfspolizei verfügte über 29 Kräfte.

[584] Eine Ausnahme stellt hier sicherlich Deutschland nach 1945 dar.

[585] Zitiert nach KOHN, Sovereignty, S. 547.

[586] MALIN, Souveränität Liechtensteins, S. 8.

selbst aus dem spätlateinischen *superanus* entwickelt hat, einem Adjektiv, das der Präposition *super* (= *„oben"* bzw. *„darüber"*) zuzuordnen ist[587]. Damit wäre souverän, wer oben, an der Spitze steht. Im deutschen Sprachraum finden sich die Begriffe *souverän* und *Souveränität* seit dem späten 17. Jahrhundert. Obwohl im Schriftbild noch die französische Schreibweise vorherrscht, ist schon für diesen Zeitraum auch eine mit der heutigen deutschen Aussprache identische bezeugt[588]. Der Begriff *Souveränität* hält während des 17. und 18. Jahrhunderts auch verstärkt Einzug in das Vokabular deutscher Juristen und Philosophen[589].

b) Die Geschichte des Begriffs

Seine etymologische Herkunft hat den Begriff zwar gezeichnet[590], er unterlag aber inhaltlich einem stetigen Wandel und ist dabei *„...nicht frei von Dunkelheit und Widersprüchen..."*[591].

aa) Geschichtlicher Ausgangspunkt

Geschichtlicher Ausgangspunkt der Entwicklung des Souveränitätsbegriffes ist dabei das feudale Rechtssystem des frühen Mittelalters, das durch eine *„...reich gestufte Über- und Unterordnung von verschiedenen Lehensherren und Vasallen..."* geprägt war und an dessen Spitze der Kaiser stand; alle weltliche Gewalt war damit letztlich auf den Herrscher des durch KARL DEN GROßEN erneuerten Reiches (*sacrum imperium*) zurückzuführen[592]. Die Völker Europas sahen sich aber nicht einzig und allein mit dem Anspruch des Kaisers konfrontiert, sondern kämpften insgesamt gegen drei Mächte: das Reich, die Kirche und die Lehensträger[593]. Jede dieser drei Mächte wollte sich die nach Unabhängigkeit strebenden Territorien unterordnen. Der seit dem Jahre 800 mit dem Kaisertum verknüpfte Anspruch auf die Weltherrschaft[594] spiegelt sich in der Reichsidee wider, nach der sich die einzelnen Fürstentümer mit dem Status von untergeordneten Provinzen begnügen mussten[595]. Dieser Weltordnung liegt nach den Grundsätzen des mittelalterlichen Denkens eine Hierarchie zugrunde, die *„...in den Himmel..."* aufsteige und als deren *„Haupt"* und *„Urquell"*

---

587 BLOCH/V. WARTBURG, Dictionnaire étymologique, S. 604; KLUGE, Etymologisches Wörterbuch, S. 772.

588 GEBR. GRIMM, Deutsches Wörterbuch, Spalte 1822: verwendet beispielsweise FRIEDRICH SCHILLER das Adjektiv in *„Die Räuber"* im Sinne von *unumschränkt, selbstherrlich*, während das männliche Substantiv *Souverän* auf den Landesherren oder regierenden Fürsten Anwendung findet.

589 GEBR. GRIMM, Deutsches Wörterbuch, Spalte 1822.

590 MALIN, Souveränität Liechtensteins, S. 8.

591 BERBER, Völkerrecht, Band I, § 14 d., S. 121.

592 VERDROSS, Völkerrecht, S. 6.

593 MALIN, Souveränität Liechtensteins, S. 9.

594 VERDROSS, Festschrift von der Heydte, S. 703.

595 MALIN, Souveränität Liechtensteins, S. 9.

Gott selbst galt[596]. Auf Grund dieser Vorstellung versuchte aber auch die Kirche, ihren Einfluss auf die Herrschaftsverbände[597] des Reiches auszuüben[598]. Die dritte Macht, die zu dieser Zeit um Einfluss und Vorrang kämpfte, stellten die Feudalherren dar. Die Lehensträger fühlten sich autonom[599], da sie mit staatlicher Macht ausgerüstet waren, die sie nach Art von Privatbesitz behandeln konnten. *„[A]lle, die nicht unmittelbar vom Könige Lehen trugen, [waren] nicht diesem, sondern den Baronen zur Treue und Folge verpflichtet, und das Volk musste in erster Linie vor dem Gerichte des Seigneurs Recht nehmen"*[600].

bb) Aufkommen der Idee der Souveränität

Aus der Verteidigung gegen die unterschiedlichen Machtansprüche hat sich die Vorstellung der Souveränität entwickelt und mit ihr der eigentliche Staatsgedanke[601]. Wenn JELLINEK meint, der Begriff der Souveränität sei zunächst defensiver Natur gewesen[602], spielt er darauf an, dass die Landesherren sich anfangs nur gegen die starke Einflussnahme von außen durch Papst und Kaiser und von innen durch die Feudalherren zur Wehr setzen wollten. Erst später, nachdem die Spitze der alten Hierarchie, Reich und Kirche als weltliche Macht, zusehends verblasst war[603], traten die Fürsten offensiver auf. Die neue Staatsdoktrin spiegelt sich in dem Satz *„rex est imperator in regno suo"* wider, der vom 13. Jahrhundert an *„locus communis der französischen Staatstheorie"* war[604]. Aus dieser Formulierung wird erkennbar, wie die Fürsten die Macht, die ursprünglich dem Kaiser zustand, zunehmend für sich

---

596 V. D. HEYDTE, Geburtsstunde, S. 14/15, der dort selbst einen anonymen Schriftsteller zitiert, der sich zur *Constitutio Clerecis laicos* äußert. V. D. HEYDTE gibt dafür als Quelle an: SCHOLZ, RICHARD, Die Publizistik zur Zeit Philipps des Schönen und Bonifaz' VIII., Stuttgart, 1903, S. 474 f.

597 V. D. HEYDTE, Geburtsstunde, S. 41: danach sei im Mittelalter des 10.-12. Jahrhunderts noch nicht von Staaten zu sprechen.

598 JELLINEK, S. 440; V. D. HEYDTE, Geburtsstunde, S. 42, spricht in diesem Zusammenhang von der *„irdischen bicephale oberste Stufe"* der Hierarchie, die in den Personen von Papst und Kaiser verkörpert waren, die jedoch untereinander wiederum um den Vorrang stritten.

599 MALIN, Souveränität Liechtensteins, S. 9.

600 JELLINEK, S. 447.

601 MALIN, Souveränität Liechtensteins, S. 9.

602 JELLINEK, S. 441.

603 V. D. HEYDTE, Geburtsstunde, S. 42.

604 QUARITSCH, S. 81; zur Vorgeschichte vgl. beim selben Autor S. 80: Papst INNOCENZ III. hatte zunächst in der Dekretale *„per venerabilem"* an den Grafen VON MONTPELLIER aus dem Jahre 1202 wohl nur etwas unbedacht in einem Nebensatz eingestanden: *„...cum rex ipse superiorem in temporalibus minime recognoscat"*. Einmal in den *Corpus Iuris Canonici* aufgenommen, verselbständigte sich die Grundidee bzw. -aussage über die Jahrhunderte; sehr ausführlich zum Begriff des *„Fürsten, der sich selbst und in seinem Königreich Kaiser ist"*: V. D. HEYDTE, Geburtsstunde, S. 82 ff.

selbst beanspruchten[605]. Dieses neue, in Frankreich[606] entwickelte Selbstbewusstsein wurde kurz darauf auch in England und in vielen anderen Ländern Europas aufgegriffen, in Deutschland allerdings erst Ende des 14. Jahrhunderts[607]. Das Reich bleibt dabei zwar von der Konzeption her weiter unangetastet, jedoch widerspricht dies den tatsächlichen Gegebenheiten. Der französische König sah sich nicht gehindert, die kaiserliche Oberhoheit direkt zu leugnen[608]. Insgesamt war damit der Siegeszug der landesherrlichen Souveränität nicht mehr aufzuhalten.

cc) Der Souveränitätsbegriff des Jean Bodin

Von den ersten Versuchen, den Begriff der Souveränität definitorisch zu erfassen, ist der Ansatz BODINs in *„de republica libri sex"* besonders hervorzuheben. Darin umschreibt der Autor den Souveränitätsgedanken mit *„maiestas est summa in cives ac subditos legibusque soluta potestas"*[609]. Berühmt ist die Definition, weil der Autor in der französischen Version des Werkes zum ersten Mal[610] das Substantiv *souveraineté* tatsächlich benutzt[611]. BODIN zufolge ist der Fürst nach außen dann souverän, wenn er sich nicht einer Gesetzgebungsgewalt eines anderen unterordnen muss[612]. Jedoch sieht der Autor dabei die *summa potestas* durch göttliches und natürliches Recht beschränkt und zudem dem Völkerrecht unterworfen[613]. Während beim Begriff der Souveränität, so wie ihn BODIN verwendet, dessen negative Natur, das heißt die Freiheit von Papst, Kaiser und Ständen, im Vordergrund steht, wird der

---

605 V. D. HEYDTE, Geburtsstunde, S. 43.

606 In Frankreich schließlich setzte sich der König gegen alle drei genannten Mächte durch. Zunächst verloren die Barone ihre Sonderrechte (MALIN, Souveränität Liechtensteins, S. 9). Aber nicht nur die Feudalherren mussten der erstarkten Kraft des französischen Königtums weichen; die Tatsache, dass die Päpste ab dem 1309 für mehr als ein halbes Jahrhundert in Avignon residierten, gewissermaßen als Protegés des französischen Königs (QUARITSCH, S. 73), zeigt, dass auch die Kirche im Machtkampf unterlegen war (JELLINEK, S. 441; auf S. 449 spricht der Autor in diesem Zusammenhang vom *„tiefen Fall des Papsttums in der avignonschen Zeit")*.

607 VERDROSS, Festschrift für v. d. Heydte, S. 703; zur Entwicklung im einzelnen in Frankreich, England und Deutschland vgl. Die detaillierte Darstellung bei V. D. HEYDTE, Geburtsstunde, S. 62 ff., 69 ff. und 74 ff.

608 JELLINEK, S. 443.

609 JEAN BODIN (1530-1596), *de republica libri sex*, 1586, Auflage von Frankfurt/Main, 1594, Buch I, Kap. 8, S. 123, zitiert nach: WILDHABER, S. 137.

610 dies stellen ausdrücklich heraus: VERDROSS, Festschrift für v. d. Heydte, S. 704; JELLINEK, S. 453.

611 JEAN BODIN, Les six livres de la République, 1576, Auflage von Paris, 1583, Buch I, Kap. 8, page 122: *„La souveraineté est la puissance absolue et perpetuelle d'une République."*, zitiert nach: WILDHABER, S. 137.

612 JEAN BODIN, *de republica libri sex*, 1586, Auflage von Frankfurt/Main, 1594, Buch I, Kap. 9, S. 169: *„Diximus iura maiestatis eum habere qui post Deum immortalem subditos sit nemini"*, zitiert nach: WILDHABER, S. 137.

613 VERDROSS, Festschrift für v. d. Heydte, S. 704; FLEINER-GERSTER, § 14, Rn. 22.

Begriff in der Folgezeit positiv ausgefüllt[614]. Der Gedanke der Souveränität wird mit dem Begriff der Staatsgewalt verknüpft. Als Ergebnis beginnt man, alle Rechte, die der König für sich reklamierte, als Merkmale der Souveränität anzusehen[615]. Angesichts der Tatsache, dass die Konzentration der Macht in einer starken Hand für die Emanzipation selbständiger Staaten notwendig wurde, war es *„...fast selbstverständlich, dass die Souveränität zuvörderst auf den Monarchen bezogen...“* wurde[616]. Diese Entwicklung führte dazu, dass am Ausgang des Hochmittelalters Souveränität als *Fürstensouveränität* verstanden wurde[617].

dd) Die Souveränität im Absolutismus

Auf der Grundlage der Philosophie von HOBBES[618] und MACHIAVELLI[619] überwindet der Souveränitätsbegriff seine letzten Beschränkungen. Während BODIN noch die fürstliche Souveränität an göttliches und natürliches Recht gebunden sieht, setzt sich auf dem europäischen Festland nun das *„Gottesgnadentum der absoluten Monarchen-Souveränität“* durch, das dem Fürsten vorbehaltslose Machtvollkommenheit (*plenitudo potestatis* bzw. *plénitude de puissance*) zuspricht[620]. HOBBES sieht als Grundlage des umfassenden Herrschaftsrechts der Fürsten eine Art Gesellschaftsvertrag, wonach die eigentlich im Volke innewohnende souveräne Gewalt auf den Herrscher übertragen wird. So werde jede Handlung des Fürsten zu einer Handlung auch jedes Untertanen, was für HOBBES bedeutet, dass sich der Herrscher niemals einer Ungerechtigkeit schuldig machen kann[621]. Mag diese vielleicht nur vor dem *„...Hintergrund pessimistischer Bürgerkriegserfahrungen...“* verständliche *„...wahrhaft furchterregende Theorie...“* für die verfassungsgeschichtliche Bedeutung im Reich *„...mit einiger Vorsicht zu beurteilen...“* und dort auch allgemein abgelehnt worden sein[622], so wird darin doch der im Absolutismus einsetzende *„...Wandel hin zur Volkssouveränität...‘*[623] deutlich. Die Staatsgewalt ging dabei nur theoretisch vom

---

614 JELLINEK, S. 453 f.

615 MALIN, Souveränität Liechtensteins, S. 10.

616 JELLINEK, S. 455.

617 So wörtlich: BRAND, S. 26; MALIN, Souveränität Liechtensteins, S. 11; IPSEN in: IPSEN, Völkerrecht, § 2, Rn. 14, der dazu vermerkt: *„Wohlgemerkt: Es ist der Fürst und nicht der Staat, der souverän ist.“*

618 THOMAS HOBBES (1588-1679), zu dem MALIN (Souveränität Liechtensteins, S. 10) sagt: *„So trieb der nominalistisch- rationalistische Hobbes die Fürstensouveränität ins Absolute vor.“*

619 JELLINEK (S. 455) fasst die Grundlage der Theorie MACHIAVELLIs folgendermaßen zusammen: *„...eine fürstliche Gewalt, die rücksichtslos nur den eigenen Willen gelten lassen will, alles zerschmetternd, was sich ihr in den Weg stellt.“*

620 WILDHABER, S. 135, der als Quelle der von ihm verwendeten Begrifflichkeiten angibt: L´OYSEAU, CHARLES, Livre des Seigneuries, Paris, 1641, chap. II, Ziffer 8, S. 15.

621 BRAND, S. 24.

622 So WILLOWEIT, Verfassungsgeschichte, § 22 III, S. 171.

623 Nach BRAND, S. 26.

Volk aus; der Gedanke der Volkssouveränität basierte ursprünglich nicht auf demokratischen Idee[624]. Allerdings muss das Schrifttum der Zeit differenziert gesehen werden. HOBBES ist nur als Extremmeinung zu verstehen. Vor allem im Reich sah die naturrechtliche Literatur, etwa vertreten durch PUFENDORF (1632-1694), GROTIUS (1583-1645), THOMASIUS (1655-1728) und LEIBNIZ (1646-1716), die Gewalt der Herrscher als nach wie vor beschränkt an[625].

In die Zeit des Absolutismus fällt auch das Ende des Dreißigjährigen Krieges. Im Westfälischen Frieden von 1648 bildet nicht mehr nur die Heiligkeit des Reiches die Legitimation für die neue Ordnung, sondern *„...völkerrechtliche Bindungen, die auch wesentliche innerdeutsche Verhältnisse erfassten und der souveränen Rechtsnatur des Reiches entzogen...‘*[626]. Damit beginnt das Zeitalter des vom Begriff der staatlichen Souveränität geprägten sog. klassischen Völkerrechts[627].

ee) Die Souveränität und die Ideen der Aufklärung

Erst mit den Ideen der Aufklärung gewinnt die Lehre von der Volkssouveränität eine neue Prägung[628]. Der Lehre ROUSSEAUs[629] über den Gesellschaftsvertrag (*contrat social*) liegt eine Souveränität als Ausübung des Allgemeinwillens (*volonté générale*) zugrunde. Für ROUSSEAU ist ganz eindeutig das Volk der Souverän; dieses neue Verständnis hat die Französische Revolution und die Verfassung der Vereinigten Staaten von Amerika erst möglich gemacht[630]. In Europa ändern sich die Verhältnisse jedoch zunächst nicht grundlegend. Denn in der Zeit der Restauration erlitt der Gedanke einer demokratischen Volkssouveränität einen schweren Rückschlag, als die Lehre vom monarchischen Prinzip[631] *„...auf dem Gebiete der praktischen Politik bedeutsame Triumphe...“* feierte[632]. Andererseits ist die Souveränität des Monarchen bereits konstitutionell beschränkt[633], das Königtum ist somit selbst während der Restauration gezwungen, das Volk an den Souveränitätsrechten teilhaben zu

---

624 HERZOG, in MAUNZ / DÜRIG, Grundgesetz Kommentar, Art. 20, Abschnitt II, Rn. 35; BRAND, S. 26.

625 WILLOWEIT, Verfassungsgeschichte, §22 III, der die sog. Klassischen Naturrechtler informativ und detailliert vorstellt.

626 WILLOWEIT, Verfassungsgeschichte, § 21 II 1, S. 160.

627 BRAND, S. 26.

628 So BRAND, S. 26.

629 JEAN-JACQUES ROUSSEAU (1712-1778), *Du contrat social ou principes du droit politique*, Genf, 1762; Deutsche Übersetzung: Der Gesellschaftsvertrag oder Grundsätze des Staatsrechts, Nachdruck der Ausgabe von 1986, Stuttgart, 1991, zitiert nach BRAND, S. 26, Fußnote 88.

630 JELLINEK, S. 466; BRAND, S. 27.

631 Hierzu sehr instruktiv: WILLOWEIT, § 29 III 1, S 247.

632 JELLINEK, S. 466.

633 JELLINEK, S. 472.

lassen[634]. Im Konstitutionalismus des 19. Jahrhunderts gewinnt schließlich die Idee der Staatssouveränität an Stärke. Darunter fasst man das Phänomen, dass der Staat als Verbandseinheit Rechtspersönlichkeit gewinnt, der Monarch dagegen zum Organ des Staates wird[635].

ff) Die Souveränität an der Schwelle zum 20. Jahrhundert

Die durch die Begründung des Deutschen Reiches verschärfte Konkurrenzsituation zwischen den europäischen Nationalstaaten führt zu einer Zurückdrängung des vor allem im deutschsprachigen Raum verwurzelten naturrechtlichen Erbes[636]. Der *„imperialistische Machtstaat des ausgehenden 19. und des beginnenden 20. Jahrhunderts“* betont wieder die der Souveränität immanente *„Abwehrfunktion“*, mit der im Hochmittelalter die Entwicklung des Begriffes auch begonnen hatte[637]. Da jedoch, anders als bei BODIN, in zunehmendem Maße die bindende Kraft des Völkerrechts geleugnet wurde, führt ein überspitztes Souveränitätsstreben zur Herausbildung des absoluten Souveränitätsbegriffs[638]. Positiv formuliert ist danach ein Staat nach außen souverän, wenn der Machthaber *„...selbst und eindeutig bestimmen kann, ob und wie lange er eine bestimmte Völkerrechtsregel im Verhältnis zu anderen Völkerrechtssubjekten anwenden will.“*[639] Dieses Verständnis des Souveränitätsbegriffes war sicherlich Mitursache für den Ausbruch des Ersten, aber auch des Zweiten Weltkrieges[640].

---

634 MALIN, Souveränität Liechtensteins, S. 11.

635 IPSEN in: IPSEN, Völkerrecht, § 2, Rn. 19. Der Schweizer VATTEL (EMERIC DE VATTEL, Le droit des gens, Tome I, Neuchâtel, 1777, livre I, chap. I, § 2, S. 29 f.; zitiert nach: RANDELZHOFER, Staatsgewalt und Souveränität, Rn. 20, Fn. 56) spricht als Erster dem Staat die höchste Gewalt zu, aber erst HEGEL (GEORG WILHELM FRIEDRICH HEGEL, Grundlinien der Philosophie des Rechts, in: Sämtliche Werke, Bd. 7, 1952, § 278, S. 379, zitiert nach RANDELZHOFER, Staatsgewalt und Souveränität, Rn. 20, Fn. 57) sieht den Staat als Willenssubjekt, als Person im Rechtssinne an. Herrschend wird die Lehre von der Staatspersönlichkeit jedoch erst unter dem Einfluss von GERBER (CARL FRIEDRICH VON GERBER, Grundzüge eines Systems des deutschen Staatsrechts, 1880, S. 22, zitiert nach RANDELZHOFER, Staatsgewalt und Souveränität, Rn. 59, Fn. 59).

636 Vgl. WILLOWEIT, § 22 III, der feststellt, dass im Reich selbst unter den Anhängern des Absolutismus eher eine Affinität zu Modellen festzustellen war, die mit dem von HOBBES kontrastierten.

637 IPSEN in: IPSEN, Völkerrecht, § 2, Rn. 20.

638 RANDELZHOFER, Staatsgewalt und Souveränität, Rn. 5.

639 SEIDL-HOHENVELDERN/STEIN, Völkerrecht, § 2, Rn. 5.

640 RANDELZHOFER, Staatsgewalt und Souveränität, Rn. 6, der hier nicht seine Meinung äußert, sondern auf die Ansicht anderer verweist.

c) Der Begriff der Souveränität in der Gegenwart

aa) Kritik und Unverzichtbarkeit

Die Kritik am Begriff der Souveränität war vielfältig. Ihm fehle es grundsätzlich an wissenschaftlicher Klarheit[641]. Ferner sei die These des absoluten Souveränitätsbegriffes, wonach ein Rechtssubjekt vom Recht unabhängig sei, unlogisch. Außerdem widerspreche dies soziologisch-politischer Wirklichkeit. Der Begriff, das hatten die Weltkriege gezeigt, stelle eine Gefährdung für die internationalen Beziehungen, den Fortschritt und die Einhaltung des Völkerrechts dar[642]. Die Kritik führte bis zu der Forderung, den Begriff der Souveränität durch andere Begriffe zu ersetzen oder ganz auf ihn zu verzichten[643]. Auch mit fortschreitender europäischer Integration wird für den europäischen Raum ein *„...notwendiger Abschied vom Begriff der Souveränität..."* propagiert[644], wohingegen derartige Ansätze von anderen Stimmen in der Literatur schlicht einer *„idealistischen Grundhaltung"* zugeschrieben werden, die *„...vor den Realitäten des internationalen politischen Alltags als utopisch erscheinen..."* müsse[645].

In der Tat hat die Rechtswissenschaft der Gegenwart die Souveränität als Begriff nicht aufgegeben. Erkennbar wird dies schon an der Präsenz des Begriffes in einem der wichtigsten völkerrechtlichen Verträge überhaupt, der Satzung der Vereinten Nationen[646]. Die Weiterverwendung des Begriffes entspricht schlicht den Anforderungen der Realität, da mangels Herausbildung einer weltumfassenden staatlichen Struktur das internationale System auch in Zukunft ein zwischenstaatliches bleiben wird[647]. In diesem Rahmen müssen Staaten weiterhin die Möglichkeiten haben, sich vor Eingriffen von außen zu schützen[648]. Auch ist die Souveränität weiterhin ein unverzichtbarer Rechtsbegriff, da er wie kein anderer noch am besten geeignet ist, die internationale Stellung eines Gemeinwesens zu kennzeichnen[649].

641 So BLUMENWITZ, Wiedererlangung, S. 133 mit Verweis auf FENWICK, Charles, International Law, 1948, S. 106; RANDELZHOFER, Staatsgewalt und Souveränität, Rn. 1, spricht dem Begriff der Souveränität allgemein anerkannte Konturen ab.

642 BERBER, Völkerrecht, Band I, § 14 d, S. 122 f.

643 Vgl. BRAND, S. 30.

644 Beispielhaft: DENNINGER, Vom Ende nationalstaatlicher Souveränität in Europa, S. 1125; der Autor reagiert mit dem Beitrag hauptsächlich auf die sog. Europa-Rede, die der deutsche Außenminister Joschka Fischer am 12. Mai 2000 in der Berliner Humboldt-Universität gehalten hat.

645 Beispielhaft: EISELE, Die Zukunft des Staates zwischen Souveränität und Supranationalität, S. 94.

646 Art. 2 Ziff. 1 SVN: *„Die Organisation beruht auf dem Grundsatz der souveränen Gleichheit aller ihrer Mitglieder."*

647 RANDELZHOFER, Staatsgewalt und Souveränität, Rn. 12, der das Kapitel bezüglich der Fortführung des Begriffes der Souveränität mit *„Das bleibende Problem"* überschreibt.

648 FUCHS, S. 184; QUARITSCH, S. 277 ff.; RAAP, Souveränität, S. 16.

649 RAAP, Souveränität, S. 14.

Die Versuche, den Begriff etwa durch *„Völkerrechtsunmittelbarkeit"*[650] oder *„Unabhängigkeit"*[651] zu ersetzen, müssen als Ergebnis eines *„fruchtlosen Streites um Begriffe"*[652] abgelehnt werden, der das mit *Souveränität* traditionell umschriebene Problem keiner Lösung zuführt[653]. Berechtigt allerdings erscheint die Kritik an den *„...mit ihm zeitweise und partiell verbundenen Überspitzungen und Mißdeutungen..."*[654], wie sie vor allem im zeitlichen Umfeld der Weltkriege zu konstatieren waren.

bb) Die Unterscheidung von innerer und äußerer Souveränität

Damit ist aber noch nicht geklärt, wie der Begriff der Souveränität nach modernem Verständnis auszufüllen ist. Allgemein anerkannt ist zunächst zweifellos die Unterscheidung zwischen äußerer und innerer Souveränität[655], gleichbedeutend mit der Unterscheidung zwischen der *Souveränität des Staates* (äußere Souveränität) als Träger der Staatsgewalt und der *Souveränität des Trägers der Staatsgewalt* (innere Souveränität)[656]. Die Souveränität nach außen manifestiert sich in der Unabhängigkeit, nach innen in der Selbstregierung[657]. Dabei darf nicht übersehen werden, dass die Unterscheidung zwar begrifflich möglich und angezeigt ist, dass damit aber *„...nur zwei Aspekte einer Sache angesprochen sind, die unlöslich miteinander verknüpft sind"*[658]. Innere und äußere Souveränität setzen sich gegenseitig voraus. Trotzdem ist die saubere Trennung der Souveränität des Staates von der Souveränität im Staat für eine genaue Begriffsbestimmung unerläßlich[659].

cc) Die äußere Souveränität

Im völkerrechtlichen Bereich ist lediglich die Souveränität des Staates als Völkerrechtssubjekt von Interesse[660]. Da in der vorliegenden Arbeit die Darstellung des Fürstentums Liechtenstein als Völkerrechtssubjekt im Vordergrund steht, soll hier vorrangig auf den Begriff der äußeren Souveränität näher eingegangen werden.

---

650 So KELSEN, Souveränität, in: STRUPP / SCHLOCHAUER, WbVR, Band III, S. 281.

651 So BERBER, Völkerrecht, Band I, § 14 d, S. 124.

652 So BRAND, S. 31.

653 RANDELZHOFER, Staatsgewalt und Souveränität, Rn. 8.

654 RANDELZHOFER, Staatsgewalt und Souveränität, Rn. 8.

655 In diesem Sinne: DAGTOGLOU, Souveränität, Spalte 3160; DAHM/DELBRÜCK/WOLFRUM, Band I/1, § 23 I, S. 214f.; SCHWEITZER, Staatsrecht III, Rn. 574; RANDELZHOFER, Staatsgewalt und Souveränität, Rn. 23; BRAND, S. 35.

656 BERBER, Völkerrecht, Band I, § 14 d, S. 121; BLUMENWITZ, Wiedererlangung, S. 133.

657 SCHWEITZER, Staatsrecht III, Rn. 574.

658 RANDELZHOFER, Staatsgewalt und Souveränität, Rn. 24.

659 RANDELZHOFER, Staatsgewalt und Souveränität, Rn. 4.

660 So BLUMENWITZ, Wiedererlangung, S. 133; ebenso, nur nicht in derselben Deutlichkeit: BERBER, Völkerrecht, Band I, § 14 d, S. 121; DAGTOGLOU, Souveränität, Spalte 3163, der den Begriff der *„völkerrechtlichen Souveränität"* als Synonym für *„äußere Souveränität"* gebraucht.

(1). Relative Souveränität

Der Begriff der Souveränität in seiner *absoluten* Ausprägung gilt in der Rechtswissenschaft heute als überwunden. Es besteht *„weltweite Übereinstimmung"* darüber, dass auch der souveräne Staat den für ihn unabänderlichen Regeln unterworfen bleibt[661]. Danach beschreibt der Begriff der Souveränität eine *relativ* höchste Gewalt unter dem Recht[662]. SEIDL-HOHENVELDERN führt deshalb den Begriff der *„relativen Souveränität"* ein[663]. Die äußere Souveränität in der relativen Ausgestaltung wird heute allgemein grundsätzlich als *Völkerrechtsunmittelbarkeit* umschrieben[664].

(2). Formelle Souveränitätstheorie

Umstritten ist allerdings, ob zu diesem formellen Kriterium der Völkerrechtsunmittelbarkeit ein weiteres materielles zu treten hat (im folgenden: materielle Theorie) oder nicht (im folgenden: formelle Theorie). Die Vertreter der formellen Theorie[665] begnügen sich mit dem Erfordernis der Völkerrechtsunmittelbarkeit und sehen einen Staat solange als souverän an, als er beim Abschluss völkerrechtlicher Verträge selbst Partei ist und verneinen die Souveränität erst, wenn die Beziehungen zu anderen Staaten nicht mehr dem Völkerrecht zuzuordnen sind. KELSEN sagt dazu: *„Kein Inhalt kann nach Völkerrecht aus einer durch Staatenvertrag erzeugten Norm aus dem Grunde ausgeschlossen werden, weil er mit der Natur des vertragschließenden Staates, insbesondere mit seiner Souveränität, unvereinbar sei"*[666]. Die formelle Theorie findet eine Stütze in der Rechtsprechung der internationalen Gerichtsbarkeit. Schon der Ständige Internationale Gerichtshof stellte 1923 bezüglich des *Wimbledon*-Falles fest, dass der Abschluss eines völkerrechtlichen Vertrages in keinem Fall die Aufgabe der staatlichen Souveränität darstellen könne. Die Fähigkeit, völkerrechtliche Verträge abzuschließen, sei gerade Ausdruck der Souveränität[667]. Der Internationale Gerichtshof ging auch in der Folge nicht von dieser Rechtsprechung ab. Er sieht in zwei Fällen kein Problem darin, die Souveränität eines Staates zu bejahen, obwohl

---

661 SEIDL-HOHENVELDERN/STEIN, Völkerrecht, § 2, Rn. 6 f.

662 DAHM/DELBRÜCK/WOLFRUM, Band I/1, § 23 I, S. 215.

663 SEIDL-HOHENVELDERN/STEIN, Völkerrecht, § 2, Rn. 7.

664 RANDELZHOFER, Staatsgewalt und Souveränität, Rn. 25; SEIDL-HOHENVELDERN/STEIN, Völkerrecht, § 2, Rn. 8; DAGTOGLOU, Souveränität, Spalte 3163.

665 KELSEN, Souveränität, in: STRUPP / SCHLOCHAUER, WbVR, Band III, S. 283; mit Einschränkungen: VERDROSS, Festschrift für v. d. Heydte, S. 706; MARSCHALL VON BIEBERSTEIN, Anerkennung, S. 97, Fn. 125, 2. UA, der auf der Basis der formellen Theorie die Souveränität der DDR bejaht hat.

666 KELSEN, Souveränität, in: STRUPP / SCHLOCHAUER, WbVR, Band III, S. 283.

667 Recueil des arrêts, Publication de la Cour Permanente de Justice Internationale (im folgenden: Recueil StIGH), Serie A, Nr. 1, S. 25: *„La cour se refuse à voir dans la conclusion d'un traité quelconque, par lequel un Etat s'engage à faire quelque chose, un abandon de sa souveraineté. (...) Mais la faculté de contracter des engagements internationaux est précisement un attribut de la souveraineté de l'Etat"*; vgl. auch Recueil StIGH, Serie B, Nr. 10, S. 21, StIGH, Serie B, Nr. 14, S. 36.

gerade die im völkerrechtlichen Verkehr besonders wichtige Außenpolitik ganz oder zumindest teilweise vertraglich auf einen anderen Staat übertragen war[668]. Für die formelle Theorie wird angeführt, dass die Berücksichtigung von materiellen Argumenten, wie ökonomischen oder militärisch-hegemonialen Abhängigkeiten, schwer zu fassen ist[669], und dass, berücksichtigt man jegliche Form der Abhängigkeit, noch nicht einmal die Großmächte souverän wären[670].

Die formelle Theorie sieht sich aber starker Kritik ausgesetzt. Letztendlich bietet sie keinen Ansatz, der das Problem der Souveränität zufriedenstellend löst[671]. Gerade für Grenzfälle[672] werden dem Rechtsanwender keine Unterscheidungskriterien an die Hand gegeben. Dass aber nicht jegliche vertragliche Übertragung auf die Staatsgewalt eines anderen Staates noch mit dem Begriff Souveränität vereinbar sein kann, ergibt sich schon aus der Tatsache, dass sich die Souveränität nach außen als *„Unabhängigkeit"* manifestiert. Ordnet sich ein Staat einem anderen vollständig unter, kann diese Konstellation jedoch nicht mehr mit dem Prädikat *„unabhängig"* versehen werden. Dass die Souveränität ab einer gewissen Tiefe der vertraglichen Bindung nicht mehr bejaht werden kann, erkennen auch die Vertreter der formellen Theorie. Sie behelfen sich in solchen Fällen mit Begriffen wie *„Scheinsouveränität"*[673] oder *„Halbsouveränität"*[674].

(3). Die materielle Souveränitätstheorie

Die materielle Theorie verlangt auf Grund der Schwächen der formellen Theorie neben der Völkerrechtsunmittelbarkeit eine zusätzliche materielle Komponente. Jedoch sind Ansätze, die in diesem Rahmen lediglich auf ökonomische und weltan-

---

668 *Ressortissants des Etat-Unis au Maroc*, Recueil des arrêts, avis consultatifs et ordonnances de la Cour Internationale de Justice (im folgenden: Recueil IGH), 1952, S. 188; *Affaire Nottebohm*, Recueil IGH, 1955, S. 20; zum *Nottebohm*-Fall vgl. Kap. 5, B.II. und Kap. 5, C.III.1.

669 MARSCHALL VON BIEBERSTEIN, Anerkennung, S. 97, Fn. 125, UA 3, a. E.

670 DAGTOGLOU, Souveränität, Spalte 3164.

671 So auch RAAP, Souveränität, S. 18.

672 Bestes Beispiel sind die Protektorate, die zwar auf völkerrechtlichen Vertrag beruhen, auf Grund dessen der protegierte Staat jedoch verpflichtet ist, *„alle oder bestimmte Akte seines Staatslebens, insbesondere auch auf dem Gebiet seiner Beziehungen zu dritten Staaten, nur mit Zustimmung der Protektoratsmacht vorzunehmen"* (SEIDL-HOHENVELDERN/STEIN, Völkerrecht, § 46, Rn. 735). Diese Protektorate werden von der formellen Theorie als souverän eingestuft (vgl. schon Recueil IGH, 1952, S. 188 für das französische Protektorat über Marokko auf Grund des Vertrages vom 20. März 1912), während sie die allgemeine Vorstellung nicht als souverän ansieht (vgl. Darstellung bei RAAP, Souveränität, S. 19).

673 VERDROSS, Festschrift für v. d. Heydte, S. 706.

674 DAGTOGLOU, Souveränität, Spalte 3164, der auf die von MOSER begründete Theorie der halbsouveränen Staaten hinweist, sie aber selbst ablehnt.

schaulich Aspekte abstellen, abzulehnen[675]. Derartige Unterscheidungen sind schon *„...mangels Ideologiengleichheit illusorisch...“*[676]. Denn ließe man jegliche faktische Einflussnahme fremder Staaten für eine Beeinträchtigung der Souveränität ausreichen, käme man in der Tat zum Ergebnis, dass letztlich kein Staat souverän wäre[677]. Aus diesem Grunde beschränkt sich die Mehrheit der Vertreter der materiellen Theorie[678] auf die Auslegung der völkerrechtlichen Verträge des zu untersuchenden Gemeinwesens, gewissermaßen als *„formalrechtlich fassbare Größen“*, wobei aber auf einen *„...Seitenblick auf die tatsächlichen, rechtlichen nicht weiter fassbaren Abhängigkeitsverhältnisse...“* nicht verzichtet werden kann[679]. Das tatsächliche Maß der Selbstbestimmung eines Staates wird in der Literatur zum Teil als *„Politische Souveränität“*[680] bezeichnet, das Phänomen von faktischen Bindungen über Ländergrenzen hinweg wird mit dem Begriff *„Interdependenz“*[681] umschrieben.

Dabei ist aber auch für diese eingeschränkte materielle Theorie noch nicht geklärt, in welchem Maße ein Staat sich letztendlich binden darf, ohne die Souveränität zu verlieren. Eine Beschränkung auf vertraglicher Basis spricht jedenfalls nicht schon von vornherein gegen die Souveränität des Staates, der die vertragliche Bindung eingegangen ist[682]. Die Anforderungen an die Souveränität werden jedoch von den Vertretern der materiellen Theorie auf vielfältige Weise unterschiedlich formuliert. VERDROSS sieht die rechtliche Souveränität solange als gegeben an, wie der Staat sich *„...selbst regiert und nicht der Befehlsgewalt eines anderen Staates unterworfen...“* ist[683]. Dasselbe meinen die Autoren von DAHM/DELBRÜCK/WOLFRUM, wenn sie verlangen, dass einem souveränen Staat die *„Fülle der staatlichen Hoheitsgewalt“* obliegt. Danach verliert ein Staat seine Souveränität, wenn er *„...wesentliche Funktionen der Staatsgewalt...“* aufgibt[684]. BERBER und RANDELZHOFER geben die Grenze der Souveränität dort an, *„...wo durch einen Vertrag begründete Einschränkungen der Handlungsfreiheit die Substanz der Verfassungshoheit selbst ergreifen.“*[685] SEIDL-HOHENVELDERN

---

675 Vgl. dazu aber beispielsweise V. D. HEYDTE, Deutsche Rechtslage, S. 147, 148, der der DDR ganz in der Diktion des kalten Krieges die Souveränität auf Grund von wirtschaftlichen und parteipolitischen Gründen absprechen wollte.

676 BLUMENWITZ, Friedensvertrag, S. 107; vgl. auch BLUMENWITZ, Wiedererlangung, S. 134.

677 RANDELZHOFER, Staatsgewalt und Souveränität, Rn. 702/703.

678 DAHM/DELBRÜCK/WOLFRUM, Band I/1, § 24; BERBER, Völkerrecht, Band I, § 14 d, S. 123ff. (126/127), § 18; DAGTOGLOU, Souveränität, Spalte 3164; GUGGENHEIM, Völkerrecht, S. 165/166.

679 BLUMENWITZ, Wiedererlangung, S. 134.

680 So etwa NIEDERMANN, Liechtenstein und Schweiz, S. 43.

681 So etwa SEIDL-HOHENVELDERN/STEIN, Völkerrecht, § 1, Rn. 4.

682 DAHM/DELBRÜCK/WOLFRUM, Band I/1, § 23 III, S. 217.

683 VERDROSS, Völkerrecht, S. 9.

684 DAHM/DELBRÜCK/WOLFRUM, Band I/1, § 23 III, S. 217 f.

685 RANDELZHOFER, Staatsgewalt und Souveränität, Rn. 26, der damit die Ausführungen Berbers zusammenfasst; BERBER, Völkerrecht, Band I, § 14 d, S. 126 a. E.; SEIDL-HOHENVELDERN/STEIN, Völkerrecht, § 46, Rn. 637, der die Verfassungsautonomie eben-

macht die Unterscheidung schlicht von der „*vollen Entscheidungsfreiheit*" des Staates abhängig[686], was inhaltsgleich zu sein scheint mit dem Begriff des „*contrôle final*", welchen der Staat nach VON LINDEINER niemals bezüglich seiner Hoheitsrechte aufgeben darf, wenn er sich die Souveränität bewahren will[687]. Einen ähnlichen Weg gehen auch Stimmen im neueren Schrifttum, die eine weitere Voraussetzung für die völkerrechtliche Souveränität fordern, nämlich eine Kompetenz-Kompetenz im Sinne eines „*Kompetenzminimums*", welches die „*Kompetenzverteilungskompetenz*" sichern soll[688]. Insgesamt bietet DAGTOGLOU eine prägnante Formulierung, die den Meinungsstand geschickt zusammenfasst. Danach ist entscheidend, ob dem Staat trotz der vertraglichen Bindung die „*...rechtliche Möglichkeit und grundsätzliche Ausschließlichkeit der eigenen Entscheidung...*" verbleibt[689]. Aber auch diese Grenzziehung ist nicht derart konkret, dass damit jeder Einzelfall gelöst werden könnte. Letztendlich muss die Bewertung ein Werturteil bleiben[690]. Für einfachere Fälle hilft eine Richtlinie der Literatur, wonach die Souveränität nicht dadurch in Frage steht, „*...was (...) alle oder viele tun.*" „*Erst wenn der Staat hinter dem Normalmaß erheblich zurückbleibt, sich durch Verträge einem Status der Ungleichheit fügt, kann seine Souveränität zweifelhaft werden*"[691]. Gerade die Zweifelsfälle können damit aber keiner Lösung zugeführt werden.

4. Die Souveränität und der Staatsbegriff der Staatslehre

Bisher war die Rede von Souveränität als Voraussetzung von Staatlichkeit. Wie bereits oben ausgeführt wurde[692], ging die Souveränität in der Staatswirklichkeit des 19. Jahrhunderts unter dem Einfluss aufklärerischer Ideen auf den Staat als Rechtspersönlichkeit über. Demnach können Subjekt völkerrechtlicher Souveränität „*...nur Staaten sein, weil sich alle anderen Verbände im Laufe der Neuzeit dem Staat unterworfen haben*"[693]. Irritierenderweise findet sich aber gerade in der deutschsprachigen Literatur jedoch verbreitet die Auffassung, die Staatsqualität erfordere keinesfalls die Souveränität des Gebildes; nach dieser Ansicht gibt es folglich nichtsouveräne Staaten[694]. Diese Begriffsbildungen gehören allerdings in den Bereich

---

falls als Element der Souveränität sieht.

686 SEIDL-HOHENVELDERN/STEIN, Völkerrecht, § 46, Rn. 738, 635.

687 K. VON LINDEINER, La Supranationalité en tant que principe de droit, Diss. Genf 1970, S. 143 ff., zitiert nach: GYGER, Liechtenstein und die EG, S. 147, Fn. 6.

688 BUSSE, Die völkerrechtliche Einordnung der Europäischen Union, S. 87/88.

689 DAGTOGLOU, Souveränität, Spalte 3164.

690 DAHM/DELBRÜCK/WOLFRUM, Band I/1, § 24 I, S. 224; ebenso RAAP, S. 20.

691 DAHM/DELBRÜCK/WOLFRUM, Band I/1, § 24 I, S. 224.

692 Kap. 3, A.II.3.b)ee).

693 DAGTOGLOU, Souveränität, Spalte 3164.

694 So exemplarisch mit ausführlicher Herleitung: KRÜGER, Souveränität und Staat, S. 44 ff.; Die Frage des Verhältnisses von Staatsqualität und Souveränität wird meist in bezug auf die rechtliche Einordnung von Bundesstaaten erörtert. Darstellung der diesbezüglich seit

der allgemeinen (deutschen) Staatslehre[695]. Als solche sind sie nicht in der Lage, eine allgemeingültige völkerrechtliche Staatsdefinition zu geben. Letztere ist aus der Außensicht des Staates, mithin aus der Sicht des Völkerrechts zu erarbeiten[696]. Für das Völkerrecht bleibt es nach absolut herrschender Ansicht bei den Voraussetzungen der von JELLINEK[697] entwickelten sog. *„Drei-Elemente-Lehre"*[698]. Die Souveränität stellt danach kein zusätzliches Definitionsmerkmal dar[699], sondern ist eine von der Staatsgewalt untrennbare Eigenschaft dieses Staatselements[700]. Die Begriffe *Staat* und *Souveränität* bedingen sich somit gegenseitig.

B. Die äußere Souveränität des Fürstentums Liechtenstein

I. Die geschichtliche Entwicklung der Souveränität Liechtensteins

Nachdem ein umfassender Blick auf den Begriff der völkerrechtlichen Souveränität im allgemeinen gewährt wurde, kann nun genauer auf das Fürstentum Liechtenstein eingegangen werden. Bevor allerdings das *heutige* Liechtenstein auf seine Souveränität hin untersucht wird, soll ein geschichtlicher Abriss gegeben werden, der im besonderen die Entwicklung der liechtensteinischen Souveränität durchleuchtet.

1. Nach der Entstehung des Reichsfürstentums Liechtenstein (1719)

Was die Souveränität des Fürstentums Liechtenstein nach 1719 betrifft, kann nicht denjenigen deutschen Staatsrechtlern gefolgt werden, die das Reich als Ansammlung vollständig souveräner Staaten begreifen wollten[701], obwohl das Reich trotz gewisser Auflösungserscheinungen doch viel mehr war als ein loser Staatenbund souveräner Staaten[702]. Das Fürstentum stellte nach innen sicherlich eine klassische absolute Monarchie dar[703], nach außen aber erkannten die Fürsten von Liechtenstein weiterhin die kaiserliche Vorherrschaft an, was daraus gefolgert wer-

---

1871 geführten Diskussion bei: KIMMINICH, Bundesstaat, Rn. 11 ff.

695 QUARITSCH, S. 39, der bedauert, dass von der *„wohl noch als herrschend anzusehenden deutschen Staatslehre bestritten"* wird, dass die Souveränität wesentlicher Bestandteil des Staatsbegriffes ist.

696 DOEHRING, Völkerrecht, Rn. 31 f.

697 JELLINEK, S. 394 ff.

698 Vgl. bereits Kap. 3, A. am Anfang.

699 HERDEGEN, § 8, Rn. 7.

700 ISENSEE, Staat und Verfassung, Rn. 34; Brand, S. 35.

701 MALIN, Souveränität Liechtensteins, S. 16, nennt als Beispiel den Staatsrechtler PUFENDORF.

702 WILLOWEIT, Verfassungsgeschichte, § 24 I 1, S. 188.

703 RATON, Liechtenstein, S. 21.

den kann, dass sie die aus der Reichszugehörigkeit resultierenden Pflichten erfüllten[704]. Insofern kann der Theorienstreit um die Rechtsnatur des Heiligen Römischen Reiches Deutscher Nation nach dem Westfälischen Frieden[705] dahinstehen. Liechtenstein verfügte zu dieser Zeit auf Grund seiner bestehenden Einbindung ins Reich somit jedenfalls nicht über volle Souveränität[706].

2. Das Ende des Reiches und der Eintritt in den Rheinbund (1806)

Allgemein geht die Literatur davon aus, dass das Fürstentum im vollem Umfang souverän wurde, als sich der Rheinbund, in den Liechtenstein am 12. Juli 1806 aufgenommen wurde[707], am 1. August 1806 auf dem Regensburger Reichstag förmlich vom Reich lossagte[708]. Damit war dessen Ende besiegelt, was Kaiser FRANZ II. mit seiner Abdankung am 6. August 1806 nur noch bestätigte[709]. Somit war auch das Fürstentum Liechtenstein aus der Bindung durch das Reich entlassen. Der Rheinbund stellte eine Vereinigung von 16 Teilstaaten des Deutschen Reiches auf der Grundlage der Rheinbundakte und unter der Führung des napoleonischen Frankreich dar[710]. Die Rheinbundakte sicherte den Mitgliedstaaten in deren Art. 4 *„volle Souveränität"* zu[711].

Die Aufnahme Liechtensteins war nur deshalb möglich, weil das kleine Fürstentum vom Reichsdeputationshauptschluss verschont wurde, auf dessen Grundlage im Jahre 1803 eine große Anzahl dem Deutschen Reich zugehöriger Kleinstaaten säkularisiert bzw. mediatisiert worden waren[712]. So wird versucht, die gnädige Behandlung Liechtensteins durch Napoleon damit zu erklären, dass der Kaiser der Franzosen den Fürsten JOHANN I. VON LIECHTENSTEIN, der in der habsburgi-

---

704 RATON, Liechtenstein, S. 23.

705 Zum Westfälischen Frieden eingehend: KIMMINICH, Verfassungsgeschichte, S. 221 ff.; WILLOWEIT, Verfassungsgeschichte, § 24, S. 186 ff.

706 MALIN, Souveränität Liechtensteins, S. 16.

707 Beispielhaft für viele andere: SEILER, Schweiz und Liechtenstein, S. 102; RATON, Liechtenstein, S. 24; SEGER, Liechtensteinische Geschichte, S. 12.

708 WILLOWEIT, Verfassungsgeschichte, § 27 III 1, S. 226.

709 Zur Abdankung KIMMINICH, Verfassungsgeschichte, S. 285, WILLOWEIT, Verfassungsgeschichte, § 27 III 2, S. 227: beide Autoren weisen darauf hin, dass FRANZ II. nach der Reichsverfassung eigentlich nicht befugt war, das Reich für aufgelöst zu erklären; WILLOWEIT sieht in der Erklärung deshalb eine Bestätigung neuer Realitäten: *„Was nicht mehr ist, muss nicht erst beseitigt werden."*

710 SEGER, Liechtensteinische Geschichte, S. 12.

711 WILLOWEIT, Verfassungsgeschichte, § 27 III 1, S. 226.

712 Detailliert zum Reichsdeputationshauptschluss: KIMMINICH, Verfassungsgeschichte, S. 280 ff.; WILLOWEIT, Verfassungsgeschichte, § 27 I, S. 223; nach KIMMINICH (S. 281) versteht man unter Säkularisierung die Verweltlichung oder Einziehung geistlicher Herrschaften und unter Mediatisierung die Einbeziehung reichsunmittelbarer weltlicher Herrschaften in ein landesfürstliches Territorium.

schen Armee diente, „*...als Gegner und Unterhändler schätzen gelernt hatte...*"[713]. Eine derartig emotionale Handlungsweise will einem Despoten wie Napoleon aber nicht recht zu Gesicht stehen. Insofern überzeugt eher die Vermutung, die Sonderbehandlung Liechtensteins habe andere Gründe gehabt, etwa die Absicht, einen „*...Draht zum Wiener Hof zu behalten...*"[714] oder aber einfach einen hohen österreichischen Militär unter Druck setzen zu können, denn Fürsten, die im Dienste einer rheinbundfremden Macht stehen bleiben wollten, mussten die Regierung ihres Landes an die nächste Generation abtreten, was JOHANN I. auch – allerdings nur *pro forma* – ausführte[715]. Über die Motivation Napoleons kann letztlich aber nur spekuliert werden.

Allerdings muss die Frage erlaubt sein, ob die 1806 ausdrücklich zugestandene Souveränität Liechtensteins der modernen Definition des Begriffes genügte. Die Völkerrechtsunmittelbarkeit wurde sicherlich erreicht, ob allerdings dem Fürstentum die *volle Entscheidungsfreiheit* zustand, ist sehr zweifelhaft. SEGER schreibt dazu, Napoleon habe den Rheinbundstaaten „*...formell die staatliche Selbständigkeit...*" gewährt[716]. Die Rheinbundakte enthielt zwar eine positive Aufzählung der Souveränitätsrechte der betroffenen Fürstentümer, allerdings hatten diese weder das Recht zur Führung einer eigenständigen Außenpolitik, noch zur Entscheidung über Krieg und Frieden. Diese Rechte hatte sich der französische Kaiser konkludent abtreten lassen[717]. Die Rheinbundakte wurde zudem nur in den Partien umgesetzt, die die innere Gestaltung der Staaten und die militärische Unterstützung Napoleons betrafen. Überhaupt standen große Teile des rechtsrheinischen Territoriums, welche nicht wie alle linksrheinischen Gebiete direkt annektiert worden waren, zumindest mittelbar unter französischer Herrschaft[718]. Auf Grund der Übermachtstellung Frankreichs kann demnach auch nicht von einer *vollen Entscheidungsfreiheit* Liechtensteins ausgegangen werden. Es bestand vielmehr ein Protektorat; Liechtenstein war damit während der Rheinbundzeit nich souverän im modernen Sinne des Begriffes[719].

---

713 GEIGER, Anschlussgefahren, S. 58; SEGER, Liechtensteinische Geschichte, S. 12; GYGER, Liechtenstein und die EG, S. 48 f.

714 PRESS, Liechtenstein in Rheinbund und Deutschem Bund, S. 56 f.

715 RATON, Liechtenstein, S. 25, der mutmasst, ob diese Vorschrift in der Rheinbundakte (Art. VII) nicht eigens für den Fürsten von Liechtenstein geschaffen wurde.

716 SEGER, Liechtensteinische Geschichte, S. 12.

717 KIMMINICH, Verfassungsgeschichte, S. 314.

718 HARTUNG, Verfassungsgeschichte, S. 170.

719 MERLIN, Liechtenstein aus der Sicht des Völkerrechts, S. 114, stellt fest, dass Liechtenstein in der Gründungsakte des Rheinbundes die „*...völlige Unabhängigkeit...*" verliehen bekommt, weist aber auch darauf hin, dass diese erst „*...nach Auflösung des Rheinbundes voll zur Geltung kommen sollte*".

3. Die Zeit des Deutschen Bundes (1815-1866)

Dagegen erscheint aus heutiger Sicht das Jahr 1815 als richtige Zeitmarke für den Gewinn der Souveränität Liechtensteins. Als der Sturz Napoleons absehbar wurde, wechselte Liechtenstein am 7. Dezember die Fronten und schloss sich der Anti-Napoleon-Koalition an[720], nachdem Bayern als erster Rheinbundstaat bereits im Oktober 1813 mit dem Vertrag von Ried diesen Schritt gewagt hatte[721]. Da Frankreich wieder in seine Grenzen von 1792 zurückgedrängt worden war, stand die Beibehaltung der *„napoleonischen Flurbereinigung"* in Frage[722]. Der Wiener Kongress bildete die Bühne für die Diskussion über die Neuordnung Deutschlands. Dort kam es zur Gründung des Deutschen Bundes, dessen Verfassung in der Deutschen Bundesakte vom 8. Juni 1815 niedergelegt wurde[723]. Danach schlossen sich in diesem Bündnis die *„...souveränen Fürsten und freien Städte Deutschlands..."* zusammen[724]. Diese Formulierung stellt eine förmliche Bestätigung der formellen Souveränität der 39 Mitgliedstaaten dar[725], in deren Kreis das Fürstentum Liechtenstein *„...vorbehaltslos aufgenommen..."* wurde[726]. Der Deutsche Bund bildete einen Staatenbund, mithin also eine völkerrechtliche Staatenverbindung[727].

In Bezug auf den modernen Begriff der Souveränität ergeben sich hier, anders als beim Rheinbund, weniger Probleme. Zwar war den Mitgliedstaaten ein Austritt aus dem *„...unauflöslichen Verein..."*[728] versagt, so dass eigentlich an der völkerrechtlichen Souveränität des der Bundesstaaten zu zweifeln gewesen wäre[729]. Dadurch dass der Bund aber der Zentrifugalkraft des Dualismus zwischen Österreich und Preußen ausgesetzt war, hatte man den Bund so locker organisiert, dass beide, und damit auch die übrigen Mitgliedstaaten, die *„...Selbständigkeit der inneren Entwicklung*

---

720 PRESS, Liechtenstein in Rheinbund und Deutschem Bund, S. 63.

721 WILLOWEIT, Verfassungsgeschichte, § 30 I, S. 251.

722 KIMMINICH, Verfassungsgeschichte, S. 315, 321; Eine Rückkehr zur alten Reichsordnung war nicht gewünscht, wohl auch faktisch nicht mehr möglich, nachdem die hauptsächlichen Stützen der religiösen Reichsidee, die kirchlichen Fürstentümer, seit 1803 fast ausnahmslos von der Landkarte verschwunden waren; vgl. dazu HARTUNG, Verfassungsgeschichte, S. 171 f.

723 WILLOWEIT, Verfassungsgeschichte, § 30 II 1, S. 253.

724 HARTUNG, Verfassungsgeschichte, S. 174.

725 KOHN, Sovereignty, S. 551.

726 GEIGER, Anschlussgefahren, S. 61.

727 KIMMINICH, Verfassungsgeschichte, S. 321.

728 So Art. 26 der Wiener Schlussakte vom 15. Mai 1820, die in bezug auf die Bundesakte ergänzende Regelungen enthielt, zitiert nach: WILLOWEIT, Verfassungsgeschichte, § 30 II 1, S. 253.

729 So WILLOWEIT, Verfassungsgeschichte, § 30 II 1, S. 253 f., der dann in der Folge aber herausstellt, dass die Zeitgenossen des Deutschen Bundes den nur staatenbündischen, nicht bundesstaatlichen Charakter des Bündnisses ernst nahmen.

und auswärtigen Politik..." behalten konnten[730]. Daraus ergab sich eine deutliche Schwäche der in Frankfurt angesiedelten Zentralgewalt, weshalb insgesamt für die Mitgliedsstaaten nur eine geringe Abhängigkeit zu konstatieren bleibt[731]. Somit steht lediglich der Zwangscharakter der Mitgliedschaft der *vollen Entscheidungsfreiheit* entgegen. Da die Bewertung der Souveränität letztlich immer ein Werturteil bleibt[732], muss eine formelle Abhängigkeit allein die Souveränität nicht verhindern[733]. Auf Grund der beschriebenen lediglich lockeren Bindung und der nur geringfügigen Beschränkung der Handlungsfreiheit der Mitgliedstaaten durch die Verfassung des Deutschen Bundes muss man die Bundesstaaten auch auf Grundlage des materiellen Souveränitätsbegriffes als souverän ansehen.

Der Deutsche Bund fand sein Ende im Prager Frieden vom 23. August 1866[734]. In seinem Vorfeld war die Rivalität zwischen Österreich und Preußen in den kriegerischen Auseinandersetzungen um Schleswig-Holstein eskaliert. Der Deutsche Bund war auf den Frieden zwischen seinen beiden mächtigsten Mitgliedstaaten angewiesen[735]. Mit dem Zerbrechen des Bundes war das Fürstentum Liechtenstein an kein Bündnis mehr geknüpft[736].

4. Die Anlehnung an Österreich (1852-1919)

BISMARCK hatte mit dem Obsiegen im preußisch-österreichischen Krieg den Dualismus zum Vorteil Preußens aufgelöst und Österreich „*...aus der deutschen Geschichte entlassen..*"[737]. Liechtenstein war auf Grund der geographischen Trennung von den übrigen Ex-Mitgliedstaaten des Deutschen Bundes durch österreichisches Staatsgebiet und der Nähe seines Herrscherhauses zum Wiener Hof nun allein im Gravitationsfeld der Habsburgmonarchie verblieben, nachdem der Deutsche Bund als „*...Gegengewicht gegen die (...) Orientierung auf Österreich..*" weggefallen war[738]. Dies verstärkte den Prozess, der bereits mit dem Abschluss des österreichisch-liechtensteinischen Zollvertrages vom 5. Juni 1852 eingesetzt hatte. Die damit eingeleitete Anlehnung an die Donaumonarchie sollte bis zu deren Zusammenbruch andauern.

---

730 HARTUNG, Verfassungsgeschichte, S. 173.

731 So GEIGER, Anschlussgefahren, S. 61.

732 DAHM/DELBRÜCK/WOLFRUM, Band I/1, § 24 I, S. 224.

733 So kommt auch MERLIN, Liechtenstein aus der Sicht des Völkerrechts, S. 114, zum Ergebnis, dass die „*...Souveränität des Staates (...) durch...*" die „*...Übernahme...*" der mit der Mitgliedschaft im Deutschen Bund verbundenen „*...Pflichten nicht beeinträchtigt...*" wurde.

734 KIMMINICH, Verfassungsgeschichte, S. 406 f.

735 HARTUNG, Verfassungsgeschichte, S. 192.

736 SEGER, Liechtensteinische Geschichte, S. 13.

737 KIMMINICH, Verfassungsgeschichte, S. 397; vgl. auch RATON, Liechtenstein, S. 51.

738 PRESS, Liechtenstein in Rheinbund und Deutschem Bund, S. 102 f.

Der Zollvertrag beschwört ausdrücklich die Souveränität des Fürstentums[739], womit die Völkerrechtsunmittelbarkeit Liechtensteins herausgestellt wird. Jedoch ist die *volle Entscheidungsfreiheit* des Fürstentums angesichts der österreichischen Überlegenheit nicht unproblematisch. Liechtenstein hatte sich in hohem Maße dem System des großen Nachbarn angepasst. In den Jahren 1852-1919 bestand neben der Zollgemeinschaft auch eine Steuer-, Post- und Währungsgemeinschaft. 1880 hatte Wien zudem die diplomatische Vertretung des Fürstentums übernommen. Eine starke Abhängigkeit war die Folge[740]. Letztendlich hatte Liechtenstein sich aber freiwillig in dieses Verhältnis begeben und sich ein Kündigungsrecht[741], damit die *volle Entscheidungsfreiheit*, bewahrt. Das Fürstentum hat mit der Abwendung von Österreich in Form der Kündigung des Zollabkommens auf der Grundlage eines Beschlusses des liechtensteinischen Landtages vom 2. August 1919 gleichwohl seine Souveränität eindrucksvoll unter Beweis gestellt[742], die auch im Friedensvertrag von St. Germain mittelbar bestätigt wurde[743]. In den darauffolgenden Jahren hat sich Liechtenstein mehr und mehr der Schweizerischen Eidgenossenschaft angenähert[744]. Diese Nähe zur Schweiz dauert bis in die heutige Zeit an.

II. Liechtensteins Souveränität in der Gegenwart

Mit der Abwendung von Österreich, die sich sicherlich auch deshalb derart reibungslos vollziehen ließ, da im großen Nachbarland die Monarchie mit dem Ende des Ersten Weltkrieges zusammengebrochen war, beginnt für das Fürstentum Liechtenstein ein neues Kapitel seiner Geschichte, das vor allem in der Zeit nach dem Zweiten Weltkrieg geprägt ist von wirtschaftlichem Aufschwung und Wohlstand[745]. Allerdings war *„...das Ansehen der Souveränität Liechtensteins...“* im Ausland *„...durch die jahrzehntelange wirtschaftliche Verbindung mit Österreich-Ungarn und durch die Ereignisse im Ersten Weltkrieg (...) etwas erblasst.“*[746] So wurden in der Folge immer

---

[739] RATON, Liechtenstein, S. 34.

[740] GYGER, Liechtenstein und die EG, S. 49; GEIGER, Anschlussgefahren, S. 66.

[741] MALIN, Souveränität Liechtensteins, S. 20, der auf die Kündigungsvorschrift im Zollvertrag verweist (Art. 28).

[742] RATON, Liechtenstein, S. 76, weist in fast schon ironischer Weise darauf hin, dass die Abwendung vom Nachbarland von *„...ausgeprägtem Sinn für die Wirklichkeit...“* geprägt war.

[743] KOHN, Sovereignty, S. 552; RATON, Liechtenstein, S. 61 ff.

[744] SEILER, Schweiz und Liechtenstein, S. 102, weist darauf hin, die Annäherung an die Schweiz die *„...einzige Möglichkeit für das Fürstentum...“* darstellte, *„...wirtschaftlich zu überleben...“*.

[745] Vgl. SEGER, Liechtensteinische Geschichte, S. 24 ff.

[746] KRANZ, Die Verträge mit der Schweiz, in: KRANZ, Fürstentum Liechtenstein – eine Dokumentation S. 73.

wieder Zweifel an der vollen Souveränität des Fürstentums laut, und zwar sogar noch in Literatur, die nach dem Ende des Zweiten Weltkrieges erschienen ist[747].

1. Souveränitätsverlust durch fehlende Verteidigungsfähigkeit und Neutralität?

a) Fehlende Verteidigungsfähigkeit und Souveränität

Seit dem Jahr 1868 verfügt das Fürstentum Liechtenstein über keine eigene Armee mehr[748], ist somit gegenüber ausländischer Militärgewalt ungeschützt und kann seine Souveränität nicht verteidigen. Damit erhebt sich die generelle Frage, ob ein Gemeinwesen wehrhaft sein muss, um souverän sein zu können. Als 1949 anlässlich eines liechtensteinischen Aufnahmeantrages in das Statut des Internationalen Gerichtshofes die Souveränität des Fürstentums im Sicherheitsrat diskutiert wurde, wandte sich der ägyptische Vertreter MAHMOUD FAWZI BEY[749] gegen die von sowjetischer Seite[750] vorgebrachten Einwände. Er nannte das Argument, Liechtenstein sei nicht souverän, weil es keine Armee habe, eine *„droll reason"* und fügte diesbezüglich hinzu: *„I cannot see the logic of it."* In der Tat existiert zwischen Bewaffnung und Souveränität keine logische Verknüpfung. Zwar wird es einem wehrhaften Staatswesen leichter fallen, seine Unabhängigkeit nach außen zu garantieren, aber die Staatsdefinition erfordert lediglich eine Staatsgewalt, die sich effektiv im Innen- und Außenbereich durchgesetzt hat[751]. Auf welche Weise dies erreicht wird, kann nicht von Belang sein, solange die Souveränität eines Staates von seinen Nachbarn respektiert wird und keine faktische Unterordnung entsteht[752]. Außerdem muss die Existenz einer Armee als Voraussetzung für die gleichberechtigte Teilnahme an der Staatengemeinschaft, die sich die Gewaltfreiheit (Art. 2 Ziff. 4 SVN) als eines ihrer Grundprinzipien gesetzt hat, als systemwidrig angesehen werden. An dieser Aussage ändert auch Art. 51 SVN nichts, der zwar die Selbstverteidigung unter bestimmten Voraussetzungen zulässt, aber gerade nicht die Pflicht zur Selbstverteidigung

---

747 Vgl. dazu bereits Kap. 3, A.II.3. am Anfang; NIEDERMANN, Liechtenstein und Schweiz, S. 16, ist diesbezüglich der Ansicht, dass die Zweifler in der Minderheit sind; vgl. EHRHARDT, Mikrostaat, S. 51.

748 SEGER, Liechtensteinische Geschichte, S. 17, wonach Liechtenstein zur Zeit des alten Reiches verpflichtet war, 5 Mann (vier Infanteristen und einen Kavalleristen), im Rheinbund 40 und im Deutschen Bund 80 Soldaten zu stellen. Nach dem Zusammenbruch des Deutschen Bundes löste der Fürst das liechtensteinische Militär im Jahre 1868 dann ganz auf.

749 Zitiert nach KOHN, Sovereignty, S. 556.

750 Vgl. die Aussage von TSARAPKIN, Kap. 3, A.II.3. am Anfang.

751 Vgl. bereits Kap. 3, A.II.3.c)bb), wonach sich die Souveränität nach außen durch Unabhängigkeit auszeichnet.

752 Andernfalls müsste man auch politischen Einheiten mit schwachen oder in ihrer Einsatzfähigkeit eingeschränkten Armeen ebenfalls die Souveränität absprechen, denn auch sie können einer militärischen Aggression gegebenenfalls wenig oder nichts entgegensetzen.

formuliert. Damit spricht die Nichtexistenz eines liechtensteinischen Militärs nicht gegen die Souveränität des Fürstentums.

b) Neutralität und Souveränität

Das Fürstentum Liechtenstein bekennt sich heute, wie auch schon in den beiden Weltkriegen, zur Neutralität[753]. Dauernd neutrale Staaten sind völkerrechtlich verpflichtet, in *„...allen künftigen Konflikten neutral zu bleiben"*[754]. Diese Bindung ist gleichbedeutend mit einer Einschränkung der tatsächlichen Handlungs*freiheit*[755] oder gar mit der *„Preisgabe der letzten Entscheidung über die eigene Existenz"*[756]. Aus diesem Grunde ist die dauernde Neutralität bezüglich ihrer Auswirkung auf die Souveränität problematisch, das es für die Erhaltung der Souveräniät *„...[n]eben dem Umfang der Aufgabenübertragung..."* auch entscheidend darauf ankommt, *„...ob die Vertragsbeziehungen jederzeit kündbar sind und dies auch tatsächlich durchgesetzt werden kann..."*[757], *„...ohne dass [durch die Rückgängigmachung der Übertragung von Hoheitsrechten] ein Rechtsbruch vorliegt..."*[758]. Die Frage der Vereinbarkeit der dauernden Neutralität mit der Souveränität des betreffenden neutralen Landes muss hier jedoch nicht beantwortet werden, da sich Liechtenstein nicht zu einer dauernden Neutralität verpflichtet hat[759].

c) Fazit

Damit ist weder die fehlende Verteidigungsfähigkeit noch die konkret gewählte Neutralitätsform der Souveränität des Fürstentums abträglich.

2. Eingeschränkte Souveränität durch die Beziehungen zur Schweiz?

Die Souveränität Liechtensteins könnte jedoch durch die nach dem Ersten Weltkrieg einsetzende Annäherung an die Schweiz Schaden genommen haben. Heute existieren rund 50 wirksame Verträge und Abkommen zwischen dem Fürstentum und der Eidgenossenschaft bzw. schweizerischen Kantonen, wobei sich die meisten davon *„...vielmehr durch ihre verwaltungstechnische Bedeutung..."* als *„...durch ihre hoheitliche Brisanz..."* auszeichnen[760]. Die Grenze der ohne Verlust an Souveränität möglichen vertraglichen Bindung liegt nach SEIDL-HOHENVELDERN, wo der Staat

---

753 Vgl. GEIGER, Geschichtliche Grundzüge, S. 330.

754 SEIDL-HOHENVELDERN/STEIN, Völkerrecht, § 46, Rn. 744; zum Begriff der dauernden Neutralität vgl. Kap. 4, A.I.4.

755 EPPING in: IPSEN, Völkerrecht, § 5, Rn. 22.

756 DAHM/DELBRÜCK/WOLFRUM, Band I/1, § 24 II 1, S. 224.

757 BRUHA / GEY-RITTER, Kleinstaat und Integration, S. 156.

758 MERLIN, Liechtenstein aus der Sicht des Völkerrechtes, S. 123, mit Verweis auf BERBER, Völkerrecht, Band I, S. 125ff.; dabei sieht SEIDL-HOHENVELDERN/STEIN, Völkerrecht, § 46, Rn. 747, die dauernde Neutralität als mit der Souveränität des Staate vereinbar an.

759 PIEPER, Neutralität, S. 275 f.; vgl. dazu auch unten

760 MALUNAT, Verträge, S. 348.

seine *volle Entscheidungsfreiheit* in Bezug auf seine Selbstorganisation verliert[761]. Ein Staat bleibt Träger der äußeren Souveränität, auch wenn er Hoheitsrechte auf andere Staaten übertragen hat, solange ihm die Möglichkeit verbleibt, sich einseitig aus dieser Verflechtung zu lösen[762].

a) Zwei Kategorien vertraglicher Bindung

In Bezug auf die Souveränität Liechtensteins sind zudem nicht alle Verträge im gleichen Maße problematisch. Sie lassen sich insofern in zwei Gruppen einteilen. Zum einen existieren Verträge auf der Basis der Gleichheit der Vertragspartner, denen keine Gefahr der Fremdbestimmung immanent ist[763]. Die zweite Gruppe umfasst Verträge auf der Basis zumindest partieller Ungleichheit der Vertragspartner. Nur aus der Ungleichheit der Vertragspartner kann eine Abhängigkeit entstehen, die so stark ist, dass die *volle Entscheidungsfreiheit* in Bezug auf die Selbstorganisation beeinträchtigt wird[764]. Derartige asymmetrische Vertragsgestaltungen sind problematisch für die kleinstaatliche Souveränität. Jedoch kommt es dabei entscheidend auf den Umfang der Aufgabenübertragung und die Beendbarkeit der Vertragsbeziehungen ohne Erfordernis des Rechtsbruches an[765].

b) Vertragliche Bindungen auf der Basis zumindest partieller Ungleichheit

aa) Zollvertrag (1923)

Gem. Art. 1 Abs. 1 des schweizerisch-liechtensteinischen Zollvertrages[766] wurde das Fürstentum Bestandteil des schweizerischen Zollgebietes und damit zum *„schweizerischen Zollinnenland"*[767]. Nur konsequent ist deshalb die Formulierung des Art. 4 ZV, wonach die gesamte schweizerische Zollgesetzgebung und die übrige

761 Vgl. Kap. 3, A.II.3.c)cc)(3).

762 EPPING in: IPSEN, Völkerrecht, § 5 Rn. 8.

763 Zu nennen sind hier etwa: Gegenseitige Gewährung der Niederlassungsfreiheit in einem Vertrag bereits aus dem Jahre 1874 (LGBl. 1875, Nr. 1) oder die Regierungsvereinbarung über die *„Gleichbehandlung der beiderseitigen Staatsangehörigen in der sozialen Unfallversicherung"* aus dem Jahr 1932 (LGBl. 1933, Nr. 4), zitiert nach GYGER, Liechtenstein und die EG, S. 51.

764 Bei GYGER, Liechtenstein und die EG, S. 50 ff., wird eine ähnliche Unterscheidung vertreten. Hauptunterscheidungsmerkmal ist hier aber zudem, ob ein *„politischer"* Vertrag vorliegt, wobei unter *„politisch"* die *„Machtverhältnisse Liechtensteins beeinflussend"* verstanden wird.

765 Vgl. bereits Kap. 3, B.II.1.b).

766 Der *„Vertrag zwischen der Schweiz und dem Fürstentum Liechtenstein über den Anschluss des Fürstentums Liechtenstein an das schweizerische Zollgebiet"* wurde am 29. März 1923 in Bern unterzeichnet und trat am 1. Januar 1924 gem. Art. 45 ZV in Kraft. (LGBl. 1923, Nr. 24; abgedruckt in: League of Nations, Treaty Series, Bd. 21, S. 231 ff., aber auch in AVR, Bd. 36, S. 239 ff.; im folgenden abgekürzt mit *„ZV"*).

767 SEILER, Schweiz und Liechtenstein, S. 103.

schweizerische Bundesgesetzgebung, *„...soweit der Zollanschluss ihre Anwendung bedingt...“*, auch für Liechtenstein gilt. Durch Art. 4 ZV werden nicht nur die entsprechenden Gesetze mit Stand zur Zeit des Inkrafttretens des Vertrages für in Liechtenstein anwendbar erklärt, sondern auch die nachfolgend *„während dessen Dauer in Rechtswirksamkeit tretenden Bestimmungen“*[768]. In den beschriebenen Bereichen hat sich das Fürstentum also der schweizerischen Rechtsetzung untergeordnet[769]. Zudem erkennt Liechtenstein die Geltung der von der Schweiz mit dritten Staaten geschlossenen Handels- und Zollverträgen auch für das Fürstentum an (Art. 7 ZV). Für die Zeit nach Inkrafttreten des Zollvertrages ist die Schweizerische Eidgenossenschaft ermächtigt, beim Abschluss von Handels- und Zollverträgen mit dritten Staaten das Fürstentum Liechtenstein mitzuverpflichten (Art. 8 Abs. 2 ZV). Dem Fürstentum ist der Vertragsschluss in diesem Bereich verwehrt (Art. 8 Abs. 1 ZV); nur beim Abschluss von *„...Handels- und Zollverträgen mit Österreich ist die Fürstliche Regierung (...) anzuhören“* (Art. 8 Abs. 3 ZV). Der Zollvertrag räumte der Schweiz quasi ein *„...Monopol über die für Liechtensteins export- und importabhängige Wirtschaft entscheidenden Handels- und Zollverträge...“*[770] ein. Problematisch für die äußere Souveränität des Fürstentums ist sicherlich die Tatsache, dass im Zollvertrag eine *„Beteiligung Liechtensteins am Willensbildungs- und Entscheidungsprozess“* im Geltungsbereich des Vertrages nicht besteht[771]. Aus schweizerischen Bundesgesetzen und schweizerischen Verträgen mit dritten Staaten ergeben sich so für Liechtenstein Verpflichtungen, auf deren Entstehung das Fürstentum keinerlei Einfluss hat[772]. Veränderungen in Bezug auf diese Verpflichtungen sind der Fürstlichen Regierung gem. Art. 10 ZV lediglich mitzuteilen. Insgesamt ist die Dominanz der Eidgenossenschaft offensichtlich[773]. Am deutlichsten wird die Ungleichheit im Vertragsverhältnis an Art. 6 ZV, wonach dem Fürstentum im Rahmen der anwendbaren Gesetzgebung der Schweiz die Rechtstellung eines schweizerischen Kantons zuerkannt wird. Angesichts des evidenten Übergewichts der Schweiz wurde in der Literatur von einer *„annexion douanière“* gesprochen, die dem Fürstentum die Souveränität geraubt habe[774].

Allerdings übersieht diese Wertung die Gleichheit im Vertragsverhältnis in Bezug auf die Vertragsschließung (Art. 41 Abs. 1 ZV), -änderung (Art. 42 ZV) und -kündigung (Art. 41 Abs. 2 ZV). Während die Gestaltungsmöglichkeiten Liechtensteins während der Vertragsdauer sehr gering sind, kann der Vertrag jederzeit ein-

---

768 Darüber hinaus erklärte sich das Fürstentum Liechtenstein in Art. 5 ZV bereit, das Recht der Schweiz über gewerbliches, literarisches und künstlerisches Eigentum zu übernehmen.

769 SEILER, Schweiz und Liechtenstein, S. 103.

770 MALUNAT, Verträge, S. 333.

771 GYGER, Liechtenstein und die EG, S. 61.

772 MALUNAT, Verträge, S. 334.

773 SEILER, Schweiz und Liechtenstein, S. 103.

774 Vgl. NOLDE, Traités de Commerce, S. 354; VELLAS, états exigus, S. 561.

seitig gekündigt werden. MALUNAT[775] verweist darauf, dass heute die Möglichkeit einer Kündigung *„als ultima ratio"* aus politischen Motiven überhaupt nicht mehr gegeben sei, da Liechtenstein keine Alternative habe und eine Abkehr von der Schweiz auch im Volk keine Mehrheit finden würde. Diese Argumentation übersieht aber, dass sich die politische Großwetterlage auch wieder ändern kann. Entscheidend ist letztlich, dass das Fürstentum Liechtenstein die vertragliche Bindung freiwillig eingegangen ist[776] und dass dem Fürstentum die *volle Entscheidungsfreiheit* in Bezug auf seine Selbstregierung mit der Kündigungsmöglichkeit des Art. 41 Abs. 2 ZV verbleibt. Dazu kommt, dass keinerlei Anzeichen zu erkennen sind, dass die Schweiz eine etwaige Kündigung des Vertrages gewaltsam verhindern würde[777]; sie geht, im Gegenteil, offen mit den Wünschen des Fürstentums Liechtenstein um[778].

Damit verbleibt die für die Souveränität erforderliche Entscheidungsfreiheit in Vaduz. Nichts anderes ergibt sich aus dem Abkommen zwischen der Schweiz und dem Fürstentum Liechtenstein über die Fremdenpolizei vom 28. Dezember 1923[779], welches den Schweizer Behörden die Kontrolle von Ausländern, die in das Fürstentum einreisen wollen, ermöglicht. Ohne hier näher auf den Inhalt des Abkommens eingehen zu müssen, kann festgehalten werden, dass es nicht stärker in die Entscheidungsfreiheit des Fürstentums eingreift als der Zollvertrag, da Art. 11 des Abkommens das Vertragsende an die Kündigung des Zollvertrages koppelt[780].

Trotzdem wird gerade in den letzten Jahren in aktuellem Zusammenhang die Abhängigkeit der liechtensteinischen Politik von den Entscheidungen der Schweiz verstärkt sichtbar. Im Rahmen der sog. Bilateralen Abkommen II, mit denen sich die Eidgenossenschaft in einer Reihe von bilateralen Verträgen an die EU angenähert hat, tritt Bern unter anderem dem Schengen-Raum bei[781]. Mit In-Kraft-Treten

---

775 MALUNAT, Verträge, S. 335.

776 So letztlich auch MALUNAT, Verträge, S. 335.

777 MALUNAT, Verträge, S. 340 f., meint, dass die Übertragung von Hoheitsrechten auf die Schweiz relativiert zu sehen ist, da die Eidgenossenschaft ein Staat sei, *„dessen hohe politische, gesellschaftliche und wirtschaftliche Affinität einen Missbrauch nicht erwarten lässt"*.

778 SEILER, Schweiz und Liechtenstein, S. 103, der zudem der Ansicht ist, dass das Übergewicht der Schweiz im Vertragsverhältnis nicht auf *„egoistischen Motiven"* der Schweiz beruht, sondern ausschließlich Sachzwängen folgt; zur kollaborativen Haltung der Schweiz anlässlich des Beitrittes Liechtensteins zur EFTA und zum EWR vgl. Kap. 4, C.III.3.a)bb) bzw. Kap. 4, C.III.3.b)bb)(2).

779 Schweizer Gesetzessammlung 1924, Nr. 1; zitiert nach RATON, Liechtenstein, S. 96, Fn. 3.

780 vgl. RATON, Liechtenstein, S. 96, 98.

781 Auf: www.europa.admin.ch/nbv/off/abkommen/d/index.htm sind die sog. Bilateralen Abkommen II erhältlich. Zum Beitrittsabkommen: Abkommen zwischen der Schweizerischen Eidgenossenschaft, der Europäischen Union und der Europäischen Gemeinschaft über die Assoziierung dieses Staates bei der Umsetzung, Anwendung und Entwicklung des Schengen-Besitzstandes vom 26. Oktober 2004, SR 0.360.268.1.

dieses Beitrittsabkommens voraussichtlich nicht vor dem Jahr 2008[782] wird die seit 1923 offene Grenze zwischen der Schweiz und Liechtenstein zur Schengen-Außengrenze und ist dann als solche auch entsprechend zu kontrollieren. Damit ist ein Konflikt entstanden zwischen dem eidgenössisch-liechtensteinischen Zollvertrag und dem schweizerischen Beitrittsakt zu Schengen.

Vor diesem Hintergrund fühlt sich Liechtenstein nun bemüßigt, ebenfalls eine Mitgliedschaft im Schengen-Raum zu erreichen oder zumindest dem Abkommen EU-Schweiz beizutreten. So wurden bereits im Sommer 2005 in Bern Gespräche zum Thema Schengen geführt[783]. Eine Regelung in der Sache ist bislang noch nicht getroffen. Sollte eine Teilhabe Liechtensteins am einschlägigen Vertragswerk nicht erreicht werden können, ist nicht geklärt, wie der eben beschriebene Konflikt ausgeräumt werden könnte. Die Logik des schweizerischen Beitritts zum Schengenraum würde die Wiedereinführung von Kontrollen an der schweizerisch-liechtensteinischen Grenze erforderlich machen. Dieser Konsequenz ist man sich auch im Fürstentum bewusst, allerdings hofft man für den Fall, dass das schweizerische Beitrittsabkommen in Kraft tritt, ohne dass Liechtenstein eine wie auch immer geartete Assoziierung bewirkt, auf ein pragmatisches Entgegenkommen[784] des Nachbarstaates und der Mitgliedstaaten des Schengenraumes[785].

Es bleibt jedenfalls festzuhalten, dass das Fürstentum Liechtenstein auf Grund seiner bilateralen Anbindung an die Schweiz anlässlich deren Schengen-Beitrittes in

---

[782] Das Abkommen wird *„frühestens im Jahre 2008 in Kraft treten, denn die Schweiz kann erst beitreten, wenn das modernisierte Informationssystem (SIS II) operativ ist. Dieses wird jetzt aufgebaut"*, so eine Meldung des Eidgenössischen Justiz- und Polizeidepartments im Internet: www.ejpd.admin.ch/doks/mm/content/mm_print.php?mmID=2422 (Stand: 6. September 2005).

[783] Laut einer Medienmitteilung des Eidgenössischen Departments für Auswärtige Angelegenheiten (EDA) vom 1. Juni 2005 hat die Vorsteherin des Außenminsteriums der Schweiz im Juni 2005 ihre liechtensteinische Amtskollegin zu Gesprächen (auch) zum Thema *„Schengen"* empfangen. Quelle (mit Stand vom: 18. August 2005): www.ssn.ethz.ch/themen/schengen/chrono.cfm?select_year=2005.

[784] Zum Erfolg von Pragmatismus im Zusammenhang mit der Vereinbarung von EWR-Mitgliedschaft und eidgenössisch-liechtensteinischen Verpflichtungen vgl. unten in Kap. 4, C.III.3.b)dd)(2)(a)(aa).

[785] Auf die Problematik der Kollision von Zollvertrag und Schenge-Mitgliedschaft der Schweiz angesprochen antwortete Erbprinz Alois von und zu Liechtenstein in einem mit *„Ein Ja der Schweiz bedeutet, dass wir formelle Verhandlungen mit der EU aufnehmen müssen"* überschriebenen Interview: *„Theoretisch wäre Liechtenstein dann eine Schengen-Außengrenze. Praktisch würde man aber gar nicht nach Liechtenstein gelangen können, ohne durch ein Schengen-Land zu gehen. Ich gehe davon aus, dass Liechtenstein selbst keine Grenzkontrollen einführen würde und sich eine pragmatische Lösung finden liesse, um die praktischen Probleme, wie Grenzübertritt und Transitrechte von Drittstaatsangehörigen, zu lösen"*. Quelle: www.fuerstenhaus.li (Stand: 7. Februar 2006).

politischer Hinsicht zum Handeln gezwungen wird[786]. Andernfalls droht eine Verschlechterung der Situation, wie sie durch den eidgenössisch-liechtensteinischen Zollvertrag gesichert werden konnte.

bb) Währungsabkommen (1980)

Der *„Währungsvertrag zwischen der Schweizerischen Eidgenossenschaft und dem Fürstentum Liechtenstein"* vom 19. Juni 1980[787] ist von einer ähnlichen Asymmetrie der Einflussnahmemöglichkeiten der Vertragspartner geprägt wie der Zollvertrag, da der Währungsvertrag das Fürstentum nun auch in Bezug auf die Währung rechtlich zu Schweizer Innenland macht[788]. Art. 1 Abs. 1 WV erklärt die schweizerischen Vorschriften bezüglich Geld-, Kredit- und Währungspolitik, einschließlich der relevanten Regelungen zum Schutz der schweizerischen Münzen und Banknoten, für das Fürstentum Liechtenstein für anwendbar, wobei auch hier das Fürstentum automatisch auch den Regelungen der Schweiz unterworfen wird, die nach Abschluss der Währungsvertrages ergehen. Das Fürstentum nimmt sich mit dem Vertrag die Möglichkeit, eigene Banknoten herauszugeben (Art. 2 Abs. 2 S. 1 WV) und unterwirft liechtensteinische Banken, Personen und Gesellschaften den Befugnissen der Schweizer Nationalbank, wie diese sie in der Schweiz ausübt (Art. 3 Abs. 1 WV). Insofern erscheint die ausdrückliche Beteuerung der fortbestehenden liechtensteinischen Währungshoheit (Art. 2 Abs. 1 WV[789]) aufgesetzt.

Doch auch der Währungsvertrag beinhaltet die Möglichkeit der Kündigung (Art. 15 Abs. 1 WV) und des Rücktritts (Art. 15 Abs. 2 WV). Nach Art. 15 Abs. 1 WV können sich beide Vertragsstaaten einseitig vom Vertrag lösen. Der Rücktritt hingegen steht nur dem Fürstentum Liechtenstein offen, und zwar für den Fall, dass es mit neuen schweizerischen Regelungen im Geltungsbereich des Währungsvertrages nicht einverstanden ist. So verbleibt letztlich die *„volle Entscheidungsfreiheit"* bezüglich der Selbstregierung beim Fürstentum Liechtenstein.

Unterstützt wird dieses Ergebnis durch die Tatsache, dass der Währungsvertrag lediglich eine Situation vertraglich legitimiert, die zuvor schon faktisch bestanden hatte. Während vergeblich versucht wurde, nach dem Niedergang der österreichisch-ungarischen Kronenwährung eine eigene liechtensteinische Währung zu

---

786 *„Ein unmittelbarer Handlungsbedarf nach dem Ja der Schweiz besteht allerdings nicht, weil die Schweiz erst ab 2008 zum Geltungsbereich des Schengen/Dublin-Abkommens gehört"*. Quelle: *„Grünes Licht für Schengen – Liechtenstein ist interessiert an Schengen-Abkommen wie die Schweiz"* vom 6. Juni 2005, verfügbar auf: www.liechtenstein.li/pdf-fl-wuf-aktuell-artikel-060605.pdf (Stand: 28. Februar 2006).

787 LGBl. 1981, Nr. 52; abgedruckt bei: BATLINER, Währungsvertrag, S. 55 ff. (Anhang); im folgenden *„WV"*.

788 SEILER, Schweiz und Liechtenstein, S. 104.

789 *„Die liechtensteinische Währungshoheit bleibt unberührt."*

schaffen[790], hatte sich der stabile Schweizerfranken zum Ende des Ersten Weltkrieges *„...praktisch selbst eingebürgert“*[791]. Im Jahre 1924 wurde der Schweizerfranken sogar per Gesetz einseitig in Liechtenstein eingeführt[792]. SARASIN, im Jahre 1981 Präsident der Schweizerischen Bankiersvereinigung, spricht in diesem Zusammenhang gar von *„Annexion“*[793]. Dieser *„vertragslose Zustand“*[794] wurde lange von der Schweiz toleriert[795]. Erst in den 1960er und 1970er Jahren ergaben sich Problem mit Inflation, auf die die Eidgenossenschaft mit Schutzmaßnahmen antwortete[796], die die liechtensteinische Bankwirtschaft trotz der Zollunion hart trafen[797]. Aber auch diese Schwierigkeiten konnten überwunden werden[798], indem die Schweiz in beiden Fällen, in denen sie Liechtenstein explizit zum *„Währungsausland“* erklärt hatte (13. März 1964 und 8. Oktober 1971), das Fürstentum jeweils kurz darauf wieder mit der Schweiz gleichstellte[799]. Der Abschluss des Währungsvertrages erfolgte somit sicherlich unter dem Einfluss des Bewusstseins *„...unabsehbarer negativer Auswirkungen eines solchen Auslandsstatus“*[800]. Das heißt aber nicht, dass das Fürstentum Liechtenstein von der Schweiz zum Abschluss genötigt worden wäre. Vielmehr stand ein gegenseitiger Pragmatismus hinter dem Vertragsschluss[801]. Angesichts der Vorteile auf beiden Seiten raubt der Währungsvertrag damit dem Fürstentum nicht die Souveränität.

---

790 Detailliert hierzu: BATLINER, Währungsvertrag, S. 19 ff. im Kapitel: *„Versuch einer eigenen Währungsreform: Übergang von der österreichischen Krone zum Schweizer Franken 1919-1924“.*

791 BATLINER, Währungsvertrag, S. 23.

792 *„Gesetz über die Einführung der Franken-Währung“* vom 26. Mai 1924, LGBl. 1924, Nr. 8

793 SARASIN, Betrachtung, S. 24; so auch MALUNAT, Verträge, S. 337.

794 SEILER, Schweiz und Liechtenstein, S. 104.

795 BATLINER, Währungsvertrag, S. 25: *„Die Rolle der Schweiz bei der Einführung des Schweizerfrankens in Liechtenstein beschränkte sich somit auf stillschweigendes Einverständnis.“*

796 SARASIN, Betrachtung, S. 19; BATLINER, Währungsvertrag, S. 32.

797 Liechtenstein war mangels vertraglicher Grundlage Währungsausland. BATLINER, Währungsvertrag, S. 34 ff., zählt die gesetzlichen Instrumentarien der Schweizer Nationalbank gegenüber dem Ausland auf: Verzinsungsverbot, Anlageverbot, Kreditbegrenzung.

798 So SEILER, Schweiz und Liechtenstein, S. 104.

799 Vgl. BATLINER, Währungsvertrag, S. 32 f.

800 BATLINER, Währungsvertrag, S. 34.

801 Die Schweiz wollte den Einfluss über ihre Währung auch da wahren, wo diese außerhalb ihres Staatsgebietes benutzt wird; Liechtenstein wollte vor allem die Vorteile des währungsbezogenen *„Inländerstatus“*.

cc) Post- und Fernmeldevertrag (1920 / 1978)

Des Weiteren wird im Zusammenhang mit der in Frage stehenden Souveränität des Fürstentums der Post- und Fernmeldevertrag[802] vom 10. November 1920 in der Form seiner Novellierung des Jahres 1978 diskutiert[803]. Kernaussage des Vertrages ist, dass die Post- und Fernmeldedienste in Liechtenstein auf Rechnung des Fürstentums von den schweizerischen Post-, Telefon- und Telegraphenbetrieben (PTT) besorgt werden (Art. 3 PFV). Obwohl das Fürstentum unterdessen selbst Mitglied in verschiedenen Internationalen Organisationen geworden ist, deren Wirkungsfeld im sachlichen Geltungsbereich des Post- und Fernmeldevertrages liegt[804], unterwirft sich das Fürstentum mit dem Post- und Fernmeldevertrag der Schweizer Rechtsetzung in ähnlichem Umfang wie in Zoll- und Währungsvertrag[805]. Damit ist die eidgenössische Übermacht auch in diesem Bereich mehr als deutlich, was hier aber wiederum dadurch relativiert wird, dass der Post- und Fernmeldevertrag ebenfalls die Möglichkeit der einseitigen Kündigung vorsieht (Art. 33 PFV). Allerdings bedarf es dieser Feststellung nicht, um die fehlende Schädlichkeit des Vertrages für die liechtensteinische Souveränität zu begründen. Denn in Bezug auf die Souveränität eines Staates kann eine vertragliche Bindung nur problematisch werden, wenn sich der mächtigere der beiden Vertragspartner *Hoheits*rechte des schwächeren übertragen lässt oder auf andere Weise darauf Einfluss nimmt. Dies folgt aus der Qualität der Souveränität als Eigenschaft der Staatsgewalt. Angesichts der Tatsache, dass die Post- und Telekommunikations-

---

802 *„Übereinkommen betreffend die Besorgung des Post-, Telegraphen- und Telephondienstes im Fürstentum Liechtenstein durch die schweizerische Postverwaltung und die schweizerische Telegraphen- und Telephonverwaltung“*, abgedruckt in: League of Nations, Treaty Series, Band 2, 1920, S. 305 ff.; Der Vertrag ist nach Austausch der Ratifikationsurkunden am 1. Februar 1921 in Kraft getreten.

803 So MALUNAT, Verträge, S. 341; aus SEILER, Schweiz und Liechtenstein, S. 104, ergibt sich: der neue *„Vertrag über die Besorgung der Post- und Fernmeldedienste im Fürstentum Liechtenstein durch die schweizerischen Post-, Telefon- und Telegraphenbetriebe“* (PTT) vom 9. Januar 1978 (im folgenden: PFV) wurde hauptsächlich geschlossen, um dem Wunsch des Fürstentums Liechtenstein nachzukommen, die Radio- und Fernsehhoheit im Liechtenstein wieder selbst auszuüben, nachdem zuvor nach der Systematik des Post- und Fernmeldevertrages von 1920 für die Zulassung von Sendern eine Konzession des schweizerischen Bundes erforderlich war. Im Vertrag von 1978 ist die liechtensteinische Radio- und Fernsehhoheit ausdrücklich garantiert (Art. 27 PFV). Im Übrigen sind die Änderungen jedoch unwesentlich.

804 Weltpostunion (UPU-Union postale universelle), Beitritt am 13. April 1962; Internationale Fernmeldeunion (UIT-Union Internationale de Télécommunication), Beitritt am 25. Juli 1963; Internationale Fernmeldesatellitenorganisation INTELSAT, Beitritt am 20. August 1971; Quelle: KRANZ, Mitgliedschaft in Internationalen Organisationen, in: KRANZ, Fürstentum Liechtenstein – eine Dokumentation S. 93; vgl. auch unten: Kap. 4, C.II.1.a) und b), sowie Kap. 4, C.II.3.b).

805 Detaillierte Beschreibung der Unterwerfung unter Schweizer Recht bei MALUNAT, Verträge, S. 342; RATON, Liechtenstein, S. 87 f.

dienste in den meisten europäischen Staaten unterdessen privatisiert sind, lässt sich schwerlich die These aufrechterhalten, Post und Telekommunikation beträfen hoheitliche Aufgaben. Lässt das Fürstentum Liechtenstein also diese Dienste von schweizerischen Einrichtungen mitausüben, kann das schon deshalb nicht die äußere Souveränität des Fürstentums beeinträchtigen.

dd) Diplomatische Vertretung durch die Schweiz (1919)

Nachdem es am Ende des Ersten Weltkrieges für Liechtenstein nicht mehr opportun schien, sich diplomatisch von der Achsenmacht Österreich-Ungarn vertreten zu lassen, wandte sich der liechtensteinische Geschäftsträger in Bern mit dem Anliegen an die zuständigen Schweizer Stellen, das Fürstentum Liechtenstein dritten Staaten gegenüber von der Eidgenossenschaft diplomatisch vertreten zu lassen[806]. Das Schreiben vom 21. Oktober 1919 mit dem entsprechenden Inhalt fand seine positive Antwort in der schweizerischen Note vom 24. Oktober 1919; die beiden Schriftsätze bilden bis heute die Grundlage für die diplomatische Vertretung Liechtensteins durch die Schweiz[807]. Das Fürstentum beweist jedoch neuerdings den Willen, auch in bilateralen Verhältnissen ohne die Hilfe der Eidgenossenschaft auszu kommen; die Zeiten, in denen Liechtenstein lediglich eine Botschaft in Bern hatte, sind jedenfalls vorbei[808]. Insgesamt ist das Abkommen über die Übernahme der diplomatischen Vertretung ebenso von der schweizerischen Dominanz geprägt wie die zuvor schon geprüften Verträge, was auch daran ersichtlich wird, dass zwar das Fürstentum Liechtenstein eine Botschaft in Bern hat, die Schweiz aber keine in Liechtenstein unterhält.

Allerdings muss auch beachtet werden, dass der Notenwechsel nur die Vertretung bei ausländischen Staaten regelt, während der Kontakt mit Internationalen Organisationen unberührt bleibt[809]. Zudem ist Liechtenstein auf Grund der Vertretung durch die Schweiz keinesfalls gebunden und kann stets jede gewünschte Beziehung mit einem Drittstaat aufnehmen[810]. Überhaupt agiert die Schweiz nur *„nach*

---

806 Detailliert zu den Geschehnissen von 1919 vgl. bei RATON, Liechtenstein, S. 82 f.

807 Vgl. MALUNAT, Verträge, S. 344 f.; der Autor bietet auch den Wortlaut der beiden Noten, S. 344/345, Fn. 65.

808 So existieren neben der Botschaft in Bern im bilateralen zwischenstaatlichen Verkehr neuerdings auch Botschaften in Washington und Berlin. So wurden die liechtensteinischen Interessen in der deutschen Hauptstadt zwar ab 1999 zunächst lediglich durch einen nicht residierenden Botschafter vertreten; seit September 2003 verfügt das Fürstentum allerdings über einen resierenden Botschafter an der Spree. Quelle: www.liechtenstein.li (Stand: 2. Februar 2005).

809 Vgl. RATON, Liechtenstein, S. 84.

810 MALUNAT, Verträge, S. 346, der darauf hinweist, dass Liechtenstein von dieser Freiheit vor allem im konsularischen Bereich *„ausgiebig Gebrauch"* macht; RATON, Liechtenstein, S. 85, der darauf hinweist, dass Liechtenstein auf zahlreichen in Europa stattfindenden internationalen Konferenzen mit eigenen Gesandten vertreten war (Aufzählung bei Raton vorhanden).

jeweiliger Auftragserteilung'[811] durch das Fürstentum Liechtenstein. Wichtigstes Argument gegen die Annahme einer Souveränitätseinbuße ist aber, dass die diplomatische Vertretung jederzeit durch einseitige Erklärung beendet werden kann[812]. Die Vereinbarung der diplomatischen Vertretung Liechtensteins durch die Schweiz beschränkt somit die *volle Entscheidungsfreiheit* des Fürstentums Liechtenstein in keiner Weise und stellt daher keine Einschränkung der Souveränität des Fürstentums dar.

ee) Gesamtwertung und Zwischenergebnis

In der Einzeluntersuchung der jeweiligen bilateralen Verträge wurde durchgehend festgestellt, dass die Bindungen, jede für sich, keine Beschränkung der Souveräntität Liechtensteins bewirken. Fraglich ist jedoch, ob die Verträge in ihrer Gesamtheit anders bewertet werden müssen. So *„...dokumentieren..."* die untersuchten vertraglichen Bindungen nach MALUNAT *„...die Intensität der Anbindung des Fürstentums an die Eidgenossenschaft...'*[813]. Jedoch bietet die bilaterale Anbindung Liechtensteins an die Eidgenossenschaft ein System mit scharf umrissenen Zuständigkeitsregelungen, wonach die Schweiz für das Fürstentum nur in ganz bestimmten Bereichen agiert. Trotz gewisser Folgeverpflichtungen, mit denen sich der liechtensteinische Staat konfrontiert sieht[814], *„...verbleiben Liechtenstein sämtliche anderen Hoheitsbefugnisse, darunter insbesondere die Bestimmung seiner Innenpolitik, die Gerichtsorganisation und die Finanz- und Steuerpolitik..."*; schon deshalb lässt sich nicht behaupten, dass durch die bilateralen Verträge mit der Schweiz der *„...Kernbereich der liechtensteinischen Hoheitsrechte..."* von einer ausländischen Macht ausgeübt werde und dadurch die Souveränität des Fürstentums beseitigt sei[815]. Auf Grund der Kündigungsmöglichkeit in den Verträgen und der sachlichen Begrenztheit der Übertragung der Hoheitsrechte auf die Schweiz, bleibt die Unabhängigkeit des Liechtensteins gewahrt. Zudem darf nicht übersehen werden, dass die Verträge nicht auf schweizerischen

---

811 NIEDERMANN, Liechtenstein und Schweiz, S. 35; hier können sowohl allgemeine als auch besondere Einzelaufträge Grundlage der Handlung sein.

812 RATON, Liechtenstein, S. 84; MALUNAT, Verträge, S. 347, der auf die fehlende Bindungswirkung des Abkommens hinweist und dabei mit dem Wortlaut der Schweizer Note vom 24. Oktober 1919 argumentiert: *„...diesem neuen Beweis unserer althergebrachten Freundschaft geben zu dürfen..."*.

813 MALUNAT, Verträge, S. 348.

814 Ein Beispiel für eine solche Folgeverpflichtung ist etwas die Behandlung deutscher Vermögenswerte im Fürstentum Liechtenstein nach dem Ende des Zweiten Weltkrieges. So wurde der schweizerische Bundesratsbeschluss vom 16. Februar 1945, der die Verfügung über alle deutschen Vermögenswerte in der Schweiz von der Zustimmung der Schweizerischen Verrechnungsstelle abhängig machte, *auf Grund des Zollvertrages* durch die Fürstliche Verordnung vom 17. Februar 1945 auch für Liechtenstein anwendbar erklärt (LGBl. 1945, Nr. 13). Zur Einbindung des Fürstentums in das sog. Washingtoner Abkommen zwischen der Schweiz und den Westalliierten vgl. unten Kap. 5, C.I.2.a).

815 MERLIN, Liechtenstein aus der Sicht des Völkerrechts, S. 123 bzw. 125, der auf S. 125 noch darauf hinweist, dass die Schweiz und Liechtenstein – bis auf Ausnahmen nach dem Zollvertrag – grundsätzlich auf diplomatischem Wege miteinander verkehren.

Druck hin zustande gekommen sind und auch dass das schweizerisch-liechtensteinische Verhältnis offensichtlich ohne größere Spannungen auskommt. Wenn dazu in der Literatur zu lesen ist, dass zwischen den beiden Staaten eine *„...,natürliche' Verbundenheit...“* bestehe[816], mag man zwar skeptisch sein, ob eine solche positive Darstellung immer der Realität entsprechen kann, jedoch scheinen diese Stimmen Bestätigung gefunden zu haben in der noch darzustellenden Reaktion[817] der Eidgenossenschaft auf den liechtensteinischen Wunsch, auch im Bereich der Handelspolitik wieder eine selbständigere Rolle zu spielen. Da sich mit der Schweiz und dem Fürstentum demnach Staaten als souveräne Partner begegnen, ist ihr Verhältnis völkerrechtlicher Natur[818].

c) Rechtliche Einordnung der vertraglichen Beziehungen

Damit ist aber noch nicht entschieden, wie das Verhältnis zwischen Liechtenstein und der Schweiz letztlich einzuordnen ist. Ein *Bundesstaat* kann durch die Annäherung Liechtensteins an die Schweiz schon deshalb nicht entstanden sein, da die *„...Beziehungen zwischen Mitgliedern eines solchen Bundesstaates staatsrechtlicher Natur...“* sind, wobei diese staatsrechtliche Natur nicht dadurch entfällt, dass die Gliedstaten miteinander Verträge schließen können[819]. Dagegen ist das Verhältnis zwischen dem Fürstentum und der Eidgenossenschaft ein völkerrechtliches.

Somit könnte aber ein *Staatenbund* entstanden sein. Unter einem solchen versteht man gerade einen völkerrechtlichen Zusammenschluss zweier oder mehrerer Staaten, ohne dass auch nur einer davon seine Staatsqualität bzw. Souveränität einbüßt; allerdings muss ein Staatenbund *„...eigene, von den Mitgliedstaaten getrennte Organe besitzen, durch die er die gemeinsamen Angelegenheiten verwaltet“*[820]. Solche wurden im hier zu untersuchenden Fall nicht geschaffen[821]. Damit liegt kein Staatenbund vor. Auch kann der Begriff der *Verwaltungsunion* keine Anwendung finden, da die Existenz einer solchen ebenso das Vorhandensein von Gemeinschaftsorganen voraussetzt[822].

---

816 SEILER, Schweiz und Liechtenstein, S. 105.

817 Vgl. Kap. 4, C.III.3.a)bb) und Kap. 4, C.III.3.b)bb)(2).

818 So schon MERLIN, Liechtenstein aus der Sicht des Völkerrechts, S. 125, Fn. 57 und 40, der aber auf eine gegenteilige Ansicht in der UdSSR-Literatur als einzige Gegenansicht hinweist.

819 BERBER, Völkerrecht, Band I, § 17 VI, S. 144.

820 NAWIASKY, Staatenverbindungen, in: STRUPP / SCHLOCHAUER, WbVR, Band III, S. 315.

821 MALUNAT, Verträge, S. 351, der auf den S. 350 ff. zusätzliche Argumente gegen das Vorliegen eines Staatenbundes formuliert.

822 So FLEINER, Kleinstaaten in Staatenverbindungen, S. 36, 41, der die Verwaltungsunion zu den *„Staatenverbindungen im engeren Sinne“* zählt, die sich gegenüber den *„Staatenverbindungen im weiten Sinne“* gerade dadurch auszeichnen, dass sie über eigene Organe verfügt; ebenso MALUNAT, Verträge, S. 352.

Angesichts der schweizerischen Dominanz in den Verträgen zwischen den beiden Staaten drängen sich Formen der Staatenverbindung geradezu auf, die auf der Basis der Ungleichheit der Beteiligten basieren. Insofern werden in Bezug auf das Fürstentum Liechtenstein zum Teil die Begriffe des *Protektorats*[823] und des *Quasi-* bzw. *De-facto-Protektorats*[824] diskutiert. Problematisch ist, dass der Begriff des Protektorats *„...zur Bezeichnung mannigfacher rechtlicher...“* Verhältnisse Verwendung findet[825]. Trotz dieses Fehlens *„rechtsnormativer Qualität“*[826] lässt sich mit SEIDL-HOHENVELDERN sagen, dass jedenfalls dann kein Protektorat gegeben ist, wenn der schwächere Staat trotz der vertraglichen Bindung *„...seine volle Entscheidungsfreiheit behält...“* und darum nicht *„...der Kontrolle des Protektors unterstellt ist“*[827]. Die vorliegende Arbeit hat gezeigt, dass das Fürstentum seine *„volle Entscheidungsfreiheit“* gerade nicht verloren hat. Der Begriff des Protektorats, der vor allem von kolonialen Verhältnissen geprägt wurde, hat in der heutigen Welt ohnehin an Bedeutung verloren, ein derartig offensichtliches Abhängigkeitsverhältnis ist heute schon wegen des Grundsatzes der Staatengleichheit schwerlich zu rechtfertigen. Die Mächtigen sind aus diesem Grunde zu subtileren Konstruktionen übergegangen[828]. Um diese Entwicklung begrifflich abzufangen, wurde der Begriff des Quasi- bzw. De-facto-Protektorats geschaffen, der Fälle umschreibt, in denen sich ein Staat nicht ausdrücklich in die Vormundschaft eines anderen Staates begibt, in denen aber dem dominierenden Staat *„...durch Verträge so weitreichende Rechte...“* gewährt werden, dass der schwächere Staat *„...nicht mehr über seine innere und auswärtige Politik zu entscheiden vermag“*[829]. Letztlich ist damit auch hier, wie beim Protektorat, zu fragen, ob dem Staat die *volle Entscheidungsfreiheit* verblieben ist. Also ist in Bezug auf das Fürstentum Liechtenstein auch kein Quasi- bzw. De-facto-Protektorat entstanden. Auch ist nicht der Begriff der *Assoziation* verwirklicht, der eine *„abgeschwächte Teilnahmeform“*[830] an Internationalen Organisationen für Staaten beschreibt, die nicht alle Rechte und Pflichten der Vollmitgliedschaft übernehmen wollen[831]. Die Schweiz ist

---

823 Vgl. z.B. RATON, Liechtenstein, S. 107 f.; GYGER, Liechtenstein und die EG, S. 62; SEILER, Schweiz und Liechtenstein, S. 106; MALUNAT, Verträge, S. 353.

824 Beide Begriffe verwendet MALUNAT, Verträge, S. 353; von Quasiprotektorat sprechen GYGER, Liechtenstein und die EG, S. 63, DAHM/DELBRÜCK/WOLFRUM, Band I/1, § 24 III 2, S. 226, und SEIDL-HOHENVELDERN/STEIN, Völkerrecht, § 49, Rn. 912; BERBER, Völkerecht, Band I, § 18, S. 151 dagegen verwendet den Begriff des De-facto-Protektorats.

825 KIRCHSCHLÄGER, Protektorat, in: STRUPP / SCHLOCHAUER, WbVR, Band II, S. 808.

826 FLEINER, Kleinstaaten in Staatenverbindungen, S. 45.

827 SEIDL-HOHENVELDERN/STEIN, Völkerrecht, § 46, Rn. 738.

828 FLEINER, Kleinstaaten in Staatenverbindungen, S. 46.

829 DAHM/DELBRÜCK/WOLFRUM, Band I/1, § 24 III 2, S. 226.

830 WOLFRUM in: SEIDL-HOHENVELDERN, Lexikon des Rechts, Völkerrecht, Stichwort Internationale Organisationen, S. 192.

831 Vgl. WOLFRUM in: SEIDL-HOHENVELDERN, Lexikon des Rechts, Völkerrecht, Stichwort Internationale Organisationen, S. 192; FLEINER, Kleinstaaten in Staatenverbindungen,

zwar ein Staat auf föderaler Grundlage[832], jedoch keine Internationale Organisation. Schon deshalb passt der Begriff der Assoziation nicht auf das Verhältnis Schweiz-Liechtenstein.

So scheint das Näheverhältnis der beiden Staaten von *„originärer Art"* zu sein und *„...in keine der herkömmlichen Typologien von Staatenverbindungen..."* zu passen[833]. Es liegt damit nahe, von einer *Staatenverbindung sui generis*[834] zu sprechen, was aber keine neue inhaltliche Erkenntnis bringt, denn ein Begriff gewinnt nur durch positive Beschreibung von Eigenschaften an Aussagekraft[835]. Da die bilaterale Zusammenarbeit des Fürstentums und der Schweiz aber nicht in die herkömmlichen Muster passt, sind die Ansätze jener Autoren am vielversprechendsten, die die Beschreibung aus der Abgrenzung der abgelehnten Begrifflichkeiten herausarbeiten. MALUNAT[836] charakterisiert das Beziehungsgefüge deshalb knapp und präzise als *„Politische Staatenverbindung ohne Gemeinschaftsorgane auf der Basis freiwilliger Zuordnung"*. *„Politisch"* ist dabei als Gegenbegriff zu *„lediglich verwaltungstechnisch"* zu sehen, wodurch klar wird, dass durch das Vertragsgeflecht zwischen den beiden Staaten *„...vitale (...) Interessen..."* Liechtensteins berührt werden[837]. Das Merkmal *„ohne Gemeinschaftsorgane"* ergibt sich aus der Ablehnung der Begriffe *„Staatenbund"* und *„Verwaltungsunion"*. Die *„Freiwilligkeit"* meint die Möglichkeit Liechtensteins, sich jederzeit wieder durch Kündigung von der Schweiz abzuwenden und stellt somit die Abgrenzung zu den Begriffen *„Protektorat"* und *„Quasi- bzw. De-facto-Protektorat"* dar. MALUNAT kommt mit seiner Definition der Realität insgesamt zumindest sehr nahe.

3. Internationale Integration

Nachdem nun feststeht, dass das Näheverhältnis zur Schweiz das Fürstentum nicht die Souveränität kostet, soll der Frage nachgegangen werden, ob sich aus der Einbindung Liechtensteins in die internationale Zusammenarbeit positive oder negative Aussagen in Bezug auf die Souveränität des Staates ziehen lassen.

S. 46 ff.; so wohl auch verstanden bei SEILER, Schweiz und Liechtenstein, S. 106; EPPING in: IPSEN, Völkerrecht, §31, Rn. 19 f. spricht in Bezug auf das offensichtlich identische Phänomen von *„Assoziierung"*.

832 SCHINDLER, Schweiz, in: STRUPP / SCHLOCHAUER, WbVR, Band III, S. 225 f.

833 MALUNAT, Verträge, S. 359; mit demselben Ergebnis RATON, Liechtenstein, S. 108.

834 Vgl. GYGER, Liechtenstein und die EG, S. 64; MALUNAT, Verträge, S. 359, spricht von einer *„vielfach angewendeten Kennzeichnung"*.

835 In diesem Sinne nennt beispielsweise SEILER, Schweiz und Liechtenstein, S. 106, die Bezeichnung *„sui generis"* *„nichtssagend"*.

836 MALUNAT, Verträge, S. 359.

837 Vgl. GYGER, Liechtenstein und die EG, S. 62.

a) Internationale Integration und Argumente pro Souveränität

Noch im Jahre 1920 wurde dem Fürstentum Liechtenstein eine gleichberechtigte Stellung in der Völkerrechtsfamilie verwehrt. Der Antrag auf Aufnahme in den Völkerbund wurde mit der Begründung abgelehnt, Liechtenstein sei nicht in der Lage, die Pflichten zu erfüllen, die mit einer Mitgliedschaft verbunden gewesen wären[838]. Im Jahre 1950 wird das Fürstentum dann aber mit *„...überwältigender Mehrheit...“* in das Statut des Internationalen Gerichtshofes aufgenommen[839]. In der Folge sollte das Fürstentum seinen Weg in eine ganze Reihe Internationaler Organisationen finden. So wird der Kleinstaat am 23. November 1978 Vollmitglied des Europarates[840]. Am 1. November 1991 folgt die Mitgliedschaft des Liechtensteins in der EFTA (European Free Trade Association). Am 1. Mai 1995 tritt das Fürstentum dem Europäischen Wirtschaftsraum (EWR) bei[841], am 1. September 1995 der Welthandelsorganisation (WTO)[842] und am 18. September 1990 auch den Vereinten Nationen[843]. Auf die Mitgliedschaften des Fürstentums wird später in einem anderen Zusammenhang noch genauer einzugehen sein[844].

Eventuell lassen sich Rückschlüsse aus bestimmten Formulierungen in den Gründungsverträgen der genannten internationalen Organisationen und Verträge in Bezug auf die Souveränität der Mitgliedstaaten ziehen. Der Wortlaut des Art. 4 SVN etwa verlangt für die Aufnahme in die Vereinten Nationen die Staatlichkeit des Aufnahmekandidaten; demnach muss der Beitrittsaspirant souverän sein[845]. Trotzdem kann eine Aufnahme in die Vereinten Nationen in Bezug auf die Souveränität des Gemeinwesens nicht konstitutiv wirken. Mögen neu entstandene Gebilde *„...die Aufnahme in die UNO quasi als konstitutives Element ihrer Souveränität...“* ansehen[846], nach richtigem Verständnis jedoch bewegt sich die Aufnahme auf der Ebene der völkerrechtlichen Anerkennung[847]. Unabhängig vom Meinungsstreit, ob

---

838 *„...does not appear to be in a position to carry out all the international obligations imposed by the Covenant“*, zitiert nach KOHN, Sovereignty, S. 554; eine genaue Beschreibung der Geschehnisse liefert: RATON, Liechtenstein, S. 65 ff.; vgl. die ausführliche Darstellung unten in Kap. 4, C.I.1.

839 KOHN, Sovereignty, S. 556; der Text des Statuts des IGH findet sich in: BGBl. 1973 II, S. 505 ff.

840 Vgl. SEILER, Europarat, S. 15.

841 RITTER, Europäischer Wirtschaftsraum, S. 6 und 9.

842 RITTER, Europäischer Wirtschaftsraum, S. 3; Beitritt zur WTO am 1. September 1995.

843 BLUMENWITZ, Die tschechisch-liechtensteinischen Beziehungen, S. 349; KONRAD GINTHER in: SIMMA, The Charter of the United Nations, Art. 4, Rn 56.

844 Vgl. Kap. 4, C.

845 KONRAD GINTHER in: SIMMA, The Charter of the United Nations, Art. 4, Rn. 14, der insofern eine *„independent government“* fordert.

846 V. LIECHTENSTEIN, UNO-Beitritt, S. 9.

847 KLEIN, Mitgliedschaft, S. 155, der in der Aufnahme zugleich eine De-iure-Anerkennung aller Mitgliedstaaten sieht; HAN, Aufnahme in die UNO, S. 123, der dem widerspricht;

die völkerrechtliche Anerkennung als konstitutive Voraussetzung der Staatlichkeit anzusehen ist[848], kann die Anerkennung allein nicht über das Nichtvorliegen der übrigen Voraussetzungen hinweghelfen.

Trotz des dargelegten Fehlens einer konstitutiven Wirkung für die Souveränität des Beitrittskandidaten muss der Aufnahme in die Vereinten Nationen doch eine starke Indizwirkung beigemessen werden. Aus diesem Grund bietet die UNO-Mitgliedschaft ein gewichtiges Argument für die Souveränität des Fürstentums Liechtenstein. Jedenfalls darf die Souveränität des Fürstentums Liechtenstein spätestens mit der Vollmitgliedschaft in den Vereinten Nationen auch als allgemein anerkannt bezeichnet werden[849]. Die hier bezüglich der Mitgliedschaft in den Vereinten Nationen getätigten Aussagen lassen sich natürlich nicht auf alle anderen Mitgliedschaften in internationalen Organisationen übertragen, jedoch hat die Mitgliedschaft in den Vereinten Nationen auf Grund des globalen Charakters der Organisation besonderes Gewicht.

b) Internationale Integration als Bedrohung für die Souveränität?

aa) Allgemeines

Es darf jedoch nicht übersehen werden, dass eine zu tiefe Integration durchaus auch eine Gefahr für die mitgliedstaatliche Souveränität in sich bergen kann. Denn die Übertragung von Hoheitsrechten kann sich nicht nur auf die staatliche Souveränität auswirken, wenn sie sich zugunsten eines anderen Staates vollzieht, sondern auch, wenn die Rechte auf eine internationale Organisation übertragen werden. Die Grenzen liegen hier ähnlich wie bei der Abtretung an einen anderen Staat; so ist *„...weitgehend anerkannt, dass die Übertragung eines gewissen wesentlichen Quantums der staatlichen Funktionen (...) den Begriff der staatlichen Souveränität gegenstandslos machen kann...“*[850]. Auch wenn die heutige *„...Globalisierung der Weltgemeinschaft (...) mit einer ‚Aufweichung' der Souveränität verbunden...“* ist[851], sind die *„...‚Opfer an Souveränität', die souveräne Staaten durch ihre Mitgliedschaft in Internationalen oder Supranationalen Organisationen auf sich nehmen, (...) jedenfalls bis heute nicht so einschneidend, als dass man eine solche Mitgliedschaft für unvereinbar mit ihrer Rechtstellung als souveräne Staaten ansehen könnte...“*[852]. Lediglich im Zusammenhang mit der europäischen Integration werden die Auswirkungen der Teilnahme vor allem an der Europäischen Union auf die Souveränität der Mit-

---

man könne nicht von der stillschweigenden Anerkennung durch alle Mitgliedstaaten ausgehen.

848 Dazu vgl. unten Kap. 3, D.II.

849 MALIN, Souveränität Liechtensteins, S. 21, der dies schon für die Aufnahme in das Statut des Internationalen Gerichtshofes im Jahre 1950 behauptet hat; dagegen vgl. zur tschechoslowakischen Nichtanerkennungspolitik gegenüber dem Fürstentum: Kap. 5, C.III.2.a)bb)(2)(b).

850 DOEHRING, Internationale Organisationen und staatliche Souveränität, S. 117.

851 BRUHA / GEY-RITTER, Kleinstaat und Integration, S. 187.

852 SEIDL-HOHENVELDERN/STEIN, Völkerrecht, § 46, Rn. 639.

gliedstaaten diskutiert[853]. Da Liechtenstein nicht Mitglied der EU ist, kann die Diskussion diesbezüglich zunächst dahinstehen. Die EFTA als intergouvernemental[854] strukturierte Organisation ist zudem im Rahmen der Souveränitätsdebatte nicht relevant. Allenfalls hinsichtlich der Mitgliedschaft des Fürstentums im EWR könnte die Frage auftreten, ob sich die Teilnahme auf die *„volle Entscheidungsfreiheit"* des Kleinstaates ausgewirkt hat.

bb) EWR-Mitgliedschaft und Souveränität

Der EWR beinhaltet strukturell eine Zusammenarbeit zwischen der EFTA und der EU, wobei die EFTA-Staaten in den Genuss einer partiellen Teilnahme an der Europäischen Wirtschaftsgemeinschaft gelangen. Dafür mussten die EFTA-EWR-Staaten im Rahmen des EWR-Abkommens einen Großteil des EG-Rechtsbestandes übernehmen[855], wodurch dieser freiwillig auf völkervertraglicher Basis akzeptiert wurde. Im Bereich der nach dem Inkrafttreten des EWR-Abkommens weiterzubetreibenden Fortentwicklung des *acquis communautaire* haben die EFTA-Staaten jedoch nicht dieselben Rechte wie die Staaten der EU. Die *„...Befugnis der Entscheidungsautonomie..."* hat sich *„...die Gemeinschaft (...) selbst vorbehalten..."*[856] (vgl. Art. 99 Abs. 1 EWR-Abkommen); die Kommission der Europäischen Gemeinschaft behält auch im EWR-relevanten Bereich das Initiativrecht[857]. Die EFTA-Staaten haben zwar *„...in der Vorbereitungsphase und während der Entscheidungsfindung ein gewisses Mitspracherecht, aber kein Mitentscheidungsrecht..."*[858]. Diese eingeschränkten Teilnahmemöglichkeiten ergeben sich aus Art. 99-101 EWR-Abkommen. Die auf diesem Wege erreichten Entscheidungen, die demnach letztlich allein den Willen der EU-Staaten widerspiegeln, wirken in der Folge aber nicht automatisch für die EFTA-Staaten im EWR, jedoch besteht ein relativ ausgeprägter Zwang, neues Sekundärrecht im Verfahren des Art. 102 ff. EWR-Abkommen für den gesamten EWR zu übernehmen. Denn einigt man sich nicht auf die Übernahme des EG-Rechtes, so gelten die davon betroffenen Teile des EWR-Abkommens (vor allem die einschlägigen Anhänge) gem. Art. 102 Abs. 5 S. 1 des Abkommens *„als vorläufig außer Kraft gesetzt"*. Mit dieser Konstruktion soll auf Dauer

---

853 Dazu vgl. unten Kap. 4, C.III.5.e)aa).

854 GSTÖHL, Flexible Integration für Kleinstaaten? – Liechtenstein und die Europäische Union, S. 157; vgl. zur EFTA-Mitgliedschaft Liechtensteins Kap. 4, C.III.3.a).

855 Zum Wesen und zu den Zielen des EWR-Abkommens vgl. Kap. 4, C.III.3.b)aa)(2).

856 FISCHER / KÖCK, Europarecht, S. 95.

857 GÜNTHER ETTL in: RÖTTINGER / WEYRINGER, Handbuch der europäischen Integration, S. 472.

858 STEPPACHER, Der EWR – Ein Modell für Mittel- und Osteuropa?, S. 12 f.; ausgehend von anglophonen Begrifflichkeiten, die die Vorbereitungsphase als *„decision shaping"* und die Beschlussphase als *„decision making"* umschreiben (vgl. dazu GÜNTHER ETTL in: RÖTTINGER / WEYRINGER, Handbuch der europäischen Integration, S. 472), bringen FISCHER / KÖCK, Europarecht, S. 95, den Merksatz *„EFTA shapes but EC makes decisions"*.

die Homogenität des Rechtsbestandes des EWR und der EU garantiert werden; da sich die Rechtsfolge des Art. 102 Abs. 5 S. 1 des Abkommens zumeist im besonderen Maße nachteilig für die EFTA-Staaten im EWR auswirkt, wurde auf diese Weise ein meist effektives Instrument geschaffen, den EWR-Ausschuss zur Umsetzung der auf EU-Ebene vorgelegten Rechtsänderungen zu veranlassen[859].

Diese Sichtweise erschließt jedoch nicht alle Facetten der Mitgliedschaft der EFTA-Staaten im EWR. Denn den EFTA-Staaten verbleibt jedes Mal von Neuem die Möglichkeit, ihr Vetorecht einzusetzen und insoweit die Freihandelszone zu beenden, während die EG-Staaten stets vom Sekundärrecht gebunden sind, auch wenn sie gegebenenfalls im Rahmen einer Mehrheitsentscheidung überstimmt wurden. So kann die Stellung der EFTA-Staaten im EWR auch mit der Feststellung charakterisiert werden, dass sie im Gegensatz zu den Vertragsparteien aus dem EU-Pfeiler in den Genuss der wirtschaftlichen Vorteile der vier Grundfreiheiten kommen, ohne im selben Maße wie die Mitgliedstaaten Einschränkungen ihrer Souveränität hinzunehmen. Wie sich nun die Situation der EFTA-Staaten im EWR zwischen immanenter Zwangswirkung des Übernahmemechanismus und Vetomöglichkeit auf die Souveränität der Staaten auswirkt, wird in der Literatur nicht in einheitlicher Weise gesehen. So wurde vor allem in der Phase des Entstehens des EWR-Abkommen hauptsächlich von Autoren, die diversen EFTA-Staaten zuzuordnen sind, gerügt, dass das *„partizipative Defizit"* zu Ungunsten der EFTA-Staaten ein Souveränitätsproblem darstellen würde, da *„der politisch-reale Vertragsstatus der EFTA-Staaten (...) [im EWR-Abkommen] hinter dem formalen Rechtsstatus gleichberechtigter Vertragspartnerschaft weit zurück..."* bleibe[860]. Auch heute noch wird angeführt, dass das Vetorecht lediglich in Ausnahmefällen praktikabel sei[861], da sich ein solches Verhalten stets auf alle teilnehmenden EFTA-Staaten auswirke; dadurch dass den einzelnen Staaten ein individuelles opting-out-Recht zuerkannt wurde, unterlägen die EFTA-Staaten im Gemischten Ausschuss des EWR *„...einem kaum entrinnbaren Nachvollzugsdruck..."*[862]. Aus der sich daraus ergebenden parallelen Entwicklung von EWR und EU in normativer Sicht sei auf einen *„supranationalen Charakter"* des EWR-Vertrages zu schließen[863]. Diese allein auf den faktischen Zwang abstellende Ansicht übersieht jedoch zwei Dinge. Zum einen bedingt die Möglichkeit des Vetos auch auf der Seite der EU die Bereitschaft, auf die Bedürfnisse der EFTA-Staaten einzugehen. So hat *„...[d]ie Praxis gezeigt, dass (...) das Bestreben der EG-Seite erkennbar ist, Regelungen, deren Anwendung den einen oder anderen EFTA-Staat vor ein un-*

---

859 So FISCHER / KÖCK, Europarecht, S. 95.

860 So BRUHA, Verfassungsrechtliche Aspekte der Rechtsetzung im EWR, S. 375.

861 EPINEY / FELDER, EWR und EG: Parallelen und Divergenzen in Rechtsordnung und Auslegung, S. 433.

862 HUMMER, Der EWR und seine Auswirkungen auf Österreich, S. 370; ähnlich: JACOT-GUILLARMOD, Droit international et droit communautaire, S. 330.

863 EPINEY / FELDER, EWR und EG: Parallelen und Divergenzen in Rechtsordnung und Auslegung, S. 434; der EWR stelle jedoch keine supranationale Gemeinschaft dar (S. 432).

überwindliches Hindernis stellen könnten, schon im Beratungsstadium zu entschärfen...'[864]. Die EFTA-Staaten werden demnach nicht gezwungen, Recht zu übernehmen, auf dessen Zustandekommen sie keinerlei Einfluss haben; die im EWR-Abkommen *„...ausgehandelten Informations- und Konsultationsrechte [sind] nicht gering[zu]schätzen...'*[865]. Zum anderen kann die Übernahme von Recht aus einem supranationalen Rechtsraum die Souveränität der am EWR teilnehmenden EFTA-Staaten trotzdem nicht einschränken, da alle faktische Zwangswirkung des Übernahmeverfahrens ein rechtlich mögliches Veto letztlich nicht verhindert; um in den oben zur Souveränität entwickelten Begriffen zu sprechen: den EFTA-Staaten bleibt im Rahmen des EWR die *„volle Entscheidungsfreiheit'*[866]. So sieht KOLLER im Vetorecht im Gegensatz zu Mitentscheidungsrechten *„...ein kräftigeres, wenn auch grobschlächtigeres Instrument der Entscheidungsmacht über die Weiterentwicklung des Binnenmarktrechts...'*[867].

Dazu kommt, dass die Teilnahme am EWR nicht zu einer irreversiblen Form der europäischen Integration geführt hat, da das EWR-Abkommen in Art. 127 Abs. 1 ein Kündigungsrecht zugunsten eines jeden Mitgliedstaates unter einer Zwölfmonatsfrist vorsieht. Damit stellt sich auch die Mitgliedschaft im EWR an sich als souveränitätsneutral dar, weshalb festgehalten werden kann, dass die EFTA-Staaten im EWR sich durch die Mitgliedschaft in die Lage versetzt zu haben, am EG-Binnenmarkt teilnehmen zu können, ohne bezüglich ihrer Souveränität Einbußen zu erleiden[868].

III. Fazit

Das Fürstentum Liechtenstein hat sich stets einen starken Partner gesucht, zunächst Österreich-Ungarn, nach dem Ersten Weltkrieg die Schweiz. Wegen seiner *„großen Kleinheit'*[869] kann Liechtenstein gerade in der modernen arbeitsteiligen Welt

---

864 GÜNTHER ETTL in: RÖTTINGER / WEYRINGER, Handbuch der europäischen Integration, S. 473; der Autor stellt auch fest, dass es bis zur Erstellung des Buches (1996) zu keiner Suspendierung im Sinne des Art. 102 Abs. 5 S. 1 des EWR-Abkommens gekommen war.

865 KOLLER, Die Schweiz und der EWR, S. 5.

866 Vgl. bereits Kap. 3, A.II.3.c)cc)(3).

867 KOLLER, Die Schweiz und der EWR, S. 5; der Autor, ein Schweizer, verteidigt so den Vertrag im eigenen Land gegen den Vorwurf, das EWR-Abkommen stelle einen *„Satellisierungsvertrag"* dar, der die Schweiz im Falle eines Beitrittes in unwürdiger Weise der Mitsprache beraube.

868 Zu diesem Ergebnis kommt auch GLORIA in: IPSEN, Völkerrecht, § 46, Rn. 29; wohl auch STREIT, Das Abkommen über den Europäischen Wirtschaftsraum, S. 555; ERMACORA, Anmerkungen zum europäischen Einigungsprozess, S. 250, hingegen nur einschränkend: *„Es werden durch den EWR-Vertrag zwei Staatenbünde – EWG und EFTA – zu einer einzigen Staatenverbindung zusammengeschlossen, wobei die klassische Souveränität der Mitgliedstaaten dieses Bundes, selbstgewählt zwar Einbußen erleiden müssen, aber in ihrer Substanz bestehen bleibt"*.

869 GEIGER, Anschlussgefahren, S. 85.

nicht alle Aufgaben selbständig und ohne Hilfe von außen bewältigen, wodurch das Land in eine gewisse Abhängigkeit zur nachbarlichen Schweiz geraten ist. Die Grenzen der Souveränität eines Staates sind aber erst dann überschritten, wenn er sich nicht mehr aussuchen kann, an wen er sich anlehnen will. Vor allem auf Grund der Kündigungsregelungen in den Verträgen mit der Eidgenossenschaft, verbunden mit der realen Möglichkeit, diese im Zweifelsfall auch zu nützen, ist die Bindung an den Nachbarstaat so gestaltet, dass die Souveränität Liechtensteins nicht ernsthaft beeinträchtigt ist. Auch die Einbindung des Kleinstaates in internationale Organisationen konnte die Souveräntität Liechtensteins nicht gefährden. Das Fürstentum verfügt über Völkerrechtsunmittelbarkeit und volle Entscheidungsfreiheit hinsichtlich seiner inneren und äußeren Gestaltung, womit die Voraussetzungen des materiellen Souveränitätsbegriffes erfüllt sind. Liechtenstein ist demnach (spätestens seit 1815) in vollem Umfang souverän.

C. Das internationale Auftreten des Fürstentums als Spiegel der inneren Souveränität

I. Allgemeines

Nachdem festgestellt wurde, dass das Fürstentum über äußere Souveränität verfügt, ist gleichzeitig auch ermittelt, dass der Träger der liechtensteinischen Staatsgewalt mit innerer Souveränität ausgestattet ist, da mit äußerer und innerer Souveränität lediglich zwei Seiten einer Medaille angesprochen sind, die unlöslich miteinander verknüpft sind und sich gegenseitig voraussetzen[870]. BERBER sieht die innere Souveränität als die Eigenschaft an, das höchste Organ im Staate zu sein[871]. Das Fürstentum verfügt – wie bereits dargestellt wurde – über eine *„verfasste Staatesgewalt‘*[872], die sich zudem intern durchgesetzt hat.

II. Die Verfassungssituation im Fürstentum Liechtenstein

Bislang bot die vorliegende Arbeit lediglich Informationen zum liechtensteinischen Rechtssystem[873], jedoch keine weiteren Ausführungen zur Gestaltung der Verfassung des Fürstentums. Gemeinhin wird die LV[874] als *„Mischverfassung“* gesehen, die nicht in das Schema der in Europa heute üblichen Verfassungstypen passt. Denn sie basiert auf zwei Legitimationsprinzipien, dem monarchischen und dem demokratischen Prinzip, wobei die Staatsgewalt auf drei Träger der Staatsgewalt

---

870 Dazu vgl. bereits Kap. 3, A.II.3.c)bb).

871 BERBER, Völkerrecht, Band I, § 14 d, S. 121.

872 Vgl. Kap. 3, A.II.2.

873 Vgl. Kap. 3, A.II.2.

874 Vgl. dazu bereits Kap. 3, A.II.2.

verteilt ist: das Volk im Wege der Direktdemokratie, das Parlament als Element der repräsentativen Demokratie und den Landesfürsten[875]. Das Fürstentum Liechtenstein ist demnach weder Monarchie noch Demokratie in Reinform, sondern beide Legitimitätsprinzipien sind gleichermaßen eingebracht. Dies wird auch in Art. 2 LV deutlich: *„...die Staatsgewalt ist im Fürsten und im Volk verankert und wird von beiden nach Maßgabe der Bestimmungen dieser Verfassung ausgeübt“*[876]. Damit ist der Landesfürst nicht, wie in anderen konstitutionellen Monarchien moderner Prägung üblich, nur Staatsoberhaupt, sondern auch *„Anteilhaber an der Staatsgewalt“*[877]. Vor diesem Hintergrund verfügte der Fürst auf der Grundlage der Verfassung von 1921 auch über ein gewichtiges Mitspracherecht in der liechtensteinischen Staatspolitik. So bedurfte beispielsweise schon jedes Gesetz, welches vom Landtag oder direkt vom Volk bereits angenommen wurde, für seine Gültigkeit der fürstlichen Sanktion[878]. Trotzdem strebte HANS-ADAM II. seit 1992[879] nach einer Reform der Verfassung von 1921, die ihm zu einer noch vorteilhafteren Position verhelfen sollte[880]; schmackhaft machte er die anvisierten Veränderungen mit der gleichzeitigen Stärkung direktdemokratischer Elemente[881]. Da die Reform jedoch auf dem parlamentarischen

---

875 Dazu WASCHKUHN, Die Mischverfassung Liechtensteins, S. 9, mit Verweis auf den in diesem Zusammenhang grundlegenden Beitrag von RIKLIN, Liechtensteins politische Ordnung als Mischverfassung, S. 21 ff.

876 Vgl. zum Ganzen: WEBER, Gegenzeichungsrecht, S. 137 ff.; ALLGÄUER, Parlamentarische Kontrolle, S. 105 ff.; WILLOWEIT, Verfassungsinterpretation, S. 197, der die *„Eigenständigkeit des Liechtensteinischen Verfassungstyps zwischen Spätkonstitutionalismu und Parlamentarismus“* erkennt.

877 BATLINER, Einführung in das liechtensteinische Verfassungsrecht (1. Teil), S. 93; WASCHKUHN, Die Mischverfassung Liechtensteins, S. 9, weist in diesem Zusammenhang darauf hin, dass *„...das monarchische Element, im Gegensatz zu England, nicht zum ‚dignified part of the constitution' verkümmert, sondern, auch in der Gesetzgebung, ein ‚efficient part' geblieben ist“*.

878 BATLINER, Einführung in das liechtensteinische Verfassungsrecht (1. Teil), S. 51.

879 Dazu THOMAS KIRCHNER in der SÜDDEUTSCHEN ZEITUNG vom Samstag/Sonntag, 10./11. August 2002, S. 11: *„Begonnen hat der Konflikt im Oktober 1992. Fürst und Regierung waren uneins, wann das Volk über den Beitritt Liechtensteins zum Europäischen Wirtschaftsraum abstimmen sollte. Auf jeden Fall vor der europakritischen Schweiz, forderte der Fürst, pochte auf seine Verantwortung für die Außenpolitik, drohte die Regierung zu entlassen, was er nicht darf, und mit dem Notrecht zu herrschen – und musste schließlich klein beigeben, als die Regierung den Rücktritt verweigerte und das Volk zu einer anti-fürstlichen Demonstration zusammenlief. Gedemütigt von dieser Niederlage, formulierte Hans-Adam in den folgenden Jahren Vorschläge zur Änderung der Verfassung...“*.

880 Dazu die NEUE ZÜRCHER ZEITUNG vom 13. März 2003, S. 13: *„In den heikelsten Punkten wie dem Notverordnungsrecht des Fürsten, der Bestellung der Richter und der Entlassung der Regierung [ohne Begründung] tobt der Kampf (...) in öffentlichen Diskussionen weiter“*.

881 Die NEUE ZÜRCHER ZEITUNG vom 13. März 2003, S. 13, nennt diesbezüglich die *„...Möglichkeit, dass auch das Parlament eine Regierung zum Rücktritt zwingen...“ kann,*

Wege zu scheitern drohte[882], wurde das fürstliche Begehren Gegenstand eines Referendums. Im Falle des Scheiterns der Volksbefragung drohte der Fürst, mit seiner Familie das Land zu verlassen und nach Wien überzusiedeln[883]. Die Inaussichtstellung dieser Sitzverlagung in die österreichische Hauptstadt und damit der Wiederherstellung der Zustände der Zeit vor 1938 *„...hat ihre Wirkung offensichtlich nicht verfehlt...“*: bei einer Stimmbeteiligung von 87,7 % sprachen sich am 16. März 2003 64,3 % des Wahlvolkes für die Vorlagen des Fürsten aus[884].

III. Auswirkungen der internen Organisation auf die Handlungsfähigkeit Liechtensteins in den internationalen Beziehungen

Der Ausgang des liechtensteinischen Verfassungsstreits mit der Unterstützung des Fürsten im Rahmen des Referendums hat die Verwurzelung der Monarchie in der Vorstellung der liechtensteinischen Bürger, aber auch die wahre faktische Macht des Staatsoberhäuptes im Fürstentum aufgezeigt[885]. Da Bewohnern des Fürstentums die *„...Regentschaft des Hauses Liechtenstein (...) als Garant für Stabilität und Wohlergehen...“* gilt[886], steht das Bleiben des Fürsten in direktem Konnex mit dem Erfolg der kleinstaatenspezifischen Nischenwirtschaft[887]. Demnach hat die Kleinstaatlichkeit eine direkte Auswirkung auf den Machterhalt des regierenden Hauses. Mit anderen Worten: es darf gemutmaßt werden, dass ein imaginäres großes, nationalstaatliches Liechtenstein sich mangels Abhängigkeit von der kleinstaatenspezi-

---

und den *„...Vorschlag, dass in Zukunft gegen einen regierenden Fürsten ein Misstrauensantrag eingebracht werden könne, der zu dessen Amtsenthebung führen kann“*.

882 Vgl. SÜDDEUTSCHE ZEITUNG, 5. August 2002, S. 5.

883 So titelte die SÜDDEUTSCHE ZEITUNG vom 11. März 2003, S. 3, mit: *„Seine Durchlaucht belieben zu holzen – Fürst Hans-Adam II. von Liechtenstein droht seinem Volk mit Auswanderung, falls es ihm bei einem Referendum am Sonntag nicht noch mehr Macht gibt“*.

884 NEUE ZÜRCHER ZEITUNG vom 17. März 2003, S. 13.

885 Zum realen Zustand im Spannungsfeld der beiden Legitimationsprinzipien meint WASCHKUHN, Zur Bedeutung der Monarchie für Liechtenstein, S. 42: *„Wie dem auch sei, so ist keineswegs ausgeschlossen (...), dass der Fürst tatsächlich symbolisch wirkt (...). Darüber hinaus hat er in Liechtenstein schon von der Verfassungslage her starke politische Kompetenzen und Einflussmöglichkeiten. Aber er führt den Diskurs nicht an und kann ihn auch nicht verordnen; er kann ihn ermöglichen kraft seiner Argumente, wie jeder andere auch, allerdings stehen seine Chancen besser, wirklich gehört und beachtet zu werden. Seine zu nutzenden Gestaltungsmöglichkeiten liegen daher zur Hauptsache in der Richtungssymbolisierung“*.

886 THOMAS KIRCHNER in der SÜDDEUTSCHEN ZEITUNG vom Samstag/Sonntag, 10./11. August 2002, S. 11.

887 NEUE ZÜRCHER ZEITUNG vom 17. März 2003, S. 13, im Zusammenhang mit dem Ausgang des Referendums vom 16. März 2003: *„So gesehen ist die Rechnung von Fürst Hans-Adam II. aufgegangen. (...) Denn Liechtensteiner und Liechtensteinerinnen wissen nur allzu gut, dass das Wahrnehmungsbild ihres Staates im Ausland stark von der Monarchie geprägt wird“*.

fischen Nischentaktik unter Umständen von den fürstlichen Umzugsplänen nicht hätte schrecken lassen.

Die faktische Macht der liechtensteinischen Fürsten bleibt des Weiteren nicht auf die inneren Verhältnisse des Kleinstaates beschränkt, zumal auch die liechtensteinische Verfassung dem jeweiligen Fürsten bereits einen großen Einfluss auf die auswärtige Gewalt einräumt. Zwar ist gem. Art. 78 Abs. 1 LV die Regierung mit der Führung der *„...gesamten Landesverwaltung...“* betraut, wozu grundsätzlich *„...auch die aussenpolitischen Geschäfte gehören...“*[888], jedoch kollidiert diese Norm mit Art. 8 LV, der folgendermaßen lautet: *„Der Landesfürst vertritt, unbeschadet der erforderlichen Mitwirkung der verantwortlichen Regierung, den Staat in allen seinen Verhältnissen gegen auswärtige Staaten“*. Damit setzt sich die Parallelität der beiden genannten Legitimationsprinzipien auch in der auswärtigen Gewalt als *„kombinierte Gewalt“* fort, was sich darin äußert, *„...dass die Auswärtige Gewalt zwei, drei oder vier Funktionsträger hat, d. h. den Fürsten im Zusammenwirken mit der Regierung einerseits und den Landtag und allenfalls das Stimmvolk andererseits“*[889]. Ruft man sich jedoch noch einmal die Möglichkeiten der Einflussnahme des Fürsten auf die Meinungsbildung im Volk in Erinnerung, lassen sich die realen Lenkungsimpulse des Fürstenhauses auf die internationale Aufstellung des Fürstentums nur erahnen.

D. Weitere in der Literatur diskutierte Voraussetzungen der Staatlichkeit

Über die Voraussetzungen der Drei-Elemente-Lehre hinaus werden in der Literatur weitere, zu den drei Elementen den Staatlichkeit hinzutretende Voraussetzungen diskutiert. Dabei ist jedoch fraglich, ob diese Aspekte konstitutive Wirkung haben können.

I. Völkerrechtliche Verkehrsfähigkeit

Zunächst wird versucht, die Staatlichkeit eines Gemeinwesens von der Frage abhängig zu machen, ob es in der Lage ist, eine gewisse diplomatische Aktivität zu garantieren; damit wird die völkerrechtliche Verkehrsfähigheit, wie bereits angedeutet[890], zum Staatselement. So haben die Montevideo-Konvention von 1933[891] und in ihrer Folge auch etliche Stimmen in der Literatur die Staatenverkehrsfähigkeit (*„...the capacity to enter into relations with other states...“*, Art. 1) als viertes Staatlichkeitselement postuliert[892]. Letztlich ist die Staatenverkehrsfähigkeit aber schon des-

---

888 HOOP, Die Auswärtige Gewalt nach der Verfassung des Fürstentums Liechtenstein, S. 17.

889 HOOP, Die Auswärtige Gewalt nach der Verfassung des Fürstentums Liechtenstein, S. 52.

890 Kap. 1, B.III.3.a)ee).

891 LEAGUE OF NATIONS, Treaty Series, Band 165, S. 19 ff.

892 In diesem Sinne etwa EHRHARDT, Mikrostaat, S. 39 ff. m. w. N.; Diese Ansicht ist allerdings abzulehnen. In der modernen Welt der Telekommunikation ist es nicht mehr nötig, überall einen Vertreter vor Ort zu haben. CRAWFORD, Statehood, S. 119, merkt an, dass

halb keine zwingende Voraussetzung der Staatlichkeit, da sie jedenfalls in Europa kein Völkergewohnheitsrecht darstellt[893]. Zudem haben die Ausführungen zur völkerrechtlichen Verkehrsfähigkeit im Zusammenhang mit dem *„Mikrostaaten"*-Begriff bereits gezeigt, dass gerade die neuen medialen Techniken auch sehr kleinen Einheiten ermöglichen, weltweit ansprechbar zu sein und auch weltweit Kontakt zu suchen.

II. Völkerrechtliche Anerkennung

Darüber hinaus wurde die völkerrechtliche Anerkennung über lange Zeit hinweg als Element der völkerrechtlichen Staatlichkeit bemüht, wobei die Frage, ob der Anerkennung eine konstitutive oder lediglich deklaratorische Wirkung zukommt, Gegenstand einer ausgiebigen wissenschaftlichen Diskussion war[894]. Die völkerrechtliche Anerkennung eines Staates ist aber nach heute herrschender Ansicht kein konstitutives Element der Staatlichkeit[895], da keine Pflicht zur Anerkennung besteht[896] und die Staatlichkeit aus diesem Grunde sonst unberechtigterweise im Ermessen der Staatengemeinschaft stünde. Dieses Ergebnis bedeutet jedoch nicht, dass die völkerrechtliche Anerkennung damit bedeutungslos wäre. Vielmehr besitzt sie insofern auch für die Vertreter der deklaratorischen Theorie ein konstitutives Element, als mit ihr *„...ausdrücklich oder stillschweigend (...) die Bereitschaft ausgedrückt [wird], mit dem Neustaat diplomatische Beziehungen aufzunehmen..."*[897]. Da *„...[g]egen seinen Willen (...) ein Staat (...) nicht zur Aufnahme diplomatischer Beziehungen gezwungen werden..."* kann[898], hat die Anerkennung gerade für Kleinstaaten eine erhöhte politische Bedeutung, da im Verhältnis zu großen Staaten in der Regel faktische Zwänge zur Aufnahme von diplomatischen Beziehungen führen werden, während ein Kleinstaat bei entsprechender Motivationslage von größeren Nachbarn leicht ignoriert werden kann.

---

die völkerrechtliche Verkehrsfähigkeit kein eigenes Element der Staatlichkeit darstelle, sondern einen Teilaspekt der effektiven Staatgewalt (*„...is a conflation of the requirements of government and independence..."*).

893 Vgl. MALANCZUK, AKEHURST'S INTRODUCTION, S. 79: *„The last criterion (...) suggested by the Latin American doctrine (...) is not generally accepted as necessary"*.

894 SCHWEITZER, Staatsrecht III, Rn. 580 ff.; SEIDL-HOHENVELDERN/STEIN, Völkerrecht, § 46, Rn. 642 ff.

895 Vgl. hierzu nur HAILBRONNER, Der Staat und der Einzelne, Rn. 171; Darstellung der Auseinandersetzung zwischen der sog. konstitutiven und der sog. deklaratorischen Theorie bei CRAWFORD, Statehood, S. 99 ff.

896 HERDEGEN, Völkerrecht, § 8, Rn. 11.

897 SEIDL-HOHENVELDERN/STEIN, Völkerrecht, § 46, Rn. 652.

898 SEIDL-HOHENVELDERN/STEIN, Völkerrecht, § 46, Rn. 658/659.

E. Ergebnis

Damit ist zunächst festzustellen, dass die völkerrechtliche Staatlichkeit von den Elementen der Drei-Elemente-Theorie umfassend beschrieben wird, die zusätzlich diskutierten Ansätze keine konstitutiven Voraussetzungen enthalten. Für das Fürstentum Liechtenstein sind alle Elemente des Staatsbegriffes gegeben. Mit der Erlangung der materiellen Souverántität (spätestens) im Jahre 1815[899] ist das Fürstentum damit im völkerrechtlichen Sinne auch zum Staat als Völkerrechtssubjekt gereift.

[899] Kap. 3, B.III.

Kapitel 4: Die kleinstaatenspezifischen Aktionsfelder und Handlungsinstrumentarien Liechtensteins im internationalen Verkehr

Das Fürstentum Liechtenstein hat aber durch die Erlangung der Souveränität noch nicht alle Probleme gelöst, die mit der staatlichen Unabhängigkeit verbunden sind. Als Kleinstaat ist das Fürstentum grundsätzlich mit den beschriebenen Funktionsdefiziten konfrontiert[900]. Da Liechtenstein jedoch über die Jahrhunderte in der Lage war, seine Eigenständigkeit zu bewahren, insbesondere zwei Weltkriege zu überstehen, ohne auch nur einmal besetzt zu werden, kann davon ausgegangen werden, dass dies nicht allein Glück oder Zufall zu verdanken ist. Im folgenden sollen deshalb die völkerrechtlichen Aktionsfelder und Handlungsinstrumentarien Liechtensteins dargestellt werden, die es ermöglichten, kleinstaatsspezifische Nachteile zu überwinden und so den Fortbestand des Staates Liechtenstein zu bewirken.

A. Die Neutralität

Die Souveränität ist nicht das einzige rechtliche Attribut, welches die Stellung des Fürstentums in der Völkergemeinschaft charakterisiert. Als ein weiterer Eckpfeiler liechtensteinischer Politik erweist sich die Neutralität des Fürstentums; eine neutralistische Ausrichtung stellt, wie bereits dargestellt wurde, typisches Kleinstaatenverhalten dar[901].

I. Das Wesen der Neutralität

1. Begriff und Rechtsquellen der völkerrechtlichen Neutralität

Neutralität[902] bezeichnet im völkerrechtlichen Sinne *„die Nichtbeteiligung eines Staates an einem Krieg“*[903] zwischen anderen souveränen Staaten bzw. an einem Bürgerkrieg, in welchem die Aufständischen bereits als Kriegsführende anerkannt sind[904].

---

900 Vgl. dazu Kap. 1, C.II.

901 Vgl. Kap. 1, C.III.2.

902 Zur Etymologie: Das dem Substantiv *„Neutralität“* entsprechende Adjektiv *„neutral“* ist im Deutschen seit dem 15. Jahrhundert beheimatet und kann mit *„unbeteiligt“* oder *„unparteiisch“* übersetzt werden. Das Wort ist dem spätlateinischen *„neutralis“* entlehnt, das sich seinerseits aus *„neuter“* (= „keiner von beiden“) entwickelt hat (KLUGE, S. 587; PFEIFER, Etymologisches Wörterbuch, S. 1166 f.).

903 SCHEUNER, Neutralität, in: STRUPP / SCHLOCHAUER, WbVR, Band II, S. 591; mit ähnlichen Formulierungen: KIMMINICH/HOBE, Einführung, S. 473; SCHWEITZER, Dauernde Neutralität, S. 12; ROTTER, Dauernde Neutralität, S. 15.

904 BINDSCHEDLER, Neutrality, Concept and General Rules, in: BERNHARDT, EPIL, Band III, S. 549.

So entfernt sich der rechtliche Begriff der Neutralität nur wenig von seinem etymologischen Ursprung. In einer militärischen Auseinandersetzung zwischen zwei Staaten unterstützt der neutrale Staat *„keinen von den beiden"* Kriegführenden. Unter Neutralität hat man einen völkerrechtlichen Zustand zu verstehen, in dem *„sich ein Staat befinden kann und an den das Völkerrecht Rechtsfolgen knüpft"*[905]. Es ergeben sich bestimmte Rechte und Pflichten für das Verhältnis von kriegführenden und neutralen Staaten, weshalb die Neutralität in diesem Sinne *„Rechtszustand"* ist[906]. Andere Autoren stellen unmittelbar auf die entstehenden Beziehungen ab und definieren die Neutralität als *„ein Rechtsverhältnis, das bestimmt Rechte und Pflichten der kriegführenden und neutralen Staaten in ihrem gegenseitigen Verhältnis zum Inhalt hat"*[907]. Diese Definition verkehrt allerdings Ursache und Wirkung und ist aus diesem Grunde abzulehnen. Das entstehende Rechtsverhältnis ist lediglich die Folge aus dem faktischen Vorliegen der Definitionselemente *„Krieg"* und *„Nichtbeteiligung eines Staates"* am Krieg[908]. Einer besonderen Neutralitätserklärung bedarf es deshalb nicht[909]. Demnach werden Neutralität und die damit verbundenen Rechte und Pflichten zwischen Kriegführenden und Neutralen *„automatisch durch die Nichtbeteiligung an einem Krieg zwischen Drittstaaten ausgelöst"*[910]. Auf Grund der engen Verknüpfung der Begriffe *„Krieg"* und *„Neutralität"* ist das Recht der Neutralität dem völkerrechtlichen Kriegsrecht zuzuordnen[911].

---

905 FISCHER/KÖCK, Allgemeines Völkerrecht, Rn. 321.

906 CASTRÉN, Neutralität, S. 21; SHEARER, Starke's International Law, S. 521, weist darauf hin, dass Neutralität nicht nur *„an attitude"* in *„(a) popular sense"* ist, sondern *„a legal status"*.

907 BINDSCHEDLER, Neutralität im modernen Völkerrecht, S. 1; ähnlich: VEROSTA / HAFNER in: SEIDL-HOHENVELDERN, Lexikon des Rechts, Völkerrecht, Stichwort Neutralität, S. 293; ROTTER, Dauernde Neutralität, S. 18 ff., sieht die Definition der Neutralität als Rechtsverhältnis als Ergebnis der *„zunehmende(n) Verrechtlichung des Verhältnisses zwischen Neutralen und Kriegführenden"* und will deshalb zwischen Neutralität im Sinne der Rechtswissenschaft und Neutralität im Sinne der Politikwissenschaft unterscheiden. Damit zieht er m. E. die falschen Schlüsse. Wer die Neutralität als Rechtsverhältnis definiert, beschreibt kein Aliud im Verhältnis zur Neutralität im Sinne des politischen Handelns des Staates, sondern die juristische Konsequenz dieses (faktischen) Vorgehens.

908 In diesem Sinne: KIMMINICH/HOBE, Einführung, S. 473

909 BINDSCHEDLER, Neutrality, Concept and General Rules, in: BERNHARDT, EPIL, Band III, S. 549, der darauf hinweist, dass derartige Erklärungen in der Praxis trotzdem durchaus üblich sind.

910 HONIG, Neutralitätsrechte und –pflichten im Landkrieg, in: STRUPP / SCHLOCHAUER, WbVR, Band II, S. 599; CASTRÉN, Neutralität, S. 22, spricht in diesem Zusammenhang von der Neutralität als *„Reflexerscheinung"* des Krieges.

911 KIMMINICH/HOBE, Einführung, S. 473; BERBER, Völkerrecht, Band II, § 41, S. 216, ordnet das Neutralitätsrecht nicht dem Kriegsrecht zu, sondern spricht von *„modifiziertem Friedensrecht"*; a. A. VERDROSS, Neutralität im Wandel, S. 30/31, der darauf abstellt, dass das Neutralitätsrecht gerade die Beziehung zwischen Neutralen und Kriegführenden regelt; zwischen diesen bestehe aber gerade kein Kriegszustand. VERDROSS erkennt aber auch, dass Neutralität Krieg voraussetzt, wodurch sich auch die Neutralen Abweichungen

Die dem Neutralitätsrecht[912] zugrundeliegenden Regeln waren lange Zeit ausschließlich Bestandteil des Völkergewohnheitsrechtes[913]. Jedoch haben *„bedeutende Teile dieses Rechts“*[914] eine Kodifizierung erfahren[915]. Die wichtigsten Quellen stellen dabei auch heute noch die Ergebnisse der zweiten Haager Friedenskonferenz von 1907 dar, insbesondere das V. und das XIII. Abkommen[916], beide vom 18. Oktober 1907. Weitere Normen zur Neutralität finden sich schon in der Pariser Seerechtsdeklaration[917] von 1856, aber auch in den vier Genfer Abkommen[918] zum Schutze der Kriegsopfer vom 12. August 1949.

2. Die Entwicklung des Begriffs der Neutralität

a) Die Neutralität in Altertum und Mittelalter

Weder im antiken Griechenland noch im Römischen Reich erfolgte eine rechtliche Anerkennung dritter unbeteiligter Parteien[919]. Auch im Mittelalter wurde dem *„Abseitsstehen im Kampfe“* keine generelle Berechtigung zugesprochen, vor allem wenn es darum ging, dem Christentum im Rahmen von Kreuzzügen zum Sieg zu

---

„vom normalen Friedensverkehr“ gefallen lassen müssen. Er spricht daher von einem *besonderen Rechtskreis.*

912 Gemeint ist hier das Neutralitätsrecht im objektiven Sinne, d. h. *„die Gesamtheit von Rechtsnormen, die die Beziehungen zwischen den am Krieg teilnehmenden und den nicht daran beteiligten Staaten, also den Inhalt der Neutralität, regelt“*, nach CASTRÉN, Neutralität, S. 21.

913 BINDSCHEDLER, Neutrality, Concept and General Rules, in: BERNHARDT, EPIL, Band III, S. 549; SCHEUNER, Neutralität, in: STRUPP / SCHLOCHAUER, WbVR, Band II, S. 595.

914 SCHEUNER, Neutralität, in: STRUPP / SCHLOCHAUER, WbVR, Band II, S. 595.

915 BINDSCHEDLER, Neutrality, Concept and General Rules, in: BERNHARDT, EPIL, Band III, S. 549.

916 *„Abkommen, betreffend die Rechte und Pflichten der neutralen Mächte und Personen im Falle eines Landkrieges“* (V. Haager Abkommen von 1907), Text: RGBl. 1910 II, S. 151 ff.; *„Abkommen, betreffend die Rechte und Pflichten der Neutralen im Falle eines Seekrieges“* (XIII. Haager Abkommen von 1907), Text: RGBl. 1910 II, S. 343 ff.

917 Text: Pr.GS 1856, S. 585.

918 SCHLÖGEL, Genfer Abkommen zum Schutze der Kriegsopfer vom 12. 8. 1949, in: STRUPP / SCHLOCHAUER, WbVR, Band I, S. 644 f., weist darauf hin, dass die vier Abkommen *„...in der deutschen Gesetzessprache Genfer Rotkreuzabkommen vom 12. August 1949 genannt werden...“*; im einzelnen: I. Genfer *„Abkommen zur Verbesserung des Loses der Verwundeten und Kranken der Streitkräfte im Felde“*; II. Genfer *„Abkommen zur Verbesserung des Loses der Verwundeten, Kranken und Schiffbrüchigen der Streitkräfte zur See“*; III. Genfer *„Abkommen über die Behandlung der Kriegsgefangenen“*; IV. Genfer *„Abkommen zum Schutze der Zivilpersonen in Kriegszeiten“*, Text: BGBl. 1954 II, S. 783.

919 Vgl. PIEPER, Neutralität, S. 120-123; BERBER, Völkerrecht, Band II, § 40, S. 210.

verhelfen[920]; argumentativer Hintergrund bildete die von AUGUSTINUS entwickelte Lehre vom gerechten Krieg (*bellum iustum*), wonach dem *„gerechten"* Kriegsgegner Unterstützung zuteil werden muss[921].

b) Aufkommen der Neutralität als völkerrechtliches Institut

Die Neutralität als *„Einrichtung des allgemeinen Völkerrechts"*[922], aus der sich eine Ordnung für das Verhältnis von kriegführenden und am Krieg nicht teilnehmenden Staaten ergibt, ist das Resultat einer Jahrhunderte langen Entwicklung[923]. Hier lässt sich ein Zusammenhang mit der Implementierung des Souveränitätsgedankens in die politische und rechtliche Wirklichkeit erkennen[924]. Die Souveränität manifestiert sich durch Unabhängigkeit des Staates nach innen und außen[925]. Daraus ergab sich, dass ein souveräner Staat nicht für seine Handlungen zur Rechenschaft gezogen werden konnte. Damit entfiel die Notwendigkeit der Rechtfertigung eines Krieges, womit sich das *„Prinzip des freien Kriegsführungsrechts"* (*ius ad bellum*) gegen die Lehre vom *bellum iustum* durchgesetzt hatte. Gewissermaßen als *„negatives Kriegsführungsrecht"* steht es dem Souverän dann auch frei, sich nicht an militärischen Auseinandersetzungen zu beteiligen, sich also neutral zu verhalten[926]. Da der Souveränitätsgedanke im Westfälischen Frieden seinen Durchbruch gefeiert

---

920 SCHEUNER, Neutralität, in: STRUPP / SCHLOCHAUER, WbVR, Band II, S. 591. Allerdings waren vertragliche Absprachen mit einem Kriegführenden auf bilateraler Basis darüber üblich, den Vertragspartner nicht mit in den Konflikt hineinzuziehen (BINDSCHEDLER, Neutrality, Concept and General Rules, in: BERNHARDT, EPIL, Band III, S. 550; OETER, Ursprünge der Neutralität, S. 456). Dabei kam es aber zu keiner *„Verdichtung (...) zu Rechtsverhältnissen, die das konkrete Handeln dem politischen (und militärischen) Belieben der Akteure entzogen hätten"* (OETER, Ursprünge der Neutralität, S. 451).

921 PIEPER, Neutralität, S. 124 f.; für AUGUSTINUS waren die Kriege *„gerecht"*, *„die Vergeltung für Unrecht üben, wenn ein Volk oder ein staatliches Gemeinwesen, gegen das sich der Krieg richten soll, entweder ein Einschreiten gegen das rechtwidrige Verhalten seiner Angehörigen oder die Herausgabe von etwas zu Unrecht Weggenommenen unterlassen hat."*, zitiert nach BERBER, Völkerrecht, Band II, § 8, S. 28.

922 HAUG, Neutralität und Völkergemeinschaft, S. 3.

923 HAUG, Neutralität und Völkergemeinschaft, S. 3, sieht das Einsetzen der Entwicklung im 16. Jahrhundert, ohne dafür eine Begründung zu liefern; OETER, Ursprünge der Neutralität, S. 483, datiert dies bereits in das späte 13. und das 14. Jahrhundert.

924 JESSUP/DEÁK, Neutrality, Vol. I, S. 5, bringen ein Beispiel dafür, dass die *„Neutralität"* eines nicht souveränen Landesherren nicht respektiert wurde: Der schwedische GENERAL TILLY bezüglich der *„Neutralität"* des Landgrafen MORITZ VON HESSEN (wohl richtig: Landgraf VON HESSEN-DARMSTADT, vgl. OETER, Ursprünge der Neutralität, S. 459): *„Nicht Neutralität, Gehorsam heisst es; euer Herr ist Fürst des Reiches: der Kaiser dessen Oberhaupt."*

925 Vgl. Kap. 3, A.II.3.c)bb).

926 PIEPER, Neutralität, S. 134; OETER, Ursprünge der Neutralität, S. 463.

hat, kann man ihn auch für die zeitliche Einordnung der Verwandlung der Neutralität in ein völkerrechtliches Rechtsinstitut heranziehen[927].

Allerdings bedurfte es noch eines weiteren Jahrhunderts dafür, dass sich die *„Grundgebote der (...) Neutralität"* durchsetzten: etwa die Pflicht der Neutralen zur *„Enthaltung von jeglicher militärischer Hilfe"* sowie zur *„Unparteilichkeit als allgemeine Richtlinie der Politik"* und die Pflicht der Kriegführenden, neutrales Gebiet nicht zu verletzten[928]. Auch die Rechtswissenschaft war erst Mitte des 18. Jahrhunderts willens, die Neutralität als *„deutlich konturierte(s) Rechtsinstitut"* zu erkennen[929]. Während GROTIUS den Gedanken der Neutralität zwar bespricht, dabei aber nicht in befriedigender Weise den Widerspruch zur *bellum-iustum*-Lehre, der er noch anhängt, zu erklären vermag[930], gilt BYNKERSHOEK als *„Pionier der Neutralität"*[931]. Der niederländische Jurist löst sich in seinem Werk *„Quaestionum Iuris Publici Libri Duo"* (1737) gänzlich von der Idee des gerechten Krieges und dringt so zum *„modernen Rechtsbegriff der Neutralität"* vor[932]. Er verwendet dabei den Begriff der Neutralität nicht ausdrücklich, sondern arbeitet mit dem Formulierung der *„non hostes"* (= Neutrale), die er von den *„foederati"* (= nicht kriegführende Bündnisgenossen abgrenzt. Während letztere auf Grund von Verträgen mit meist nur einem Kriegführenden Abstand von einem Kriegseintritt genommen hatten, dürfen die Neutralen nicht mit einzelnen Kriegsparteien sympathisieren; sie bleiben vielmehr die Freunde (*„amici"*) aller Konfliktparteien[933]. Erst VATTEL verwendet in seinem Werk *„Le droit des gens ou principes de la loi naturelle"* (1758) den Begriff *„Neutralität"* explizit[934]; spätestens bei VATTEL waren die *„Grundzüge des modernen Institutes der Neutralität voll ausgeformt"*[935].

---

927 PIEPER, Neutralität, S. 146, sieht den Westfälischen Frieden als Zeitpunkt, *„...ab dem die Neutralität als Rechtsstatus Gestalt annahm..."*; JESSUP/DEÁK, Neutrality, Vol. I, S. 4, sind vorsichtiger und warnen in diesem Zusammenhang vor Generalisierungen.

928 HAUG, Neutralität und Völkergemeinschaft, S. 4, der dafür die zweite Hälfte des 18. Jahrhunderts angibt.

929 OETER, Ursprünge der Neutralität, S. 470.

930 PIEPER, Neutralität, S. 132 f., berichtet, dass HUGO GROTIUS (1583-1645) in seinem Werk *„De iure belli ac pacis"* (1625) noch nicht den Begriff *„Neutralität"* verwendet, sondern die Neutralen als *„medii"* (die, die in der Mitte stehen) bezeichnet; PIEPER erläutert auf S. 135 auch, wie GROTIUS sich die Parallelexistenz von Neutralität und *bellum-iustum*-Theorie erklärt hat.

931 HAUG, Neutralität und Völkergemeinschaft, S. 4.

932 BERBER, Völkerrecht, Band II, § 40, S. 211.

933 Vgl. dazu: PIEPER, Neutralität, S. 134 f.; OETER, Ursprünge der Neutralität, S. 471 f.

934 PIEPER, Neutralität, S. 136.

935 OETER, Ursprünge der Neutralität, S. 474; VATTEL, Droit des gens, S. 565, formuliert folgendermaßen: *„Les peuples neutres dans une guerre sont ceux qui n´y prennet aucune part, demeurent amis communs des deux partis et ne favorisant point les armes de l´un au préjudice de l´autre."*, zitiert nach ROTTER, Dauernde Neutralität, S. 16.

Feste Regeln für die Neutralität im Seekrieg gab es dagegen bereits im ausgehenden Mittelalter; sie wurden allerdings nur wenig respektiert[936].

c) Das klassische Zeitalter der Neutralität

Im 19. Jahrhundert und in den ersten Jahren des 20. Jahrhunderts, die vor dem Beginn des Ersten Weltkrieges lagen, genoss das Neutralitätsrecht sowohl für See- als auch für Landkriege allgemeine Anerkennung[937]. Diese Zeitspanne wird deshalb auch als klassisches oder gar als goldenes Zeitalter der Neutralität bezeichnet[938]. Die Stellung der neutralen Mächte wurde in dieser Zeit auch deshalb akzeptiert, weil sich diese Staaten zum ersten Mal in der Geschichte in größerem Umfang zusammenschlossen, um ihre Rechte zu verteidigen[939]. Vor allem die Verstöße des Vereinigten Königreiches gegen den für den Seekrieg vertretenen Grundsatz *„frei Schiff, frei Gut"* bewirkte die Ausbildung sog. *„bewaffneter Neutralitäten"*; darunter sind politische Bündnisse neutraler Mächte zum Schutz und zur Aufrechterhaltung der neutralen Handelsschiffahrt aus den Jahren 1780[940] und 1800[941] zu verstehen. Zwar sollten diese Verträge in beiden Fällen nicht sehr lange halten, jedoch beeinflussten ihre Grundsätze die weitere Entwicklung der Neutralität, denn die beschriebene Wehrhaftigkeit der am Krieg nicht Beteiligten führte dazu, dass auch die Großmächte sich an einige Grundregeln der Neutralität hielten[942].

Auch kann die Haltung der Vereinigten Staaten in der Frage der Neutralität nicht unterschätzt werden. Der sich im Laufe des 19. Jahrhunderts als Großmacht etablierende Staat war anfangs darauf bedacht, sich aus den Konflikten der europä-

---

936 SCHEUNER, Neutralität, in: STRUPP / SCHLOCHAUER, WbVR, Band II, S. 591; vgl. auch HAUG, Neutralität und Völkergemeinschaft, S. 3; PIEPER, Neutralität, S. 127, weist in diesem Zusammenhang auf das sog. *Consolato del Mare* hin, eine Sammlung von Regeln des mittelalterlichen Seegewohnheitsrechts, in welchem der Neutralitätsgedanke bereits verankert war.

937 HAUG, Neutralität und Völkergemeinschaft, S. 5.

938 VISSCHER, Théorie et Réalités, S. 344: *„(L)e XIXeme siècle fut l'age d'or de la neutralité."*

939 PIEPER, Neutralität, S. 153, Fn. 193, weist darauf hin, dass es derartige Zusammenschlüsse in kleinerem Umfang schon Ende des 17. Jahrhunderts im Ostseeraum gegeben hatte.

940 Unter der Führung Katharinas der Großen schlossen sich bis zum Jahre 1783 in der ersten Bewaffneten Neutralität Rußland, Dänemark, Norwegen, Schweden, Preußen, die Niederlande, Östereich, Portugal und das Königreich Beider Sizilien zusammen, nach SCHEUNER, Bewaffnete Neutralität, in: STRUPP / SCHLOCHAUER, WbVR, Band II, S. 596.

941 Die zweite Bewaffnete Neutralität umfasste: Rußland, Dänemark, Schweden und Preußen, nach SCHEUNER, Bewaffnete Neutralität, in: STRUPP / SCHLOCHAUER, WbVR, Band II, S. 597.

942 PIEPER, Neutralität, S. 154; zu den „Bewaffneten Neutralitäten" vgl. auch BINDSCHEDLER, Neutrality, Concept and General Rules, in: BERNHARDT, EPIL, Band III, S. 550; SCHEUNER, Bewaffnete Neutralität, in: STRUPP / SCHLOCHAUER, WbVR, Band II, S. 596 f.

ischen Mächte herauszuhalten, um eine ungestörte , vor allem wirtschaftliche Entwicklung des jungen Staatengebildes zu garantieren[943]. Dieses Bestreben ist deutlich wiederzuerkennen in der Jahresbotschaft des amerikanischen Präsidenten JAMES MONROE an den Kongress vom 2. Dezember 1823, in der er die Prinzipien der amerikanischen Außenpolitik formuliert, die später als *„Monroe-Doktrin"* bekannt geworden ist[944]. Danach verbitten sich die Vereinigten Staaten Interventionen europäischer Staaten auf dem amerikanischen Kontinent, erklären aber, gewissermaßen als Ausgleich, sich nicht in europäische Belange einzumischen[945]. Für die Vereinigten Staaten wurde die Neutralität *„ein Glaubensartikel, eine Maxime der Politik, die im höchsten Interesse der Menschheit lag"*[946]; angesichts der Größe und Bedeutung der USA ist die damalige Verfolgung der neutralistischen Haltung als typische Kleinstaatenverhalten im höchsten Maße bemerkenswert.

Positiv für die Akzeptanz der Neutralität wirkte sich zudem aus, dass Europa auf dem Wiener Kongress eine stabile Ordnung erhalten hatte, die nur lokal begrenzte Kriege zuließ, anlässlich derer sich die *„positiven Wirkungen der Neutralität (...) deutlicher zeigen konnten"* als die negativen[947]. In einer Zeit, die den Krieg als legitimes Mittel der Politik akzeptiert hatte, erscheint die Neutralität *„als Mittel der Lokalisierung des Krieges (...) als ein Zeichen des Friedens"*[948]. Höhepunkt der Annahme des Neutralitätsgedankens in der Völkergemeinschaft bildet die umfassende Kodifikation des Neutralitätsrechtes in den Haager Abkommen von 1907.

d) Neutralität zur Zeit des Völkerbundes

Angesichts der im Ersten Weltkrieg erstmals erlebten neuen Qualität des modernen militärischen Konflikts war die *„Auffassung vom Krieg als Fortführung der Politik mit anderen Mitteln nicht mehr aufrechtzuerhalten"*[949]. Das unbegrenzte *ius ad bellum* des klassischen Völkerrechts wurde in Zweifel gezogen. Man verstand den Angriffs-

---

943 KRUSE, Monroe-Doktrin, in: STRUPP / SCHLOCHAUER, WbVR, Band II, S. 548; detailliert dazu auch: PIEPER, Neutralität, S. 155.

944 Vgl. dazu: KRUSE, Monroe-Doktrin, in: STRUPP / SCHLOCHAUER, WbVR, Band II, S. 548 ff.; CARTER/TRIMBLE, International Law, S. 1174 f.

945 Bei KRUSE, Monroe-Doktrin, in: STRUPP / SCHLOCHAUER, WbVR, Band II, S. 548, ist Abs. 49 der Monroe´schen Jahresbotschaft abgedruckt: „*...Our policy in regard to Europe...remains the same, which is, not to interfere in the internal concerns of any of its powers...*"; MALANCZUK, Monroe Doctrine, in: BERNHARDT, EPIL, Band III, S. 460, spricht in diesem Zusammenhang von „*doctrine of the two spheres*".

946 HAUG, Neutralität und Völkergemeinschaft, S. 6.

947 SCHEUNER, Neutralität im heutigen Völkerrecht, S. 20; ähnlich: HAUG, Neutralität und Völkergemeinschaft, S. 6.

948 SCHEUNER, Neutralität, in: STRUPP / SCHLOCHAUER, WbVR, Band II, S. 594; VERDROSS, Neutralität im Wandel, S. 102, stellt die positive Bewertung der Neutralität im 19. Jahrhunderts deutlich heraus.

949 SEIDL-HOHENVELDERN/STEIN, Völkerrecht, § 8, Rn. 110.

krieg nun als Verbrechen[950]. Die Neutralität erhielt einen pejorativen Beigeschmack dadurch, dass die neutralen Staaten beschuldigt wurden, aus dem Unglück anderer lediglich einen Vorteil zu ziehen, anstatt mit helfender Hand *„für die gerechte Sache"* einzustehen[951]. Zum ersten Mal tritt das veränderte Verständnis in der Völkerbundsatzung[952] von 1919 deutlich zutage[953]. Krieg und Kriegsbedrohung sind nach Art. 11 nicht mehr länger die alleinige Angelegenheit des betroffenen Staates, sondern werden Angelegenheit des ganzen Völkerbundes[954]. Unter Reaktivierung des *bellum-iustum*-Gedankens[955] ging das Kriegsführungsrecht (*ius ad bellum*) vom einzelnen Staat auf die Völkerbundgemeinschaft über[956]. Ein allgemeines Kriegsverbot enthielt die Völkerbundsatzung allerdings nicht; jeder Staat durfte nach wie vor einen Krieg führen, wenn die in der Satzung vorgesehenen friedlichen Streitschlichtungsverfahren gescheitert waren (z. B. Art. 13 Abs. 4, Art. 15 Abs. 6) und der Staat weitere drei Monate zugewartet hat (Art. 12 Abs. 1)[957].

Es ist im Grunde offensichtlich, dass sich ein System kollektiver Sicherheit wie das der Völkerbundsatzung nicht mit der Neutralität verträgt[958]. Denn es basiert grundsätzlich auf einer gegenüber dem Angegriffenen bestehenden Beistandspflicht, die es für einen Staat unmöglich macht, sich in einer Auseinandersetzung neutral zu verhalten[959]. Die Völkerbundsatzung zwang nicht unmittelbar zu Solidaritätsmaßnahmen militärischer Natur[960], jedoch formuliert Art. 16 Abs. 1 S. 2 und Abs. 3 S. 3 die Verpflichtung für die Völkerbundmitglieder *„...sofort und unmittelbar alle wirtschaftlichen und finanziellen Beziehungen zum Angreiferstaat abzubrechen sowie die gegen ihn eingesetzten Truppen durch ihr Gebiet durchziehen zu lassen..."*[961].

Die Frage, ob Mitgliedschaft im Völkerbund und Neutralität vereinbar waren, kann vorliegend aber dahinstehen, da das Fürstentum Liechtenstein niemals Mitglied des Völkerbundes war[962]. Somit war für Liechtenstein der Neutralitätsstatus

---

950 VERDROSS, Völkerrecht, S. 504.

951 CASTRÉN, Neutralität, S. 25.

952 RGBl. 1919, S. 717 ff.

953 SCHEUNER, Neutralität im heutigen Völkerrecht, S. 26; VERDROSS, Völkerrecht, S. 504.

954 FISCHER in: IPSEN, Völkerrecht, § 59, Rn. 3.

955 So SEIDL-HOHENVELDERN/STEIN, Völkerrecht, § 8, Rn. 111.

956 SCHEUNER, Neutralität im heutigen Völkerrecht, S. 26; FISCHER in: IPSEN, Völkerrecht, § 59, Rn. 3.

957 Vgl. dazu SEIDL-HOHENVELDERN/STEIN, Völkerrecht, § 8, Rn. 111; PIEPER, Neutralität, S. 197.

958 So BINDSCHEDLER, Neutralität im modernen Völkerrecht, S. 8; SEIDL-HOHENVELDERN, Neutralität in bewaffneten Konflikten, S. 600; TAUBENFELD, Neutrality, S. 379.

959 SEIDL-HOHENVELDERN, Neutralität in bewaffneten Konflikten, S. 600.

960 So ausdrücklich: PIEPER, Neutralität, S. 198, mit Verweis auf Art. 16 Abs. 2 der Satzung.

961 Zusammenfassung des Vertragstextes nach TÜRK, Neutralität und UN, S. 441.

962 VERDROSS, Völkerrecht, S. 505; PIEPER, Neutralität, S. 198; TAUBENFELD, Neutrality, S. 379; SCHEUNER, Neutralität im heutigen Völkerrecht, S. 26, der in Fn. 60 darauf hin-

auch während der Völkerbundzeit denkbar. Auch der *Briand-Kellogg*-Pakt[963] von 1928 änderte daran nichts, denn er enthielt zwar eine Ächtung des Angriffskrieges[964], postulierte jedoch keine Beistandspflicht[965].

e) Neutralität und das Recht der Vereinten Nationen

Mit den Vereinten Nationen wurde wiederum ein System kollektiver Sicherheit geschaffen. Dieses System kann als *„großer Fortschritt"* für die Sicherung des Friedens gegenüber dem System des Völkerbundes gewertet werden[966]. So enthält Art. 2 Ziff. 4 SVN ein generelles Verbot der Anwendung von Waffengewalt[967]. Während das Gewaltverbot als völkerrechtliches Gewohnheitsrecht auch für Nichtmitgliedstaaten bindend ist[968], ergibt sich hingegen eine Verpflichtung zur Beteiligung an Zwangsmaßnahmen nach Kapitel VII SVN nur für die Mitgliedstaaten[969]. Die Neutralität eines Mitgliedstaates erscheint angesichts der sich aus Art. 2 Ziff. 5, 41-43, 48, 49 und 103 ergebenden Solidaritätspflichten zumindest sehr problematisch.

Aber auch das vom hehren Ziel des Weltfriedens getragene System der Vereinten Nationen ist nicht *„lückenlos"*, so dass Neutralität unter gewissen Umständen selbst für Mitgliedstaaten legitim sein kann[970]. Weder in der Praxis noch in der Völkerrechtswissenschaft hat sich die Ansicht, dass das Neutralitätsrecht nach Inkrafttreten der Satzung der Vereinten Nationen hinfällig geworden ist, durchgesetzt[971]. Angesichts der Unvollkommenheit des Systems der kollektiven Sicherheit[972] in Bezug auf Konfliktlösung hat das Neutralitätsrecht als *ius in bello* in der Funktion einer *„Notordnung"*[973] bestand.

---

weist, dass in *„damaliger Zeit (...) die Auffassung, auch Nichtmitglieder könnten durch den Pakt gebunden sein, kaum vertreten"* wurde.

963 RGBl. 1929 II, S. 97 ff.

964 Vgl. SEIDL-HOHENVELDERN/STEIN, Völkerrecht, § 8, Rn. 112; PIEPER, Neutralität, S. 198.

965 VERDROSS, Völkerrecht, S. 505.

966 So CASTRÉN, Neutralität, S. 28.

967 Zur Problematik der Bestimmung des Begriffes der Gewalt i. S. v. Art. 2 Ziff. 4 SVN: ALBRECHT RANDELZHOFER in: SIMMA, The Charter of the United Nations, Art. 2 (4), Rn. 15 ff.; THOMAS BRUHA in Wolfrum, Handbuch Vereinte Nationen, S. 238, der darauf hinweist, dass sich der Inhalt des Begriffes aus dem *„kleinsten gemeinsamen Nenner (...) der Staaten"* ergibt.

968 Für viele: DOEHRING, Neutralität und Gewaltverbot, S. 194.

969 CASTRÉN, Neutralität, S. 28; vgl. auch TÜRK, Neutralität und UN, S. 445; BRUN-OTTO BRYDE in: SIMMA, The Charter of the United Nations, Art. 48, Rn. 6.

970 CASTRÉN, Neutralität, S. 28.

971 HEINTSCHEL VON HEINEGG, Seekriegsrecht, S. 86.

972 Einzelne Erfolge des kollektiven Sicherheitssystems können darüber nicht hinwegtäuschen. Dazu vgl. beispielhaft: TÜRK, Neutralität und UN, S. 440.

973 So HEINTSCHEL VON HEINEGG, Seekriegsrecht, S. 125; ebenfalls für den Fortbestand der

3. Die gewöhnliche Neutralität

Die Neutralität ist als Rechtsinstitut den Anforderungen und Zwängen der politischen Wirklichkeit ausgesetzt. Abhängig von der Situation und den Zielen, die der betreffende Staat mit seiner Entscheidung für die Neutralität verfolgt, erfährt der Begriff gewisse Modifikationen. Aus diesem Grund haben sich mehrere Arten von Neutralität herausgebildet[974]: die gewöhnliche[975], einfache[976] oder gelegentliche[977] Neutralität ist dabei gewissermaßen der Grundfall der Neutralität. In den Fällen gewöhnlicher Neutralität existieren keine besonderen Regelungen vertraglicher Natur zwischen dem Neutralen und den Kriegführenden[978]. Die Rechtsfolgen sind zeitlich auf die Dauer des Krieges beschränkt; in Friedenszeiten ergeben sich daraus keinerlei Rechte und Pflichten[979]. Der besondere Status des Neutralen findet aber auch während eines Krieges ein Ende, wenn der Neutrale in den Krieg eintritt[980].

Bedeutung der Neutralität: SCHEUNER, Neutralität, in: STRUPP / SCHLOCHAUER, WbVR, Band II, S. 593; IPSEN in IPSEN, Völkerrecht, § 72, Rn. 29: *„Die Renaissance der Neutralität ist eng mit dem partiellen Versagen der Friedenssicherungsmechanismen der Vereinten Nationen verknüpft"*; TÜRK, Neutralität und UN, S. 463, für den Fall, dass der Sicherheitsrat nicht handelt; SEIDL-HOHENVELDERN, Neutralität in bewaffneten Konflikten, S. 613, der die *„Einrichtung der Neutralität"* für *„unentbehrlich"* hält, solange das System der kollektiven Sicherheit nicht funktioniert; NORTON, Ideology and Reality, S. 311, der davon ausgeht, dass die Neutralität auch in Zukunft ihre *„shadowy existence"* fortführen wird; selbst DOEHRING, Neutralität und Gewaltverbot, S. 205, der sich gegen das Argument der faktischen Schwäche des UN-Systems der friedlichen Streitbeilegung wendet, lässt die Mitgliedschaft selbst von dauernd neutralen Staaten in der UNO zu, wenn diese bereit sind, im Falle des *casus foederis* ihre Neutralität aufzugeben.

974 Schon V. WALDKIRCH/VANSELOW, Neutralitätsrecht, S. 11, Fn. 5, wenden sich gegen die, wie sie sagen, *„apodiktische"* Ansicht gewisser Autoren, die meinten, dass Neutralität keinerlei Abstufungen zulasse.

975 Der Begriff findet sich bei: HAUG, Neutralität und Völkergemeinschaft, S. 7 ff.; HOFACHER, Schweizer Neutralität, S. 24; PIEPER, Neutralität, S. 12 ff.; VEROSTA / HAFNER in: SEIDL-HOHENVELDERN, Lexikon des Rechts, Völkerrecht, Stichwort Neutralität, S. 293.

976 So etwa bei SCHWEITZER, Dauernde Neutralität, S. 12 ff.

977 So etwa V. WALDKIRCH/VANSELOW, Neutralitätsrecht, S. 11.

978 V. WALDKIRCH/VANSELOW, Neutralitätsrecht, S. 11 f.

979 BINDSCHEDLER, Neutralität im modernen Völkerrecht, S. 1; Der Kriegsbegriff ist laut SCHWEITZER, Dauernde Neutralität, S. 7, einer der *„schwierigsten und umstrittensten (Begriffe) in der Völkerrechtswissenschaft"*.

980 VEROSTA / HAFNER in: SEIDL-HOHENVELDERN, Lexikon des Rechts, Völkerrecht, Stichwort Neutralität, S. 293; BINDSCHEDLER, Neutralität im modernen Völkerrecht, S. 1. Die gewaltsame Abwehr einer Neutralitätsverletzung genügt allerdings nicht zur Aberkennung des Neutralitätsstatus (vgl. Art. 10 des V. Haager Abkommens von 1907).

a) Neutralitätspflichten

Der neutrale Staat ist den Kriegführenden gegenüber verpflichtet, nicht zugunsten einer Partei in den Konflikt einzugreifen (Interventionsverbot); zudem hat er sich grundsätzlich unparteiisch zu verhalten[981]. Im Gegenzug haben die Kriegführenden die *„Nichtteilnahme des neutralen Staates am Kriege zu respektieren"*[982]. Auch dem in diesem Bereich des Völkerrechts gültigen Reziprozitätsprinzip zufolge *„stehen (...) den Rechten der Neutralen reflexartig entsprechende Pflichten der Kriegführenden und umgekehrt gegenüber"*[983]. Vereinfacht ausgedrückt, beinhaltet die Neutralität *„die beiderseitige Verpflichtung, sich nicht in die Angelegenheiten des anderen einzumischen"*[984].

Im folgenden sollen die Neutralitätsrechte und -pflichten dargestellt werden. Da diesbezüglich aber eine umfassende Darstellung den Rahmen dieser Arbeit sprengen würde, wird ein Schwerpunkt auf jene Punkte gelegt, die für das Beispiel Liechtensteins – vor allem im Rahmen von Kapitel 5 der vorliegenden Arbeit – relevant sein können.

aa) Enthaltungspflichten[985]

Der neutrale Staat hat alles zu unterlassen, *„was im Zusammenhang mit den Kriegshandlungen steht"*[986] oder gar geeignet ist, *„der Sache der einen oder anderen Kriegspartei Vorschub zu leisten"*[987]. Neben selbständigem Eingreifen in den Konflikt ist dem Neutralen die unmittelbare oder mittelbare Hilfestellung zugunsten eines Kriegsteilnehmers auf militärischem Gebiet strikt verboten. Beispielhaft kann dazu die Bereitstellung von Truppen, finanzielle Hilfe oder Lieferung von Waffen und Munition genannt werden[988]. Dieses Verbot gilt auch dann, wenn die Hilfe allen Parteien des Krieges gewährt wird[989]. Dagegen dürfen die neutralen Mächte ihre

---

981 BINDSCHEDLER, Neutralität im modernen Völkerrecht, S. 2; HONIG, Neutralitätsrechte und –pflichten im Landkrieg, in: STRUPP / SCHLOCHAUER, WbVR, Band II, S. 599.

982 HONIG, Neutralitätsrechte und –pflichten im Landkrieg, in: STRUPP / SCHLOCHAUER, WbVR, Band II, S. 599.

983 HOFACHER, Schweizer Neutralität, S. 43.

984 CASTRÉN, Neutralität, S. 31.

985 SCHMITT, Rechtsgrundlagen der Neutralisation, S. 59, nennt dies *„Abstinenzprinzip"*.

986 CASTRÉN, Neutralität, S. 32.

987 HONIG, Neutralitätsrechte und –pflichten im Landkrieg, in: STRUPP / SCHLOCHAUER, WbVR, Band II, S. 599.

988 HOFACHER, Schweizer Neutralität, S. 46; HONIG, Neutralitätsrechte und –pflichten im Landkrieg, in: STRUPP / SCHLOCHAUER, WbVR, Band II, S. 599/600; SCHMITT, Rechtsgrundlagen der Neutralisation, S. 54, stellt fest, dass gerade in diesem Punkt vom Ideal – *„die unveränderte Fortgeltung des Friedensrechtes gegenüber den Kriegsparteien"* und damit die Möglichkeit, der Kriegspartei wie in Friedenszeiten Waffen etc. zu liefern – abgegangen werden muss, da gerade dies den neutralen Staat *„in die Nähe des Krieges bringen würde"*.

989 VERDROSS, Völkerrecht, S. 484.

guten Dienste und ihre Vermittlung anbieten[990]; außerdem wird ihnen das Recht zustanden, mit den Kriegführenden Handelsverkehr im üblichen Umfang (*courant normal*) aufrechtzuerhalten[991]. Dies schafft ernsthafte Probleme der Unterscheidung von Kriegs- und normalem Handelsgut, vor allem da auch eine grundsätzlich harmlose Zusammenarbeit im Handel die Kriegsfähigkeit eines kriegführenden Staates stärken kann. Neben dem Verbot der direkten Hilfe ist dem neutralen Staat auch untersagt, solche Unterstützung, die von seinen Staatangehörigen privat getätigt wird, zu fördern; allerdings ist er nicht gehalten, derartige Aktionen zu unterbinden[992].

bb) Verhinderungspflichten[993]

Der neutrale Staat ist jedoch unter Umständen auch zum Handeln verpflichtet. Er hat sich Verletzungen seines Neutralitätsstatus durch die kriegführenden Mächte zu erwehren, gegebenenfalls auch mit Waffengewalt[994]. Im V. Haager Abkommen von 1907 wurde dieser Grundsatz schriftlich niedergelegt. Nach Art. 1 des multilateralen Vertrages ist das Gebiet der neutralen Mächte unverletzlich. Nach Art. 5 dürfen die Neutralen die in Art. 2-4 näher aufgezählten Gebietsverletzungen nicht dulden[995]. Wenn Truppen auf das Gebiet eines neutralen Staates übertreten, hat dieser sie zu entwaffnen und festzusetzen[996]. Er kann sie in Lagern oder Festungen internieren, muss sie dabei aber möglichst weit vom Kriegsschauplatz ent-

---

990 CASTRÉN, Neutralität, S. 33.

991 VEROSTA / HAFNER in: SEIDL-HOHENVELDERN, Lexikon des Rechts, Völkerrecht, Stichwort Neutralität, S. 294 f.

992 VERDROSS, Völkerrecht, S. 484; BINDSCHEDLER, Neutralität im modernen Völkerrecht, S. 2 f.; diese Regel kann auch aus Art. 7 des V. und XIII. Haager Abkommens von 1907 entnommen werden.

993 SCHMITT, Rechtsgrundlagen der Neutralisation, S. 59, spricht hierbei von *„status activus"*.

994 WENGLER, Völkerrecht, Band II, S. 1453; HOFACHER, Schweizer Neutralität, S. 46; HONIG, Neutralitätsrechte und –pflichten im Landkrieg, in: STRUPP / SCHLOCHAUER, WbVR, Band II, S. 600.

995 Truppen, Munition und Verpflegung dürfen nicht durch neutrales Gebiet geführt werden (Art. 2); auch darf ein Kriegführender Telekommunikationsstruktur auf dem Gebiet des Neutralen weder einrichten noch betreiben (Art. 3); auf dem Territorium der Neutralen darf Militär der Kriegführenden weder ausgebildet noch ausgehoben werden (Art. 4). Gewisse Ausnahmen ergeben sich unter dem Stichwort *„Seeasyl"* für Kriegsschiffe. Im *„Interesse des Seeverkehrs"* (VERDROSS, Völkerrecht, S. 488) dürfen die Neutralen etwa den Kriegführenden die Durchfahrt durch ihre Küstengewässer (Art. 10 des XIII. Haager Abkommens von 1907) und den kurzfristigen Aufenthalt in ihren Häfen (nach Art. 12 des XIII. Haager Abkommens von 1907 nicht länger als 24 Stunden; Genauere Regelungen zum Aufenthalt in neutralen Häfen finden sich in den Art. 13-20 des XIII. Haager Abkommens von 1907) erlauben. Eine Aufnahmepflicht besteht nur im Falle von Seenot (GUGGENHEIM, Völkerrecht, Band II, S. 1014).

996 VERDROSS, Völkerrecht, S. 490; V. D. HEYDTE, Völkerrecht, Band II, S. 300.

fernt unterbringen (vgl. Art. 11 Abs. 3 und Abs. 2 des V. Haager Abkommens von 1907). Der neutrale Staat hat die Internierten zu versorgen, und zwar in einem Umfang, der *„durch die Menschlichkeit geboten"* ist (vgl. Art. 12 Abs. 1 des V. Haager Abkommens von 1907). Kriegsgefangene, die entweder auf das Gebiet des neutralen Staates geflohen sind oder von übergetretenen Truppen mitgebracht wurden, sind dagegen *„in Freiheit (zu) lassen"* (vgl. Art. 13 des V. Haager Abkommens von 1907); dies gilt auch für Deserteure[997]. Dagegen besteht in Bezug auf Privatpersonen keine allgemeine Pflicht der neutralen Staaten, deren Handlungen, die eine Kriegspartei begünstigen, zu verhindern. Allerdings existieren spezielle Verbote bezüglich einzelner Privathandlungen[998].

cc) Die Pflicht zur Unparteilichkeit

Grundlegend für die Neutralität ist auch die unparteiliche Behandlung der Kriegsparteien[999]. Der kriegführende Staat soll keine militärischen Vorteile aus dem Verkehr mit der neutralen Macht ziehen. Anwendung findet der Grundsatz der Pflicht zur Unparteilichkeit in Sachverhalten, die keinen konkreten Neutralitätsregeln unterfallen, sondern von der Ermessensfreiheit des Neutralen geprägt sind[1000]. Deutlich erkennt man den Gedanken in Art. 9 des V. Haager Abkommens von 1907, demzufolge der neutrale Staat die Beschränkungen und Verbote, deren Erlass gem. Art. 7 und 8 des Abkommens möglich ist, auf alle Kriegführenden gleichmäßig anzuwenden hat. Die Pflicht zur Unparteilichkeit ist jedoch keine Einbahnstraße. Obwohl der Begriff der Neutralität eine Beziehung zwischen Staaten beschreibt und deshalb für neutrale Staatsbürger – bis auf die im Folgenden zu beschreibenden Ausnahmen[1001] – grundsätzlich keine speziellen Neutralitätsrechte oder –pflichten existieren, genießen die neutralen Staatsbürger insofern eine günstige Position, als bezüglich der Behandlung durch die kriegsführenden Staaten das für Friedenszeiten gültige Fremdenrecht Anwendung findet[1002].

---

997 GUGGENHEIM, Völkerrecht, Band II, S. 1010.

998 VERDROSS, Völkerrecht, S. 490 ff.; V. D. HEYDTE, Völkerrecht, Band II, S. 298; dort sind jeweils auch Beispiele genannt.

999 BERBER, Völkerrecht, Band II, § 43, S. 219, der alle Neutralitätspflichten auf die Elemente Nichtbeteiligung und Unparteilichkeit zurückzuführen können glaubt; GUGGENHEIM, Völkerrecht, Band II, S. 987 ff. und SCHMITT, Rechtsgrundlagen der Neutralisation, S. 59, sprechen von *„paritätischer Behandlung"* bzw. von *„Paritätsprinzip"*.

1000 VERDROSS, Völkerrecht, S. 493; SCHMITT, Rechtsgrundlagen der Neutralisation, S. 59.

1001 Vgl. Kap. 4, A.I.3.a)dd).

1002 ZEMANEK, Neutral Nationals, in: BERNHARDT, EPIL, Band III, S. 544: *„Since neutrality is a relation between States, neutral nationals do not have spezial neutral rights and/or duties under national law (...). Their treatment by belligerents is governed by the rules of international law concercing aliens applicable in peace-time, superseded in certain respects where special international law rules of neutrality exist"*.

dd) Duldungspflichten[1003]

(1). Begriff

Der Begriff der Duldungspflichten umschreibt die Verpflichtung der neutralen Mächte, „*...sich bestimmte in Friedenszeiten nicht erlaubte Eingriffe der Kriegführenden gefallen zu lassen, die teils unmittelbar gegen die neutrale Staatsverwaltung, teils gegen neutrale Staatsangehörige gerichtet...*" sind[1004].

(2). Sondervorschriften

Duldungspflichten sind in vielen Sondervorschriften konkret geregelt. Art. 19 des V. Haager Abkommens von 1907 räumt den Kriegführenden beispielsweise das Recht ein, Eisenbahnmaterial, das entweder einem neutralen Staat oder einem Staatsangehörigen eines neutralen Staates gehört, anzufordern und zu benutzen. Dies gilt aber nur bei „*gebieterischer Notwendigkeit*"; zudem sind die Gegenstände nach Gebrauch zurückzugeben und dem Neutralen steht ein Anspruch auf Entschädigung zu. Außerdem hat jeder Kriegführende das sog. Angarienrecht[1005]. Darunter versteht man das „*Recht zur Verwendung der bei Kriegsausbruch in den Eigengewässern des kriegführenden Staates befindlichen neutralen Handelsschiffe*"[1006]. Die Beschlagnahme ist dabei nur zulässig, wenn ein „*dringende[r] Bedarf*" besteht[1007]; der kriegführende Staat hat Entschädigung zu leisten. Daneben besteht zugunsten der Kriegführenden das sog. Prisenrecht. Es bedeutet, dass neutrale Schiffe selbst auf hoher See angehalten werden und bei Verdacht auf Verletzung der Neutralitätspflichten beschlagnahmt werden können. Unter Umständen kann das Schiff nach Durchlaufen des sog. prisengerichtlichen Verfahrens ohne Entschädigung eingezogen werden[1008].

ee) Spezielle Duldungspflichten bezüglich neutralen Vermögens

Im Bezug auf Liechtenstein – vor allem im Rahmen des Kapitels 5 der vorliegenden Arbeit – interessieren aber hauptsächlich Duldungspflichten, die das Vermögen der Staatsangehörigen neutraler Staaten betreffen. Angesichts des Untersuchungsgegenstandes der Arbeit, dem Fürstentum Liechtenstein, soll die Darstellung im Wesentlichen auf die Regelungen bezüglich des Landkrieges begrenzt sein; die für den Seekrieg einschlägigen Normen sollen allenfalls als Beispielsfälle die-

---

[1003] SCHMITT, Rechtsgrundlagen der Neutralisation, S. 60, spricht hier von „*status passivus*".

[1004] VERDROSS, Völkerrecht, S. 494.

[1005] Allgemein zum Angarienrecht: LAUTERPACHT, Angary and Requisition, S. 455 ff.; Stone, International Conflict, S. 436 ff.; BERBER, Völkerrecht, Band II, § 44, S. 226, GUGGENHEIM, Völkerrecht, Band II, S. 1001 f.

[1006] WENGLER, Völkerrecht, Band II, S. 1439.

[1007] HAUG, Neutralität und Völkergemeinschaft, S. 14.

[1008] HAUG, Neutralität und Völkergemeinschaft, S. 14; Einzelheiten etwa bei VERDROSS, Völkerrecht, S. 496 ff.; SCHEUNER, Prisenrecht, in: STRUPP / SCHLOCHAUER, WbVR, Band II, S. 794 ff.; JOHNSON, Prize Law, in: BERNHARDT, EPIL, Band III, S. 1122 ff.

nen. Aber auch im Hinblick auf den Landkrieg sind die Auswirkungen des Kriegszustandes auf das Feindvermögen vielfältig. Die Rechtsfolgen unterscheiden sich danach, ob staatliches oder Privatvermögen betroffen ist, ob das Vermögen sich auf besetztem oder dem Gebiet eines kriegsführenden Staates befindet und danach, ob die Vermögensgegenstände beweglich sind oder nicht[1009].

(1). Staatliches Vermögen

Die Unterscheidung zwischen Staats- und Privatvermögen ist im Bereich der Neutralität zwingend; während der neutrale Staat sich nicht zum Vorteil einer Seite in den Konflikt einmischen darf, besteht keine Pflicht des Staates, seine Staatsangehörigen von parteinehmenden Handlungen abzuhalten[1010]. Der kriegführende Staat muss sich deshalb vor der möglicherweise manipulativen Aktivität neutraler Staatsangehöriger schützen können. Ihre Stellung wird zwangsläufig eine schwächere sein als die des neutralen Staates[1011].

(a) Feindvermögen

Das Vermögen des feindlichen Staates auf besetztem[1012] Gebiet kann nach den Art. 53-56 HLKO mit Beschlag belegt werden. Danach ist eine Aneignung von unbeweglichem Eigentum nicht vorgesehen[1013]. Auch besteht kein allumfassendes Recht des besetzenden Staates, sich das bewegliche Vermögen des besetzen Staates in willkürlichem Umfang anzueignen. Jedoch ist die Aufzählung der Sachen, die mit Beschlag belegt werden können, in Art. 53 HLKO so weit geraten, dass die Mehrheit der Sachverhalte darunter subsumiert werden kann[1014]. In Bezug auf Vermögen eines Staates im unbesetzten Gebiet des Feindes steht der Beschlagnahme keine Rechtsregel entgegen[1015]. Hier kann zudem unbewegliches Vermögen konfisziert werden[1016].

1009 Vgl. den Problemaufriß bei STONE, International Conflict, S. 434.

1010 Kap. 4, A.I.3.a)bb).

1011 HAUG, Neutralität und Völkergemeinschaft, S. 15, bezeichnet die rechtliche Stellung der neutralen Staatsangehörigen, die sich in einem besetzten oder dem eigenen Gebiet eines Kriegführenden befinden, als *„...[w]enig vorteilhaft...“*.

1012 Gem. Art. 42 Abs. 1 HLKO gilt ein Gebiet dann als besetzt, *„wenn es sich tatsächlich in der Gewalt des feindlichen Heeres befindet“*.

1013 Nach Art. 55 HLKO hat sich *„der besetzende Staat (...) nur als Verwalter und Nutznießer (...) zu betrachten“*.

1014 FEILCHENFELD, Belligerent Occupation, Rn. 210; GUGGENHEIM, Völkerrecht, Band II, S. 950, geht von dem *„Grundsatz des Wegnahmerechts ohne Entschädigung und des freien Verfügungsrechts durch den Feind“* aus, solange das Vermögen mittelbar oder unmittelbar für kriegerische Zwecke verwendbar ist; WENGLER, Völkerrecht, Band II, S. 1425, Fn. 4: *„Eine Beschränkung auf den Bedarf gilt hier nicht.“*.

1015 LAUTERPACHT, Oppenheim´s International Law, Band II, S. 399.

1016 WENGLER, Völkerrecht, Band II, S. 1432, Fn. 1.

(b) Neutrales Vermögen

Dagegen bestimmt sich das Verhältnis zwischen neutralem und kriegführendem Staat grundsätzlich nach Friedensrecht[1017]. Nur die Beziehungen, die konkret *„die Auswirkungen des Krieges betreffen"*, finden ihre Regelung im Neutralitätsrecht[1018]. Somit ist lediglich eine Enteignung unter den Voraussetzungen der friedensrechtlichen Regelungen denkbar. Allerdings existieren Sondernormen, die den Eingriff in das Vermögen des neutralen Staates anlässlich bestimmter *„Auswirkungen des Krieges"* ermöglichen. Sie sehen jedoch alle eine Rückgabe- bzw. Entschädigungspflicht vor[1019].

(2). Privatvermögen

(a) Feindvermögen

Es herrscht darüber Uneinigkeit, ob eine Kriegspartei das auf ihrem Territorium befindliche Vermögen der Staatsangehörigen der Feindmacht konfiszieren, also entschädigungslos enteignen darf. Im Altertum war das feindliche Privateigentum schutzlos der gegnerischen Willkür ausgesetzt[1020]. Diese Regel bzw. gerade die Regellosigkeit blieb über die Jahrhunderte bestehen und wurde erst durch ROUSSEAU angezweifelt. Er verstand den Krieg als Beziehung von *„Staat zu Staat"* und nicht von *„Mensch zu Mensch"*[1021]. Während sich ROUSSEAUs Kriegsauffassung unter der

---

1017 Dem steht auch nicht entgegen, dass das Neutralitätsrecht selbst dem Kriegsrecht zuzuordnen ist (vgl. Kap. 4, A.I.1.). Das Neutralitätsrecht gesellt sich im Verhältnis zwischen Kriegführenden und Neutralen lediglich ergänzend neben das im übrigen fortwirkenden Friedensrecht.

1018 BERBER, Völkerrecht, Band II, § 41, S. 494 f.

1019 Einzelheiten bei: VERDROSS, Völkerrecht, S. 494 f.; STONE, International Conflict, S. 436 ff.: Gem. Art. 54 Landkriegsordnung etwa dürfen Unterseekabel, die ein besetztes mit einem unbesetzten Gebiet verbinden, auch dann mit Beschlag belegt oder zerstört werden, wenn sie einem neutralen Staat gehören; dies gilt jedoch nur im Falle unbedingter Notwendigkeit, außerdem sind sie nach Friedensschluss auf jeden Fall zurückzugeben und / bzw. die die Entschädigung zu regeln. Eine ähnliche Regelung sieht Art. 19 der V. Haager Konvention über die Landneutralität vor für Eisenbahnmaterial, welches aus einem neutralen Staat stammt. Der Umstand, dass neutrale Staatsschiffe, die sich an den Kriegsunternehmungen beteiligen oder den Kriegsführenden Konterbande liefern, wie feindliche Staatsschiffe entschädigungslos weggenommen werden dürfen, stellt das Verbot der entschädigungslosen Enteignung von neutralem Staatsvermögen nicht in Frage, denn die eben beschriebene Regel gilt nur für Schiffe, die selbst die Regeln des Neutralitätsrechts verletzt haben.

1020 Vgl. FRANKENBACH, Neutrale Staatsangehörige, S. 94; SEIDL-HOHENVELDERN, Feindvermögen, in: STRUPP / SCHLOCHAUER, WbVR, Band I, S. 511; detailliert zur Entwicklung des Schutzes des Privateigentums bietet: ROOS, Konfiskation privater deutscher Auslandsvermögen, S. 88 ff.

1021 BERBER, Völkerrecht, Band II, § 39, S. 206, mit Verweis auf Rousseaus Hauptwerk *„Contrat Social"* (I. 4.); Rousseaus Vorstellung wird von verschiedenen Autoren *„moderner Kriegsbegriff"* genannt, vgl. BERBER an eben genannter Stelle und SEIDL-

Führung Frankreichs für den Landkrieg durchsetzt[1022], bleiben für den Seekrieg die alten Regeln des Seebeuterechts erhalten[1023]. Angesichts des *„totalen Charakters"*[1024] der Kriege des 20. Jahrhunderts ist allerdings fraglich, ob die völkergewohnheitsrechtliche Regel der Unverletzlichkeit des Privateigentums im Landkrieg für das vergangene Jahrhundert nachgewiesen werden kann.

Die eine Ansicht[1025], auffälligerweise wieder in der englischsprachigen Literatur, bestreitet die Existenz der Regel des Konfiskationsverbotes. Eine solche könne jedenfalls nicht mit Überzeugung als gegeben vorausgesetzt werden[1026]. Am deutlichsten formuliert es vielleicht GOULD, der behauptet, dass die Idee vom Schutz des feindlichen Privatvermögens während des Ersten Weltkrieges aufgegeben wurde, als viele kriegführende Staaten dazu übergingen, die Vermögensrechte der feindlichen Bürger bis hin zum Eigentumsentzug zu beschränken[1027]. STONE ist des Weiteren der Ansicht, dass es auf die Frage der Zulässigkeit der Konfiskation nicht (mehr) ankomme. Anders als in vergangenen Jahrhunderten, in denen das Feindvermögen erst zu Geld gemacht wurde, um die Kriegskasse zu füllen, komme es in den modernen Kriegen des 20. Jahrhunderts, die als Materialschlachten geführt wurden, nur darauf an, über die notwendigen Produktionsmittel zu verfügen.

Es geht also um das Haben, nicht um das Bezahlenkönnen der nötigen Kriegsmittel. Deshalb sei die Frage danach, ob für das beschlagnahmte Vermögen zu zahlen ist, *„ziemlich trivial"*[1028]. Dieses Ausweichen ins Faktische löst allerdings nicht

---

HOHENVELDERN, Feindvermögen, in: STRUPP / SCHLOCHAUER, WbVR, Band I, S. 511.

1022 SEIDL-HOHENVELDERN, Feindvermögen, in: STRUPP / SCHLOCHAUER, WbVR, Band I, S. 511; BERBER, Völkerrecht, Band II, § 39, S. 206, zählt beispielhaft Kriege des 19. Jahrhunderts auf, in denen die Regel befolgt wurde; FRANKENBACH, Neutrale Staatsangehörige, S. 94: *„Heute (1910) gilt allgemein der Satz, dass das Privateigentum unverletzlich ist, soweit nicht der Kriegszweck seine Verletzung notwendig macht."*

1023 WENGLER, Völkerrecht, Band II, S. 1433; SEIDL-HOHENVELDERN, Feindvermögen, in: STRUPP / SCHLOCHAUER, WbVR, Band I, S. 511; Das Seekriegsrecht entwickelte sich unter dem Einfluss Großbritanniens, der im 19. Jahrhundert wichtigsten Seefahrernation der Welt. Nach britischem Recht bestand die Möglichkeit der Konfiskation feindlichen Vermögens zugunsten der Krone (STONE, International Conflict, S. 435: *„the Crown's prerogative power to confiscate under municipal law")*.

1024 So GUGGENHEIM, Völkerrecht, Band II, S. 800, in Bezug auf den Zweiten Weltkrieg.

1025 Beispielhaft: STONE, International Conflict, S. 435; GOULD, Introduction to International Law, S. 651.

1026 STONE, International Conflict, S. 435: *„...an international rule prohibiting confiscation cannot even today be postulated with confidence"*.

1027 GOULD, Introduction to International Law, S. 651: *„In respect to enemy private property the idea of protection was abandoned during the First World War when many of the states began to restrict ownership of property by enemy subjects in many ways and even to divest them of property."*

1028 STONE, International Conflict, S. 436: *„As in the going system of a great industrial corporation, who owns its plant and assets is of small consequence, so also, in the overall*

das Problem der Bewertung einer Konfiskation, wenn sie entgegen der Tendenz[1029] doch vollzogen wird.

Auch die Gegenmeinung[1030], die jedoch stets die Sequestration des feindlichen Vermögens für die Dauer des Kriegszustandes zulässt[1031], ist sich der veränderten Realität in der Kriegsführung bewusst. Die Tatsache, dass die kriegführenden Mächte zur Konfiskation feindlichen Eigentums übergegangen sind, kann nicht beurteilt werden, ohne dass dafür die Friedensverträge der Alliierten mit den diversen besiegten Staaten Berücksichtigung finden. Man könnte annehmen, diese seien geprägt von der Tradition britischen Kriegsrechts, da sie zugunsten der Siegerstaaten vorsahen, dass *„das Vermögen der Staatsangehörigen der unterliegenden Staaten, das sich in den Siegerstaaten (...) befand, zu Reparationszwecken einzuziehen sei"*[1032]. Dagegen ist jedoch einzuwenden, dass diese Regelungen der Friedensverträge gerade nicht das völkergewohnheitsrechtliche Konfiskationsverbot abgeändert, sondern bewusst eine Ausnahme davon postuliert haben. Denn die Besiegten traf eine Pflicht zur Entschädigung im vollen Umfang, worin der Schutz des Privatvermögens zu sehen ist; allerdings haben die Siegermächte die Regel ganz nonchalant nicht auf sich selbst angewandt[1033]. Zudem wäre eine friedensvertragliche Regelung der Konfiskationsfrage überhaupt nicht erforderlich, würden die Vertragspartner davon ausgehen, dass eine Konfiskation erlaubt wäre. Dafür, dass das Privatvermögen nach wie vor geschützt sein soll, spricht auch die Tatsache, dass den besiegten Mächten in der Regel auferlegt wurde, ihre eigenen Staatsangehörigen für die durch die Alliierten zugefügten Eigentumsverluste zu entschädigen[1034]. Insgesamt ist deshalb davon

---

economy of a great industrial Power geared to maximum war production, the question whether enemy assets seized should be paid for some time or other becomes relatively trivial. The critical question is the availability of the assets for the belligerent's purposes; and it is quite clear that major States have assumed the full right to use any property of enemy persons found on their territories".

1029 STONE, International Conflict, S. 435: *„tendency of practice"*.

1030 SEIDL-HOHENVELDERN, Feindvermögen, in: STRUPP / SCHLOCHAUER, WbVR, Band I, S. 513; VERDROSS, Völkerrecht, S. 469; V. D. HEYDTE, Völkerrecht, Band II, S. 208; BERBER, Völkerrecht, Band II, § 39, S. 206 ff. etc.

1031 Vgl. etwa SEIDL-HOHENVELDERN, Aliens, Property, in BERNHARDT, EPIL, Band I, S. 118.

1032 So SEIDL-HOHENVELDERN, Feindvermögen, in: STRUPP / SCHLOCHAUER, WbVR, Band I, S. 513.

1033 So BERBER, Völkerrecht, Band II, § 39, S. 207; im selben Sinne: SEIDL-HOHENVELDERN, Feindvermögen, in: STRUPP / SCHLOCHAUER, WbVR, Band I, S. 513, der sich dabei auf die Entscheidung Nr. 136 der französisch-italienischen Vergleichtskommission vom 25. Juni 1952 in der Rechtssache *Rizzo und andere* (International Law Reports, Band 19 (1952), S. 478 ff) bezieht, worin in Bezug auf den Friedensvertrag zwischen den Alliierten und Italien angedeutet wird, dass der Vertrag nur eine Ausnahme darstellt (S. 482): *„...it only brings us back to the principle that properties of private induviduals cannot be liquidated to satisfy claims against the State of which they are nationals"*.

1034 GUGGENHEIM, Völkerrecht, Band II, S. 851, mit Verweis auf Art. 297 lit. B des Friedensvertrags von Versailles aus dem Jahre 1919.

auszugehen, dass das grundsätzliche Verbot der Konfiskation des feindlichen Privatvermögens auch nach dem Zweiten Weltkrieg Bestand hat[1035].

Diese Regel gilt aber nur für das Vermögen im unbesetzten Gebiet des Feindes. Das Recht bezüglich des feindlichen Privatvermögens auf besetztem Gebiet ist hingegen kodifiziert. Die Haager Landkriegsordnung hat dafür Bestimmungen geschaffen, die auch die Genfer Abkommen vom 12. August 1949 im allgemeinen anerkennen[1036]. So darf gem. Art. 46 Abs. 2 HKLO *„das Privateigentum (...) nicht eingezogen werden"*. In Art. 47 HLKO wird darüber hinaus explizit das Verbot der Plünderung festgeschrieben[1037]. Erlaubt ist aber eine Enteignung im öffentlichen Interesse gegen angemessene Entschädigung[1038]. Der Grundsatz des geschützten Privatvermögens wird durch eine *„Reihe wichtiger Ausnahmen"* in Art. 48 ff. HLKO beschränkt, jedoch fällt auf, dass die Ausnahmen in den meisten Fällen entweder eine Entschädigungspflicht auslösen (vgl. z.B. Art. 52 Abs. 3 HLKO) oder unter dem Vorbehalt der Verhältnismäßigkeit stehen (vgl. z.B. Art. 48, 49 HLKO).

(b) Neutrales Vermögen

Hinsichtlich der neutralen Staatsangehörigen, die sich im Gebiet der Kriegführenden oder besetzten Gebieten aufhalten, sind die Rechte der Kriegführenden umfangreicher als in Bezug auf neutrales Staatsvermögen[1039]. Zwar dürfen sie auf Grund ihres Status nicht als feindliche Individuen behandelt werden, genießen jedoch keinerlei Privilegien[1040].

In besetzten Gebieten entspricht ihre Rechtsstellung jener der Staatsangehörigen des besetzten Gebietes[1041]. Begründet wird diese Gleichstellung damit, dass sich die

---

1035 BERBER, Völkerrecht, Band II, § 39, S. 207; VERDROSS, Völkerrecht, S. 469, der auf einige einschlägige Entscheidungen verweist: selbst britische Gerichte gingen davon aus, dass das Konfiskationsrecht der Krone zumindest *„suspendiert"* sei (Annual Digest and Reports of Public International Law Cases, seit 1950 International Law Reports, Band 1919/1920, Nr. 268); das höchste Gericht Kolumbiens hat am 12. Dezember 1958 die Konfiskation von privatem Feindvermögen für verfassungswidrig erklärt, da sich eine solche Konfiskation als *„attitude contrary to the most elemental principles of justice"* darstellt (vgl. AJIL 54 (1960), S. 160).

1036 So SEIDL-HOHENVELDERN, Feindvermögen, in: STRUPP / SCHLOCHAUER, WbVR, Band I, S. 511; vgl. III. Genfer Abkommen über die Behandlung der Kriegsgefangenen (BGBl. 1954 II, S. 838 ff.) und IV. Genfer Abkommen zum Schutze von Zivilpersonen in Kriegszeiten (BGBl. 1954 II, S. 917, 1956 II, S. 1586).

1037 *„Die Plünderung ist ausdrücklich untersagt."*

1038 VERDROSS, Völkerrecht, S. 465.

1039 Regelungen bzgl. der neutralen Staatsangehörigen finden sich in Art. 16 ff. des V. Haager Abkommens von 1907.

1040 GUGGENHEIM, Völkerrecht, Band II, S. 835 f.; HAUG, Neutralität und Völkergemeinschaft, S. 15; FRANKENBACH, Neutrale Staatsangehörige, S. 93.

1041 WENGLER, Völkerrecht, Band II, S. 1442, stellt deutlich heraus, dass dies durch *„vertragliche Sicherungen"* verhindert werden kann; ebenso: VERDROSS, Völkerrecht, S. 495;

neutrale Person freiwillig der *„Hoheit des Aufenthaltsstaates unterworfen"* und daraus die Konsequenzen zu tragen hat[1042]. Da der grundsätzliche Schutz des Privateigentums auf Grundlage der Haager Landkriegsordnung jedoch auch für diese Personen gilt, ist in der Konsequenz auch keine Konfiskation von Eigentum neutraler Personen möglich. Jedoch haben sie keine Entschädigungsansprüche für Vermögenseinbußen, die durch schädigende, aber legitime Kriegsmaßnahmen erlitten haben[1043]. Auf dem eigenen unbesetzten Gebiet des Kriegführenden ergibt sich dagegen eine Gleichstellung der neutralen Personen mit den eigenen Staatsangehörigen des kriegführenden Staates[1044]. In Diktaturen wird jedoch häufig willkürlich mit dem Eigentum der eigenen Staatsangehörigen umgegangen. In einem solchen Fall muss der beschriebene Grundsatz der Gleichbehandlung ein Ende finden. Der Schutz der neutralen Person kann nie hinter die Standards, die für die Angehörigen der Feindstaaten gelten, zurückfallen. Dies ergibt sich daraus, dass, wenn eine Person die neutrale Stellung verliert, schlicht mit den Angehörigen der Feindstaaten gleichgestellt wird[1045]. Dies folgt auch aus Art. 17 Abs. 2 HLKO. Da feindliches Privatvermögen nicht konfisziert werden darf[1046], gilt dies auch für neutrales. Allerdings ist eine endgültige Einziehung des Vermögens selbst dann verboten, wenn man die Konfiskation von feindlichem Privatvermögen als zulässig erachten wollte[1047]. Das kann man daran ablesen, dass die Friedensverträge, die Konfiskationen anerkennen, aber eine Entschädigungspflicht begründen, *„...durchweg das Eigentum neutraler Staatsangehöriger mit Wohnsitz im besiegten Staat nicht..."* erwähnen[1048]. Wenn

---

HAUG, Neutralität und Völkergemeinschaft, S. 15, weist darauf hin, dass diese Rechtsstellung durch Besatzungsrecht bestimmt wird, wie es in der Haager Landkriegsordnung (Text als Anhang in RGBl. 1919 II, S. 375 ff.) und dem (IV.) Genfer Abkommen betreffend des Schutzes von Zivilpersonen in Kriegszeiten vom 12. August 1949 (BGBl. 1954 II, S. 917 ff., berichtigt 1956 II, S. 1586 ff.) zu finden ist.

1042 FRANKENBACH, Neutrale Staatsangehörige, S. 93.

1043 STONE, International Conflict, S. 437; WENGLER, Völkerrecht, Band II, S. 1441; HAUG, Neutralität und Völkergemeinschaft, S. 15, meint jedoch einen solchen Anspruch eventl. aus dem Grundsatz der Gleichstellung der Neutralen mit den Angehörigen der Kriegführenden herleiten zu können.

1044 WENGLER, Völkerrecht, Band II, S. 1439; GUGGENHEIM, Völkerrecht, Band II, S. 836.

1045 GUGGENHEIM, Völkerrecht, Band II, S. 837.

1046 Vgl. Kap. 4, A.I.3.a)ee)(2)(a).

1047 DOMINICE, La notion du caractère ennimi des biens privés dans la guerre sur terre, S. 213 f.: *„Les effets internationaux de la nationalité s'effacent devant la réalité du fait, pour tout ce qui concerne le droit de la guerre. On conçoit mal dès lors que la nationalité neutre puisse subitement revivre dans le cadre du règlement définitif du conflit, s'agissant de la détermination du cercle des personnes devant contribuer aux réparations"*.

1048 So WENGLER, Völkerrecht, Band II, S. 1440, der ergänzend darauf hinweist, dass der Internationale Gerichtshof im Fall *„Interhandel"* vom 21. März 1959 festgestellt hat, dass die Unterscheidung von neutralem und feindlichem Eigentum nicht im freien Ermessen des Kriegführenden steht, sondern das Völkerrecht berücksichtigt werden muss (vgl. Recueil IGH, 1959, S. 25 (oben)).

eine Entschädigungspflicht nicht vertraglich geregelt werden muss, kann von der Existenz einer völkervertraglichen Regel ausgegangen werden.

Das Verbot der entschädigungslosen Enteignung bedeutet jedoch nicht, dass der Neutrale – wie auch der Staatsbürger eines Feindstaates – in jedem Fall ohne wirtschaftliche Schäden oder ohne jegliche (vorübergehende) Beschränkung der Verfügungsgewalt über sein Vermögen die Dauer der kriegerischen Auseinandersetzung auf dem Territorium eines kriegsführenden Staates überstehen müsste. So wird zum Teil vertreten, dass unter dem Gesichtspunkt der militärischen Notwendigkeit in Einzelfällen doch entschädigungslose Eingriffe in neutrales Privatvermögen hinzunehmen sind, sofern dem Vorgang im Vergleich zu den eigenen Staatsbürgern keine Diskriminierung immanent ist[1049]. Bei anderen Autoren wird die fehlende Verpflichtung zur Leistung einer Entschädigung deutlich ausgesprochen: *„...the property of neutral individuals which is permanently situated in belligerent territory is (...) liable to be seized, used or destroyed if urgent military interests demand; and there is no legal duty to pay compensation, though this might well be done as an act of grace*“[1050]. Die Fallgruppe umfasst jedoch in der Regel eher gezielte Beschädigungen von Besitzgütern zur Erreichung eines konkreten Zweckes als das allgemeine Beschaffen finanzieller Mittel zur Kriegsführung[1051]. Diese Ansicht begegnet jedoch überzeugender Kritik. Nicht nur die nahezu nicht zu kontrollierende Missbrauchsgefahr spricht gegen die Zulassung derartiger Ausnahmen vom grundsätzlichen Verbot der entschädigungslosen Enteignung. LAUTERPACHT sieht eine Überwindung von kriegsrechtlichen – auch auf Gewohnheitsrecht basierenden – Regeln auf Grund von *military necessity* aus einem anderen Grund als unzulässig an: die militärische Notwendigkeit vermag sich seiner Ansicht nach lediglich gegen Usancen durchzusetzen, die keine gesetzliche Qualität erreichen, denn die Ausnahme der *military necessity* stamme aus einer Zeit, in der kriegerische Auseinandersetzungen sich aussschließlich an Usancen messen lassen mussten[1052]. Bei dem Verbot der entschädigungslosen Enteignung

---

1049 BORCHARD, The Diplomatic Protection of citizen abroad, S. 113: „*The person and property of neutrals are in principle subject to such exceptional taxation and seizure for the use of the State as the existence of hostilities may render necessary, provided that no greater burden is improved upon aliens than upon nationals*“.

1050 PHILLIPSON, International Law and the Great War, S. 72.

1051 Als Beispiel sei hier das gezielte Abbrennen von Gebäuden genannt, um der Gefahr des Ausbruchs einer Gelbfieberepedemie unter den eigenen Soldaten zu verhindern, so der Sachverhalt im Fall *William Hardman's Claim* aus dem Jahre 1913, vgl. I.C.J. Pleadings, Nottebohm Case (Liechtenstein v. Guatemala), Vol. I, S. 58 mit weiteren Beispielen auf den folgenden Seiten.

1052 LAUTERPACHT, Oppenheim's International Law, Band II, S. 232 f.: „*However, modern warfare is no longer regulated by usages only, but to a greater extent by laws – firm rules recognised either by international treaties or by general customs. These conventional and customary rules cannot be overruled by necessity, unless they are framed in such a way as not to apply to a case of necessity in self-preservation. (...) What may be ignored in case of military necessity are not the laws of war, but ony the usages of war*“.

von neutralem Privatvermögen handelt es sich jedoch gerade um einen gewohnheitsrechtlich anerkannten Grundsatz des Kriegsrechtes, dessen rechtliche Qualität über der eines schlichten Brauchs oder einer Usance liegt. Der Grundansatz der militärischen Notwendigkeit erlaubt jedoch anerkanntermaßen Maßnahmen geringerer Eingriffstiefe, das heißt insbesondere unter der Voraussetzung einer Entschädigungszahlung. So unterliegt neutrales Vermögen, wenn es sich dauerhaft auf dem Territorium einer kriegsführenden Partei befindet, dem Requisitionsrecht, im Falle eines lediglich vorübergehenden bzw. unfreiwilligen Verbleibens auf einem fremden Staatsgebiet dem Angarienrecht. In beiden Fällen kommt es zur Beschlagnahme neutralen Eigentums für maximal die Dauer des Krieges, sofern der handelnde Staat im Zusammenhang mit der kriegerischen Auseinandersetzung einem dringenden Bedarf an den beschlagnahmten Gütern unterliegt[1053]. Der einzige Unterschied zwischen Requisitions- und Angarienrecht liegt darin, dass auf das erstere volle, in Bezug auf das letztere lediglich billige Entschädigung zu leisten ist[1054]. Darüber hinaus verliert das neutrale Eigentum seinen Schutz, wenn der Eigentümer auf einer Seite des Konfliktes an den Auseinandersetzungen teilnimmt, vor allem wenn er in die Armee einer Kriegspartei eintritt; er darf dann wie ein Angehöriger des Feindstaates behandelt werden[1055]. Entgegen anglo-amerikanischer Praxis[1056] nimmt jedoch allein der Umstand des Wohnsitzes in einem Feindstaat dem neutralen Staatsbürger seinen neutralen Status nicht. Vielmehr haben die neutralen Staaten und damit auch die neutralen Staatsbürger die Möglichkeit der *„...Fortsetzung des Handelsverkehrs miteinander und mit beiden kriegsführenden*

1053 BERBER, Völkerrecht, § 44, S. 226, geht vom Erfordernis eines *„...dringende[n] öffentliche[n] Notstand[es]...“* aus. In der Regel beziehen sich die Rechtsinstitute des Requisitions- und Angarienrechts auf Verkehrsmittel, wie Kraftfahrzeuge und Schiffe: ZEMANEK, Neutral Nationals, in: BERNHARDT, EPIL, Band III, S. 545: Neutral property *„...may not be confiscated, but if urgently required in connection with the war it is subject to requisition under the right of angary for the war's duration. This rule applies to ships and other means of transport, including their cargoes...“*; LAGONI, Angary, Right of, in: BERNHARDT, EPIL, Band I, S. 165: *„The modern right of angary (...) is the right of a state in the case of war or urgent necessity to seize neutral merchant ships in its inland or territorial waters for temporary use against full indemnification“*.

1054 I.C.J. Pleadings, Nottebohm Case (Liechtenstein v. Guatemala), Vol. I, S. 61: *„The practical difference between the two types of acquisition lies in the different standard of compensation payable, namely* fair *compensation in the case of requisition and* full *compensation in the case of angary“*, Hervorhebungen durch den Verfasser.

1055 VERDROSS, Völkerrecht, S. 495 f.

1056 ZEMANEK, Neutral Nationals, in: BERNHARDT, EPIL, Band III, S. 545: *„...Anglo-american practice during the world wars followed a different line: Substituting the criterion of residence for that of nationality, the trading with the enemy legislation gave neutral nationals residing in enemy-controlled territory enemy status for the purposes of that legislation“*; ZEMANEK widerlegt die Rechtmäßigkeit dieser Praxis mit dem Verweis auf Art. 18 lit. b der V. Haager Konvention, demzufolge selbst der Dienst in einem feindlichen Polizeidienst dem Betroffenen nicht den Status des Neutralen raubt.

Parteien im üblichen Umfang (courant normal)..."[1057]. Auch unter Berücksichtigung der anerkannten Ausnahmen unterliegt damit das neutrale Eigentum also in keinem Fall einer entschädigungslosen Konfiskation.

b) Die Rechte der neutralen Staaten

Neben den beschriebenen Pflichten bringt der neutrale Status eine Staates aber vor allem Rechte mit sich. Diese lassen sich in zwei Prinzipien zusammenfassen: das Recht auf territoriale Integrität und das Recht auf Fortbestand der friedlichen Beziehungen zu allen anderen Staaten[1058].

aa) Das Recht auf territoriale Integrität

Das herausragende Ziel der Neutralität liegt darin, den Krieg vom eigenen Land fernzuhalten. Deshalb ist das Recht auf territoriale Unversehrtheit des Neutralen die große Errungenschaft der Rechtsfigur. Die kriegführenden Parteien haben „*sich auf neutralem Territorium aller Feindseligkeiten zu enthalten*"[1059]. Damit ist nicht nur ein Angriff und die Besetzung des neutralen Staates selbst als schwerste Neutralitätsverletzung verboten[1060], sondern kriegerische Aktionen gleich welcher Art[1061]. Selbst der Durchmarsch ist untersagt[1062]. Außerdem muss der neutrale Staat von „*Nebenwirkungen der Kampfhandlungen*" verschont bleiben[1063]. Vom Schutz der Neutralität ist dabei auch der Luftraum über dem neutralen Staat erfasst[1064]. Das Recht auf territoriale Unversehrtheit ist auch im V. Haager Abkommen von 1907 verankert[1065].

bb) Recht auf Fortbestand der friedlichen Beziehungen zu anderen Staaten

Auch ein neutraler Staat wird nicht von negativen Auswirkungen verschont bleiben, wenn andere Staaten Krieg führen (z.B. Börsensturz, Rezession etc.). Doch wird ihn das Recht auf Fortbestand der friedlichen Beziehungen zu den Kriegführenden und zu den anderen neutralen Staaten vor allzu großem wirtschaftlichen Schäden bewahren. Dieses Recht ist damit fast genauso wichtig wie

---

1057 VEROSTA / HAFNER in: SEIDL-HOHENVELDERN, Lexikon des Rechts, Völkerrecht, Stichwort Neutralität, S. 294 f.

1058 So BERBER, Völkerrecht, Band II, § 43, S. 219/221; HOFACHER, Schweizer Neutralität, S. 43; ähnlich: CASTRÉN, Neutralität, S. 32.

1059 CASTRÉN, Neutralität, S. 32.

1060 Vgl. BERBER, Völkerrecht, Band II, § 43, S. 220, mit Beispielen in Fn. 2.

1061 Vgl. HOFACHER, Schweizer Neutralität, S. 44.

1062 BERBER, Völkerrecht, Band II, § 43, S. 219; BOTHE, Friedenssicherung und Kriegsrecht, Rn. 109; vgl. auch Art. 2 des V. Abkommens von 1907.

1063 BOTHE, Friedenssicherung und Kriegsrecht, Rn. 109.

1064 VERDROSS, Völkerrecht, S. 483; BERBER, Völkerrecht, Band II, § 43, S. 219.

1065 Art. 1 lautet: „*Das Gebiet der neutralen Mächte ist unverletzlich.*"

die Unversehrtheit des neutralen Gebietes, wenn es darum geht, einen Krieg zwischen anderen Staaten möglichst unbeschadet zu überstehen.

Der neutrale Staat kann demnach seine diplomatischen und wirtschaftlichen *„Beziehungen zu anderen Staaten wie in Friedenszeiten"* aufrechterhalten[1066]. Kriegführende Staaten haben Eingriffe in diese Beziehungen zu unterlassen[1067]. Allerdings könnte man aber zum Schluss kommen, dass es für dieses Recht nicht der Rechtsfigur der Neutralität bedarf, da der *„Krieg nur die Rechtsverhältnisse zwischen den Kriegführenden unmittelbar rechtlich beeinflusst"*[1068]. SCHMITT[1069] weist in diesem Zusammenhang darauf hin, dass der Staat durch seine Neutralität keine Rechte erhält, die nicht *„jedem Staat bereits nach normalem Völkerrecht zustehen"* würden, dass im Gegenteil die Rechte via Nebenpflichten sogar noch eingeschränkt werden. Man darf aber nicht vergessen, dass die Einhaltung des Friedensrechts angesichts der faktischen Kraft von Kriegsereignissen eben auch im Verhältnis zu nicht unmittelbar am Krieg Beteiligten nicht mehr als selbstverständlich beachtet wird. Die nicht zu unterschätzende Bedeutung des Neutralitätsrechtes ist es deshalb, den Kriegführenden die Pflicht *„einzuschärfen"*[1070], gegenüber den nicht am Krieg Beteiligten grundsätzlich Friedensrecht zu beachten. Ausnahmen davon regelt das Neutralitätsrecht.

cc) Die Sanktionen des Neutralitätsrechtes

Bloße Verletzungen von Neutralitätsrecht, sowohl durch den neutralen Staat als auch durch einen Kriegführenden, führen nicht zu einer Beendigung der Neutralität, solange der Neutrale nicht in den Krieg eintritt oder die Verletzung durch den Neutralen sein Status *„illusorisch"* geworden ist[1071]. Soweit kein besonderes Vertragsrecht gegeben ist, sind die allgemeinen *„Normen über das völkerrechtliche Unrecht und die Unrechtsfolgen"* anzuwenden[1072]. Der Kriegführende hat dann bei Verletzungen durch den neutralen Staat das Recht zur Repressalie[1073]. Spezielle Regelungen finden sich in den Haager Abkommen von 1907. Nach Art. 10 des V. Abkommen darf beispielsweise der neutrale Staat Verletzungen seines Status *„mit Gewalt zurückweisen"*.

1066 HOFACHER, Schweizer Neutralität, S. 45.

1067 HONIG, Neutralitätsrechte und –pflichten im Landkrieg, in: STRUPP / SCHLOCHAUER, WbVR, Band II, S. 600.

1068 KLEIN, Krieg und völkerrechtliche Verträge, in: STRUPP / SCHLOCHAUER, WbVR, Band II, S. 324.

1069 SCHMITT, Rechtsgrundlagen der Neutralisation, S. 41 ff.

1070 So VERDROSS, Völkerrecht, S. 482; auch zitiert bei SCHMITT, Rechtsgrundlagen der Neutralisation, S. 42.

1071 BERBER, Völkerrecht, Band II, § 43, S. 219.

1072 GUGGENHEIM, Völkerrecht, Band II, S. 984.

1073 VERDROSS, Völkerrecht, S. 504.

4. Die dauernde Neutralität

a) Begriffsbestimmung

Dauernd neutrale Staaten sind völkerrechtlich verpflichtet, in allen künftigen Kriegen neutral zu bleiben[1074]. Andere Autoren sprechen anstelle von dauernder Neutralität von ständiger[1075], permanenter[1076], immerwährender[1077] oder gar ewiger Neutralität[1078]. Die der dauernden Neutralität zugrundeliegende Verpflichtung zur Neutralität kann auf zwei Arten entstehen: durch einen völkerrechtlichen Vertrag oder durch einseitige Erklärung des die dauernde Neutralität anstrebenden Staates, die darauf Anerkennung in der Völkergemeinschaft findet[1079]. Die beiden Varianten schließen sich jedoch nicht aus, so dass eine bereits vertraglich begründete dauernde Neutralität von anderen Staaten anerkannt werden kann[1080]. Bezüglich der zweiten Variante besteht Uneinigkeit darüber, ob die dauernde Neutralität schon entsteht, wenn sie auch nur von einem anderen Staat anerkannt wurde[1081], oder ob es der Anerkennung *„durch die anderen Staaten einschließlich der Großmächte"* bedarf[1082]. Daraus, dass auch im Falle der dauernden Neutralität für die anderen Staaten die Pflicht entsteht, *„den privilegierten Sonderstatus des dauernd neutralen Staates zu achten und aufrechtzuerhalten"*[1083], kann gefolgert werden, dass diese Pflicht nicht allen Staaten auferlegt werden kann, sondern nur denen, die die Neutralität selbst anerkannt haben. Ähnlich wie bei Vertragsverhältnissen entsteht keine Drittwirkung[1084].

1074 Der Zustand der dauernden Neutralität ist also mit einer generellen Neutralitätsverpflichtung verbunden. Vgl. dazu etwa BERBER, Völkerrecht, Band II, § 41, S. 216; HOFACHER, Schweizer Neutralität, S. 24 f.; PIEPER, Neutralität, S. 86; SCHWEITZER, Dauernde Neutralität, S. 41, BINDSCHEDLER, Neutralität im modernen Völkerrecht, S. 3.

1075 Z.B. CASTRÉN, Neutralität, S. 35.

1076 Z.B. GUGGENHEIM, Völkerrecht, Band II, S. 959.

1077 Z.B. VEROSTA, Dauernde Neutralität, S. 12.

1078 Vgl. HOFACHER, Schweizer Neutralität, S. 25.

1079 PIEPER, Neutralität, S. 86; HOFACHER, Schweizer Neutralität, S. 25; VEROSTA, Dauernde Neutralität, S. 16. Eine einseitige Erklärung der dauernden Neutralität ist allein nicht ausreichend; vgl. dazu PIEPER, Neutralität, S. 87-89, mit überzeugenden Argumenten gegen die dort zitierte Gegenansicht; ausdrücklich auch: VEROSTA, Dauernde Neutralität, S. 16.

1080 PIEPER, Neutralität, S. 86.

1081 So PIEPER, Neutralität, S. 89.

1082 So VEROSTA, Dauernde Neutralität, S. 16.

1083 VERDROSS, Dauernde Neutralität, S. 12.

1084 SCHWEITZER, Dauernde Neutralität, S. 44, PIEPER, Neutralität, S. 91; a. A. sogar für die vertragliche dauernde Neutralität wohl BERBER, Völkerrecht, Band II, § 16, S. 130: *„...entsteht ein Schutzverhältnis besonderer Art, das auch Dritte am Vertrag nicht beteiligte Staaten beachten müssen, widrigenfalls sie sich eines Völkerrechtsdeliktes schuldig machen"*.

b) Rechte und Pflichten

Der große Unterschied zur Situation der gewöhnlich neutralen Staaten liegt darin, dass sich für den dauernd Neutralen Rechte und Pflichten aus seinem besonderen Status auch in Friedenszeiten ergeben[1085]. Soweit sich keine speziellen Regeln aus dem konkreten Verpflichtungsverhältnis ergeben, sind die Rechte und Pflichten dem Gewohnheitsrecht zu entnehmen[1086]. Der Fall der Schweiz bot ausreichend Möglichkeit, entsprechende Rechtssätze zu entwickeln[1087]. Sie sind in Haupt- und Sekundärpflichten zu unterscheiden. Erstere bestehen darin, *„keinen Krieg zu beginnen und die Neutralität und Unabhängigkeit zu verteidigen“*[1088]. Die Sekundärpflichten können im Grunde in der Pflicht zusammengefasst werden, *„alles zu tun, dass er* [der dauernd neutrale Staat] *in künftigen Kriegen neutral bleibt“*[1089]. Insbesondere ist eine veritable *Neutralitätspolitik* zu führen, deren Durchführung allerdings im *freien Ermessen* des neutralen Staates steht[1090]. So darf er nicht einmal Verteidigungsbündnissen beitreten, da die *„Neutralitätspflicht (...) als lex specialis den Vorrang vor der allgemeinen Regel des Nothilferechts“* hat[1091].

Rechte und Pflichten des gewöhnlich Neutralen gelten im Kriegsfall in identischer Weise auch für den dauernd neutralen Staat[1092]. Sie basieren auch auf denselben Rechtsgrundsätzen[1093]. Zudem wirken aber die Pflichten aus Friedenszeiten auch in Zeiten des Krieges fort[1094]. Gewisse Modifikationen können sich allerdings aus dem der dauernden Neutralität konkret zugrundeliegenden multilateralen Verpflichtungsverhältnis ergeben[1095].

1085 Vgl. beispielhaft DAHM/DELBRÜCK/WOLFRUM, Völkerrecht, Band I/1, § 25, S. 228; SCHWEITZER, Dauernde Neutralität, S. 109.

1086 SCHWEITZER, Dauernde Neutralität, S. 94; PIEPER, Neutralität, S. 91, die auf BINDSCHEDLER, Permanent Neutrality, in: BERNHARDT, EPIL, Band III, S. 1014, verweist: *„Rights and obligations are inherent in permanent neutrality...“*.

1087 VEROSTA, Dauernde Neutralität, S. 17.

1088 BINDSCHEDLER, Neutralität im modernen Völkerrecht, S. 4.

1089 SCHWEITZER, Dauernde Neutralität, S. 109.

1090 So beispielhaft BINDSCHEDLER, Neutralität im modernen Völkerrecht, S. 4/5. Der dauernd Neutrale darf sich auf jeden Fall nicht völkerrechtlich in der Art binden, dass er im Kriegsfall gezwungen wäre, neutralitätswidrig zu handeln; vgl. BINDSCHEDLER, Neutralität im modernen Völkerrecht, S. 6.

1091 DAHM/DELBRÜCK/WOLFRUM, Völkerrecht, Band I/1, § 25, S. 229; auf eine genauere Präsentation der Vorwirkungen im einzelnen soll hier verzichtet werden; detaillierte Darstellungen sind zu finden bei: SCHWEITZER, Dauernde Neutralität, S. 109 ff.; BINDSCHEDLER, Neutralität im modernen Völkerrecht, S. 5 ff.; PIEPER, Neutralität, S. 94 ff.

1092 VEROSTA, Dauernde Neutralität, S. 17; BINDSCHEDLER, Neutralität im modernen Völkerrecht, S. 3; DAHM/DELBRÜCK/WOLFRUM, Völkerrecht, Band I/1, § 25, S. 228.

1093 PIEPER, Neutralität, S. 90.

1094 SCHWEITZER, Dauernde Neutralität, S. 90.

1095 VEROSTA, Dauernde Neutralität, S. 18.

5. Neutralisation

a) Definitionsversuche

Der Begriff der Neutralisation oder Neutralisierung wird in der völkerrechtlichen Literatur nicht in einheitlicher Weise verwendet[1096]. Historisch hat sich der Begriff der Neutralisation zunächst entwickelt im Sinne der Demilitarisierung eines bestimmten Gebietes. So wurden schon im Zuge des Wiener Kongresses zwei savoyische Provinzen in diesem Sinne neutralisiert[1097]. Später wurde der Begriff auch im Zusammenhang mit Staaten gebraucht. Es gibt allerdings Autoren, die dem Begriff der Neutralisation noch heute nur die ursprüngliche Bedeutung zuweisen[1098]. Andere, gerade in der Literatur Österreichs und der Schweiz[1099], fassen unter den Begriff den unfreiwillig auferlegten dauernden Neutralitätsstatus[1100]. Zum Teil wird Neutralisation grundsätzlich mit dauernder Neutralität gleichgesetzt[1101], oder aber unter Neutralisation versteht man den Akt der Begründung der dauernden Neutralität[1102]. Wieder andere unterscheiden nicht und verwenden *„neutralisiert“* sowohl für Staaten, die ihre dauernde Neutralität freiwillig erworben haben, als auch für solche, denen der Status oktroyiert wurde[1103].

b) Kein allgemein auf Staaten anwendbarer Begriff

Diese unterschiedlichen Ansätze sind entstanden, weil der Begriff der Neutralisation niemals eine Kodifizierung erfahren hat, er stets im Zusammenhang mit spezifischen Einzelfällen benutzt und geprägt wurde[1104]. So liegt die Schlussfolgerung nahe, dass die Neutralisation von Staaten nicht als Völkerrechtsinstitut mit

---

1096 SCHEUNER, Neutralisation, in: STRUPP / SCHLOCHAUER, WbVR, Band II, S. 586 ff., der beide Begriffe offensichtlich im selben Sinn verwendet.

1097 VEROSTA, Neutralisation, in: BERNHARDT, EPIL, Band III, S. 570/571.

1098 VEROSTA, Neutralisation, in: BERNHARDT, EPIL, Band III, S. 570, der unter dem Stichwort Neutralisation andere Bedeutungen nicht einmal erwähnt; so auch: V. D. HEYDTE, Völkerrecht, Band II, S. 341.

1099 Insoweit muss dem Österreicher VEROSTA, Dauernde Neutralität, S. 18, widersprochen werden, der sich darüber beklagt, dass die Autoren aus *„Großmächten oder auch nur ehemaligen Großmächten“* die dauernde Neutralität (auch) Österreichs als Neutralisation beschreiben.

1100 HOFACHER, Schweizer Neutralität, S. 28; GUGGENHEIM, Völkerrecht, Band II, S. 960; VERDROSS, Völkerrecht , S. 199, der hier allerdings lediglich zitiert; SEIDL-HOHENVELDERN/STEIN, Völkerrecht, § 46, Rn. 746.

1101 KRAUEL, Neutralität, S. 24.

1102 SCHWEITZER, Dauernde Neutralität, S. 42.

1103 SCHEUNER, Neutralisation, in: STRUPP / SCHLOCHAUER, WbVR, Band II, S. 586 ff.; DAHM/DELBRÜCK/WOLFRUM, Völkerrecht, Band I/1, § 25, S. 228 f.; BERBER, Völkerrecht, Band I, S. 129 ff.

1104 So SCHMITT, Rechtsgrundlagen der Neutralisation, S. 67, der auf den S. 66 f. eine ansehnliche Reihe von Definitionsversuchen im Wortlaut der Autoren zusammenstellt.

allgemeingültiger Definition existiert[1105]. Auch bedarf es des Begriffes überhaupt nicht, da all jene Sachverhalte, die den unterschiedlichen Definitionsversuchen zugrunde liegen, im Rahmen anderer Begriffe umschrieben werden können. Dadurch kann die mit dem Begriff der Neutralisation von Staaten verbundene Verwirrung vermieden werden[1106].

6. Faktisch dauernde Neutralität

a) Begriff

Eine weitere Facette bietet der Begriff der faktisch dauernden[1107] bzw. tatsächlich dauernden[1108] oder auch traditionellen Neutralität[1109]. Die Neutralität faktisch dauernd neutraler Staaten beruht, anders als die dauernde Neutralität, nicht auf einer völkerrechtlichen Verpflichtung, sondern lediglich auf einer außenpolitischen Maxime des betroffenen Staates[1110]. Der auch verwendete Begriff der *„faktischen Neutralität"*[1111] ist abzulehnen, da bereits die Rechtsfolgen der gewöhnlichen Neutralität vom (faktischen) Verhalten des betroffenen Staates ausgelöst werden.

b) Die rechtliche Stellung faktisch dauernd neutraler Staaten

Mangels Verpflichtung zur Neutralität kann der faktisch dauernd neutrale Staat seine Außenpolitik jederzeit wieder auf eine andere Basis stellen[1112], weshalb die Erklärung der faktisch dauernden Neutralität völkerrechtlich keine Erheblichkeit genießt[1113]. Im Gegenzug sind die anderen Staaten grundsätzlich auch nicht verpflichtet, die neutrale Haltung des Staates zu respektieren[1114]; lediglich in Kriegszeiten gelten die Regeln der gewöhnlichen Neutralität[1115]. Letztendlich stellt die faktisch dauernde Neutralität damit kein eigenständiges völkerrechtliches Institut dar[1116]. Das Verhaltensmuster der faktisch dauernd neutralen Staaten ist aber den-

---

1105 So ANZILOTTI, Völkerrecht, S. 182; WOLGAST, Völkerrecht, S. 771; wohl auch BERBER, Völkerrecht, Band I, § 16, S. 129.

1106 So plädieren auch VEROSTA, Dauernde Neutralität, S. 18 und HOFACHER, Schweizer Neutralität, S. 28 dafür, die Begrifflichkeit der Neutralisation nur in der traditionellen Weise für die Demilitarisierung von Gebieten zu verwenden.

1107 BINDSCHEDLER, Neutralität im modernen Völkerrecht, S. 3; HOFACHER, Schweizer Neutralität, S. 27.

1108 VERDROSS, Völkerrecht, S. 201.

1109 SCHWEITZER, Dauernde Neutralität, S. 34 ff.; BACOT, Neutralités Durables, S. 67.

1110 VERDROSS, Völkerrecht, S. 201; BINDSCHEDLER, Neutralität im modernen Völkerrecht, S. 3.

1111 PIEPER, Neutralität, S. 108; VEROSTA, Dauernde Neutralität, S. 19.

1112 SCHWEITZER, Dauernde Neutralität, S. 35; BACOT, Neutralités Durables, S. 67.

1113 HOFACHER, Schweizer Neutralität, S. 27; VEROSTA, Dauernde Neutralität, S. 19 f.

1114 HAUG, Neutralität und Völkergemeinschaft, S. 49; PIEPER, Neutralität, S. 108.

1115 PIEPER, Neutralität, S. 108; HOFACHER, Schweizer Neutralität, S. 27.

1116 Schweitzer, Dauernde Neutralität, S. 35; BACOT, Neutralités Durables, S. 67.

noch nicht unsinnig. Die Wirkungen liegen allerdings nicht im juristischen, sondern vielmehr im politisch-psychologischen Bereich. Das Verhalten der betroffenen Staaten im Kriegsfall wird auf diese Weise berechenbarer, was im Idealfall dazu führt, dass die Neutralität in den Planungen der Kriegführenden schon im Vorfeld Berücksichtigung findet[1117]. Um ihren Willen, dauerhaft neutral zu bleiben, zu untermauern, unterlassen die faktisch dauernd neutralen Staaten – wie die im Rechtssinne dauernd neutralen Staaten – schon in Friedenszeiten alles, was sie in einen künftigen Krieg hineinziehen könnte[1118]. Ihre Glaubwürdigkeit und damit die Achtung ihres politischen Credos hängt in erster Linie davon ab, wie nahe sie dem Idealbild des im juristischen Sinne dauernd neutralen Staates kommen[1119].

II. Die im Falle Liechtensteins einschlägige Neutralitätsform

Um jedoch das liechtensteinische Verhalten richtig bewerten zu können, bedarf es einer Einordnung der historischen Geschehnisse in das System des Neutralitätsrechts.

1. Die historischen Umstände

a) Vom Deutschen Bund bis zum Ersten Weltkrieg

Nachdem für das Fürstentum mit dem Ende des Deutschen Bundes im Jahre 1866 die Pflicht entfallen war, ein bestimmtes Kontingent an Militär aufzustellen und dieses der Gemeinschaft im Bündnisfalle zur Verfügung zu stellen, wurde die liechtensteinische Truppe im Jahre 1868 aufgelöst[1120]. Seit dem Untergang des Deutschen Bundes enthielt sich das Land sowohl kriegerischer Auseinandersetzungen wie jeglicher Art von Verteidigungsallianzen. Es war seitdem nie mehr Kriegspartei[1121]. Jedoch unterblieb sowohl zu Beginn des Deutsch-Französischen Krieges von 1870[1122], wie auch bei Ausbruch des Ersten Weltkrieges die Notifizierung einer offiziellen liechtensteinischen Neutralitätserklärung an die kriegführen-

1117 Vgl. BACOT, Neutralités Durables, S. 67.

1118 VEROSTA, Dauernde Neutralität, S. 19.

1119 So PIEPER, Neutralität, S. 108/109.

1120 Vgl. bereits Kap. 3, B.II.1.a).

1121 NIEDERMANN, Liechtenstein und Schweiz, S. 63, mit einer prägnanten Zusammenfassung der Zeit zwischen 1866 und 1914/18; GEIGER, Geschichtliche Grundzüge, S. 330, der die Phase folgendermaßen zusammenfasst: *„Liechtenstein ist geschichtlich aus Staatenbündnissen heraus- und in die Neutralität hineingewachsen“*. Auch die aktuelle Verfassung des Fürstentums sieht zwar die Möglichkeit der Landesverteidigung vor (Art. 44 Abs. 1 LV), verbietet jedoch die Bildung und Erhaltung bewaffneter Formationen in Friedenszeiten. Die Verfassung spricht im Wortlaut in diesem Zusammenhang vom Fall *„der Not“*, Art. 44 Abs. 1 LV. Nur wenn ein solcher vorliegt, ist die Aufstellung eines Militärs erlaubt, Art. 44 Abs. 2 LV.

1122 So NIEDERMANN, Liechtenstein und Schweiz, S. 63.

den Staaten. Die Regierung des Fürstentums wollte so vermeiden, den mächtigen Nachbarn Österreich-Ungarn, von dem Liechtenstein zu dieser Zeit wirtschaftlich stark abhängig und mit dessen Hof das Haus Liechtenstein auf das engste verbunden war, offen brüskieren zu müssen[1123]. Trotzdem verstand sich Liechtenstein im gesamten Ersten Weltkrieg als neutral[1124], was dann fast zwei Monate nach Kriegsausbruch am 20. September 1914 indirekt auch erklärt wurde, indem das k&k-Außenministerium im September 1914 mit Zustimmung des regierenden Fürsten in diesem Sinne auf eine Anfrage der Vereinigten Staaten von Amerika antwortete[1125]. Die anderen Kriegsparteien wurden anschließend durch die amerikanische Botschaft in Wien von der liechtensteinischen Neutralität in Kenntnis gesetzt[1126].

Allerdings entstanden Probleme bezüglich der Anerkennung der liechtensteinischen Neutralität durch die kriegführenden Parteien. Das klassische Neutralitätsrecht, wie es sich in den Art. 7 und 9 des V. und XIII. Haager Abkommens von 1907 niederschlug, formuliert ein Verbot der militärischen Unterstützung, ließ den Neutralen aber in wirtschaftlichen Fragen weitgehend freie Hand. Angesichts der neuen Qualität der kriegerischen Auseinandersetzung im Ersten Weltkrieg entwickelten vor allem die Gegner der Achsenmächte den Standpunkt, dass sich die neutralen Staaten auch wirtschaftlich neutral zu verhalten hätten[1127]. Angesichts der damaligen Verquickung der liechtensteinischen Wirtschaft mit der österreichisch-ungarischen[1128] erscheint es nicht verwunderlich, dass die französische Regierung

---

1123 BROTSCHI-ZAMBONI, Erster Weltkrieg und liechtensteinische Außenpolitik, S. 17; NIEDERMANN, Liechtenstein und Schweiz, S. 63, der in Fn. 187 auf die Praxis der Schweiz hinweist, bei Ausbruch von Kriegen grundsätzlich Neutralitätserklärungen zu notifizieren; er bietet Fundstellen bzgl.: Deutsch-Französischer Krieg von 1870, Erster Weltkrieg und Zweiter Weltkrieg.

1124 GEIGER, Geschichtliche Grundzüge, S. 330; QUADERER, Neutralitäts- und Souveränitätsprobleme, S. 59, weist darauf hin, dass die Neutralitätsbemühungen zu Beginn des Ersten Weltkrieges lediglich aus taktischen Gründen erfolgten, dass man aber im Laufe des Krieges in Liechtenstein die feste Überzeugung gewann, dass die Neutralität im Interesse des Staates überlebensnotwendig sei.

1125 BROTSCHI-ZAMBONI, Erster Weltkrieg und liechtensteinische Außenpolitik, S. 17.

1126 NIEDERMANN, Liechtenstein und Schweiz, S. 63; RATON, Liechtenstein, S. 62, fasst die Geschehnisse folgendermaßen zusammen: *„Am 25. September 1914 ließ die fürstliche Kanzlei, durch Vermittlung der USA-Botschaft in Wien, mitteilen, Liechtenstein erkläre sich neutral"*.

1127 V. FREYTAGH-LORINGHOVEN, Neue Neutralität, S. 2, der angesichts der Entwicklung, die die Haager Abkommen von 1907 in Frage stellen, schreibt: *„1907 gab es den Begriff des totalen Krieges noch nicht"*; BROTSCHI-ZAMBONI, Erster Weltkrieg und liechtensteinische Außenpolitik, S. 16; GUGGENHEIM, Wirtschaftliche Neutralität, S. 403, der ausdrücklich darauf hinweist, dass die Problematik während des Ersten Weltkrieges aufgeworfen wurde.

1128 Erinnert sei hier an die Währungs-, Zoll- und Wirtschaftsunion zwischen den beiden Staaten; vgl. dazu bereits: Kap. 3, B.I.4.

über ihre Botschaft in Bern im Februar 1916 mitteilen ließ, *„dass sie in wirtschaftlicher Hinsicht die Neutralität Liechtensteins nicht anerkenne“*[1129]. Nach dem Ende des Krieges gewann die Frage der Neutralität eine *„noch ernstere Wendung“*, da es die Souveränität des Staates mit dem Beweis der Behauptung, Liechtenstein habe die Neutralität im Krieg eingehalten, darzulegen galt[1130]. In diesem Rahmen lässt sich auch das *Aide mémoire* der fürstlichen Regierung vom 20. Mai 1919 verstehen, in dem den Argumenten der Entente-Staaten entgegnet und Rechenschaft über neutralitätswahrende Maßnahmen während des Krieges abgegeben wird[1131]. Trotz aller Zweifel wird Liechtenstein im Friedensvertrag von St. Germain international anerkannt.

b) Im Zweiten Weltkrieg und danach

Im Fürstentum hat man aus den Problemen während des Ersten Weltkrieges gelernt und versucht, seine neutrale Stellung zu betonen, als sich ein neuerlicher Kriegsausbruch abzeichnet. So wendet sich Liechtenstein bereits am 30. August 1939 an das Eidgenössische Politische Departement mit der Bitte, *„für den Fall eines kriegerischen Konfliktes“* den betreffenden Kriegsparteien die liechtensteinische Neutralitätserklärung zu notifizieren[1132]. Die Erklärung wird von diversen Staaten ausdrücklich bestätigt, darunter diesmal auch Frankreich[1133], welches im Ersten Weltkrieg die (wirtschaftliche) Neutralität Liechtensteins noch bestritten hatte. Somit lässt sich resümierend sagen, dass die liechtensteinische Neutralität im Zweiten Weltkrieg auf Grund der breiteren Anerkennung auf einem solideren Fundament stand als im Ersten Weltkrieg. Nach dem Zweiten Weltkrieg behält das Fürstentum Liechtenstein *„in internationalen Streitfragen einen neutralen Kurs“* bei. Der Internationale Gerichtshof erkennt die Neutralität Liechtensteins im *Nottebohm-Fall* an[1134].

2. Einordnung der liechtensteinischen Neutralität

a) Dauernde Neutralität

Für eine Qualifizierung der Neutralität des Fürstentums Liechtenstein stehen die dargestellten Neutralitätsformen zur Verfügung[1135]. Die Variante, die einen Staat am stärksten bindet, ist die der dauernden Neutralität. Das Vorliegen deren Ausprägung auf vertraglicher Basis kann jedoch ohne weiteres ausgeschlossen werden,

---

1129 Vgl. RATON, Liechtenstein, S. 63.

1130 BROTSCHI-ZAMBONI, Erster Weltkrieg und liechtensteinische Außenpolitik, S. 19.

1131 NIEDERMANN, Liechtenstein und Schweiz, S. 64; BROTSCHI-ZAMBONI, Erster Weltkrieg und liechtensteinische Außenpolitik, S. 19, Fn. 11.

1132 Vgl. NIEDERMANN, Liechtenstein und Schweiz, S. 64.

1133 GEIGER, Geschichtliche Grundzüge, S. 330, Fn. 29.

1134 Nottebohm Case, Preliminary Objections, Judgement, ICJ Reports (1953), S. 111-125; Second Phase, Judgement, ICJ Reports (1955), S. 4-65; ICJ Pleadings, Nottebohm, Vol. I-II.

1135 Vgl. bereits Kap. 4, A.I.3.-6.

da ein Vertrag über die liechtensteinische Neutralität nicht existiert[1136]. Denkbar ist jedoch die Begründungsalternative der dauernden Neutralität auf der Basis einer einseitigen Erklärung, die Anerkennung in der Völkergemeinschaft findet[1137]. Als Verpflichtungserklärung dieser Art drängt sich das *Aide mémoire* vom 20. Mai 1919 auf, mittels dessen Liechtenstein seine behauptete Neutralität betonen wollte[1138]. Jedoch lässt sich aus diesem Dokument kein Neutralitätsbindungswille für alle künftigen Konflikte herauslesen; dieser müsste jedoch eindeutig erkennbar sein. Vielmehr stand die Bewahrung der Eigenständigkeit des Staates und der Schutz liechtensteinischen Eigentums in der Tschechoslowakei im Vordergrund[1139]. Das *Aide mémoire* war eher in die Vergangenheit gerichtet als auf zukünftige Konflikte.

Einen weiteren Ansatzpunkt für eine völkerrechtliche Neutralitätsverpflichtung bergen die Erklärungen der Neutralität anlässlich der beiden Weltkriege. Die schon erwähnte[1140] Beantwortung der amerikanischen Anfrage nach der liechtensteinischen Haltung war auf den Ersten Weltkrieg begrenzt[1141]. Insofern verbietet sich die Auslegung im Sinne einer Verpflichtung zur dauernden Neutralität. Die offizielle Neutralitätserklärung vom 30. August 1939 bietet dagegen in der Tat eine Auslegungsmöglichkeit. Die Formulierung *„im Falle eines kriegerischen Konflikts"*[1142] muss aber im Rahmen der historischen Ereignisse gesehen werden. Unmittelbar vor dem Ausbruch des Zweiten Weltkrieges konnte die Erklärung nur derart verstanden werden, dass das Fürstentum sich mit der Verbalnote nur bezüglich des schon erkennbar bevorstehenden Krieges zur Neutralität bekennt[1143].

Allerdings könnte der Status der dauernden Neutralität für Liechtenstein unterdessen völkergewohnheitsrechtlich feststehen. Für die Zeit des Ersten Weltkrieges

---

1136 Der Versuch Liechtensteins, an der Friedenskonferenz von Paris im Jahre 1919 teilzunehmen und eine Festschreibung der liechtensteinischen Neutralität im Vertrag von St. Germain zu erreichen, scheiterte; ausführlich zu den Bemühungen Liechtensteins in diesem Sinne: QUADERER, Neutralitäts- und Souveränitätsprobleme, S. 53 ff.

1137 Allgemeine Ausführungen zur dauernden Neutralität: vgl. schon Kap. 4, A.I.4.

1138 Wortlautauszug: *„Seither* [d. h. seit 1866; der Verf.] *ist das Fürstentum...mit anderen Staaten nicht mehr in ein Bündnisverhältnis getreten. Demgemäß hat sich das Fürstentum als vollkommen neutral betrachtet..."*, Quelle: NIEDERMANN, Liechtenstein und Schweiz, S. 67, Fn. 206.

1139 QUADERER, Neutralitäts- und Souveränitätsprobleme, S. 56.

1140 Vgl. Kap. 4, A.II.1.a.

1141 So BROTSCHI-ZAMBONI, Erster Weltkrieg und liechtensteinische Außenpolitik, S. 17: *„...dass sich das Fürstentum Liechtenstein in diesem Krieg als neutral betrachte..."*; die Sache wurde auch in diesem Sinne am 17. November 1914 im britischen Unterhaus von Sir EDWARD GREY angesprochen: *„I am informed by the United States Ambassador that the Souvereign Principality of Liechtenstein considers itself neutral in the present hostilities"*, Quelle: QUADERER, Neutralitäts- und Souveränitätsprobleme, S. 46.

1142 Vgl. schon Kap. 4, A.II.1.b.

1143 So auch NIEDERMANN, Liechtenstein und Schweiz, S. 66, Fn. 204, der dort allerdings von der Möglichkeit der *Selbstneutralisierung* spricht.

ist das angesichts der großen Zahl der Zweifler[1144] ausgeschlossen, da so eine ausreichende *opinio iuris* nicht nachgewiesen werden kann. Aber auch für die Zeit des Zweiten Weltkrieges liegen die Voraussetzungen nicht vor, da es auf jeden Fall noch an der *longa consuetudo* mangelte, selbst wenn man annähme, die meisten Staaten hätten im Zweiten Weltkrieg die Neutralität Liechtensteins anerkannt. Zudem ist es ohnehin zweifelhaft, ob die dauernde Neutralität eines Staates als Völkergewohnheitsrecht konstitutiv bewirkt werden kann. Es steht im bloßen Ermessen des betroffenen Staates, sich selbst für dauernd neutral zu erklären und die Anerkennung dafür von den anderen Staaten zu erbitten. Dieses starke voluntative Element kann auch durch eine langandauernde neutrale Haltung eines Staates nicht umgangen werden. Liechtenstein hat sich nicht zur Einhaltung der dauernden Neutralität verpflichtet, ist damit kein im Rechtssinne dauernd neutraler Staat.

b) Faktisch dauernde Neutralität

Bleibt zu untersuchen, ob das Fürstentum in den beiden Weltkriegen schlicht *gewöhnlich neutral* war oder ob das Land als *faktisch dauernd neutral* anzusehen ist[1145]. Problematisch ist im Falle Liechtensteins für die Unterscheidung, dass die Regierung des Fürstentums nie die Absicht ausdrücklich geäußert hat, die Neutralität für die Zukunft zur außenpolitischen Maxime machen zu wollen, wie das für das Institut der *faktisch dauernden Neutralität* erforderlich gewesen wäre. Andererseits kann nicht übersehen werden, dass sich das Fürstentum auf internationalem Parkett so verhält, wie das von einem dauernd neutralen Staat zu erwarten wäre. So zählt Liechtenstein auf der Ebene der OSZE zur Gruppe der sog. „*N+N-Staaten*" (Neutral and Non-aligned States)[1146]. Als weiteres Argument dafür, dass die Neutralität zur Maxime des liechtensteinischen Staates erhoben worden ist, kann die Kontinuität in der Haltung gegenüber militärischen Konflikten herangezogen werden, die sich auffällig in der Tatsache manifestiert, dass Liechtenstein seit 1868 über kein Militär verfügt. Aus dieser zu beobachtenden Tradition der „*Nichteinmischung*" ist zu erkennen, dass die Entscheidung für die Neutralität auch für „*künftige Konflikte bereits a priori feststeht*"[1147]. Zudem erscheint die neutrale Haltung Liechtensteins angesichts der bereits ausgeführten Nähe zur Schweiz nur logisch. In der Literatur sieht man deshalb die liechtensteinische Neutralität „*trotz unterschiedlicher Neutralitätspolitik als Reflex der schweizerischen Neutralität*"[1148].

[1144] Vgl. nur die Reaktion Frankreichs, schon Kap. 4, A.II.1.a.

[1145] Diese theoretische Frage wird bei den meisten Autoren nicht einmal angesprochen. Man stellt schlicht fest, dass das Fürstentum in den Weltkriegen neutral war; so etwa bei: SCHINDLER, Liechtenstein, in: BERNHARDT, EPIL, Band III, S. 219; BLUMENWITZ, Die tschechisch-liechtensteinischen Beziehungen, S. 351, lediglich in bezug auf den Zweiten Weltkrieg.

[1146] GEIGER, Geschichtliche Grundzüge, S. 330, allerdings noch zur KSZE.

[1147] So NIEDERMANN, Liechtenstein und Schweiz, S. 66/67.

[1148] NIEDERMANN, Liechtenstein und Schweiz, S. 68; ebenso PIEPER, Neutralität, S. 275, die bezüglich der abweichenden Neutralitätspolitik Liechtensteins darauf verweist, dass die

Insgesamt muss man Liechtenstein deshalb als faktisch dauernd neutralen Staat ansehen, da sich das Land bereits über eine lange Periode hinweg wie ein im Rechtssinne dauernd neutraler Staat verhält, ohne dazu völkerrechtlich verpflichtet zu sein[1149].

III. Effektivität der liechtensteinischen Neutralität in der Zeit des Zweiten Weltkrieges

Um die Vorteile der Neutralität genießen zu können, ohne etwaige Repressalien durch die Kriegführenden befürchten zu müssen, hat der Neutrale seine Neutralitätspflichten zu wahren. Mit anderen Worten: die Neutralität des Staates muss effektiv sein.

1. Effektive Neutralität im ersten Weltkrieg?

Wie schon angeklungen ist[1150], war die Neutralität des Fürstentums im Ersten Weltkrieg umstritten. Dabei ging es hauptsächlich um die Frage, ob Liechtensteins Neutralität trotz der starken Bindung an die Hauptkriegspartei Österreich-Ungarn effektiv sein konnte. Dies stellte den Ansatzpunkt der französischen Einwände gegen eine Anerkennung der liechtensteinischen Neutralität dar[1151]. Letztlich kann die Frage nicht abschließend geklärt werden. Jedenfalls sind keine konkret benannten Verletzungen neutralitätsrechtlicher Regelungen überliefert. Da es in Kapitel 5 der vorliegenden Arbeit aber im Grunde lediglich auf die Effektivität der Neutralität Liechtensteins während des Zweiten Weltkrieges ankommen wird[1152], kann die Überprüfung der problematischen Effektivität Liechtensteins im Ersten Weltkrieg ausgeklammert bleiben.

Schweiz beispielsweise – anders als Liechtenstein – nicht Mitglied der Vereinten Nationen ist.

1149 Jedenfalls im Ergebnis derselben Meinung: PIEPER, Neutralität, S. 275, GERLICZY-BURIAN, Die auswärtigen Beziehungen des Fürstentums Liechtenstein, in: KRANZ, Fürstentum Liechtenstein – eine Dokumentation, S. 78, der die liechtensteinische Außenpolitik *„mit dem Neutralitätsgedanken im Einklang"* sieht; NIEDERMANN, Liechtenstein und Schweiz, S. 67, der recht vorsichtig formuliert, dass *„Liechtensteins Außenpolitik von einer faktischen dauernden Neutralität bestimmt"* sei; GUGGENHEIM, Wirtschaftliche Neutralität, S. 404, der die *„Eingliederung"* der liechtensteinischen Neutralitätspolitik in die der Schweiz propagiert, aber nicht ausdrücklich von faktisch dauernder Neutralität spricht; RATON, Liechtenstein, S. 161, der ebenfalls keine deutliche Einordnung der liechtensteinischen Neutralität vornimmt, aber explizit von liechtensteinischer *„Neutralitätspolitik"* spricht.

1150 Vgl. bereits Kap. 4, A.II.1.a).

1151 NIEDERMANN, Liechtenstein und Schweiz, S. 67.

1152 Vgl. etwa Kap. 5, C.III.2.a)cc) oder Kap. 5, C.III.5.a)aa).

2. Effektive Neutralität im Zweiten Weltkrieg?

a) Zollunion mit der Schweiz und effektive Neutralitätsausübung

Aber auch bezüglich des Zeitfensters des Zweiten Weltkrieges ergeben sich Probleme aus der Bindung des Kleinstaates an einen seiner Nachbarn. Denn es besteht Streit darüber, ob dauernd neutrale Staaten vollwertige Mitglieder von Zoll- und Wirtschaftsunionen sein dürfen. Grundsätzlich sind faktisch dauernd neutrale Staaten nicht durch die Verpflichtung gebunden, die sich für die im Rechtssinne dauernd neutralen Staaten aus dem im Ersten Weltkrieg entwickelten Grundsatz der wirtschaftlichen Neutralität ergibt[1153]. Jedoch hängt die Glaubwürdigkeit der Neutralität des faktisch dauernd neutralen Staates und damit ihre Akzeptanz von der möglichst umfassenden Einhaltung der Pflichten ab, die den im Rechtssinne dauernd neutralen Staat treffen[1154].

Einmütig wird in der Literatur noch das Problem erkannt, dass ein dauernd neutraler Staat, der Mitglied einer Zoll- und Wirtschaftsunion ist, Probleme mit der Einhaltung der mit der wirtschaftlichen Neutralität verknüpften Pflichten bekommen muss, sobald ein anderer Mitgliedstaat in einen Krieg eintritt. Zudem würde der neutrale Staat auf Grund der Tatsache, dass er sich mit dem kriegführenden Staat in einem gemeinsamen Wirtschaftsraum befindet, auch das Gebot der Unparteilichkeit im Einzelfall eines Konfliktes verletzen[1155]. Dass die Literatur zum Teil diese Feststellungen auf jene Fälle begrenzen will, in denen der neutrale Staat den schwächeren Teil der Union bildet[1156], vermag im Falle Liechtenstein nicht weiterhelfen, da das Fürstentum gegenüber der Schweiz gerade den inferioren Part spielt.

Die Meinungen gehen in entscheidender Weise erst auseinander, insofern vertreten wird, dass ein dauernd neutraler Staat in Friedenszeiten durchaus Mitglied einer Zoll- und Wirtschaftsunion werden kann, sofern er sich der Union lediglich unter dem „*Vorbehalt*" anschließt, „*im Konfliktfall seine Handlungsfreiheit zur Wahrung seiner ständigen Neutralität*"[1157] wiedergewinnen zu können. Diesbezüglich sind Kündigungsrechte und besondere Kriegsklauseln denkbar[1158]. Die Gegenansicht kontert, indem sie auf die fehlende faktische Umsetzbarkeit der durch den Vorbehalt einge-

---

[1153] Vgl. BINDSCHEDLER, Neutralität im modernen Völkerrecht, S. 3, wonach dem gewöhnlich neutralen Staat nur direkte Hilfe zugunsten eines Kriegführenden verboten ist, sonst aber keine wirtschaftliche Neutralität verlangt wird.

[1154] Vgl. etwa PIEPER, Neutralität, S. 108/109; HOFACHER, Schweizer Neutralität, S. 62.

[1155] So SEIDL-HOHENVELDERN, Neutralität in bewaffneten Konflikten, S. 598.

[1156] So etwa BINDSCHEDLER, Neutralität im modernen Völkerrecht, S. 6; VEROSTA, Dauernde Neutralität, S. 88.

[1157] SEIDL-HOHENVELDERN, Neutralität in bewaffneten Konflikten, S. 598; ERMACORA, 20 Jahre österreichische Neutralität, S. 259, der dort die Austrittsklausel Österreichs bezüglich des Energiepools der OECD zitiert.

[1158] BINDSCHEDLER, Neutralität im modernen Völkerrecht, S. 6, der sich im Ergebnis aber der Gegenmeinung anschließt.

räumten rechtlichen Möglichkeit hinweist. Die Loslösung des dauernd neutralen Staates aus dem gemeinschaftlichen Wirtschaftsraum sei im plötzlich eintretenden Konfliktfall *ad hoc* nicht durchführbar[1159]. In der Tat ist es schwer vorstellbar, dass zwei oder mehrere Volkswirtschaften, die gegebenenfalls bereits seit Jahrzehnten fest miteinander verwoben waren, über Nacht ihre vielfältigen Verknüpfungen lösen könnten. Jedoch bedarf es im Falle Liechtensteins während des Zweiten Weltkrieges keiner Entscheidung dieses Disputes; selbst die Vertreter der restriktiveren Ansicht, die die Vorbehaltslösung ablehnt, sehen die dauernde Neutralität eines Staates – mit oder ohne Vorbehalt – nicht durch die Mitgliedschaft in einer Zoll- und Wirtschaftsunion gefährdet, wenn alle ihre Mitgliedstaaten sich der Neutralität verschreiben[1160]. Eine gewisse Bindung an einen anderen neutralen Staat steht nicht im Widerspruch mit den Vorwirkungen der dauernden Neutralität, da durch ein solches Verhältnis nicht die Gefahr bewirkt wird, in einen zukünftigen Konflikt hineingezogen zu werden. Dies muss auch für die Zeit während des Krieges gelten, da dadurch das Gebot der Unparteilichkeit nicht verletzt werden kann. Die Schweiz ist seit 1815 ein dauernd neutraler Staat und auch als solcher anerkannt[1161]. Liechtensteins Verbindung mit der Eidgenossenschaft durch die Zollunion stellte für die Neutralität des Fürstentums so selbst dann kein Problem dar, wenn Liechtenstein selbst dauernd neutral im Rechtssinne wäre. Demnach war auch die Bindung an die Schweiz für die Effektivität der faktisch dauernden Neutralität des Fürstentums während des Zweiten Weltkrieges unschädlich.

b) Die Schweiz und ihre positive Auswirkung auf die liechtensteinische Neutralität

Vielmehr hat die Verbindung mit der Schweiz das Fürstentum wohl erst in die Lage versetzt, seine neutrale Haltung durch den Zweiten Weltkrieg retten zu können. Denn die Erfahrungen des Ersten Weltkrieges hatten gezeigt, dass die Neutralität Liechtensteins ernsthafte Versorgungsengpässe bewirken konnte, die großes Leid über die Bevölkerung des Kleinstaates brachten, da die heimische liechtensteinische Wirtschaft nicht alle nötigen Güter produzieren konnte. Auf Grund des Zollvertrages mit der Schweiz war das Fürstentum Teil eines gemeinsamen Wirtschaftsraumes, der den Bürgern Liechtensteins zur Deckung ihres Bedarfs vor allem an Nahrungsmitteln offenstand[1162]. Hätte diese *liaison avantageuse* nicht in dieser Form bestanden, wäre die liechtensteinische Regierung gegebenenfalls gezwungen gewesen, sich als Gegenleistung für wirtschaftliche Hilfe einer der beiden Kriegsallianzen anzunähern. Ein weiterer Aspekt ist, dass die liechtensteinische Neutralität,

---

[1159] So ZEMANEK, Wirtschaftliche Neutralität, S. 251; KIPP, Neutralität und Integration, S. 90; BINDSCHEDLER, Neutralität im modernen Völkerrecht, S. 6; VEROSTA, Dauernde Neutralität, S. 88.

[1160] So ausdrücklich: BINDSCHEDLER, Neutralität im modernen Völkerrecht, S. 15.

[1161] HOFACHER, Schweizer Neutralität, S. 50 ff.

[1162] Dazu SEGER, Liechtensteinische Geschichte, S. 24: *„...und die Schweiz nahm unser Land in ihr Ernährungssystem auf, so dass es vom Hunger bewahrt blieb“.*

anders als im Ersten Weltkrieg, auf Grund des schweizerischen Beistandes nahezu unproblematisch anerkannt wurde[1163]. Auf Grund des gemeinsamen Wirtschaftsraumes mit der Schweiz profitierte Liechtenstein von deren wirtschaftspolitischer Außenpolitik, ohne dabei selbst zur dauernden Neutralität verpflichtet gewesen zu sein[1164]. Insgesamt drängt sich hier das von Fürst HANS-ADAM im Jahre 1970 in anderem Zusammenhang geprägte Bild der liechtensteinischen Existenz im *„Rucksack der Schweiz"*[1165] auf. Liechtenstein wurde – nimmt man dieses Bild auf – von der Schweiz durch die dunkle Zeit des Zweiten Weltkrieges getragen, indem die Eidgenossenschaft dem kleinen Nachbarn mit der nötigen Kraft versorgte, seine Neutralitätspflichten zu erfüllen.

c) Liechtensteinische Neutralitätspolitik

Im Rahmen der für die dauernde Neutralität äußerst wichtigen Vorwirkungen wurde bereits die Pflicht zu einer Neutralitätspolitik in Friedenszeiten genannt[1166]. Unter Neutralitätspolitik versteht man die *„...Haltung eines neutralen Staates in den Angelegenheiten, (...) die dazu dienen, dauernde Neutralität zu sichern und glaubwürdig zu machen"*[1167]. Das Fürstentum Liechtenstein verfolgte – obwohl als lediglich faktisch dauernd neutraler Staat nicht dazu verpflichtet – schon im Vorfeld des Zweiten Weltkrieges eine Politik strikter Neutralität[1168]. Deutlich wird dies vor allem an der Ausgestaltung der mit gewissen Änderungen noch heute gültigen Landesverfassung Liechtensteins vom 5. Oktober 1921. Diese enthält Regelungen, die die Neutralität zumindest in militärischer Sicht mittelbar festschreiben, indem der liechtensteinischen Regierung die Möglichkeit genommen wird, Militär als Mittel der Politik einzusetzen. Denn die Verfassung sieht zwar die Möglichkeit der Landesverteidigung vor (Art. 44 Abs. 1 LV), verbietet jedoch die Bildung und Erhaltung bewaffneter Formationen in Friedenszeiten[1169], sofern dies nicht *„zur Versehung des Polizeidienstes und zur Aufrechterhaltung der Ordnung im Inneren notwendig erscheint"*[1170]. Militärische

---

1163 NIEDERMANN, Liechtenstein und Schweiz, S. 64: *„Im Gefolge der schweizerischen Bemühungen trafen denn auch die Bestätigungen von einigen Staaten – darunter nunmehr auch Frankreich – ein"*.

1164 GUGGENHEIM, Wirtschaftliche Neutralität, S. 410/411; SCHWEITZER, Dauernde Neutralität, S. 41.

1165 Vgl. GEIGER, Geschichtliche Grundzüge, S. 331.

1166 Der heutige Fürst HANS-ADAM hat die Abkehr von Österreich und die Zuwendung zur Schweiz einmal damit umschrieben, dass Liechtenstein *„von einem Rucksack in den anderen umgestiegen"* sei, vgl. UNSER, Liechtenstein: rühriger Fürst, zögerndes Volk, S. 164.

1167 SCHWEITZER, Dauernde Neutralität, S. 144; ebenso: VERDROSS, Völkerrecht, S. 198.

1168 BACOT, Neutralités Durables, S. 108, in seinem in der Zwischenkriegszeit erschienenen Buch: *„L'Etat souverain de Liechtenstein observe une politique de stricte neutralité."*

1169 Die Verfassung spricht im Wortlaut in diesem Zusammenhang vom Fall der *„Not"*, Art. 44 Abs. 1 LV; nur wenn ein solcher nicht vorliegt, ist die Aufstellung von Militär erlaubt, Abs. 2.

1170 So Art. 44 Abs. 2 S. 1 LV.

Gewalt nach außen ist folglich nach liechtensteinischem Verfassungsrecht allein zur Landesverteidigung erlaubt. Das Land macht so, ohne den Begriff der Neutralität zu verwenden, seinen politischen Willen deutlich, sich aus allen kriegerischen Konflikten herauszuhalten.

Während des Zweiten Weltkrieges dann hat das Fürstentum einiges unternommen, um seine Neutralität glaubhaft zu machen. Nach der Neutralitätserklärung erging beispielsweise 1940 ein Verbot ausländischer Symbole, wie etwa Abzeichen oder Fahnen. Sowohl von staatlicher als auch von Seiten der Presse bemühte man sich um eine ausgeglichene Berichterstattung[1171]. Insgesamt kann man wohl davon ausgehen, dass Liechtenstein seinen Standpunkt vor und während des Zweiten Weltkrieges in ausreichendem Maße deutlich gemacht hat. Diese Feststellung spricht für die Effektivität der liechtensteinischen Neutralität.

d) Fehlende Verteidigungsfähigkeit und effektive Neutralitätsausübung

Wie schon ausgeführt, wurde in Liechtenstein im Jahre 1868 das Militär aufgelöst[1172]. Es stellt sich die Frage, ob diese fehlende Verteidigungsfähigkeit vereinbar ist mit dem neutralen Status des Landes. Wäre dem nicht so, könnte nicht von einer effektiven Neutralität ausgegangen werden. Bezüglich einer Verteidigungspflicht Neutraler ergeben sich Schlussfolgerungen aus dem V. Haager Abkommen von 1907, welches grundlegend ist für die Stellung der neutralen Staaten im Falle eines Landkrieges. Das Abkommen beinhaltet in den Art. 2-4 das Verbot an die Adresse der Kriegführenden, das Territorium des Neutralen für die Zwecke ihrer Kriegsführung auf die im Abkommen näher ausgeführte Weise heranzuziehen. Das Verbot findet seine Kehrseite in der in Art. 5 des Abkommens postulierten Pflicht des neutralen Staates, derartige Gebietsverletzungen zu verhindern. Dabei dürfen die Kriegsparteien erwarten, dass der neutrale Staat seine Neutralität im Zweifelsfall auch mit Waffengewalt verteidigt[1173]. Mangels Militärs könnte die Effektivität der liechtensteinischen Neutralität an dieser Voraussetzung scheitern. Allerdings darf nicht übersehen werden, dass die beschriebene Verpflichtung unter dem Vorbehalt des Machbaren steht. Der neutrale Staat ist grundsätzlich nur gehalten, unter Einsatz aller ihm zur Verfügung stehenden Mitteln zu reagieren. Kein Staat kann zu Handlungen gezwungen werden, die die *„Erfüllung seiner wesentlichen Staatsaufgaben"* unmöglich machen würden[1174]. Das Fürstentum Liechtenstein wäre sicherlich schon mit dem Aufbau auch nur der kleinsten Armee hoffnungslos überfordert[1175].

1171 Vgl. GEIGER, Geschichtliche Grundzüge, S. 337.

1172 Vgl. bereits Kap. 3, B.II.1.a).

1173 HONIG, Neutralitätsrechte und –pflichten im Landkrieg, in: STRUPP / SCHLOCHAUER, WbVR, Band II, S. 600. Die Verwendung von Waffengewalt auf seiten des Neutralen wird auch in Art. 10 des Abkommens vorausgesetzt.

1174 VERDROSS, Völkerrecht, S. 487.

Außerdem würde ein solches Kleinstmilitär auch kein ernsthaftes Hindernis für die Kriegsführenden darstellen. So muss man im speziellen Falle des Fürstentums zu dem Schluss kommen, dass dem kleinen Land in diesem speziellen Fall nur andere, nicht-militärische Maßnahmen, etwa diplomatischer Natur, abverlangt werden können.

e) Das Schicksal der *„Ersten Russischen Nationalarmee"*

Die Einhaltung nicht-militärischer Neutralitätspflichten hat das Fürstentum *„durchaus erfüllt"*[1176]. Anschaulichstes Beispiel für das neutrale Verhalten Liechtensteins im Zweiten Weltkrieg ist die Behandlung der *„Ersten Russischen Nationalarmee der Deutschen Wehrmacht"*[1177]. In dieser militärischen Einheit, deren Überreste in der Nacht vom 2. auf den 3. Mai 1945 die liechtensteinischen Grenzbefestigungen überrannten, um sich vor den nachrückenden Alliierten in Sicherheit zu bringen[1178], wurden ursprünglich Freiwillige hauptsächlich aus den Nationen des sowjetischen Einflussbereiches zusammengefasst, die sich dafür entschieden hatten, gegen das Stalin-Regime zu kämpfen[1179]. Die in die Deutsche Wehrmacht eingegliederte *„Erste Russische Nationalarmee"* bekam ihren Namen erst in der zweiten Hälfte des Jahres 1944[1180], wurde jedoch schon in ähnlicher Form und unter anderem Namen begründet, kurz nachdem der Überfall auf die Sowjetarmee begonnen hatte[1181]. Geführt wurde die – bis auf eine kurze Unterbrechung – von General ARTURO HOLMSTON-SMYSLOWSKY, einem russischen Adeligen, der unter dem Namen BORIS GRAF SMYSLOWSKY geboren wurde[1182].

Die etwa 500 Mann[1183] wurden entwaffnet und an verschiedenen Orten in Liechtenstein interniert, wozu das Fürstentum nach Art. 11 des V. Haager Abkommen von 1907 auch verpflichtet war. Auch garantierten die liechtensteinischen Bürger die Versorgung der Soldaten[1184]. Auch diesbezüglich ergibt sich mit Art. 12 Abs. 1 für das Fürstentum Liechtenstein eine Verpflichtung aus dem V. Haager Abkommen von 1907. Darüber hinaus widersetzte sich das kleine Liechtenstein in kühner Weise den Auslieferungsgesuchen der sowjetischen *„Repatriierungskommissi-*

1175 NIEDERMANN, Liechtenstein und die Schweiz, S. 65, der in diesem Zusammenhang von *„unverhältnismäßigen finanziellen Schwierigkeiten"* spricht.

1176 So NIEDERMANN, Liechtenstein und die Schweiz, S. 65.

1177 Eine detaillierte Darstellung der Geschehnisse bietet: V. VOGELSANG, Kriegsende in Liechtenstein, S. 1 ff.

1178 Vgl. RATON, Liechtenstein, S. 165.

1179 V. VOGELSANG, Kriegsende in Liechtenstein, S. 46.

1180 V. VOGELSANG, Kriegsende in Liechtenstein, S. 48/50.

1181 Vgl. V. VOGELSANG, Kriegsende in Liechtenstein, S. 46.

1182 V. VOGELSANG, Kriegsende in Liechtenstein, S. 33.

1183 Vgl. BLUMENWITZ, Die tschechisch-liechtensteinischen Beziehungen, S. 351.

1184 V. VOGELSANG, Kriegsende in Liechtenstein, S. 86, mit einem Erlebnisbericht über die Zubereitung der ersten Mahlzeit für die Soldaten in Liechtenstein.

on", die sowohl mit Versprechungen als auch mit Drohungen auf ihr Ziel hinarbeiteten. Jedoch wurde im Jahre 1948 sogar eine Auswanderung der Internierten nach Argentinien ermöglicht[1185]. Indem sich Liechtenstein weigerte, die Soldaten an die Sowjetunion herauszugeben, achtete das Fürstentum das Gebot der Unparteilichkeit.

Das Schicksal der „*Ersten Russischen Nationalarmee*" beweist insgesamt auf eindrucksvolle Art, dass sich auch der Kleinstaat Liechtenstein in der Lage sah, seine Neutralität in effektiver Weise auszuüben. Das liechtensteinische Vorgehen fand zudem Anerkennung durch die Erstattung der Internierungskosten durch die Bundesrepublik Deutschland[1186], was in Einklang mit Art. 12 Abs. 2 des V. Haager Abkommens von 1907 steht.

f) Ergebnis

Somit ist von der Effektivität Neutralität Liechtensteins während des Zweiten Weltkrieges auszugehen. Das Land hat bis heute seine außenpolitische Grundhaltung nicht geändert. Auch ist die Mitgliedschaft in den Vereinten Nationen mit dem Status der Neutralität vereinbar[1187].

IV. Neutralität und Kleinstaatlichkeit

Die Neutralität ist als kleinstaatenspezifische Strategie zumindest theoretisch äußerst erstrebenswert. Der neutrale Staat kann sich aus den Streitigkeiten der Staatengemeinschaft heraushalten und dabei unbehelligt seine eigenen Interessen verfolgen. Dieses Handlungsinstrumentarium ist jedoch für sehr kleine Staaten nur begrenzt sinnvoll, wenn es nicht von anderen Strategien begleitet wird. Als stark defensives Verhalten ist damit gerade keine Hilfestellung von außen verbunden. Somit wirkt sich die Neutralität auch ausschließlich auf das sicherheitspolitische Defizit des Kleinstaates aus, während Schwächen im ökonomischen Bereich oder im Bereich der internen Bereitstellung von Infrastruktur gerade nicht ausgeglichen werden. Gegebenenfalls lässt sich im Fall von kriegerischen Auseinandersetzungen der Handel mit beiden Seiten zudem als wirtschaftliche Nischenstrategie nutzbar machen.

[1185] Vgl. v. VOGELSANG, Kriegsende in Liechtenstein, S. 106; RATON, Liechtenstein, S. 165.

[1186] So BLUMENWITZ, Die tschechisch-liechtensteinischen Beziehungen, S. 351; nach v. VOGELSANG, Kriegsende in Liechtenstein, S. 121, handelte es sich um 449.298 Schweizer Franken, die von Bonn in drei Raten bis 1956 beglichen wurden.

[1187] Vgl. bereits Kap. 4, A.I.2.e).

B. Die bilaterale Anbindung an die Nachbarstaaten

Eine weitere Strategie zur Überwindung der strukturellen Knappheit im Kleinstaat stellt das bereits beschriebene Phänomen der Anlehnung an einen Nachbarstaat dar, was sich auch als Parallelverhalten mit einem mächtigeren Staatsgebilde umschreiben lässt[1188]. Die bilaterale Anknüpfung an die k&k-Monarchie fand Erwähnung[1189], die heute noch bestehenden Bindungen an die Schweiz wurden ausgiebig erläutert, ebenso wie deren Vereinbarkeit mit der Souveränität des Fürstentums[1190]. Insofern genügt es, in diesem Kapitel eine Verknüpfung mit dem Typusbegriff des Kleinstaates herzustellen. Dabei ist herauszuarbeiten, welche Funktionsdefizite dabei bedient wurden und wie sich die Lösung auf die Rolle Liechtensteins in den internationalen Beziehungen ausgewirkt hat.

I. Die Auswirkungen auf die konkreten Funktionsdefizite

Vergegenwärtigt man sich die Vielfalt der vertraglichen Beziehungen zwischen der Schweiz und dem Fürstentum[1191], stellt man sehr schnell fest, dass die Zusammenarbeit zwischen den beiden Staaten alle möglichen Bereiche staatlicher Aktivität betrifft. In eben dieser generellen Bandbreite spielen auch die kleinstaatlichen Funktionsdefizite eine Rolle. Während beispielsweise das Abkommen über die diplomatische Vertretung Liechtensteins durch die Schweiz aus dem Jahre 1919 das beschriebene Funktionsdefizit bedient, welches sich daraus ergibt, dass ein Staat von der Größe Liechtensteins schwerlich mit allen Staaten der Welt in bilateralem Kontakt stehen kann, lindert etwa der Zollvertrag das ökonomische Defizit, welches aus der Kleinheit des liechtensteinischen Binnenmarktes folgt. Eine thematisch offenkundige Tendenz in den bilateralen Verträgen lässt sich nicht ausmachen angesichts der höchst unterschiedlichen behandelten Bereiche. Zur Verdeutlichung sei nur auf einige bediente Kategorien verwiesen, wie sie SEILER im System der schweizerischen Gesetzesklassifikation zusammengetragen hat: Freundschaft, Niederlassung und Aufenthalt; Schule, Wissenschaft, Kultur; Steuern; Straßenverkehr; Eisenbahnen; Landwirtschaft etc[1192]. Dieses Ergebnis kann auch aufrecht erhalten werden, wenn man sich auf die politisch wichtigen Verträge beschränkt, die im Zusammenhang mit der Souveränität Liechtensteins diskutiert wurden[1193]. Neben den bereits genannten Bereichen der Wirtschaft und der internationalen Beziehungen bedienen sowohl der Post- und Fernmeldevertrag als auch das Wäh-

---

1188 Zur Adaption der Machtpolitik der großen bzw. größeren Staaten vgl. bereits Kap. 1, C.III.4.

1189 Vgl. dazu Kap. 3, B.I.4.

1190 Vgl. dazu Kap. 3, B.II.2.

1191 Vgl. noch einmal die Aufstellung etwa bei SEILER, Schweiz und Liechtenstein, S. 108 ff. (zum Stand vom 1. März 1990).

1192 SEILER, Schweiz und Liechtenstein, S. 108 ff.

1193 Vgl. dazu Kap. 3, B.II.2.b)aa)-dd).

rungsabkommen das kleinstaatenspezifische Defizit der inneren Organisation. Die vier in der vorliegenden Arbeit behandelten Verträge betreffen demnach drei verschiedene Funktionsdefizite.

1. Die drei Ebenen des liechtensteinischen Anlehnungsbedürfnisses

Auch wenn sich aus der Auswertung der Verträge kein besonderes Übergewicht eines bestimmten zu beseitigenden Funktionsdefizites ergeben hat, lässt sich jedoch eine weitere Kategorisierung im Rahmen des bilateralen Vertrageswerkes danach erkennen, wo sich die Regelungen auf die kleinstaatenspezifischen Schwachpunkte auswirken.

Ein Teil der Verträge hat seine Auswirkungen unmittelbar auf liechtensteinischem Boden. Diese Verträge wurden geschlossen, um die wichtigsten Funktionen zu garantieren, die in einem modernen Staatswesen erwartet werden. Insoweit geht es um Erledigung von Leistungen, die der liechtensteinische Staat auf Grund der Beschränktheit seiner Ressourcen schwer selbst erbringen könnte. In diese Gruppe gehört beispielsweise der Post- und Fernmeldevertrag[1194], Regelungen im Bereich der sozialen Sicherheit und der Berufsausbildung[1195] sowie der Währungsvertrag[1196]. Die Masse der übrigen Verträge, die sich durch eine lediglich *„...verwaltungstechnische Bedeutung...“*[1197] auszeichnen, ermöglichen der liechtensteinischen Bevölkerung *„nach dem Grundsatz anteiliger Kostenübernahme...“* eine *„...einseitige ‚Vorteilsannahme‘...“* dergestalt, dass sie vor allem im Bereich des Gesundheits- und Schulwesens an den Einrichtungen der angrenzenden schweizerischen Kantone teilhaben; das Fürstentum wäre dagegen *„...niemals in der Lage (...), ein differenziertes System derartiger Infrastruktur-Maßnahmen...“*, wie man sie in der benachbarten Schweiz vorfindet, *„...zu verwirklichen...“*[1198]. Mit der ersten Kategorie von Verträgen wird demnach die Grundlage dafür geschaffen, dass das Fürstentum im Nachbarstaat Leistungen einkaufen kann, für die ein größerer Staat typischerweise selbst sorgt.

Die Verträge der zweiten Gruppe haben eine andere Perspektive gemein. Denn sie wirken sich primär auf schweizerischem Territorium aus und sind wirtschaftspolitischer Natur. In diese Schublade ist vor allem der Zollvertrag zu sehen. Aber auch der Währungsvertrag kann hier eingereiht werden, wenn seine Motivation

---

1194 MALUNAT, Verträge, S. 342, nennt den Post- und Fernmeldevertrag einen *„völkerrechtlichen (...) Dienstleistungsvertrag“*.

1195 BRUHA / GEY-RITTER, Kleinstaat und Integration, S. 159, sprechen von *„...Verflechtung und Strukturgleichheit in Bereichen wie soziale Sicherheit, Berufsausbildung...“*.

1196 SEILER, Schweiz und Liechtenstein, S. 103, zu den Umständen der Einführung des Schweizerfrankens in Liechtenstein: *„...drängte sich der Schweizerfranken geradezu auf, denn an eine eigene liechtensteinische Währung war nicht zu denken. Dies würde auch heute [1991] noch die Grenzen eines so kleinen Staates sprengen“*.

1197 Vgl. SEILER, Schweiz und Liechtenstein, S. 103.

1198 MALUNAT, Verträge, S. 348.

nicht darin gesehen wird, für das liechtensteinische Staatsgebiet ein Zahlungsmittel zu organisieren, sondern wenn man es als Vorteil für die Wirtschaft des Fürstentums begreift, von der Stabilität der Währung des Nachbarn zu profitieren[1199] und im Handel mit der Schweiz keinen Währungsschwankungen unterworfen zu sein. Der Zollvertrag sicherte der kleinen Wirtschaft zollfreien Zugang (zunächst[1200]) zum nachbarlichen Markt und war insoweit eine *„wirtschaftliche Notwendigkeit"*[1201]. Sieht man demnach die Schweiz im Rahmen der ersten Gruppe als Supermarkt, in denen Liechtensteiner das kaufen können, was sie zuhause nicht haben, erscheint die Schweiz im Lichte der zweiten Gruppe als eidgenössischer Laden, in dem die liechtensteinische Wirtschaft ihre Waren anbieten darf.

Einzig der Notenwechsel zur diplomatischen Vertretung des Fürstentums durch die Schweiz lässt sich nicht im erarbeiteten Schema unterbringen. Zwar erbringt auch in dessen Rahmen die Eidgenossenschaft eine Dienstleistung für den kleinen Nachbarn, jedoch wirkt sich diese nicht – wie die Verträge in Gruppe 1 – unmittelbar auf die Lebensumstände der Einwohner des Fürstentums aus, sondern ist – wie in Gruppe 2 – perspektivisch nach außen gerichtet. Anders als in Gruppe 2 wird die liechtensteinische Motivation aber gerade nicht auf die Schweiz gerichtet, sondern sie ist das Mittel, um mit anderen Staaten in Kontakt zu treten.

Die hier vollzogene Kategorisierung der Verträge mit der Schweiz entspricht den drei Zielen der liechtensteinischen Außenpolitik, wie sie THÜRER zusammengefasst hat: *„1. die Delegation von Aufgaben, die das Land wegen seiner beschränkten Ressourcen nicht selbst wahrnehmen kann; 2. der Zugang zu größeren Märkten und Räumen; 3. internationale Sicherheit und weltweite Anerkennung der Souveränität"*[1202].

2. Wechselbeziehungen zwischen bilateraler Anbindung und anderen Strategien

Die bilaterale Anlehnung an die Schweiz ist dem Prinzip der Subsidiarität verpflichtet. Soweit die Leistungsfähigkeit des liechtensteinischen Staates reicht, soll er auch selbst tätig werden. So hat sich das Fürstentum Liechtenstein das lukrative Recht ausbedungen, auch nach Vertragsschluss des Post- und Fernmeldevertrages weiterhin eigene Briefmarken herauszugeben[1203], und auf diese Weise die Zusammenarbeit mit der Schweiz im Postwesen mit der wirtschaftlichen Nische des Ver-

---

1199 Vgl. MALUNAT, Verträge, S. 341.

1200 Später sollte Liechtenstein über den Zollvertrag sogar Zugang zum EFTA-Raum erhalten; vgl. unten Kap. 4, C.III.3.a)bb).

1201 SEILER, Schweiz und Liechtenstein, S. 102.

1202 THÜRER, Kleinstaat und Integration, S. 155.

1203 RATON, Liechtenstein, S. 86, der darauf hinweist, dass die Liechtensteiner ihre Postwertzeichen *„handelsmäßig auswerten"* woll(t)en, um *„erhebliche Einnahmen für die Staatskasse (daraus) zu erzielen"*; ähnlich MALUNAT, Verträge, S. 342, der die Eigenschaft der liechtensteinischen Briefmarken als Sammlerobjekte herausstellt.

kaufes von Sammlermarken in Einklang gebracht. Ein weiteres Beispiel ist die Begrenzung der diplomatischen Vertretung durch die Schweiz auf den kostenintensiven Bereich der bilateralen Beziehungen zu Drittstaaten unter Auslassung der Teilnahme im multilateralen Staatenverkehr. Auf diese Weise erst ließ sich die gleichzeitige Aufrechterhaltung der Strategien der bilateralen Anlehnung an die Schweiz und der aktiven Souveränitätspolitik im Rahmen unterschiedlicher internationaler Organisationen ermöglichen. Damit kann festgehalten werden, dass die Strategie der bilateralen Anbindung mit anderen kleinstaatenspezifischen Strategien in Wechselbeziehung steht, wodurch sich Synergieeffekte erzielen lassen.

II. Die Auswirkungen auf die Stellung des Kleinstaates an sich

Eine Bindung an einen größeren Nachbarstaat gibt es aber nicht zum Nulltarif. Die *„nachbarschaftliche Hilfe"*[1204] der Eidgenossenschaft wird selbstredend nur so weit gewährt, wie sie mit den Interessen der Schweiz vereinbar ist. Vor allem die starke Asymmetrie des Zollvertrages, welcher in seiner ursprünglichen Form dem Fürstentum jegliches selbständiges Agieren in Zoll- und Handelsfragen mit Dritten Staaten untersagte und Liechtenstein an der internen Willensbildung nicht teilhaben ließ, machte deutlich, dass die Schweiz den kleinen Nachbar nur unter ihre Fittiche kriechen lassen wollte, wenn dieser sich nach ihren Regeln verhielt. Die schwache Stellung Liechtensteins im Rahmen dieser Strategie zur Überwindung der kleinstaatenspezifischen Funktionsdefizite wird auch daran deutlich, dass die Anlehnung an die Schweiz nach dem Zusammenbruch der k&k-Monarchie zwar auf einer freiwilligen Entscheidung basierte, jedoch letztlich schlicht *„...die einzige Möglichkeit für das Fürstentum..."* darstellte, *„...wirtschaftlich zu überleben..."*[1205]. Damit erscheint die Strategie der bilateralen Anlehnung an einen anderen Staat, kommen nicht andere Handlungsinstrumentarien hinzu, als typische Methode eines schwachen Kleinstaates, welche durch eine bloße Übernahme der Machtpolitik anderer Staaten gekennzeichnet ist. Um unverzichtbare Hilfe von außen zu erhalten, wird eine Erhöhung der Dependenz in Kauf genommen. Da die beschriebene Strategie allein demnach keine befriedigende Abhilfe bot, um das Abhängigkeitsdilemma merklich zu mildern, wurde die Anlehnung an die Schweiz, nachdem das Fürstentum nach dem Zweiten Weltkrieg einen deutlichen wirtschaftlichen Aufschwung genossen und dadurch an Selbstbewusstsein gewonnen hatte, in einer Veröffentlichung des Jahres 1975 bereits als *„...Nachteil und gleichzeitig [als] (...) Gefahr für das Fürstentum..."* gesehen[1206]. MALUNAT stellt 1986 klar, dass Liechtenstein im Zeitpunkt der Begründung des schweizerisch-liechtensteinischen Verhältnisses hatte um diese Möglicheit froh sein müssen, dass sich der Zollvertrag jedoch unterdes-

---

[1204] MALUNAT, Verträge, S. 336.

[1205] SEILER, Schweiz und Liechtenstein, S. 102; BRUHA / GEY-RITTER, Kleinstaat und Integration, S. 157, ähnlich deutlich: *„Die Hinwendung zur Schweiz war unter den gegebenen Umständen die einzige Alternative zur bisherigen Zollunion mit Österreich"*.

[1206] GYGER, Liechtenstein und die EG, S. 66.

sen *„...zunehmend als Fessel entpuppt...“*[1207]. Diese veränderte Wahrnehmung der Verhältnisse im Fürstentum selbst wird in den 1990er Jahren einer Lockerung der bilateralen Bindung den Boden bereiten, die mit einem verstärkten Engagement Liechtensteins in internationalen Organisationen einhergehen wird[1208].

C. Die Mitgliedschaft in internationalen Organisationen

Wie soeben bereits angesprochen, versuchte das Fürstentum Liechtenstein seine Stellung in der Staatengemeinschaft auch dadurch zu stärken, dass eine stetig zunehmende Anzahl an Mitgliedschaften in internationalen Organisationen angestrebt und verwirklicht wurde.

I. Erste schwierige Anfänge

Bei den ersten Versuchen in diese Richtung wurde die politische Führung Liechtensteins jedoch mit Skepsis und Ablehnung konfrontiert. Es sollte noch bis nach den Zweiten Weltkrieg dauern, dass das Fürstentum in wichtige internationale Organisationen aufgenommen wurde.

1. Nichtaufnahme in den Völkerbund

a) Wilsons 14 Punkte als Hoffnungsträger der Kleinstaaten

Bereits vor dem Ende des Ersten Weltkrieges hatte der amerikanische Präsident WOODROW WILSON in seiner berühmten *„14-Punkte-Erklärung“* vom 18. Januar 1918 zur Gründung einer Weltorganisation aufgerufen[1209], deren vorrangige Aufgabe die Wahrung sowohl von Frieden und Sicherheit als auch der neuen Nachkriegsordnung in Europa sein sollte[1210]. Der letzte der 14 Punkte lautete: *„A general association of nations must be formed under specific covenants for the purpose of affording mutual guarantees of political independence and territorial integrity to great and small States alike“*[1211]. Geht man von diesen einladenden Worten aus, die ein System kollektiver Sicherheit[1212] sowohl für große als auch für kleine Staaten versprachen, hätte die Aufnahme in den aus dieser amerikanischen Initiative hervorgehenden internationalen Organisation unabhängig von der Größe des betreffenden Landes vonstatten gehen dürfen.

1207 MALUNAT, Verträge, S. 336.

1208 Vgl. dazu Kap. 4, C.III.3.a)bb) bzw. Kap. 4, C.III.3.b)bb)(2).

1209 EPPING in: IPSEN, Völkerrecht, § 32, Rn. 3.

1210 JANSEN, Liechtenstein und die Vereinten Nationen, S. 18.

1211 Zitiert nach: WALTERS, A History of the League of Nations, S. 20.

1212 Der Grundsatz der kollektiven Sicherheit findet sich in Art. 16 der Völkerbundsatzung wieder; für den Wortlaut der Satzung vgl: LEAGUE OF NATIONS, Official Journal, 1st Year (1920), S. 3 ff. oder in RGBl. 1919, S. 717 als Teil I der Friedensverträge.

b) Die begrenzte Akzeptanz der Kleinstaatlichkeit im Völkerbund

Nachdem aber schon während der Entstehungsphase der Völkerbundsatzung die Übergewichtung großstaatlicher Repräsentation in dem Komitee zur Ausarbeitung der Satzung von den kleinen Staaten der Konferenz gerügt worden war[1213], fällt auf, dass im Anhang der von den Siegermächten des Ersten Weltkrieges auf der Pariser Friedenskonferenz am 28. April 1919 einstimmig angenommenen Satzung nur eine Auswahl an Nicht-Gründungsmitgliedern zum Eintritt in die Organisation eingeladen wurde[1214]. Die klassischen europäischen Kleinstaaten fehlten auf dieser Liste. Jedoch lässt die Satzung auch für alle übrigen Staaten die Möglichkeit der Aufnahme, allerdings nur unter Erfüllung bestimmter Voraussetzungen[1215].

Drei der kleinsten Kleinstaaten der damaligen Welt unternahmen Schritte, um auf diese Weise Mitglied des Völkerbundes zu werden: San Marino (mit Antragstellung vom 23. April 1919), Monaco (3. Mai 1920) und Liechtenstein (23. Juli 1920)[1216]. Während es bezüglich der beiden erstgenannten Staaten erst gar nicht einer Entscheidung über ihre Aufnahme bedurfte[1217], kommt es am 17. Dezember 1920 in der Vollversammlung zur Abstimmung über das liechtensteinische Aufnahmebegehren[1218]: allein die dem kleinen Fürstentum zugewandte Eidgenossen-

---

[1213] Das satzungsausarbeitende Komitee war zunächst neben je zwei US-Amerikanern, zwei Delegierten des Britischen Commenwealth, zwei Franzosen, zwei Italienern und zwei Japanern mit jeweils einem Delegierten der folgenden Ländern besetzt: Belgien, Brasilien, China, Portugal und Serbien. Erst nachdem sich die kleinen Staaten anlässlich der ersten Sitzung des Gremiums beschwert hatten, wurde das Komitee durch jeweils einen Repräsentanten Griechenlands, Polens, der Tschechoslowakei und Rumäniens verstärkt; Quelle: WALTERS, A History of the League of Nations, S. 33.

[1214] Vgl. LEAGUE OF NATIONS, Official Journal, 1st Year (1920), S. 11.

[1215] Der diesbezüglich einschlägige Art. 1 Abs. 2 der Völkerbundsatzung lautet:
„*Any fully self-governing State, Dominion or Colony not named in the Annex may become a Member of the League if its admission is agreed to by two-thirds of the Assembly, provided that it shall give effective guarantees of its sincere intention to observe its international obligations, and shall accept such regulations as may be prescribed by the League in regard to its military, naval and air forces and armaments*".

[1216] Vgl. LEAGUE OF NATIONS, Official Journal, 1st Year (1920), S. 300, mit dem zusätzlichen Hinweis, dass die Anträge auf der Sitzung der Vollversammlung am 15. November 1920 überprüft werden würden.

[1217] Nach GUNTER, Liechtenstein and the League of Nations, S. 497, unterließ es San Marino, auf eine Bitte des Generalsekretärs vom 22. Oktober 1920, der Organisation weitere Informationen zur Verfügung zu stellen, zu antworten, worauf der Aufnahmeantrag nicht weiter verfolgt wurde. Monaco wurde gar selbst aktiv und zog seinen Antrag am 22. Oktober 1920 zurück.

[1218] Im selben Zeitraum lagen insgesamt 14 Bewerbungen vor (neben der Liechtensteins handelte es sich um Aufnahmeanträge der folgenden Länder: Albanien, Armenien, Aserbeidschan, Bulgarien, Costa Rica, Estland, Finnland, Georgien, Island, Lettland, Litauen, Luxemburg und die Ukraine); ergibt sich aus den Angaben bei RATON, Liechtenstein, S. 67, Fn. 1, und LEAGUE OF NATIONS, Official Journal, 1st Year (1920), S. 300.

schaft stimmt für die Aufnahme des Fürstentums, 13 Länder enthalten sich der Stimme, 28 sind gegen die Aufnahme[1219].

c) Die Begründung für die Ablehnung des Aufnahmeantrages Liechtensteins

Die Entscheidung in der Vollversammlung war auf der Grundlage der Empfehlung einer Kommission gefallen. Die Begutachtung der Aufnahmeanträge nach einheitlichen Kriterien war von der Bundesversammlung an den 5. Ausschuss übertragen worden, der seinerseits die Arbeit auf drei Unterausschüsse aufgeteilt hat[1220]. Fazit des in diesem Rahmen erstellen Berichtes ist, dass das Fürstentum Liechtenstein *„...nicht imstande..."* sei, *„alle internationalen Verpflichtungen zu übernehmen, die ihm auf Grund der Völkerbundsatzungen zukämen"*, wie dies aber für die Aufnahme nach Art. 1 Abs. 2 der Völkerbundsatzung erforderlich gewesen wäre[1221]. In der Begründung wurde nicht explizit auf die Kleinstaatlichkeit Liechtensteins hingewiesen, sondern es wurde vorgebracht, dass sich die angebliche Unfähigkeit der Schulterung der benannten internationalen Pflichten daraus ergebe, dass *„...das Fürstentum es für gut befunden [habe], verschiedene Merkmale der Souveränität anderen Mächten zu übertragen"*; so habe *„...es zum Beispiel Vereinbarungen getroffen über die Kontrolle seines Zollwesens, über die Verwaltung der PTT-Betriebe und über seine diplomatische Vertretung in Ländern außer der Schweiz und Österreich..."*; schließlich heißt es noch lapidar: *„Liechtenstein hat keine Armee"*[1222]. Obwohl oder gerade weil sich die beteiligten Diplomaten bemühten, die Annahme zu zerstreuen[1223], dass Liechtenstein wegen sei-

---

1219 GUNTER, Liechtenstein and the League of Nations, S. 499; JANSEN, Liechtenstein und die Vereinten Nationen, S. 23.

1220 Der liechtensteinische Antrag kommt so in die Zuständigkeit des zweiten Unterausschusses, der vom Südafrikaner Lord ROBERT CECIL geleitet wurde und mit Vertretern Großbritanniens, Frankreichs, Italiens, Polens, Schwedens und der Tschechoslowakei besetzt war. Vgl. dazu JANSEN, Liechtenstein und die Vereinten Nationen, S. 20 ff.

1221 Völkerbund, Dokumente der ersten Versammlung, Sitzungen der Kommissionen, Bd. II, S. 217, zitiert nach: RATON, Liechtenstein, S. 67 f., Fn. 3; die englische Originalversion bei GUNTER, Liechtenstein and the League of Nations, S. 498: Liechtenstein *"could not discharge all the international obligations which would be on her by the Covenant"*.

1222 RATON, Liechtenstein, S. 67, Fn. 3; der gesamte Fragebogen, nach dem der Unterausschuss den Aufnahmeantrag Liechtensteins zu bewerten hatte, umfasste 5 bzw. 6 Fragen: *„(1). Is the application for admission to the League of Nations in order? (...) (2). Is the government recognized "de jure" or "de facto", and by which States? (...) (3). Does the country possess a stable Government and settled frontiers? What are size and population? (...) (4). Is the country fully self-governing? (...) (5). What has been the conduct of the Government including both acts and assurances with regard to: (1) Its international obligations? (2) The prescriptions of the League as to armaments?"*, LEAGUE OF NATIONS, The Records of the First Assembly: Plenary Meetings, Annex C, S. 667, zitiert nach GUNTER, Liechtenstein and the League of Nations, S. 498; bezüglich der Fragen (1) – (3) haben sich für den Unterausschuss keine Probleme ergeben.

1223 EDVARD BENEŠ, der die Tschechoslowakische Republik im betreffenden Unterausschuss vertrat, wird mit den Worten zitiert: *"The reason given for the non-admission of the lat-*

ner Kleinheit nicht aufgenommen werden sollte, muss man wohl davon ausgehen, dass es sich bei den vorgebrachten Hindernissen um *„Scheinargumente"*[1224] handelte.

Dieser Schluss ist vor allem deshalb zulässig, weil eine Übertragung von Souveränitätsrechten auf andere Staaten in anderen Fällen nicht die Aufnahme in den Völkerbund verhindert hat, wie etwa das Beispiel Österreichs zeigt, welchem durch den Vertrag von St. Germain der Anschluss an die Weimarer Republik untersagt worden war[1225] und bezüglich dessen somit nur schwerlich die *„volle Entscheidungsfreiheit"* hätte bejaht werden können. Liechtenstein hatte dagegen gerade den Zollvertrag mit Österreich einseitig aufgelöst[1226], wodurch das Fürstentum mit Wirkung zum 1. September 1919 wieder österreichisches Zollausland wurde; zwar wurden in der Folgezeit einige bilateralen Regelungen zwischen Österreich und dem Fürstentum getroffen, die auch Zollfragen klärten und unter dem Begriff *„Handelsverträge"* figurierten, letztlich können diese Verträge nur als Übergangsregelungen gesehen werden[1227], die den Austritt aus der Zollunion mit Österreich-Ungarn abmildern und verträglich machen sollten. Da die auf Dauer gedachte Bindung an die Schweiz mit dem Inkrafttreten des liechtensteinisch-schweizerischen Zollvertrages erst am 1. Januar 1924 völkerrechtlich auswirkte[1228], kann damit festgehalten werden, dass gerade im Zeitpunkt der Antragstellung zur Aufnahme in den Völkerbund keine ernstzunehmende Kontrolle des liechtensteinischen Zollwesens durch einen anderen Staat bestanden hat. Da auch der am 10. November 1920 mit der Schweiz abgeschlossene Postvertrag erst am 1. Februar 1921 in Kraft trat[1229], fällt die Ablehnung des liechtensteinischen Aufnahmeantrages in eine Phase der liechtensteinischen Geschichte, die von einer relativ hohen Ungebundenheit an andere Staaten geprägt ist[1230]. Somit kann das Argument der Souveränitätsbeschränkung

---

ter [Liechtenstein] is not, however, its small size, but (...); ...the smallness of a State does not prevent its being admitted into the League"; mindestens als unglücklich muss die Tatsache bezeichnet werden, dass ausgerechnet ein tschechischer Repräsentant über die Aufnahme Liechtenstein zu einer Zeit mitentscheiden durfte, als der tschechoslowakische Staat nach den ersten Konfiskationen fürstlich-liechtensteinischen Besitzes nach dem Ersten Weltkrieg an einer möglichst schwachen internationalen Stellung des Fürstentums Liechtensteins interessiert sein musste.

1224 So THÜRER, Liechtenstein und die Völkerrechtsordnung, S. 106.

1225 Details zu *„Anschlussverbot für Österreich"* finden sich beispielsweise bei: KIMMINICH, Verfassungsgeschichte, S. 522 ff.

1226 Die Daten der Abwendung von Österreich und bezüglich der *„Handelsverträge"* sowie weitere, zum Teil sehr detaillierte Informationen zum Thema finden sich bei RATON, Liechtenstein, S. 75 ff.

1227 Hier irrt GUNTER, Liechtenstein and the League of Nations, S. 498, Fn. 8, wenn er behauptet, dass alle Bindungen an Österreich 1918 endeten: *"When Austria-Hungary collapsed in 1918, Liechtenstein renounced their economic treaty"*; er hat die sog. Handelsverträge mit Österreich übersehen.

1228 Vgl. KOHN, Sovereignty, S. 553.

1229 RATON, Liechtenstein, S. 87.

1230 So auch THÜRER, Liechtenstein und die Völkerrechtsordnung, S. 106, Fn. 32: *„Die Ab-*

durch Abtretung der Rechte an andere Staaten angesichts der Aufnahme Österreichs im Dezember 1920 als entlarvt gelten; dies vor allem auch deshalb, weil die Anlehnung an die Nachbarstaaten auf Grund der in allen Verträgen vorgesehen Kündigungsklauseln die Souveränität des Staates zu keiner Zeit ernsthaft in Gefahr bringen konnte[1231]. Zudem findet ein Ausschlussgrund bei Souveränitätsbeschränkungen keinen Rückhalt in der Satzung, denn diese sieht in Art. 1 Abs. 2 sogar die Aufnahme von *per definitionem* abhängigen Kolonien vor[1232].

Vor allem wird nicht klar, warum die teilweise Übertragung der Aufübung von Hoheitsrechten auf einen anderen Staat die Fähigkeit negativ beeinflussen soll, die sich aus der Satzung ergebenden Pflichten zu erfüllen. Die Möglichkeit einer Teilnahme an Sanktionsmaßnahmen des Bundes nach Art. 16 der Satzung kann nicht als Voraussetzung der Aufnahme gedacht gewesen sein, wenn man sich vor Augen führt, dass etwa Costa Rica[1233] aufgenommen wurde, obwohl das Land ebenfalls über kein Militär verfügt[1234]. Zumindest explizit ist der Satzung zudem das Erfordernis von militärischer Stärke nicht zu entnehmen[1235]. Wenn aber weder die Bindung an die Nachbarstaaten die Aufnahme Liechtensteins in den Völkerbund verhindert hat noch die Nichtexistenz einer liechtensteinischen Armee, bleibt die Erkenntnis, dass der Staat allein auf Grund seiner Kleinstaatlichkeit zurückgesetzt wurde. Dies wird schon aus dem weiteren Vorgehen der Völkerbundversammlung deutlich. In der Sitzungssession des Jahres 1921 wird abstrakt die Frage behandelt, wie mit Staaten zu verfahren sei, die „*..., by reason of their small size, cannot be admitted as ordinary members...*“[1236]. Dabei ist dem auf Vorschlag des 5. Ausschusses mit der Frage betrauten Sonderkomitee bewusst, dass der Geist der Satzung die Aufnahme jeden Staates unabhängig von seiner Größe vorschreiben würde[1237]. Offen wird die

---

hängigkeit vom Ausland war damals (...) noch relativ gering und fiel nach der damaligen Rechtslage (...) nicht sehr ins Gewicht“.

1231 Vgl. dazu Kap. 3, B.I.4. und Kap. 3, B.II.2.b).

1232 Explizit weist darauf seltsamerweise nur GUNTER, Liechtenstein and the League of Nations, S. 499, Fn. 12, hin; der Autor verweist auf die Beispiele des damals unter britischer Verwaltung stehenden Indiens und vier britischer Dominions.

1233 Aufnahme im Dezember 1920; Quelle: WALTERS, A History of the League of Nations, S. 64.

1234 Vgl. KILIAN, Staat – Kleinstaat - Kleinststaat, S. 218.

1235 Vgl. THÜRER, Liechtenstein und die Völkerrechtsordnung, S. 106, Fn. 32, der auch eine implizite Verpflichtung abstreitet.

1236 LEAGUE OF NATIONS, First Assembly – Plenary Meetings, Annex C, S. 652; zitiert bei GUNTER, Liechtenstein and the League of Nations, S. 499, der in Fn. 14 bemerkt, dass an dieser Stelle anerkannt wird, dass das tatsächliche Problem bezüglich der Aufnahme Liechtensteins die Kleinheit des Staates war.

1237 Vgl. LEAGUE OF NATIONS, "The Position of Small States", The Records of the Second Assembly: Plenary Meetings (Sept. 20, 1920), S. 686: „*Moreover, the true object of the League, the development of co-operation among nations, with a view to guaranteeing peace and security, would be more readily attained if a certain class of States, even States of secondary importance, were not excluded*"; zitiert nach Gunter, Liechtenstein

wahre Begründung auch von LORD CECIL ausgesprochen, der mit folgender Bemerkung zitiert wird: *„Es war nicht fair, einen Staat, nur weil er klein ist, völlig von einer Organisation der Länder der Welt auszuschließen“*[1238]. Der Völkerbund hat sich somit ebenfalls mit dem Problem des *„Mikrostaates“* auseinandergesetzt, wie das für die Vereinten Nationen fast ein halbes Jahrhundert ebenfalls der Fall sein würde[1239]. Der Völkerbund kam in der Kleinstaatenfrage aber zu einem anderen Ergebnis.

d) Positive Aspekte des Antragsverfahrens

Obwohl das Ansinnen des Fürstentums letztlich negativ beschieden wurde, hat das Verfahren insgesamt die Stellung Liechtenstein in der Staatengemeinschaft dennoch gestärkt.

aa) Bestätigung liechtensteinischer Staatlichkeit

Denn der Bericht der den Aufnahmeantrag prüfenden Unterkommission des 5. Ausschusses bestätigte dem Fürstentum gewissermaßen *obiter dictum* die Eigenschaft der Staatlichkeit; die drei Elemente der Staatsdefinition waren im Jahre 1920 nach Ansicht des prüfenden Unterausschusses gegeben[1240]. Diese Feststellungen sind als Nachweis der liechtensteinischen Unabhängigkeit[1241] zu diesem Zeitpunkt nicht zu unterschätzen. Das Ende der Habsburgermonarchie bereitete für Fürsten-

---

and the League of Nations, S. 500.

1238 Zitiert nach JANSEN, Liechtenstein und die Vereinten Nationen, S. 23; auch andere Autoren kommen zu dem Ergebnis, dass Liechtenstein allein wegen seiner Kleinheit ausgeschlossen blieb, z. B. GUNTER, Liechtenstein and the League of Nations, S. 499: *„The real reason for the rejection of Liechtenstein was her smallness...“*; zum Teil wird nur schlicht festgehalten – ohne dass die Umstände diskutiert worden wären-, dass Liechtenstein zu klein gewesen sei für eine Mitgliedschaft im Völkerbund, vgl. WALTERS, A History of the League of Nations, S. 123: *„All (...) agreed that Liechtenstein (...) was too small to be a Member of the League“*.

1239 Vgl. bereits Kap. 1, B.III.2.b).

1240 Der Bericht beinhaltete folgende aus liechtensteinischer Sicht positive Feststellungen: *„1. Das Aufnahmegesuch ist ordnungsgemäß. 2. Die Regierung des Fürstentums Liechtenstein wurde de jure anerkannt von verschiedenen Staaten. Mehrere Verträge wurden mit verschiedenen Ländern abgeschlossen, z. B. 1852 ein Auslieferungsabkommen mit Belgien; 1883 unterzeichnete das Fürstentum die Sanitätskonvention von Dresden. 3. Das Fürstentum besitzt eine dauerhafte Regierung und genau festgelegte Grenzen. Die Oberfläche beträgt 157 Quadratkilometer, die Bevölkerung zählt 10 000 bis 11 000 Seelen. 4. und 5. Es unterliegt keinem Zweifel, dass das Fürstentum Liechtenstein, juristisch gesehen, ein souveränes Staatswesen ist...“*. Abgedruckt bei RATON, Liechtenstein, S. 67, Fn. 3; der englischsprachige Originaltext findet sich bei GUNTER, Liechtenstein and the League of Nations, S. 498; die Gliederungspunkte beziehen sich auf den den Untersuchungen des Unterausschusses zugrundegelegten Fragenkatalog.

1241 So wörtlich KOHN, Sovereignty, S. 553: *„Further proof of Liechtenstein's independence was given when the Principality applied for membership in the League of Nations, even though the League 's reaction to the application was a negative one“*.

tum auf Grund der Nähe des Herrschergeschlechtes zum Wiener Hof eine der gefährlichsten Momente der liechtensteinischen Geschichte. Nachdem die Monarchen der beiden deutschsprachigen Großstaaten entthront und deren Territorium als Folge der Niederlage im Ersten Weltkrieg im Falle des Deutschen Reiches dezimiert und das von Österreich-Ungarn gar zerstückelt worden war, musste auf der kleinen Monarchie im Oberrheintal zwangläufig ein erhöhter Rechtfertigungsdruck liegen[1242]. Da auf diesem Wege die von liechtensteinischer Seite stets betonte Souveränität im Rahmen einer internationaler Organisation als selbständig vorausgesetzt wurde, muss die Stellung des Aufnahmeantrages als Glücksgriff liechtensteinischer Politik verstanden werden.

bb) Geringe Auswirkungen der strategischen Schwächen im liechtensteinischen Vorgehen

Es darf dabei aber nicht übersehen werden, dass bezüglich der Art und Weise, wie bei der Antragstellung verfahren wurde, strategische Schwächen im liechtensteinischen Vorgehen zu konstatieren sind. Zum einen strebte Liechtenstein eine Sonderstellung in der Weltorganisation an, um so auch weiterhin seine Neutralität wahren zu können, was aber im Widerspruch stand zur rechtlichen Einordnung des Völkerbundes als System kollektiver Sicherheit. So beinhaltete das Gesuch die Feststellungen, dass sich Liechtenstein im Ersten Weltkrieg neutral verhalten habe und seit Jahrzehnten kein Militär mehr unterhalte[1243]. Dazu kommt, dass die Schweiz, die sich grundsätzlich in derselben Situation befand, noch nicht um die Aufnahme in die Organisation bemüht hatte, obwohl sie dazu eingeladen worden war, und so nicht als Wegbereiterin des Fürstentums agieren konnte. RATON merkt angesichts dieser Umstände an, dass „...*[d]as Aufnahmegesuch Liechtensteins (...) in sich schon so geartet [war], dass es zurückgewiesen werden musste...*"[1244]. Des Weiteren muss zu-

---

[1242] So war nach dem Umsturz 1918 in Österreich die Staatbürgerschaft der Angehörigen der Fürstenfamilie zweifelhaft, die bisher zumeist auf dem Territorium der k.u.k.-Monarchie gelebt hatten; schon um zu verhindern, dass auf sie die neuen „...*adelsfeindlichen Gesetze in Deutsch-Österreich...*" angewendet würden, wurde ein Verfahren eingeleitet, in dem der liechtensteinische Landtag feststellen sollte, dass die in Österreich lebenden Mitglieder der Fürstenfamilie Staatbürger des Fürstentums Liechtenstein sind. Der Antrag, der eigentlich nicht mit dem liechtensteinischen Gemeindegesetz vereinbar war, demzufolge liechtensteinische Staatsbürger auch Bürger einer liechtensteinischen Gemeinde sein mussten, wurde aber vom Landtag einstimmig angenommen; vgl. JANSEN, Liechtenstein und die Vereinten Nationen, S. 16 f.

[1243] JANSEN, Liechtenstein und die Vereinten Nationen, S. 20, der noch darüber informiert, dass die Bemerkung im offiziellen Gesuch nur die „...*unverbindlichere Formulierung...*" dessen war, was Furst JOHANN II. gefordert hat; dieser hatte namlich in dem Telegramm vom 9. Juli 1920, in dem er die Zustimmung zum Beitrittsgesuch gibt, „*ausdrücklich [verlangt], dass die Freistellung Liechtensteins von militärischen Pflichten gefordert werde*".

[1244] RATON, Liechtenstein, S. 66.

mindest aus heutiger Sicht auch die Tatsache als ungeschickt angesehen werden[1245], dass der Aufnahmeantrag nicht unmittelbar von liechtensteinischen Stellen ausgehändigt wurde, sondern dass der damalige Gesandte der Schweiz in Großbritannien das Beitrittsgesuch dem Generalsekretär des Völkerbundes übermittelt hat[1246]. Will ein Staat in eine internationale Organisation aufgenommen werden, die dem Prinzip der souveränen Gleichheit verpflichtet ist, muss es als im höchsten Grade kontraproduktiv empfunden werden, wenn bereits für die Begründung der Mitgliedschaft auf die Dienste anderer Staaten zurückgegriffen wird; auf diese Weise mussten geradezu Zweifel an der Fähigkeit Liechtensteins aufkommen, die sich aus der Satzung ergebenden Pflichten erfüllen zu können. Berücksichtigt man also die genannten Umstände, erscheinen die Feststellungen im Bericht des bekannten Unterausschusses umsomehr als glücklich. Für die Stellung und das internationale Ansehen des Fürstentums hat die Antragstellung somit mehr gebracht, als das der letztlich negative Bescheid und die Vorgehensweise der Zuständigen in Liechtenstein vermuten ließen.

2. Aufnahme in das Statut des Internationalen Gerichtshofes

Nach der Gründung der Vereinten Nationen hat das Fürstentum Liechtenstein nicht sofort versucht, eine Vollmitgliedschaft in der Weltorganisation zu erreichen. Jedoch wurde erfolgreich ein Betritt zum Statut des Internationalen Gerichtshofes erwirkt[1247].

a) Rechtliche Rahmenbedingungen für die Mitgliedschaft Liechtensteins

Der Internationale Gerichtshof ist einerseits nach Art. 7 Abs. 1 SVN Hauptorgan, andererseits nach Art. 92 S. 1 SVN Hauptrechtsprechungsorgan der Vereinten Nationen und demnach *„...auf zweifache Weise mit den Vereinten Nationen verbunden“*[1248]. Insofern wäre zu erwarten gewesen, dass die Gerichtsbarkeit des *„neuen Weltgerichtes“*[1249] lediglich für Streitigkeiten zwischen den Vollmitgliedern der Vereinten Nationen eröffnet sein sollte; ein Beitritt Liechtensteins zum Statut wäre dann ausgeschlossen gewesen. Jedoch hatte sich schon in der Satzung der Vereinten Nationen der ihr inhärente Universalismus, der *„...von der Tendenz gekennzeichnet ist, alle Staaten der Welt in einer einheitlichen Völkerrechtsordnung zu erfassen...“*[1250], auch in dieser Frage

1245 THÜRER, Liechtenstein und die Völkerrechtsordnung, S. 106, weist auf die *„...psychologisch...“* nachteilige Wirkung der Übermittlung durch die Schweiz hin.

1246 JANSEN, Liechtenstein und die Vereinten Nationen, S. 20.

1247 Vgl. BGBl. 1973 II, S. 505 ff.

1248 FISCHER in: IPSEN, Völkerrecht, § 62, Rn. 37.

1249 So SCHLOCHAUER, International Court of Justice, in: BERNHARDT, EPIL, Band II, S. 1085, in englischer Sprache: *„...the new ‚World Court'...“*.

1250 IPSEN in: IPSEN, Völkerrecht, § 2, Rn. 72; zum Spannungsverhältnis zwischen Regionalismus und Universalismus in der Völkerrechtssatzung und der Satzung der Vereinten

durchgesetzt. So erklärt Art. 93 Abs. 1 SVN nicht nur alle Mitglieder der Vereinten Nationen automatisch zu Vertragsparteien des IGH-Statutes, sondern Art. 93 Abs. 2 SVN schafft auch eine Beitrittsmöglichkeit für Nichtvollmitglieder. Daneben besteht auch die Alternative, ohne Mitgliedschaft im Statut Zugang zum Internationalen Gerichtshof zu erlangen, indem sich der Antragsstaat sowohl der Gerichtsbarkeit des Gerichtshofes unterwirft als sich auch verpflichtet, sich dessen Judikaten zu beugen[1251].

b) Das Verfahren der Aufnahme Liechtensteins

Das Fürstentum Liechtenstein wollte sich nicht mit der zuletzt genannten Verfahrensvariante begnügen und ersuchte mittels Schreiben der liechtensteinischen Regierung vom 6. März 1949 um Aufnahme in das Statut. Die Expertenkommission, die vom Sicherheitsrat zur Überprüfung des liechtensteinischen Ansinnens eingesetzt worden war, kommt zu einer für das Fürstentum positiven Entscheidung: neun Stimmen – ohne Gegenstimme, bei Enthaltung des ukrainischen und sowjetischen Delegierten – befürworten die Aufnahme des Kleinstaates[1252]. Da sowohl Art. 93 Abs. 2 SVN als auch Art. 34 Abs. 1 IGH-Statut die Staatlichkeit, mithin die Souveränität eines Beitrittsaspiranten (zumindest mittelbar) voraussetzen, gerät die Debatte im Sicherheitsrat am 27. Juli 1949[1253] über die Empfehlung der Expertenkommission zu einer Auseinandersetzung über die völkerrechtliche Qualität des Fürstentums Liechtenstein, wobei die Mitglieder des sowjetischen Blocks den übrigen Mitgliedstaaten des Sicherheitsrates entgegenstehen. So finden die Bedenken der dem Antrag Liechtensteins negativ eingestellten Fraktion Formulierung durch den ukrainischen Vertreter MANUILSKY, der dem Fürstentum die Staatlichkeit mittels der bekannten Argumente absprechen will: einerseits spreche gegen die Einordnung Liechtensteins als Staat das Nichtvorhandensein von Militär, andererseits habe das Fürstentum mit der diplomatischen Repräsentation ein Privileg nationaler

---

Nationen vgl. WALDEMAR HUMMER / MICHAEL SCHWEITZER in: SIMMA, The Charter of the United Nations, Art. 52, Rn. 3 ff., die sich in Rn. 13 mit *„Kapitel VIII. Regionale Abmachungen"* befassen, die im Widerspruch zum Universalitätsprinzip stehen (*"Because the content of Chapter VIII is, in a sense, foreign to the conception of the Charter, its structural relationship to the other Chapters is difficult to define"*.

1251 Der Sicherheitsrat hat für dieses Verfahren in einer Resolution aus dem Jahre 1946 folgende Voraussetzungen formuliert: ein Staat, der auf diesem Wege Zugang zum IGH sucht, *"...shall previously have deposited with the Registrar of the Court a declaration by which it accepts the jurisdiction of the Court, in accordance with the Charter of the United Nations and with the terms and subject to the conditions of the Statute and Rules of the Court, and undertakes to comply in good faith with the decision or decisions of the Court and to accept all the obligations of a Member of the United Nations under Article 94 of the Charter"*; Quelle: Security Council Res. 9 (1946), Oct. 15, 1946, para 1, zitiert nach: MOSLER, Charter of the United Nations, Art. 93, Rn.6.

1252 Vgl. RATON, Liechtenstein, S. 114, Fn. 1, der unter Angabe der einschlägigen UN-Dokumente weitere Details zum Verfahren bringt.

1253 Vgl. JANSEN, Liechtenstein und die Vereinten Nationen, S. 25.

Souveränität auf die Schweiz übertragen[1254]. Der russische Delegierte ZARAPKIN prangert in derselben Sitzung weitere spezifische Funktionsdefizite Liechtensteins an, indem er sowohl auf den Zoll- und Postvertrag mit der Schweiz als auch auf die Verwendung der schweizerischen Währung hinweist; er stellt daraufhin die provokante Frage *"It may be asked: 'What then remains of the sovereignty of Liechtenstein?'"*, die er sich folgendermaßen unverzüglich selbst beantwortet hat: *"The answer is: nothing"*[1255].

Gegen die genannten Argumente wendet sich der ägyptische Delegierte im Sicherheitsrat, indem er darauf hinweist, dass die Mehrheit der wissenschaftlichen Autoren davon ausgeht, dass Liechtenstein (zu diesem Zeitpunkt) souverän ist; die angesprochenen Funktionsdefizite stellten keine Einschränkungen der liechtensteinischen Souveränität dar[1256]. Ganz im Gegenteil spräche gerade die Kleinheit Liechtenstein für eine Aufnahme in das Statut des Internationalen Gerichtshofes, da *„...ein Staat umso mehr des Schutzes bedarf, je kleiner er ist"*[1257]. Dieser Ansicht scheint auch die Mehrheit des Sicherheitsrates gewesen zu sein, da sich das Gremium in seiner 432. Sitzung am 1. September 1949 mit 9 zu 0 Stimmen für die Aufnahme Liechtensteins entscheidet; die Ukraine und die Sowjetunion enthalten sich der Stimme[1258]. Nachdem die Vollversammlung die Frage ihrer Sechsten Kommission

---

1254 UN Security Council, Fourth Year, Official Records, No. 35, 432nd Meeting, July 27, 1949, S. 3, zitiert nach KOHN, Sovereignty, S. 547: *"Attention must also be called to the fact that Liechtenstein does not have an army of its own, as state-like organizations have. At the same time, Liechtenstein has entrusted Switzerland with the function of representing it in its foreign relations. The relationship of Liechtenstein and Switzerland towards each other is not entirely clear to us. We are aware that postal and customs unions exist with Switzerland. But we are not at all clear what considerations led Liechtenstein to entrust Switzerland with its representation abroad – one of the prerogatives of national sovereignty"*.

1255 KOHN, Sovereignty, S. 547; ebenso: JANSEN, Liechtenstein und die Vereinten Nationen, S. 25.

1256 *„...most writers and jurists, as the Council well knows, consider Liechtenstein to be a sovereign state. (...) The fact that it signed a customs union treaty with Switzerland does not affect its independence, and the Treaty itself stipulates that the customs union is 'without prejudice to the sovereign right of the Prince of Liechtenstein'. Moreover, the fact that Switzerland represents Liechtenstein in foreign countries does not affect the sovereignty of this State. We know that several States which rely upon the diplomatic service of other States are fully independent and are considered so by other countries..."*; Quelle: KOHN, Sovereignty, S. 556; an dieser Stelle wird auch verwiesen auf die bereits ausgeführte Ansicht des ägyptischen Delegierten zum Verhältnis von Verteidigungsfähigkeit und Souveränität, vgl. S. 168 f.

1257 JANSEN, Liechtenstein und die Vereinten Nationen, S. 25; den englischen Originaltext liefert KOHN, Sovereignty, S. 556:.*"The fact that Liechtenstein is a small State, as was mentioned by some delegations, is, in our view, still another reason for accepting its application. We all know that the protection of law is especially useful for small States"*.

1258 UN-Dokument S/PV.432, zitiert nach RATON, Liechtenstein, S. 114, Fn. 1; der Sicherheitsrat bestand damals nur elf Mitgliedern, die Anzahl wurde erst durch eine Resolution

übergeben und auch diese mit überragender Mehrheit den Beitritt des Fürstentums begrüßt hatte[1259], stimmt die Vollversammlung am 1. Dezember 1949 mit 40 Ja-, 2 Neinstimmen und 2 Enthaltungen für die Zulassung Liechtensteins als gleichberechtigten Mitgliedstaat am Statut des Internationalen Gerichtshofes[1260]. Die Bedingungen im Sinne von Art. 93 Abs. 2 SVN ergeben sich aus der Resolution 363 (IV)[1261]. Am 9. März 1950 erfolgt die Beratung über den Inhalt der Resolution im liechtensteinischen Landtag, am 29. März 1950 wird dem Generalsekretär eine Erklärung des – in der Resolution 363 (IV) – geforderten Inhalts übergeben[1262]. Damit ist das Fürstentum Liechtenstein dem Statut rechtsgültig beigetreten.

c) Bewertung der Aufnahme in das IGH-Statut

aa) Zugang zur internationalen Gerichtsbarkeit

Zunächst könnte man annehmen, dass der vorrangige Erfolg, den Liechtenstein mit der Aufnahme in das IGH-Statut erwirkt hat, im Zugang zur Gerichtsbarkeit des Internationalen Gerichtshofes zu sehen ist. Insofern wäre auf die verbesserten Möglichkeiten für Staaten, ihre Rechte durchzusetzen, hinzuweisen, die sich aus den allgemeinen Vorteilen der internationalen Gerichtsbarkeit im Vergleich zur internationalen Schiedsgerichtsbarkeit ergeben. Ein internationales Gericht muss

---

der Generalversammlung aus dem Jahre 1963 auf 15 erhöht, die am 31. August 1965 in Kraft trat (vgl. RUDOLF GEIGER in: SIMMA, The Charter of the United Nations, Art. 23, Rn. 2).

1259 Nach RATON, Liechtenstein, S. 114, Fn. 1, endet die Abstimmung mit 42 zu 4 Stimmen für die Aufnahme Liechtensteins (bei einer Enthaltung); auffallend ist, dass wieder die ablehnende Ansicht eines Delegierten aus dem sowjetischen Lager ins Auge sticht: allein Herr KHOMOUSSKO aus Bielorußland kommt zum Ergebnis, dass Liechtenstein niemals unabhängig war; diese Aussage wird auch bei KOHN, Sovereignty, S. 548, wiedergegeben: *"It [Liechtenstein] had never been independent"*; angesichts dieser Feststellung sah sich Kohn auf Grund der fragwürdigen Souveränität der Sowjetrepublik Bielorußland zur folgenden frivolen Reaktion veranlasst: *"Here we have in effect ladies of questionable character expressing doubts about a maiden´s virtue"*.

1260 JANSEN, Liechtenstein und die Vereinten Nationen, S. 26.

1261 Die Resolution lautet (Auszug): *„Liechtenstein wird Teilnehmer am Statut des Gerichtshofes vom Zeitpunkt an, wo es dem Generalsekretär der UNO ein im Namen der Regierung des Fürstentums Liechtenstein unterzeichnetes und eventuell gemäß der Verfassung Liechtensteins ratifiziertes Instrument überreicht. Dieses Instrument muss folgendes enthalten: (a) Annahme der Bestimmungen des Internationalen Gerichtshofes; (b) Annahme aller Verpflichtungen, die für ein UNO-Mitglied aus Art. 94 der Satzungen entstehen; (c) Verpflichtung, den Beitrag an die Kosten des Gerichtshofes zu leisten, den die Vollversammlung von Zeit zu Zeit nach Rücksprache mit der Regierung Liechtensteins festsetzen wird"*, vgl. RATON, Liechtenstein und die Vereinten Nationen, S. 114 f., Fn. 1; der englischsprachige Originaltext der Resolution findet sich bei DJONOVICH, Dusan J., United Nations Resolutions, Series I, General Assembly, Volume II (1948-49), New York, 1973, S. 343.

1262 JANSEN, Liechtenstein und die Vereinten Nationen, S. 26 f.

im Bedarfsfalle nicht erst umständlich gebildet und seine Zuständigkeit immer wieder neu ausgehandelt werden, was nicht nur für den auf Sparsamkeit im Umgang mit finanziellen Ressourcen bedachten Kleinstaat ein höchst willkommener Effekt sein dürfte. Diese allzeitige Verfügbarkeit wirkt sich zudem positiv auf die Sicherung von Rechtsansprüchen durch die Möglichkeit der Maßnahmen des vorläufigen Rechtsschutzes aus. Ein weiterer Aspekt, der die internationale Gerichtsbarkeit gegenüber der internationalen Schiedsgerichtsbarkeit vorzugswürdig erscheinen lässt, ist die Tatsache, dass die Richter eines fest installierten Gerichtes hauptamtlich in ihrer Aufgabe fungieren und sich so tendenziell einer größeren persönlichen Unabhängigkeit erfreuen dürften[1263].

Allerdings übersieht diese Wertung, dass der Zugang zum Internationalen Gerichtshof keinen Beitritt zum Statut erforderlich macht, sondern dass auch Nichtmitgliedstaaten unter den bereits benannten Voraussetzungen[1264] vor dem Gericht klagen können. Dazu kommt, dass dieser Zugang zu einem internationalen Gericht auch keine Neuigkeit darstellte, da bereits der Ständige Internationale Gerichtshof offen war auch für Staaten, die nicht Mitglied des Statuts des Gerichtshofes waren. Diese Möglichkeit ergab sich aus Art. 35 Abs. 2 des Statutes, der die Festlegung der Voraussetzung dem Rat des Völkerbundes übertrug. Dieser definierte die Voraussetzungen in einer Resolution vom 17. Mai 1922, wobei auffällt, dass Formulierung fast wortgleich ausfällt zu den Anforderungen, die später vom IGH postuliert worden sind[1265]. Kern ist die bekundete Bereitschaft, sich sowohl der Gerichtsbarkeit zu unterwerfen als sich auch an die Urteile des Gerichts zu halten. Am 28. Juni 1922 beschließt das Gericht, die Resolution den Staaten zu übermitteln, die in den Genuß des Zugangs zum Gericht auf diesem Wege kommen können; darunter ist auch Liechtenstein[1266]. Das Fürstentum hat davon jedoch nicht sofort Gebrauch gemacht. Erst als Liechtenstein am 17. Juni 1939 gerichtlich gegen Ungarn vorgehen wollte, wurde die Anerkennung zeitgleich mit der Klageschrift hinterlegt[1267].

1263 FISCHER in: IPSEN, Völkerrecht, § 62, Rn. 53, der dort die genannten Vorteile der internationalen Gerichtsbarkeit aufführt.

1264 Vgl. bereits Kap. 4, C.I.2.a).

1265 *„La Cour permanente de Justice internationale est ouverte à tout État qui n´est pas Membre de la Société des Nations ou qui n´est pas mentionné dans l´annexe au Pacte de la Société, aux conditions suivantes: Cet État devra avoir déposé préalablement au Greffe de la Cour une déclaration par laquelle il accepte la juridiction da la Cour, conformément au Pacte de la Société des Nations et aux termes et conditions du Statut et du Règlement de la Cour, en s´engageant à exécuter de bonne foi les sentences rendues et à ne pas recourir à la guerre contre tout État qui s´y conformera"*; Quelle: COUR PERMANENTE DE JUSTICE INTERNATIONALE, Collection des Textes Gouvernant la Compétence de la Cour, Serie D. No. 3, S. 10.

1266 So KOHN, Sovereignty, S. 555.

1267 Es handelt sich dabei um den Fall GERLICZY: der ehemalig rumänische, später liechtensteinische Staatsbürger FELIX GRAF GERLICZY wurde in zwei ungarischen Gerichtsurteilen zur Zahlung von ruinös hohen Summen verurteilt, wobei Rechtstitel aus der Zeit der Habsburgermonarchie zugrundegelegt wurden. Liechtenstein rügt die Unvereinbarkeit der

Obwohl das Verfahren auf Grund der Wirrungen des Zweiten Weltkrieges nicht in einem Urteil endete, hatte sich Liechtenstein problemlos Zugang zum Ständigen Internationalen Gerichtshof verschafft. Da dies auch vor dem IGH in derselben Weise hätte erfolgen können[1268], war ein Beitritt zum Statut des Internationalen Gerichtshofes aus Gründen des Zugangs zur internationalen Gerichtsbarkeit nicht erforderlich.

bb) Bestätigung der Souveränität Liechtensteins

Des Weiteren könnte man behaupten, die hervorstehende Bedeutung des Beitritts zum Statut des Internationalen Gerichtshofes ergebe sich daraus, dass die liechtensteinische Souveränität dadurch eine besondere Bestätigung erfahren hätte, dass *„...das Statut (...) klare souveränitätsrechtliche Bedingungen enthält...“*; dies sei nach der Ansicht von SEILER für das Fürstentum von *„...enormer Bedeutung...“* gewesen, da die Souveränität des Landes *„...seit dem gescheiterten Völkerbundsbeitritt international angeschlagen...“* gewesen sei[1269]. Diese Wertung ist aber aus völkerrechtlicher Sicht nicht ganz nachzuvollziehen. Selbst wenn man davon ausgeht, dass die Anerkennung konstitutiv für die Staatlichkeit ist[1270], kann man aus der Ablehnung des Aufnahmeantrag zum Völkerbund nicht schließen, dass die Souveränität Liechtensteins *„angeschlagen“* war, da diese doch in der Begründung der Ablehnung vom Völkerbund gerade nicht bestritten, sondern im Gegenteil betont wurde[1271]. Die ausdrückliche Bestätigung der Souveränität Liechtensteins durch Sicherheitsrat und Vollversammlung der Vereinten Nationen gewinnt aber für das Fürstentum in der Tat eine hohe Bedeutung, bedenkt man, dass sich zwischen des gescheiterten Aufnahmeversuch und dem Beitritt zum Statut des Internationalen Gerichtshofs die Anlehnung an die Schweiz vollzogen hat und dass gerade dadurch die Souveränität Liechtensteins durchaus diskutabel geworden war. Berücksichtigt man diese veränderte, grundsätzlich bis heute andauernde Ausgangssituation, muss man der Aufnahme in das IGH-Statut tatsächlich eine herausragende Bedeutung auf der Ebene der Anerkennung der liechtensteinischen Souveränität zusprechen. NIKOLAUS VON

Urteile mit *„...einem ungarisch-rumänischen Abkommen über die Regelung von Forderungen in alten Kronen (...) und (...) verlangt, dass Graf Gerliczy vom ungarischen Staat entschädigt werde“*. Auf Grund der deutschen Besetzung der Niederlande kommt es zu keinem Urteil in der Sache, nach dem Krieg wurde die Sache von liechtensteinischer Seite nicht weiterverfolgt: *„Am 3. September 1945 erkundigt sich die Kanzlei des Internationalen Gerichtshofes bei der Regierung in Vaduz, welche Absichten sie hinsichtlich des 1939 angestrengten Verfahrens verfolge. Auf ihr Schreiben erhält sie nie eine Antwort“*; vgl. JANSEN, Liechtenstein und die Vereinten Nationen, S. 24, aber auch KOHN, Sovereignty, S. 555.

1268 Insoweit irrt SEILER, Kleinststaaten im Europarat, S. 183, Fn. 22, wenn er meint, der Beitritt zum Statut war Voraussetzung dafür, dass das Fürstentum Liechtenstein bereits 1951 einen Fall vor den Internationalen Gerichtshof bringen konnte.

1269 SEILER, Kleinststaaten im Europarat, S. 183.

1270 Was in der vorliegenden Arbeit jedoch bestritten wird, vgl. Kap. 3, D.II.

1271 Vgl. Kap. 4, C.I.1.d)aa).

LIECHTENSTEIN, der ebenfalls auf die zur Zeit der Ablehnung des Völkerbundes noch nicht bestehenden *„...engen Beziehungen zur Schweiz...“* verwies, sah in der *„...Zulassung zum Internationalen Gerichtshof...“* das *„...vielleicht (...) wichtigste Zeugnis liechtensteinischer Souveränität im zwanzigsten Jahrhundert...“*[1272].

cc) Erster Zugang zu UN-Organ als Präzedenzfall für spätere Integration

Neben der Bestätigung der Souveränität Liechtensteins erscheint aber ein weiterer Aspekt als mindestens ebenso bedeutsam. Da es sich beim Internationalen Gerichtshof nicht nur um ein unabhängiges Gericht partieller Völkerrechtssubjektivität handelt[1273], sondern seine doppelte Beziehung zu den Vereinten Nationen offensichtlich ist[1274], hat sich Liechtenstein ein gutes Stück dem Ziel genähert, welches bereits mit dem Aufnahmeantrag zum Völkerbund versucht worden war. Zwar hat die Aufnahme in das Statut des Internationalen Gerichtshofes dem kleinen Fürstentum noch nicht die Aufnahme in die Weltorganisation gebracht, jedoch ist Liechtenstein damit Mitglied eines Organs der Vereinten Nationen geworden. Damit wurde nicht nur erreicht, dass Liechtenstein das erste Mal im zwanzigsten Jahrhundert als gleichberechtigter Partner überhaupt in eine internationale Organisation aufgenommen wurde, sondern der Beitritt darf als Startschuss für weitere Mitgliedschaften, vor allem im Unterorganisationen der Vereinten Nationen verstanden werden. Jedoch darf nicht vergessen werden, dass der kleinstaatliche Zugang zum internationalen Gerichtshof für die Großmächte sehr viel leichter zu tolerieren ist als eine Vollmitgliedschaft, da mittels Mitgliedschaft im Statut lediglich eine Verfolgung bestehender Rechtspositionen garantiert, aber kein Mitwirken in der Machtpolitik ermöglicht wird. Obwohl deshalb die damals vom Fürstentum gewonnene Stellung nicht überbewertet werden darf, hat die Zulassung zum Statut des IGH einen Prozess in Gang gesetzt, der letztlich zur Aufnahme Liechtenstein in die Vereinten Nationen als Vollmitglied führen sollte.

3. Ergebnis

Insgesamt manifestiert sich in der Aufnahme in das Statut des IGH eine veränderte Haltung der Völkergemeinschaft gegenüber dem Fürstentum Liechtenstein. Nachdem der Völkerbund das Land wegen dessen Kleinstaatlichkeit von einer gleichberechtigten Mitgliedschaft noch ausgeschlossen hat, wurde Liechtenstein im Jahre 1950 bereits das Tor zu einem Organ der Vereinten Nationen aufgestoßen.

1272 Prinz NIKOLAUS VON LIECHTENSTEIN in: JANSEN, Liechtenstein und die Vereinten Nationen, S. 8.

1273 SCHLOCHAUER, International Court of Justice, in: BERNHARDT, EPIL, Band II, S. 1086: *“...The ICJ is an independent court, deciding cases in its own name, rather than in the name of the UN...(...)...It would appear that the ICJ is a subject of international law, whose capacity to act is limited to the fulfillment of its functions...”*.

1274 Vgl. dazu bereits Kap. 4, C.I.2.a).

II. Mitgliedschaft in Spezialorganisationen und -organen

In den darauffolgenden Jahrzehnten hat Liechtenstein die Aufnahme in eine ganze Reihe von internationalen Organisationen erreicht. Jedoch handelt es sich dabei um Spezialorganisationen, während Mitgliedschaften in Organisationen breiterer Zuständigkeit bis in die erste Hälfte der 70er Jahre nicht zu beobachten sind. Hier soll einen kurze Übersicht über diese Mitgliedschaften in Spezialorganisationen gegeben werden, wobei diese in drei Kategorien einzuteilen sind.

1. Mitgliedschaften in Organisationen und Konferenzen der UN-Familie

a) Der Weltpostverein (UPU)

Der Weltpostverein (Universal Postal Union / UPU) geht auf den 1874 in Bern gegründeten *„Allgemeinen Postverein"* zurück und erhielt seinen heutigen Namen im Jahre 1878[1275]. Die Mitglieder der Organisation *„bilden (...) ein einheitliches Postgebiet, in dem die Freiheit des Durchgangs gewährleistet ist"*; dem UPU obliegt dabei die *„...internationale Ordnung der Postdienste..."*[1276]. Souveräne Nichtmitglieder der Vereinten Nationen können den Beitritt beantragen[1277].

Zunächst lässt es Liechtenstein jedoch damit bewenden, dem Weltpostverein am 17. Januar 1950 mitzuteilen, dass es davon ausgeht, dem einheitlichen Postgebiet anzugehören. Die amtliche Bekanntmachung des Fürstentum verweist auf Art. 2 des Postvertrages zwischen Liechtenstein und der Schweiz, wonach *„die einschlägigen Verträge und Übereinkommen der Schweiz (...) im Fürstentum Liechtenstein in gleicher Weise"* zu Geltung gelangen. Selbständiges Mitglied der Organisation wird Liechtenstein erst am 13. April 1962, was nach dem Beitritt zum Statut des IGH die zweite eigenständige Mitgliedschaft darstellte[1278]. Eine Kollisionsgefahr zwischen Art. 2 des Postvertrages bzw. Art. 4 des revidierten Vertrages vom 9. Januar 1978 mit der selbständigen Mitgliedschaft in internationalen Organisationen des Post- und Fernmeldebereiches wurde von der Schweizerischen Eidgenossenschaft nicht gesehen, da der revidierte Vertrag in Art. 6[1279] dem Fürstentum explizit die Möglichkeit belässt, Mitglied in Organisationen zu werden, denen die Schweiz ebenfalls angehört.

1275 SIEGFRIED MAGIERA in: ANDERSEN / WOYKE, Handwörterbuch Internationale Organisationen, S. 430; der Weltpostvertrag sowie die UPU-Verfahrensordnung findet man im BGBl. 1986 II, S. 201 ff.

1276 SIEGFRIED MAGIERA in: WOLFRUM, Handbuch Vereinte Nationen, S. 980.

1277 KÖCK / FISCHER, Das Recht der Internationalen Organisationen, S. 415.

1278 Vgl. JANSEN, Liechtenstein und die Vereinten Nationen, S. 29.

1279 *„Das Recht des Fürstentums Liechtenstein, selbst Vertragsstaat internationaler Übereinkommen oder Mitgliedstaat Internationaler Organisationen zu werden, denen die Schweiz angehört, wird durch diesen Vertrag nicht eingeschränkt"*; Text vgl. Bundesblatt der Schweizerischen Eidgenossenschaft, 130. Jahrgang, 1978, I. Band, S. 993.

b) Die Internationale Fernmeldeunion (UIT)

Die heutige Internationale Fernmeldeunion (International Telecommunication Union / ITU) hat sich aus dem durch einen Vertrag vom 17. Mai 1865 begründeten Welttelegraphenverein entwickelt und ist demnach *„...die historisch älteste technische internationale Organisation...“*[1280]. Die ITU soll Konflikte vermeiden, dadurch dass sie eine gewisse Ordnung im internationalen Telekommunikationssystem aufrecht erhält; Hauptaufgaben und Hauptmittel zur Erreichung des genannten Zieles sind *„...insbesondere die Aufteilung des Frequenzspektrums auf verschiedene Fernmeldedienste (...) sowie die Registrierung und Koordinierung der einzelnen Frequenzzuteilungen...“*[1281].

Kurz nach dem Beitritt zum Weltpostverein wird Liechtenstein am 25. Juli 1963 auch Mitglied der Internationalen Fernmeldeunion, was angesichts der thematischen Verwandtschaft der beiden Organisationen logisch erscheint. Ein unmittelbarer Gewinn der Mitgliedschaft ergibt sich bereits etwas mehr als zehn Jahre später, als die technischen und rechtlichen Grundvoraussetzungen für einen eigenständigen liechtensteinischen Rundfunk gelegt werden: auf *„...der internationalen Wellenfrequenz (...) erhält...“* das Land *„...im Mittelwellenband die Frequenz 1386 kHz (...) mit einer Sendeleistung von 500 kW zugeteilt“*[1282].

c) Die UN-Konferenz für Handel und Entwicklung (UNCTAD)

Nachdem Liechtenstein Mitglied der beiden vorgenannten Sonderorganisation der Vereinten Nationen geworden war, ergaben sich aus dieser einmal erlangten Position neue Möglichkeiten. Nachdem sich die Entwicklungsländer durch die Einführung des GATT in Fragen des Welthandels benachteiligt sahen, regten sie die Gründung einer internationalen Organisation an, die die Ausdehnung des internationalen Handels fördern und sich dabei vorrangig als *„Gewerkschaft der Entwicklungsländer“* begreifen sollte; nachdem die Grundlagen auf einer Konferenz Anfang 1964 in Genf gelegt worden waren, wurde die neue Interessenvertretung kraft einer Resolution vom 30. Dezember 1964 unter dem Namen UNCTAD (United Nations Conference on Trade and Development) als ständiges Organ der Generalversammlung institutionalisiert[1283]. Alle Mitgliedstaaten von UNCTAD sind entweder Vollmitglieder der Vereinten Nationen oder zumindest einer UN-Sonderorganisation[1284]. Demnach war die Mitgliedschaft Liechtensteins in UPU und UIT Voraussetzung für die Einladung zu der Konferenz in Genf im Jahre 1964 und für die sich später daraus ergebende und bis auf den heutigen Tag bestehende Mitgliedschaft in UNCTAD.

1280 KÖCK / FISCHER, Das Recht der Internationalen Organisationen, S. 411.

1281 SIEGFRIED MAGIERA in: ANDERSEN / WOYKE, Handwörterbuch Internationale Organisationen, S. 180.

1282 JANSEN, Liechtenstein und die Vereinigten Staaten, S. 30.

1283 Vgl. KÖCK / FISCHER, Das Recht der Internationalen Organisationen, S. 472.

1284 RALF MARXEN in : WOLFRUM, Handbuch Vereinte Nationen, S. 889.

d) Internationale Atomenergie-Organisation (IAEA)

Der nächste Beitritt in eine Organisation der UN-Familie[1285] erfolgt knapp vier Jahre später, als Liechtenstein am 11. November 1968 Mitglied der Internationalen Atomenergie-Organisation (International Atomic Energy Agency / IAEA) wird[1286]. Die Hauptaufgabe der IAEA ist die Förderung der zivilen Nutzung der Kernenergie und zugleich die Verhinderung des Missbrauchs der Technik für militärische Zwecke (vgl. Art. II der Satzung der Organisation)[1287]. Die Satzung trat am 29. Juli 1957 in Kraft.

Die Organisation ist zudem Grundlage für die Ausarbeitung des am 1. Juli 1968 von Großbritannien, der USA und der Sowjetunion unterzeichneten und 1970 in Kraft getretenen sog. Atomsperrvertrages, worin sich alle Staaten, die über Atomwaffen verfügen, verpflichten, die übrigen Staaten einerseits in deren Unterfangen der Nutzung der Kernkraft auf ziviler Basis zu unterstützen, ihnen andererseits aber keinerlei Waffen mit Kernsprengköpfen weiterzureichen. Die Nicht-Atomstaaten erklären im Gegenzug, dass sie auf die Annahme, Herstellung und auf den Erwerb solcher Waffen verzichten und diesbezüglich Kontrollen zulassen werden[1288]. Liechtenstein unterlässt zunächst die Unterzeichnung des Vertrages, was nach dem Beitritt zur IAEA als Inkonsequenz gesehen werden muss. Es drängt sich der Verdacht auf, dass beim Engagement um die Mitgliedschaft in der internationalen Organisation *„...die internationale Absicherung der Souveränität im Vordergrund...“* stand[1289]. Der Beitritt zum Atomsperrvertrag am 20. April 1978 erfolgt

---

[1285] Die IAEA ist keine Sonderorganisation der UN im Sinn von Art. 57, da dich das Verhältnis zwischen der Weltorganisation und der IAEA nicht nach Art. 63 bestimmt, sondern *„...zwischen der Generalversammlung und der IAEA direkt (d. h. ohne Einschalten des Wirtschafts- und Sozialrats) am 14. November 1957 ein Kooperations abkommen geschlossen wurde“*; Quelle: KÖCK / FISCHER, Das Recht der Internationalen Organisationen, S. 470; die Autoren sehen die IAEA deshalb nicht als *„formell“*, jedoch *„materiell“* als Spezialorganisation der UN.

[1286] JANSEN, Liechtenstein und die Vereinten Nationen, S. 31.

[1287] Vgl. ERWIN HÄCKEL in: ANDERSEN / WOYKE, Handwörterbuch Internationale Organisationen, S. 155. Nachdem seit dem Zweiten Weltkrieg diverse Versuche, die zerstörerischen Kräfte der neuentdeckten atomaren Energiegewinnungsform unter internationale Kontrolle zu stellen, gescheitert waren (Ausführliche Details zur bald zwölfjährigen Entstehungsgeschichte der IAEA liefert: NORBERT PELZER in: WOLFRUM, Handbuch Vereinte Nationen, S. 282 ff.), muss die Satzung der IAEA, die von den Teilnehmerstaaten im Herbst nach New York einberufenen Konferenz einstimmig angenommen wurde, als bescheiden bezeichnet werden, da sie *„...weder den Verzicht auf Kernwaffen noch eine Einschränkung nationaler Souveränitätsrechte...“* verlangt (ERWIN HÄCKEL in: ANDERSEN / WOYKE, Handwörterbuch Internationale Organisationen, S. 154).

[1288] Zum Atomsperrvertrag vgl. KÖCK / FISCHER, Das Recht der Internationalen Organisationen, S. 469 f.

[1289] So JANSEN, Liechtenstein und die Vereinten Nationen, S. 29, zu allen Mitgliedschaften Liechtenstein in den Sonderorganisationen der UN:

erst, nachdem die Schweiz sich im Jahre 1977 für dessen Ratifikation entscheidet. Über den Zollvertrag mit der Schweiz wäre das Fürstentum als Schweizer Zollinnenland ohnehin gezwungen gewesen, die nötigen Kontrollen zuzulassen[1290]. Damit bezeugt der Beitritt zum Atomsperrvertrag nicht die außenpolitische Emanzipation Liechtenstein, sondern ein weiteres Beispiel für die Sogwirkung der Anbindung an die Schweiz[1291].

e) Weltorganisation für geistiges Eigentum (WIPO)

Die Weltorganisation für geistiges Eigentum (World Intellectual Property Organization / WIPO) erfuhr ihre Gründung[1292] am 14. Juli 1967 in Stockholm und wurde mittels eines Abkommens mit den Vereinten Nationen zu einer Sonderorganisation der Weltorganisation[1293]. Ziel der WIPO ist die weltweite Förderung des Schutzes des geistigen Eigentums, wobei gewerbliches Eigentum und Urheberrechte umfasst sind[1294]. Eine Vereinheitlichung soll dadurch erreicht werden, dass die neue Organisation mehrere ältere internationale Verbände koordinieren und ersetzen soll, da bis zur Gründung von WIPO die internationale Regelung zu gewerblichem Eigentum und Urheberrechten verschiedenen Verbänden übertragen war[1295]. Als langjähriges Mitglied dieser aus dem 19. Jahrhundert stammenden Verbänden tritt Liechtenstein der Organisation am 21. Mai 1972 bei[1296]; der zugrundeliegende Vertrag kollidiert inhaltlich auch nicht mit dem Regelungsbereich der schweizerisch-liechtensteinischen Verträge.

1290 Zum Beitritt Liechtenstein zum Atomsperrvertrag vgl.: JANSEN, Liechtenstein und die Vereinten Nationen, S. 31.

1291 Zu Folgeverpflichtungen der vertraglichen Anbindung an die Schweiz vgl. bereits Kap. 3, B.II.2.b)ee).

1292 BGBl. 1970 II, S. 293 ff.

1293 DIETMAR BACHMANN / CHRISTIANE PHILIPP / TOBIAS STOLL in: WOLFRUM, Handbuch Vereinte Nationen, S. 1108.

1294 Vgl. DIETMAR BACHMANN / CHRISTIANE PHILIPP / TOBIAS STOLL in: WOLFRUM, Handbuch Vereinte Nationen, S. 1111. Neben praktischer Hilfe und Information bezüglich Eigentumsschutz und Patentverfahren soll die Organisation vor allem eine „...*Förderung von Maßnahmen zur Angleichung der innerstaatlichen Rechtsvorschriften betreffend den Schutz des geistigen Eigentums...*“ und Hilfe „...*zum Zustandekommen internationaler Vereinbarungen auf diesem Gebiet...*“ leisten (KÖCK / FISCHER, Das Recht der Internationalen Organisationen, S. 422).

1295 „*Um diese Aufgabe [weltweite Förderung des Schutzes des geistigen Eigentums] erfüllen zu können, nimmt die WIPO die Verwaltungsaufgaben des Pariser Verbandes zum Schutze des gewerblichen Eigentums von 1883 und des Berner Verbandes zum Schutze von Werken der Literatur und Kunst von 1886 sowie der ihnen angegliederten Verbände wahr*“, Quelle: DIETMAR BACHMANN / CHRISTIANE PHILIPP / TOBIAS STOLL in: WOLFRUM, Handbuch Vereinte Nationen, S. 1108.

1296 BGBl. 1972 II, S. 384, 856; die offizielle Homepage des Fürstentums Liechtenstein (http://www.liechtenstein.Liechtenstein/Staat/pol/pol4.html.de) geht dagegen ohne Nennung ihrer Quelle vom 17. Februar 1972 als Beitrittsdatum aus.

f) Wirtschaftskommission der Vereinten Nationen für Europa (ECE)

Die Wirtschaftskommission der Vereinten Nationen für Europa (Economic Commission for Europe / ECE) ist eine Schöpfung des Wirtschafts- und Sozialrates der Vereinten Nationen (Economic and Social Council / ECOSOC). Dieser ist nach Art. 68 SVN berechtigt, *„...alle (...) zur Wahrnehmung seiner Aufgaben erforderlichen Kommissionen...“* einzusetzen[1297]. Im Mai 1947 gründet der Wirtschafts- und Sozialrat die regionale Wirtschaftskommission ECE auf dieser Grundlage als ursprünglich als *„...provisorische Einrichtung(...), die Aufgaben bei der Koordination des Wiederaufbaus [nach dem Zweiten Weltkrieg] übernehmen...“* sollte; bereits im Jahre 1951 bekam die ECE mittels Resolution des ECOSOC schließlich einen dauerhaften Status[1298]. Nachdem Europa die größten Kriegsschäden überwunden hatte, ergibt sich für das Organ aus der weltpolitischen Lage in Europa ein thematischer Wandel: die ECE *„...entwickelte sich (...) zu einem Forum für die graduelle Wiederannäherung von Ost und West...“*; zudem legte die Organisation verstärkte Bemühungen *„...auf die Bereiche Umwelt, Verkehr, Statistik, Handelserleichterungen und Wirtschaftsanalysen...“*[1299].

Obwohl durchaus auch Nichtmitglieder der Vereinten Nationen eine Vollmitgliedschaft in der ECE erreichen können[1300], hat das Liechtenstein jahrzehntelang sich nicht um eine Mitgliedschaft bemüht. Immerhin wurde dem Fürstentum anlässlich der 31. Vollversammlung am 30. März 1976 der ECE ein Konsultativstatus eingeräumt[1301]. Vollmitglied wird Liechtenstein erst mit seiner Aufnahme in die Vereinten Nationen am 18 September 1990[1302]. Bezüglich des Konsultativstatus fällt auf, das dem Kleinstaat diese Stellung eingeräumt wurde, nachdem die Eidgenossenschaft im Jahre 1971 Mitglied der Wirtschaftskommission geworden war[1303]. Ein weiteres Mal ist das Fürstentum der Schweiz in eine Unterorganisation gefolgt.

1297 Der ECOSOC hat eine Vielzahl derartiger Unterorgane eingesetzt, die man nach KÖCK / FISCHER, Das Recht der Internationalen Organisationen, S. 247, in *„...drei Gruppen einteilen kann: Functional Commissions, Regional Economic Commissions and Standing Committees. Daneben gibt es noch Expert Bodies und (autonome) Related United Nations Organs and Programs“.*

1298 TOBIAS STOLL in: WOLFRUM, Handbuch Vereinte Nationen, S. 1118 f.

1299 WILFRIED LOTH in: ANDERSEN / WOYKE, Handwörterbuch Internationale Organisationen, S. 455 f.

1300 Beispielsweise ist die Bundesrepublik Deutschland, die erst seit 1973 Mitglied der Vereinten Nationen ist, seit dem 15. Dezember 1955 Vollmitglied der ECE, vgl. TOBIAS STOLL in: WOLFRUM, Handbuch Vereinte Nationen, S. 1122.

1301 JANSEN, Liechtenstein und die Vereinten Nationen, S. 32.

1302 Vgl. die offizielle Homepage des Fürstentums mit dem Stand vom 8. März 2002: http://www.liechtenstein.li/Staat/pol/pol4.html.de.

1303 Vgl. WILFRIED LOTH in: ANDERSEN / WOYKE, Handwörterbuch Internationale Organisationen, S. 453.

2. Mitgliedschaften in europäischen Organisationen und Konferenzen

Neben den Mitgliedschaften in Organisationen der UN-Familie verfügt Liechtenstein auch über solche in Organisationen ausschließlich europäischer Bedeutung, die – anders als die ECE – nicht im unmittelbaren Zusammenhang mit den Vereinten Nationen stehen.

a) Die Konferenz der Europäischen Post- und Fernmeldeverwaltungen (ECPT)

Ein Beispiel dafür ist die Konferenz der Europäischen Post- und Fernmeldeverwaltungen (European Conference of Postal and Telecommunications Administrations / ECPT); sie geht zurück auf eine Initiative der (damals) sechs Mitglieder der Europäischen Wirtschaftsgemeinschaft, die sich für Post- und Telekommunikationsfragen eine Zusammenarbeit auf einer größeren europäischen Basis wünschten[1304]. Die ECPT gehört zu einem *„...Netz kleinerer Internationaler Organisationen...“* auf europäischer Ebene, die vom Europarat geschaffen oder deren Entstehung von ihm zumindest angeregt wurde und die typischerweise die *„...Arbeit (...) weltweiter Parallelorganisationen...“* ergänzen[1305]. So steht bezüglich der Aktivitäten der ECPT neben der Verbesserung und Vereinfachung der internationalen Post- und Telekommunikationsdienste die Ausarbeitung von gemeinsamen Positionen für Verhandlungen auf der Ebene von UPU und UIT im Vordergrund; dazu kommt die Organisation von gemeinsamen Dienstleistungen, wie beispielsweise die Ausgabe der sog. *„Europamarken“*[1306]. Letzteres ist für das Fürstentum Liechtenstein von besonderem Interesse, da der weltweite Verkauf von Briefmarken an Philatelisten einen wichtigen Wirtschaftzweig darstellt und sich das Land insoweit eine Ausnahme aus dem Postvertrag mit der Schweiz ausbedungen hat.

Nach Art. 3 Abs. 1 des der internationalen Zusammenarbeit zugrunde liegenden Abkommens steht eine Mitgliedschaft lediglich europäischen Post- und Telekom-

---

[1304] So trafen sie sich mit anderen sieben Mitgliedstaaten des Europarates im September 1958 zu einer Konferenz, auf der die Grundlagen für den technischen und nicht-politischen Charakter der zu gründenden Organisation gelegt wurden. In der Folge wurde von einem vorbereitenden Komitee der Text des *„Arrangement Establishing the European Conference of Postal and Telecommunications Administrations“* (Text abgedruckt in: European Yearbook, Vol. 7 (Jahrgang 1959), S. 638 ff.; im weiteren lediglich *„Arrangement“*) ausgearbeitet, welches am 26. Juni 1959 in Montreux unterzeichnet wurde und am 30. September 1959 in Kraft trat (vgl. Bundesanzeiger Nr. 3/60; zur Entstehung der Konferenz vgl. WEBER, European Conference of Postal and Telecommunications Administrations, in: BERNHARDT, EPIL, Band II, S. 184). Ausführlich zu den Umständen der Entstehung der Konferenz: KOLLER, Die Entstehungsgeschichte der Europäischen Konferenz der Verwaltungen für Post und Fernmeldewesen, S. 237 ff.

[1305] SEIDL-HOHENVELDERN / LOIBL, Das Recht der Internationalen Organisationen, Rn. 2212.

[1306] WEBER, European Conference of Postal and Telecommunications Administrations, in: BERNHARDT, EPIL, Band II, S. 185; die Aufgaben der Konferenz ergeben sich aus Art. 4 des Arrangements.

munikationsverwaltungen offen, die bereits Mitglied in UPU oder UIT geworden sind. Als Konsequenz bedarf es für sie keines Aufnahmeverfahrens; vielmehr genügt ein einfacher Aufnahmeantrag, da das Vorliegen der Voraussetzungen für die Aufnahme auf Grund der Prüfung anlässlich des Beitritts zur Organisation auf weltweiter Ebene als geprüft gelten kann[1307]. Auf der Grundlage dieser Regelung trat schließlich auch Liechtenstein der Konferenz am 13. September 1969 bei[1308]; der Automatismus der Vertragsregelung ersparte dem Fürstentum die Diskussion, ob seine Kleinstaatlichkeit der Mitgliedschaft entgegenstehen könnte. Auf diese Weise erreichte Liechtenstein nach dem Zweiten Weltkrieg eine erste Mitarbeit auf europäischer Ebene, was dem kleinen Land die Möglichkeit verschaffte, auch auf diesem Niveau seine Völkerverkehrsfähigkeit unter Beweis zu stellen. Außerdem sollte diese erste Mitgliedschaft den Grundstein legen für eine später viel stärkere Integration in europäische Organisationen. Allerdings fällt auf, dass Liechtenstein auch hier nur der Schweiz nachfolgte, da diese den Vertrag bereits als Gründungsmitglied der ECPT im Jahre 1959 unterzeichnet hatte[1309].

b) Die Entwicklungsbank des Europarates (CEB)

Die Entwicklungsbank des Europarates (Council of Europe Development Bank / CEB) wurde ursprünglich vom Ministerkomitee des Europarates durch die Resolution (56) 9 vom 16. April 1956 als *„Wiedereingliederungsfond des Europarates für nationale Flüchtlinge und Bevölkerungsüberschüsse“* begründet[1310]. Zweck der Organisation

[1307] Art. 3 Abs. 2 S. 1 des Arrangements lautet: *"The European postal and telecommunications Administrations that have signed this Arrangement shall automatically become member of the Conference on confirming their signature"*.

[1308] Vgl. Bundesanzeiger Nr. 223/69, aber auch die offizielle Liechtenstein-Homepage http://www.liechtenstein.li/Staat/pol/pol4_1.html.de (Stand: 8. März 2002).

[1309] Vgl. European Yearbook, Vol. 7 (1959), S. 646 f.

[1310] Council of Europe Resettlement Fund for National Refugees and Over-population in Europe, Die Entschließung des Ministerkomitees im englischsprachigen Originaltext findet sich bei: HUMMER / WAGNER, Österreich im Europarat, Band II, S. 165 (Dokument 35); der Volltext der Satzung des Wiedereingliederungsfonds in deutscher Sprache findet sich im selben Materialienband auf den S. 28 ff. (Dokument 8a); zur Entstehungsgeschichte des Fonds vgl.: COUNCIL OF EUROPE, Manual of the Council of Europe, S. 194 ff. Es handelt sich dabei um ein sog. *„Teilabkommen“*, welches von *„...einzelnen interessierten Mitgliedstaaten des Europarates...“*, die *„...eine engere vertragliche Zusammenarbeit in einem spezifischen Bereich auch dann...“* wünschen, *„...wenn andere Mitgliedstaaten daran nicht teilnehmen wollen“*; HUMMER /WAGNER, in: HUMMER / WAGNER, Österreich im Europarat, Band II, S. 162 f., die auf die Vorteile für die Integration im Wege eines durch die Teilabkommen entstehendes *„Europa à la carte“* hinweisen; da sich in Wiederspruch zu Art. 20 d des Statuts des Europarates, der lediglich eine *„...Zweidrittelmehrheit der abgegebenen Stimmen und der einfachen Mehrheit der Stimmen aller Vertreter...“* der Mitgliedstaaten im Ministerkomitee als ausreichend bezeichnet, im Ministerkomitee eine Praxis der Einstimmigkeit eingeschlichen hatte, musste die Möglichkeit des Abschlusses von Teilabkommen *„...mit statuarischer Entschließung 1951 (62) vom Ministerkomitee auf die Empfehlung (1950) der Parlamentarischen Ver-*

war ursprünglich, „*...die Gewährung von Darlehen an Mitgliedstaaten, die nationale Flüchtlinge zu integrieren oder mit sonstigen demographischen Problemen zu kämpfen...*" hatten[1311]. Nachdem der Fond zwischenzeitlich in „*Sozialfond des Europarates*"[1312] umbenannt worden war, bekam er auf Grund eines einstimmigen Beschlusses des Verwaltungsrates (Governing Board) des Fonds vom 28. Juni 1999 mit Wirkung zum 1. November 1999 erneut eine neue Bezeichnung: „*Council of Europe Development Bank (CEB)*"[1313]. Die Bank verfügt über rechtliche und finanzielle Unabhängigkeit gegenüber dem Europarat[1314].

Der Beitritt in den Wiedereingliederungsfond war Liechtenstein diesmal nicht über einen Automatismus geebnet. Art. III der Satzung sah eine Aufnahme von Nichtmitgliedsländern des Europarates vor, allerdings unter Maßgabe „*... besondere[r] Bedingungen, die der Fond für jeden Fall festsetzen kann...*", vor allem unter der Voraussetzung, dem Fond ein bestimmtes Kapital zur Verfügung zu stellen. Trotzdem trat Liechtenstein dem Fond am 14. Januar 1976 bei[1315]; am 31. Dezember 2000 betrug der Kapitalanteil Liechtensteins an der CEB 0,09 %[1316]. Insofern ist die Mitgliedschaft für die Behauptung des Fürstentums auf europäischer Ebene von noch höherer Bedeutung als die Mitgliedschaft in der ECPT. SEILER gibt die Ansicht des (damaligen) Ständigen liechtensteinischen Vertreters beim Europarat JOSEF WOLF aus einem Interview wieder, indem er das „*...Engagement Liechtensteins...*", das zur Aufnahme in den Wiedereingliederungsfond führte, als einen „*...jener zahlreichen, wichtigen Beiträge...*" bewertet, „*...die schließlich die Aufnahme Liechtenstein in den Europarat ermöglichen sollten...*"[1317].

---

sammlung..." wieder eingeführt werden; die Entschließung sieht vor, dass ein Teilabkommen auch von den Staaten genehmigt werden muss, die nicht an der Teilnahme am Abkommen interessiert sind (Text abgedruckt bei: HUMMER / WAGNER, Österreich im Europarat, Band II, S. 12.

1311 WALDEMAR HUMMER, in: HUMMER / WAGNER, Österreich im Europarat, Band I, S. 25.

1312 SEILER, Kleinststaaten im Europarat, S. 190, Fn. 49; vgl. aber auch die folgende Internet-Seite: http://www.imf.org/external/np/sec/decdo/ceb.htm (Stand: 25. März 2002).

1313 Der Beschluss ist in englischer Sprache zugänglich auf der Homepage der CEB: http://www.coebank.org; darin heißt es ausdrücklich: "*The Governing Board stressed that the name change did not affect the social vocation of the institution*".

1314 So jedenfalls die eigene Homepage der CEB mit Stand vom 25. März 2002: http://www.coebank.org/en/presse/pagequestions.htm; dies ergibt sich jedoch auch aus ihrer Eigenschaft als Institution, die auf einem Teilabkommen basiert.

1315 SEILER, Kleinststaaten im Europarat, S. 190, der die eingehend die erste Kontaktaufnahme liechtensteinischer Stellen mit dem Fond beschreibt; vgl. auch V. LIECHTENSTEIN, Liechtensteins Mitgliedschaft im Europarat, S. 207.

1316 Vgl. http://www.coebank.org/en/pays/liesch.htm

1317 SEILER, Kleinststaaten im Europarat, S. 190.

c) Die Europäische Patentorganisation (EPO)

Die Europäische Patentorganisation (European Patent Organisation / EPO) war die nächste internationale Organisation, der Liechtenstein, am 1. April 1980, beitrat[1318]. Die EPO wurde durch das Europäische Patentübereinkommen (EPÜ)[1319] geschaffen, welches am 1. November 1977 in Kraft trat[1320]. Die Notwendigkeit für eine internationale Zusammenarbeit zum Schutze gewerblicher Rechte war bereits nach dem Zweiten Weltkrieg offensichtlich geworden. Eine französische Initiative im Rahmen des Europarates, die auf die Gründung eines „*European Patent Office*" gerichtet war, bewirkte zwar den Abschluss einer Reihe wichtiger Übereinkommen im Bereich des gewerblichen Rechtsschutzes, führte aber nicht zur Einrichtung einer einschlägigen Institution. So wurden nach dem Abschluss der Römischen Vertrage die Verhandlungen auf die Europäische Wirtschaftsgemeinschaft (EWG) übertragen. Die Mitgliedstaaten der EWG entschieden sich für ein zweigleisiges Vorgehen; das EPÜ sollte auch für Nicht-Mitgliedstaaten des Europäischen Wirtschaftsraumes offenstehen, während ein zweites auf dem EPÜ aufbauendes Abkommen eine vertiefte Zusammenarbeit der EU-Staaten fassen sollte[1321]. Dieses Abkommen wurde in der Folge zwar geschlossen, trat aber bis zum heutigen Tag nicht in Kraft[1322].

Hierin liegt die besondere Bedeutung der Mitgliedschaft in der EPO für Liechtenstein: die EU-Staaten haben sich bisher kein eigenes Regime im Patentrecht geschaffen. Berücksichtigt man, dass bis vor kurzem neben den Mitgliedstaaten der Europäischen Union lediglich Monaco, Liechtenstein, die Schweiz und Zypern dem EPÜ beigetreten sind und dass es sich dabei ausnahmslos um Kleinstaaten handelt, wird jedoch die Übermacht der EU-Staaten in der Organisation deutlich. Erst am 28. August 2000 trat mit der Türkei ein Nicht-Kleinstaat mit Wirkung zum 1. November 2000 bei, der nicht gleichzeitig Mitglied der Europäischen Union ist[1323]. In einer solchen Organisation, die bezüglich ihrer Zusammensetzung nur wenig von der der Europäischen Union abweicht, kann der Kleinstaat beweisen, dass er in der Lage ist, auf einer solchen Ebene als verlässlicher Partner mitzuarbeiten. Insofern könnte man – zugegebenermaßen etwas provokant – die These aufstellen, dass die EPO für Liechtenstein als Trainingsgelände für einen früher oder später erfolgenden EU-Beitritt fungieren könnte.

1318 SINGER / SINGER, EPÜ-Kommentar, Art. 169.

1319 BGBl. 1976 II, S. 826, vgl. insbesondere Art. 4 Abs. 1 EPÜ: *„Durch dieses Übereinkommen wird eine Europäische Patentorganisation gegründet,...*".

1320 STAEHELIN, European Patent Organisation, in: BERNHARDT, EPIL, Band II, S. 274.

1321 STAEHELIN, European Patent Organisation, in: BERNHARDT, EPIL, Band II, S. 273 f.

1322 SEIDL-HOHENVELDERN / LOIBL, Das Recht der Internationalen Organisationen, Rn. 0823, die auch die Fundstelle für den noch nicht in Kraft getretenen Vertrag angeben: ABl. EG 1976, Nr. L 17/1, 129/30.

1323 Vgl. ABl. EPA, 10/2000, S. 443.

d) Europäische Fernmeldesatelliten-Organisation (EUTELSAT)

Die Europäische Fernmeldesatelliten-Organisation (European Telecommunications Satellite Organisation / EUTELSAT) wurde 1977 von 17 europäischen Staaten als zwischenstaatliche internationale Organisation zunächst[1324] provisorischer Natur gegründet. Vor dem Hintergrund des europäischen Wunsches nach Unabhängigkeit von den Einrichtungen der Großmächte sollte EUTELSAT die Herstellung, den Unterhalt und die kommerzielle Vermarktung der von der ESA (European Space Agency) entwickelten Satellitensysteme bewerkstelligen[1325]. Da diese Aufgabe nur von fast allen europäischen Staaten zusammen bewältigt werden kann[1326], ist die Organisation ein gutes Beispiel dafür, dass angesichts der modernen Technik auch größere bis große Staaten ehedem kleinstaatlichen Funktionsdefiziten verfallen. Liechtenstein hat auch zu dieser Körperschaft Zugang erlangt; der Beitritt erfolgte mit Wirkung zum 4. Februar 1987[1327].

e) Europäische Bank für Wiederaufbau und Entwicklung (EBRD)

Der Umbruch in Osteuropa und die sich daraus ergebende Gefahr der Labilität der betroffenen Staaten bewirkte eine Initiative zur *„...Gründung einer neuen internationalen Finanzinstitution mit europäischem Akzent (...), mit deren Hilfe der Transformationsprozess finanziell und technisch unterstützt und nach westlichen Vorstellungen ausgerichtet werden sollte...“*[1328]. Resultat dieser Bestrebung war die Einrichtung der Europäischen Bank für Wiederaufbau und Entwicklung (European Bank for Reconstruction and Development / EBRD), welche ihre völkerrechtliche Grundlage durch ein entsprechendes Übereinkommen[1329] erhielt, das am 29. Mai 1990 in Paris unterzeichnet wurde. Gemäß Art. 3 Abs. 1 Ziff. i) des Übereinkommens zur Errichtung der EBRD steht die Mitgliedschaft allen europäischen Länder offen, ohne dass diese zusätzliche Voraussetzungen erfüllen müssten, sowie nichteuropäischen Ländern, die Mitglieder des Internationalen Währungsfonds sind[1330]. Daneben können nach Art. 3

[1324] Erst mit dem Übereinkommen vom 15. Juli 1982, welches am 1. September 1985 in Kraft trat, erhielt die Organisation eine dauerhafte Struktur; vgl. BGBl. 1985 II, S. 115; die Bundesrepublik Deutschland war Gründungsmitglied.

[1325] WOLFRUM, EUTELSAT, in: BERNHARDT, EPIL, Band II, S. 300.

[1326] FISCHER in: IPSEN, Völkerrecht, § 56, Rn. 81, der für den 31. Dezember 1998 einen Mitgliederstand von EUTELSAT von 43 Mitgliedstaaten angibt.

[1327] BGBG. 1987 II, S. 616.

[1328] CORD JAKOBEIT in: ANDERSEN / WOYKE, Handwörterbuch Internationale Organisationen, S. 90, der darauf hinweist, dass die Initiative aus dem Beraterstab des französischen Staatspräsidenten François Mitterrand stammte; der Autor individualisiert zudem konkret den Berater JACQUES ATTALI als *„...geistige[n] Vater...“* der EBRD.

[1329] Vgl. BGB 1991 II, S. 183 ff., 836.

[1330] Die Tatsache, dass auch nichteuropäische Länder zugelassen sind, macht deutlich, dass nicht die europäische Dimension der internationalen Organisation im Vordergrund steht, sondern es auf die Förderung der Werte der westlichen Gesellschaft ankommt. Dies ergibt sich auch aus der Zwecksetzung der Bank in Art. 1 des Übereinkommens: *„Zweck*

Abs. 1 Ziff. ii) auch die Europäische Wirtschaftsgemeinschaft und die Europäische Investitionsbank beitreten.

Liechtenstein tritt der Organisation mit Wirkung zum 28. März 1991 durch Hinterlegung der Ratifikationsurkunde bei der Französischen Regierung bei[1331]. Der Anteil des Fürstentums am Stammkapital der Bank, welches nach Art. 4 Abs. 1 des Übereinkommens 10 Milliarden ECU ausmacht beträgt heute 4 Millionen Euro[1332]. Mit der Mitgliedschaft in dieser Organisation der wirtschaftlichen Entwicklungshilfe beweist der Kleinstaat, dass er durchaus in der Lage ist, über seine Landesgrenzen hinaus zu denken und sich in größeren politischen Zusammenhängen zu engagieren. Zudem macht Liechtenstein angesichts der Ausrichtung der Organisation durch seinen Beitritt ein weiteres Mal klar, dass es fest an der Seite der westlichen Demokratien steht.

f) Die Europäische Verkehrsministerkonferenz (ECMT)

Eine weitere Mitgliedschaft Liechtensteins in einer europäischen Spezialorganisation datiert aus dem Jahr 2000. Am 8. März 2000 trat das Protokoll über die Europäische Konferenz der Verkehrsminister vom 17. Oktober 1953 (European Conference of Ministers of Transport / ECMT)[1333] auch für das Fürstentum in Kraft[1334]. Nach Art. 3 des Protokolls liegen die Aufgaben der Organisation darin, Maßnahmen zu entwickeln und umzusetzen, dem grenzüberschreitenden Verkehr in Europa den größtmöglichen Nutzen abzugewinnen und dessen vernünftige Entwicklung zu fördern[1335]. Dies fügte sich ein in die Zielsetzung der Organisation für Europäische Wirtschaftliche Zusammenarbeit (Organisation for European Economic Co-operation / OEEC)[1336], die als Organisation den *„...wirtschaftlichen Wiederaufbau Europas...“*[1337] unterstützend begleiten sollte und in diesem Zusammen-

---

der Bank ist es, durch Unterstützung des wirtschaftlichen Fortschritts und Wiederaufbaus in den mittel- und osteuropäischen Ländern, die sich zu den Grundsätzen der Mehrparteiendemokratie, des Pluralismus und der Marktwirtschaft bekennen und diese anwenden, den Übergang zur offenen Marktwirtschaft zu begünstigen sowie die private und unternehmerische Initiative zu fördern“.

1331 Vgl. BGBl. 1991 II, S. 953.

1332 Vgl.: http://www.ebrd.com/english/about/basics/members.htm (Stand: 25. März 2002).

1333 Vertragstext veröffentlich in: UNTS, Bd. 184, S. 41 ff.

1334 Vgl. BGBl. 2000 II, S. 1054.

1335 Art. 3 des Protokolls definiert die Aufgabe der Konferenz wie folgt: *"The purposes of the Conference shall be: a) to take whatever measures may be necessary to achieve, at general or regional level, the maximum use and most rational development of European inland transport of international importance; b) to co-ordinate and promote the activities of international organisations concerned with European inland transport, taking into account the work of supranational authorities in this field".*

1336 Die zugrundeliegende Convention for European Economic Co-operation ist veröffentlicht in: UNTS, Band 888, S. 142 ff.

1337 SEIDL-HOHENVELDERN / LOIBL, Das Recht der Internationalen Organisationen, Rn. 3004.

hang die Schaffung der ECMT angeregt hatte[1338]. Nachdem die OEEC am 14. Dezember 1960 in die Organisation für Wirtschaftliche Zusammarbeit und Entwicklung (Organisation for Economic Co-operation and Development / OECD) überführt worden[1339] war, ging auch das Näheverhältnis der ECMT zur OEEC auf die OECD über. Obwohl die ECMT als Organisation stets eigenständig war, bestanden und bestehen bestimmte Verknüpfungen mit der OECD[1340]. Die ECMT kann deshalb in Bezug auf die OECD wohl nur als halb-autonomes Organ zu sehen sein[1341].

Aus diesem Blickwinkel muss schließlich auch die Mitgliedschaft Liechtenstein in der ECMT bewertet werden. Das Fürstentum ist bis auf den heutigen Tage kein Mitglied in der OECD. Über die Europäische Konferenz der Transportminister erhält der Kleinstaat jedoch eine gewisse Nähe auch zur OECD. Nachdem bereits die (damals) 35 Mitgliedstaaten der ECMT gem. Art. 15 Abs. 1 des Protokolls einmütig für die Aufnahme Liechtenstein gestimmt haben, erscheint – Interesse auf liechtensteinischer Seite vorausgesetzt – auch eine Aufnahme in die OECD nach einer bestimmten Bewährungszeit in der ECMT nicht ausgeschlossen.

3. Mitgliedschaften in sonstigen Organisationen und Institutionen

Das Fürstentum ist auch Mitgliedsstaat von Organisationen und Institutionen, die weder auf Europa begrenzt sind noch in Verbindung mit dem Vereinten Nationen stehen.

a) Die Internationale Kriminalpolizeiliche Organisation (ICPO - INTERPOL)

Die heutige Struktur der Internationalen Kriminalpolizeilichen Organisation (International Criminal Police Organisation /ICPO) ergibt sich aus ihrem Statut, welches 1956 in Wien beschlossen wurde und am 13. Juni 1956 in Kraft trat[1342]. Heute

---

1338 MIEHSLER, European Conference of Ministers of Transport, in: BERNHARDT, EPIL, Band II, S. 180.

1339 Vgl. UNTS, Band 888, S. 179 ff.; BGBl. 1961 II, S. 1151.

1340 Schon seit der Gründung der Organisation bestanden *„...close ties...“* des Verwaltungssekretariats der ECMT (Art. 7 des Protokolls) mit dem Sekretariat der OEEC; diese Verbindung wurde auch später mit der OECD weitergepflegt, schließlich sogar ein *„...special liaison committee...“* gebildet um die Zusammenarbeit der beiden Organisationen zu erleichtern. Nach Art. 10 lit. A des Protokolls werden auch die Gehälter des Verwaltungssekretariats von der OEEC (jetzt OECD) bestritten. Vgl. MIEHSLER, European Conference of Ministers of Transport, in: BERNHARDT, EPIL, Band II, S. 181.

1341 So wird die ECMT auf der offiziellen Homepage der OECD unter der Kategorie *„semi-autonomous bodies“* geführt (vgl. pdf-file *„OECD Organisation Chart“* auf: http://www.oecd.org/EN/about/0,,EN-about-0-nodirectorate-no-no-no-0,FF.html - Stand 27. März 2002).

1342 Vgl. STIEBLER, INTERPOL, S. 38; auf den S. 129 ff. des zitierten Werkes ist der Ver-

kann auf Grund internationaler Praxis davon ausgegangen werden, dass es sich bei der ICPO um eine zwischenstaatliche internationale Organisation (IGO), nicht lediglich um eine nichtstaatliche internationale Organisation (NGO) handelt, obwohl sie ursprünglich *„...nicht von den Staaten, sondern von den nationalen Polizeibehörden begründet worden...“*[1343] war. Die Zielsetzung der heute 179 Mitgliedstaaten[1344] zählenden Organisation erfasst eine möglichst weitgehende Zusammenarbeit der nationalen Behörden der Kriminalpolizei zur Bekämpfung der internationalen Kriminalität[1345]. Liechtenstein tritt der ICPO im Jahre 1960 bei[1346].

b) Die Internationale Fernmeldesatelliten-Organisation (INTELSAT)

Am 20. August 1964 wurde von 19 Staaten das Übereinkommen zur Vorläufigen Regelung für ein Weltweites Kommerzielles Satelliten-Fernmeldesystem unterzeichnet[1347]. Die provisorische Regelung wurde am 20. August 1971 vom Übereinkommen über die Internationale Fernmeldesatellitenorganisation (International Telecommunications Satellite Organisation / INTELSAT) abgelöst[1348]. Was Struktur und Funktionen angeht, sind die bereits angesprochene EUTELSAT und INTELSAT sehr ähnlich[1349]; insofern kann INTELSAT als Vorlage für die europäische Regionalorganisation angesehen werden. Die Hauptaufgabe von INTELSAT

---

tragstext als Anlage I veröffentlicht. Die ICPO ist die Nachfolgeorganisation der bereits 1923 begründeten und nach dem Zweiten Weltkrieg wiederbelebten Internationalen Kriminalpolizeilichen Kommission (ICPC); zu den geschichtlichen Zusammenhängen vgl. GALLAS, INTERPOL, in: BERNHARDT, EPIL, Band II, S. 1414 bzw. VALLEIX, INTERPOL, S. 622.

1343 SEIDL-HOHENVELDERN / LOIBL, Das Recht der Internationalen Organisationen, Rn. 0103b; so auch EICK / TRITTEL, Verfassungsrechtliche Bedenken gegen deutsche Mitarbeit bei Interpol, S. 82, darauf hinweisen, dass in Deutschland immer noch das erforderliche Zustimmungsgesetz aussteht; STIEBLER, INTERPOL, S. 126; a. A.: GALLAS, INTERPOL, in: BERNHARDT, EPIL, Band II, S. 1414; KÖCK / FISCHER, Das Recht der Internationalen Organisationen, S. 59.

1344 Vgl. http://www.interpol.int/Public/Icpo/Members/default.asp (28. März 2002).

1345 Der diesbezügliche Art. 2 des Statutes lautet wie folgt: *„Ihre [der ICPO] Ziele sind: a) eine möglichst umfassende gegenseitige Unterstützung aller Kriminalpolizeibehörden im Rahmen der in den einzelnen Ländern geltenden Gesetze und im Geiste der Erklärung der Menschenrechte sicherzustellen und weiterzuentwickeln; b) ...“*.

1346 http://www.liechtenstein.li/Staat/pol/pol4_2.html.de (Stand 8. März 2002).

1347 Die Präambel des Übereinkommens zur Vorläufigen Regelung für ein Weltweites Kommerzielles Satelliten-Fernmeldesystem, vgl. BGBl. 1965 II, S. 1499 ff., zur Intention der Organisation: *„...[E]ingedenk des in der Entschließung Nr. 1721 (XVI) der Generalversammlung der Vereinten Nationen niedergelegten Grundsatzes, dass Satelliten-Fernmeldeverbindungen so bald wie möglich allen Völkern ohne Diskriminierung weltweit zur Verfügung stehen sollten...“*; das Übereinkommen trat bis zum 19. Mai 1965 für insgesamt 40 Staaten in Kraft, vgl. Bekanntmachung BGBl. 1965 II, S. 1498.

1348 Vgl. BGBl. 1973 II, S. 249 ff.; für die Bundesrepublik Deutschland in Kraft getreten am 2. Juli 1973.

1349 So WOLFRUM, EUTELSAT, in: BERNHARDT, EPIL, Band II, S. 302.

besteht darin, sog. Weltraumsegmente auf kommerzieller Basis zur Verfügung zu stellen; ein Weltraumsegment umfasst *„...nicht nur die Satelliten [selbst], sondern auch die für ihren Betrieb erforderlichen Einrichtungen und Ausrüstungsgegenstände...“*[1350]. Im Jahre 1998 kamen die 143 Mitgliedstaaten überein, zur Umsetzung dieses Zweckes ein privates Unternehmen mit Sitz in den Niederlanden zu gründen[1351]. Während Liechtenstein dem vorläufigen Abkommen aus dem Jahre 1964 nicht beigetreten war, gehörte das Fürstentum bezüglich des INTELSAT-Abkommens zu den Gründungsmitgliedern; wie für alle anderen Gründungsmitglieder auch ist das Abkommen für Liechtenstein am 12. Februar 1973 in Kraft getreten[1352].

c) Die Internationale Union für die Erhaltung der Natur und der natürlichen Hilfsquellen (IUCN)

Die Internationale Union für die Erhaltung der Natur und der natürlichen Hilfsquellen (International Union for Conservation of Nature and Natural Resources / IUCN) wurde bereits im Jahre 1948 gegründet; Liechtenstein war kein Mitgliedstaat. Als jedoch am 4. Oktober 1978 die Satzung der Organisation vom 5. Oktober 1948 neugefasst wurde, eröffnete sich für das Fürstentum eine Möglichkeit der Teilnahme; die revidierte Satzung tritt in Liechtenstein sowie in 46 anderen Staaten am 1. Januar 1985 in Kraft[1353].

1350 FISCHER in: IPSEN, Völkerrecht, § 56, Rn. 77.

1351 MAHER, The Europa World Year Book 2001, Vol. I, S. 330; zu den daraus entstehenden völkerrechtlichen Problemen vgl. SEIDL-HOHENVELDERN / LOIBL, Das Recht der Internationalen Organisationen, Rn. 0103c.

1352 Vgl. Bekanntmachung des Bundesministers des Auswärtigen vom 26. September 1973 (BGBl. 1973 II, S. 1514).

1353 Vgl. Bekanntmachung des Bundesministers für Ernährung, Landwirtschaft und Forsten, BGBl. 1985 II, S. 1048. Auf der Grundlage der Zielsetzung der Organisation in Art. I der revidierten Satzung hat die IUCN folgendes Selbstverständnis: *"Its [the IUCN] mission is to influence, encourage and assist societies throughout the world to conserve the integrity and diversity of nature and to ensure that any use of natural resources is equitable and ecologically sustainable"* (So die offizielle IUCN-Homepage: http://www.iucn.org/2000/about/content/index.html (Stand 28. März 2002). Art. I Abs. 1 der Satzung gibt die Ziele der Organisation en détail vor, Abs. 2 nennt die dafür zur Verfügung stehenden Maßnahmen. Da sich die Organisation als Diskussionsforum begreift und deshalb unter anderem das Ziel verfolgt, *„...die Zusammenarbeit zwischen Regierungen, nationalen und internationalen Organisationen und Personen, die mit der Erhaltung der Natur und er natürlichen Hilfsquellen befasst sind, anzuregen und zu erleichtern...“* (Art. I Abs. 1 Ziff. i), ist es konsequent, dass neben Staaten und Regierungsstellen auch nationale und internationale nichtstaatliche Organisationen, Verbände aller Art und sogar natürliche Personen die Mitgliedschaft erlangen können. Der mit *„Mitgliedschaft“* überschriebene Art. II der Satzung lautet in seinem ersten Absatz: *„Die IUCN hat folgende Mitglieder: i) Kategorie A [a) Staaten und b) Regierungsstellen], ii) Kategorie B [c) nationale nichtstaatliche Organisationen und d) internationale nichtstaatliche Organisationen], iii) Kategorie C [e) angeschlossene Mitglieder und f) Ehrenmitglieder]“*; laut der Homepage der Organisation (http://www.iucn.org - Stand 28. März 2002) fallen auf die

d) Sonstige Mitgliedschaften

Damit ist jedoch die liechtensteinische Mitarbeit in internationalen Spezialorganisationen nicht umfassend beschrieben. Hier soll jedoch die liechtensteinische Beteiligung in nichtstaatlichen internationalen Organisationen, wie beispielsweise dem Internationalen Olympischen Komitee (IOC)[1354], unbeachtet bleiben.

4. Bewertung der Mitgliedschaften des Fürstentums in Spezialorganisationen und -organen

Im Folgenden soll die bisherige Darstellung auf die Frage hin untersucht werden, ob den Mitgliedschaften Liechtensteins in Spezialorganisationen eine Systematik zugrunde liegt bzw. ob eine bestimmte Vorgehensweise der liechtensteinischen Außenpolitik zu erkennen ist.

a) Bewertung des liechtensteinischen Engagements in Bezug auf die Aufgabenfelder der betreffenden internationalen Organisationen

Versucht man die Mitgliedschaften Liechtensteins in Spezialorganisationen zu systematisieren, so lassen sie sich in die folgenden vier Gruppen einteilen, wobei Mehrfachnennungen das System nicht sprengen, sondern vielmehr bestätigen können: Post & Kommunikation (UPU, IUT, ECPT, EUTELSAT, INTELSAT), gewerblicher Rechtschutz (WIPO, EPO), Umwelt & Verkehr (ECE, ECMT, IUCN) und Entwicklungshilfe (UNCTAD, ECE, CEB, EBRD). Die Mitgliedschaften in der IAEO und in INTERPOL lassen sich dabei nicht sinnvoll zuordnen und stehen deshalb gewissermaßen außerhalb des Systems. Jedoch ist das liechtensteinische Interesse an diesen beiden Organisationen aus einem anderen Grunde gerade in besonderem Maße typisch für das kleine Fürstentum. Denn die beiden Organisationen dienen wie die Mehrheit der bisher behandelten internationalen Organisationen, denen Liechtenstein beigetreten ist, der Regelung eng umgrenzter technischer[1355] Fragen, deren Klärung unumgängliche Voraussetzung ist für die allgemeine Lebensvorsorge des liechtensteinischen Volkes. Liechtenstein wollte beispielsweise mit der Mitgliedschaft in der IAEO verhindern, dass das Land sich den

---

einzelnen Kategorien Mitglieder in folgender Zahl: Aa: 71; Ab: 77+30; Bc: 675; Bd: 68; Ce: 34; Cf: keine Angaben.

1354 KÖCK /FISCHER, Das Recht der Internationalen Organisationen, S. 58, ordnet das IOC als NGO ein; vgl. auch: http://www.olympic.org/uk/organisation/ioc/index_uk.asp.

1355 Hier sind nicht „*technische Organisationen*“ gemeint, so wie sie KÖCK / FISCHER, Das Recht der Internationalen Organisationen, S. 409, verstehen („*Die technische Organisation ist die durch Organe auf völkerrechtlicher Grundlage verwirklichte Form der zwischenstaatlichen Zusammenarbeit, die nicht primär auf die Aufrechterhaltung oder Wiederherstellung des Friedens gerichtet ist, sondern anderen Zielen dient.*“); die Verwendung des Begriffes „*technische Organisation*“ als Gegenbegriff zu „*Friedensorganisation*“ raubt dem ersten Begriff auf Grund der großen Zahl der Bezugsorganisationen jegliche Aussagekraft.

Zugriff auf die friedliche Nutzung der Kernenergie (zumindest theoretisch) verschließt. Seine Polizei sollte auf die Hilfe von außen zurückgreifen können (INTERPOL). Die Übereinkommen zum gewerblichen Rechtschutz sollten die liechtensteinische Wirtschaft auf dem Weltmarkt schützen (WIPO, EPO) und der Beitritt zu den Post- und Telekommunikationsorganisationen Liechtensteins Kontakt mit der Welt sichern. Auf dieser Grundlage müsste man folgern, dass sich die liechtensteinische Außenpolitik bei seiner Mitarbeit in internationalen Organisationen auf das Wesentliche konzentriert hat, etwa weil das Land nicht über ausreichend menschliche und finanzielle Mittel verfügt, um sich auf breiterer Ebene einzubringen. Diese Schlussfolgerung würde aber übersehen, dass sich Liechtenstein daneben auch in Fragen des Umweltschutzes und der Entwicklungshilfe engagiert. Die Mitgliedschaften in den genannten Organisationen dieser Bereiche sind für das Funktionieren des liechtensteinischen Gemeinwesens grundsätzlich nicht erforderlich. Insoweit handelt das Fürstentum zumindest nicht ausschließlich aus den Zwängen von kleinstaatlichen Funktionsdefiziten.

b) Bewertung des liechtensteinischen Engagements in Bezug auf die zeitliche Abfolge des Beitrittes in die jeweilige Organisation

Analysiert man darüber hinaus die zeitliche Entwicklung der liechtensteinischen Beitritte in die untersuchten Spezialorganisationen, fällt auf, dass die Mitgliedschaften in Organisationen der Entwicklungshilfe und des Umweltschutzes erst in den letzten Jahren bewirkt wurden. Mit Ausnahme der Mitgliedschaft in UNCTAD (1964) und CEB (1976) beginnt diese Art des Engagements erst in den 1980er Jahren (IUCN / 1982) und gewinnt in den 1990er Jahren zudem erst an Schubkraft, als in kurzer Folge die Mitgliedschaften in der ECE (1990), der EBRD (1991) und der ECMT (2000) erfolgen. Damit lässt sich eine Veränderung der Perspektive der liechtensteinischen Außenpolitik erahnen; es lässt sich eine Abkehr von der alleinigen Fokussierung auf die Daseinsvorsorge diagnostizieren verbunden mit der Demonstration des Willens, in Zukunft einen gewissen Altruismus in den internationalen Beziehungen an den Tag zu legen. Dabei darf aber nicht übersehen werden, dass die betreffenden Entwicklungshilfeorganisationen mit Ausnahme von UNCTAD ihren Schwerpunkt der Förderung in Osteuropa haben. Ob insoweit ein Zusammenhang mit dem mutmaßlichen Willen des Fürstenhauses besteht, in dieser Region wieder Bedeutung und Einfluss zu gewinnen oder zumindest seine Interessen in diesem Rahmen zu wahren, kann an dieser Stelle lediglich vermutet werden. Es ist jedoch durchaus bemerkenswert, dass das kleine Fürstentum sich sofort nach dem Zusammenbruch des Ostblockes mittels der Mitgliedschaften in der ECE und der EBRD verstärkt in die regionale Förderung der ehemaligen Einflusssphäre des Fürstenhauses Liechtensteins eingebracht hat.

III. Europäische Zusammenarbeit mit politischer Bedeutung

Neben den Spezialorganisationen ist das Fürstentum Liechtenstein auch internationalen Organisationen beigetreten, die hinsichtlich ihrer Ausrichtung einen breiteren Ansatz verfolgen. Dabei nehmen die diversen europäischen Regionalorganisationen eine hervorragende Rolle ein.

1. Die politische internationale Organisation

Für die Bewertung dieser Mitgliedschaften ist von besonderer Wichtigkeit, dass es sich bei den europäischen Regionalorganisationen sämtlich um *„politische Organisationen"* handelt. Dieser Begriff ist dabei eng zu verstehen und umfasst Organisationen, die einen Regelungsgegenstand besitzen, der die Machtbeziehungen zwischen Staaten betrifft; nicht-politische Organisationen befassen sich mit der Regelung spezifisch-technischer Materie[1356]. Der Begriff der politischen internationalen Organisation wird hier demnach als Gegenbegriff zum Begriff der Spezialorganisation verwendet[1357]. Hinzuweisen ist zudem auf Schwierigkeit der Abgrenzung von politischen und nicht-politischen internationalen Organisationen, da auch zunächst technische Inhalte, vor allem wenn sie sich auf die Ökonomie auswirken, durchaus starke machtpolitische Auswirkungen zeitigen können[1358].

Die Prüfung der Einbindung von Kleinstaaten in politische Organisationen bedarf besonderer Sorgfalt, da es im Rahmen dieser Zusammenschlüsse am wahrscheinlichsten ist, dass die mächtigen Staaten vom grundsätzlichen Prinzip der souveränen Gleichheit der Staaten abzuweichen versuchen. Der Kontrast zwischen (prinzipieller) rechtlicher Gleichheit von großen und kleinen Staaten und der Ungleichheit in faktischer Hinsicht wird im Rahmen von internationalen Organisationen teilweise mittels institutioneller Kniffe abgemildert, um zu verhindern, dass eine Mehrheit von Kleinstaaten Entscheidungen fällt, deren Umsetzung in der Regel von einer Minderheit größerer Staaten getragen werden muss; die grundlegenden Mittel sind dabei: (1) Entscheidungsorgane, in denen nicht alle Mitgliedstaaten vertreten sind, (2) Vetorechte für privilegierte Mitgliedstaaten, (3) nach Bevölkerungsstärke oder ähnlichen Indikatoren abgestufte Abstimmungsrechte (*„weighted voting"*) und (4) Finanzierung der internationalen Organisation nach der finanziellen Leistungsfähigkeit der Mitgliedstaaten[1359].

1356 BINDSCHEDLER, International Organizations, General Aspects, in: BERNHARDT, EPIL, Band II, S. 1292.

1357 Vgl. bereits Kap. 4, C.II.

1358 KÖCK / FISCHER, Das Recht der Internationalen Organisationen, S. 65.

1359 BINDSCHEDLER, International Organizations, General Aspects, in: BERNHARDT, EPIL, Band II, S. 1292.

Die liechtensteinischen Mitgliedschaften in politischen Organisationen lassen sich in solche von wirtschaftspolitischer und solche allgemein-politischer Bedeutung unterscheiden.

2. Mitgliedschaften in Organisationen allgemein-politischer Bedeutung

a) Die OSZE

Das Fürstentum Liechtenstein ist Mitgliedsstaat der Organisation für Sicherheit und Zusammenarbeit in Europa (Organization for Security and Cooperation in Europe / OSZE[1360]).

aa) Eckdaten zur Organisation

(1). Entstehungsgeschichte der OSZE

Die Ursprünge der OSZE wurden bereits in den 1960er Jahren gelegt, als zur Begründung einer europäischen *„...Sicherheitskonferenz ein mehrjähriger Notenwechsel zwischen den NATO-Staaten und jenen des Warschauer Paktes stattfand...*"; aber erst am 22. November 1972 begannen in Helsinki die ersten Vorgespräche über eine Konferenz für Sicherheit und Zusammenarbeit in Europa (KSZE)[1361]. Diese führten schließlich zur Unterzeichnung der Schlussakte der Konferenz für Sicherheit und Zusammenarbeit in Europa am 1. August 1975 auf einem Treffen der Staats- und Regierungschefs in Helsinki[1362]. Um zu verhindern, dass damit der territoriale *status quo* in Europa anerkannt würde, wurde die KSZE-Schlussakte jedoch nicht als bindender völkerrechtlicher Vertrag, sondern lediglich als politische Absichtserklärung gewertet[1363].

Drei Nachfolgekonferenzen[1364] konnten diese lediglich politische Bedeutung der Konferenz nicht verändern. Erst nach dem Niedergang des Warschauer Paktes gelingt mit der *„Charta von Paris für ein neues Europa"*[1365] aus dem Jahre 1990 die Institutionalisierung der Konferenz und damit der Beginn eines *„...erstaunlichen Ent-*

1360 Der verfestigten Praxis im deutschsprachigen Raum folgend soll auch hier die Abkürzung OSZE verwandt werden.

1361 WENIG, Streitbeilegung ethnischer Konflikte durch die OSZE, S. 27; sehr ausführlich zur Entstehung der OSZE: BORTLOFF, Die Organisation für Sicherheit und Zusammenarbeit in Europa, S. 32 ff..

1362 KÖCK / FISCHER, Das Recht der Internationalen Organisationen, S. 374 f.; der Text der Schlussakte ist veröffentlicht in: International Legal Materials, Vol. 14 (1975), S. 1292 ff.

1363 Vgl. SHAW, International Law, S. 282.

1364 Erste Nachfolgekonferenz in Belgrad (Oktober 1977- März 1978), zweite Nachfolgekonferenz in Madrid (November 1980 – September 1983), dritte Nachfolgekonferenz in Wien (November 1986 – Januar 1989); Quelle: WENIG, Streitbeilegung ethnischer Konflikte durch die OSZE, S. 29.

1365 The Charter of Paris for a New Europe, veröffentlicht in: International Legal Materials, Vol. 30 (1991), S. 190 ff. (incl. Hintergrund und Inhaltsangabe zur Charta von Paris)

wicklungsproze[sses]..."[1366]. Die vierte Folgekonferenz 1992 in Helsinki führt zu einer Stärkung der gerade geschaffenen Strukturen; das die Zusammenkunft abschließende *„Helsinki-Dokument"* kann als *„Organisationsstatut"* der KSZE gesehen werden[1367]. Am Ende der fünften Folgekonferenz in Budapest stand ein weiterer Entwicklungsschritt: die KSZE wurde mittels Erklärung vom 6. Dezember 1994 zum 1. Januar 1995 in Organisation für Sicherheit und Zusammenarbeit in Europa (OSZE) umbenannt[1368]. Jedoch ist umstritten, ob die OSZE tatsächlich die Voraussetzungen einer internationalen Organisation im Sinne des Völkerrechts erfüllt und damit ob die OSZE heute Völkerrechtssubjektivität besitzt[1369].

(2). Aufgaben der KSZE bzw. OSZE

Ziel der KSZE war die politische Entspannung im durch die *„...Bruchlinie zwischen den großen Blöcken des Westens und des Ostens..."* geteilten Europa[1370]. Darüber jedoch ging die thematische Ausrichtung von jeher hinaus, da die Schlussakte von Helsinki die folgenden drei inhaltlichen *„Körbe"*[1371] definierte: I. Fragen der Sicherheit in Europa, II. Zusammenarbeit in den Sektoren Wirtschaft, Wissenschaft, Technik und Umweltschutz und III. Zusammenarbeit auf humanitärem Gebiet[1372]. Aber erst mit der Überwindung des Ost-West-Konflikts und der Institutionalisierung der Konferenz mutierte die KSZE bzw. die OSZE zu einem *„...umfassende[n] Dialogforum..."*[1373] und bemühte sich angesichts sich ankündigender ethnischer Aus-

1366 BUNDESREGIERUNG, OSZE, S. 16.

1367 EPPING in: IPSEN, Völkerrecht, § 34, Rn. 9; das *„Helsinki-Dokument"* ist veröffentlicht in: International Legal Materials, Vol. 31 (1992), S. 1385 ff.

1368 Text vgl. International Legal Materials, Vol. 34 (1995), S. 764 ff.

1369 EPPING in: IPSEN, Völkerrecht, § 34, Rn. 16, lehnt die Völkerrechtssubjektivität der OSZE wegen einiger Klauseln in der Budapester Erklärung vom 6. Dezember 1994 ab, aus denen der Autor den entgegenstehenden Willen der teilnehmenden Staaten herausliest (beispielsweise: *"The change in name from CSCE to OSCE alters neither the character of our CSCE commitments nor the status of the CSCE and its institutions"*; ILM, Vol. 34, S. 775); Epping gibt weitere Vertreter seiner Ansicht an und geht davon aus, dass die Literatur *„...überwiegend..."* seiner Meinung ist; die Gegenansicht findet sich etwa bei KÖCK / FISCHER, Das Recht der Internationalen Organisationen, S. 385, die auf die verfestigte Organstruktur der OSZE hinweisen, die *„...ihren Konferenzcharakter endgültig abgelegt..."* habe; WENIG, Streitbeilegung ethnischer Konflikte durch die OSZE, S. 85, 90, der die OSZE zwar als internationale Organisation sieht, dieser jedoch trotzdem die Völkerrechtssubjektivität abspricht; wie Wenig auch BORTLOFF, Die Organisation für Sicherheit und Zusammenarbeit in Europa, S. 402: *„Die OSZE ist damit zwar eine Internationale Organisation, besitzt bislang aber keine Völkerrechtsfähigkeit"*.

1370 KÖCK / FISCHER, Das Recht der Internationalen Organisationen, S. 373.

1371 Vgl. etwa BORTLOFF, Die Organisation für Sicherheit und Zusammenarbeit in Europa, S. 42.

1372 BUNDESREGIERUNG, OSZE, S. 7.

1373 DIETER DETTKE in: ANDERSEN / WOYKE, Handwörterbuch Internationale Organisationen, S. 268.

einandersetzungen auf dem Balkan und in den ehemaligen Sowjetrepubliken in der Folgezeit hauptsächlich um „...*Frühwarnung, regionale Konfliktverhütung und Krisenbewältigung...*“[1374].

bb) Der Weg Liechtensteins in die OSZE

Als die KSZE begründet wurde, war den sich waffenstarrend gegenüberstehenden Teilnehmerstaaten die „...*Notwendigkeit...*“ bewusst, „...*trotz der Gegensätze miteinander in Kontakt zu bleiben...*“[1375]. Eine dafür erforderliche Kommunikationsebene sollte auf einer möglichst großen Bandbreite basieren[1376]. So geriet die KSZE in Helsinki zur „...*erste[n] gesamteuropäische[n] Staatenkonferenz seit dem Wiener Kongress von...*“[1377], an der „...*alle europäischen Staaten außer Albanien sowie die USA und Kanada...*“ teilnahmen; Liechtenstein nahm von Anfang an teil am Helsinki-Prozess[1378] und ist heute eines von 55 Mitgliedstaaten der OSZE[1379].

cc) Stellung der einzelnen Mitgliedstaaten in der OSZE

Die tatsächlichen Möglichkeiten kleinstaatlicher Mitarbeit in der Organisation hängen unmittelbar davon ab, inwieweit das Prinzip der souveränen Gleichheit Verwirklichung findet. Entsprechen die Stimmrechte des Kleinstaates im Wege des „*weighted voting*“ der kleinstaatlichen Bevölkerungsstärke, sind die Mitwirkungsmöglichkeiten marginal. Zu Beginn der KSZE stand die strikte Wahrung des Konsensprinzips, wonach gegen den Willen eines Mitgliedstaates kein Beschluss gefasst werden kann. Damit verbunden war die Tatsache, dass auf der Konferenz „...*unter Bedingungen souveräner Gleichheit verhandelt...*“ wurde[1380]. Die Stimmen aller Teilneh-

---

1374 WENIG, Streitbeilegung ethnischer Konflikte durch die OSZE, S. 30; allerdings stellen KÖCK / FISCHER, Das Recht der Internationalen Organisationen, S. 393, fest, dass „...*[d]ie OSZE (...) bisher keinen entscheidenden Beitrag zur Befriedung der verschiedenen europäischen Krisenherde leisten...*“ konnte.

1375 v. LEDEBUR, Licht und Schatten über der KSZE, S. 157.

1376 So lautet der zweite Beweggrund der Präambel zu den Regelungen bezüglich der „Sicherheit in Europa“ in der Schlussakte von Helsinki folgendermaßen: “*Convinced of the need to exert efforts to make détente both a continuing and an increasingly viable and comprehensive progress, UNIVERSAL IN SCOPE, and...*“; Quelle: ILM, Vol. 14, S. 1293.

1377 EPPING in: IPSEN, Völkerrecht, § 34, Rn. 9.

1378 BORTLOFF, Die Organisation für Sicherheit und Zusammenarbeit in Europa, S. 41, der dort in Fn. 41 explizit auf die Teilnahme sowohl der europäischen Kleinstaaten Liechtenstein, Monaco, San Marino sowohl des Heiligen Stuhles hinweist; Andorra war nicht vertreten, da es zu diesem Zeitpunkt noch nicht souverän war.

1379 Vgl. die offizielle Homepage der OSZE: http://www.osce.org/general/ (Stand 11. April 2002).

1380 v. LEDEBUR, Licht und Schatten über der KSZE, S. 184. Dies ergibt sich eindeutig aus der Schlussakte von Helsinki, die die souveräne Gleichheit der teilnehmenden Staaten als erste von zehn Prinzipien nennt, die dem Dokument vorangestellt sind und den Beziehungen der teilnehmenden Staaten zugrundegelegt werden sollen (ILM, Vol. 14, S. 1293:

merstaaten hatten dasselbe Gewicht, die Teilnehmer begegneten sich als *„gleichberechtigte Partner“*[1381].

Obwohl das Konsensprinzip auch heute noch grundsätzlich in allen Verfahren der Beschlussfassung gilt und deswegen als *„Markenzeichen“* des OSZE-Prozesses angesehen werden darf[1382], haben sich im Rahmen der Institutionalisierung inzwischen einige Ausnahmen von der Regel ergeben. So kann seit dem 31. Januar 1992 im Wege des *„Konsens-minus-eins-Verfahren“* ein Teilnehmerstaat unter bestimmten Umständen auch gegen seinen Willen mit Maßnahmen der OSZE belegt werden[1383]. Diese Einschränkungen der Souveränität der Teilnahmestaaten trifft jedoch große und kleine Staaten im selben Maße. Darüber hinaus ist die 1991 in Madrid vereinbarte Schaffung der Parlamentarischen Versammlung der OSZE sogar in zweifacher Hinsicht eine Abweichung von den Grundsätzen der OSZE: zum einen kommen ihre Beschlüssen auf der Grundlage des Mehrheitsprinzips zustande[1384]; zum anderen wird sie von den Parlamenten der Teilnahmestaaten *„...entsprechend der Größe der Staaten beschickt...“*[1385]. Da die Parlamentarische Versammlung aber nur eine beratende Funktion innehat[1386], dagegen die Außenminister der Teilnahmestaaten im Ministerrat der OSZE das *„...zentrale Beschluss- und Leitungsgremium...“*[1387] bilden, fällt es nicht ins Gewicht, dass die Parlamentarische Versammlung die Bevölkerungsstärke der Teilnahmestaaten repräsentiert. Insgesamt sind die Einschränkungen der souveränen Gleichheit der Mitgliedstaaten jedenfalls minimal.

"The participating States will respect each other's sovereign equality and individuality as well as all the rights inherent in and encompassed by its sovereignty...").

1381 V. LEDEBUR, Licht und Schatten über der KSZE, S. 159.

1382 BORTLOFF, Die Organisation für Sicherheit und Zusammenarbeit in Europa, S. 430.

1383 WENIG, Streitbeilegung ethnischer Konflikte durch die OSZE, S. 30; erforderlich dafür sind Fälle *„...von eindeutigen, groben und nicht behobenen Verletzungen einschlägiger KSZE-Verpflichtungen...“*; beschlossen vom Rat der Außenminister der Teilnehmerstaaten der KSZE anlässlich dessen Treffen am 30./31. Januar 1992 in Prag. Das *„Konsens-minus-zwei-Verfahren“* gilt seit dem 15. Dezember 1992 und gestattet, dass zwei KSZE-Staaten gegen ihren Willen angewiesen werden können, sich der neu eingerichteten Vergleichs- und Schiedsgerichtsbarkeit zu unterwerfen. Diese Regelung wurde zusammen mit dem *„Übereinkommen über Vergleichs- und Schiedsverfahren innerhalb der KSZE“* anlässlich des dritten Treffens des Rates der Außenminister der KSZE-Teilnehmerstaaten vom 14. auf den 15. Dezember 1992 in Stockholm beschlossen; vgl. WENIG, Streitbeilegung ethnischer Konflikte durch die OSZE, S. 31.

1384 BORTLOFF, Die Organisation für Sicherheit und Zusammenarbeit in Europa, S. 432.

1385 EPPING in: IPSEN, Völkerrecht, § 34, Rn. 14.

1386 BORTLOFF, Die Organisation für Sicherheit und Zusammenarbeit in Europa, S. 433.

1387 EPPING in: IPSEN, Völkerrecht, § 34, Rn. 10.

dd) Die Auswirkungen der Mitgliedschaft auf die Stellung des Kleinstaates Liechtenstein in der Völkerrechtsordnung

(1). Auswirkung der Teilnahme an der Konferenz an sich

Die Frage, wie sich die Aufnahme Liechtensteins in die KSZE auf die Stellung des Fürstentums in den internationalen Beziehungen ausgewirkt hat, verfügt über mehrere Facetten. Zunächst bedeutet die Mitarbeit in einer Konferenz, deren Teilnehmerstand fast alle Staaten des Kontinents und zudem die beiden großen Staaten Nordamerikas umfasst, eine erhöhte Akzeptanz der liechtensteinischen Unabhängigkeit. Die Staaten, die mit Liechtenstein im Rahmen der KSZE-Verhandlungsrunden an einem Verhandlungstisch saßen, wären in arge Erklärungsnöte geraten, hätten sie anderen Orts und zu einer anderen Gelegenheit die Souveränität des Fürstentums in Frage gestellt. Angesichts der Zweifel aus den Reihen der sowjetischen Teilrepubliken anlässlich der Zulassung Liechtensteins zum Statut des Internationalen Gerichtshofs darf der widerspruchslosen Aufnahme in den Kreis der KSZE-Staaten ein knappes Vierteljahrhundert später Anerkennungsfunktion zugesprochen werden. Insofern war die *„...direkte Teilnahme an der KSZE...“* an sich schon *„...ein wichtiger Schritt...“*[1388], dessen Bedeutung noch durch die hochpolitische Zielsetzung der Konferenz erhöht wurde[1389].

Darüber hinaus wirkte sich die spezifische Struktur der KSZE im besonderen Maße zum Vorteil des Fürstentums aus. Die Tatsache, dass zu Beginn der KSZE-Zusammenarbeit das Prinzip der souveränen Gleichheit ohne Einschränkungen umgesetzt wurde und sich die Großmächte einem *„...Kodex eines Wohlverhaltens in Europa...“* zu beugen bereit waren, führte zu einer grundsätzlichen Aufwertung der Stellung aller europäischer Kleinstaaten[1390]. Für Liechtenstein *„...als (...) wohl kleinste[n] und unbedeutendste[n] (...) Partner...“*[1391] in der KSZE ist dieser Effekt besonders bemerkenswert. Das kleine Fürstentum hat nach der Schlussakte von Helsinki im selben Maße – *„...mit gleicher Stimme und gleichem juristischem Gewicht...“*[1392] – teil an der Konferenz wie die Vereinigten Staaten von Amerika, während auf eine Entspannungskonferenz, für die die Mitwirkungsmöglichkeiten etwa nach militärischer Bedeutung gewichtet wären, für Liechtenstein kein Platz gewesen wäre[1393].

1388 V. LIECHTENSTEIN, Liechtensteinische Außenpolitik an einer Wende, S. 315.

1389 In einem 1984 veröffentlichten Aufsatz sieht V. LIECHTENSTEIN, Liechtensteins Mitgliedschaft im Europarat, S. 215, die KSZE das *„...wohl (...) politisch bedeutsamste Forum, an dem Liechtenstein teilnimmt...“*.

1390 V. LEDEBUR, Licht und Schatten über der KSZE, S. 183.

1391 V. LEDEBUR, Licht und Schatten über der KSZE, S. 193.

1392 ERMACORA, Anmerkungen zum europäischen Einigungsprozeß, S. 249.

1393 V. LEDEBUR, Licht und Schatten über der KSZE, S. 182, wird diesbezüglich sehr deutlich: *„Gelegentlich wird die Frage gestellt, was kann ein Staat wie Liechtenstein in der KSZE tun? Wenn wir den Ost-West-Konflikt als solchen, oder besonders seine Dimension ins Auge fassen, so wird die Antwort lauten: nichts!“*.

Diese Wertung muss auch für die OSZE, wie sie heute besteht, nicht revidiert werden. In den wichtigen Entscheidungsgremien der Organisation wird noch immer auf der Grundlage des Prinzips der souveränen Gleichheit gearbeitet, so dass die Aufwertung der liechtensteinischen Souveränität durch die Aufnahme in die KSZE im Rahmen deren Institutionalisierung nicht verloren gegangen ist. Die Stellung Liechtensteins in der OSZE ist, verglichen mit der realen Machtverteilung in Europa, nach wie vor unverhältnismäßig gewichtig. Selbst in der Parlamentarischen Versammlung der OSZE, in deren Rahmen vom Grundsatz der souveränen Gleichheit abgewichen wird, spiegelt die Anzahl der für die einzelnen Staaten zugewiesenen Parlamentarier nicht die wahren Größenverhältnisse wider; von den 312 Mitgliedern der Versammlung entfallen zwei auf Liechtenstein und beispielsweise 15 auf Russland[1394]. Während also ein russischer Parlamentarier ca. 10 Millionen Einwohner repräsentiert, haben nur etwas mehr als 15 000 Liechtensteiner einen eigenen Vertreter in der Parlamentarischen Versammlung[1395]. Das gleiche Phänomen wird für das Europäische Parlament unter dem Begriff des *„Demokratiedefizits"* besprochen[1396]. Insofern erscheint es als typisch für eine zunehmende Verdichtung internationaler Zusammenarbeit, dass vom Grundsatz der souveränen Gleichheit nur graduell abgegangen wird. Zwar gewinnt die reelle Größe der Mitgliedstaaten einen gewissen Einfluss auf ihre Mitwirkungsmöglichkeiten in der Organisation, jedoch bleibt dieses Element im direkten Spannungsverhältnis mit der souveränen Gleichheit der Mitgliedstaaten.

(2). Auswirkung auf die konkreten Funktionsdefizite

Die Bedeutung der OSZE-Mitgliedschaft für Liechtenstein beschränkt sich jedoch nicht lediglich auf den soeben beschriebenen Statusgewinn des Kleinstaates, sondern die Mitarbeit in der Organisation hat auch Auswirkungen in Bezug auf seine kleinstaatlichen Funktionsdefizite. Die Organisation wurde nicht nur als Mittel zur Friedenssicherung begründet[1397], sondern die OSZE wird auch für die Zukunft als ein politisches *„...Stabilisierungsinstrument für den Bereich Europas und Zentralasiens..."* wirken, wobei es das einzige *„...Forum..."* bietet, *„...in dem die Staaten des ehemaligen Warschauer Paktes und der Nachfolgestaaten der Sowjetunion mit den Staaten der NATO gleichberechtigt agieren und einander konsultieren können"*[1398], auch wenn unterdessen eine Reihe von ehemaligen Ostblockstaaten der NATO beigetreten sind. Mit der Mitarbeit in einer Friedensorganisation betont ein Kleinstaat nicht lediglich

1394 BORTLOFF, Die Organisation für Sicherheit und Zusammenarbeit in Europa, S. 397.

1395 Die grob überschlagene Rechnung basiert auf Daten aus: STATISTISCHES BUNDESAMT, Statistisches Jahrbuch 2004, S. 198.

1396 Vgl. etwa STREINZ, Europarecht, Rn. 45a, 281, 283, 306.

1397 Vgl. den ersten Beweggrund der Präambel zum ersten Korb der Schlussakte von Helsinki, ILM, Vol. 14, S. 1293: *"Reaffirming their objective of promoting better relations among themselves and ensuring conditions in which their people can live in true and lasting peace free from threat to or attempt against their security..."*.

1398 BORTLOFF, Die Organisation für Sicherheit und Zusammenarbeit in Europa, S. 469.

seinen Willen zu einem ethischen Humanismus, sondern gehorcht auch der Notwendigkeit seiner mangelhaften Verteidigungsfähigkeit in militärischer Hinsicht. Gelingt es im Rahmen der Organisation, den Frieden zu sichern, wird die militärische Schwäche des Kleinstaates bedeutungslos bleiben. Insofern hat Liechtenstein durch seine Mitgliedschaft im OSZE-Prozess auch eine Maßnahme ergriffen, um seine kleinstaatlichen Funktionsdefizite auszugleichen. So stand auch Liechtenstein während des Kalten Krieges unter dem *„Schutz"* des ausgeglichenen Kräfteverhältnisses zwischen den Supermächten (*„Gleichgewicht des Schreckens"*), welches beide Supermächte davon abhielt, *„...die bestehenden Verhältnisse in Europa einseitig zu verändern..."*[1399]. Dadurch wurde ein eigener militärischer Schutz Liechtensteins gewissermaßen überflüssig.

ee) Ergebnis

Insgesamt hat der Einlass in den Kreis der KSZE-Staaten dem Fürstentum einen bedeutenden Anerkennungszuwachs beschert, da sich in diesem Rahmen zum ersten Mal die Möglichkeit der gleichberechtigten Teilnahme an internationaler Zusammenarbeit allgemein-politischer Bedeutung eröffnet hat. Liechtenstein scheint auf der sicherheitspolitischen Ebene der OSZE nahezu vollständig frei von Nachteilen durch seine Kleinstaatlichkeit zu sein.

b) Europarat

Die Teilnahme an der KSZE sollte aber nicht die einzige Mitwirkungsmöglichkeit Liechtensteins an der europäischen Einigung bleiben. Auch der Europarat versprach dem Kleinstaat die Chance, sich auf multilateraler Ebene einzubringen.

aa) Eckdaten zur Organisation

Der Europarat (Council of Europe) verdankt seine Existenz der Tatsache, dass die politisch Handelnden in den europäischen Staaten nach dem Ende des Zweiten Weltkrieges noch unter dem Einfluss der gerade erst erlebten Perversion nationalstaatlicher Selbstüberschätzung standen. In dieser Situation wurde der Versuch propagiert, *„...Europa durch eine den Nationalstaaten übergeordnete Instanz zu vereinigen..."*[1400]. Sir WINSTON CHURCHILL machte sich zum Sprachrohr dieser Bewegung, als er in seiner berühmten Zürcher Rede am 19. September 1946 forderte: *„We must build a kind of United States of Europe"*[1401].

[1399] V. LEDEBUR, Licht und Schatten über der KSZE, S. 182, der darin die *„...stille Voraussetzung..."* für die Begründung der Konferenz sieht.

[1400] SEILER, Kleinststaaten im Europarat, S. 21, der folgende Vertreter der Europaidee nennt, die allesamt (zum Teil weit) vor dem 20. Jahrhundert gelebt haben: DUBOIS, PENN, ROUSSEAU, KANT, SAINT-SIMON, SAINT-PIERRE.

[1401] Zitiert nach: ROBERTSON, Council of Europe, in: BERNHARDT, EPIL, Band I, S. 843.

(1). Entstehungsgeschichte des Europarates

In dieser enthusiastischen Pionierstimmung wurde vom 7. bis 10. Mai 1948 ein Kongress in Den Haag abgehalten, auf dem sich *„...rund 700 Vertreter der unterschiedlichsten europäisch orientierten Gruppen sowie Meinungsführer aus allen westeuropäischen Staaten...“*[1402] mit den Möglichkeiten der institutionellen Umsetzung einer europäischen Einigung auseinander setzten. Es zeigte sich aber bald, dass in den unterschiedlichen europäischen Ländern verschiedene Vorstellungen über die Integrationstiefe der europäischen Zusammenarbeit vorherrschten. Während zum Teil eine wirtschaftliche und politische Union angestrebt wurde, ließen sich andere Staaten lediglich für eine lockere Kooperation auf klassisch-völkerrechtlicher Basis begeistern[1403]. Trotz dieser Uneinigkeit kam es auf der Grundlage der Empfehlungen des Haager Kongresses zur Einberufung einer Botschafter-Konferenz, in deren Rahmen die Vertreter von zehn europäischen Staaten das Statut des Europarates aushandelten[1404]; das am 5. Mai 1949 unterzeichnete Statut trat am 3. August 1949 in Kraft[1405]. Damit war die *„...erste politische Organisation in Europa nach dem Zweiten Weltkrieg gegründet....“*[1406].

(2). Aufgaben des Europarates

Da sich der Wille, zugunsten einer europäischen Institution auf gewisse Souveränitätsrechte zu verzichten, im breiten europäischen Lager nicht im einheitlichen Maße durchgesetzt hatte, konnte der Schritt zur Supranationalität nicht gegangen werden; das Statut des Europarates beschreibt lediglich einen Minimalkonsens[1407]. Im ersten Beweggrund der Präambel bekundete man die Überzeugung, dass *„...die Festigung des Friedens (...) für die Erhaltung der menschlichen Gesellschaft (...) von lebenswichtigem Interesse...“* sei. Als gemeinsame Grundlagen erkannte man zudem im zweiten Beweggrund die Prinzipien sowohl der persönlichen und politischen Freiheit wie der Rechtstaatlichkeit, welche zusammen als Voraussetzung für eine *„...jede wahre Demokratie...“* unverzichtbar seien. Zur Wahrung dieser Ziele wurde in Art. 1 der

---

[1402] SEILER, Kleinststaaten im Europarat, S. 22.

[1403] V. LIECHTENSTEIN, Liechtensteins Weg in den Europarat, S. 198; SEILER, Kleinststaaten im Europarat, S. 23, bezeichnet die beiden Meinungsgruppen als *„Föderalisten“* (jene, die die Schaffung eines Bundesstaates anstrebten) und *„Unionisten“* (jene, die eine weniger weitgehende Zusammenarbeit bezugten).

[1404] SEILER, Kleinststaaten im Europarat, S. 24.

[1405] WICHARD WOYKE in: ANDERSEN / WOYKE, Handwörterbuch Internationale Organisationen, S. 115; bei den ursprünglichen Unterzeichnerstaaten handelte es sich um Belgien, Dänemark, Frankreich, Irland, Italien, Luxemburg, die Niederlande, Norwegen, Schweden und das Vereinigte Königreich; der Text der Satzung des Europarates ist in deutscher Sprache zu finden in: BGBl. 1950, S. 263 ff.; der englischsprachige Text ist abgedruckt in: UNTS, Vol. 87, S. 103 ff.

[1406] V. LIECHTENSTEIN, Liechtensteins Weg in den Europarat, S. 197. Der Europarat verfügt heute über 46 Mitglieder. Vgl. http://www.coe.int.

[1407] V. LIECHTENSTEIN, Liechtensteins Weg in den Europarat, S. 198.

Satzung zugunsten der internationalen Organisation eine nahezu umfassende Aufgabenbeschreibung formuliert[1408], die aber in ihren Auswirkungen auf Grund der *„...höchst bescheidenen Mittel...“*[1409] des Europarates beschränkt bleibt[1410]. Da die Gründung der Organisation auf einem kleinsten gemeinsamen Nenner beruhte, blieb es bei der Festlegung der Handlungsmöglichkeiten des Europarates bei solchen einer klassischen Staatenorganisation; die integrationsbereiteren Staaten Europas sollten sich deshalb in kleinerem Rahmen mittels einer Parallelgründung in der Europäischen Wirtschaftsgemeinschaft (EWG) zusammenschließen. Da dem Europarat zudem die Einflussnahme im Verteidigungsbereich gänzlich verwehrt ist, rückte die Organisation bald in den Schatten von NATO und EWG[1411].

Obwohl der Europarat damit nicht, wie ursprünglich erhofft, zum *„...entscheidende[n] Integrationsfaktor für Europa...“*[1412] wurde, konnte sich die Organisation auf Grund ihrer *„...Aktivitäten (...) dauerhaft als moralische Kraft etablieren“*[1413]. ROBERTSON[1414] fasst die Erfolge des Europarates in den folgenden vier Punkten zusammen. Als erste europäische Organisation verfügte der Europarat über eine Parlamentarische Versammlung[1415]. Als zweite Leistung führt ROBERTSON die Tatsache an, dass der Europarat jahrzehntelang als Diskussionsebene von EG- und Nicht-EG-Staaten fungiert und dadurch mit dazu beigetragen hat, eine Spaltung Westeuropas in zwei Lager zu verhindern. Des Weiteren betreibt die Organisation viele zwischenstaatliche Aktivitäten, die die Arbeit der Spezialorganisationen der Vereinten Nationen auf regionaler Ebene weiterführen und aus denen sich der Abschluss einer großen Zahl von Konventionen ergeben hat[1416]. Als wichtigste Er-

---

1408 Art. 1 lautet: *„(a) Der Europarat hat zur Aufgabe, eine engere Verbindung zwischen seinen Mitgliedern zum Schutze und zur Förderung der Ideale und Grundsätze, die ihr gemeinsames Erbe bilden, herzustellen und ihren wirtschaftlichen und sozialen Fortschritt zu fördern. (b) Diese Aufgabe wird (...) erfüllt durch (...) den Abschluss von Abkommen und durch gemeinschaftliches Vorgehen auf wirtschaftlichem, sozialem, kulturellem und wirtschaftlichem Gebiet und auf den Gebieten des Rechts und der Verwaltung sowie durch den Schutz und die Fortentwicklung der Menschenrechte und Grundfreiheiten. (...) (d) Fragen der nationalen Verteidigung gehören nicht zur Zuständigkeit des Europarates“*.

1409 SEILER, Kleinststaaten im Europarat, S. 28.

1410 ROBERTSON, Council of Europe, in: BERNHARDT, EPIL, Band I, S. 844: *„These provisions, it will appear, are wide in scope, but limited in effect“*.

1411 WICHARD WOYKE in: ANDERSEN / WOYKE, Handwörterbuch Internationale Organisationen, S. 117, stellt dies für die Europäische Gemeinschaft explizit fest.

1412 EPPING in: IPSEN, Völkerrecht, § 34, Rn. 8.

1413 SEILER, Kleinststaaten im Europarat, S. 43.

1414 ROBERTSON, Council of Europe, in: BERNHARDT, EPIL, Band I, S. 848.

1415 SEILER, Kleinststaaten im Europarat, S. 31, zitiert eine Veröffentlichung des Informationsdienstes des Europarates mit folgenden Worten: *„L´assemblée parlementaire du Conseil de l´Europe fut la première assemblée européenne créée dans l´histoire de notre continent“*.

1416 EPPING in IPSEN, Völkerrecht, § 34, Rn. 8, bietet eine Auflistung der wichtigsten Konven-

rungenschaft jedoch muss zweifellos die Errichtung eines beispiellosen internationalen Systems des Menschenrechtsschutzes angesehen werden, welches auf der Konvention zum Schutze der Menschenrechte und Grundfreiheiten vom 4. November 1950 (EMRK)[1417] aufbaut.

Der Europarat erfuhr einen neuen Bedeutungsschub mit der Öffnung des Ostblock, da sich in diesem Zusammenhang die eben genannte zweite Hauptleistung der Organisation als vorteilhaft für die gesamteuropäische Zusammenarbeit erweisen konnte. Als *„...general framework of European policy...“*[1418] war der Europarat *„...die einzige rein europäische Institution, die alle Staaten des demokratischen Europa...“* aufzunehmen in der Lage war und *„...so Trennlinien [zu] vermeide[n]...“* half[1419]. SEILER[1420] bezeichnet die Organisation deshalb als *„Eingangstor zu Europa“*, das den neuentstandenen Demokratien Osteuropas offen stand.

bb) Der Weg Liechtensteins in den Europarat

Für Liechtenstein öffnete sich dieses Tor nicht vor dem 23. November 1978, als der liechtensteinische Regierungschef BRUNHART die Beitrittsurkunde am Sitz der Organisation in Straßburg hinterlegte und das Fürstentum als 21. Staat Vollmitglied des Europarates wurde[1421].

(1). Die Phase der Zurückhaltung nach dem Zweiten Weltkrieg

Der relativ späte Beitritt Liechtensteins zum Europarat ist insofern verwunderlich, als der Kleinstaat auf dem Haager Kongress von 1948 mit drei Delegierten vertreten war. Zwangsläufig muss die Frage gestellt werden, warum das Fürstentum nicht von der Gründung des Europarates an Mitglied der Organisation war. Dieser Umstand lässt sich jedoch nicht auf einen einzigen Faktor zurückführen, sondern ergibt sich aus einem Bündel von Tatsachen. Zum einen mag es eine Rolle gespielt haben, dass die letztendliche Initiative zur Gründung des Europarates von den Mitgliedstaaten des Brüsseler Paktes, auf den die heutige Westeuropäische U-

---

tionen und gibt ihre Gesamtzahl mit 173; thematisch erfasst sind dadurch *„...die Menschenrechte, Sozialfragen, Bildung, Kultur, Sport, Jugend, öffentliches Gesundheitswesen, Umwelt- und Denkmalschutz, Kommunal-, Regional- sowie Rechtsfragen...“*.

1417 Gilt heute in der Form des Protokolls Nr. 11 vom 11. Mai 1994, BGBl. 1952 II, S. 685, 953; 1995 II, S. 578; ROBERTSON, Council of Europe, in: BERNHARDT, EPIL, Band I, S. 848, bezeichnet die Errichtung des Menschenrechtsschutzsystems als das *„...most important single achievement, known sometimes as 'the hall-mark of the Council of Europe'...“*.

1418 ROBERTSON, Council of Europe, in: BERNHARDT, EPIL, Band I, S. 846.

1419 FISCHER, Liechtenstein und der Europarat, S. 12 f.

1420 SEILER, Kleinststaaten im Europarat, S. 41.

1421 SEILER, Europarat, S. 15, der auf S. 185-217 eine überaus detaillierte Schilderung des liechtensteinischen Weges in den Europarat anbietet; mit ähnlich vielen Details: FISCHER, Liechtenstein und der Europarat, S. 12 ff.

nion (WEU) zurückgeht, ausging[1422]. Die Regierungen dieser Länder bestimmten nämlich den Kreis der vertretenen Staaten auf der Botschafter-Konferenz, die zur Ausarbeitung des Statuts der neuen Organisation abgehalten wurden, indem schlicht nur bestimmte Staaten eingeladen wurden[1423]. Da die WEU ursprünglich der Selbstverteidigung gegen einen möglichen deutschen Angriff gewidmet war[1424], wurde beispielsweise auch die Bundesrepublik, die parallel zum Europarat im Entstehen begriffen war, anfänglich nicht an diesem Projekt der europäischen Einigung beteiligt[1425]. Daraus lässt sich schließen, dass der Kreis der Gründungsmitglieder entgegen dem Geist der Satzung nicht allen europäischen Staaten gleichermaßen offen stand, sondern der subjektiven Vorauswahl der Staaten des Brüsseler Paktes unterworfen war.

Ein weiterer Grund für den späten Beitritt ist sicherlich die Kleinstaatlichkeit der Fürstentums. So resümiert FRANZ BECK, im Zeitraum des Beitritts Vertreter des liechtensteinischen Landtages beim Europarat in Straßburg, die Probleme der Annäherung des Fürstentums an die Organisation, indem er die Ressentiments der Vertreter des Europarates gegenüber Liechtenstein in folgenden Worten zusammenfasst: *„In Gesprächen wurden in erster Linie (...) erwähnt. Im Hintergrund, meist mehr oder weniger versteckt, die Kleinheit unseres Staatswesens"*[1426]. Dass der Europarat in seinen ersten Jahren seiner Existenz der Aufnahme kleinerer Kleinstaaten nicht sehr positiv gegenüberstand, lässt sich am erfolglosen Versuch Monacos ablesen, bereits im Jahre 1949 Mitglied der Organisation zu werden. Als das monegassische Fürstentum im Jahre 1998 einen Aufnahmeantrag an den Europarat stellte, wurde bekannt, dass das Land aus Furcht vor einer förmlichen Ablehnung im Jahre 1949 von einem Beitrittsantrag absah, obwohl ein entsprechendes Memorandum bereits ausgearbeitet war[1427]. Angesichts einer solchen abwehrenden Haltung des Europarates gegenüber den kleinsten Staaten des Kontinents ist es nicht verwunderlich, dass auch Liechtenstein von einem Aufnahmeantrag absah.

Allerdings ist auch dies nicht die ganze Wahrheit. Denn die eher skeptische Einstellung gegenüber den kleineren Kleinstaaten in den Reihen der Organisation verband sich mit dem eigenen fehlenden Interesse Liechtensteins an einem früheren Beitritt. Prinz NIKOLAUS VON LIECHTENSTEIN, dem als späteren jahrelangen Vertreter Liechtensteins im Europarat in Fragen der liechtensteinischen Außenpolitik

---

[1422] SEILER, Kleinststaaten im Europarat, S. 23.

[1423] SEILER, Kleinststaaten im Europarat, S. 24; die Mitgliedstaaten des Brüsseler Paktes waren: Frankreich, Großbritannien, Belgien, die Niederlande und Luxemburg; zudem erhielten eine Einladung: Irland, Italien, Dänemark, Norwegen und Schweden.

[1424] FISCHER in: IPSEN, Völkerrecht, § 60, Rn. 47.

[1425] Die Bundesrepublik konnte, wie auch Italien, erst am 23. Oktober 1954 beitreten; dabei wurde der Vertrag durch vier Protokolle ergänzt und erstmals inhaltlich umgestaltet, FISCHER in: IPSEN, Völkerrecht, § 60, Rn. 47.

[1426] BECK, Liechtensteins Mitgliedschaft im Europarat, S. 15.

[1427] Fischer, Liechtenstein und der Europarat, S. 14.

höchste Kompetenz zukommt, beschreibt die Ausrichtung des liechtensteinischen Interesses in den 50er und frühen 60er Jahren des vergangenen Jahrhunderts auf *„...das Vertragsverhältnis zur Schweiz und [auf] die Beziehungen zu globalen internationalen Organisationen...“*[1428]. So kann insgesamt festgehalten werden, dass für die ersten knapp 20 Jahre des Bestehens des Europarates das Verhältnis zwischen der Organisation und dem Fürstentum Liechtenstein von gegenseitigem Desinteresse geprägt war.

(2). Die Phase der stetigen Annäherung an den Europarat

Erst als die Schweiz im Jahre 1962 dem Europarat beitrat, entstand auch im Fürstentum ein Interesse an einer Europaratsmitgliedschaft[1429]. Daran kann das typisch kleinstaatliche Verhalten in Parallelität mit einem größeren Partner abgelesen werden. Zu ersten Kontakten zwischen dem Fürstentum und dem Europarat kam es *„...[g]egen die zweite Hälfte der 60er Jahre...“*[1430]. Mit Beginn der 70er Jahre setzte eine Teilnahme liechtensteinischer Vertreter an verschiedenen *„...unter der Ägide des Europarates organisierten Konferenzen und Tagungen...“* ein[1431]. Insgesamt war zwar bereits Mitte der 1960er Jahre die Vollmitgliedschaft im Europarat das Endziel der liechtensteinischen Bemühungen, allerdings setzte die politische Führung des Fürstentums auf *„...eine schrittweise Annäherung an den Europarat...“*, da *„...damals ein Beitrittsgesuch als nicht realistisch erschien...“*[1432].

Diese überlegte Politik zeigte nach und nach Erfolge. Bereits im Herbst 1971 wurde Liechtenstein erlaubt, zwei Delegierte in das parlamentarische Organ des Europarates zu entsenden, wodurch *„...eine kontinuierliche Teilnahme als ad-hoc-Beobachter bei den Sitzungen...“* begründet wurde; im Januar 1975 erhielt das Fürstentum den offiziellen Beobachterstatus, wobei die *„...die Delegation von zwei auf vier Mitglieder erweitert...“* wurde[1433]. Das Erreichen des offiziellen Beobachterstatus war sehr bedeutsam für Liechtenstein, da dieser *„...[i]n der Regel (...) eine Vorstufe zur Mitgliedschaft darstellt...“*[1434].

1428 v. LIECHTENSTEIN, Liechtensteins Mitgliedschaft im Europarat, S. 205.

1429 FISCHER, Liechtenstein und der Europarat, S. 14.

1430 v. LIECHTENSTEIN, Liechtensteins Mitgliedschaft im Europarat, S. 205. Im Jahre 1969 ratifizierte Liechtenstein (die ersten) fünf für Nichtmitgliedstaaten offenen Konventionen, die auf der Ebene des Europarates zustande gekommen waren; es handelte sich dabei um folgende Konventionen: Accord relatif à l´échange de substances thérapeutiques d´origine humaine, Accord européen relatif à l´échange des réactifs pour la détermination des groupes sanguins, Convention européenne d´extradition, Convention européenne d´entraide judiciaire en matière pénale, Accord européen relatif à la suppression des visas pour les réfugiés, Quelle: SEILER, Kleinststaaten im Europarat, S. 186, Fn. 33.

1431 SEILER, Kleinststaaten im Europarat, S. 187.

1432 FISCHER, Liechtenstein und der Europarat, S. 14.

1433 BECK, Liechtensteins Mitgliedschaft im Europarat, S. 16.

1434 v. LIECHTENSTEIN, Liechtensteins Mitgliedschaft im Europarat, S. 206.

Nachdem bereits diese komfortable Ausgangsposition erlangt worden war, fokussierten die Verantwortlichen in Liechtenstein ihre Anstrengungen auf die Zulassung zur Vollmitgliedschaft als nun in Erreichbarkeit gerücktes Ziel[1435].

(3). Aufnahme mit Hindernissen

Liechtenstein ergriff unter der Führung von Regierungschef KIEBER die Eigeninitiative und stellte am 7. November 1977 den Antrag auf Aufnahme in den Europarat[1436]. Hintergrund der Wahl des Zeitpunkts für das liechtensteinische Aktivwerden war eine veränderte Grundsituation. Zum einen waren nach dem Beitritt Portugals und Spaniens in den Jahren 1976 bzw. 1977 *„...bis auf die kleinsten Länder alle Staaten Westeuropas in Straßburg vertreten...“*[1437], so dass auch deren Aufnahme Realität werden musste, wenn der Europarat mit seinem universellen Ansatz in Europa glaubhaft bleiben wollte. Zum anderen hatten informelle Anfragen ergeben, dass die wichtigsten Vertreter der Organisation eine Aufnahme Liechtensteins in die Organisation positiv werten würden[1438]; insofern hatte sich die Stimmung in Bezug auf die kleineren Kleinstaaten im Rahmen des Europarates in Vergleich zur Situation in den ersten Jahren der Existenz der Organisation in eindeutiger Weise verbessert.

Obwohl auch anlässlich dieses liechtensteinischen Aufnahmeantrages trotz alledem Zweifel an der vollen Souveränität des Fürstentum – vor allem von französischer, belgischer und britischer Seite – laut wurden[1439], bat der Ministerrat des Europarates doch, wie das in Aufnahmefällen üblich ist, die Parlamentarische Versammlung der Organisation um eine Empfehlung. Die Parlamentarische Versammlung wiederum beauftragte zwei Gutachter mit Stellungnahmen zum liechtensteinischen Beitrittsantrag: den deutschen Politiker GERHARD REDDEMANN und den englischen Parlamentarier TOBY JESSEL[1440]. Der Meinungsbildung auf der Ebene der Parlamentarischen Versammlung war größte Bedeutung zuzumessen, obwohl

---

[1435] SEILER, Kleinststaaten im Europarecht, S. 193, der damit die vom ehem. liechtensteinischen Regierungschef GERARD BATLINER in einem Interview berichteten Erinnerungen wiedergibt.

[1436] BECK, Liechtensteins Mitgliedschaft im Europarat, S. 17.

[1437] SEILER, Kleinststaaten im Europarecht, S. 194.

[1438] Dazu V. LIECHTENSTEIN, Liechtensteins Mitgliedschaft im Europarat, S. 207: *„Kontakte zu Beginn des Jahres 1977 mit dem damaligen Generalsekretär, GEORG KAHN-ACKERMANN, ergaben, dass dieser eine positive Haltung gegenüber den liechtensteinischen Absichten einnahm. Auch der Präsident der Parlamentarischen Versammlung des Europarates, KARL CZERNETZ, erklärte anlässlich seines offiziellen Besuches in Liechtenstein, Ende März 1977, dass er die Mitgliedschaft des Fürstentums Liechtenstein begrüßen würde“.*

[1439] SEILER, Kleinststaaten im Europarecht, S. 196 f.

[1440] BECK, Liechtensteins Mitgliedschaft im Europarat, S. 17; Details zu den Berichten Reddemann und Jessel stammen aus dem Aufsatz von Seiler, Europarat, S. 9 ff. bzw. aus dem identischen Text bei SEILER, Kleinststaaten im Europarat, S. 198 ff.

die Entscheidung der Versammlung lediglich empfehlenden Charakter haben würde, denn in der Regel widersetzt sich das Ministerkomitee in dieser Frage nicht den Beschlüssen der Parlamentarischen Versammlung[1441].

Inhaltlich befassten sich REDDEMANN und JESSEL hauptsächlich mit den Punkten, auf die sich die Skepsis gegenüber der Aufnahme des Fürstentums in den meisten Fällen bezog, das heißt erstens mit der Frage, ob Liechtenstein über volle Souveränität verfüge. Zweitens wurde in Zweifel gezogen, dass das Fürstentum in materieller und personeller Hinsicht in der Lage sei, in effizienter Weise im Europarat mitzuarbeiten; darüber hinaus – drittens – bemängelte man die Tatsache, dass in Liechtenstein die Frauen im Zeitpunkt der Antragstellung nicht über Stimmrechte verfügten und befürchtete – viertens – zudem, dass die Aufnahme von Kleinstaaten im Ministerkomitee zu einer *„...Erschwerung des Entscheidungsmechanismus...“* führen könnte[1442].

In den beiden ersten Kritikpunkten spiegelt sich in typischer Weise die Haltung wider, mit der sich Kleinstaaten immer wieder dadurch konfrontiert sehen, dass die Repräsentanten der größeren Staaten die kleinstaatlichen Funktionsdefizite generalisieren und unreflektiert überbewerten. Allein in der Kleinheit der Bevölkerung wird Anlass genug gesehen, sowohl die Souveränität als auch die völkerrechtliche Verkehrsfähigkeit des Staates in Frage zu stellen. Dass dabei nicht immer völkerrechtliche Grundüberlegungen der Handlung als Motivation zugrunde liegen, sondern eventuell die Angst vor eigenem Machtverlust, kann man unter Umständen schon daraus ablesen, dass daneben auch offen die Probleme diskutiert wurden, die sich gegebenenfalls aus der Mitgliedschaft von Kleinstaaten für die Mehrheitsverhältnisse im Ministerkomitee ergeben könnten (so der letzte der vier Hauptbedenken).

Um so positiver muss zumindest aus liechtensteinischer Sicht die Tatsache gewertet werden, dass sowohl REDDEMANN als auch JESSEL die typischerweise Kleinstaaten gegenüber erhobenen Bedenken als gegenstandslos beiseite wischten. Im einzelnen ließen die beiden Gutachter vor allem an der Souveränität des Kleinstaates keinen Zweifel; JESSEL wies in diesem Zusammenhang gar darauf hin, dass die Souveränität Liechtensteins größer sei als die der Mitgliedstaaten der Europäischen Gemeinschaft, da die dort zugrundeliegenden Verträge von Rom aus dem Jahre 1958 anders als die liechtensteinisch-schweizerischen Verträge keine einseitige Kündigungsmöglichkeit vorsähen[1443]. REDDEMANN ließ die Zweifel hinsichtlich der Fähigkeit der Mitarbeit Liechtensteins im Europarat nicht gelten, weil die *„...internationale[...] Verkehrsfähigkeit...“* angesichts des liechtensteinischen Engage-

[1441] SEILER, Europarat, S. 9, Fn. 59, geht sogar davon aus, dass es *„...heute undenkbar...“* wäre, dass sich das Ministerkomitee in Widerspruch zur Parlamentarischen Versammlung setzt.

[1442] FISCHER, Liechtenstein und der Europarat, S. 15, mit den vier Elementen der Kritik.

[1443] Vgl. SEILER, Europarat, S. 11

ments in der KSZE „...*zweifelsfrei gegeben...*“ sei[1444]. Nicht zum ersten Mal hatte eine Mitgliedschaft des Fürstentums in einer internationalen Organisation bzw. hier einer Beteiligung auf Konferenzebene den Zugang zu einer weiteren Organisation erleichtert.

Gegen den Verweis der Kritiker des Beitritts auf die Kleinheit des Landes als solche argumentierte JESSEL mit den bereits vor der Aufnahme Liechtensteins bestehenden eklatanten Größenunterschieden im Kreise der Mitgliedstaaten; insofern sei das Vorbringen der Kleinheit gegen den Aufnahmeantrag des Fürstentum als missbräuchlich anzusehen[1445]. Vielmehr sahen die beiden Berichterstatter auf Grund des Fehlens des Frauenwahlrechtes wesentliche Mängel des liechtensteinischen Staates in dem für den Europarat so wichtigen Bereich der Menschenrechte als problematisch für die Aufnahme in die Organisation. Damit blieb jedoch ein Kritikpunkt über, der in keiner Weise im Zusammenhang mit der Kleinstaatlichkeit Liechtensteins stand; REDDEMANN und JESSEL waren damit der Ansicht, dass das Fürstentum mit keinen Funktionsdefiziten behaftet war, die der Aufnahme in den Europarat entgegenstünden.

Letztlich vertraten die beiden Gutachter aber auch die Ansicht, dass das diskriminatorische Wahlrecht in Liechtenstein den Beitritt des Landes zur internationalen Organisation nicht verhindern sollte. JESSEL, der in dieser Sache kritischer eingestellt war als REDDEMANN[1446], konnte der Parlamentarischen Versammlung die Aufnahme Liechtensteins nur deshalb empfehlen, weil er der Auffassung war, dass es schneller zu einer Einführung des Frauenwahlrechts im Fürstentum kommen würde, wenn das Land in die Menschenrechtsgemeinschaft des Europarates einträte. Das für Liechtenstein positive Ergebnis der Berichte hätte sich allerdings beinahe nicht oder jedenfalls nicht zeitnah in eine Empfehlung der Parlamentarischen Versammlung dem Ministerrat gegenüber umsetzen lassen, da der britische Abgeordnete ROPER den Antrag stellte, die Entscheidung über die Mitgliedschaft Liechtenstein solange zu vertagen, bis grundsätzlich die Frage des Umgangs des Europarates mit sehr kleinen Kleinstaaten geklärt wäre. Letztlich wurde der Antrag aber abgelehnt und anschließend „...*fand die Aufnahme [Liechtensteins in die Organisation] eine*

1444 Vgl. SEILER, Europarat, S. 10.

1445 So jedenfalls die Darstellung des Jessel-Berichts bei SEILER, Europarat, S. 10, der auch angibt, dass sich die Mitgliedstaaten des Europarates bereits vor dem Beitritt Liechtenstein in der Bevölkerungsgröße um den Faktor 200 unterschieden.

1446 Nach SEILER, Europarat, S. 10, begründete REDDEMANN seine Ansicht damit, dass das Frauenwahlrecht nach der Bewertung der Parlamentarischen Versammlung noch nicht ausreichend anerkannt war: „*L´égalité des droits pour les femmes n´est pas encore reconnue au plan juridique dans la mesure jugée nécessaire par l´Assemblée Parlamentaire du Conseil de l´Europe*“; diese Begründung ist fragwürdig angesichts der Tatsache, dass die Vorenthaltung der Frauenwahlrechts sowohl gegen das Diskriminierungsverbot in Art. 14 der EMRK als auch gegen das Gebot der allgemeinen Wahl in Art. 3 des Ersten Zusatzprotokolls verstößt, vgl. VAN DIJK / VAN HOOF, Theory and Practice of the European Convention of Human Rights, S. 661.

überzeugende Mehrheit in der Versammlung..."[1447]. Die Ablehnung des ROPER-Antrages drückt den Willen der Mitglieder der Parlamentarischen Versammlung aus, eine Diskussion des „*Mikrostaaten-Problems*"[1448] auf der Ebene des Europarates zu vermeiden. Hier mögen die erfolglosen Versuche in der Generalversammlung der Vereinten Nationen als lehrreiches Beispiel gedient haben. Nachdem sich am 28. September 1978 die liechtensteinfreundliche Ansicht in der Parlamentarischen Versammlung durchgesetzt hatte, forderte auch der Ministerrat Liechtenstein am 13. November 1978 einstimmig auf, Mitglied der Organisation zu werden. Damit war der Weg frei für den völkerrechtswirksamen Beitritt des Fürstentums durch Hinterlegung der Beitrittsurkunde am 23. November 1978[1449].

cc) Stellung der einzelnen Mitgliedstaaten im Europarat

Um die wahre Bedeutung der Mitgliedschaft Liechtensteins im Europarat umfassend würdigen zu können, muss auch auf der Ebene dieser Organisation untersucht werden, welche Mitwirkungsmöglichkeiten die institutionelle Struktur der Organisation dem Kleinstaat einräumt. Nach Art. 10 des Statuts des Europarats verfügt die Organisation über zwei Organe: das Ministerkomitee und die Parlamentarische Versammlung[1450]. Im Ministerkomitee ist der Grundsatz der souveränen Gleichheit umfassend garantiert, indem Art. 14 des Statuts jedem Mitgliedstaat eine Stimme zuweist; grundsätzlich werden die Staaten im Ministerkomitee von den Außenministern der Mitgliedstaaten vertreten[1451]. Dagegen hängt die Bedeutung der Mitgliedstaaten im Rahmen der Parlamentarischen Vertretung „*...von der Bevölkerungsgröße des Landes ab, wobei die kleinsten Länder relativ stärker vertreten sind als die großen...*"[1452]: Liechtenstein entsendet beispielsweise lediglich zwei der zur Zeit 301 Delegierten, während die Bundesrepublik über 18 Mandate bestimmt[1453]. Insoweit

---

1447 BECK, Liechtensteins Mitgliedschaft im Europarat, S. 17.

1448 Vgl. SEILER, Europarat, S. 12, bei dem der Begriff im aufgezeigten Zusammenhang explizit verwandt wird, indem er Stimmen aus der Parlamentarischen Versammlung zusammenfasst, die der Ansicht waren, dass ein „*Mikrostaaten-Problem*" bis zum Antrag von ROPER eben gerade nicht existent gewesen sei.

1449 Vgl. FISCHER, Liechtenstein und der Europarat, S. 15.

1450 WICHARD WOYKE in: ANDERSEN / WOYKE, Handwörterbuch Internationale Organisationen, S. 116.

1451 Art. 14 lautet im verbindlichen englischsprachigen Original: „*Each Member shall be entitled to one representative on the Committee of Ministers and each representative shall be entitled to one vote. Representatives on the Committee shall be the Ministers for Foreign Affairs. When a Minister for Foreign Affairs is unable to be present or in other circumstances where it may be desirable, an alternate may be nominated to act for him, who shall, whenever possible, be a member of his Government*".

1452 V. LIECHTENSTEIN, Liechtenstein Mitgliedschaft im Europarat, S. 201.

1453 Vgl. http://www.bundestag.de/internat/europarat/eurorat1.html zu den Angaben bzgl. der Bundesrepublik; SEILER, Kleinststaaten im Europarat, S. 236, für die liechtensteinischen Daten; jedes Land entsendet neben den Repräsentanten eine ebenso große Anzahl an Stellvertretern.

ist in der Parlamentarischen Versammlung vom Prinzip der souveränen Gleichheit abgerückt worden; da die Kleinstaaten aber über relativ mehr Stimmrechte verfügen, bleibt auch im parlamentarischen Gremium nicht gänzlich unberücksichtigt, dass die einzelnen Abgeordneten von den Mitgliedstaaten bestimmt werden, die grundsätzlich wegen des Prinzips der souveränen Gleichheit in den Organen über gleiches Stimmengewicht verfügen müssten[1454]. Obwohl die Stimmengewichtung aber nicht den realen Größenverhältnissen entspricht, könnte man aus der schwächeren Vertretung der Kleinstaaten in der Parlamentarischen Versammlung auf eine beschränkte Bedeutung der kleinen Staaten im Europarat schließen.

Dabei würde aber übersehen, dass das Ministerkomitee nach Art. 15 des Statuts *„...allein berechtigt ist, im Namen des Europarates zu handeln...“*[1455]. Auf Grund dessen ist der Ministerrat das *„...[e]igentliche[...] Entscheidungsorgan des Europarates...“*[1456], während sich die Möglichkeiten der Parlamentarischen Versammlung nach Art. 22 des Statuts darauf beschränken, Empfehlungen an das Ministerkomitee zu formulieren[1457]. Selbst wenn man berücksichtigt, dass die Parlamentarische Vertretung faktisch *„...für die Ausarbeitung neuer Rechtsinstitute und als Wächterin über die Einhaltung von Demokratie und Menschenrechten eine mehr als bloß beratende Rolle innerhalb des Europarates...“*[1458] erlangen konnte und sich die Parlamentarische Versammlung selbst als *„...the voice of democratic Europe...“*[1459] begreift, verfügt das Organ nach wie vor über keine eigenen Entscheidungskompetenzen. Die Entscheidungen werden demnach in einem Gremium gefällt, das dem Prinzip der Stimmengleichheit verpflichtet ist, so dass die Organisation letztlich doch im vollem Umfang dem Prinzip der souveränen Gleichheit zur Verwirklichung verhilft. Für die Stellung der Kleinstaaten in der Organisation bedeutet dies, dass sie den großen Mitgliedstaaten rechtlich gänzlich gleichgestellt sind.

Die starke Stellung der Kleinstaaten in der Organisation wird zudem dadurch erhöht, dass die wichtigen Entscheidungen im Ministerkomitee einstimmig zu fassen sind, wodurch jedem Staat und damit eben auch den Kleinstaaten eine Vetorecht zukommt[1460]. Dadurch und durch die Tatsache, dass selbst einstimmige Ent-

---

1454 ALBERT BLECKMANN in: SIMMA, The Charter of the United Nations, Art. 2 (1), Rn. 44: *“...the principle of equality requires non weighted voting...”*.

1455 WICHARD WOYKE in: ANDERSEN / WOYKE, Handwörterbuch Internationale Organisationen, S. 115.

1456 EPPING in: IPSEN, Völkerrecht, § 34, Rn. 6.

1457 Art. 22 des Statuts lautet in englischer Sprache: *“The Consultative Assembly (Parliamentary Assembly) is the deliberative organ of the Council of Europe. It shall debate matters within its competence under this Statute and present its conclusions, in the form of recommendations, to the Committee of Ministers”*.

1458 SEILER, Kleinststaaten im Europarat, S. 33.

1459 ROBERTSON, Council of Europe, in: BERNHARDT, EPIL, Band I, S. 847.

1460 SEILER, Kleinststaaten im Europarat, S. 30.

scheidungen des Ministerkomitee nach Art. 15 (b) des Statuts[1461] für den Mitgliedstaat lediglich empfehlenden Charakter haben können, ist die Mitgliedschaft im Europarat auch in keiner Hinsicht problematisch für die Souveränität des einzelnen Mitglieds. Die Mitgliedstaaten entscheiden zudem selbst, in welchem Maße sie den Konventionen des Europarates beitreten möchten[1462]; im Gegensatz beispielsweise zur Europäischen Union (Art. 49 EUV) sieht das Statut des Europarates keinen *single package deal vor.*

dd) Die Auswirkungen der Mitgliedschaft auf die Stellung des Kleinstaates

Die Aufnahme Liechtensteins in den Kreis der Europaratsmitglieder ist sicherlich nicht ohne Auswirkungen auf die Rolle des Fürstentums in Völkerrechtsordnung geblieben. Wie im folgenden ausgeführt werden wird, kann der Beitritt in die heute tatsächlich gesamteuropäische Organisation als großer Erfolg liechtensteinischer Diplomatie bezeichnet werden.

(1). Auswirkung der Aufnahme in die Organisation an sich

Die Tatsache, dass der Europarat das Fürstentum mit offenen Armen empfangen hat, ist für das kleine Land von einzigartiger Bedeutung, denn dadurch konnte die erste Vollmitgliedschaft Liechtensteins in einer politischen Organisation begründet werden[1463]. Bis zum 23. November 1978 war das Fürstentum Vollmitglied lediglich in „*...Spezialorganisationen mit (...) eng umschriebene[m] Zweck und ohne politischen Charakter...*“[1464].

Die Mitgliedschaft im Europarat und damit in einer politischen Organisation stellt als diplomatischer Erfolg Liechtensteins jedoch kein Abstraktum dar. Vielmehr ergibt sich daraus eine Demonstration des Respekts der anderen Mitglied-

---

1461 *"In appropriate cases, the conclusions of the Committee may take the form of recommendations to the Governments of Members, and the Committee may request the Governments of Members to inform it of the action taken by them with regard to such recommendations".*

1462 SEILER, Kleinststaaten im Europarat, S. 29.

1463 V. LIECHTENSTEIN, Liechtensteins Mitgliedschaft im Europarat, S. 214, der an der zitierten Stelle noch schreibt, „*...Man daher sagen, dass der Europarat die einzige europäische politische Organisation ist, der Liechtenstein als Vollmitgliedschaft angehört...*“, da die Aussage zeitlich vor den später dazutretenden Mitgliedschaften getätigt wurde. Die Mitgliedschaft im Statut des Internationalen Gerichtshofes muss hier im Rahmen der politischen Mitgliedschaften außer Betracht bleiben, da es sich beim Internationalen Gerichtshof lediglich um eine Organ der Vereinten Nationen handelt, nicht jedoch um eine eigenständige internationale Organisation. Ebenso steht die gleichberechtigte Teilnahme am KSZE-Prozeß dem hier gewonnen Ergebnis nicht entgegen, da die sich KSZE – wie bereits gesehen – erst in den 90er Jahren des vergangenen Jahrhunderts in eine internationale Organisation zu wandeln begann.

1464 V. LIECHTENSTEIN, Liechtensteins Mitgliedschaft im Europarat, S. 214.

staaten gegenüber der liechtensteinischen Souveränität. Diese These lässt sich auf zwei Beobachtungen stützen. Zum einen wurden diverse Zweifel an der Souveränität Liechtensteins im Rahmen der Aufnahmeverhandlungen nicht verschwiegen. Wie bereits ausgeführt, wurde diese Frage ganz offen diskutiert und in den Berichten von REDDEMANN und JESSEL positiv bewertet. Beide Gutachten bestätigen die Souveränität Liechtensteins ausdrücklich[1465]. Auf dieser Grundlage wurde anschließend über die Aufnahme des Kleinstaates abstimmt. Somit kann davon ausgegangen werden, dass den beteiligten Regierungen das Problemfeld der liechtensteinischen Souveränität bewusst war und sie deshalb, indem sie einstimmig den Beitritt des Fürstentums absegneten, auch bewusst die Souveränität des Staates Liechtenstein anerkannt haben. Die zweite Beobachtung, aus der sich die Bestärkung der Souveränität Liechtensteins ergibt, besteht in der Tatsache, dass *„...das Fürstentum Liechtenstein (...) 1978 der erste Kleinstaat mit weniger als 100 000 Einwohnern [war], der in den Europarat aufgenommen wurde...“*, nachdem davor *„...Island während 28 Jahren [als] das an Einwohnerzahl kleinste Mitglied...“* der Organisation zu gelten hatte[1466]. Damit stellte Liechtenstein in der Rolle des Pioniers unter den kleinen Kleinstaaten seinen Aufnahmeantrag und konnte nicht auf etwaige Parallelfälle verweisen. Als ein solcher Protagonist in Sachen Kleinstaatlichkeit musste das Fürstentum in besonderem Maße Ressentiments überwinden, wie sich beispielsweise am Antrag ROPER aufzeigen lässt. Dass das Land trotz dieser Hindernisse Vollmitglied des Europarates und damit gleichberechtigter Partner der souveränen Mitgliedstaaten in der Organisation werden konnte, zeigt, dass man gerade diesem kleinen Kleinstaat die Mitarbeit im Europarat zutraute.

Daneben ergibt sich die Anerkennung der liechtensteinischen Souveränität durch die Aufnahme in die Organisation zudem aus dem Statut des Europarates. Zwar ist Prinz NIKOLAUS VON LIECHTENSTEIN zu widersprechen, wenn er etwas zu voreilig behauptet, *„...[g]emäß dem Statut des Europarates könn[t]en nur souveräne Staaten (...) beitreten...“*[1467], da gerade der für eine spätere Aufnahme Deutschlands[1468] geschaffene Art. 5 Abs. 1 des Statuts eine assoziierte Mitgliedschaft vorsieht, kraft dessen ein *„...europäisches Land...“* – womit offensichtlich auch Gebilde ohne volle Souveränität fallen sollen – Zugang zur Organisation finden und dabei trotzdem gem. Art. 5 Abs. 2 des Statuts als *„Mitglied“*[1469] im Sinne des Statuts bezeichnet werden. Allerdings kann im Umkehrschluss daraus, dass Liechtenstein nicht auf die

---

1465 SEILER, Europarat, S. 10/11.

1466 FISCHER, Liechtenstein und der Europarat, S. 14.

1467 V. LIECHTENSTEIN, Liechtensteins Mitgliedschaft im Europarat, S. 216.

1468 COUNCIL OF EUROPE, Manual of the Council of Europe, S. 14 f., worin auch darauf verwiesen wird, dass die Einführung des Art. 5 in das Statuts des Europarates auf eine Anregung WINSTON CHURCHILLS zurückgeht, der im Rahmen einer Erklärung vom 12. August 1949 folgendes formuliert hatte: *“A united Europe cannot live without the help and strength of Germany”*.

1469 Zur Mitgliedschaft im Europarat im allgemeinen und mit vielen Details vgl.: COUNCIL OF EUROPE, Manual of the Council of Europe, S. 13 ff.

assoziierte Mitgliedschaft nach Art. 5 des Statuts verwiesen wurde, sondern über Art. 3 des Statuts die Rechte eines gewöhnlichen Vollmitgliedes erlangt hat, geschlossen werden, dass das Fürstentum auf der Ebene des Europarates als souveräner Staat anerkannt ist.

Über die bloße Bestätigung der liechtensteinischen Souveränität hinaus kann aus dem Statut des Europarates ein weiteres für Liechtenstein sehr positives Ergebnis herausgelesen werden. Denn der Aufnahme in den Europarat ist eine ausdrückliche Anerkennung der rechtsstaatlichen und demokratischen Struktur des liechtensteinischen Staates durch die übrigen Mitgliedstaaten der Organisation zu entnehmen. Diese Feststellung kann aus dem Zusammenspiel der Art. 3, 4 und 8 des Statuts heraus untermauert werden. Denn laut Art. 4 kann nur ein Staat Mitglied des Europarates werden, *„...der für fähig und gewillt befunden wird, die Bestimmungen des Artikels 3 zu erfüllen...“*; Satz 2 dieser Vorschrift lautet: *„Jedes Mitglied des Europarates erkennt den Grundsatz der Vorherrschaft des Rechts und den Grundsatz an, dass jeder, der seiner Hoheitsgewalt unterliegt, der Menschenrechte und Grundfreiheiten teilhaftig werden soll“*[1470]. Zudem ergibt sich aus Art. 8 des Statuts, der die Möglichkeit eines Ausschlussverfahrens zuungunsten eines Mitgliedstaates vorsieht, welcher *„...sich einer schweren Verletzung der Bestimmungen des Artikels 3 schuldig macht...“*[1471], dass Rechtsstaatsprinzip und Demokratie bei den Mitgliedstaaten des Europarates dauerhaft gegeben sein müssen. Mit der Aufnahme in den – nach dem Selbstverständnis des Europarats – *„Hort der europäischen Demokratien“*[1472] wird somit nicht nur die Souveränität des Fürstentums anerkannt, sondern der Kleinstaat erfährt eine *„qualifizierte Bestätigung“*[1473], da er zusätzlich als funktionierende Demokratie klassifiziert wurde[1474].

[1470] Dass die Voraussetzungen der Art. 3 und 4 des Statuts des Europarates nicht nur abstrakte Forderungen blieben, sondern auch tatsächlich umgesetzt und verlangt wurden, lässt sich daran erkennen, dass Spanien und Portugal, solange sie von Diktatoren beherrscht wurden, keinen Zugang zur Organisation fanden; so ROBERTSON, Council of Europe, in: BERNHARDT, EPIL, Band I, S. 844: *“Art. 3 of the Statute limits membership to States which respect the principles of the rule of law and of the enjoyment of human rights and fundamental freedoms. Among these principles, of course, are free elections and the right fo form a political opposition. This explains why Spain and Portugal during many years were not members...”*.

[1471] Auch diese Regelung ist nicht pure Theorie geblieben, wie der Austritt Griechenlands im Jahre 1969 und die Suspendierung der türkischen Mitgliedschaft von 1981-1984 zeigen, vgl. dazu ausführlicher: EPPING in: IPSEN, Völkerrecht, § 34, Rn. 3.

[1472] Vgl. SEILER, Kleinststaaten im Europarat, S. 28.

[1473] So schon V. LIECHTENSTEIN, Liechtensteins Mitgliedschaft im Europarat, S. 216.

[1474] Diese Aussage wurde in jüngster Vergangenheit relativiert, als der Europarat auf die vom Fürsten initiierten Verfassungsänderungen, die in das Plebiszit vom 16. März 2003 mündeten (vgl. bereits Kap. 3, C.II.), äußerst kritisch reagierte. Bereits für Ende Januar 2003 wurde eine Dringlichkeitsdebatte über die Vorgänge im Fürstentum einberufen, die im Palais d'Europe als *„...Anachronismus, der ins 19. Jahrhundert passt...“* kommentiert wurde (Quelle: Homepage der Frankfurter Rundschau am 21. Januar 2003; http://www.fr-aktuell.de). Der Fürst seinerseits reagiert jedoch nicht mit Einsicht, son-

Trotz all der genannten positiven Aspekte darf die gleichberechtigte Mitarbeit Liechtensteins auf der Ebene des Europarates aber nicht überbewertet werden, wenn daran die Rolle des Fürstentum in der Völkerrechtsgemeinschaft untersucht werden soll. Die Aufnahme des Kleinstaates in die Organisation mit allen Rechten eines Vollmitgliedes erfolgte im Jahre 1978 zu einer Zeit, als längst feststand, dass der Europarat mangels Kompetenzen für Maßnahmen gegen seine Mitgliedstaaten die Vorreiterrolle in Sachen europäischer Integration der Europäischen Gemeinschaften überlassen musste[1475]. Die schwache Position der internationalen Organisation gegenüber den Mitgliedstaaten mag es den großen Staaten im Europarat erleichtert haben, die Aufnahme des sehr kleinen Kleinstaates zuzulassen.

Trotzdem hat der Beitritt zum Europarat den Status Liechtensteins als unabhängiger und gleichberechtigter Partner innerhalb der europäischen Staatenfamilie zementiert. Die selbständige Mitgliedschaft im Europarat stellt zusammen mit der Teilnahme am KSZE-Prozeß beredtes Zeugnis der Tatsache dar, dass das Fürstentum Liechtenstein gewillt war, aus dem Schatten der Schweiz auf die internationale Bühne herauszutreten.

(2). Auswirkung auf die konkreten Funktionsdefizite

Neben den genannten Auswirkungen für den Status Liechtensteins im internationalen Konzert brachte die Mitgliedschaft im Europarat jedoch auch eine ganze Reihe von Vorteilen, die zu einer Abmilderung von kleinstaatlichen Funktionsdefiziten führen.

So stellt die Aufnahme in die Organisation nicht nur eine Bestätigung der liechtensteinischen Souveränität dar, sondern der Europarat bietet auch den geeigneten Ort, Widerstand gegen doch immer wieder formulierte Zweifel an der Souveränität zu erheben. So konnte das Fürstentum im Jahre 1993, als die Aufnahme der Tschechischen Republik diskutiert wurde, als Mitgliedstaat des Europarates seine eigenen Interessen in einer Weise zur Beachtung der wichtigsten Staaten Europas bringen, wie es das kleine Liechtenstein aus eigener faktischer Kraft außerhalb der

dern drohte gar mit dem Austritt aus dem Europarat, da er sich durch die Reaktion aus Straßburg „*...[i]n seiner fürstlichen Ehre gekränkt...*“ fühle (So fasst die TAZ vom 22. August 2003, S. 10, die fürstlichen Aussagen in einem Artikel zusammen, der mit „*Ein Zwerg probt den Aufstand*“ überschrieben war.). Das Monitoring Commitee hatte im Sommer 2003 dieBerichterstatter Michael Hancock und Erik Jurgens nach Liechtenstein, die in einem Bericht unter dem Datum des 16. September 2003 zu einem für Liechtenstein negativen Ergebnis kamen; die empfahlen der Parlamentarischen Versammlung des Europarates die Einleitung eines Monitoring-Verfahrens (vgl. Draft opinion for the Bureau of the Assembly, zugänglich unter auf der Internet-Seite des Europarates: http://assembly.coe.int/Communication/TemporaryDocs/Asmon/ Liechtenstein/ Liechtenstein251103E.pdf). Die Mehrheit der Mitgliedsstaaten in der Parlamentarischen Versammlung folgte jedoch nicht der Empfehlung des Monitoring Commitees; ein Verfahren wurde nicht eingeleitet.

1475 Vgl. EPPING in: IPSEN, Völkerrecht, § 34, Rn. 8.

Plattformen internationaler Zusammenarbeit niemals vermocht hätte. Hintergrund war die Tatsache, dass die Tschechische Republik nachhaltig die Souveränität des Fürstentums in Frage stellte und sich deshalb weigerte, mit Liechtenstein über dessen Kriegfolgeschäden, vor allem über die auf dem Territorium konfiszierten Besitztümer liechtensteinischer Staatsangehöriger zu verhandeln[1476]. Zwar verhinderte das Fürstentum nicht, wie es ihm grundsätzlich möglich gewesen wäre, die Aufnahme der Tschechischen Republik in die Organisation dadurch, dass es im Ministerrat dagegen ein Veto erhoben hätte, sondern enthielt sich der Stimme; allerdings wurde auf liechtensteinische Anregung in die Empfehlung der Parlamentarischen Versammlung an das Ministerkomitee bezüglich des tschechischen Aufnahmeantrages die Verpflichtung festgeschrieben, sich einer gütlichen Einigung über bestehende Streitfragen nicht zu verschließen[1477]. Auch wenn die Problematik des Grundeigentums liechtensteinischer Staatsbürger auf dem Territorium der Tschechischen Republik bis heute nicht gelöst ist, muss trotzdem die Tatsache, dass die Tschechische Republik zur Übernahme der besagten Verpflichtung veranlasst werden konnte, als Erfolg für Liechtenstein gesehen werden.

Insofern hat die Mitgliedschaft im Europarat das Defizit an realen Machtmitteln des Kleinstaates zu einen gewissen Grade ausgleichen können. Dass das Fürstentum den Europarat grundsätzlich als Möglichkeit begreift, die Interessen in Bezug auf enteignetes liechtensteinisches Vermögen in den Staaten des ehemaligen Ostblocks zu thematisieren, mag auch daran abgelesen werden, dass sich Liechtenstein im Rahmen der Organisation im besonderen Maße *„...auf dem Gebiet der ‚Osteuropahilfe'...“* hervortut; das Engagement gerade in dieser Region muss nicht lediglich dadurch begründet sein, dass das Fürstentum erkannt hat, dass den osteuropäischen Ländern besondere Hilfe zu gewähren ist, weil von ihnen *„...destabilisierende[...] Impulse (...) in sicherheitspolitischer und wirtschaftlicher Hinsicht (...) ausgehen“*[1478].

Wie dies bereits für die Mitarbeit in der OSZE dargelegt wurde, dient auch die Mitgliedschaft im Europarat außerdem dem Ausgleich des Nachteils der fehlenden Bewaffnung Liechtensteins. Dadurch dass die Organisation Rechtsstaatlichkeit und Demokratie fördern will, um als eigentliches Ziel – wie das bereits die Präambel

---

1476 Vgl. SEILER, Kleinststaaten im Europarat, S. 236, der dort in Fn. 206 ein offizielles Dokument des Europarates als Dokumentationsquelle der tschechischen Weigerung, Liechtensteins Souveränität anzuerkennen, angibt.

1477 Nach FISCHER, Liechtenstein und der Europarat, S. 16, lautet die betreffende Textstelle im Wortlaut folgendermaßen: *„Der Beitritt zum Europarat impliziert auch die Bereitschaft, durch den Dialog und im Verhandlungswege alle offenen Fragen in den Beziehungen zwischen den Mitgliedstaaten beizulegen“*; die Autorin bietet zudem die Information, dass die liechtensteinischen Abgeordneten im Jahre 1997 im Rahmen der Parlamentarischen Versammlung die Einhaltung der Verpflichtung durch die Tschechische Republik anmahnte.

1478 So jedoch die Begründung bei FISCHER, Liechtenstein und der Europarat, S. 16.

zum Statut des Europarates zeigt[1479] – den Frieden auf dem Kontinent zu garantieren, stellt die Mitgliedschaft auf dieser Ebene eine Möglichkeit dar, faktische Machtausübung gegen das Fürstentum von außen zu unterbinden. Bietet der Europarat als *„Konsultations- und Koordinierungsorgan"*[1480] auch nur für einen möglichen internationalen Konflikt, von dem auch Liechtenstein betroffen sein könnte, die Plattform für prophylaktische Friedenskontakte, so stellt die Organisation für den Kleinstaat schon deshalb ein weiteres Mittel dar, eines seiner Funktionsdefizite zu relativieren.

Ein weiterer Vorteil für das Fürstentum ergibt sich aus der verstärkten Tätigkeit des Europarates im Bereich des Rechtes. ROBERTSON bezeichnet dieses Engagement als das nach der Förderung des Menschenrechtsschutzes zweitwichtigste Betätigungsfeld der Organisation; im besonderen handelt es sich um verschiedenste Themen des internationalen Rechts, die sich in der Erarbeitung von beinahe 50 Konventionen, Übereinkommen und Protokollen niedergeschlagen haben[1481]. Als das für den Kleinstaat erfreulichste Ergebnis der beschriebenen Betätigung des Europarates ist die Rechtsvereinheitlichung anzusehen. Gerade der kleine Kleinstaat ist nicht in der Lage, auf Dauer in Selbständigkeit ein umfassendes Rechtssystem aufzubauen[1482]. Dieses Manko versucht er dadurch auszugleichen, dass er ausländisches Recht im Wege der Rezeption übernimmt. Dieses Vorgehen wird durch eine Rechtsvereinheitlichung auf möglichst breiter europäischer Ebene in gewissem Umfang überflüssig; der kleine Rechtsraum geht im großen europäischen Rechtsraum auf. Der Kleinstaat muss keine Ressourcen vergeuden, indem er selbst Gesetze ausarbeitet, sondern profitiert von der internationalen Arbeitsteilung in ganz besonderem Maße. Auch in dieser Hinsicht verhilft die Mitgliedschaft im Europarat dem Fürstentum somit zur Abmilderung seiner kleinstaatlichen Funktionsdefizite.

Die Plattform des Europarates bietet auf Grund seines heute in Europa nahezu umfassenden Mitgliederstandes darüber hinaus gerade für den kleinen Kleinstaat einen weiteren Vorteil, der darin zu sehen ist, dass auf diese Weise der liechtensteinischen Diplomatie die Möglichkeit gegeben wird, regelmäßigen Austausch mit fast allen europäischen Staaten zu pflegen, wie dies ohne eine Konzentration kompetenter Gesprächspartner in Straßburg nicht möglich wäre. Zudem ergibt sich als

---

1479 So lautet der zweite Beweggrund des Statuts im verbindlichen Englisch: *„Convinced that the pursuit of peace based upon justice and international co-operation is vital for the preservation of human society and civilization"*.

1480 EPPING in: IPSEN, Völkerrecht, § 34, Rn. 7.

1481 ROBERTSON, Council of Europe, in: BERNHARDT, EPIL, Band I, S. 847 f., der die unterschiedlichen Themen folgendermaßen benennt: *„...the harmonization of national legislation and practice in certain sectors, the prevention of crime and the treatment of offenders and questions concerning the mass media..."*; in der Folge zählt der Autor die wichtigsten Konventionen usw. auf.

1482 Vgl. dazu bereits Kap. 1, C.II.5.

Nebeneffekt, dass die Deputierten der Parlamentarischen Versammlung von den Erfahrungen und Fähigkeiten der Kollegen aus den größeren Mitgliedstaaten profitieren können und so gegebenenfalls mit Problemfeldern in Kontakt kommen, mit denen sie im Alltag des liechtensteinischen Landtag nicht konfrontiert werden würden[1483]. Insofern fungiert die internationale Organisation als Kontaktbörse. Da es sehr kleinen Staaten wie dem Fürstentum Liechtenstein auf Grund seiner beschränkten Ressourcen nicht möglich wäre, einen ähnlich intensiven Gedankenaustausch auf bilateraler Ebene mit all den Staaten, die Mitglied im Europarat sind, aufrecht zu erhalten, und diese Staaten unter Umständen auch kein Interesse an bilateralen Gesprächen hätten, hat die Mitgliedschaft auch in dieser Hinsicht direkte Auswirkungen auf die kleinstaatlichen Funktionsdefizite Liechtensteins. Damit verhilft die Mitgliedschaft im Europarat dem Fürstentum zu einer Abschwächung der kleinstaatenspezifischen Nachteile in Bezug auf die diplomatische Repräsentation des Staates Liechtenstein. Dadurch dass die liechtensteinische Meinung in die Debatten auf Niveau des Europarates einfließen kann, wird das Land in die Lage versetzt, an der Ausarbeitung von Zukunftsvisionen für Europa teilzuhaben[1484].

Ein zusätzlicher Aspekt, der ebenso die weitere Zukunft Liechtensteins als Staat betrifft, der an einer umfassenderen europäischen Einigung teilnehmen und teilhaben möchte, ergibt sich daraus, dass der Europarat als unverzichtbarer Rahmen gilt, in dem die ehemaligen Mitgliedstaaten des Warschauer Paktes in Mittel- und Osteuropa *„...ihre Integrationspolitik in die EU und die euro-atlantischen Strukturen vertreten können...“*[1485]. Insofern erhöht die Mitgliedschaft des Fürstentum im Europarat auch die Wahrscheinlichkeit einer späteren Aufnahme in die Europäische Union. Will man aus dem Verhalten der Staaten der östlichen Hälfte Europas im Rahmen der Straßburger Organisation auf ihre Fähigkeit darin schließen, die Pflichten zu tragen, die sich aus einer EU-Mitgliedschaft ergäben, so wird es schwer sein, vertretbare Argumente gegen eine liechtensteinische Mitgliedschaft in der Europäischen

---

1483 V. LIECHTENSTEIN, Liechtensteins Mitgliedschaft im Euoparat, S. 209 f., formuliert, als einer, der lange Jahre das Fürstentum in Straßburg vertreten hat, die beschriebenen Beobachten folgendermaßen: *„Neben der aktiven Mitgestaltung des politischen Geschehens im Rahmen der Versammlung des Europarates bietet dieses Gremium unseren Abgeordneten auch die Möglichkeit, viele Anregungen zu sammeln und Kontakte zu knüpfen. Auf keine andere Weise können Gespräche mit Parlamentariern und anderen Politikern der Nachbarstaaten und anderer europäischer Staaten so häufig und intensiv geführt werden“.*

1484 So führt FRANZ BECK, dem in der Sache ein hohes Beurteilungsvermögen zugestanden werden muss, da er liechtensteinische Interessen bereits seit 1971 in Straßburg vertreten hatte, die Bedeutung der Aufnahme Liechtensteins in die Organisation auf die folgenden beiden Elemente zurück: *„Die beiden Hauptargumente [für die Mitgliedschaft] sind die Erhaltung unserer Eigenstaatlichkeit und die Mitsprache bei der gemeinsamen Gestaltung der Zukunft. In der Negativform gewinnt das Argument der Mitsprache noch an Ausdruckskraft. Der Gedanke, dass über unseren Kopf hinweg entschieden werden soll, erscheint uns untragbar.“;* BECK, Liechtensteins Mitgliedschaft im Europarat, S. 19.

1485 FISCHER, Liechtenstein und der Europarat, S. 13.

Union zu finden, wenn das kleine Land im selben Maße wie die mittel- und osteuropäischen Beitrittsaspiranten bewiesen hat, die geforderte Rolle im Europarat zu erfüllen. Falls der Beitritt Liechtensteins in die EU aber nicht erreicht werden kann oder vom Fürstentum nicht angestrebt werden sollte, wird die Mitgliedschaft im Europarat zumindest bewirken, dass der in Zukunft wie auch immer geartete große europäische Staatenverbund oder gar europäische Staat dem Fürstentum Liechtenstein den Respekt entgegenbringt, der ihm als im Europarat gleichberechtigten europäischen Partner zusteht.

In gewisser Weise wirkt sich die Aufnahme Liechtensteins in den Europarat jedoch auch negativ auf die kleinstaatenspezifischen Funktionsdefizite des Landes aus. Denn obwohl die finanzielle Belastung, die das Fürstentum in Form von Beitragverpflichtungen trifft, mit lediglich 0,0518 % des Budgets des Europarates recht gering erscheint, ergibt sich ein vollständig anderes Bild, wenn man die Aufwendungen mit der Einwohnerzahl in Relation setzt. Während das Fürstentum 2,93 € pro liechtensteinischem Einwohner zu zahlen verpflichtet ist, könnten die 0,27 € (12,6039 % des Gesamtbudgets des Europarates), die die Bundesrepublik Deutschland für jeden ihrer Einwohner an den Europarat überweist, geradezu als Sparpreis angesehen werden; in absoluten Zahlen beträgt der Beitrag zum Europaratsbudget des Jahres 2002 87 542 €[1486]. Geht man davon aus, dass dazu jedoch bis zu einem Vierfachen an Ausgaben für die liechtensteinische Präsenz in Straßburg hinzukommt[1487], addieren sich die Gesamtausgaben immerhin auf ein ganzes Promille des liechtensteinischen Staathaushaltes[1488]; dabei ist jedoch wiederum nicht zu übersehen, dass die Ausgaben für die Europaratsmitgliedschaft im Jahre 1979 noch etwa ein ganzes Prozent des Staatshaushaltes beansprucht haben[1489]. Es bleibt demnach festzuhalten, dass am Beispiel der liechtensteinischen Mitgliedschaft im Europarat deutlich wird, dass die Teilnahme an internationalen Organisationen für einen kleinen Kleinstaat eine im Verhältnis kostenintensivere Angelegenheit darstellt als für einen volkreichen Nationalstaat. Insofern bewirken die dadurch bedingten finanziellen Belastungen eine Verstärkung des Beschränktheit kleinstaatlicher Ressourcen. Allerdings zeigt auch das Beispiel Liechtenstein, dass eine starke Wirtschaft im Kleinstaat diese Bürde zu tragen in der Lage ist. Ob die relativ hohen Ausgaben aber durch die positiven Auswirkungen auf die übrigen kleinstaatli-

---

[1486] Den Zahlen liegt das Budget des Europarates aus dem Jahre 2002 zugrunde; der Rechnung wurde aus Gründen der Einfachheit folgende Bevölkerungszahlen zugrundegelegt: Bundesrepublik Deutschland (80 Mio.), Fürstentum Liechtenstein (30 000); Quelle der Haushaltsdaten des Europarates: http://press.coe.int/cp/2001/900a(2001).htm.

[1487] Dies ergibt sich aus Aussagen bei: BECK, Liechtensteins Mitgliedschaft im Europarat, S. 20.

[1488] Grundlage dieser Berechnung ist die Information auf der offiziellen Liechtenstein-Homepage (http://www.liechtenstein.li), dass der Haushalt des Fürstentums am Ende des Jahrtausends die 600-Millionen-Franken-Grenze überschritten habe (also ca. 410 Millionen Euro).

[1489] Vgl. BECK, Liechtensteins Mitgliedschaft im Europarat, S. 20.

chen Funktionsdefizite gerechtfertigt sind, muss der Kleinstaat für jede Mitgliedschaft gesondert abwägen. Für die Mitgliedschaft Liechtensteins im Europarat fällt diese Abwägung angesichts der vielen vorteilhaften Effekte und angesichts des wirtschaftlichen Wohlstandes im Fürstentum sicherlich positiv aus[1490].

ee) Ergebnis

Als erste vollwertige Mitgliedschaft in einer politischen Organisation hat die Einbindung Liechtensteins in den Europarat eine sehr hohe Bedeutung für das Fürstentum. Seine Position wurde durch eine Verstärkung der Anerkennung liechtensteinischer Souveränität verbessert; außerdem bietet der Europarat dem Kleinstaat aus ganz praktischen Gründen zusätzliche Vorteile. Berücksichtigt man, dass das Fürstentum mangels Armee an einer verteidigungstechnischen Zusammenarbeit nicht interessiert ist und ihm auf Grund des Zollvertrages mit der Schweiz jedenfalls im Jahre 1978 eine eigenständige Teilnahme an einem internationalen Zusammenschluss wirtschaftspolitischer Ausrichtung verwehrt war, entspricht das Betätigungsfeld gewissermaßen passgenau den Bedürfnissen Liechtensteins[1491]. Mit der Mitgliedschaft im Europarat hatte sich das kleine Fürstentum im Rahmen seiner Fähigkeiten an der überall[1492] motiviert angegangenen Umsetzung des europäischen Gedankens beteiligt und sich eine in Bezug auf eine weitere europäische Integration aussichtsreiche Stellung in der europäischen Staatenfamilie verschafft.

3. Mitgliedschaften in Organisationen wirtschaftspolitischer Bedeutung

Während sich das Fürstentum Liechtenstein in den europäischen Organisationen allgemein-politischer Bedeutung, wie die bisherigen Ausführungen zeigen konnten, bereits in den 1970er Jahren etablieren konnte, blieb dem kleinen Land die eigenständige Mitarbeit in internationalen Organisationen wirtschaftlicher Prägung lange Zeit versagt. Den Hintergrund dafür bietet die Anbindung des Fürstentums an die Schweiz und kann *in concreto* an Art. 8 des Zollvertrages (ZV)[1493] zwi-

---

1490 Die pragmatische Abwägung der Vor- und Nachteile des Beitritts, auch in finanzieller Hinsicht, wird deutlich in den Arbeiten von BECK, Liechtensteins Mitgliedschaft im Europarat, S. 12 ff.; V. LIECHTENSTEIN, Liechtensteins Mitgliedschaft im Europarat, S. 214 ff.

1491 Prinz NIKOLAUS VON LIECHTENSTEIN wertet den Beitritt folgendermaßen: *„Dem auch in Liechtenstein immer stärker werdenden Wunsch, die Zusammenarbeit auf europäischer Ebene zu suchen, entsprach am besten die Mitgliedschaft im Europarat. (...) Die Haupttätigkeitsbereiche des Europarates (...) sind auch diejenigen, in denen Liechtenstein auf europäischer Ebene am nutzbringendsten mitarbeiten kann“;* V. LIECHTENSTEIN, Liechtensteins Mitgliedschaft im Europarat, S. 215.

1492 ALLGÄUER, Instrumente einer liechtensteinischen Außenpolitik, S. 119, umschreibt die durch die subjektiv empfundene Notwendigkeit, an einer europäischen Zusammenarbeit teilzunehmen, geprägte Stimmung in den 60er und 70er Jahren des vergangenen Jahrhunderts mit dem eindrucksvollen Begriff *„Europa-Alarm“*.

1493 Vgl. bereits Kap. 3, B.II.2.b)aa).

schen den beiden Staaten festgemacht werden. In dieser Norm verpflichtet sich Liechtenstein, im Anwendungsbereich des Zollvertrages jegliches auf internationale Zusammenarbeit gerichtetes Eigenengagement zu unterlassen, und überträgt für diesen Bereich dem Nachbarstaat die Vertretungsbefugnis Drittstaaten gegenüber. Art. 8 lautet in seinen ersten beiden Absätzen im Original wie folgt:

> *„Das Fürstentum Liechtenstein wird während der Geltungsdauer dieses Vertrages mit keinem dritten Staat selbständig Handels- oder Zollverträge abschließen (Abs. 1). Das Fürstentum Liechtenstein ermächtigt die Schweizerische Eidgenossenschaft, es bei Unterhandlungen mit dritten Staaten über den Abschluss von Handels- und Zollverträgen, die während der Geltungsdauer des gegenwärtigen Vertrages stattfinden, zu vertreten und diese Verträge mit Wirksamkeit für das Fürstentum abzuschließen (Abs. 2)".*

a) Europäische Freihandelsassoziation (EFTA)

Auf Grund dieser Gebundenheit Liechtensteins im Verhältnis zur Schweiz war eine Vollmitgliedschaft in der Europäischen Freihandelsassoziation (European Free Trade Association / EFTA) zunächst gänzlich ausgeschlossen, sollte schließlich mit einigem Aufwand und gewissen Umwegen aber doch in die Realität umgesetzt werden können.

aa) Eckdaten zur Organisation

Um die Mitgliedschaft Liechtensteins in der EFTA jedoch angemessen würdigen zu können, ist es unerlässlich, sich der Rolle der Organisation in der Völkerrechtsgemeinschaft zu vergegenwärtigen. Dazu wird eine kurze Darstellung des historischen Hintergrundes und der Aufgaben der EFTA unternommen.

(1). Entstehungsgeschichte der EFTA

Wie schon die Entstehungsgeschichte des Europarates gezeigt hat, war der grundsätzliche Wunsch nach einer europäischen Zusammenarbeit nach dem Zweiten Weltkrieg gewissermaßen Allgemeingut geworden. Das Aufkeimen des Europagedankens schlug sich auch im ökonomischen Kontext nieder, und es ist den *„...vereinten Bemühungen der Mitgliedstaaten der OEEC..."* gelungen, im Verlaufe der 50er Jahre *„...viele der so bedeutenden Handelsschranken zu beseitigen, die noch aus der Weltwirtschaftskrise der Dreißigerjahre und dem Zweiten Weltkrieg stammten"*[1494]. Allerdings war man sich auch in diesem Zusammenhang nicht über die Tiefe der Integration einig, die auf europäischer Ebene anvisiert werden sollte; während eine Gruppe von Staaten unter der Führung von Großbritannien lediglich eine *„...rein kommerzielle Zusammenarbeit mit dem Ziel, den Güteraustausch mittels Zollabbau und der Beseitigung tech-*

[1494] RIEBER, EFTA – Übereinkommen zur Errichtung der Europäischen Freihandelsassoziation, S. 12.

nischer Hemmnisse..." zu intensivieren anstrebte, sah eine zweite Integrationsvorstellung Europas Zukunft in der Verwirklichung einer politischen Union[1495]. Als die sechs Mitgliedstaaten der Europäischen Gemeinschaft für Kohle und Stahl (EGKS) über die Bildung einer Europäischen Wirtschaftsgemeinschaft (EWG), der eine Zollunion zugrunde liegen sollte, berieten, setzten im Jahre 1956 Gespräche auf britische Initiative darüber ein, ob nicht darüber hinaus eine umfassende Freihandelszone geschaffen werden sollte, die neben den sechs Ländern der Wirtschaftsgemeinschaft möglichst alle westeuropäischen Staaten umfassen sollte[1496]. Diese als *Maudling-Besprechungen* bekannt gewordenen Verhandlungen wurden jedoch im Jahre 1958 eingestellt, nachdem sich unter den EWG-Mitgliedern die ablehnende Haltung gegenüber einer westeuropäischen Freihandelszone verfestigt hatte und die Verträge von Rom am 1. Januar 1958 in Kraft traten[1497].

Gewissermaßen als Reaktion auf die Bildung der EWG verfolgten die verbleibenden OEEC-Staaten ihre Idee der europäischen Freihandelszone weiter, wobei zur ursprünglichen Motivation nun die Notwendigkeit trat, die zu erwartenden Integrationsvorteile der sechs EWG-Staaten auszugleichen, um im europäischen Handel nicht ins Hintertreffen zu geraten; außerdem sollte eine gleichwertige Plattform für Verhandlungen mit der EWG geschaffen werden, um gegebenenfalls einen Beitritt der EFTA-Staaten zur EWG zu ermöglichen oder zumindest Freihandelsabkommen zwischen den beiden Organisationen auszuhandeln[1498].

Mit dieser Zielsetzung begannen erste Gespräche im Februar 1959 in Oslo, zu denen Regierungsbeamte aus sieben europäischen Staaten entsandt wurden; neben dem Vereinigten Königreich und Portugal waren mit Dänemark, Norwegen und Schweden drei Mitgliedstaaten des Nordischen Rates und die beiden dauerhaft neutralen Staaten Österreich und die Schweiz involviert[1499]. Das Übereinkommen

---

[1495] DIETER GROSSER / WICHARD WOYKE in: ANDERSEN / WOYKE, Handwörterbuch Internationale Organisationen, S. 95.

[1496] EFTA-SEKRETARIAT, Die Europäische Freihandelsassoziation, S. 12; DIETER GROSSER / WICHARD WOYKE in: ANDERSEN / WOYKE, Handwörterbuch Internationale Organisationen, S. 95, der zur deutschen Haltung anfügt, dass Ludwig Erhard durchaus ein Freund des britischen Vorschlages war, da er *„von der EWG eine Behinderung des Handels mit Drittländern befürchtete"*.

[1497] RIEBER, EFTA – Übereinkommen zur Errichtung der Europäischen Freihandelsassoziation, S. 12.

[1498] KARL, European Free Trade Association, in: BERNHARDT, EPIL, Band II, S. 237; eine Annäherung von EFTA und EWG war von Anfang an vorgesehen, und zwar von beiden Seiten – dies kann an den grundlegenden Verträgen der Organisationen abgelesen werden, die beide die Möglichkeit einer Assoziation mit anderen interanationalen Organisation explizit beinhalten (Art. 41 Abs. 2 EFTA-Vertrag bzw. Art. 310 EGV, aktelle Fassung), wodurch der *„Brückenschlag"* zwischen EWG und EFTA ermöglicht werden sollte, vgl. SEIDL-HOHENVELDERN / LOIBL, Das Recht der Internationalen Organisationen, Rn. 0824.

[1499] EFTA-SEKRETARIAT, Die Europäische Freihandelsassoziation, S. 12.

zur Errichtung der Europäischen Freihandelsassoziation[1500] wurde schließlich von Vertretern derselben sieben Staaten am 4. Januar 1960 in Stockholm unterzeichnet („*Stockholmer Konvention*") und trat am 3. Mai 1960 in Kraft. Nachdem Finnland der EFTA kraft Abkommens[1501] als assoziiertes Mitglied beigetreten war, musste „...*Westeuropa (...) damit [als] ökonomisch in EWG und EFTA gespalten...*" gelten[1502]. Jedoch sollte sich im Verlauf der nächsten Jahrzehnte erweisen, dass die EFTA für die mit der EWG begonnene Integration keine ernstzunehmende Rivalin sein würde[1503]: von den ursprünglichen sieben (mit Finnland gar acht) Mitgliedstaaten sind mit der Schweiz und Norwegen lediglich zwei in der EFTA verblieben, während die übrigen heute Mitglieder der Europäischen Union sind.

Insgesamt hat die EFTA im Jahr 2002 vier Mitgliedstaaten[1504]. Eine Aktualisierung der EFTA-Konvention wurde am 9. Juni 1999 auf einem EFTA-Ministertreffen in Lillehammer beschlossen; die aktualisierte Konvention wurde am 21. Juni 2001 in Vaduz unterzeichnet („*Vaduzer Konvention*") und trat am 1. Juni 2002 in Kraft[1505]. Die Vaduzer Konvention berücksichtigt die veränderten Umstände, dass nämlich unterdessen die Schweiz auf bilateraler Basis und die übrigen EFTA-Staaten im Rahmen des EWR an die EU angenähert sind[1506].

(2). Aufgaben der EFTA

Die internationale Organisation ist in Art. 2 der aktuellen Version der Konvention mit einer Zielsetzung versehen, die – anders als etwa die EU – allein auf wirtschaftliche Aspekte ausgerichtet ist[1507]. Dies spiegelt auch heute noch die Intention

---

1500 Convention establishing the European Free Trade Association, im weiteren EFTA-Vertrag, vgl. UNTS, Vol. 370, S. 3 ff.

1501 Der Text des Abkommens ist abgedruckt in: EFTA-SEKRETARIAT, Die Europäische Freihandelsassoziation, S. 136 ff.

1502 DIETER GROSSER / WICHARD WOYKE in: ANDERSEN / WOYKE, Handwörterbuch Internationale Organisationen, S. 95.

1503 So KARL, European Free Trade Association, in: BERNHARDT, EPIL, Band II, S. 239.

1504 So die offizielle Homepage der EFTA: http://www.efta.int; neben der Schweiz und Norwegen sind die beiden anderen Mitgliedstaaten: Island (seit 1970) und Liechtenstein.

1505 Vgl. dazu die offizielle Homepage der EFTA: http://www.efta.int (inkl. Text der Vaduzer Konvention).

1506 Dazu konnte man im EFTA Bulletin „*The Updated EFTA Convention*" vom September 2001 auf der offiziellen Homepage der EFTA: http://www.efta.int (Stand: 11. September 2001) lesen: „*The updated Convention (...) includes several significant changes. The most important is the integration into the Convention of the principles and rules established between EFTA EEA Members and the content of the bilateral agreements between Switzerland and the European Union. This means that all Members now will benefit from virtually the same privileged relationship*".

1507 Die Vorschrift lautet im englischsprachigen Original: „*The objectives of the Association shall be (a) to promote a continued and balanced strengthening of trade and economic relations between the Member States with fair conditions of competition, and the respect*

der Mitgliedstaaten bei der Gründung der EFTA wider, die ausschließlich wirtschaftliche Beweggründe verfolgten[1508]. So nimmt es auch nicht Wunder, dass der EFTA-Vertrag auch nur in den Teilen ins Detail geht, *„...die sich auf den Zollabbau und die Beseitigung der mengenmäßigen Beschränkungen beziehen...“*, während es das Vertragswerk im übrigen bei *„...der Darlegung bestimmter Leitgrundsätze und der Festlegung bestimmter Verfahren, mittels welcher diese Grundsätze in bestimmten Fällen angewendet werden können...“*, bewenden lässt[1509]. Damit ist die EFTA als Freihandelszone für Industrieprodukte[1510] eine Organisation technischer Prägung geblieben, deren pragmatischem Procedere (*„pragmatic non-legalistic approach“*) man heute noch ansieht, dass die Organisation ursprünglich nur als Übergangslösung gedacht war, bis eine gesamtwesteuropäische Basis für eine wirtschaftliche Zusammenarbeit geschaffen werden würde[1511]. Zusammengefasst bestand und besteht das Ziel der EFTA in der *„...Beseitigung von Importzöllen, Kontingenten und anderer Handelshemmnisse in Westeuropa sowie die Aufrechterhaltung liberaler, nichtdiskriminierender Praktiken im Welthandel...“*[1512]. Seit der Aktualisierung im Rahmen der Vaduzer Konvention sind als wichtigste Veränderungen unter anderem die gegenseitige Anerkennung von Rechten hinsichtlich des geistigen Eigentums und die Personenverkehrsfreiheit dazu gekommen[1513].

bb) Der Weg Liechtensteins in die EFTA

Auf Grund des Zollvertrages mit der Schweiz war dem Fürstentum Liechtenstein ursprünglich eine selbständige Teilhabe an der EFTA nicht möglich. Jedoch bedeutet dies nicht, dass die Wirtschaft des Fürstentums nicht hätte vom Wegfall

of equivalent rules, within the area of the Association; (b) the free trade in goods; (c) to progressively liberalise the free movement of persons; (d) the progressive liberalization of trade in services and of investment; (e) to provide fair conditions of competition affecting trade between the Member States; (f) to open the public procurement markets of the Member States; (g) to provide appropriate protection of intellectual property rights, in accordance with the highest international standards."

1508 Dies lässt sich bereits aus der Präambel der Stockholmer Konvention entnehmen, welche allein auf die Beseitigung von Handelsschranken und auf die Förderung der wirtschaftlichen Zusammenarbeit der OEEC-Staaten abzielte: *„Determined to facilitate the early establishment of a multilateral association for the removal of trade barriers and the promotion of closer economic co-operation between the Members of the Organisation for European Economic Co-operation...“*, UNTS, Vol. 370, S. 5.

1509 EFTA-SEKRETARIAT, Die Europäische Freihandelsassoziation, S. 13.

1510 Vgl. SEIDL-HOHENVELDERN / LOIBL, Das Recht der Internationalen Organisationen, Rn. 3117; auf Agrar- und Fischereiprodukte sind die Vorschriften des EFTA-Vertrages (mit einigen wenigen Ausnahmen) nicht anwendbar, vgl. Art. 21 und 26 UNTS, Vol. 370, S. 19/21.

1511 KARL, European Free Trade Association, in: BERNHARDT, EPIL, Band II, S. 239.

1512 GLORIA in: IPSEN, Völkerrecht, § 46, Rn. 29.

1513 Vgl. etwa EFTA Bulletin *„The Updated EFTA Convention“* vom September 2001 auf der offiziellen Homepage der EFTA: http://www.efta.int (Stand: 11. September 2001).

der Zollschranken zwischen den EFTA-Ländern profitieren können. Es war der Zollvertrag mit der Schweiz, der Liechtenstein die Vorteile des EFTA-Raumes eröffnete. Da das Fürstentum kraft Art. 1 Abs. 1 ZV „...*Bestandteil des schweizerischen Zollgebietes...*" geworden ist, lag es nahe, das liechtensteinische Territorium über die Mitgliedschaft der Schweiz in den EFTA-Raum einzubeziehen. Da der Zollvertrag zwischen der Schweiz und Liechtenstein jedoch nur diese beiden Vertragsparteien binden konnte, bedurfte es der Zustimmung der übrigen EFTA-Mitgliedstaaten, um die Wirkungen der Stockholmer Konvention auch auf das Gebiet des Fürstentums zu erstrecken. Diese Maßnahme erfolgte in Form eines Protokolls zwischen den Signatarstaaten der EFTA und dem Fürstentum Liechtenstein vom 4. Januar 1960[1514]. Auf diese Weise wurde „...*Liechtenstein in die EFTA eingeschlossen, ohne selbst Vertragspartei zu sein...*"[1515]. Zudem wurde damit Missverständnissen und Abgrenzungsproblemen für den rechtlichen Raum vorgebeugt, der vom Zollvertrag nicht abgedeckt worden würde, da „...*der EFTA-Vertrag [insoweit] seiner Konzeption nach den sachlichen Geltungsbereich des Zollvertrages überschritt*"[1516]. Eine eigenständige Mitgliedschaft Liechtensteins in der EFTA war zu diesem Zeitpunkt aber selbst unter Verzicht auf die Stimmrechte gegenüber den Mitgliedstaaten nicht durchzusetzen[1517].

Die Stimmung hatte sich aber – wohl angesichts der erfolgreichen Mitarbeit des Fürstentums in den allgemein-politischen Organisationen – zum Vorteil von Liechtenstein gewandelt, als sich nach dem Zusammenbruch des Ostblocks eine Zusammenarbeit von EFTA und EG abzeichnete. Liechtenstein nahm an diesbezüglichen Verhandlungen mit einer eigenen Abordnung teil, wie es auch „...*seit längerer Zeit (...) an den EFTA-Ministertagungen teil[nahm], ohne Mitglied zu sein...*"; mit diesem eigenständigen Engagement demonstrierte das Fürstentum ein weiteres Mal seinen Willen, „...*seine Interessen vermehrt selbst wahr[zu]nehmen...*" und dadurch auf „...*die Wahrung seiner Eigenständigkeit...*" hinzuwirken[1518]. Um nun auch in wirtschaft-

---

1514 Vgl. Bundesblatt der Schweizerischen Eidgenossenschaft, 112. Jahrgang, 1960, I. Band, S. 949 ff.; auch: EFTA-SEKRETARIAT, Die Europäische Freihandelsassoziation, S. 135 f. Das Protokoll ist an der entscheidenden Stelle wie folgt formuliert:

„1. *Das Übereinkommen findet auf das Fürstentum Liechtenstein Anwendung, solange dieses mit der Schweiz eine Zollunion bildet und die Schweiz Mitglied der Assoziation ist.*

2. *Für die Zwecke dieses Übereinkommens wird das Fürstentum Liechtenstein durch die Schweiz vertreten.*"

1515 Bundesblatt der Schweizerischen Eidgenossenschaft, 143. Jahrgang, 1991, I. Band, S. 599.

1516 THÜRER, Liechtenstein und die Völkerrechtsordnung, S. 105.

1517 BRUHA / GEY-RITTER, Kleinstaat und Integration, S. 159, Fn. 20: „*Als die EFTA gegründet wurde, wollte Liechtenstein ebenfalls Mitglied der Freihandelsassoziation werden. Doch selbst der Wunsch Liechtensteins nach einer Mitgliedschaft ohne Stimmrecht wurde nicht akzeptiert*".

1518 Bundesblatt der Schweizerischen Eidgenossenschaft, 143. Jahrgang, 1991, I. Band, S. 599.

lichen Fragen international als unabhängiger Staat aufzutreten und selbst Mitglied in entsprechenden Organisationen zu werden, bedurfte es jedoch einer Änderung des Zollvertrages mit der Schweiz. Mit diesem Anliegen trat nun die liechtensteinische Regierung an die zuständigen schweizerischen Stellen heran, worauf in zwei Verhandlungsrunden im Jahre 1990 die Möglichkeiten einer Realisierung der liechtensteinischen Wünsche diskutiert wurden. Angedacht wurde „*...eine authentische Interpretation des Zollanschlussvertrages, eine Vereinbarung für den besonderen Fall der EFTA...*" und „*...eine allgemeinere Lösung...*"[1519]; es setzte sich schließlich eine Vorschrift durch, die parallel zu Art. 6 des revidierten Postvertrages vom 9. Januar 1978 formuliert und mittels Vertrag[1520] vom 26. November 1990 zwischen Liechtenstein und der Schweiz als Art. 8 bis mit folgendem Wortlaut in den bestehenden Zollvertrag eingefügt wurde:

> „*Das Recht des Fürstentums Liechtenstein, selbst Vertragsstaat internationaler Übereinkommen oder Mitgliedstaat internationaler Organisationen zu werden, denen die Schweiz angehört, wird durch diesen Vertrag nicht eingeschränkt*".

Die Vertragsklausel schuf die Grundvoraussetzung für eine eigenständige Mitgliedschaft des Fürstentums, da die Schweiz, wie dies die Vorschrift forderte, bereits Vollmitglied der Organisation war. Liechtenstein nahm die neue Freiheit des Art. 8 bis ZV kurzerhand in Anspruch und wurde mit Wirkung zum 1. September 1991 ebenfalls Vollmitglied der Europäischen Freihandelsassoziation.

cc) Stellung der einzelnen Mitgliedstaaten in der EFTA

Um die Bedeutung der Mitgliedschaft Liechtensteins in der EFTA angemessen würdigen zu können, muss auch hier überprüft werden, welche Stellung kleinstaatlichen Mitgliedern im Rahmen des EFTA-Vertragswerkes eingeräumt wird.

Aufnahme in die Organisation findet nach Art. 56 Ziffer 1 der Vaduzer Konvention jeder Staat unter der Voraussetzung, dass der Rat der EFTA dem Beitritt des Aspiranten zustimmt. Die Konvention jedoch, wie sie in Stockholm beschlossen worden war, fand jedoch auch in nicht souveränen europäischen Gebieten Anwendung, wenn eines der Mitgliedstaaten für deren internationale Beziehungen verantwortlich ist (Art. 43 Abs. 1 Stockholmer Konvention); für bestimmte Gebiete galt dies jedoch nach Art. 43 Abs. 2 nur, wenn der verantwortliche Mitgliedstaat eine entsprechende Erklärung abgibt[1521]. Über die genannten Vorschriften, die of-

---

[1519] So wie auch zu dem gesamten Verlauf der Verhandlungen: Bundesblatt der Schweizerischen Eidgenossenschaft, 143. Jahrgang, 1991, I. Band, S. 600.

[1520] Text des Vertrages zwischen der Schweiz und dem Fürstentum Liechtenstein betreffend Ergänzung des Vertrages vom 29. März 1923 über den Anschluss des Fürstentums Liechtenstein an das schweizerische Zollgebiet vom 26. November 1990 abgedruckt in: Bundesblatt der Schweizerischen Eidgenossenschaft, 143. Jahrgang, 1991, I. Band, S. 603 f.

[1521] *"Art. 43 Territorial Application*

1. In relation to Member States which are signatories, this Convention shall apply to

fenbar in der Vaduzer Konvention nicht mehr fortgeführt wurden, wäre also eine Einbeziehung Liechtensteins in die Stockholmer Konvention ohne Ansehung des liechtensteinischen Status möglich gewesen. Auf Grund der Tatsache, dass Liechtenstein aber über Art. 41 Abs. 1 der Stockholmer Konvention, der Art. 56 Ziffer 1 der Vaduzer Konvention entspricht, Eingang in die Organisation gefunden hat, lässt sich – gewissermaßen im Umkehrschluss – festhalten, dass die Schweiz offensichtlich nicht davon ausging, dass sie im Sinne von Art. 43 Abs. 1 der Stockholmer Konvention verantwortlich ist für die internationalen Beziehungen des Fürstentums. Liechtenstein stellt keine autonome Region der Schweiz dar, sondern ist ein souveräner Staat. Dieses Faktum wurde somit bereits dadurch anerkannt, dass im Protokoll vom 4. Januar 1960 die Stockholmer Konvention für anwendbar erklärt worden ist, da sonst sicherlich ein Vorgehen über Art. 43 Abs. 1 und 2 der Stockholmer Konvention gewählt worden wäre. Mit der Aufnahme als Vollmitglied wurde diese Aussage noch deutlicher; jedoch geschah dies zu einer Zeit, als angesichts des vielseitigen internationalen Engagements des Fürstentums Zweifel an der Souveränität des Landes ernsthaft nicht mehr erhoben werden konnten.

Neben der Feststellung der bloßen Mitgliedschaft bleibt zu untersuchen, inwieweit der Grundsatz der souveränen Gleichheit in den institutionellen Vorschriften der EFTA Verwirklichung findet. Die Vaduzer Konvention erwähnt in Art. 43 den Rat der EFTA als einziges Organ der Organisation, der seine Kompetenz aus Art. 43 Ziffer 3[1522] ausgeübt hat, indem er ein Sekretariat und diverse Komitees und Arbeitsgruppen ins Leben gerufen hat, in denen die Hauptmasse der technischen Arbeit erledigt wird[1523]. All jene Untergremien sind jedoch „*...nicht berechtigt, rechtlich bindende Beschlüsse zu fassen...*“; „*...ihre Befugnisse beschränken sich auf die Unterbreitung von Empfehlungen und Vorschlägen*“[1524]. Damit ist der Rat das alleinentscheidende Organ der EFTA, weshalb es für die Beurteilung der Einflussnahmemöglichkeiten der Mitgliedstaaten auf die Machtverteilung in eben diesem Gremium ankommen muss.

Im Rat verfügt jeder Mitgliedstaat gem. Art. 43 Ziffer 2 der Vaduzer Konvention über ein Stimmrecht identischer Wertigkeit[1525]. Die Abstimmungen im Rat unterliegen grundsätzlich dem Grundsatz der Einstimmigkeit; Ausnahmen ergeben

---

the European territories of Member States and the European territories for whose international relations a Member State is responsible, other than those listed in Annex F [die Faröer Inseln, Grönland, Gibraltar, Malta].

2. *This Convention shall apply to the territories listed in Annex F, if the Member State which is responsible for their international relations so declares at the time of ratification or at any time thereafter."*

[1522] „*The Council may decide to set up such organs, committees and other bodies as it considers necessary to assist it in accomplishing its tasks*".

[1523] KARL, European Free Trade Association, in: BERNHARDT, EPIL, Band II, S. 237.

[1524] EFTA-SEKRETARIAT, Die Europäische Freihandelsassoziation, S. 36.

[1525] „*Each Member State shall be represented in the Council and shall have one vote*".

sich direkt aus dem EFTA-Vertrag (Art. 43 Ziffer 5 des EFTA-Vertrages)[1526]. Damit ist im Regelwerk der EFTA der Grundsatz der souveränen Gleichheit der Mitgliedstaaten nahezu vollständig verwirklicht. Die tatsächliche Stärke der Mitgliedstaaten findet lediglich bei der Finanzierung der Organisation Berücksichtigung, da sich die Beträge in Abhängigkeit vom Bruttoinlandsprodukt der Mitgliedstaaten errechnen[1527].

dd) Die Auswirkungen der Mitgliedschaft auf die Stellung des Kleinstaates

Diese Ergebnisse erlauben eine Bewertung der Auswirkungen der liechtensteinischen EFTA-Vollmitgliedschaft auf die Stellung des Fürstentums in der internationalen Staatengemeinschaft.

(1). Die Auswirkungen der Aufnahme in die Organisation an sich

Obwohl, wie gesehen[1528], den Beitrittsaspiranten keine besonderen Voraussetzungen abverlangt werden, ist angesichts der fast vollständigen Umsetzung des Grundsatzes der souveränen Gleichheit schon die Durchsetzung der liechtensteinischen Vollmitgliedschaft in der EFTA allein ein Erfolg. Das kleine Liechtenstein hat im Rahmen der Organisation die gleichen Rechte wie alle anderen Mitgliedstaaten auch. Dieses Ergebnis darf jedoch nicht überbewertet werden, da nicht übersehen werden kann, dass im Zeitpunkt der Aufnahme Liechtensteins in die Organisation zum einen nach dem Austritt Großbritanniens (1972) und Portugals (1986)[1529] lediglich Kleinstaaten als Mitgliedstaaten verblieben waren, zum anderen die Europäische Freihandelsassoziation im Rennen mit der Europäischen Gemeinschaft um das attraktivere und erfolgreichere Wirtschaftsintegrationsmodell deutlich zurückgeblieben war.

Trotzdem stellt die Mitgliedschaft des Fürstentums in der EFTA einen wichtigen Schritt für die Entwicklung der staatlichen Identität Liechtensteins dar. Der offizielle Beitritt zur EFTA bot Anlass, sich gegenüber der Schweiz neu zu positionieren. Unter einmütiger Abänderung des Zollvertrages wagte das Fürstentum einen weiteren Schritt in die internationale Selbständigkeit, der den ersten im Rahmen einer beginnenden *„...Emanzipation Liechtensteins von der einseitigen bilateralen An-*

1526 *„Decisions and recommendations of the Council shall be made by unanimous vote, except in so far as this Convention provides otherwise. Decisions or recommendations shall be regarded as unanimous unless any Member State casts a negative vote. (...)".*

1527 KARL, European Free Trade Association, in: BERNHARDT, EPIL, Band II, S. 237: *„The annual budget of the Association is established by the Council. Contributions are assessed by reference to the gross national products at factor cost to the member States".*

1528 Kap. 4, C.III.3.a)cc).

1529 Zum Mitgliederschwund der EFTA in den Jahren 1972-94 vgl. GLORIA in: IPSEN, Völkerrecht, § 46, Rn. 29; KARL, European Free Trade Association, in: BERNHARDT, EPIL, Band II, S. 237.

lehnung an den schweizerischen Wirtschafts- und Rechtsraum..."[1530] darstellen sollte. Mit der EFTA-Mitgliedschaft hat das kleine Land zum ersten Mal auch im überaus wichtigen Bereich der internationalen Wirtschaftsbeziehungen Anspruch auf souveräne Gleichheit beansprucht. Aber auch dieses enthusiastische Ergebnis wird durch Einwände getrübt. Zum einen erlaubte auch der neu eingeführte Art. 8 bis ZV nur liechtensteinische Engagements in Organisationen, denen auch die Schweiz angehört. Dazu kommt, dass die Aufnahme als Vollmitglied nicht gegen widerstreitende Interessen erkämpft werden musste, sondern im Gegenteil dem Wunsch der Mitgliedstaaten der EFTA entsprach. Denn mit der Vollmitgliedschaft Liechtensteins in der Organisation entfielen schwierige Abgrenzungsfragen, die angesichts immer komplexer werdender internationaler Handelsbeziehungen dadurch entstanden waren, dass über den Zollvertrag auf Grund seines begrenzten Anwendungsbereiches nur Regelungen bezüglich des Warenverkehrs auf Liechtenstein anwendbar waren, während in Bezug auf angrenzende Regelungsgegenstände, wie z. B. Umweltschutz, Dienstleistungen, Verkehr etc., für das Fürstentum keine Bindungswirkung entstand[1531]. Somit ist der Erfolg, der für Liechtenstein in der Mitgliedschaft zu sehen ist, eher der veränderten Realität des internationalen Handels als der Einflussnahme des Fürstentum zuschreiben.

(2). Die Auswirkungen auf die konkreten Funktionsdefizite

Die Freihandelsassoziation bietet gerade für einen Kleinstaat überproportional große Vorteile, da der dazugewonnene Absatzmarkt im Ausland, der bedient werden kann, ohne dass zusätzliche Kosten durch Zölle oder Ähnliches entstehen, im Vergleich zum Binnenmarkt viel größer ist als etwa für einen großen Nationalstaat[1532]. Dies gilt für Liechtenstein im besonderen Maße, da das Fürstentum im Gegensatz zu Staaten vergleichbarer Größe tatsächlich über Industrie verfügt. Als vorteilhaft für das Fürstentum musste sich auch erweisen, dass die EFTA keine Relevanz hat in den Wirtschaftssparten, in denen das Land eine Öffnung auf Grund seiner Nischenpolitik hätte nur schwerlich verantworten können. Die wichtige liechtensteinische Bankwirtschaft wurde durch die EFTA-Mitgliedschaft ebenso wenig beeinträchtigt wie der allseits propagierte Ruf des Landes als Steuerpara-

---

[1530] THÜRER, Liechtenstein und die Völkerrechtsordnung, S. 105.

[1531] Diese Motivationslage ergibt sich aus dem Kommentar, der dem schweizerischen Gesetzgeber übermittelt wurde, als dieser vom Schweizer Bundesrat um Zustimmung zum liechtensteinischen-schweizerischen Vertrag vom 26. November 1990 ersucht wurde, vgl. Bundesblatt der Schweizerischen Eidgenossenschaft, 143. Jahrgang, 1991, I. Band, S. 600.

[1532] Die EFTA hatte im Jahre 1991 den folgenden Mitgliederbestand: Finnland, Island, Norwegen, Österreich, Schweden und die Schweiz; somit stand dem liechtensteinischen Binnenmarkt (knapp 30 000 Einwohner) der EFTA-Raum mit einer Zahl von insgesamt etwa 34 Millionen potentiellen Käufern gegenüber; die Rechnung beruht der Einfachheit halber auf Zahlen aus dem Jahr 2004, vgl. STATISTISCHES BUNDESAMT, Statistisches Jahrbuch 2004, S. 198.

dies. Diese aus der Zugehörigkeit zur Europäischen Freihandelszone resultierenden Vorteile waren allerdings nicht an die Vollmitgliedschaft Liechtensteins in der EFTA gebunden, sondern kamen der liechtensteinischen Wirtschaft bereits über den Umweg über den Zollvertrag mit der Schweiz und das Protokoll vom 4. Januar 1960 zugute. Eine materielle Änderung ergab sich jedoch in Bezug auf die Regelungsgegenstände, die zuvor nicht vom Zollvertrag mit der Schweiz erfasst waren.

ee) Ergebnis

Da die wirtschaftlichen Vorteile der Freihandelszone zum großen Teil nicht vom Beitritt als gleichberechtigter Mitgliedstaat abhängig waren, liegt die große Bedeutung der liechten-steinischen EFTA-Mitgliedschaft in der Demonstration des Willens der kleinstaatlichen Politik, in Zukunft auch in wirtschaftlicher Hinsicht mehr Eigenverantwortung zu zeigen. In diesem Sinne erreichte das internationale Engagement Liechtensteins am 1. September 1991 eine neue Qualitätsstufe.

b) Europäischer Wirtschaftsraum (EWR)

Gegenüber der Vollmitgliedschaft in der EFTA erscheint aber der Beitritt zum Europäischen Wirtschaftsraum (EWR – European Economic Area), dem das Fürstentum Liechtenstein seit dem 1. Mai 1995 angehört[1533], als das noch tiefgreifendere Ereignis.

aa) Eckdaten zum Europäischen Wirtschaftsraum

Um die immense Bedeutung des Zugangs zum EWR für Liechtenstein ermessen zu können, bedarf es jedoch einiger Hintergrundinformationen zum EWR.

(1). Entstehungsgeschichte des EWR

Nachdem die parallele Gründung von EG und EFTA Ende der 1950er und Anfang der 1960er Jahre eine getrennte Entwicklung der beiden Wirtschaftsräume zementiert hatte, blieben die beiden Organisationen jedoch ständig in Kontakt[1534].

[1533] Vgl. KLAUS-DIETER BORCHARDT, in: RÖTTINGER / WEYRINGER, Handbuch der europäischen Integration, S. 86; BRUHA / GEY-RITTER, Kleinstaat und Integration, S. 161; THÜRER, Liechtenstein und die Völkerrechtsordnung, S. 105.

[1534] Während der 1960er Jahre scheiterte eine Zusammenarbeit allerdings hauptsächlich an der Haltung Frankreichs, die sich darin äußerte, dass der französische Staatspräsident, Charles de Gaulle, sich am 14. Januar 1963 auf einer Pressekonferenz dem Begehren des Vereinigten Königreichs, Mitglied der Europäischen Gemeinschaft zu werden, widersetzte (NORBERG / HÖKBORG / JOHANSSON / ELIASSON / DEDICHEN, EEA Law, S. 44 f.: „*It (...) became very clear that the President of France (...) did not consider it appropriate to allow the United Kingdom to enter the Community. (...) During the rest of the 1960´s the relationship between the EFTA countries and the Community can at best be characterized as non-existent. (...) In 1967 a new application for membership in the Community was submitted by the United Kingdom but President de Gaulle one more refused to accept a British accession.*"). Erst nachdem de Gaulle im Jahre 1969 abgelöst worden war,

Aber erst zu Beginn der 1970er Jahre war das Verhältnis zwischen der EG und den verbliebenen EFTA-Staaten so weit fortentwickelt, dass es zwischen den Europäischen Gemeinschaften und den Staaten der Europäischen Freihandelszone zum Abschluss bilateraler Verträge kam, die den Freihandel „*...für den gewerblichen Sektor...*" einführten, wodurch „*...[z]wischen der EG und den einzelnen EFTA-Staaten (...) damit Freihandelszonen...*" entstanden[1535]. Die Abkommen traten an Neujahr 1973 keinen Tag zu spät in Kraft, da die in diesem Jahr beginnende Ölkrise während des übrigen Verlaufs der 1970er Jahre ein merkliches Hindernis für die Fortentwicklung der Zusammenarbeit von EFTA und EG darstellte[1536].

Der entscheidende Schritt hin zu einer multilateralen Verbindung der Staaten der EG und der EFTA wurde auf einer Ministerkonferenz im Jahre 1984 gewagt, nachdem die „*...allerletzten gewerblichen Zölle zwischen der EG und den EFTA-Staaten [bereits] gefallen waren*"[1537]. In einem Dokument vom 9. April 1984 – nach dem Ort seiner Erstellung „*Luxemburger Erklärung*" genannt – wurde das Programm der weiteren europäischen Kooperation beschlossen, die in der „*...Schaffung eines ‚dynamischen Europäischen Wirtschaftsraumes'...*"[1538] und damit des größten Freihandelssystems der Welt gipfeln sollte. Allerdings stellte das Papier lediglich eine „*Grundsatzerklärung*"[1539] dar und enthielt keine Angaben dazu, wie der Wirtschaftsraum im einzelnen ausgestaltet sein sollte[1540]. Die Umsetzung des Vorhabens, der sog. „*Luxemburg follow-up*", sollte jedoch zunächst keine nennenswerten Erfolge hervorbringen[1541].

---

konnte Großbritannien in die EG überwechseln; auch Dänemark vollzog diesen Schritt.

1535 STREIT, Das Abkommen über den Europäischen Wirtschaftsraum, S. 555; das entsprechende Freihandelsabkommen der EG mit der Schweiz datiert beispielsweise vom .22. Juli 1972 (Text abgedruckt in: Bundesblatt der Schweizerischen Eidgenossenschaft, 124. Jahrgang, II. Band, S. 745 ff.; das Freihandelsabkommen zwischen EGKS und der Schweiz vom 22. Juli 1972 findet sich im selben Band auf den S. 918 ff.; interessant ist hier auch die Aufstellung der sonstigen vertraglichen Bindungen der Schweiz mit der EG, vgl. DROLSHAMMER / WALTER, Die Schweiz und ihre Beziehungen zur EG nach dem 6. 12. 1992, S. 550.

1536 NORBERG / HÖKBORG / JOHANSSON / ELIASSON / DEDICHEN, EEA Law, S. 44: "*...the possibilities to further develop the relationship had (...) been somewhat restrained by the economic difficulties hitting Western Europe during these years as a consequence of the oil crisis in 1973 and 1979*".

1537 GÜNTER ETTL, in:RÖTTINGER / WEYRINGER, Handbuch der europäischen Integration, S. 455.

1538 STREIT, Das Abkommen über den Europäischen Wirtschaftsraum, S. 555.

1539 So FISCHER / KÖCK, Europarecht, S. 88.

1540 Vgl. GÜNTER ETTL, in:RÖTTINGER / WEYRINGER, Handbuch der europäischen Integration, S. 455; NORBERG / HÖKBORG / JOHANSSON / ELIASSON / DEDICHEN, EEA Law, S. 48.

1541 GÜNTER ETTL, in:RÖTTINGER / WEYRINGER, Handbuch der europäischen Integration, S. 455: „Obwohl die EG-EFTA-Zusammenarbeit im Zuge des Luxemburger follow-up zu einigen konkreten Ergebnissen geführt hatte, war vor allem aus der Sicht der EFTA-Staaten der Fortschritt in den gemeinsamen Beziehungen gering"; nach FISCHER / KÖCK, Europarecht, S. 89, ist diese Erfolglosigkeit vor allem auf die Unbeweglichkeit des da-

Erst auf Grund einer Initiative des damaligen EG-Kommissions-Präsidenten JACQUES DELORS[1542] kam es am 20. Juni 1990 zu formellen Verhandlungen, die trotz diverser Probleme und gewisser Nachverhandlungen mit der Fertigstellung des *„Abkommens über den Europäischen Wirtschaftsraum"* am 22. Oktober 1991 zuende gingen[1543].

Die Motivation der EFTA-Staaten, sich auf multilateraler Ebene der EG zu nähern, ergab sich offensichtlich aus dem Umstand, dass die Einheitliche Europäische Akte aus dem Jahr 1986 die EG reformiert und einen Fahrplan zur Verwirklichung des EG-Binnenmarktes bis zum 31. 12. 1992 beinhaltete; die unterdessen durch Austritte bereits dezimierte Gruppe der EFTA-Staaten befürchtete durch diese Entwicklung in Europa auf wirtschaftlichem Niveau isoliert und marginalisiert zu werden[1544]. Der Vertrag wurde schließlich am 2. Mai 1992 in Porto durch die (damals) zwölf EG-Mitgliedstaaten, die EG-Kommission und durch alle (damals) sieben EFTA-Staaten unterzeichnet.

Allerdings sollte das Inkrafttreten des Abkommens mit Problemen konfrontiert werden, die sich aus der Notwendigkeit der Ratifikation – explizit in Art. 129 Abs. 2 des EWR-Abkommens vorgesehen[1545] – durch die nationalen Gesetzgeber ergaben. Auf Grund der Tatsache, dass die Verfassungen der Eidgenossenschaft und des Fürstentums Liechtenstein für derartige internationale Verpflichtungen eine Volkabstimmung vorsehen, hing das Schicksal des Vertrages ab vom unvorhersehbaren Ausgang zweier Plebiszite. So sprachen sich dann auch sowohl das schweizerische Volk zu 50,3 % als auch 18 von 26 Kantonen gegen die Ratifikation des Abkommens aus[1546]. Da dem Fürstentum Liechtenstein eine Mitgliedschaft in Formen internationaler Integration, die den Anwendungsbereich des schweizerisch-liechtensteinischen Zollvertrages berührt, jedoch durch den Art. 8 bis ZV in seiner damaligen Form nur erlaubt war, wenn sich die Schweiz ebenfalls am betreffenden Vertragswerk beteiligt, kam es auf das Ergebnis des liechtensteinischen

---

mals für die auswärtigen Beziehungen der EG verantwortlichen Kommissars WILLI DE CLERQ zurückzuführen.

1542 JACQUES DELORS hatte in einer Rede vor dem Europäischen Parlament am 17. Januar 1989 die Begründung einer *„...‚neuen strukturierten Partnerschaft' mit den EFTA-Staaten..."* propagiert, *„...die durch globale Verhandlungen über den gesamten Binnenmarktkomplex erreicht werden sollte..."; vgl.* STREIT, Das Abkommen über den Europäischen Wirtschaftsraum, S. 556.

1543 FISCHER / KÖCK, Europarecht, S. 89.

1544 Vgl. GÜNTER ETTL, in:RÖTTINGER / WEYRINGER, Handbuch der europäischen Integration, S. 456; STREIT, Das Abkommen über den Europäischen Wirtschaftsraum, S. 555; allgemein zur Einheitlichen Europäischen Akte vgl.: KÖNIG / HARATSCH, Europarecht, Rn. 39 ff.; FISCHER / KÖCK, Europarecht, S. 101 ff..

1545 Vertragstext vgl. BGBl. 1993 II, S. 267 ff.

1546 GÜNTER ETTL, in:RÖTTINGER / WEYRINGER, Handbuch der europäischen Integration, S. 458.

Volkentscheides vom 11. / 13. Dezember 1992 dem Grunde nach überhaupt nicht mehr an. Insofern muss es geradezu als tragisch beurteilt werden, dass sich sowohl das liechtensteinische Volk bei einer Wahlbeteiligung von 87 % mit 55,8 % der Stimmen wie auch alle elf Gemeinden des Landes dem EWR-Abkommen gegenüber positiv gezeigt hatten[1547].

Die Tatsache, dass die beiden Staaten nicht dem Vertrag beitreten konnten, machte umfangreiche Nachverhandlungen und Anpassungen der Vorlage erforderlich, die im Brüsseler Anpassungsprotokoll vom 17. März 1993 fixiert wurden. Das EWR-Abkommen trat schließlich am 1. Januar 1994 in Kraft[1548]; die Eidgenossenschaft und Liechtenstein blieben außen vor.

(2). Wesen und Ziele des EWR-Abkommens

Um den Beitritt eines Staates zum EWR bewerten zu können, ist es unerlässlich, kurz auf die rechtstechnische Einordnung des EWR-Abkommens und auf die damit verbundene Zielsetzung einzugehen. Der EWR-Vertrag begründet keine neue eigenständige internationale Organisation[1549], sondern regelt die partielle Teilnahme der EFTA-Staaten (mit Ausnahme der Schweiz) an der Europäischen (Wirtschafts-) Gemeinschaft (EWG). Das EWR-Abkommen ist als Assoziierungskommen im Sinne von Art. 310 EGV (Art. 238 EWG) konzipiert, wobei der EWR-Vertrag selbst diese Klassifizierung in Art. 1 Abs. 1 („*...Ziel dieses Assoziierungsabkommens...*") und mit der Überschrift zum Kapitel 1 zu Teil VII („*Struktur der Assoziation*") verrät, ohne allerdings auf die Norm im EGV Bezug zu nehmen. Vertragsparteien

---

1547 Vgl. BRUHA / GEY-RITTER, Kleinstaat und Integration, S. 160, Fn. 26; FISCHER / KÖCK, Europarecht, S. 90.

1548 FISCHER / KÖCK, Europarecht, S. 90; vgl. BGBl. 1993 II, S. 267 ff., in der Fassung des Anpassungsprotokolls vom 17. März 1993, BGBl. 1993 II, S. 1294 ff.

1549 KIRSTEN SCHMALENBACH in: CALLIESS / RUFFERT, Kommentar zu EUV und EGV, Art. 310, Rn. 20 f., die dort zur Frage der Völkerrechtsfähigkeit von Assoziierungen nach Art. 310 EGV in Fn. 36 eine große Zahl an Literaturhinweisen gibt und in überzeugender Weise ausführt: „*Die Frage nach der Völkerrechtsfähigkeit der Assoziierungen wird im Schrifttum unterschiedlich beantwortet. Eine eigene Völkerrechtssubjektivität wird jedoch überwiegend mit dem Argument verneint, die Assoziierung besitze nicht die Kompetenz, als selbständiges internationales Handlungs- und Haftungssubjekt im völkerrechtlichen Verkehr für und anstelle ihre Mitglieder aufzutreten. Sie habe daher nicht die Gestalt einer internationalen Organisation. Eine Analyse der Assoziierungsabkommen ergibt, dass die Assoziierungen weder gegenüber Drittstaaten noch gegenüber den Vertragsparteien als Träger subjektiver Rechtspositionen mit einem eigenen, von dem Willen der Mitgliedstaaten losgelösten Verbandswillen auftreten können. Letzteres verdeutlichen die Streitbeilegungsverfahren, die nur auf Konfliktfälle zwischen den Mitgliedstaaten ausgerichtet sind. Obwohl die Assoziationsräte die Vertragspartner unmittelbar verpflichten können, haben sie lediglich den Charakter eines völkerrechtlichen Vertragsorgans, durch das die Vertragsparteien gemeinsam und einvernehmlich handeln*"; ähnlich EPINEY / FELDER, EWR und EG: Parallelen und Divergenzen in Rechtsordnung und Auslegung, S. 432, Fn. 34: „*...wohl auch keine Internationale Organisation...*".

wurden in der ursprünglichen Besetzung neben der EWG, der EGKS und den EFTA-Staaten auch die zwölf Mitgliedstaaten der EWG / EGKS. Die Einbindung der Mitgliedstaaten der EWG / EGKS selbst, d. h. die Konstruktion des EWG-Abkommens als sog. *„gemischtes Abkommen"*, war erforderlich, da die Kompetenz der EG für einzelne Bestimmungen der Vereinbarung nicht ausreichte[1550].

Als Ziel des Abkommen wurde in seinem Art. 1 Abs. 1 formuliert, *„...eine beständige und ausgewogene Stärkung der Handels- und Wirtschaftsbeziehungen zwischen den Vertragsparteien unter gleichen Wettbewerbsbedingungen und die Einhaltung gleicher Regeln (...) fördern [zu wollen], um einen homogenen Europäischen Wirtschaftsraum (...) zu schaffen"*. Der Zusammenschluss auf der Ebene des EWR war insofern *„...lockerer angelegt als in der EWG..."*, als *„...über den Abbau von Binnenzöllen hinausgehende politische Zielsetzungen (...) kaum verfolgt..."* werden[1551]. Jedoch ermöglichte man den EFTA-Staaten mit dem EWR-Abkommen die Teilnahme *„...an einem wesentlichen Teil des EG-Binnenmarktprogramms..."*, wodurch das EWR-Abkommen *„...den ‚harten Kern' der Integrationsbestrebungen der Gemeinschaft..."* erfasst[1552]. Wie in Art. 1 Abs. 2 des EWR-Abkommens festgelegt ist, regelt das Vertragswerk die Harmonisierung in Bereichen des freien Waren-, Personen-, Dienstleistungs- und Kapitalverkehrs und sieht sowohl die Einführung eines Systems zum Wettbewerbsschutz als auch die *„...engere Zusammenarbeit in anderen Bereichen wie Forschung und Entwicklung, Umwelt, Bildungswesen und Sozialpolitik..."* vor. Die Umsetzung vollzieht sich dadurch, dass die *„...materiellrechtlichen Bestimmungen des EWR-Abkommens [vor allem die Regelungen bezüglich der Grundfreiheiten] (...) weitgehend textgleich mit den parallelen Bestimmungen des EG-Vertrages abgefasst..."* wurden[1553]. Auf diese Weise übernahmen die teilnehmenden EFTA-Staaten *„...schätzungsweise zwei Drittel des EG-Rechtsbestandes (acquis [communautaire])..."*[1554]. Jedoch erhalten sich die EFTA-Teilnehmerstaaten des EWR ihre Autonomie in den Bereichen Handels- und Agrarpolitik, Außenzoll und Steuern, weshalb im EWR, ganz im Gegensatz zum EG-Binnenmarkt, Grenzkontrollen unerlässlich blieben[1555]. Der EWR stellt damit weder Wirtschafts- noch Zollunion dar[1556], sondern allenfalls eine *„verbesserte Freihandelszone"*[1557].

1550 STREIT, Das Abkommen über den Europäischen Wirtschaftsraum, S. 555; EPPING in: IPSEN, Völkerrecht, § 33, Rn. 45.

1551 DOERFERT, Europarecht, S. 19.

1552 HAAS, Die institutionellen Bestimmungen des EWR-Abkommen, S. 278.

1553 GÜNTHER ETTL in: RÖTTINGER / WEYRINGER, Handbuch der europäischen Integration, S. 459.

1554 STREIT, Das Abkommen über den Europäischen Wirtschaftsraum, S. 555; der Begriff des *acquis communautaire* geht weit über das Primär- und Sekundärrecht hinaus, sondern umfasst auch die *„rechtlich nicht oder weniger intensiv verfestigten Erklärungen, Übungen und Beschlüsse[...]..."*,MENG, in: V. D. GROEBEN / SCHWARZE, Kommentar zum EUV und EGV, Band 1, Art. 49EUV, Rn. 79.

1555 STREIT, Das Abkommen über den Europäischen Wirtschaftsraum, S. 555; GÜNTHER ETTL in: RÖTTINGER / WEYRINGER, Handbuch der europäischen Integration, S. 459.

1556 STEPPACHER, Der EWR – Ein Modell für Mittel- und Osteuropa?, S. 11.

bb) Liechtenstein und der EWR

Der Umstand, dass die Mitgliedschaft Liechtensteins in dieser verbesserten Freihandelszone auf Grund der bilateralen Bindung an die Schweiz zunächst nicht möglich war, widersprach dem allgemeinen Willen im Lande, der über Jahre hinweg in argumentativer Arbeit der führenden politischen Köpfe Liechtensteins geformt worden war, die von der *„...Sinnhaftigkeit einer Öffnung [Liechtensteins] gegenüber Europa..."* überzeugt waren[1558]. Zudem war Liechtenstein von Anfang an in die Verhandlungen zum EWR-Abkommen involviert[1559], nachdem man mit einigem Argumentationsaufwand die Schweiz, die anderen EFTA-Staaten und die EG davon überzeugt hatte, dass Liechtenstein *„...in eigener Zuständigkeit (...) den Vertrag selbständig unterzeichnen müsse..."*[1560]. Schon auf Grund der bereits investierten Bemühungen lag es nahe, einen Beitritt trotz der Verweigerung des schweizerischen Nachbarn zu versuchen und die wirtschaftliche Verknüpfung mit den Europäischen Gemeinschaften über die Freihandelsabkommen der Schweiz mit der EG und den Mitgliedstaaten der EGKS hinaus, die mittels zweier Zusatzabkommen vom 22. Juli 1972 auch auf das Fürstentum Anwendung fanden[1561], zu intensivieren.

(1). Vorbereitung des Beitritts Liechtensteins auf multilateraler Ebene

Da aber von Seiten Liechtensteins auch an der Anbindung an die Schweiz festgehalten werden sollte[1562], stand man vor dem Problem, eine an sich widersinnige

---

1557 So jedenfalls GLORIA in: IPSEN, Völkerrecht, § 46, Rn.29.

1558 FRICK, Liechtenstein 5 Jahre im EWR, S. 7, der Hans Brunhart und Michael Ritter als die Protagonisten der Idee einer europäischen Integration Liechtensteins herausstellt; Mario Frick war liechtensteinischer Regierungschef vom 15. Dezember 1993 bis zum 5. April 2001.

1559 Als die Verhandlungen am 20. Juni 1990 in Brüssel begonnen wurden, war Prinz Nikolaus von Liechtenstein für das Fürstentum anwesend, vgl. NORBERG / HÖKBORG / JOHANSSON / ELIASSON / DEDICHEN, EEA Law, S. 59, Fn. 24.

1560 BRUHA / GEY-RITTER, Kleinstaat und Integration, S. 160.

1561 Vgl. Bundesblatt der Schweizerischen Eidgenossenschaft, 124. Jahrgang, 1972, II. Band, S. 945 ff. bzw. S. 950 ff.; Art. 1 der beiden Zusatzabkommen lauten im Grunde wortgleich: *„Das am 22. Juli 1972 unterzeichnete Abkommen zwischen der Europäischen Wirtschaftsgemeinschaft (bzw. den Mitgliedstaaten der Europäischen Gemeinschaft für Kohle und Stahl) und der Schweizerischen Eidgenossenschaft gilt auch für das Fürstentum Liechtenstein"*.

1562 Nach dem negativen Ausgang der Volksabstimmung in der Schweiz trafen sich am 22. Juni 1993 die schweizerischen Bundesräte FLAVIO COTTI, JEAN-PASCAL DELAMURAZ und OTTO STICH sowohl mit dem liechtensteinischen Landesfürsten als auch mit einer liechtensteinischen Regierungsdelegation unter der Führung des Regierungschefs MARKUS BÜCHEL auf einem Landgut, um das weitere Vorgehen zu besprechen; in dieser Runde wurden die folgenden gemeinsamen Ziele definiert:

- *„Aufrechterhaltung der engen Beziehungen zwischen den beiden Ländern,*
- *Beibehaltung der offenen Grenze,*
- *Ermöglichung des EWR-Beitritts Liechtensteins"*;

Konstruktion zu verwirklichen, die sich daraus ergibt, dass die gleichzeitige vertragliche Anbindung an die Schweiz und die Teilnahme am EWR eine territoriale Überlappung zweier Zollsysteme bedeuten würde. Zwar war die Situation für die Schweiz mit mehr Risiko belastet, da auf Grund der offenen Grenze zu befürchten war, dass *„...Produkte, die in der Schweiz nicht zugelassen sind, über Liechtenstein in größerer Menge in die Schweiz eindringen könnten“*[1563], jedoch konnten die anderen EWR-Staaten einem Beitritt Liechtensteins schon aus Gründen der Praktikabilität nur zustimmen, wenn das Fürstentum eine *„...ausreichende administrative Abkoppelung von der Schweiz..“* bewerkstelligte, *„...die Liechtenstein eine eigenverantwortliche Durchführung der Bestimmungen des EWR..“* ermöglichen konnte[1564].

Trotz der problematischen Situation stieß das Fürstentum bei den EG- und übrigen EFTA-Staaten mit seinem Wunsch, am EWR teilzunehmen, auf offene Ohren. Die Umsetzung des Abkommens sollte an der schweizerischen Ablehnung weder insgesamt scheitern, noch sollte Liechtenstein die Konsequenzen aus dem Volkentscheid im Nachbarland zu spüren bekommen. So kam man im bereits angesprochenen Anpassungsprotokoll vom 17. März 1993 überein, den Vertrag insoweit zu ändern, wie die Schweiz davon betroffen gewesen wäre; *„die Schweiz“* und *„die Eidgenossenschaft“* wurden an den entsprechenden Stellen im ursprünglichen Vertragstext gelöscht. Die Stellen des Abkommens, die auf Liechtenstein Bezug nehmen, beließ man. Allerdings sollten *„...diese Bestimmungen, Bezüge, besonderen Anpassungen, Zeiträume und Zeitpunkte im EWR-Abkommen (...) erst ab dem Zeitpunkt [gelten], zu dem das EWR-Abkommen, angepasst durch dieses Protokoll, gemäß Artikel 1 Absatz 2 dieses Protokolls für Liechtenstein in Kraft tritt“* (Art. 21 des Änderungsprotokolls). Art. 1 Abs. 2 des Änderungsprotokolls lautet:

> *„Für das Fürstentum Liechtenstein tritt das EWR-Abkommen, angepasst durch dieses Protokoll, zu einem vom EWR-Rat bestimmten Zeitpunkt in Kraft, sofern der EWR-Rat beschlossen hat, dass die Voraussetzungen des Art. 121 Buchstabe b*[1565] *des EWR-Abkommens, nämlich dass das gute Funktionieren des EWR-Abkommens nicht beeinträchtigt wird, erfüllt ist, und die geeigneten Beschlüsse gefasst hat, insbeson-*

---

vgl. dazu: Bundesblatt der Schweizerischen Eidgenossenschaft, 146. Jahrgang, 1994, V. Band, S. 666.

1563 FRICK, Liechtenstein 5 Jahre im EWR, S. 7; BRUHA / GEY-RITTER, Kleinstaat und Integration, S. 162, weisen darauf hin, dass dagegen ein *„...Umgehungsverkehr (...) [über Liechtenstein i]n Richtung EWR-Ausland...“* nicht zu befürchten war, *„...da die EWR-Mitgliedschaft nicht mit einer Aufhebung der Grenzkontrollen zwischen den Vertragspartnern verbunden ist“*.

1564 SACK, Europas Zwerge, S. 47.

1565 Art. 121 Ziff. b EWR-Abkommen lautet wörtlich: *„Dieses Abkommen berührt nicht die Zusammenarbeit: a) ... b) im Rahmen der regionalen Union zwischen der Schweiz und Liechtenstein, soweit die Ziele dieser Union nicht durch die Anwendung dieses Abkommens erreicht werden und das gute Funktionieren dieses Abkommens nicht beeinträchtigt wird“*.

dere über die Geltung der vom EWR-Rat und vom Gemeinsamen EWR-Ausschuss bereits getroffenen Maßnahmen für Liechtenstein.“

Somit hatten die beteiligten Staaten ihren Willen gezeigt, das Fürstentum Liechtenstein auch unabhängig von einer Mitgliedschaft des Schweizerischen Eidgenossenschaft aufzunehmen, allerdings war nun Liechtenstein im Zugzwang, im bilateralen Verhältnis die Schweiz zu bewegen, die vertraglichen Bindungen zwischen den beiden in der Weise zu lockern, dass die Voraussetzungen des Art. 121 Ziff. b EWR-Abkommen erfüllt werden konnten. Darüber hinaus hatten sich die EWR-Staaten durch die sehr allgemein gefasste Formulierung der Voraussetzung für das Inkrafttreten des Vertrages für das Fürstentum alle Freiheit vorbehalten, zu einem späteren Zeitpunkt die veränderte schweizerisch-liechtensteinische Beziehung zu bewerten.

(2). Vorbereitung des Beitritts Liechtensteins auf bilateraler Ebene

Bereits im Juni 1993 war eine schweizerisch-liechtensteinische Arbeitsgruppe gebildet worden, die „...*eine Lösungsplattform für alle Problembereiche zuhänden der beiden Regierungen erstellen sollte*“[1566]. Am 13. Dezember 1993 konnte dem schweizerischen Bundesrat ein Zwischenbericht vorgelegt werden, der die Konsequenzen eines EWR-Beitritts Liechtensteins für die bilaterale Beziehung der beiden Staaten darstellte; Liechtenstein legte dagegen die angedachten Änderungen in den liechtensteinisch-schweizerischen Vertragsverhältnissen und die damit verbundenen Auswirkungen auf die Beziehung Liechtenstein – EWR den Vertragsstaaten des EWR-Abkommens zur Stellungnahme vor[1567]. Nachdem der EWR-Rat am 17. Mai 1994 anlässlich seiner ersten Zusammenkunft in positiver Weise reagierte und die Bereitschaft der Teilnehmerstaaten bekräftigte, alles zu unternehmen, um eine baldige Aufnahme des Fürstentums zu realisieren, erklärte sich einen Monat später auch der Schweizerische „...*Bundesrat grundsätzlich bereit, dem liechtensteinischen Wunsch zu entsprechen und formelle Verhandlungen zur Anpassung des schweizerisch-liechtensteinischen Vertragsverhältnisses infolge des EWR-Beitritts Liechtensteins aufzunehmen...*“[1568]. Dazu kam es im Sommer 1994 in Bern, und zwar „...*in gewohnt freundnachbarlicher Atmosphäre...*“, wie die Botschaft des Bundesrates an die eidgenössischen Räte hervorhebt; die Übereinkunft wurde schließlich am 4. Oktober desselben Jahres in Vaduz paraphiert[1569]. Die Unterzeichnung der Verträge erfolgte am 2. November 1994 in

[1566] Bundesblatt der Schweizerischen Eidgenossenschaft, 146. Jahrgang, 1994, V. Band, S. 666.

[1567] Bundesblatt der Schweizerischen Eidgenossenschaft, 146. Jahrgang, 1994, V. Band, S. 666 / 667.

[1568] Bundesblatt der Schweizerischen Eidgenossenschaft, 146. Jahrgang, 1994, V. Band, S. 667.

[1569] Bundesblatt der Schweizerischen Eidgenossenschaft, 146. Jahrgang, 1994, V. Band, S. 667.

Bern[1570]. Kern des veränderten bilateralen Rechts ist der neu hinzugefügte Art. 8 bis Abs. 2 ZV mit folgendem Wortlaut:

> *„Gehört die Schweiz solchen Übereinkommen oder Organisationen nicht an, bedarf die Mitgliedschaft des Fürstentums Liechtenstein einer besonderen Vereinbarung zwischen der Schweizerischen Eidgenossenschaft und dem Fürstentum Liechtenstein."*[1571]

Die danach für einen Beitritt zum EWR notwendige Vereinbarung ist bereits Teil des Gesamtvertragswerkes vom 2. November 1994. Auf Schweizer Seite werden die Veränderungen in den Vertragsbeziehungen am 12. Dezember 1994 von der Bundesversammlung durch Bundesbeschluss genehmigt[1572]. Die Umsetzung in Liechtenstein erfolgt erst im Jahre 1995[1573], da das Verfassungsrecht des Fürstentums ein weiteres Referendum erforderlich gemacht hatte, in welchem die Liechtensteiner – bei einer Wahlbeteiligung von 82 % – zu 55,9 % Ja-Stimmen abgegeben hatten; im am 10. März 1995 abgehaltenen Volkentscheid musste das liechtensteinische Volk gleichzeitig über die Änderungen im bilateralen Verhältnis zur Schweiz entscheiden wie – ein weiteres Mal – über den Beitritt zum EWG[1574].

(3). Beitritt Liechtensteins in den EWR

Nachdem im bilateralen Verhältnis Schweiz-Liechtenstein eine zufriedenstellende Lösung für beide Seiten gefunden war, musste die weitere Initiative nun von Seiten der EWR-Staaten ausgehen. Bereits am 10. März 1995 fasst der EWR-Rat

---

1570 Anders als anlässlich des Beitritts Liechtensteins zur EFTA genügte es diesmal nicht, lediglich den Zollvertrag zu verändern, sondern es war erforderlich, eine ganze Reihe von Verträgen zu verändern. Verändert wurden folgende Verträge: Zollvertrag vom 29. März 1923, Abkommen über die Anerkennung und Vollstreckung von gerichtlichen Entscheidungen und Schiedssprüchen in Zivilsachen vom 25. April 1968, Patentschutzvertrag vom 22. Dezember 1978, revidierter Postvertrag vom 9. Januar 1978, Vereinbarung über die fremdenpolizeiliche Rechtsstellung der beiderseitigen Staatsangehörigen im anderen Vertragsstaat; zudem wurde ein Zusatzprotokoll zum Zollvertrag abschlossen betreffend die Produkthaftpflicht; vgl. Amtliche Sammlung des Bundesrechts 1995, IV. Band, S. 3813 (Nr. 33 vom 29. August 1995).

1571 Zu den wesentlichen Auszügen des Textes der aktuellen Vertragsversion vgl.: AVR, 36. Band, S. 239.

1572 Amtliche Sammlung des Bundesrechts 1995, IV. Band, S. 3813 f. (Nr. 33 vom 29. August 1995).

1573 Der veränderte Zollvertrag tritt in Liechtenstein am 1. Mai 1995 in Kraft, LGBl. 1995, Nr. 76; selbiges gilt für die Vereinbarung im Sinne von Art. 8 bis Abs. 2 ZV vom 2. November 1994, LGBl. 1995, Nr. 77, Text veröffentlicht in: AVR, 36. Band, S. 246 ff.; der Text des gesamten Vertragsänderungswerkes (incl. aller Protokolle etc.) ist zu finden in: Bundesblatt der Schweizerischen Eidgenossenschaft, 146. Jahrgang, 1994, V. Band, S. 689 ff.

1574 Vgl. BRUHA / GEY-RITTER, Kleinstaat und Integration, S. 161, Fn. 29; vgl. BMWi Tn Nr. 10303 in: Zeitschrift für Zölle und Verbrauchssteuern 1995, S. 222.

einen Beschluss[1575], in dem er in Art. 1 feststellt, dass „*...das gute Funktionieren des Abkommens (...) durch die regionale Union zwischen der Schweiz und Liechtenstein nicht beeinträchtigt...*" wird; in der Präambel wird dabei explizit auf Art. 121 Ziff. b EWR-Abkommen Bezug genommen. Das Inkrafttreten des durch den Beschluss vom 10. März 1995 angepassten EWR-Abkommens für Liechtenstein wird in Art. 6 des Beschlusses wiederum mit dem Inkrafttreten des Beschlusses selbst bedingt. Der Beschluss hingegen sollte gemäß Art. 7 Abs. 1 des Beschlusses am 1. Mai 1995 in Kraft treten, falls – neben zwei weiteren formellen Voraussetzungen – die Vertragsveränderungen im Verhältnis Schweiz-Liechtenstein ebenfalls bis zum 1. Mai 1995 in Kraft getreten sein sollten. Die Bedingungen des Art. 7 Abs. 1 des Beschlusses wurden gewahrt; Liechtenstein ist demnach seit dem 1. Mai 1995 vollberechtigter Vertragsstaat des EWR-Abkommens.

cc) Stellung des einzelnen Vertragsstaates im System des EWR-Abkommens

Die Aufnahme eines Staates in den Kreis einer multilateralen Gemeinschaft allein gibt noch kein ausreichend konkretes Bild der dadurch erreichten Position des aufgenommenen Staates. Insofern bieten jedoch sowohl die Aufnahmevoraussetzungen als auch die sich in den institutionellen Bestimmungen widerspiegelnden Kräfteverhältnisse innerhalb des multilateralen Verbandes aussagekräftige Argumentationshilfe.

(1). Aufnahmeanforderungen

Laut Art. 128 des EWR-Abkommens muss ein Beitrittsaspirant die folgenden Voraussetzungen erfüllen: in materiellrechtlicher Hinsicht muss er zunächst die Staatsqualität besitzen, sein Territorium muss in Europa liegen; zudem hat er die Bedingungen zu erfüllen, die die Vertragsparteien in einem Aufnahmeübereinkommen aufgestellt haben. Bevor er einen Aufnahmeantrag stellen kann, muss der Staat Mitglied der EFTA oder der EU werden. Schließlich bedarf das zwischen den Vertragsstaaten und dem Beitrittsstaat zu schließende Aufnahmeabkommen der Genehmigung oder der Ratifikation durch alle Vertragsparteien. EU-Mitgliedstaaten sind sogar verpflichtet, den Antrag zur Aufnahme in den EWR zu stellen[1576]. Auf den ersten Blick erscheinen die Hürden für eine Mitgliedschaft im

---

[1575] Beschluss des EWR-Rates Nr. 1/95 vom 10. März 1995, ABl. der EG Nr. L 86 vom 20. April 1995, S. 58 ff.; veröffentlicht in AVR, 36. Band, S. 252.

[1576] Art. 128 des EWR-Abkommens in deutscher Sprache:

„(1) *Jeder europäische Staat, der Mitglied der Gemeinschaft wird, beantragt, und die Schweizerische Eidgenossenschaft sowie jeder europäische Staat, der Mitglied der EFTA wird, kann beantragen, Vertragspartei dieses Abkommens zu werden. Der betreffende Staat richtet seinen Antrag an den EWR-Rat.*

(2) *Die Bedingungen für eine solche Beteiligung werden durch ein Abkommen zwischen den Vertragsparteien und dem antragstellenden Staat geregelt. Das Abkommen bedarf der Ratifikation oder Genehmigung durch alle Vertragsparteien*

EWR nicht allzu hoch; jeder europäische Staat kann grundsätzlich aufgenommen werden. Allerdings kommen die Voraussetzungen hinzu, die sich aus einer Mitgliedschaft in der EU oder in der EFTA als Vorbedingung ergeben. Jedenfalls muss jeder Mitgliedstaat in der Lage sein, die Mittel aufzubringen, die für eine derartige Integration in verwaltungstechnischer Hinsicht erforderlich sind. Der EWR-Staat muss nicht nur die Fähigkeit der Mitarbeit auf der Ebene der EU oder der EFTA garantieren, sondern auch den Apparat der EFTA-Organe mit Vertretern bestücken können. Auch stellt die Übernahme des einschlägigen Teil-*acquis communautaire* sehr kleine oder schlecht organisierte Gemeinwesen vor eine eventuell nicht zu bewältigende Herausforderung. Damit erfordern die Begleiterscheinungen einer Mitgliedschaft eine gewisse ökonomische Potenz. Mit der Aufnahme Liechtensteins in den EWR wurde implizit auch die Fähigkeit des Kleinstaates anerkannt, die mit dem Beitritt verbundenen Verpflichtungen zu erfüllen.

(2). Kräfteverhältnis im Rahmen der institutionellen Struktur des EWR

Eine starke gleichberechtigte Stellung aller beteiligter Staaten ergibt sich zudem aus den einschlägigen Abstimmungsregeln. Die beiden wichtigsten Entscheidungsgremien des EWR, der EWR-Rat und der Gemeinsame EWR-Ausschuss, fassen ihre Beschlüsse nach im Kern identischen Vorschriften. Gem. Art. 90 Abs. 2 oder Art. 93 Abs. 2 des EWR-Abkommens ist dazu das *„...Einvernehmen zwischen der Gemeinschaft einerseits und den EFTA-Staaten andererseits...“* erforderlich. An dieser Formulierung erkennt man das dem Abkommen inhärente Zwei-Säulen-Prinzip, dem zufolge die beiden im EWR-Abkommen zusammengefassten Lager jeweils einmütig handeln müssen. Aber auch insgesamt können *„...Entscheidungen (...) nur konsensuell gefunden werden, so dass ein individuelles opting-out der Vertragsparteien nicht möglich ist“*[1577]. Auf Grund des damit umschriebenen Einstimmigkeitsprinzips kommt jedem Mitgliedstaat letztlich ein *„Vetorecht“* zu[1578]. Verbunden mit der Tatsache, dass den teilnehmenden Staaten in den beiden genannten Organen eine Repräsentanz unabhängig von der Größe des Staates zugestanden wird[1579], kann man festhalten, dass das Prinzip der souveränen Gleichheit im EWR-Abkommen vollumfänglich verwirklicht wurde. Das Fürstentum Liechtenstein hat damit im EWR dieselbe Rechtsstellung wie alle anderen Vertragspartner der EFTA-Seite[1580]. Allerdings er-

---

nach ihren eigenen Verfahren.“

1577 STEPPACHER, Der EWR – Ein Modell für Ost- und Mitteleuropa?, S. 13.

1578 FISCHER / KÖCK, Europarecht, S. 94.

1579 Der EWR-Rat besteht laut Art. 90 Abs. 1 des EWR-Vertrages *„...aus den Mitgliedern des Rates der Europäischen Gemeinschaften und Mitgliedern der EG-Kommission sowie je einem Mitglied der Regierung jedes EFTA-Staates“*; *„Der Gemeinsame EWR-Ausschuss besteht aus Vertretern der Vertragsparteien“*, Art. 93 Abs. 1 des EWR-Abkommens – eine genauere Festlegung ist nicht erforderlich, da ohnehin nur eine einstimmige Entscheidung Erfolg bringt.

1580 KOLLER, Die Schweiz und der EWR, S. 6 (*„Der EWR basiert ohne Einschränkung auf der rechtlichen Gleichheit der Vertragsparteien.“*), der damit im Jahre 1992 in seinem

geben sich im Vergleich mit den EU-EWR-Staaten zum Nachteil der EFTA-EWR-Staaten verminderte Einflussnahmemöglichkeiten auf die Fortentwicklung des *acquis communautaire*[1581].

dd) Die Auswirkungen der Mitgliedschaft auf die Stellung des Kleinstaates

Im Folgenden soll dargelegt werden, wie sich die EWR-Mitgliedschaft konkret auf die völkerrechtliche Positionierung Liechtensteins als Kleinstaat ausgewirkt hat.

(1). Die Auswirkungen der Aufnahme in die Organisation an sich

Wie im Rahmen der vorliegenden Arbeit bereits mehrfach aufgezeigt wurde, stellt für einen Kleinstaat bereits die bloße Tatsache der Aufnahme einen Erfolg dar, da dadurch die Eigenständigkeit und Souveränität des Kleinstaates von den anderen Mitgliedern anerkannt wird.

(a) Anerkennung der Souveränität durch die Aufnahme in den EWR

Dieses Ergebnis lässt sich sicherlich auch angesichts des EWR-Vertrages in Bezug auf Liechtenstein festhalten. Der Kleinstaat genießt alle Rechte aus dem Abkommen und stimmt mit demselben Gewicht in den Gremien des EWR wie die übrigen Vertragsstaaten. Insofern erhöht der hier verwirklichte Grundsatz der souveränen Gleichheit die Bedeutung des Kleinstaates über das Niveau, das der tatsächlichen Stärke des Gemeinwesen entspräche. Aber selbst wenn man entgegen der hier vertretenen Ansicht eine asymmetrische Kräfteverteilung im Rahmen der institutionellen Struktur des EWR-Abkommens zum Nachteil der EFTA-Staaten erkannt haben will[1582], die nicht durch die Tatsache ausgeglichen werden kann, dass die EFTA-Staaten – gewissermaßen im Ausgleich für ihre eingeschränkten Mitwirkungsmöglichkeiten im EWR-Rechtsetzungsverfahren – keine Hoheitsbefugnisse an supranationale Einheiten abgegeben haben, muss eingeräumt werden, dass Liechtenstein jedenfalls dieselbe Position wie die übrigen teilnehmenden EFTA-Staaten innehat.

(b) Doppelte Stärkung der Souveränität durch die Veränderung des bilateralen Verhältnisses zur Schweiz

Wenn jedoch in der Literatur auf den „...*souveränitätspolitische[n] Gewinn*...“[1583] Liechtensteins hingewiesen wird, der mit der Aufnahme des Kleinstaates in den EWR verbunden sein soll, dann ist damit nicht die Außergewöhnlichkeit der Mit-

---

schweizerischen Heimatland gegen die Ressentiments anschreibt, die dem EWR entgegengebracht wurden.

1581 Vgl. dazu bereits Kap. 3, B.II.3.b)bb).

1582 Vgl. dazu bereits Kap. 3, B.II.4.b)bb).

1583 BRUHA / GEY-RITTER, Kleinstaat und Integration, S. 164; FRICK, Liechtenstein 5 Jahre im EWR, S. 12, spricht von „...*außenpolitische[r] Stärkung*...“.

gliedschaft des Fürstentums in einem derartigen Vertragswerk an sich angesprochen. Denn im Jahre 1995, als das EWR-Abkommen in Kraft trat, war die Mitgliedschaft Liechtensteins in Formen der internationalen Zusammenarbeit angesichts der vielen, hier bereits ausgiebig dargestellten Mitgliedschaften in den verschiedensten internationalen Organisationen kein Novum mehr. Vielmehr ist die besondere Bedeutung der selbständigen EWR-Mitgliedschaft darin zu sehen, dass der Staat damit zum ersten Mal im Anwendungsbereich des Zollvertrages mit der Schweiz Vertragspartner eines Übereinkommens geworden ist, dem die Eidgenossenschaft nicht angehört. Erst daraus ergibt sich die im Vergleich zur EFTA-Mitgliedschaft erneut gesteigerte Qualität der Eigenverantwortlichkeit liechtensteinischer Außenpolitik. Art. 8 bis Abs. 2 ZV kann insofern als *lex libertatis liechtensteiniensis* verstanden werden. Dieses Ergebnis wird jedoch dadurch relativiert, dass Art. 8 bis Abs. 2 ZV weitere Mitgliedschaften in vergleichbaren multilateralen Verträgen nicht freistellt, sondern jeweils eine schweizerische Zustimmung erfordert, die in einer *„...besonderen Vereinbarung...“* niederzulegen ist.

Wurde in der Vergangenheit immer wieder auf Grund der Anbindung des Fürstentums an die Schweiz an der Souveränität des liechtensteinischen Staates gezweifelt[1584], zeigten die Umstände der Vertragsänderungen, die für die Mitgliedschaft Liechtensteins in EFTA und EWR erforderlich waren, deutlich, dass die bilateralen Verträge der beiden Nachbarstaaten als Ausdruck einer freiwilligen Zusammenarbeit zu verstehen sind. Die Schweiz erwies sich als kooperativer[1585] Partner und ermöglichte dem Fürstentum den Beitritt zum EWR bei gleichzeitiger Aufrechterhaltung des Zollvertrages im bilateralen Verhältnis. Dies ist vor allem deshalb überraschend, da durch die Mitgliedschaft Liechtensteins sowohl im EWR-Raum als auch in der Zollunion mit der Schweiz für die Eidgenossenschaft die Gefahr entstand, dass Güter aus dem EWR-Raum über den Umweg über das Fürstentum in die Schweiz gelangen und auf diese Weise schweizerische Zollbestimmungen umgehen könnten. Zwar wurde diese Problematik dadurch aufgefangen, dass sich Liechtenstein in einer – zeitgleich mit der Abänderung des Zollvertrages – am 2. November 1994 abgeschlossenen Vereinbarung gegenüber der Schweiz verpflichtete, *„...mit einem Marktüberwachungs- und Kontrollsystem (...) sicher[zustellen], dass ein Umgehungsverkehr von Waren gemäß EWR-Recht über die offene Grenze zur Schweiz (...), der gegen das schweizerische Recht verstößt, unterbunden werden kann...“*[1586]. Aber die zuständigen schweizerischen Stellen waren nicht verpflichtet, in dieser Weise auf die

1584 Vgl. etwa bereits Kap. 3, A.II.3.a) am Anfang.

1585 NELL, Liechtenstein: Strategy for joining the EEA, S. 121, zählt explizit die Tatsache, dass die Schweizer Behörden sich eingehend mit der Problematik des liechtensteinischen EWR-Beitritts beschäftigt und durchgehend *„...pragmatic and workable solutions...“* erarbeitet haben, als einen von drei Gründen auf, die die Aufnahme Liechtensteins in den EWR ermöglicht haben.

1586 So Art. 4 Abs. 1 der Vereinbarung zwischen Liechtenstein und der Schweiz zum Vertrag vom 29. März 1923 über den Anschluss des Fürstentums Liechtenstein an das schweizerische Zollgebiet vom 2. November 1994, abgedruckt in: AVR, 36. Band, 1998, S. 246 ff.

Wünsche Liechtensteins einzugehen und auf das Funktionieren des einzurichtenden Marktüberwachungs- und Kontrollsystems zu vertrauen[1587], sondern hätten das Ansinnen des kleinen Nachbarstaates unter Hinweis auf die Risiken für die Schweiz selbst auch zurückweisen und Liechtenstein auf die Kündigungsmöglichkeit im Zollvertrages verweisen können.

So hat die Veränderung des Verhältnisses Liechtensteins zur Schweiz in zweifacher Hinsicht Auswirkungen bezüglich der Souveränität des Fürstentums. Durch die selbständige Übernahme eigener Verantwortung im Rahmen eines multilateralen Abkommens ohne schweizerische Beteiligung im Anwendungsbereich des Zollvertrages betont der Kleinstaat seine Eigenständigkeit. Aus dem Verhalten der Eidgenossenschaft anlässlich der Vertragsänderungen im bilateralen Rahmen wurde zudem klar aufgezeigt, dass auch schon die vertragliche Bindung des Fürstentums an die Schweiz in der Form, wie sie vor den Veränderungen des 2. November 1994 bestand, auf freiwilliger Basis bestand. Dieses Herausstellen der eigenverantwortlichen Handlungsfähigkeit des Kleinstaates auf internationaler Ebene ist zwar nicht geeignet, die Souveränität eines Staates herzustellen, da es für die Souveränität nicht auf die Anerkennung durch andere Staaten ankommt[1588], jedoch darf nicht vergessen werden, dass ein Staat immer schon aus Gründen der Praktikabilität der Staatsführung großes Interesses daran haben wird, dass seine Souveränität auch wirklich anerkannt wird.

(c) Europäische Integrationsvariante ohne Souveränitätsverlust

Die Mitgliedschaft im EWR hat für Liechtenstein aus einem weiteren Grund eine wichtige Bedeutung. Die europäische Integration nämlich scheint für alle europäischen Staaten alternativlos. Vor allem für Kleinstaaten ist eine Isolation undenkbar[1589]. Zudem schien die Schweiz zu Beginn der 1990er Jahren, als das EWR-Abkommen ausgehandelt wurde, nicht mehr lange die sichere Situation bieten zu können, wie sie das seit Begründung der schweizerisch-liechtensteinischen Zollunion gewährleistet hatte; zunächst wollte der ehedem europakritische Staat selbst in den EWR eintreten, konnte dann jedoch auf Grund des negativen Plebiszites nicht daran teilnehmen. In der Folgezeit behielt sich die Schweiz *„...die Reserveoption*

[1587] Das System hat heute allerdings seine Bewährungsprobe bestanden. So schreibt FRICK, Liechtenstein 5 Jahre im EWR, S. 7, im Jahre 2000: *„Es wurde ein Marktüberwachungssystem aufgebaut, das von Anfang an sehr gut funktionierte und in den letzten Jahren immer weiter zurückgeschraubt werden konnte"*; dies wurde auch dadurch erreicht, dass *„...strenge Strafbestimmungen in den einschlägigen liechtensteinischen Gesetzen gewährleisteten, dass das Marktüberwachungssystem nicht nur in der Theorie, sondern auch in der Praxis funktioniert"*, RITTER, Europäischer Wirtschaftsraum, S. 7.

[1588] Vgl. dazu bereits Kap. 3, D.II.

[1589] SACK, Europas Zwerge, S. 46, geht gar davon aus, dass die Nähe zur EU für kleinere Kleinstaaten eine Existenzfrage ist: *„Die europäischen Zwergstaaten müssen sich mit der Gemeinschaft arrangieren, um zu überleben"*; zum Ganzen sehr informativ: KREILE / MICHALSKY, Kleinstaaten im Prozeß der europäischen Integration, S. 227 ff.

(...) EG-Beitritt... " vor[1590], der aus liechtensteinischer Sicht – jedenfalls zu diesem Zeitpunkt – nicht wünschenswert erschien, selbst wenn das Fürstentum über den Zollvertrag miteinbezogen würde, da die Anwendbarkeit des gesamten *acquis communautaire* die liechtensteinische Autonomie in einem Umfang hätten beschneiden können, der die „*...spezifischen Standortvorteile im Finanzbereich...* " [1591] hätte Schaden nehmen lassen können und damit gegebenenfalls die liechtensteinische Ökonomie ihrer Grundlage beraubt hätte[1592].

Mit der Entscheidung, als selbständiges Mitglied ohne die Schweiz in den EWR einzutreten, hat man deshalb geradezu einen Spagat vollbracht. Das Fürstentum beugte sich dem Integrationszwang, wählte aber eine Variante, die für seine Wirtschaft verträglich war und zudem keinerlei Auswirkungen auf die Souveränität des Staates mit sich brachte[1593], während das Gemeinschaftsrecht auf Grund seines supranationalen Charakters „*...den nationalen Souveränitätspanzer [der Mitgliedstaaten] durchstößt...* "[1594]. Auf diese Weise hat es die liechtensteinische Politik ein weiteres Mal vollbracht, den Schutz der kleinstaatlichen Souveränität mit der überlebenswichtigen Teilnahme am internationalen Leben der Staaten in Einklang zu bringen.

Angesichts dieser positiven Bewertung darf jedoch nicht vergessen werden, dass die bisher vom Fürstentum vollzogene europäische Integration letztlich keine freigewählte Vorgehensweise darstellte, sondern schlicht dem „*...Fehlen von Alternativen...* " zuzuschreiben war[1595]. Zudem ist fraglich, ob sich das aktuelle Integrations-

---

1590 KREILE / MICHALSKY, Kleinstaaten im Prozeß der europäischen Integration, S. 242.

1591 V. LIECHTENSTEIN, Szenarien zur integrationspolitischen Zukunft Liechtensteins, S. 74.

1592 Insofern war es sicher nicht übertrieben, als Prinz NIKOLAUS VON LIECHTENSTEIN im Jahre 1993 die Frage der europäischen Integration als „*Schicksalsfrage*" bezeichnete. Vgl. V. LIECHTENSTEIN, Liechtensteinische Außenpolitik an einer Wende, S. 315.

1593 Dazu noch einmal deutlich GLORIA in: IPSEN, Völkerrecht, § 46, Rn.29, demzufolge das EWR-Abkommen „*...zwischen der EU und den (...) EFTA-Staaten (...) ‚binnenmarktähnliche Verhältnisse'...* " herbeiführt, „*...ohne dabei deren Souveränität und politische Autonomie zu beeinträchtigen...* "; vgl. dazu bereits Kap. 3, B.II.3.b)bb).

1594 KÖNIG / HARATSCH, Europarecht, Rn. 13/54.

1595 RITTER, Europäischer Wirtschaftsraum, S. 9. So schildert der ehemalige liechtensteinische Regierungschef FRICK in einem Beitrag zum fünfjährigen Jubiläum der Mitgliedschaft Liechtensteins im EWR die Probleme der einschlägigen Protagonisten, den Umstand der fehlenden Alternativen den Liechtensteinern zu Beginn der 1990er Jahre zu verdeutlichen, die zu dieser Zeit mehrheitlich der Ansicht waren, eine Annäherung an die Europäischen Gemeinschaften führte eher zu einer wirtschaftlichen Schwächung Liechtensteins; seiner Aussage zufolge bedurfte es einer nicht unerheblichen Überzeugungsarbeit, seinen Landsleuten die „*...Gefahr...* " zu vergegenwärtigen, „*...von einer Wirtschaftsfestung Europa ausgegrenzt zu werden*". Vgl. FRICK, Liechtenstein 5 Jahre im EWR, S. 6 f. der auch eine Begründung für die Haltung seiner Landsleute liefert: „*Wenn man wirtschaftlich stark ist, glaubt man (...) manchmal auch, nichts ändern zu müssen bzw. zu dürfen, ansonsten sich der Wohlstand verringere. In einer derartigen Situation befand sich Liechtenstein anfangs der Neunzigerjahre. (...) Hätte man (...) damals schon eine Volksabstimmung durchgeführt, so wäre man deutlich unter einem Drittel Zustim-*

modell Liechtensteins als nachhaltig erweisen kann. Durch das Überwechseln gerade der größeren der ursprünglichen Mitgliedstaaten zur Europäischen Union hat die Gruppe der EFTA-EWR-Staaten einen deutlichen Verlust an wirtschaftlicher Bedeutung erfahren. Nachdem der EWR für sieben EFTA-Staaten konzipiert worden war, sind heute neben Liechtenstein lediglich Norwegen und Island verblieben.

Prinz NIKOLAUS VON LIECHTENSTEIN, der diesbezüglich das schöne Bild vom *„...große[n] Paar EWR-Stiefel...“* benutzt, in das schließlich nur drei, mit Island und Liechtenstein noch dazu sehr kleine Staaten *„...gestiegen...“* sind, dreht den Zusammenhang gar um, indem er bezüglich der Gewichtigkeit des EWR folgendes diagnostiziert: *„Die Tendenz zur vereinfachten und damit weniger autonomen Anbindung dieser Länder an die EU ist eine logische Konsequenz des Bedeutungsverlustes der EFTA-Seite für die EU“*[1596]. Gleichgültig, ob der Schwund an Mitgliedstaaten die Schwäche dieser Integrationsvariante bedingt hat oder umgekehrt: die Verringerung der Bedeutung des EWR stellt gerade für das Fürstentum Liechtenstein eine große neue Herausforderung dar, da der EWR für den kleinen Staat eine *„...längerfristige Integrationslösung...“*[1597] bieten sollte, während er für die Mehrzahl der ursprünglichen Mitgliedstaaten lediglich als *„Vorraum“*[1598], *„Trainingslager“*[1599] oder *„Wartesaal“*[1600] für eine spätere EU-Mitgliedschaft verstanden und gebraucht wurde.

Angesichts des skizzierten Mitgliederschwundes der EFTA-Gruppe im EWR erscheint der Europäische Wirtschaftsraum einer unsicheren Zukunft entgegenzugehen; bereits in der jetzigen Situation ist der EWR auf Grund des geringen ökonomischen Gewichts auf EFTA-Seite stark marginalisiert, und sein Fortbestand steht stetig unter dem Damoklesschwert einer EU-Beitrittes Norwegens und/oder Islands[1601]. Jedoch ist aus der Perspektive Liechtensteins der Mitgliedschaft im EWR in souveränitätspolitischer Sicht selbst angesichts eines solchen drohenden Szenarios ein weiterer positiver Aspekt abzugewinnen, der darin besteht, dass das

---

mung gelandet“.

1596 V. LIECHTENSTEIN, Szenarien zur integrationspolitischen Zukunft Liechtensteins, S. 70.

1597 So jedenfalls RITTER, Europäischer Wirtschaftsraum, S. 9.

1598 So JOHN FITZMAURICE, in: RÖTTINGER / WEYRINGER, Handbuch der europäischen Integration, S. 359, der darauf hinweist, dass die Gründung des EWR gerade zum Zweck ausgehandelt wurde, Staaten, die noch nicht bereit waren für eine Mitgliedschaft in der Europäischen Gemeinschaft, an die Gemeinschaft heranzuführen und eine gemeinsame Plattform für Vorarbeit – gerichtet auf einen später zu erfolgenden Beitritt – zu schaffen; der Begriff Vorraum wird auch verwendet bei: RITTER, Europäischer Wirtschaftsraum, S. 9.

1599 RITTER, Europäischer Wirtschaftsraum, S. 9.

1600 Vgl. PRANGE, Liechtenstein im Europäischen Wirtschaftsraum – Wirtschaftliche Erfolgsbilanz eines Kleinstaates?, S. 21.

1601 Vgl. etwa PRANGE, Liechtenstein im Europäischen Wirtschaftsraum – Wirtschaftliche Erfolgsbilanz eines Kleinstaates?, S. 22.

Fürstentum auf dieser Ebene seine Fähigkeit bewiesen hat, auf europäischer Bühne auch in wichtigen wirtschaftlichen Fragen an der Diskussion der wesentlichen Probleme teilnehmen zu können. Angesichts der Tatsache, dass die EU-Staaten Liechtenstein auf der Ebene des EWR als gleichberechtigten Partner akzeptiert haben, wäre anlässlich der Entscheidung über eine Aufnahme des Fürstentums in die EU der Vortrag, die Mitgliedschaft sei für Liechtenstein nicht größenverträglich, vor der aufmerksamen Weltöffentlichkeit zumindest kritischer zu hinterfragen als dies zu einer Zeit der Fall gewesen wäre, als Liechtenstein sich in wirtschaftlichen Fragen ausschließlich von der Schweiz über den Zollvertrag vertreten ließ. So hat sich das Fürstentum über seine Mitgliedschaft im EWR ohne Zweifel eine erhöhte Achtung seiner souveränen Gleichheit und damit eine verbesserte Position für eine etwaige weitere europäische Integration erkämpft[1602].

(2). Die Auswirkungen auf die konkreten Funktionsdefizite

Darüber hinaus hat sich die EWR-Mitgliedschaft in einer ganzen Reihe von Einzelfragen relativierend auf die kleinstaatenspezifischen Funktionsdefizite des Fürstentums ausgewirkt.

(a) Faktische Privilegierung des Kleinstaates in wirtschaftlicher Hinsicht

(aa) Die sog. parallele Verkehrsfreiheit

Der Beitritt zum EWR bei Aufrechterhaltung des schweizerisch-liechtensteinischen Zollvertrages, damit die territoriale Überlappung zweier Zollsysteme, konnte nur mittels des bereits angesprochenen Marktüberwachungs- und Kontrollsystems[1603] funktionieren, weil ansonsten der Umgehungsverkehr über das Fürstentum vorprogrammiert gewesen wäre. Dieses System konnte jedoch nicht die Konflikte der sich ebenfalls überlappenden Rechtssysteme verhindern. Die Problemlage wurde von BRUHA / GEY-RITTER folgendermaßen zusammengefasst[1604]: *„Beide Integrationsräume sehen rechtliche Regelungen über den Verkehr von Waren, Dienstleistungen, Personen und Kapital vor, die infolge des Nichtbeitritts der Schweiz zum EWR-Abkommen teilweise erheblich voneinander abweichen“.* Diese Konfliktsituation erfuhr eine Regelung in Art. 3 der Vereinbarung über die Änderung des Zollvertrages, der wie folgt lautet[1605]:

1602 Ähnlich auch FRICK, Liechtenstein 5 Jahre im EWR, S. 13, in seinem Fazit zu fünf Jahren Mitgliedschaft Liechtensteins im EWR: *„Liechtenstein hat somit eine gute Ausgangslage für die weiteren Entwicklungen in Europa“.*

1603 Eingeführt durch Art. 4 Abs. 1 der Vereinbarung zwischen Liechtenstein und der Schweiz zum Vertrag vom 29. März 1923 über den Anschluss des Fürstentums Liechtenstein an das schweizerische Zollgebiet vom 2. November 1994 (LGBl. 1995, Nr. 77), abgedruckt in: AVR, Band 36, S. 246 ff. (S. 248).

1604 BRUHA / GEY-RITTER, Kleinstaat und Integration, S.161.

1605 Die Vorschrift wurde als Teil der Gesamtverträge vom 2. November 1994 zwischen

„*1)* *Zollvertragsrecht und EWR-Recht finden im Fürstentum Liechtenstein nebeneinander Anwendung.*

2) *Soweit Zollvertragsrecht und EWR-Recht voneinander abweichen, findet für das Fürstentum Liechtenstein im Verhältnis zu den Vertragspartnern des EWR-Abkommens EWR-Recht Anwendung*“[1606].

Der Regelungsinhalt der Vorschrift wird in der einschlägigen Literatur mit dem Schlagwort der sog. „*parallelen Verkehrsfreiheit*“ umschrieben[1607]. Danach genügt es, wenn die Waren, die auf liechtensteinischem Gebiet in Umlauf gebracht werden, den Regelungen eines der beiden Zollsysteme entsprechen. Bezüglich des Warenverkehrs wird Zollvertragsrecht und EWR-Recht nach der Maßgabe nebeneinander angewandt, dass es in den Beziehungen zu EWR-Staaten auf EWR-Recht ankommt, während es dabei bleibt, dass in den Beziehungen zur Schweiz und zu anderen Nicht-EWR-Staaten das schweizerische Recht Anwendung findet[1608].

Diese schlichte pragmatische Regelung zeichnet jedoch im Grunde nur die völkerrechtlichen Verpflichtungen in den jeweiligen Vertragsbeziehungen nach, bietet dagegen keine wirkliche Kollisionsregel, die einen Vorrang des einen Systems gegenüber dem anderen oder eine bestimmte Normenhierarchie definieren würde[1609]. So ergeben sich eine ganze Reihe von Problemen im Zusammenhang mit der innerstaatlichen Wirkung des EWR-Rechts, die von der Rechtsprechung – auf nationaler sowie auf der Ebene des EWR – nach 1995 zu klären waren und noch zu klären sind[1610]. Insgesamt wird deutlich, dass der offensichtlich allseits vorhandene politische Wille, dem Fürstentum den Zugang zum EWR zu ermöglichen, stärker war als jedes juristische Systemdenken. Nachdem das Unterfangen, „*...EWR und Zollvertrag ‚unter einen Hut' zu bringen...*“, zunächst als „*...Quadratur des Kreises...*“ ange-

---

Liechtenstein und der Schweiz im bilateralen Verhältnis beschlossen und durch den Beschluss des EWR-Rates vom 10. März 1995 auch von Dritter Seite akzeptiert.

1606 LGBl. 1995, Nr. 77; Text abgedruckt in AVR, Band 36, S. 246 ff.; S. 247.

1607 Vgl. dazu RITTER, Europäischer Wirtschaftsraum, S. 7; BRUHA / GEY-RITTER, Kleinstaat und Integration, S. 162.

1608 Vgl. RITTER, Europäischer Wirtschaftsraum, S. 7.

1609 BRUHA / GEY-RITTER, Kleinstaat und Integration, S. 163, weisen etwa darauf hin, dass Art. 3 Abs. 2 der Vereinbarung über die Änderung der Zollvertrages beispielsweise nichts darüber aussagt, wie sich die Anwendbarkeit der EWR-Regeln in den Beziehungen zu EWR-Staaten auf bilaterale Verpflichtungen zur Schweiz auswirkt; ebenso schweigt die Regelung über den „*...Stellenwert EWR-kompatiblen Zollvertragsrechts in Liechtenstein...*“.

1610 Vgl. dazu etwa den sehr instruktiven Aufsatz von BRUHA / GEY-RITTER, Kleinstaat und Integration, S. 166, die dem genannten Problemfeld einen eigenen Abschnitt widmen, der mit „*Innerstaatliche Wirkung und Rang des EWR-Rechts*“ und der auf die einschlägigen Urteile verweist.

sehen wurde[1611], ging man offenkundig den leichtesten Weg, ließ die Details ungeregelt und vertraute darauf, dass die zuständigen Gerichte diese Lücken schon ausfüllen würden[1612]. Das Entgegenkommen sowohl der Schweiz als auch der anderen EWR-Staaten ermöglichte dem Fürstentum somit einen *„...komfortablen Integrationsweg...“*[1613]. Durch die liechtensteinische *„...Doppelrolle als Zollvertragspartner und Mitglied des EWR...“* erschließt sich den im Fürstentum ansässigen Unternehmen ein ungestörter Zugang sowohl zum EWR-Raum als auch zum schweizerischen Markt; dies kann einen erheblichen Standortvorteil darstellen[1614].

Dazu kommt, dass neben Art. 121 lit. b EWR-Vertrag zum Vorteil des Fürstentums Liechtenstein in den Protokollen 15 und 16[1615] zum EWR-Vertrag weitere Sonderregelungen getroffen wurden. In Protokoll Nr. 15 wurde dem Fürstentum im Bereich der Grundfreiheit des freien Personenverkehrs nicht nur eine Übergangsfrist bis Ende 1997 gesetzt, während deren Lauf bestimmte Beschränkungen für Personen, die ihren Wohnsitz im Fürstentum nehmen wollen – Saisonarbeiter und Grenzgänger aus den übrigen EWR-Staaten – aufrecht erhalten werden durften[1616], sondern in Art. 9 Abs. 2 des Protokolls wurde *„...exklusiv für Liechtenstein...“*[1617] auch die etwaige Möglichkeit einer Verlängerung dieser Frist vorgesehen. Protokoll 16 regelt dagegen sowohl die Einbindung von Saisonarbeitern aus dem EWR-Ausland in die liechtensteinische Arbeitslosenversicherung wie den Ausgleich der Arbeitsversicherungsbeiträge dieser Arbeiter mit deren Wohnsitzstaaten; gem. Art. 5 der Protokolls Nr. 16 ist die Gültigkeit des Protokolls auf die Dauer

---

1611 RITTER, Europäischer Wirtschaftsraum, S. 6.

1612 Dass bei der Fassung des Art. 3 Abs. 2 des Änderungsvertrages des Zollvertrags allein das Ergebnis – Liechtenstein gehört gleichzeitig zwei Wirtschafträumen an – im Vordergrund stand, drücken BRUHA / GEY-RITTER dadurch aus, dass sie der Norm einen *„...ausgeprägt pragmatischen Charakter...“* zusprechen. Vgl. BRUHA / GEY-RITTER, Kleinstaat und Integration, S. 162.

1613 PRANGE, Liechtenstein im Europäischen Wirtschaftsraum – Wirtschaftliche Erfolgsbilanz eines Kleinstaates?, S. 157.

1614 BRUHA / GEY-RITTER, Kleinstaat und Integration, S. 169: *„Es [das Fürstentum Liechtenstein] kann gleichermaßen von den Vorteilen der bilateralen und der multilateralen Integration profitieren und bietet sich damit auch als Standort für kommerzielle Aktivitäten an, die nicht nur auf den EWR-, sondern auch auf den schweizerischen Markt ausgerichtet sind. Ein in Liechtenstein niedergelassenes Unternehmen aus dem EWR-Ausland kann sich so etwa auch auf dem schweizerischen Markt betätigen, ohne dass schweizerischen Unternehmen der Heimatmarkt der Konkurrenz in gleicher Weise geöffnet wäre“.*

1615 Vgl. BGBl. 1993 II, S. 399 f. (Protokoll Nr. 15 über Übergangszeiten für die Freizügigkeit [Schweiz und Liechtenstein]) bzw. S. 401 (Protokoll Nr. 16 über Maßnahmen auf dem Gebiet der Sozialen Sicherheit in bezug auf Übergangszeiten für die Freizügigkeit [Schweiz und Liechtenstein]).

1616 Insbesondere darf Liechtenstein gem. Art. 5 Abs. 2 des Protokolls Nr. 15 zahlenmäßige Beschränkungen aufrecht erhalten; weitere Beschränkungsmöglichkeiten, die weiterhin möglich sein sollten, ergeben sich aus Art. 6 und 7 des Protokolls Nr. 15.

1617 RITTER, Europäischer Wirtschaftsraum, S. 5.

der in Protokoll Nr. 15 festgelegten Übergangszeiten begrenzt. Die bereits angesprochene sog. *Review*-Klausel in Art. 9 Abs. 2 des Protokoll Nr. 15 sah vor, dass die EWR-Mitgliedstaaten nach *„...Ablauf der Übergangszeit für Liechtenstein (...) die Übergangsmaßnahmen gemeinsam überprüfen [sollten], wobei sie die besondere geographische Lage Liechtensteins gebührend berücksichtigen...“* sollten. Beweggrund für das Zustandekommen der Sonderregelung war die Befürchtung der liechtensteinischen Behörden, dass das kleine Land, welches ohnehin bereits über einen Ausländeranteil von fast 40 % verfügte, ohne effektive Zuzugsbeschränkung schlichtweg vor unlösbare Probleme gestellt werden würde[1618]; diese Ängste wurden vom EWR-Rat offiziell anerkannt, indem er in einer Erklärung aus dem Jahre 1994 festgestellt hatte, dass Liechtenstein über *„...einen ungewöhnlich hohen Prozentsatz an ausländischen Gebietsansässigen und Beschäftigten...“* verfügt und dass das Fürstentum aus diesem Grunde ein *„...vitale[s] Interesse (...) an der Wahrung seiner nationalen Identität...“* hat[1619]. In der Tat kam es im Jahre 1999 – allerdings nicht ohne Reibereien zwischen Liechtenstein und der Europäischen Union – zu einer Verlängerung der Übergangsregelungen bis zum Jahr 2006, wobei anzumerken ist, dass das Fürstentum unterdessen *„...graduelle Liberalisierungen durchgeführt [hat] mit dem Ziel der Gleichbehandlung von EWR-Staatsangehörigen, (...) aber weiterhin die Zuwanderung quantitativ kontrollieren...“* kann[1620]. Interessant ist in diesem Zusammenhang, dass der ehemalige Regierungschef FRICK bereits im Jahr 2000 unumwunden davon ausging, dass die Sonderregelung auch ein weiteres Mal – quasi gewohnheitsrechtlich fundiert – verlängert werden dürfte[1621]. Sollte er mit seiner hoffnungsvollen Prognose richtig liegen, würde das bedeuten, dass die Grundfreiheit der Personenfreizügigkeit zum Vorteil der Liechtensteiner faktisch dauerhaft einseitig beschränkt bliebe.

(bb) EWR-Mitgliedschaft und finanzpolitische Nischenpolitik

Ein weiterer für das Fürstentum Liechtenstein positiver, wirtschaftlich vielleicht sogar essentieller Pluspunkt der EWR-Mitgliedschaft ist darin zu sehen, dass die beschriebenen ökonomischen Vorteile erreicht werden konnten, ohne dass der Kleinstaat hätte Einbußen bezüglich seiner Steuerhoheit hinnehmen müssen. Denn

---

1618 FRICK, Liechtenstein 5 Jahre im EWR, S. 11, spricht gar von der brennenden *„...Frage, ob Liechtenstein aufgrund der Freizügigkeit des Personenverkehrs überrannt werden könnte...“*.

1619 EWR-Rat, EEE 1610/94 (Press 280), zitiert nach: PRANGE, Liechtenstein im Europäischen Wirtschaftsraum – Wirtschaftliche Erfolgsbilanz eines Kleinstaates?, S. 159, Fn. 7.

1620 GSTÖHL, Flexible Integration für Kleinstaaten? – Liechtenstein und die Europäische Union, S. 132; zu den Einzelheiten bezüglich der Verhandlungen sowie bezüglich des graduellen Abbaus der Restriktionen vgl. PRANGE, Liechtenstein im Europäischen Wirtschaftsraum – Wirtschaftliche Erfolgsbilanz eines Kleinstaates?, S. 159 ff.

1621 FRICK, Liechtenstein 5 Jahre EWR, S. 11: *„Es wurde somit eine Lösung gefunden, die m. E. gewährleistet, dass auch in Zukunft und solange, als der spezielle Einwanderungsdruck auf Liechtenstein besteht, spezielle Lösungen für Liechtenstein gefunden werden können und müssen“*.

ein Hauptgrund für den Erfolg der liechtensteinischen Wirtschaft stellt die Steuerpolitik des Staates dar, die den Steuerpflichtigen eine Steuerlast auferlegt, die *„...in der Regel unter der Durchschnittsbelastung der Nachbarstaaten...“*[1622] liegt. Verbunden mit einem rigide verteidigten Bankgeheimnis hat sich Liechtenstein somit den Ruf einer *„Steuer- und Geldwaschoase“*[1623] schon in den 1930er Jahren zugelegt und bis heute bewahrt[1624]. Dass Liechtenstein auch heute noch verstärkt auf diese Karte setzt, kann auch daran gesehen werden, dass in einschlägigen Aufsätzen, die die EWR-Mitgliedschaft Liechtensteins resümieren, ganz unverblümt Vorschläge gemacht werden, wie diese Nische der liechtensteinischen Wirtschaft – auch mit vorgeschobenen Argumenten – verteidigt werden könnte[1625]. Die Angst vor der Beeinträchtigung dieses Wirtschaftssystems über den Umweg europäisch-harmonisierter Steuern ist verständlich angesichts der Gewissheit, dass *„...[i]m Falle einer Angleichung des liechtensteinischen Steuersystems (...) mit Kapitalabwanderungen gerechnet werden...“* müsste[1626]. Diese Schlussfolgerung GYGERs aus dem Jahre 1975 ist heute mindestens noch genauso zwingend, da eine Änderung des Steuerrechts in Liechtenstein auch mit der EWR-Mitgliedschaft errungene Vorteile beseitigen würde; in diesem Sinne äußert sich die offizielle Seite des Fürstentums zur gerade aufgeblühten Versicherungswirtschaft im Fürstentum[1627].

1622 MATT, Steuern in Liechtenstein, in: KRANZ, Fürstentum Liechtenstein – eine Dokumentation, S. 98.

1623 SACK, Europas Zwerge, S. 46; GYGER, Liechtenstein und die EG, S. 119, spricht vom *„...liechtensteinische[n] Steuerparadies...“*.

1624 MATT, Steuern in Liechtenstein, in: KRANZ, Fürstentum Liechtenstein – eine Dokumentation, S. 98; interessant ist auch, dass BÜCHEL, Welche Rolle spielt der EWR? – Eine Zwischenbilanz, S. 25, sich veranlasst fühlt, Liechtenstein gegen den *„...Vorwurf ‚unmoralischen' Wirtschaftens...“* verteidigen zu müssen.

1625 So empfiehlt etwa der – zum Zeitpunkt des Erscheinens des zitierten Artikels – Vorstand des Amtes für Volkswirtschaft und des Amtes für Zollwesen in Liechtenstein zur Steuerung der ökonomischen Zukunft des Landes folgendes: *„Neben dem Betonen der Steuerautonomie erscheint aber auch ein Beharren auf dem Bankgeheimnis als wesentliche Notwendigkeit. Ausgangspunkt für eine Argumentation mag die Tatsache sein, dass das Bankgeheimnis den Bankkunden und nicht die Bank schützt“*. BÜCHEL, Welche Rolle spielt der EWR? – Eine Zwischenbilanz, S. 18.

1626 GYGER, Liechtenstein und die EG, S. 119, der fortfährt: *„Dies [gilt] um so mehr als Liechtenstein nicht zu den standortmäßig bevorzugten Regionen Europas gehört. (...) Eine Verringerung von Wachstum und Wohlstand wäre die Folge“*.

1627 *„Liechtenstein bietet mit seiner Steuergesetzgebung einen ähnlichen Anreiz von Liechtenstein aus grenzüberschreitend tätig zu werden. Sollte es künftig zu einer Aufweichung des liechtensteinischen Steuerprivilegs kommen, könnte den liechtensteinischen Versicherungsunternehmen der entscheidende Anreiz für ihre Niederlassung entzogen werden“* (http://www.liechtenstein.li/Wirtschaft/ewr_3.html.de, Stand: 8. März 2002).

(cc) Auswirkungen der EWR-Mitgliedschaft auf die liechtensteinische Wirtschaft – zusammenfassende Würdigung

Insgesamt ergibt sich ein verblüffendes Bild: das Fürstentum hat sich durch die EWR-Mitgliedschaft im ökonomischen Bereich auf europäischer Ebene nicht nur als selbständig erwiesen und hat eine gleichberechtigte Position erreicht, sondern darüber hinaus hat Liechtenstein mit der parallelen Verkehrsfreiheit und der Sonderregelung zur Personenfreizügigkeit sich gegenüber den anderen EWR-Staaten Vorteile verschafft bzw. wird als Kleinstaat faktisch gegenüber den übrigen EWR-Staaten privilegiert. Dies war jedoch nur möglich auf Grund des Entgegenkommens sowohl der Schweiz als auch der Staaten des EWR[1628]. SACK[1629], der die Ansicht äußert, dass *„...[e]in ‚Mehr' an Großzügigkeit (...) kaum denkbar...“* und die eingeräumte Sonderstellung Liechtensteins auf Grund der Komplexität der zugrundeliegenden Sonderregelungen wirtschaftlich kaum sinnvoll sei, erklärt diese freundliche Haltung der anderen Staaten dem Fürstentum gegenüber damit, dass auf diesem Wege lediglich der politische Wille deutlich gemacht werden soll, *„...dass die EG auch kleineren Partnern eine faire Chance gibt, mit ihr in gleichberechtigte Beziehungen zu treten...“*. Die EWR-Mitgliedschaft in Verbindung mit den genannten Sonderregelungen hat das Fürstentum bezüglich seiner europäischen Handelsbeziehungen in eine äußerst komfortable Lage versetzt. Der Kleinstaat hat seine Möglichkeiten ausgeweitet, ohne dafür im Gegenzug Rechte aufzugeben; damit wurde ein strukturell angelegtes Funktionsdefizit in Wirtschaftsfragen in einen Funktionsüberschuss verwandelt.

So überrascht es nicht, dass die wirtschaftliche Bilanz bezüglich der EWR-Mitgliedschaft im allgemeinen positiv ausfällt. SACK[1630] und GSTÖHL[1631] halten die Doppelmitgliedschaft in Zollunion und EWR für die *„optimale“*[1632] Grundlage einer wirtschaftlichen Integration des Kleinstaates. PRANGE, dessen Veröffentlichung auf den Seiten des Fürstentums zitiert[1633] und somit quasi zur offiziellen liechten-

---

[1628] Dazu RITTER, Europäischer Wirtschaftsraum, S. 10: *„...sind wir (...) den EWR-Partnern zum Dank verpflichtet, die das notwendige Verständnis, Flexibilität und ebenfalls eine gehörige Portion Pragmatismus aufbrachten, damit die zum Teil unorthodoxen Lösungen realisiert werden konnten“*.

[1629] SACK, Europas Zwerge, S. 47 / 48.

[1630] SACK, Europas Zwerge, S. 48.

[1631] GSTÖHL, Flexible Integration für Kleinstaaten? – Liechtenstein und die Europäische Union, S. 136.

[1632] Interessant ist die Bewertung der Situation vor der EWR-Mitgliedschaft (1975) durch GYGER, Liechtenstein und die EG, S. 217: *„Die bestehende kollektive Freihandelsregelung der Beziehungen Liechtensteins zur Europäischen Gemeinschaft zusammen mit der Schweiz auf Basis des Zollvertrages bildet vom wachstums- und wohlstandstheoretischen Standort aus ein Optimum“*; der Autor ging damit offensichtlich davon aus, dass eine Verbesserung der Lage Liechtensteins in wirtschaftlicher Hinsicht nicht mehr möglich sei.

[1633] Vgl. http://www.liechtenstein.li/Wirtschaft/ewr.html.de (Stand: 8. März 2002).

steinischen Meinung gemacht wird, kommt auf der Grundlage einer umfangreichen empirischen Datenerhebung zu einer in der vorläufigen Gesamtbetrachtung positiven Bewertung. Zwar sehen sich einige Berufsgruppen nun ungewohnter Konkurrenz ausgesetzt und sehen deshalb die EWR-Mitgliedschaft eher kritisch. Dennoch resümiert PRANGE: *„Es haben sich bisher durch den EWR-Beitritt im Vergleich zur vorherigen Situation keine elementaren volkswirtschaftlichen Veränderungen ergeben. Die Wettbewerbssituation hat sich zwar verschärft, die liechtensteinische Wirtschaft scheint für diesen Wettbewerb jedoch gerüstet zu sein. Der stetige Zuwachs an Arbeitsplätzen, faktische Vollbeschäftigung sowie eine stabile konjunkturelle Lage sprechen für die Prosperität der liechtensteinischen Wirtschaft"*[1634]. So ist gerade die Kontinuität der wirtschaftlichen Stabilität Liechtensteins auf gesicherter vertraglicher Grundlage nach Ansicht des Autors der Erfolg der EWR-Mitgliedschaft. So gibt er zu bedenken, *„...dass bei einem EWR-Nein Liechtensteins nicht alles beim Alten geblieben wäre..."*, wobei er auf die Entwicklungen in der Schweiz nach der Volksabstimmung vom 6. Dezember 1992 verweist[1635]. Dazu äußert RITTER die Überzeugung, dass im Wege bilateraler Verhandlungen mit der EU wohl kaum ein für Liechtenstein vorteilhafteres Arrangement hätte erreicht werden können; alternativ hätte Liechtenstein sich lediglich dem schweizerischen Integrationsprozess mit dessen verminderter Geschwindigkeit anschließen können, wodurch für die liechtensteinische Wirtschaft eine recht *„...unsichere Situation..."* entstanden wäre, da zunächst unklar geblieben wäre, ob das für die Schweiz ausgehandelte Integrationsmodell auch den Bedürfnissen des Fürstentums entsprochen hätte[1636].

(b) Das Vetorecht als politische Einflussnahmemöglichkeit

Neben den eben beschriebenen positiven Impulsen für die liechtensteinische Wirtschaft hat die Mitgliedschaft im EWR auch einen weiteren Aspekt hervorgebracht, der den *„...offensiv wie defensiv machtlose[n] Kleinstaat..."*[1637] doch mit einem Machtmittel versehen kann. Durch die Aufnahme Liechtensteins in die Reihen der EWR-Staaten steht dem Kleinstaat wie jedem Vertragsstaat des EWR-Abkommens bezüglich eines Antrages eines Aufnahmeaspiranten das sich aus Art. 128 Abs. 2 S. 2 EWR-Abkommen ergebene Vetorecht zu.

Diese Option, eine mögliche Erweiterung des EWR-Raumes zu verhindern, kann zudem sogar Auswirkungen im Rahmen von Erweiterungsrunden der Europäischen Union haben. Denn nach Art. 128 Abs. 1 EWR-Abkommen *kann* ein

---

1634 PRANGE, Liechtenstein im Europäischen Wirtschaftsraum – Wirtschaftliche Erfolgsbilanz eines Kleinstaates?, S. 154.

1635 PRANGE, Liechtenstein im Europäischen Wirtschaftsraum – Wirtschaftliche Erfolgsbilanz eines Kleinstaates?, S. 154; nach DROLSHAMMER / WALTER, Die Schweiz und ihre Beziehungen zur EG nach dem 6. 12. 1992, S. 550, herrscht in Schweiz auch die Einsicht vor, dass *„...ein Alleingang der Schweiz längerfristig keine valable Option ist..."*.

1636 RITTER, Europäischer Wirtschaftsraum, S. 9.

1637 So WASCHKUHN, Strukturbedingungen des Kleinstaates, S. 18.

neuer EFTA-Staat die Mitgliedschaft im EWR beantragen, ein neu hinzutretender EU-Staat *ist dazu verpflichtet*: EU-Osterweiterung bedeutet automatisch auch EWR-Osterweiterung, denn das EWR-Abkommen wird wie alle anderen *„...von der EG abgeschlossenen internationalen Abkommen (...)* [als Teil des acquis communautaire] *für neu beitretende Mitglieder verbindlich...*"[1638]. Was es für die Mitgliedschaft von Beitrittsaspiranten der Europäischen Union bedeutet, wenn eine Mitgliedschaft im EWR auf Grund fehlender Ratifikation durch einen EWR-Staat scheitert, kann sich selbstredend nicht aus dem EWR-Abkommen ergeben, sondern ist als Rechtsfrage ein EU-Internum. In der Literatur wird die Ansicht vertreten, dass es auf Grund der Tatsache, dass die EG selbst Vertragspartner des EWR-Abkommens ist, nicht tolerierbar wäre, wenn nicht alle EU-Mitglieder auch Mitglied des EWR wären[1639]. Selbst wenn der politische Wille auch die Konstruktion einer EU-Mitgliedschaft ohne EWR-Mitgliedschaft faktisch zuließe, würden nicht zu ignorierende Konsequenzen entstehen. Waren aus betroffenen Neu-EU-Mitgliedstaaten würden von den EFTA-Staaten im EWR weiterhin als EWR-Auslandswaren betrachtet. Damit würde auf Grund dieser unglücklichen Konstellation die Notwendigkeit entstehen, im Handel zwischen EFTA-EWR- und EU-Staaten Waren aus den betroffenen Neu-EU-Mitgliedstaaten und solche aus den bisherigen EU-Mitgliedstaaten zu unterscheiden. Eine Lösung könnten insofern zwar Herkunftsnachweise darstellen, jedoch würde so der Handel im EU-Raum durch Formalitäten belastet, die der grundsätzlich angestrebten Freiheit entgegenstehen.

Um diese Widrigkeiten zu vermeiden, erscheint die Drohung Liechtensteins, im Rahmen des EWR von seinem Vetorecht Gebrauch zu machen, demnach als handfestes Faustpfand zur Durchsetzung nationaler Interessen Liechtensteins[1640]. Die Möglichkeit, einem größeren Staat mittels Verbindung von Bedingungen mit der Nichtausübung des Vetorechts seinen Willen aufzuzwingen, stellt ein konkretes Beispiel dafür dar, dass die Teilnahme an internationalen Organisationen den Kleinstaat in die Lage versetzt, seine Stellung zu stärken und gar das Funktionsdefizit machtpolitischer Schwäche auszugleichen. Aus der institutionellen Position in der internationalen Zusammenarbeit kann sich demnach gegebenenfalls ein starkes Machtmittel ergeben, welches zur Durchsetzung nationaler Interessen dient.

1638 PRANGE, Liechtenstein im Europäischen Wirtschaftsraum – Wirtschaftliche Erfolgsbilanz eines Kleinstaates?, S. 182.

1639 NORBERG / HÖKBORG / JOHANSSON / ELIASSON / DEDICHEN, EEA Law, S. 305 f.: *„The obligation for any European State becoming a member of the Community to apply to become a Party to the EEA Agreement follows the particular character of EC Law and the obligation inherent in EC membership. No similar obligation is, however, connected to a membership in EFTA. The difference follows from the fact, inter alia, that the Community as such is a Contracting Party to the Agreement while the European Free Trade Association is not. It would therefore not be acceptable to have a difference in membership between the Community and the EEA".*

1640 Zum Verhalten des Fürstentums anlässlich des Beitrittes der Nachfolgestaaten der Tschechoslowakei zum EWR vgl. unten: Kap. 5, B.VI. und Kap. 5, C.III.7.

ee) Ergebnis

Mit der ohne die Begleitung der Schweiz realisierten Mitgliedschaft im EWR hat Liechtenstein einen weiteren Schritt aus dem Schatten des Nachbarlandes und damit in Richtung politischer Selbständigkeit gewagt. Dadurch wurde für die liechtensteinische Wirtschaft die gesamte EU ohne Beschränkungen als Absatzmarkt eröffnet, ohne dass dafür die altbekannte Nähe zur Eidgenossenschaft aufgeben werden musste. Das liechtensteinische Volk hat in der aktuellen Lage das große Glück, sowohl die Vorteile einer erstarkten europäischen Position als auch die der Zusammenarbeit mit der Schweiz zu genießen. Für das kleine Land scheint dieses Arrangement geradezu die perfekte Lösung zu sein[1641].

4. Bewertung der bisherigen Mitgliedschaften Liechtensteins in den europäischen Regionalorganisationen politischer Bedeutung

Nachdem die Mitgliedschaften des Fürstentums in den europäischen Regionalorganisationen politischer Bedeutung *en détail* analysiert wurden, soll nun versucht werden, die Quintessenz aus der Entwicklung der liechtensteinischen Rolle in der internationalen Zusammenarbeit nach dem Zweiten Weltkrieg zu ziehen. Anhand der zeitlichen Abfolge der Beitritte werden die sich wandelnden Absichten, die das Fürstentum mit den Mitgliedschaften verfolgt hat, aber auch die Veränderungen des liechtensteinischen Engagements, wie sie sich in der thematischen Ausrichtung der nach und nach anvisierten Organisationen niederschlagen, herausgearbeitet.

a) Verschiebung im Verhältnis von bilateralen und multilateralen Beziehungen

Die Integrationsbestrebungen des Fürstentums in der zweiten Hälfte des 20. Jahrhunderts auf europäischem Niveau zeigen keinen gleichmäßigen Verlauf, sondern lassen sich deutlich in drei Phasen aufgliedern. In den 50er und 60er Jahren hielt sich die liechtensteinische Politik – abgesehen von den genannten technischen Organisationen – in Bezug auf die Integration im europäischen Raum zurück und hielt an der seit den 20er Jahren bestehenden *„...passiven Anbindung Liechtensteins an den westlichen Nachbarstaat...“* fest[1642]. Wenn UNSER schreibt, dass sich Liechtenstein *„...[a]n der Mitgestaltung Europas (...) im Schlepptau der Schweiz zunächst nur zögernd*

[1641] Fürst HANS-ADAM II. VON LIECHTENSTEIN sagte dazu in seiner Ansprache anlässlich der Eröffnung des liechtensteinischen Landtages am 12. Februar 1998: *„Für die voranschreitende europäische Integration haben wir mit dem EWR im Rahmen des Möglichen eine für unser Land optimale Lösung gefunden“*; Quelle: http://www.presseamt.li/reden/print.asp (Stand: 4. September 2002).

[1642] BRUHA / GEY-RITTER, Kleinstaat und Integration, S. 159, die diese Phase bis zum Ende der 80er Jahre fortdauern sehen; dies erklärt sich offensichtlich daraus, dass die Autoren den Begriff der europäischen Integration ausschließlich für die EU (incl. EWR) verwenden wollen.

beteiligt..."[1643] habe, erscheint dies demnach geradezu als Euphemismus. Das Fürstentum ist schlechthin in der Zeit nach dem Zweiten Weltkrieg in den europäischen Regionalorganisationen politischer Bedeutung als selbständiges und aktives Mitglied nicht in Erscheinung getreten. Diese anfängliche Zurückhaltung Liechtensteins gegenüber multilateralen Zusammenschlüssen lässt sich jedoch nicht ausschließlich durch die Bindungswirkung des Zollvertrages mit der Eidgenossenschaft erklären, sondern scheint dem politischen Willen in Liechtenstein in dieser Zeit entsprochen zu haben. So wäre etwa eine Annäherung an den Europarat ggf. schon früher möglich gewesen, wenn dieses Ziel bereits frühzeitig mit Nachdruck verfolgt worden wäre[1644]. Da die beschriebene erste Phase von der bilateralen Anbindung an die Schweiz geprägt war, könnte man die zugrundeliegende politische Tendenz mit dem Begriff Bilateralismus zusammenfassen.

Von diesem Bilateralismus ging die liechtensteinische Regierung in den 1970er Jahren teilweise ab, als sie die durch die Mitgliedschaft in internationalen Organisationen auf europäischer Ebene für das Land erreichbaren Vorteile erkannte. Da sich das Fürstentum der Schweiz gegenüber in Art. 8 (heute Abs. 1) ZV verpflichtet hatte, keine eigenständigen Zoll- und Handelsverträge mit Drittstaaten abzuschließen, war dem Kleinstaat zwangsläufig auch der Beitritt zu internationalen Organisationen, deren Betätigungsfeld mit dem Anwendungsbereich des Zollvertrages kollidierte, nicht möglich; allerdings verfügte Liechtenstein in den Bereichen, die nicht vom Zollvertrag abgedeckt wurden, wie jeder andere Staat auch über die Freiheit, sich in eine internationale Zusammenarbeit einzubringen. Von dieser Freiheit machte das Fürstentum in den 70er Jahren Gebrauch, als es in den Europarat eintrat und sich als Teilnehmerstaat der KSZE profilierte. So konnte der Staat in dieser zweiten Phase seiner Integrationsentwicklung nach dem Zweiten Weltkrieg „*...[e]igenes außenpolitisches Profil (...) nur in den [allgemein-]politischen Außenbeziehungen entwickel[n]...*", während die „*...Außenwirtschaftsbeziehungen des Fürstentums (...) weiterhin von der Schweiz wahrgenommen...*" wurden[1645]. Durch die Mitgliedschaften in KSZE und Europarat war der „*...‚nervus rerum' – Geld und Wirtschaft oder die Verfassung...*"[1646] [des Fürstentums] nicht betroffen. Möchte man das damals neu entstandene Streben hinein in multilaterale Organisationen als Multilateralismus[1647] bezeichnen, so kann man festhalten, dass die beschriebene Phase von einem gleichwertigen Nebeneinander von Bilateralismus und Multilateralismus geprägt war,

---

1643 UNSER, Liechtenstein: Rühriger Fürst, zögerndes Volk, S. 164.

1644 Vgl. bereits Kap. 4, C.III.2.b)bb) (1).

1645 BRUHA / GEY-RITTER, Kleinstaat und Integration, S. 159; ähnlich: RITTER, Europäischer Wirtschaftsraum, S. 3; dazu THÜRER, Liechtenstein und die Völkerrechtsordnung, S. 103: „*Rechtlich ließ sich eine solche Öffnung im politisch-menschenrechtlichen Bereich [KSZE und Europarat] verhältnismäßig einfach in die Wege leiten; der wirtschaftliche Integrationsprozeß gestaltete sich rechtlich aber weit komplexer*".

1646 So GEIGER, Geschichtliche Grundzüge, S. 331.

1647 UNSER, Liechtenstein: Rühriger Fürst, zögerndes Volk, S. 164, der den Begriff mit diesem Bedeutungsinhalt verwendet.

wobei die beiden Integrationsmodelle sauber nach dem jeweiligen Regelungsgegenstand zu unterscheiden waren.

Diese Verschiebung in der Ausrichtung der liechtensteinischen Außenpolitik kann jedoch noch nicht als außenpolitische Emanzipation in dem Sinne verstanden werden[1648], dass dadurch die Bindungswirkung des Zollvertrages gelockert worden wäre. Jedoch zeigten sich erste Schritte in die Richtung, in die der damalige Erbprinz und heutige Fürst bereits zu Beginn der 1970er Jahre zu weisen versucht hatte. In einer öffentlichen Rede am 12. September 1970 vor der Liechtensteinischen Industriekammer hatte HANS ADAM II. unter Verwendung einer später oft zitierten Metapher dem Fürstentum als empfehlenswerte Perspektive für die Zukunft aufgezeigt, „*...aus dem bequemen Rucksack der Schweiz zu steigen...*"[1649].

Ergänzend soll darauf hingewiesen werden, dass die Entwicklung in den 1970er Jahren nicht den ersten Versuch Liechtensteins darstellte, sich im 20. Jahrhundert dem Multilateralismus hinzuwenden[1650]. So hatte das Fürstentum Liechtenstein doch bereits in den 1920er Jahren versucht, durch seinen Aufnahmeantrag zum Völkerbund eine Festlegung auf einen reinen Bilateralismus zu verhindern. Das Vorhaben scheiterte allerdings an der fehlenden Bereitschaft der übrigen Völkerbundsmitglieder, den Kleinstaat in ihre Reihen aufzunehmen[1651].

Die Dritte Phase beginnt mit den 1990er Jahren, als es schließlich auch an den „*nervus rerum*" gehen sollte: Liechtenstein wollte nun auch im Anwendungsbereich des Zollvertrages zumindest im begrenzten Umfang eigene Wege gehen. Das Fürstentum war insofern auch erfolgreich, als der Zollvertrag in der Weise abgeändert wurde, als eine selbständige Mitgliedschaft in EFTA und EWR möglich wurde, in letzterem sogar, ohne dass die Schweiz mitzog[1652]. Damit wurde die Abgrenzungs-

---

1648 GEIGER, Geschichtliche Grundzüge, S. 331, der den Begriff „außenpolitische Emanzipation" in einer Veröffentlichung aus dem Jahre 1993 benutzt, bezieht in seine Bewertung den von der Schweiz unabhängigen Beitritt Liechtensteins in die Vereinten Nationen ein.

1649 Vgl. NZZ vom 14. August 1990, zitiert nach UNSER, Liechtenstein: Rühriger Fürst, zögerndes Volk, S. 167, Fn. 21; die Metapher findet sich etwa wieder bei GEIGER, Geschichtliche Grundzüge, S. 331, der das Bild in blumiger Sprache weiterspinnt: „*Gemeint war, (...) vermehrt zu prüfen, wie weit Liechtenstein den Weg wieder selber unter die Füße nehmen, Wegweiser lesen, den kleinen Rucksack selber füllen und tragen und die Jausenstationen allein anpeilen könne*"; BÜCHEL, Welche Rolle spielt der EWR? – Eine Zwischenbilanz, S. 20, nimmt die Metapher ebenfalls auf und kreiert das Begriffspaar „*Rucksackträger*" und „*Rucksackpassagier*" für die Schweiz und Liechtenstein.

1650 Ähnlich: GEIGER, Geschichtliche Grundzüge, S. 332: „*Eine kurze Emanzipationsphase durchlebte Liechtenstein übrigens bereits nach dem Ersten Weltkrieg. 1919 errichtete Liechtenstein in Bern und in Wien Gesandtschaften, eine dritte in Prag wurde von der Tschechoslowakei nicht anerkannt. (...) Liechtenstein ersuchte auch um die Aufnahme in die League of Nations*".

1651 Vgl. bereits Kap. 4, C.I.1.

1652 Vgl. Kap. 4, C.III.3.b)bb).

linie zwischen den Sphären von Bi- und Multilateralismus durchbrochen; in Bereichen, die ehedem den Regelungen der bilateralen Anbindung an die Schweiz vorbehalten waren, koexistieren seit dem EWR-Beitritt nach dem System der sog. parallelen Verkehrsfreiheit EWR-Recht und Zollvertragsrecht[1653]. Deshalb kann man festhalten, dass sich über die Mitgliedschaften in EFTA und EWR „...*Schritt für Schritt eine Emanzipation Liechtensteins von der einseitigen bilateralen Anlehnung an den schweizerischen Wirtschafts- und Rechtsraum...*" abgezeichnet hat[1654]. Damit ist der Kleinstaat, um mit den Bildern Hans Adams zu sprechen, zwar nicht vollständig aus dem metaphorischen Rucksack der Schweiz gestiegen, jedoch hat er sich in Sachen Integration ein echtes zweites Standbein geschaffen, mit welchem das Fürstentum außerhalb des Rucksacks festen multilateralen Grund erreicht hat und auf dem es heute sicher steht.

Insgesamt lässt sich demnach „...*eine immer ausgeprägtere Hinwendung des Fürstentums zum Multilateralismus erkennen...*"[1655], die zudem einhergeht mit einer thematischen Erweiterung der multilateralen Integration auf den wirtschaftspolitischen Bereich.

b) Veränderung der liechtensteinischen Motive

Motivlagen sind in der Regel schwerlich korrekt, ohne äußerliche Anhaltspunkte fast unmöglich zu ergründen[1656]. So ist es auch nicht ganz einfach, die Gründe, die das Fürstentum bewegt haben, in die jeweilige Organisation ein- oder dem jeweiligen Vertrag beizutreten, zu benennen und festzuhalten. Interessierte können sich diesbezüglich Informationen letztlich nur aus Sekundärveröffentlichungen beschaffen, ohne deren Wahrheitsgehalt überprüfen zu können. Trotzdem lässt sich, da in der einschlägigen Literatur darüber Einmütigkeit besteht, resümieren, dass als ein Hauptgrund für den Eintritt in viele internationale Organisationen stets die Stärkung der liechtensteinischen Souveränität zu sehen war[1657]. Dies ist sicherlich

---

1653 Vgl. Kap. 4, C.III.3.b)dd)(2)(a)(aa).

1654 THÜRER, Liechtenstein und die Völkerrechtsordnung, S. 105.

1655 UNSER, Liechtenstein: Rühriger Fürst, zögerndes Volk, S. 164.

1656 Deshalb fordert beispielsweise das deutsche Erbrecht für die Auslegung des Erblasserwillens stets einen Ansatzpunkt im Text der gewillkürten Verfügung von Todes wegen, obwohl grundsätzlich der Erblasserwille verwirklicht werden soll. So PALANDT-EDENHOFER, § 2084, Rn. 1 und 4: „*Die Testamentsauslegung hat zum Ziel, den wirklichen (realen) Willen des Erblassers zu erforschen*"; jedoch setzen die Formvorschriften der Auslegung eine Grenze, „...*wenn er [der ermittelte wirkliche Wille des Erblassers] im Testament selbst nicht wenigstens einen unvollkommenen Ausdruck gefunden hat, indem er dort zumindest vage oder versteckt angedeutet ist*"; man spricht in diesem Zusammenhang von der sog. „*Andeutungs- oder Anhaltstheorie*", vgl. etwa: LEIPOLD, Erbrecht, Rn. 270.

1657 KREILE / MICHALSKY, Kleinstaaten im Prozeß der europäischen Integration, S. 241: „*Nach 1945 und besonders seit den siebziger Jahren hat Liechtenstein sich erfolgreich bemüht, seine Staatqualität durch die Mitgliedschaft in internationalen Organisationen zu untermauern*"; GEIGER, Geschichtliche Grundzüge, S. 331, spricht in diesem Zusam-

auch heute noch ein Anliegen der Politik des Fürstentums. Allerdings steht die Souveränitätssicherung spätestens seit Anfang der 1990er Jahre nicht mehr im Vordergrund. Schon mit der Aufnahme in KSZE und Europarat war die Souveränität des Kleinstaates durch die große Zahl an Mitgliedstaaten europaweit faktisch in einer Weise anerkannt, dass ihre Leugnung vor der europäischen Öffentlichkeit nicht mehr hätte glaubhaft gemacht werden können.

Mit den Mitgliedschaften der dritten Phase wurde vielmehr versucht, hauptsächlich in wirtschaftlicher Hinsicht konkret auf kleinstaatenspezifische Disfunktionen einzuwirken. Der Minimalanspruch etwa an den EWR-Beitritt war offensichtlich die Sicherung des ökonomischen *status quo*, der dadurch hätte gefährdet werden können, dass sich die Schweiz der europäischen Integration gänzlich verschlossen hätte. Auf Grund der Notwendigkeit eines Plebiszites für den Beitritt der Schweiz in den EWR entstand für das Fürstentum, was die wirtschaftliche Zukunft des Kleinstaates anbelangte, ein großes Maß an Unsicherheit. Eine Verbesserung der wirtschaftlichen Situation durch die Mitgliedschaft war zunächst nicht explizit beabsichtigt[1658].

c) Zwischen verminderten Einflussnahmemöglichkeiten und Flexibilität

Von den Anfängen des liechtensteinischen Engagements in europäischen Organisationen in den 1960er Jahren bis zu den neuesten Schritten Liechtensteins in den 1990er Jahren hat sich die Qualität der Integration stark erhöht. Zwischen der klassischen Konferenzdiplomatie der KSZE der 1970er Jahre und der weitreichenden Verflechtung der teilnehmenden Staaten, die erforderlich war für die Schaffung des Binnenmarktes des EWR-Raumes, existieren angesichts der Komplexität des im EWR-Raum anwendbaren europäischen Rechts und der vielseitigen Auswirkungen auf das Leben in den Mitgliedstaate Welten. Dieser Qualitätssteigerung der internationalen Zusammenarbeit reflektiert die allgemeine Entwicklung der europäischen Politik nach dem Zweiten Weltkrieg hin zu einer verstärkten Interdependenz der Staaten. Während der „...*Spielraum für einzelstaatlich-autarke Entschei-*

menhang von „*Statussicherung*"; UNSER, Liechtenstein: Rühriger Fürst, zögerndes Volk, S. 164: „*Die Verankerung der eigenen Souveränität (...) war das Ziel, in wohlbemessenen Schritten bediente sich vor allem der (...) Fürst (...) des Beitritts zu internationalen Einrichtungen und multilateralen Vereinbarungen*".

1658 Dazu FRICK, Liechtenstein 5 Jahre im EWR, S. 8: „*Das zweite Versprechen [als erstes Versprechen benennt Frick die Zusage, die guten Beziehungen zur Schweiz nicht zu gefährden] lief darauf hinaus, dass durch den Beitritt zum EWR die Chancengleichheit der liechtensteinischen Wirtschaft im europäischen Umfeld gewahrt bleibe und dass es daher Liechtenstein nach einem Beitritt nicht schlechter gehen werde. Die Regierung und mit ihr die anderen Befürworter haben somit nie behauptet, dass Liechtenstein dank des EWR einen Boom erleben würde, sondern dass der Beitritt zum EWR notwendig sei, um die gute Position Liechtensteins bewahren zu können*".

dungen (...) zunehmend enger..."[1659] geworden ist, gewannen die europäischen Institutionen als Entscheidungsebene mehr und mehr an Bedeutung. Sowohl dieser Bedeutungszuwachs wie auch die vielen konkreten Auswirkungen der Mitgliedschaft im EWR auf Wirtschaft und Gesellschaft der Mitgliedstaaten modifizierten die Anforderungen, die einem Staat abverlangt werden, um ihn für teilnahmefähig zu halten, und die Bereitschaft, alle Mitgliedstaaten gleichberechtigt an der Entscheidungsfindung teilhaben zu lassen.

Zwar verfügt das Fürstentum in den entscheidenden Gremien der europäischen Integration, an denen der Kleinstaat Anteil hat, über Stimmrechte, die nicht einem *weighted voting* unterfallen. So kann der Grundsatz der souveränen Gleichheit in nahezu uneingeschränkter Weise als in den europäischen Beziehungen Liechtensteins umgesetzt angesehen werden. Auch wenn dies nicht in den parlamentarischen Körpern der Organisationen gilt, bei deren Zusammensetzung die Volksstärke des jeweiligen Mitgliedstaat als Maßstab genommen wird, schmälert dies nicht die Mitwirkungsmöglichkeiten des Kleinstaates in entscheidender Weise, da diese Gremien in aller Regel über keine effektive Entscheidungsgewalt besitzen. Trotzdem verringerten sich mit Zunahme der Integrationstiefe die Möglichkeiten des Fürstentums, auf die konkreten Entscheidungen Einfluss zu nehmen. Beispielsweise hat der Kleinstaat keine effektiven Mittel, auf die Setzung des EWR-Rechts tatsächlich einzuwirken. Seit der Institutionalisierung der KSZE – so ein weiteres Beispiel – kann ein Staat mittels des *„Konsens-minus-zwei-Verfahrens"* überstimmt werden. Allerdings kann die hier beschriebene Entwicklung hin zu eingeschränkteren Gestaltungs- und Einflussmöglichkeiten des einzelnen Mitgliedstaates nicht als spezifisches Kleinstaatenschicksal gesehen werden, denn in beiden Beispielen trifft es neben Liechtenstein auch alle anderen Mitgliedstaaten. Im Falle der EFTA-EWR-Staaten darf aber nicht übersehen werden, dass es sich bei allen Mitgliedstaaten letztlich um Kleinstaaten handelt; jedoch ist es spekulativ anzunehmen, dass diese relativ schwache Position der EFTA-EWR-Staaten im Gesamtsystem der europäischen Integration bedingt ist durch die Kleinheit der betreffenden Mitgliedstaaten. Auffällig ist jedoch für den Fall Liechtensteins, dass die durch die Mitgliedschaft im EWR bedingte Steigerung der Interdependenz (faktischer Umsetzungszwang) nicht wirklich negativ gesehen, sondern die *„...direkte und gleichberechtigte [im Verhältnis zu den anderen EFTA-EWR-Mitgliedstaaten] Teilnahme (...) offiziell gar als souveränitätspolitischer Gewinn und Stärkung der Eigenstaatlichkeit gewertet...*"[1660] wird.

Der Frage, ob einem Kleinstaat die Möglichkeit passiv eingeräumt wird, an der Integration teilzunehmen, steht die Frage spiegelbildlich gegenüber, ob ein Kleinstaat aktiv auch in der Lage ist, die Anforderungen zu erfüllen, die eine Mitglied-

---

[1659] BRUHA, Liechtenstein im europäischen Integrationsprozeß, S. 183, der weiter ausführt: *„Der europäische Integrationsprozeß ist geradezu ein Paradebeispiel der Interdependenz"*.

[1660] GSTÖHL, Flexible Integration für Kleinstaaten? – Liechtenstein und die Europäische Union, S. 136.

schaft in logistischer und ökonomischer Art an ihn stellt. Ohne Zweifel bewirkt eine höhere Integrationstiefe Konsequenzen, die den Kleinstaat in besonderem Maße treffen und ihn im Extremfall an die Grenzen der Größenverträglichkeit stoßen lassen. So stellt etwa die Umsetzung von auf internationaler Ebene geschaffenen Rechts für sehr kleine Staaten eine Herausforderung dar[1661]. Derartigen Zwängen kann mit einer flexiblen Integration begegnet werden, was letztlich nichts anderes bedeutet, als dass für einzelne Staaten bestimmte Ausnahmen vom Regelwerk vereinbart werden. Genau dieses Vorgehen kann auch für die Teilnahme Liechtensteins an der europäischen Integration beobachtet werden. Während zu Beginn, etwa auf der Ebene der KSZE, eine vollständige Gleichbehandlung – positiv wie negativ – zu beobachten war, wurden dem Kleinstaat im Rahmen des EWR die bereits beschriebenen Ausnahmen des Art. 128 Abs. 1 des EWR-Vertrages und der besonderen Übergangsfristen bezüglich der Freizügigkeit zugestanden.

d) Fazit

Insgesamt hat sich das kleine Fürstentum eine verblüffende Stellung im Geflecht der europäischen Organisationen erstritten. Während die übrigen europäischen Staaten den durch die gesteigerte Interdependenz *„...zunehmenden de-facto- und de-jure-Autonomieverlust beim Einsatz ihrer Handlungsinstrumente...“* erleiden und diesen Verlust durch einen *„...gleichzeitigen Auf- und Ausbau von Teilnahme- und Mitgestaltungsmöglichkeiten beim Einsatz der gemeinsamen Steuerungsmittel...“*[1662] auszugleichen suchen, wird im Falle Liechtensteins lediglich der Bezugspunkt der Interdependenz von der Schweiz auf die Organisationen verschoben[1663]. Diese Veränderung bedeutet für das Fürstentum aber einen beachtlichen Freiheitsgewinn, da dadurch die Abhängigkeit in wirtschaftlichen Angelegenheiten von einem einzigen Nachbarstaat abgemildert werden konnte, der zudem auf Grund interner Regelungen (Plebiszit) unberechenbar geworden war – und dies bei vollständiger Wahrung der Souveränität.

5. Künftige europäische Integration

Die vorliegende Arbeit hat sich vorgenommen, die *aktuelle* Stellung Liechtensteins in den internationalen Beziehungen zu analysieren, um Erkenntnisse darüber

---

[1661] Dies lassen FRICK, Liechtenstein 5 Jahre im EWR, S. 12, und BÜCHEL, Welche Rolle spielt der EWR? – Eine Zwischenbilanz, S. 18 ff., anklingen.

[1662] KREILE / MICHALSKY, Kleinstaaten im Prozeß der europäischen Integration, S. 227.

[1663] In ähnlicher Weise empfiehlt GSTÖHL, Flexible Integration für Kleinstaaten? – Liechtenstein und die Europäische Union, S. 223 f., für die Zukunft den flexiblen Übergang von der bilateralen Bindung an die Eidgenossenschaft zur europäischen Integration: *„...Liechtenstein muss in Zukunft flexibel sein. Dabei kann der Zollvertrag mit der Schweiz durchaus als erprobter und erfolgreicher Vorläufer der europäischen Integration interpretiert werden: Was schon seit Jahren in der bilateralen Regionalunion gilt, wird schrittweise auf ganz Europa ausgedehnt“.*

zu gewinnen, ob auch ein kleiner Kleinstaat in der Lage ist, den größeren Nationalstaaten ebenbürtige Handlungsmöglichkeiten zu erlangen. Auf der Grundlage dieser Zielsetzung drängt sich zunächst nicht die Notwendigkeit auf, sich auch mit der zukünftigen Entwicklung der europäischen Integration Liechtensteins auseinanderzusetzen. Letztlich wird aber zu erkennen sein, dass gerade Überlegungen zur zukünftigen Entwicklung der Integration des liechtensteinischen Staates auf europäischer Ebene und vor allem deren Grenzen Feststellungen zur erreichbaren Rolle eines Kleinstaates in der Völkerrechtsordnung zulassen. Jedoch kann dieser Abschnitt die Problematik der liechtensteinischen Integrationsmöglichkeiten nicht umfassend würdigen[1664]. Es sollen lediglich die grundsätzlichen Möglichkeiten aufgezeigt werden, vor allem auch weil eine zu detaillierte Beschäftigung mit dem Thema auf Grund der bestehenden Unwägbarkeiten hinsichtlich des zukünftigen Verhaltens der Staaten, mit denen Liechtenstein verbunden ist, nicht sinnvoll erscheint.

a) Handlungsbedarf der liechtensteinischen Politik

Angesichts der eben gewonnenen positiven Bewertung der aktuellen Einbindung Liechtensteins in die europäische Integration stellt sich zunächst die Frage, ob eine Veränderung und Weiterentwicklung der Situation aus liechtensteinischer Sicht überhaupt angestrebt und betrieben werden sollte. Schließlich hat der *status quo* den großen Vorteil, die drei Ziele, die aus der Sicht Liechtensteins nach KREILE / MICHALSKY[1665] mit der europäischen Integration verknüpft sind, in einer gewissen Balance nebeneinander zu verwirklichen: „*...Partnerschaft mit der Schweiz durch den Zollvertrag, möglichst ungeschmälerte Erhaltung des Finanzdienstleistungswesens und eine gleichberechtigte Kooperation in der Staatengemeinschaft...*". Die beiden Autoren weisen aber auch darauf hin, dass die Situation keine statische sein kann, sondern das Fürstentum vielmehr unter Umständen „*...zu Integrationsschritten ‚zwingen' kann, die das Land lieber vermieden hätte...*". Die zukünftige Stellung Liechtensteins in Europa ist abhängig von einer ganzen Reihe von Entwicklungen, deren Ausgang allesamt in der momentanen Situation noch nicht abzusehen ist. Die beiden wohl wichtigsten Determinanten in diesem Zusammenhang stellen der weitere Integrationsweg der Schweiz einerseits und jener der EWR-EFTA-Mitgliedstaaten Island und Norwegen andererseits dar.

Sollte die Eidgenossenschaft der EU beitreten, würde dies das bisher erreichte Integrationsgerüst Liechtensteins in der aktuellen Form nicht unberührt lassen[1666]. Zwar würde ein Untätigbleiben des Fürstentums in der genannten Situation nicht

---

[1664] Eingehend befasst sich mit der Thematik beispielsweise: GSTÖHL, Flexible Integration für Kleinstaaten? – Liechtenstein und die Europäische Union, S. 1 ff.

[1665] KREILE / MICHALSKY, Kleinstaaten im Prozeß der europäischen Integration, S. 242.

[1666] Dazu BRUHA / GEY-RITTER, Kleinstaat und Integration, S. 170, die davon ausgehen, dass im Falle eines EU-Beitritts der Schweiz „*...der Rechtsstatus Liechtenstein neu definiert werden...*" müsste.

zwangsläufig zur Auflösung des Zollvertrages mit der Schweiz führen, da Art. 307 Abs. 1 EGV vorsieht, dass völkerrechtliche Bindungen, die vor dem Beitritt eines EU-Mitgliedstaates mit einem Drittstaat bestanden, durch den Vertrag zur Gründung der Europäischen Gemeinschaft nicht berührt werden. Art. 307 Abs. 2 EGV sieht jedoch vor, dass der Neumitgliedstaat verpflichtet ist, diesen Bindungen abzuhelfen, soweit sie nicht mit dem *acquis communautaire* in Einklang zu bringen sind. Es ist deshalb davon auszugehen, dass die Schweiz in Umsetzung des Art. 307 Abs. 2 EGV dem Fürstentum zumindest eine Anpassung des Zollvertrages andienen würde, verbunden mit der Drohung, den Vertrag bei einer Verweigerung der liechtensteinischen Mitarbeit zu kündigen.

Aber selbst wenn man mit GSTÖHL davon ausgeht, dass im Verhältnis zwischen dem liechtensteinisch-schweizerischen Zollvertrag und dem EGV „*...keine signifikanten Vertragskollisionen zu erwarten...*" sind, „*...würde das im Fürstentum aufgrund von Art. 4 ZV anwendbare schweizerische Zollvertragsrecht durch EU-Recht ersetzt...*" und damit „*...das liechtensteinische Mitbestimmungsdefizit auf die europäische Ebene übertragen...*"; außerdem würden die Abkommen der Gemeinschaft für die Schweiz verbindlich und würden damit auch in Liechtenstein Geltung beanspruchen, ohne dass das Fürstentum, mangels Stellung als Vertragspartner, positiv daraus Ansprüche herleiten könnte[1667]. Prinz NIKOLAUS VON LIECHTENSTEIN bezeichnet den möglichen Beitritt der Schweiz als einen „*...wirkliche[n] Gau: die größte anzunehmende Umstellung in (...) [den] Beziehungen [Liechtensteins] zur Schweiz und zur EU...*"[1668]. Der Beitritt der Schweiz steht zwar nicht unmittelbar bevor, jedoch muss der hohe Grad der Harmonisierung des eidgenössischen Rechtssystems – sowohl freiwillig als auch auf bilateraler Basis – als „*...,Sprungbrett' für etwaige Beitrittsverhandlungen angesehen...*" werden[1669]. Nachdem die Stimmung in der Schweizer Bevölkerung aber immer noch negativ der EU gegenübersteht und gerade erst im Mai 2000 eine bilaterale Anbindung an die EU die plebiszitäre Hürde genommen hat, ist „*...[d]er Zeithorizont für eine schweizerische Entscheidung über die Aufnahme von Beitrittsverhandlungen mit der EU (...) vom bisher avisierten Datum 2007 eher in weitere Ferne gerückt...*"[1670]. Dass sich aber das Bild der Schweizer von der Rolle ihres Staates in den internationalen Beziehungen verändert, kann daran ersehen werden, dass sich nach jahrzehntelanger Weigerung nun eine Mehrheit in einem Referendum fand, welche den Beitritt der Schweiz als 190. Mitgliedstaat der Vereinten Nationen mit Wirkung zum 10. September 2002

1667 GSTÖHL, Flexible Integration für Kleinstaaten? – Liechtenstein und die Europäische Union, S. 189 f.

1668 V. LIECHTENSTEIN, Szenarien zur integrationspolitischen Zukunft Liechtensteins, S. 73.

1669 PRANGE, Liechtenstein im Europäischen Wirtschaftsraum – Wirtschaftliche Erfolgsbilanz eines Kleinstaates?, S. 188, allerdings lediglich in bezug auf die bilateralen Abkommen zwischen der Schweiz und der Europäischen Union.

1670 STEPPACHER, Ist die Schweiz „eurokompatibel"?, S. 77, der detailliert auf die Stimmung in der Schweiz und die weitere Strategie der schweizerischen Politik eingeht; ähnlich: GSTÖHL, Flexible Integration für Kleinstaaten? – Liechtenstein und die Europäische Union, S. 186.

möglich machte[1671]. Es spricht deshalb einiges dafür, dass sich die Schweizer auch einer EU-Mitgliedschaft nicht auf Ewigkeit verschließen werden.

Einen ebenso starken Veränderungsimpuls für die liechtensteinische Einbindung in die europäische Integration würde ein weiteres Ausbluten des EWR bedeuten. Angesichts der Tatsache, dass auf der Seite der EFTA-Staaten neben Liechtenstein nur noch Island und Norwegen verblieben sind und der Beitritt auch dieser beiden Staaten in die EU auf Dauer nicht ausgeschlossen werden kann, ist die europapolitische Zukunft Liechtensteins auch aus diesem Grunde ungewiss. In der Literatur ist man gar der Ansicht, dass der EWR in der bestehenden Struktur schon ohne die norwegische Beteiligung *„...nicht überleben...“*[1672] könne, da die *„...EWR-Institutionen (...) [so] kaum arbeitsfähig wären...“*[1673]. Das EWR-Abkommen würde durch den Austritt Norwegens und Islands auf der EFTA-Seite nahezu gänzlich seine Bedeutung verlieren und sich faktisch in einen bilateralen Vertrag zwischen dem Fürstentum und der EU umwandeln[1674].

Zusammenfassend kann festgehalten werden, dass ein Handlungsbedarf für ein Überdenken der Teilnahmeform Liechtensteins an der europäischen Integration nur dann besteht, wenn sich wirklich eine der genannten Determinanten verschiebt. Falls dem nicht so sein sollte, ist eine auf die Bewahrung des gegenwärtig Gegebenen gerichtete Politik sicherlich nicht der falsche Weg.

b) Die EU und die anderen sehr kleinen Staaten

Da eine selbständige EU-Mitgliedschaft des Fürstentums als vergleichsweise unwahrscheinlich zu gelten hat, muss man nun weiter fragen, welche Variante der europäischen Integration für Liechtenstein bei realistischer Betrachtung als wahrscheinlich erscheint. Es liegt in diesem Zusammenhang nahe, das integrationspolitische Schicksal von Staaten, die bezüglich Bevölkerungszahl und Größe des Territoriums mit Liechtenstein vergleichbar sind, zu analysieren und sich auf der Basis der gewonnenen Ergebnisse darüber Gedanken zu machen, ob daraus auf die Möglichkeiten des Fürstentum zurückgeschlossen werden kann.

[1671] Vgl. aktuelle Mitgliederliste der Vereinten Nationen auf deren offizieller Homepage: http://www.un.org/Overview/unmember.html; (Stand 25. September 2002).

[1672] BRUHA / GEY-RITTER, Kleinstaat und Integration, S. 170.

[1673] PRANGE, Liechtenstein im Europäischen Wirtschaftsraum – Wirtschaftliche Erfolgsbilanz eines Kleinstaates?, S. 192. Auch Prinz NIKOLAUS VON LIECHTENSTEIN geht davon aus, dass ein Überwechseln Norwegens in die EU *„...die Natur des EWR wesentlich ändern oder diesen beenden...“* würde; V. LIECHTENSTEIN, Szenarien zur integrationspolitischen Zukunft Liechtensteins, S. 73.

[1674] GSTÖHL, Flexible Integration für Kleinstaaten? – Liechtenstein und die Europäische Union, S. 216, spricht in diesem Zusammenhang folgerichtig von einer *„Bilateralisierung des EWR-Abkommens“*.

Bei dieser Untersuchung sollen nur solche Staaten Berücksichtigung finden, deren Bevölkerungszahl kleiner ist als die Luxemburgs (440.000)[1675].

aa) Andorra

Der alphabetischen Ordnung folgend, nähert sich der Betrachter zunächst Andorra[1676]. Der Kleinstaat wurde erst im Jahre 1993 von seinen beiden Nachbarstaaten in die Unabhängigkeit und damit in die Souveränität entlassen, während bis zu diesem Zeitpunkt der Bischof von Urgel in Spanien und der Französische Staatspräsident zusammen die Gebietshoheit über Andorra ausübten und das Territorium somit als unselbständiges Kondominium verwalteten[1677]. Bevor das Fürstentum als souveräner Staat entstehen konnte, war es über bilaterale Handelsabkommen mit seinen beiden großen Nachbarstaaten verbunden, also durch die Verträge mit Frankreich mittelbar auch mit dem EU-Raum. Es wurde allerdings *„...nie als Teil des EU-Zollgebietes betrachtet...“*, andorranische Waren galten in der EU außerhalb der Grenzen Frankreichs als Drittlandswaren[1678]. Die Notwendigkeit, direkt mit Brüssel in Kontakt zu treten, entstand mit dem Beitritt Spaniens zu den Europäischen Gemeinschaften am 1. Januar 1986; mit diesem Moment war das Fürstentum *„...von Gemeinschaftsgebiet umschlossen...“*[1679], ohne über das Recht auf freien Transit zu verfügen. Frankreich hatte schon in den Jahrzehnten zuvor eine restriktive Zollpolitik dem kleinen Nachbarn gegenüber durchgehalten[1680], weshalb die mit Spanien vereinbarten zollfreien Kontingente für Im- und Export umso bedeutsamer für die andorranische Wirtschaft waren, welche nun mit dem Eintritt Spaniens in die EG wegzufallen drohten[1681].

Vor diesem Hintergrund kam es am 26. November 1990, also noch drei Jahre vor der souveränen Unabhängigkeit Andorras, in Form eines Briefwechsels zum

---

[1675] VEREINTE NATIONEN, Die Mitgliedstaaten der Vereinten Nationen, S. 40.

[1676] Das zwischen Spanien und Frankreich in den Pyrenäen gelegene Land verfügt über eine Bevölkerung von 70.000 Einwohnern und einer Fläche von 468 qkm (Zahlen nach: VEREINTE NATIONEN, Die Mitgliedstaaten der Vereinten Nationen, S. 38 ff.). Angesichts dieser Zahlen ist in Bezug auf das parlamentarische Fürstentum die Einordnung in die Gruppe der Kleinstaaten offensichtlich.

[1677] SEIDL-HOHENVELDERN/STEIN, Völkerrecht, § 59, Rn. 1132.

[1678] GSTÖHL, Flexible Integration für Kleinstaaten? – Liechtenstein und die Europäische Union, S. 105.

[1679] SACK, Europas Zwerge, S. 46.

[1680] Einerseits wurden Waren, die für andere EU-Staaten bestimmt waren, *„...als Drittlandswaren mit Transitdokomenten exportiert...“*, andererseits konnten *„...Waren aus Drittstaaten (...) nur mit französischer Erlaubnis nach Andorra gelangen...“*, wobei von dieser Genehmigungsmöglichkeit lediglich zurückhaltend Gebrauch gemacht wurde, um *„...den zollfreien Reimport dieser Produkte nach Frankreich...“* zu verhindern. Vgl. GSTÖHL, Flexible Integration für Kleinstaaten? – Liechtenstein und die Europäische Union, S. 105.

[1681] Vgl. GSTÖHL, Flexible Integration für Kleinstaaten? – Liechtenstein und die Europäische Union, S. 105.

Abschluss eines Handelsabkommens, welches bereits am 1. Januar 1991 in Kraft treten konnte[1682]. Auf den Rechtsgrundlagen von Art. 133 EGV (Handelspolitik) und Art. 93 EGV (Steuerharmonisierung) wurde darin *„...eine Zollunion für industrielle Produkte mit Sonderregelungen für Agrarprodukte und Steuerfreigrenzen für Touristen...“* vereinbart[1683]. Das Abkommen hat jedoch für die andorranische Wirtschaft nicht lediglich Vorteile gebracht. Der Kleinstaat musste den gesamten handelspolitischen *Acquis* übernehmen und ist somit einerseits den gemeinschaftlichen Einfuhrbeschränkungen unterworfen, andererseits wurden für Andorra gesonderte Quoten ausgewiesen und Unternehmen mit Sitz im Pyrenäenstaat sind *„...von der Zuteilung von Kontingenten ausgeschlossen...“*, weil sie *„...nicht in der Gemeinschaft niedergelassen...“* sind[1684]. Zudem kommt Andorra nicht in den Genuss von vorbestehenden vertraglichen Vereinbarungen der EU mit Drittstaaten, da die Altverträge nicht auf Andorra erweitert wurden; in zukünftig abzuschließenden Verträgen kann diesem Problem mittels einer *„Andorra-Klausel“* abgeholfen werden[1685]. Schon angesichts der beiden genannten Mängel kann resümiert werden, dass der Zollunionsvertrag für das Fürstentum demnach als problematisch zu beurteilen ist.

Neben dem Zollunionsvertrag sollte die Zusammenarbeit der EU mit dem Fürstentum Andorra auf eine weitere vertragliche Grundlage gestellt werden. So machte man sich an die Ausarbeitung eines Kooperationsabkommens, welches eine Vielzahl von Politikbereichen abdecken sollte: Umwelt, Telekommunikation, Information, Kultur, Transportwesen, regionale und grenzüberschreitende Zusammenarbeit, sowie soziale Gesichtspunkte. Bereits im Januar 1998 endeten die Verhandlungen unter Hervorbringung eines entsprechenden Vertragstextes. Jedoch standen Spannungen zwischen den Parteien aufgrund extensiven Schmuggels von Tabakerzeugnissen über Andorra in die EU der Unterzeichnung entgegen. Obwohl das andorranische Parlament im März 1999 das Schmuggeln gesetzlich unter Strafe gestellte, konnte das Abkommen so nicht in Kraft treten[1686].

Es fragt sich nun, wie sich die beschriebene Anbindung Andorras an die EU sowohl auf die Souveränität des Staates als auch auf die kleinstaatenspezifischen Funktionsdefizite ausgewirkt hat. Was die Souveränität des Kleinstaates betrifft, so kann zunächst nicht übersehen werden, dass erst der Integrationssog in die EG, der Spanien erfasst hatte, Andorra in die Lage versetzt hat, den Einfluss der beiden

[1682] SACK, Europas Zwerge, S. 46, mit einem Hinweis auf die Veröffentlichung des Abkommens in: AblEG Nr. L 374 v. 31. 12. 1990, S. 13, ber. AblEG Nr. L 43 v. 16. 2. 1991, S. 55, der Text findet sich auch im Internet: http://www.andorra-intern.com/lex/0103-de.txt.

[1683] GSTÖHL, Flexible Integration für Kleinstaaten? – Liechtenstein und die Europäische Union, S. 105.

[1684] SACK, Europas Zwerge, S. 47.

[1685] So schon SACK, Europas Zwerge, S. 47, der darauf hinweist, dass es sich dabei um einen Fall eines völkerrechtlichen Vertrages zugunsten Dritter handeln würde.

[1686] http://europa.eu.int/comm/external_relations/andorra/intro (Stand: 5. November 2002).

Schutzmächte abzuschütteln und die Souveränität für Andorra zu erreichen[1687]. Außerdem hat die bilaterale Anerkennung, die sich in der Aufnahme der Vertragsverhandlungen manifestiert hat, sicherlich auch zur schnellen Aufnahme in die Vereinten Nationen beigetragen[1688]. Andererseits musste sich Andorra durch die Übernahme des handelspolitischen *Acquis* der Einflussnahme durch die Gemeinschaft unterwerfen, da damit im Fürstentum Regelungen Anwendung finden, auf deren Entstehung die andorranische Wählerschaft keinerlei Einfluss hat[1689]. Diese Akzeptierung von außen kommenden Rechts durch den Kleinstaat, ohne im Entstehungsprozess seine Interessen einbringen zu können, deutet auf eine starke Form der Interdependenz hin. Dabei darf jedoch wiederum nicht übersehen werden, dass sich diese Abhängigkeit lediglich auf den konkret umrissenen Bereich des handelspolitischen *Acquis communautaire* beschränkt, der andorranische Staat sich im Verhältnis zur EU aber ansonsten *„...in jeder Hinsicht die Stellung eines Drittlandes behalten hat...“*[1690].

Somit ist die Anbindung an die EU sicherlich von einer deutlichen Ungleichheit zu Lasten Andorras geprägt; die damit sehr intensive Interdependenz wird jedoch durch die Unabhängigkeit in den Bereichen, die nicht vom Zollunionsvertrag berührt werden, relativiert. Insgesamt bleibt die Souveränität Andorras auf Grund der Austrittsklausel[1691] im Zollunionsvertrag auf jeden Fall gewahrt, da dadurch die *„volle Entscheidungsfreiheit“* bei den andorranischen Behörden verbleibt. In Anbetracht der rasanten Entwicklung der andorranischen Geschichte in den letzten 15 Jahren vom abhängigen Kondominium zum souveränen Staat ist die heutige *ménage* mit der EU in souveränitätspolitischer Hinsicht dennoch als großer Fortschritt zu sehen.

Aber neben dieser Emanzipation von Frankreich und Spanien kann der Pyrenäenstaat auch in Bezug auf die Überwindung kleinstaatenspezifischer Funktionsdefizite einen Erfolg verbuchen, indem seine Regierung erreichen konnte, dass die Begrenztheit des Marktes aufgebrochen wurde und Andorra *„...weitgehend in den frei-*

1687 Dazu SACK, Europas Zwerge, S. 47: *„Anders als allgemein angenommen wird, kann Gemeinschaftsrecht also auch souverän machen, nicht nur Souveränität beschneiden. Felix Andorra?!“*.

1688 Andorra wurde bereits am 28. Juli 1993, also noch im Jahr der Aufhebung des Kondominiums durch Frankreich und Spanien Vollmitglied der Vereinten Nationen, vgl. VEREINTE NATIONEN, Mitglieder der Vereinten Nationen, S. 37.

1689 Vgl. GSTÖHL, Flexible Integration für Kleinstaaten? – Liechtenstein und die Europäische Union, S. 106.

1690 SACK, Europas Zwerge, S. 47.

1691 *„Art. 20 - Dieses Abkommen wird auf unbegrenzte Zeit geschlossen. (...); Art. 21 - Jede Vertragspartei kann dieses Abkommen durch Notifizierung an die andere Vertragspartei kündigen. In diesem Fall tritt dieses Abkommen sechs Monate nach dem Zeitpunkt der Notifizierung außer Kraft“*.

en Warenverkehr in der EG einbezogen ist..."[1692]. Während die Wirtschaft Andorras mittels des bilateralen Abkommens mit den beiden Nachbarstaaten zuvor lediglich zollfreien Zugang – im Falle Spaniens zudem nur im Rahmen bestimmter Kontingente – zu den Märkten Frankreichs und Spaniens hatte, steht den in Andorra ansässigen Unternehmen nun der gesamte EU-Raum offen. In handelspolitischer Hinsicht hat Andorra damit den Nachteil seiner Kleinheit überwunden. Dieser Vorteil wurde durch die faktische Verwendung der europäischen Gemeinschaftswährung noch verstärkt.

Der erweiterte Marktzugang ist jedoch nicht frei von Problemen. Neben dem bereits angesprochenen Fehlen eines Anspruches auf Zuteilung von EU-Kontingenten und der Unmöglichkeit, sich auf EU-Präferenzabkommen berufen zu können, hat es sich außerdem als nicht praktikabel erwiesen, dass – so wie es im Abkommen für die ersten fünf Jahre der Vertragdauer zwingend vorgesehen war – für Andorra bestimmte Waren bei speziellen französischen und spanischen Zollstellen verzollt und die Einnahmen dem andorranischen Staat gutgeschrieben werden sollten (Art. 8 Abs. 1 i. V. m. Anhang I des Zollunionsvertrages). Aus Gründen der Praktikabilität wurde an anderen Zollstellen verzollt und schließlich zollfrei von Frankreich und Spanien aus ins Fürstentum importiert, wodurch für den andorranischen Fiskus „*erhebliche*" Einnahmeausfälle entstanden sind[1693]. Deshalb hat sich die andorranische Regierung entschieden, eine eigene Zollverwaltung zu schaffen, wobei das Problem bestehen bleibt, alle dem Staat zustehenden Zölle zu erfassen[1694].

Insgesamt ergibt sich eine ambivalente Bewertung des Vertragswerkes. SACK meint völlig zu Recht, es zeige sich in diesem Zusammenhang, „*...dass ein bloßer Zollunionsvertrag mit der EG ohne Beitritt gewisse strukturelle Schwächen aufweist, die nicht behebbar sind...*"[1695]. Trotzdem darf die Lösung als Glücksfall für Andorra gewertet werden, da die Alternative, die darin bestanden hätte, sich nicht vertraglich mit der EU zu binden, schon auf Grund der geographischen Lage des Fürstentums lediglich Isolation über das Land gebracht hätte.

[1692] SACK, Europas Zwerge, S.47.

[1693] SACK, Europas Zwerge, S. 47.

[1694] GSTÖHL, Flexible Integration für Kleinstaaten? – Liechtenstein und die Europäische Union, S. 106.

[1695] SACK, Europas Zwerge, S. 47.

bb) Malta

Von den Pyrenäen ins Mittelmehr: Malta[1696]. Nachdem die Europäische Kommission am 9. Oktober 2002 auch die Aufnahme Maltas in die EU empfohlen hatte, da der Staat *„...binnen 15 Monaten auch die wirtschaftlichen Kriterien für seine Aufnahme erfüllen...“* werde[1697], und nachdem der Umsetzung des Vertrages von Nizza nach dem positiven Ausgang des zweiten irischen Referendums vom 19. Oktober 2002 nichts mehr im Wege stand, ist mit Malta ein weiterer Kleinstaat Mitglied der Europäischen Union geworden.

Bis zu diesem Zeitpunkt standen die vertraglichen Beziehungen zwischen dem maltesischen Staat und der EU auf der Grundlage des am 5. Dezember 1970 unterzeichneten Assoziierungsabkommens[1698], welches am 1. April 1971 in Kraft getreten war[1699]. Der nach europäischem Recht auf der Rechtsgrundlage des Art. 310 (früher Art. 238) EGV basierende Vertrag war angelegt auf eine fortschreitende Beseitigung von Hindernissen im Handel zwischen Malta und der EU[1700]. Er sieht *„...den Wegfall von Zöllen und Kontingenten für...“* diverse Ausfuhren des Mittelmeerlandes vor, während letzteres *„...begrenzte Gegenkonzessionen...“* gewährt[1701]. In einer zweiten Stufe, die fünf Jahre nach dem Inkrafttreten des Abkommens beginnen sollte, war ursprünglich die Schaffung einer Zollunion zwischen den Vertragsparteien vorgesehen[1702]. Auf Grund von *„....zahlreichen politischen und wirtschaftlichen Prob-*

1696 Im 316 qkm großen Inselstaat leben 390.000 Einwohner (VEREINTE NATIONEN, Mitglieder der Vereinten Nationen, S. 38 ff.). Nimmt man die Bevölkerungszahl als Indiz, gehört der maltesische Staat nur nach den großzügigeren Definitionsversuchen zu der Gruppe der Kleinstaaten. Auf jeden Fall ist Malta eher mit Luxemburg als mit Liechtenstein zu vergleichen, somit kein kleiner Kleinstaat. In einer nach der Bevölkerungszahl geordneten tabellarischen Aufzählung der Mitgliedstaaten der Vereinten Nationen liegt Malta mit Platzziffer 162 nur knapp hinter dem Großherzogtum Luxemburg (Platzziffer 159). Liechtenstein rangiert dagegen auf Platz 184, wobei lediglich fünf Staaten eine noch kleinere Bevölkerungszahl aufweisen. VEREINTE NATIONEN, Mitglieder der Vereinten Nationen, S. 38 ff.

1697 So titelte die SÜDDEUTSCHE ZEITUNG am 10. Oktober 2002 auf S. 1: *„EU-Kommission macht Weg frei für historische Erweiterung – Prodi: Das geteilte Europa wird vereinigt“.*

1698 ABlEG Nr. L 61 vom 14. März 1971, S. 1.

1699 Vgl.: http://www.delmlt.cec.eu.int (Stand: 25. März 2002). Die Seite bietet einen informativen Abriss der Entwicklung der bilateralen Beziehungen zwischen der EU und Malta.

1700 Dazu der dritte Absatz der Präambel des Assoziationsvertrages: *„...the object of this Agreement is the progressive elimination of obstacles to trade between Malta and the European Economic Community...“.*

1701 HANS ADOLF NEUMANN und GERHARD-HANNES WELGE in: ROTTINGER / WEYRINGER, Handbuch der europäischen Integration, S. 661 (incl. Fn. 151), mit Detail zu den betroffenden Produkten.

1702 So setzt sich der Text im dritten Absatz der Präambel des Abkommens folgendermaßen fort: *„...and whereas it provides that, eighteen months before the expiry of the first stage,*

leme[n]... " kam es aber nicht zur Umsetzung der zweiten Stufe, vielmehr erfuhr das Assoziierungsabkommen auf der Grundlage der ersten Stufe eine gewisse Ergänzung durch eine ganze Reihe von Protokollen[1703].

Was nun die Souveränität des maltesischen Staates betrifft, die dieser erst im Jahre 1964 durch die Unabhängigkeit von Großbritannien erlangt hatte, fällt für die Zeit vor dem EU-Beitritt zunächst auf, dass das Assoziationsabkommen eine Bindungswirkung auf einem sehr beschränkten Gebiet entwickelt. Es geht hauptsächlich um die gegenseitige Gewährung von Zollerleichterungen, verbunden mit einer Meistbegünstigungsklausel in Art. 6 des Abkommens. Da die Assoziierung zu einem Zeitpunkt vereinbart wurde, als die Gemeinschaft noch lediglich wirtschaftliche Ziele verfolgte, ist es nicht verwunderlich, dass es sich bei dem Abkommen im Kern um ein Handelsabkommen handelt. Die dadurch entstandene nur geringe Interdependenzwirkung ist zudem revidierbar, da das Assoziationsabkommen zwischen Malta und der EU mit einer Austrittsklausel versehen war[1704]. Die Frage, wie sich der Beitritt zur EU als Vollmitglied ausgewirkt hat, soll hier ausgespart bleiben. Die Auswirkung einer Mitgliedschaft in der EU auf die Souveränität eines Mitgliedstaates wird an späterer Stelle dargestellt werden[1705].

Schon die von Malta bis zum Beitritt zur EU gewählte Form der europäischen Integration hat sich zweifellos positiv auf die kleinstaatenspezifischen Funktionsdefizite des Landes ausgewirkt. Auf Grund der handelspolitischen Ausrichtung des Assoziierungsabkommens zeigten sich die Vorteile zwangsläufig im ökonomischen Bereich. Wie schon bei Andorra wirkte sich der erleichterte Export in die Staaten der Europäischen Union förderlich für die kleinstaatliche Wirtschaft aus, die ansonsten verstärkt auf den eigenen, zu kleinen Markt beschränkt worden wäre; das Ergebnis waren immer umfangreichere Handelsbeziehungen[1706]. Nicht übersehen werden darf dabei aber die *„...erhebliche finanzielle und technische Unterstützung...“*, die dem maltesischen Staat von der Gemeinschaft zuteil wurde[1707].

---

negotiations may be opened with a view to determining the conditions under which a customs union between Malta and the Community could be established... ".

1703 SACK, Europas Zwerge, S. 48, mit den entsprechenden Nachweisen; auf der offiziellen Homepage der Europäischen Kommission zur Erweiterung, auf der Malta als Beitrittskandidat vorgestellt wird (http://europa.eu.int/comm/enlargement/malta, S. 3 von 4), heißt es zur nicht in die Realität umgesetzte Zollunion schlicht: *„...this objective has not yet been achieved...“*.

1704 *„Art. 15 – This Agreement may be denounced by either Contracting Party, subject to six months´ notice in advance being given“*.

1705 Vgl. unten Kap. 4, C.III.5.e)aa).

1706 So die offizielle Seite der EU, die auf der Grundlage geschätzter Zahlen (für Januar-November 2001) angibt, dass 41,9 % des maltesischen Exportes in EU-Staaten geht, der EU-Anteil des Importes nach Malta gar bei 63,6 % liegt, vgl. dazu http://www.delmlt.cec.eu.int/en/eu_and_malta/bilateral_relations.htm.

1707 SACK, Europas Zwerge, S. 48. Diese Hilfe kann nicht allein damit begründet werden,

cc) Monaco

Im Gegensatz zu Malta handelt es sich beim Fürstentum Monaco um ein Gebilde, das an Fläche[1708] und eigener Bevölkerung[1709] kleiner ist als das Fürstentum Liechtenstein. In Sachen europäischer Integration spielt die kleine konstitutionelle Monarchie keine eigenständige Rolle; sie *„...unterhält kein direktes Abkommen mit der Europäischen Union, und auftretende Probleme werden* ad hoc *gelöst...*"[1710]. Lediglich kraft einer bilateral vereinbarten Zollunion[1711] zwischen Monaco und Frankreich finden die Regelungen im Bereich des freien Warenverkehrs (Art. 23-31 EGV) auch auf dem Territorium des Fürstentums Anwendung, wobei dies nicht explizit festgeschrieben ist, sondern sich lediglich *in praxi* durchgesetzt hat, da der französisch-

---

dass damit ausschließlich der Beitritt in die EU erleichtert werden sollte. Denn finanzielle und technische Hilfeleistung im Wert von 138,5 Millionen ECU erhielt Malta in Form eines Finanzprotokolls von der EG bereits im November 1978 (Vgl. http://www.delmlt.cec.eu.int/en/eu_and_malta/bilateral_relations.htm), zu einer Zeit also, als eine Vollmitgliedschaft noch überhaupt nicht angedacht war. Die Motivation auf der Seite Brüssels ergibt sich daraus, im Rahmen der sog. globalen Mittelmeerpolitik der Gemeinschaft *„...einen optimalen Interessenausgleich...*" zwischen *„...den traditionellen Agrarexporten der Mittelmeerländer und der Gemeinsamen Agrarpolitik der EG...*" herstellen zu können (BARBARA BRANDTNER und CORRADO PIRZIO-BIROLI in: RÖTTINGER / WEYRINGER, Handbuch der europäischen Integration, S. 586, die darauf hinweisen, dass die Hilfe gewährt wurde, obwohl die Wirksamkeit der Kooperationsabkommen *„...von allen Beteiligten als eher gering eingestuft...*" wurde.).

1708 Laut der Aufstellung in VEREINTE NATIONEN, Die Mitgliedstaaten der Vereinten Nationen, S. 39, ist das Fürstentum Monaco mit 1 qkm Fläche der kleinste Mitgliedstaat der UN (Platzziffer 189 gegenüber Platzziffer 185 für Liechtenstein), eine genauere Angabe findet sich bei GSTÖHL, Flexible Integration für Kleinstaaten? – Liechtenstein und die Europäische Union, S. 99: 1,95 qkm.

1709 Zwar geben GSTÖHL, Flexible Integration für Kleinstaaten? – Liechtenstein und die Europäische Union, S. 99 die monegassische Bevölkerungszahl mit 32.500 Einwohner und VEREINTE NATIONEN, Die Mitgliedstaaten der Vereinten Nationen, S. 39, mit glatt 30.000 Einwohnern an, es darf aber nicht übersehen werden, dass es sich dabei nur bei etwa einem Fünftel um wirkliche Monegassen handelt. So gibt SACK, Europas Zwerge, S. 48, in seinem Aufsatz aus dem Jahre 1997 die Zahl der monegassischen Staatsbürger mit 6.000 an.

1710 GSTÖHL, Flexible Integration für Kleinstaaten? – Liechtenstein und die Europäische Union, S. 99.

1711 Die Zollunion beruht heute auf einem Vertrag vom 18. Mai 1963 (Journal officiel de la République Français, 1963, pp. 8679 suiv., date de la publication au Journal officiel : 27.09.1963), wurde jedoch bereits durch Art. VI des Vertrages vom 13. 2. 1861 (Traité entre la France et la Principauté de Monaco, relatif aux Communes de Menton et Roquebrune, signé le 2 fevrier 1861 à Paris) begründet: *„Une union de douanes sera effectuée entre l'Empire Français et la Principauté de Monaco. Les conditions de cette union seront réglées par un acte spécial, de même que ce qui concerne la vente des poudres et des tabacs, le service des postes et des lignes télégraphique, et, en général, les relations de voisinage entre les deux pays.*", Quelle: British and foreign state papers, vol. LI (51), p. 673 ff.

monegassische Vertrag schlicht vorsieht, dass sämtliche französischen Zollregelungen und Ein- und Ausfuhrformalitäten in Monaco anzuwenden sind[1712]. So gilt auf dem monegassischen Felsen zwar das Zoll- und Außenhandelsrecht der EU kraft *de facto*-Wirkung[1713], jedoch finden die übrigen Grundfreiheiten, sowie der gesamte übrige EGV im Fürstentum keine Anwendung, wodurch der Kleinstaat außer im Bereich des Warenverkehrs im Verhältnis zur Europäischen Gemeinschaft Drittland bleibt[1714].

Das Fehlen einer direkten vertraglichen Verbindung mit der Europäischen Union steht im Falle Monacos jedoch im Einklang mit der bezüglich der Frage der Souveränität schwachen Stellung des Fürstentums. Obwohl Monaco 1993 den Vereinten Nationen beitreten konnte[1715], basiert das franco-monegassische Verhältnis inhaltlich auch heute noch auf einem Vertrag vom 17. Juli 1918[1716]. In Art. 1 Abs. 1 des Textes sichert Frankreich dem kleinen Fürstentum die Verteidigung dessen Unabhängigkeit und (ausdrücklich) Souveränität zu und garantiert die Unverletzlichkeit des monegassischen Territoriums, als sei es ein Teil Frankreichs. Im Gegenzug verpflichtet sich die monegassische Regierung in Art. 1 Abs. 2 des Vertrages, ihre souveränen Rechte *„...en parfaite conformité...“* mit den Interessen Frankreichs in Bezug auf Politik, Militär, Seefahrt und Wirtschaft auszuüben. In Art. 2 Abs. 1 wurde festgeschrieben, dass das Fürstentum bei Aktivitäten im Rahmen seiner internationalen Beziehungen im Vorfeld stets den großen Nachbarn zu konsultieren hat[1717]. Der Vertrag beinhaltet keine Kündigungsklausel.

Unterwirft man diese Umstände der in dieser Arbeit vertretenen Souveränitätsdefinition, muss man an der Souveränität des Fürstentum zweifeln, da durch die starke Anlehnung an Frankreich nicht mehr von einer *„vollen Entscheidungsfreiheit“* gesprochen werden kann. Da sich Monaco aber andererseits auch eigenständig auf dem internationalen Parkett bewegt, was durch die Mitgliedschaft in den Vereinten Nationen eindruckvoll bewiesen wird, ist vorliegend mit SEIDL-HOHENVELDERN

[1712] Der Wortlaut des franco-monegassischen Zollanschlussvertrages vom 18. Mai 1963 lautet in Art.1 Abs. 2 wie folgt: *„Le code des douanes, les tarifs des droits de douane d'importation et d'exportation, les autres lois et règlements douaniers de la République français sont applicables dans la principauté de Monaco“.*

[1713] Art. 3 Abs. 2 des Zollkodexes der Europäischen Gemeinschaft benennt Monaco heute sogar explizit als Teil des gemeinschaftlichen Zollgebietes. Vgl. dazu CHRISTIAN WALDHOFF in: CALLIESS / RUFFERT, Kommentar zu EUV und EGV, Art. 23, Rn. 10.

[1714] SACK, Europas Zwerge, S. 48.

[1715] SCHINDLER, Monaco, in: BERNHARDT, EPIL, Band III, S. 444.

[1716] Traité fixant les rapports de la France avec la Principauté de Monaco (avec échange de lettres), signé à Paris le 17 juillet 1918, UNTS, vol. 981 (1975), 359-367.

[1717] *„Les mesures concernant les relations internationales de la Principauté devront toujours faire l'objet d'une entente préalable entre le Gouvernement princier et le Gouvernement français.“*

von einem abgeschwächten Protektoratsverhältnis auszugehen[1718]. Davon ging auch der Vertrag vom 17. Juli 1918 aus, der im ersten Absatz der Präambel ungeschminkt die „...*l´amitié protectrice*...“ zwischen Frankreich und Monaco beschwört. Die Beziehungen der beiden Vertragsparteien wird durch einen weiteren franco-monegassischen Vertrag[1719] aus dem Jahre 2002 auf eine neue Grundlage gestellt. Jedoch darf dabei mit Spannung erwartet werden, ob die Neuregelung tatsächliche Änderungen in den Beziehungen bewirken kann oder ob der Vertrag letztlich den alten Text nur sprachlich an die moderne *political correctness* angepasst hat: der erste Absatz der Präambel spricht nun von einer „...*amitié traditionelle*...“. Art. 1 Abs. 2 verpflichtet Monaco aber immer noch dazu, dass es bei der Ausübung seiner Rechte darauf achtet, dass die monegassischen Aktivitäten im Einklang stehen mit den grundlegenden Interessen der französischen Republik, und zwar in den Bereichen Politik, Wirtschaft, Sicherheit und Verteidigung[1720]. Bezüglich seines Auftretens auf der Bühne der internationalen Beziehungen bleibt das Fürstentum, dadurch dass es sich angemessen und regelmäßig mit Frankreich ins Benehmen setzt, verpflichtet, dafür zu sorgen, dass die Außenpolitik des Fürstentums in den grundsätzlichen Fragen mit der des großen Nachbarn in Einklang bleibt[1721]. Festzuhalten ist deshalb, dass die starke Bindung Monacos an Frankreich fortbesteht, dass aber in Einzelfragen nun – zumindest nach dem Wortlaut des Vertrages – Alleingänge des Fürstentum möglich sind, solange die monegassische Politik sich nicht in grundsätzlichen Fragen zur französischen in Widerspruch setzt. Wird der Vertrag auch in dieser Auslegung umgesetzt, so ist die Neuregelung als Stärkung der Souveränität Monacos zu verstehen.

Sieht man darin eine Entwicklung hin zu einem neuen Status des Fürstentums, so erkennt man doch in der mittelbaren Einbeziehung Monacos in das Zollgebiet der EU das alte Verständnis des franco-monegassischen Vertrages von 1918. Denn die Einbeziehung des Fürstentums in das Zollgebiet der EU auf der Grundlage der

---

1718 Vgl. dazu SEIDL-HOHENVELDERN/STEIN, Völkerrecht, § 46, Rn. 736/737.

1719 Die Neufassung der vertraglichen Grundlage des Verhältnisses zwischen Frankreich und Monaco wurde im Oktober 2000 angeregt; der Vertrag war am 4. April 2001 fertig ausgehandelt. Die Unterzeichnung erfolgte am 24. Oktober 2002, vgl. http://www.france.diplomatie.fr/actu/impression.asp?ART=28789 (Stand 9. Januar 2004). Der Text liegt zur Zeit noch der Assemblée Nationale als *projet de loi* zur Genehmigung der Ratifikation vor. Der Ausschuss für Auswärtige Angelegenheiten hat das projet de loi bereits angenommen (vgl. rapport n°. 1878 der Assemblée Nationale: http://www.assemblee-nat.fr/12/pdf/rapport/r1878.pdf, Stand 18. Februar 2005), der Vertrag ist jedoch noch nicht in Kraft getreten. Der Text des Vertrages findet sich unter: http://www.assemblée-nat.fr/12/pdf/projets/pl1043.asp.

1720 „*La Principauté de Monaco s´engage à ce que les actions qu´elle conduit dans l´exercice de sa souveraineté s´accordent avec les intérêts fondamentaux de la République française dans les domaines politique, économique, de sécurité et de défense.*“

1721 Soweit Art. 2 S. 1 des Vertrages: „*La Principauté de Monaco s´assure par une concertation appropriée et régulière que ses relations internationales sont conduites sur les questions fondamentales en convergence avec celles de la République français.*“

bilateralen Zollunion mit der Französischen Republik bedeutet, dass das Zoll- und Außenhandelsrecht der EU in Monaco Anwendung findet, ohne dass es eines Übernahmeaktes bedurfte und bei Änderung bedarf. Damit einher geht das Fehlen effektiver Mitwirkungsmöglichkeiten bei der Gestaltung der im Fürstentum anwendbaren Regelungen; die fürstliche Regierung muss sich diesbezüglich auf Appelle an die Mitgliedstaaten oder direkt an Organe der EU verweisen lassen. Durch diese Konstruktion begibt sich das Fürstentum in eine starke Abhängigkeit, weshalb die Einbeziehung Monacos in das Zollgebiet der EU qua bilaterale Zollunion mit Frankreich einen *„...größeren Souveränitätsverzicht...“*[1722] mit sich bringt als etwa eine Zollunion direkt mit der EU. Trotzdem könnte die zollvertragliche Konstellation allein nicht als Gefahr für die Souveränität des Kleinstaates gewertet werden, da der bereits zitierte franco-monegassische Zollvertrag vom 18. Mai 1963 in Art. 13 eine Kündigungsmöglichkeit mit einer sechsmonatigen Frist vorsieht. Dem Fürstentum Monaco verbleibt in diesem Punkt damit die *„volle Entscheidungsfreiheit“*.

Die Vorgehensweise der Anwendung von EU-Vorschriften in Monaco über die bilaterale Anbindung an Frankreich wurde auch in jüngerer Vergangenheit beibehalten. Obwohl die Mitgliedstaaten der Euro-Zone mit der Einführung der europäischen Einheitswährung in Währungsfragen die nationalstaatliche Kompetenz verloren haben, wurde kein Vertrag im Verhältnis Monaco-EU geschlossen, sondern angesichts von Art. 307 EGV wurde dem Vertrag von Maastricht eine Erklärung Nr. 6 im Anhang hinzugefügt, die eine Einführung des Euro als gesetzliches Zahlungsmittel im Fürstentum auf der Grundlage einer bilateralen Regelung ermöglicht[1723]. Der diese Vorlage umsetzende Notenwechsels wurde am 31. Dezember 1998 unterzeichnet und trat am selben Tag in Kraft[1724].

Die lediglich mittelbaren vertraglichen Beziehungen wirken sich dennoch positiv auf das wirtschaftliche Funktionsdefizit des Kleinstaates aus. Dagegen ist eine gesteigerte Anerkennungsfunktion gerade nicht zu erkennen, da die Erklärung Nr. 6 des Anhanges zum Vertrag von Maastricht lediglich den betroffenen Mitgliedstaaten der Union die Möglichkeit einer Neuaushandlung der überkommenen Währungsverträge ermöglicht, die betroffenen Kleinstaaten aber selbst nicht benennt und diese deshalb letztlich im Rahmen des Regelungsgegenstandes als bloßes Anhängsel der jeweiligen Mitgliedstaaten behandelt. Dagegen gereicht der monegassi-

---

[1722] Sowohl SACK, Europas Zwerge, S. 48, als auch GSTÖHL, Flexible Integration für Kleinstaaten? – Liechtenstein und die Europäische Union, S. 100.

[1723] Die Erklärung Nr. 6 im Anhang zum Vertrag von Maastricht lautet: *„La Communauté s´engage à faciliter la renégociation des arrangements existants, dans la mesure nécessaire, par suite de l´introduction de l´Ecu comme monnaie unique...“*.

[1724] Text zugänglich unter: http://www.doc.diplomatie.fr/BASIS/pacte/webext/bilat/SDF. Eine detaillierte Regelung erfolgte später ebenfalls im bilateralen Verhältnis, wobei Frankreich im Namen der EG handelte: Währungsvereinbarung zwischen der Französischen Republik – im Namen der EG – und dem Fürstentum Monaco, ABlEG Nr. L 142 vom 31. Mai 2002, S. 0059-0073.

schen Wirtschaft sehr zum Vorteil, dass sich der ganze EU-Raum als zollfreier Absatzmarkt für Waren aus dem Fürstentum eröffnet hat. Darüber hinaus kommen die Waren aus Monaco in den Genuss der günstigen Regelungen, die die EU mit Drittländern ausgehandelt hat, was bei einer unmittelbar mit der EU geschlossenen Zollunion, wie den Ausführungen bzgl. Andorra zu entnehmen, nicht zwangsläufig der Fall ist. Lediglich bzgl. der Zuteilung von Kontingenten werden im Fürstentum ansässige Unternehmen nicht berücksichtigt. Die Einführung des Euro auf dem monegassischen Felsen bewahrt die kleinstaatliche Wirtschaft zudem vor Kursunsicherheiten, die gedroht hätten, wenn das Fürstentum nicht mehr über dieselbe Währung wie das Monaco protektierende Frankreich verfügt hätte. Zudem wäre die Einführung einer eigenen Währung im Kleinstaat sicherlich irrealistisch. Außerdem mag sich die Einbeziehung in den großen Währungsraum förderlich auf den wichtigen Wirtschaftszweig des Tourismus auswirken. Abschließend darf angemerkt werden, dass die Tatsache der automatischen Anwendung der Vorschriften des EU-Zoll- und Außenhandelsrechts auf das Territorium für einen Staat der Größe Monacos auch den unbestreitbaren Vorteil birgt, dass der Kleinstaat keine eigenen Regelungen treffen muss; insofern bedient sich das Fürstentum des kleinstaatenspezifischen Instruments der Rezeption fremden Rechts. Damit ist für Monaco, anders als zum Beispiel im Fall von Andorra, keine Entwicklung hin zu einer selbständigen europäischen Integration festzustellen. Der Kleinstaat bleibt trotz des neuen Mottos der „*...amitié traditionelle...*“ in einer starken Abhängigkeit zu Frankreich, dem nach SACK „*...daran gelegen ist, für Monaco gegenüber der Gemeinschaft aufzutreten...*“[1725].

dd) San Marino

Auch die Republik San Marino ist kleiner als das Fürstentum Liechtenstein[1726]. Die von italienischem Territorium vollständig umschlossene Republik verfügt heute über unmittelbare Vertragsbeziehungen zur EU. Bis in die frühen 1990er Jahre stand in den internationalen Beziehungen allerdings die Anlehnung an Italien im Vordergrund, die auf einen völkerrechtlichen Vertrag[1727] aus dem Jahre 1862 zurückgeht, mit dem sich San Marino „*...unter den Schutz des Königreichs Italien begeben*

[1725] SACK, Europas Zwerge, S. 48.

[1726] Dies gilt jedoch lediglich bezüglich der Fläche - der oberrheinische Kleinstaat ist etwa zweieinhalb Mal größer als sein Pendant auf der Apenninenhalbinsel (61 qkm[1726]). Was die Bevölkerungszahl anbelangt, sind die beiden Staaten vergleichbar; San Marino hat ca. 30.000 Einwohner. Quelle: VEREINTE NATIONEN, Die Mitgliedstaaten der Vereinten Nationen, S. 40.

[1727] Convention between Italy and San Marino for the Preservation of the Independence of the Republic of San Marino, for the Promotion of Friendly Intercourse and for the mutual Surrender of Criminals, March 22, 1862, Quelle: British and Foreign State Papers, vol. 55, p. 965; bezüglich der Folgeabkommen aus den Jahren 1872 und 1897 vgl.: SCHINDLER, San Marino, in: BERNHARDT, EPIL, Band IV, S. 311.

[hat], mit dem es enge wirtschaftliche Interessen..." verbindet[1728]. Im Rahmen dieser Anlehnung an den großen Nachbarn bestand auch eine Zoll- und Währungsunion, weshalb auf der Grundlage der Mitgliedschaft Italiens in der Europäischen Gemeinschaft auch das sanmarinesische Territorium EG-Zollgebiet wurde[1729]. Die Umsetzung dieser *de facto*-Einbeziehung, wie sie in Bezug auf Monaco noch heute der Fall ist, erfolgte durch einseitigen Akt der Gemeinschaft dadurch, dass San Marino in Art. 3 Abs. 2 lit. c des Zollkodexes aufgenommen wurde[1730].

Am 16. Dezember 1991 wurde schließlich ein Abkommen[1731] über eine Zusammenarbeit zwischen der EG und der Republik San Marino unterzeichnet, welches neben der Begründung einer Zollunion in Art. 1 auch Vorschriften bezüglich Umweltschutz (Art. 16), Fremdenverkehr (Art. 17), gemeinsamer Aktionen im Bereich der Kommunikation, der Information und der Kultur (Art. 18), sowie Regelungen im sozialen Bereich (Art. 20 ff.) enthält[1732]. Aber auch hinsichtlich der Währung ist

---

1728 VEITER, Die Republik San Marino – staats- und völkerrechtliche Entwicklung, S. 537/538.

1729 GSTÖHL, Flexible Integration für Kleinstaaten? – Liechtenstein und die Europäische Union, S. 103; SCHINDLER, San Marino, in: BERNHARDT, EPIL, Band IV, S. 311.

1730 SACK, Europas Zwerge, S. 48.

1731 ABlEG Nr. L 84/43.

1732 Da das Inkrafttreten des Abkommens gem. Art. 30 abhängig war von der Ratifikation aller Mitgliedstaaten der damaligen Europäischen Gemeinschaft und dieser Prozess eine zunächst nicht vorhersehbare Zeit in Anspruch nehmen würde, wurde die Zollunion bereits zum 1. Januar 1993 (So SACK, Europas Zwerge, S. 48) durch ein Interimsabkommen (ABlEG Nr. L 359/14) vom 27. November 1992 auf der Grundlage von Art. 113 EGV (jetzt Art. 133 EG) verwirklicht, da die Gemeinschaft anders als bezüglich eines gemischten Vertrages allein als Vertragspartnerin erscheinen konnte. Das Interimsabkommen ist bezüglich der Regelungen des Zollunion im Wesentlichen identisch mit den Vorschriften des Abkommens vom 16. Dezember 1991. Durch den Beitritt dreier weiterer Mitgliedstaaten der EU im Jahre 1995 wurde eine Erweiterung auch des Abkommens vom 16. Dezember 1991 erforderlich. Unterdessen wurde das Abkommen zwar von den ursprünglichen zwölf Mitgliedstaaten ratifiziert (Vgl. Erwägung (1) des Beschlusses des Rates vom 28. Februar 2002 über den Abschluss des Abkommens über eine Zollunion und die Zusammenarbeit zwischen der Europäischen Wirtschaftsgemeinschaft und der Republik San Marino und des Protokolls zu jenem Abkommen infolge der am 1. Januar 1995 erfolgten Erweiterung, ABlEG Nr. L 84/41), so dass es sich „*...empfiehlt (...), dass das Abkommen hinsichtlich der Gemeinschaft und der zwölf [ursprünglichen] Mitgliedstaaten in Kraft treten kann...*" (Erwägung (5) des Beschlusses des Rates vom 28. Februar 2002 über den Abschluss des Abkommens über eine Zollunion und die Zusammenarbeit zwischen der Europäischen Wirtschaftsgemeinschaft und der Republik San Marino und des Protokolls zu jenem Abkommen infolge der am 1. Januar 1995 erfolgten Erweiterung, ABlEG Nr. L 84/41). Jedoch wird das Protokoll vom 30. Oktober 1997, in welchem das Abkommen von 1991 auf die beigetretenen Mitgliedstaaten erweitert wird und dessen Inkrafttreten wiederum von der Ratifikation aller Vertragsparteien - diesmal incl. der drei neuen -, laut einer Gemeinsamen Erklärung der Parteien vom 30. Oktober 1997 vor Inkrafttreten „*vorläufig*" angewandt (Das Protokoll vom 30. Oktober 1997 und

die sanmarinesische Anlehnung von Italien auf die EU übergegangen, denn die Republik San Marino ist berechtigt, den Euro als offizielle Währung zu verwenden; die Euro-Banknoten und Münzen seit dem 1. Januar 2002 gesetzliche Zahlungsmittel. Die Währungsregelung beruht auf einem bilateralen Vertrag, der allerdings auf italienischer Seite im Namen der EG geschlossen wurde[1733].

Die eigenständigen vertraglichen Beziehungen zur EU haben sich positiv auf die Bewertung der Souveränität des Kleinstaates ausgewirkt[1734]. Vereinzelte Zweifel[1735] vor allem auf Grund der Tatsache, dass der sanmarinesisch-italienische *„Freundschaftsvertrag"*[1736] vom 31. März 1939 in Art. 1 Abs. 2 ausdrücklich eine *„...amicizia protettrice..."* propagierte, sind heute ausgeräumt, da im Jahre 1968 die bilateralen Verträge dahingehend überarbeitet wurden, dass *„...jeder Hinweis auf Italien als Schutzmacht gestrichen..."* wurde[1737]. Auch nach der Definition SEIDL-HOHENVELDERNs behielt San Marino trotz seiner Anbindung an Italien seine *„volle Entscheidungsfreiheit"*[1738]. Zudem ist San Marino seit dem 2. März 1992 Mitglied der Vereinten Nationen[1739]. Auch ist der kleinen Republik nach dem Eingehen der Zollunion mit der EU die *„volle Entscheidungsfreiheit"* verblieben, da das Abkommen vom 16. Dezember 1991 in seinem Art. 27 eine mit einer Sechsmonatsfrist versehene Kündigungsmöglichkeit vorsieht. Somit haben die unmittelbaren vertraglichen Beziehungen San Marinos zur EU die souveräne Stellung des Kleinstaates nicht gefährdet, sondern nach einmütiger Ansicht in der Literatur[1740] eindeutig verstärkt[1741]. San Marino sei mit dieser Abkehr von der alleinigen bilateralen Bindung

---

die Gemeinsame Erklärung vom 30. Oktober 1997 finden sich im ABlEG Nr. L 084 vom 28.03.2002, S. 0053-0064), so dass letztlich auch das Abkommen im Verhältnis zu den neuen Mitgliedstaaten *„vorläufig"* angewandt wurde. Das Abkommen wurde schließlich am 28. März 2002 im Amtsblatt veröffentlicht (L 84, S. 43) und am 1. Mai 2002 in Kraft (vgl. http://europa.eu.int/comm/external_relations/sanmarino/intro, Stand: 18. Februar 2005).

1733 Währungsvereinbarung zwischen der Italienischen Republik – im Namen der EG – und der Republik San Marino, ABlEG Nr. C 209 vom 27.07.2001, S. 0001-0004.

1734 San Marino wurde aber auch bereits vor 1991 als souverän angesehen. Vgl. nur SCHINDLER, San Marino, in: BERNHARDT, EPIL, Band IV, S. 310, der bereits vor Abfassung des Addendum aus dem Jahre 1998 auf Seite 311 von der Souveränität San Marinos ausgeht.

1735 Vgl. die weiteren Angaben bei: VEITER, Die Republik San Marino – staats- und völkerrechtliche Entwicklung, S. 538.

1736 Convenzione di amicizia e di buon vicinato fra il regno d'Italia e la Repubblica di San Marino, British Foreign and State Papers, Vol. 143, p. 537 bzw vgl. auch dazu: http://www.giustizia.it/cassazione/leggi/l1320_39.html.

1737 VEITER, Die Republik San Marino – staats- und völkerrechtliche Entwicklung, S. 538.

1738 SEIDL-HOHENVELDERN/STEIN, Völkerrecht, § 46, Rn. 738.

1739 VEREINTE NATIONEN, Die Mitgliedstaaten der Vereinten Nationen, S. 37.

1740 Vgl. nur SACK, Europas Zwerge, S. 49; GSTÖHL, Flexible Integration für Kleinstaaten? – Liechtenstein und die Europäische Union, S. 103.

1741 Begründet wird dies damit, dass die kleine Republik auf diese Weise aus der einseitigen

an Italien auf der Grundlage des *„Freundschaftsvertrages"* aus dem Jahre 1939 aus dem „...*Schatten Mussolinis*...“[1742] getreten.

In wirtschaftlicher Hinsicht und damit in Bezug auf einen Hauptaspekt der kleinstaatenspezifischen Funktionsdefizite San Marinos ist die Analyse dagegen weniger positiv. Waren aus der kleinen Republik gelten seit dem Inkrafttreten des Interimabkommens am 1. Januar 1993 nicht mehr als Waren aus der Gemeinschaft; dabei darf aber nicht vergessen werden, dass dieser EU-Ursprung sanmarinesischer Waren lediglich auf einer *de facto*-Wirkung beruhte[1743]. Die Tatsache des Verlustes des EU-Ursprungs wurde dadurch abgemildert, dass sich die EU im Anhang zum Abkommen vom 16. Dezember 1991 dazu bereit erklärte, sich darum zu bemühen, dass Präferenzabkommen der Gemeinschaft mit Drittstaaten mit dem Ziel neu verhandelt werden würden, sanmarinesische Waren wie Waren aus der EU zu behandeln.

Des Weiteren bedeutet das Abkommen für San Marino sowohl erhöhten administrativen als auch legislativen Aufwand. Zum einen erfordert die Zollabfertigung von bestimmten Drittlandswaren nach Art. 8 Abs. 1 lit. a des Abkommens eine erhöhte Bürokratie, zum anderen ist der Kleinstaat in den Teilbereichen des Agrarhandels und bestimmter Fragen des Verbraucherschutzes verpflichtet, den *acquis communautaire* umzusetzen[1744].

Mit den hier nur beispielhaft genannten Nachteilen der bilateralen Bindung an die EU wird klar, dass es nicht abwegig ist, daran zu denken, dass sich im Fall San Marinos die Interessen der Souveränitätswahrung und das Interesse an der Überwindung von kleinstaatenspezifischen Funktionsdefiziten konträr gegenüberstehen. Dies ist jedoch nur scheinbar der Fall: zwar wurde durch das Abkommen nicht erstmalig der Zugang zum EU-Zollgebiet ermöglicht, jedoch ist offensichtlich, dass San Marino durch die durch Italien vermittelte mittelbare Beziehung zur EU auch im Belieben des großen Nachbarn stand. Insofern hat die sanmarinesische Regie-

---

Abhängigkeit Italiens getreten ist, was vor allem daran sichtbar werde, dass San Marino gegenüber Italien mit der Möglichkeit des Streitschlichtungsverfahrens im Kooperationsausschuss (nach Art. 24 des Abkommens vom 16. Dezember 1991 bzw. Art. 14 des Interimabkommens vom 27. November 1992) nun sogar über Rechtsmittel für den Fall verfügt, dass der große Nachbar nicht die vorgesehenen Zolleinnahmen in der Weise überweist, wie er verpflichtet ist. Vgl. GSTÖHL, Flexible Integration für Kleinstaaten? – Liechtenstein und die Europäische Union, S. 104.

[1742] SACK, Europas Zwerge, S. 49.

[1743] Die Bemerkung von GSTÖHL, Flexible Integration für Kleinstaaten? – Liechtenstein und die Europäische Union, S. 103, die Einbeziehung sei *„inoffiziell"* ist wohl etwas schief, da die Einbeziehung gerade ausdrücklich – wie schon erläutert - im Zollkodex umgesetzt war.

[1744] Vgl. etwa Art. 6 Abs. 4 oder Art. 7 Abs. 1, 4. und 5. Spiegelstrich des Abkommens vom 16. Dezember 1991.

rung gewisse wirtschaftliche Nachteile hingenommen im Gegenzug für das Wissen um eine sichere Position im Rahmen der europäischen Integration[1745].

ee) Vatikanstaat

Der Vatikanstaat, mit 0,44 qkm und weniger als 1000 Einwohnern der kleinste Staat der Welt überhaupt[1746], nimmt im Vergleich mit den hier verglichenen kleinen Kleinstaaten im geringsten Umfang an der europäischen Integration teil. Der Stadtstaat, dessen Souveränität in den Lateranverträgen aus dem Jahr 1929 von Italien anerkannt und seitdem nicht bestritten wurde[1747], unterhält *„...keinerlei Sonderbeziehungen...“* zur EU, so dass er *„...in jeder Hinsicht Drittland ist...“*[1748]. Insbesondere besteht auch keine Zollunion mit Italien, sondern es existieren nur Zollvereinbarungen in Form einer Abgabenbefreiung bestimmter Waren[1749]; auf Grund dessen ist das Territorium des Vatikanstaates auch nicht in das Zollgebiet der EU einbezogen. Einziger mittelbarer Kontakt mit der EU ist die – als Fortschreibung alter Währungsverträge mit der Republik Italien – im bilateralen Verhältnis vereinbarte Einführung des Euro als gesetzliches Zahlungsmittel im Vatikan[1750].

Aus dem fehlenden unmittelbaren vertraglichen Kontakt zur EU kann im Falle des Vatikanstaates aber, anders als bezüglich des Fürstentums Monaco, nicht auf eine schwache Stellung hinsichtlich der Souveränität des Kleinstaates geschlossen werden, da der Staat andererseits nicht in dem Maße an Italien gebunden ist, wie Monaco an Frankreich angelehnt ist. Auf dem ersten Blick scheint der Vatikan also eine besonders selbständige Politik betreiben zu können. Es darf aber andererseits nicht vergessen werden, dass der kleine Staat sich hauptsächlich über das *„...Streben der katholischen Kirche...“* legitimiert, *„...die Unabhängigkeit ihres Oberhauptes von jeder staatlichen Gewalt durch den Besitz eines eigenen Hoheitsgebietes zu untermauern...“*[1751]. Da das kleine Territorium demnach die Zentrale einer weltweit agierenden und hierarchisch gegliederten Religionsgemeinschaft beherbergt und aus diesem Organismus

---

[1745] Dies muss aber nicht derart negativ gesehen werden, wie dies etwa SACK, Europas Zwerge, S. 49, tut, indem er sagt, San Marino hätte die durch das Abkommen *„...erlangte Verstärkung seiner Souveränität (...) mit den praktischen Nachteilen dieser Regelung ‚bezahlen' müssen...“*.

[1746] GSTÖHL, Flexible Integration für Kleinstaaten? – Liechtenstein und die Europäische Union, S. 102.

[1747] SEIDL-HOHENVELDERN/STEIN, Völkerrecht, § 46, Rn. 768/769.

[1748] SACK, Europas Zwerge, S. 49.

[1749] GSTÖHL, Flexible Integration für Kleinstaaten? – Liechtenstein und die Europäische Union, S. 102.

[1750] La Convenzione Monetaria tra lo Stato della Città del Vaticano e per esso la Santa Sede e la Repubblica Italiano, per conto della Comunità Europea del 29 dicembre 2000, ASS, supplemento, Anno LXXXI, N. 11, 5 novembre 2000, auf der Grundlage eines Ratsbeschlusses vom 31. Dezember 1998, ABlEG Nr. L 030 vom 4. Februar 1999, S. 35-36.

[1751] SEIDL-HOHENVELDERN/STEIN, Völkerrecht, § 46, Rn. 768.

ausreichende finanzielle Unterhaltung erfährt, ist es auch nicht den wirtschaftlichen Zwängen unterworfen, mit denen sich die übrigen kleinen Kleinstaaten konfrontiert sehen. Auch bezüglich der Besetzung der Staatsämter mit geeigneten Kandidaten, was aus dem Reservoir eines (nicht mal) 1000-Einwohner-Volkes auf die Dauer sicher nicht möglich wäre, kann der Vatikan auf Katholiken aus aller Herren Länder zurückgreifen. Auf diese Weise konnte sich auch ein Winzling, der ohne Unabhängigkeit lediglich einen Stadtteil der italienischen Hauptstadt darstellen würde, seine Souveränität erhalten, ohne sich zu stark an den großen Nachbarn anlehnen zu müssen oder an den kleinstaatenspezifischen Funktionsdefiziten zugrunde zu gehen. Der Vatikanstaat ist deshalb als Sonderfall der Staatenwelt anzusehen.

ff) Die anderen sehr kleinen Kleinstaaten als Modell für Liechtenstein?

Insgesamt ergibt sich damit ein sehr buntes Bild; es existieren die unterschiedlichsten Intensitäten der Teilnahme der kleinen Kleinstaaten an der europäischen Integration. Die stärkste Form der Teilnahme ist die Mitgliedschaft in der EU, wie sie Malta erreicht hat. Die nächste Stufe der Integration stellt die bilaterale Anbindung an die EU mittels Zollunionsverträgen dar (San Marino und Andorra). Als eine schwächere Form der Teilhabe erweist sich die mittelbare Einbeziehung eines Staates auf dem Wege der bilateralen Bindung an einen Mitgliedstaat der EU (z. B. Monaco). Schließlich können auch noch Staaten entdeckt werden, die sich nahezu vollständig der europäischen Integration entziehen (im Falle des Vatikans mit Ausnahme der Währungsfrage). Auffällig ist, dass die Intensität der Involvierung der untersuchten kleinen Kleinstaaten in das europäische Experiment in Abhängigkeit steht von deren jeweiliger Bevölkerungszahl; als der im Vergleich größte Staat konnte Malta gar in die Gruppe der Mitgliedstaaten der EU einziehen, während der kleinste Staat, der Vatikan, sich der europäischen Integration fast vollständig entzieht. Mögen, vor allem im Fall des Vatikan, auch andere Effekte dabei eine Rolle spielen[1752], ist zu vermuten, dass die kleineren Kleinstaaten nicht eine intensivere Stufe der europäischen Integration erreicht haben, weil sie einerseits auf Grund ihrer kleinstaatlichen Funktionsdefizite nicht in der Lage sind, die administrativen und legislativen Lasten einer intensiveren Beteilung zu tragen, und andererseits auf Grund ihrer Kleinheit nicht in den Reihen der EU-Mitgliedstaaten erwünscht sind, weil sie zwangsläufig die Abstimmungsverhältnisse zu Lasten der großen Mitgliedstaaten verändern würden.

[1752] Z. B. profitiert San Marino von der *„...relativ nachsichtigen Haltung..."* seines großen Nachbarn, wohingegen *„...Monaco mit dem traditionellen Zentralismus Frankreichs..."* eine besondere Last trägt (so GSTÖHL, Flexible Integration für Kleinstaaten? – Liechtenstein und die Europäische Union, S. 108); der Vatikan mag als Sitz der katholischen (Welt-)Kirche beispielsweise auf Grund seiner über die Grenzen Europas weit hinausgehenden Bedeutung auf ein verstärktes Engagement in Europa verzichten.

Angesichts der Analyse der Beziehungen der anderen kleinen Kleinstaaten in Europa ist für Liechtenstein festzustellen, dass das Fürstentum mit seiner Integration auf multilateraler Basis im EWR unter Aufrechterhaltung der Zollunion mit der Schweiz nicht nur subjektiv betrachtet eine sehr günstige Stellung errungen hat, sondern hinsichtlich der Möglichkeiten auch im Vergleich mit den Größengenossen weit über dem Durchschnitt liegt. Die hinsichtlich der Größe am besten vergleichbaren Staaten Andorra und San Marino sind lediglich bilateral mit der EU verbunden, können daher ihre Interessen nicht zusammen mit anderen Staaten gegenüber der EU vertreten, wie dies Liechtenstein im Rahmen des EWR im Zusammenspiel mit den anderen EFTA-EWR-Staaten möglich ist. Dieser Schulterschluss wirkt darüber hinaus auch im bilateralen Verhältnis zu einzelnen EU-Mitgliedstaaten und Beitrittsaspiranten, wie dies etwa im noch darzustellenden Fall bezüglich der Aufnahme der Tschechischen Republik in den EWR zu erleben war, als sich Island und Norwegen explizit auf die Seite Liechtensteins stellten[1753]. Des Weiteren verfügen die EFTA-EWR-Staaten immerhin über ein bestimmtes Mitspracherecht im Vorfeld der Entstehung auch sie betreffenden sekundären Gemeinschaftsrechtes, auch wenn ihnen letzten Endes kein Entscheidungsrecht zukommt[1754]. Dagegen verfügen die bilateral mit der EU verbundenen Kleinstaaten über keine derartigen Instrumentarien. Ihnen verbleibt lediglich die Möglichkeit, an die EU zu appellieren, die kleinstaatlichen Interessen zu berücksichtigen; der Appell eines einzigen kleinen Kleinstaates hat zudem weniger Gewicht und faktische Überzeugungskraft als dies eine konzertierte Aktion der EFTA-EWR-Staaten verspricht. Damit wäre die Befolgung des andorranischen und sanmarinesischen Weges aus liechtensteinischer Perspektive eine Verschlechterung.

Da also auch ein Abschluss eines bilateralen Zollvertrages zu mehr Abhängigkeit führen würde, erscheint lediglich der Beitritt zur EU als theoretisch gangbarer Weg, will das Fürstentum sich in seiner Stellung in der internationalen Staatenwelt nicht verschlechtern. Da eine bilaterale Anknüpfung nach andorranisch-sanmarinesischem Vorbild einen Integrationsrückschritt darstellen würde, könnte allenfalls Malta als Modell für Liechtenstein gelten.

c) Die Szenarien zukünftiger europäischer Integration in der Literatur

Wie auch immer sich die politische Landschaft in den nächsten Jahren verändern mag, wird die Problematik der Neuausrichtung der liechtensteinischen Integrationspolitik sich also im Kern auf die Frage des Verhältnisses Liechtensteins zur Europäischen Union zurückführen lassen. Denn letztere muss als „*...Gravitationszentrum aller Integrationsregime...*“[1755] in Europa begriffen werden, wes-

---

[1753] Zum Verhalten des Fürstentums anlässlich des Beitrittes der Nachfolgestaaten der Tschechoslowakei zum EWR vgl. unten: Kap. 5, B.VI. und Kap. 5, C.III.7.

[1754] Vgl. dazu bereits Kap. 3, B.II.3.b)bb).

[1755] GSTÖHL, Flexible Integration für Kleinstaaten? – Liechtenstein und die Europäische Union, S. 213.

halb sich nicht nur die *„...europäischen Zwergstaaten (...) mit der Gemeinschaft arrangieren [müssen], um zu überleben...“*[1756]. Im Falle Liechtensteins gilt dies in besonderem Maße, denn das aus liechtensteinischer Sicht sicherlich wünschenswerte Fortdauern der aktuellen Integrationslösung kann auf Grund der Abhängigkeit vom weiteren Verhalten der Schweiz und der übrigen EFTA-EWR-Staaten durch das Fürstentum allein nicht garantiert werden. Neben der Aufrechterhaltung des *status quo* ergeben sich schlicht zwei Möglichkeiten: eine Vertiefung oder eine Lockerung der Beziehungen zur EU[1757].

aa) Meinungsstand bis dem Beitritt zum EWR

Diese Einteilung der liechtensteinischen Zukunftsmodelle in drei grundsätzliche Verhaltensgruppen wurde auch schon vor der Mitgliedschaft des Fürstentums im EWR in der Literatur dokumentiert. Bereits im Jahre 1975 wies GYGER zwar darauf hin, dass die Möglichkeiten der Ausgestaltung einer Beziehung zwischen Liechtenstein und der Europäischen Gemeinschaft nahezu unendlich seien, fasste diese Vorgehensweisen jedoch in drei *„Beziehungsarten“* zusammen: Beitritt, Assoziation und Trennung[1758]. Auch BRUHA sah einen Dreiklang an möglichen Zukunftsperspektiven. Liechtenstein könne sich entweder vom Integrationsprozess fernhalten oder sich der mit der europäischen Einigung verbundenen Rechtsangleichung ohne Vorbehalte unterwerfen. Der dritte Weg – und dies sei die zu präferierende Variante – bestehe darin, *„...die Vorzüge der jeweiligen Maximallösungen optimal zu kombinieren bzw. deren Nachteile entsprechend gering zu halten...“*[1759].

BRUHA und GYGER veröffentlichten ihre Überlegungen zu einer Zeit, als Liechtenstein keine selbständige direkte vertragliche Verbindung mit der EG pflegte, sondern lediglich über Zusatzprotokolle am Freihandelsabkommen der Schweiz

---

1756 SACK, Europas Zwerge, S. 46.

1757 Diese einfache Analyse der zukünftigen Möglichkeiten liechtensteinischer Integrationspolitik findet sich auch bei Prinz NIKOLAUS VON LIECHTENSTEIN: *„Unabhängig, ob und wie größere integrationspolitische Veränderungen in den nächsten Jahren eintreten, stellt sich für Liechtenstein die Frage, wie es seine Beziehungen zur EU gestaltet. Tendenziell gibt es drei grundsätzliche Verhaltensweisen Liechtensteins diesbezüglich: Erstens den Versuch, den Status Quo möglichst so zu halten, wie er ist, zweitens eine verstärkte Integration in die EU und drittens eine Lockerung der Beziehungen zur EU“*. Vgl. V. LIECHTENSTEIN, Szenarien zur integrationspolitischen Zukunft Liechtensteins, S. 74.

1758 GYGER, Liechtenstein und die EG, S. 190.

1759 Dieses Vorgehen überschrieb der Autor mit dem aus der deutschen Grundrechtsdogmatik entlehnten und in diesem Zusammenhang recht deplaziert wirkenden Begriff der *„praktischen Konkordanz“*; BRUHA, Liechtenstein im europäischen Integrationsprozess, S. 201 Der Begriff der praktischen Konkordanz beinhaltet den Grundsatz, im Rahmen einer verfassungsrechtlichen Verhältnismäßigkeitsprüfung *„...kollidierende Rechtsgüter in Ausgleich zu bringen, Grundrechtsbegrenzungen verhältnismäßig vorzunehmen...“*; vgl. etwa DEGENHART, Staatsrecht I, Rn. 400.

mit der EG teilnahm[1760]. Obwohl man damals die so gefundene Lösung auf der Grundlage wirtschaftlicher Betrachtungsweise als zufriedenstellend und deren Beibehaltung als *„...vermutlich zunächst einmal das beste...“* ansah[1761], war man noch weit von der von BRUHA geforderten Kombinationslösung entfernt. Ebenso konnte von einer tatsächlichen Assoziierung des Fürstentum an die EG noch nicht wirklich gesprochen werden, wenn man für eine solche fordert, dass ein assoziierter Staat durch diese Zusammenarbeit mit der Organisation zwar nicht ihr Mitglied wird, jedoch *„...einen von Fall zu Fall sehr verschiedenen Teil der Rechte und Pflichten eines Mitglieds...“* übernimmt[1762]. Das Fürstentum Liechtenstein hat jedoch mit den Zusatzprotokollen zum Freihandelsabkommen zwischen der Schweiz und der EG nicht selbst Rechte und Pflichten eines Mitgliedsstaates übernommen, sondern wurde lediglich in die bilateralen Vereinbarungen zwischen der Eidgenossenschaft und der Europäischen Gemeinschaft miteinbezogen. Erst die Vollmitgliedschaft im EWR hat zu einer solchen Assoziierung mit der EU geführt, wodurch auch gleichzeitig im Modell von GYGER die vermittelnde Stufe heute als erreicht zu gelten hat. Angesichts der positiven Bewertung der EWR-Mitgliedschaft Liechtensteins kann auch die Forderung BRUHAs nach einer Kombinationslösung als dritten Weg für den Moment als erfüllt angesehen werden. Somit stellt die Zusammenarbeit des Fürstentums mit der EU auf der Ebene einer Assoziation unterdessen den *status quo* dar. Deshalb stellt die Forderung VON LIECHTENSTEINs in seinem Aufsatz aus dem Jahre 2000 dahingehend, die erreichte Stellung zu halten, eine anspruchsvollere Devise für die liechtensteinische Politik dar als die Stillhaltevariante in den Ausführungen BRUHAs aus dem Jahr 1990: die Perspektive Liechtensteins hat sich verändert.

bb) Auswirkungen des EWR-Beitrittes auf den Meinungsstand

Obwohl heute die Notwendigkeit einer Teilnahme an der europäischen Integration in Liechtenstein allgemein anerkannt ist, kann aus der Literatur auch heute die alte Dreistufigkeit der Lösungsmöglichkeiten herausgelesen werden. So sehen BRUHA und GEY-RITTER in ihrem gemeinsamen Aufsatz aus dem Jahre 1998 die folgenden drei möglichen Wege für den Fall, dass die Schweiz in die EU einträte oder der EWR durch weiteren Mitgliederverlust auf der EFTA-Seite in Frage gestellt würde: *„1. Mediatisierung durch die Schweiz auf der Grundlage eines bilateralen Nachfolgeabkommens zum Zollvertrag und den anderen bilateralen Verträgen; 2. Abschluss eines Zollvertrages und weiterer Wirtschaftsabkommen mit der Europäischen Gemeinschaft; 3. Beitritt zur Europäischen Union“*[1763]. Die beiden Extrema entsprechen immer noch jenen GYGERs aus dem Jahr 1975: was für den Beitritt angesichts gleichen Wortlautes offensichtlich ist, ergibt sich für den Begriff der Trennung bei GYGER auf den

---

[1760] Dazu bereits Kap. 4, C.III.3.b)bb) am Anfang.

[1761] Vgl. BRUHA, Liechtenstein im europäischen Integrationsprozeß, S. 201 / 202.

[1762] SEIDL-HOHENVELDERN/STEIN, Völkerrecht, § 49, Rn. 836.

[1763] BRUHA / GEY-RITTER, Kleinstaat und Integration, S. 170.

zweiten Blick: eine Mediatisierung Liechtensteins durch den eidgenössischen Nachbarn bedeutet nichts anders, als dass das Fürstentum und die EU über keine direkten vertraglichen Beziehungen mehr verfügen würde. Die von BRUHA / GEY-RITTER unter 2. vorgeschlagene Assoziation beinhaltet schlicht den Versuch, die bereits erreichte Kombinationslösung zu retten, wobei bei dieser Lösung das Fürstentum immerhin als direkter Vertragspartner mit der EU auf gleicher Augenhöhe stehen würde.

GSTÖHL[1764] diskutiert in ihrer tiefgehenden und detailverliebten Arbeit zur integrationspolitischen Zukunft Liechtensteins ebenfalls drei mögliche Grobrichtungen für das anvisierte Verhältnis zur EU in den nächsten Jahrzehnten: Bilateralismus, EWR-Mitgliedschaft und EU-Mitgliedschaft. Die Autorin sieht für die Eidgenossenschaft dieselben Möglichkeiten und macht sich Gedanken über die Folgen sowohl für die liechtensteinische Wirtschaft und Politik als auch für die Stellung des Kleinstaates in den internationalen Beziehungen für acht der neun – in Abhängigkeit des Verhaltens der Schweiz und Liechtensteins – möglichen Kombinationsmöglichkeiten[1765]. Es fällt damit zunächst auf, dass GSTÖHL die Handlungsmöglichkeiten sozusagen höherwertiger ansiedelt als BRUHA / GEY-RITTER. Zwar decken sich die beiden Dreiklänge in zwei Tönen (EU-Beitritt und Bilaterale Zusammenarbeit), jedoch nimmt GSTÖHL die Mediatisierung Liechtensteins durch die Schweiz nicht in ihr Szenarientrio auf. Allerdings durchbricht sie ihr eigenes starres Prüfungskorsett der drei möglichen *„...integrationspolitischen Entscheide der Schweiz und Liechtensteins...“*[1766], indem auch sie anlässlich ihrer Ausführungen zur Zukunftsvariante *„Liechtenstein im EWR, Schweiz in der EU“* eine zusätzliche Möglichkeit liechtensteinischer Teilhabe an der EU benennt: die Mediatisierung des Fürstentums durch die Schweiz – allerdings soll, anders als bei BRUHA / GEY-RITTER, dieser indirekte Anschluss über den Zollvertrag ohne bilaterales Nachfolgeabkommen zum Zollvertrag und zu den anderen bilateralen Verträgen zustande kommen[1767].

1764 Das gesamte Kapitel 6 der Arbeit der Autorin ist den Optionen der liechtensteinischen Integrationspolitik gewidmet, vgl. GSTÖHL, Flexible Integration für Kleinstaaten? – Liechtenstein und die Europäische Union, S. 159 ff.

1765 GSTÖHL überprüft nicht die Variante Bilateralismus Liechtenstein-EU, Schweiz in der EWR; dies ist zwar insofern kein Verlust, als das Eintreten dieser Variante als höchst unwahrscheinlich angesehen werden muss, jedoch erscheint das Auslassen dieser Möglichkeit unverständlich, da die Autorin auch andere höchst unwahrscheinliche Varianten geprüft hat.

1766 GSTÖHL, Flexible Integration für Kleinstaaten? – Liechtenstein und die Europäische Union, S. 216.

1767 GSTÖHL, Flexible Integration für Kleinstaaten? – Liechtenstein und die Europäische Union, S. 187: *„Liechtensteins Alternativen im Falle eines Schweizer EU-Beitrittes bestehen (abgesehen von einem parallelen EU-Beitritt, ...) erstens in einer Auflösung des Zollvertrages mit der Schweiz, zweitens in einem indirekten Anschluss an das EU-Zollgebiet durch die Beibehaltung des Zollvertrages mit der Schweiz ohne vertragliche Beziehung zur EU, und drittens in einem direkten Zollanschluss an die Europäische Gemeinschaft*

cc) Ergebnis

Insgesamt wird damit die ganze Bandbreite der Möglichkeiten in der Literatur diskutiert, von der kompletten Abkehr von der EU bis zum EU-Beitritt. Die Erörterung des weiteren Vorgehens in der Frage der liechtensteinischen Integrationspolitik leidet jedoch stark an der unsicheren Zukunft, was das Verhalten der Schweiz und er übrigen EWR-EFTA-Staaten anbelangt. Obwohl der geglückte EWR-Beitritt die Stellungnahmen hat optimistischer werden lassen, folgen sie dennoch den Vorgaben der älteren Szenarien.

d) Meinungsstand zur Größenverträglichkeit einer EU-Mitgliedschaft

Die Freiheit der liechtensteinischen Entscheidung betreffend der zukünftigen Teilnahme an der europäischen Einigung wird mit Sicherheit nicht nur durch die Richtungsentscheidungen der Partner des Fürstentums beschränkt, sondern auch die Qualität Liechtensteins als Kleinstaat könnte die Auswahl unter den oben ausgeführten Szenarien beschneiden. Damit stellt sich die Frage der Größenverträglichkeit einer liechtensteinischen EU-Mitgliedschaft, welche damit den Kernstreitpunkt der Diskussion um den EU-Beitritt Liechtensteins als mögliche Handlungsvariante bildet. Im Rahmen dieser Debatte lässt sich jedoch eine gewisse Verschiebung der Meinung in zeitlicher Hinsicht, und zwar in Richtung einer positiven Bewertung einer möglichen EU-Mitgliedschaft Liechtensteins feststellen. Im Jahre 1990, also vor der Aufnahme Liechtensteins in den EWR, sah BRUHA den selbständigen Beitritt des Fürstentums in die EU als *„...völlig undenkbar...“* an[1768]. In einem Aufsatz aus dem Jahre 1993 sahen KREILE / MICHALSKY[1769] die EU-Mitgliedschaft bereits als *„...Perspektive, die (...) im Lande sehr kontrovers diskutiert wird...“*. Allerdings lassen die Autoren keinen Zweifel daran, dass diese Perspektive lediglich dann eröffnet sein könne, wenn der Beitritt im Gleichschritt mit der Schweiz erfolgen würde. Auch sei auf Grund der Kleinheit des Fürstentums *„...nicht selbstverständlich damit zu rechnen, dass es Mitglied der EG werden könnte, selbst wenn es dies wollte...“*.

Nach der Aufnahme in den EWR wurden die Stimmen zum Teil positiver; in einem Strategiepapier des CENTRUMS FÜR ANGEWANDTE POLITIKFORSCHUNG DER UNIVERSITÄT MÜNCHEN aus dem Jahre 1999 heißt es schlicht: *„Weiteren Staaten steht die Mitgliedschaft [in der Europäischen Union] offen, sofern sie nur den nötigen politischen*

---

durch einen neuen Vertrag“.

1768 BRUHA, Liechtenstein im europäischen Integrationsprozeß, S. 209, wobei der Autor bereits damals die Möglichkeit einer EU-Mitgliedschaft anklingen ließ: *„Anders eventuell nach Absolvierung einer EWR-Phase: Ich könnte mir vorstellen, dass Liechtenstein, einmal einer von neunzehn EWR-Mitgliedstaaten, nicht mehr so ohne weiteres ‚unter den Tisch fallen' kann, sollte es irgendwann einmal zu einer Überführung des EWR in die Europäische Gemeinschaft oder eine nach dem Subsidiaritätsprinzip strukturierte Europäische Union kommen“.*

1769 KREILE / MICHALSKY, Kleinstaaten im Prozeß der europäischen Integration, S. 242.

Willen dazu aufbringen: Island, Liechtenstein, Norwegen und die Schweiz"[1770]. In den meisten Veröffentlichungen wurde jedoch auch nach dem Beitritt Liechtensteins zum EWR nicht die Stärke des liechtensteinischen Staates und dessen Größenverträglichkeit mit der EU positiver bewertet als vorher, sondern verstärkt auf ein Entgegenkommen der Europäischen Gemeinschaften gesetzt[1771]. Diese Hoffnung formulieren BRUHA / GEY-RITTER[1772] sogar mit einem durchaus fordernden Ton gegenüber der EU. Die Autoren postulieren einen Anspruch auf Teilhabe am europäischen Integrationsprozess, den sie aus den *„...völkervertraglichen und konstitutionellen Grundlagen und Ziele[n]..."* der EU folgern. Auch wenn sich daraus nicht zwangsläufig auch ein Anspruch auf EU-Mitgliedschaft ergeben soll, dürfe die *„...Kleinheit eines Staates (...) nicht a priori ein Ausschlussgrund für die EU-Mitgliedschaft sein..."*; vielmehr habe die EU bei der Prüfung der Größenverträglichkeit der Mitgliedschaft *„...auch die ihr möglichen institutionellen Anpassungsleistungen zu berücksichtigen..."*.

Die Behauptung, die EU sei im Zweifel auch verpflichtet, sich selbst zu verändern, um die Aufnahme auch kleinster Staaten zu ermöglichen, geht aber wohl an der Realität vorbei. Selbst wenn ein Beitrittsaspirant alle Voraussetzungen der für die Aufnahme formulierten sog. *„Kopenhagener Kriterien"*[1773] erfüllen sollte, verbleibt

---

1770 CENTRUM FÜR ANGEWANDTE POLITIKFORSCHUNG, Mittel- und Osteuropa auf dem Wege in die EU, S. 5.

1771 So äußert sich Prinz NIKOLAUS VON LIECHTENSTEIN in einem Beitrag aus dem Jahre 2000 folgendermaßen: *„Aus heutiger Sicht würde ich eher davon ausgehen, dass eine Vollmitgliedschaft Liechtensteins in der EU nicht wahrscheinlich ist, schon der umfangreichen Mitgliedschaftsverpflichtungen wegen. Einschneidende Veränderungen sind aber durchaus denkbar und die Frage könnte sich einmal in einem anderen Lichte stellen"*. V. LIECHTENSTEIN, Szenarien zur integrationspolitischen Zukunft Liechtensteins, S. 75.

1772 BRUHA / GEY-RITTER, Kleinstaat und Integration, S. 171.

1773 KÖNIG / HARATSCH, Europarecht, Rn. 862, gibt die vom Europäischen Rat von Kopenhagen vom 21. / 22. Juni 1993 zusammengefassten – sich hauptsächlich aus Art. 49 und 6 Abs. 1 EUV ergebenden – Kriterien (Bull. Breg. 1993, S. 629, 632), die Beitrittskandidaten erfüllen müssen, folgendermaßen wieder:

„(1). Geographisches Kriterium: europäischer Staat

(2). Politische Kriterien:

(a). rechtsstaatliche Ordnung

(b). demokratische Ordnung

(c). Schutz der Grund- und Menschenrechte

(d). Schutz der Minderheiten

(3). Wirtschaftliche Kriterien:

(a). funktionsfähige Marktwirtschaft

(b). Fähigkeit, dem Wettbewerbsdruck und den Marktkräften innerhalb der Union standzuhalten

(4). Sonstige aus der Mitgliedschaft erwachsenden Verpflichtungen:

(a). Übernahme der Ziele der politischen Union sowie der Wirtschafts- und Währungsunion

dem Rat und den Mitgliedsländern ein *„...Beurteilungs- und Ermessenspielraum, dessen Reichweite allenfalls durch die im achten Absatz der Präambel des EG-Vertrages enthaltene Beitrittsaufforderung an die anderen Staaten Europas begrenzt wird...“*, wobei dieser Beurteilungs- und Ermessensspielraum sowohl bezüglich des *„Ob der Aufnahme“* als auch bezüglich des *„Wie der Aufnahme“* seine Wirkung entfaltet[1774]. Insgesamt sind keine Ansätze aus den Verträgen zu erkennen, worauf sich eine Verpflichtung zur Aufnahme gegen die Interessen der bereits teilnehmenden Mitgliedstaaten begründen ließe. Auch aus dem achten Absatz der Präambel des EG-Vertrages kann sich nichts Anderes ergeben. Es ist selbstredend, dass ein Beitritt zur Gemeinschaft, zu dem an dieser Stelle der Präambel aufgerufen wird, ausschließlich zu den von der EU formulierten Konditionen erfolgen soll.

Viel beachtlicher ist, dass sich die EU trotz fehlender Verpflichtung offenbar auf die kleinen Staaten Europas zubewegt und sich somit – zumindest zu einem gewissen Grad – der *„Kleinstaatenfrage“*[1775] stellt. Die Europäische Union sieht sich nun mit derselben Problematik konfrontiert wie die Vereinten Nationen und der Europarat in den 1960/70er Jahren[1776]. Jedoch ist es angesichts der weitreichenden Einflüsse der Mitgliedschaft in der EU auf die einzelnen Mitgliedstaaten nicht wahrscheinlich, dass auch diese Staatengemeinschaft den Kleinstaaten in altruistischer Manier eine gleichberechtigte Teilnahme ermöglichen wird, wenn dadurch die Einflussnahmemöglichkeiten der großen Mitgliedstaaten beschnitten werden. Trotzdem wurden Malta (mit 390.000 Einwohnern und einer Fläche von 316 qkm) und Zypern (mit 760.000 Einwohnern und einer Fläche von 9.251 qkm)[1777] als kleine Staaten in die Reihe der Mitgliedstaaten aufgenommen.

Jedoch versuchte man das Entgegenkommen zu relativieren, indem im Vertrag von Nizza bezüglich der Abstimmungen im Rat unter anderem die *„...Stimmen der einzelnen Mitgliedstaaten (...) zu Gunsten der größeren neu gewichtet [wurden], damit das relative Stimmenübergewicht der kleineren, wie es bislang im Vertrag angelegt ist, nicht überhand nehme, wenn weitere kleine und kleinste Mitgliedstaaten hinzukommen...“*[1778]. Der Autor geht aus-

---

(b). Übernahme des ‚gemeinsamen Besitzstandes' der EU (acquis communautaire)

(c). Kapazität von Verwaltung und Justiz zur Anwendung des gemeinsamen Besitzstandes...“.

1774 KÖNIG / HARATSCH, Europarecht, Rn. 863 f.

1775 BRUHA / GEY-RITTER, Kleinstaat und Integration, S. 170, hatten in ihrem Aufsatz aus dem Jahre 1998 schon gefordert, dass sich die EU *„...bald der ‚Kleinstaatenfrage' stellen müssen...“* wird.

1776 Vgl. Kap. 1, B.III.2.b) und Kap. 4, C.III.2.b)bb)(3).

1777 Die Daten bezüglich der Einwohnerzahl und der Fläche von Malta und Zypern sind entnommen aus einer Aufstellung in: VEREINTE NATIONEN, Die Mitgliedstaaten der Vereinten Nationen, S. 38 ff.

1778 WIEDMANN, Anmerkungen zum Vertrag von Nizza, S. 846; auf den S. 850 f. stellt der Autor klar, dass aus Art. 3 des Protokolls über die Erweiterung der Union sogar eine Veränderung der *„...Anforderungen an eine qualifizierte Mehrheit ab dem 1. 1. 2005 in drei-*

drücklich davon aus, dass sich die EU auch auf die Aufnahme kleinster Staaten vorbereitet.

Ob man diese Schlussfolgerung aus dem Vertrag ziehen kann, erscheint recht voreilig. Unbestreitbar wird aber deutlich, dass die EU durchaus bereit ist, weitere Kleinstaaten in ihren Kreis aufzunehmen, soweit diese bereit sind, ein verstärktes *„weighted voting"* zu akzeptieren. Das bedeutet aber nicht, dass damit Staaten jeglicher Größe in den Verband der Europäischen Union aufgenommen werden sollen. So wird die gleichberechtigte Mitgliedschaft Liechtensteins in der EU auch in Teilen der neueren Literatur als nicht gangbarer Weg gesehen. So sieht SACK[1779] einen Beitritt eines Vertreters der kleinsten europäischen Staaten als *„...theoretisch möglich..."*, aber *„...aus praktischen Gründen meist ausgeschlossen [an], weil ein solcher Beitritt eine administrative Masse auf internationaler Ebene voraussetzt, welche zu erbringen diese Staaten selten in der Lage sind..."*. BRUHA / VOGT sehen ein Problem in der *„...Systemverträglichkeit derartiger Beitritte..."*, da der *„...institutionelle Rahmen der EU, insbesondere was die Mitwirkung in Rat und Kommission mit ihren zahlreichen Untergliederungen betrifft, nicht auf Kleinstaaten zugeschnitten..."* ist[1780]. Selbst die dem Fürstentum Liechtenstein offensichtlich sehr verbundene GSTÖHL muss einräumen: *„Für eine selbständige Wahrnehmung aller mit einer Vollmitgliedschaft verbundenen Rechte und Pflichten ist das Fürstentum zu klein"*[1781]. Dies muss umso mehr gelten, als bereits das mehr als zehnmal größere Luxemburg in bestimmten Bereichen die Hilfe seiner Benelux-Partner in Anspruch nehmen muss und in der Literatur zu lesen ist, dass *„...es sich bei einem Beitritt Maltas um einen solchen* sui generis *handeln muss, soll er überhaupt möglich werden..."*[1782]. Mitgliedschaften von Staaten in der Größenordnung Luxemburgs oder Maltas können damit mangels Größenvergleichbarkeit nicht als Präzedenzfall für eine liechtensteinischen Beitritt gelten.

Dazu kommt, dass letztlich nicht einzusehen ist, warum in einer Europäischen Union, in der dauerhaft das ohnehin bestehende Demokratiedefizit beklagt wird, selbiges durch die Aufnahme von sehr kleinen Staaten noch verstärkt werden soll-

facher Hinsicht..." eintritt. Neben der verstärkten Orientierung der Stimmengewichtung an den Bevölkerungszahlen kommt als *„...zweites neues Element (...) hinzu, dass hinter einer qualifizierten Stimmenmehrheit eine Mehrzahl der Mitgliedstaaten stehen muss..."*; die *„...dritte und auffälligste Neuerung betrifft die Bevölkerungsklausel: Jedes Ratsmitglied kann bei Abstimmungen überprüfen lassen, ob die Mitgliedstaaten, die eine qualifizierte Stimmenmehrheit zu Wege bringen, mindest 62 % der EU-Bevölkerung repräsentieren. Ist dies nicht der Fall (weil viele kleine Mitgliedstaaten hinter dem Beschluss stehen) kommt die Entscheidung nicht zu Stande"*; auch im Europäischen Parlament soll sich die Sitzverteilung in Zukunft stärker an der Bevölkerungsstruktur der EU orientieren.

1779 SACK, Europas Zwerge, S. 46.

1780 BRUHA / VOGT, Rechtliche Grundfragen der EU-Erweiterung, S. 500.

1781 GSTÖHL, Flexible Integration für Kleinstaaten? – Liechtenstein und die Europäische Union, S. 201.

1782 Vgl. SACK, Europas Zwerge, S. 46.

te. Denn dies würde zwangsläufig das Ergebnis sein, denn das Minimum einer Stimme im Rat führte zu einer noch einmal verstärkten Überrepräsentation der Interessen der kleinen Völker. So repräsentiert – auf der Grundlage des Vertrages von Nizza[1783] – eine Stimme der Bundesrepublik Deutschland im Rat in etwa 2,8 Millionen Bundesbürger, während eine maltesische Stimme von lediglich ca. 130.000 Menschen getragen würde. Schon diese Zahlen stehen über einen Faktor im Verhältnis, der sich als größer als 21 erweist. Gewährte man dem Fürstentum Liechtenstein eine Stimme im Rat, würde diese die Interessen von lediglich etwa 30.000 Liechtensteinern vertreten. Die Mächtigkeit der Repräsentation von Deutschen und Liechtensteinern im Rat würde dann in einem Verhältnis eines Faktors liegen, der die Zahl 93 überwindet. Dieses Ausmaß an Überrepräsentation kleinstaatlicher Stimmacht muss die Vertreter der großen Mitgliedstaaten im Grunde zu Gegnern der Aufnahme der sehr kleinen europäischen Staaten in die EU machen. Angesichts der großen Bedeutung der Entscheidungen auf EU-Ebene für die Mitgliedstaaten, kann eine Aufnahme als Akt des *„...politischen Artenschutzes...“*[1784] nicht erwartet werden. Andererseits darf nicht übersehen werden, dass die Aufnahme Liechtensteins in den EWR ohne gleichzeitigen Beitritt der Schweiz zu Beginn der 1990er Jahre *„...in wissenschaftlichen Studien [ebenfalls] als unrealistisch eingestuft oder gar ausgeschlossen wurde...“*[1785]. Letztlich kommt es wohl lediglich darauf an, ob eine Mitgliedschaft Liechtensteins zu gegebener Zeit politisch gewollt ist.

e) Die Auswirkungen einer EU-Mitgliedschaft auf Liechtenstein als Kleinstaat

Bislang blieb die Frage unbeantwortet, ob die Mitgliedschaft in der EU für das Fürstentum Liechtenstein überhaupt erstrebenswert ist. Ein unüberlegter Beitritt gegen kleinstaatenspezifische Interessen wäre selbstredend kontraproduktiv.

aa) Souveränitätsrelevante Aspekte

Hinsichtlich der Bewertung eines Beitrittes des Fürstentums zur EU nach souveränitätspolitischen Aspekten käme es vorrangig darauf an, welche Bedeutung der liechtensteinischen Teilhabe an der Entscheidungsfindung innerhalb der Europäischen Union zugebilligt und wie diese Möglichkeiten der Mitbestimmung ausgestaltet sein würden[1786]. Jedoch wäre nicht zu erwarten, dass sich Liechtenstein mit

---

[1783] Die den Berechnungen zugrundeliegenden Zahlen zur Bevölkerungsstärke und Stimmenanzahl sind entnommen einer Tabelle bei: MAURER, Der Vertrag von Nizza, S. 5.

[1784] vgl. BRUHA, Liechtenstein im europäischen Integrationsprozeß, S. 206, der diesen Begriff in der Weise gebraucht, dass Kleinstaaten auf Grund ihrer historisch entwickelten Eigenständigkeit einen Anspruch darauf hätten, einen *„angemessenen Platz bei der Neukonstruierung Europas...“* zugestanden zu bekommen.

[1785] Vgl. GSTÖHL, Flexible Integration für Kleinstaaten? – Liechtenstein und die Europäische Union, S. 159, mit weiteren Hinweisen.

[1786] Vgl. GSTÖHL, Flexible Integration für Kleinstaaten? – Liechtenstein und die Europäische Union, S. 214.

einer Entscheidung, die zur Zeit intensivste europäische Integrationsform zu wagen, schlechter stellen würde als die anderen Mitgliedstaaten der EU. Ganz im Gegenteil kann davon ausgegangen werden, dass, sollte Liechtenstein einst Mitgliedstaat der EU werden, eine liechtensteinische Stimme weniger Liechtensteiner repräsentieren würde als eine Stimme eines großen Nationalstaates Staatsbürger dieses Staates. Hier schlüge sich wiederum das Spannungsverhältnis zwischen dem Grundsatz der souveränen Gleichheit der Staaten und ihrer realen politischen und wirtschaftlichen Macht nieder. Auch in der bestehenden EU hat sich dieser Effekt verwirklicht, wie das der eben dargestellte Vergleich der Bevölkerungszahlen, die hinter einer deutschen und einer maltesischen Stimme im Rat stehen, gezeigt hat. Wie gesehen, stehen die Zahlen in einem rechnerischen Verhältnis von mehr als 21; im selben Verhältnis ist damit gegenüber auch die Stimmengewichtung zugunsten des Grundsatzes der souveränen Gleichheit zum Vorteil Maltas verschoben.

Mithin teilte demnach die liechtensteinische Souveränität das Schicksal der Souveränität der übrigen Mitgliedstaaten der EU. Jedoch steht das Ansinnen, die Frage nach der Souveränität der EU-Mitgliedstaaten und die damit verbundene Frage einer qualitativen Einordnung der EU zu beantworten, dem Unterfangen gleich, die Büchse der Pandora öffnen zu wollen; die Masse an Literatur wie an unterschiedlichen Ansichten ist erdrückend[1787]. In Einhelligkeit wird lediglich angenommen, dass es sich bei der EU (jedenfalls noch) nicht um ein Gebilde handelt, welches der völkerrechtlichen Staatsdefinition genügt[1788].

Denn im Gemeinschaftsrecht gilt nach wie vor der Grundsatz der begrenzten Einzelermächtigung (*„compétences d'attribution“* – EuGH, Slg. 1996, S. 1-1759, 1787 [EMRK-Beitritt]), der für den Bereich der Europäischen Union in Art. 5 EUV ebenfalls seine Bestätigung erfährt[1789]. Zudem ist mit der herrschenden Meinung davon auszugehen, dass die EU keine internationale Organisation mit eigener Völkerrechtssubjektivität darstellt[1790], da diese weder im EUV explizit verliehen wurde, noch implizit aus den Zielen und Aufgaben der Union abgeleitet werden kann. Letzteres gilt insbesondere, weil sich in den Verhandlungen vor dem Amsterdamer

---

1787 Einen sehr gut strukturierten Überblick zur Qualifikation der EU liefert die Arbeit von BUSSE, Die völkerrechtliche Einordnung der Europäischen Union, S. 37; eine Übersicht über die Literatur zur Frage der Souveränität der Mitgliedstaaten der EU liefert derselbe Autor im selben Werk auf S. 90, Fn. 63.

1788 HANS BERNHARD BROCKMEYER in: SCHMIDT-BLEITREU / KLEIN, Kommentar zum Grundgesetz, Art. 23, Rn. 5 a; INGOLF PERNICE in: DREIER, Grundgesetz Kommentar, Band II, Art. 23, Rn. 41; ONDOLF ROJAHN in: V. MÜNCH / KUNIG, Grundgesetz-Kommentar, Band 2, Art. 23, Rn. 8; BVerfGE 89, 155 (181, 188) - Maastricht; eine ausführliche Analyse der Literatur bietet BUSSE, Die völkerrechtliche Einordnung der Europäischen Union, S. 139 ff., wobei er in der überbordenden Fülle an Literatur lediglich drei Autoren finden lassen, deren Aussagen als Aussagen zugunsten der Staatsqualität der EU gedeutet werden kann (vgl. S. .43, Fn. 174).

1789 KÖNIG / HARATSCH, Europarecht, Rn. 56.

1790 Vgl. beispielhaft: KÖNIG / HARATSCH, Europarecht, Rn. 769.

Vertrag entsprechende Vorschläge einzelner Mitgliedstaaten nicht durchgesetzt haben[1791].

Unterschiedlich wird die Frage beantwortet, wie sich die begrenzte Einzelermächtigung auf die souveräne Stellung der Mitgliedstaaten auswirkt. Nach der hier vertretenen Souveränitätsdefinition kann die Problematik wieder auf die Kernfrage pointiert werden, ob die Mitgliedstaaten noch über die *„volle Entscheidungsfreiheit"* verfügen. In diesem Zusammenhang ist es folglich entscheidend, ob sich die Mitgliedstaaten in irreversibeler Weise der übertragenen Hoheitsrechtsrechte in Form von auf die Gemeinschaften oder die Union übergegangener Kompetenzen entledigt haben.

Sollte dies der Fall sein, müsste man davon ausgehen, dass die Mitgliedstaaten, um die Formulierung VON LINDEINERs noch einmal aufzugreifen, die *contrôle final* zumindest insoweit verloren haben. Es geht hier demnach um die Frage, ob ein Mitgliedstaat auf Grund seiner eigenen Entscheidung die Übertragung der Hoheitsrechte rückgängig machen könnte. Beschäftigt man sich mit den verschiedenen Äußerungen in Literatur und Rechtssprechung bezüglich der eben dargestellten Fragestellung, fällt auf, dass sich in den Stellungnahmen der Autoren zwei grundverschiedene Perspektiven niederschlagen, deren Rechtfertigung sich in einer unterschiedlichen Wahrnehmung der Qualität und des Entwicklungsstandes der europäischen Integration widerspiegeln.

Sieht man die EU ausschließlich von innen, betrachtet man sie gewissermaßen als geschlossenes System, wird man zum Ergebnis kommen müssen, dass die Rückübertragung der Hoheitsrechte für den einzelnen Mitgliedstaat irreversibel ist. Diese Meinungsgruppe ließe sich etwa unter dem Schlagwort des europafreundlichen Lagers zusammenfassen. Dessen Vertreter sehen den Art. 48 EUV als gemeinschaftsrechtlich zwingende Regelung und berufen sich dabei auf die Behauptung, das Gemeinschaftsrecht habe sich *„...als eigenständige Rechtsordnung so weit verdichtet und verselbständigt, dass für die Anwendung allgemein-völkerrechtlicher Regeln kein Raum bleibt"*[1792]. Auf der Grundlage des vom EuGH in den Leitentscheidungen[1793] COSTA/ENEL und SIMMENTHAL II proklamierten absoluten Vorranges des Gemeinschaftsrechts bleibt auch für die nationalen Rechtsordnungen der Mitgliedstaaten die Bezugnahme auf das allgemeine Völkerrecht verwehrt. Die Ansicht

---

[1791] ONDOLF ROJAHN in: V. MÜNCH / KUNIG, Grundgesetz-Kommentar, Band 2, Art. 23, Rn. 9a.

[1792] VEDDER / FOLZ in: GRABITZ / HILF, Das Recht der Europäischen Union, Kommentar, Band I, Art. 48 EUV, Rn. 47, mit einer großen Anzahl an weiteren Nachweisen; INGOLF PERNICE in: DREIER, Grundgesetz Kommentar, Band II, Art. 23, Rn. 21, der die Bindungswirkung an das Verfahren des Art. 48 EUV als *„wohl h. M."* bezeichnet, ebenfalls mit weiteren Nachweisen.

[1793] EuGH, Rs. 6/64, Slg. 1964, 1251 ff. - Costa/ENEL; EuGH, Rs. 106/77, Slg. 1978, 629/643 ff. – Simmenthal II

kann sich nicht nur auf den EuGH, sondern auch auf den Wortlaut des EUV berufen; der Text sieht keine Möglichkeit des Austrittes eines Mitgliedstaates vor, zudem sieht Art. 51 EUV vor: *„Dieser Vertrag gilt auf unbegrenzte Zeit"*.

Die Gegenansicht betont die Tatsache, dass ein völkerrechtlicher Vertrag die Grundlage der Europäischen Union darstellt, jedenfalls im Zeitpunkt ihrer Begründung darstellte, weshalb Art. 48 EUV als nicht bindend gesehen wird[1794]. Die Mitgliedstaaten bleiben in ihrer Gesamtheit die *„Herren der Verträge"*[1795], können wegen der völkerrechtlichen Genese der Verträge nach dem *lex posterior*-Prinzip die vertraglichen Grundlagen der EU einverständlich aufheben. Entgegen der bislang in der Literatur jedoch dahingehenden herrschenden Ansicht, ein einseitiger Austritt sei dagegen aber nicht möglich[1796], muss zudem das allgemeine Völkerrecht im Übrigen anwendbar bleiben. Insbesondere muss sich ein Mitgliedstaat erfolgreich auf die *clausula rebus sic stantibus* nach Art. 62 der Wiener Vertragsrechtskonvention berufen können[1797]; dies meint letztlich auch das BVerfGG, wenn es im Maastricht-Urteil davon ausgeht, die Bundesrepublik habe ein Austrittsrecht aus der Gemeinschaft als *ultima ratio* für den Fall des Scheiterns der Währungsunion[1798]. Aus der Tatsache, dass in Art. 48 EUV keine Vorkehrungen für einen einseitigen Austritt aus der EU getroffen wurden, kann nur geschlossen werden, dass an diese Möglichkeit bei Ausarbeitung des Vertrages nicht gedacht wurde, nicht etwa dass ein solcher Austritt ausgeschlossen sein sollte.

Wenn das Schrifttum dies trotzdem annimmt, steht dies in seltsamem Widerspruch zum Entwurf über den Vertrag einer Verfassung für Europa, welche am 13. Juni 2003 vom Europäischen Konvent im Konsensverfahren angenommen und am 10. Juli 2003 dem Präsidenten des Europäischen Rates in Rom übereicht wurde. Dieser Entwurf sieht – in der aktualisierten Fassung – in seinem Art. I-59 ausdrücklich die Möglichkeit und das Verfahren eines freiwilligen Austrittes aus der Union vor, ohne dass dafür Voraussetzungen erfüllt sein müssten, die denen der *clausula rebus sic stantibus* entsprächen. Auch wenn der Konvent nicht die An-

---

[1794] Etwa SEIDL-HOHENVELDERN / LOIBL, Das Recht der Internationalen Organisationen, Rn. 1538, SCHERMERS / BLOKKER, International Institutional Law, §1163; ONDOLF ROJAHN in: V. MÜNCH / KUNIG, Grundgesetz-Kommentar, Band 2, Art. 23, Rn. 9b.

[1795] So etwa ONDOLF ROJAHN in: V. MÜNCH / KUNIG, Grundgesetz-Kommentar, Band 2, Art. 23, Rn. 9b, die Formulierung wurde vom BVerfGG im Masstricht-Urteil geprägt, BVerfGE 89, 155 (190).

[1796] Vgl. etwa STREINZ, Europarecht, 5. Auflage, Rn. 91

[1797] So beispielhaft: KÖNIG / HARATSCH, Europarecht, Rn. 881; Doehring, Einseitiger Austritt aus der Europäischen Gemeinschaft, S. 703, kommt auch zur Austrittsmöglichkeit bei Überschreitung der Kompetenzgrenzen der EU-Organe bzw. bei Inanspruchnahme von Hoheitsrechten, die nicht übertragen worden sind, sieht jedoch die Regelungen der Wiener Vertragsrechtskonvention als nicht passend an für Fälle bezüglich supranationaler Organisationen.

[1798] BVerfGE 89, 155 (190).

sicht der Mitgliedstaaten repräsentiert, kann nicht angenommen werden, dass ein verfasstes Europa einen einseitigen Austritt vorsieht, wenn dies nicht schon für eine Europäische Union auf der Grundlage eines völkerrechtlichen Vertrages möglich gewesen wäre. Damit bleibt es für die Mitgliedstaaten bei den Voraussetzungen der Wiener Vertragsrechtskonvention.

Das hier aufgezeigte Auseinanderklaffen von Gemeinschaftsrecht und Völkerrecht könnte nur überwunden werden, indem eine Verfassung der Europäischen Union verabschiedet würde, die die Europäische Union in einen reinen Bundesstaat überführen würde; dadurch würden die Mitgliedstaaten als Glieder des Bundesstaates ihre völkerrechtliche Relevanz verlieren[1799]. Allerdings gehen die Ansichten fehl, die bereits beim aktuellen Stand der europäischen Integration in der EU von einer schrittweise erfolgten, faktischen Konstitutionalisierung ausgehen[1800], da auf diese Weise die nach wie vor nicht zu leugnende völkerrechtliche Qualität der Verträge ignoriert wird.

Damit steht fest, dass ein willkürlicher einseitiger Austritt nicht nur nach den Regeln des EU-internen Systems unmöglich ist. Zwar bestehen auf der Grundlage des Völkerrechts Möglichkeiten eines Austrittes, jedoch ist dieser vor allem bei der *clausula rebus sic stantibus* vom Eintritt von Umständen abhängig, die der einzelne Mitgliedstaat vorsätzlich nicht herbeiführen kann. Somit besteht keine Möglichkeit, die übertragenen Hoheitsrechte lediglich auf der Grundlage nationaler Entscheidungsbildung wieder zurückzuholen. Nach der oben erarbeiteten Souveränitätsdefinition haben die Mitgliedstaaten damit die *„volle Entscheidungsfreiheit"* über die übertragenen Hoheitsrechte eingebüßt; insoweit ist ihre nationalstaatliche Souveränität geschwächt. Anders als im Fall eines Protektorates, bei dem die souveränen Rechte von einem anderen Staat übernommen werden und das Protektorat damit letztlich seine völkerrechtliche Staatsqualität einbüßt, verbleiben den Mitgliedstaaten der EU jedoch die Mitwirkungsmöglichkeiten im System der Union. Vergegenwärtigt man sich noch einmal die Möglichkeit, dass die Mitgliedstaaten in ihrer Gesamtheit durchaus die europäische Integration rückgängig machen könnten, dann werden die übergegangenen hoheitlichen Rechte gewissermaßen gemeinschaftlich wahrgenommen, nicht hingegen von einer wie auch immer teilsouveränen Europäischen Union. Es könnte damit etwa von einer *„Teilsouveränität zur gesamten Hand"* gespro-

---

[1799] Der Verweis darauf, dass die deutschen Bundesländer auch Staaten seien und dass deshalb auch die Mitgliedstaaten im Rahmen eines europäischen Bundesstaat Staaten blieben (so etwa ONDOLF ROJAHN in: V. MÜNCH / KUNIG, Grundgesetz-Kommentar, Band 2, Art. 23, Rn. 15 oder INGOLF PERNICE in: DREIER, Grundgesetz Kommentar, Band II, Art. 23, Rn. 35), geht fehl, da in Bezug auf die deutschen Bundesländer nicht von Staaten im Sinne des Völkerrechts ausgegangen werden kann, da die Definition die Souveränität derselben verlangt (s. o.); HANS BERNHARD BROCKMEYER in: SCHMIDT-BLEIBTREU / KLEIN, Kommentar zum Grundgesetz, Art 23, Rn. 5a,

[1800] INGOLF PERNICE in: DREIER, Grundgesetz Kommentar, Band II, Art. 23, Rn. 22 mit weiteren Nachweisen.

chen werden[1801]. Mithin muss Literaturmeinungen widersprochen werden, die im Rahmen der übergegangenen Souveränitätsrechte von der Verwirklichung eines bundesstaatlichen Elements ausgehen, während es im Übrigen beim staatenbündischen Charakter der europäischen Integration bleibt[1802]. Der Charakterisierung des bundesstaatlichen Elements steht die Möglichkeit der Mitgliedstaaten entgegen, auf völkerrechtlichem Boden der Europäischen Union ein Ende zu setzen. Wie man nun auch die Tatsache umschreiben mag[1803], dass Souveränitätsrechte in gemeinschaftliche Verantwortung übergangen sind, lässt sich zusammenfassend feststellen, dass die Mitgliedschaft in der Europäischen Union eine gewisse Beschneidung[1804] der nationalen Souveränität mit sich bringt.

1801 BRUHA / GEY-RITTER, Kleinstaat und Integration, S. 187, sprechen in diesem Zusammenhang davon, dass in *„...regionalen (...) Integrationssystemen..."*, wie etwa der EU, *„...Souveränität gewissermaßen ‚gepoolt'..."* wird.

1802 So JOHN FITZMAURICE in: RÖTTINGER / WEYRINGER, Handbuch der europäischen Integration, S. 366/367.

1803 Es finden sich in der Literatur unterschiedliche Begrifflichkeiten. Zum Teil wird davon gesprochen, die Souveränität befände sich zwischen den Mitgliedstaaten und der EU *„in der Schwebe"* (die Formulierung fand sich erstmals bei STEINBERGER, Verhältnis zwischen Europäischem Gemeinschaftsrecht und deutschem Recht, S. 968). Andere Autoren gehen von einer *„geteilten Souveränität"* (so etwa OETER, Souveränität und Demokratie als Probleme in der „Verfassungsentwicklung" der Europäischen Union, S. 670 ff., 685 ff. mit zahlreichen weiteren Nachweisen) aus, folglich von *„teilsouveränen Nationalstaaten"* (so BETHGE, Der teilsouveräne Nationalstaat – Ein Zukunftsmodell, S. 19 in bezug auf die Bundesrepublik Deutschland). Dritte betonen den Gedanken der Volkssouveränität (beispielhaft INGOLF PERNICE in: DREIER, Grundgesetz Kommentar, Band II, Art. 23, Rn. 21 mit weiteren Nachweisen) und stellen eine Parallele her zwischen der internen Ausübung der Souveränität im Bundesstaat und der Aufteilung der Souveränität zwischen EU-Organen und mitgliedstaatlichen Organen; in beiden Fällen liege die Souveränität beim Volk, dieses bediene sich nur verschiedener Instrumente (so will sich DENNINGER, Vom Ende nationalstaatlicher Souveränität in Europa, auf S. 1125 seines Beitrages vom Begriff der Souveränität verabschieden, um auf S. 1126 von *„Aufteilung von Verantwortung"* zu sprechen; er schließt mit folgender Feststellung: *„Der Unionsbürger muss und wird sich daran gewöhnen, dass ihm, je nach Materie, einmal die europäische Gemeinschaft, einmal der Bund und ein anderes Mal das Land oder die Gemeinde gegenüber tritt."*). Die letztgenannte Meinungsgruppe übersieht aber wiederum, dass die europäische Integration in der EU auf einer völkerrechtlichen Basis ruht und deshalb ein Vergleich mit dem internen Funktionieren eines Bundesstaates ausscheidet.

1804 Während das Grundgesetz in Art. 23 Abs. 1 S. 2 den Begriff „Hoheitsrechte" verwendet und so nicht ausdrücklich den Verlust von Souveränität einräumt, sieht etwa die italienische Verfassung in ihrem Art. 11 explizit „...Beschränkungen seiner [= Italiens] Souveränität..." (deutsche Übersetzung nach CARRINO, Verfassung und Souveränität in Europa am Beispiel Italiens, S. 430) vor, wie sie durch die Teilnahme an supranationalen Organisationen auftreten können. Die französische Verfassung enthält kein Pendant zum Art. 23 GG, jedoch wurde etwa der Vertrag von Amsterdam in einer Entscheidung des Conseil Constitutionnel am Prinzip der nationalen Souveränität in Art. 3 der Verfassung geprüft; das Gericht sieht demnach Eingriffe in die französische Souveränität als möglich an, so-

Damit steht auch fest, dass es sich negativ auf die souveräne Stellung des Fürstentums auswirken würde, wenn Liechtensteins neben der Teilnahme am EWR auch eine Mitgliedschaft in der EU wagen würde. Wie oben bereits ausgeführt worden ist, hat die Teilnahme am EWR nicht die Souveränität der EFTA-EWR-Staaten einschränken können[1805], während der nächste Schritt in eine vertiefte europäische Integration in der Form der Eingehung der EU-Mitgliedschaft dem Kleinstaat auf Dauer eine einseitige Verfügung über die übertragenen Souveränitätsrechte verwehren würde, solange kein Fall der *clausula rebus sic stantibus* eintritt. Andererseits stünden diesen Einschränkungen der nationalen Souveränität jedoch die mit hoher Wahrscheinlichkeit zu erwartenden, zu Beginn des Abschnitts bereits beschriebenen überproportional starken Mitwirkungsmöglichkeiten auf der Entscheidungsebene gegenüber. Die Hingabe bestimmter Hoheitsrechte für Mitwirkungsrechte im System der EU dürfte demnach gerade für den kleinen Kleinstaat Liechtenstein ein *„gutes Tauschgeschäft"* sein.

bb) Auswirkungen hinsichtlich der kleinstaatenspezifischen Funktionsdefizite

(1). Auswirkungen einer EU-Mitgliedschaft Liechtensteins auf die Zusammenarbeit mit der Schweiz

Der Eintritt in die EU würde nicht lediglich bewirken, dass Liechtenstein im Verhältnis mit den anderen EU-Staaten aus einer Freihandelszone in eine Zollunion überwechselt, so dass eine Beibehaltung eigener liechtensteinischer Außenzolltarife unmöglich wird[1806], sondern mit dem Beitritt wird der aufgenommene Staat gem. Art. 49 Abs. 1 S. 1 EUV *„Mitglied der Union"*, d. h. er wird Vertragspartei der Primärverträge mit gleichen Rechten und Pflichten wie die bisherigen Mitgliedstaaten[1807]. Zudem erfolgt eine sofortige Anwendbarkeit des gesamten Gemeinschaftsrechts im neuen Mitgliedstaat, der zudem den gesamten gemeinschaftlichen Besitzstand (*acquis communautaire*) übernehmen muss[1808].

Zum *acquis* gehört nach Umsetzung von Maastricht auch die Wirtschafts- und Währungsunion, so dass sich das Währungsgebiet des Euro mit einem Beitritt des

---

lange diese nicht wesentlich sind (vgl. dazu HECKER, Souveränitätswahrung durch Einstimmigkeit im Rat: Der Conseil Constitutionnel zum Vertrag von Amsterdam, S. 939 f.).

1805 Vgl. bereits Kap. 3, B.II.3.b)bb).

1806 Die EFTA-EWR-Staaten konnten unter dem EWR-Abkommen auf Grund der Konzeption des EWR als Freihandelszone anders als die EU-Mitglieder ihre Außenzolltarife behalten, Günther Ettl in: RÖTTINGER / WEYRINGER, Handbuch der europäischen Integration, S. 460.

1807 Vgl. VEDDER in: GRABITZ / HILF, Das Recht der Europäischen Union, Kommentar, Band I, Art. 49 EUV, Rn. 42.

1808 MENG, in: V. D. GROEBEN / SCHWARZE, Kommentar zum EUV und EGV, Band 1, Art. 49EUV, Rn. 69 und 79, vgl nun zum gemeinschaftlichen Besitzstand: Art. 2, 5. Spiegelstrich.

Fürstentums zur EU über kurz oder lang auch auf liechtensteinisches Territorium erstrecken würde, sofern keine Ausnahmeregelung geschaffen würde[1809].

Damit würde zumindest sowohl dem Währungsabkommen als auch dem Zollabkommen mit der Schweiz der Boden entzogen. Dies gilt dabei grundsätzlich unabhängig davon, ob die Schweiz gleichzeitig mit dem Fürstentum den Schritt in die EU wagen würde, jedoch würden sich die beiden Fälle rechtstechnisch völlig unterschiedlich vollziehen. Für den einfacheren Fall, dass die Schweiz und Liechtenstein gleichzeitig der EU beitreten sollten, ergäbe sich bereits auf der Grundlage von Art. 30 Abs. 3 WVK[1810], dass die bilateralen schweizerisch-liechtensteinischen Verträge nur insoweit weiterhin Anwendung fänden, als sie mit dem späteren Vertrag, hier also dem Beitrittsabkommen, vereinbar sind, denn die Vertragspartner der bilateralen Verträge wären beide auch Vertragspartner des Beitrittsabkommen[1811]. Müsste jedoch ein Beitritt Liechtensteins vollzogen werden, während die Eidgenossenschaft bei einem Nein zur Mitgliedschaft in der EU bliebe, hätte der liechtensteinische Schritt in eine verstärkte europäische Integration keine unmittelbaren Auswirkungen auf die schweizerisch-liechtensteinischen Verträge. Dies ergibt sich bereits aus dem Grundsatz *pacta tertiis nec nocent nec prosunt* des allgemeinen Völkerrechts, welcher in Art. 34 WVK seine Kodifizierung gefunden hat und demzufolge ein Vertrag für einen Drittstaat weder Rechte noch Pflichten begründen kann. Folglich bleibt nach allgemeinen Völkerrecht selbst die vertragliche Übertragung ausschließlicher Vertragsschlusskompetenzen auf die Gemeinschaft ohne Auswirkungen auf Verträge mit Drittstaaten. Demnach hat die sog. Unberührtheitsklausel in Art. 307 Abs. 1 EGV lediglich deklaratorischen Charakter[1812]. Da aber eine Aufrechterhaltung der Zollunion mit der Schweiz ab dem Beitritt und dem damit verbundenen Eintritt in die Zollunion der EU systemwidrig wäre[1813]

1809 VEDDER in: GRABITZ / HILF, Das Recht der Europäischen Union, Kommentar, Band I, Art. 49 EUV, Rn. 42; MENG, in: V. D. GROEBEN / SCHWARZE, Kommentar zum EUV und EGV, Band 1, Art. 49EUV, Rn. 80.

1810 So schon GSTÖHL, Flexible Integration für Kleinstaaten? – Liechtenstein und die Europäische Union, S. 200, Fn. 494.

1811 Dies ergibt sich schon aus logischen Gründen; die Beitrittsabkommen müssen als Erweiterung der Gründungsverträge vertragliche Beziehung zwischen allen Mitgliedstaaten erzeugen. Hier zeigt sich der völkerrechtliche Grundcharakter der EU; der Beitritt kann gerade nicht mit *„der EU“* vereinbart werden. Für den Beitritt von einer Gruppe von Staaten werden demnach auch nicht Verträge mit jedem einzelnen Staat und den jeweiligen (Alt-)Mitgliedstaaten geschlossen, sondern ein Beitrittsabkommen mit allen Beitrittsaspiranten, Beispiel: Vertrag über den Beitritt des Königreichs Norwegen, der Republik Österreich, der Republik Finnland und des Königreichs Schweden zur Europäischen Union vom 24. Juni 1994, ABlEG C 241/9.

1812 Vgl. KIRSTEN SCHMALENBACH in: CALLIESS / RUFFERT, Kommentar zu EUV und EGV, Art. 307, Rn. 1, die darauf hinweist, dass der EGV damit *„...potentielle Konfliktlagen zwischen EG-Recht und Altverträgen der Mitgliedstaaten im Sinne einer völkerrechtlichen Integration...“* löst.

1813 Das System einer Zollunion beruht auf dem Grundsatz eines einheitlichen Zollgebietes

und der Währungsvertrag mit der Schweiz neben den Regelungen zur EU-Währungsunion denklogisch nicht Bestand haben könnte, wäre das Fürstentum gem. Art. 307 Abs. 2 S. 1 EGV nach Gemeinschaftsrecht verpflichtet, die Verträge mit der Schweiz zu kündigen[1814].

In beiden Varianten hätte damit die traditionelle Nähe und Zusammenarbeit zur Schweiz ein Ende. Bezüglich der Währungsfrage würde vermutlich in beiden Szenarien für Liechtenstein keine Nachteile durch den Beitritt entstehen. Dem kleinstaatenspezifischen Funktionsdefizit, das sich darin ausdrückt, dass es für das Fürstentum nicht möglich sein dürfte, für das liechtensteinische Territorium eine eigene Währung zu organisieren, würde dadurch auch weiterhin abgeholfen, dass das kleine Land von der schweizerischen Franken-Zone in die Euro-Zone überwechseln würde. Der Wechsel zum Euro würde im Gegenteil sogar die Souveränität des Kleinstaates stärken, da auf diese Weise nicht mehr eine fremde Währung benutzt würde, sondern Liechtenstein teilhaben würde an einem Währungsraum, der keinem großen Nationalstaat allein zugerechnet werden kann.

Entgegen den Aussagen zur Währungsfrage würde sich aber hinsichtlich der Zollproblematik das Verhalten der Eidgenossenschaft entscheidend auswirken. Sollte die Schweiz mit dem Fürstentum in die EU eintreten, wäre der Kleinstaat von zwei EU-Staaten umschlossen, womit es selbst über keine EU-Zollaußengrenze verfügen würde, vor allem auch weil Liechtenstein über keinen eigenen internationalen Verkehrsflughafen verfügt. Auf der Grundlage der Warenverkehrsfreiheit nach Art. 23 ff. EGV würden die liechtensteinischen Staatsgrenzen für den Handel irrelevant, die Zölle für Waren aus Drittstaaten an den Außengrenzen der EU erhoben. Damit verbliebe für das Fürstentum im Zusammenhang mit der Zollverwaltung lediglich ein minimaler Aufwand, weshalb in dieser Konstellation ohne Probleme auf die Mithilfe der Schweiz verzichtet werden könnte[1815], die bislang dem kleinen Nachbarstaat die Hauptlast in diesem Bereich abnahm.

Ganz anders ist die Situation einzuschätzen, wenn die Schweiz in ihrem aktuellen Verhältnis zur EU verbliebe, denn dann würde die Grenz hin zur Schweiz ge-

---

mit gemeinsamen Außenzolles. Eine Zollunion eines Mitgliedstaates mit einem Drittstaat stellt aber gewissermaßen ein offenes Tor für Drittlandswaren dar. Das Problem könnte nur durch konsequent umgesetzte Herkunftskontrollen in Zaum gehalten werden, um einen Weitertransport von Waren von außerhalb der Schweiz ins übrige EU-Gebiet (außer Liechtenstein) zu verhindern. Derartige Kontrollen wiedersprechen aber dem Gedanken der Warenverkehrsfreiheit nach Art. 23 ff. EGV.

1814 *„Ist eine Kündigung völkerrechtlich zulässig, hat sie grundsätzlich zu erfolgen, wenn dies zur Herstellung eines gemeinschaftskonformen Zustandes notwendig ist.“*, JULIANE KOKOTT in: STREINZ, EUV/EGV-Kommentar, Art. 307, Rn. 17.

1815 So auch GSTÖHL, Flexible Integration für Kleinstaaten? – Liechtenstein und die Europäische Union, S. 200, die für das Szenario des liechtensteinischen EU-Beitrittes zusammen mit der Schweiz folgendes festhält: *„Als EU-Mitglied bedarf das Fürstentum keiner Mitwirkung der Schweiz bei der Erfüllung seiner Rechte und Pflichten im Zollbereich (...)“*.

rade EU-Zollaußengrenze. Auch wenn sich das Fürstentum aus geographischen Gründen nicht als Transitland anbietet, da die großen Verkehrsadern in Nord-Süd-Richtung linkrheinisch auf Schweizer Gebiet liegen und sich damit die Zahl der Grenzabfertigungen grundsätzlich in Grenzen halten dürften, müsste die liechtensteinische Regierung doch den Aufwand betreiben, den eine EU-Außengrenze erfordert (Zollverwaltung, -abfertigung, -polizei etc.). Dies muss schon deshalb gelten, da ansonsten eine Schwachstelle in der EU-Zollaußengrenze geradezu zum Missbrauch einladen würde. Ob die Anforderungen das kleine Fürstentum dadurch personell und/oder finanziell überanspruchen würden, ist Fallfrage und kann hier nicht beantwortet werden; jedenfalls würde die bisherige Entlastung durch die Eidgenossenschaft damit entfallen und so das Funktionsdefizit der relativen personellen und finanziellen Schwäche des Kleinstaates wieder verstärkt zutage treten. Insofern verwundert es nicht, dass selbst die dem Fürstentum gegenüber sonst sehr positiv eingestellte GSTÖHL die Konstellation der EU-Mitgliedschaft ohne eine EU-Mitgliedschaft der Schweiz zu einem *„...höchst unwahrscheinlichen Szenario..."* erklärt[1816].

Eine EU-Mitgliedschaft würde also zwangsläufig ein Ende bedeuten für die bislang ganz speziellen Beziehungen zur Schweiz. Tritt jedoch die Eidgenossenschaft mit in die EU ein, würden kaum Aufgaben zur eigenständigen Erledigung an Liechtenstein zurückfallen, die zur Zeit dem Fürstentum von der Schweiz abgenommen werden. Bliebe die Schweiz in Bezug auf die EU außen vor, würden Effekte auftreten, die hinsichtlich der Bekämpfung der kleinstaatlichen Funktionsdefizite als Rückschritt empfunden werden müssten.

(2). Auswirkungen einer liechtensteinischen EU-Mitgliedschaft auf die liechtensteinische Nischenpolitik

Mit einem Beitritt Liechtensteins zur EU würde die beschriebene Euro-Einführung einhergehen. Es liegt die Vermutung nahe, dass sich dies förderlich auf den Bankenplatz Liechtenstein auswirken könnte, da dann Finanztransaktionen mit dem übrigen Euroraum keinen Wechselkursschwankungen mehr unterliegen würden. Andererseits könnte ein Beitritt zur Union sich durchaus auch negativ auf die Betätigung der liechtensteinischen Wirtschaft auswirken, wenn dadurch die finanzpolitische Nische des Fürstentums als Steueroase verschlossen würde. Der Ruf Liechtensteins als Steuerparadies steht dabei auf zwei essentiellen Säulen: zum einen lockt der liechtensteinische Staat mit Steuersätzen, die unter denen der großen EU-Mitgliedstaaten liegen, zum anderen gilt im Fürstentum der Grundsatz des Bankgeheimnisses, der verhindert, dass Informationen an die Steuerbehörden im Heimatstaat des ausländischen Bankkunden weitergegeben werden[1817]. Deshalb ist

---

[1816] GSTÖHL, Flexible Integration für Kleinstaaten? – Liechtenstein und die Europäische Union, S. 203.

[1817] Diese Konstellation entspricht der Definition des Begriffes des Steuerparadieses, wie sie von TCHAKALOFF, La question des micro-Etats et l'Union européenne, S. 107, wie folgt

das Fürstentum beliebtes Ziel für Kapital- und Steuerflucht[1818]. Insofern liegt es nahe, dass die übrigen Mitgliedstaaten bei einem liechtensteinischen Beitritt zur EU sowohl auf eine Angleichung der Steuersätze als auch auf eine Lockerung des Bankgeheimnisses bestehen würden, um für die Zukunft Steuerausfällen auf Grund von Kapitalflucht in den anderen Mitgliedstaaten vorzubeugen. Damit würde das Fürstentum daran gehindert, wie bisher auf diese Weise von einer *„Kommerzialisierung der Souveränität“*[1819] Liechtensteins zu profitieren.

Dafür dass die EU das Fürstentum nicht aufnehmen würde, ohne Bedingungen im beschriebenen Bereich zu stellen, spricht wohl auch, dass in dieser Hinsicht auch ohne Planung hinsichtlich einer Mitgliedschaft Druck gemacht wird. Bereits anlässlich eines Finanzministertreffens der EU am 28. Februar 2000 kritisierte *„...der deutsche Finanzminister Hans Eichel seiner Ansicht nach unfaire Praktiken des EU-Nichtmitglieds Liechtenstein, das als ‚Made im Speck' von der europäischen Einkommensteuerpolitik profitiere und sich bei der Verfolgung von Finanzvergehen nicht kooperativ zeige...“*[1820]. Dabei handelte es sich jedoch nicht lediglich um eine Animosität im deutsch-liechtensteinischen Verhältnis; in einem Artikel der Tageszeitung LIECHTENSTEINER VATERLAND vom 16. September 2003 heißt es: *„Liechtenstein ist wegen der Zinsbesteuerung ins Visier der EU-Finanzminister geraten. EU-Binnenmarktkommissar Frits Bolkestein rief am Finanzministertreffen in Stresa die EU-Staaten auf, alle möglichen Druckmaßnahmen auf Liechtenstein auszuüben“*[1821]. Mit dieser offenen Einflussnahme auf den Kleinstaat sollte sichergestellt werden, dass die Richtlinie 2003/48/EG des Rates vom 3. Juni 2003 im Bereich der Zinsbesteuerung[1822] umgesetzt werden kann. Diese Richtlinie, von der deutschen Bundesregierung als *„...Sieg für den ehrlichen Steuerzahler...“* im *„...Kampf gegen die grenzüberschreitende Steuerflucht...“* gefeiert[1823], beinhaltet in Art. 8 und 9 eine Einigung von zwölf der

---

formuliert wurde: *„...le paradis fiscal est un régime dérogatoire qui conduit à un niveau d'imposition anormalement bas, utilisé par des non-résidents afin d'échapper à l'impôt dans le pays de résidence, dont les dispositions législatives et les pratiques administratives empêchent un véritable échange de renseignements sur les contribuables avec d'autres pays. Le secret bancaire, corollaire obligé de la fraude fiscale, heurte de front la circulation de l'information et la transparence des marchés, essentielles à l'Union européennes en matière de capitaux et de fiscalité“*.

1818 Dies kann man schon daran ablesen, dass es eine Vielzahl von einschlägigen Publikationen und Ratgebern auf dem Markt sind, deren Titel bereits sehr deutlich geraten sind; als Beispiel seinen hier zwei Bücher desselben Autors als Beispiel herausgegriffen: GÖTZENBERGER, Steueroase Liechtenstein, S. 1 ff, und GÖTZENBERGER, Schwarzgeldanlage in der Praxis, S. 1 ff.

1819 Mit dieser Formulierung umschreiben KREILE / MICHALSKY, Kleinstaaten im Prozeß der europäischen Integration, S. 230, ganz allgemein einen Falls einer Nischenstrategie eines Kleinstaates in ökonomischer Sicht.

1820 http://www.fluechtlingsrat.net/laender/liechtenst/liechtenst.html (Stand 23. Januar 2004).

1821 Quelle: http://de.welcome.li/news-208.html (Stand 23. Januar 2004).

1822 ABlEG Nr. L 157 vom 26. Juni 2003, S. 0038-0048.

1823 Pressemitteilung des Bundesministerium der Finanzen vom 22. Januar 2003, überschrie-

damaligen EU-Mitgliedstaaten darüber, dass die Steuerbehörden des Heimatstaates eines Empfängers von Zinseinkünften automatisch von diesem Umstand informiert werden sollen. Jedoch konnten Luxemburg, Österreich und Belgien nicht von der Notwendigkeit des Informationssystems überzeugt werden; die drei Mitgliedstaaten haben sich in Art. 10 der EU-Zins-Richtlinie eine Ausnahmeregelung festschreiben lassen, die ihnen unter Umständen auf Dauer ihr Bankgeheimnis sichern wird. Den Informationsaustausch müssen die drei Staaten gem. Art. 10 Abs. 2 der Richtlinie erst einführen, wenn die Schweiz, Liechtenstein, San Marino, Monaco und Andorra ein Abkommen über Auskunftserteilung auf Anfrage im Sinne des OECD-Musterabkommens zum Informationsaustausch in Steuersachen vom 18. April 2002 mit der EU abgeschlossen und sich zudem die Vereinigten Staaten von Amerika zur Auskunftserteilung auf Anfrage im Sinne des OECD-Musterabkommens verpflichtet haben. Bis dies (jemals) der Fall sein wird, haben sich die drei Staaten in Art. 11 Abs. 1 der Richtlinie jedoch verpflichten müssen, eine Quellensteuer während der ersten drei Jahre ab Umsetzung nach Art. 17 Abs. 2 der Richtlinie in Höhe von 15 %, in den drei darauffolgenden Jahren in Höhe von 20 % und danach in Höhe von 35 %, einzuführen.

Die Regelungen der Richtlinie sind bereits am 16. Juli 2003 nach Art. 19 der Richtlinie offiziell in Kraft getreten, jedoch hing die Anwendbarkeit der nationalen Umsetzungsnormen, welche gem. Art. 17 Abs. 1 bis zum 1. Januar 2004 zu erlassen und zu veröffentlichen waren, unter anderem gem. Art. 17 Abs. 2 lit. i) davon ab, dass *„...die Schweizerische Eidgenossenschaft, das Fürstentum Liechtenstein, die Republik San Marino, das Fürstentum Monaco und das Fürstentum Andorra ab dem gleichen Zeitpunkt [1. Januar 2005] gemäß den von ihnen nach einstimmigem Beschluss des Rates mit der Europäischen Gemeinschaft geschlossenen Abkommen Maßnahmen anwenden, die den in dieser Richtlinie vorgesehenen Maßnahmen gleichwertig sind...“*. Mit anderen Worten wurde damit die Umsetzung der EU-internen Regelung, die die Steuerhinterziehung im Bereich der Zinsbesteuerung in den EU-Mitgliedstaaten eindämmen könnte, vom Zustandekommen der Abkommen mit den genannten Staaten abhängig gemacht[1824]. Das anvisierte Datum 1. Januar 2005 konnte nicht eingehalten werden, da sich vor allem die genannten Kleinstaaten einer Einigung widersetzten. Erst nachdem sich die Schweiz bereits am 19. Mai 2004 zu einem Abkommen mit der EU durchringen konnte[1825], welches der Eidgenossenschaft einen Schutz ihres Bankenplatz sicherte, der in etwa dem in Luxemburg, Österreich und Belgien entspricht, kam es auch im Verhältnis zwischen der EU und Liechtenstein am 7. Dezember 2004 zu einem Vertragsschluss.

---

ben mit *„Einigung über die EU-Zinsrichtlinie“*, zu beziehen über http://www.bundesfinanzministerium.de.

1824 SAILER / ISMER, Steuergerechtigkeit in Europa durch Information über Zinserträge und ihre Besteuerung an der Quelle?, S. 1/2.

1825 Vgl. NEUE ZÜRCHER ZEITUNG, Freitag, 21. Mai 2004, S. 13.

Das Fürstentum verpflichtete sich ebenfalls zur Einführung einer Quellensteuer zu denselben Sätzen wie die innergemeinschaftlichen Abweichlerstaaten. Materiell unterscheiden sich die Abkommen der Schweiz und Liechtensteins nur geringfügig. Das Abkommen sieht einen Steuerrückbehalt von 15 % bis 2008, 20 % bis 2011 und 35% ab 2011 vor. Auch Liechtenstein hat folglich mit Wirkung zum 1. Juli 2005 einen entsprechenden Steuerrückbehalt bei Zinserträgen für natürliche Personen mit Wohnsitz in der EU eingeführt, wobei 75 % dieses Rückbehaltertrages den jeweiligen EU-Ländern zukommen. Am 19. Mai 2005 wurde das entsprechende nationale Gesetz verabschiedet; am 27. Mai 2005 hat Liechtenstein beim Rat der EU die Ratifikationsurkunde hinterlegt[1826]. In der Folge konnten auch die Umsetzungsregelungen der Zinsbesteuerungsrichtlinie in Kraft treten; für die deutsche Umsetzungsverordnung vollzog sich dies mittels Bekanntmachung vom 22. Juni 2005 mit Wirkung zum 1. Juli 2005[1827].

Der Druck der EU auf das kleine Fürstentum war demnach letztlich erfolgreich. Damit wird ersichtlich, dass auch eine Entscheidung gegen einen EU-Beitritt das Fürstentum nicht zwingend auf Dauer in die Lage versetzen muss, mit der wirtschaftlichen Nischenpolitik als Steueroase fortfahren zu können. Andererseits zeigt die Situation Österreichs, Belgiens und vor allem Luxemburgs, dass auch innerhalb des Systems der EU eine solche wirtschaftspolitische Ausrichtung nicht ausgeschlossen sein muss. Denn das Großherzogtum Luxemburg gilt trotz Mitgliedschaft immer noch als Steueroase, hat in dieser Hinsicht durch die Umsetzung der Freiheit des Kapital- und Zahlungsverkehrs gem. Art. 67 ff. EGV sogar zusätzlich profitiert[1828].

Ohne dass hier gewertet werden kann, inwieweit nun das Zinsbesteuerungsabkommen die Nischenpolitik der liechtensteinischen Wirtschaft – da Zinserträge, die von juristischen Personen nicht erfasst werden, bietet sich dadurch eine offensichtliche Umgehungsmöglichkeit – beeinträchtigt, lässt sich festhalten, dass die Situation der liechtensteinischen Banken- und Finanzwirtschaft im Grunde identisch ist mit der Lage in Luxemburg, Belgien und Österreich. Nach alldem könnte es für Liechtenstein demnach durchaus attraktiv sein, auch gleich in die EU einzutreten, wenn der Kleinstaat auch in den Genuss der Ausnahmeregelung des Art. 10

1826 Vgl. Pressemitteilung vom 31. Mai 2005, verfügbar auf www.liechtenstein.li.

1827 Vgl. auf www.bundesrecht.juris.de/ziv/BJNR012800004.html.

1828 TCHAKALOFF, La question des micro-Etats et l'Union européenne, S. 107 : „*...le Grand-Duché de Luxembourg apparaît comme un des centres mondiaux de la gestion collective de l'épargne. Son succès repose sur trois piliers: des régimes fiscaux favorables aux sociétés d'assurances et aux holding (...) ; des banques (...), qui développent des produits financiers de plus en plus compétitifs ; et surtout le secret bancaire. Il semble bien que la libération complète des mouvements de capitaux au sein de l'Union européenne ait encore accéléré le mouvement des capitaux de l'Union vers les banques du Grand-Duché. Le régime luxembourgeois permet par exemple d'échapper au précompte de 15 % sur l'épargne à acquitter en Belgique, ou à la retenue à la source en Allemagne...*“.

Abs. 2 der Richtlinie gelangen könnte, da so die Nischenwirtschaft mit in die EU gerettet werden könnte. Es fragt sich jedoch, ob einem Beitrittsaspiranten derartige Ausnahmeregelungen zugestanden würden. Zwar ist die EU *„...in ihren Außenbeziehungen gegenüber Drittstaaten (...) relativ flexibel. Beitrittskandidaten hingegen werden intensiv auf ihre Gemeinschaftstauglichkeit hin geprüft (...). Für Mitgliedstaaten ist es verständlicherweise leichter, bei Vertragsrevisionen oder im Rechtssetzungsverfahren Sonderwünsche durchzusetzen als für Beitrittsländer"*[1829]. Demnach ist nicht zu erwarten, dass Wünsche dahingehend, die Ausnahmeregelungen bezüglich Luxemburg, Österreich und Belgien auch für Liechtenstein zu übernehmen; dies gilt schon deshalb, weil Art. 49 EUV dem *„Übernahmeprinzip"* verpflichtet ist und in Abs. 2 nur von *„Aufnahmebedingungen"* spricht. Um die Homogenität der Gemeinschaft nicht zu gefährden sind Modifikationen bezüglich des Sekundärrechts auf das Verfahren nach Art. 48 EUV verwiesen; bei den bisherigen Beitrittsrunden wurden den Neu-Mitgliedstaaten keine Ausnahmen, sondern lediglich Übergangsregelungen zugebilligt[1830]. Damit bedeutete ein Beitritt zur EU für Liechtenstein zwangsläufig auch die Einführung des automatischen Informationsaustausches nach der EU-Zinsrichtlinie.

Am Beispiel der Zinsbesteuerung fällt auf, dass die Kleinstaaten innerhalb und außerhalb der EU – bewusst oder nicht – mit dem Ergebnis zusammenwirken, dass ihnen allen die Möglichkeiten der finanzpolitischen Nische verbleiben. Aus der juristischen Konstruktion der Richtlinie heraus ist garantiert, dass Luxemburg, Österreich und Belgien sich hinsichtlich des Bestandes des Bankgeheimnisses niemals schlechter stehen werden als die in Art. 17 Abs. 2 der Richtlinie genannten Kleinstaaten. Zum anderen können diese Kleinstaaten stets auf den Sonderstatus der EU-internen Abweichler verweisen und werden sich vertraglich nicht zu einem schlechteren Standard verpflichten lassen, als er für Luxemburg, Österreich und Belgien gilt. So kommt es im besten Fall dazu, dass die Steuerparadiese Europas außerhalb und innerhalb der EU im Gleichlauf ausgehoben werden.

(3). EU-Mitgliedschaft Liechtensteins und Neutralität

Entgegen der für das Fürstentum nicht unproblematischen Auswirkungen eines Beitrittes in wirtschaftlicher Hinsicht entstünden in Bezug auf die Neutralität des Staates wohl keine Probleme. Grundsätzlich entsteht zwar beim Beitritt eines dauerhaft neutralen Staates ein Spannungsverhältnis zwischen seinen Neutralitätspflichten und den Auswirkungen sowohl der Gemeinsamen Außen- und Sicherheitspolitik (GASP - Art. 11 ff EUV) als auch der Polizeilichen und Justitiellen Zusammenarbeit in Strafsachen (PJZ - Art. 29 ff. EUV); dies gilt vor allem *„...im Fall der GASP, die eine gemeinsame Verteidigung anstrebt..."*[1831]. Jedoch hat die Beitrittspraxis

[1829] GSTÖHL, Flexible Integration für Kleinstaaten? – Liechtenstein und die Europäische Union, S. 109.

[1830] Vgl. OPPERMANN, Europarecht, Rn. 1847, 1853, 1854, mit einer prägnanten Schilderung der bisherigen Beitrittsrunden in Rn. 1856 ff.

[1831] OPPERMANN, Europarecht, Rn. 1845; Art. 11, 1. Spiegelstrich EUV sieht als Ziel der

der EU nach dem Ende des Kalten Krieges gezeigt, dass Neutralität mit der Mitgliedschaft in der EU vereinbar ist. Da sich selbst die dauernde Neutralität *„...im Falle Österreichs, Schwedens und Finnlands nicht als Hindernis für einen Beitritt herausgestellt hat...“*[1832], dürfte auch die neutrale Ausrichtung des Fürstentums Liechtenstein kein Hindernis für einen Beitritt darstellen.

f) Fazit zur zukünftigen europäischen Integration Liechtensteins

Wie sich nun die zukünftige Teilnahme Liechtensteins an der europäischen Integration im einzelnen darstellen wird, kann an dieser Stelle letztlich nur vermutet werden. Es wird dabei jedoch nicht um die Frage gehen, ob die *„...Kleinheit eines Staates (...) a priori ein Ausschlussgrund für die EU-Mitgliedschaft sein...“* darf, die BRUHA / GEY-RITTER[1833] so entschieden verneinen. Vielmehr wird sich das Fürstentum die Gretchenfrage stellen lassen müssen, wie es zu der europäischen Integration steht, insbesondere ob ihm die EU-Mitgliedschaft das Opfer der Beseitigung des liechtensteinischen Bankgeheimnisses wert ist. Angesichts immer größer werdender Haushaltslöcher in den großen EU-Mitgliedstaaten wird jedenfalls die Bereitschaft klein sein, ein Steuerparadies in die Gemeinschaft aufzunehmen, ohne ihm finanz- und steuerrechtliche Fesseln anzulegen, zumal eine Ausnahmeregelung von der EU-Zinsrichtlinie – als Sekundärrecht Teil des *acquis communautaire* – eine unübliche Abweichung vom Verfahren nach Art. 49 EUV darstellen würde und schon deshalb als schwerlich gangbarer Weg zu bezeichnen ist. Andererseits ist nicht davon auszugehen, dass das Fürstentum einen Beitritt ohne Möglichkeit der Beibehaltung seiner Nischenpolitik als Steueroase ernsthaft ins Auge fasst, denn das Bankgeheimnis gilt im Lande als *„...unverzichtbares Element des Wirtschaftsstandortes Liechtenstein...“*[1834]. Das kleine Land am Oberrhein scheint auf diese Art der *„Kommerzialisierung der Souveränität“*[1835] angewiesen. Damit sind die Interessen Liechtensteins und der EU unvereinbar, weshalb ein EU-Beitritt des Fürstentums schon auf Grund dieses Interessenkonfliktes nahezu ausgeschlossen erscheint. Da die liechtensteinische Entscheidung, sich als Steuerparadies zu profilieren, aus der Notwendigkeit geboren wurde, die Nachteile der Kleinheit des Staates und damit der Wirtschaft abfangen zu müssen, ist die Unvereinbarkeit dieser Nischenpolitik mit einer EU-Mitgliedschaft demnach ebenfalls in der Kleinheit des Fürstentums begründet. Als Ergebnis lässt sich also festhalten, dass sich die Kleinstaatlichkeit im konkreten Falle Liechtensteins in einer Begrenztheit der Integrationsmöglichkeiten niederge-

---

GASP die *„Unversehrtheit der Union“* an, welche *„...im Sinne ‚territorialer Integrität‘ zu verstehen ist“*, HANS-JOACHIM CREMER, in: CALLIESS / RUFFERT, Kommentar zu EUV und EGV, Art. 11, Rn. 2.

1832 VEDDER in: GRABITZ / HILF, Das Recht der Europäischen Union, Kommentar, Band I, Art. 49 EUV, Rn. 15 a. E., eine ähnliche Darstellung findet sich bei: OPPERMANN, Europarecht, Rn. 1845.

1833 BRUHA / GEY-RITTER, Kleinstaat und Integration, S. 171.

1834 RITTER, Europäischer Wirtschaftsraum, S. 5.

1835 KREILE / MICHALSKY, Kleinstaaten im Prozeß der europäischen Integration, S. 230.

schlagen hat. Interessant ist hierbei jedoch, dass die vertiefte Integration nicht an der Unfähigkeit scheitert, die institutionellen Anforderungen einer EU-Mitgliedschaft zu erfüllen, sondern an einer Maßnahme, die gerade unternommen wurde, um ein kleinstaatenspezifisches Funktionsdefizit auszugleichen.

Damit, dass Liechtenstein nun an die Grenzen seiner kleinstaatenspezifischen Integrationsfähigkeit gestoßen ist, hat sich für das Fürstentum aber die grundsätzliche Frage der europäischen Integration nicht vollständig erledigt. Jedoch kann es, da eine Vertiefung der Integration ausgeschlossen scheint, im Grunde nur um die Wahrung des bereits Erreichten gehen. Das weitere Vorgehen Liechtensteins wird abhängig sein von den Zukunftsplänen der Schweiz und der übrigen EFTA-EWR-Staaten.

Sollte die Schweiz sich zum EU-Beitritt entschließen oder sollte sich der EWR durch den EU-Beitritt der anderen EFTA-EWR-Staaten quasi erübrigen, wäre der *status quo* Liechtensteins im Rahmen der europäischen Integration gefährdet. Im ersten Falle würde die Zollunion mit der Schweiz wahrscheinlich dem Anpassungszwang des Art. 307 Abs. 2 EGV zum Opfer fallen, im zweiten Fall wäre das EWR-Abkommen bereits für den Fall institutionell überdimensioniert, wenn nur Norwegen der EU betreten würde und damit lediglich Island und Liechtenstein als EFTA-EWR-Staaten verblieben. Um jedoch die wirtschaftlichen Vorteile des *status quo* möglichst ungeschmälert auch über diese Entwicklungen hinaus garantieren zu können, böte sich eine Lösung im bilateralen Verhältnis zur EU an. Jedoch erscheint – je nach liechtensteinischem Verhandlungsgeschick – der Abschluss eines Vertrages möglich, der qualitativ über den bilateralen Verträgen Andorras oder San Marinos mit der EU (in beiden Fällen Handelsverträge auf der Grundlage von Art. 133 EGV) angesiedelt sein könnte. Diese Intention könnte mit einer Assoziation nach Art. 310 EGV in die Realität umgesetzt werden, die gegenüber einem Handelsvertrag nach Art. 133 EGV über den Vorteil eines besonderen institutionellen Rahmens verfügen würde[1836].

Im Idealfall dient demnach die heutige Mitgliedschaft im EWR als argumentatives Unterpfand[1837] für eine zukünftige Form der liechtensteinischen Teilnahme an der zukünftigen europäischen Integration, die sich in einer „*...‚Bilateralisierung' des EWR-Abkommens...*“[1838] auf der Grundlage eines „*...institutionell redimensionierten Nachfolgeabkommens...*“ zum EWR-Abkommen „*...ohne eine inhaltliche ‚Zurückstufung' unter*

[1836] So schon GSTÖHL, Flexible Integration für Kleinstaaten? – Liechtenstein und die Europäische Union, S. 221.

[1837] RITTER, Europäischer Wirtschaftsraum, S. 9: „Dieses [das EWR-Abkommen] bildet eine verlässliche Basis für die zukünftige Entwicklung der Beziehungen Liechtensteins zu Europa“.

[1838] GSTÖHL, Flexible Integration für Kleinstaaten? – Liechtenstein und die Europäische Union, S. 216.

EWR-Niveau..." materialisieren könnte[1839]. Die beste Perspektive für Liechtenstein bleibt allerdings schlicht die Bewahrung des aktuell erreichten Standards[1840].

IV. Mitgliedschaften in globalen Internationalen Organisationen politischer Bedeutung

Das Fürstentum Liechtenstein hat seine Teilnahme an der internationalen Zusammenarbeit nicht auf den europäischen Raum beschränkt, sondern konnte auch global wirkenden Organisationen beitreten, deren Bedeutung über jene der in der vorliegenden Arbeit bereits behandelten Spezialorganisationen und –organen[1841] weit hinausgeht.

1. Mitgliedschaft in den Vereinten Nationen

In diesem Zusammenhang ist zunächst auf die Mitgliedschaft Liechtensteins in den Vereinten Nationen einzugehen. Die Organisation repräsentiert den wichtigsten zwischenstaatlichen Zusammenschluss allgemein-politischer Bedeutung mit weltweitem Bezug.

a) Liechtenstein und die Vereinten Nationen

Nachdem der Versuch, in den Völkerbund aufgenommen zu werden, erfolglos geblieben war[1842], ließ sich die liechtensteinische Regierung lange Zeit, bis sie es erneut wagte, Einlass in die Nachfolgeorganisation zu begehren. Dieser Schritt war dann auch nicht willkürlich gewählt, sondern konnte auf eine nachhaltige Vorarbeit des Fürstentums aufbauen und profitierte von der veränderten Grundhaltung der Vereinten Nationen den kleinsten Staaten gegenüber. Innerstaatlich setzte ein Generationswechsel an der Spitze des Staates neue Impulse.

1839 GSTÖHL, Flexible Integration für Kleinstaaten? – Liechtenstein und die Europäische Union, S. 221.

1840 In diesem Sinne äußerte sich auch Fürst Hans Adam II. in einem Interview mit dem tschechischen Journalisten LADISLAV KAHOUN, „*Liechtenstein Prince Hans Adam II: I want my property back*", Interview vom 26. Februar 2004, zugänglich auf http://www.blisty.cz/art/17123.html (Stand 23. Oktober 2004):

„*Basically the membership in the EEA gives us all the economic benefits of a membership in the EU without the high costs involved. Of course, without being a member in the EU we do not have a political influence on the future of the EU, but then being the smallest member in a EU with 25 or more members will never give us much political influence. Therefore, I think it is in the best interest of the Liechtenstein people to stay outside of the EU at least for the foreseeable future*".

1841 Vgl. Kap. 4, C.II.

1842 Dazu vgl. bereits Kap. 4, C.I.1.c).

aa) Die verbesserte Ausgangsposition

Anders als im Zeitpunkt des ersten Versuchs, in eine allgemein-politische internationale Organisation mit globalem Ansatz vorzudringen, hatte sich das Fürstentum unterdessen im Umfeld der Organisation als verlässlicher Partner gezeigt[1843]. Trotz diverser Aktivitäten im Rahmen von einzelnen Unterorganisationen der Vereinten Nationen kommt es in den 1970er Jahren aber noch nicht zu einer Antragstellung mit dem Ziel der Vollmitgliedschaft. *Robert Allgäuer*, der diesen Schritt bereits 1972 vergeblich in der Literatur eingefordert hatte, hielt jedoch zunächst auch die Entsendung eines Beobachters für prüfenswert[1844]. So stimmte der liechtensteinische Landtag in der Tat am 25. November 1976 in nicht-öffentlicher Sitzung immerhin der Bestellung eines UN-Beobachters zu. Allerdings wurde dieser Beschluss nie umgesetzt; UNSER bezeichnet die in den 1970er Jahren andauernde Mikrostaaten-Diskussion in den Vereinten Nationen als Grund dafür[1845].

So musste sich erst der Universalitätsgedanke durchsetzen, demzufolge jeder Staat, unabhängig von seiner Größe, Aufnahme in den Vereinten Nationen finden kann, bevor das Fürstentum mit Erfolgsaussicht einen Aufnahmeantrag stellen konnte. Als schließlich in der zweiten Hälfte der 1980er Jahre konkrete Vorbereitungen zu diesem Schritt unternommen wurden, konnte Liechtenstein mit Bezug-

---

[1843] Zum einen war Liechtenstein in den 1960er bzw. 1970er Jahren Mitglied in diversen (Unter-) Organisationen und Konferenzen der UN-Familie geworden (hier kann auf die Ausführungen zur Mitgliedschaft im Weltpostverein (UPU), in der Internationalen Fernmeldeunion (UIT), in der UN-Konferenz für Handel und Entwicklung (UNCTAD), in der Internationalen Atomenergie-Organisation (IAEA) und in der Weltorganisation für geistiges Eigentum (WIPO) in Kap. 4, C.II.1 verwiesen werden). Zum anderen beteiligte sich das Fürstentum über diese formellen Mitgliedschaften hinaus in vielfältiger Weise an der Arbeit der Weltorganisation. Dies geschah zuvörderst auf dem Wege der finanziellen Unterstützung zugunsten diverser UN-Unterorganisationen (JANSEN, Liechtenstein und die Vereinten Nationen, S. 34, berichtet von regelmäßigen Beiträgen an UNICEF, das UNHCR und an das Umweltprogramm der UNO (UNEP); im Jahre 1976 unterstützte das Fürstentum die Koordinierungsstelle für Katastrophenhilfe (UNDRO) zugunsten von Erdbebenopfer in Guatemala; UNSER, Liechtenstein: rühriger Fürst, zögerndes Volk, S. 165, beziffert die Pflicht- und freiwilligen Beiträge im UN-System in den Jahren vor 1990 auf etwa 260.000 Schweizer Franken jährlich). Außerdem wurden liechtensteinische Delegierte zu unterschiedlichen UN-Konferenzen entsandt; im Jahre 1972 tagte das Institut der Vereinten Nationen für Bildung und Forschung (UNITAR) auf Einladung der liechtensteinischen Regierung im Alphotel Gaflei auf liechtensteinischem Boden (Zu nennen sind Teilnahmen an der Konsularkonferenz, der Konferenz über das Seerecht, diverse Konferenzen zur Weiterentwicklung des Völkerrechts, sowie diversen UNESCO-Konferenzen, vgl. JANSEN, Liechtenstein und die Vereinten Nationen, S. 34).

[1844] ALLGÄUER, Instrumente einer liechtensteinischen Außenpolitik, S. 119: „*Liechtenstein muss sich der Frage der UNO-Mitgliedschaft stellen. Die Mitgliedschaft ist trotz aller Schwierigkeiten und Hemmnisse anzupeilen. Wie müssen unbedingt anstreben, eine volle Stimme zu erhalten*".

[1845] UNSER, Liechtenstein: rühriger Fürst, zögerndes Volk, S. 165.

nahme auf seine Mitgliedschaft in der OSZE und im Europarat zudem darauf verweisen, dass das kleine Land bewiesen hatte, den Pflichten einer Mitgliedschaft in großen multilateralen Organisationen nachkommen zu können[1846].

bb) Der Beitritt trotz innenpolitischen Widerstands

Dem auf der Seite der Vereinten Nationen geschwundenen Widerstand gegenüber der Aufnahme von sehr kleinen Staaten stand jedoch die Ablehnung des liechtensteinischen Volkes gegenüber. So sprechen sich im Jahre 1988 in einer Umfrage noch 66,3 % der Liechtensteiner gegen einen UN-Beitritt aus[1847]. Die vorsichtige und im Wortsinn konservative Bevölkerung des Fürstentums sieht sich aber mit dem entschiedenen Willen des Erbprinzen HANS ADAM II. konfrontiert, der sich schon vor der Übernahme der Amtsgeschäfte seines Vaters im Jahre 1984 eindeutig für eine Mitgliedschaft ausspricht und eine dahingehende Initiative ankündigt.

So erstellt das Amt für Internationale Beziehungen noch im Frühjahr 1984 ein Arbeitspapier, welches die Beziehungen des Landes zur UN analysiert und zum Ergebnis kommt, dass eine Vollmitgliedschaft anzustreben sei[1848]. Auf Anregung des liechtensteinischen Parlaments wird im Sommer 1985 ein umfangreicherer zweiter Bericht erstellt, der die Chancen eines UN-Beitrittes in den Vordergrund rückt. Er empfiehlt der Regierung, Sondierungsgespräche mit der UN aufnehmen und den zweiten Bericht als Grundlage der Meinungsbildung in der liechtensteinischen Öffentlichkeit einzusetzen[1849]. Die beiden letztgenannten Entscheidungen werden aber vom Landtag am 25. Mai 1988 in nicht-öffentlicher Sitzung erst gefällt, nachdem sich der Erbprinz in seiner traditionellen Thronrede am 8. März 1988 fast ausschließlich mit dem von ihm propagierten UN-Beitritt beschäftigt und auf diese Weise die Regierung zum Handeln zwingt, die sich bis zu diesem Zeitpunkt durch „*...beharrliches Schweigen...*" bezüglich der Fortsetzung des Projektes ausgezeichnet hatte[1850]. Der heutige Fürst von Liechtenstein kann mit diesem forcierten Engagement die Bedenken der liechtensteinischen Politik überwinden. Dabei wird die Abneigung der Bevölkerung des Fürstentums gegenüber dem geplanten Schritt schlicht für irrelevant erklärt, indem die Regierung auf der Grundlage zweier Rechtsgutachten[1851] zur Erkenntnis gelangt, dass der Beitritt lediglich einer Zustimmung des Landtages bedarf, ein Referendum dagegen nicht erforderlich sei[1852].

[1846] So THÜRER, Liechtenstein und die Völkerrechtsordnung, S. 107.

[1847] JANSEN, Liechtenstein und die Vereinten Nationen, S. 37.

[1848] UNSER, Liechtenstein: rühriger Fürst, zögerndes Volk, S. 165.

[1849] JANSEN, Liechtenstein und die Vereinten Nationen, S. 37.

[1850] UNSER, Liechtenstein: rühriger Fürst, zögerndes Volk, S. 166.

[1851] UNSER, Liechtenstein: rühriger Fürst, zögerndes Volk, S. 165, nennt hier die Professoren Thürer (Zürich) und Winkler (Wien) als Autoren.

[1852] Dieses Vorgehen erregte Unmut in Teilen der liechtensteinischen Bevölkerung. So initiierte eine Oppositionsgruppe ein Volksbegehren auf Einfügung eines Staatsvertragsrefe-

Im Verlaufe der vom damaligen Leiter des liechtensteinischen Amtes für auswärtige Angelegenheiten im November 1988 in New York geführten Sondierungsgesprächen wird schnell klar, dass das Fürstentum auf Seiten der Weltorganisation eine positive Grundhaltung für seinen Beitritt vorfindet. So wird der Beitrittsantrag am 13. Dezember 1989 vom liechtensteinischen Landtag einstimmig angenommen; das offizielle Beitrittsgesuch wird am 10. August 1990 dem Generalsekretär JAVIER PEREZ DE CUÉLLAR übergeben. Auf der Grundlage der Resolution 45/1 wird Liechtenstein damit am 18. September 1990 mit sofortiger Wirkung zum 160. Mitgliedstaat der Vereinten Nationen[1853]. Im Aufnahmeverfahren nach Art. 4 SVN wurde die liechtensteinische Souveränität weder angezweifelt noch diskutiert. Darin manifestierte sich die veränderte Haltung der Weltorganisation den sehr kleinen Staaten gegenüber, nachdem anlässlich des Beitritts Liechtensteins zum Statut des Internationalen Gerichtshof die Beitrittsfähigkeit Liechtensteins noch ausgiebig problematisiert wurde[1854].

b) Der einzelne Mitgliedstaat im System der Satzung der Vereinten Nationen

Auch wenn die Eckdaten der Vereinten Nationen als hinlänglich bekannt gelten dürften, soll im Folgenden zum Zwecke der Bewertung der Mitgliedschaft kurz dargestellt werden, welche Mitglieder nach der Satzung der UN aufgenommen werden und welche Rechte einem solchen Mitglied zukommen.

---

rendums in die Verfassung. Dieses konnte aber bei der betreffenden Abstimmung im März 1989 keine Mehrheit im Volk finden, vgl. UNSER, Liechtenstein: rühriger Fürst, zögerndes Volk, S. 166. Das Umgehen des Plebiszites ist vor dem Hintergrund zu sehen, dass das schweizerische Volk kurz zuvor einen Beitritt der Eidgenossenschaft zu den Vereinten Nationen abgelehnt haben; die Schweiz wird der UN erst nach einer erfolgreichen Wiederholung des Plebiszites mit Wirkung zum 10. September 2002 beitreten können. Bei der ersten Volksabstimmung im Jahre 1986 stimmten nur ein Viertel der Schweizer für einen Beitritt des Landes zur Weltorganisation. Erst bei einem erneuten Anlauf am 3. März 2002 konnte eine Mehrheit von 54,6 % des Wahlvolkes für den Beitritt gewonnen werden. Das erforderliche Ständemehr (= Mehrheit in den Kantonen) wurde nur knapp erreicht (12 zu 11). Der Beitritt wurde mit Wirkung zum 10. September 2002 vollzogen, vgl. http://www.weltalmanach.de/archiv/archiv_detail.php?id=625 (Stand 7. Juni 2004).

1853 Nachdem der Sicherheitsrat in seiner Resolution 663(1990) der Generalversammlung am 14. August 1990 einstimmig die Aufnahme des Fürstentums empfiehlt, folgt die Generalversammlung gleich zu Beginn ihrer 45. Ordentlichen Tagung am 18. September 1990 diesem Rat. Der Verlauf des Verfahrens wird dargestellt sowohl von JANSEN, Liechtenstein und die Vereinten Nationen, S. 37 ff., als auch von UNSER, Liechtenstein: rühriger Fürst, zögerndes Volk, S. 166/167.

1854 Vgl. bereits Kap. 4, C.I.2.b). Dem gegenüber stehen die positiven Aussagen von 12 Sicherheitsratsmitgliedern, die sich (durchgehend positiv) zum liechtensteinischen UNO-Beitritt äußerten; die Äußerungen sind bei JANSEN, Liechtenstein und die Vereinten Nationen, S. 40-42, referiert.

aa) Aufnahmeanforderungen

Falls kein ursprünglicher Mitgliedstaat im Sinne von Art. 3 SVN betroffen ist, unterliegt der Beitritt den fünf[1855] Voraussetzungen des Art. 4 Abs. 1 SVN. Danach muss der Beitrittskandidat (1.) ein Staat und (2.) friedliebend sein; außerdem muss er (3.) die Verpflichtungen aus der Charta übernehmen, wobei er nach dem Urteil der Organisation (4.) fähig und (5.) willens sein muss, diese auch zu erfüllen. Die Problematik dieser Regelung liegt begründet in ihrer vagen Formulierung. Zudem bietet die Satzung der Vereinten Nationen keine Definition der Kernbegriffe des Art. 4 Abs. 1 SVN. Es bleibt unklar, was unter *„friedliebend"* zu verstehen ist[1856], welche Staatsdefinition gelten soll oder woran die Fähigkeit festzumachen ist, die Verpflichtungen der Charta erfüllen zu können. Diese Unschärfe der Voraussetzungen ist jedoch von den Schöpfern der Satzung bewusst gesetzt worden, damit die Mitgliedstaaten über eine Aufnahme letztlich politisch entscheiden und sich auf diese Weise unliebsame Kandidaten vom Hals halten können[1857]. Nach anfänglich rigider Auslegung[1858] setzte sich nach dem Scheitern der Lösung der Kleinstaatenfrage politisch eine deutliche Nachlässigkeit bezüglich der Prüfung der materiellen Beitrittsvoraussetzungen durch. So wurde bei der Aufnahme zahlreicher ehemaliger Kolonien nicht mehr die Frage aufgeworfen, ob diese die Fähigkeit haben, die Pflichten der Charta zu erfüllen[1859]. In der Literatur wird deshalb die Meinung vertreten, Art. 4 Abs. 1 SVN habe seine Bedeutung weitgehend eingebüßt[1860]. Selbst

---

[1855] So ausdrücklich: KONRAD GINTHER in: SIMMA, The Charter of the United Nations, Art. 4, Rn. 3.

[1856] So ausdrücklich HANS-JOACHIM SCHÜTZ in: WOLFRUM, Handbuch Vereinte Nationen, S. 609.

[1857] GUY FEUER in: COT / PELLET, La Charte des Nations Unies, Art. 4, S. 168, dazu : *„A la première lecture de ce texte, on voit immédiatement que le juridique et le politique s´y articulent étroitement : les conditions à remplir sont énoncées par un texte de droit positif, mais elles sont rédigées d´une manière si vague et si ambiguë, et cela volontairement, qu´elles laissent toute latitude aux États Membres de porter sur les qualités de candidats des appréciations qui, elles, ne relèvent pas du doit…"*.

[1858] So war in den ersten Jahren nach dem Zweiten Weltkrieg jeder Beitritt ein Politikum, da die beiden Parteien des Kalten Krieges auf diese Weise die Kräfteverhältnisse in den Vereinten Nationen jeweils zu ihrem Vorteil zu verändern suchten (vgl. HANS-JOACHIM SCHÜTZ in: WOLFRUM, Handbuch Vereinte Nationen, S. 609). Einer totalen Aufnahmeblockade (KONRAD GINTHER in: SIMMA, The Charter of the United Nations, Art. 4, Rn. 5: *„…a total dead-lock over the admission of new members from 1950 to 1955…"*) in den Jahren 1950-55, die ohne Rücksicht darauf durchgehalten wurde, dass die Beitrittsaspiranten die materiellen Voraussetzungen des Art. 4 Abs. 1 SVN erfüllten, stehen Fälle gegenüber, in denen die Voraussetzungen des Art. 4 SVN vernachlässigt wurden (VOLKER EPPING in: IPSEN, Völkerrecht, § 32, Rn. 20, der die Fälle Syriens im Jahre 1961 und Indonesiens im Jahre 1966 nennt).

[1859] VOLKER EPPING in: IPSEN, Völkerrecht, § 32, Rn. 23.

[1860] KONRAD GINTHER in: SIMMA, The Charter of the United Nations, Art. 4, Rn. 12: *„The UN having thus reached its status of quasi-universality, the practical relevance of Art. 4*

wenn man aber nach wie vor in der Regelung eine effektive Beitrittshürde sehen wollte, stünde für zukünftige Fälle kein ausreichendes juristisches Subsumtionsmaterial zur Verfügung. Nach der Ansicht GUY FEUERs gehört das Ansinnen, die Haltung des Sicherheitsrates vorherzusehen, nicht in die Welt der Wissenschaft, sondern in die der Wahrsagerei[1861].

Nachdem herausgearbeitet wurde, dass für eine Aufnahme in die Vereinten Nationen demnach vorrangig der politische Wille der Mitgliedstaaten zählt, kann man aus einem Beitritt (völker)rechtlich nur schwer Rückschlüsse auf die Stellung des jeweiligen Beitrittsaspiranten in den internationalen Beziehungen zulassen.

bb) Kräfteverhältnisse im Rahmen der institutionellen Struktur der UN

Hat ein Gemeinwesen jedoch das Aufnahmeverfahren erfolgreich durchlaufen, steht ihm, ob Großmacht oder Mikrostaat, eine Stimme in der Generalversammlung zu (Art. 18 Abs. 1 SVN). Die UNO gehört zu den internationalen Organisationen, die grundsätzlich von der formellen Gleichheit ihrer Mitglieder ausgehen („*one state, one vote*“)[1862]. In der Generalversammlung ist demnach der Grundsatz der souveränen Gleichheit der Staaten umgesetzt. Ganz anders sieht die Situation jedoch im Sicherheitsrat aus, in dem zwar gem. Art. 27 Abs. 1 SVN jedes Mitglied eine Stimme hat, jedoch nicht jeder Mitgliedstaat der Vereinten Nationen automatisch auch Mitglied wird. Eine noch stärkere Abkehr vom Grundsatz der souveränen Gleichheit birgt die privilegierte Stellung der fünf ständigen Sicherheitsratsmitglieder gem. Art. 23 Abs. 1 SVN, die nach Art. 27 Abs. 3 SVN alle zustimmen müssen, wenn es im Rat zu einem wirksamen Beschluss kommen soll. Sowohl an der letztgenannten sog. qualifizierten Mehrheitsbestimmung[1863] als auch an der Zusammensetzung des Sicherheitsrates lassen sich die globalen Machtverhältnisse ablesen, wie sie nach dem Ende des Zweiten Weltkrieges Realität waren. Die Struktur der UN-Charta mag aus der Sicht von Mittelmächten als problematisch gesehen werden, da diese über keinen Einfluss im Sicherheitsrat verfügen; für einen Kleinstaat steht jedoch im Vordergrund, dass er, unabhängig etwa von seiner Einwohnerzahl, über dieselbe Stimmmacht verfügt wie jeder andere Mitgliedstaat, der über

---

of the Charter has become more or less reduced to solving special cases and problems“; die hier erwähnten Sonderfälle sind: geteilte Staaten, Fälle der Sezession und Dismembration, des Austritts und Wiedereintritts und die differenzierte Mitgliedschaft immerwährend neutraler Staaten, vgl. Rn. 35 ff. Diese Ausnahmen sind jedoch im Falle Liechtensteins nicht einschlägig.

[1861] GUY FEUER in: COT / PELLET, La Charte des Nations Unies, Art. 4, S. 178: „*Donc le paragraphe 1er ne doit pas être considéré comme étant tombé en désuétude. Par contre, prévoir l'attitude que prendraient alors le Conseil de sécurité et l'Assemblée générale relève non de la science mais de la prophétie*“.

[1862] SEIDL-HOHENVELDERN/STEIN, Völkerrecht, § 49, Rn. 867.

[1863] Rechtsdogmatisch falsch wird das Zustimmungserfordernis der ständigen Mitglieder landläufig als Vetorecht bezeichnet, vgl. dazu VOLKER EPPING in: IPSEN, Völkerrecht, § 32, Rn. 59.

keinen ständigen Sitz im Sicherheitsrat verfügt. Damit erlauben die Vereinten Nationen als *„...die globale politische Organisation der Staaten schlechthin (...) allen ihren Mitgliedstaaten eine, sieht man vom Sicherheitsrat ab, gleichberechtigte Mitgestaltung ihrer Politik"*[1864].

c) Die Auswirkungen der Mitgliedschaft auf die Stellung des Kleinstaates

Trotz dieses Umstandes liegt der durch die Aufnahme in die Vereinten Nationen erreichte Hauptgewinn für einen sehr kleinen Staat wohl nicht in der Möglichkeit, effektiv an der Umsetzung der Ziele im Sinne von Art. 1 SVN mitarbeiten zu können. Der Schwerpunkt der Errungenschaft liegt vielmehr in der Durchsetzung der Mitgliedschaft selbst.

aa) Auswirkungen der Mitgliedschaft an sich

Der Beitritt stellt einen wichtigen Schritt zur dauerhaften Sicherung der Souveränität des Fürstentums dar[1865]. Die Bedeutung liegt vor allem in der prophylaktischen Wirkung der Maßnahme. Denn im Zeitpunkt des Beitrittes im Jahre 1990 durfte die Souveränität Liechtensteins zwar als anerkannt gelten, doch bestand die Gefahr, dass ein fortdauerndes Abseitsstehen bei einem gleichzeitigen Anstieg[1866] der Zahl der Mitgliedstaaten in der UNO über kurz oder lang die Frage provozieren könnte, ob es sich im Falle Liechtensteins wirklich um einen Staat handelt, wenn doch sonst (fast) alle Staaten Mitglieder der UN sind. So bewertet Prinz NIKOLAUS VON LIECHTENSTEIN die Mitgliedschaft in den Vereinten Nationen unter dem Gesichtspunkt der Absicherung der Eigenstaatlichkeit des Fürstentums *„...als Krönung (...) [liechtensteinischer] Souveränitätspolitik auf globaler Ebene..."*[1867].

Mit dem Beitritt wurde ein weiterer Aspekt sichtbar, der die Selbständigkeit des Fürstentums untermauert. Zwar bedurfte es für die Mitgliedschaft in der UN keiner Abstimmung mit der Eidgenossenschaft, da sie thematisch die Anwendbarkeit der bilateralen Verträge nicht berührt[1868]. Von einem kleinen, auf internationaler

---

1864 So analysiert Prinz NIKOLAUS VON LIECHTENSTEIN in einer Schrift aus dem Jahre 1991, also kurz nach dem Beitritt Liechtensteins zu den Vereinten Nationen, vgl. V. LIECHTENSTEIN, UNO-Beitritt, S. 9.

1865 So jedenfalls Stimmen in der schweizerischen und liechtensteinischen Literatur: THÜRER, Liechtenstein und die Völkerrechtsordnung, S. 107: *„Durch seine UNO-Mitgliedschaft manifestiert es [das Fürstentum] klar seine völkerrechtliche Souveränität"*, UNSER, Liechtenstein: rühriger Fürst, zögerndes Volk, S.167, sieht die Sicherung der Souveränität des Landes als *„...Hauptmotiv für Liechtensteins Beitritt..."*; vgl. auch V. LIECHTENSTEIN, Liechtensteinische Außenpolitik an einer Wende, S. 314..

1866 Während Liechtenstein im Jahre 1990 noch 160. Mitgliedstaat wurde, ist der Stand vom 16. Februar 2005 bereits bei 191 Mitgliedstaaten der Weltorganisation, vgl. www.un.org.

1867 V. LIECHTENSTEIN, UNO-Beitritt, S. 9.

1868 Vgl. bereits: Kap. 3, B.II.3.b)dd).

Bühne handlungsunfähigen Staat wäre jedoch zu erwarten gewesen, dass er sich mit seiner Antragstellung geduldet, bis der starke Nachbar ebenfalls denselben Schritt wagt, da auf diese Weise gegebenenfalls eine Vertretung durch schweizerische Diplomaten möglich würde. Jedoch vollzieht die liechtensteinische Regierung die Mitgliedschaft in die Weltorganisation, obwohl in der Schweiz ein entsprechendes Referendum gerade gescheitert war. Dieser Beitritt wird initiiert, ohne dass vorherzusehen war, dass die Eidgenossenschaft zwölf Jahre nach Liechtenstein ebenfalls der UNO beitritt. Damit hat sich das Fürstentum im Bereich seines Engagements in internationalen Organisationen zum wiederholten Male (vgl. nur Beitritt zum EWR) bewusst von der Politik Berns abgesetzt.

Darüber hinaus ist Liechtenstein hinsichtlich des UN-Beitritts nicht nur der Schweiz einen Schritt vorausgegangen, denn das Fürstentum ist zudem Protagonist in den Reihen der kleinsten Staaten: Andorra, Monaco und San Marino folgten in den 1990er Jahren. THOMAS BRUHA und KATJA GEY-RITTER sprechen Liechtenstein insofern eine *„Vorreiterrolle"* zu[1869]. Im globalen Kontext ist die Aufnahme Liechtensteins allerdings nicht als Dammbruch für den Beitritt von Mikrostaaten anzusehen, da beispielsweise Dominica (70.000 Einwohner) bereits im Jahre 1978 aufgenommen wurde, St. Kitts und Nevis (40.000 Einwohner) im Jahre 1983[1870]. Die heutigen Mitgliedstaaten, die über eine noch kleinere Bevölkerungszahl verfügen als das Fürstentum[1871], sind alle nach Liechtenstein aufgenommen worden, so dass sich insgesamt nur ein allgemeiner Trend zur Aufnahme immer kleinerer Staaten feststellen lässt.

bb) Auswirkungen auf die konkreten Funktionsdefizite

Auch wenn mit dem Beitritt vorrangig Souveränitätssicherung betrieben werden sollte, sind weitere positive Folgen für das Land zu bemerken. Die Mitgliedschaft eröffnet dem Fürstentum etwa einen *„effizienten Zugang zur internationalen Diplomatie"*[1872], was sich schlicht daraus ergibt, dass auf Grund des globalen Ansatzes der Organisation am Sitz in New York Vertreter fast eines jeden Staates der Erde anzutreffen sind. Ohne großen Aufwand können liechtensteinische Diplomaten vor Ort Kontakte mit zur Zeit 190 anderen Staaten knüpfen; der *„...Kontaktort New York..."* bietet in dieser Hinsicht Möglichkeiten *„...wie wohl kein zweiter Platz auf dieser Welt..."*[1873]. Auf diese Weise wirkt die UN-Mitgliedschaft einem der Hauptdefizite

---

1869 BRUHA / GEY-RITTER, Kleinstaat und Integration, S. 186.

1870 Daten aus VEREINTE NATIONEN, Die Mitgliedstaaten der Vereinten Nationen, S. 37 und 40.

1871 Dies sind: San Marino (auch 30.000 Einwohner, Aufnahme 1992), Palau (20.000 Einwohner; Aufnahme 1994), Nauru (10.000 Einwohner; Aufnahme 1999), Tuvalu (10.000 Einwohner; Aufnahme 2000), Daten nach: VEREINTE NATIONEN, Die Mitgliedstaaten der Vereinten Nationen, S. 37 und 40.

1872 So THÜRER, Liechtenstein und die Völkerrechtsordnung, S. 107.

1873 V. LIECHTENSTEIN, UNO-Beitritt, S. 10.

sehr kleiner Staaten entgegen: der Unfähigkeit zu umfassender diplomatischer Repräsentation.

Auch wenn die Mitgestaltung von Politik nicht primäres Motiv für den Beitritt war[1874], so wird die Möglichkeit der Mitarbeit gewissermaßen als Nebeneffekt gerne hingenommen; Prinz NIKOLAUS VON LIECHTENSTEIN stellt in diesem Zusammenhang lakonisch fest: *„Es versteht sich (...) von selbst, dass die außenpolitischen Wirkungsmöglichkeiten durch den Beitritt zur UNO erheblich zugenommen haben“*[1875]. Natürlich bewegt sich das Engagement in den Vereinten Nationen lediglich auf einer eklektischen Basis. Liechtenstein kann nicht in dem Maße Personal abstellen, um in allen Bereichen der UN mitzuarbeiten; DANIEL THÜRER berichtet von der Entscheidung des Fürstentums, sich in altruistischer Manier *„...vor allem für die Menschenrechte sowie den Schutz und die Weiterentwicklung des Völkerrechts einzusetzen...“*[1876]. Prinz NIKOLAUS singt die Lobeshymne auf den Kleinstaat sogar in einer noch höheren Tonart, wenn er Liechtenstein die Funktion des *„...Hofnarren...“* zuspricht, *„...der sich nicht scheut, die Wahrheit zu sagen...“*, da der Kleinstaat auf Grund seiner *„...recht beschränkten Eigeninteressen freier...“* ist, *„...völkerrechtliche und moralische Prinzipien zu vertreten...“*[1877]. Inwieweit der Altruismus jedoch lediglich Fassade und liechtensteinische Werbestrategie ist, soll hier nicht weiter bewertet werden. Jedoch fällt beispielsweise auf, dass sich das Fürstentum neuerdings überzeugt und kämpferisch dagegen einsetzt, dass Liechtenstein als Finanzplatz zur Finanzierung des internationalen Terrorismus missbraucht wird[1878]. Dies scheint jedoch nicht wirklich überzeugend, wenn man sich vergegenwärtigt, dass das Nachnichtenmagazin DER SPIEGEL noch im November 1999 über ein Dossier des Bundesnachrichtendienstes berichtet hat, in dem das Fürstentum Liechtenstein als Hort weltweit Organisierter Kriminalität bezeichnet worden sein soll[1879]. Auch steigert es nicht das Vertrauen gegenüber den Beteuerungen liechtensteinischer Politik, wenn man nachlesen kann, dass das Fürstentum erst im Jahre 2001 von der schwarzen Liste der FATF (Financial Action Task Force on Money Laundering) der Staaten genommen wurde, die im Bereich

---

[1874] PRINZ NIKOLAUS VON LIECHTENSTEIN wörtlich: *„Man würde aber der UNO-Mitgliedschaft Liechtensteins nicht gerecht werden, wenn man sie nur unter ihrem souveränitätspolitischem Aspekt sehen würde“*, V. LIECHTENSTEIN, UNO-Beitritt, S. 9.

[1875] V. LIECHTENSTEIN, UNO-Beitritt, S. 9.

[1876] So THÜRER, Liechtenstein und die Völkerrechtsordnung, S. 107.

[1877] V. LIECHTENSTEIN, UNO-Beitritt, S. 11.

[1878] *„I would like to stress once again our unequivocal commitment to international cooperation in the fight against terror“*, so der liechtensteinische UN-Botschafter Christian Wenaweser in einer Stellungnahme am 29. Juli 2003, Open debate of the Security Council: Briefing by the Chairman of the Security Council Committee established pursuant to resolution 1267 (1999), Statement by H.E. Ambassador CHRISTIAN WENAWESER, Permanent Representative of the Principality of Liechtenstein to the United Nations.

[1879] Vgl. http://www.spiegel.de/spiegel/0,1518,61653,00.html (Stand: 29.03.2002); die liechtensteinische Regierung hat auf Grund dieser Veröffentlichung gegen den SPIEGEL geklagt.

der Bekämpfung der Geldwäsche jede Kooperation verweigern[1880]. Der internationale Druck wird wohl bei dem Meinungsumschwung in der liechtensteinischen Politik eine gewisse Rolle gespielt haben.

2. Mitgliedschaft in der Welthandelsorganisation

Neben der Vollmitgliedschaft in den Vereinten Nationen konnte das Fürstentum darüber hinaus in Form einer WTO-Mitgliedschaft auch eine institutionell eigenständige Stellung im System des Welthandels realisieren.

a) Liechtenstein und die WTO

Zuvor war Liechtenstein lediglich über die Mitgliedschaft der Schweiz mittelbar in den Anwendungsbereich des GATT 1947 einbezogen[1881]. Die Vollmitgliedschaft im GATT 1947 war dem Fürstentum vor der Einführung des Art. 8 bis ZV im Zusammenhang mit der Vollmitgliedschaft in der EFTA auf Grund von Art. 8 Abs. 2 ZV, der dem Kleinstaat im Bereich der Handels- und Zollverträge die sog. *treaty making power* nahm, grundsätzlich verwehrt[1882]. Bezüglich der Anwendbarkeit des GATT auch auf Liechtenstein war die Einfügung einer Liechtenstein-Klausel in das schweizerische Beitrittsprotokoll im Grunde deklaratorisch, da „*...das GATT-Abkommen und die in den verschiedenen Verhandlungsrunden von der Schweiz eingegangenen Verpflichtungen, soweit sie sich auf das Zollgebiet beziehen, (...) auch (...) in Liechtenstein über Art. 7 des Zollvertrages anwendbar gewesen...*“ wären; jedoch hat erst die Liechtenstein-Klausel die anderen GATT-Mitgliedstaaten dahingehend gebunden, dass das Fürstentum auch ihnen gegenüber „*...alle Rechte aus dem GATT und auch die meisten Rechte aus den GATT-Sonderabkommen...*“ geltend machen konnte[1883].

1880 Vgl. http://www.zeit.de/2001/41/Wirtschaft/200141_geldwaesche.html; die FATF wurde 1989 auf Beschluss der G7-Staaten ins Leben gerufen, um Steueroasen und Geldwäschezentren auf der ganzen Welt zu identifizieren und unter Druck zu setzen. Sie hat ihren Sitz bei der OECD in Paris; ihr gehören 29 Staaten an.

1881 Sowohl in der Erklärung der GATT-Vertragsparteien vom 22. November 1958 über den provisorischen Beitritt der Schweiz zum GATT als auch im Protokoll über den Beitritt der Schweiz zum GATT, das am 1. August 1966 in Kraft trat, war die sog. Liechtenstein-Klausel enthalten. Diese besagte, dass hinsichtlich der territorialen Anwendung des GATT das liechtensteinische Staatsgebiet als im schweizerischen Zollgebiet inbegriffen betrachtet werde, solange die bilaterale Zollunion Liechtenstein-Schweiz bestehe. Vgl. BRUHA / GEY-RITTER, Kleinstaat und Integration, S. 171/172, die auch den englischsprachigen Originalwortlaut der Liechtenstein-Klausel liefert: „*For the purposes of the territorial application of this Protocol, the customs territory of Switzerland shall be deemed to include the territory of the Principality of Liechtenstein as long as a customs union treaty with Switzerland is in force*“.

1882 So ausdrücklich HUMMER / PRAGER, Zur GATT-Kompatibilität von Mehrfachmitgliedschaften in regionalen Präferenzzonen, S. 412.

1883 BRUHA / GEY-RITTER, Kleinstaat und Integration, S. 172 bzw. 173.

Nachdem mit der Einfügung des Art. 8 bis in den Zollvertrag die *treaty making power* für die Fälle wieder an das Fürstentum zurückgefallen war, in denen auch die Schweiz Vertragspartner des betreffenden Vertrages ist, konnte die liechtensteinische Politik über eine vollwertige Mitgliedschaft im GATT nachdenken. Da aber das Fürstentum als Nichtmitglied nicht an den Verhandlungen der seit 1986 laufenden Uruguay-Runde teilnehmen konnte, die als wesentlichstes Ergebnis die Gründung einer Welthandelsorganisation (WTO) bewerkstelligen sollte, ersuchte der Kleinstaat im Jahre 1992 die nachbarliche Eidgenossenschaft um die Vertretung der liechtensteinischen Interessen.

Abweichend von Art. XI Abs. 1 WTO-Abkommen, demzufolge ein Staat ursprüngliches (Gründungs)Mitglied dann wird, wenn es im Zeitpunkt des Inkrafttretens des WTO-Abkommens Vertragspartei des GATT 1947 ist, sollten Staaten als Gründungsstaaten beitreten können, obwohl sie zuvor nicht Mitglieder des GATT 1947 waren, wenn sie innerhalb von zwei Jahren nach Unterzeichnung der Schlussakte der Uruguay-Runde den Beitritt zum GATT 1947 erwirken würden. Zwei Monate vor der geplanten Unterzeichnung in Marrakesch am 15. April 1994 entschieden – überraschend für Liechtenstein – die bisherigen Mitgliedstaaten, dass der erleichterte, bereits ausgehandelte Beitritt zur WTO über Art. XI Abs. 1 WTO-Abkommen nur für jene Staaten möglich sein sollte, die bereits am Tage der Unterzeichnung der Abschlussakte Mitglied des GATT 1947 sein würden[1884]. Um Liechtenstein die „*...Option...*“ offen zu halten, „*...im sog. ‚vereinfachten Verfahren' der WTO beizutreten...*“[1885], wurde ein Beitritt zum GATT 1947 durch eine Notifizierung durch die Schweiz im Verfahren nach Art. XXVI 5 c) GATT 1947 vollzogen.

Angesichts der Kürze der verbleibenden Zeit musste sich die liechtensteinische Regierung quasi spontan entscheiden, ob sie diesen Schritt tun wollte; auf eine Beteiligung des liechtensteinischen Landtages, obwohl deren Erforderlichkeit nicht völlig unstrittig war, wurde verzichtet[1886]. Damit wurde Liechtenstein mit Wirkung zum 29. März 1994 Mitgliedstaat des GATT 1947 und konnte am 15. April 1994 in Marrakesch die Schlussakte der Uruguay-Runde unterzeichnen[1887]. Für das Fürs-

---

[1884] Zu den Umständen des eiligen Beitritts zum GATT 1947 im einzelnen: BRUHA / GEY-RITTER, Kleinstaat und Integration, S. 174/175.

[1885] HUMMER / PRAGER, Zur GATT-Kompatibilität von Mehrfachmitgliedschaften in regionalen Präferenzzonen, S. 428/429.

[1886] BRUHA / GEY-RITTER, Kleinstaat und Integration, S. 176, Fn. 94, weisen darauf hin, dass nicht klar war, ob eine Zustimmung des Landtages zum GATT-Beitritt nach Art. 8 Abs. 2 der Landesverfassung erforderlich war. Als Argument dagegen wurde ins Felde geführt, dass sich durch den Beitritt gegenüber der alten Rechtslage (Einbindung über die Schweiz) materiell nicht verändern würde. Aber auch die Kritiker des recht eigenmächtigen Vorgehens der Regierung akzeptierten deren Handlungsweise als „*pragmatischen Weg*“, da die zeitliche Dringlichkeit evident war.

[1887] HUMMER / PRAGER, Zur GATT-Kompatibilität von Mehrfachmitgliedschaften in regionalen Präferenzzonen, S. 428/429.

tentum trat das WTO-Abkommen und die multilateralen Handelsübereinkünfte des WTO-Verbande, vor allem GATT 1994, GATS und TRIPS, am 1. September 1995 in Kraft[1888].

b) Der einzelne Mitgliedstaat im System der Satzung der WTO

Auch in Bezug auf die Mitgliedschaft in der WTO soll untersucht werden, wie sich der Beitritt auf den Status des Kleinstaates ausgewirkt hat.

aa) Aufnahmeerfordernisse

Der Beitritt zum GATT 1947 in der bereits beschriebenen Eilaktion legt die Frage nahe, ob das Fürstentum so verfahren ist, weil es befürchten musste, später nicht in die WTO aufgenommen zu werden, wenn es nicht als Gründungsmitglied gelten würde. Dies könnte unterstellt werden, wenn ein Beitritt nach dem WTO-Abkommen strengeren Anforderungen unterworfen wäre. Das vom Fürstentum praktizierte Verfahren des Art. XXVI 5 c) GATT 1947 verlangt von dem Beitrittsaspiranten *„...vollständige Handlungsfreiheit in seinen Außenhandelsbeziehungen und den anderen in diesem Abkommen behandelten Angelegenheiten...“*[1889]. Art. XII WTO-Abkommen definiert die Beitrittsvoraussetzung mit dem fast identischen Wortlaut wie Art. XXVI 5 c) GATT 1947; der einzige Unterschied besteht darin, dass das in Art. XXII WTO-Abkommen eine *„...volle Handlungsfreiheit...“ statt der „...vollständigen Handlungsfreiheit...“* verlangt wird. In der Zusammenfassung ergibt sich, dass die beiden Normen dieselbe Voraussetzung formulieren, nämlich die uneingeschränkte Handlungsfreiheit im Bereich des Außenhandels. Die Art und Weise des Beitritt zum GATT 1947 und zur WTO kann demnach nicht als kleinstaatenspezifisches Vorgehen gesehen werden. Da die materiellen Voraussetzungen für einen Beitritt zur WTO über Art. XXII WTO-Abkommen dieselben sind wie jene für eine Aufnahme ins GATT 1947, wäre ein späterer Beitritt zur WTO ebenso möglich gewesen. Der Vorteil des Verfahrens nach Art. XXVI 5 c) GATT 1947 liegt jedoch darin, dass in dieser Norm, anders als in den beiden anderen, kein Beitrittsabkommen erforderlich wurde, welches in der Regel mit Bedingungen verbunden wird.

Problematisch erscheint jedoch der Umstand, dass Art. XXVI 5 c) GATT 1947 *„...in der Vergangenheit auf eine Vielzahl ehemals abhängiger Gebiete angewandt worden...“*[1890] war. Daraus wird in der Literatur gefolgert, die für gewöhnlich für den Beitritt verwandte Norm Art. XXXIII GATT 1947 würde auf unabhängige Zollgebiete angewandt, während sich Art. XXVI 5 c) GATT 1947 im Umkehrschluss nur auf Pro-

---

1888 BRUHA / GEY-RITTER, Kleinstaat und Integration, S. 176.

1889 Die gewöhnliche Beitrittsklausel des GATT 1947, Art. XXXIII, setzt für eine Aufnahme voraus, dass die neue Vertragspartei *„...in der Wahrnehmung (...) [ihrer] Außenhandelsbeziehungen und hinsichtlich der übrigen in diesem Abkommen behandelten Fragen völlige Handlungsfreiheit besitzt“.*

1890 BRUHA / GEY-RITTER, Kleinstaat und Integration, S. 176.

tektorate mit autonomen Zollgebiet bezöge[1891]. Dies lässt sich aber nicht mit dem Wortlaut der Vorschrift vereinbaren, da Art. XXVI 5 c) GATT 1947 ausdrücklich nicht nur anwendbar ist, wenn ein Zollgebiet *„...vollständige Handlungsfreiheit...“* bezüglich des Außenhandels *„...erlangt...“*, sondern auch wenn es sie bereits *„...besitzt...“*[1892]. Auch teleologisch ist die beschriebene Wertung des Art. XXVI 5 c) GATT 1947 nicht zu halten. Denn es ist anerkannt, dass auch Staaten, die sich in einer Zollunion befinden oder sich diplomatisch von einem anderen Staat vertreten lassen, der WTO beitreten können. Ein Zollgebiet besitzt nämlich die geforderte volle Handlungsfreiheit im Sinne von Art. XXII WTO-Abkommen, wenn es in der Lage ist, *„...ohne Zustimmung einer Vollmacht, die Zölle zu ändern und die Anwendung des GATT zu bestimmen. Ferner muss das Zollgebiet in der Lage sein, in Handelsangelegenheiten vertragliche Beziehungen einzugehen“*[1893]. Diese Außenhandelsautonomie hat das Fürstentum Liechtenstein spätestens mit der Einfügung des Art. 8 bis in den schweizerisch-liechtensteinischen Zollvertrag wiedergewonnen. Aus der Wahl der Beitrittsnorm kann also nichts für die völkerrechtliche Bewertung des liechtensteinischen Status gefolgert werden.

bb) Kräfteverhältnisse im Rahmen der institutionellen Struktur der WTO

Als oberstes Beschlussorgan der WTO fungieren die Ministerkonferenz und der Allgemeine Rat[1894]. Während die erstere gem. Art. IV Abs. 1 S. 1 WTO-Abkommen (lediglich) mindestens alle zwei Jahre zusammentreten soll, nimmt letzterer gem. Art. IV Abs. 2 S. 2 WTO-Abkommen zwischen den Tagungen der Ministerkonferenz deren Aufgaben wahr. Gem. Art. IX Abs. 1 S. 3 WTO-Abkommen hat jedes Mitglied auf Tagungen sowohl der Ministerkonferenz als auch des Allgemeinen Rates jeweils eine Stimme. Eine Stimmgewichtung, etwa nach der Größe der Bevölkerung oder nach dem Anteil am Welthandel, findet in der WTO nicht statt[1895]. Damit bleibt die WTO eine traditionelle internationale Organisation, die den Grundsatz der souveränen Gleichheit uneingeschränkt umsetzt. Als souveränitätspolitisch positiv ist zu werten, dass sich Art. IX Abs. 1 S. 3 WTO-Abkommen die übliche Praxis des GATT 1947 bewahrt hat, grundsätzlich

---

1891 SENTI, WTO: System und Funktionsweise der Welthandelsordnung, Rn. 278, Fn. 12.

1892 *„Besitzt oder erlangt ein Zollgebiet, für das eine Vertragspartei dieses Abkommen angenommen hat, vollständige Handlungsfreiheit in seinen Außenhandelsbeziehungen und den anderen in diesem Abkommen behandelten Angelegenheiten, so gilt es auf Vorschlag der verantwortlichen Vertragspartei, die diesen Sachverhalt durch eine Erklärung bestätigt, als Vertragspartei“.*

1893 WEIß in: WEIß / HERRMANN, Welthandelsrecht, Rn. 163/164.

1894 WEIß in: WEIß / HERRMANN, Welthandelsrecht, Rn. 176, vgl. auch HERDEGEN, Internationales Wirtschaftsrecht, § 7, Rn. 14.

1895 SENTI, WTO: System und Funktionsweise der Welthandelsordnung, Rn. 323, der die Weltbank und den Internationalen Währungsfonds als Beispiel für Organisationen nennt, in denen eine derartige Stimmgewichtung vollzogen wird.

eine Beschlussfassung durch Konsens zu suchen; ggf. sind Entscheidungen in Zweidrittel- bzw. Dreiviertelmehrheit möglich[1896].

c) Die Auswirkungen der Mitgliedschaft auf die Stellung des Kleinstaates

Angesichts der identischen Mitwirkungsmöglichkeiten für große und kleine Staaten liegt die Annahme nahe, Liechtenstein habe die Mitgliedschaft auch in dieser internationalen Organisation angestrebt, um ein weiteres Mal seine Unabhängigkeit zu manifestieren.

aa) Auswirkungen der Mitgliedschaft an sich

In der Tat stieß die Notifizierung der Schweiz im Verfahren nach Art. XXVI 5 c) GATT 1947, die eine Bestätigung der Tatsache beinhaltet, dass das Fürstentum über vollständige Handlungsfreiheit in seinen Außenhandelsbeziehungen verfügt, offensichtlich auf keinerlei Widerspruch bei den anderen Vertragsstaaten des GATT 1947. Dies ist als konkludente Anerkennung des notifizierten Sachverhaltes anzusehen. Insofern hatte die eigenständige Stellung als Vertragsstaat und später als Vollmitglied in der WTO[1897] sicherlich eine spezifische souveränitätspolitische Bedeutung, vor allem wenn man beachtet, dass die WTO-Mitgliedschaft die im europäischen Bereich erreichte Selbständigkeit ergänzt[1898]. Andererseits hat der Beitritt zur WTO nicht die souveränitätspolitische Bedeutung wie die eigenständige Mitgliedschaft im EWR, da für die gleichberechtigte Teilhabe an der Welthandelsorganisation keine neue durchlässige Stelle im Gestrick aus bilateraler Anbindung und multilateralem Engagement eröffnet werden wusste. Der eigenständige WTO-Beitritt stellt lediglich die konsequente Umsetzung der Freiheit dar, die die Ermöglichung der EFTA-Mitgliedschaft im bilateralen Verhältnis geschaffen hatte.

bb) Auswirkungen auf die konkreten Funktionsdefizite

Die Motive für das Streben nach einer eigenständigen Mitgliedschaft in der WTO unterscheiden sich völlig vom Interesse des gleichberechtigten Beitritts zu den Vereinten Nationen. Während das Bemühen um die UN-Mitgliedschaft vorrangig souveränitäts- bzw. statuspolitisch motiviert war[1899], standen im handelspolitischen Bereich konkrete rechtstechnische Interessen von wirtschaftlicher Bedeutung im Vordergrund. In ökonomischer Hinsicht sind im Falle Liechtensteins die kleinstaatenspezifischen Funktionsdefizite evident: das Fürstentum verfügt über

---

[1896] Vgl. hierzu Übersicht 7 bei: SENTI, WTO: System und Funktionsweise der Welthandelsordnung, Rn. 334.

[1897] THÜRER, Liechtenstein und die Völkerrechtsordnung, S. 108, benutzt in diesem Zusammenhang für die WTO den dogmatisch sicher nicht haltbaren Begriff der „*Welthandelsverfassung*“, was er wohl selbst erkennt, da er den Begriff in Anführungszeichen setzt.

[1898] Darauf weisen BRUHA / GEY-RITTER, Kleinstaat und Integration, S. 174, hin.

[1899] Vgl. bereits Kap. 4, C.IV.1.c).

einen extrem kleinen Markt. Als sehr kleiner Staat ist es im äußersten Maße vom Handelsaustausch mit anderen Staaten abhängig. Nahezu 100 % der in Liechtenstein hergestellten Waren werden auf ausländischen Märkten abgesetzt[1900]. Dem steht die nahezu globale Bedeutung der WTO gegenüber: 146 Mitgliedstaaten[1901] bringen es auf über 90 % des weltweiten Güter- und Dienstleistungshandel[1902]. Auf den ersten Blick hätten jedoch die Vorteile des GATT für das Fürstentum grundsätzlich auch weiterhin über die Einbeziehung durch die Schweiz über das Mittel der Liechtenstein-Klausel gesichert werden können[1903]. Jedoch war das für eine moderne liechtensteinische Wirtschaft, in welcher der tertiäre Sektor immer mehr an Bedeutung gewonnen hatte, nicht mehr ausreichend, da der schweizerisch-liechtensteinische Zollvertrag lediglich den Handel im primären und sekundären Sektor regelt. Da aber im Laufe der Verhandlungen der Uruguay-Runde klar wurde, dass auch Verträge geschaffen werden sollten, die über die Regelung des Warenhandels hinausgehen sollten, war auch offensichtlich, dass dieser Ansatz die Anwendbarkeit der Liechtenstein-Klausel sprengen würde[1904]. Da *„...sich zudem die liechtensteinischen Interessen im Dienstleistungssektor nicht unbedingt mit jenen der Schweiz deck[t]en, drängte sich (...) eine aktivere Rolle Liechtensteins auf“*[1905].

Das GATS führt im weit geringeren Umfang zum Abbau von Handelsschranken im Bereich der Dienstleistungen als das GATT im Bereich des Warenverkehrs. Zwar begründet der Vertrag in Art. II Abs. 2 grundsätzlich eine allgemeine Verpflichtung zur Meistbegünstigung, die Verpflichtung zum freien Marktzugang (Art. XVI GATS) und zur Inländerbehandlung (Art. XVII GATS). Diese Verpflichtungen sind aber auf der Grundlage von individuellen sektorenspezifischen Verpflichtungslisten (sog. Positivlisten) der einzelnen Mitgliedstaaten stark eingeschränkt[1906]. Eine Positivliste wurde von Liechtenstein autonom – also ohne Paral-

---

[1900] Nach RITTER, Europäischer Wirtschaftsraum, S. 2, in einem Aufsatz aus dem Jahre 1996, also zeitnah zum Beitritt zur WTO, gehen davon *„...45 % in die EU-Länder, 14 % in die Schweiz und der Rest in die übrigen Länder [der Erde], vorwiegend nach Übersee. Ähnliche Zahlen gelten für die Importe“*.

[1901] HERDEGEN, Internationales Wirtschaftsrecht, § 7, Rn. 16, in einem Buch aus dem Jahre 2003.

[1902] SENTI, WTO: System und Funktionsweise der Welthandelsordnung, Rn. 277, kommt noch auf *„...rund 90 %...“* im Jahr 2000, als die WTO nur 136 Mitglieder hatte (Rn. 276).

[1903] So sind die *„...WTO-Regelungen und konkreten Verpflichtungen im Warenhandel (...) nicht nur Folge der WTO-Mitgliedschaft Liechtensteins, sondern ergeben sich [bereits] aus der Zollunion mit der Schweiz.“*. BRUHA / GEY-RITTER, Kleinstaat und Integration, S. 178.

[1904] Vgl. HUMMER / PRAGER, Zur GATT-Kompatibilität von Mehrfachmitgliedschaften in regionalen Präferenzzonen, S. 428.

[1905] BRUHA / GEY-RITTER, Kleinstaat und Integration, S. 174; die Autoren stellen auf S. 175 fest: *„Außer im Bereich der Dienstleistungen (...) deckte sich die liechtensteinische Position mit jener der Schweiz“*.

[1906] HERDEGEN, Internationales Wirtschaftsrecht, § 7, Rn. 18.

lelverhalten zur Schweiz – erarbeitet, wobei vor allem im Bereich der Finanzdienstleistungen Abweichungen zum schweizerischen Reglement zu beobachten waren[1907].

Mit der eigenständigen WTO-Mitgliedschaft erreicht das Fürstentum eine Einbindung in das dienstleistungsspezifische multilaterale System des Welthandels in einer maßgeschneiderten Hülle. Mit der autonom erstellten Verpflichtungsliste konnte der liechtensteinischen Wirtschaft, die kleinstaatenspezifisch vor allem in der Finanzwirtschaft ihre Nische gefunden hat, eine Teilhabe am internationalen Dienstleistungshandel geboten werden, die sich durch ihre Individualität auszeichnet. Darin zeigt sich der großer Vorteil gegenüber einer Einbindung über die Schweiz, deienur als *single package deal* möglich gewesen wäre.

3. Bewertung der Mitgliedschaften in globalen internationalen Organisationen politischer Bedeutung

Insgesamt fällt auf, dass die Repräsentation Liechtensteins in den wichtigen Organisationen globaler Bedeutung zeitlich der Mitgliedschaft in den entsprechenden Gremien auf europäischem Niveau nachfolgt. Man erkämpfte also sich die Freiheiten im kleinen Raum, um sie anschließend in den Weltorganisationen zu nutzen. So ermöglichte die Anpassung des schweizerisch-liechtensteinischen Zollvertrages im Zusammenhang mit dem EFTA-Beitritt die später im bilateralen Verhältnis unproblematische Aufnahme in die Welthandelsorganisation. Wäre der Art. 8 bis (Abs. 1) nicht schon im Jahre 1990 in den Zollvertrag eingefügt worden, hätte Liechtenstein wohl aus Mangel an Zeit für Gespräche mit der Schweiz den kurzfristigen Beitritt zum GATT, mit dem sich der Kleinstaat den Status des Gründungsmitgliedes der WTO gesichert hat, nicht durchführen können. Im selben Maße konnte das Fürstentum durch die Mitarbeit im Europarat und in der OSZE Argumente für eine Aufnahme in die Vereinten Nationen sammeln.

Die Teilhabe an den globalen Organisationen, wenn man hier von den Mitgliedschaften in den Spezialorganisationen der UN-Familie absieht, fällt zeitlich komplett in die dritte Phase der liechtensteinischen Außenpolitik[1908]. Aber nicht nur in chronologischer Hinsicht erscheint die Vollmitgliedschaft in den Vereinten Nationen als Schlussstein liechtensteinischer Souveränitätspolitik, die stets ihr Ziel in der „*... Verankerung der eigenen Souveränität auf regionaler und globaler Ebene...*" sah[1909]. Denn das Fürstentum wird heute offensichtlich sowohl auf europäischer als auch auf globaler Ebene als gleichberechtigter Partner anerkannt. Beide Mitgliedschaften – UN und WTO – sind für einen Kleinstaat zudem auch deshalb besonders schmeichelhaft, da in beiden Systemen kein *weighted voting* vorgesehen ist. Der Grundsatz

---

1907 BRUHA / GEY-RITTER, Kleinstaat und Integration, S. 181, mit Einzelheiten zu den liechtensteinischen Verpflichtungen.

1908 Zu den drei Phasen der liechtensteinischen Außenpolitik vgl. Kap. 4, C.III.4.a).

1909 UNSER, Liechtenstein: Rühriger Fürst, zögerndes Volk, S. 164.

der souveränen Gleichheit bleibt in unverfälschter Weise erhalten. Wie bereits bezüglich der Teilhabe an der europäischen Integration dargestellt, erschöpft sich die moderne Politik aber nicht in der Souveränitätssicherung, sondern es werden gezielt Mitgliedschaften angesteuert, die das Fürstentum in die Lage versetzen, seine kleinstaatenspezifischen Defizite zu korrigieren[1910]. Dies ist auf globaler Ebene mit dem WTO-Beitritt ebenfalls in eindruckvoller Weise gelungen; mit der individuellen Lösung im Rahmen des GATS konnte ein optimaler Zugang der liechtensteinischen Dienstleistungswirtschaft zum Weltmarkt erreicht werden.

V. Gesamtergebnis zum liechtensteinischen Engagement in internationalen Organisationen

Schließlich soll herausgearbeitet werden, was sich aus dem liechtensteinischen Engagement in internationalen Organisationen insgesamt über die kleinstaatenspezifischen Aspekte der Stellung des Fürstentums in den internationalen Beziehungen lernen lässt.

1. Methodik des liechtensteinischen Vorgehens

In der Tat lässt sich bei der Beschäftigung mit dem liechtensteinischen Vorgehen eine ganze Reihe von kleinstaatenspezifischen Handlungsweisen abstrahieren.

a) Möglichst weitgehendes Parallelverhalten mit der Schweiz

Von größter Bedeutung war und ist in diesem Zusammenhang nach wie vor das Verhältnis des Fürstentums zur nachbarlich-freundschaftlichen Eidgenossenschaft. Diese dient Liechtenstein auch in seinem Bemühen, an der internationalen multilateralen Zusammenarbeit teilzunehmen, gewissermaßen stets als Basisstation. Zum einen wurde und wird unverzichtbare Infrastruktur durch die Schweiz sichergestellt, was den Kleinstaat unter Umständen überhaupt erst in die Lage versetzt, Ressourcen zur Teilnahme an multilateralen Unternehmungen freisetzen zu können. Zum anderen hat der Nachbarstaat stets zugelassen, dass das Fürstentum an der internationalen Integration der Schweiz teilnehmen, es sich also in dem metaphorischen eidgenössischen Rucksack bequem machen konnte. Wie bereits dargestellt, war Liechtenstein etwa in die Verträge der Schweiz mit der EG und der EFTA eingebunden.

Das Fürstentum hat sich aber nicht nur durch die Anbindung an die Schweiz der Strategie der Übernahme der nachbarlichen Machtpolitik bedient, sondern sich auch bis zur wegweisenden Mitgliedschaft im EWR der Politik des Parallelverhaltens[1911] mit der Schweiz im Bereich der internationalen Organisationen verschrie-

[1910] Vgl. Kap. 4, C.III.4.b).

[1911] Bei RITTER, Europäischer Wirtschaftsraum, S. 8, kann noch einmal nachgelesen werden, dass auch die EWR-Mitgliedschaft zusammen mit der Schweiz geplant war: *„Der nega-*

ben: Liechtenstein war zunächst nur an Organisationen beteiligt, in denen auch die Eidgenossenschaft Mitglied war. Das liechtensteinische Engagement in internationalen Organisationen erfolgte stets unter Beachtung der Sonderbeziehung zur Schweiz[1912].

b) Schrittweise Annäherung an die internationalen Organisationen

Anders als bei großen Staaten vollzog sich der Eintritt Liechtensteins in die Welt der internationalen Organisationen in zweifacher Hinsicht Schritt für Schritt. Zum einen bereitete oft die Einbeziehung über die Schweiz die gleichberechtigte Teilnahme vor, so dass der Beitritt als eine langsame Annäherung an die internationale Organisation beschrieben werden muss[1913], zum anderen wurden Mitgliedschaften in einer Organisation als notwendiger oder jedenfalls förderlicher Schritt für die Aufnahme in eine weitere, tiefere multilaterale Zusammenarbeit wahrgenommen[1914]. Der Kleinstaat musste jeweils erst Bedenken hinsichtlich seiner Fähigkeit, die Belastungen einer Vollmitgliedschaft schultern zu können, aus der Welt schaffen, indem er entweder seine effektive Kooperation in einer anderen Organisation oder im Rahmen einer vorbereitenden Zusammenarbeit mit der Zielorganisation unter Beweis stellte.

c) Selektives Vorgehen

Ein weiteres Charakteristikum liechtensteinischer Außenpolitik ist darin zu sehen, dass der Kleinstaat hinsichtlich des Beitritts in internationale Organisationen äußerst selektiv vorgeht[1915]. So wurden in den Jahrzehnten nach dem Zweiten

---

tive Ausgang des schweizerischen EWR-Referendums vom 06.12.1992 entzieht der These des parallel *mit der Schweiz zu vollziehenden EWR-Beitritts die Grundlage...*".

1912 LENI FISCHER weist für die Teilnahme an der europäischen Integration ausdrücklich darauf hin, „*...dass sich die Annäherung von Liechtenstein an den zusammenwachsenden Kontinent immer unter der Berücksichtigung der engen Bindung an die Schweiz vollzog...*", FISCHER, Liechtenstein und der Europarat, S. 14.

1913 In diesem Zusammenhang kann etwa wieder auf die Beziehung zur EFTA hingewiesen werden, die zunächst über die Eidgenossenschaft bewirkt und erst später eine Vollmitgliedschaft erreicht wurde, vgl. etwa RITTER, Europäischer Wirtschaftsraum, S. 3; bei SEILER, Europarat, S. 5, ist nachzulesen, dass auch die Aufnahme in den Europarat erst nach einer „*[s]chrittweisen Annäherung*" über einen Beobachterstatus vollzogen wurde.

1914 So sieht FISCHER, Liechtenstein und der Europarat, S. 14, einen eindeutigen Zusammenhang zwischen der Mitarbeit in der KSZE und der Aufnahme in den Europarat: „*Wichtig für die europapolitische Ambition des Fürstentums war auch seine Unterschrift in Helsinki im Jahr 1975 unter die Schlussakte der Konferenz für Sicherheit und Zusammenarbeit in Europa*".

1915 Vgl. BATLINER, Zu heutigen Problemen unseres Staates, S. 210; V. LIECHTENSTEIN, Liechtensteins Mitgliedschaft im Europarat, S. 209, räumt am Beispiel des Europarates zudem ein, dass das Fürstentum, wenn es Mitglied einer Organisation geworden ist, auch innerhalb des institutionellen Gefüges „*...nur selektiv an den verschiedenen Tätigkeiten (...) mitwirken...*" kann.

Weltkrieg Mitgliedschaften in den Sonderorganisationen der UN-Familie bevorzugt, weil diese Zusammenarbeit mit relativ wenig Personalaufwand zu bewältigen war. Die Frage, ob man einer internationalen Organisation beitreten wolle, wurde meist von der Frage überlagert, ob man ihr überhaupt beitreten könne oder dürfe. Insofern unterliegt auch Liechtenstein dem kleinstaatenspezifischen Effekt der Limitierung der Ziele[1916].

d) Beitritt infolge Anhängigkeit

Zudem ist angesichts der im internationalen Vergleich sehr geringen Größe Liechtensteins allgemein das Timing eines Aufnahmeantrages viel wichtiger als für große Staaten. Der Kleinstaat kann typischerweise nicht ohne weiteres eigenverantwortlich entscheiden, ob und wann er einer Organisation beitreten kann, sondern er muss unter Umständen den richtigen Zeitpunkt und gütliche Umstände abwarten[1917]. Damit der liechtensteinische Staat in diesem Zusammenhang richtig entscheiden kann, wird die Rolle des Kleinstaats in den internationalen Beziehungen in der liechtensteinischen Politik und Literatur ständig überdacht und hinterfragt[1918]. Daraus ergibt sich, dass das Fürstentum nicht nur im Zeitpunkt der Begründung der bilateralen Anlehnung an die Schweiz lediglich einer Notwendigkeit gefolgt ist, sondern auch hinsichtlich des Beitrittes zu internationalen Organisationen verglichen mit der Ausgangsposition großer Staaten erhöhten Abhängigkeiten unterliegt[1919].

e) Fazit

Das liechtensteinische Engagement in internationalen Organisationen kann in zeitlicher Hinsicht in drei Phasen eingeteilt werden[1920]. Insgesamt konnte das Fürstentum ein wohl einmaliges Netz von Mitgliedschaften und vertraglichen Bindungen knüpfen, das in verblüffender Weise an die Bedürfnisse des Kleinstaates angepasst ist. Inwieweit dieses Konstrukt vor allem im Rahmen der fortschreitenden europäischen Integration Bestand haben kann, bleibt abzuwarten, jedenfalls steht es bislang fest auf drei Pfeilern: *„Neben der nachbarschaftlichen Kooperation und der euro-*

1916 Vgl. zu diesem kleinstaatenspezifischen Funktionsdefizit Kap. 1, C.III.5.

1917 Beispielhaft kann hier auf die Vollmitgliedschaften in EFTA und EWR hingewiesen werden. Die günstigen Umstände, die sich daraus ergeben, dass die Schweiz die Wünsche Liechtensteins berücksichtigt hat, ließen sich von Seiten des Fürstentums nicht erzwingen.

1918 Vgl. KREILE / MICHALSKY, Kleinstaaten im Prozeß der europäischen Integration, S. 243.

1919 So sieht RITTER, Europäischer Wirtschaftsraum, S. 9, die selbständige Mitgliedschaft im EWR als einzig möglichen Weg, da angesichts der unsicheren Zukunft der schweizerischen Europapolitik *„..berechenbare Alternativen nicht zur Verfügung standen...“*; GSTÖHL, Flexible Integration für Kleinstaaten? – Liechtenstein und die Europäische Union, S. 159 ff., entwirft etwa ein Szenario der liechtensteinische Zukunft in der europäischen Integration in Abhängigkeit vom zukünftigen Verhalten der Eidgenossenschaft..

1920 Vgl. Kap. 4, C.III.4.a) und Kap. 4, C.IV.3.

päischen Integration steht (...) die globale Zusammenarbeit mit dem verzweigten System der Vereinten Nationen"[1921].

2. Zusammenfassung der erarbeiteten Vorteile für Liechtenstein

Über die Mitgliedschaften in den diversen Organisationen hat das Fürstentum die Stimmen verstummen lassen, die früher an seiner Souveränität gezweifelt haben. Wer auf der Ebene multilateraler Kooperation mit einem Kleinstaat zusammenarbeitet, kommt in schwere Erklärungsnöte, wenn er den Partner in einem anderen Zusammenhang nicht als gleichwertiges Mitglied der internationalen Gemeinschaft behandeln will. Die Aufnahme eines Staates in eine internationale Organisation kommt einer faktischen völkerrechtlichen Anerkennung durch die Staaten gleich, die im Zeitpunkt der Aufnahme Mitgliedstaaten der Organisation sind.

Des Weiteren wirkt sich die Teilhabe an der multilateralen Kooperation positiv auf den Lebensstandard in Liechtenstein aus. Zunächst ermöglicht die Zusammenarbeit auf multilateraler Ebene den kostengünstigen Kontakt zu den Mitgliedstaaten; wie schon mehrfach ausgeführt, fungieren die Organisationen als Kontaktbörsen. Darüber hinaus wurde der liechtensteinischen Wirtschaft über EWR und WTO der europäische, ja sogar der Weltmarkt eröffnet.

Außerdem verhilft der in der Mehrheit der Organisationen verwirklichte Grundsatz der souveränen Gleichheit dem Fürstentum zu einer für ihn positiven Beeinflussung seiner Möglichkeiten. Im Rahmen der institutionellen Regelungen der verschiedenen Satzungen verfügt Liechtenstein über einen viel größeren Mitwirkungsanteil, als dem Kleinstaat in einer klassischen auf militärische Macht ausgelegten Welt zustehen würde.

Insgesamt hat sich das Engagement Liechtensteins in internationalen Organisationen in vielfältiger Weise mildernd auf seine kleinstaatenspezifischen Funktionsdefizite ausgewirkt.

D. Die Möglichkeit der Inanspruchnahme internationaler Gerichtsbarkeit

Mit Neutralität, Bindung an die Schweiz und verstärkter Teilnahme an internationalen Organisationen haben sich die kleinstaatenspezifischen Handlungsinstrumentarien aber noch nicht erschöpft. Die typische Abhängigkeit[1922] des Kleinstaates von der Einhaltung internationalen Rechtes wird im kleinstaatlichen Wunsch

---

1921 UNSER, Liechtenstein: Rühriger Fürst, zögerndes Volk, S. 165, der die drei Betätigungsfelder als „*...Pfeiler liechtensteinischer Außenpolitik...*“ bezeichnet.

1922 SALADIN, Kleinstaaten mit Zukunft?, S. 152: „*Eine zuverlässige internationale Rechtsordnung gewährt dem Kleinstaat mehr Sicherheit als ein (stets labiles) politische Gleichgewicht*“.

nach wirksamen Durchsetzungsmechanismen reflektiert[1923]. Aus dieser Motivation ergibt sich die kleinstaatliche Affinität zur internationalen Gerichtsbarkeit[1924]. Das Fürstentum Liechtenstein hat sich und teilweise auch seinen Staatsbürgern den Zugang zu einer Reihe von Gerichtshöfen und Streitschlichtungsorganen geschaffen. Die nachfolgende Untersuchung des liechtensteinischen Zugangs zur internationalen Gerichtsbarkeit stellt kleinstaatliche Besonderheiten heraus, wobei Zulässigkeitsvoraussetzungen für die jeweils möglichen Rechtsbehelfe nur insoweit dargestellt werden, als sich aus ihnen Rückschlüsse auf die Wertigkeit des Zugangs zur Streitschlichtungsinstitution für den Kleinstaat ziehen lassen.

I. Der Internationale Gerichtshof

Obwohl Liechtenstein erst im Jahr 1990 Mitglied der Vereinten Nationen wurde, war es bereits im Jahre 1950 dem Statut des Internationalen Gerichtshofes beigetreten[1925].

1. Zur Zuständigkeit *ratione materiae*

Die Zuständigkeit des Gerichtshofes erstreckt sich gem. Art. 36 Abs. 1 IGH-Statut unter anderem auf alle dem Gerichtshof von den Parteien unterbreiteten Rechtssachen. Damit unterliegt die Gerichtsbarkeit des Internationalen Gerichtshofes thematisch grundsätzlich keiner Einschränkung[1926]; auch aus dem Begriff der „*Rechtsstreitigkeiten*" in Art. 36 Abs. 2 IGH-Statut kann nicht gefolgert werden, dass etwa politische Auseinandersetzungen in die ausschließliche Kompetenz anderer Organe fielen[1927]. Verknüpft man die Tatsache, dass gem. Art. 34 Abs. 1 IGH-Statut nur Staaten vor dem Gericht parteifähig sind, mit dem globalen Ansatz der

---

1923 Nach GESER, Die neue Weltordnung, S. 209, ist „*...unbestritten, dass viele wesentliche Prinzipien des (...) Völkerrechts nur durch die dauernde Präsenz und Aktivität (...) verschiedener internationaler Gerichtshöfe Geltung haben...*".

1924 Vgl. KILIAN, Staat – Kleinstaat – Kleinststaat, S. 237, dessen Aussage zufolge die kleinstaatlichen Interessen unter anderem durch internationale Gerichte abgesichert werden.

1925 Vgl. bereits Kap. 4, C.I.2. Dabei war es erforderlich, den Weg über Art. 93 Abs. 2 SVN zu wählen, wonach Staaten, die nicht Mitgliedstaaten der Vereinten Nationen sind dem Statut des Internationalen Gerichtshofs beitreten können, wenn sie auf Empfehlung des Sicherheitsrates von der Generalversammlung festgesetzte Bedingungen annehmen. Ohne weiteres sind gem. Art. 93 Abs. 1 SVN lediglich alle Mitglieder der Vereinten Nationen Vertragsparteien des Statuts des Internationalen Gerichtshofes, da der Internationale Gerichtshof gem. Art. 92 SVN als Hauptrechtsprechungsorgan der Vereinten Nationen konzipiert ist; vgl. SCHLOCHAUER, International Court of Justice, in: BERNHARDT, EPIL, Band II, S. 1085.

1926 Vgl. SCHRÖDER, Verantwortung, Völkerstrafrecht, Streitbeilegung und Sanktionen, Rn. 80.

1927 Dies wurde jedoch von den USA im Nicaragua-Fall vorgetragen; das Gericht ist dem aber nicht gefolgt, vgl. MEINHARD SCHRÖDER in: WOLFRUM, Handbuch Vereinte Nationen, S. 324.

Vereinten Nationen, ist der Internationale Gerichtshof grundsätzlich dazu prädestiniert als „...*Gerichtshof der Staatenwelt schlechthin...*"[1928] angesehen zu werden.

2. Zur Zuständigkeit *ratione personae*

Der für die Mitglieder des Statuts offene Zugang zum Gericht bedeutet aber nicht, dass damit eine entsprechend weite obligatorische Gerichtsbarkeit des IGH verbunden wäre. Es kann nicht automatisch jeder Mitgliedstaat in Den Haag verklagt werden, da es keine Gerichtsbarkeit gibt ohne die Einwilligung der Parteien[1929]. In der Literatur werden vier mögliche Unterwerfungsakte unter die Gerichtsbarkeit des Gerichtshofes besprochen, wobei die ersten drei in Art. 36 Abs. 1 IGH-Statut hineingelesen werden. Die Zuständigkeit kann zunächst von den Parteien *ad hoc* vereinbart oder auf Grund rügeloser Einlassung der beklagten Seite, sog. *forum prorogatum*, begründet werden. Die dritte Möglichkeit besteht darin, den Gerichtshof in bilateralen oder multilateralen Verträgen durch eine sog. *kompromissarische Klausel* für bestimmte Bereiche der vertraglichen Beziehungen für zuständig zu erklären. Schließlich kann ein Staat eine einseitige Erklärung abgeben, sog. *Fakultativklausel* nach Art. 36 Abs. 2 IGH-Statut, mit der er die Gerichtsbarkeit des Gerichtshofes ohne besondere Übereinkunft gegenüber jedem anderen Staat begründet, der dieselbe Erklärung abgibt[1930]. Jedoch hat sich bislang nur etwa ein Drittel der Mitgliedstaaten der Vereinten Nationen der obligatorischen Zuständigkeit des Gerichtshofes unterworfen, wovon zudem die Mehrheit die Möglichkeit genutzt hat, ihren Einwilligungsakt mit nach Art. 36 Abs. 3 IGH-Statut zulässigen Vorbehalten zu versehen[1931]. Manche dieser Vorbehalte höhlen die Zuständigkeit des IGH „...*in bedenklicher Weise aus...*"; zudem hat die Erfahrung „...*gezeigt, dass bei Verfahren auf der Basis der allgemeinen Unterwerfungserklärung des Art. 36 Abs. 2 IGH-Statut in der Regel eine Streitpartei nicht mitgewirkt hat*"[1932]. Somit bleibt das Vorliegen einer obligatorischen Zuständigkeit des Gerichtshofes die Ausnahme.

3. Durchsetzung der Urteile

Aber selbst wenn der klagende Staat letztendlich ein Urteil des IGH erreicht hat, steht ihm damit aber kein Titel zur Verfügung, der – mangels internationaler Vollstreckungsorgane – wie ein nationales Urteil unproblematisch vollstreckt werden

---

1928 SCHRÖDER, Verantwortung, Völkerstrafrecht, Streitbeilegung und Sanktionen, Rn. 80.

1929 HERMANN MOSLER in: SIMMA, The Charter of the United Nations, Art. 92, Rn. 67; SCHERMERS / BLOKKER, International Institutional Law, §605: „...*a state cannot always summon another state before the Court in case of dispute. This is only possible if the other state accepts this mean of settlement of if it has recognized the compulsory jurisdiction of the Court in a specific declaration*".

1930 Zu den vier Varianten der Unterwerfung vgl. etwa: SCHRÖDER, Verantwortung, Völkerstrafrecht, Streitbeilegung und Sanktionen, Rn. 84.

1931 SCHRÖDER, Verantwortung, Völkerstrafrecht, Streitbeilegung und Sanktionen, Rn. 98.

1932 MEINHARD SCHRÖDER in: WOLFRUM, Handbuch Vereinte Nationen, S. 324.

könnte[1933]. Verweigert die unterlegene Partei die Umsetzung des Richterspruches, verbleiben der obsiegenden Partei die allgemeinen Mittel des Völkerrechts zur Durchsetzung völkerrechtlicher Ansprüche, wie etwa das diplomatische Verfahren zur friedlichen Streitbeilegung, aber auch Retorsion und Repressalie[1934]. Darüber hinaus kann zur Durchsetzung einer IGH-Entscheidung nach Art. 94 Abs. 2 der Sicherheitsrat eingeschaltet werden; dieser kann dann, „*...wenn er es für erforderlich hält, Empfehlungen abgeben oder Maßnahmen beschließen, um dem Urteil Wirksamkeit zu verschaffen...*". Dabei ist er jedoch – mangels Bedrohung für den Frieden – hinsichtlich der Maßnahmen auf solche nach Kapitel VI beschränkt; zudem unterliegt die Entscheidung in der Regel dem Vetorecht des Art. 27 Abs. 3 SVN[1935]. So ist im einzigen Fall, in dem eine Umsetzung eines Urteils unter Verwendung von Art. 94 Abs. 2 SVN versucht wurde, die vorgeschlagene Resolution im Sicherheitsrat an der verweigerten Zustimmung der USA gescheitert[1936]. Insgesamt bleiben demnach die Sanktionsmöglichkeiten bei Nichtbeachtung von Sachentscheidungen des IGH „*unbefriedigend*"[1937].

4. Wertung

Auf Grund des geringen Umfanges der obligatorischen Zuständigkeit des Gerichtshofes hat sich der IGH demnach „*...nicht zu einem ‚Weltgerichtshof' [entwickelt], der über alle wesentlichen internationalen Konflikte entscheidet...*"[1938]. Darüber hinaus können die gefällten Urteile nicht effektiv umgesetzt werden; da die Durchsetzung des klägerischen Rechtes in der Regel nicht möglich sein wird ohne die Zustimmung des beklagten Staates, können an dieser Stelle machtpolitische Gesichtspunkte die Effektivität des Gerichtshofes beeinflussen. Während sich große und mächtige Staaten, ohne Folgen fürchten zu müssen, der Unterwerfung unter die Gerichtsbarkeit des IGH offen oder versteckt[1939] entziehen können, ist es nicht ausgeschlossen, dass ein Kleinstaat durch politischen Druck dazu gebracht wird, einem Verfahren zuzustimmen[1940]. Insofern ist die Hoffnung der Kleinstaatenwelt, mittels

---

1933 DOEHRING, Völkerrecht, Rn. 1051.

1934 FISCHER in: IPSEN, Völkerrecht, § 62, Rn. 48.

1935 SCHLOCHAUER, International Court of Justice, in: BERNHARDT, EPIL, Band II, S. 1097.

1936 Vgl. dazu HERMANN MOSLER in: SIMMA, The Charter of the United Nations, Art. 94, Rn. 13.

1937 So MEINHARD SCHRÖDER in: WOLFRUM, Handbuch Vereinte Nationen, S. 328 (Rn. 30).

1938 SCHRÖDER, Verantwortung, Völkerstrafrecht, Streitbeilegung und Sanktionen, Rn. 98.

1939 Hier ist auf den Vorbehalt der USA zu verweisen (sog. Connally-Vorbehalt), der so formuliert ist, dass „*...die Zuständigkeit letztendlich vollständig der einzelstaatlichen Entscheidung vorbehalten...*" bleibt, FISCHER in: IPSEN, Völkerrecht, § 62, Rn. 45.

1940 GREWE, Außenpolitik und Völkerrecht in der Praxis, S. 3, zu Schiedsgerichtsverfahren, wobei sich die Ausführungen aber auf den IGH übertragen lassen: „*Den Großmächten fällt es nicht schwer, Mittel, Wege und Argumente zu finden, um lästige Rechtsansprüche kleiner Staaten zurückzuweisen. Sie unterwerfen sich weder einer obligatorischen Gerichtsbarkeit noch einer zwangsweisen Vollstreckung eines Urteils. Genau umgekehrt*

Zugangs zur internationalen Gerichtsbarkeit in allen Fällen ihr Recht durchsetzen zu können, nur eingeschränkt verwirklicht worden.

Im Gegenteil, die kleinen Staaten müssen befürchten, sich tendenziell eher als Beklagte vor dem IGH wiederzufinden. Trotzdem, oder vielleicht gerade weil es sich im Zweifelsfall dem politische Druck eines potentiellen Klägers ohnehin nicht wiedersetzen könnte, hat das Fürstentum Liechtenstein am 10. März 1950 eine Erklärung erlassen, die die Fakultativklausel des Art. 36 Abs. 2 IGH-Statut ohne Vorbehalt umsetzt[1941]. Auf diese Weise erfüllt der Kleinstaat die Voraussetzung der Reziprozität und sichert sich die obligatorische Zuständigkeit des IGH für Klagen gegen Staaten, deren Unterwerfungsakt den fraglichen Streitgegenstand umfasst.

II. Der Europäische Gerichtshof für Menschenrechte

Nachdem das Fürstentum in der zweiten Phase seiner Nachkriegsaußenpolitik Mitgliedschaften in europäischen Organisationen erreicht hatte, strebte der liechtensteinische Staat auch den Zugang zu dem auf dieser Ebene existierenden Streitschlichtungsorgan an, der ihm in Gestalt der Staatenbeschwerde nach Art. 33 EMRK n. F. zuteil werden würde. So ratifizierte Liechtenstein am 8. September 1982 die Konvention zum Schutze der Menschenrechte und Grundfreiheiten (EMRK); zudem gab der Kleinstaat zum selben Datum Erklärungen nach Art. 25 und 46 EMRK (a. F.) ab, wodurch zum einen die Möglichkeit der Individualbeschwerde gegen das Fürstentum sowie die obligatorische Gerichtsbarkeit des Europäischen Gerichtshof für Menschenrechte (EGMR) für Fälle mit Liechtenstein als beklagten Staat begründet wurde[1942].

1. Zur Zuständigkeit *ratione temporis et materiae*

Die Zulässigkeit von Beschwerden zum EGMR setzt unter anderem die Anwendbarkeit der EMRK in zeitlicher und materieller Hinsicht voraus. Die Zuständigkeit des Gerichtshofes *ratione materiae* kann nur dann gegeben sein, wenn sich

---

verhält es sich für den Kleinstaat: Rechtsansprüchen einer Großmacht, die gegen ihn geltend gemacht werden, kann er sich schwer entziehen. Kommt es zu einem Schiedsverfahren, so könnte er sich nicht erlauben, einem ergangenen Schiedsspruch die Befolgung zu verweigern. Im allgemeinen hat der Kleinstaat Anlass, schon solche politischen Forderungen einer Großmacht zu fürchten, die mit fadenscheinigen juristischen Begründungen als Rechtsanspruch aufgeputzt werden".

1941 International Court of Justice, Yearbook Nr. 51 (1996-97), S. 103.

1942 V. LIECHTENSTEIN, Liechtensteins Mitgliedschaft im Europarat, S. 222 (Anhang). Das (1.) Zusatzprotokoll trat am 14. November 1995 in Kraft, das 2., 3. und 5. Protokoll am 8. September 1982, das 6. Protokoll am 1. Dezember 1990, das 8. Protokoll am 1. Januar 1990, das 9. Protokoll am 1. März 1996 und schließlich das 11. Protokoll am 1. November 1998, vgl. BGBl. 2004 II, Fundstellennachweis B, S. 343 ff.

aus dem vorgebrachten Beschwerdegegenstand[1943] die Verletzung eines Menschenrechtes ergibt, welches durch die Konvention oder durch ihre Zusatzprotokolle garantiert ist[1944]. Eine Unzuständigkeit *ratione materiae* ergibt sich zudem, wenn ein grundsätzlich formuliertes Menschenrecht auf Grund eines Vorbehaltes im Rahmen einer Beschwerde nicht Prüfungsgegenstand sein kann[1945]. Zudem muss *„...die potentiell grundrechtsverletzende Situation einem Staat zurechenbar...“* sein[1946], wobei die Akte aller drei Gewalten der Gerichtsbarkeit des EGMR unterfallen[1947]. Die Zuständigkeit des Gerichts entfällt des Weiteren, wenn eine Handlung gerügt wird, die vor Inkrafttreten der EMRK für den Beschwerdegegner stattfand (sog. incompatibility *ratione temporis*)[1948].

2. Zur Zuständigkeit *ratione personae*

Anders als vor dem IGH sind vor dem EGMR auch Individuen parteifähig. Die Konvention stellt neben der Staatenbeschwerde in Art. 33 die Individualbeschwerde in Art. 34 zur Verfügung. Letztere war bei ihrer Einführung *„...im Bereich der vielfältigen Bemühungen um den überstaatlichen Schutz von Menschenrechten eine wesentliche Neuerung...“*, da der einzelne als *„...gleichberechtigte Partei gegenüber dem Staat...“* auftritt[1949], somit auf internationaler Ebene die klassische mediatisierte Stellung des Individuums verlässt. Dabei kommt dem Individuum das Individualbeschwerderecht unabhängig von dessen Staatsangehörigkeit zu[1950]. Die Staatenbeschwerde ist neben der Individualbeschwerde zahlenmäßig nahezu bedeutungslos[1951].

Mit ersterer kann ein Mitgliedstaat keine eigenen Rechte geltend machen, sondern er rügt die Verletzung des europäischen *ordre public*. Dabei muss er nicht einmal ein Interesse am Ausgang des Verfahrens nachweisen und ist nicht darauf be-

---

1943 DÖRRE, Der Beschwerdegegenstand im Verfahren der EMRK, S. 103, weist darauf hin, dass es für die Zuständigkeit ratione temporis nicht darauf ankommen kann, welche Konventionsverletzungen mit der Beschwerde geltend gemacht werden, sondern dass der Gerichtshof die Beschwerde unter jedem rechtlichen Gesichtspunkt prüfen darf.

1944 FROWEIN / PEUKERT, EMRK-Kommentar, Art. 27, Rn. 22; DÖRRE, Der Beschwerdegegenstand im Verfahren der EMRK, S. 102.

1945 JACOBS / WHITE / OVEY, The European Convention on Human Rights, S. 348.

1946 PETERS, Einführung in die EMRK, S. 235.

1947 RUDOLF BERNHARDT, European Court of Human Rights in: BERNHARDT, EPIL, Band II, S. 201.

1948 Vgl. PETERS, Einführung in die EMRK, S. 232/233. Damit bleibt es bei der Grundregel des Art. 28 WVK, wonach völkerrechtliche Verträge über *„...keine rückwirkende Kraft...“* (insoweit wörtlich in Bezug auf die EMRK: FROWEIN / PEUKERT, EMRK-Kommentar, Art. 27, Rn. 22) verfügen; insofern sind intertemporale Konflikte vorprogrammiert.

1949 FROWEIN / PEUKERT, EMRK-Kommentar, Art. 25, Rn. 1.

1950 FROWEIN / PEUKERT, EMRK-Kommentar, Art. 25, Rn. 11.

1951 Vgl. WITTINGER, Die Einlegung einer Individualbeschwerde vor dem EGMR, S. 1238.

schränkt, gegen Verletzungen der Rechte der eigenen Staatsbürger vorzugehen[1952]. Die EMRK statuiert damit eine objektive Ordnung[1953].

Ursprünglich bedurfte die obligatorische Gerichtsbarkeit des EGMR im Bereich der Individualbeschwerde eines mitgliedstaatlichen Unterwerfungsaktes[1954]. So waren zwar die sechs nach Art. 25 Abs. 4 EMRK a. F. für die Anwendung der Vorschrift erforderlichen Anerkennungserklärungen bereits am 5. Juli 1955 beim Generalsekretär des Europarates eingegangen und in ihrem Kommentar aus dem Jahre 1996 vermelden FROWEIN / PEUKERT, dass Mitte der 1990er Jahre alle Vertragsstaaten der EMRK zumindest grundsätzlich das Individualbeschwerderecht anerkannt hatte, jedoch darf nicht übersehen werden, dass beispielsweise die Türkei – obwohl seit dem 18. Mai 1954 Vertragsstaat der EMRK[1955] – ihre Unterwerfung unter Art. 25 EMRK a. F. erst am 28. Januar 1987 – zudem unter Einschränkungen – erklärt hat[1956]. Eine umfassende obligatorische Gerichtsbarkeit im Bereich der Individualbeschwerden war somit zunächst nicht bezüglich aller Mitgliedstaaten der Konvention gegeben. Dies änderte sich erst mit dem Inkrafttreten des 11. Protokolls[1957] vom 11. Mai 1994 am 1. November 1998, welches neben einer umfassenden Reform des gesamten Rechtsschutzsystems der EMRK im Rahmen von Art. 34 EMRK n. F. ein individuelles Recht auf effektive Ausübung der Beschwerdemöglichkeit festschrieb[1958].

3. Durchsetzung der Urteile

Auch Urteile im Rahmen einer obligatorischen Gerichtsbarkeit sind in der Praxis nicht viel wert, wenn ihre Umsetzung nicht erzwungen werden kann. Der EGMR fällt ein *inter partes* wirkendes Feststellungsurteil, welches sich der verurteilte Staat gem. Art. 46 Abs. 1 EMRK zu befolgen verpflichtet hat. Urteile, die eine Verletzung eines Rechtes nach der Konvention festgestellt haben, sehen eine vollständige Wiedergutmachung (*restitutio in integrum*) vor[1959], falls dies nicht möglich ist nach Art. 41 EMRK eine gerechte Entschädigung. Nach Art. 46 Abs. 2 EMRK ist das Ministerkomitee (des Europarates) für die Überwachung der Durchführung der

---

1952 FROWEIN / PEUKERT, EMRK-Kommentar, Art. 24, Rn. 1. Dass der Mitgliedstaat nicht auf Verletzungen seiner eigenen Staatsbürger beschränkt ist, ergibt sich direkt aus dem Wortlaut des Art. 33 EMRK („*...jeder (...) Verletzung dieser Konvention...*").

1953 PETERS, Einführung in die EMRK, S. 251.

1954 JACOBS / WHITE / OVEY, The European Convention on Human Rights, S. 6.

1955 Vgl. BGBl. 2004 II, Fundstellennachweis B, S. 344.

1956 FROWEIN / PEUKERT, EMRK-Kommentar, Art. 25, Rn. 7.

1957 BGBl. 2001 II, S. 231 ff.

1958 PETERS, Einführung in die EMRK, S. 6/7; das 11. Protokoll ist nur von den drei Neumitgliedstaaten der EMRK, Armenien, Aserbaidschan und Bosnien-Herzigowina, die erst im Jahre 2002 der Konvention beigetreten sind, noch nicht ratifiziert worden, vgl. BGBl. 2004 II, Fundstellennachweis B, S. 344 und 347.

1959 LEACH, Taking a case to the European Court of Justice, S. 58.

Urteile zuständig. Das Ministerkomitee verfügt jedoch über wenig rechtliche Mittel, um eine Umsetzung der Urteile ernsthaft erzwingen zu können[1960]. In der Regel unverhältnismäßig erscheint die Sanktion des Ausschlusses des widerwilligen Mitgliedstaates aus dem Europarat nach Art. 3 und 8 der Satzung des Europarates. Das Ministerkomitee behilft sich mit Interimsresolutionen, die den betroffenen Staat zur Erfüllung seiner Pflichten bewegen sollen[1961]. Letztlich erfolgt in der Regel eine Umsetzung auf Grund politischen Drucks und eigener europapolitischer Interessen[1962]. So werden dennoch „*...[c]a. 97 Prozent der Urteile (...) problemlos befolgt...*“, auch wenn „*...die verurteilten Staaten häufig bei der Zahlung der Entschädigung säumig...*“ sind[1963].

4. Wertung

Will man den liechtensteinischen Zugang zum EGMR bewerten, ist als augenscheinlichstes Ergebnis festzuhalten, dass das Fürstentum vor dem Gerichtshof gerade keine eigenen Rechte geltend machen kann. Der Gerichtshof ist damit vordergründig nicht dazu geeignet, staatlich-liechtensteinische Interessen durchzusetzen. Dieses Fazit erscheint angesichts der Tatsache, dass der EGMR auf die Prüfung von Konventions*menschen*rechten beschränkt ist, auch nicht überraschend. Immerhin kann das Fürstentum aber, wie jeder Mitgliedstaat, im Wege der Staatenbeschwerde an der Einhaltung der objektiven Menschenrechtsordnung teilhaben und gegebenenfalls auf diesem Wege im Einzelfalls auch Eingriffe in Menschenrechte liechtensteinischer Staatsbürger abwehren. Auf diesem Umweg lassen sich so unter Umständen auch Rechtspositionen sichern, die für das ganze Gemeinwesen Kleinstaat von Interesse sind.

Zudem darf die Möglichkeit der liechtensteinischen Bürger, selbst auf die Gerichtsbarkeit des Menschengerichtshofes zurückgreifen zu können, nicht gering geschätzt werden. Im klassischen Völkerrecht war der Staatsbürger auf Grund der Mediatisierung durch den Staat auf den Schutz und damit auf die Machtmittel seines Staates angewiesen. Ein kleiner, gegebenenfalls schwacher Staat konnte seinen Staatsangehörigen faktisch weniger Schutz bieten als eine Großmacht. Die Beschwerdemöglichkeit vor dem EGMR ermöglicht jedoch den Staatsangehörigen des Kleinstaates Liechtenstein dieselben Chancen wie den Angehörigen einer Großmacht.

1960 STARMER, European Human Rights Law, S. 713: „*In practice there is very little that may be done under the Convention to persuade a state to respect its obligations*“.

1961 JACOBS / WHITE / OVEY, The European Convention on Human Rights, S. 433, verweisen beispielhaft auf No. Res. DH (2001) im Fall *Loizidou v. Turkey*.

1962 JACOBS / WHITE / OVEY, The European Convention on Human Rights, S. 431: „*However, in addition to good faith, a number of pressures and interests combine to encourage States to comply with the legal obligation to take restitutory measures created by a finding of a violation by the Court*“.

1963 PETERS, Einführung in die EMRK, S. 253.

Zudem ist die Beschwerde zum EGMR ein effektives Mittel. Trotz des Fehlens eines Systems zur Durchsetzung der Urteile des Gerichtshofes werden sie mit einer Quote von 97 % fast ohne Einschränkungen anerkannt und umgesetzt. Auch die Zahl der Verfahren zeigt, dass der EGMR als wirksames Instrument für effektiven Rechtsschutz angenommen wird[1964]. Besonders wertvoll erscheint zudem die Tatsache, dass der Schutz der Menschenrechte auf Grund der obligatorischen Gerichtsbarkeit des EGMR im Hoheitsgebiet aller Mitgliedstaaten der EMRK gleichermaßen im Rahmen eines judiziellen Systems geltend gemacht werden kann.

Insgesamt ist festzuhalten, dass Liechtenstein als Staat lediglich mittelbar von der Arbeit des EGMR profitieren kann. Jedoch hat das europäische System des Menschenrechtsschutzes auf Grund der Unabhängigkeit der Parteifähigkeit von der Staatsbürgerschaft des Beschwerdeführers auch für den Kleinstaatenangehörigen ein effektives Mittel geschaffen, Eingriffe ausländischer Mächte in seine menschenrechtlichen Positionen abzuwehren. Der Beitritt zur EMRK und der damit verbundene Zugang zur Staatenbeschwerde haben den Kleinstaat in die Lage versetzt, seinem Staatsangehörigen gegebenenfalls zur Seite zu springen und eine Verletzung eines seiner Staatangehörigen in einem Menschenrecht feststellen zu lassen.

III. Die Streitbeilegung auf der Ebene des Europäischen Wirtschaftsraumes

Der weitgehend parallele Wortlaut der grundlegenden Texte der EU und des EWR findet seine logische Fortsetzung im institutionellen *„Zweipfeilerprinzip"* des EWR, das sich darin ausdrückt, dass EU und EFTA über *„...jeweils eigene Organe..."* verfügen, *„...welche für das gute Funktionieren des Abkommens verantwortlich sind"*[1965]. Für die Gewährung des Rechtsschutzes in den beiden zu trennenden Rechtsordnung bleibt *„...für die EU-Staaten der EuGH und das Gericht Erster Instanz sowie für die EFTA-Staaten der EFTA-Gerichtshof zuständig"*[1966].

1. Beilegung von Streitfällen ohne EU-Beteiligung

Der Begriff des EFTA-Gerichtshofes ist auf den ersten Blick verwirrend. Zunächst könnte man glauben, die EFTA als eigenständige Organisation habe schon immer über einen Gerichtshof verfügt. Dabei wurde die Begründung des EFTA-Gerichtshofes erst in den EWR-Verhandlungen beschlossen, was sich in Art. 108 Abs. 2 S. 1 EWR-Abkommen wiederfindet[1967].

[1964] Nach PETERS, Einführung in die EMRK, S. 7, wurden im Jahr 2002 30.828 Beschwerden erhoben und es ergingen 844 Urteile.

[1965] BAUDENBACHER, Vier Jahre EFTA-Gerichtshof, S. 391.

[1966] GÜNTER ETTL, in:RÖTTINGER / WEYRINGER, Handbuch der europäischen Integration, S. 474.

[1967] SEVÓN, The EEA judicial system and the Supreme Courts of the EFTA states, S. 604. Die

a) Zuständigkeiten des EFTA-Gerichtshofes

Die Zuständigkeiten des EFTA-Gerichtshofes sind im Wesentlichen denen des EuGH nachgebildet[1968]. Die wichtigsten Kompetenzen sind demnach die Entscheidung von Streitfällen zwischen den EFTA-Staaten untereinander (Art. 108 Abs. 2, UA 2 lit. c EWR-Abkommen, Art. 32 ÜGA – Überwachungs- und Gerichtshofabkommen) und die Schlichtung von Streitigkeiten zwischen den EFTA-Staaten und der von Art. 108 Abs. 1 EWR-Abkommen vorgesehenen EFTA-Überwachungsbehörde (Art. 108 Abs. 2, UA 2 lit. a EWR-Abkommen, Art. 31 ÜGA bzw. Art. 36 und 37 ÜGA), die ihrerseits funktionell der EU-Kommission entspricht[1969]. Darüber hinaus können natürliche und juristische Personen unter bestimmten Voraussetzungen Entscheidungen der Überwachungsbehörde vor dem Gerichtshof angreifen (Art. 36 Abs. 2 ÜGA). Außerdem erstellt das Gericht gem. Art. 34 ÜGA Gutachten, was dem Vorabentscheidungsverfahren nach Art. 234 EGV entspricht. Des Weiteren entscheidet es über Schadenersatzklagen gegen die Überwachungsbehörde (Art. 39 i. V. m. Art. 46 Abs. 2 ÜGA). Insgesamt ergeben sich die Zuständigkeiten aus dem Überwachungs- und Gerichtshofabkommen, Art. 108 Abs. 2, UA 2 EWR-Abkommen ist dagegen nicht abschließend[1970]. Die Gerichtsbarkeit des EFTA-Gerichtshofes ist im Rahmen der beschriebenen Zuständigkeiten obligatorisch; gesonderte Unterwerfungserklärungen sind erforderlich. Die Klagerechte auf Seiten der Mitgliedstaaten sind einheitlich, d. h. alle

---

Vorgabe des EWR-Abkommens wird schließlich im Abkommen zwischen den EFTA-Staaten zur Errichtung einer Überwachungsbehörde und eines Gerichtshofes (Überwachungs- und Gerichtshofabkommen, ÜGA) vom 2. Mai 1992 umgesetzt (ABlEG Nr. L 344 vom 31. Dezember 1994, S. 1 ff.; i. d. F. des Anpassungsprotokolls vom 17. März 1993, ABlEG Nr. L 344 vom 31. Dezember 1994; Auszüge in deutscher Sprache sind abgedruckt bei: GUGERBAUER, EWR-Kartellrecht, S. 379 ff.). Weitere wichtige rechtliche Grundlagen sind die Protokolle 5 und 7 zum Überwachungs- und Gerichtshofabkommen, das Protokoll 33 zum EWR-Abkommen sowie die Verfahrensordnung des EFTA-Gerichtshofes vom 4. Januar und 1. Februar 1994 (ABlEG Nr. L 278 vom 27. Oktober 1994, S. 1 ff.); der Gerichtshof hat seine Tätigkeit am 1. Januar 1994 in Genf aufgenommen (HAUSEN, Das grundsätzliche Verhältnis der Rechtsprechung von EuGH und EFTA-Gerichtshof, S. 843), sitzt nun aber in Luxemburg.

1968 GÜNTER ETTL, in:RÖTTINGER / WEYRINGER, Handbuch der europäischen Integration, S. 477; Details zu den Zuständigkeiten des EFTA-Gerichtshofes finden sich bei: GUGERBAUER, Der EFTA-Gerichtshof und sein Zusammenwirken mit dem EuGH, S. 2744 f.; SEVÓN, The EEA judicial system and the Supreme Courts of the EFTA states, S. 608 ff.

1969 NORBERG / HÖKBORG / JOHANSSON / ELIASSON / DEDICHEN, EEA Law, S. 277: *„In the same way as the ESA [EFTA Surveillance Authority] has competences corresponding to those of the Commission, the EFTA Court has in this field been equipped with competences which to a large extent correspond to those of the ECJ and the CFI [Court of First Instance of the European Community]"*.

1970 GUGERBAUER, Der EFTA-Gerichtshof und sein Zusammenwirken mit dem EuGH, S. 2744.

EFTA-Staaten verfügen über identische Möglichkeiten. Der Zugang der natürlichen und juristischen Personen zum Gerichtshof ist unabhängig von einer Staatsangehörigkeit.

b) Durchsetzung der Urteile

Die Urteile des Gerichtshofes sind in den EFTA-Mitgliedstaaten grundsätzlich nicht zwangsweise durchsetzbar. Art. 33 ÜGA formuliert für Entscheidungen im Vertragsverletzungsverfahren nach Art. 108 Abs. 2, UA 2 lit. c EWR-Abkommen i. V. m. Art. 32 ÜGA lediglich eine Pflicht, dem Urteil des Gerichtshofes zu entsprechen. Insoweit hängt das ÜGA den Möglichkeiten des EGV hinterher, da letzterer in Art. 228 Abs. 2, UA 3 die Festsetzung eines Pauschalbetrages oder eines Zwangsgeldes als Sanktion bei Nichtbefolgung eines Urteils im Vertragsverletzungsverfahren vorsieht. Bleibt es aber auch danach bei der Weigerung, das Urteil umzusetzen, kann es auch nach EGV nach wie vor nicht vollstreckt werden; dieses *„Vollstreckungsdefizit"* ist von den Mitgliedstaaten aus souveränitätsrechtlichen Gründen gewollt, in der Regel führt politischer und öffentlicher Druck zur Umsetzung[1971]. Eine Ausnahme von diesem Vollstreckungsdefizit macht allerdings das EWR-Abkommen in Art. 110 Abs. 1 S. 2. Danach sind Urteile des EFTA-Gerichthofes, sofern sie eine Zahlung auferlegen, vollstreckbare Titel. Dies gilt dem Art. 110 Abs. 1 S. 1 EWR-Abkommen aber nicht gegenüber Staaten. Nach Art. 110 Abs. 2 S. 1 EWR-Abkommen erfolgt die Zwangsvollstreckung nach den Vorschriften des Zivilprozessrechtes des Staates, in dessen Hoheitsgebiet sie stattfindet. Die Fälle, in denen einer Person eine Zahlung auferlegt wird, spielen sich hauptsächlich in dem Bereich des Wettbewerbsrechts ab[1972]. In der klassischen Konfrontationssituation Staat gegen Staat bleibt es bei der völkerrechtstypischen Situation, wonach Urteile nicht vollstreckbar sind.

c) Wertung

Vor dem EFTA-Gerichtshof verfügt das kleinstaatliche Liechtenstein über justizielle Möglichkeiten wie alle anderen EFTA-Staaten auch. Das Fürstentum kann sich sowohl gegen Akte der Überwachungsbehörde wie gegen Vertragsverletzungen der anderen EFTA-Staaten wehren. Dabei ist die Gerichtsbarkeit des Streitbeilegungsorgans obligatorisch, es liegt demnach allein im Ermessen des klagenden Staates, ob er ein Verfahren eröffnen möchte. Vor allem im Zeitpunkt der Aushandlung der hier besprochenen Regelungen war die gleichberechtigte Teilhabe Liechtensteins am EWR insgesamt, aber auch der gleichberechtigte Zugang zum EFTA-Gerichtshof ein großer politischer Erfolg. Dass der Kleinstaat als vollwertiges Mitglied in der Rechtsgemeinschaft akzeptiert wird, kann man auch daran ersehen, dass der EFTA-Gerichtshof aktuell unter einem liechtensteinischen Präsidenten, CARL BAUDENBACHER, agiert. Getrübt ist die positive Sicht der Dinge heute

---

[1971] ULRICH EHRICKE in: STREINZ, EUV/EGV-Kommentar, Art. 228, Rn. 14.

[1972] Vgl. NORBERG / HÖKBORG / JOHANSSON / ELIASSON / DEDICHEN, EEA Law, S. 270.

dadurch, dass die EFTA-Säule des EWR neben Liechtenstein nur noch aus Norwegen und Island besteht, weshalb sich die vorteilhaften justiziellen Rechte nur noch im Verhältnis zu diesen Staaten auswirkt, die beide selbst keine Großmächte sind.

2. Beilegung von Streitfällen mit EU-Beteiligung

Zudem bestehen die Möglichkeiten vor dem EFTA-Gerichtshof nicht für Fälle mit Bezug zur EU-Säule des EWR. Die einfache Unterscheidung, wonach der EuGH für die EU-Staaten, der EFTA-Gerichtshof für die EFTA-Staaten den Rechtsschutzes gewährt, kann in Fällen der Interessenkollision zwischen EFTA-Staaten und der EU außerdem nicht weiterhelfen. Ein für beide Rechtsordnungen verbindlich urteilender EWR-Gerichtshof konnte auf Grund eines negativen Gutachtens des EuGH[1973], anders als ursprünglich geplant, nicht eingerichtet werden, da befürchtet wurde, dass die Rechtsprechung des neu zu begründenden Gerichtes die nach Art. 292 EGV ausschließliche Zuständigkeit des EuGH beeinträchtigen könnte[1974]. Zur Regelung von Konflikten wurde schließlich ein komplexes Verfahren geschaffen, welches maßgeblich in Art. 111 EWR-Abkommen geregelt wurde.

a) Darstellung des Verfahrens zur Streitbeilegung

Oberste Priorität im Streitbeilegungssystem zwischen den beiden EWR-Säulen genießt die Homogenität zwischen EFTA und EU. Dies lässt sich bereits daran ablesen, dass die Streitbeilegung unter der Kapitelüberschrift *„Homogenität, Überwachungsverfahren und Streitbeilegung"* eingegliedert ist. Zudem ist der Gemeinsame EWR-Ausschuss nach Art. 105 Abs. 3 EWR-Abkommen damit betraut, die Homogenität der Rechtsprechung des EFTA-Gerichtshofes und des EuGH zu wahren; gelingt ihm dies nicht, kann ein Streitbeilegungsverfahren nach Art. 111 EWR-Abkommen eingeleitet werden. Ebenso kann die Gemeinschaft oder ein EFTA-Staat gem. Art. 111 Abs. 1 EWR-Abkommen bei Streit über die Auslegung oder Anwendung des EWR-Abkommens den Gemeinsamen EWR-Ausschuss anrufen. Gem. Art. 111 Abs. 2 EWR-Abkommen werden dem Gemeinsamen EWR-Ausschuss dann alle Informationen zur Verfügung gestellt, die für eine eingehende Untersuchung der Lage von Nutzen sein können, damit eine annehmbare Lösung gefunden werden kann; bei der Beilegung des Streitfalles ist das *„...gute Funktionieren des Abkommens aufrechtzuerhalten..."*. Das Verfahren vor dem Gemeinsamen EWR-Ausschuss ist im Wesentlichen ein politischer Prozess der Problemlösung[1975]. Die

---

[1973] EuGH, Slg. I 1991, S. 6079 = ABlEG 1992 Nr. C 110, S. 1 f.; dagegen sah der EuGH die Errichtung eines EFTA-Gerichtshofes als gemeinschaftskonform an, EuGH, Slg. I 1992, S. 2821 = EuZW 1992, S. 388 = AblEG 1992 Nr. C 136, S. 1.

[1974] GUGERBAUER, Der EFTA-Gerichtshof und sein Zusammenwirken mit dem EuGH, S. 2743.

[1975] SEVÓN, The EEA judicial system and the Supreme Courts of the EFTA states, S. 610: *„...basically a political process"*; NORBERG / HÖKBORG / JOHANSSON / ELIASSON /

Streitparteien sind grundsätzlich gehalten, sich auf dieser Ebene zu einigen, da sonst nach Art. 112 ff. EWR-Abkommen einseitige Schutzmaßnahmen einer der beiden Beteiligten drohen. Falls die Auslegung einer Vorschrift des EWR-Abkommens im Streit steht, die in ihrem wesentlichen Gehalt identisch ist mit einer Vorschrift des EGV oder einem auf dieser Grundlage erlassenen Rechtsakt[1976], können die Streitparteien, sofern der Ausschuss nach drei Monaten erfolglos geblieben ist, nach Art. 111 Abs. 3, UA 1 EWR-Abkommen darüber hinaus noch vereinbaren, den EuGH um eine Entscheidung über die Auslegung der einschlägigen Bestimmung zu ersuchen. Haben sich die Parteien nach sechs Monaten nach Einleitung des Verfahrens aber nicht auf diesen Schritt geeinigt und ist der Ausschuss im Übrigen erfolglos geblieben, kann eine Streitpartei *„...zum Ausgleich etwaiger Ungleichgewichte...“* gem. Art. 111 Abs. 3, UA 2 EWR-Abkommen schließlich entweder eine Schutzmaßnahme nach Art. 112 Abs. 2, 113 EWR-Abkommen ergreifen oder unter sinngemäßer Anwendung von Art. 102 EWR-Abkommen die vorläufige Aussetzung betroffener Vorschriften bewirken. Eine weitere Streitschlichtungsmöglichkeit ergibt sich gem. Art. 111 Abs. 4 EWR-Abkommen für Streitfälle über den Umfang oder die Dauer bestimmter Schutzmaßnahmen und über die Angemessenheit von Ausgleichsmaßnahmen. Sofern es nicht um die Auslegung von Vorschriften nach Abs. 3 – also im Wesentlichen identisch mit EU-Recht – geht, kann ein verbindlicher Spruch des Schiedsgerichts nach Protokoll 33 veranlasst werden.

b) Wertung

Das Streitbeilegungsverfahren im Falle des Konfliktes zwischen EFTA-Staaten und der EU hat große Schwächen. Für Fälle, die nicht unter Art. 111 Abs. 3 oder 4 EWR-Abkommen fallen, wird lediglich eine institutionelle Plattform zur Problemlösung gewährt. Der Gemeinsame EWR-Ausschuss darf sich lediglich als Moderator der Auseinandersetzung der Parteien einbringen, eine Entscheidung der Rechtsfrage obliegt ihm nicht. Die Streitbeteiligten sind dazu verdammt, sich zu einigen oder – andernfalls – die Folgen einer Schutzmaßnahme hinzunehmen. Die Möglichkeit, in der Fallgruppe des Art. 111 Abs. 3 EWR-Abkommen auf eine verbindliche Auslegung des in Frage stehenden Rechtssatzes zurückgreifen zu können, hilft auch nicht in jedem Fall weiter, da der EuGH in diesem Rahmen über keine obligatorische Gerichtsbarkeit verfügt, die Parteien sich über das Anrufen des EuGH einigen müssen; zudem führt die (abstrakte) Rechtsauslegung durch den EuGH nicht zur Entscheidung der (konkreten) Sache[1977]. Kommt es zu keiner Ei-

---

DEDICHEN, EEA Law, S. 278, überschreiben das entsprechende Kapitel mit *„Dispute settlement by political means“*.

1976 SEVÓN, The EEA judicial system and the Supreme Courts of the EFTA states, S. 610, spricht in diesem Zusammenhang anschaulich von *„mirror legislation“*.

1977 NORBERG / HÖKBORG / JOHANSSON / ELIASSON / DEDICHEN, EEA Law, S. 281: *„...the ECJ does not settle the dispute in question; it only delivers an authoritative and binding interpretation of a provision of the EEA Agreement which is identical in substance to a*

nigung über die Zuständigkeit des EuGH, werden nach Art. 111 Abs. 3 EWR-Abkommen nicht nur die Durchführung einseitiger Schutzmaßnahmen, sondern gar eine vorläufige Außerkraftsetzung von maßgeblichen Regelungen riskiert. Um dies zu vermeiden, bleibt den Parteien lediglich, sich irgendwie zu einigen oder jedenfalls einmütig den EuGH anzurufen. So stehen in diesem System die Tore weit auf für machtpolitische Einflussnahmen. Dieses Opfer wird hier den Staaten abverlangt, die ihre Rechtspositionen mangels eines justiziellen Verfahrens gegebenenfalls nicht umsetzen können, um die Homogenität zwischen EFTA und EU zu wahren. Das Verfahren nach Art. 111 Abs. 4 EWR-Abkommen, welches eine obligatorische Zuständigkeit des Schiedsgerichtes vorsieht, kann das Ergebnis der Wertung nicht wesentlich beeinflussen, denn die Vorschrift ist in den meisten Fällen nicht anwendbar, da in der Regel EWR-Recht betroffen sein wird, welches mit EU-Recht identisch ist[1978].

Im Rahmen der beschriebenen Verfahren verfügen alle Beteiligten formell über dieselben Rechte. Dies ist an sich positiv für den Kleinstaat. Dieses Ergebnis beinhaltet hier jedoch nicht die ganze Wahrheit. Da in den verschiedenen Verfahren, mit Ausnahme des Vorgehens nach Abs. 4, letztlich die Probleme im freien Kräftespiel zwischen der EU auf der einen und einem EFTA-Staat auf der anderen Seite entschieden werden, stellt Art. 111 EWR-Abkommen kein effektives institutionelles Instrument zur Durchsetzung kleinstaatlicher Rechtspositionen dar. Da alle heute verbleibenden EFTA-Staaten typologisch den Kleinstaaten zuzurechnen sind, ist insgesamt eine schwache Stellung der EFTA-Säule im Rahmen der Streitbeilegung zwischen den Säulen zu konstatieren. Dies ist der Preis für den Zugang zum EU-Markt, ohne im Rahmen einer Vollmitgliedschaft auf Freiheiten in anderen Bereichen verzichten zu müssen[1979].

3. Gesamtbewertung

Damit fällt die Gesamtbewertung der Rolle des Kleinstaates im System der Streitbeilegung auf der Ebene des EWR ambivalent aus. Vollzieht sich die Auseinandersetzung innerhalb der EFTA-Säule des EWR, besteht für den EFTA-Mitgliedstaat Liechtenstein ein gleichberechtigter Zugang zu einem Gerichtshof mit obligatorischer Gerichtsbarkeit. Innerhalb dieses institutionellen Rahmens genießt das Fürstentum demnach eine vorteilhafte Stellung. Sobald jedoch die EU in

---

provision of Community law".

1978 Nach SEVÓN, The EEA judicial system and the Supreme Courts of the EFTA states, S. 611, ist es, auch wenn er selbst letztlich zu einer negativen Antwort gelangt, fraglich, ob es überhaupt Fälle geben kann, die vom Schiedsgericht entschieden werden können: *„However, in such procedures questions of interpretation of provisions of the Agreement which are identical in substance with corresponding EC provisions may not be dealt with. This has caused the question whether it is possible to have any arbitration at all. My impression is that this is possible".*

1979 Vgl. bereits in Kap. 4, C.III.3.b)aa)(2).

den Streit involviert ist, stellen die institutionellen Schwächen der Verfahren nach Art. 111 EWR-Abkommen insbesondere für einen Staat ohne großen politischen Einfluss einen Nachteil dar.

IV. Die Streitbeilegungsorgane auf der Ebene der Welthandelsorganisation

Schließlich soll auch auf den Zugang Liechtensteins zu den Streitbeilegungsorganen der WTO eingegangen und dessen Bedeutung für den Kleinstaat bewertet werden. Nachdem die Streitbeilegung vor der Begründung der WTO auf der Grundlage von Art. XXII und XXIII GATT 1947 sich vor allem deshalb als *„unzureichend"* erwiesen hatte[1980], weil der Unterlegene letztlich die Entscheidung des Streitfalles vereiteln konnte, stellte die Vereinbarung über Regeln und Verfahren der Streitbeilegung (Understanding on Rules and Procedures Governing the Settlement of Disputes, DSU[1981]) *„...einen der wesentlichen Aspekte der Reform des GATT-Systems im Rahmen der Uruguay-Runde..."* dar[1982].

1. Die institutionellen Grundlagen des DSU

Die Ausgestaltung des DSU steht im Zusammenhang mit einer *„Verrechtlichung des (...) Welthandelssystems"*[1983] und bewirkte eine Aufwertung der Streitbeilegung[1984]. Mit dem DSU wurde ein Streitbeilegungsgremium (Dispute Settlement Body, DSB) als Organ der WTO geschaffen (Art. 2 Abs. 1 DSU), welches hinsichtlich der Zusammensetzung – abgesehen vom Vorsitz – identisch ist mit dem Allgemeinen Rat[1985], der sich seinerseits nach Art. IV Abs. 2 S. 1 WTO-Abkommen aus Vertretern aller Mitgliedstaaten zusammensetzt. Zudem wurde ein ständiges Berufungsgremium (Appellate Body) ins Leben gerufen (Art. 17 DSU), wodurch das Streitbeilegungsverfahren gewissermaßen eine zweite Instanz erhielt[1986]. Insgesamt wurde die Streitbeilegung in der WTO damit *„gerichtsähnlicher"*[1987] ausgestaltet als nach

---

[1980] WEIß in: WEIß / HERRMANN, Welthandelsrecht, Rn. 251; auf die einzelnen Defizite des alten Systems wird (zum Teil) im Zusammenhang mit den Neuerungen des WTO-Systems eingegangen werden.

[1981] Vgl. ABlEG 1994 Nr. L 336/234 = Sartorius II, Nr. 515. Das DSU ist als Anhang 2 dem WTO-Abkommen beigefügt (vgl. Art. II Abs. 2 WTO-Abkommen).

[1982] HERDEGEN, Internationales Wirtschaftsrecht, § 7, Rn. 55.

[1983] SCHROEDER / SCHONARD, Die Effektivität des WTO-Streitbeilegungssystems, S. 659; KUIJPER, The New WTO Dispute Settlement System, S. 51, spricht von *„judicialization of the dispute settlement procedure"*; CANAL-FORGUES, Le système de règlement des differends de l'Organisation Mondiale dur Commerce, S. 702, verwendet den Begriff *„juridictionnalisation"*.

[1984] WEIß in: WEIß / HERRMANN, Welthandelsrecht, Rn. 254.

[1985] Vgl. WEIß in: WEIß / HERRMANN, Welthandelsrecht, Rn. 256.

[1986] LETZEL, Streitbeilegung im Rahmen der Welthandelsorganisation, S. 232, spricht in diesem Zusammenhang von einer *„revolutionäre[n] Reform"*.

[1987] WEIß in: WEIß / HERRMANN, Welthandelsrecht, Rn. 255.

den alten Regelungen. Die Verrechtlichung der Welthandelsordnung schlug sich auch nieder in der Straffung des Verfahrensablaufes; alle wesentlichen Verfahrensschritte sind im DSU klaren Fristen unterworfen[1988], so dass die zeitliche Verschleppung eines Verfahrens nicht mehr möglich ist[1989].

2. Zuständigkeit der Streitbeilegungsorgane des DSU

Die Regelungen des DSU gelten nach Art. 1 Abs. 1 DSU für alle Streitigkeiten, welche die im Anhang 1 zum DSU genannten Übereinkommen *(„Unter die Vereinbarung fallende Übereinkommen")* zum Gegenstand haben[1990]. Der zu entscheidende Streitgegenstand wird gem. Art. 3 Abs. 3 DSU dadurch beschrieben, dass ein Mitglied des DSU der Auffassung ist, dass Vorteile, die sich für das Mitglied mittelbar oder unmittelbar aufgrund eines der unter das DSU fallenden Übereinkommen ergeben, durch Maßnahmen eines anderen Mitgliedes geschmälert werden.

Da das Streitschlichtungsverfahren ausschließlich von Mitgliedern des DSU in Gang gesetzt werden kann, bleibt das Verfahren ein rein zwischenstaatliches; weder NGOs, andere internationale Organisationen noch Privatpersonen sind beteiligtenfähig[1991]. Ein weiterer Aspekt der Verrechtlichung der Streitbeilegung auf WTO-Ebene wirkt sich dahin gehend aus, dass nach dem DSU das Verfahren unabhängig von der Zustimmung des antragsgegnerischen Staates begonnen und beendet werden kann[1992]. Vor der Einführung des DSU hing sowohl die Einsetzung des entscheidenden Panels als auch die Annahme des Panelberichts als bindend von einer einstimmigen Entscheidung der GATT-Vertragsparteien ab, wobei der antragsgegnerische Staat ebenfalls zustimmen musste. Das DSU sieht nun in Art. 6 Abs. 1 und Art. 16 Abs. 4 eine Umkehrung des Konsensprinzipes vor (sog. negatives Konsensprinzip)[1993]. Der Konsens im DSB ist nun erforderlich, um die Einsetzung eines Panels oder die Annahme eines Panelberichts zu verhindern: die An-

---

1988 KUIJPER, The New WTO Dispute Settlement System, S. 51: *„All the major steps in the procedure are subject to clear deadlines in the new DSU...".*

1989 Hier sind nur einige Fristen im Detail aufgeführt: Die Einsetzung eines Panel kann beispielsweise erst nach 60 Tagen erfolgloser Konsultationen beantragt werden (Art. 4 Abs. 7 S. 1 DSU), wobei jedoch wiederum nur 60 Tage Zeit bleiben, um diesen Schritt zu tätigen (Art. 4 Abs. 7 S. 2 DSU). Art. 6 DSU nennt einen Zeitpunkt, zu dem das Panel spätestens eingesetzt sein muss. Art. 20 DSU setzt einen Zeitrahmen für Annahme der Panel-Entscheidung.

1990 Darunter fallen nun das WTO-Abkommen und das DSU selbst, zudem multilaterale Übereinkommen über den Handel mit Waren, allen voran das GATT, aber auch das GATS und das TRIPS. Darüber hinaus sind noch einige polylaterale Übereinkommen betroffen.

1991 WEIß in: WEIß / HERRMANN, Welthandelsrecht, Rn. 272.

1992 KUIJPER, The New WTO Dispute Settlement System, S. 50: *„The possibility to block the establishment of panels has been* de facto *removed".*

1993 WEIß in: WEIß / HERRMANN, Welthandelsrecht, Rn. 255; LETZEL, Streitbeilegung im Rahmen der Welthandelsorganisation, S. 230.

nahme ist demnach die Regel. Dazu kommt die Pflicht der Vertragsparteien, sich im Anwendungsbereich des DSU ausschließlich des darin geregelten Verfahrens zu bedienen, Art. 23 Abs. 1 DSU. Damit hat die Einführung des DSU eine *„...Akzentverschiebung vom Ringen um den politischen Konsens hin zur justizförmigen Entscheidung...“* bewirkt[1994]. Auf Grund des *„...Automatismus der Annahme von Abschlussberichten im DSB...“* verfügt *„...das WTO-Streitverfahren insgesamt (...) bereits [über] quasigerichtlichen Charakter...“*[1995]. Damit bietet das WTO-System eine im Regelfall obligatorische Streitbeilegung.

3. Umsetzung und Durchsetzung von Panel-Entscheidungen

Wie in allen internationalen Organisationen stellt auch auf der Ebene der WTO das Fehlen einer unmittelbaren Vollzugsgewalt ein Problem dar. Effektiver Rechtsschutz wird nur dann gewährt, wenn die materiell bindenden[1996] Entscheidungen der Panel-Entscheidungen auch implementiert werden können. Diese Selbstverständlichkeit hat sogar ausdrückliche Wiedergabe im Text des DSU gefunden: *„Die umgehende Beachtung der Empfehlungen und Entscheidungen des DSB ist für die wirksame Beilegung von Streitigkeiten zum Wohl aller Mitglieder wesentlich“*, Art. 21 Abs. 1 DSU. Die Regelungen in Art. 21 und 22 DSU können zwar ebenfalls keine *„Zwangsvollstreckung“* garantieren und bleiben deshalb dem Prinzip des freiwilligen Selbstvollzuges verpflichtet, sie stellen allerdings *„...Mechanismen zur Erzeugung kollektiven Drucks zur Herbeiführung des Selbstvollzuges durch den Rechtsbrecher...“* zur Verfügung, die – verglichen mit den Regelungen vor der WTO-Gründung – präziser, erweitert und in einem engeren zeitlichen Rahmen gefasst sind[1997]. Unter der Überwachung durch das DSB (Art. 21 Abs. 6 S. 1 DSU) ist der unterlegene Staat selbst für die Umsetzung der Entscheidung verantwortlich. Dafür wird ihm, wenn die sofortige Umsetzung nicht möglich ist, ein angemessener Zeitraum eingeräumt, der, falls keine Einigung darüber möglich ist, durch ein bindendes Schiedsverfahren innerhalb von 90 Tagen nach Annahme der Entscheidung festgesetzt wird, Art. 21 Abs. 3 DSU. Kann oder will die unterlegene Partei nicht der Entscheidung zufolge reagieren und scheitert zudem die Aushandlung einer Entschädigung nach Art. 22 Abs. 2 S. 1 DSU, hat

---

[1994] HERDEGEN, Internationales Wirtschaftsrecht, § 7, Rn. 59.

[1995] LETZEL, Streitbeilegung im Rahmen der Welthandelsorganisation, S. 344.

[1996] Es ist umstritten, ob die Entscheidungen der Panels juristische Bindungswirkung entfalten oder ob die Entscheidungen zur Disposition der Parteien stehen. Die überzeugenderen Argumente sprechen für eine Bindungswirkung der Entscheidungen; dies ergibt sich aus einer Zusammenschau der Art. 3, 19, 21, 22 und 26 DSU sowie bereits aus Art. XVI Abs. 4 WTO-Abkommen, vgl. die Begründung bei SCHROEDER / SCHONARD, Die Effektivität des WTO-Streitbeilegungssystems, S. 659, mit demselben Ergebnis: WEIß in: WEIß / HERRMANN, Welthandelsrecht, Rn. 312: *„...[d]ie verbindlichen Entscheidungen des DSB...“* und HERDEGEN, Internationales Wirtschaftsrecht, § 7, Rn. 57, zu den Entscheidungen des Appellate Body: *„Angenommene Berufungsentscheidungen sind von den Streitparteien uneingeschränkt zu befolgen“*.

[1997] LETZEL, Streitbeilegung im Rahmen der Welthandelsorganisation, S. 323 f.

der obsiegende Staat nach Art. 22 Abs. 2 S. 2 DSU die Möglichkeit, die Aussetzung bestimmter Verpflichtungen gegenüber dem Verletzerstaat zu beantragen, wobei der Antrag nach Art. 22 Abs. 6 S. 1 DSU nur durch einen Konsens im DSB abgelehnt werden kann. Dabei werden im Regelfall Verpflichtungen aus demselben Sektor ausgesetzt, in dem das Panel Vertragsverletzungen festgestellt hat; stellen sich die Gegenmaßnahmen aber als ungenügend oder nicht durchführbar dar, ermöglicht die Regelung des Art. 22 Abs. 3 lit. c DSU auch Maßnahmen auf dem Gebiet anderer Abkommen (sog. *cross retaliation*)[1998]. Die Regelungen der Art. 21 und 22 DSU geben dem vor dem Panel obsiegenden Staat ein Instrument an die Hand, das zwar unmittelbar keine „*Zwangsvollstreckung*" der Panel-Entscheidung ermöglicht, welches aber ein hohes Potential an wirtschaftlichem Druck zur Durchsetzung der Panel-Entscheidungen erlaubt, der zudem im Wege der *cross retaliation* zielgenau in den ökonomischen Bereichen angesetzt werden kann, in denen es dem Verletzerstaat besonders schmerzt[1999].

4. Wertung

Die Kombination aus justizförmiger Entscheidung der Panels und der Möglichkeit, wirtschaftlichen Druck zur Durchsetzung von Entscheidungen zu erzeugen, folgt dem „*...Bestreben, juristisch nachvollziehbaren Entscheidungen den Vorrang vor politisch motivierten Konsensentscheidungen zu geben*"[2000]. Die Regelungen des DSU erreichen damit das „*...Ziel, den Vollzug des Welthandelsrechts voranzubringen...*"[2001]. Die Umsetzung dieser Regelungen in der Praxis kann zwar nicht im selben Maße positiv gewertet werden, insgesamt ist aber unübersehbar, dass die Effektivität der Streitbeilegung seit Einführung des DSU deutlich gestiegen ist[2002].

1998 vgl. dazu SITTMANN, Das Streitbeilegungsverfahren der WTO, S. 751; HERDEGEN, Internationales Wirtschaftsrecht, § 7, Rn. 57; WEIß in: WEIß / HERRMANN, Welthandelsrecht, Rn. 319.

1999 KUIJPER, The New WTO Dispute Settlement System, S. 53, sieht deshalb auch die Regelungen der Art. 21 und 22 DSU als „*...[o]ne of the major improvements of the new dispute settlement system over the old...*".

2000 SITTMANN, Das Streitbeilegungsverfahren der WTO, S. 752.

2001 WEIß in: WEIß / HERRMANN, Welthandelsrecht, Rn. 370.

2002 So weigern sich auch im aktuellen System Staaten, die festgestellten Vertragsverletzungen einzustellen, wobei in diesem Zusammenhang vor allem auf „*...das hartnäckige Verhalten der EG in diversen Streitigkeiten um die Bananenmarktverordnung...*" hinzuweisen ist (vgl. SCHROEDER / SCHONARD, Die Effektivität des WTO-Streitbeilegungssystems, S. 663, mit weiteren Hinweisen). Jedoch wurden andererseits lediglich in neun von den insgesamt 302 unter dem DSU initiierten Verfahren Maßnahmen nach Art. 22 DSU erforderlich (vgl. Dispute Settlement Body – Annual Report (2003) – Overview of the State of Play of WTO Disputes, WTO Doc. vom 5. Dezember 2003, zugänglich auf www.wto.org.). Die Effektivität des Verfahrens spiegelt sich auch in seiner Beliebtheit wider: die eben genannten 302 Verfahren stehen lediglich 207 GATT-Verfahren in den Jahren 1947 bis 1989 gegenüber (SCHROEDER / SCHONARD, Die Effektivität des WTO-Streitbeilegungssystems, S. 663).

Dabei spielen kleine und schwache Staaten im Zusammenhang mit der Institutionalisierung der Streitschlichtung in doppelter Hinsicht eine wichtige Rolle. Zum einen geht die Initiative zur Einführung des DSU zum großen Teil auf sie zurück, zum anderen sind sie als die Hauptgewinner des neuen Systems zu bezeichnen. Vor 1995 benutzten hauptsächlich die USA die Zahnlosigkeit der Streitbeilegung nach dem GATT als „*...willkommenes Argument für unilaterale Vergeltungsmaßnahmen...*“ über den Abschnitt 301 des US-Handelsgesetzes, „*...der der Regierung einseitige Vergeltungen nach gescheiterten Handelsgesprächen innerhalb vorgeschriebener Fristen erlaubt*“[2003]. Dieser Missbrauch von Macht zur Bekämpfung von vermeintlichen GATT-Verletzungen verbunden mit der „*...Abhängigkeit insbesondere kleiner Länder vom US-Handel...*“ hat vor allem die Entwicklungsländer veranlasst, im Rahmen der Uruguay-Runde für eine Bekämpfung des Unilateralismus zu kämpfen[2004]. Die wirtschaftlich schwachen Länder haben folglich auch am stärksten von der Einführung der neuen Verfahren profitiert. Während „*...das GATT-Streitverfahren eher den wirtschaftlich stärkeren als den schwächeren Vertragsparteien Erfolg versprach...*“[2005], bietet das DSU „*...auch ökonomisch schwächeren Mitgliedstaaten (...) effektive Gegenmaßnahmen*“[2006]. In diesem Zusammenhang kann etwa auf den Antrag Ecuadors zur Aussetzung seiner Verpflichtungen aus GATS und TRIPS in Höhe von 201,6 Mio US-$ gegenüber der EU verwiesen werden, wodurch die EG veranlasst wurde, einen neuen Lösungsvorschlag einzubringen, in dem sie ihr Bananenmarktregime WTO-konform ausgestaltete[2007]. Darüber hinaus scheint sich das DSU-System aber nicht nur als Werkzeug unmittelbarer Durchsetzung kleinstaatlicher Rechte zu eignen, sondern auch zum ressourcensparenden justiziellen *free riding*; es fällt auf, dass sich kleine Staaten gerne als Dritte (sog. *third parties*) im Sinne von Art. 10 Abs. 2 DSU an Verfahren anderer, meist großer Staaten beteiligen[2008].

[2003] HAUSER / SCHANZ, Das neue GATT, S. 243.

[2004] HAUSER / SCHANZ, Das neue GATT, S. 246.

[2005] LETZEL, Streitbeilegung im Rahmen der Welthandelsorganisation, S. 218.

[2006] SCHROEDER / SCHONARD, Die Effektivität des WTO-Streitbeilegungssystems, S. 663.

[2007] WT/DS27, Anträge vom 8. November 1999 und 8. Mai 2000, Genehmigung des DSB vom 18. Mai 2000; Lösungsvorschlag der EG: DSB-Sitzungen vom 27. Juli und 23. Oktober 2000, vgl. SCHROEDER / SCHONARD, Die Effektivität des WTO-Streitbeilegungssystems, S. 663, Fn. 64 und 65, mit weiteren Details auf derselben Seite.

[2008] Vor allem die kleinen Kleinstaaten verfolgen offensichtlich diese Strategie der Ressourcenschonung: Barbados (270.000 Einwohner) ist third party in case 128 (European Communities v. United States); Belize (250.000 Einwohner), Dominica (70.000 Einwohner) und St. Vincent & the Grenadines (110.000 Einwohner) sind third parties in case 104 (Ecuador, Guatemala, Honduras, Mexico, United States v. European Communities); Mauritius (1,2 Mio Einwohner) ist third party in case 131 (United States v. Mexico); St. Lucia (150.000 Einwohner) ist third party in case 129 (European Communities v. United States); die Einwohnerzahlen sind entnommen aus VEREINTE NATIONEN, Die Mitgliedstaaten der Vereinten Nationen, S. 39/40, die Angaben zu den Verfahren aus PESCATORE / DAVEY / LOWENFELD, Handbook of WTO/GATT Dispute Settlement, Case Summaries, S. 1 ff.

Insgesamt stellt die Streitbeilegung nach dem DSU demnach ein Vehikel zur Durchsetzung von Rechten dar, die gerade den Kleinstaat in eine vorteilhafte Lage versetzt. Der etwas übereilte Beitritt[2009] Liechtensteins zur WTO hat sich in diesem Zusammenhang demnach gelohnt. Das kleine Fürstentum verfügt mit dem DSU auf Grund seiner Mitgliedschaft in der WTO demnach über Mittel, seine Rechte im Welthandel gegebenenfalls auch gegen die USA durchzusetzen, wobei das System sogar eine hohe Wahrscheinlichkeit der Befolgung von Panel-Entscheidungen garantiert. Zudem ist an dieser Stelle festzuhalten, dass das Fürstentum durch die Kombination der Mitgliedschaften im EWR und in der WTO gegenüber den EU-Staaten sogar einen Unabhängigkeitsvorsprung in der Weise herausgebildet hat, dass der Kleinstaat auf WTO-Ebene seine Interessen im eigenen Namen vertreten darf. Denn das EWR-Abkommen lässt die *„...Autonomie der Teilnehmerstaaten im EWR-Außenverhältnis unberührt...“*, wodurch *„...völkerrechtlich allein der EWR-Mitgliedstaat für die Einhaltung des WTO-Rechts in seinem Geltungsbereich verantwortlich...“* bleibt[2010], während innerhalb der EU die ausschließliche Gemeinschaftskompetenz[2011] des Art. 133 EGV dafür sorgt, dass die Handelspolitik sowohl im Verhältnis zu Drittstaaten als auch gegenüber der WTO der direkten Einflussmöglichkeit der EU-Mitgliedstaaten entzogen ist. Trotz dieser starken institutionellen Stellung des Fürstentums war Liechtenstein bislang an keinem DSU-Verfahren, weder als Antragsteller noch als Antragsgegner, beteiligt[2012].

V. Die Streitbeilegung auf der Ebene der OSZE

Auch auf der Ebene der OSZE existieren institutionalisierte Streitbeilegungsinstrumentarien. In Umsetzung der Ergebnisse eines KSZE-Expertentreffens über die friedliche Regelung von Streitfällen im Jahre 1991 im maltesischen Valletta[2013] kam es im Jahre 1992 in Stockholm zum Abschluss des Übereinkommens über Vergleichs- und Schiedsverfahren in der OSZE[2014]. Auf der Grundlage von Art. 1

2009 Vgl. Kap. 4, C.IV.2.a).

2010 THÜRER, WTO – Teilordnung im System des Völker- und Europarechts,S. 49; so erscheint Island in case 147 (New Zealand, Australia v. United States) als Third Party, während Norwegen an vielen Verfahren beteiligt war, das letzte Mal in case 164 (Australia etc. v. United States), vgl. PESCATORE / DAVEY / LOWENFELD, Handbook of WTO/GATT Dispute Settlement, Case Summaries, S. 967 ff. bzw. S. 1223 ff.

2011 Vgl. nur STREINZ, Europarecht, Rn. 624.

2012 Ergibt sich aus PESCATORE / DAVEY / LOWENFELD, Handbook of WTO/GATT Dispute Settlement, Indexes (Party Index), S. 5.

2013 Vgl. dazu Conference for Security and Co-operation in Europe, Peaceful Settlement of Disputes, Valetta, 15 January – 8 February 1991, Report of the CSCE Meeting of Experts on Peaceful Settlement of Disputes, Valletta 1991, erhältlich auf: http://www.osce.org/docs/english/1973-1990/psd/vall91e.htm.

2014 Convention on Conciliation and Arbitration within the CSCE, Annex 2 zu: Conference for Security and Co-operation in Europe, Third Meeting, Stockholm, 14-15 December 1992, Summary of Conclusions – Decisions on Peaceful Settlement of Disputes; erhält-

dieses Abkommens wurde ein Vergleichs- und Schiedsgerichtshof auf OSZE-Ebene eingerichtet, der seinen Sitz in Genf genommen hat. Der völkerrechtliche Vertrag ist am 5. Dezember 1994 in Kraft getreten[2015].

Aufgabe des Vergleichs- und Schiedsgerichtshofes ist es, Streitigkeiten, die ihm gemäß des Abkommens unterbreitet werden, durch einen Vergleich oder mittels Schiedsgerichtsbarkeit beizulegen[2016]. *Ratione personae* kann das Schiedsgericht der OSZE von den Mitgliedern der Organisation angerufen werden, und zwar *ratione materiae* in allen Streitigkeiten, die sich bei der Auslegung der Regeln der OSZE, aber auch aus Normen des allgemeinen Völkerrechts ergeben[2017]. Damit ist dem Gerichtshof grundsätzlich eine recht breite Basis als Zuständigkeit mitgegeben.

Dieses Zwischenergebnis muss jedoch eingeschränkt werden. Denn zum einen sind sowohl das Vergleichs- als auch das Schiedsgerichtsverfahren ausdrücklich als subsidiäre Streitbeilegungsverfahren ausgestaltet[2018]. Nach Art. 19 des Abkommens aus dem Jahr 1992 finden die beiden Verfahren nicht statt, wenn die Streitigkeit bereits vorher einem Gerichtshof oder Schiedsgericht vorgelegt worden war, dessen Zuständigkeit die Parteien anerkennen müssen, oder wenn ein solches Organ bereits in der Sache entschieden hat (*res iudicata*). Die Zuständigkeit ist auch dann ausgeschlossen, wenn die Parteien anderweitig über den Streitgegenstand verfügen oder verfügt haben. Zum anderen ist das optimistische Zwischenergebnis deshalb einzuschränken, da sich für die Zuständigkeit des OSZE-Schiedsgerichtshofes das für die OSZE charakteristische Konsensprinzip[2019] durchgesetzt hat. Ein Schiedsverfahren vor dem Gerichtshof kann nur dann eröffnet werden, wenn sich die betroffenen Parteien darüber einig werden; darüber hinaus können die Vertragsstaaten die Zuständigkeit des Schiedsgerichts von vornherein aufgrund einer dem Art. 36 Abs. 2 IGH-Statut nachgebildeten Bestimmung akzeptieren (Art. 26 Abs. 1 und 2 des Abkommens)[2020]. Das Vergleichsverfahren kann dagegen zunächst auch einseitig beantragt werden (Art. 22 Abs. 1 des Abkommens), allerdings hängt der Ausgang des Verfahrens von der Zustimmung der anderen Partei ab. Denn wenn es zu keiner einvernehmlichen Lösung kommt, arbeitet die Vergleichskommission einen Schlussbericht aus, welcher Vorschläge zur Beilegung der Streitigkeiten enthält[2021]. Nehmen die Parteien den Schlussbericht nicht binnen 30 Tagen an, sind sie nicht an diesen Schlussbericht gebunden (Art. 25 Abs. 3 und 4 des Abkommens).

---

lich auf: http://www.osce.org/docs/english/1990-1999/mcs/3stock92e.htm.

2015 List showing signatures and ratifications or accessions with respect to the Convention on Conciliation and Arbitration within the OSCE; erhältlich auf: http://www.osce.org.

2016 KÖCK / FISCHER, Das Recht der Internationalen Organisationen, S. 389.

2017 DOEHRING, Völkerrecht, Rn. 1083.

2018 KÖCK / FISCHER, Das Recht der Internationalen Organisationen, S. 390.

2019 Dazu vgl. bereits Kap. 4, C.III.2.a)cc).

2020 DOEHRING, Völkerrecht, Rn. 1078.

2021 KÖCK / FISCHER, Das Recht der Internationalen Organisationen, S. 391.

VI. Ergebnis zu zur Teilhabe an Streitbeilegungssystemen

Die Bewertung der Teilhabe an den hier analysierten fünf Streitbeilegungssystemen fällt differenziert aus. Die verschiedenen Gerichtshöfe und Streitbeilegungsinstrumentarien beschreiben nicht alle im selben Maße einen Umschwung von der *„power-orientated diplomacy"* zur *„rule-orientated diplomacy"*[2022]. So bieten auf der Grundlage der aktuellen Verträge der EGMR für die Staatenbeschwerde, der EFTA-Gerichtshof für die EFTA-Säule des EWR und der DSB der DSU ein hohes Maß an obligatorischer Gerichtsbarkeit und Streitbeilegung. Dagegen bedarf es für ein Verfahren vor dem IGH in den meisten Fällen nach wie vor einer expliziten Unterwerfung unter die Haager Gerichtsbarkeit, ebenso vor dem OSZE-Schiedsgerichtshof. Geht man davon aus, dass sich die hinsichtlich einer machtunabhängigen Umsetzung auch von kleinstaatlichen Rechtspositionen ideale internationale Gerichtsbarkeit durch ein möglichst großes Produkt der Faktoren Zuständigkeit *ratione personae* (möglichst umfassende obligatorische Gerichtsbarkeit) und Zuständigkeit *ratione materiae* (Entscheidung über möglichst alle Rechtsprobleme im zwischenstaatlichen Bereich) auszeichnet, muss es vor allem aus kleinstaatlicher Perspektive als höchst bedauerlich bezeichnet werden, dass ausgerechnet der IGH, der über eine umfangreiche Zuständigkeit *ratione materiae* verfügt, im Bereich der Zuständigkeit *ratione personae* derart schwach ausgestattet ist. In Bezug auf den EGMR muss zudem festgehalten werden, dass er nur im Ausnahmefall, und zwar über den Umweg der Rechtspositionen einer natürlichen Person, als Plattform zur Durchsetzung klein*staat*licher Rechte geeignet ist. Als besonders negativ fällt des Weiteren das Fehlen effektiver Streitbeilegungsmechanismen im Rahmen des EWR-Systems gegenüber der EU-Säule auf.

Bei aller Kritik darf aber nicht übersehen werden, dass es Liechtenstein vollbracht hat, sich den Zugang zu allen für einen europäischen Nicht-EU-Mitgliedsstaat wesentlichen internationalen Streitbeilegungsinstrumenten zu sichern; ein Mehr scheint in diesem Zusammenhang momentan nicht möglich. Damit hat das Fürstentum die Möglichkeiten optimiert, seine Rechte auf internationaler Ebene durchzusetzen und trotz demographischer und naturräumlicher Kleinheit machtpolitisch nicht übergangen zu werden. Der Zugang zu den internationalen Streitbeilegungsorganen könnte als Schlüssel zum realisierten Sinngehalt des von THÜRER zitierten korsischen Sprichwortes gelten: *„Small is also a peppercorn but it makes itself felt"*[2023].

[2022] So SCHROEDER / SCHONARD, Die Effektivität des WTO-Streitbeilegungssystems, S. 659, in Bezug auf die Veränderungen im Welthandel durch die Gründung der WTO.

[2023] THÜRER, Liechtenstein und die Völkerrechtsordnung, S. 127.

E. Zusammenfassung zu Kapitel 4

Damit wurden hier insgesamt vier kleinstaatenspezifische Handlungsinstrumentarien, deren sich die liechtensteinische Politik im 20. Jahrhundert bedient hat, identifiziert und dargestellt. Das Fürstentum bediente sich und bedient sich noch immer der Instrumente der Neutralität und der bilateralen Anbindung an die Nachbarstaaten. Darüber hinaus war der Kleinstaat im verstärkten Maße bemüht, in vielen Fällen Mitgliedschaften in internationalen Organisationen zu begründen und sich Zugang zu internationaler Gerichtsbarkeit zu verschaffen.

I. Zusammenfassende Bewertung des liechtensteinischen Einsatzes der kleinstaatenspezifischen Handlungsinstrumentarien

Es ist festzuhalten, dass das Fürstentum es nicht nur vermocht hat, seine Identität über die beiden Weltkriege hinweg zu wahren, obwohl die liechtensteinische Souveränität immer wieder in Frage gestellt wurde[2024], sondern es hat es auch *„...verstanden, (...) [gerade] in den letzten Jahren seine außenpolitische Position beträchtlich zu stärken...“*[2025]. Im Rahmen dieser erfolgreichen Politik haben die verwandten Strategien sich direkt auf die klassischen Funktionsdefizite ausgewirkt. Die Neutralitätspolitik war angesichts der militärischen Wehrlosigkeit[2026] Liechtensteins im Grunde alternativlos. Die bilaterale Anbindung an die Schweiz hat die kleinstaatentypischen Funktionsdefizite im soziologischen und ökonomischen Bereich sowie die Eingeschränktheit der Mittel im Rahmen der inneren Organisation des Gemeinwesens abgemildert[2027]. Die verstärkte Mitarbeit in internationalen Organisationen wie auch der Zugang zu internationalen Gerichten versetzen das Fürstentum zudem in die Lage, positiv auf die typischerweise hohe Dependenzdichte des Kleinstaates einzuwirken[2028]. Damit hat Liechtenstein im Grunde alle möglichen kleinstaatenspezifischen Strategien[2029] ergriffen, weshalb nun die in Kap. 1, D. gestellte Frage, nämlich ob Liechtenstein ein typischer Kleinstaat ist, mit einem klaren Ja beantwortet werden kann. Nicht nur die bevölkerungsspezifischen und naturräumlichen Daten sprechen dafür, sondern sowohl die Defizite, die das Fürstentum treffen, als auch die Strategien gegen diese Defizite entsprechen der Typologie des Kleinstaates. Besonders zu beachten sind dabei die Wechselwirkungen zwischen den kleinstaatenspezifischen Strategien. So stellt die Neutralitätspolitik des Fürstentums

---

2024 Zur kleinstaatentypischen Notwendigkeit der Bewahrung und Betonung der Souveränität vgl. Kap. 1, C.III.1; hinsichtlich einschlägiger Beispiele sei verwiesen auf die Ablehnung des Antrags auf Aufnahme in den Völkerbund (Kap. 4, C.I.1.b)) sowie die Umstände der Aufnahme in das Statut des Internationalen Gerichtshofes (Kap. 4, C.I.2.b)).

2025 THÜRER, Liechtenstein und die Völkerrechtsordnung, S. 121.

2026 Vgl. zur typischen militärischen Schwäche von Kleinstaaten: Kap. 1, C.II.6.b).

2027 Zu diesen Defiziten vgl. bereits Kap. 1, C.II.3, 4 und 5.

2028 Zur Dependenz vgl. Kap. 1, C.II.6.c).

2029 Vgl. dazu Kap. 1, C.III..

gleich in zweifacher Hinsicht kleinstaatentypisches Verhalten dar, da es gleichzeitig als Parallelverhalten mit der Schweiz erkannt wird. Das Parallelverhalten mit der Eidgenossenschaft im allgemeinen wiederum hat Liechtenstein erst in dem Maße wirtschaftlich erstarken lassen, dass es heute den Anforderungen seiner internationalen Verpflichtungen begegnen kann. Die Einbindung in internationale Strukturen allerdings war der Rahmen dafür, dass das Fürstentum in den letzten Jahren gerade im Verhältnis zur Schweiz eine eigenständige Politik vertreten konnte[2030]. Die Entwicklung, die Liechtenstein auf Grund der verfolgten Strategien im Verlauf des 20. Jahrhunderts genommen hat, ist nach THÜRER „*...ohne Parallele...*"[2031]. RITTER schreibt dazu in einem Aufsatz aus dem Jahr 1996[2032]: „*Liechtenstein befindet sich heute wirtschaftlich und außenpolitisch in einer guten Lage. Dies ist nicht zuletzt das Ergebnis einer seit den 60er Jahren konsequent verfolgten Politik der außenpolitischen Stärkung des Landes...*".

II. Unterstützende Auswirkungen auf die liechtensteinische Strategie durch eine veränderte Weltordnung

Jedoch kann die günstige Entwicklung nicht vollständig dem eigenen Verhalten des Fürstentums in den internationalen Beziehungen zugeschrieben werden, hat sie sich doch vor dem Hintergrund einer sich wandelnden Weltordnung vollzogen. So kann „*...empirisch leicht gezeigt werden (...), dass sich heute die meisten Staaten in den weitaus meisten Angelegenheiten andauernd friedlich und regelkonform verhalten...*"[2033]. Dabei „*...unterscheiden sich die heutigen Großmächte von den imperialen Mächten vorindustrieller Epochen grundsätzlich dadurch, dass sie die politische Autonomie kleinerer Staaten nicht nur tolerieren, sondern sogar aktiv unterstützen und durch ihren politisch-militärischen Einfluss mitgarantieren...*"[2034]. Auch wenn sich diese Beobachtung nicht verallgemeinern lässt, sieht sich das „*...moderne Völkerrecht (...) weniger als Macht- denn als Rechtsordnung...*"[2035]. Die Entwicklung ist jedoch nicht dem Altruismus der Großen zu verdanken, sondern vielmehr der Machtkontrolle im institutionellen Rahmen[2036] der internationalen Zusammenarbeit, weshalb die Wandlung der Weltordnung im direkten Zusammenhang mit der Zunahme der Zahl an internationalen Organisationen steht. Die in diesem Systemen in der Regel vorzufindende „*...Gleichheit schafft Freiräume eigener Handlungsfähigkeit und sichert diese Freiheit zugleich ab. Frühere Formen gestufter Abhängig-*

[2030] Vgl. dazu die Umstände des Eintritts Liechtensteins in den EWR, Kap.4, C.III.3.b)bb)(2).

[2031] THÜRER, Liechtenstein und die Völkerrechtsordnung, S. 126.

[2032] RITTER, , Europäischer Wirtschaftsraum, S. 9.

[2033] GESER, Die neue Weltordnung, S. 210.

[2034] GESER, Die neue Weltordnung, S. 203.

[2035] KILIAN, Staat – Kleinstaat – Kleinststaat, S. 236.

[2036] Nach FLEINER, Kleinstaaten in Staatenverbindungen, S. 313 ff., werden die Kleinstaaten durch zahlreiche Kontrollmechanismen von Staaten, internationalen Gerichten sowie durch überstaatliche Organisationen samt deren Organisationsrecht abgesichert; vgl. auch KILIAN, Staat – Kleinstaat – Kleinststaat, S. 237.

keit von größeren Staaten wie das Kondominium, das Protektorat oder die Assoziierung sind fast völlig verschwunden"[2037]. Ein weiterer Grund dafür, warum kleinstaatliche Interessen in den heutigen internationalen Beziehungen eher Berücksichtigung erfahren als in früheren Zeiten, liegt auch daran, dass die größeren Staaten nun insofern verstärkt mit den kleinen in einem Boot sitzen, als in der modernen Staatenwelt *„...Interdependenz (...) ein allgemeiner Befund..."* ist[2038]. Heute verspüren auch große Nationalstaaten vor allem im Rahmen der internationalen Zusammenarbeit erhöhte Abhängigkeiten[2039].

III. Fazit

In der Tat kann man die liechtensteinische Strategie demnach nicht bewerten, ohne die Veränderungen in der Staatenwelt zu berücksichtigen. Allerdings ist die Behauptung wohl zu optimistisch, wie es jedoch Fürst HANS-ADAM II. noch als Erbprinz im Jahre 1987 hatte verlautbaren lassen, Liechtenstein sei *„...ein europäischer Staat wie jeder andere – nur sehr viel kleiner"*[2040]. Dafür erscheint vor allem die Stellung des Fürstentums zwischen der Schweiz und dem EWR als zu diffizil und zu zerbrechlich. Trotzdem muss doch anerkannt werden, dass das kleine Land sich seinen Schwächen gestellt und diese in verblüffender Weise aufgefangen hat. Die liechtensteinische Staatsführung hat die eben beschriebene Wandlung der Staatenwelt erkannt und zu ihrem Vorteil genutzt[2041].

2037 KILIAN, Staat – Kleinstaat – Kleinststaat, S. 231; bei GESER, Die neue Weltordnung, S. 217, ist dazu zu lesen: *„Je wirksamer und vielseitiger die von internationalen Organisationen bereitgestellten nationalen Schutzgarantien, Partizipationsmöglichkeiten und Einflusschancen, desto mehr werden auch kleinste Mikrostaaten keinen Grund mehr sehen, sich in traditioneller Manier in den Dienst einer Schutzmacht zu stellen"*.

2038 BRUHA / GEY-RITTER, Kleinstaat und Integration, S. 187.

2039 GESER, Die neue Weltordnung, S. 204: *„In gewisser Weise haben sich alle europäischen Staaten, die sich früher gern als ‚Großmächte' gebärdet haben, seit dem Ende des Zweiten Weltkrieges in ihrem Selbstverständnis als ‚kleinere Staaten' definiert, die nur auf dem Weg der Assoziierung (in der EG) eine Chance sehen, gegenüber USA und Japan zu bestehen"*.

2040 Zitiert nach UNSER, Liechtenstein: Rühriger Fürst, zögerndes Volk, S. 163.

2041 Dazu THÜRER, Liechtenstein und die Völkerrechtsordnung, S. 126: *„...ist es Liechtenstein bisher wohl insgesamt erstaunlich gut gelungen, sich trotz Begrenztheit seiner Mittel und Möglichkeiten in die sich dynamisch und tiefgreifend wandelnden Strukturen des modernen, durch Interdependenz und komplexe Globalisierungsprozesse gekennzeichneten internationalen Systems einzuordnen"*.

Kapitel 5: Die Bewältigung der Kriegsfolgeschäden Liechtensteins als Prüfstein für die Effektivität der liechtensteinischen Gesamtstrategie

Die bisherigen Ausführungen in der hier vorliegenden Arbeit haben aufgezeigt, dass sich das Fürstentum Liechtenstein durch eine geschickte Politik im Laufe des 20sten Jahrhunderts eine Stellung in den internationalen Beziehungen erarbeitet hat, welche die Kleinheit des Staates am Oberrhein fast vergessen lässt. Vor allem die zum Großteil wegen des Grundsatzes der souveränen Gleichheit mit gleichberechtigten Mitwirkungsrechten ausgestatteten Mitgliedschaften in internationalen Organisationen und der Zugang zu den wichtigsten internationalen Gerichtshöfen und Streitbeilegungsinstrumenten lassen den Eindruck entstehen, das Fürstentum werde von der internationalen Staatengemeinschaft wie jeder andere Staat auch behandelt. Nun ist es aber eine Sache, einem sehr kleinen Staat einen Platz in unterschiedlichen Organisationen einzuräumen und ihn mit diversen Klagerechten zu versehen. Dieses „*Mitmachenlassen des kleinen Nachbarsjungen*", um einen Vergleich aus dem alltäglichen Leben zu bemühen, wird zu Beginn des dritten Jahrtausends in der modernen Staatenwelt wohl schon eine Art von internationaler *political correctness* gebieten. Damit ist aber noch nicht geklärt, ob die edle Haltung der großen Staaten nicht dann doch verblasst, wenn es um handfeste gegebenenfalls geldwerte Interessen im Einzelfall geht. Die Frage ist demnach nicht nur, ob man den kleinen Nachbarsjungen beim Kartenspielen mitmachen lässt, sondern auch, ob man ihn nicht doch verprügelt, wenn er zu gewinnen droht. Insofern werden in der Literatur auch Zweifel daran laut, dass die gleichberechtigte Stellung von Kleinstaaten im Einzelfall anerkannt wird, wenn wichtige Interessen eines größeren Staates betroffen sind[2042].

Dieser Fragestellung folgend, soll in diesem Kapitel 5 die Effektivität der liechtensteinischen Gesamtstrategie am Erfolg der Bewältigung der von liechtensteinischen Bürgern erlittenen Folgeschäden der beiden Weltkriege überprüft werden. Dafür werden zunächst die wesentlichen liechtensteinischen Kriegsfolgeschäden dargestellt, gleich gefolgt von den gegen diese Kriegsfolgeschäden von liechtensteinischer Seite konkret unternommenen Maßnahmen. Daran anschließend soll ermittelt werden, welche kleinstaatenspezifischen Funktionsdefizite sich in der

---

[2042] So ist bei GREWE, Außenpolitik und Völkerrecht in der Praxis, S. 3, zu lesen: „*Ein Kleinstaat ist im allgemeinen einer Großmacht gegenüber nicht in der Lage, seine Rechtsansprüche durchzusetzen. Den Großmächten fällt es nicht schwer, Mittel und Argumente zu finden, um lästige Rechtsansprüche kleinerer Staaten zurückzuweisen.*"; bei JACOVIDES, International tribunals: Do they really work for small states?, S. 260, der die internationale Gerichtsbarkeit grundsätzlich als große Chance für Kleinstaaten begreift, finden sich auch nachdenklich-realistische Sätze: „*Having declared my thinking on the merits of third-party settlement entailing a binding decision as being to the advantage of small states, let me add that I am not so naive or so doctrinaire as to take the view that in all cases we can aspect a perfect result from the point of view of small states or that in no case do extralegal considerations (political, economic, personal) apply*".

konkreten Ausgestaltung der von liechtensteinischen Staatsangehörigen erlittenen Kriegsfolgeschäden niedergeschlagen haben. Schließlich wird ausgewertet, wie sich die kleinstaatenspezifischen Strategien und Handlungsinstrumentarien bewährt haben, die im Fall des Bewältigungsversuches der Kriegsfolgeschäden angewandt wurden. Hauptziel der Untersuchung soll letztlich sein, zu überprüfen, ob sich in der Behandlung des Fürstentums in den internationalen Beziehungen im konkreten Fall nach wie vor kleinstaatenspezifische Funktionsdefizite bemerkbar machen. Es wird untersucht, ob die Kleinstaatlichkeit Liechtensteins für die Frage von Erfolg oder Misserfolg des liechtensteinischen Versuches, die Folgeschäden der beiden Weltkriege zu bewältigen, eine Rolle gespielt hat.

A. Darstellung der von liechtensteinischen Staatsbürgern im 20. Jahrhundert erlittenen Kriegsfolgeschäden

Zunächst muss jedoch gewissermaßen das Versuchsfeld abgesteckt werden. Zur Untersuchung kommt die Konfiskation des Vermögens liechtensteinischer Bürger vor allem im Rahmen der jeweiligen Neuordnung der europäischen Landkarte nach den beiden Weltkriegen.

I. Die Kriegsfolgeschäden im Zusammenhang mit dem Ersten Weltkrieg

Auf Grund der bis zum Ende des Ersten Weltkrieges traditionellen Anlehnung des Fürstentums an Österreich überrascht es nicht, dass sich die betroffenen liechtensteinischen Interessen auf dem Boden der nachbarlichen k&k-Doppelmonarchie konkretisieren.

1. Historische Umstände in Österreich-Ungarn

Der verlorene Erste Weltkrieg führte in Österreich-Ungarn zur Entmachtung der ehemals herrschenden Klasse. Der Vielvölkerstaat zerfiel in eine Reihe von Nationalstaaten republikanischer Staatsform. Titel und Majorate[2043] wurden abgeschafft, Fideikommisse[2044] waren aufzulösen[2045]. Darüber hinaus mussten die Adelsfamilien auf dem Territorium der neu gegründeten Republik Tschechoslowakei

---

[2043] BÜCHERGILDE GUTENBERG, Lexikon der Büchergilde, Band 2, Majorat, S. 740, definiert das Majorat folgendermaßen: *„im Erbrecht Bestimmung, nach der sich Vermögen und (...) Grundbesitz auf den ältesten Erbberechtigten vererben muss"*.

[2044] CREIFELDS, Rechtswörterbuch, Fideikommiss, S. 419, definiert den Begriff des Fideikommisses folgendermaßen: *„...Vermögensmasse, die nach dem durch Rechtsgeschäft unter Lebenden oder Verfügung von Todes wegen erklärten Willen des Berechtigten unveräußerlich bleiben und sich nach bestimmten Regeln – meist innerhalb einer Familie – vererben soll. I. d. R. handelt es sich um Großgrundbesitz (Latifundien) im Besitz von Adelsfamilien (Familien-Fideikommiss)"*.

[2045] PRESS, Haus Liechtenstein in der europäischen Geschichte, S. 79.

in der Folge einer Bodenreform große Verluste an Grundbesitz hinnehmen. Diese unfangreichen Enteignungen wurden mit nationalen und historischen Argumenten gerechtfertigt. Zum einen sollte die im Jahre 1620 vollzogene Enteignung eines Großteils der grundbesitzenden Oberschicht tschechischer Volkszugehörigkeit abgegolten werden *(„Unrecht von 1620")*, zum anderen sollte dieser enteignete Besitz nun gezielt in die Hände von tschechischen Bauern überführt werden[2046].

2. Konfiskation fürstlich-liechtensteinischen Besitzes in Böhmen und Mähren

Wie bereits vorher angedeutet[2047], war der fürstlich-liechtensteinische Grundbesitz zum Ende der k&k-Monarchie enorm. Von seiner Gesamtfläche von 1844,12 qkm lagen nach der Auflösung des alten Vielvölkerstaates 85,65 % des forstwirtschaftlichen und 80,33 % des landwirtschaftlichen Besitzes auf dem Territorium der neugegründeten Tschechoslowakei[2048]. Insgesamt handelte es sich um sieben Güter in Böhmen, vierzehn Güter in Mähren und ein Gut in Schlesien, welche sich zu einer Fläche von etwa 1555,70 qkm addieren lassen[2049] und ungefähr 1,22 % des Staatsgebietes der tschechoslowakischen Republik ausmachten[2050]. Dieser riesige Besitz wurde nun durch die Enteignungen in der Folge des Zusammenbruches der k&k-Monarchie beschnitten und schrumpfte auf ca. 660 qkm zusammen[2051]. Jedoch erlaubte selbst die Größe des verbleibenden Eigentums der Familie, auch in der republikanischen Tschechoslowakei einen starken Einfluss auf das kulturelle und wirtschaftliche Leben auszuüben, zumal man den Liechtenstein ihre traditionellen Familiensitze in Böhmen und Mähren belassen hatte[2052]. Somit muss man

---

2046 HOENSCH, Geschichte Böhmens, S. 425.

2047 Vgl. Kap. 2, B.III.4.

2048 Errechnet auf der Basis der Zahlen bei KRAETZL, Fürstentum Liechtenstein und liechtensteinischer Güterbesitz, S. 118 f.

2049 In Böhmen die Güter Auřinowes (82,19 qkm), Kaunitz (27,12 qkm), Landskron (61,95 qkm), Radim (32,92 qkm), Rattay (36,87 qkm), Rumburg (25,64 qkm), Schwarzkosteletz (97,75 qkm); in Mähren die Güter Aussee (77,25 qkm), Butschowitz (53,75 qkm), Eisenberg (54,51 qkm), Eisgrub (28,46 qkm), Goldenstein (95,38 qkm), Hohenstadt (69,93 qkm), Karlsberg (45,41 qkm), Kiritein mit Adamsthal und Posořitz (146,95 qkm), Lundenburg (71,76 qkm), Ung. Ostra (72,33 qkm), Plumenau (129,61 qkm), Steinitz (89,35 qkm), Sternberg mit Kloster-Hradisch (97,72 qkm), Mährisch-Trübau (62,68 qkm); in Schlesien das Gut Jägerndorf mit Troppau, Pickau und Bransdorf (96,21 qkm), Zahlen bei KRAETZL, Fürstentum Liechtenstein und liechtensteinischer Güterbesitz, S. 114 ff.

2050 Errechnet auf der Zahlengrundlage bei VEREINTE NATIONEN, Die Mitgliedstaaten der Vereinten Nationen, S. 39, wonach die heutigen Staaten Tschechien und die Slowakei zusammen über eine Fläche von etwa 128.000 qkm verfügen, die dann zu den 1555,70 qkm des fürstlich-liechtensteinischen Grundbesitzes in Relation gesetzt wurde.

2051 PRESS, Haus Liechtenstein in der europäischen Geschichte, S. 79, der jedoch seine Quellen nicht aufdeckt.

2052 BAUMSTARK, Introduction to The Princely Collections, S. xviii.

den Untergang der Monarchie in Österreich-Ungarn und damit des Wiener Hofes nicht als Ende der liechtensteinischen Position in den ehemaligen Kronländern werten, jedoch hatte sich die Situation durch das Entfallen der privilegierten Adelsstellung grundlegend geändert[2053]. Zum ersten Mal seit der Güterreduktion des Jahres 1394 war die Expansion des Hauses Liechtenstein nicht nur gestoppt, sondern der Besitz der Familie ernsthaft beschnitten worden. Ob auch andere liechtensteinische Staatsbürger durch die Enteignungen nach dem Ende des Ersten Weltkrieges betroffen waren, ist dem Verfasser dieser Arbeit nicht bekannt.

II. Die Kriegsfolgeschäden im Zusammenhang mit dem Zweiten Weltkrieg

Die Folgen des Zweiten Weltkrieges trafen die Interessen liechtensteinischer Staatsbürger in der Tschechoslowakei in noch viel größerem Umfang. Die Konfiskationen des Jahres 1945 sollten, anders als jene nach dem Ersten Weltkrieg, nicht lediglich zu einer gewissen revolutionären Umverteilung adeligen Grundbesitzes an das tschechische Landvolk führen, sondern die Liechtensteiner auf Grund ihrer Muttersprache gewissermaßen in eine germanophone Sippenhaft mit dem deutschen Volk nehmen[2054].

1. Konfiskation fürstlich-liechtensteinischen Besitzes in der Tschechoslowakei

Der fürstlich-liechtensteinische Grundbesitz war dabei schon angesichts seines Umfangs bevorzugtes Zielobjekt der tschechoslowakischen Maßnahmen. So waren die Entwicklungen nach dem Ende des Zweiten Weltkrieges für die fürstlich-liechtensteinische Position auch viel existenzgefährdender als die Umwälzungen im Zusammenhang mit dem Ende der k&k-Monarchie. Alle Besitzungen des Hauses Liechtenstein, außer jenen im Fürstentum Liechtenstein und in der Republik Österreich, befanden sich nun in Ländern des sowjetischen Einflussbereichs[2055].

2053 Vgl. PRESS, Haus Liechtenstein in der europäischen Geschichte, S. 79.

2054 Die Norm, auf welche die Konfiskationen gestützt wurden, Art. 1 Abs. 1 des 12. Dekretes des Präsidenten über die Konfiskation und beschleunigte Aufteilung des Landwirtschaftsvermögens der Deutschen, Ungarn, sowie der Hochverräter und Feinden des tschechischen und slowakischen Volkes (sog. Beneš-Dekret Nr. 12), lautet wie folgt: *„Mit augenblicklicher Wirksamkeit und entschädigungslos wird für die Zwecke der Bodenreform das landwirtschaftliche Vermögen enteignet, das im Eigentum steht: lit. a) aller Personen deutscher und madjarischer Nationalität, ohne Rücksicht auf die Staatsangehörigkeit"*.

2055 Darunter fallen auch 0,95 qkm forstwirtschaftlichen Grundbesitzes in Ugarn, 1,69 qkm forstwirtschaftlichen Besitzes in Sachsen sowie 1,64 qkm landwirtschaftlich genutzten Bodens in Sachsen, Zahlen nach KRAETZL, Fürstentum Liechtenstein und liechtensteinischer Güterbesitz, S. 118.

Fürst FRANZ-JOSEF II. wurde in einer Bekanntmachung des sog. Bezirksnationalaussschusses in Olomouc (Olmütz) vom 31. August 1945[2056] als Person deutscher Nationalität bezeichnet, seine Schlösser und Latifundien auf tschechoslowakischem Staatsgebiet wurden konfisziert und kraft des Präsidialdekretes Nr. 12 vom 21. Juni 1945 (das sog. Zwölfte Beneš-Dekret)[2057] entschädigungslos enteignet, was für die Liechtenstein von besonderer Tragik war, da das seit 1370 als Familiensitz fungierende Feldsberg (Valtice) in Südmähren erst durch die zu Ungunsten des im Ersten Weltkrieg unterlegenen Österreich durchgeführte Grenzkorrektur tschechoslowakisch geworden war[2058].

Die Ereignisse, die zur Enteignung von 85 % des liechtensteinischen Familiengrundbesitzes führten[2059], stellten eine *„tiefe Zäsur"* für die Entwicklung des Geschlechtes dar und beendeten eine *„jahrhundertelange Verbundenheit mit den Ländern Mähren, Schlesien und Böhmen"*[2060]. In totalen Zahlen umfassten die Konfiskationen des Jahres 1945 auf der Grundlage des Beneš-Dekretes Nr. 12 fürstlich-liechtensteinischen Besitz einer Fläche von 843,42 qkm[2061].

2056 Diese Bekanntmachung (Gz. 470/pres.) war sowohl an der Amtstafel des Bezirksnationalaussschusses in Olmütz als auch an allen (bis auf Hodonín/Göding) anderen Bezirks- und Ortsnationalausschuss-Amtstafel in den einschlägigen Amtssprengeln für zwei Wochen angeschlagen, eine Zustellung an den Fürsten erfolgte nicht; vgl. Entscheidung des Landesnationalausschusses in Brno vom 16. Januar 1946 in Übersetzung, nicht veröffentlicht, liegt dem Verfasser der Arbeit in Kopie vor.

2057 Dekret des Präsidenten der Republik vom 21. Juni 1945 über die Konfiskation und beschleunigte Aufteilung des landwirtschaftlichen Vermögens der Deutschen, Madjaren, wie auch der Verräter und Feinde des tschechischen und des slowakischen Volkes. Deutsche Übersetzung in: BUNDESMINISTERIUM FÜR VERTRIEBENE, FLÜCHTLINGE UND KRIEGSGESCHÄDIGTE (Hrsg.), Dokumentation der Vertreibung der Deutschen in Ost-Mitteleuropa, Band IV/1 (Die Vertreibung der deutschen Bevölkerung aus der Tschechoslowakei), Berlin, 1957, S. 225 ff.

2058 Vgl. ZÖLLNER, Geschichte Österreichs, S. 493.

2059 BAUMSTARK, Introduction to The Princely Collections, S. xviii.

2060 PRESS, Haus Liechtenstein in der europäischen Geschichte, S. 82.

2061 Diese Zahl ist dem Annex 49 (*„List of the families affected by the confiscation measures of the then Czechoslovakian government updated by the Office for Foreign Affairs of the Principality of Liechtenstein as of November 2002"*) zu den *„Observations of the Principality of Liechtenstein"* im Fall *Certain Property* (Liechtenstein v. Germany) vor dem Internationalen Gerichtshof entnommen, wobei in diesem Annex im Einzelnen seltsamerweise der Güterstand des Jahres 1914 aufgelistet ist, dessen Flächen in der Summe, wie bereits gesehen, 1555,7 qkm ergibt, nicht aber die im Annex 49 genannten 843,42 qkm. Wie es zum Anwachsen von den oben angegebenen ca. 660 qkm (vgl. Kap. 5, A.I.2) nach dem Ersten Weltkrieg auf die eben genannte Zahl kommen konnte, denkbar wären etwa Rückkäufe des enteigneten Grundes durch den Fürsten, oder ob schlicht eine der beiden Zahlen falsch ist, konnte der Verfasser der vorliegenden Arbeit letztlich nicht klären.

Neben dem umfassenden Entzug von Grundbesitz ging der Fürst von Liechtenstein auch einer ansehnlichen Reihe von Beteiligungen an den unterschiedlichsten Unternehmen der Industrie, an Banken und an Vermögensverwaltungsgesellschaften verlustig[2062].

2. Konfiskationen zum Nachteil anderer liechtensteinischer Staatsbürger in der Tschechoslowakei

Die Konfiskationen unter Beneš haben neben dem Fürsten nachweislich 36 andere liechtensteinische Staatsbürger betroffen. Von der Wertigkeit des entzogenen Vermögens stehen dabei Güter anderer Mitglieder des Geschlechts der Liechtenstein im Vordergrund. Neben anderen Vermögenswerten unterfiel dem Beneš-Dekret Nr. 12 aus dieser Personengruppe Grundbesitz im Umfang von 140 qkm[2063]. Außerhalb der Familie Liechtenstein verloren liechtensteinische Bürger Grund und Boden im Umfang von 74,66 qkm, daneben Schmuck, Hausrat und diverse Anteile an Unternehmen[2064]. Zusammen mit dem fürstlich-liechtensteinischen Grund (843,42 qkm) ergibt sich eine Fläche von etwa 1058

2062 So nennt der Annex 49 zu den *„Observations of the Principality of Liechtenstein"* im Fall *Certain Property* (Liechtenstein v. Germany) Beteiligungen an den folgenden Unternehmen:

„Krizik" Prager Metall-, Kabel- und elektrotechnische Werke; Böhmische Handelsgesellschaft AG; Westböhmische Kaolin-Schamotte und slowenische Magnesitwerke AG; Verein für chemische und metallurgische Produktion; Böhmisch-mährische Maschinenfabriken AG; Zuckerfabrik Schoeller & Co AG; Bösinger Ziegelwerke AG; Fürst Liechtenstein Kohlen- und Tonwerke; Blosdorf; Lukawetzer Maschinenpapier Fabrik Ges.m.b.H.; Jan Heimanek Kaolinitové doly, Prag; Prager Creditbank AG; Nationalbank für Böhmen; Troppauer Zuckerraffinerie; Nordmährische Brauerei M. Schönberg; Zettlitzer Kaolinwerke; Riechenberg-Maffersdorfer AG; Berg- und Hüttenwerks Gesellschaft; Böhmisch-mährische Maschinenfabrik Kolben; Brauerei und Malzfabrik Lundenburg; Leipnik-Lundenburger Zuckerfabrik; Bau- und Wohnungsgenossenschaft Jägerndorf; Molkerei-Genossenschaft Rübenverwertungs-Genossenschaft Pohrlitz; Molkereigenossenschaft Lundenburg.

2063 Im Einzelnen handelt es sich um das Gut Groß Ullersdorf (ca. 58 qkm) des Prinzen ALOIS VON LIECHTENSTEIN, um Grund bei Böhmisch Leipe (ca. 20 qkm) im Besitz des Prinzen HANS VON LIECHTENSTEIN, um die Güter der Prinzessin LUDMILLA VON LIECHTENSTEIN in der Nähe von Zabreh (ca. 25,15 qkm) und Pisek (ca. 28 qkm) sowie um den Besitz der Prinzessin OLGA VON LIECHTENSTEIN in Wamberg/Böhmen (8,87 qkm); Zahlen nach Annex 49 zu den *„Observations of the Principality of Liechtenstein"* im Fall *Certain Property* (Liechtenstein v. Germany).

2064 Auch in diesem Zusammenhang betraf es hauptsächlich die Klasse des großgrundbesitzenden Adels. Die zwei größten Grundeigentümer waren zum einen HEDWIG BARONIN VON BERG mit zwei Anwesen von 25,83 bzw. 4,52 qkm und JOHANN ALEXANDER BARON VON KÖNIGSWARTER (ca. 40 qkm), deren Flächen den Löwenanteil des außerhalb der Familie Liechtenstein enteigneten Bodens von liechtensteinischen Staatsbürgern, vgl. Annex 49 zu den *„Observations of the Principality of Liechtenstein"* im Fall *Certain Property* (Liechtenstein v. Germany).

qkm, die ursprünglich im Besitz liechtensteinischer Staatsbürger stand. Setzt man diesen Wert mit der Oberfläche der Tschechoslowakei in Verhältnis, ergibt sich, dass etwa 0,83 % des tschechoslowakischen Territoriums am Ende des Zweiten Weltkrieges in den Händen liechtensteinischer Staatsbürger war und im selben Umfang konfisziert wurde.

3. Konfiskationen zum Nachteil anderer liechtensteinischer Staatsangehöriger außerhalb der Tschechoslowakei

Aber nicht nur auf tschechoslowakischem Territorium war Vermögen liechtensteinischer Staatsangehöriger von Konfiskation betroffen, sondern auch andernorts wurden Güter von Liechtensteinern als Feindvermögen eingezogen. Berühmt wurde der Fall des FRIEDRICH NOTTEBOHM, dessen Behandlung durch den guatemaltekischen Staat zum Gegenstand einer Klage des Fürstentums vor dem Internationalen Gerichtshof in Den Haag gemacht wurde[2065]. Auch wenn über den Fall bereits in den 1950er Jahren eine Masse an Literatur erstellt wurde, so dass ein Autor glaubte, sich im Jahre 1959 für eine weitere Veröffentlichung zum Thema fast entschuldigen zu müssen[2066], kann im Rahmen der Darstellung der von liechtensteinischen Bürgern erlittenen Kriegsfolgeschäden ein Eingehen auf diesen Fall nicht unterbleiben[2067].

a) Friedrich Nottebohm und Guatemala

FRIEDRICH NOTTEBOHM wurde ursprünglich als deutscher Staatsbürger im Jahre 1881 in Hamburg geboren. Im Jahre 1905 wanderte er nach Guatemala aus, wo er zunächst ein Exportgeschäft gründete, das sich sowohl im Kaffee- als auch im Bankgeschäft engagierte. 1912 erfolgte eine Teilhaberschaft in der Firma *Nottebohm Hermanos*, die von zweien seiner Brüder begründet und deren Leiter er im Jahre 1937 wurde. Seit seiner Ankunft in Mittelamerika im Jahre 1905 hielt er geschäftliche, familiäre und freundschaftliche Kontakte mit Deutschland, wohin er auch immer wieder reiste. Sein Wohnsitz jedoch war von 1905 bis 1943 in Guatemala. Zunächst blieb der gebürtige deutsche Geschäftsmann von Auswirkungen des Zweiten Weltkrieges verschont, da sich Guatemala zu Beginn des Krieges neutral erklärt hatte[2068]. Nachdem sich aber der Kriegsverlauf zum Nachteil Deutschlands

---

2065 Dazu siehe später Kap. 5, B.II.

2066 GROSSEN, Nationalité et Protection Diplomatique, S. 489: *„L'arrêt (...) dans l'affaire Nottebohm a déjà fait couler tellement d'encre qu'il faut presque s'excuser d'y revenir"*.

2067 Zum Sachverhalt des *Nottebohm*-Falles vgl.: Nottebohm (Liechtenstein v. Guatemala), Preliminary Objections, Judgment, ICJ, Reports (1953), S. 111 ff.; Second Phase, Judgment, ICJ Reports (1955), S. 4 ff. ; KUNZ, The Nottebohm Judgment, S. 536 ;LIPSTEIN / LOEWENFELD, Liechtenstein gegen Guatemala, S. 276 ff., LOWENFELD, Der Fall Nottebohm, S. 387 ff., MAKAROV, Das Urteil des IGH im Fall Nottebohm, S. 407 ff. VON MANGOLDT, Nottebohm Case, in: BERNHARDT, EPIL, Band III, S. 698 ; WEIS, Nationality and statelessness in International Law, S. 176 f.

2068 SEIDL-HOHENVELDERN, Der Fall Nottebohm, S. 149.

gewandelt hatte, erklärte Guatemala dem Deutschen Reich am 11. Dezember 1941 den Krieg. In der Folge wurde das bewegliche und unbewegliche Vermögen NOTTEBOHMS als Feindvermögen unter Sequester gestellt, er selbst wurde am 20. November 1943 an seinem Wohnsitz verhaftet, auf ein amerikanisches Schiff verbracht und in den USA interniert. Als er im Jahre 1946 entlassen wurde, lehnte Guatemala nicht nur seinen Einreiseantrag ab, sondern die Regierung des mittelamerikanischen Staates erließ am 13. Juli 1949 das Liquidationsdekret Nr. 630, kraft dessen Art. 7a das Vermögen aller Personen konfisziert wurde, die am 7. Oktober 1938 Staatsbürger eines Staates gewesen waren, der später in einem Krieg gegen die Alliierten verwickelt war, selbst wenn sie danach eine andere Staatsbürgerschaft erworben hatten. Auf der Grundlage dieses Dekretes wurde auch das Vermögen des FRIEDRICH NOTTEBOHM eingezogen[2069].

b) Friedrich Nottebohm und das Fürstentum Liechtenstein

Damit wurde das Vermögen NOTTEBOHMS in Guatemala als *„deutsches Eigentum"* enteignet[2070]. Kernproblem des Falles ist, ob diese Einordnung NOTTEBOHMS als Deutschen mit den im folgenden darzustellenden Umständen vereinbar war. Denn als der Zweite Weltkrieg ausbrach, befand sich FRIEDRICH NOTTEBOHM auf Urlaub in Deutschland; anlässlich dieser Reise besuchte er auch mehrmals seinen Bruder HERMANN in Vaduz, der die liechtensteinische Staatsbürgerschaft besaß und zu diesem Zeitpunkt bereits seit zehn Jahren im Fürstentum lebte[2071].

Anlässlich einer dieser Aufenthalte stellte Nottebohms durch seinen Vertreter, Justizrat Dr. MARXER, einen Antrag sowohl auf Naturalisierung als auch auf vorherige Erteilung des Bürgerrechts in der Gemeinde Mauren unter Abweichung von der grundsätzlichen Mindestresidenzdauer. Neben anderen Voraussetzungen forderte das liechtensteinische Gesetz über den Erwerb und den Verlust des Landesbürgerrechts vom 4. Januar 1934 in seinem § 6 lit. d, dass ein Aspirant auf die liechtensteinische Staatsbürgerschaft mindestens drei Jahre seinen ordentlichen Wohnsitz im Fürstentum gehabt haben muss. Die Norm ist allerdings folgendermaßen fortgeführt: *„...von diesem Erfordernis kann in besonders berücksichtigungswürdigen Fällen und ausnahmsweise Umgang genommen werden..."*. Eine Entscheidung diesbezüglich ergeht nach § 12 des genannten Gesetzes zunächst im Landtag des Fürstentums; anschließend hat der Fürst zu entscheiden, dem das Recht zur Verleihung

---

2069 Dabei handelte es sich um ein Millionenvermögen; eine Auflistung als Anlage zur Klageschrift im Fall *Nottebohm* kommt zu einem Gesamtvermögensstand Nottebohms in Guatemala in Höhe von etwa 6,5 Millionen Schweizer Franken, Statement of the expropriated items of property belonging to Friedrich Nottebohm, I.C.J. Pleadings, Nottebohm Case (Liechtenstein v. Guatemala), Bd. I, S. 17 f.

2070 SEIDL-HOHENVELDERN, Der Fall Nottebohm, S. 147: *„Der Grund für die Maßnahmen Guatemalas gegen Nottebohm liegt offenbar darin, dass sein Eigentum als ‚deutsches Eigentum' betrachtet wurde"*.

2071 LIPSTEIN / LOEWENFELD, Liechtenstein gegen Guatemala, S. 277.

der Staatsbürgerschaft zusteht[2072]. Die Naturalisierung FRIEDRICH NOTTEBOHMs vollzog sich sehr schnell. Bereits am 13. Oktober 1939 lag ein fürstliches *„Vorausverständnis"* vor. Am folgenden Tag wurde im Landtag beschlossen, die Sache an die Gemeinde Mauren weiterzuleiten. Diese bestätigte wiederum am darauffolgenden Tag, also am 15. Oktober 1939, die Aufnahme NOTTEBOHMs in den *„Heimatverband"*, so dass der Neubürger bereits am 20. Oktober den Landesbürgereid leisten konnte; die Naturalisierung war sogar auf den 13. Oktober 1939 rückdatiert.

Bevor der Naturalisierte den Eid leisten konnte, hatte er jedoch sowohl Aufnahmegebühren in Höhe von 25.000 Franken an die Gemeinde Mauren und 12.500 Franken an den liechtensteinischen Staat zu leisten als auch sich zu verpflichten, jährlich 600 Franken an Steuern an die Gemeinde und 400 Franken an den Staat zu zahlen, solange sein Wohnsitz außerhalb des Fürstentums liegen sollte[2073]. Nach Erhalt eines liechtensteinischen Passes ließ NOTTEBOHM diesen durch den Generalkonsul Guatemalas in Zürich am 1. Dezember 1939 mit einem Visum versehen und kehrte unter Verwendung dieses Dokuments zu Beginn des Jahres 1940 nach Guatemala zurück. Am 5. Februar 1940 registrierten ihn guatemaltektische Behörden als Staatsbürger Liechtensteins.

Damit war NOTTEBOHM nach liechtensteinischem Recht im Zeitpunkt des Eintrittes Guatemalas in den Zweiten Weltkrieg, aber erst recht in den Zeitpunkten der Sequestration und Einziehung des Vermögens Staatsbürger des Fürstentums. Nachdem ihm die Einreise nach Guatemala 1946 verweigert wurde, lebte NOTTEBOHM bis zu seinem Tod in Liechtenstein.

III. Ergebnis

Es bleibt demnach festzuhalten, dass liechtensteinische Bürger, allen voran das Fürstenhaus selbst, im Zusammenhang mit den politischen Umwälzungen nach den beiden Weltkriegen große Einbußen an Besitz hinnehmen mussten. Angesichts des Umfanges der entzogenen Werte kann die Bewältigung der liechtensteinischen Kriegsfolgeschäden als einmaliger Beispielsfall zur Überprüfung der wahren Akzeptanz und Anerkennung kleinstaatlicher Rechte in den internationalen Beziehungen herangezogen werden. Eine möglicherweise drohende Rückgabe von Gütern im Wert einiger Milliarden Euro erzeugt ausreichend Druck, um eine in anderen Zusammenhängen möglicherweise nonchalante, der internationalen *political correctness* verpflichtete Haltung gegenüber dem Kleinstaat in Frage zu stellen.

2072 Zu den Grundlagen des liechtensteinischen Gesetzes vgl. MAKAROV, Das Urteil des IGH im Fall Nottebohm, S. 408.

2073 Besonders detaillierte Darstellungen sowohl der finanziellen Verpflichtungen Nottebohm als auch der Geschehnisse in Liechtenstein finden sich bei: LIPSTEIN / LOEWENFELD, Liechtenstein gegen Guatemala, S. 277 f.; MAKAROV, Das Urteil des IGH im Fall Nottebohm, S. 408.

B. Die zur Bewältigung der Kriegsfolgeschäden ergriffenen Maßnahmen

Im Folgenden sollen die liechtensteinischen Maßnahmen dargestellt werden, die konkret ergriffen wurden, um gegen die Konfiskationen vorzugehen bzw. bestimmte Vermögenswerte zurückzuerhalten. Dabei werden Reaktionen auf die Konfiskationen sowohl von Seiten des liechtensteinischen Staates als auch von Seiten liechtensteinischer Staatsbürger zu erläutern sein.

I. Die Maßnahmen in der Folge des Ersten Weltkrieges

Der realen Chronologie folgend, müssten zunächst Schritte Darstellung finden, die gegen die Enteignungen fürstlich-liechtensteinischen Besitzes nach dem Ende des Ersten Weltkrieges[2074] unternommen wurden. Derartige Maßnahmen sucht aber man in den Dokumentationen der Zeit vergeblich. Obwohl das Fürstentum spätestens seit 1815 souverän[2075] war und der Staat im Kriege eine Neutralitätspolitik versucht hat[2076], unterlässt es das kleine Land, die juristischen Keulen der Souveränität und Neutralität zu schwingen, nachdem und obwohl die Tschechoslowakei das Fürstenhaus als Privatfamilie eingestuft hatte[2077].

Warum die Enteignungen derart widerstandslos hingenommen wurden, kann nur spekulativ ermittelt werden. Eventuell findet sich eine Erklärung in der Persönlichkeit des damaligen Fürsten. Die Literatur schildert Fürst JOHANN II. (1840-1929) als Aristokraten von klassischem Schlage, der sich jedoch auf Grund seiner *„...ausgeprägte[n] Menschenscheu...“*[2078] aus der Politik heraushielt. Der im Jahre 1918 bereits 78jährige Fürst war aufgewachsen im Bewusstsein seiner Doppelstellung als einerseits souveräner Fürst und andererseits als *„...erster Aristokrat des Habsburger Reiches...“*; seine Vorstellungswelt *„...gehörte einem vornationalen Zeitalter an...“*[2079]. Es ist vorstellbar, dass dieses Denken JOHANN II. veranlasst hat, sich *„...den Ereignissen gegenüber eher passiv...“*[2080] zu verhalten, als es auf die Enteignungen des Jahres 1918 zu reagieren galt. Unter Umständen war sich selbst der Fürst der rechtlichen Möglichkeiten seiner souveränen Stellung nicht im vollen Umfang bewusst. Der liechtensteinische Staat wurde ohne Impuls von Seiten des Fürsten nicht aktiv.

2074 Dazu vgl. bereits Kap. 5, A.I.2.

2075 Vgl. bereits Kap. 3, B.III.

2076 Auch wenn deren Anerkennung problematisch war; vgl. dazu bereits Kap. 4, A.III.1.

2077 BLUMENWITZ, Die tschechisch-liechtensteinischen Beziehungen, S. 354.

2078 PRESS, Das Haus Liechtenstein in der europäischen Geschichte, S. 70.

2079 PRESS, Das Haus Liechtenstein in der europäischen Geschichte, S. 72.

2080 PRESS, Das Haus Liechtenstein in der europäischen Geschichte, S. 72.

II. Die Klageerhebung Liechtensteins vor dem IGH im Fall Nottebohm

Anders als im Zusammenhang mit den Enteignungen nach dem Ersten Weltkrieg haben die Konfiskationen nach 1945 rechtliche und politische Auseinandersetzungen hervorgerufen, die zum Teil noch bis in das Jahr 2005 andauerten. Dabei stehen zwar schon angesichts des Umfangs der Verluste an Vermögen die Enteignungen auf tschechoslowakischem Boden im Vordergrund, jedoch wurde auf internationaler Ebene zunächst die Auseinandersetzung im liechtensteinisch-guatemaltekischen Verhältnis Im Fall *Nottebohm* ausgefochten.

1. Der Gang des Verfahrens

Nachdem das Fürstentum Liechtenstein mit Wirkung zum 29. März 1950 dem Statut des Internationalen Gerichtshofes beigetreten war, eröffnete sich der Weg für eine liechtensteinische Klage auch im Fall *Nottebohm*. Zunächst überstellte die Regierung des Fürstentums durch das Politische Departement der Schweiz eine Note[2081] vom 6. Juli 1951 an die guatemaltekische Regierung, in der die fürstliche Regierung die Behauptung aufstellte, ihr Staatsbürger sei zu Unrecht Feindmaßnahmen unterworfen worden. Auf Grund dessen sei ihm sein Eigentum wiederzugeben und ihm unter Berücksichtigung des Verlustes seines Eigentums und der Wertminderung Entschädigung zu leisten. Nachdem Guatemala diese am 24. Juli 1951 empfangene Note unbeantwortet ließ, notifizierte wiederum Liechtenstein am 24. Oktober 1951[2082], dass das Fürstentum entschlossen sei, die Sache vor den Internationalen Gerichtshof zu bringen[2083].

Da auch dieses Mal keine Reaktion erfolgte, erhob die liechtensteinische Seite am 10. Dezember 1951 Klage beim Internationalen Gerichtshof[2084]. Der beklagte Staat erhob am 9. September 1952 als *preliminary objection* den formellen Einwand, er habe sich für die betreffende Klage nicht der Gerichtsbarkeit des IGH unterworfen, da die zeitlich beschränkte Unterwerfungserklärung Guatemalas am 26. Januar 1952 ausgelaufen sei.

Das Gericht kam zunächst zu dem Ergebnis, dass es gem. Art. 36 Abs. 6 IGH-Statut über die Frage seiner eigenen Gerichtsbarkeit entscheiden könne und wies die Unzuständigkeitseinrede Guatemalas zurück, da das zeitliche Ablaufen der Un-

---

2081 I.C.J. Pleadings, Nottebohm Case (Liechtenstein v. Guatemala), Bd. I, S. 12.

2082 I.C.J. Pleadings, Nottebohm Case (Liechtenstein v. Guatemala), Bd. I, S. 19.

2083 Zum vorprozessualen Verhalten der beiden Staaten vgl. LIPSTEIN / LOEWENFELD, Liechtenstein gegen Guatemala, S. 281.

2084 I.C.J. Pleadings, Nottebohm Case (Liechtenstein v. Guatemala), Bd. I, S. 8. die Klageschrift wurde am 14. Mai 1952 überreicht (I.C.J. Pleadings, Nottebohm Case [Liechtenstein v. Guatemala], Bd. I, S. 21-161). Die Zustellung der Klage an die guatemaltekische Seite erfolgte schließlich durch den Registrar des Internationalen Gerichtshofes am 17. und 18. Dezember 1951 (I.C.J. Pleadings, Nottebohm Case [Liechtenstein v. Guatemala], Bd. II, S. 590 f.).

terwerfungserklärung die Gerichtsbarkeit des Gerichtshofes nicht mehr beeinträchtigen könne, wenn sie zu diesem Zeitpunkt bereits begründet war[2085].

2. Die Entscheidung des Gerichtshofes

Das die Rechtssache beendigende Urteil des IGH erging am 6. April 1955. Das Gericht entschied darin nicht in der Sache selbst, sondern sah bereits den Rechtsweg mangels Aktivlegitimation Liechtensteins als nicht gegeben an[2086]. Dabei stützte sich die Entscheidung auf einen Mehrheitsentscheid von elf zu drei Stimmen. Die Richter READ (Kanada), KLAESTAD (Norwegen) und GUGGENHEIM (Schweiz) präsentierten abweichende Meinungen. Der prozessualen Logik folgend, dass Guatemala die Feststellung der Unzulässigkeit der liechtensteinischen Klage beantragt hat, sieht sich das Gericht dazu veranlasst, (zunächst) auch nur die Zulässigkeit der Klage zu prüfen. Dabei gehen die Mehrheitsrichter aber davon aus, nicht an die Argumentation der Parteien gebunden zu sein[2087]. Dem Urteil zufolge ist dabei die rechtliche Prüfung auf die Frage zu reduzieren, ob die Naturalisierung NOTTEBOHMs durch Liechtenstein von anderen Staaten im Rahmen des diplomatischen Schutzes anzuerkennen ist, wobei das Gericht darauf hinweist, dass es nur im engen Rahmen des Falles entscheidet und dass folglich die eben formulierte zentrale Frage lediglich im Verhältnis zu Guatemala und bezüglich der Zulässigkeit der konkreten Klage beantwortet wird[2088]. *„Der IGH will also...“*, wie MAKAROV[2089] im

[2085] Entscheidung des Gerichtshofes vom 18. November 1953, I.C.J. Reports 1953, S. 111 ff., S. 123: *„...the Court must deal with the claim; it has jurisdiction to deal with its aspects, whether they relate to jurisdiction, to admissibility or to the merits. An extrinsic fact such as the subsequent lapse of the Declaration by reason of the expiry or by denunciation, cannot deprive the Court of the jurisdiction already established“.*

[2086] I.C.J. Reports 1955, S. 4 ff., S. 26: *„La Cour (...) [d]eclare irrecevable la demande présentée par le Gouvernement de la Principauté de Liechtenstein“*; LIPSTEIN / LOEWENFELD, Liechtenstein gegen Guatemala, S. 289 ; MAKAROV, Das Urteil des IGH im Fall Nottebohm, S. 410.

[2087] I.C.J. Reports 1955, S. 16: *„La tâche actuelle de la Cour est simplement de statuer sur la recevabilité de la réclamation du Liechtenstein pour le compte de Nottebohm en se fondant sur telles raisons par elle [la Cour] jugée pertinentes et appropriées“.*

[2088] I.C.J. Reports 1955, S. 17: *„Le conseil de Liechtenstein a dit à ce propos: ‚La question centrale est celle de savoir si M. Nottebohm, ayant acquis la nationalité du Liechtenstein, cette acquisition doit être reconnue par les autres États.' Cette formule est exacte sous la double réserve qu'il s'agit, d'une part, non d'une reconnaissance à tous les effets mais seulement aux effets de la recevabilité de la requête, d'autre part, d'une reconnaissance non par tous les États mais seulement par le Guatemala. La Cour n'entend pas sortir du cadre limité de la question qu'il lui faut résoudre, à savoir, si la nationalité conférée à Nottebohm peut être invoquée vis-à-vis du Guatemala pour justifier la présente procédure“.*

[2089] MAKAROV, Das Urteil des IGH im Fall Nottebohm, S. 411; andere Autoren sprechen von *„Dissoziation von Staatsangehörigkeit und diplomatischem Schutzrecht“*, wie etwa LOEWENFELD, Der Fall Nottebohm, S. 397, oder in der englischsprachigen Entsprechung

Ergebnis treffend resümiert, *„...den Besitz der Staatsangehörigkeit und das Schutzrecht voneinander trennen“*.

Den Vortrag Liechtensteins dahingehend, Guatemala habe den Wechsel NOTTEBOHMs zur liechtensteinischen Staatsbürgerschaft und damit auch die Berechtigung Liechtensteins zur Ausübung diplomatischen Schutzes durch diverse Amtshandlungen guatemaltekischer Behörden bereits anerkannt, weist das Gericht mangels Nachweises zurück. Sowohl die Visaerteilung auf einem liechtensteinischen Pass als auch die Registrierung in Guatemala als liechtensteinischer Staatsbürger[2090] hätten keine Implizitanerkennung des liechtensteinischen Schutzrechtes bewirkt. Die genannten Akte hätten lediglich die fremdenpolizeiliche Behandlung der natürlichen Person FRIEDRICH NOTTEBOHMs durch die Republik Guatemala betroffen, weshalb ein wie auch immer gearteter Kontakt zwischen den beiden Staaten nicht zustande gekommen sei. Deshalb sei Guatemala auch berechtigt gewesen, das liechtensteinische Schutzrecht zu bestreiten.

Wie bereits ausgeführt, ist nach der Entscheidung des IGH die Frage des Schutzrechts getrennt von der Frage des wirksamen Erwerbs der Staatsbürgerschaft zu beantworten. Die Regelung des Erwerbes der liechtensteinischen Staatsbürgerschaft sei allein dem Fürstentum überlassen, während die Regelung des Schutzrechts den Bereich des innerstaatlichen Rechts verlässt und durch das Völkerrecht zu erfolgen hat[2091]. Mit dieser negativen Abgrenzung ist aber nicht geklärt, unter welchen Voraussetzungen das Schutzrecht besteht. Das Gericht gibt jedoch eine Erklärung, vor welchem Hintergrund die Staatsbürgerschaft im Wege der Naturalisierung gewährt werden muss, damit diese anschließend einem anderen Staat im Rahmen diplomatischen Schutzes entgegen gehalten werden kann. Es kommt, unter Verweis auf eine angeblich entsprechende Staatenpraxis, Rechtsprechung und Literatur[2092], zu dem Ergebnis, *„...dass die Staatsbürgerschaft ein rechtliches Band sei, welches als Grundlage einen sozialen Tatbestand der* Bindung, *eine* effektive *Solidarität der Existenz, Interessen und Gefühle, verknüpft mit gegenseitigen Rechten und Pflichten, besitzt. Die Staatsangehörigkeit sei sozusagen der rechtliche Ausdruck der Tatsache, dass die Person, der sie verliehen sei, durch das Gesetz direkt oder durch einen Akt der Behörde tatsächlich enger mit der*

„dissociating the right to exercise diplomatic protection from nationality“, VON MANGOLDT, Nottebohm Case, in: BERNHARDT, EPIL, Band III, S. 699.

2090 Dazu vgl. bereits Kap. 5, A.II.3.b) am Ende.

2091 I.C.J. Reports 1955, S. 20: *„Il appartient au Liechtenstein comme à tout État souverain de régler par sa propre législation l'acquisition de sa nationalité ainsi que conférer celle-ci par la naturalisation octroyée par ses propres organes conformément à cette législation. (...) La nationalité sert avant tout à déterminer que celui à qui elle est conférée jouit des droits et est tenu des obligations que la législation de cet État accorde ou impose à ses nationaux. Cela est implicitement contenu dans la notion plus large selon laquelle la nationalité rentre dans la compétence nationale de l'État“*.

2092 I.C.J. Reports 1955, S. 23: *„Selon la pratique des États, les décisions arbitrales et judiciaires et les opinions doctrinales...“*.

Bevölkerung des verleihenden Staates als mit derjenigen eines anderen Staates verknüpft sei"[2093]. Mit dem Erfordernis der Bindung („*Bindungstheorie*"[2094]; „*genuine link*"[2095]) wird verlangt, dass die Staatsbürgerschaft mit der tatsächlichen Lebenswirklichkeit korrespondiert[2096]. Die Effektivität der Staatsbürgerschaft als generelle Voraussetzung für das Schutzrecht gewinnt das Gericht dabei aus einer Schlussfolgerung aus schiedsrichterlichen Entscheidungen in Fällen doppelter Staatsbürgerschaft; für diese Fallgruppe, in der gegebenenfalls zwei Staaten gleichzeitig das Recht auf diplomatischen Schutz bezüglich derselben Person ausüben wollen, soll auf die effektive Staatsbürgerschaft abgestellt werden[2097]. Die Mehrheitsrichter sehen die allgemeine Regel bestätigt in den sog. Bancroft-Verträgen, welche die Vereinigten Staaten seit 1868 mit einer Reihe von Staaten bezüglich des Status von naturalisierten Personen geschlossen haben und in denen auf Ausübung des diplomatischen Schutzes verzichtet wird, wenn die tatsächliche Verbindung zum potentiellen Schutzstaat abgerissen sein sollte. Mit derselben Intention verweist die Entscheidung auf Art. 1 des Abkommens zu den Staatsangehörigkeitskonflikten, welches die Konferenz zur Kodifizierung des Völkerrechts in Den Haag im Jahre 1930 hervorgebracht hat[2098].

Bei der Prüfung der tatsächlichen Bindung NOTTEBOHMs an das Fürstentum kam das Gericht zu dem Ergebnis, dass Liechtenstein nicht der Staat ist und war, mit dem der Neubürger die engsten Verbindungen aufwies, weshalb Guatemala nicht verpflichtet gewesen sei, die liechtensteinische Staatsangehörigkeit NOTTEBOHMs anzuerkennen. Im Zeitpunkt des Antrages auf Naturalisierung habe gar überhaupt keine tatsächliche Bindung zu dem Fürstentum bestanden; die Niederlassung auf liechtensteinischen Territorium im Jahre 1946 sei zudem lediglich durch die Ablehnung des Einreiseantrages durch guatemaltekische Behörden verschuldet. Die liechtensteinische Staatsbürgerschaft habe sich der als Deutscher Geborene eher zugelegt, um in den Genuss des Schutzes durch einen neutralen Staat zu gelangen als seiner Zugehörigkeit zum liechtensteinischen Volk Ausdruck zu verleihen[2099].

2093 I.C.J. Reports 1955, S. 23, die Übersetzung in die deutsche Sprache stammt von: LOEWENFELD, Der Fall Nottebohm, S. 392.

2094 Vgl. etwa LANGEN, Wechsel der Staatsangehörigkeit und Eigentumsschutz im Kriege, S. 103.

2095 Bgl. beispielhaft HAILBRONNER, Der Staat und der Einzelne, Rn. 115.

2096 I.C.J. Reports 1955, S. 22: „*...la nationalité doit correspondre à la situation de fait...*".

2097 VON MANGOLDT, Nottebohm Case, in: BERNHARDT, EPIL, Band III, S. 699.

2098 I.C.J. Reports 1955, S. 23.

2099 I.C.J. Reports 1955, S. 26: „*Plutôt que demandée pour obtenir la consécration en droit de l´appartenance en fait de Nottebohm à la population du Liechtenstein, cette naturalisation a été recherchée par lui pour lui permettre de substituer à sa qualité de sujet d´un État belligérant la qualité de sujet d´un État neutre, dans le but unique de passer ainsi sous la protection du Liechtenstein et non d´en épouser les traditions, les intérêts, le genre de vie, d´assumer les obligations – autre que fiscales – et d´exercer les droits attachés à la qualité ainsi acquise*".

3. Ergebnis

Offensichtliches Ergebnis der Entscheidung des Internationalen Gerichtshofes in Sachen *Nottebohm* ist zunächst, dass Liechtenstein seine Klage verloren hat. Selbst wenn aus dem Urteil positive Nebenaspekte – wie zum Beispiel, dass die Ausführungen des Gerichts das Fürstentum ausdrücklich als souveränen Staat bezeichnen[2100] – isoliert werden können, ist es dem Kleinstaat nicht gelungen, in der Sache zu obsiegen. Zur Prüfung der materiellen Frage des Falles kam es nicht, da der IGH bereits den Rechtsweg als nicht eröffnet ansah.

III. Die Klagen des Fürsten vor tschechoslowakischen Gerichten

Was die wirtschaftliche Bedeutung der von liechtensteinischen Staatsbürgern erlittenen kriegsfolgenbedingten Vermögensverluste angeht, liegt deren Schwerpunkt eindeutig auf tschechoslowakischem Territorium. Angesichts des Umfanges seiner betroffenen Güter soll zunächst auf die Bemühungen des Fürsten FRANZ-JOSEF II. eingegangen werden, die jener an den Tag legte, um vor nationalen tschechoslowakischen Stellen gegen die Konfiskation vorzugehen.

1. Die Entscheidungen der tschechoslowakischen Beschwerdeinstanzen

Der Fürst durchlief mit seiner Klage den Instanzenzug, wie ihn die Rechtsordnung der Nachkriegs-Tschechoslowakei vorgab. Diese sah für die Causa *Liechtenstein* erstinstanzlich eine Beschwerde vor dem zuständigen tschechoslowakischen Beschwerdeausschluss *(„Landesnationalaussschuss in Brno")* vor und erlaubte eine weitere letztinstanzliche[2101] Beschwerde vor dem Verwaltungsgericht Bratislava.

a) Entscheidung des Landesnationalausschusses in Brno vom 16. Januar 1946

Die Beschwerde des Fürsten vor dem Landesnationalaussschuss in Brno wurde mit der Entscheidung vom 16. Januar 1946[2102] als unbegründet abgewiesen. Die – neben einer ganzen Reihe formeller Einwendungen – fünf im Rahmen des Rechtsmittels vorgetragenen materiellen Argumente vermochten das Entscheidungsgremium nicht zu überzeugen.

Der erste Ansatz der fürstlichen Argumentation wies darauf hin, dass das Beneš-Dekret Nr. 12 schon dem Wortlaut nach nicht auf FRANZ-JOSEF II. anwendbar sein könne. Denn § 2 Abs. 1 des Dekretes definiere Personen deutscher oder madjarischer Nationalität als Personen, *„...die sich bei irgendeiner Volkszählung seit 1929 zur*

[2100] Zur Wirkung dieser Feststellung im Rahmen der liechtensteinischen Souveränitätspolitik vgl. bereits Kap. 3, A.II.3.c)cc)(2).

[2101] BLUMENWITZ, Versteckte Kollisionsnormen in völkerrechtlichen Verträgen? – Der liechtensteinische Bilderstreit in Deutschland, S. 1386.

[2102] Geschäftsnummer 86/VIII 26-1946.

deutschen oder madjarischen Nationalität bekannten oder Mitglieder nationaler Gruppen, Formationen oder politischer Parteien wurden, die sich aus Personen deutscher oder madjarischer Nationalität zusammensetzten". Der Fürst habe sich anlässlich der Volkzählungen aber niemals zur deutschen Nationalität bekannt, noch sei er jemals Mitglied einer der unter den Anwendungsbereich fallenden Gruppen, Formationen oder Parteien gewesen; er könne deshalb nicht als Deutscher im Sinne des Dekretes behandelt werden. Der Beschwerdeausschuss geht mit Leichtigkeit über den fürstlichen Einwand hinweg. Da die Vorschrift schlicht nicht abschließend sei, komme es auf den Umstand nicht an, dass der Sachverhalt nicht mit dem Wortlaut des Dekretes vereinbar scheint. Dies ändere nichts an der *„...Tatsache, dass Franz Josef II. von Liechtenstein deutscher Nationalität ist, was in unserem Lande allgemein bekannt war und ist..."*.

Des Weiteren bemühte sich der fürstliche Rechtsbeistand, eine Argumentationslinie aufzubauen, welche die Rolle des Fürsten KARL I. VON LIECHTENSTEIN bei der Niederwerfung des böhmischen Aufstandes und nach der Schlacht am Weißen Berg im Jahre 1620 möglichst gering erscheinen lassen sollte. Absicht hinter dieser Strategie war, das Haus Liechtenstein von dem Vorwurf reinzuwaschen, als *„Germanisator"* schon immer dem tschechischen Volk gegenüber feindlich eingestellt gewesen zu sein[2103]. Auf diese Weise sollten die Liechtenstein als böhmisch-mährisches Geschlecht dargestellt werden. Obwohl der Beschwerdeausschuss im Zusammenhang mit der Volkszugehörigkeit des Fürsten FRANZ JOSEFs II. großzügig vom Wortlaut des Dekretes abgewichen war, habe die historische Rolle des Hauses Liechtenstein in der böhmisch-mährischen Geschichte für die Subsumtion unter das Beneš-Dekret Nr. 12 keinerlei Bedeutung. Wessen Eigentum auf der Grundlage der Vorschrift zu konfiszieren sei, ergebe sich ausschließlich aus den im Dekret genau bezeichneten Tatsachen.

Ohne jeglichen Argumentationsaufwand hinweggewischt wurde auch der Verweis des Fürsten darauf, dass er Oberhaupt eines souveränen Staates sei, welcher während des Zweiten Weltkrieges neutral gewesen sei und zu der Tschechoslowakei in freundschaftlichen Beziehungen gestanden habe. Die Ausführungen der Beschwerdeinstanz beschränkten sich darauf festzustellen, dass es *„...bedeutungslos [sei], ob jemand, dem das Landwirtschaftsvermögen konfisziert wird, Ausländer oder unser Staatsangehöriger [der Tschechoslowakei], Oberhaupt oder Bürger eines neutralen oder anderen Staates ist..."*. Die darüber hinausgehende Argumentation des Fürsten, der konfiszierte Grund und Boden stelle Krongut dar und decke als solches auch die Ausgaben des Staates Liechtenstein, wurde vom Landesnationalausschuss mit dem Verweis auf das Grundbuch bzw. die Landtafeln beantwortet, in denen der Fürst als Privatperson eingetragen war.

[2103] Zur Rolle des Fürsten KARL I. VON LIECHTENSTEIN im Rahmen der Niederschlagung des böhmischen Ausstandes vgl. bereits Kap. 2, B.II.5.b), zur Wertung der Geschehnisse vgl. Kap. 2, C.I.2.c)/d).

Die Konfiskation des fürstlich-liechtensteinischen Grundbesitzes sei – so die Argumentation des Beschwerdeausschusses weiter – im Übrigen auch nicht unter Verletzung des Völkerrechts vollzogen worden. Da die Enteignungen gem. § 1 Abs. 1 lit. a des Dekretes unabhängig von der Staatsangehörigkeit der Betroffenen griffen, würden die Fremden wie die eigenen Staatsangehörigen behandelt. Damit sei dem Völkerrecht Genüge getan.

b) Urteil des Verwaltungsgerichtes in Bratislava vom 21. November 1951

Der Fürst blieb aber auch in der nächsten Instanz erfolglos. Seine Beschwerde wurde mit Urteil des Verwaltungsgerichts Bratislava vom 21. November 1951 als unbegründet zurückgewiesen[2104]. Neben Ausführungen zur Zuständigkeit des Bezirksnationalausschusses zum Erlass der angegriffenen Bekanntmachung vom 31. August 1945 beschäftigt sich die Entscheidung mit zwei materiellen Beschwerdebehauptungen, die in beiden Fällen lediglich mit Hilfe von beweisrechtlichen Erwägungen entkräftet werden.

Zum einen hatte der fürstliche Rechtsbeistand den bereits im erstinstanzlichen Verfahren behandelten Ansatz ausgebaut, dass es sich bei dem konfiszierten Immobilienbesitz um Krongut handele. Der Fürst sei auf der Grundlage des Familienvertrages mit dem „*Obereigentum*“ der Familie belastet, weshalb er selbst lediglich als Nießbraucher anzusehen sei. Deshalb gehöre der fürstlich-liechtensteinische Besitz in der Tschechoslowakei einer Korporation im Sinne des § 1 Abs. 1 lit. c des Beneš-Dekrets Nr. 12[2105]. Daher hätte eine Konfiskation auch nur nach dieser Vorschrift erfolgen dürfen. Das Gericht stellt jedoch darauf ab, dass es zum einen lediglich auf das Grundbucheigentum ankommt und dass der Kläger zum anderen erstinstanzlich nicht ausdrücklich behauptet habe, dass er nicht Grundbucheigentümer sei. In der zweitinstanzlichen Prozesssituation aber komme es auf die materiellen Auswirkungen des liechtensteinischen Familienvertrages nicht mehr an.

In ähnlicher Manier wird davon abgesehen, sich mit der Frage auseinanderzusetzen, ob die erste Instanz die deutsche Nationalität des Fürsten als allseitig bekannt ansehen durfte, bzw. damit, ob die behauptete allseitige Bekanntheit der deutschen Nationalität des Fürsten der Wirklichkeit entsprach. Vielmehr stellte das Gericht fest, dass nach tschechoslowakischem Recht allseitig bekannte Tatsachen keines Beweises bedürfen, dass jedoch gegen eine derartige Feststellung einer bekannten Tatsache ein Gegenbeweis zulässig wird. Der Beschwerdeführer hätte demnach behaupten müssen, dass die deutsche Nationalität des Fürsten keine all-

---

[2104] Gz. 138/46-5.

[2105] *„Mit augenblicklicher Wirksamkeit und entschädigungslos wird für die Zwecke der Bodenreform das landwirtschaftliche Vermögen enteignet, das im Eigentum steht: (...) lit. c) von Aktien- und anderen Gesellschaften und Korporationen, deren Leitung vorsätzlich und planmäßig der deutschen Kriegsführung oder faschistischen und nazistischen Zielen gedient hat“.*

seitig bekannte Tatsache darstellt, und hätte für diese Gegenbehauptung Beweis antreten müssen. Der Fürst habe im erstinstanzlichen Verfahren jedoch lediglich behauptet, dass sich für die Feststellung seiner angeblichen deutschen Nationalität als allseitig bekannte Tatsache keine Grundlage in den Akten finden lasse. Schon auf Grund dieses mangelhaften Vortrages auf Seiten der fürstlichen Prozessführung könne die Beschwerde in materieller Hinsicht nicht von Erfolg gekrönt sein.

2. Ergebnis

Die Klagen des Fürsten vor tschechoslowakischen Gerichten waren demnach erfolglos. Die Rechtsprechung sieht die Einordnung des Staatsoberhauptes des Fürstentums Liechtenstein in die Begrifflichkeit des Beneš-Dekrets Nr. 12 als rechtmäßig an. Völkerrechtliche Gegenargumente werden ignoriert oder mit wenig oder gänzlich ohne Argumentationsaufwand hinweggewischt.

IV. Die Klagen und Beschwerden im *„deutsch-liechtensteinischen Bilderstreit“*[2106] vor deutschen Gerichten

Nachdem der Fürst den Rechtsweg vor tschechoslowakischen Gerichten erfolglos ausgereizt hatte, konnten zunächst keine weiteren Schritte gegen die Konfiskationen unternommen werden. Die Enteignungen des Jahres 1945 sollten jedoch den Hintergrund für mehrere Verfahren liefern, die mehr als 50 Jahre nach den Enteignungen vor unterschiedlichen deutschen und internationalen Gerichten losgetreten wurden, als ein einzelnes Gemälde aus der enteigneten Vermögensmasse in die Bundesrepublik Deutschland gelangte.

1. Der grundlegende Sachverhalt

Alles begann mit einer Ausstellung im Kölner Wallraf-Richartz-Museum, die mit dem Thema *„I Bamboccianti - niederländische Malerrebellen im Rom des Barock“* überschrieben war und die vom 28. August bis zum 17. November 1991 durchgeführt wurde. Unter den Ausstellungsstücken befand sich das Bild *„Szene um einen römischen Kalkofen“* (Maße 51,5 cm x 69,2 cm) des Malers PIETER VAN LAER (1582-1642), welches als Leihgabe[2107] der Denkmalanstalt der Stadt Brno (Brünn, heute Tschechische Republik) in die Bundesrepublik Deutschland gelangt war. Das besagte Gemälde, welches kunsthistorisch zwar nicht zur ersten Garde seiner Zeit gehört, mit einem Versicherungswert von 500.000 DM jedoch durchaus als wertvoll zu bezeichnen ist, gehörte nachweislich seit mindestens 1767 zur fürstlich-

[2106] Die prägnante begriffliche Zusammenfassung all der hier im Zusammenhang behandelten Verfahren und Urteile wurde entlehnt bei: BLUMENWITZ, Deutsche Souveränität im Wandel, S. 201.

[2107] Eine Kopie des Leihvertrages unter dem Datum des 23. Juli 1991 bezüglich des Gemäldes zwischen den Museen der Stadt Köln und der Denkmalanstalt der Stadt Brünn liegt dem Verfasser vor.

liechtensteinischen Sammlung und wurde nach dem Ankauf zunächst in der Wiener Galerie Liechtenstein ausgestellt. Im Jahre 1888 wurde das Kunstwerk dann auf Schloss Feldsberg verbracht, wo es in den Privaträumen des Fürsten noch hing, als sich gegen Ende des Zweiten Weltkrieges die Front dem fürstlichen Besitz von Osten her näherte[2108]. Zwar konnte der damals regierende Fürst FRANZ JOSEF II. in der Zeit vom 6. Dezember bis Ende Dezember 1944 zwei Eisenbahnwaggons gefüllt mit Möbeln und Kunstgegenständen aus den zahlreichen Schlössern des Hauses Liechtenstein auf tschechoslowakischem Gebiet über Wien nach Vaduz ins neutrale Fürstentum in Sicherheit bringen, jedoch gelang dies für die sich auf Schloss Feldsberg befindlichen Objekte der liechtensteinischen Sammlung nur teilweise. Aufgrund des zu dieser Zeit vorherrschenden Mangels an Transportmitteln und wegen bereits einsetzender Kampfhandlungen im Gebiet um das Schloss war der Fürst gezwungen, einen nicht unerheblichen Teil des Inventars zurückzulassen[2109]. Der streitgegenständliche Van Laer wurde zusammen mit der gesamten Domäne Feldsberg auf Grundlage des Beneš-Dekretes Nr. 12 vom 21. Juni 1945 konfisziert. Nach dem Krieg war dem Fürsten ein Zugriff auf die vor Ort verbliebenen Kunstgegenstände angesichts der Besetzung der Schlösser durch Teile der Roten Armee und aufgrund der allgemeinen politischen Entwicklung in der Tschechoslowakei nach 1945 verwehrt[2110].

2. Verfahren vor deutschen Gerichten

Der juristische Schlagabtausch um den Van Laer begann, als ein ehemaliger Direktor der Sammlungen des Fürsten von Liechtenstein das Gemälde auf der Kölner Ausstellung entdeckte, und Fürst HANS ADAM II. VON LIECHTENSTEIN, der nach dem Tod seines Vaters, Fürst FRANZ JOSEF II., als Universalerbe dessen Nachfolge angetreten hatte, mittels einer einstweiligen Verfügung[2111] der V. Zivilkammer des Landgerichts Köln vom 11. November 1991 die Sequestrie-

---

2108 Die Details zum Schicksal des streitgegenständlichen Gemäldes seit Ankauf bis zum Jahre 1945 sind dem Antrag auf Erlass einer einstweiligen Verfügung des Fürsten Hans Adam II. von und zu Liechtenstein gegen die Stadt Köln vom 7. November 1991 entnommen; nicht veröffentlicht, eine Kopie liegt dem Verfasser vor.

2109 Auf die zum Teil abenteuerlichen Umstände der Rettung liechtensteinischer Kunstgegenstände vor der heranrückenden Roten Armee vor dem Ende des Zweiten Weltkrieges wurde bereits hingewiesen, vgl. Kap. 2, C.I.5.b).

2110 Zusammenfassungen des grundlegenden Sachverhaltes sind auch zu finden bei: BLUMENWITZ, Deutsche Souveränität im Wandel, S. 202; FASSBENDER, Klageausschluss bei Enteignungen zu Reparationszwecken – Das Gemälde des Fürsten von Liechtenstein, S. 1445; FASSBENDER, AJIL, vol. 93, 1999, S. 215 ff.; GATTINI, A Trojan Horse for Sudeten Claims? On Some Implications of the *Prince of Liechtenstein v. Germany*, S. 517; WEBER, Anmerkung zur „Liechtenstein-Entscheidung" des Bundesverfassungsgerichts vom 28. Januar 1998, S. 188.

2111 Aktenzeichen 5 O 388/91.

rung des Bildes am 17. Dezember 1991 erwirkte[2112]. Die einstweilige Verfügung war gegen die Stadt Köln gerichtet, da diese als Veranstalterin der Ausstellung letztlich den Besitz an dem Gemälde innehatte. Damit war dafür gesorgt, dass das Bild vor Abschluss des Hauptverfahrens nicht zurück nach Brünn geschafft werden konnte.

Der beschriebene Sachverhalt sollte aber nicht nur Grundlage für ein Urteil des Landgerichts Köln sein. Die Rechtssache ging vielmehr durch alle Instanzen und wurde schließlich Gegenstand einer Verfassungsbeschwerde vor dem Bundesverfassungsgericht. Der Fürst unterlag jedoch in Karlsruhe ebenso wie in den Hauptsacheentscheidungen des Zivilgerichtsweges. Das Landgericht Köln sah bereits den Rechtsweg zu den deutschen Gerichten als nicht eröffnet an und wies deshalb die Klage des Fürsten auf Zustimmung der Stadt Köln zur Herausgabe des Bildes durch den Sequester mit Urteil vom 10. Oktober 1995 als unzulässig ab[2113].

Zum selben Ergebnis kam das Oberlandesgericht Köln in seinem Urteil vom 9. Juli 1996, in welchem deshalb die Zurückweisung der klägerischen Berufung tenoriert wurde[2114]. Der II. Zivilsenat des Bundesgerichtshofs verweigerte im Weiteren per Beschluss vom 25. September 1997 die Annahme der Revision des Klägers gegen das OLG-Urteil, da die Rechtssache keine grundsätzliche Bedeutung und die Revision letztlich auch keine Aussicht auf Erfolg habe[2115].

Das Bundesverfassungsgericht schließlich kommt in seiner Entscheidung vom 28. Januar 1998 zu dem Ergebnis, dass die Gründe für die Annahme der Verfassungsbeschwerde nach § 93a Abs. 2 BVerfGG nicht vorliegen[2116]. Mit Urteil vom 9. Juni 1998 hob das Landgericht Köln daraufhin die einstweilige Verfügung vom 11. November 1991 auf[2117].

a) Die Urteile des LG Köln und des OLG Köln

Um aus dem *„liechtensteinischen Bilderstreit"* kleinstaatenspezifische Aspekte herausarbeiten zu können, bedarf es einer detaillierten Analyse der genannten Urteile. Da die Entscheidung des OLG das erstinstanzliche Urteil des LG Köln vom

2112 Vgl. FASSBENDER, Klageausschluss bei Enteignungen zu Reparationszwecken – Das Gemälde des Fürsten von Liechtenstein, S. 1445.

2113 Urteil des LG Köln vom 10. Oktober 1995, Aktenzeichen 5 O 182/92, veröffentlicht in IPRax 1996, S. 419ff.

2114 Urteil des OLG Köln vom 9. Juli 1996, Aktenzeichen 22 U 215/95, veröffentlicht in: VIZ 1998, S. 213 ff., ROW 1998, S. 242 ff.

2115 Beschluss des BGH vom 25. September 1997, Aktenzeichen II ZR 213/96.

2116 Beschluss des BVerfG vom 28. Januar 1998, Aktenzeichen 2 BvR 1981/97, veröffentlicht: VIZ 1998, S. 202; NJW 1998, S. 1700; IPRax 1998, S. 482; AVR, Band 36, 1998, S. 198.

2117 Urteil des LG Köln vom 9. Juni 1998, Aktenzeichen 5 O 388/91.

10. Oktober 1995 im Wesentlichen bestätigt und lediglich ergänzt, soll die rechtliche Wertung der beiden Urteile in einem Guss erfolgen[2118].

aa) Die Argumentation des LG Köln im Urteil vom 10. Oktober 1995

Nach der Entscheidung des LG Köln ergibt sich der Ausschluss der deutschen Gerichtsbarkeit für die Klage des Fürsten aus der Anwendung von Art.3 Abs.3 i. V. m. Abs.1 des VI. Teils des Vertrages zur Regelung aus Krieg und Besatzung entstehender Fragen vom 26. Mai 1952 (Überleitungsvertrag, ÜV)[2119]. Dieses *„versteinerte"* Besatzungsrecht[2120] lautet wie folgt:

> „(1) *Die Bundesrepublik wird in Zukunft* keine Einwendungen *gegen die Maßnahmen erheben, die gegen das deutsche Auslands- oder sonstige Vermögen durchgeführt worden sind oder werden sollen, das beschlagnahmt worden ist für Zwecke der Reparation oder Restitution oder aufgrund des Kriegszustandes oder aufgrund von Abkommen, die die drei Mächte mit anderen alliierten Staaten, neutralen Staaten oder ehemaligen Bundesgenossen Deutschlands geschlossen haben oder schließen werden.*
>
> *(2) (...)*
>
> *(3) Ansprüche und* Klagen *gegen Personen, die aufgrund der in Absatz (1) und (2) dieses Artikels bezeichneten Maßnahmen Eigentum erworben oder übertragen haben, sowie Ansprüche und Klagen gegen internationale Organisationen, ausländische Regierungen oder Personen, die auf Anweisung dieser Organisationen oder Regierungen gehandelt haben,* werden nicht zugelassen."

Die beiden sowohl einen Einwendungsverzicht als auch einen Klagestopp beinhaltenden Absätze seien nach wie vor gültig, obwohl der Überleitungsvertrag grundsätzlich auf der Grundlage einer durch Notenwechsel zustande gekommenen Vereinbarung[2121] zwischen der Bundesrepublik Deutschland und den drei Westmächten vom 27./28. September 1990 aufgehoben wurde, da Art. 3 Abs. 1 und 3,

---

[2118] Vgl. unten Kap. 5, C.III.3.

[2119] In der gemäß Liste IV zu dem am 23. Oktober 1954 in Paris unterzeichneten Protokoll über die Beendigung des Besatzungsregimes in der Bundesrepublik Deutschland geänderten Fassung, BGBl. 1955 II, S.405ff. (439 f.); Hervorhebungen wurden vom Verfasser hinzugefügt.

[2120] Vgl. BLUMENWITZ, Deutsche Souveränität im Wandel, S. 200: Versteinert deshalb, da in Form des Überleitungsvertrages einseitig erlassenes Besatzungsrecht von der Bundesrepublik Deutschland auf völkervertraglicher Basis übernommen wurde.

[2121] Vgl. Bekanntmachung der Vereinbarung vom 27./28. September 1990 zu dem Vertrag über die Beziehungen zwischen der Bundesrepublik Deutschland und den Drei Mächten (in der geänderten Fassung) sowie zu dem Vertrag zur Regelung aus Krieg und Besatzung entstandener Fragen (in der geänderten Fassung), BGBl. 1990 II, S. 1385 ff.

VI. Teil ÜV neben anderen Regelungen des Überleitungsvertrages gemäß Ziffer 3 der Vereinbarung vom 27./28. September 1990 in Kraft geblieben sei.

Des Weiteren lägen die Voraussetzungen des Klagestopps aus Art. 3, VI. Teil ÜV im Fall auch tatsächlich vor. Die Anwendbarkeit in personaler Hinsicht wird im Wege einer Analogiebildung erreicht. Während der Vertragstext lediglich *„...Klagen gegen Personen, die (...) Eigentum erworben oder übertragen haben...“* für unzulässig erklärt, wendet das LG Köln Art. 3 Abs. 3, VI. Teil ÜV auch auf die Klage gegen die Stadt Köln als Besitzerin des Gemäldes an. Unter Verweis auf Rechtsprechung des BGH (BGHZ 32, 170, 172) sah das Gericht die Anwendung der Norm auch auf Beklagte als geboten an, die ihren Besitz von Personen ableiten, die durch eine der in Art. 3 Abs. 1 und 2, VI. Teil ÜV genannten Maßnahmen Eigentum erworben haben, da durch Abs. 3 *„...jegliche Überprüfung von Maßnahmen im Sinne der Abs. 1 und 2 des Art. 3 Teil 6 ÜberleitungsV durch deutsche Gerichte ausgeschlossen werden...“* sollte[2122].

Auch subsumiert das LG Köln das streitgegenständliche Gemälde, welches unstrittig bis 1945 im Eigentum des Vaters des Klägers stand, unter den Begriff *„...deutsches Auslands- oder sonstiges Vermögen...“*. Insofern sieht sich das Gericht an die Auffassung tschechoslowakischer Organe gebunden, die das fürstliche Vermögen in der Tschechoslowakei als deutsches Vermögen im Sinne des Beneš-Dekretes Nr. 12 enteignet hatten[2123]. Wie das LG Köln meint, sei *„...nach allgemeiner Auffassung allein die Sichtweise des enteignenden Staates...“* entscheidend, wobei es die allgemeine Auffassung an zwei Entscheidungen des BGH festmacht (BGHZ 32, 170, 172 f.; 8, 378, 382 f.)[2124]. Art. 3, VI. Teil ÜV habe insofern einen *„akzessorischen“* Charakter[2125], als die Vorschrift sich darauf beschränke, im Ausland vollzogene Enteignungen ohne weitere Sachprüfung für das Gebiet der Bundesrepublik zu sanktionieren. Sinn und Zweck der Norm sei es, einen *„Schlussstrich“* unter die Beschlagnahmen im Zusammenhang mit dem Zweiten Weltkrieg zu setzen. Um diese Teleologie umsetzen zu können, dürfe nicht einmal Raum verbleiben für den Einwand des Verstoßes der Enteignungen gegen den deutschen *ordre public*. Diese Auslegung der Vertragsregel stelle darüber hinaus den Betroffenen, dessen nichtdeutsches Vermögen als deutsches enteignet wurde, nicht schutzlos, da Art. 3 Abs. 3, VI. Teil ÜV die Gerichtsbarkeit des enteignenden oder dritter Staaten nicht ausschließe. Einen ebenso schwachen Trost für den Kläger stellen die Ausführungen des Gerichts dar, welche die Befürchtung der Missbrauchbarkeit der Norm mit den beiden Begründungen für vernachlässigbar erklären, dass einerseits sich die Regelung auf Auslandsvermögen beziehe, so dass wegen des Territorialitätsprinzips in

---

2122 Urteil des LG Köln vom 10. Oktober 1995, IPRax 1996, S. 420.

2123 Vgl. Kap. 5, B.III.1.

2124 Urteil des LG Köln vom 10. Oktober 1995, IPRax 1996, S. 420.

2125 Vgl. schon EHLERS, Die Rechtslage des deutschen Auslandseigentums nach dem AHKG 63, S. 466.

der Regel die Gerichte des enteignenden Staates international zuständig sein würden, und andererseits dass sich die Vorschrift nur auf Enteignungen anwenden ließe, die vor Inkrafttreten des Überleitungsvertrages bereits vollzogen oder wirksam geworden waren.

Schließlich kommt das Gericht auch zu dem Ergebnis, dass die Enteignung des fürstlichen Vermögens einen Zweck im Sinne von Art. 3 Abs. 1, VI. Teil ÜV erfüllt hat. Die Konfiskation stelle eine Maßnahme gegen Feindvermögen dar und sei deshalb eine Maßnahme im Sinne von Art. 3 Abs. 1, VI. Teil ÜV. Zwar wären mit dem Beneš-Dekret Nr. 12 auch wirtschaftspolitische Zwecke verfolgt worden, wesentlich sei es jedoch gewesen, dabei die Angehörigen der deutschen und ungarischen Nationalität zu treffen. Dies ergebe sich auch aus der sich während des Krieges abzeichnenden Vorgeschichte der Maßnahmen.

bb) Die Argumentation des OLG im Urteil vom 9. Juli 1996

Auch nach dem Spruch des OLG Köln im Berufungsverfahren ist die Klage des Fürsten wegen Art. 3 Abs. 1 und 3, VI. Teil ÜV unzulässig.

(1). Zur Gültigkeit von Art. 3 Abs. 1 und 3, VI. Teil ÜV

Jedoch begnügt sich das OLG hinsichtlich der Frage der Gültigkeit der Regelungen nicht wie das LG mit der bloßen Feststellung, sondern bietet eine ausführliche Begründung. Entgegen der Argumentation des Klägers sei der Überleitungsvertrag als Bestandteil des Dreimächterechtes nicht bereits durch den *„2+4“*-Vertrag[2126] aufgehoben worden. Vielmehr stellten Dreimächterecht und Viermächterecht zwei *„...eigenständige völkervertragliche Rechtsquelle[n]...“*[2127] dar, so dass der *„2+4“*-Vertrag einerseits und die Vereinbarung zwischen der Bundesrepublik Deutschland und den drei Westmächten vom 27./28. September 1990 andererseits verschiedene Regelungsbereiche beträfen. Dies ergebe sich zum einen direkt aus Art. 7 Abs. 1 *„2+4“*-Vertrag, der ausdrücklich lediglich Auswirkungen auf das Viermächterecht haben sollte:

> „(1) *Die Französische Republik, die Union der Sozialistischen Sowjetrepubliken, das Vereinigte Königreich Großbritannien und Nordirland und die Vereinigten Staaten von Amerika beenden hiermit ihre Rechte und Verantwortlichkeiten in bezug auf Berlin und Deutschland als Ganzes. Als Ergebnis werden die entsprechenden, damit zusammenhängenden vierseitigen Vereinbarungen, Beschlüsse und Praktiken beendet und alle entsprechenden Einrichtungen der Vier Mächte aufgelöst.*

[2126] Vertrag über die abschließende Regelung in bezug auf Deutschland vom 12. September 1990, BGBl. 1990 II, S. 1318 ff.

[2127] So BLUMENWITZ, Deutsche Souveränität im Wandel, S. 202, in seiner Analyse der zivilrechtlichen Entscheidungen im Fall Liechtenstein.

(2) *Das vereinte Deutschland hat demgemäß volle Souveränität über seine inneren und äußeren Angelegenheiten.“*

Ein gegenteiliger Wille lasse sich auch nicht aus Art. 7 Abs. 2 *„2+4“*-Vertrag herauslesen, etwa weil die Aufhebung des Viermächterechts die Auslöschung auch des Dreimächterechts bewirkt habe, da nur dann auch eine umfassende Souveränität der Bundesrepublik denklogisch erschiene. Eine solche Folgerung ließe sich aus Abs. 2 gerade nicht ziehen, da – hätten die Vertragsparteien des *„2+4“*-Vertrages diese Rechtsfolge beabsichtigt – eine Aufhebung des Überleitungsvertrages in Ziffer 2 der Vereinbarung vom 27./28. September 1990 entbehrlich gewesen wäre. Erst die letztgenannte Vereinbarung habe – bis auf die bereits erläuterten Ausnahmen in deren Ziffer 3 – den Überleitungsvertrag völkerrechtlich wirksam gem. Art. 54 lit. b WVK beendet, da es nicht erforderlich sei, dass die Beendigung oder Suspendierung in der gleichen Form wie der betroffene Vertrag selbst erfolgt.

Darüber hinaus sei die Vereinbarung vom 27./28. September 1990 auch innerstaatlich uneingeschränkt wirksam. Insbesondere sei die Umsetzung der Vereinbarung als Verwaltungsabkommen im Sinne von Art. 59 Abs. 2 S. 2 GG ohne Einbeziehung der Legislative nicht zu beanstanden. Dies wird damit begründet, dass die Aufrechterhaltung des Art. 3 Abs. 1 und 3, VI. Teil ÜV keine konstitutive Wirkung gehabt habe, da diesen Vorschriften nach wie vor das ursprüngliche Vertragsgesetz vom 24. März 1955 zum Überleitungsvertrag zugrunde liege. Zudem ergebe sich eine konstitutive Wirkung auch nicht daraus, dass durch die Vereinbarung vom 27./28. September Besatzungsrecht festgeschrieben wurde, welches ursprünglich nur vorbehaltlich einer friedensvertraglichen Regelung gelten sollte. Die bloße Aussicht auf einen Friedensvertrag sei in diesem Kontext nicht schützenswert.

Mangels konstitutiver Wirkung seien im zu entscheidenden Verfahren auch grund- und menschenrechtliche Aspekte nicht von Belang. Allerdings sieht das Gericht auch für den Fall, dass doch eine konstitutive Wirkung existent sein sollte, Grundrechte nicht in Gefahr. Art. 3 Abs. 1 und 3, VI. Teil ÜV selbst entzögen kein Eigentum. Zudem gebe es keinen allgemeinen völkerrechtlichen Rechtssatz, dem zufolge *„...auch von einer Enteignung betroffene Privatpersonen einen auf dem Zivilrechtsweg durchsetzbaren Anspruch auf Restitution oder Entschädigung...“* hätten; sollte *„...dies im Einzelfall [sogar] einer faktischen Entziehung des gesetzlichen Richters...“* gleichkommen, *„...würde einer solchen reflexartigen Auswirkung der Regelung keine Eingriffsqualität beizumessen sein...“*[2128].

(2). Zu den Voraussetzungen von Art. 3 Abs. 1 und 3, VI. Teil ÜV

Bevor das Gericht zur eigentlichen Subsumtion von Art. 3 Abs. 1 und 3, VI. Teil ÜV gelangt, bemüht es sich, den Sinn und Zweck der Regelung herauszuarbeiten, um auf der Grundlage dieser Vorarbeit die alleinige Bezugnahme auf das tschecho-

[2128] Urteil des OLG Köln vom 9. Juli 1996, Aktenzeichen 22 U 215/95, S. 14/15.

slowakische Recht im Zeitpunkt der Enteignung zur Auslegung von Art. 3 Abs. 1 und 3, VI. Teil ÜV rechtfertigen zu können[2129]. Ohne den Begriff selbst zu verwenden, argumentiert das OLG ebenso wie das LG mit der Logik der Akzessorietät. In Art. 3 Abs. 1 und 3, VI. Teil ÜV manifestiere sich der Wille der Vertragsparteien, „*...die prozessuale Konsequenz aus der ‚Endgültigkeit und Unanfechtbarkeit' der durch die Liquidation deutschen Auslandseigentums durch ausländische Staaten für Zwecke der Reparation geschaffenen Rechtsverhältnisse für die Bundesrepublik und die betroffenen Privatpersonen zu ziehen...*"[2130]. Diese Motivation anzuzweifeln, hieße die durch die in Frage stehende Norm gewollte faktische Hinnahme der Enteignungen mit deren rechtlicher Anerkennung zu verwechseln. Die Norm zeitige lediglich Rechtswirkungen „*...verfahrensrechtlicher Natur. Eine irgendwie geartete Aussage über die Rechtmäßigkeit oder Rechtsbeständigkeit der (...) Liquidationsmaßnahme (...) wird durch die Anwendung der Regelung nicht getroffen*"[2131]; die materiellrechtliche Position diene als Verhandlungsmasse der Bundesrepublik für Verhandlungen mit den enteignenden Staaten über etwaige, aus einem völkerrechtlichen Deliktsanspruch der Bundesrepublik resultierende Entschädigungsleistungen. Eine historisch-völkerrechtlich orientierte Auslegung der Tatbestandsmerkmale über eine Bezugnahme auf einschlägige Erklärungen und Abkommen der Alliierten sei abzulehnen, da auf diese Weise die Gefahr entstünde, dass „*...deutsche Gerichte die vertraglich vereinbarte tatsächliche Hinnahme der Liquidation des betroffenen Auslandsvermögens (...) konterkarieren...*" könnten[2132]. Aus demselben Grund scheitert ein Rückgriff auf die Regeln des allgemeinen Völkerrechts im Sinne des Art. 25 GG und auf den deutschen *ordre public* gemäß Art. 6 EGBGB im Rahmen der Prüfung der Prozessvoraussetzungen der deutschen Gerichtsbarkeit. Der umfassende Entzug jeglichen Rechtsschutzes in Deutschland auf der Grundlage von Art. 3 Abs. 1 und 3, VI. Teil ÜV habe zudem keinerlei grundrechtliche Relevanz, da die Grundrechte des Grundgesetzes nur einen Schutz gegen deutsche Hoheitsakte böten, jedoch nicht gegen Akte fremder Staatsgewalt, wie sie die Konfiskationen aber darstellten.

In der Umsetzung der abstrakten Ausführungen zum Sinn und Zweck des Klagestopps sei das enteignete fürstliche Vermögen, mithin auch das streitgegenständliche Gemälde, als deutsches Auslandsvermögen im Sinne von Art. 3 Abs. 1, VI. Teil ÜV zu sehen, obwohl der enteignete Fürst unstreitig niemals die deutsche Staatsbürgerschaft besaß. Der Überleitungsvertrag entfalte „*...in Bezug auf die die Reparationsleistungen betreffenden Regelungen drittbegünstigende Wirkung zugunsten der am Pariser Reparationsabkommen beteiligten Staaten, mithin auch der Tschechoslowakei...*"[2133]. Obwohl das Gericht einräumt, dass die Westmächte als Parteien des Überleitungsver-

---

[2129] Das Gericht verweist insofern auf die folgenden Urteile: BGHZ 8, S. 378 ff. (383); 25, S. 127 ff. (131); 32, S. 170 ff. (172).

[2130] Urteil des OLG Köln vom 9. Juli 1996, Aktenzeichen 22 U 215/95, S. 15.

[2131] Urteil des OLG Köln vom 9. Juli 1996, Aktenzeichen 22 U 215/95, S. 17.

[2132] Urteil des OLG Köln vom 9. Juli 1996, Aktenzeichen 22 U 215/95, S. 18.

[2133] Urteil des OLG Köln vom 9. Juli 1996, Aktenzeichen 22 U 215/95, S. 20.

trages im Rahmen anderer Kriegsfolgen regelnder Normen die Zugehörigkeit von enteignetem Vermögen an der Staatsangehörigkeit festmachten, gebiete es die eben eingeführte drittbegünstigende Wirkung des Überleitungsvertrages, die Auslegung der Vertragsparteien für nicht relevant zu erachten[2134]. Allein entscheidend sei der Umstand, dass die tschechoslowakischen Behörden die Konfiskation fürstlich-liechtensteinischen Vermögens als dem Anwendungsbereich des Beneš-Dekretes Nr. 12 unterfallend angesehen haben. Das OLG führt im Weiteren aus, seine Auslegung der Klagestopp-Regelung stehe auch im Einklang mit den über Art. 25 GG zu berücksichtigenden Regeln des Völkerrechts. Diese Feststellung überrascht, da das Gericht eingangs doch festgestellt hatte, dass ein Rückgriff auf diese Normen gerade ausgeschlossen sein sollte. Jedenfalls stelle Art. 3 Abs. 3, VI. Teil ÜV wegen seiner lediglich verfahrensrechtlichen Natur keine Anerkennung der Enteignung im materiell-rechtlichen Sinn dar, so dass auch eine dem Grundsatz der souveränen Gleichheit widersprechende Verfügung über die Staatsangehörigkeit eines anderen Staates ausgeschlossen sei. Die sich aus dem Klagestopp ergebende Festschreibung des vorhandenen Zustandes in Bezug auf das enteignete Vermögen für das Gebiet der Bundesrepublik stelle lediglich einen Reflex dar, der *„...einer eingriffsbedingten Verletzung seiner Rechte* [des Klägers] *nicht gleichkommt"*; das praktizierte Verständnis von Art. 3 Abs. 3, VI. Teil ÜV beruhe *„...nämlich auf einer zweckorientierten Auslegung (...), mit der ein Eingriff in die Rechte neutraler Staaten und auch des Klägers nicht einhergeht"*[2135].

Was die Anwendung von Art. 3 Abs. 3, VI. Teil ÜV auf die Stadt Köln als Besitzerin des Gemäldes und die Festlegung des Zweckes der Konfiskation gem. Art. 3 Abs. 1, VI. Teil ÜV anbelangt, weicht das OLG nicht von der Argumentation des LG Köln ab. Bezüglich letzterem wird allerdings deutlich herausgestellt, dass Art. 3 Abs. 1, VI. Teil ÜV nicht verlange, *„...dass die Konfiskation ausschließlich zu den dort aufgeführten Zwecken erfolgte..."*[2136].

cc) Ergebnis

Der Fürst unterliegt vor deutschen Instanzgerichten, wobei sich diese im Wesentlichen auf die Argumentation zurückziehen, sie seien durch die Einordnung tschechoslowakischer Behörden und Gerichte, die ihrerseits den Vater des Klägers als Volksdeutschen angesehen haben, auf der Grundlage nachzubefolgenden Besatzungsrechts gebunden.

[2134] Urteil des OLG Köln vom 9. Juli 1996, Aktenzeichen 22 U 215/95, S. 20: *„Diese dem Überleitungsvertrag innewohnende Drittbegünstigung der Tschechoslowakei würde in ihr Gegenteil verkehrt, wenn die tatsächlichen Rechtsauffassungen des enteignenden Staates bei der Bestimmung des Begriffes des ‚deutschen Auslandsvermögens' unberücksichtigt zu bleiben, letztere sich stattdessen vorrangig nach der Auslegung durch die Vertragsparteien zu richten hätten"*.

[2135] Urteil des OLG Köln vom 9. Juli 1996, Aktenzeichen 22 U 215/95, S. 21.

[2136] Urteil des OLG Köln vom 9. Juli 1996, Aktenzeichen 22 U 215/95, S. 26.

b) Die Entscheidung des Bundesgerichtshofes vom 25. September 1997

Der Beschluss[2137] des II. Zivilsenates des BGH vom 25. September 1997, der die Annahme der Revision des Klägers gegen das OLG-Urteil verweigerte[2138], überrascht durch seine äußerst knappe Begründung, die im kompletten Volltext folgendermaßen lautet:

> *„Die Rechtssache hat keine grundsätzliche Bedeutung. Die Revision hat im Endergebnis auch keine Aussicht auf Erfolg."*

c) Der Beschluss des Bundesverfassungsgerichts vom 28. Januar 1998

Angeblich fehlende Erfolgsaussicht ist auch der Grund für das Bundesverfassungsgericht, die Verfassungsbeschwerde in seinem Beschluss nach § 93a Abs. 2 BVerfGG nicht anzunehmen[2139]. Diesbezüglich richtet sich die Entscheidung zunächst gegen den Vortrag des Beschwerdeführers, die Zivilgerichte hätten eine Vorlage nach Art. 100 Abs. 2 GG pflichtwidrig unterlassen und ihn auf diese Weise in seinem Recht aus Art. 101 Abs. 1 S. 2 GG verletzt. Nach Ansicht des Beschwerdeführers haben die Entscheidungen der Instanzgerichte gegen drei allgemeine Regeln des Völkerrechts im Sinne von Art. 25 GG verstoßen. Nach diesen Regeln dürfe *erstens* das Vermögen von Angehörigen neutraler Staaten von den Siegern eines Krieges nicht konfisziert werden. *Zweitens* seien völkerrechtliche Verträge zu Lasten dritter Staaten verboten. Und *drittens* beantworte sich die Frage, welche Staatsbürgerschaft eine natürliche Person habe, ausschließlich nach dem Recht des die Staatsangehörigkeit vermittelnden Staates.

Nach Ansicht des Verfassungsgerichts kam es jedoch auf das Bestehen dieser völkerrechtlichen Regelungen überhaupt nicht an. Die erste und dritte Regel beträfen lediglich materiellrechtliche Fragen, zu denen die Zivilgerichte gerade nicht Stellung genommen hätten und wozu sie nach Völkerrecht auch nicht verpflichtet gewesen seien. Insbesondere läge in der *„zweckorientierten Auslegung"* des Begriffes des deutschen Auslandsvermögens keine eigenständige Bewertung der Staatsbürgerschaft des Vaters des Beschwerdeführers vor. Die Auslegung durch die Instanzgerichte, die aus der einschlägigen überleitungsvertraglichen Norm eine Vollverweisung auf das tschechoslowakische Recht herauslasen, sei aus verfassungsrechtlicher Perspektive nicht zu beanstanden. Ein Vertrag zu Lasten des Fürstentum sei nicht vorhanden, da der Klagestopp im Überleitungsvertrag für das Fürstentum gerade keine Pflicht begründe.

[2137] Beschluss des BGH vom 25. September 1997, Aktenzeichen II ZR 213/96.

[2138] Vgl. bereits Kap. 5, B.IV.2. am Anfang.

[2139] Beschluss des BVerfG vom 28. Januar 1998, Aktenzeichen 2 BvR 1981/97, veröffentlicht: VIZ 1998, S. 202; NJW 1998, S. 1700; IPRax 1998, S. 482; AVR, Band 36, 1998, S. 198.

Einen Verstoß des Klageverzichts des Überleitungsvertrages gegen Art. 14 GG verneint das Bundesverfassungsgericht mit doppelter Argumentation. Zum einen habe das Gericht bereits entschieden, dass der Klagestopp im Überleitungsvertrag nicht gegen das Eigentumsgrundrecht verstößt. Zum anderen entfalle eine Bindung der Bundesrepublik jedenfalls deshalb, weil die überleitungsvertraglichen Regelungen der Abwicklung von Vorgängen aus der Zeit vor Entstehung des Grundgesetz dienten; diesbezüglich verweist das Gericht auf seine Urteile im Fall einer Verfassungsbeschwerde gegen das Reparationsschädengesetz[2140] und auf das sog. *„Bodenreformurteil"*[2141]. Ein Verstoß gegen Art. 3 Abs. 1 GG scheitere schon deshalb, da es nicht ersichtlich sei, dass die Entscheidungen der Zivilgerichte schlechterdings unvertretbar wären. Im Übrigen verfüge der Klagestopp über eine ausreichende innerstaatliche Rechtsgrundlage, weshalb ein Verstoß gegen die allgemeine Handlungsfreiheit im Sinne von Art. 2 Abs. 1 GG i.V.m. Art. 59 Abs. 2 S. 1 GG nicht in Frage komme. Denn Art. 3 Abs. 1 und 3, VI. Teil ÜV sei nicht bereits durch den Art. 7 des *„2+4"*-Vertrages aufgehoben worden, weshalb der vielfach erwähnte Notenwechsel lediglich deklaratorisch feststelle, dass eine bereits existente Norm fortbestehe.

3. Ergebnis

Damit hat die deutsche Rechtsordnung dem Fürsten von Liechtenstein im beschriebenen *Kalkofen*-Fall zunächst in allen Instanzen, letztlich sogar vor dem Bundesverfassungsgericht den Rechtsschutz versagt. Wie im *Nottebohm*-Fall kam es auch hier nicht zu einer Auseinandersetzung mit den wahren materiellen Fragen, da sich die Gerichte lediglich mit dem Klagestopp beschäftigten und damit nicht über Fragen der Zulässigkeit der Fragen hinaus kamen.

V. Verfahren vor internationalen Gerichten

Nachdem der Fürst in allen Instanzen und letztlich auch vor dem Bundesverfassungsgericht gescheitert war, sollte dies aber noch nicht das Ende der *Affaire Liechtenstein* bedeutet haben.

1. Die Entscheidung des EGMR vom 12. Juli 2001

So ließ HANS-ADAM II. die Behandlung, die ihm von deutscher Seite zuteil geworden war, vom EGMR auf ihre Vereinbarkeit mit der EMRK überprüfen, indem er im Sinne von Art. 35 Abs. 1 EMRK Individualbeschwerde einlegte. Darin rügte er *„...eine Verletzung seiner Rechte aus Art. 6 Abs. 1 [sowohl Verstöße gegen das Verbot des ‚denial of justice' als auch gegen das Gebot des ‚fair trial'] und Art. 14 der Konvention*

[2140] BVerfGE 41, S. 126 ff. (S. 168).

[2141] BVerfGE 84, S. 90 ff. (S. 122).

sowie Art. 1 des 1. Zusatzprotokolls...'[2142]. Am 6. Juni 2000 erklärte der Gerichtshof (Fourth Section) daraufhin die Beschwerde in allen vier Punkten zwar für zulässig[2143], jedoch wies die große Kammer sie nach mündlicher Verhandlung vom 31. Januar 2001 am 12. Juli 2001 im vollen Umfang und hinsichtlich des Ergebnisses einstimmig zurück[2144]. Allerdings verfassten drei der insgesamt 17 Richter Sondervoten; neben der *concurring opinion* des Franzosen COSTA bietet auch die gemeinsame Äußerung der Richter RESS (Deutschland) und ZUPANČIČ (Slowenien) eine abweichende Begründung der Abweisung der Beschwerde des Fürsten.

a) Die Argumentation des Gerichts

Hinsichtlich des Rechts auf Zugang zu einem Gericht (*denial of justice*) stellt das Urteil zunächst sowohl die Eröffnung des Schutzbereiches als auch einen Eingriff fest. Daraufhin überprüft die Entscheidung die Möglichkeit der Bundesrepublik, den Eingriff damit zu rechtfertigen, die völkerrechtlichen Verbindlichkeiten des Überleitungsvertrages erfüllen zu müssen[2145]. Zwar sei der deutsche Staat als Vertragspartei der EMRK nicht in der Lage, sich durch nachträglich geschlossene völkerrechtliche Verträge der Bindung durch die Konvention zu entwinden[2146], jedoch läge hier ein ausreichender legitimer Zweck vor, mit dessen Hilfe sich eine Beschränkung des Zuganges zu den deutschen Gerichten begründen ließe[2147]. Die beschriebene Beschränkung bezwecke in legitimer Weise die Beendigung des Besatzungszustandes auf dem Boden der Bundesrepublik, da diese nicht nur im Zeitpunkt des Abschlusses des Überleitungsvertrages, sondern auch im zeitlichen Umfeld der deutschen Wiedervereinigung die Beschneidung ihrer Gerichtsbarkeit habe hinnehmen müssen. Die legitime Finalität des Klagestopps im Überleitungsvertrages sei somit schlicht der besonderen völkerrechtlichen Stellung Deutschlands

---

[2142] FASSBENDER, Der Fürst, ein Bild und die deutsche Geschichte, S. 459.

[2143] Vgl. dazu BLUMENWITZ, Die Liechtenstein-Entscheidung des EGMR, S. 218.

[2144] *Prince Hans-Adam II of Liechtenstein v. Germany* [GC], Urteil vom 12. Juli 2001, No. 42527/98, ECHR Reports 2001-VIII, S. 1 ff.; deutsche Übersetzung in EuGRZ 28 (2001), S. 466 ff. = NJW 56 (2003), S. 649 ff.; Abdruck in englischer Sprache in AVR 40 (2002), S. 243 ff.

[2145] *Prince Hans-Adam II of Liechtenstein v. Germany*, ECHR Reports 2001-VIII, Ziffer 52: *„The Court considers that the applicant was thereby deprived of his right to determination of his property claim, in application of the rules of private international law. It will have to examine whether the German courts were allowed under Article 6 § 1 of the Convention to limit the applicant's right of access to a court in order to give effect to the rules of an international agreement excluding German jurisdiction concerning ‚measures which have been, or will be, carried out, inter alia, with regard to German external assets or other property, seized for the purpose of reparation or restitution"*.

[2146] Die Bundesrepublik ist deshalb gem. Art. 1 EMRK auch für den Überleitungsvertrag verantwortlich, *Prince Hans-Adam II of Liechtenstein v. Germany*, ECHR Reports 2001-VIII, Ziffer 46 f.

[2147] *Prince Hans-Adam II of Liechtenstein v. Germany*, ECHR Reports 2001-VIII, Ziffer 59.

nach dem Zweiten Weltkrieg geschuldet[2148]. Die Auslegung und Anwendung von Art. 3, VI. Teil ÜV durch die deutschen Gerichte wird vom EGMR ohne weitere Ausführungen derart bewertet, dass nicht festgestellt werden könne, dass die Anwendung des Klagestopps auf das fürstlich-liechtensteinische Vermögen grob fehlerhaft oder so beschaffen war, dass sie zu willkürlichen Ergebnissen führte[2149]. Insbesondere sei die Annahme des Vollverweises auf das tschechoslowakische Recht aus der Logik der Norm angesichts des politischen Hintergrundes der Entstehung der Vorschrift nicht abwegig[2150]. Der Gerichtshof legt seiner letztlich negativen Willkürkontrolle sowohl die nach seiner Ansicht besondere Rechtsnatur der Eigentumsansprüche des Beschwerdeführers wie auch die Bewertung des fürstlich-liechtensteinischen Vermögens durch tschechoslowakische Stellen zugrunde. Den deutschen Gerichten sei zugute zu halten, dass sie über Anhaltspunkte verfügt hätten, wonach die Behörden der Tschechoslowakei nach deren Ansicht mit der Konfiskation eine Maßnahme gegen deutsches Auslandsvermögen durchführten[2151]. Zudem habe die Aussicht, die Enteignungen, welche vor der Gründung der Bundesrepublik erfolgt sind, vor deutschen Gerichten anfechten zu können, für den Fürsten lediglich eine entfernte und unwahrscheinliche Möglichkeit dargestellt, die sich erst realisieren sollte, als das streitgegenständliche Gemälde im Jahre 1991 zu einer Ausstellung nach Köln verbracht wurde[2152]. Deshalb seien die Gerichte der

---

[2148] *Prince Hans-Adam II of Liechtenstein v. Germany*, ECHR Reports 2001-VIII, Ziffer 56: *„The Court accepts that after the Second World War the Federal Republic of Germany was not in a position to argue against the intention of the Three Powers to exclude a review of confiscation measures...“*; *Prince Hans-Adam II of Liechtenstein v. Germany*, ECHR Reports 2001-VIII, Ziffer 58: *„The Court finds that when half a century after the end of the Second World War, a final settlement with respect to Germany and the unification of the two German States were within reach, the position of the Federal Republic of Germany had not changed. In the negotiations with the Three Powers, the Federal Republic of Germany had to accept that this specific limitations on its jurisdiction was not abolished.“*; *Prince Hans-Adam II of Liechtenstein v. Germany*, ECHR Reports 2001-VIII, Ziffer 59: *„In these unique circumstances, the limitation on access to a German court, as a consequence of the Settlement Convention, had a legitimate objective“*.

[2149] *Prince Hans-Adam II of Liechtenstein v. Germany*, ECHR Reports 2001-VIII, Ziffer 65: *„...it cannot be said that the German courts' interpretation of Chapter 6, Article 3 of the Settlement Convention was inconsistent with previous German case-law or that its application was manifestly erroneous or was such as to reach arbitrary conclusions“*.

[2150] *Prince Hans-Adam II of Liechtenstein v. Germany*, ECHR Reports 2001-VIII, Ziffer 62: *„Bearing in mind the object and purpose of the Settlement Convention and its political background, it was not unreasonable for the German courts to assume that the logic of the system excluded any German review of confiscation measures carried out by the Three Powers or other Allied countries for the purpose of reparation“*.

[2151] *Prince Hans-Adam II of Liechtenstein v. Germany*, ECHR Reports 2001-VIII, Ziffer 63: *„...the German courts had elements at their disposal which indicated that the authorities of former Czechoslovakia (...) had carried out a measure with regard to ‚German external assets or other property, seized for the purpose of reparation'...“*.

[2152] *Prince Hans-Adam II of Liechtenstein v. Germany*, ECHR Reports 2001-VIII, Ziffer 67:

Tschechoslowakei, später der Tschechischen und Slowakischen Republik, das richtige (genuine) Forum für die Beilegung von Streitigkeiten über die Enteignungsmaßnahmen[2153]. Insgesamt überwögen deshalb die Interessen der Bundesrepublik hinsichtlich der Wiedergewinnung der staatlichen Souveränität über die rechtlich geschützten Interessen des Beschwerdeführers, womit die Beschränkung des Konventionsrechts auch den Anforderungen des Verhältnismäßigkeitssatzes genüge. Auf Grund der Einhaltung der Voraussetzungen der Verhältnismäßigkeit sei ein Eingriff in den Kernbereich des Rechts ausgeschlossen[2154].

Hinsichtlich der gerügten Unbilligkeit des Verfahrens (*fair hearing*) vor dem Bundesverfassungsgericht, die sich laut Beschwerdeführer daraus ergeben sollte, dass das Verfassungsgericht in Abweichung der Aussagen der OLG zum ersten Mal davon ausging, dass das Drei-Mächte-Recht eine vom Vier-Mächte-Recht eigenständige Rechtmaterie darstellt, kommt der Gerichtshof schlicht zu der Feststellung, dass der Beschwerdeführer in den Genuss eines kontradiktorischen Verfahrens vor dem Bundesgerichtshof gekommen sei. Der Fürst habe in diesem Rahmen alles vortragen können, was er für maßgeblich hielt, während das Bundesverfassungsgericht lediglich Schlussfolgerungen aus Umständen zog, die dem Beschwerdeführer bekannt waren[2155].

Der Fürst hatte auch gerügt, dass die Rückgabe des Gemäldes an die Denkmalanstalt in Brno eine Verletzung des Eigentumskonventionsrechts in Art. 1 ZP Nr. 1 begründe. Letztlich verweigert der Gerichtshof jedoch eine Prüfung des Rechts unter Verweis auf seine Unzuständigkeit *ratione temporis*. Zwar sei auf die Herausgabe der streitgegenständlichen Sache an tschechische Stellen in den 1990er Jahren Gegenstand der Prüfung, so dass die EMRK auch in zeitlicher Hinsicht greifen würde, jedoch könne das Gericht *ratione personae* nicht klären, ob der Fürst in den 1990er Jahren als Erbe seines Vaters (noch) über das *„Eigentum"* (*„possessions"*) am Gemälde im Sinne des 1. Zusatzprotokolls verfügt hat. Die Beantwortung dieser (Vor-)Frage erzwänge die Bewertung der Enteignungsmaßnahme der Nach-

---

„...a remote and unlikely prospect...".

2153 *Prince Hans-Adam II of Liechtenstein v. Germany*, ECHR Reports 2001-VIII, Ziffer 66: *„The genuine forum for the settlement of disputes in respect of these expropriation measures was, in the past, the courts of former Czechoslovakia and, subsequently, the courts of the Czech or of the Slovak Republic"*.

2154 *Prince Hans-Adam II of Liechtenstein v. Germany*, ECHR Reports 2001-VIII, Ziffer 69: *„...the Court considers that the applicant's interest in bringing litigation in the Federal Republic of Germany was not sufficient to outweigh the vital public interests in regaining sovereignty and unifying Germany. Accordingly, the German court decisions declaring the applicant's ownership action inadmissible cannot be regarded as disproportionate to the legitimate aim pursued and they did not, therefore, impair the very essence of the applicant's ‚right of access to a court' within the meaning of the Court's case-law"*.

2155 *Prince Hans-Adam II of Liechtenstein v. Germany*, ECHR Reports 2001-VIII, Ziffer 74 und 75.

kriegszeit, was dem EGMR *ratione temporis* verwehrt sei[2156]. Da der Fürst bzw. sein Vater seit den Enteignungsmaßnahmen keinerlei Eigentumsrecht an dem Bilde auszuüben vermochten, habe darüber hinaus auch keine „*berechtige Erwartung*“ („*legitimate expectation*“) im Sinne der Rechtsprechung des EGMR vorgelegen, in den tatsächlichen Genuss eines Eigentumsrechts zu gelangen.

Auch der letzte vom Beschwerdeführer gerügt Rechtsverstoß wird vom Gerichtshof negiert. Nach dem Vortrag des Fürsten verstieß der Umstand, dass sein Fall von deutscher Seite nicht in die Reparationsschädensgesetzgebung einbezogen wurde, obwohl sein Vermögen im Rahmen des Überleitungsvertrages als deutsches Auslandsvermögen behandelt wurde, gegen das Diskriminierungsverbot des Art. 14 EMRK. Der Entscheidung zufolge muss der Ansatz jedoch schon deshalb scheitern, weil Art. 14 EMRK keine eigenständige Existenz habe, der Schutzbereich des Art. 1 Abs. 1 ZP Nr. 1 aber gerade nicht berührt gewesen sei[2157]. Darüber hinaus könne eine Diskriminierung durch das Reparationsschädengesetz, welches keine Ansprüche ausländischer Staatsangehöriger anerkannte, nicht vorgebracht werden, da Entschädigungsansprüche, deren ursprünglicher Grund keine Konventionsverletzung darstellen, nicht den Schutzbereich von Art. 1 Abs. 1 ZP Nr. 1 eröffnen würden.

b) Die Minderheitsvoten

Auch wenn die *concurring opinions* im Ergebnis zu keinem anderen Ergebnis kommen, beinhalten sie dennoch deutliche Kritik an dem dogmatischen Vorgehen der Mehrheitsmeinung. Jedoch sollen an dieser Stelle die kritischen Anmerkungen der insoweit abweichenden Ansichten (noch) nicht dargestellt werden[2158], denn zunächst geht es lediglich um die Präsentation der eigenständigen Begründungen in den Sondervoten.

aa) Sondervotum Ress / Zupančič

Das zustimmende Sondervotum des Richters RESS[2159], dem sich der Richter ZUPANČIČ angeschlossen hat, geht davon aus, dass das Recht auf Zugang zu einem

---

2156 *Prince Hans-Adam II of Liechtenstein v. Germany*, ECHR Reports 2001-VIII, Ziffer 85: „*As regards this preliminary issue, the Court observes that the expropriation had been carried out by authorities of former Czechoslovakia in 1946, as confirmed by the Bratislava Administrative Court in 1951, that is before 3 September 1953, the entry into force of the Convention, and before 18 May 1954, the entry into force of Protocol No. 1. Accordingly, the Court is not competent ratione temporis to examine the circumstances of the expropriation or the continuing effects produced by it up to the present date*“.

2157 *Prince Hans-Adam II of Liechtenstein v. Germany*, ECHR Reports 2001-VIII, Ziffer 91 ff.

2158 An geeigneter Stelle wird auf die Kritikpunkte in den Sondervoten zurückgekommen: vgl. Kap. 5, C.III.6.

2159 Abgedruckt in ECHR Reports 2001-VIII, S. 36 ff.

Gericht nicht nur auf der Grundlage eines legitimen Zwecks eingeschränkt sei, sondern schlicht aus dem rechtlichen Status einer Vertragspartei folgen kann, wenn dies implizit von den übrigen Vertragsparteien zum Zeitpunkt der Ratifikation der Konvention akzeptiert wurde. Dies sei im Falle Deutschlands gegeben, da der Sonderstatus der Bundesrepublik derart offensichtlich war, dass keine entsprechende Erklärung abgegeben wurde. Der Umstand, dass ein solcher Vorbehalt ohnehin nicht die Voraussetzungen von Art. 57 (Art. 64 a. F.) EMRK hätte erfüllen können, sei unbeachtlich, da alle Vertragsstaaten die Abweichung im Einzelfall konkludent angenommen hätten. Die Beschränkung der Gerichtsbarkeit stelle für Deutschland angesichts der historischen Umstände des Entstehens der einschlägigen Regelungen einen Fall von *force majeure* dar. Die Hinnahme des beschränkten Status Deutschlands durch die Vertragsstaaten umfasse auch nach Inkrafttreten der Konvention geschlossene Verträge, welche die eingeschränkte Stellung der Bundesrepublik im Bereich der Gerichtsbarkeit lediglich umsetzen[2160].

bb) Sondervotum Costa

Die Begründung des Richters COSTA[2161] kommt, wie er selber anführt, der von Richter RESS recht nahe[2162]. COSTA geht davon aus, dass Art. 6 Abs. 1 EMRK im Fall *Liechtenstein* nicht anwendbar ist. Die durch den Klagestopp im Überleitungsvertrag bewirkte Befreiung von der Gerichtsbarkeit (*immunité de juridiction*) greife ohnehin nur in ganz seltenen Fällen, muss aber, auch ohne dass das Institut der Verhältnismäßigkeit bemüht werden muss, im Einzelfall mit Art. 6 Abs. 1 EMRK vereinbar sein. Zu bewirken sei dies über die Annahme des Vorranges des Überleitungsvertrages über nationales Recht und über den bei Richter RESS entlehnten Gedanken von (quasi-)*force majeure*, wobei unklar bleibt, ob die beiden Ansätze jeweils einzeln oder in Kombination zum gewünschten Auslegungsergebnis führen sollten[2163].

2160 Concurring Opinion of Judge RESS joined by Judge ZUPANČIČ, ECHR Reports 2001-VIII, S. 37: „*...the Court should have stated that limitations may also follow from the specific legal status of a Contracting Party implicitly accepted by all other Parties at the time of ratification of the Convention. (...) The particular status of Germany was so obvious that no declaration to that effect was made (...). If Contracting Parties admit a State with such restrictions as to its statehood to the Convention (...), it can be presumed that they do not have any objections to later treaties by which this restricted legal status in the field of jurisdiction over certain matters is merely confirmed*".

2161 Abgedruckt in ECHR Reports 2001-VIII, S. 39 ff.

2162 Concurring Opinion of Judge COSTA, ECHR Reports 2001-VIII, S. 39: „*...my reasons are (...) fairly similar to those of Judge Ress...*".

2163 Concurring Opinion of Judge COSTA, ECHR Reports 2001-VIII, S. 40 f.: „*...result in a finding that Article 6 § 1 is inapplicable (...). I prefer the proposition that a treaty (‚Settlement Convention') takes precedence over domestic law, or even that this was a case of quasi-force majeure (concurring opinion of Mr. Ress), or alternatively, a combination of the two...*".

c) Ergebnis

Der EGMR sieht im Falle des Fürsten von Liechtenstein keine der gerügten Menschenrechtsverletzungen als gegeben an. Dabei erfährt die Entscheidung aus dogmatischen Gründen bereits in den beiden Minderheitsvoten starke Kritik.

2. Die Entscheidung des IGH vom 10. Februar 2005

Der Fall *Liechtenstein* hat jedoch vor internationalen Gerichtshöfen nicht nur eine menschenrechtliche Dimension angesichts der Individualbeschwerde des Fürsten als Privatperson, denn die dargelegte deutsche Rechtsprechung hat auch das Fürstentum als staatlichen Akteur der internationalen Beziehungen veranlasst, die Bundesrepublik mittels einer am 1. Juni 2000 vor dem IGH erhobenen Klage[2164] vor Gericht zu bringen, nachdem bilaterale Konsultationen ergebnislos geblieben wären und die Aufnahme von offiziellen Verhandlungen von der Bundesrepublik verweigert wurden[2165], obwohl Deutschland die Rechtsprechung seines Verfassungsgerichtes im Verlauf der Konsultationen gebilligt hatte[2166]. Das Verfahren vor dem IGH unterscheidet sich jedoch nicht nur durch den Umstand, dass es sich um einen Staatenprozess[2167] handelt, von den bisherigen rechtlichen Auseinandersetzungen im *„deutsch-liechtensteinischen Bilderstreit"*, sondern auch in strategischer Hinsicht. Denn die Klage des Fürstentums in Den Haag hat gewissermaßen in zweifacher Hinsicht einen weiteren Ansatz: zum einen geht die Betrachtung vom *Van Laer*-Gemälde auf den gesamten enteigneten Besitz liechtensteinischer Staatsbürger über, zum anderen wird in diesem erweiterten Rahmen zudem die Erlangung von Entschädigungsleistungen angestrebt[2168].

2164 Vgl. International Court of Justice, Application instituting proceedings filed in the Registry of the Court on 1 June 2001, *Certain Property* (Liechtenstein v. Germany), erhältlich auf www.icj-cij.org.

2165 Vgl. etwa F.A.Z. vom Samstag, den 2. Juni 2001, S. 5: *„Der [liechtensteinische] Außenminister sagte ferner, dass sein Land zunächst alle diplomatischen Mittel ausgeschöpft habe. Ein offizieller Protest des Fürstentums und zweijährige diplomatische Konsultationen auf Beamten- und Expertenebene hätten jedoch zu keinem befriedigenden Ergebnis geführt. Deutschland weigere sich, in offizielle Verhandlungen einzutreten"*.

2166 BLUMENWITZ, Deutsche Souveränität im Wandel, S. 203.

2167 Schon weil hier zum ersten Mal das Fürstentum als Kläger auftritt, damit im Verfahren vor dem IGH auf Klägerseite eine andere Partei auftritt als in den vorherigen Prozessen, ist ein anderer Streitgegenstand betroffen; zudem wurde vor dem EGMR ein ganz anderer Prüfungsmaßstab angelegt, vgl. dazu BLUMENWITZ, Die Liechtenstein-Entscheidung, S. 242.

2168 Liechtenstein erweitert den Ansatz insofern, als es nun nicht mehr nur darum geht, dass die Einbeziehung des Vermögens liechtensteinischer Staatsbürger in das Regime des Überleitungsvertrages nicht mit dem Völkerrecht vereinbar ist, sondern vielmehr auch um die logischen Folgen der Einbeziehung in dieses Regime; FASSBENDER, Der Fürst, ein Bild und die deutsche Geschichte, S. 466, spricht in diesem Zusammenhang von *„...eine[r] gewisse[n] Verschiebung der Argumentation Liechtensteins gegenüber der*

Das klagende Liechtenstein ging demnach davon aus, dass die Aussagen der deutschen Gerichte über das streitgegenständliche Gemälde hinaus Auswirkungen auf das gesamte Vermögen haben, das am Ende des Zweiten Weltkriegs auf dem Boden der Tschechoslowakei zum Nachteil von liechtensteinischen Staatsbürgern konfisziert wurde[2169]. Vor diesem Hintergrund macht das Fürstentum geltend, die Bundesrepublik missachte die Souveränität und die Neutralität Liechtensteins , indem sie seit 1998 das in der Tschechoslowakei enteignete Eigentum liechtensteinischer Staatsbürger als zu Reparationszwecken beschlagnahmtes *„deutsches Auslandsvermögen“* im Sinne des Überleitungsvertrages behandle. Das Fürstentum Liechtenstein behauptet deshalb alternativ[2170], dass die Bundesrepublik durch ihre Behandlung liechtensteinischer Eigentumsansprüche spätestens im Jahre 1998 die Rechte des Fürstentums missachtet habe, oder andernfalls, dass der Umstand, dass die Bundesrepublik für die durch Liechtenstein und/oder seine Staatsbürger erlittenen Verluste keine Entschädigung gezahlt hat und sich auch weiterhin weigert, eine solche zu leisten, die Regeln des internationalen Rechts verletzt hat[2171].

Auf Grund dessen beantragte der Kleinstaat die Feststellung, dass Deutschland seine Haftung im Rahmen der Staatenverantwortlichkeit begründet hat und verpflichtet ist, angemessene Entschädigung für die entstandenen Vermögensverluste an Liechtenstein zu leisten. Falls die Parteien sich über Art und Höhe der Entschädigung nicht einigen sollten, war insoweit die Bestimmung durch den Gerichtshof beantragt, gegebenenfalls in einer eigenen Verfahrensphase[2172].

Bundesrepublik...“.

[2169] International Court of Justice, Application instituting proceedings filed in the Registry of the Court on 1 June 2001, *Certain Property* (Liechtenstein v. Germany), Ziff. 20: *„This dispute exists generally with respect to the Liechtenstein property“.*

[2170] International Court of Justice, Application instituting proceedings filed in the Registry of the Court on 1 June 2001, *Certain Property* (Liechtenstein v. Germany), Ziff. 26: *„For these reasons, each of which is pleaded in the alternative,...“.*

[2171] International Court of Justice, Application instituting proceedings filed in the Registry of the Court on 1 June 2001, *Certain Property* (Liechtenstein v. Germany), Ziff. 25: *„IV. Les theses du Liechtenstein: Le Liechtenstein soutient que:*

a) par sa conduite concernant des biens appartenant au Liechtenstein, l'Allemagne, en 1998 et depuis lors, n'a pas respecté les droits du Liechtenstein à l'égard des biens en question ;

b) *en n'indemnisant pas le Liechtenstein et/ou ses ressortissants pour les pertes qu'ils ont subies, l'Allemagne viole les règles du droit international.“*

[2172] International Court of Justice, Application instituting proceedings filed in the Registry of the Court on 1 June 2001, *Certain Property* (Liechtenstein v. Germany), Ziff. 26: *„V. Les décisions demandée: Pour les motif ci-dessus [vgl. eben zitierte Ziffer 25] (...) prie la Cour de dire et juger que l'Allemagne a engagé sa responsabilité juridique internationale et est tenue de réparer de façon appropriée les dommages et les préjudices subis par le Liechtenstein. Le Liechtenstein demande en outre que la nature et le montant de cette réparation soient déterminés et fixés par la Cour au cas où les Parties ne pourraient se mettre d'accord à ce sujet, le cas échéant lors d'une phase distincte de la procédure“.*

a) Die Argumentation des Gerichts

Die Klage des Fürstentums wurde jedoch in der Entscheidung[2173] des Gerichts vom 10. Februar 2005 bereits als unzulässig zurückgewiesen; der Gerichtshof erklärte sich für unzuständig und gab damit der zweiten *preliminary objection* der Bundesrepublik Recht, mit der die Beklagte den Vorbehalt *ratione temporis* erhoben hatte[2174]. Damit bestand für das Gericht keine Notwendigkeit mehr, sich mit den übrigen vier *preliminary objections* auseinanderzusetzen[2175]. Lediglich den ersten Einwand der deutschen Seite dahingehend, es läge schon keine streitige Auseinandersetzung im Verhältnis Liechtenstein-Bundesrepublik vor, wischte das Gericht als unhaltbar beiseite, da es schon angesichts der gescheiterten bilateralen Verhandlungen vor Erhebung der Klage vor dem IGH offensichtlich geworden war, dass sich Deutschland ausdrücklich liechtensteinischen Ansprüchen widersetzt hat; dies genüge nach der Rechtsprechung des Gerichtshofes für das Vorliegen eines „*dispute*"[2176].

Die Möglichkeit für die Bundesrepublik, im Rahmen ihrer zweiten *preliminary objection* einen Vorbehalt *ratione temporis* zu erheben, ergibt sich daraus, dass sich die Zuständigkeit des IGH im *Certain Property*-Fall lediglich auf der Grundlage von Art. 36 Abs. 1, 1. Alt. IGH-Statut in Verbindung mit Art. 1 lit. b) des Europäischen

---

2173 International Court of Justice, Case concerning *Certain Property* (Liechtenstein v. Germany), Preliminary Objections, Judgment of 10 February 2005; erhältlich auf: http://www.icj-cij.org.

2174 International Court of Justice, Case concerning *Certain Property* (Liechtenstein v. Germany), Preliminary Objections, Judgment of 10 February 2005, para. 54.

2175 Die sechs deutschen *preliminary objections* gibt das Urteil folgendermaßen wieder:
„*(1) The case is outside the jurisdiction of the Court since*
(a) there exists no dispute as between Liechtenstein and Germany in the sense required by the Statute of the Court and Article 27 of the European Convention for the Peaceful Settlement of Disputes of 29 April 1957;
(b) all the relevant facts occurred before the entry into force of the European Convention as between the Parties;
(c) the occurrences on which Liechtenstein bases its claims fall within the domestic jurisdiction of Germany.
(2) Liechtenstein's Application is furthermore inadmissible since
(a) Liechtenstein's claims have not been sufficiently substantiated;
(b) adjudication of Liechtenstein's claims would require the Court to pass judgments on rights and obligations of the successor States of former Czechoslovakia, in particular the Czech Republic, in their absence and without their consent;
(c) *the alleged Liechtenstein victims of the measures of confiscation carried out by Czechoslovakia have failed to exhaust the available local remedies.*"; International Court of Justice, Case concerning *Certain Property* (Liechtenstein v. Germany), Preliminary Objections, Judgment of 10 February 2005, para. 11.

2176 International Court of Justice, Case concerning *Certain Property* (Liechtenstein v. Germany), Preliminary Objections, Judgment of 10 February 2005, para. 25.

Übereinkommens zur friedlichen Beilegung von Streitigkeiten vom 29. April 1957 (EuFriedStÜ)[2177] begründen lässt. Das zuletzt genannte Übereinkommen ist für das Fürstentum und damit auch im Verhältnis der Parteien erst am 28. Februar 1980 in Kraft getreten; es sind keine Vorbehalte vereinbart worden[2178]. Nach Art. 27 lit. a) EuFriedStÜ begründet das Übereinkommen jedoch keine Zuständigkeit für Streitigkeiten, die Tatsachen oder Situationen aus der Zeit vor dem Inkrafttreten des Übereinkommens im Verhältnis der jeweiligen Parteien betreffen[2179].

Der Gerichtshof bemüht sich in der Folge, diese völkervertragliche Vorgabe auszulegen und auf den zu entscheidenden Fall anzuwenden. Im Rahmen der Auslegung nimmt die Entscheidung, wie dies auch von der liechtensteinischen Seite angeregt wurde[2180], Bezug auf ältere Rechtsprechung des Ständigen Internationalen Gerichtshofes sowie des IGH, welche sich bereits mit im Wesentlichen gleichlautenden Klauseln zur zeitlichen Beschränkung der Zuständigkeit der Haager Richter auseinandergesetzt hat[2181]. Den Urteilen zufolge ist zu unterscheiden zwischen dem Auslöser der Auseinandersetzung und dem Ursprung derselben[2182]. Für den Ursprung der Auseinandersetzung, so die Entscheidung im Fall *Certain Property* unter Verweis auf das Urteil *Electricity Company of Sofia and Bulgaria* des StIGH weiter, komme es allein auf den tatsächlichen Grund (*„real cause"*) für die Streitigkeit an, auf den für die zeitliche Abgrenzung abzustellen ist[2183]. Dieser *„test of finding the sour-*

2177 Vgl. Gesetz zu dem Europäischen Übereinkommen vom 29. April 1957 zur friedlichen Beilegung von Streitigkeiten vom 2. März 1961, BGBl. 1961 II, S. 81 ff., das Übereinkommen ist für die Bundesrepublik Deutschland am 18. April 1961 in Kraft getreten, BGBl. 1961 II, S. 1026.

2178 Vgl. dazu DAHLKE, Der „Certain Property"-Fall vor dem IGH, S. 486, mit Verweis auf BGBl. 1980 II, S. 1173.

2179 Art. 27 (a) EuFriedStÜ lautet folgendermaßen: *„The provisions of this Conventions shall not apply to: (a) disputes relating to facts or situations prior to the entry into force of this Convention as between the parties to the dispute"*. International Court of Justice, Case concerning *Certain Property* (Liechtenstein v. Germany), Preliminary Objections, Judgment of 10 February 2005, para. 18.

2180 International Court of Justice, Case concerning *Certain Property* (Liechtenstein v. Germany), Preliminary Objections, Judgment of 10 February 2005, para. 34.

2181 *Phosphates in Morocco* Case, P.C.I.J., Series A/B, No. 74, p. 22; *Electricity Company of Sofia and Bulgaria* Case, P.C.I.J., Series A/B, No. 77, p. 82; *Right of Passage over Indian Territory*, Merits, Judgment, I.C.J. Reports 1960, p. 35.

2182 So der IGH, International Court of Justice, Case concerning *Certain Property* (Liechtenstein v. Germany), Preliminary Objections, Judgment of 10 February 2005, para. 40, über den *Phosphates in Morocco* Case des Ständigen Internationalen Gerichtshofs: *„While the parties in that case agreed that the dispute arose subsequent to the date of the French declaration, the issue that divided them concerned the date of the 'situations or facts' with regard to which the dispute arose"*.

2183 *„A situation or fact in regard to which a dispute is said to have arisen must be the real cause of the dispute"* (P.C.I.J., Series A/B, No. 77, p. 82); zitiert in: International Court of Justice, Case concerning *Certain Property* (Liechtenstein v. Germany), Preliminary

ce (...) of the dispute" sei auch im *Liechtenstein*-Fall anwendbar, auch wenn sich die zitierte Rechtsprechung mit unilateralen Unterwerfungserklärungen auseinandergesetzt hatte, während sich das Europäische Übereinkommens zur friedlichen Beilegung von Streitigkeiten vom 29. April 1957 als multilateraler Vertrag darstellt[2184].

Im Weiteren stellt der Gerichtshof fest, dass die deutschen Entscheidungen in Bezug auf das *Van Laer*-Gemälde zwar ohne Zweifel der Auslöser für die Auseinandersetzung gewesen seien, dass sich das Haager Gericht auf die deutschen Justizakte der 1990er Jahre als Ursprung der zu entscheidenden Auseinandersetzung aber nur dann beziehen dürfe, wenn Deutschland entweder in diesen Urteilen von einer zuvor vereinbarten gemeinsamen deutsch-liechtensteinischen Position abgewichen wäre oder nach dem einschlägigen Stichtag im Jahre 1980 diese Rechtsprechung zum ersten Mal *„...auf eine neue Situation..."* angewendet hätte[2185]. Die erste Alternative sei nicht gegeben, da vor dem deutsch-liechtensteinischen Bilderstreit keine gemeinsame Position darüber existiert habe, dass der Überleitungsvertrag liechtensteinisches Vermögen *nicht* als *„deutsches Auslandsvermögen"* betreffen sollte[2186]. Hinsichtlich der zweiten Alternative stellt der Gerichtshof fest, dass sich die deutschen Gerichte gerade nicht *„...mit einer neuen Situation..."* konfrontiert sahen, als sie zum ersten Mal deutsche Rechtsprechung zum Überleitungsvertrag auf einen Fall anwenden sollten, der die Konfiskation von liechtensteinischem Vermögen als Folge des Zweiten Weltkrieges betraf. Der Fall sei, wie solche schon früher entschiedene, in denen es um Vermögen deutscher Staatsbürger ging, unauflösbar mit dem Überleitungsvertrag verbunden. Die deutschen Urteile im Bilderstreit seien nicht zu trennen vom Überleitungsvertrag und von den Beneš-Dekreten, weshalb die deutschen Entscheidungen auch nicht als *„real cause"* des Streits angesehen werden könnten[2187]. Der wahre Ursprung der Auseinandersetzung läge vielmehr in den tschechoslowakischen Enteignungsmaßnahmen des Jahres 1945 und im Überlei-

---

Objections, Judgment of 10 February 2005, para. 41.

2184 International Court of Justice, Case concerning *Certain Property* (Liechtenstein v. Germany), Preliminary Objections, Judgment of 10 February 2005, para. 43 und 46.

2185 International Court of Justice, Case concerning *Certain Property* (Liechtenstein v. Germany), Preliminary Objections, Judgment of 10 February 2005, para. 48 und 49.

2186 International Court of Justice, Case concerning *Certain Property* (Liechtenstein v. Germany), Preliminary Objections, Judgment of 10 February 2005, para. 50.

2187 *„...German courts did not face any ‚new situation' when dealing for the first time with a case concerning the confiscation of Liechtenstein property as a result of the Second World War. The Court finds that this case, like previous ones on the confiscation of German external assets, was inextricably linked to the Settlement Convention. The Court further finds that the decisions of the German courts in the Pieter van Laer Painting case cannot be separated from the Settlement Convention and the Beneš Decrees, and that these decisions cannot consequently be considered as the source or real cause of the dispute between Liechtenstein and Germany"*; International Court of Justice, Case concerning *Certain Property* (Liechtenstein v. Germany), Preliminary Objections, Judgment of 10 February 2005, para. 51.

tungsvertrag, weshalb die zeitliche Begrenzung der Zuständigkeit des IGH aus Art. 27 lit. a) EuFriedStÜ greife[2188].

b) Die Minderheitsvoten

Die Entscheidung des IGH erging allerdings alles andere als einmütig.[2189]. Die Entscheidung zugunsten der zweiten *preliminary objection* erging in einem Verhältnis von zwölf zu vier Stimmen[2190]. Die vier *dissenting opions* kommen sämtlich zum Ergebnis, dass letztlich die Zuständigkeit des Gerichtshofes hätte bejaht werden müssen.

aa) Sondervotum Kooijmans

Richter KOOIJMANS sieht den Dreh- und Angelpunkt („*pivotal issue*") des Falles darin, dass die deutschen Gerichte im Bilderstreit gerade nicht ihre Rechtsprechung bestätigt hätten, die vor 1980 ergangen ist, sondern vielmehr diese zum ersten Mal auf neutrales Vermögen angewandt hätten, womit ein „*... neues Element...*", wie es der IGH gefordert hat, gegeben gewesen sei[2191]. Auf das Argument des Gerichtshofes, die deutschen Entscheidungen könnten nicht vom Überleitungsvertrag und den Beneš-Dekreten getrennt werden, bemerkt KOOIJMANS: „*...but I have serious doubts as to whether this justifies the conclusion that ‚these decisions cannot consequently be considered as the source or real cause of the dispute' (Judgment, para. 51)*‘[2192]. Bei der Anwendung

---

[2188] „*The Court concludes that, although these proceedings were instituted by Liechtenstein as a result of decisions by German courts regarding a painting by Pieter van Laer, these events have their source in specific measures taken by Czechoslovakia in 1945, which led to the confiscation of property owned by some Liechtenstein nationals (...) as well as in the special regime created by the Settlement Convention*"; International Court of Justice, Case concerning *Certain Property* (Liechtenstein v. Germany), Preliminary Objections, Judgment of 10 February 2005, para. 52.

[2189] Ein Richter stimmte auch dagegen, die erste *preliminary objection* zurückzuweisen. Seiner Ansicht zufolge könne im zu entscheidenden Fall nicht das Vorliegen eines „*disputes*" bejaht werden, da mit der abgegebenen Argumentation der Mehrheitsmeinung ein zu niedriger Standard für das Vorliegen einer Auseinandersetzung definiert werde, was sich negativ auf die Bereitschaft von Staaten auswirke, sich einer friedlichen Streitbeilegung zu unterwerfen. Vgl. International Court of Justice, Case concerning *Certain Property* (Liechtenstein v. Germany), Declaration of Judge ad hoc Fleischhauer; zugänglich auf http://www.icj-cij.org.

[2190] International Court of Justice, Case concerning *Certain Property* (Liechtenstein v. Germany), Preliminary Objections, Judgment of 10 February 2005, para. 54.

[2191] International Court of Justice, Case concerning *Certain Property* (Liechtenstein v. Germany), Dissenting Opinion of Judge Kooijmans, para. 13 und 18; zugänglich auf http://www.icj-cij.org.

[2192] International Court of Justice, Case concerning *Certain Property* (Liechtenstein v. Germany), Dissenting Opinion of Judge Kooijmans, para. 21; zugänglich auf http://www.icj-cij.org.

der vom Gerichtshof zitierten IGH- und StIGH-Urteile im *Liechtenstein*-Fall kommt die *dissenting opinion* zu dem Ergebnis, dass gerade die Subsumtion des Vermögens von Staatsangehörigen eines im Zweiten Weltkrieg neutralen Staates der *„real cause of the dispute"* gewesen sei[2193]. Der Ansicht des Richters zufolge hätten auch die übrigen *preliminary objections* nicht durchgegriffen.

bb) Sondervotum Elaraby

Richter ELARABY setzt sogar noch früher an und kritisiert bereits den argumentativen Ansatz des Gerichtshofes. Der *„test of finding the source of the dispute"* aus den in der Entscheidung zitierten Urteilen des IGH und des StIGH sei nicht zwingend auch im *Liechtenstein*-Fall anwendbar, da zum einen die Formulierung der zeitlichen Beschränkung der Gerichtsbarkeit in Art. 27 lit. a) EuFriedStÜ weiter gefasst sei als in den Regelungen, die den besagten Urteilen zugrunde liegen. Zum anderen erfordere eine solche Klausel in einem multilateralen Vertrag eine ganz andere Interpretation als das Pendant im Rahmen der unilateralen Annahme der Gerichtsbarkeit[2194].

In der Folge prüft der Richter aber unter der Prämisse weiter, dass der Test anwendbar sei. Auch er, wie schon Richter KOOIJMANS, widerspricht der Mehrheitsmeinung in deren Ansicht, dass Tatsachen und Umstände, die sich vor dem Jahr 1980 eingestellt haben, *„real cause"* der Entscheidung gewesen seien. Seiner Ansicht nach komme das Urteil zu dem falschen Ergebnis, weil es die deutschen Entscheidungen im *Liechtenstein*-Fall als letzten Punkt in einer langen Reihen von Urteilen zur überleitungsvertraglichen Anwendung sieht. Falsch sei dies deshalb, weil die deutschen Gerichte zuvor aber den Überleitungsvertrag niemals auf neutrales Vermögen angewandt hätten. Zudem spielten die Beneš-Dekrete entgegen der Ansicht der Mehrheitsmeinung im *Liechtenstein*-Fall keine Rolle, da Deutschland an deren Zustandekommen nicht beteiligt war; auch hätten deutsche Stellen die Beneš-Dekrete selbst nicht auf liechtensteinisches Vermögen angewandt. Demnach dienten nach der Ansicht ELARABYs Tatsachen und Situationen aus den Jahren vor 1980 lediglich als historischer Hintergrund[2195]. *„Real cause"* des Falles sei vielmehr der Umstand, dass die deutschen Gerichte neutrales liechtensteinisches

---

2193 International Court of Justice, Case concerning *Certain Property* (Liechtenstein v. Germany), Dissenting Opinion of Judge Kooijmans, para. 24; zugänglich auf http://www.icj-cij.org: *„In the present case, the ‚real cause of the dispute' (...) is the application by the German authorities of the Settlement Convention to the assets of nationals of a State which was neutral during the Second World War"*.

2194 International Court of Justice, Case concerning *Certain Property* (Liechtenstein v. Germany), Dissenting Opinion of Judge Elaraby, para. 4-5; zugänglich auf http://www.icj-cij.org.

2195 International Court of Justice, Case concerning *Certain Property* (Liechtenstein v. Germany), Dissenting Opinion of Judge Elaraby, para. 7; zugänglich auf http://www.icj-cij.org.

Vermögen als deutsches Auslandsvermögen im Sinne des Überleitungsvertrages behandelt haben[2196].

cc) Sondervotum Owada

In recht ähnlicher Weise argumentiert auch Richter OWADA. Seiner *dissenting opinion* zufolge produzierten die deutschen Gerichte im *Liechtenstein*-Fall „*...new case law...*", da es eine „*...new situation...*" darstellte, dass neutrales Vermögen betroffen war[2197]. Ob diese Anwendung der deutschen Rechtsprechung letztlich völkerrechtswidrig war, hätte in der Begründetheit der Klage entschieden werden müssen[2198]. Richter OWADA bezeichnet den Schluss der Mehrheitsmeinung vom Umstand, dass der Fall unauflöslich mit den Beneš-Dekreten und dem Überleitungsvertrags verbunden sei, darauf, dass *deshalb* die deutschen Entscheidungen nicht als „*real cause*" des Falles angesehen werden könnten, als schwerverständlich. Schwerverständlich deshalb, weil der wesentliche Gesichtspunkt im Zusammenhang mit der Frage nach dem *fait générateur* des Falles gerade die Frage darstelle, ob man eine juristische Unterscheidung treffen kann zwischen der Anwendbarkeit des Überleitungsvertrages auf das, was unbestreitbar als „*deutsches Auslandsvermögen*" angesehen werden kann, und der Anwendbarkeit des Vertrages auf neutrales liechtensteinisches Vermögen als „*deutsches Auslandsvermögen*". Diese Frage sei zwischen den Parteien umstritten und stelle deshalb „*fons et origo*" des Falles dar[2199]. Die übrigen *preliminary objections* hindern der Ansicht Richter OWADAs zufolge die Zulässigkeit der Klage nicht[2200].

2196 International Court of Justice, Case concerning *Certain Property* (Liechtenstein v. Germany), Dissenting Opinion of Judge Elaraby, para. 10; zugänglich auf http://www.icj-cij.org: „*It should, in my view, be manifestly clear that the German courts' decisions purporting to include neutral Liechtenstein property under the umbrella of German external assets – in the 1990s, a decade after the critical date – should be considered the ‚real cause of the dispute*".

2197 International Court of Justice, Case concerning *Certain Property* (Liechtenstein v. Germany), Dissenting Opinion of Judge Owada, para. 24; zugänglich auf http://www.icj-cij.org.

2198 International Court of Justice, Case concerning *Certain Property* (Liechtenstein v. Germany), Dissenting Opinion of Judge Owada, para. 25; zugänglich auf http://www.icj-cij.org.

2199 International Court of Justice, Case concerning *Certain Property* (Liechtenstein v. Germany), Dissenting Opinion of Judge Owada, para. 40; zugänglich auf http://www.icj-cij.org.

2200 International Court of Justice, Case concerning *Certain Property* (Liechtenstein v. Germany), Dissenting Opinion of Judge Owada, para. 45 ff.; zugänglich auf http://www.icj-cij.org.

dd) Sondervotum Berman

Judge *ad hoc* BERMAN kritisiert die Mehrheitsentscheidung, verglichen mit den übrigen *dissenting opinions*, mit dem meisten Nachdruck. Ähnlich wie Richter ELARABY sieht auch BERMAN einen Unterschied zu den im Urteil zitierten IGH- und StIGH-Entscheidungen darin, dass die Unterwerfung unter die Gerichtsbarkeit für den *Liechtenstein*-Fall auf einer multilateralen Abrede beruht. Zwar hält BERMAN es im Ergebnis für vertretbar, die Rechtsprechung, wie sie in Bezug auf unilaterale Unterwerfungserklärungen ergangen ist, auch auf multilaterale Verträge anzuwenden, jedoch spricht er dem IGH in diesem Punkt eine gewisse Entscheidungsfreiheit zu[2201], so dass letztlich festgestellt wird, dass das Gericht unter Umständen hätte diesbezüglich auch anders entscheiden können.

Sein Hauptkritikpunkt ist jedoch die unkritische Übernahme der deutschen Behauptung durch das Gericht, dass nämlich die deutschen Gerichte keine andere Wahl gehabt hätten, als den Überleitungsvertrag auch auf neutrales Vermögen anzuwenden[2202]. BERMAN kommt in seiner Analyse der einschlägigen deutschen Rechtsprechung zu dem Ergebnis, dass die deutschen Obergerichte in früheren Entscheidungen sich selbst nicht an der Prüfung gehindert sahen, ob der Überleitungsvertrag anzuwenden sei oder nicht[2203]. Für die Perspektive der Vertragsparteien habe die Bundesrepublik Deutschland auch nicht nachgewiesen, dass ein universeller Ausschluss jeglicher Überprüfung durch deutsche Gerichte wirklich gewollt war[2204]. Eine solche Annahme sei zudem *„counter-intuitive"*, da damit die Behauptung einhergehe, dass die Drei Mächte ihrerseits *ihre* Verpflichtungen gegen-

---

2201 International Court of Justice, Case concerning *Certain Property* (Liechtenstein v. Germany), Dissenting Opinion of Judge ad hoc Berman, para. 6; zugänglich auf http://www.icj-cij.org: *„I need only remark that, in my view, the prior jurisprudence of this Court and its predecessor, difficult as some aspects of it are to reconcile, at least establishes that, in interpreting clauses of this kind, the Court enjoys a certain latitude or discretion in determining what facts or situations should be regarded as what the Court now refers to as the ‚source or real cause' of a dispute before it – if only because no one international dispute exactly resembles another in the way in which it comes into existence".*

2202 So International Court of Justice, Case concerning *Certain Property* (Liechtenstein v. Germany), Preliminary Objections, Summary of the Judgment of 10 February 2005, zugänglich auf http://www.icj-cij.org.

2203 International Court of Justice, Case concerning *Certain Property* (Liechtenstein v. Germany), Dissenting Opinion of Judge ad hoc Berman, para. 10-11; zugänglich auf http://www.icj-cij.org.

2204 International Court of Justice, Case concerning *Certain Property* (Liechtenstein v. Germany), Dissenting Opinion of Judge ad hoc Berman, para. 13; zugänglich auf http://www.icj-cij.org: *„If it was the intention of the Three Powers to impose a universal preclusion, against all comers, (...) it can surely be a presumed intention only. No evidence was offered to this Court to show that was indeed the actual intention behind Chapter Six of the Settlement Convention".*

über den neutralen Staaten verletzen wollten[2205]. Darüber hinaus stünde die Behauptung, Deutschland könne sich Drittstaaten gegenüber auf seine Verpflichtungen aus dem Überleitungsvertrag berufen, in offensichtlichem Widerspruch zur *pacta tertiis*-Regel in Art. 34 und 35 WVK. Dieser Widerspruch sei besonders deutlich, weil der Wortlaut des Überleitungsvertrages eine Anwendung auf liechtensteinisches Vermögen gerade nicht nahelege[2206].

c) Ergebnis

Der IGH verneint bereits die Zulässigkeit der Klage. Die Mehrheitsmeinung geht davon aus, dass die deutsch-liechtensteinische Auseinandersetzung letztlich in den Beneš-Dekreten begründet sei, weshalb sich eine Entscheidung auf der Grundlage des Europäischen Übereinkommens zur friedlichen Beilegung von Streitigkeiten vom 29. April 1957 auf Grund dessen zeitlicher Beschränkung verbiete. Das Urteil erfährt aber bereits in den *dissenting opinions* starke Kritik.

VI. Das Verhalten des Fürstentum im Rahmen der Vorbereitung des Beitrittes der Nachfolgestaaten der Tschechoslowakei zur EU

Die Enteignungen auf der Grundlage der Beneš-Dekrete sollten das Fürstentum allerdings nicht lediglich zu Maßnahmen im Verhältnis zur Bundesrepublik und zu den Nachfolgerepubliken der Tschechoslowakei veranlassen. Die Problematik wurde vielmehr auch auf multilateraler Ebene thematisiert, als es über die Aufnahme sowohl der Tschechischen als auch der Slowakischen Republik in die EU zu entscheiden galt.

1. Ansatz für die Verknüpfung von Kriegsfolgenbeseitigung und EWR-Beitritt

Anlässlich der Osterweiterung der Europäischen Union realisierte sich das in theoretischer Hinsicht bereits beschriebene Szenario, wonach das Fürstentum die Nichtausübung seines Vetorechtes hinsichtlich einer Aufnahme weiterer Mitgliedstaaten in den EWR, die für Neu-EU-Staaten systemnotwendig ist, mit Bedingungen zugunsten liechtensteinischer Interessen verbinden könnte[2207]. Dieser Hebel erschien wie gemacht dafür, Ansprüche im Zusammenhang mit der Konfiskation von Vermögen liechtensteinischer Staatsangehöriger nach dem Ende des Zweiten Weltkrieges in der Tschechoslowakei zur Sprache zu bringen. So war es nicht ver-

---

2205 International Court of Justice, Case concerning *Certain Property* (Liechtenstein v. Germany), Dissenting Opinion of Judge ad hoc Berman, para. 14; zugänglich auf http://www.icj-cij.org.

2206 International Court of Justice, Case concerning *Certain Property* (Liechtenstein v. Germany), Dissenting Opinion of Judge ad hoc Berman, para. 22; zugänglich auf http://www.icj-cij.org.

2207 Vgl. bereits Kap. 4, C.III.3.b)dd)(2)(b).

wunderlich, dass das Fürstentum in einem *Aide mémoire* vom 4. April 2003 an die damals künftigen Vertragsparteien sowohl von Prag und Bratislava verlangte, *„...dass die beiden Staaten Liechtenstein vorbehaltlos als souveränen Staat anerkennen und ihre Bereitschaft erklären, zu den offenen Fragen bezüglich des Eigentums im Rahmen einer friedlichen Streitbeilegung eine Lösung zu erreichen‘*[2208].

2. Entwicklung der Auseinandersetzung zwischen dem Fürstentum und Tschechischer bzw. Slowakischer Republik

Nachdem es die beiden Staaten vollbracht hatten, die Verhandlungen über den EU-Beitritt nicht an dem Problemfeld der Beneš-Dekrete scheitern zu lassen, ohne dass die tschechische bzw. slowakische Seite hätte Zugeständnisse machen müssen[2209], war es zu erwarten, dass die Regierungen in Prag und Pressburg auch gegenüber dem Fürstentum Liechtenstein im Rahmen des EWR-Beitrittes nur schwerlich zu Eingeständnissen zu bewegen sein würden.

a) Entwicklung vor der Paraphierung des Erweiterungsabkommens am 3. Juli 2003

Nachdem das Fürstentum seine Rechtsansicht in einer auf das *Aide mémoire* vom 4. April 2003 aufbauenden Note an die beiden Nachfolgestaaten der Tschechoslowakei wiederholt hatte, gab Liechtenstein im Hinblick auf die Paraphierung des Erweiterungsabkommens am 3. Juli 2003 eine *„Erklärung der Regierung Liechtensteins zu den bilateralen Beziehungen zur Tschechischen Republik und zur Slowakischen Republik“* ab, in welcher es kundgab, dass es annehme, dass die beiden Staaten *„...das Fürstentum Liechtenstein ohne Vorbehalt als souveränen und anerkannten Staat achten...“*. Das Fürstentum Liechtenstein nehme an, so die Erklärung weiter, *„...dass (...) der gemeinsame Wunsch besteht, zu einer einvernehmlichen Lösung der Eigentumsfragen zu gelangen, die infolge der von der Tschechoslowakei verfolgten Politik der Nichtanerkennung zwischen dem Fürstentum*

2208 Regierung des Fürstentums Liechtenstein, Bericht und Antrag der Regierung an den Landtag des Fürstentums Liechtenstein betreffend das EWR-Erweiterungsabkommen vom 14. Oktober 2003 vom 27. Januar 2004, S. 39.

2209 Im Zeitfenster der Beitrittsverhandlungen wurden die Beneš-Dekrete nicht nur von deutschen Vertriebenenverbänden problematisiert, sondern sie machten eine Bewertung im Lichte des Gemeinschaftsrechts erforderlich. Insofern war die Frage Gegenstand kontroverser Rechtsgutachten bzw. wissenschaftlicher Beiträge. Beispielhaft sei verwiesen auf JOCHEN A. FROWEIN, Legal Opinion concerning Beneš-Decrees and related issues, vom 12. September 2002, S. 32, zugänglich auf der Internetseite des Max-Planck-Institutes für ausländisches Recht und Völkerrecht, www.mpil.de, der den Beneš-Dekreten jegliche Bedeutung im Rahmen des Beitrittsverfahrens mit folgender Begründung abspricht: *„...the conditions for accession in the Treaty on the European Union do not refer to the past“*; a. A. BLUMENWITZ, Die Beneš-Dekrete – eine Bestandsaufnahme, S. 266, der auf die Fortwirkung bzw. Nachbefolgung der Dekrete hinweist: *„...das auf den Dekreten gründende tschechische Recht ist am Recht der Gemeinschaft zu messen, wann immer letzteres Anwendung findet“*.

Liechtenstein und der Tschechischen Republik und der Slowakischen Republik noch nicht geklärt sind"[2210]. Die Antwort der beiden ehemaligen Ostblockstaaten war im Rahmen des diplomatischen Sprachgebrauchs freundlich, aber bestimmt. Angeboten wurde lediglich eine Anerkennung des Fürstentums rückwirkend zum Zeitpunkt der Gründung der beiden durch Teilung entstandenen Neurepubliken am 1. Januar 1993[2211]. Die sich aus den Beneš-Enteignungen ergebenden Eigentumsfragen wurden nicht angesprochen. Die Erklärung der Slowakischen Republik beinhaltete zudem die Rechtsansicht, dass Bedingungen oder Einwände des Fürstentum im Zusammenhang mit der Anerkennung der Slowakischen Republik „...*nicht (...) rechtlich verbindlich...*" wären[2212].

b) Entwicklung bis zur Unterzeichung des Erweiterungsabkommens am 13./14. Oktober 2003

Nachdem offenbar geworden war, dass die Standpunkte Liechtensteins und der Nachfolgestaaten der Tschechoslowakei unvereinbar waren, wurde zunächst versucht, im Verhandlungswege eine einvernehmliche Lösung zu erarbeiten. Doch dazu kam es nicht, da die Unterhandlungen von der tschechischen Seite unerwartet abgebrochen wurden. Daraufhin stellte das Fürstentum allen Vertragsparteien des EWR-Erweiterungsabkommens ein *Aide mémoire* vom 23. September 2003 zu, in dem die Regierung des Kleinstaates für den diplomatischen Verkehr verhältnismäßig deutliche Worte findet und die Unterzeichnung der Schlussakte des Erweiterungsabkommens von der Erfüllung der beiden bereits benannten Bedingungen abhängig macht[2213]. Nachdem aber auch darauf kein Zugeständnis der tschechisch-

---

[2210] Regierung des Fürstentums Liechtenstein, Bericht und Antrag der Regierung an den Landtag des Fürstentums Liechtenstein betreffend das EWR-Erweiterungsabkommen vom 14. Oktober 2003 vom 27. Januar 2004, S. 40/41.

[2211] Auf www.tagesschau.de war in einem Artikel vom 17. November 2003 zu lesen: „*Zwar sind Prag und Bratislava bereit, Liechtenstein seit ihrem eigenen Bestehen, als seit 1993 als souverän anzuerkennen, nicht aber, wie Vaduz es verlangt, seit der Gründung des Fürstentums 1866*".

[2212] Regierung des Fürstentums Liechtenstein, Bericht und Antrag der Regierung an den Landtag des Fürstentums Liechtenstein betreffend das EWR-Erweiterungsabkommen vom 14. Oktober 2003 vom 27. Januar 2004, S. 42; die Erklärung der Tschechischen Republik findet sich auf S. 41 des Berichts.

[2213] Regierung des Fürstentums Liechtenstein, Bericht und Antrag der Regierung an den Landtag des Fürstentums Liechtenstein betreffend das EWR-Erweiterungsabkommen vom 14. Oktober 2003 vom 27. Januar 2004, S. 45: „*Das Fürstentum Liechtenstein muss deshalb darauf bestehen, dass vor Unterzeichnung der Schlussakte sowohl die Tschechische Republik als auch die Slowakische Republik vorbehaltlos erklären, dass sie das Fürstentum Liechtenstein als einen bereits seit langem anerkannten und souveränen Staat respektieren. (...) Was die (...) offenen Vermögensfragen zwischen dem Fürstentum Liechtenstein einerseits und der Tschechischen Republik und der Slowakischen Republik andererseits anbelangt, so ist das Fürstentum Liechtenstein (...) bereit, diese einer künftigen Klärung auf bilateraler Ebene zuzuführen, sofern nur von der tschechischen und slowakischen Seite die Bereitschaft bekundet wird, in entsprechende Verhandlungen mit*

slowakischen Seite zu erreichen war, zog sich Liechtenstein in einer Note vom 9. Oktober 2003, die wiederum allen Vertragsstaaten des Erweiterungsabkommens zugestellt wurde, insofern auf eine Minimalforderung zurück, als die Bedingung der Verhandlungsbereitschaft hinsichtlich der offenen Vermögensfragen fallen gelassen wurde. In der Note erklärte Liechtenstein, dass es davon ausgehe, „*...dass alle Vertragsparteien das Fürstentum Liechtenstein als einen seit langer Zeit bestehenden, souveränen und anerkannten Staat respektieren, der sowohl im 1. als auch im 2. Weltkrieg ein neutraler Staat war...*"; nur wenn dies für alle Vertragsparteien annehmbar sei, könne das Fürstentum das EWR-Erweiterungsabkommen unterzeichnen[2214]. Diese Erklärung wurde von allen Vertragsparteien hingenommen, jedoch formulierten sowohl die Tschechische als auch die Slowakische Republik Vorbehalte. Beide Erklärungen verwiesen sowohl auf die Anerkennung des Fürstentums mit Wirkung zum 1. Januar 1993 als auch darauf, dass „*...Erklärungen, die nicht im Zusammenhang mit dem Gegenstand und dem Zweck dieses Übereinkommens stehen, keine rechtliche Wirkung...*" haben könnten[2215]. Daraufhin weigerte sich das Fürstentum, das Abkommen am 13./14. Oktober 2003 zu unterschreiben; die EWR/EFTA-Partner Liechtensteins, Island und Norwegen, erklärten sich solidarisch und sahen ebenfalls von einer Unterzeichnung ab[2216].

c) Einlenken des Fürstentums Liechtenstein

Letztlich konnte das Fürstentum seine konsequente Haltung jedoch nicht aufrecht erhalten, weshalb die liechtensteinische Regierung schließlich beschloss, das Abkommen am 11. November 2003 in Vaduz zusammen mit Island und Norwegen zu unterzeichnen. Diese Entscheidung wurde im Fürstentum gefasst, obwohl sich Tschechien und die Slowakei in der Anerkennungsfrage nicht bewegt hatten[2217]. Jedoch bedeutete die Zustimmung zum EWR-Erweiterungsabkommen nicht gleichzeitig auch ein Nachgeben Liechtensteins in der Sache. Vielmehr sollte an „*...der Anerkennungsforderung gegenüber Tschechien und der Slowakei (...) festgehalten wer-*

---

dem Ziel einer ernsthaften Lösung einzutreten".

2214 Regierung des Fürstentums Liechtenstein, Bericht und Antrag der Regierung an den Landtag des Fürstentums Liechtenstein betreffend das EWR-Erweiterungsabkommen vom 14. Oktober 2003 vom 27. Januar 2004, S. 46.

2215 Regierung des Fürstentums Liechtenstein, Bericht und Antrag der Regierung an den Landtag des Fürstentums Liechtenstein betreffend das EWR-Erweiterungsabkommen vom 14. Oktober 2003 vom 27. Januar 2004, S. 47.

2216 Vgl. dazu eine Meldung auf http://www.nzz.ch vom 5. November 2003 (Stand 11. Oktober 2004).

2217 Regierung des Fürstentums Liechtenstein, Bericht und Antrag der Regierung an den Landtag des Fürstentums Liechtenstein betreffend das EWR-Erweiterungsabkommen vom 14. Oktober 2003 vom 27. Januar 2004, S. 50: „*Doch auch deren Unterstützung [Norwegens und Islands, aber auch des Erweriterungskommissars VERHEUGEN] änderte nichts an der intransingenten Haltung der Tschechischen Republik, die zu einer analogen Haltung der Slowakischen Republik geführt hatte*".

den...'[2218]. In diesem Sinne wird in der Ratifizierungsurkunde[2219] des Erweiterungsabkommens vom 19. April 2004 auf eine Erklärung des Fürstentums verwiesen, welche der Urkunde als Anhang beigefügt ist. Die Erklärung lautet in ihren Kernsätzen:

> *„Das Fürstentum Liechtenstein ratifiziert das Übereinkommen (...) mit dem Verständnis, dass Ziel und Zweck des Abkommens über den Europäischen Wirtschaftsraum (...) die Vertragsparteien verpflichtet, sich um die Beilegung zwischen ihnen bestehender, bislang ungelöster Streitigkeiten auf friedlichem Wege auf der Grundlage des Völkerrechts zu bemühen, und dass mit der Ratifikation dieses Übereinkommen das Bestehen des Fürstentums Liechtenstein als seit langem bestehender souveräner Staat auch für die in Artikel 1 dieses Übereinkommens genannten ‚neuen Vertragsparteien' außer Zweifel steht."*

3. Ergebnis

Der Konfrontationskurs mit Prag und Bratislava konnte die avisierten Ziele des Fürstentums nicht erreichen. Letztlich ratifizierte Liechtenstein das EWR-Erweiterungsabkommen, ohne dass sich die beiden Nachfolgestaaten der Tschechoslowakei in der Sache bewegt hätten.

VII. Ergebnis bezüglich der zur Bewältigung der Kriegsfolgeschäden ergriffenen Maßnahmen

Insgesamt bleibt festzuhalten, dass *alle* im liechtensteinischen Interesse unternommenen Maßnahmen zur Bewältigung der Kriegsfolgeschäden jedenfalls hinsichtlich des jeweiligen Primärzieles erfolglos geblieben sind. Stellt man also allein auf das Ergebnis des Versuches, die Kriegsfolgeschäden des Fürstentums zu bewältigen, ab, müsste man – jedenfalls um in dem zu Beginn des Kapitels bemühten Vergleich mit dem kleinen Nachbarsjungen zu bleiben[2220] – konstatieren, dass dieser offensichtlich doch immer dann verliert, wenn handfeste Interessen der Großen betroffen sind.

[2218] So zitiert http://www.swissinfo.org/sde/Swissinfo.html?siteSect=41&sid=4441196 das Presseamt in Vaduz (Stand: 10. Oktober 2004).

[2219] Die Ratifizierungssurkunde liegt dem Verfasser in Kopie vor; die Urkunde wurde dem Rat der Europäischen Union am 28. April 2004 notifiziert.

[2220] Vgl. Kap. 5, am Anfang.

C. Die kleinstaatenspezifischen Aspekte der Maßnahmen zur Bewältigung der liechtensteinischen Kriegsfolgeschäden

In der vorliegenden Arbeit soll der liechtensteinische Versuch, seine Kriegsfolgeschäden zu bewältigen, vor dem Hintergrund der Kleinstaatlichkeit des Fürstentums untersucht werden. Demnach müssen die kleinstaatenspezifischen Aspekte dieses Unterfanges herausgearbeitet werden.

I. Die relevanten kleinstaatenspezifischen Funktionsdefizite

Insofern ist es unerlässlich, sich Klarheit darüber zu verschaffen, ob und – wenn ja – welche kleinstaatenspezifischen Funktionsdefizite sowohl bei der Entstehung der liechtensteinischen Kriegsfolgeschäden als auch im Rahmen des Versuchs deren Bewältigung gespielt haben.

1. Die eingeschränkte diplomatische Repräsentation des Fürstentums

Ein Manko der Politik des Fürstentums im Zusammenhang mit der Behandlung liechtensteinischen Privatvermögens durch die Tschechoslowakei manifestiert sich in der Tatsache, dass Liechtenstein nicht bereits frühzeitig und eigenständig diplomatische Beziehungen mit den Mächten Europas aufgenommen hat. Nur deshalb konnte BENEŠ nach dem Zweiten Weltkrieg verlautbaren lassen, dass er keinen souveränen liechtensteinischen Staat kenne[2221], auch wenn diese nach 1945 verfolgte Nichtanerkennungspolitik nicht gleichzeitig bedeuten muss, dass der tschechoslowakische Staat das Fürstentum nicht unterdessen konkludent anerkannt hatte[2222]. Der tschechoslowakischen Politik wäre jedoch ihre Nachkriegshaltung sicherlich schwerer gefallen, wenn der Kleinstaat am Oberrhein bereits zu Zeiten der Donaumonarchie eine selbstbewusste Außenpolitik gezeigt und demzufolge eigenständige diplomatische Beziehungen mit möglicht vielen Staaten unterhalten hätte. Auf diese Weise wäre unter Umständen verhindert worden, dass *„...das Fürstentum (...) mit der feindlichen Macht Kaiserhaus Habsburg identifiziert...“* wurde[2223]. Dieser Eindruck wurde dagegen sogar noch dadurch verstärkt, dass Liechtenstein bis zum Ende des Ersten Weltkrieges diplomatisch von Wien vertreten wurde[2224]. Vor diesem Hintergrund hat sich das kleinstaatenspezifische Funktionsdefizit der diplomatischen Repräsentation[2225] anerkennungspolitisch als realer Nachteil erwiesen und angesichts der Tatsache, dass etwa Deutschschweizer und deutschsprachige Italie-

---

2221 BLUMENWITZ, Tschechisch-liechtensteinische Beziehungen, S. 359, zitiert BENEŠ mit dem Satz: *„Ich kenne keinen souveränen Staat Liechtenstein“*.

2222 Dazu vgl. unten Kap. 5, C.III.2.a)bb)(2)(b).

2223 BLUMENWITZ, Tschechisch-liechtensteinische Beziehungen, S. 359.

2224 Vgl. dazu bereits Kap. 3, B.II.3.b)dd).

2225 Vgl. dazu bereits Kap. 1, C.II.6.a).

ner von der Tschechoslowakei nur gegen Entschädigung enteignet wurden[2226], die entschädigungslose Enteignung liechtensteinischen Privateigentums offenbar erleichtert bzw. sogar erst ermöglicht.

2. Die machtpolitische Schwäche des Fürstentums Liechtenstein

Das kleinstaatenspezifische Problem der fehlenden faktisch-politischen Macht kann sich nicht nur klassischerweise *im Verlauf* einer kriegerischen Auseinandersetzung zeigen[2227], sondern auch *anlässlich der Abwicklung* einer solchen.

a) Die Stellung des Fürstentums als neutraler Staat nach dem Ende des Zweiten Weltkrieges

Die typische Kleinstaatenstrategie der Neutralität brachte für Staaten, die diese Politik bis zum Ende des Zweiten Weltkrieges durchgehalten hatten, Nachteile mit sich, die sich vor allem in einer isolationistischen Wirkung bemerkbar machten. Die neutralen Staaten standen bei der Abwicklung der Kriegsfolgen, aber auch bei der Bildung der Nachkriegsordnung am Rande der weltpolitischen Landschaft oder blieben schlicht außen vor. Darüber hinaus mussten sie sich in gewisser Weise dem Willen der Alliierten unterordnen. Jene Staaten, die kurz vor Kriegsende ihre Neutralität aufgaben und dem Deutschen Reich, welches zu dieser Zeit bereits in Agonie lag, noch den Krieg erklärten, verschafften sich auf diese Weise nicht nur ökonomische Vorteile, sondern auch Zugang zur Gründungskonferenz der Vereinten Nationen[2228]. Diese Perspektive war für Bern und Vaduz angesichts der konsequenten Neutralitätspolitik nicht erreichbar, aus grundsätzlichen Erwägungen zumindest von Schweizer Seite auch nicht gewollt. Zudem stellt sich die Art der Einbindung in das deutsche Reparationssystem für die neutralen Staaten als negativ heraus. Nachdem Deutschland im Potsdamer Abkommen vom 2. August 1945[2229]

2226 Vgl. PRAXL, Recht und Macht – Der Fall Liechtenstein zwischen Beneš-Dekret, Besatzungsrecht und Völkerrecht, S. 25; F.A.Z. vom 8. Juni 2001, S. 12: „*Bis heute erkennt die Tschechische Republik das Fürstentum Liechtenstein nicht als Staat an (...). Wegen der kompromisslosen tschechischen Haltung waren Bemühungen um eine Entschädigung dort erfolglos, wenngleich etwa Schweizer Staatsbürger einen Ausgleich für ihre Enteignungen in der Tschechoslowakei erhielten*".

2227 Zum kleinstaatenspezifischen Funktionsdefizit der militärischen Schwäche vgl. Kap. 1, C.II.6.b).

2228 Dazu DIETRICH SCHINDLER in der N.Z.Z., Internationale Ausgabe, vom 27. Mai 1997 in seinem Aufsatz unter dem Titel „*Umstrittene Neutralität – Anerkennung und Kritik in der Kriegs- und Nachkriegszeit*" auf S. 27: „*Es hätte der politischen Moral der Schweiz und ihrer demokratisch fundierten Politik widersprochen, nach der Umkehr des Kriegsglücks eine opportunistische Wendung zu vollziehen. Die Türkei und Argentinien zeigten in dieser Hinsicht weniger Probleme. Auf alliierten Druck hin erklärten sie im Februar und März 1945 Deutschland den Krieg und erhielten damit Zutritt zur Gründungskonferenz der Vereinten Nationen*".

2229 Text vgl. in: U.S. GOVERNMENT PRINTING OFFICE, A Decade of American Foreign Policy,

unter der Prämisse, dass das Land „*...im größtmöglichen Umfang verpflichtet wird, Ersatz (...) zu leisten...*"[2230], auf geographischer Basis in eine „*... Konkursmasse Ost und West...*" aufgeteilt worden war[2231], erhielten die 18 Vertragsstaaten des Pariser Reparationsabkommen vom 14. Januar 1946[2232] feste Prozentanteile hinsichtlich der aus der „*...später so genannte[n] ‚Westmasse'...*"[2233] zu bestreitenden Reparationen zugewiesen. Mangels Status als Kriegspartei waren die neutralen Staaten aus diesen Regelungen ausgeschlossen, obwohl nicht überprüft worden war, ob auch sie durch die deutsche Kriegsführung geschädigt worden waren. Dagegen wurde jedoch das deutsche Auslandsmögen in neutralen Staaten in das Reparationsregime einbezogen[2234], wobei die Alliierten zum Teil die Weigerung der neutralen Staaten in offener Konfrontation niederrangen[2235], worin sich in besonderem Maße die Schwäche der neutralen Strategie im Rahmen der Abwicklung des Zweiten Weltkrieges zeigt. Dabei betrafen die Regelungen, die einen Zugriff der Alliierten auf deutsches Vermögen ermöglichten, auch das Fürstentum Liechtenstein. Sowohl das sog. Washingtoner Abkommen[2236] der Schweiz mit den Westmächten als auch die drei Umset-

---

Basic Documents 1941-49, Washington, 1950, S. 39 ff.

2230 Dies verlautbarten CHURCHILL, ROOSEVELT und STALIN in der Jalta-Erklärung vom 11. Februar 1945, vgl. RUMPF, Die Regelung der deutschen Reparationen nach dem Zweiten Weltkrieg, S. 78.

2231 BLUMENWITZ, Die Fragen der deutschen Reparationen, S. 67.

2232 Vgl. UNTS, vol. 555, S. 69; die 18 Vertragsstaaten waren: Albanien, die USA, Australien, Belgien, Kanada, Dänemark, Ägypten, Frankreich, das Vereinigte Königreich, Griechenland, Indien, Luxemburg, Norwegen, Neuseeland, die Niederlande, die Tschechoslowakei, Südafrika und Jugoslawien.

2233 RUMPF, Die Regelung der deutschen Reparationen nach dem Zweiten Weltkrieg, S. 79.

2234 Die Einbeziehung des deutschen Vermögens in den neutralen Staaten in das Reparationsregime auf der Grundlage von Art. III des Kontrollratsgesetzes Nr. 5 (Amtsblatt des Kontrollrates, S. 28) wurde durch sog. „*Save-Haven-Abkommen*" mit den neutralen Staaten umgesetzt, vgl. BLUMENWITZ, Die Fragen der deutschen Reparationen, S. 70, Fn. 31.

2235 RUMPF, Die Regelung der deutschen Reparationen nach dem Zweiten Weltkrieg, S. 94: „*Die Verträge mit den Neutalen (...), sie sich erst nach Sperrung ihrer Guthaben in den Ländern der drei Westmächte zur Konfiskation und teilweisen Liquidation der deutschen Vermögen entschlossen hatten, gestalteten sich wegen der gebotenen Beteiligung der Besatzungsmächte als besonders schwierig*".

2236 Das Washingtoner Finanzabkommen zwischen der Schweiz und den Vereinigten Staaten von Amerika, England und Frankreich über die deutschen Werte in der Schweiz vom 25. Mai 1946, veröffentlicht in: JIR 1 (1948), S. 447 ff.; Art. V dieses Abkommens lautet: „*Le représentant soussigné du Gouvernement suisse déclare agir également au nom de la Principauté de Liechtenstein.*"; der Umstand, dass die Schweiz den Anspruch der Alliierten auf Herausgabe der deutschen Werte nicht anerkennen wollten, ergibt sich aus dem zweiten Absatz der Präambel des Abkommens: „*Le Gouvernement suisse a déclaré ne pouvoir reconnaître de fondement juridique à ces prétentions, mais être désireux de contribuer pour sa part à la pacification et à la reconstruction de l'Europe, y compris le revitaillement des contrées dévastées*".

zungsabkommen[2237] der Schweiz mit der Bundesrepublik Deutschland verfügen über eine Liechtenstein-Klausel. Obwohl die Frage der Kriegsschäden der Neutralen nicht beantwortet war, wurden deren Forderungen andererseits trotzdem vom Reparationsaufschub in Art. 5 Abs. 3 des Londoner Schuldenabkommens vom 27. Februar 1953[2238] erfasst, welches in engem Zusammenhang mit dem Abschluss des Überleitungsvertrages zu sehen ist. Immerhin machte das Abkommen den Weg frei für die Regelung der deutschen Vorkriegsschulden. Da dafür der Stichtag des 8. Mai 1945 festgesetzt wurde[2239], konnte das Fürstentum Liechtenstein die Erstattung der Kosten für die Beherbergung der *„Ersten Russischen Nationalarmee der Deutschen Wehrmacht"*[2240] erreichen. Auf der Grundlage eines Briefwechsels zwischen der Deutschen Delegation für Auslandschulden in London und dem für das Fürstentum handelnden Eidgenössischen Politischen Departement vom 4. November 1952 und vom 30. Januar 1953 kam es im genannten Zusammenhang zur Zahlung von 440.000 DM[2241].

b) Unfähigkeit der Abwehr der Einbeziehung in Feindmaßnahmen durch die Tschechoslowakei

Das liechtensteinische Privatvermögen erfuhr eine Behandlung durch die Tschechoslowakei, die vom Umgang mit Privatvermögen von deutschsprachigen Italienern und Schweizern abweicht[2242]. Angesichts dieser Ungleichbehandlung drängt sich die Annahme auf, dass die sich aus der Kleinheit des Fürstentums ergebende politische Machtlosigkeit bei der Behandlung der liechtensteinischen Staatsbürger eine Rolle gespielt haben muss. Die politische Macht des Heimatstaats war für das Schicksal der enteigneten Privatpersonen entscheidend. Dieser Zusammenhang schlägt sich noch heute in der Literatur nieder. So stuft GATTINI[2243]

2237 Vgl. BGBl. 1953 II, S. 15 ff.; beispielhaft sei Art. 23 des Abkommens zwischen der Bundesrepublik Deutschland und der Schweizerischen Eidgenossenschaft über die deutschen Vermögenswerte in der Schweiz vom 26. August 1952 (BGBl. 1953 II, S. 20) zitiert: *„Dieses Abkommen wird deutscherseits auch im Namen des Landes Berlin (West), schweizerseits auch im Namen des Fürstentums Liechtenstein unterzeichnet"*.

2238 Gesetz betreffend das Abkommen vom 27. Februar 1953 über deutsche Auslandsschulden, BGBl. 1953 II, S. 331 ff.

2239 Art. 4 („Zu regelnde Schulden") Abs. 1: *„Die gemäß diesem Abkommen und seinen Anlagen zu regelnden Schulden sind (a) nichtvertragliche Geldverbindlichkeiten, die der Höhe nach vor dem 8. Mai 1945 festgestellt und fällig waren..."*.

2240 Dazu vgl. bereits Kap. 4, A.III.2.e).

2241 Vgl. Gesetz betreffend die Vereinbarungen zwischen der Bundesrepublik Deutschland und dem Fürstentum Liechtenstein über die Regelung der Forderungen des Fürstentums Liechtenstein an die Bundesrepublik vom 7. Mai 1954, BGBl. 1954 II, S. 522 ff.; die eigentlich entstandenen Kosten von 431.267,- DM wurden auf den Pauschalbetrag von 440.000,- DM aufgerundet, um zwei kleinere Schuldpositionen aufzugreifen.

2242 Vgl. bereits Kap. 5, C.I.1.

2243 GATTINI, A Trojan Horse for Sudeten Claims? On Some Implications of the *Prince of Liechtenstein v. Germany*, S. 513 ff.

in einem Aufsatz aus dem Jahre 2002 das Argument DOEHRINGs[2244] gegen eine unbegrenzte Verweisung der deutschen Rechtsprechung auf die tschechoslowakische Interpretation des Begriffes *„deutsches Auslandsvermögen"* im Rahmen der Auslegung des Art. 3, VI. Teil ÜV – nämlich dass es dann auch hinzunehmen wäre, wenn die Tschechoslowakei amerikanisches, britisches oder französisches Privateigentum als *„deutsches Auslandsvermögen"* konfisziert hätte – als *„...reductio ad absurdum..."* ein. Der Autor begründet seine Ansicht damit, dass die Vereinigten Staaten, das Vereinigte Königreich und Frankreich in der Lage gewesen wären, sich der Forderungen ihrer Staatsbürger anzunehmen und die Herausgabe des Eigentums oder Entschädigung von der tschechoslowakischen Regierung zu erreichen[2245]. Da das Fürstentum Liechtenstein dazu demnach offensichtlich nicht in der Lage war, auf dieselbe Weise seinem Staatsbürger beiseite zu stehen, blieb dem damaligen Fürsten im Verhältnis zur Tschechoslowakei lediglich der Klagewege vor tschechoslowakischen Gerichten, der letztlich keinen Erfolg brachte[2246].

3. Die Missachtung der kleinstaatlichen Personalhoheit

Auch der dritte der in der vorliegenden Arbeit[2247] hinsichtlich der Rolle der Kleinstaaten im internationalen Verkehr dargestellten kleinstaatenspezifischen Funktionsdefizite zeigte Auswirkungen auf die Abwicklung der im Verlauf des 20. Jahrhunderts in der Tschechoslowakei zu Lasten von liechtensteinischen Staatsbürgern ausgeführten Enteignungen. So hat sich die starke Dependenz von Österreich bis zum Ende des Ersten Weltkrieges dahingehend ausgewirkt, dass Liechtenstein mit der Habsburger Dynastie identifiziert wurde[2248]. Aber auch nach dem Ende des Zweiten Weltkrieges setzte sich die Tschechoslowakei über die Staatsangehörigkeit der von den Beneš-Enteignungen betroffenen Liechtensteinern mit dem Hinweis hinweg, es komme allein auf deren angebliche deutsche Volkszugehörigkeit an[2249]. Diese Logik ist vor allem auch deshalb besonders bemerkenswert, da die entschädigungslose Enteignung für deutschsprachige Südtiroler und Deutschschweizer gerade nicht praktiziert wurde[2250]. Nach der Identifizierung mit Habsburg erfuhren die liechtensteinischen Staatsbürger auf dem Boden der Tsche-

---

2244 DOEHRING, Völkerrechtswidrige Konfiskation eines Gemäldes des Fürsten von Liechtenstein als „deutsches Vermögen": Ein unrühmlicher Schlusspunkt, S. 466.

2245 GATTINI, A Trojan Horse for Sudeten Claims? On Some Implications of the *Prince of Liechtenstein v. Germany*, S. 520: *„This example, a reductio ad absurdum, proves nothing. In the unlikely event of such an occurrence, the United States, the United Kingdom or France* would have been able *to espouse the claim of their citizen against Czechoslovakia and could have sought restitution of the property or compensatory damages from the Czech Government"*; Hervorhebung durch den Verfasser.

2246 Kap. 5, B.III.2.

2247 Vgl. dazu Kap. 1, C.II.6.

2248 Dazu vgl. bereits Kap. 5, C.I.1.

2249 Vgl. bereits Kap. 5, B.III.1.a).

2250 Vgl. bereits Kap. 5, C.I.1.

choslowakei „*...nach 1945 die Gleichschaltung mit dem Feindstaat Deutsches Reich...*“[2251]. Neu an der Behandlung nach dem Zweiten Weltkrieg ist, dass das Fürstentum dabei in die Nähe eines großen Staates gerückt wurde, mit dem es keine Verbindungen unterhielt, wie es Liechtenstein heute mit der Schweiz, vor 1919 mit der k&k-Monarchie unterhielt. Die Missachtung der kleinstaatlichen Personalhoheit und damit einem Aspekt der liechtensteinischen Souveränität vollzog sich allein auf der Grundlage einer ethnischen Wertung aus der tschechoslowakisch-slawischen Perspektive, die sich letztlich mit der Feststellung der identischen deutschen Muttersprache der Betroffenen zufrieden gab. Insofern realisierte sich die von Kleinstaaten gefürchtete „*...Marginalisierung und Mediatisierung durch große Nachbarn...*“ in kultureller Sicht[2252], wobei dieser Effekt nicht durch den großen Nachbarn, sondern durch einen Drittstaat, die Tschechoslowakei, verwirklicht wurde.

4. Ergebnis

Insgesamt kann man daher festhalten, dass die Kleinstaatlichkeit Liechtensteins sicher ihren Teil dazu beigetragen hat, dass das Privatvermögen der liechtensteinischen Staatsbürger bei der Umsetzung der Beneš-Dekrete behandelt wurde, wie es die Geschichtsbücher aufzeigen. Der 30.000-Seelen-Staat konnte auf Grund seiner politischen Schwäche seinen Bürgern nicht in effektiver Weise zu Hilfe eilen. Dass diese Erfolglosigkeit nicht fehlendem Willen von Seiten des liechtensteinischen Staates zuzuschreiben ist, kann schon angesichts der Tatsache ausgeschlossen werden, dass der innenpolitisch äußerst mächtige Fürst der Hauptbetroffene der Enteignungen war. Demnach hat sich die Kleinstaatlichkeit auch in der Wahl der aufgegriffenen Gegenmaßnahmen manifestiert, da andere schlicht nicht vorhanden waren.

II. Die relevanten kleinstaatenspezifischen Handlungsinstrumentarien

Die dargestellten Maßnahmen[2253] der liechtensteinischen Seite sollen nun in das in Kapitel 1 erarbeitete abstrakte System[2254] der kleinstaatenspezifischen Strategien gegen kleinstaatentypische Defizite eingeordnet werden.

[2251] BLUMENWITZ, Tschechisch-liechtensteinische Beziehungen, S. 359.

[2252] So KILIAN, Staat – Kleinstaat - Kleinststaat, S. 233, der dazu weiter ausführt: „*Daher umgreifen die kleinen Staaten auch heute noch mancherlei Ängste, die ihnen ein hohes Sicherheitsbedürfnis auferlegen: vor allem die Angst um die eigene Sprache und Kultur*“.

[2253] Vgl. Kap. 5, B.

[2254] Vgl. Kap. 1, C.III.

1. Formelle Ansätze

a) Problemlösung vor Gericht statt Regelung auf vertraglicher Basis

Zunächst sticht ins Auge, dass sich – bis auf eine Ausnahme – alle der dargestellten Maßnahmen in einem gerichtlichen Rahmen auswirken. Die Feststellung verdeutlicht schlicht die prozessuale Seite der kleinstaatenspezifischen Strategie der Betonung des Rechts[2255]. Während die Interessen von Staatsbürgern großer Staaten im Zusammenhang mit dem Zweiten Weltkrieg gegenüber der Bundesrepublik in der Regel im Rahmen von Verträgen abgesichert wurden[2256], war den deutsch-liechtensteinischen Konsultationen vor der Erhebung der Klage zum IGH kein Erfolg beschert[2257]. Die für Kleinstaaten erhöhte Notwendigkeit, über Zugang zu internationalen Gerichtshöfen zu verfügen, ist im Zusammenhang mit der Bewältigung der liechtensteinischen Kriegsfolgeschäden offensichtlich geworden. An den Verfahren, die mit der Sequestrierung des Kalkofen-Gemäldes in Köln in Gang gesetzt wurden, lassen sich jedoch auch einige außergewöhnliche Umstände der liechtensteinischen Strategie aufzeigen. Beispielsweise handelt hier nicht nur der liechtensteinische Staat, sondern der betroffene regierende Fürst agiert zunächst als Privatperson. Dies war nicht nur im Rahmen der Rechtsmittel vor tschechoslowakischen Gerichten der Fall, sondern auch im deutsch-liechtensteinischen Bilderstreit. Die Klagen vor deutschen Gerichten und die Beschwerde vor dem EGMR wurde jedoch ohne Zweifel von Anfang an im Bewusstsein der Gesamtdimension der Enteignungen in der Tschechoslowakei zu Lasten von liechtensteinischen Staatsbürgern geführt. Erst über diesen Umweg ergab sich dann die Klagemöglichkeit vor dem IGH. Damit ist festzuhalten, dass die gesamtliechtensteinische Strategie damit ein Zusammenwirken der staatlichen Möglichkeiten und der Handhabe des Fürsten als Privatperson darstellt. Darüber hinaus bedient sich dieser gesamtheitliche Ansatz nicht nur internationaler Gerichtshöfe, sondern auch – über den Umweg von Klagen der fürstlichen Privatperson vor tschechoslowakischen und deutschen Gerichten – nationaler Rechtsprechungsorgane. Als Ausdruck

---

2255 Vgl. dazu Kap. 1, C.III.2.

2256 Hier sei nur an die Leistungen des deutschen Staates zugunsten U.S.-amerikanischer Staatsbürger nach der deutschen Wiedervereinigung verwiesen; BLUMENWITZ, Die Fragen der deutschen Reparationen, S. 76, Fn. 55: *„Ein 1992 mit den USA abgeschlossenes Abkommen begünstigt amerikanische Bürger, die auf dem Territorium der ehemaligen DDR durch Faschismus oder Kommunismus geschädigt wurden; ein weiteres 1995 mit dem USA vereinbartes Abkommen (sogenanntes ‚Princz Agreement') stellt Mittel für noch nicht entschädigte amerikanische Bürger bereit; die 1996 erfolgte Ergänzung des deutsch-amerikanischen Rentenabkommens garantiert den osteuropäischen Juden mit deutschem kulturellen Hintergrund Rentenleistungen in den USA. Das zwischen der Bundesrepublik und der Regierung der USA vereinbarte Abkommen betreffend die Stiftung ‚Remembrance, Responsibility and the Future' (vgl. (...) BGBl. [2000] I, 1263...) ist deshalb nur ein vorläufiger Schlusspunkt in einer langen Reihe vergleichbarer Entschädigungsfälle"*.

2257 Vgl. dazu Kap. 5, B.V.2. am Anfang.

kleinstaatlicher Schwäche mag zudem der Umstand gelten, dass das Fürstentum eine Entschädigung im direkten liechtensteinisch-tschechoslowakischen Verhältnis nicht erreichen konnte, sondern sowohl den Zufall der Verbringung des Gemäldes nach Deutschland als auch die inkonsequente Rechtsprechung der deutschen Gerichte nutzen musste.

b) Mitgliedschaft in internationalen Organisationen als politische Handhabe

Eine Maßnahme, die zur Bewältigung der liechtensteinischen Kriegsfolgeschäden gewählt wurde, fällt aus der Reihe der übrigen heraus. Neben den unterschiedlichen gerichtlichen Verfahren stellt der Einsatz[2258] der institutionellen Rechte des Fürstentums im Zusammenhang mit dem Beitritt der Nachfolgestaaten zum EWR ein politisches Novum der kleinstaatlichen Strategie dar. Auch wenn die Primärforderungen im Verhältnis zur Tschechischen und Slowakischen Republik letztlich nicht durchzusetzen waren, spiegelt sich in dieser liechtensteinischen Maßnahme der Erfolg der kleinstaatlichen Strategie des vermehrten Engagements in internationalen Organisationen wider[2259].

2. Vorgebrachte kleinstaatenspezifische Argumente

Die kleinstaatentypische Betonung des internationalen Rechts hat aber über die prozessualen Rahmenbedingungen hinaus selbstredend auch eine materielle Dimension.

a) Notwendigkeit wiederholter Verteidigung kleinstaatlicher Souveränität

Mangels militärischer und politischer Macht ist ein Kleinstaat typischerweise nicht in der Lage, seine Souveränität in hinlänglichem Maße zu verteidigen[2260]. Dieser Umstand verbirgt sich auch hinter dem liechtensteinischen Kriegsfolgenproblem, da die guatemaltekische Behandlung eines Liechtensteiners unter Missachtung der liechtensteinischen Staatsangehörigkeit, die tschechoslowakische Einordnung liechtensteinischen Privatvermögens als deutsches Auslandsvermögen und die Bezugnahme der deutschen Gerichte auf diese Einordnung an die Personalhoheit des Fürstentums über seine Staatsangehörigen rührt. Denn die unangefochtene Ausübung der Staatsgewalt über das eigene Staatsvolk ist genuiner Aspekt der staatlichen Souveränität[2261]. Die kleinstaatenspezifische Bedeutung der liechtensteinischen Bestrebung, die Kriegsfolgeschäden zu bewältigen, insbesondere im Verfah-

---

[2258] Vgl. dazu Kap. 5, B.VI.

[2259] Dazu vgl. bereits Kap. 1, C.III.3.

[2260] Vgl. Kap. 1, C.III.1.

[2261] Kap. 3, A.II.1.

rens vor dem IGH, erklärt der Verfahrensbevollmächtigte des Fürstentum vor dem IGH folgendermaßen[2262]:

> *„[I]m Völkerrecht bedeutet Souveränität eines Staates nicht einen Ewigkeitszustand. Nur derjenige Staat ist souverän, der auch tatsächlich in seiner Souveränität von der Staatengemeinschaft anerkannt und respektiert wird. Gerade bei kleineren Staaten kann es zu einer schleichenden Erosion der Souveränität kommen, wenn der Staat nicht bereit ist, seine Souveränität aktiv zu verteidigen. Ein Staat muss eben auch mit allen ihm zur Verfügung stehenden diplomatischen und rechtlichen Mitteln gegen eine Verletzung seiner Souveränität vorgehen. Genau dieses Ziel verfolgt das Verfahren in Den Haag.“*

Damit wird klar, dass das Unterfangen Liechtensteins, gegen die Einbeziehung seiner Staatsbürger in das deutsche Reparationssystem vorzugehen, über die offenkundigen finanziellen Interessen hinaus Bedeutung sowohl für das kleinstaatliche Selbstverständnis als auch für die Wahrnehmung des Fürstentums in den internationalen Beziehungen aufweist.

b) Neutralität als Rechtsposition

Darüber hinaus taucht die Stellung Liechtensteins als neutraler Staat als Argument in den Begründungen der beschriebenen Maßnahmen an mehreren Stellen auf. So wurde damit bereits vor den tschechoslowakischen Gerichten argumentiert[2263]; ebenso musste sich das OLG Köln mit der Neutralität des Fürstentums im Zweiten Weltkrieg beschäftigen[2264]. Auch vor dem IGH wurde vorgetragen, die Behandlung der Klagen des Fürsten vor deutschen Gerichten bzw. der kritiklose Vollverweis auf die tschechoslowakische Rechtsordnung habe eine Verletzung der liechtensteinischen Neutralität bewirkt[2265]. Damit wird erkennbar, dass die neutralistische Strategie unter dem Gesichtspunkt der kleinstaatenspezifischen Betonung des internationalen Rechts nicht nur Vorteile in Form einer Schutzwirkung *während* einer kriegerischen Auseinandersetzung bietet, sondern unter Umständen auch – vor allem im Zusammenspiel mit dem Zugang zu (nationalen und) internationalen Gerichten – eine verbesserte argumentative Stellung des Kleinstaates im Rahmen der rechtlichen Verarbeitung von Kriegen bzw. deren Folgen, also *nach* Beendigung einer kriegerischen Auseinandersetzung, zu bringen imstande ist.

[2262] LIECHTENSTEINER VOLKSBLATT vom Samstag, den 27. April 2002, S. 4.

[2263] Vgl. Kap. 5, B.III.1.a).

[2264] Vgl. Kap. 5, B.IV.2.a)bb)(2); das ändert aber nicht daran, dass sowohl die tschechoslowakischen Gerichte als auch das OLG Köln die Neutralität des Fürstentums Liechtenstein als im Fall der Konfiskation des fürstlich-liechtensteinischen Vermögens in der Tschechoslowakei bzw. des Gemäldes als irrelevant ansahen.

[2265] Kap. 5, B.V.2. am Anfang.

3. Ergebnis

Damit lassen sich in der Vorgehensweise Liechtensteins bezüglich des Versuches der Bewältigung der Kriegsfolgeschäden eine ganze Reihe von kleinstaatentypischen Verhaltensweisen erkennen. Diese sollen in der Folge auf ihre Effektivität überprüft werden.

III. Die Grenzen der Effektivität der kleinstaatlichen Handlungsinstrumentarien

Die Maßnahmen zur Überwindung der liechtensteinischen Kriegsfolgeschäden waren – zumindest hinsichtlich der jeweiligen Primärziele – *ausnahmslos* erfolglos[2266]. Auch wenn man diesen Umstand bereits als Indiz für die Unterlegenheit kleinstaatlicher Interessen in den internationalen Beziehungen heranziehen könnte, kann man einen kausalen Zusammenhang zwischen der Erfolglosigkeit der Maßnahmen des Fürstentums bzw. des Fürsten als Privatperson und dem Umstand, dass die Maßnahmen von einem Kleinstaat bzw. von einem Staatsbürger eines Kleinstaates ausgeübt wurden, dennoch nicht ohne weitere Argumentation behaupten. Eine Wertung vor allem der gerichtlichen Verfahren erfordert vielmehr eine Überprüfung der Urteile und Beschlüsse in rechtlicher Hinsicht. Zudem gilt es zu beleuchten, ob und – wenn ja – welche weiteren Motivlagen, die nichts mit der Kleinstaatlichkeit des einen Verfahrensbeteiligten bzw. des Heimatstaates eines Verfahrensbeteiligten zu tun haben, auf die Entscheidungsfindung bzw. auf die Erfolglosigkeit der jeweiligen Maßnahme eingewirkt haben könnten.

1. Alternative Entscheidungsansätze im Fall Nottebohm

Als erste kleinstaatliche Maßnahme wird das Verfahren im Fall *Nottebohm* näher beleuchtet[2267]. Die Beschäftigung mit dem Urteil am Beginn des 21. Jahrhunderts

---

[2266] Kap. 5, B (insbesondere in VII).

[2267] Dabei mag es für den einen oder anderen seltsam anmuten, sich mit einer Entscheidung auseinander zu setzen, deren Veröffentlichung durch den IGH nun bald 50 Jahre zurück liegt. Zudem wurde bereits in den 1950er Jahren zum Spruch des Gerichtshofes eine ganze Flut von Aufsätzen geschrieben, so dass ein Autor in seiner Stellungnahme aus dem Jahr 1959 sogar meint, sich dafür entschuldigen müssen, zu der Menge an Literatur zum *Nottebohm*-Fall seinerseits auch noch beizutragen (GROSSEN, Nationalité et Protection Diplomatique, S. 489: *„L'arrêt (...) dans l'affaire Nottebohm (...) a déjà fait couler tellement d'encre qu'il faut presque s'excuser d'y revenir.“*). Der Umstand, dass zu diesem Thema viel geschrieben wurde (LIPSTEIN / LOEWENFELD, Liechtenstein gegen Guatemala, S. 275, meint, dass der *Nottebohm*-Fall *„...vielleicht mehr Literatur hervorgebracht [hat] als irgendein anderer moderner Fall...“*; beispielhaft verwiesen sei hier auf die umfangreichen Bibliographien zum *Nottebohm*-Fall sowohl bei WEIS, Nationality and statelessness in International Law, S. 318 ff. als auch bei VON MANGOLDT, Nottebohm Case, in: BERNHARDT, EPIL, Band III, S. 700), bedeutet jedoch vor allem, dass der Fall damals kontrovers diskutiert wurde (Vgl. LIPSTEIN / LOEWENFELD, Liechtenstein gegen Guatemala, S. 275; KUNZ, The Nottebohm Judgment, S. 539: *„The judgment remains (...)*

ist kein Anachronismus, da seine Auswirkungen auch in aktuellen Werken noch als negativ dargestellt werden[2268]. Um einen möglichen Zusammenhang zwischen dem Ausgang des Verfahrens im *Nottebohm*-Fall und der Kleinstaatlichkeit des Fürstentums erkennen zu können[2269], muss an dieser Stelle die Argumentation des Gerichts auf ihre Vereinbarkeit mit dem Völkerrecht überprüft werden[2270].

a) Zur Anerkennung des Rechts auf diplomatischen Schutzes durch Guatemala

Schon der Annahme der Mehrheitsrichter dahingehend, dass weder die Visaerteilung auf dem liechtensteinischen Pass NOTTEBOHMs durch den guatemaltekischen Konsul noch die Registrierung als liechtensteinischer Staatsbürger in Guatemala zu einer Anerkennung des Rechtes Liechtensteins auf diplomatischen Schutz zugunsten seines Staatsbürgers geführt habe, da kein Kontakt zwischen den beteiligten Staaten entstanden sei, kann das Gefolge verweigert werden. In seiner abweichenden Meinung zum Urteil folgert der kanadische Richter READ aus der Tatsache, dass Guatemala NOTTEBOHM mit seinem liechtensteinischen Pass einreisen ließ, dass der mittelamerikanische Staat damit zweifellos auch den diplomatische Schutz durch Liechtenstein akzeptiert hat. Guatemala hätte Nottebohm zwar nach Liechtenstein ausweisen können, jedoch hätte es nicht den diplomatischen Schutz durch das Fürstentum verweigern dürfen. Nach der Ansicht des Richters READ seien durch die Gestattung der Einreise auf der Grundlage von liechtensteinischen Reisepapieren rechtliche Beziehungen zwischen Liechtenstein und Guatemala entstanden[2271]. SEIDL-HOHENVELDERN schließt sich der Ansicht der abweichenden Meinung an und weist darauf hin, dass NOTTEBOHM das ihm Mögliche getan habe, indem er seine neue Nationalität sofort nach der ersten Einreise nach Guatemala offengelegt hat[2272]. Schon an dieser Stelle hätte das Gericht demnach

---

highly controversial"). Dabei fällt auf, dass die Entscheidung in den meisten Beiträgen kritisch bewertet wird (VON MANGOLDT, Nottebohm Case, in: BERNHARDT, EPIL, Band III, S. 699: *„The judgment caused an intensive, in most cases highly critical, discussion*").

2268 Vgl. etwa HAILBRONNER, Der Staat und der Einzelne, Rn. 115.

2269 Vgl. dazu Kap. 5, D.

2270 Dabei soll jedoch nicht allzu tief in die Details eingedrungen werden, vielmehr werden lediglich die in den vorhandenen Veröffentlichungen vorgetragenen Kritikpunkte zusammengefasst.

2271 I.C.J. Reports 1955, S. 48: *„In my opinion, as a result of Mr. Nottebohm's admission to Guatemala and establishment under the Guatemalan law as a resident of Liechtenstein nationality, a series of legal relationships arose between Guatemala and Liechtenstein, (...). From that time on Guatemala had the right to deport Mr. Nottebohm to Liechtenstein, and Liechtenstein was under the correlative obligation to receive him on deportation. Liechtenstein was entitled as of right to furnish diplomatic protection to Mr. Nottebohm in Guatemala, and when that right was exercised in October 1943, it was not questioned by Guatemala*".

2272 SEIDL-HOHENVELDERN, Der Fall Nottebohm, S. 148.

ohne große Argumentationsmühe das Schutzrecht Liechtensteins bejahen können. Dagegen hat es gegen die Argumentation READs entschieden. Dies scheint schon wegen des völkerrechtlichen Verbotes des *venire contra factum proprium* bedenklich[2273]. Denn das Gericht sanktioniert auf diese Weise das Verhalten Guatemalas, das NOTTEBOHM zunächst in dem Glauben ließ, ihn als Liechtensteiner zu akzeptieren, um ihn anschließend als Angehörigen eines Feindstaates zu enteignen. Hätte Guatemala seine Intention, den liechtensteinischen Neubürger als solchen nicht anzuerkennen, schon anfänglich geäußert, hätte NOTTEBOHM gegebenenfalls, solange die Neutralität Guatemalas bestand, geeignete Schritte zur Rettung seines Vermögen unternehmen können.

b) Zur Dissoziation von Staatsangehörigkeit und diplomatischem Schutzrecht

Hauptansatzpunkt der Kritik gegen das Urteil des IGH war aber die sich daraus ergebende Dissoziation von Staatsangehörigkeit und Recht auf diplomatischen Schutz[2274].

aa) Zur Verankerung des allgemeinen Effektivitätserfordernisses im Völkerrecht

Entgegen der Feststellung des Gerichts sei – so die Kritiker – die Effektivität der Staatsbürgerschaft als generelle Voraussetzung für das Schutzrecht nicht nachzuweisen. Als Grundregel erweise sich vielmehr jene, derzufolge das Schutzrecht aus der staatsbürgerschaftlichen Anknüpfung an den Heimatstaat automatisch folge[2275]. Selbiges ergibt sich auch bei der Lektüre eines Urteils des Ständigen Internationalen Gerichtshofs, welches der IGH selbst zitiert, allerdings nur, um nachzuweisen, dass das Recht auf diplomatischen Schutz ein Recht des Staates darstellt[2276]. Jedoch wird in dem genannten Text außer der Eigenschaft der betreffenden natürlichen Person als *„ressortissant"* keine weitere Voraussetzung für das Recht

---

2273 Auch in der Klageschrift des Fürstentums findet man Ausführungen zur „doctrine of estoppel", I.C.J., Nottebohm Case (Liechtenstein v. Guatemala), Bd. I, S. 41 f.

2274 Vgl. WEIS, Nationality and statelessness in International Law, S. 179: *„The criticism was, in particular, directed against the dissociation of diplomatic protection from nationality..."*.

2275 Vgl. VON MANGOLDT, Nottebohm Case, in: BERNHARDT, EPIL, Band III, S. 699: *„...instead, it was submitted to be a general rule of international law that nationality gives rise to a right of diplomatic protection"*.

2276 I.C.J. Reports 1955, S. 48: *„La protection diplomatique et la protection par la voie judiciaire internationale constituent une mesure de défense des droits de l'État. Comme l'a dit et répété la Cour permanente de Justice internationale, ‚en prenant fait et cause pour l'un des siens, en mettant en mouvement, en sa faveur, l'action diplomatique ou l'action judiciaire internationale, cet État fait, à vrai dire, valoir son propre droit, le droit qu'il a de faire respecter en la personne de ses ressortissants, le droit international' (C.P.J.I., série A, n° 2, p. 12, et série A/B, n° 20-21, p. 17)"*.

auf Ausübung diplomatischen Schutzes genannt. Unter der Eigenschaft des *„ressortissant"* ist nichts anderes zu verstehen als die Staatsbürgerschaft, was anhand der englischsprachigen Version der *„person of its [des Staates] subjects"*[2277]. Die sog. Bancroft-Verträge könnten, so die Kritik weiter, als Beleg für eine entgegengesetzte Staatenpraxis schon deshalb nicht herangezogen werden, da sie im Jahre 1917 anlässlich des Eintritts der USA in den Ersten Weltkrieg aufgehoben wurden[2278]. Auch aus dem genannten Art. 1 der Haager Abkommen zu den Staatsangehörigkeitskonflikten aus dem Jahre 1930 ergebe sich nichts anderes; die Norm lautet wie folgt:

> *„Il appartient à chaque État de déterminer par sa législation quels sont ses nationaux. Cette législation doit être admise par les autres État, pourvu qu'elle soit en accord avec les conventions internationales, les coutumes internationales et les principes de droit généralement reconnus en matière de nationalité."*

Aus der Regelung lässt sich zwar herauslesen, dass es grundsätzlich Beschränkungen bezüglich der Anerkennung fremder Staatsangehörigkeiten geben muss. Welche diese sind, ergibt sich aber nicht aus der Konvention, vielmehr verweist diese auf die anerkannten Regeln zur Staatsbürgerschaft. Auf der Grundlage des genannten Artikels folgern verschiedene Autoren, dass das Gericht einem falschen Prüfungsaufbau gefolgt ist. Nicht die Effektivität der liechtensteinischen Staatsbürgerschaft hätte überprüft werden müssen, sondern *„...eine Nichtanerkennung der liechtensteinischen Staatsangehörigkeit Nottebohms hätte (...) mit der Unrechtmäßigkeit seiner Einbürgerung nach liechtensteinischem Landesrecht oder nach Völkerrecht begründet werden müssen"*[2279].

Auch in aktueller Literatur wird darauf hingewiesen, dass es *„...zweifelhaft..."* sei, *„...ob (...) [die] Auslegung des ‚genuine link' durch den IGH von der Staatenpraxis gedeckt ist"*; denn diese gehe davon aus, *„...dass ein Staat auch befugt ist, seine Staatsangehörigkeit an Personen zu verleihen, zu denen [nur] ein lockerer Anknüpfungspunkt besteht"*[2280]. Zumindest hätte die Naturalisierung NOTTEBOHMs jedenfalls einen *prima-facie*-Beweis erzeugt, dessen Gegenbeweis Guatemala oblegen hätte, der jedoch nicht erbracht worden sei. Dieses Argument findet sich ausdrücklich auch in der abweichenden Meinung des Richters READ[2281] und angedeutet im Minderheitsvotum des Richters KLAESTAD [2282]. Mithin hat die Bindungstheorie (*„genuine link"*) im Jahre 1955 kein

---

2277 LIPSTEIN / LOEWENFELD, Liechtenstein gegen Guatemala, S. 290, übersetzen *„ressortissant"* mit *„Staatsbürger"*.

2278 Opinion dissidente de M. Guggenheim, juge „ad hoc", I.C.J. Reports 1955, S. 59 (Ziffer 11); LOEWENFELD, Der Fall Nottebohm, S. 401.

2279 MAKAROV, Das Urteil des IGH im Fall Nottebohm, S. 414.

2280 HAILBRONNER, Der Staat und der Einzelne, Rn. 115.

2281 I.C.J. Reports 1955, S. 35.

2282 Vgl. I.C.J. Reports 1955, S. 30 (Ziffer III., zweiter Absatz).

positives Recht wiedergegeben[2283] und stellt sie angesichts der eben zitierten modernen Literatur auch heute noch nicht dar. In diesem Sinne bezeichnet MAKAROV das generelle Erfordernis der Effektivität der Staatsbürgerschaft als Voraussetzung für das Entstehen des Schutzrechtes als *„...völliges Novum...“*[2284]. Der Überschreitung des positiven Rechts sind sich auch jene Autoren bewusst, die dem IGH im konkreten Fall die Überdehnung des positiven Rechts unter dem Gesichtspunkt der Innovationsfunktion des Gerichtshofes zugestehen wollen[2285].

Zudem wird dem Erfordernis des *„genuine link“*-Kriteriums ein weiteres Argument entgegen gebracht: denn vom Ergebnis her habe das Gericht der Anwendung diplomatischen Schutzes im konkreten Fall keinen Gefallen getan. Es habe vielmehr die Staatsbürgerschaft nach nationalem Recht, die sicherlich im Einzelfall rechtsmissbräuchlich vergeben werden kann, auf der Grundlage der Bindungstheorie durch ein völlig unpräzises[2286] Kriterium ersetzt[2287]. Die vom Gerichtshof praktizierte Abgrenzung nach der Effektivität der Staatsbürgerschaft berge schlicht *„...ein erhebliches Ausmaß an Rechtsunsicherheit...“* für eingebürgerte Personen, da ihr Zugang zu diplomatischem Schutz von *„...gefühlsbetonten Merkmale[n]...“* abhänge[2288]. Auch die Minderheitsvoten READ[2289] und GUGGENHEIM[2290] stören sich an der subjektiven und damit willkürlichen Definition des Begriffes *„genuine link“*.

bb) Zur Analogie zu den Fällen der doppelten Staatsbürgerschaft

Nachdem die Effektivität der Staatsbürgerschaft als allgemeine Anforderung für die Zulassung des diplomatischen Schutzes weder in der Staatenpraxis noch in der Literatur nachgewiesen werden konnte, hätte der Spruch des IGH nur dann mit dem im Zeitpunkt des Urteils geltenden Völkerrecht im Einklang stehen können,

---

2283 Im Ergebnis pinion dissidente de M. Guggenheim, juge „ad hoc“, I.C.J. Reports 1955, S. 56 (Ziffer 6); KUNZ, The Nottebohm Judgment, S. 562: *„It must be stated de lege lata that the Nottebohm Judgment is not based on international law actually in force“*.

2284 MAKAROV, Das Urteil des IGH im Fall Nottebohm, S. 414; a. A. BASTID, L´Affaire Nottebohm devant la Cour Internationale de Justice, S. 625, DE VISSCHER, L´Affaire Nottebohm, S. 258, die die Effektivität als allgemeines Prinzip des Völkerrechts propagieren und auf dieser Grundlage auch für die Zulassung des diplomatischen Schutzes reklamieren.

2285 Vgl. GROSSEN, Nationalité et Protection Diplomatique, S. 489/502.

2286 VON MANGOLDT, Nottebohm Case, in: BERNHARDT, EPIL, Band III, S. 700: *„The fundamental relativity and vagueness of the undefinable ‚genuine link' requirement...“*

2287 GROSSEN, Nationalité et Protection Diplomatique, S. 497: *„Au point de vue de la protection diplomatique, la solution de l´arrêt Nottebohm présente des inconvénients patents. A un critère imparfait, celui de la nationalité telle que déterminée par le droit interne de l´État demandeur, elle substitue un critère imprécis, dangereux pour la sécurité du droit, celui de la nationalité effective“*.

2288 SEIDL-HOHENVELDERN, Der Fall Nottebohm, S. 148.

2289 I.C.J. Reports 1955, S. 46.

2290 I.C.J. Reports 1955, S. 55 (Ziffer 5).

wenn die Voraussetzungen einer Analogie[2291] von den schiedsgerichtlich entschiedenen Fällen auf die konkrete Situation im *Nottebohm*-Fall gegeben gewesen wären. Sieht man einmal davon ab, dass die Anwendbarkeit der Figur der Analogie im Völkerrecht grundsätzlich umstritten ist[2292], folgt sie dem „...*Postulat der Gerechtigkeit, Gleichartiges rechtlich gleich zu behandeln*“[2293].

Den Kritikern der Anwendung der Analogie im Fall *Nottebohm* zufolge fehlt es hier aber gerade an dieser Vergleichbarkeit[2294]. Die schiedsgerichtlich entschiedenen Fälle, auf die die Argumentation des IGH aufbaut, befassen sich unbestrittenermaßen mit dem Problem der Kollision von diplomatischen Schutzansprüchen. FRIEDRICH NOTTEBOHM hatte jedoch durch die Annahme der liechtensteinischen Staatsbürgerschaft auf Antrag die Staatsbürgerschaft des Deutschen Reiches auf der Grundlage des § 25 RuStaG[2295] verloren, was auch dem Gericht bekannt war[2296]. Damit stellt sich die Frage, ob sich die Situation der Doppelstaatler mit der einer Person vergleichen lässt, die lediglich über *eine* Staatsbürgerschaft verfügt und in deren Rechte nach einem Staatsbürgerschaftswechsel in einem Drittstaat eingegriffen wird. Damit werden letztlich völlig unterschiedliche Ausgangslagen beschrieben: während im Fall der Doppelstaatler zwei grundsätzlich gleichwertige Staatsbürgerschaften miteinander konkurrieren, steht die liechtensteinische Staatsbürgerschaft im Fall *Nottebohm* allein; deutsche Stellen haben sich im Verfahren gerade nicht auf ein Recht auf diplomatischen Schutz berufen. Überzeugend baut auch MAKAROV auf diesem Gedanken auf und sieht in den vom IGH angeführten schiedsrichterlichen Entscheidungen lediglich den Ansatz einer relativen Effektivität der Staatsbürgerschaft, wohingegen die Forderung nach einem absoluten Begriff der Effektivität eine erhöhte Anforderungsschwelle bedeute, die im allgemeinen Völkerrecht keine Stütze finde[2297].

2291 Auch die das Urteil des IGH stützenden Stimmen in der Literatur gehen davon aus, dass sich der Gerichtshof dogmatische des Institutes der Analogie bedient hat: BASTID, L´Affaire Nottebohm devant la Cour Internationale de Justice, S. 629/630, DE VISSCHER, L´Affaire Nottebohm, S. 250: „*A cet effet, la Cour, raisonnant par analogie, a fait état de la jurisprudence, de la doctrine et des traités qui (...) s´accordent assez généralement à reconnaître au juge le pouvoir de trancher le conflit en faisant application de la théorie dite du* lien réel *ou de l´*appartenance effective“.

2292 Zu den Gründen für die Ablehnung der Analogie im Völkerrecht vgl. BLECKMANN, Analogie im Völkerrecht, S. 167 ff.

2293 BLECKMANN, Analogie im Völkerrecht, S. 173.

2294 GROSSEN, Nationalité et Protection Diplomatique, S. 497: „*Il nous semble en effet qu´en déduisant un principe de portée générale de conventions particulières et d´une pratique concernant exclusivement des cas de conflit de nationalités, la Cour a opéré un passage brusque, pour ne pas dire un saut périlleux*“.

2295 Reichs- und Staatsangehörigkeitsgesetz vom 22. Juli 1913, Reichsgesetzblatt S. 583.

2296 Vgl. opinion dissidente de M. Guggenheim, juge „ad hoc“, I.C.J. Reports 1955, S. 55 (Ziffer 3).

2297 MAKAROV, Das Urteil des IGH im Fall Nottebohm, S. 416: „*Die ,Effektivität' bezeichnet*

Eine weitere Ungleichheit sei überdies darin zu sehen, dass im Falle NOTTEBOHMs der betroffene Staatsbürger komplett schutzlos gestellt werde[2298], während in den Fällen der doppelten Staatsbürgerschaft eine Schutzgewährung immerhin des Staates erfolgen kann, mit dem die natürliche Person über die effektivere der beiden Staatsbürgerschaften verbunden ist; in der *Nottebohm*-Konstellation werden die Betroffenen auf der Grundlage des IGH-Urteils faktisch zu Staatenlosen[2299]. Damit hätte der Gerichtshof nicht von der allgemeinen Regel abweichen dürfen, wonach – außer in Fällen der Doppelstaatlichkeit und in Fällen der aufgedrängten Staatsbürgerschaft[2300] – im Rahmen des diplomatischen Schutzes die von einem anderen Staat verliehene Staatsbürgerschaft anzuerkennen ist. Die Dissoziation von Staatsbürgerschaft und Schutzrecht im *Nottebohm*-Fall stand folglich nicht im Einklang mit dem Völkerrecht.

c) Zur Effektivität der liechtensteinischen Staatsbürgerschaft im konkreten Fall

Darüber hinaus wird dem IGH vorgeworfen, auf der Grundlage seiner eigenen Vorarbeit inkonsequent geblieben zu sein. Denn wenn man – wie das Gericht fordert – auf die Effektivität der Staatsbürgerschaft abstellt, dürfte man bei der Subsumtion in zeitlicher Hinsicht nicht im Zeitpunkt der Einbürgerung verharren, sondern müsste spätere Veränderungen berücksichtigen. Es sei nicht einzusehen, dass ein Staat seinen Neubürger selbst dann nicht schützen dürfe, wenn die Staatsbürgerschaft in einem Zeitpunkt fehlender Effektivität gewährt werde, diese fehlende Bindung an den Staat aber später eintrete. Vielmehr müsse für die Frage der Effektivität auf den Zeitpunkt der Schädigung des Staatsbürgers abgestellt

---

hier also nicht ein absolutes Minimum der Verbindung mit einem Staate, sondern lediglich die r e l a t i v stärkere Verbindung".

2298 Vgl die Hinweise zum Vorwurf eines „*déni de justice*" bei GROSSEN, Nationalité et Protection Diplomatique, S. 502 ; vgl. auch SEIDL-HOHENVELDERN, Der Fall Nottebohm, S. 148.

2299 VON MANGOLDT, Nottebohm Case, in: BERNHARDT, EPIL, Band III, S. 700: „*Such application* [gemeint ist die Analogie von den Fällen der Doppelstaatler] *deprived Nottebohm of the advantages of nationality on the international level despite the tendencies of modern international law to reduce the cases of statelessness*"; ähnlich MAKAROV, Das Urteil des IGH im Fall Nottebohm, S. 414 f.; Opinion dissidente de M. Guggenheim, juge „ad hoc", I.C.J. Reports 1955, S. 60 (Ziffer 12): „*Rien ne les* [gemeint sind Drittstaaten] *empêchera, par exemple, de dire que le statut personnel de F. Nottebohm est celui d´un apatride*". Die ablehnende Meinung bezüglich der Analogie findet sich auch in den *opinons dissidentes* wieder; am deutlichsten wird in diesem Zusammenhang jedoch Richter READ: : „*I do not think that it is permissible to transfer criteria designed for cases of double nationality to an essentially different type of relationship*" (Dissenting opinion of judge Read, I.C.J. Reports 1955, S. 42).

2300 Vgl. etwa I.C.J. Pleadings, Nottebohm Case (Liechtenstein v. Guatemala), Vol. I, S. 39; der Aspekt wurde hier nicht verfolgt, da Nottebohm auf freiwilliger Basis eingebürgert wurde.

werden[2301]. Wenn mit der Effektivität das reelle Pendant zum juristischen Akt der Einbürgerung gesehen werden soll, ist es denklogisch zwingend, dass diese tatsächliche Verbindung auch Veränderungen unterworfen sein kann. Deshalb dürfe nicht ignoriert werden, dass NOTTEBOHM im Zeitpunkt des Erlasses des Liquidationsdekrets Nr. 630 vom 13. Juli 1949 bereits mehr als drei Jahre in Liechtenstein lebte. Angesichts der tatsächlichen Qualität der staatsbürgerschaftsrechtlichen Effektivität könne auch nicht entgegenstehen, dass NOTTEBOHM sich nur in Liechtenstein niederließ, weil ihm Guatemala die Einreise verweigert hatte. Vielmehr zähle hier ausschließlich der Umstand eines Vollzeitwohnsitzes auf liechtensteinischem Boden über den Zeitraum von mehr als drei Jahren. An der Effektivität der liechtensteinischen Staatsbürgerschaft hätte – bezogen auf das Jahr 1949 – unter keinen Umständen gezweifelt werden dürfen[2302].

d) Ergebnis

In einem Artikel der NZZ vom 8. April 1955 wird angedeutet, die unnachsichtige Haltung Guatemalas gegenüber FRIEDRICH NOTTEBOHM sei schlicht mit dem Umfang des Vermögens des Enteigneten zu erklären[2303]. Damit ließe sich ein verständliches, wenn auch unmoralisches Motiv des mittelamerikanischen Staates belegen. Dass sich jedoch der IGH in diesem Zusammenhang nicht mutiger gezeigt hat, ist zu bedauern. Wie eben dargestellt wurde, bestand keine rechtliche Grundlage dafür, bereits die Aktivlegitimation des klagenden Fürstentums zu verneinen. Damit konnten die eigentlichen materiellen Fragen des Falles, etwa die „...*Frage der Unzulässigkeit von Feind-Liquidationsmaßnahmen gegenüber Angehörigen eines neutralen Staates...*"[2304], nicht geklärt werden. Ob dies lediglich die Folge der Entscheidung war oder sogar das Motiv der Mehrheitsrichter, kann nicht mit Bestimmtheit festgestellt werden.

2. Völkerrechtliche Schranken im Rahmen der Klagen des Fürsten vor tschechoslowakischen Gerichten

Hier soll der tschechoslowakischen Rechtsprechung im Fall *Liechtenstein* weder von vornherein unterstellt werden, sie sei nicht in einem rechtsstaatlichen Verfahren ergangen[2305], noch soll behauptet werden, der Verfahrensausgang sei von An-

2301 Vgl. MAKAROV, Das Urteil des IGH im Fall Nottebohm, S. 419.

2302 Mit demselben Ergebnis: VON MANGOLDT, Nottebohm Case, in: BERNHARDT, EPIL, Band III, S. 700; LIPSTEIN / LOEWENFELD, Liechtenstein gegen Guatemala, S. 302; SEIDL-HOHENVELDERN, Der Fall Nottebohm, S. 149; vgl. aber auch die *dissenting opions* der Richter Klaestad, Read und Guggenheim, I.C.J. Reports 1955, S. 31, 45 und 61.

2303 NEUE ZÜRCHER ZEITUNG vom 8. April 1955, abgedruckt in RIW 1954/55, S. 139.

2304 LOEWENFELD, Der Fall Nottebohm, S. 410; vgl. auch MAKAROV, Das Urteil des IGH im Fall Nottebohm, S. 425 f.; auf die Frage wird später eingegangen, siehe Kap. 5, B.III.2.b).

2305 SEIDL-HOHENVELDERN, Völkerrechtswidrigkeit der Konfiskation, S. 410, sieht dies ganz offensichtlich anders, da er über die Entscheidung des Verwaltungsgerichts Bratislava

fang an politisch determiniert gewesen. Es muss aber die Frage erlaubt sein, ob die Entscheidungen sich im Korsett des internationalen Rechts bewegten, denn selbst Staaten, die sich in einem revolutionären Akt für eine Änderung ihrer internen Gesellschaftsform entschließen, sind nicht berechtigt, sich über die Grundsätze des internationalen Zusammenlebens hinwegzusetzen. Im Falle der Causa *Liechtenstein* ist zunächst die Völkerrechtskonformität der angewandten Rechtsgrundlage allgemein zu überprüfen, bevor im Anschluss die konkrete Anwendung derselben durch die Gerichte zu bewerten sein wird.

a) Vereinbarkeit des Beneš-Dekretes Nr. 12 mit dem Völkerrecht

Die Frage der Vereinbarkeit der Beneš-Dekrete mit dem Völkerrecht war immer wieder und in einer Vielzahl von Veröffentlichungen Gegenstand wissenschaftlicher Betrachtung[2306]. Schon deshalb sollen vorliegend lediglich die wesentlichen Grundzüge der Problematik anklingen und zusammengefasst werden. Grundsätzlich steht die Gestaltung der nationalen Eigentumsordnung im Ermessen eines jeden Staates, weshalb sich das Eigentum grundsätzlich nach dem Recht des Ortes beurteilt, an dem es sich befindet (*lex rei sitae*). Dieser Grundsatz ergibt sich direkt aus der souveränen Entscheidungsmacht des Staates. Daraus folgt, dass Enteignungsregelungen durchaus geeignet sind, international anzuerkennende Wirkungen innerhalb einer nationalen Rechtsordnung zu setzen[2307]. Diese Freiheit kann jedoch nicht grenzenlos sein.

aa) Das Verbot der entschädigungslosen Enteignung

Die Freiheit des jeweiligen Staates zur Regelung seiner internen Eigentumsordnung findet sein Gegengewicht im Fremdenrecht. Bereits für die Zeit vor 1945 lässt sich eine völkerrechtliche Norm nachweisen, wonach Enteignungen zu Lasten von fremden Staatsangehörigen nur unter Beachtung eines Mindeststandards zulässig sind[2308]. Zur Begründung wird in der Literatur zur Untermauerung der Staatenpraxis auf die sog. *Hull*-Formel verwiesen; als Präzedenzfall der internationalen

---

hinweggeht mit der Bemerkung, das Urteil sei ohnehin *„...zur Zeit der kommunistischen Herrschaft..."* ergangen.

2306 Beispielhaft seien hier genannt: BLUMENWITZ, Die Beneš-Dekrete unter dem Gesichtspunkt des Völkerrechts, S. 5 ff.; ALLSTADT, Die offene Völkerrechtslage im deutsch-tschechischen Verhältnis und ihre Bedeutung für die Osterweiterung der EU, S. 25 ff.; TOMUSCHAT, Die Vertreibung der Sudetendeutschen, S. 28 ff.; ERMACORA, Die sudetendeutschen Fragen, S. 170 ff.; WENK, Das konfiszierte deutsche Privatvermögen in Polen und der Tschechoslowakei, S. 84 ff.

2307 Vgl. dazu TOMUSCHAT, Die Vertreibung der Sudetendeutschen, S. 6 f.; GLORIA in: IPSEN, Völkerrecht, § 47, Rn. 16.

2308 So kommt TOMUSCHAT, Die Vertreibung der Sudetendeutschen, S. 29, *„...ohne jedes Zögern..."* zum selben Ergebnis; vgl. auch ALLSTADT, Die offene Völkerrechtslage im deutsch-tschechischen Verhältnis und ihre Bedeutung für die Osterweiterung der EU, S. 26.

Rechtsprechung kann diesbezüglich das Urteil des Ständigen Internationalen Gerichtshofes im Fall *Certain German Interests in Polish Upper Silesia* zitiert werden. In der Entscheidung vom 25. Mai 1926 qualifizierte das Gericht vertragliche Regelungen, die Polen die Enteignung von Besitz deutscher Staatsangehöriger in Oberschlesien gestatteten, als „*...dérogation aux règles généralement appliquées en ce qui concerne le traitement des étrangers et au principe du respect des droits acquis...*", wobei die letztgenannten Rechte als „*...partie du droit international commun...*" eingeordnet werden[2309]. Daraus und aus ähnlichen Aussagen in einigen schiedsgerichtlichen Verfahren[2310] ergebe sich, so wird in der Literatur weiter geschlussfolgert, die Anerkennung des ausländischen Privateigentums mit der Folge, dass „*...eine Wegnahme ausländischen Privateigentums ohne Entschädigung (Konfiskation) verboten...*" ist[2311]. Dieses Ergebnis steht mit der Erkenntnis in Einklang, wonach das Verbot der Konfiskation von Feindvermögen in Kriegszeiten bereits zur Zeit des Zweiten Weltkrieg bestand[2312]. Es wäre auch nicht einzusehen, dass der fremdenrechtliche Schutz von Ausländern in Kriegszeiten vorteilhafter sein sollte als in Friedenszeiten[2313]. So hat sich die unter dem Begriff der *Calvo*-Doktrin[2314] zusammengefasste Strömung in der Staatenpraxis vor allem angesichts der Rechtsprechung im Fall *Certain German Interests in Polish Upper Silesia* letztlich nicht durchgesetzt[2315]. Der argentinische Diplomat und Völkerrechtler CARLOS CALVO hatte bereits im Jahre 1895 vertreten, dass dem fremdenrechtlichen Schutz ausländischer Staatsbürger durch eine Inländergleichbehandlung Genüge getan wäre[2316]. Nachdem diese Ansicht zunächst nur in Südamerika rezipiert wurde, fand die Doktrin auch in Europa Beachtung, als sich die Sowjetunion anlässlich der Enteignungen nach der Oktoberrevolution 1917 auf sie berief und sich auf Grund dessen zunächst weigerte, an Ausländer Entschädigungen zu zahlen[2317]. Letztlich hielt aber auch die Sowjetunion diese Strategie nicht durch, da sie sich am Ende „*...genötigt...*" sah, „*...für das nach der Revolution des Jahres*

2309 Permanent Court of International Justice, Series A (Collection of Judgments), No. 7, S. 22 bzw. S. 42.

2310 Vgl. dazu den *Norwegischen Schiffseignerstreit* von 1922 (Reports of International Arbitral Awards, Band I, 1948, S. 307), das Verfahren um die *Spanisch-marokkanischen Ansprüche* aus dem Jahre 1925 (Reports of International Arbitral Awards, Band II, 1949, S. 615) und den Fall *de Sabla* von 1933 (Annual Digest and Reports of Public International Law Cases 1933-1945 [1940], S. 241).

2311 VERDROSS, Völkerrecht, S. 366; ERMACORA, Die sudetendeutschen Fragen, S. 175.

2312 Vgl. bereits Kap. 4, A.I.3.a)ee)(2)(a).

2313 Vgl. DOLZER, Eigentum, Enteigung und Entschädigung im geltenden Völkerrecht, S. 21, der der Ansicht ist, dass die Schlechterstellung im Frieden „*...historisch jedenfalls ein absolutes Novum...*" wäre.

2314 Allgemein dazu F.V. GARCÍA-AMADOR, Calvo doctrin, Calvo clause, in: BERNHARDT, EPIL, Band I, S. 521 ff.

2315 DOEHRING, Völkerrecht, Rn. 860.

2316 GLORIA in: IPSEN, Völkerrecht, § 47, Rn. 15.

2317 DOLZER, Eigentum, Enteigung und Entschädigung im geltenden Völkerrecht, S. 20; GLORIA in: IPSEN, Völkerrecht, § 47, Rn. 15.

1917 verstaatlichte ausländische Eigentum jedenfalls in Form von Globalentschädigungsabkommen einen Ausgleich an die Heimatstaaten der Betroffenen zu leisten..."[2318]. Gerade die Berufung der Sowjetunion auf die Inländergleichbehandlung hatte gezeigt, dass die Calvo-Doktrin im Missbrauchsfalle nicht zum effektiven Schutz fremden Eigentums taugt, sondern ein „*...inhaltsleeres Formprinzip...*" darstellt[2319]; dies wiederum erklärt die eindeutige Festlegung auf den fremdenrechtlichen Mindeststandard in der bereits angesprochenen Rechtsprechung der 1920/1930er Jahre. Deshalb entsprach die unter dem Schlagwort *Hull*-Formel bekannt gewordene offizielle Äußerung der USA aus dem Jahre 1938 „*...der eindeutig überwiegenden Staatenpraxis...*"[2320]. Im Rahmen der Auseinandersetzung um eine mexikanische Bodenreform hatte der amerikanische Außenminister CORDELL HULL in einer Note den Standpunkt vertreten, dass keine Regierung berechtigt sei, privates Eigentum zu enteignen, und zwar ohne Bedeutung, mit welcher Begründung dies geschehe, wenn dafür nicht *prompte*, *adäquate* und *effektive* Entschädigung geleistet werde[2321]. Es bleibt demnach festzuhalten, dass im Zeitpunkt des Erlasses und der Umsetzung der Beneš-Dekrete ein gewohnheitsrechtlich gefestigtes Verbot der entschädigungslosen Enteignung von fremdem Eigentum bestand.

bb) Anwendbarkeit des Fremdenrechts

Falls diese Regelung auf die Beneš-Dekrete auch tatsächlich anwendbar sein sollte, stünde bereits damit deren Völkerrechtswidrigkeit fest. In Bezug auf das Beneš-Dekret Nr. 12 ergibt sich das Fehlen jeder Entschädigung aus dem Wortlaut in § 1 Abs. 1 der Norm[2322]; selbiges gilt für das Zweite Enteignungsdekret vom 25. Oktober 1945 (Beneš-Dekret Nr. 108)[2323]. Die Unvereinbarkeit der Beneš-Dekrete mit dem damals geltenden Völkerrecht kann jedoch nur dann begründet

---

2318 TOMUSCHAT, Die Vertreibung der Sudetendeutschen, S. 30.

2319 DOLZER, Eigentum, Enteigung und Entschädigung im geltenden Völkerrecht, S. 21.

2320 DOLZER, Eigentum, Enteigung und Entschädigung im geltenden Völkerrecht, S. 21.

2321 „*The Government of the United States merely adverts to a self-evident fact when it notes that the applicable precedents and recognized authorities on international law support its declaration that, under every rule of law and equity, no government is entitled to expropriate private property, for whatever purpose, without provision for prompt, adequate and effective payment therefore (sog. Hull-Formel)*", zitiert nach TOMUSCHAT, Die Vertreibung der Sudetendeutschen, S. 29.

2322 „*Mit augenblicklicher Wirksamkeit und entschädigungslos wird (...) enteignet...*".

2323 Dekret des Präsidenten der Republik vom 25. Oktober 1945 über die Konfiskation des feindlichen Vermögens und die Fonds der nationalen Erneuerung, Slg. Nr. 108. Deutsche Übersetzung in: BUNDESMINISTERIUM FÜR VERTRIEBENE, FLÜCHTLINGE UND KRIEGSGESCHÄDIGTE (Hrsg.), Dokumentation der Vertreibung der Deutschen in Ost-Mitteleuropa, Band IV/1 (Die Vertreibung der deutschen Bevölkerung aus der Tschechoslowakei), Berlin, 1957, S. 263 ff., während sich das Dekret Nr. 12 auf das landwirtschaftliche Vermögen bezieht, erfasst das Dekret Nr. 108 das Vermögen von Personen deutscher oder madjarischer Nationalität ohne Entschädigung „*...soweit dies noch nicht geschehen ist...*".

werden, wenn die von den Dekreten betroffenen Personen tatsächlich auch unter den Schutz des Fremdenrechts fallen. Denn zum Ende des Zweiten Weltkrieges hatte sich – anders als nach der heutigen Rechtslage[2324] – noch kein Eigentumsschutz zugunsten der eigenen Staatsbürger des jeweils enteignenden Staates ausgebildet. Erst in der Allgemeinen Erklärung der Menschenrechte aus dem Jahre 1948 findet sich in Art. 17 Abs. 2 die recht karge Formulierung, wonach *„...niemand (...) willkürlich seines Eigentums beraubt werden...“* darf[2325]. Zudem stellt diese Norm auf Grund ihrer Rechtqualität als Resolution der Generalversammlung auch heute kein verbindliches Völkerrecht dar[2326]. Damit kommt es darauf an, dass die von den Enteignungsdekreten betroffenen Personen als Fremde im Sinne des Völkerrechts gelten durften. Denn Staatenlosen und eigenen Staatsbürgern des enteignenden Staates ist die Berufung auf Fremdenrecht verwehrt[2327].

(1). Exkurs: Sudetendeutsche als Fremde im Sinne des Völkerrechts

Die Staatsbürgerschaft der großen Masse der von den Dekreten erfassten Volksdeutschen stellt sich in diesem Zusammenhang problematisch dar. Die Sudetendeutschen wurden nach dem Zusammenbruch des Habsburger Reiches auf der Grundlage von Art. 70 des Friedensvertrages von St. Germain wie alle auf böhmisch-mährischem Territorium lebenden Menschen, die zuvor die österreichische Staatsbürgerschaft besessen hatten, Bürger der Republik Tschechoslowakei[2328]. Kurz nach dem Abschluss des Münchner Abkommens vollzog sich für die im sog. Sudetenland lebenden Volksdeutschen – rückwirkend zum 10. Oktober 1938 – ein weiterer Staatsbürgerschaftswechsel hin zur Zugehörigkeit zum Deutschen Reich[2329]. Ebenso erwarben die deutschstämmigen Bewohner des sog. *„Protektorats Böhmen und Mähren“* die Staatsbürgerschaft des Deutschen Reiches[2330]. Diese Sammeleinbürgerungen des Deutschen Reiches erkannte die Tschechoslowakei, vor allem nachdem das Hitlerregime die im Münchner Abkommen übernommene Grenzgarantie nicht eingehalten hatte, nicht an; auf tschechoslowakischer Seite

---

2324 Vgl. beispielhaft DOLZER, Expropriation and Nationalization, in: BERNHARDT, EPIL, Band II, S. 324 f.

2325 Internationale Quelle: Resolution 217 (III) Universal Declaration of Human Rights, in: United Nations, General Assembly, Official Records third Session (part I) Resolutions (Doc. A/810), S. 71 ff.

2326 HERDEGEN, Völkerrecht, § 47, Rn. 3.

2327 SEIDL-HOHENVELDERN/STEIN, Völkerrecht, § 74, Rn. 1593.

2328 Vgl. Text der Regelung bei TOMUSCHAT, Die Vertreibung der Sudetendeutschen, S. 24.

2329 Grundlagen dafür sind der *„Vertrag zwischen dem Deutschen Reich und der Tschechoslowakischen Republik über Staatsangehörigkeits- und Optionsfragen vom 20. November 1938“* (RGBl. 1938 II, S.895) und das entsprechende Reichsgesetz vom 21. November 1938 (RGBl. 1938 I, S.1614).

2330 Dieser Staatsbürgerschaftswechsel vollzog sich per *„Verordnung über den Erwerb der deutschen Staatsangehörigkeit durch frühere tschechoslowakische Staatsangehörige deutscher Volkszugehörigkeit vom 20. April 1939“* (RGBl. 1939 I, S.815).

ging man in Bezug auf das Abkommen und seine Folgeregelungen von einer Nichtigkeit *ex tunc* aus[2331]. Trotzdem knüpfte die Tschechoslowakei an gerade diese Regelungen an, indem sie per Dekret vom 2. August 1945[2332] diejenigen ethnisch-deutschen Menschen ausbürgerte, die nach den nicht anerkannten Vorschriften die deutsche Staatsbürgerschaft erhalten sollten. Das tschechoslowakische Dekret setzte als Zeitpunkt des Verlustes der tschechoslowakischen Staatsbürgerschaft rückwirkend den Tag des Erwerbs der deutschen Staatsbürgerschaft (sic!) fest[2333]. Entgegen der Logik des eigenen Dekrets betrachtete die Tschechoslowakei die ausgebürgerten Volksdeutschen als Staatenlose[2334].

Im Rahmen der deutschen Rechtsordnung sind die Masseneinbürgerungen der Jahre 1938/1939 wirksam. Das deutsche Staatsgebilde, welches durch die Bundesrepublik in völkerrechtlich ungebrochener Kontinuität fortgesetzt wurde, hat stets daran festgehalten, dass die auf der Grundlage des Münchner Abkommens in den staatlichen Verband integrierten Sudetendeutschen deutsche Staatsbürger sind[2335]. Daran konnte auch der Prager Vertrag[2336] nichts ändern, da die Bundesrepublik sich darin lediglich darauf festlegen ließ, dass sie das Münchner Abkommen jedenfalls im Jahre 1973 als nichtig ansieht; eine Nichtigkeit *ex tunc* wird damit nicht anerkannt. Die diesbezügliche Meinungsverschiedenheit zwischen der Bundesrepublik und den Nachfolgerepubliken der Tschechoslowakei wurde in der Präambel zum Nachbarschaftsvertrag (Abs. 8)[2337] aus dem Jahre 1992 bestätigt[2338].

2331 TOMUSCHAT, Die Vertreibung der Sudetendeutschen, S. 24 f.; mit Details zur Frage der Nichtigkeit BLUMENWITZ, Der Prager Vertrag, S. 17 ff.

2332 Verfassungsdekret des Präsidenten der Republik vom 2. August 1945 über die Regelung der tschechoslowakischen Staatsbürgerschaft der Personen deutscher und madjarischer Nationalität, Slg. Nr. 33. Deutsche Übersetzung in: BUNDESMINISTERIUM FÜR VERTRIEBENE, FLÜCHTLINGE UND KRIEGSGESCHÄDIGTE (Hrsg.), Dokumentation der Vertreibung der Deutschen in Ost-Mitteleuropa, Band IV/1 (Die Vertreibung der deutschen Bevölkerung aus der Tschechoslowakei), Berlin, 1957, S. 240 ff.

2333 § 1 Abs. 1 des Dekretes lautet: *„Die tschechoslowakischen Staatsbürger deutscher oder madjarischer Nationalität, die nach den Vorschriften einer fremden Besatzungsmacht die deutsche oder madjarische Staatsangehörigkeit erworben haben, haben mit dem Tage des Erwerbs dieser Staatsbürgerschaft die tschechoslowakische Staatsbürgerschaft verloren"*.

2334 BLUMENWITZ, Der Prager Vertrag, S. 69; WENK, Das konfiszierte deutsche Privatvermögen in Polen und der Tschechoslowakei, S. 60.

2335 Vgl. BVerfGE 1, S. 322 ff. vom 28. Mai 1952 sowie das *„Gesetz zur Regelung von Fragen der Staatsangehörigkeit vom 22. Februar 1955 (StAngRegG)"* (BGBl. 1955 I, S. 65 ff.), welches in § 1 Abs. 1 lit. a den Erwerb der deutschen Staatsangehörigkeit auf der Basis des *„Vertrages zwischen dem Deutschen Reich und der Tschechoslowakischen Republik über Staatsangehörigkeits- und Optionsfragen vom 20. November 1938"* bestätigt, den Betroffenen allerdings die Möglichkeit lässt, die deutsche Staatsbürgerschaft durch Erklärung auszuschlagen.

2336 BGBl. 1974 II, S. 990 ff.

2337 *„Vertrag zwischen der Bundesrepublik Deutschland und der Tschechischen und Slowaki-*

Demnach galten die Sudetendeutschen im Zeitpunkt der Dekretierung im Jahre 1945 nach tschechoslowakischem Recht als Staatenlose, nach deutschem Recht aber als deutsche Staatsbürger. Ausgehend von der Rechtsprechung des IGH im *Nottebohm*-Fall ist es völkerrechtlicher Grundsatz, dass jeder Staat selbst über die Verleihung seiner Staatsbürgerschaft entscheidet, dass diese einem Drittstaat jedoch nicht entgegen gehalten werden kann, wenn kein *„genuine link"* zwischen natürlicher Person und staatsangehörigkeitsverleihendem Staat existiert[2339]. Schon aus diesem Grund war die Tschechoslowakei daran gehindert, die deutsche Staatsangehörigkeit nicht anzuerkennen. Nach eigenem Vortrag der tschechoslowakischen Seite in den Ausbürgerungsdekreten verfügten die betroffenen Personen über die deutsche Nationalität, wurden aus dem tschechoslowakischen Staatsverband ausgestoßen, *weil* sie eine genuine Verbindung mit Deutschland aufwiesen. Auch kann die Tschechoslowakei nicht vorbringen, bei den Sudetendeutschen habe es sich um Doppelstaatler gehandelt, womit eine Anwendung von Fremdenrecht entfiele, da sie diese Personengruppe gerade, zudem rückwirkend, ausgebürgert hatte[2340]. Die Verweigerung der Anerkennung der deutschen Staatsangehörigkeit ist angesichts des eigenen Verhaltens als Verstoß gegen den völkerrechtlichen Grundsatz des *Estoppel* zu werten[2341]. Die Widersprüchlichkeit des tschechoslowakischen Verhaltens wird besonders deutlich vor dem Hintergrund, dass die eigenen Regelungen an den Erwerb der deutschen Staatsbürgerschaft anknüpfen[2342]. Damit war die Prager Regierung völkerrechtlich gezwungen, die deutsche Staatsbürgerschaft der Sudetendeutschen anzuerkennen. Sie waren demnach im Zeitpunkt des Erlasses der Enteignungsdekrete Fremde im Sinne des Völkerrechts, weshalb das Verbot der entschädigungslosen Enteignung auch zu ihrem Vorteil galt.

(2). Franz-Josef II. von Liechtenstein als Fremder im Sinne des Völkerrechts

Das Beneš-Dekret Nr. 12 war demnach völkerrechtswidrig, soweit es die Volksdeutschen betraf, die seit 1938 über die deutsche Staatsbürgerschaft verfügten. So-

---

schen Föderativen Republik über gute Nachbarschaft und freundschaftliche Zusammenarbeit" vom 27. Februar 1992, BGBl. 1992 II, S. 463 ff.

2338 Vgl. dazu TOMUSCHAT, Die Vertreibung der Sudetendeutschen, S. 25.

2339 Vgl. Kap. 5, B.II.2.

2340 ALLSTADT, Die offene Völkerrechtslage im deutsch-tschechischen Verhältnis und ihre Bedeutung für die Osterweiterung der EU, S. 28 f.; WENK, Das konfiszierte deutsche Privatvermögen in Polen und der Tschechoslowakei, S. 61.

2341 TOMUSCHAT, Die Vertreibung der Sudetendeutschen, S. 26 f., der in der Bezugnahme auf den Erwerb der deutschen Staatsbürgerschaft in den tschechoslowakischen Enteignungsdekreten eine *„...unmissverständliche Anerkennung des Erwerbs der deutschen Staatsangehörigkeit..."* sieht; BLUMENWITZ, Die Beneš-Dekrete unter dem Gesichtspunkt des Völkerrechts, S. 13.

2342 So auch ALLSTADT, Die offene Völkerrechtslage im deutsch-tschechischen Verhältnis und ihre Bedeutung für die Osterweiterung der EU, S. 28.

weit es als Grundlage für die Enteignung des Vermögens eigener Staatsbürger der Tschechoslowakei bzw. Staatenloser herangezogen wurde, bestand im Jahre 1945 kein Schutz zugunsten der Betroffenen, weshalb derartige Konfiskationen keinen Verstoß gegen das Völkerrecht darstellten. Es kommt deshalb wesentlich darauf an, welche Staatsbürgerschaft der Fürst von Liechtenstein im Zeitpunkt der Konfiskation besaß.

(a) Die liechtensteinische Staatsbürgerschaft Franz-Josefs II. von Liechtenstein

Gewisse Unsicherheiten hinsichtlich der Staatsbürgerschaft des Fürsten von Liechtenstein sind verständlich, wenn man sich vergegenwärtigt, dass die rechtliche Vertretung im Verfahren vor dem Landesnationalausschuss in Brno unter anderem damit argumentiert, dass es sich bei dem Geschlecht der Liechtenstein *nicht* um *ausländischen* Adel handelt, welcher nach der Schlacht am Weißen Berg Eigentum in den Ländern der Wenzelskrone erworben hat[2343]. Auch spricht der Umstand, dass der Wohnsitz des Fürsten bis ins Jahr 1938 auf dem Territorium der Tschechoslowakei bestanden hatte[2344], auf den ersten Blick für eine Verbindung mit dem tschechoslowakischen Staat. Jedoch könnte eine tschechoslowakische Staatsbürgerschaft des Fürsten lediglich über das juristische Nadelöhr in Art. 70 des Friedensvertrages von St. Germain konstruiert werden, da – wie schon dargelegt – nur ehemalige Staatsbürger der k&k-Monarchie die Bürgerrechte der jungen Tschechoslowakei erwerben sollten, weil sonst der Ausschluss der österreichischen Staatsbürgerschaft in der Formulierung keinen Sinn machen würde[2345]; Staatsbürger anderer Staaten hatten kein *indigénat* auf ehemaligem k&k-Territorium, waren keine Einheimische im Sinn von Art. 70 des Friedensvertrages von St. Germain. Angesichts der traditionellen Verbindung mit dem Wiener Hof und der Rolle als böhmisch-mährisches Landherrengeschlecht hatte die Familie Liechtenstein gegen Ende des 19. Jahrhunderts zunächst gewisse Probleme, diese Stellung mit der Staatswerdung des Fürstentums in Einklang zu bringen[2346]. Jedoch gelang es den Lenkern des Hauses, auch in den Beziehungen zu Österreich eine selbständige Position zu definieren, deren Einhaltung von der österreich-ungarischen Monarchie

---

2343 Urteil des Landesnationalausschuss von Brno vom 16. Januar 1946, Geschäftsnummer 86/VIII 26-1946.

2344 Vgl. bereits Kap. 2, C.I.3.b).

2345 *„Toute personne ayant l'indigénat (pertinenza) sur un territoire faisant antérieurement partie des territoires de l'ancienne Monarchie austro-hongroise acquerra de plein droit et à l'exclusion de la nationalité autrichienne, la nationalité de l'État exerçant la souveraineté sur ledit territoire"*, vgl. TOMUSCHAT, Die Vertreibung der Sudetendeutschen, S. 24.

2346 PRESS, Haus Liechtenstein in der europäischen Geschichte, S. 68: *„Die alte Rolle des Fürsten als Landherr, Mitglied des Wiener Hofes und Reichsstand hatte sich weiter kompliziert durch die staatliche Entwicklung des Fürstentums"*.

nicht nur akzeptiert, sondern sogar gefördert wurde. PRESS[2347] beschreibt die Entwicklung in seinem grundlegenden Aufsatz aus dem Jahr 1987 folgendermaßen:

> *„Immerhin war es Ausdruck der neuen Rolle des Hauses, dass es immer stärker vor die alten Standesgenossen aus der Wiener Hofgesellschaft trat. Ein Gipfelpunkt dieser Entwicklung war die 1903 geschlossene Ehe von Prinz Alois (1869-1955), dem Sohn des Prinzen Alfred (1842-1907), mit der Nichte Kaiser Franz Josefs, Erzherzogin Elisabeth Amalie (1878-1960). Die Prinzessin war die Tochter des Erzherzogs Karl Ludwig und damit die Schwester des Thronfolgers Franz Ferdinand. Der Eheschließung waren komplizierte Verhandlungen vorausgegangen, die sich vor allem um den Status des Hauses Liechtenstein drehten. Dabei hat sich der Kaiser selbst engagiert und auf einer klaren Betonung der Rolle des Hauses Liechtenstein als einer souveränen Dynastie bestanden. Ihm ging es dabei offenkundig um die Stellung der eigenen Dynastie vor den österreichischen Hochadelsgeschlechtern, von denen man das Haus Liechtenstein unterscheiden wollte – eine damals nicht von allen Mitgliedern als erfreulich empfundene Folge war die vom Kaiser verlangte Betonung der liechtensteinischen Staatsbürgerschaft [sic!]“.*

Damit hatte bereits die k&k-Monarchie die souveräne Stellung des Fürstentums Liechtenstein anerkannt und ging konsequent von der liechtensteinischen Staatsbürgerschaft der Mitglieder des Hauses Liechtenstein aus; der Fürst war aus der Perspektive der österreich-ungarischen Monarchie demnach Fremder im Sinne des Völkerrechts. Somit konnte FRANZ-JOSEF II. auch nicht über die *indigénat*-Regelung des Friedensvertrages von St. Germain Staatsbürger der Tschechoslowakei geworden sein.

(b) Anerkennung der Staatsbürgerschaft durch die Tschechoslowakei

Damit müsste das Verbot der entschädigungslosen Enteignung im Grunde auch für die Konfiskation des fürstlich-liechtensteinischen Vermögens auf tschechoslowakischem Territorium gelten. Fraglich bleibt jedoch, ob die Staatsbürgerschaft eines Heimatstaates auf dem Territorium eines Gaststaates auch dann den Schutz durch das Fremdenrecht auslöst, wenn der Gaststaat den Heimatstaat nicht anerkannt hat. Die völkerrechtliche Anerkennung hat für die Staatsqualität eines Gemeinwesens keine konstitutive Wirkung[2348]; daraus ergibt sich denklogisch die *erga-omnes*-Wirkung der staatlichen Souveränität[2349]. Darüber hinaus ist auch die *„...Anerkennung der Staatsangehörigkeit als eigenes völkerrechtliches Rechtsinstitut (...) unüblich. Vielmehr (...) [ist] die Staatsangehörigkeit mit der völkerrechtlichen Existenz eines Staates für andere Völkerrechtssubjekte gegeben...“*[2350]. Ein Einwand gegen die liechtensteinische

---

[2347] PRESS, Haus Liechtenstein in der europäischen Geschichte, S. 68 f.

[2348] Vgl. dazu bereits Kap. 3, D.II.

[2349] Vgl. beispielhaft HABSCHEID / SEIDL-HOHENVELDERN in: SEIDL-HOHENVELDERN, Lexikon des Rechts, Völkerrecht, Stichwort Staatsgebiet, S. 396.

[2350] So VON MANGOLDT auf der 20. Tagung der Deutschen Gesellschaft für Völkerrecht im

Staatsbürgerschaft des Fürsten durch die Tschechoslowakei war quasi rückwirkend lediglich auf der Grundlage der *„genuine-link"*-Rechtsprechung des IGH denkbar. Jedoch verfügte FRANZ-JOSEF II. VON LIECHTENSTEIN als Staatsoberhaupt des Fürstentums über die denkbar festeste Verbindung zu seinem Heimatstaat, zumal er im Jahre der Enteignungen bereits seit sieben Jahren seinen dauerhaften Wohnsitz im Fürstentum hatte. An der Effektivität der liechtensteinischen Staatsbürgerschaft in der Person des Fürsten konnte demnach nicht ernsthaft gezweifelt werden[2351]. Damit kann festgehalten werden, dass sich die Tschechoslowakei aus der Perspektive des Völkerrechts nicht über die liechtensteinische Staatsbürgerschaft hinwegsetzen durfte.

Da sich jedoch in der Staatenpraxis trotz der starken Stellung der deklaratorischen Theorie zur völkerrechtlichen Anerkennung von Staaten andererseits eine Pflicht zur Anerkennung bis heute nicht durchsetzen konnte[2352], entsteht bisweilen eine Inkongruenz zwischen Staatlichkeit eines nicht anerkannten Staates und der Umsetzung dessen Staatsangehörigkeit in der Rechtsordnung des die Anerkennung verweigernden Staates, da sonst über die interne Umsetzung der fremden Staatsbürgerschaft eine konkludente völkerrechtliche Anerkennung entgegen der Verpflichtung zu eben dieser konstruiert werden könnte. Im selben Maße kommt es dabei zu einer faktischen Verweigerung der Wirkungen des Fremdenrechts für die Staatsbürger des nicht anerkannten Staates, da *„...der nicht anerkennende Staat der Staatsangehörigkeit des nicht anerkannten Staates regelmäßig die Rechtswirkung in seinem Zuständigkeitsbereich..."* verweigert[2353]. Auch im deutschen internationalen Privatrecht ist die Beachtung der Staatsangehörigkeit eines von Deutschland nicht anerkannten Staates als Anknüpfungspunkt umstritten[2354]. Diese Unsicherheiten sind für das tschechoslowakisch-liechtensteinische Verhältnis letztlich aber nicht relevant, da die Republik auf böhmisch-mährischem Boden das Fürstentum in einer Note aus dem Jahr 1938 konkludent anerkannt hat. Zwar hatte die tschechoslowakische Regierung in ihrer Note vom 23. Januar 1925 das über Schweizer Stellen formulierte liechtensteinische Ersuchen um die Aufnahme diplomatischer Beziehungen abgelehnt; als Motivation dieser Nichtanerkennungspolitik mag die Furcht vor Forderungen im Zusammenhang mit den Enteignungen der fürstlichen Familie nach

---

Jahre 1987 in Tübingen nach dem Tagungsbericht von MÖSSNER in NJW 1988, S. 613 f. (S. 614).

2351 So auch BLUMENWITZ, Die tschechisch-liechtensteinischen Beziehungen, S. 351.

2352 GLORIA in: IPSEN, Völkerrecht, § 22, Rn. 33.

2353 BLUMENWITZ, Liechtenstein, S. 23.

2354 Für die Beachtlichkeit der Staatsbürgerschaft eines nicht anerkannten Staates vgl. etwa SONNENBERGER in: Münchner Kommentar, Band 10, Einleitung IPR, Rn. 651; a. A. vgl. etwa BLUMENWITZ in: STAUDINGER, Kommentar, Band Einführungsgesetz zum Bürgerlichen Gesetzbuch/IPR, Art. 5 EGBGB, Rn. 52, wobei sich die letztgenannte Ansicht hauptsächlich auf die Ausführungen MAKAROVs (MAKAROV, Allgemeine Lehren des Staatsangehörigkeitsrechts, S. 177 f.) aus dem Jahr 1962 stützt.

dem Ersten Weltkrieg gelten[2355]. Die Beneš-Regierung wiederholte nach 1945 die Weigerung der Note aus dem Jahr 1925 insoweit, als sie das Fürstentum Liechtenstein völkerrechtlich nicht anerkennen wollte. Auch hier mag ein Schelm sein, wer Schlechtes dabei denkt; weniger die Umstände der liechtensteinischen Staatlichkeit werden die Haltung der Tschechoslowakei beeinflusst haben als vielmehr der Umstand, dass man den Fürsten als Ethnisch-Deutschen enteignen wollte[2356].

Angesichts dieses Verhaltens ist es nicht verwunderlich, dass in der Literatur größtenteils eine durchgehende Nichtanerkennungspolitik der Tschechoslowakei gegenüber dem kleinen Fürstentum wahrgenommen wurde[2357]. Dabei wird jedoch übersehen, dass die Attitüde der kalten Schulter, welche die Tschechoslowakei gegenüber dem kleinen Fürstentum in den selbstbewussten Zeiten der eigenen Staatswerdung bzw. auf Grund der Zugehörigkeit zur Siegerallianz der Zweiten Weltkrieges an den Tag legte, durch Akte in Zeiten der tschechoslowakischen Schwäche konterkariert wird[2358]. So hatte die schweizerische Gesandtschaft in Prag im für die Tschechoslowakei politisch höchst brisanten Jahr 1938 erneut im Namen Liechtensteins um die Aufnahme diplomatischer Beziehungen nachgefragt[2359].

Die Antwort vom 30. Juli 1938 hatte fast drei Monate auf sich warten lassen, enthielt aber überraschenderweise eine Zustimmung zur Vertretung der liechtensteinischen Interessen gegenüber der Tschechoslowakei durch die eidgenössische Gesandtschaft:

> *„Donnant suite à la note de la Légation de Suisse No. A-11-/MW.1625 du 3 mai 1938, concernant la représentation par la Suisse des intérêts de la Principauté de Liechtenstein en Tchécoslovaquie, le Ministère des Affaires Étrangères a l'honneur de faire savoir à l'honorable Légation que le Gouvernement de la République Tchécoslova-*

2355 BLUMENWITZ, Tschechisch-liechtensteinische Beziehungen, S. 353/354.

2356 MERLIN, Liechtenstein aus der Sicht des Völkerrechts, S. 117: *„So war diese Anerkennung durch die CSR bis nach dem Zweiten Weltkrieg, wohl wegen des großen Grund- und Industriebesitzes des Fürstenhauses in Böhmen und Mähren, nicht durchzusetzen"*.

2357 So etwa PRESS, Haus Liechtenstein in der europäischen Geschichte, S. 79, der schlicht feststellt: *„Die Republik von Masaryk und Benesch erkannte das Fürstentum diplomatisch nicht an"*.

2358 Dazu schreibt JOSEF ABAFFY in einem mit „Weil Prag nicht will, soll Bonn zahlen" im Handelsblatt vom 5. August 1998, S. 3: *„1938 (...) wandte sich Präsident Beneš in höchster Existenznot an den damaligen Liechtensteiner Fürsten und warb um diplimatische Anerkennung als Hilfe gegen den drohenden Einmarsch, winkte selbst mit einer Entschädigung der nach dem Ersten Weltkrieg erfolgten Enteignungen"*.

2359 *„Le Gouvernement Suisse, ayant lieu de croire que les raison qui avaient provoqué, en son temps, cette décision négative, n'existent plus actuellement a chargé la Légation de poser, à nouveau, au Gouvernement Tchécoslovaque la question, si les intérêts liechtensteinois en Tchécoslovaquie pourraient, dorénavant, être assumés par les Autorités fédérales..."*, Note Nr. A-11-/MW.1625 vom 3. Mai 1938, zitiert nach BLUMENWITZ, Tschechisch-liechtensteinische Beziehungen, S. 354.

> *que donne son assentiment à ce que la représentation des intérêts de ladite Principauté soit, dorénavant, assumée par les Autorités fédérales Suisses*"[2360].

Damit waren diplomatische Beziehungen zwischen der Tschechoslowakei und Liechtenstein unter Einschaltung schweizerischer Stellen hergestellt. Aus der Note vom 30. Juli 1938 ergibt sich darüber hinaus aber auch eine Anerkennung des Fürstentums durch die Tschechoslowakei. Denn eine Anerkennung kann zulässigerweise auch stillschweigend, durch konkludente Handlungen erfolgen, wenn diese von einem entsprechenden Willen getragen sind, der deutlich aus den betreffenden Handlungen hervorgeht[2361]. Dabei ist „*...in der Aufnahme des diplomatischen Verkehrs...*" der „*...[v]ielleicht (...) deutlichste Ausdruck des Willens zur Anerkennung...*" zu sehen[2362]. Diese neu geknüpften Beziehungen konnten angesichts der politischen Umwälzungen des Jahres 1938 nicht mehr vertieft werden, jedoch kam es noch zum Versand eines Schreibens, in dem der tschechoslowakische Regierungschef dem Fürsten FRANZ-JOSEF II. zur Übernahme der Regierungsverantwortung im Fürstentum gratulierte, wobei das Dokument in Form und Inhalt einer Glückwunschnote entspricht, wie sie im Verkehr zwischen souveränen Staaten üblich ist. Das Schreiben vom 10. September 1938 hatte den folgenden Wortlaut:

> „*Son Altesse Sérénissime le Prince Franz-Josef II. – Vaduz – Monseigneur, j'ai reçu la Lettre, par laquelle Votre Altesse Sérénissime a bien voulu me faire connaître qu'Elle a assumé le règne de la Principauté de Liechtenstein. Il m'est agréable de pouvoir ainsi exprimer à Votre Altesse Sérénissime mes sincères félicitations auxquelles je joins mes vœux chaleureux pour un bon succès de Son règne. – Je suis, Monseigneur, Votre dévoué – Dr. Edvard Beneš m. p. – Prague, le 10 septembre 1938*"[2363].

Aus der Formulierung des Gratulationsschreibens muss auf einen Austausch der Staatsoberhäupter auf gleicher Augenhöhe geschlossen werden, der die These der völkerrechtlichen Anerkennung des Fürstentum unterstreicht. Auch war der Kontakt offenbar auch nicht als vorläufig oder nur vorübergehend geplant, was daran deutlich wird, dass sich die Glückwünsche auf eine erfolgreiche Regentschaft des Fürsten beziehen; angesichts der Erblichkeit dieser Funktion in der monarchischen Struktur der liechtensteinischen Verfassung und der damit verbundenen Herrschaft über vermutlich mehrere Jahrzehnte war die Zusammenarbeit auf völkerrechtlichem Niveau demnach für eine durchaus lange Zeitspanne konzipiert. Demnach

---

2360 Note Nr. 110.714/VI-1/1938 vom 30. Juli 1938, zitiert nach BLUMENWITZ, Tschechisch-liechtensteinische Beziehungen, S. 354.

2361 Vgl. etwa GLORIA in: IPSEN, Völkerrecht, § 22, Rn. 7 und 8; FROWEIN in: SEIDL-HOHENVELDERN, Lexikon des Rechts, Völkerrecht, Stichwort Anerkennung, S. 13: „*Es besteht Einigkeit darüber, dass eine Anerkennung ausdrücklich oder stillschweigend erfolgen kann*".

2362 DAHM / DELBRÜCK / WOLFRUM, Band I / 1, § 21, S. 204.

2363 Zitiert nach BLUMENWITZ, Tschechisch-liechtensteinische Beziehungen, S. 354.

konnte es sich auch nicht lediglich um eine *de-facto*-Anerkennung handeln, sondern es lag eine *de-iure*-Anerkennung vor[2364]. Während der erste Begriff eine „*...vorläufige Anerkennung...*" beschreibt, „*...die ausgesprochen wird, solange die Effektivität einzelner Staatselemente noch in Frage steht...*", bedeutet der letztere, dass der anerkannte Staat die formellen Voraussetzungen bereits erfüllt[2365]. Einen derart „*...provisorischen Charakter...*"[2366] der Anerkennung kann man den einschlägigen Dokumenten, wie bereits ausgeführt, nicht entnehmen. Auf Grund der Einordnung als *de-iure*-Anerkennung kommt ein späterer ausdrücklicher oder konkludenter Widerruf der Anerkennung nicht in Frage, weshalb sich die 1918 entstandene, in den Jahren 1938-1945 nicht untergegangene Tschechoslowakei daran festhalten lassen muss[2367]. Denn lediglich im Falle einer *de-facto*-Anerkennung steht der Widerruf im Ermessen des anerkennenden Staates, während die *de-iure*-Anerkennung grundsätzlich unwiderruflich ist[2368].

(3). Ergebnis

Da die Tschechoslowakei das Fürstentum Liechtenstein demnach anerkannt hatte, galt in Bezug auf die Person des Fürsten das Verbot der entschädigungslosen Enteignung unabhängig vom Streit um die rechtliche Bedeutung der Anerkennung für die Anwendung des Fremdenrechts.

2364 GLORIA in: IPSEN, Völkerrecht, § 22, Rn. 13: „*De iure- und de facto-Anerkennungen dürfen nicht mit der ausdrücklichen oder stillschweigenden Anerkennung verwechselt werden. Das Gegensatzpaar ausdrücklich-stillschweigend kennzeichnet die* Art und Weise, *in der die Anerkennung erfolgt, wohingegen die Unterscheidung zwischen de facto- und de iure-Anerkennung unterschiedliche* Rechtswirkungen *im Verhältnis zwischen anerkanntem und anerkennendem Staat auslöst*".

2365 SCHWEITZER / WEBER, Handbuch der Völkerrechtspraxis der Bundesrepublik Deutschland, Rn. 439, 448.

2366 FROWEIN in: SEIDL-HOHENVELDERN, Lexikon des Rechts, Völkerrecht, Stichwort Anerkennung, S. 13.

2367 Es kommt deshalb auch nicht darauf an, wie die von der tschechoslowakischen Exilregierung an den schweizerischen Gesandten in London übermittelte Note vom 21. März 1945 (2544/45/duv) auszulegen ist, deren Formulierung jedoch eine Wiederaufnahme der diplomatischen Beziehung mit der Schweiz in vollem Umfang, also auch mit dem Fürstentum Liechtenstein nahe legt: „*...de rétablir aussitôt que possible avec lui [le Conseil Fédéral]les relations diplomatiques complètes qui ont longuement et heureusement existé entre nos deux pays avant la guerre actuelle...*". Diese Auslegung wurde jedoch vom Außenminister JAN MASARYK in einer weiteren Note vom 25. Juni 1946 (c. 78.818/VI/46) an den schweizerischen Gesandten in Prag bestritten; Noten zitiert nach BLUMENWITZ, Tschechisch-liechtensteinische Beziehungen, S. 357 bzw. 359.

2368 Von diesem Grundsatz gibt es zwar die Ausnahme, die dann greift, wenn der Gegenstand der Anerkennung, also die Staatlichkeit, wegfällt; in diesem Fällen erzwingt die Notwendigkeit der Rechtsklarheit zur Möglichkeit des Widerrufs (GLORIA in: IPSEN, Völkerrecht, § 22, Rn. 5). Die Umstände der Staatlichkeit des Fürstentums Liechtenstein haben sich jedoch im Zeitraum zwischen 1938 und 1945 nicht geändert.

cc) Das Beneš-Dekret Nr. 12 und die Neutralität des Fürstentum Liechtenstein

Neben der entschädigungslosen Enteignung als solcher hat die Tschechoslowakei auf Grund eines weiteren Aspekts das Völkerrecht verletzt, der sich zwar nicht aus der rechtlichen Qualität des Beneš-Dekretes Nr. 12, jedoch aus dessen Anwendung auf die Person des Fürsten ergibt. Denn eine Interpretation der Regelung ergibt, dass das Dekret vorrangig als Strafmaßnahme[2369] gegen Personen formuliert ist, die sich während der Kriegsjahre aus tschechischer Sicht illoyal gegen die Tschechoslowakei verhalten haben; der in § 1 Abs. 1 des Dekretes ausdrücklich genannte Zweck der Bodenreform muss demnach nur als Nebeneffekt bezeichnet werden[2370]. Gem. § 1 Abs. 1 lit. b wird der Besitz konfisziert *„...der Verräter und Feinde der Republik, gleichgültig welcher Nationalität und Staatsangehörigkeit, die diese Feindschaft vor allem während der Krise und des Krieges in den Jahren 1938 bis 1945 bekundet haben"*. Dass das Dekret in § 1 Abs. 1 lit. a in Form einer Art Kollektivstrafe alle *„...Personen deutscher und madjarischer Nationalität..."* erfasst, wird dadurch relativiert, dass § 1 Abs. 2 all jene *„...Personen deutscher und madjarischer Nationalität, die sich aktiv am Kampf für die Wahrung der Integrität und die Befreiung der Tschechoslowakischen Republik beteiligt haben..."*, wieder aus dem System der Regelung heraus nimmt. Damit wird klar, dass die eigene Systemlogik der Vorschrift trotz ihrer Überschrift, die andeutet, dass die Gruppe der Hochverräter alternativ neben die ethnisch definierten Gruppen tritt, nicht maßgeblich auf die Zugehörigkeit zu einer Volkgruppe, sondern auf das jeweilige Verhalten der betroffenen Personen während des Krieges abstellt[2371]. An dieser Systematik der eigenen Regelung muss sich die Tschechoslowakei festhalten lassen. Der Fürst wurde in der Bekanntmachung des Bezirksnationalausschusses in Olomouc vom 31. August 1945 schlicht als Person deutscher Nationalität bezeichnet, wodurch zu seinem Nachteil die Vermutung des kollektiven Hochverrats greift[2372]; damit wird der Fürst, ohne dafür einen Anlass gegeben zu haben, zu einem Feind des tschechoslowakischen Volkes abgestempelt. Die

---

[2369] FASSBENDER, Klageausschluss bei Enteignungen zu Reparationszwecken – Das Gemälde des Fürsten von Liechtenstein, S. 1446; KRENBERGER, Deutschland im Spannungsfeld zwischen EMRK und nachzubefolgendem Besatzungsrecht, S. 203, WEBER, Anmerkung zur „Liechtenstein-Entscheidung" des Bundesverfassungsgerichts vom 28. Januar 1998, S. 196; grundlegend bereits: IGNAZ SEIDL-HOHENVELDERN in einer Anmerkung zu BGHZ 8, S. 378 ff, NJW 1953, S. 1389 f. (1390).

[2370] Dazu vgl. unten Kap. 5, C.III.3.c)bb), wonach der Strafzweck zuvörderst steht.

[2371] BLUMENWITZ, Der Prager Vertrag, S. 83: *„Feinde i.S. des Dekrets sind deshalb nicht die Angehörigen eines Staates der gegnerischen Kriegspartei, sondern auch die innenpolitischen Feinde, zu denen auch kollaborierende Tschechen und Slowaken zählen können, so dass es sich bei dem Dekret nicht ausschließlich um Maßnahmen des Wirtschaftskrieges, sondern auch um die Bestrafung von Staatsfeinden handelt"*.

[2372] IGNAZ SEIDL-HOHENVELDERN in einer Anmerkung zu BGHZ 8, S. 378 ff, NJW 1953, S. 1389 f. (1390), sieht die Enteignung der Sudetendeutschen als *„...eine Bestrafung für deren angeblichen kollektiven Hochverrat..."*.

Einbeziehung des Fürsten in die Regelung des Dekretes Nr. 12 ist aber mit der Neutralität des Fürstentums während des zweiten Weltkrieges nicht zu vereinbaren, da die Behandlung gegen das grundsätzliche Gebot der Unparteilichkeit verstößt. Dieses Gebot beinhaltet die allgemein anerkannte völkerrechtliche Regelung, wonach der neutrale Status von allen Kriegsführenden zu respektieren ist. Jeder Verstoß gegen diese Regel, im besonderen Maße mit Bezug auf neutrales Privatvermögen, ist als völkerrechtswidrige Leugnung der Neutralität desjenigen Staates zu klassifizieren, dessen Staatsbürger als Eigentümer betroffen ist. Darüber hinaus kann ein solcher Verstoß Ansprüche nach den Grundsätzen der Staatenverantwortlichkeit auslösen. Die Neutralitätsverletzung kann sich dabei aber nicht nur in der Nichtrespektierung neutralen Vermögens äußern, sondern auch ganz allgemein in der Nichtanerkennung des neutralen Status neutraler Staatsbürger. Zu der Anerkennung des neutralen Status schreibt LAUTERPACHT:

> *„Either belligerent has a right to demand impartiality from neutrals; on the other hand, neutrals have a right to demand such behaviour from each belligerent as is in accordance with their attitude of impartiality.'*[2373]

Und zum bereits erwähnten Gebot der Unparteilichkeit führt der Autor weiter aus, nicht ohne ausdrücklich den Eingriff in neutrales Privatvermögen als Verletzung der Regelungen darzustellen, die jeden Kriegsführenden gegenüber dem neutralen Staat treffen:

> *„This duty [of belligerents to treat neutrals in accordance with their impartiality] excludes, in the first place, any violation of neutral territory for military or naval purposes of the war, and any interference with the legitimate intercourse of neutrals with the enemy; and secondly, the appropriation of neutral goods, contraband excepted, on enemy vessels. On the other hand, it includes, in the first place, due treatment of neutral diplomatic envoys accredited to the enemy and found on occupied enemy territory; and, secondly,* due treatment of neutral subjects and neutral property on enemy territory. '[2374]

Somit hätte zwar etwa der individuelle Vorwurf vorgebracht werden können, der Fürst hätte sich selbst nicht an die Verhaltenspflichten für Bürger neutraler Staaten gehalten; dieser Vorwurf hätte dann aber belegt werden müssen[2375]. Die Behand-

---

2373 LAUTERPACHT, Oppenheim's International Law, Band II, S. 674.

2374 LAUTERPACHT, Oppenheim's International Law, Band II, S. 676, Hervorhebung des Verfassers.

2375 Selbst wenn man davon ausgeht, dass Feindvermögen konfisziert werden darf, bedeutet dies jedoch nicht, dass der Siegerstaat auch darüber entscheiden darf, was als Feindvermögen zu gelten hat. Deshalb vollzieht sich die Zuordnung neben dem klassischen Ansatzpunkt der Staatsbürgerschaft des Eigentümers für die Qualifikation von Eigentum natürlicher Personen als Feindvermögen lediglich über den Nachweis von feindlichen Akten oder Handlungen zum Vorteil einer Feindmacht; dazu DOMINICE, La notion du carac-

lung eines Bürgers des neutralen Liechtenstein als Feind auf Grund der angeblichen Zugehörigkeit zur feindlichen deutschen Volkgruppe kommt aber nicht nur der *„...Leugnung der liechtensteinischen Völkerrechtssubjektivität...“* des Fürstentums gleich[2376], was nach der konkludenten Anerkennung im Jahre 1938 unter keinem rechtlichen Ansatz mehr zulässig war, sondern bedeutet damit gleichzeitig die völlige Ignoranz gegenüber den Grundsätzen des Neutralitätsrechts.

Auch liegt keine der bereits dargestellten Ausnahmen[2377] vom Grundsatz des Verbotes der entschädigungslosen Enteignung neutralen Privatvermögens vor. Selbst wenn man die generelle Möglichkeit einer Konfiskation auf der Grundlage von *military necessity* annehmen sollte, passt dieser Grundsatz nicht auf die Umstände der Enteignungen im Falle des Fürsten von Liechtenstein. Denn es ist nicht ersichtlich, auf welche Weise ein Entzug des Eigentums bezüglich des fürstlich-liechtensteinischen Vermögens militärisch notwendig gewesen sein soll. Zudem sind die Konfiskationen nach Einstellung der Kampfhandlungen vorgenommen worden, weshalb schon deshalb keine Förderung des militärischen Erfolges auf tschechoslowakischer Seite mehr möglich war.

Das Rechtsinstitut der Requisition ist wie der Grundsatz der *military necessity* ebenso wenig in der Lage, den Sachverhalt der Causa *Liechtenstein* zu erfassen. Denn auch hier hätte es einer Notwendigkeit erfordert; zudem wäre die Nutzung des beschlagnahmten Besitzes nur möglich, solange der Kriegszustand andauert. Außerdem hätte auch die Anwendung eines Requisitionsrechts eine Entschädigungspflicht ausgelöst.

Ein wie auch immer gearteter Entzug des Neutralitätsstatus wurde darüber hinaus nicht dargelegt; auch wurde in Bezug auf die Person des Fürsten noch nicht einmal behauptet, dass er mit dem Feind kollaboriert hätte. Er wurde vielmehr im Wege einer unbegründeten Vermutung auf ethnischer Grundlage enteignet[2378].

dd) Ergebnis

Die Konfiskation des fürstlich-liechtensteinischen Besitzes im Jahre 1945 auf tschechoslowakischem Boden auf der Grundlage des Beneš-Dekretes Nr. 12 ver-

---

tère ennemi des biens privés dans la guerre sur terre, S. 215: „*Peuvent donc permettre l'attribution du caractère ennimi le critère tenant à la nationalité (...) et celui que résulte de l'application de la notion de l'acte hostile ou en faveur d'un belligérant (...), à notre avis, la règle existe qui veut que certains actes entraînent l'assimilation d'une personne aux ressortissants d'un pays belligérant.* Hormis ces deux critères, aucun autre élément ou rattachement ne permet la saisie définitive des biens.“; Hervorhebungen durch den Verfasser.

2376 BLUMENWITZ, Liechtenstein, S. 71.

2377 Kap. 4, A.I.3.a)ee)(2)(b).

2378 Mit ähnlichen Ergebnissen: I.C.J. Pleadings, Nottebohm Case (Liechtenstein v. Guatemala), Bd. I, S. 57.

stieß demnach sowohl gegen das völkerrechtliche Verbot der entschädigungslosen Enteignung wie auch gegen die Grundsätze des Neutralitätsrechts.

b) *ius cogens* -Charakter der Völkerrechtsverstöße

Die besondere Schwere eines Völkerrechtsverstoßes wird dadurch deutlich, dass den verletzten Rechtsnormen *ius cogens*-Qualität zugesprochen wird. Die Einordnung hat Konsequenzen für die Rechtsfolgen des Verstoßes[2379].

aa) Zum zwingenden Völkerrecht *(ius cogens)* im Zeitpunkt der Konfiskationen

Der Begriff des *ius cogens* lebt von der dialektischen Abgrenzung zum Begriff des *ius dispositivum*; während Vertragsparteien letzteres abbedingen können, müssen sie ihre Regelungen dem ersteren anpassen, da die gegen *ius cogens* verstoßende Vertragsklausel sonst von der Rechtsfolge der Nichtigkeit betroffen wird[2380]. Auch wenn völkerrechtliche Normen schon wegen der auf souveräner Gleichheit der Staaten aufgebauten Struktur des Völkerrechts grundsätzlich dispositiver Natur sein werden, besteht heute grundsätzliche Einigkeit darüber[2381], dass völkerrechtliche Regeln existieren, „*...welche im Rang über den anderen Normen stehen...*"[2382]. Bereits nach dem Ersten Weltkrieg, spätestens aber im Zusammenhang mit den staatlich angeordneten Gräueltaten des Zweiten Weltkrieges wurde sich die Weltgemeinschaft der Notwendigkeit grundlegender Werte bewusst, die nicht zur Disposition der Völkerrechtssubjekte stehen dürfen[2383].

2379 Dazu vgl. unten Kap. 5, C.III.2.b)aa) und Kap. 5, C.III.3.d)bb).

2380 FROWEIN, Jus Cogens, in: BERNHARDT, EPIL, Band III, S. 65/66; dies ergibt sich heute auch aus Art. 53 S. 1 WVK.

2381 Vgl. nur HEINTSCHEL VON HEINEGG in: IPSEN, Völkerrecht, § 15, Rn. 36 m. w. N.

2382 MÖSSNER, in: SEIDL-HOHENVELDERN, Lexikon des Rechts, Völkerrecht, Stichwort Rechtsquellen, S. 333. Lange Zeit waren Existenz und, falls diese bejaht wurde, der Geltungsgrund des zwingenden Völkerrechts umstritten, wobei sich die Hauptauseinandersetzung zwischen den Vertretern der Naturrechtslehre, die einen Bestand an unverhandelbarem *ius necessarium* propagierten (so schon im 18. Jahrhundert DE VATTEL, Le droit des gens ou Principe de la loi naturelle, Band 1, Einleitung, §§ 7 ff.; in der Inhaltsverzeichnis des Hauptwerkes von HUGO GROTIUS, „*De iure belli ac pacis*", finden sich bereits 15 Eintragungen zum Begriff „*ius strictum*", FROWEIN, Jus Cogens, in: BERNHARDT, EPIL, Band III, S. 66), und jenen eines reinen völkerrechtlichen Positivismus vollzog, die jegliches Derogationsverbot ablehnten (die radikalsten Positivisten ließen als Geltungsgrund des Völkerrechts ausschließlich den Willen der Staaten gelten; ihrer Ansicht zufolge konnte ein völkerrechtlicher Vertrag jeden beliebigen Inhalt haben; Vgl. dazu, aber auch zu den unterschiedlichen Ansichten: HEINTSCHEL VON HEINEGG in: IPSEN, Völkerrecht, § 15, Rn. 37 ff.).

2383 FROWEIN, Jus Cogens, in: BERNHARDT, EPIL, Band III, S. 66; ALLSTADT, Die offene Völkerrechtslage im deutsch-tschechischen Verhältnis und ihre Bedeutung für die Osterweiterung der EU, S. 32.

So nahm auch das Expertengremium der International Law Commission, welches sich um die Kodifikation des Völkervertragsrechtes bemühen sollte, den Begriff des zwingenden Völkerrechts auf und setzte ihn in Art. 53 WVK um. Nach S. 2 der Norm ist *„...eine zwingende Norm des allgemeinen Völkerrechts eine Norm, die von der internationalen Staatengemeinschaft in ihrer Gesamtheit angenommen und anerkannt wird als eine Norm, von der nicht abgewichen werden darf und die nur durch eine spätere Norm des allgemeinen Völkerrechts derselben Rechtsnatur geändert werden kann"*[2384].

Der recht späte Zeitpunkt der Kodifikation der begrifflichen Basis des zwingenden Völkerrechts in der Wiener Vertragsrechtskonvention vom 23. Mai 1969 bedeutet jedoch nicht, dass die Existenz von Normen mit *ius cogens*-Charakter im Völkerrecht auch erst ab dem ausgehenden siebten Jahrzehnt des letzten Jahrhunderts nachzuweisen wäre. Vielmehr stellt die Aufnahme des Art. 53 WVK in den multilateralen Vertrag nur die zeitlich versetzte Umsetzung der bereits zuvor auf der Grundlage der Wahrnehmung der Weltkriege allgemein angenommenen Erkenntnis dar, dass bestimmte Verhaltensweisen der Staaten stets geächtet sein müssen und deshalb keiner vertraglichen Regelung zugänglich sein dürfen[2385]. Diese Feststellung stimmt mit dem Umstand überein, dass die WVK allgemein keinen konstitutiven Ansatz verfolgt hat, sondern *„...überwiegend (...) bereits gewohnheitsrechtlich geltende Vorschriften wieder[gibt]..."*[2386]. Dass sich am Ausgang des Zweiten Weltkrieges, und damit im Zeitpunkt des Erlasses der Beneš-Dekrete, der Gedanke des zwingenden Völkerrechts durchgesetzt hatte, dokumentieren ganz deutlich vor allem diverse nationalsozialistisches Unrecht aburteilende Gerichtsentscheidungen, die unmittelbar nach dem Zweiten Weltkrieg ergangen sind und wie selbstverständlich zwischen einfachem Völkerrecht und übergeordneten Rechtsregeln unterscheiden[2387].

[2384] Authentischer Wortlaut: United Nations Conference on the Law of Treaties, Off. Rec., Documents of the Conference (UN Doc. A/CONF. 39/11/Add. 2), New York, 1971, S. 287 ff.; für den Text in deutscher Sprache vgl. Sartorius II, Nr. 320 bzw. BGBl. 1985 II, S. 926 ff.

[2385] vgl. ALLSTADT, Die offene Völkerrechtslage im deutsch-tschechischen Verhältnis und ihre Bedeutung für die Osterweiterung der EU, S. 56.

[2386] VITZTHUM, Begriff, Geschichte und Quellen des Völkerrechts, Rn. 114.

[2387] So wurde dem Chef des KRUPP'schen Industrieimperiums, als ihm vor dem Nürnberger Militärtribunal die völkerrechtswidrige Beschäftigung französischer Kriegsgefangener als Zwangsarbeiter vorgeworfen wurde, die Berufung auf einen Vertrag mit dem Vichy-Regime, welcher ihm die Beschäftigung der besagten Personen erlaubte, mit dem Argument verwehrt, der Vertrag sei *„...manifestly contra bonos mores and hence void"*, The I.G.Farben and Krupp Trial Cases, No. 58: Trial of Alfried Felix Alwyn Krupp von Bohlen und Halbach et al., U.S. Military Tribunal, Law Reports of Trials of War Criminals, selected and prepared by the U.N. War Crimes Commission, vol. X, 17. Nov. 1947-30 June 1948, London, 1949; ebenso wurde dem ehemaligen *„Gauleiter"* und Oberpräsidenten in Ostpreußen, ERICH KOCH, in einem Prozess vor einem polnischen Gericht, vor dem er wegen Massenmordes, Verbrechen gegen die Menschlichkeit etc. angeklagt worden war, der Verweis auf die Verantwortung seiner Vorgesetzen mit dem Argument ver-

Mit der Feststellung über die grundsätzliche Existenz am Ausgang des Zweiten Weltkrieges ist aber noch nichts ausgesagt über die Reichweite des Begriffs. Geht man von der Definition des Art. 53 S. 2 WVK aus, erkennt man, dass sich ein „*...überwiegend positivistischer ius-cogens-Begriff...*" durchgesetzt hat[2388]. Die Einordnung einer Regelung als zwingendes Völkerrecht hängt von einer doppelten universalen Rezeption ab: „*Die Norm muss nicht nur als Pflicht, sondern auch als zwingend weltweit anerkannt sein*"[2389]. Damit wird eine hohe Hürde für die Annahme von *ius cogens* errichtet, so dass nur wenige Normen als zwingendes Völkerrecht eingeordnet werden können[2390]. Letztlich muss die *ius-cogens*-Qualität für jede Norm im Einzelfall erörtert und nachgewiesen werden, wie dies für die Völkerrechtsverstöße versucht wird, welche das Beneš-Dekret Nr. 12 bewirkt hat.

Bevor diesem Unterfangen aber nachgegangen werden kann, verdient ein anderer Aspekt Beachtung. Das zwingende Völkerrecht wird in der Literatur gemeinhin als Phänomen des Völkervertragsrechts besprochen[2391]. Dieses Verständnis greift jedoch zu kurz, denn *ius cogens* ist nicht als eigene (spezifisch vertragsrechtliche) Rechtsquelle aufzufassen, „*...sondern kennzeichnet den zwingenden Charakter einer Norm...*"[2392]. Demnach kann es auch keinen Unterschied machen, ob von einer solchen Norm auf der Grundlage vertraglicher Abreden abgewichen wird, oder die Regelung durch eine einseitige staatliche Handlung verletzt wird. Der systematische Ansatz des *ius cogens*-Gedankens zwingt zu einer konsequenten Fortführung auch in Bezug auf einseitige Akte, denn: „*Wenn das ius cogens die Dispositionsbefugnis vertrags-*

---

wehrt, die von ihm verletzten Normen enthielten *ius cogens*, weshalb ihre Anwendung nicht dem Gutdünken einzelner Staaten unterworfen sei, Woiwodschaftsgericht Warschau, Urt. v. 9. März 1959, ILR 30 (1966), S. 496 ff.; weitere Beispiele bei KADELBACH, Zwingendes Völkerrecht, S. 113 ff.

2388 HÜBNER, Das Verbrechen des Völkermordes, S. 334.

2389 KADELBACH, Zwingendes Völkerrecht, S. 178.

2390 MÖSSNER, in: Seidl-Hohenveldern, Lexikon des Rechts, Völkerrecht, Stichwort Rechtsquellen, S. 334. Angesichts dieser rein deskriptiven Definition der WVK, die zudem ohne Nennung von Beispielsfällen auskommt, ist es nicht verwunderlich, dass in diesem Bereich der Argumentationsaufwand sehr groß ist (DOEHRING, Völkerrecht, Rn. 300: „*Dass über das Ausmaß und die Grenzen dieser Normen* [gemeint ist *ius cogens*] *weiter gestritten wird, versteht sich von selbst*"). Als Anhaltspunkt mag der Kommentar der International Law Commission (ILC) zur WVK gelten, in dem einige mögliche *ius-cogens*-Regeln genannt wurden, die dann jedoch nicht in Art. 53 WVK übernommen wurden, da sich die Commission hinsichtlich der genannten Fälle nicht einigen konnte und zudem befürchtete, eine Aufzählung könnte als abschließend verstanden werden (HEINTSCHEL VON HEINEGG in: IPSEN, Völkerrecht, § 15, Rn. 51).

2391 Dies ergibt sich vermutlich schlicht daraus, dass die Ausführungen in der Regel an Art. 53 Wiener *Vertrags*rechtskonvention anknüpfen. Dass mit dieser Norm jedoch nur die vertragsrechtlichen Aspekte des zwingenden Völkerrechts abgedeckt werden, ist angesichts des Anwendungsbereiches der Konvention nur konsequent.

2392 MÖSSNER, in: Seidl-Hohenveldern, Lexikon des Rechts, Völkerrecht, Stichwort Rechtsquellen, S. 333.

schließender Staaten beschränkt, kann eine solche Norm auch nicht durch einseitige Verletzung außer Kraft gesetzt werden. Die Geltung dieser Normen ist eben nicht vom Verhalten der unmittelbar beteiligten Staaten abhängig'[2393]. Diese über den vertraglichen Bereich hinaus praktizierte Heranziehung des *ius cogens* für einseitige Normübertretungen, die von der ILC eindeutig bejaht wurde[2394], bewirkt auch die Anwendung der spezifischen Rechtsfolgen auf die einseitigen staatlichen Akte, was sich vor allem im Rahmen der Staatenverantwortlichkeit auswirkt[2395]. Würden sich diese Rechtsfolgen lediglich im vertraglichen Rahmen auswirken, könnte ein Staat, der sich mit der Absicht trägt, sich über eine Norm des zwingenden Völkerrechts hinwegzusetzen, allein durch die Wahl seiner Handlungs*form* den Wirkungen des *ius cogens* entgehen. Auf diese Weise würde das jeweilige Schutzgut der Norm gefährdet und der „*...besondere Gehalt und Wertungsgedanke, der ius cogens erst zu solchem werden lässt, ad absurdum geführt...*'[2396]. Damit steht aber fest, dass auch einseitige gegen zwingendes Völkerrecht verstoßende Akte mit der Rechtsfolge der Nichtigkeit belegt sind[2397].

Somit wurde nachgewiesen, dass die grundsätzliche Existenz von zwingendem Völkerrecht bereits im Jahre 1945 anerkannt war. Des Weiteren sind weder Wertung noch Rechtsfolgen des *ius cogens* auf vertragliche Regelungen beschränkt. Damit sind sowohl das Beneš-Dekret Nr. 12 als auch die auf dessen Grundlage vollzogenen Enteignungen grundsätzlich taugliche Gegenstände einer Überprüfung am Maßstab von Normen des zwingenden Völkerrechts.

bb) Das Verbot der entschädigungslosen Enteignung als *ius cogens*?

Sollte man demnach in der Entschädigungslosigkeit der Enteignungen auf Grund des Beneš-Dekrets Nr. 12 einen Verstoß gegen zwingendes Völkerrecht sehen, wäre die Rechtsfolge die Nichtigkeit der Enteignungsmaßnahmen. Jedoch erscheint diese Rechtsfolge, anders als im nationalen Recht, nicht zwangsläufig wünschenswert. Im deutschen Recht hat sich das Bundesverfassungsgericht hin-

---

2393 KADELBACH, Zwingendes Völkerrecht, S. 61.

2394 Vgl. KADELBACH, Zwingendes Völkerrecht, S. 63.

2395 Im positiven Sinne äußern sich auch: HEINTSCHEL VONHEINEGG in: IPSEN, Völkerrecht, § 15, Rn. 36, allerdings nur mittelbar, indem er sagt, dass Staaten nicht von Normen des ius cogens abweichen dürfen, „*auch nicht durch vertragliche Vereinbarung*“, woraus zu folgern ist, dass eine Normverletzung auch auf andere Weise erfolgen kann; VERDROSS / SIMMA, Universelles Völkerrecht, § 660; GRAEFRATH, Responsibility and Demages Caused, S. 54 MACDONALD, Fundamental Norms in Contemporary International Law, S. 136; KADELBACH, Zwingendes Völkerrecht, S. 335; ALLSTADT, Die offene Völkerrechtslage im deutsch-tschechischen Verhältnis und ihre Bedeutung für die Osterweiterung der EU, S. 46; dagegen kritisch: MCCAFFREY, The Thirty-Fifth Session of the International Law Commission, S 457, Fn. 5; DUPUY, Observation sur le „crime international de l'État“, S. 468 ff.

2396 ALLSTADT, Die offene Völkerrechtslage im deutsch-tschechischen Verhältnis und ihre Bedeutung für die Osterweiterung der EU, S. 45.

2397 Vgl. beispielhaft KADELBACH, Zwingendes Völkerrecht, S. 335.

sichtlich verfassungswidriger Enteignungen im sog. Nassauskiesungsbeschluss[2398] gegen den damit überkommenen Rechtssatz *„dulde und liquidiere"* entschieden[2399], da der Bürger im nationalen Recht über die entsprechenden Rechtsmittel zur Verteidigung seiner Rechte verfügt und diese Möglichkeit im Erstfall auch wahrnehmen muss. Das Völkerrecht bietet dagegen einen völlig anderen Hintergrund, denn auf dieser Rechtsebene existierten im Jahr 1945 keine justiziellen Garantien. Mangels Möglichkeit der Durchsetzung der rechtlich fortbestehenden Eigentumsposition käme es in Fällen der Konfiskation des Vermögens fremder Staatsangehöriger stets zum dauerhaften Auseinanderfallen von Eigentum und Besitz. Schon aus diesem Grund scheint als Rechtsfolge das Entstehen eines Entschädigungsanspruches die vorzugswürdige Alternative. Die überwiegende Ansicht in der Literatur[2400], auf deren Grundlage eine Vielzahl von entschädigungslosen Enteignungen in der Staatenpraxis bereits hingenommen wurden[2401], propagiert als Rechtsfolge für eine entschädigungslose Enteignung nicht die Nichtigkeit der Maßnahme, sondern schlicht eine Entschädigungspflicht. Indem die Regelung der Entschädigungspflichtigkeit von Enteignungen zum Nachteil von Ausländern als derogierbar angesehen wird, negiert die Staatenpraxis die Qualität der Norm als zwingendes Völkerrecht; aus der Staatenpraxis lässt sich herauslesen, dass durch eine entschädigungslose Enteignung ganz offenbar die *„...Schwelle zum Geltungsgrund zwingenden Völkerrechts (...) nicht überschritten ist..."*[2402]. Die Mindermeinung[2403], welche die Entschädigungslosigkeit der Enteignung bereits als *ius-cogens*-Verstoß einordnet, argumentiert insofern gegen die Realität und die Staatenpraxis[2404] und vermag die Universalität der von ihr propagierten Regel nicht nachzuweisen[2405]. Damit löst auch im Falle der Kon-

---

2398 BVerfGE 58, S. 300 ff.

2399 WIELAND in: DREIER, Grundgesetz Kommentar, Band I, Art. 14, Rn. 122.

2400 KEGEL / SCHURIG, Internationales Privatrecht, S. 945: *„Auch die (...) Regeln, die* entschädigungslose *oder die* diskriminierende *Enteignung von Ausländern oder die Enteignung* feindlicher Ausländer im Krieg *sei völkerrechtswidrig, helfen nicht weiter, wenn man als Sanktion nur eine* Entschädigungspflicht *und nicht die* Nichtigkeit *der Enteignung annimmt. Meist wird aber nur eine Entschädigungspflicht behauptet"*; GLORIA in: IPSEN, Völkerrecht, § 47, Rn. 31; TOMUSCHAT, Die Vertreibung der Sudetendeutschen, S. 10 f.; DOEHRING, Völkerrecht, Rn. 959.

2401 Beispielhaft verwiesen sei hier auf die deutsche Rechtsprechung im *Chile-Kupfer-Streit*, die trotz Fehlens einer angemessenen Entschädigung chilenische Konfiskationsmaßnahmen anerkannte, Landgericht Hamburg, Urteil vom 22. Januar 1973, Az. 80 O 4/73, abgedruckt in RIW 1973, S. 163 ff. (164), vgl. dazu MEESSEN, Die Verstaatlichung des Kupferbergbaus in Chile vor deutschen Gerichten, S. 179.

2402 ALLSTADT, Die offene Völkerrechtslage im deutsch-tschechischen Verhältnis und ihre Bedeutung für die Osterweiterung der EU, S. 47.

2403 MANN, Völkerrechtswidrige Enteignungen vor nationalen Gerichten, S. 707; KIMMINICH, Der Warschauer Vertrag, S. 486; wohl auch GORNIG, Völkerrechtswidrigkeit von Vertreibung und Enteignung, S. 25.

2404 Dazu vgl. BIRKE, Die Konfiskation ausländischen Privatvermögens, S. 194.

2405 ALLSTADT, Die offene Völkerrechtslage im deutsch-tschechischen Verhältnis und ihre

fiskationen des fürstlich-liechtensteinischen Vermögens auf tschechoslowakischem Boden die völkerrechtswidrige Vorenthaltung einer angemessenen Entschädigung nicht die Rechtsfolge der Nichtigkeit der Enteignungen aus.

cc) Die Konfiskationen als Völkermord?

Damit ist aber nicht ausgesagt, dass die Konfiskationen nicht auf Grund des Verstoßes gegen eine andere Norm des zwingenden Völkerrechts nichtig sind. Dies könnte der Fall sein, wenn die Konfiskationen als Akte des Völkermordes einzustufen wären.

(1). Verbot des Völkermordes als zwingendes Völkerrecht im Jahr 1945

Die Ächtung des Völkermordes auf internationaler Ebene erhielt seine positivrechtliche Grundlage in Form der Konvention über die Verhütung und Bestrafung des Völkermordes vom 9. Dezember 1948[2406]. Damit stellt sich für die Anwendung auf die Beneš-Dekrete auf den ersten Blick ein Problem des intertemporalen Völkerrechts, das sich noch verstärkt, wenn man berücksichtigt, dass die Konvention für die Tschechoslowakei erst am 21. März 1951 in Kraft getreten ist[2407]. Denn grundsätzlich *„...gilt, dass Sachverhalte, aufgrund derer (...) ein Rechtsverhältnis begründet wird, nach denjenigen Normen zu beurteilen sind, die zu jener Zeit galten"*[2408]. Jedoch bewirkte die Konvention nach allgemeiner Ansicht lediglich die Kodifikation des bereits zuvor auf der Grundlage Völkergewohnheitsrechts geltenden Völkermordverbotes[2409]. Dies wird offenkundig durch die Bewertung der Naziverbrechen durch die Rechtsprechung der Alliierten. So fiel der Charta des Nürnberger Militärgerichtshofs zufolge das Verbot des Völkermordes unter den Anklagepunkt des Verbrechens gegen die Menschlichkeit; der Gerichtshof legte einigen seiner Urteile ein völkerrechtliches Verbot von an Gruppenmerkmalen anknüpfenden Tötungen zugrunde[2410]. Das Völkermordverbot hatte auch im Jahre 1945 bereits *ius-cogens-*

Bedeutung für die Osterweiterung der EU, S. 46 f.

2406 UNTS 78, S. 244 ff.; BGBl. 1954 II, S. 730 ff.; Art. I der Konvention: *„...that genocide, whether committed in time of peace or in time of war, is a crime under international law which they [gemeint sind die Vertragsstaaten] undertake to prevent and to punish"*.

2407 BGBl. 2004 II, Fundstellennachweis B, S. 329 f.; für die Bundesrepublik erfolgte das Inkrafttreten noch später, am 22. Februar 1955, für das Fürstentum Liechtenstein gar erst am 22. Juni 1994.

2408 HEINTSCHEL VON HEINEGG in: IPSEN, Völkerrecht, § 19, Rn. 19.

2409 Dessen war man sich offenkundig im Zeitraum der Erstellung der Völkermordkonvention bewusst, vgl. UN-Doc. E/CN.4/984/Add. 18: *„...as a codification of existing international law the Convention (...) did neither extend or restrain the notion genocide, but that it´s ony defined it more precisely..."*; Commentary zu Draft Code of Crimes against the Peace and Security of Mankind, Yearbook of the International Law Commission 1996, vol. II, part 2, S. 44: *„Moreover, the principles underlying the Convention have been recognized (...) as binding on States even without any conventional obligation."*; HÜBNER, Das Verbrechen des Völkermordes, S. 334.

2410 Vgl. die Nachweise bei KADELBACH, Zwingendes Völkerrecht, S. 274.

Qualität, denn am Ende des Zweiten Weltkrieges hatte sich die grundsätzliche Anerkennung von Normen des zwingenden Völkerrechts durchgesetzt[2411]. Dies wurde aber gerade bewirkt durch die Verbindung von Rassismus und Vernichtung, wie sie das Dritte Reich praktiziert hatte. Wenn die Weltgemeinschaft die schlimmsten Verbrechen einer positivistischen Argumentation entziehen wollte, dann musste der Völkermord als verheerendste Vorgehensweise Hitler-Deutschlands auf jeden Fall dieser Ächtung unterfallen. So wird auch in den Protokollen der Wiener Konferenz wiederholt auf den zwingenden Charakter des Verbotes hingewiesen[2412]. Auch kann Bezug genommen werden auf das Verfahren gegen den ehemaligen „*Gauleiter*" Ostpreußens vor einem polnischen Gericht, welches die vorgeworfenen Taten des Massenmordes, Verbrechen gegen die Menschlichkeit etc. als Verstöße gegen zwingendes Völkerrecht wertete, da „*...Handlungen zu ächten und zu verbieten [seien], die gegen Zivilisation und Humanität gerichtet...*" sind[2413].

Zusammenfassend kann demnach festgehalten werden, dass das Verbot des Völkermordes im Zeitpunkt des Erlasses der Beneš-Dekrete bereits als zwingendes Völkerrecht zu beachten war. Eine weitere Bestätigung dieses Umstandes ist auch darin zu sehen, dass selbst jene von der Nichtigkeit und damit von der *ius-cogens*-Qualität der Beneš-Konfiskationen ausgehen, die die Entschädigungslosigkeit von Enteignungen fremden Vermögens nicht als Verstoß gegen zwingendes Völkerrecht einordnen[2414].

(2). Einheitlichkeit von Enteignung und Vertreibung

Die bloße Enteignung ohne Entschädigung kann eine Einordnung als Völkermord aber gerade nicht rechtfertigen; dies würde schon dem Ergebnis widersprechen, dass das Verbot der entschädigungslosen Enteignung zwingenden Charakter trägt. Die Annahme der Nichtigkeit der Konfiskationen des fürstlich-liechtensteinischen Vermögens unter Bezugnahme auf den Begriff des Völkermordes kann sich nur im Zusammenhang mit der Bewertung der Vertreibung der Sudetendeutschen vom Gebiet der Tschechoslowakei ergeben, wobei drei problematische Aspekte sichtbar werden. Die letztlich entscheidende Frage wird sein, ob die Vertreibung der Volksdeutschen als Völkermord zu begreifen ist; dieses Problem wird im Anschluss unter einer eigenen Überschrift erörtert werden. Jedoch bleiben

---

[2411] Vgl. bereits Kap. 5, C.III.2.b)aa).

[2412] United Nations Conference on the Law of Treaties, Second Session, Vienna, 26 March – 24 May 1968, Official Records, UN-Doc. A/Conf.39/11, S. 323 ff.; vgl. auch: The Commentary of the International Law Commission, Yearbook of the International Law Commission, vol. II, S. 248.

[2413] Vgl. bei KADELBACH, Zwingendes Völkerrecht, S. 113.

[2414] TOMUSCHAT, Die Vertreibung der Sudetendeutschen, S. 11; vgl. auch VERDROSS / SIMMA, Universelles Völkerrecht, § 1263 a. E.; Yearbook of the International Law Commission 1976, vol. II, part 2, S. 102 f.; GORNIG, Völkerrechtswidrigkeit von Vertreibung und Enteignung, S. 26.

zwei Vorfragen zu klären, nämlich zum einen, wie es sich auswirkt, dass der enteignete Fürst gerade kein Volksdeutscher war, zum anderen, ob die Konfiskationen an einer potentiellen Einordnung der Vertreibung als Völkermord teilhaben.

Zur erstgenannten Vorfrage ist anzumerken, dass der Fürst von Liechtenstein nicht einmal der Definition des Deutschen im Sinne von § 2 Abs. 1 des Beneš-Dekretes entsprochen hat, da FRANZ-JOSEF II. sich in keiner Volkszählung der Zwischenkriegszeit zur deutschen Nationalität bekannt hat. Die gegenteilige Behauptung wurde von fürstlicher Seite stets bestritten, wie bereits in der erstinstanzlichen Entscheidung des Landesnationalausschusses in Brno vom 16. Januar 1946 nachzulesen ist[2415]. Aus derselben Entscheidung geht aber die Anerkennung des Umstandes hervor, dass der Fürst trotz seines Widerstandes und zu seinem Nachteil in der Bekanntmachung des Bezirksnationalausschusses in Olomouc vom 31. August 1945 als Person deutscher Nationalität bezeichnet wurde[2416]. Daran muss sich die Tschechoslowakei festhalten lassen; wenn sie den Fürsten als Sudetendeutschen behandelt, müssen die Konfiskationen des fürstlich-liechtensteinischen dieselbe rechtliche Einordnung erfahren wie die Enteignung des sudetendeutschen Vermögens. Die Umsetzung des Beneš-Dekrets Nr. 12 durch tschechoslowakische Stellen selbst hat den Fürsten zum Mitglied der Opfergruppe der Personen deutscher Nationalität gemacht.

Die zweite angesprochene Thematik berührt die Frage, ob die Enteignungen zum Nachteil ethnisch-deutscher Personen oder Personen, die als Deutsche behandelt werden, derart eng mit der Vertreibung als solcher verbunden sind, dass die Enteignungen den völkerrechtlichen Charakter der Vertreibung teilen[2417]. Zur Beantwortung dieser höchst umstrittenen Frage muss ermittelt werden, ob die tschechoslowakische Regierung unter BENEŠ eine einheitliche Politik verfolgt hat, deren Intention sowohl die Konfiskationen wie auch die Ausweisung umfasst hat, so dass die beiden politischen Entscheidungen lediglich als Elemente eines gegen die Volksdeutschen gerichteten *„Gesamtkonzepts"*[2418] erscheinen. Dafür spricht nicht

---

2415 Vgl. Kap. 5, B.III.1.a).

2416 Vgl. bereits Kap. 5, A.II.1.

2417 Diese Frage wird bejaht von ERMACORA, Die sudetendeutschen Fragen, S. 177 ff.; BLUMENWITZ, Das Offenhalten der Vermögensfragen, S. 123; BLUMENWITZ, Die Beneš-Dekrete unter dem Gesichtspunkt des Völkerrechts, S. 16; WENK, Das konfiszierte deutsche Privatvermögen in Polen und der Tschechoslowakei, S. 100 f.; ALLSTADT, Die offene Völkerrechtslage im deutsch-tschechischen Verhältnis und ihre Bedeutung für die Osterweiterung der EU, S. 47 f.; HÜBNER, Das Verbrechen des Völkermordes, S. 356, der sich mit dem Thema abstrahiert auseinandersetzt, der jedoch das Abfärben der völkerrechtlichen Bewertung von Vertreibungen auf *„...Enteignungen..."* annimmt, *„...die im unmittelbarem Zusammenhang mit der Vertreibung derjenigen Volksgruppe, der die Enteigneten angehören, erfolg[en]..."*; a. A. TOMUSCHAT, Die Vertreibung der Sudetendeutschen, S. 11 ff.

2418 Mit diesem Ergebnis ALLSTADT, Die offene Völkerrechtslage im deutsch-tschechischen Verhältnis und ihre Bedeutung für die Osterweiterung der EU, S. 47.

nur die zeitliche Nähe der Dekrete vom 2. August 1945 und vom 21. Juni 1945, sondern dafür sprechen auch deren weitgehend identischen Formulierungen[2419] Mit einer Bezugnahme auf dem Wortlaut der Norm begnügt sich TOMUSCHAT in seinem Gutachten, welches er im Jahre 1995 für die Fraktion Bündnis 90/Die Grünen im Deutschen Bundestag verfasst hat, und sieht folglich die Volkszugehörigkeit nicht als entscheidendes Kriterium der Dekrete[2420]. Dieses Verständnis der Beneš-Dekrete ignoriert jedoch die historischen Zusammenhänge. Zwar ist es durchaus richtig, dass sowohl das Ausbürgerungsdekret als auch die Enteignungsdekrete vordergründig den individuellen Verrat gegen das Volk der Tschechoslowakei bestrafen wollten, sich also gerade nicht zuvörderst auf eine ethnische Gruppe beziehen. Analysiert man jedoch die Umsetzung der Dekrete, stellt man fest, dass *„...die Lösung eines Minderheitenproblems auf dem Wege eines erstrebten Nationalstaates...“* vorrangiges Ziel war, wobei die *„...Konfiskationen (...) den (...) in den (...) Sudetenländern lebenden Deutschen die Lebensgrundlage entziehen und dadurch die Vertreibungsmaßnahmen flankieren...“* sollten[2421]. Die Enteignungen wurden *„...als Mittel der Vertreibung...“* instrumentalisiert[2422]. Sichtbar wird die ethnische Ausrichtung der Dekrete an der Verbindung der ihnen immanenten Vermutungsregeln und den für die Betroffenen erreichbaren Rechtsmitteln. Personen deutscher und madjarischer Nationalität fielen zunächst automatisch unter § 1 Abs. 1 lit. a) des Dekretes Nr. 12, konnten jedoch über die Ausnahmeregel des Abs. 2 der Enteignung entgehen, wenn sie aktive Beteiligung am *„...Kampf für die Wahrung der Integrität und die Befreiung der Tschechoslowakischen Republik....“* nachweisen konnten. Über die Frage, ob die Voraussetzungen vorlagen, hatte nach Abs. 3 ein Gremium zu entscheiden, welches nicht direkt vom Betroffenen, sondern nur von der *„...zuständigen Bauernkommission...“* angerufen werden konnte. Damit war in der Regel schon rechtlich keine Handhabe, faktisch war nach der angelaufenen Vertreibung die Wahrnehmung jeglicher Rechtsschutzmöglichkeit ohnehin illusorisch[2423]. Menschen, die nicht der deutschen bzw. madjarischen Nationalität angehörten, mussten eine Einbeziehung per Legaldefinition nicht fürchten, denn über eine Enteignung etwa eines ethnisch-tschechischen *„Verräters bzw. Feindes der Republik“* musste ein Entscheidungsgremium positiv gem. § 3 Abs. 2 des Dekretes entscheiden. Hat man auf diesem Wege die vordergründige Ausgestaltung des Dekretes in der Form einer unterschiedslos wirkenden Strafvorschrift als reine Tarnung erkannt, drängt sich die wahre Absicht der tschechoslowakischen Regierung förmlich auf: im Zeitpunkt des Erlasses der Beneš-Dekrete war *„...das Konzept einer durch möglichst umfangreiche Ausweisung der Sude-*

[2419] Zu diesem Ergebnis kommt auch ausdrücklich TOMUSCHAT, Die Vertreibung der Sudetendeutschen, S. 13.

[2420] TOMUSCHAT, Die Vertreibung der Sudetendeutschen, S. 14.

[2421] BLUMENWITZ, Das Offenhalten der Vermögensfragen, S. 122 f.

[2422] HÜBNER, Das Verbrechen des Völkermordes, S. 357.

[2423] ALLSTADT, Die offene Völkerrechtslage im deutsch-tschechischen Verhältnis und ihre Bedeutung für die Osterweiterung der EU, S. 31.

tendeutschen ‚gereinigten' Tschechoslowakei (...) allein maßgebend...‘[2424]. Es ging schlicht darum, die historische Gunst der Stunde zu nutzen und die als fremd empfundenen Bevölkerungsanteile ohne Verluste an Territorium loszuwerden[2425] bzw. „*...das 1918 als Vielvölkerstaat konstituierte Staatswesen (‚Schweizer Modell in den böhmischen Ländern') in einen slawischen Nationalstaat...*" zu verwandeln[2426]. Da die Konfiskation demnach als funktionales Element der Vertreibungen fungierte, können die eigentumsspezifischen Aspekte der Aussiedelung der ethnisch-deutschen Bevölkerung nicht vom Gesamtphänomen Vertreibung getrennt werden.

(3). Die Vertreibung als Völkermord?

Damit steht fest, dass die Konfiskation von Vermögen unter Verweis auf die (angebliche) deutsche Nationalität der Betroffenen auf der Grundlage des Beneš-Dekretes Nr. 12 die Rechtsnatur der Vertreibung übernimmt. Damit ist die Vertreibung an der Definition des Art. II der Völkermordkonvention zu messen; der deutsche Text der Vorschrift lautet:

> „*In dieser Konvention bedeutet Völkermord eine der folgenden Handlungen, die in der Absicht begangen wird, eine nationale, ethnische, rassische oder religiöse Gruppe als solche ganz oder teilweise zu zerstören:*
>
> *(a)* *Tötung von Mitgliedern der Gruppe;*
> *(b)* *Verursachung von schwerem körperlichen und seelischem Schaden an den Mitgliedern der Gruppe;*
> *(c)* *Vorsätzliche Auferlegung von Lebensbedingungen für die Gruppe, die geeignet sind, ihre körperliche Zerstörung ganz oder teilweise herbeizuführen;*
> *(d)* *Verhängung von Maßnahmen, die auf die Geburtenverhinderung innerhalb der Gruppe gerichtet sind;*
> (e) *Gewaltsame Überführung von Kindern der Gruppe in eine andere Gruppe.*"

Ob Vertreibungen im Allgemeinen, die Vertreibung der Deutschen aus der Tschechoslowakei im Besonderen den eben zitierten Tatbestand erfüllen, ist sowohl bezüglich dessen objektiver als auch subjektiver Elemente problematisch. Bezüglich der Bewertung der Behandlung, wie sie den Sudetendeutschen im Jahre 1945 von Seiten des tschechoslowakischen Staates zuteil wurde, haben sich zwei Meinungslager gebildet.

2424 RASCHHOFER / KIMMINICH, Die Sudetenfrage, S. 292.

2425 Dies ist auch vor dem Hintergrund zu sehen, dass die deutschsprachigen Gebiete Böhmens und Mährens entgegen den von Wilson formulierten Prinzipien des Selbstbestimmungsrechts im Friedensvertrag von St. Germain der Tschechoslowakei zugeschlagen wurde, obwohl sich die Gebiete Deutsch-Böhmen und Sudetenland am 28. Oktober 1918 bereits als Bestandteile Deutsch-Österreichs konstituiert hatten, vgl. RASCHHOFER / KIMMINICH, Die Sudetenfrage, S. 102, 128 ff.; FRANZEL, Sudetendeutsche Geschichte, S. 330.

2426 BLUMENWITZ, Die Beneš-Dekrete – Eine Bestandsaufnahme, S. 258.

Die gegenwärtig wohl herrschende Meinung[2427] geht davon aus, dass Vertreibungen, soweit keine weiteren Umstände hinzutreten, grundsätzlich nicht die Qualität des Völkermordvorwurfes erreichen. In Bezug auf die objektiven Voraussetzungen des Tatbestandes, also die unterschiedlichen Handlungsvarianten in Art. II, sei es nicht zulässig, Begleiterscheinungen, wie Tötungen oder die Zuführung von eklatanten Körperverletzungen, in die Bewertung des Vorganges der bloßen Erzwingung des Wohnsitzwechsels einzubeziehen[2428]. Daran knüpft TOMUSCHAT in seinem bereits zitierten Gutachten offensichtlich an, wenn er einräumt, dass es sich nicht bestreiten ließe, *„...dass es während der Vertreibung der sudetendeutschen Volksgruppe zu einzelnen Akten des Völkermordes gekommen ist...“*, womit er gleichzeitig aussagt, dass diese Akte getrennt vom eigentlichen Vertreibungsgeschehen zu bewerten sind[2429]. Darauf geht der Autor aber weiter nicht ein, da diese Exzesse auf jeden Fall nicht von der subjektiven Klammer der Norm erfasst und deshalb der Tschechoslowakei nicht zurechenbar seien. Denn nach Art. II der Völkermordkonvention muss *„...[d]er Täter (...) die Absicht verfolgen, die von ihm angegriffene Gruppe* physisch zu vernichten...“[2430]. Eine derartige Intention sei der Tschechoslowakei schon deshalb nicht zu unterstellen, da die Enteignungs- und Ausbürgerungsdekrete auf das individuelle Fehlverhalten der Betroffenen abstellten. Des Weiteren stelle die Gruppe der Sudetendeutschen schon keinen tauglichen Gegenstand für einen Völkermord dar, da sie nach eigenem Bekunden zum deutschen Gesamtvolk zählten und diesem auf der Grundlage der tschechoslowakischen Politik lediglich ein Gebietsverlust zugefügt wurde[2431]. Dieses wörtliche Verständnis des Verbs *„zerstören“* wird darüber hinaus auch mit der Entstehungsgeschichte der Völkermordkonvention begründet. Eine weitere Auslegung der Vorschrift sei nicht möglich, da sonst die bewusste Entscheidung[2432] des vorbereitenden Committees und der Generalver-

---

2427 So HÜBNER, Das Verbrechen des Völkermordes, S. 203, in seiner sehr tiefgreifenden Analyse der Literatur.

2428 KRÜLLE, Vertreibung im Völkerrecht, S. 66; LEHMLER, Die Strafbarkeit von Vertreibungen, S. 216; TRIFFTERER, Die Bestrafung von Vertreibungsverbrechen, in: BLUMENWITZ, Flucht und Vertreibung, S. 282.

2429 TOMUSCHAT, Die Vertreibung der Sudetendeutschen, S. 12; ebenfalls widersprechen einer Bewertung der sudetendeutschen Vertreibung als Völkermord: DOLZER, Die Vertreibung der Sudetendeutschen, Tz. 132 ff.; NETTESHEIM, Der EU-Beitritt Tschechiens, S. 56.

2430 TOMUSCHAT, Die Vertreibung der Sudetendeutschen, S. 13 (Hervorhebung vom Verfasser hinzugefügt); diese Ansicht wird auch vertreten von: KRÜLLE, Vertreibung im Völkerrecht, S. 43 und 66; SCHABAS, Genocide in international Law, S. 228; STILLSCHWEIG, Das Abkommen zur Bekämpfung von Genocide, S. 99; TRIFFTERER, Die Bestrafung von Vertreibungsverbrechen, in: BLUMENWITZ, Flucht und Vertreibung, S. 283.

2431 TOMUSCHAT, Die Vertreibung der Sudetendeutschen, S. 14: *„Gebietsverlust und Aussiedlung dürfen nicht ohne weiteres mit Ausrottung und Vernichtung der Volksgruppe gleichgesetzt werden. Auch aus diesem Grund lässt sich die generelle Qualifizierung der Vertreibung der Sudetendeutschen als Völkermord nicht halten“*.

2432 Vgl. dazu International Law Commission, Draft Code of Crimes against the Peace and

sammlung dahingehend, das Konzept eines kulturellen Völkermordes nicht in die Konvention aufzunehmen, um eine möglichst große Akzeptanz des Regelwerkes zu garantieren, konterkariert würde[2433].

Letztlich erweisen sich die Argumente der von ERMACORA angeführten Gegenansicht[2434] jedoch als überzeugend. Zunächst ist die Auslegung der Zerstörungsabsicht nicht nur nicht zwingend restriktiv auf einen physischen Begriff begrenzt, sondern muss, der Systematik der Vorschrift selbst folgend, gerade von einem weiteren Ansatz her begriffen werden. Zunächst geht die Argumentation über die Entstehungsgeschichte der Völkermordkonvention ins Leere. Richtig ist in der Tat, dass die Aufnahme des Konzeptes des kulturellen Völkermordes gescheitert ist; Hauptgedanke dabei war, dass die Schließung und Zerstörung von öffentlichen Bibliotheken, Schuleinrichtungen und Museen etwa mit einem Massenmord schlicht nicht vergleichbar wären[2435]. Aus dem Umstand des Scheitern des kulturellen Völkermordansatzes ergeben sich jedoch trotzdem keine Beschränkungen für die Reichweite des subjektiven Tatbestandes in Art. II. Denn die Lektüre der beiden ersten Entwürfe der Völkermordkonvention zeigt „*...deutlich, dass das Konzept des Völkermordes vor allem in objektiver Hinsicht durch weitere Tathandlungen erweitert werden sollte*"[2436]. Im ersten Entwurf wurden gar nur zusätzliche Handlungsvarianten hinzugefügt, während der subjektive Tatbestand für all jene identisch war. In der zweiten Version wurde der kulturelle Völkermord zwar in einem eigenen Absatz mit angepasstem subjektiven Obersatz gefasst[2437], jedoch kann daraus nicht geschlossen werden, dass die Intention bezüglich der übrigen Tathandlungen eine physische Zerstörung umfassen sollte. Denn der kulturelle Völkermord wurde deshalb aus der Konvention herausgehalten, weil die betreffenden *Handlungen* nicht mit den

---

Security of Mankind, Yearbook of the International Law Commission 1996, Band II/2, S. 46.

2433 Vgl. LEHMLER, Die Strafbarkeit von Vertreibungen, S. 218 ff; SCHABAS, Genocide in international Law, S. 178/229.

2434 ALLSTADT, Die offene Völkerrechtslage im deutsch-tschechischen Verhältnis und ihre Bedeutung für die Osterweiterung der EU, S. 50 ff.; BLUMENWITZ, Die Beneš-Dekrete unter dem Gesichtspunkt des Völkerrechts, S. 16; ERMACORA, Die sudetendeutschen Fragen, S. 170 ff.; GORNIG, Völkerrechtswidrigkeit von Vertreibung und Enteignung, S. 13, der sogar ein allgemeines Vertreibungsverbot aus Art. II der Völkermordkonvention herauslesen will; HÜBNER, Das Verbrechen des Völkermordes, S. 208 ff.; WENK, Das konfiszierte deutsche Privatvermögen in Polen und der Tschechoslowakei, S. 110 f.

2435 HÜBNER, Das Verbrechen des Völkermordes, S. 206; ROBINSON, The Genocide Convention, S. 65.

2436 HÜBNER, Das Verbrechen des Völkermordes, S. 213.

2437 In Art. I Abs. 2 des Sekretariatsentwurfes findet sich die Formulierung „*...with the purpose of destroying it [a group of human beings] in whole or in part...*", im Entwurf des Ad-hoc-Ausschusses lautet Art. III in Teilen folgender Maßen: „*...with the intent to destroy the language, religion, or culture of a national, racial or religious group on grounds of the national or racial origin or religious belief of its members...*"; zitiert bei ROBINSON, The Genocide Convention, S. 123 f. bzw. S. 132 f.

übrigen, wie z. B. Massenmord, Tötungen o. Ä., auf eine Stufe gestellt werden sollten. Die hier vertretene Auswertung der Entstehungsgeschichte der Konvention findet darüber hinaus Halt in den Dokumenten der International Law Commission[2438].

Damit steht der Auslegung der Norm nach den völkergewohnheitsrechtlich[2439] untermauerten Regelungen der Art. 31, 32 WVK nichts mehr im Weg. Im Rahmen der sich in Art. 31 Abs. 1 WVK verbergenden Wortlautauslegung fällt auf, dass der Wortstamm von *„zerstören"* in Art. II zweimal vorkommt, einmal als Verb im Obersatz, dann aber auch als Substantiv in lit. c. Während dem Wort im letzteren Fall das Adjektiv *„körperlich"* vorangestellt wurde, erscheint es im Obersatz ohne Ergänzung. Wenn man davon ausgeht, dass ein und derselbe Begriff innerhalb einer Vorschrift nicht zwei verschiedene Bedeutungen haben wird, ist der Zerstörungsbegriff des subjektiven Tatbestandes im Obersatz ein weiterer, mithin nicht nur auf eine körperliche Dimension beschränkt[2440]. Auch muss in lit. c die betroffene Bevölkerungsgruppe nur vorsätzlich mit Lebensbedingungen belegt werden, die *geeignet* sind, zu einer physischen Zerstörung zu führen; das Erfordernis einer wie auch immer gearteten Absicht ist dabei nicht erforderlich. Dieses Ergebnis entspricht der Norm vor allem auch aus teleologischen Erwägungen, denn letztlich ist das Schutzobjekt eines Völkermordverbotes, so banal das klingen mag, eben nicht das Individuum, sondern das Volk; indem die Intention des völkermordenden Staates aber nicht die Mitglieder eines Volkes in Fleisch und Blut betreffen muss, sondern *„...die Zerstörung der Gruppe als soziale Einheit in ihrer Besonderheit und Eigenart...‘*[2441], erweist sich die weite Auslegung des Zerstörungsbegriffes im subjektiven Tatbestand gerade als zwingend. Das Konzept des kulturellen Völkermordes wird damit auch nicht durch die Hintertür eingeführt, da zur Bejahung des Gesamttatbestandes eine

---

[2438] International Law Commission, Draft Code of Crimes against the Peace and Security of Mankind, Yearbook of the International Law Commission 1996, Band II/2, S. 46: *„It is true that the draft Convention prepared by the Secretary-General at the second session of the General Assembly in 1947 and the draft convention of the prevention and punishment of the crime of genocide, prepared by the Ad Hoc Committee on Genocide, contained provisions on ‚cultural genocide'. (...) However, the text of the Convention, as prepared by the Sixth Committee and adopted by the General Assembly, did not include the concept in the two drafts and simply listed* acts *which come within the category of ‚physical' or ‚biological' genocide"*, Hervorhebung des Verfassers.

[2439] Dazu vgl. bereits Kap. 5, B.III.2.b)aa).

[2440] So schon JESCHECK, Genocidium-Konvention, S. 193, 213.

[2441] JESCHECK, Genocidium-Konvention, S. 193, 213; zu ähnlichen Ergebnissen kommt der BGH in einer Entscheidung zum § 220 a StGB a. F., der im wesentlichen Art. II der Völkermordkonvention nachgebildet war: *„Schutzgut des Verbrechens des Völkermordes sind (...) nicht die Individualgüter der von den objektiven Tathandlungen betroffenen Personen, sondern ist die Existenz der Gruppe als solche, wobei das Unmenschliche, das gegenüber dem Verbrechen des Mordes besondere Unrechtsmerkmal darin liegt, dass der oder die Täter in dem Opfer nicht mehr den Menschen, sondern nur noch das Mitglied der erfolgten Gruppe sehen"*, BGHSt 45, S. 64 ff. (S. 80).

einschlägige Handlung erforderlich ist, die sich physisch auswirkt[2442]. Damit genügt als Absicht die „...*Beseitigung der Gruppe aus ihrem angestammten Gebiet*...“[2443], denn mit der Vertreibung wurde die sudetendeutsche Kultur mit allen Bräuchen, Dialekten und ähnlichen Eigenarten nicht etwa verpflanzt, sondern ist spätestens mit dem Tod der Generation, die selbst noch als Mitglied der deutschen Minderheit auf böhmisch-mährischem Gebiet gelebt hat, unwiederbringlich verloren[2444]. Die Behauptung TOMUSCHATs, die Vertreibung stelle lediglich einen Landverlust des deutschen Gesamtvolkes dar, geht an der Sache vorbei, denn die Zugehörigkeit der Sudetendeutschen zum deutschen Gesamtvolk hat den Verlust der früher eigenständigen Identität der Deutsch-Böhmen nicht verhindert, sondern durch die Assimilation in der neuen Heimat im Gegenteil sogar vollendet. Die Absicht des tschechoslowakischen Staates, die ethnisch-deutschen ehemals eigenen Staatsbürger vom Staatsgebiet zu vertreiben, wurde bereits nachgewiesen; der Verweis darauf, dass die Beneš-Dekrete nicht vorrangig ethnisch unterscheiden würden, wurde angesichts der Umsetzung der Regelungen als Verschleierung der wahren Absichten enttarnt[2445].

Über den subjektiven Tatbestand von Art. II der Völkermordkonvention hinaus erfüllte das Gesamtphänomen Vertreibung den Tatbestand auch in objektiver Hinsicht. Nach Art. II lit. c der Völkermordkonvention genügt dafür die vorsätzliche Auferlegung von Lebensbedingungen für die Gruppe, die geeignet sind, ihre körperliche Zerstörung ganz oder teilweise herbeizuführen. Eine bloße erzwungene Verlagerung des Wohnsitzes mag eine solche Behandlung wohl noch nicht erfüllen. Jedoch ergeben sich im Rahmen von Massenvertreibungen in der Regel Umstände, die vom Gesamtgeschehen nicht zu trennen sind und eine Lebensgefahr für eine Vielzahl von Menschen heraufbeschwören. So bejahte der Ruanda-Gerichtshof den Völkermordtatbestand auf der Grundlage der schlechten Versorgungslage, die durch die Vertreibung der betroffenen Bevölkerungsgruppe aus ihren angestammten Unterkünften bewirkt wurde[2446]. Im Fall der Sudetendeutschen blieb es jedoch nicht bei zwangsläufig mit der Vertreibung verbundener Umstände. Nach der Wertung ERMACORAs waren „...*die Einrichtung von Konzentrationslagern, der globale Eigentumsentzug, die Strafdrohungen, die Inhaftierungen, die Vernichtung der Umwelt*

[2442] So auch HÜBNER, Das Verbrechen des Völkermordes, S. 215.

[2443] ERMACORA, Die sudetendeutschen Fragen, S. 259.

[2444] Dies räumt auch TOMUSCHAT, Die Vertreibung der Sudetendeutschen, S. 14, ein: „*Es trifft zu, dass die besondere sudetendeutsche Kultur ihrer bodenständigen Wurzeln beraubt worden ist*“.

[2445] Vgl. Kap. 5, C.III.2.b)cc)(2).

[2446] ICTR, Prosecutor v. Akayesu, Case N. ICTR-96-4-T, Urteil vom 2. September 1998, Tz. 506: „...*the Chamber is of the opinion that the means of deliberate inflicting on the group conditions of life calculated to bring about its physical destruction, in whole or part, include, inter alia, subjecting a group of people to a substantive diet, systematic expulsions from homes and the reduction of essential medical services below minimum requirement*“.

(...) so umfassend, dass die Existenz der Gruppe in ihren angestammten Gebieten in ihren Lebensgrundlagen getroffen worden ist"[2447]. Dass die Lebensumstände, mit denen die Volkdeutschen im Rahmen der Vertreibung konfrontiert wurden, geeignet waren, einen Teil der betroffenen Bevölkerung physisch zu vernichten, verdeutlicht die statistische Auswertung der Vertreibung:

> *„Da der tatsächliche Stand der deutschen Bevölkerung von Böhmen und Mähren, Mähren-Schlesien und der Slowakei im Mai 1945 (...) unter Berücksichtigung der Kriegsverluste von 215.000 (nach Berechnungen des Statistischen Bundesamtes) auf 3.391.000 angesetzt werden kann, ergibt sich eine Differenz von 225.600 Deutschen, deren Schicksal nicht geklärt ist. Es ist anzunehmen, dass diese Zahl annähernd die Zahl der direkten oder indirekten Opfer der tschechischen Vergeltungs- und Vertreibungspolitik wiedergibt*"[2448].

Damit haben mehr als 6 % der volksdeutschen Bevölkerung die Vertreibung aus der Tschechoslowakei nicht überlebt. Die tschechoslowakische Regierung hat mit dieser Massenausweisung, die sie sich unter dubiosen Umständen[2449] in den Potsdamer Beschlüssen von den Alliierten bestätigen ließ, die Volksdeutschen auf ihrem Territorium Lebensumständen ausgesetzt, die geeignet waren, die Zerstörung eines Teiles der betroffenen Bevölkerung zu bewirken; der Tatbestand von Art. II lit. c der Völkermordkonvention ist erfüllt. So kommt es nicht auf die Frage an, ob die Verluste an menschlichem Leben im Zusammenhang mit der Vertreibung von der tschechoslowakischen Regierung beabsichtigt waren, da es ausreicht, dass sie sich als Auswirkungen der Lebensumstände ergeben haben, die die Regierung über die Volksdeutschen mit der Vertreibung verfügt hat. Auch wenn sie für die Subsumtion des Völkermordbegriffes nicht erforderlich ist, liegt die Absicht der Prager Regierung aber nicht fern, auch mittels Art und Weise der Durchführung des Bevölkerungstransfers Genugtuung für die eigenen Leiden unter deutscher Besetzung gesucht zu haben. Darüber hinaus „*...liegen zahlreiche Belege [dafür] vor, dass viele Führer der Sowjetunion, Polens und der Tschechoslowakei diesen Verlust von Menschenleben beabsichtigten*"[2450]. Dafür dass die dokumentierten Vertreibungsexzesse mit ihren „*...verübten*

2447 ERMACORA, Die sudetendeutschen Fragen, S. 259.

2448 BUNDESMINISTERIUM FÜR VERTRIEBENE, FLÜCHTLINGE UND KRIEGSGESCHÄDIGTE (Hrsg.), Dokumentation der Vertreibung der Deutschen in Ost-Mitteleuropa, Band IV/1 (Die Vertreibung der deutschen Bevölkerung aus der Tschechoslowakei), Berlin, 1957, S. 135; insgesamt kam es am Ende und nach dem Zweiten Weltkrieg „*...zur Vertreibung von 15 Mio. Deutschen aus ihrer Heimat in Mittel-, Ost- und Südosteuropa. Mehr als zwei Mio. Deutsche ließen dabei ihr Leben*", BLUMENWITZ, Einführung in: BLUMENWITZ, Flucht und Vertreibung, S. 3 m. w. N.

2449 ERMACORA, Die sudetendeutschen Fragen, S. 54, weist darauf hin, dass sich die alliierten Politiker im Moment der Entscheidung nicht der Tragweite des tschechoslowakischen und polnischen Ansinnens bewusst waren bzw. gar getäuscht wurden, mit weiteren Nachweisen.

2450 DE ZAYAS, Das Recht auf Heimat, S. 37.

Grausamkeiten..." durchaus „...*ein zentral gelenktes Unternehmen...*" darstellten, spricht auch, „...*dass die Aufforderung hierzu von den Orts- und Bezirksnationalausschüssen durch öffentliche Kundmachungen erlassen wurden. Die Durchführung war an zahlreichen Orten ganz ähnlich, woraus man entnehmen kann, dass eine derart wichtige Maßnahme organisationsmäßig im Einvernehmen mit zentralen Regierungsstellen durchgeführt wurde*"[2451].

(4). Ergebnis

Da das Gesamtphänomen Vertreibung als Akt des Völkermordes angesehen werden muss, nehmen auch die Enteignungen auf der Grundlage des Beneš-Dekretes Nr. 12 an dieser Einordnung teil. Die Konfiskation des fürstlich-liechtensteinischen Vermögens auf tschechoslowakischem Territorium stellt demnach bereits aus diesem Grund eine Verletzung zwingenden Völkerrechts dar.

dd) Die Neutralitätsverletzung als *ius cogens*?

Darüber hinaus muss die Frage erhoben werden, ob nicht auch der Umstand, dass die Tschechoslowakei den Fürsten ohne konkreten Anlass als Feind des tschechoslowakischen Volkes behandelt hat, einen Völkerrechtsverstoß mit *ius cogens*-Eingriffstiefe darstellt.

Vorweg muss klargestellt werden, dass die Untersuchung hierbei nicht auf das Problem abstellen kann, ob die Neutralität als Rechtsinstitut grundsätzlich zum Katalog des zwingenden Völkerrechts gehört. Vielmehr muss man sich von einer generellen Bewertung verabschieden und jede rechtliche Regel gesondert zum Gegenstand der Untersuchung machen. Anknüpfend an die Definition des Art. 53 S. 2 WVK müsste vorliegend nachgewiesen werden, dass das Verbot der entschädigungslosen Enteignung neutralen Privatvermögens von der internationalen Staatengemeinschaft als vertraglich nicht abdingbarer Grundsatz angesehen wird[2452]. BERBER beispielsweise scheint davon auszugehen, da er einen Verstoß gegen zwingendes Recht verwirklicht sieht in einem „...*Vertrag, durch den ein Staat sich verpflichtet, zugunsten eines anderen Staates die auf seinem Gebiet befindlichen Angehörigen eines dritten Staates, mit dem er sich nicht im Kriegszustand befindet, entschädigungslos zu enteignen*"[2453]. Da sich nach dieser Ansicht ein Staat nicht dazu verpflichten kann, Staatsangehörige eines am Krieg nicht beteiligten weiteren Staates entschädigungslos zu enteignen, wird dem Schutz neutralen Privatvermögens eine vertraglich nicht zu beseitigende Stellung eingeräumt.

Eine andere Sprache sprechen jedoch bereits Ausgang und Auswertung des *Wimbledon*-Falls[2454]. Dabei ging es um die deutsche Verweigerung einer Passage

---

[2451] RASCHHOFER / KIMMINICH, Die Sudetenfrage, S. 292.

[2452] Zur Definition vgl. Kap. 5, B.III.2.b)aa).

[2453] BERBER, Völkerrecht, Band I, § 68, S. 473; vgl. auch BLUMENWITZ, Liechtenstein, S. 35.

[2454] Vgl. Affaire du vapeur „*Wimbledon*", C.P.J.I. Recueils des Arrêts, Serie A., N°1, S. 6 ff. ; VON MÜNCH, The Wimbledon, in: BERNHARDT, EPIL, Band IV, S. 1482 ff.

durch den Kieler Kanal. Das die Durchfahrt begehrende von einer französischen Gesellschaft gecharterte englische Dampfschiff Wimbledon hatte Waffen und Munition für die polnische Armee geladen. Die deutschen Behörden verwiesen auf die Neutralität des Deutschen Reiches im damals andauernden polnisch-russischen Krieg.

Dem Spruch des Ständigen Internationalen Gerichtshofs zufolge hätten sich die deutschen Neutralitätspflichten nicht gegen die Regelung in Art. 380 des Versailler Vertrages[2455] durchsetzen können, mit der das Deutsche Reich die freie Durchfahrt durch den Kanal für Schiffe unter Flaggen zugesichert hatte, mit dessen Staaten sich Deutschland selbst jeweils nicht im Kriegszustand befindet. Dabei geht das Urteil offenbar von einer im Vergleich zur betroffenen Neutralitätspflicht erhöhten hierarchischen Qualität der Vertragsregel aus, wenn es zum deutschen Vortrag, die Verpflichtung zum Passierenlassen der *Wimbledon* hätte den neutralen Status des Deutschen Reiches verletzt, ausführt: *„Une telle allégation n'a pas déterminé la conviction de la Cour: elle se heurte en effet à des considérations d'*intérêt *général de* l'ordre le plus élevé'[2456]. Den Ausführungen des Gerichtshofes lässt sich demnach leichter eine *ius cogens*-Qualität des Versailler Vertrages entnehmen, als dass man auf der Grundlage des Urteils die betroffene Neutralitätspflicht als zwingendes Völkerrecht ansehen könnte.

Ganz offensichtlich hat sich auch in der Rezeption des Urteils keine kritische Sicht der Entscheidung in diesem Punkt in der Literatur durchsetzen können. So stellt VON MÜNCH, der die Entscheidung im Übrigen in vielerlei Hinsicht kritisch betrachtet, in der *Encyclopedia of Public International Law* beispielsweise ganz allgemein die Derogierbarkeit der Neutralitätsregeln fest: *„The Court rightly started from the assumption that the specific provisions of the Treaty of Peace have precedence over any general rules concerning neutrality*'[2457]. Auch KADELBACH sieht einen Vorrang vertraglicher Regelungen gegenüber den Neutralitätspflichten[2458].

Diesem Verständnis, das zudem auch darauf verweisen kann, dass Neutralitäts-

---

[2455] C.P.J.I. Recueils des Arrêts, Serie A., N°1, S. 21: *„Le Canal de Kiel et ses accès seront toujours libres et ouverts sur un pied de parfaite égalité aux navires de guerre et de commerce de toutes les nations en paix avec l'Allemagne.*".

[2456] C.P.J.I. Recueils des Arrêts, Serie A., N°1, S. 25, Vorhebung des Verfassers; auf Seite 30 des Urteils findet sich eine weitere Stelle, die von einem normhierarchischen Vorrang der Norm des Versailler Vertrages gegenüber der Neutralitätspflicht ausgeht: *„L'Allemagne était parfaitement libre de se déclarer neutre et de proclamer les règles de sa neutralité dans la guerre russo-polonaise, mais à la condition de respecter et de laisser intactes les obligations contractuelles qu'elle avait souscrites à Versailles le 28 juin 1919*".

[2457] VON MÜNCH, The Wimbledon, in: BERNHARDT, EPIL, Band IV, S. 1484.

[2458] KADELBACH, Zwingendes Völkerrecht, S. 110: *„Damit steht ein objektiv-konsensualistisches Prinzip (höherrangiges, aber durch Parteivereinbarung begründetes Recht) (...) gegen die staatliche Souveränität (Neutralitätspolitik als Teil einzelstaatlicher Befugnisse). Das erstgenannte Prinzip setzte sich durch.*"

verletzungen auch im Kommentar der ILC nicht zu den Beispielsfällen für *ius cogens* Erwähnung finden[2459], stehen jedoch nicht nur die bereits genannten Stimmen in der Literatur entgegen; denn bereits drei der insgesamt elf Richter konnten sich nicht dem Mehrheitsvotum anschließen. Dabei äußerte sich jedoch lediglich Richter SCHÜCKING in seinem Minderheitsvotum zugunsten eines Vorranges der Neutralitätspflichten gegenüber jeglicher vertraglicher Verpflichtung[2460]. Die beiden verbleibenden abweichenden Richter verweigerten dem Urteil aus anderen Gründen die Gefolgschaft[2461]. Insgesamt ist demnach die Qualität des Neutralitätsrechts umstritten, wobei die Ansicht, die die *ius cogens*-Eigenschaft dieser Regelungen grundsätzlich ablehnt, schon angesichts der Autorität der Entscheidung des Ständigen Internationalen Gerichtshofes als die faktisch stärkere anzusehen ist. Es kann demnach festgehalten werden, dass damit auch für das völkerrechtliche Verbot der neutralitätswidrigen Enteignung von Privatvermögen die positivistisch definierten Voraussetzungen des Art. 53 S. 2 WVK nicht erfüllt sind. Die Regelung hat keinen *ius cogens*-Charakter. Mithin stellen die Konfiskationen zum Nachteil des fürstlich-liechtensteinischen Vermögens lediglich unter dem Gesichtspunkt der Einbeziehung in die vertreibungsrelevanten Beneš-Dekrete eine Verletzung zwingenden Völkerrechts dar.

Es muss aber festgestellt werden, dass die Nichteinordnung der Neutralitätsregeln unter den Begriff des *ius cogens* nicht bedeutet, dass die Tschechoslowakei unter dem Blickwinkels des Neutralitätsrechtes die Enteignungen hätten durchführen dürfen. Vielmehr verbleibt es bei der Völkerrechtswidrigkeit der Konfiskation auch auf Grund des Verstoßes gegen das Verbot, neutrales Privatvermögen in das faktische Strafregime gegen Feindvermögen einzubeziehen; diese Verletzung addiert sich zum bereits festgestellten Verstoß gegen zwingendes Völkerrecht.

ee) Rechtfertigung zugunsten der Tschechoslowakei?

Angesichts der Vorgeschichte der Beneš-Dekrete könnte jedoch über eine Rechtfertigung der tschechoslowakischen Maßnahmen nachgedacht werden. Den

---

2459 Vgl. Yearbook of the International Law Commission 1966, vol. II, S. 247 bzw. FROWEIN, Jus Cogens, in: BERNHARDT, EPIL, Band III, S. 66/67.

2460 Opinion dissidente de M. Schücking, C.P.J.I. Recueils des Arrêts, Serie A., N°1, S. 43 ff. (S. 47): „*...les devoirs de neutralité doivent avoir le pas sur toute obligation conventionnelle*".

2461 Opinion dissidente de Mm. Anzilotti et Huber, C.P.J.I. Recueils des Arrêts, Serie A., N°1, S. 35 ff. : die beiden Richter legten ihrer Ansicht eine gegenüber dem Mehrheitsvotum abweichende Auslegung des Versailler Vertrages zugrunde, gingen jedoch ausdrücklich ebenfalls von der Abdingbarkeit des Vertrages aus (S. 41): „*Les bases des considérations développées ci-dessus se trouveraient essentiellement modifiées si l'on devait prendre comme point de départ le fait que l'Allemagne elle-même a reconnu l'obligation de laisser passer par le canal, malgré sa neutralité, les navires de guerre des belligérant, et de se départir, en conséquence, du devoir essentiel de tout État neutre, d'interdire le passage des forces belligérantes à travers son territoire*".

Fürsten von Liechtenstein als Staatsbürger eines neutralen Staates hätten diese Gegenmaßnahmen als Reaktion auf völkerrechtswidrige Akte Nazi-Deutschlands aber auf keinen Fall treffen dürfen. Denn sowohl Notwehr[2462] als auch Repressalien[2463] sind nur gegen Aggressorstaaten zulässig, während die Enteignungen des Fürsten von Liechtenstein das Fürstentum als neutralen Staat treffen, da sich sowohl der Eingriff in das Fremdenrecht als auch in die Neutralität als Verletzung von Rechtspositionen desjenigen Kleinstaates darstellen, über dessen Staatsbürgerschaft die betroffene natürliche Person verfügt[2464].

Zudem durfte die Tschechoslowakei schon aus grundsätzlichen Erwägungen nicht auf eine selbst erlittene Völkerrechtsverletzung mit einem *ius cogens*-Verstoß reagieren, und zwar selbst dann nicht, wenn die Behandlung der Tschechoslowakei oder tschechoslowakischer Staatsbürger durch das Deutsche Reich in den Jahren 1938-45 gegen zwingendes Völkerrecht verstoßen haben sollte[2465]. Denn selbst ein angegriffener Staat unterliegt weiterhin der Bindung des Rechts, mithin ist er durch *ius cogens* gebunden[2466]. Verstöße gegen zwingendes Völkerrecht sollen unter keinen Umständen zulässig sein; eine Rechtfertigung auf diesem Wege muss deshalb scheitern[2467], da sonst trotz der grundsätzlichen Ächtung dieser Handlungen Ausnahmen zugelassen werden müssten[2468]. Der *tu-quoque*-Einwand ist bei Verstößen gegen zwingendes Völkerrecht damit gänzlich unzulässig. Offenbar wollte die Tschechoslowakei nur die historisch einmalige Gelegenheit nicht vorüber gehen lassen, die es ihr erlaubte, sich ohne wirtschaftliche Nachteile des deutschsprachigen Anteils ihrer Bevölkerung zu entledigen[2469].

2462 FISCHER in: IPSEN, Völkerrecht, § 59, Rn. 39: *„Die militärischen Maßnahmen dürfen nur der Selbst*verteidigung *dienen."* (Hervorhebung des Verfassers), Maßnahmen mit Drittwirkung dienen begriffslogisch nicht der Verteidigung, FISCHER / KÖCK, Allgemeines Völkerrecht, Rn. 896: das Recht auf Selbstverteidigung oder Notwehr hat einen *„...defensiven, d. h. passiven Charakter..."*.

2463 FISCHER in: IPSEN, Völkerrecht, § 59, Rn. 46.

2464 Für das Fremdenrecht bzw. den diplomatischen Schutz: BUERGENTHAL / DOEHRING / KOKOTT / MAIER, Grundzüge des Völkerrechts, Rn. 290.

2465 ALLSTADT, Die offene Völkerrechtslage im deutsch-tschechischen Verhältnis und ihre Bedeutung für die Osterweiterung der EU, S. 57: *„Doch kann davon ausgegangen werden, dass mindestens die gegen die Zivilbevölkerung gerichteten Akte ebenfalls gegen zwingendes humanitäres Völkerrecht verstoßen hat"*.

2466 KADELBACH, Zwingendes Völkerrecht, S. 61.

2467 Mit demselben Ergebnis: HÜBNER, Das Verbrechen des Völkermordes, S. 343; ALLSTADT, Die offene Völkerrechtslage im deutsch-tschechischen Verhältnis und ihre Bedeutung für die Osterweiterung der EU, S. 57.

2468 Der IGH hat dies in Bezug auf die Völkermordkonvention ausdrücklich herausgearbeitet: *„...in no case could one breach of the Convention serve as an excuse for another"*, vgl. IGH, Application of Genocide Convention (Bosnia-Herzegovina v. Yugoslavia), Counter Claims, Beschluss vom 17. Dezember 1997, Tz. 35.

2469 Insofern grenzt es an Zynismus, wenn Autoren der Tschechoslowakei dergestalt Ver-

ff) Zwischenergebnis

Während die Enteignungen unter dem Gesichtspunkt der Einbeziehung des fürstlich-liechtensteinischen Vermögens in die den Gesamtvorgang der Vertreibung regelnden Beneš-Dekrete als Akte mit Völkermordqualität anzusehen sind, hat die Untersuchung die Konfiskationen im Zusammenhang mit dem Neutralitätsrecht lediglich als Verstöße gegen einfaches Völkerrecht ermittelt.

c) Ergebnis

Das Ergebnis der Überprüfung der tschechoslowakischen Rechtsprechung im Fall *Liechtenstein* überrascht: es wurden mehrere Verstöße gegen das Völkerrecht festgestellt, einer davon hatte gar *ius cogens*-Charakter. Auch wenn für Rachegelüste gegenüber den Volksdeutschen unter Berücksichtigung der historischen Umstände und des Leids, welches das tschechoslowakische Volk unter der deutschen Okkupation zu erleiden hatte, unter Umständen noch Verständnis aufzubringen wäre, verblüfft jedoch die Kaltschnäuzigkeit, mit der die Urteile der tschechoslowakischen Entscheidungsgremien das Staatsoberhaupt eines souveränen, im Zweiten Weltkrieg neutralen Staates in die Strafaktion gegen die Volkdeutschen einbeziehen. Die bereits zitierten Aussagen[2470] der Entscheidung des Landesnationalausschusses in Brno vom 16. Januar 1946, kraft dener sich das Gremium über die Argumente des Fürsten an den entscheidenden Stellen hinwegsetzte, lassen den Verdacht nicht abwegig erscheinen, dass das Verfahren nicht der Überprüfung der Enteignungen, sondern von vorneherein schlicht deren Bestätigung dienen sollte. Zumindest lässt sich sagen, dass die tschechoslowakische Rechtsprechung keine ersichtliche Motivation an den Tag gelegt hat, sich mit der völkerrechtlichen Stellung des Fürstentums auseinanderzusetzen.

---

ständnis entgegenbringen, dass der Staat das volksdeutsche Vermögen nicht bei der IARA anmelden konnte, da angesichts des Umfangs des volksdeutschen Vermögens auf tschechoslowakischen Bodens die tschechoslowakische Reparationsquote überschritten worden wäre. So allerdings GATTINI, A Trojan Horse for Sudeten Claims? On Some Implications of the *Prince of Liechtenstein v. Germany*, S. 515: „*Since Czechoslovakia was one of the countries with the highest concentration of German assets, its reluctance to classify the confiscations of German property already effected as reparations can be easily understood; such a stepp might have led to the determination that Czechoslovakia had already exceeded its quota of reparation (...) on the basis of the Paris Agreement*".

2470 Vgl. Kap. 5, B.III.1.a), dabei sei insbesondere verwiesen auf das Argument, es käme nicht auf die liechtensteinische Staatsangehörigkeit des Fürsten an, weil dessen deutsche Nationalität in der Tschechoslowakei „*...allgemein bekannt...*" gewesen sei; ähnlich haltlos ist die Feststellung, es sei „*...bedeutungslos, ob jemand, dem das Landwirtschaftsvermögen konfisziert wird, Ausländer oder unser Staatsangehöriger, Oberhaupt oder Bürger eines neutralen oder anderen Staates ist*".

3. Kritik an den Entscheidungen des LG und OLG Köln im Fall Liechtenstein

Die Urteile des LG und des OLG Köln sind vielerorts und in vielfältiger Weise kritisiert worden[2471]. Schon angesichts der zum Teil deutlichen Worte gegen die Entscheidungen und der dagegen aufgebrachten Entrüstung erscheint es nicht uninteressant, sich mit den Argumenten derjenigen auseinanderzusetzen, die sich gegen die dargestellte deutsche Rechtsprechung wenden, und diese mit den Argumenten der Gerichte zu messen. In der Folge soll deshalb überprüft werden, ob die Entscheidungen auf vertretbaren rechtlichen Überlegungen basieren.

a) Zur Gültigkeit von Art. 3 Abs. 1 und 3, VI. Teil ÜV

So ist die Argumentation des OLG zur innerstaatlichen Gültigkeit der hier grundlegenden Norm durchaus kritikwürdig.

aa) Zum Verhältnis des Notenwechsels zum *„2+4"*-Vertrag

Das Hauptproblem in diesem Zusammenhang ist zunächst das Verhältnis von Drei- zu Viermächterecht. Da das Dreimächterecht stets *„...als eine nähere Ausgestaltung der Viermächteverantwortung verstanden..."* wurde[2472], würde es nahe liegen, dass eine vertragliche Aufhebung der Grundlagen des Viermächterechtes auch die Verträge des Dreimächterechts beseitigt. Auf der Grundlage von Art. 7 Abs. 1 S. 1 *„2+4"*-Vertrag könnte man zu diesem Ergebnis kommen, da darin die vier Siegermächte *„...ihre Rechte und Verantwortlichkeiten in Bezug auf Berlin und Deutschland..."* beenden und somit auf den ersten Blick alle besatzungsrechtlichen Vorschriften erfasst sind. Insbesondere sind alle Vertragsparteien des Westmächterechts als kleinere Staatengruppe von der Gesamtvertragsstaatengruppe des *„2+4"*-Vertrages umfasst. Dabei würde jedoch übersehen, dass die Norm die besatzungsrechtlichen Grundlagen bezüglich Deutschlands *„...als Ganzes..."* betreffen soll, während das Recht der drei Westmächte nur Anwendung auf die alte Bundesrepublik vor der Wiedervereinigung fand. Außerdem ergibt sich – und insofern kann der Argumentation des OLG Köln nichts entgegen gesetzt werden – aus dem Wortlaut des Art. 7 Abs. 1 S. 2 *„2+4"*-Vertrag ausdrücklich, dass (nur) vierseitige Verträge aufge-

---

[2471] Vgl. nur die deutlichen Worte bei SEIDL-HOHENFELDERN, Völkerrechtswidrigkeit der Konfiskation, S.410ff.; SEIDL-HOHENVELDERN, Nachwirkungen der Kontrollratsgesetzgebung und die deutsche Souveränität, S. 982 ff.

[2472] BLUMENWITZ, Deutsche Souveränität im Wandel, S. 199.

löst werden sollten[2473]. Deshalb wurde der Überleitungsvertrag nicht automatisch durch Art. 7 Abs. 1 *„2+4"*-Vertrag aufgelöst[2474].

Trotzdem war die Aufrechterhaltung von Besatzungsrecht grundsätzlich nicht mit dem *„2+4"*-Vertrag vereinbar. Dies ergibt sich schon aus Art. 7 Abs. 1 *„2+4"*-Vertrag, der dem vereinten Deutschland *„demgemäß"* (nach Abs. 1) die volle Souveränität zuspricht. Auch wenn die Souveränität Deutschlands nicht vertraglich in konstitutiver Weise von anderen Staaten abgeleitet werden kann, sondern diese sich aus der effektiven Ausübung der Staatsgewalt ergeben muss[2475], war die Beendigung sowohl des Überleitungsvertrages als auch des Deutschlandvertrages[2476] *„...[l]ogische Konsequenz des Art. 7 Zwei-plus-Vier-Vertrag und der vollen Souveränität Deutschlands"*[2477]. Wie bereits ausgeführt, setzt die Vereinbarung vom 27./28. September 1990 diese Vorgabe aber nur teilweise um, indem sie in ihrer Ziffer 3 bestimmte Regelungen des Überleitungsvertrages aufrecht erhält. Für das Verhältnis Deutschland-Westmächte resultiert daraus ein inhaltlicher Gegensatz: während die Westmächte einerseits in Art. 7 Abs. 2 *„2+4"*-Vertrag – zwar deklaratorisch – die volle Souveränität Deutschlands festgeschrieben haben, wird in Ziffer 3 der Vereinbarung vom 27./28. September 1990 *„versteinertes"* Besatzungsrecht aufrechterhalten. Wie man diese Normenkollision aufzulösen hat, ist nicht offensichtlich. Der *lex posterior*-Grundsatz[2478], wie er sich in Art. 59 Abs. 1 lit. b) WVK niederschlägt, hilft nicht weiter, da sowohl die Suspendierung als auch das spätere Außerkrafttreten des – bis auf die Regelungen nach Ziffer 3 – Überleitungsvertrages gem. Ziffer 2 i. V. m. Ziffer 1 der Vereinbarung vom 27./28. September 1990

[2473] Da der „2+4"-Vertrag der Ratifikation durch das vereinigte Deutschland und die Vier Mächte bedurfte und erst bei Hinterlegung der letzten Ratifikationsurkunde am 15. März 1991 in Kraft getreten ist, haben die Vier Mächte ihre Rechte und Verantwortlichkeiten bis zu diesem Zeitpunkt durch eine am 3. Oktober 1990 wirksam gewordene Erklärung ausgesetzt (BGBl. 1990 II, S. 1331).

[2474] Zu diesem Ergebnis kommen auch SCHWEITZER, Verträge Deutschlands, Rn. 50 und KRENBERGER, Deutschland im Spannungsfeld zwischen EMRK und nachzubefolgendem Besatzungsrecht, S. 43.

[2475] Vgl. schon Kap. 3, A.II.1., aber auch im hier dargestellten Zusammenhang: BLUMENWITZ, Staatennachfolge und die Einigung Deutschlands, S. 65.

[2476] BGBl. 1955 II, S. 305 ff. als Teil der Bonner Verträge in der durch das Protokoll über die Beendigung des Besatzungsregimes in der Bundesrepublik Deutschland geänderten Fassung.

[2477] BLUMENWITZ, Verfassungskollisionsrecht, Rn. 40; vgl. auch BLUMENWITZ, Deutsche Souveränität im Wandel, S. 199; ebenso deutlich: CZARNECKI / LENSKI, Fallrepetitorium Völkerrecht, S. 94 : *„Tatsächlich ist der Überleitungsvertrag (...) als Konsequenz von Art. 7 des 2+4-Vertrages grundsätzlich aufgehoben worden"*.

[2478] Dieser kann hier ohnehin nur dann weiterhelfen, wenn Vier-Mächte-Recht nach Drei-Mächte-Recht erlassen wird, da nur so alle am zu derogierenden Vertrag auch am späteren Vertragsschluss beteiligt wären. In umgekehrter Richtung würde die Vertragsänderung mangels Mitwirkung der Sowjetunion scheitern.

zeitlich parallel geschaltet wurden[2479]. Mangels inhaltlicher Bezugnahme auf den *„2+4"*-Vertrag kann der Notenwechsel aber auch nicht als Bestandteil des Vertrages oder als Auslegungsinstrument nach Art. 31 Abs. 2 lit. a WVK angesehen werden. Als funktionierendes Kriterium erscheint jedoch die Form der beiden völkerrechtlichen Verträge. So ist schon mit FIEDLER davon auszugehen, dass sich *„...die Gewährung der vollen Souveränität (...) interpretatorisch gegen den nur in schwächerer äußerer Form vereinbarten Fortbestand von bestimmten Drei-Mächte-Rechten durchsetzen..."* muss[2480]. Darüber hinaus darf nicht übersehen werden, dass sich die Westmächte im Notenwechsel Rechte vorbehalten, während die Sowjetunion sich durch die Zustimmung zur Aufhebung des Vier-Mächte-Rechts jeglicher Mitsprache begibt. Zudem kommt es nach Ziffer 4a der Vereinbarung vom 27./28. September 1990 zu einer faktischen Ausdehnung des räumlichen Anwendungsbereiches der Bestimmungen des Überleitungsvertrages, die nach der Vereinbarung weiterhin gültig sein sollen. Die Formulierung in Ziffer 4a, dass diese Bestimmungen auf dem ehemaligen Gebiet der DDR und Berlins nicht umgangen werden dürfen, bedeutet nichts anderes, als dass im konkreten Fall der Klagestopp auch dort gilt[2481]. Die Möglichkeit, die vierte Besatzungsmacht derart einseitig benachteiligen zu können, steht den Westmächten, ohne dass ein Vorbehalt im *„2+4"*-Vertrag vorgesehen worden wäre[2482], nicht zu.

Es kann demnach zusammengefasst werden, dass die beiden Verträge aus völkerrechtlicher Sicht grundsätzlich nebeneinander bestehen. Im konkreten Kollisionsfall muss jedoch der Regelung des Art. 7 Abs. 2 *„2+4"*-Vertrag Vorrang eingeräumt werden. Das OLG ist demnach zu einem falschen Ergebnis gelangt; es hätte Art. 3 Abs. 1 und 3, VI. Teil ÜV nicht anwenden dürfen. Das Argument des Gerichts dahingehend, dass Ziffer 3 schon deshalb mit Art. 7 Abs. 2 *„2+4"*-Vertrag vereinbar sein müsse, da – hätten die Vertragsparteien des *„2+4"*-Vertrages gewollt, dass mit dieser Norm jegliche Aufrechterhaltung von *„versteinertem"* Besatzungsrecht ausscheide – eine Regelung wie Ziffer 3 dann hinfällig wäre, geht fehl, da es sich hierbei erst um ein kollisionsrechtliches Problem handelt, da Art. 7 Abs. 2 *„2+4"*-Vertrag der Umsetzung bedarf.

bb) Zur innerstaatlichen Umsetzung des Notenwechsels

Des Weiteren ist fraglich, ob der Klagestopp auch deswegen nicht hätte angewandt werden dürfen, weil es an der erforderlichen innerstaatlichen Umsetzung

---

[2479] Die Suspendierung erfolgte laut der genannten Norm am 3. Oktober 1990, das Außerkrafttreten mit der Hinterlegung der letzten Ratifikationsurkunde des „2+4"-Vertrages.

[2480] FIEDLER, Die Wiedererlangung der Souveränität Deutschlands und die Einigung Europas, S. 690.

[2481] Vgl. dazu BLUMENWITZ, Staatennachfolge und die Einigung Deutschlands, S. 69.

[2482] Vgl. FIEDLER, Die Wiedererlangung der Souveränität Deutschlands und die Einigung Europas, S. 690; ALLSTADT, Die offene Völkerrechtslage im deutsch-tschechischen Verhältnis und ihre Bedeutung für die Osterweiterung der EU, S. 186.

der Vereinbarung vom 27./28. September 1990 mangelte. Entscheidend dafür, dass der Notenwechsel, wie geschehen[2483], im Wege eines Verwaltungsabkommens im Sinne von Art. 59 Abs. 2 S. 2 GG ungesetzt werden konnte, ist, dass er keine konstitutiven Teile enthält, die ihn zu einen politischen Vertrag im Sinne von Art. 59 Abs. 2 S. 1 GG machen würden. Unter diese Norm fallen in der Folge einer engen Auslegung jedoch nur *„hochpolitische Verträge"*, worunter Verträge zu subsumieren sind, die *„...die Existenz des Staates, seine territoriale Integrität, seine Unabhängigkeit, seine Stellung oder sein maßgebliches Gewicht in der Staatengemeinschaft..."* berühren[2484]. Da Ziffer 3 und 4 der Vereinbarung Regelungen beinhalten, die in der Lage sind, die Unabhängigkeit der Bundesrepublik zu betreffen, stellt der Vertrag einen solchen *„hochpolitischen Vertrag"* dar. Entgegen der Ansicht des OLG Köln birgt der Notenwechsel auch konstitutive Elemente, welche die Notwendigkeit eines Zustimmungsgesetzes ausgelöst haben.

Neben der unausgesprochenen gewissermaßen mittelbaren Erstreckung der Bestimmungen in Ziffer 3 durch Ziffer 4a des Notenwechsels ist auf die Aufhebung des Art. 1 ÜV – Geltung bis Abschluss eines Friedensvertrages – durch die Vereinbarung vom 27./28. September 1990 hinzuweisen. Das Argument des Gerichts, die Rechtslage habe sich durch den Notenwechsel nicht verändert, kann nicht überzeugen. Jegliche Bemühung des OLG dahingehend, die zeitliche Begrenztheit der Anwendbarkeit des Überleitungsvertrages lediglich bis zu einer friedensvertraglichen Regelung auf Grund der damit verbundenen Unsicherheiten als nicht schützenswerte Rechtsposition darstellen zu wollen, kann aber nicht über die Tatsache hinwegtäuschen, dass die Vereinbarung eine qualitative Veränderung für die in Ziffer 3 genannten Regelungen bewirkt hat: nachdem ihre zeitliche Geltung zunächst beschränkt war, sollte diese Beschränkung mit dem Notenwechsel entfallen. Das *„versteinerte"* Besatzungsrecht sollte auf der Grundlage der Vereinbarung ein zweites Mal versteinert werden. Sofern sowohl der zeitliche als auch der räumliche Anwendungsbereich damit erweitert werden sollte, hätte der Notenwechsel der Zustimmung des Gesetzgebers bedurft[2485].

Die Umsetzung des Notenwechsels muss aber nicht grundsätzlich verfassungswidrig sein; unter Umständen lässt sich die Norm durch verfassungsgemäße Auslegung retten. Zunächst drängt sich eine Auslegung dahingehend auf, dass die konstitutiven Elemente als nicht aufgehoben zu gelten haben, wodurch eine Umsetzung als Verwaltungsabkommen im Sinne von Art. 59 Abs. 2 S. 2 GG möglich würde. Dieses Vorgehen ist hinsichtlich Ziffer 4a vorstellbar[2486], jedoch hinsicht-

---

2483 Vgl. dazu BLUMENWITZ, Staatennachfolge und die Einigung Deutschlands, S. 66.

2484 BVerfGE 1, S. 372 ff. (383), BVerfGE 90, S. 286 ff. (359).

2485 So im Ergebnis auch BLUMENWITZ, Staatennachfolge und die Einigung Deutschlands, S. 69; BLUMENWITZ, Deutsche Souveränität im Wandel, S. 199.

2486 Entgegen der Ansicht des Gerichts, Urteil des OLG Köln vom 9. Juli 1996, Aktenzeichen 22 U 215/95, S. 13/14, kommt es im Rahmen der Umsetzung eines völkerrechtlichen Vertrages bei der verfassungsgemäßen Auslegung nicht auf die Ansicht der anderen Ver-

lich des aufzuhebenden Art. 1 ÜV widersinnig. Angesichts der Tatsache, dass nach der Ratifikation des *„2+4"*-Vertrages[2487] ein ausdrücklich so betitelter Friedensvertrag nicht mehr erwartet werden kann[2488], würde eine Auslegung dahingehend, dass das versteinerte Besatzungsrecht der Ziffer 3 des Notenwechsels trotzdem unter friedensvertraglichem Vorbehalt aufrecht erhalten werden sollte, einer faktischen Erweiterung des zeitlichen Anwendungsbereiches gleichkommen. Dazu tritt jedoch noch ein weiterer Aspekt, den das Gericht durch seine vereinfachende Unterscheidung zwischen prozessualer Hinnahme der Enteignungen anderer Staaten und dem Offenhalten der materiell-rechtlichen Frage sich zu sehen geweigert hat. Die Fortschreibung der Beschränkungen in Ziffer 3 des Notenwechsels ohne friedensvertraglichen Vorbehalt bedeutete nämlich, *„...die Enteignungswirkung zu legalisieren und auf die individuellen Rechtspositionen der Betroffenen endgültig zu verzichten"*[2489]. Mit anderen Worten hat die vom Gericht propagierte (lediglich) prozessuale Hinnahme auf Grund seiner Unvereinbarkeit mit zwingendem Völkerrecht gewissermaßen doch eine materielle (Legalisierungs-)Wirkung. Insofern kann die Argumentation des OLG Köln, das davon ausgeht, dass durch den Notenwechsel *„...den Opfern entschädigungsloser Enteignungen keine Rechte genommen werden, die sie vor Abschluss der Vereinbarung noch besessen..."* haben[2490], nicht überzeugen. Da aber ein Eingriff in individuelle Rechte nach dem Grundsatz des Vorbehalts des Gesetzes nur auf gesetzlicher Grundlage möglich ist, stellt die Umsetzung als untergesetzliche Regelung keine ausreichende rechtliche Basis dar. Deshalb kann diese Auslegung nicht zur Verfassungskonformität führen. Jedoch glückt die Auslegung des Notenwechsels *„...als lediglich administrative Regelung mit reiner Ordnungsfunktion unterhalb der Parlamentsebene..."*[2491]. Demnach wäre das Parlament nicht umgangen, aber es könnte die Vereinbarung jederzeit abändern oder aufheben[2492]. Da dies bislang aber nicht geschehen ist, besteht der Notenwechsel demnach grundsätzlich als interne Regelung fort.

---

tragsstaaten an; eine davon abweichende interne Umsetzung kann sich jedoch als Vertragsverletzung im Außenverhältnis darstellen.

2487 Zur Frage der Einordnung des „2+4"-Vertrages als Friedensvertrages: BLUMENWITZ, Staatennachfolge und die Einigung Deutschlands, S. 61 f.

2488 BLUMENWITZ, Staatennachfolge und die Einigung Deutschlands, S. 63.

2489 ALLSTADT, Die offene Völkerrechtslage im deutsch-tschechischen Verhältnis und ihre Bedeutung für die Osterweiterung der EU, S. 184.

2490 Urteil des OLG Köln vom 9. Juli 1996, Aktenzeichen 22 U 215/95, S. 14.

2491 BLUMENWITZ, Staatennachfolge und die Einigung Deutschlands, S. 69; die Auslegung wird vom OLG Köln für den Fall übernommen, dass man doch zum Ergebnis gelangen sollte, dass der Notenwechsel zustimmungspflichtig gewesen sein sollte, Urteil des OLG Köln vom 9. Juli 1996, Aktenzeichen 22 U 215/95, S. 14.

2492 Vgl. KRENBERGER, Deutschland im Spannungsfeld zwischen EMRK und nachzubefolgendem Besatzungsrecht, S. 47.

cc) Ergebnis

Die Vereinbarung vom 27./28. September 1990 tritt in völkerrechtlicher Hinsicht im vorliegenden Fall hinter den *„2+4"*-Vertrag zurück[2493]. Zudem wurde der Vertrag fälschlicherweise nicht unter Beteiligung der Legislative umgesetzt. Da die Umsetzung als untergesetzliche Norm zum Eingriff in individuelle Rechte führt, scheitert jede verfassungskonforme Auslegung.

b) Zur Auslegung der Voraussetzungen in Art. 3 Abs. 1 und 3, VI. Teil ÜV

Bezüglich der Auslegung des Klagestopps nach Art. 3 Abs. 1 und 2, VI. Teil ÜV ist Dreh- und Angelpunkt die Frage, ob die von den beiden deutschen Gerichten praktizierte *„...schrankenlose Vollverweisung auf das innerstaatliche Recht des enteignenden Staates...'*[2494] – hier also auf die tschechoslowakische Rechtsansicht im Zeitpunkt der Konfiskation – mit der Rechtsgrundlage vereinbar ist. Rechtstechnisch haben das LG und das OLG Köln aus Art. 3, VI. Teil ÜV eine versteckte Kollisionsnorm[2495] herausgelesen. Ohne eine weitere Begründung zu geben, führen die Urteilsgründe der Entscheidung des Oberlandesgerichts aus, dass die Verweisung weder durch Art. 6 EGBGB[2496] noch über Art. 25 GG eine Beschränkung erfahren könne.

aa) Kollisionsrechtliche Vollverweis als ständige Rechtsprechung?

Zunächst ist in diesem Zusammenhang fraglich, ob die Auslegung der beiden Gerichte im Fall *Liechtenstein* überhaupt mit der Vorarbeit des BGH in Einklang steht. Bei der Untersuchung dieser Frage soll in besonderem Maße darauf geachtet werden, ob auch schon die älteren Entscheidungen zum Klagestopp von der Unbeschränktheit der Verweisung ausgingen. Das älteste Urteil, auf das sowohl das LG als auch das OLG Bezug genommen haben, ist noch zu Art. 1 und 3 des Gesetzes Nr. 63 des Rates der Alliierten Hohen Kommission vom 31. August 1951 ergangen[2497], den Vorgängernormen des Art. 3, VI. Teil ÜV. In BGHZ 8, S. 378 ff. (S. 383) kommt der BGH im Streit zweier in der Bundesrepublik lebender Sudetendeutscher zu dem Ergebnis[2498], *„...dass die Frage, was deutsches Eigentum ist, nach der*

[2493] So auch ALLSTADT, Die offene Völkerrechtslage im deutsch-tschechischen Verhältnis und ihre Bedeutung für die Osterweiterung der EU, S. 184.

[2494] ALLSTADT, Die offene Völkerrechtslage im deutsch-tschechischen Verhältnis und ihre Bedeutung für die Osterweiterung der EU, S. 176.

[2495] Vgl. dazu BLUMENWITZ, Versteckte Kollisionsnormen in völkerrechtlichen Verträgen? – Der liechtensteinische Bilderstreit in Deutschland, S. 1387 ff.

[2496] So auch schon explizit das LG Köln, Urteil vom 9. Juni 1998, Aktenzeichen 5 O 388/91, IPRax 1996, S. 420.

[2497] Amtsblatt der Alliierten Hohen Kommission, S. 1107 ff.

[2498] BGHZ 8, S. 378: *„Der Beklagte wurde im Sommer 1945 in die Wohnung des Klägers eingewiesen. Im Sommer 1946 wurde er nach Deutschland umgesiedelt. Er nahm einen*

Feindvermögensgesetzgebung der einzelnen liquidierenden Staaten zu beurteilen ist...". Des Weiteren sehen die Karlsruher Richter auf Grund der Anwendbarkeit des Gesetzes Nr. 63 keinen Raum für die Anwendung von Art. 30 EGBGB a. F. (*ordre public*)[2499].

Obwohl das Gericht hier ausdrücklich den Rückgriff auf den *ordre public* ausschließt, ergibt sich aus dem Urteil aber nicht zwangsläufig eine schrankenlose Verweisung auf tschechisches Recht. Denn im am 29. Januar 1953 entschiedenen Fall war kein Prozessbeteiligter Angehöriger eines dritten, noch dazu neutralen Staates. Vielmehr waren – so jedenfalls der BGH auf S. 381 des Urteils – die Sudetendeutschen, damit auch die Parteien des Rechtsstreits, ohnehin deutsche Staatsangehörige im Sinne der anzuwendenden Norm, weshalb auch kein Anlass bestand, auf etwaige Ausnahmen für die Verweisung auf das Recht des enteignenden Staates einzugehen. Einem weiteren, in den beiden ersten Instanzen im Fall *Liechtenstein* zitierten Urteil vom 11. April 1960[2500] lag der Sachverhalt einer niederländischen Klägerin zugrunde, die der deutschen Beklagten Verfügungsmacht über ein bestimmtes Kapital eingeräumt hatte, wobei die Beklagte aber keinen Anspruch auf dieses Kapital gehabt hatte. Trotzdem zog die USA das Guthaben auf der Grundlage ihres *Trading with the enemy Act* ein. Zur Klärung von Vorfragen für das in den USA anhängige Freistellungsverfahren (*title claim proceedings*) verlangte die Klägerin unter anderem die Feststellung, dass die Beklagte nie einen bürgerlich-rechtlichen Anspruch auf das Guthaben erheben konnte. Nach der Ansicht des Gerichts ist das Vorbringen, es habe sich bei dem Guthaben nicht um deutsches Vermögen gehandelt, als Einwendung im Sinne von Art. 3 Abs. 1, VI. Teil ÜV zu kategorisieren: „*...ob das beschlagnahmte Vermögen nach dieser Gesetzgebung im einzelnen Fall deutsches oder ausländisches Vermögen ist, ist ausschließlich von dem Staat zu entscheiden, der die Vermögenswerte beschlagnahmt hat...*"[2501].

Das Urteil enthält darüber hinaus keine Aussagen zur Anwendbarkeit von Art. 6 EGBGB bzw. Art. 25 GG. Aber auch aus diesem Urteil kann nicht blind der zitierte Satz herausgenommen werden, ohne dass die Gesamtumstände der Entscheidung Berücksichtigung fänden. Es darf auch von der höchstrichterlichen Rechtsprechung nicht erwartet werden, dass ein Urteil zu einer Normanwendung alle möglichen Ausnahmen auflistet, wenn im Einzelfall keine Anzeichen vorliegen, dass eine solche Ausnahme einschlägig sein könnte. Die Entscheidung aus dem Jahre 1960 behandelt einen Sachverhalt, in dem es um die Liquidierung durch eine Vertragspartei des Überleitungsvertrages geht. Die Verweisung auf das amerikanische Recht kann nicht mit der Verweisung auf das tschechische Recht im Fall

---

großen Teil der Wohnungseinrichtung mit. Der Kläger verlangt diese als sein Eigentum heraus. Der Beklagte hat geltend gemacht, der tschechoslowakische Staat habe ihm als anerkannten Antifaschisten die Sachen zu Eigentum zugewiesen und ihm die Mitnahme nach Deutschland erlaubt".

2499 BGHZ 8, S. 379.

2500 BGHZ 32, S. 170 ff.

2501 BGHZ 32, S. 173.

Liechtenstein gleichgesetzt werden, da im Fall aus dem Jahre 1960 nicht erst eine drittschützende Wirkung konstruiert werden musste[2502]. Somit können die Aussagen dieser Entscheidung auch nicht für alle Fälle verabsolutiert werden.

Aus einem weiteren BGH-Urteil, auf welches sich die OLG-Entscheidung zu stützen versucht, geht im Gegenteil sehr deutlich hervor, dass deutsche Gerichte nicht immer die Rechtsansicht des enteignenden Staates ihrer Entscheidungen zugrunde legen müssen. Im recht komplexen Sachverhalt in BGHZ 25, S. 127 ff. geht es im Kern darum, dass ein deutscher Kaufmann kurz vor Ende der Besatzung der Niederlande ein gewisses Guthaben von einer Bank niederländischen Rechts in den Niederlanden auf ein Konto bei einem Kreditinstitut mit Sitz in Deutschland transferierte. Die Überweisung wurde nach dem Krieg für nichtig erklärt, die Bank niederländischen Rechts musste das Guthaben dem Feindvermögensverwalter des deutschen Kaufmannes überweisen. Als Ausgleich wurden der Bank in den Niederlanden alle Ansprüche des Kaufmannes gegenüber der Bank in Deutschland abgetreten. Die Klage der niederländischen gegen die Nachfolgerin der deutschen Bank war letztlich in allen Instanzen erfolglos. Interessant ist die Argumentation des Bundesgerichtshofes, der den Anspruch verneint, weil der geltend gemachte Anspruch einen „*...im Inland belegenen Vermögensgegenstand...*" darstelle; es handele sich lediglich um eine „*...Forderung (...), die durch den niederländischen Staat enteignet oder beschlagnahmt worden sein* soll *(sic!)...*"[2503]. Im Zusammenhang mit Art. 3 Abs. 1, VI. Teil ÜV fährt die Entscheidung an anderer Stelle fort: „*Ob eine wirksame Beschlagnahme als Voraussetzung für den Verzicht der Bundesrepublik auf Einwendungen vorliegt, ist nach dem Recht zu beurteilen, das nach dem in der Bundesrepublik geltenden internationalen Privatrecht maßgebend ist. Dies ist grundsätzlich allein das Recht des beschlagnahmenden Staates, soweit es sich um Vermögensgegenstände handelt, die in seinem Gebiet belegen sind. Handelt es sich jedoch um Vermögensgegenstände, die nach deutschem Recht in Deutschland belegen sind, so genügt es nicht, dass die Beschlagnahme durch den ausländischen Staat nach dessen Recht auch das in Deutschland belegene Vermögen erfassen sollte*"[2504].

Als wichtigstes Ergebnis dieser Entscheidung kann demnach sicherlich festgehalten werden, dass bei der Anwendung des Art. 3 Abs. 1, VI. Teil ÜV das anzuwendende Recht über das ganz normale internationale Privatrecht zu ermitteln ist. Offensichtlich sieht der BGH in diesem Zusammenhang keinerlei Sonderregime vor. Wenn dem aber so ist, muss auch Art. 6 EGBGB anwendbar bleiben. Auch der Ausschluss eines Rückgriffs auf Art. 25 GG will nicht einleuchten. Anhand der dargestellten Entscheidungen lässt sich demnach insgesamt durchaus nachweisen, dass der BGH von der Existenz einer versteckten Kollisionsnorm in

---

[2502] Ähnlich SEIDL-HOHENVELDERN, Nachwirkung der Kontrollratsgesetzgebung und die deutsche Souveränität, S. 981: „*...sind die vom Oberlandesgericht Köln erwähnten Entscheidungen des Bundesgerichtshofs mehrfach obiter, insbesondere betrafen sie nur Konfiskationen, die eine der drei Besatzungsmächte selbst vorgenommen hatte...*".

[2503] BGHZ 25, S. 133.

[2504] BGHZ 25, S. 132.

Art. 3, VI. Teil ÜV ausgeht. Allerdings stellt der explizite und kategorische Ausschluss eines Verweises auf die allgemeinen Regeln des Völkerrechts insofern ein Novum dar[2505]. Zudem dürfte der Umstand, dass der BGH in BGHZ 8, S. 379 ausdrücklich die Anwendbarkeit von Art. 30 EGBGB a. F. ausgeschlossen hat, als überholt gelten, da der Ausschluss des Verweises auf den *ordre public* nicht mit der dargestellten Argumentation in dem viel jüngeren Urteil BGHZ 25, S. 132 vereinbar ist.

bb) „*Zweckorientierte*" oder historisch-völkerrechtlich orientierte Auslegung?

Bislang wurde nur überprüft, ob der BGH überhaupt von einer versteckten Verweisungsnorm in Art. 3 Abs. 1 und 3, VI. Teil ÜV ausgeht. Noch viel interessanter ist die Frage, ob das Auslegungsergebnis der höchstrichterlichen Rechtsprechung mit den hier anzuwendenden Auslegungsregeln konform geht. Das OLG propagiert den Ansatz einer „*...zweckorientierten Auslegung...*"[2506], und zwar unter der Prämisse, der umfängliche Verweis auf das Recht des enteignenden Staates sei notwendig, um dem Willen der vertragschließenden Staaten des Überleitungsvertrages zu entsprechen und die prozessuale Hinnahme der entsprechenden Konfiskationen zu garantieren[2507]. Hinsichtlich der Auslegung des Überleitungsvertrages ist vorauszuschicken, dass der Vorgang allgemeinen völkerrechtlichen Regeln unterliegt, da der Überleitungsvertrag kein Besatzungsrecht im funktionalen Sinn darstellt. Besatzungsrecht ist im allgemeinen das im Rahmen einer Besetzung (Okkupation) von der Besatzungsmacht für das besetzte Gebiet gesetzte Recht. Es handelt sich dabei keineswegs um Völkerrecht, sondern um innerstaatliches Recht der Besatzungsmacht. Vorbehaltlich besonderer vertraglicher Abmachungen erlischt das Besatzungsrecht mit der Beendigung der Besetzung auf Grund der wegfallenden faktischen Durchsetzungsmacht[2508]. Wo besatzungsrechtliche Normen erlassen worden sind, gehen sie grundsätzlich dem Recht des besetzten Staates vor. Insoweit räumt das Besatzungsrecht dem Befehlshaber eine Blankovollmacht ein. Er übt eine absolute und ungeteilte Gewalt aus. Der Vorrang der besatzungsrechtlichen Vorschriften folgt schlicht aus der faktischen Ausübung militärischer Gewalt über fremdes Staatsgebiet[2509]. Mangels völkerrechtlicher Qualität ist die Besatzungsmacht bei der Auslegung von besatzungsrechtlichen Vorschriften demnach nicht durch die allgemeinen Auslegungsregeln des Völkerrechts gebunden, wie sie sich in Art. 31 ff. WVK wiederfinden.

2505 BLUMENWITZ, Versteckte Kollisionsnormen in völkerrechtlichen Verträgen? – Der liechtensteinische Bilderstreit in Deutschland, S. 1389: „*Das OLG Köln baut die Kollisionsnorm dann noch weiter aus*".

2506 Urteil des OLG Köln vom 9. Juli 1996, Aktenzeichen 22 U 215/95, S. 22.

2507 Urteil des OLG Köln vom 9. Juli 1996, Aktenzeichen 22 U 215/95, S. 15 und 18.

2508 BOTHE, Staatslexikon Besatzungsrecht, S.698f.

2509 SCHRÖDER, Das geltende Besatzungsrecht, S.12.

Im Überleitungsvertrag geht es aber gerade um den Abbau des Besatzungsrechtes; gem. Art. 1 Abs. 1 ÜV wurde die Bundesrepublik in die Lage versetzt, von den Besatzungsbehörden erlassene Vorschriften aufzuheben oder zu verändern, sofern der Überleitungsvertrag nichts Abweichendes vorsah. Das dadurch entstandene *„versteinerte"* Besatzungsrecht basiert jedoch auf einer vertraglichen Verpflichtung Deutschlands, was auch dadurch sichtbar wird, dass die Drei Westmächte für den Tag des Inkrafttretens des Überleitungsvertrages – den 5. Mai 1955 – das Ende des Besatzungsregimes proklamieren (vgl. Art. 1 des Deutschlandvertrages[2510]). Bezüglich des Einwendungs- und Klagestopps schreiben Art. 3 Abs. 1 und 3, VI. Teil ÜV die entsprechenden Regelungen in Nr. 63 AHKG fort, welches seinerseits das Gesetz Nr. 5 des Alliierten Kontrollrates abgelöst hatte[2511]. Diese Perpetuierung der prozessualen Hinnahme der Beschlagnahme deutschen Vermögens durch die ehemaligen Kriegsgegner, die eine wichtige Voraussetzung war für die Aufhebung des Besatzungsregimes[2512], konnte sich in diesem juristischen Rahmen nicht ohne Veränderung der Rechtsqualität der Normen vollziehen. Erfolgte die Anwendung der Regelungen in Nr. 63 AHKG und des Kontrollratsgesetzes Nr. 5 noch unter der Prämisse der Unterordnung des deutschen Rechts unter das Recht der Besatzer, stellt der Überleitungsvertrag einen völkerrechtlichen Vertrag auf der Grundlage zumindest prinzipieller Gleichordnung dar[2513]. Damit gelten auch die allgemeinen völkerrechtlichen Auslegungstechniken für Verträge, wobei auch die – *ratione temporis* eigentlich nicht anwendbaren – Art. 31 und 32 WVK herangezogen werden können, da diese Normen kodifiziertes Gewohnheitsrecht darstellen[2514]. Die Regelungen sind auch innerstaatlich anzuwenden[2515]. Eine alleinige Fokussierung der

---

2510 Vertrag über die Beziehungen zwischen der Bundesrepublik Deutschland und den Drei Mächten (in der gemäß Liste I zu dem am 23. Oktober 1954 in Paris unterzeichneten Protokoll über die Beendigung des Besatzungsregimes in der Bundesrepublik Deutschland geänderten Fassung), BGBl. 1955 II, S. 305 ff.

2511 Amtsblatt des Kontrollrates, S.27ff.

2512 BLUMENWITZ, Die Fragen der deutschen Reparationen, S. 70.

2513 BLUMENWITZ, Liechtenstein, S. 38/39; V. RICHTHOFEN, Die Wiedererlangung der deutschen Souveränität für das Gebiet der Bundesrepublik, S. 164 f; ALLSTADT, Die offene Völkerrechtslage im deutsch-tschechischen Verhältnis und ihre Bedeutung für die Osterweiterung der EU, S. 174, spricht von *„...einem Vertrag* mit *der Bundesrepublik..."*; GATTINI, A Trojan Horse for Sudeten Claims? On Some Implications of the *Prince of Liechtenstein v. Germany*, S. 518: *„The Federal Republic further* bound itsel*f to deny access to the courts for claims against those (...) who..."* (die Hervorhebung ist vom Verfasser hinzugefügt).

2514 Vgl. IGH, ICJ-Reports 1996, S. 803, 812.

2515 Die Frage der Auslegung völkerrechtlicher Verträge stellt einen der wenigen Fälle dar, in denen es auf die Unterscheidung zwischen der Transformations- und der Vollzugslehre ankommt, vgl. CZARNECKI / LENSKI, Fallrepetitorium Völkerrecht, S. 95, zum Ganzen: SCHWEITZER, Staatsrecht III, Rn. 418 ff., insbesondere aber Rn. 443: *„Das Gericht [BVerfG] geht (...) in ständiger Rechtsprechung davon aus, dass bei der Auslegung völkerrechtlicher Verträge völkerrechtliche Auslegungsregeln anzuwenden seien. Da (...)*

Auslegung auf den Sinn und Zweck der Norm ist nicht vorgesehen, vielmehr ist die allgemeine Auslegungsregel des Art. 31 WVK als *„single combined operation"* zu charakterisieren[2516]. Demnach hat sich die Auslegung als *„...einheitlicher Vorgang unter Anwendung der Auslegungsmethoden in einem sachgemäßen Verbund..."* zu vollziehen[2517]. Es existiert kein Vorrang der teleologischen Auslegung gegenüber der wörtlichen und systematischen Methode; der Vertrag darf aus Effektivitätsgründen (*effet utile* bzw. *ut res magis*-Maxime) nicht gegen seinen Wortlaut und seinen ursprünglichen Sinn ausgelegt werden[2518]. In Art. 31 WVK manifestiert sich demnach der objektive Ansatz für die Auslegung völkerrechtlicher Verträge, bei dem es nicht allein auf den Willen der Parteien ankommt, sondern die Auslegung den Vertragstext in seiner kontextuellen Stellung nie aus den Augen verlieren darf[2519]. Die deutsche Rechtsprechung hat einer historisch-völkerrechtlich orientierten Auslegung des Überleitungsvertrages demnach zu Unrecht eine Absage erteilt.

cc) *„Drittbegünstigende Wirkung"* des ÜV im Fall Liechtenstein?

Darüber hinaus hat das OLG Köln auf die tschechische Rechtssicht abgestellt, da dies angeblich erforderlich sei, um den Sinn und Zweck des Vertrages und damit letztlich den Willen der Vertragsparteien umzusetzen. Dies ist aber nur dann sachgerecht, wenn sich im Vertrag tatsächlich Anzeichen für eine *„drittbegünstigende Wirkung"* des Überleitungsvertrages zugunsten der Tschechoslowakei finden lassen, wie das OLG Köln in den Raum gestellt hat. Auf den ersten Blick spricht der historische Kontext der Aushandlung des Überleitungsvertrages mit der Ausbildung der Blöcke deutlich gegen eine Begünstigung der Tschechoslowakei durch die Westmächte. Jedoch enthält der Vertrag Elemente, die darauf hindeuten, dass die Westmächte im Zusammenhang mit der Nachkriegsbehandlung Deutschlands trotz beginnenden Kalten Krieges im Rahmen der Kriegsallianz gegen Deutschland gedacht haben, weshalb von einem grundsätzlichen Begünstigungswillen der Vertragsstaaten zugunsten der Tschechoslowakei ausgegangen werden kann[2520]. Insbesondere eine Bezugnahme auf die Mitgliedstaaten der Interalliierten Reparations-Agentur (IARA)[2521] im Reparationsteil des Vertrages deutet darauf hin[2522]. Auf der

---

sowohl die gemäßigte Transformationstheorie als auch die Vollzugslehre die Verbindung von Völkerrecht und innerstaatlich anwendbarem Recht nicht abreißen lassen, können sich (...) beide Theorien auf das BVerfG berufen".

2516 Vgl. Kommentierung der ILC, YBILC 1966 II, S. 219.

2517 HEINTSCHEL VON HEINEGG in: IPSEN, Völkerrecht, § 11, Rn. 12.

2518 Vgl. zu diesen Grenzen der Auslegung: PCIJ, Wimbledon Case (United Kingdom, France, Italy and Japan v. Germany), PCIJ Series A, N°. 1 (1923), S. 25, sowie ICJ Report 1950, S. 221 ff. (229).

2519 HEINTSCHEL VON HEINEGG in: IPSEN, Völkerrecht, § 11, Rn. 4/5.

2520 Zum selben Ergebnis kommt: ALLSTADT, Die offene Völkerrechtslage im deutsch-tschechischen Verhältnis und ihre Bedeutung für die Osterweiterung der EU, S. 176.

2521 Die IARA wurde auf der Grundlage von Art. 1 F des Pariser Reparationsabkommens gegründet; ihr Sitz war in Brüssel.

Grundlage des Pariser Reparationsabkommens vom 14. Januar 1946[2523] hatte die IARA die Aufgabe, das im westlichen Bereich gelegene Auslandsvermögen unter allen Alliierten – mit der Ausnahme der Sowjetunion und Polens[2524] – zu verteilen; die Tschechoslowakei war Vertragsstaat des Pariser Abkommens[2525]. Die Anknüpfung an das Pariser Abkommen belegt aber nicht nur eine generelle Begünstigungsabsicht der Westmächte auch gegenüber der Tschechoslowakei, sondern stellt im gleichen Zug einen Verweis auf das rechtliche Konzept der Reparationsordnung im Pariser Abkommen dar. Die beiden Aspekte sind denklogisch verknüpft; während das Abkommen einheitliche Reparationsgrundsätze liefern sollte[2526], um eine möglichst gerechte Umverteilung der Gelder zu garantieren, sollte der Überleitungsvertrag die Grundlage dafür bieten, dass die in den einzelnen Staaten durchgeführten Beschlagnahmemaßnahmen auf deutschen Boden nicht mehr hinterfragt würden.

Es spricht mithin viel dafür, dass die *„drittbegünstigende Wirkung"* nur solche Konfiskationen umfassen sollte, bei denen der enteignende Staat den Rahmen des Reparationskonzeptes des Pariser Abkommen gewahrt hat; mit der Perpetuierung willkürlicher Maßnahmen der grundsätzlich drittbegünstigten Staaten würde das *„...Substrat des Pariser Abkommens ad absurdum geführt, da dies einer Sanktionierung konzeptfremder Akte entgegenkäme..."*[2527]. Die Tschechoslowakei hat die fürstlich-liechtensteinischen Güter aber ganz offensichtlich nicht dem Regime des Reparationsabkommens unterworfen. Art. 6 A des Abkommens sah die Anrechnung eingezogener Auslandswerte auf Reparationskonten vor. Hatte ein Staat auf diese Weise einen Kontostand erreicht, der den ihm zustehenden Anteil der Gesamtreparationen überschritt, war er von der Verteilung weiterer Güter ausgeschlossen. Tschechische Stellen hatten der IARA als Wert des auf tschechischen Boden beschlagnahmten Vermögens lediglich einen Betrag von etwa 3,2 Millionen US-Dollar gemeldet, damit nur unerheblich mehr als Norwegen; diese Summe mag *„...den Wert des altreichsdeutschen Vermögens umfassen, aber niemals auch den Wert des sude-*

2522 Gem. Art. 4 Abs. 2, VI. Teil kann Deutschland mit den Mitgliedstaaten der Internalliierten Reparations-Agentur (IARA) bezüglich bestimmter Vermögensarten Vereinbarungen schließen zur Modifizierung des IARA-Regimes; weiteres Indiz für eine grundsätzliche Begünstigungsabsicht findet sich in Art. 5 Abs. 1, V. Teil ÜV, wonach die Bestimmungen des V. Teils ÜV ausdrücklich auch auf die Tschechoslowakei Anwendung finden.

2523 UNTS, Vol. 555, S. 69.

2524 Vgl. SEIDL-HOHENVELDERN, Reparations after World War II, in: BERNHARDT, EPIL, Band IV, S. 181.

2525 BLUMENWITZ, Die Fragen der deutschen Reparationen, S. 68.

2526 SEIDL-HOHENVELDERN, Reparations after World War II, in: BERNHARDT, EPIL, Band IV, S. 181: *„The Paris Reparation Agreement (...) was intended to establish a uniform reparation policy on the distribution..."*.

2527 ALLSTADT, Die offene Völkerrechtslage im deutsch-tschechischen Verhältnis und ihre Bedeutung für die Osterweiterung der EU, S. 177.

tendeutschen Vermögens'[2528]. Angesichts des Umfangs des beschlagnahmten liechtensteinischen Besitzes ist es zudem auch ausgeschlossen, dass die Meldung an die IARA neben dem Vermögen altreichsdeutscher Staatsbürger das liechtensteinische Vermögen umfasst. Da es sich somit bei der Konfiskation liechtensteinischen Eigentums offensichtlich um eine Maßnahme außerhalb des Anwendungsbereiches des Pariser Reparationsabkommens handelt, kann auch den Westmächten diesbezüglich nicht der Wille einer *„drittschützenden Wirkung"* des Überleitungsvertrages unterstellt werden.

dd) Ergebnis

Demnach ist der Entscheidung des OLG Köln die argumentative Grundlage entzogen. Die praktizierte *„zweckorientierte Auslegung"* des Überleitungsvertrages geht mithin von einer falschen Prämisse aus, da die Westmächte im Überleitungsvertrag keine von Drittstaaten ausgeführte konzeptfremden Konfiskationen sanktionieren wollten. Aber selbst wenn das Gericht vom korrekt ermittelten Willen der Vertragsparteien ausgegangen wäre, hätte die Auslegung nach dem herrschenden objektiven Ansatz nicht ausschließlich auf die Teleologie des Vertrages abstellen dürfen, sondern hätte die einschlägigen überleitungsvertraglichen Vorschriften im systematischen Zusammenhang mit anderen Regelungen der Westmächte sehen müssen. Demnach muss der Überleitungsvertrag aus der Sicht der Vertragsschließenden ausgelegt werden; die Interpretation des beschlagnahmenden Staates kann ohne eigene Würdigung aus objektiver Sicht nicht übernommen werden[2529]. Dabei ist das *„...dem Überleitungsvertrag zugrunde gelegte Reparationskonzept..."* maßgeblich[2530]. Jedenfalls bezüglich Maßnahmen außerhalb des Reparationskonzeptes des Pariser Abkommens enthält Art. 3, VI. Teil ÜV damit keine auf drittstaatliches Recht verweisendes Recht. Die deutsche Rechtsprechung im Fall *Liechtenstein* leidet aber nicht nur unter der fälschlichen Annahme der Existenz einer solchen Kollisionsnorm, sondern erweitert diese Verweisung in eine umfassende, wobei sie sich auf Entscheidungen bezieht, die noch zu den entsprechenden besatzungsrechtlichen Normen ergangen sind. Anders als diese ist der Überleitungsvertrag aber nach den allgemeinen Regeln für völkerrechtliche Verträge auszulegen.

c) Zur Subsumtion der Voraussetzungen in Art. 3 Abs. 1 und 3, VI. Teil ÜV

Mit der Bestimmung der heranzuziehenden Auslegungsmethodik wurde aber noch nicht geklärt, ob im konkreten Fall bei Befolgung der erarbeiteten Auslegungsweise der Klagestopp nach Art. 3 Abs. 1 und 3, VI. Teil ÜV greifen konnte. Die Regelungen enthalten eine Reihe auslegungsbedürftiger Begriffe. Zum einen

---

2528 SEIDL-HOHENFELDERN, Völkerrechtswidrigkeit der Konfiskation, S.411.

2529 Vgl. ALLSTADT, Die offene Völkerrechtslage im deutsch-tschechischen Verhältnis und ihre Bedeutung für die Osterweiterung der EU, S. 177.

2530 BLUMENWITZ, Liechtenstein, S. 39.

muss gem. Art. 3 Abs. 1, VI. Teil ÜV – *ratione materiae* – sowohl ein geeigneter Beschlagnahmegegenstand als auch ein geeigneter Beschlagnahmezweck gegeben sein. Zum anderen gibt Art. 3 Abs. 3, VI. Teil ÜV – *ratione personae* – einen bestimmten Personenkreis deren vor, die vom Klagestopp betroffen sein sollen.

aa) Zum geeigneten Beschlagnahmegegenstand

Als Beschlagnahmegegenstand sieht der Vertrag *„...das deutsche Auslands- oder sonstige Vermögen..."* vor. Es ist demnach zu erforschen, welchen Deutschlandbegriff die Signatarstaaten dem Vertrag zugrunde gelegt haben, was sie sich unter dem Adjektiv *„deutsch"* vorstellten. Theoretisch sind als Anknüpfungskriterien nicht nur die Staatsbürgerschaft denkbar, sondern auch eine ethnische Zugehörigkeit zum deutschen Volk bzw. zur deutschen Nation[2531], ein Wohnsitz auf deutschem Staatsgebiet zu einem bestimmten Datum oder eventuell gar eine kulturelle Zugehörigkeit, wie der Besitz des deutschen Sprache als Muttersprache. Ausgangspunkt der Überlegung muss hier die Feststellung sein, dass der Überleitungsvertrag keinerlei Definition des Begriffes *„deutsch"* beinhaltet. Somit ist der Begriff nach den üblichen Auslegungsmethoden für völkerrechtliche Verträge auszufüllen.

Der Wortlaut bietet keinerlei Ansatzpunkt für eine Unterscheidung, so dass sich die Untersuchung der Begrifflichkeit von ihrem historisch-systematischen Kontext[2532] her nähern soll. Beim Überleitungsvertrag handelt es sich um *„...eine Sanktionierung des eigenmächtigen Vorgriffs auf eine völkerrechtliche Regelung durch die Gläubigerstaaten auf besatzungsrechtlicher (...) Grundlage"*[2533]. Da eine Konfiskation auch von Feindvermögen ohne hinlängliche Entschädigung nicht zulässig ist[2534], war eine völkerrechtliche Bindung der aus dem Besatzungsregime zu entlassenden Bundesrepublik an den vermögensspezifischen *status quo* erforderlich. Damit ergibt sich ein innerer Kontext zwischen den definitorischen Prämissen des Besatzungsregimes und des Begriffen des Überleitungsvertrages[2535]. Insofern darf aber nicht übersehen werden, dass sowohl bereits das Londoner Protokoll vom 12. September 1944[2536] als auch

---

2531 Vgl. zu den Begrifflichkeiten: VEITER, Nation und Volk als Rechtsbegriffe unter besonderer Berücksichtigung der deutschen Frage, S. 105 ff.

2532 Bereits der BGH geht in seinem Urteil vom 29. Januar 1953 (NJW 1953, S. 545 = BGHZ 8, S. 380) davon aus, dass der Begriff *„deutsch"* im Zusammenhang mit reparationsrechtlichen Fragen nur durch eine historische Auslegung ermittelt werden kann.

2533 ALLSTADT, Die offene Völkerrechtslage im deutsch-tschechischen Verhältnis und ihre Bedeutung für die Osterweiterung der EU, S. 174.

2534 Vgl. bereits Kap. 4, A.I.3.a)ee)(2)(a).

2535 Dazu vgl. bereits Kap. 5, C.III.3.b)cc).

2536 Protokoll über die Besatzungszonen in Deutschland und die Verwaltung von Groß-Berlin (Londoner Protokoll) vom 12. September 1944, Ziffer 2: *„Deutschland wird innerhalb seiner Grenzen, wie sie am 31. Dezember 1937 bestanden, zum Zwecke der Besetzung in drei Zonen eingeteilt, von denen..."*, Text bei: BLUMENWITZ, Was ist Deutschland?, S. 63 ff.

die Berliner Erklärung vom 5. Juni 1945[2537] von einem Deutschland in den Grenzen vom 31. Dezember 1937 ausgingen. Art. 4 lit. (b) AHKG Nr. 63 zufolge *„...bedeutet der Ausdruck ‚Deutschland'...“* ebenso *„...das Gebiet des früheren Reiches am 31. Dezember 1937“*. Schon daraus ergibt sich ein staatenbezogener[2538] Deutschlandbegriff, da mit dieser Auslegung die Gebiete, die mit sog. *„Volksdeutschen“* besiedelt waren, wie etwa die späteren Vertreibungsgebiete auf tschechoslowakischen Boden, gerade nicht umfasst waren. Das bereits erwähnte Kontrollratsgesetz Nr. 5 ordnet des Weiteren in seinem Art. III Abs. 1 die Übertragung aller *„...Rechte und Ansprüche jeglicher Art auf irgendwelches außerhalb Deutschlands befindliches Vermögen, das im Eigentum, Besitz oder unter der Kontrolle einer außerhalb Deutschlands befindlichen Person deutscher* Staatsangehörigkeit *(...) steht...“* auf die Kommission für deutsches Auslandsvermögen an. Das Besatzungsregime ging demnach von einem Begriff *„deutsch“* in staatsbürgerschaftlichem Sinne aus; und nur dieses Verständnis darf der Auslegung des Überleitungsvertrages zugrunde gelegt werden.

Da FRANZ-JOSEF II. VON LIECHTENSTEIN, der Vater des Klägers im Fall *Liechtenstein*, jedoch unbestritten[2539] nie Staatsbürger des Deutschen Reiches noch der Tschechoslowakischen Republik gewesen war, konnten die offensichtlich auf ehedem reichsdeutsches Vermögen zugeschnittenen Regelungen im hier zu prüfenden Fall keinen Klagestopp begründen. Das in der Tschechoslowakei konfiszierte fürstlich-liechtensteinische Vermögen ist folglich kein *„deutsches Vermögen“* im Sinne von Art. 3 Abs. 1, VI. Teil ÜV. Nichts anderes ergibt sich für das Vermögen liechtensteinischer Staatsangehöriger auch aus Art. III Abs. 2, 1. HS des Kontrollratsgesetzes Nr. 5, der den bereits angesprochenen Begriff der *„...außerhalb Deutschlands befindliche[n] Person deutscher Staatsangehörigkeit...“* in Abweichung von der üblichen Bezugnahme auf das Deutschland in den Grenzen vom 31. Dezember 1937 als Person definiert, *„...die auf Grund Reichgesetzes zu irgendeiner Zeit seit dem 1. September im vollen Genuss des deutschen Bürgerrechtes stand und die zu irgendeiner Zeit seit dem 1. September 1939 in einem damals unter der Kontrolle der Reichsregierung stehenden Gebiet ansässig war“*. Auch diese Regelung bestätigt die Tatsache, dass das *„deutsch“* des Überleitungsvertrages weder ethnischer noch (mutter)sprachlicher Bezugspunkt sein

---

2537 Erklärung in Anbetracht der Niederlage Deutschlands und der Übernahme der obersten Regierungsgewalt hinsichtlich Deutschlands durch die Regierungen des Vereinigten Königsreichs, der Vereinigten Staaten von Amerika und der Union der Sozialistischen Sowjet-Republiken und durch die Provisorische Regierung der Französischen Republik (Berliner Erklärung) vom 5. Juni 1945, Art. 2 lit. d: *„Gemäß den von den Alliierten Vertretern zu erteilenden Anweisungen räumen die genannten Streitkräfte sämtliche außerhalb der deutschen Grenzen (nach dem Stande vom 31. Dezember 1937) liegenden Gebiete.“*, Amtsblatt des Kontrollrates in Deutschland, Ergänzungsblatt Nr. , S. 7 ff. oder BLUMENWITZ, Was ist Deutschland?, S. 69 ff.

2538 BLUMENWITZ, Der Prager Vertrag, S. 81; KRENBERGER, Deutschland im Spannungsfeld zwischen EMRK und nachzubefolgendem Besatzungsrecht, S. 198.

2539 Das stellen sowohl das LG Köln (IPRax 1996, S. 420) als auch das OLG Köln (Urteil des OLG Köln vom 9. Juli 1996, Aktenzeichen 22 U 215/95, S. 19) fest.

sollte[2540]. Insofern kommt es für die liechtensteinische Perspektive nicht auf die komplexe Frage an, ob sudetendeutsches Vermögen als *„deutsches Vermögen"* im Sinne des Überleitungsvertrages zu sehen ist[2541]. Die deutschen Gerichte hätten jedenfalls Vermögen liechtensteinischer Staatsangehöriger nicht unter den Begriff des *„deutschen Vermögens"* subsumieren dürfen. Die *„drittbegünstigende Wirkung"* des Überleitungsvertrages ändert daran nichts, da diese nur für Konfiskationen greift, die sich im Rahmen des Reparationsregimes bewegen.

Ein weiterer Hinweis darauf, dass Vermögen liechtensteinischer Staatsbürger nicht von den überleitungsvertraglichen Regelungen erfasst sein sollte, kann aus der Existenz und der Umsetzung von Art. 5, VI. Teil ÜV gefolgert werden. Die Vorschrift sorgt dafür, dass die Bundesrepublik als Reparationsschuldner die Entschädigung für die ansonsten völkerrechtswidrigen Enteignungen zum Vorteil der betroffenen Privatpersonen übernimmt. Sollte auch das fürstlich-liechtensteinische Vermögen unter die Norm fallen, müsste Deutschland für eine entsprechende Entschädigung sorgen. Dieses Ergebnis sieht DOEHRING[2542] als absurd an. Dagegen, dass selbst die Bundesrepublik beim Abschluss des Überleitungsvertrags den Begriff des deutschen Vermögens derart weit ansah, kann zudem auch die Fassung des Gesetzes über den Lastenausgleich vom 14. August 1952 (LAG)[2543] einen Anhaltspunkt geben, mit dem die Belastungen der Vertreibungsopfer, ohne dass damit deren Eigentumsrechte beeinträchtigt werden sollte[2544], auf das gesamte deutsche Volk umverteilt wurden. Als Voraussetzung für einen Anspruch aus dem Lastenausgleichsgesetz war grundsätzlich ein ständiger Aufenthalt im Bundesgebiet am Stichtag des 31. Dezember 1950[2545]. Damit fiel der Fürst von Liechtenstein angesichts seines Wohnsitzes und ständigen Aufenthaltes im Fürstentum nicht in den Regelungsbereich des Gesetzes. Auch wenn das Gesetz nicht offen an die Staatsangehörigkeit anknüpfte, fühlte sich Deutschland nur zur Entschädigung der eigenen Staatsbürger verpflichtet.

Der Vollständigkeit halber soll hier kurz auch darauf eingegangen werden, ob sudetendeutsches Vermögen von dem hier diskutierten Begriff erfasst wird. Der Wortlaut von Art. III Abs. 2, 1. HS des Kontrollratsgesetzes Nr. 5 scheint gerade-

---

2540 BÖTSCH, Die Nachbefolgung des westalliierten Besatzungsrechts, S. 72, FASSBENDER, Klageausschluss bei Enteignungen zu Reparationszwecken – Das Gemälde des Fürsten von Liechtenstein, S. 1446.

2541 SEIDL-HOHENFELDERN, Völkerrechtswidrigkeit der Konfiskation, S.410; CZARNECKI / LENSKI, Fallrepetitorium Völkerrecht, S. 97.

2542 DOEHRING, Völkerrechtswidrige Konfiskation eines Gemäldes des Fürsten von Liechtenstein als „deutsches Vermögen": Ein unrühmlicher Schlusspunkt, S. 466.

2543 BGBl. 1952 I, S. 446 ff.

2544 Vgl. DE ZAYAS, Handbuch zur deutschen Einheit, S. 720.

2545 Art. 230 Abs. 1 LAG: *„Vertreibungsschäden kann der Geschädigte nur geltend machen, wenn er am 31. 12. 1950 seinen ständigen Aufenthalt im Geltungsbereich des Grundgesetzes oder in Berlin (West) gehabt hat."*, BGBl. 1952 I, S. 503.

zu gemacht worden zu sein, um auch das Vermögen der Vertriebenen aus den ehemals nicht reichsdeutschen Gebieten zu erfassen. Die Sudetendeutschen, die im Jahre 1938 per Reichsgesetz zu deutschen Staatsbürgern wurden[2546], standen damit nach deutschem Recht im vollen Genuss des deutschen Bürgerrechts; die sudetendeutsch besiedelten Gebiete waren auf Grund der Auswirkungen des Münchner Abkommens auch unter der Kontrolle der Reichsregierung. Stellt man für die Auslegung des Begriffes *„deutsches Vermögen"* – wie bereits dargelegt wurde – korrekterweise auf die deutsche Staatsbürgerschaft ab, war demnach – jedenfalls auf den ersten Blick – auch sudentendeutsches Eigentum *„deutsch"* im Sinne des Kontrollratsgesetzes Nr. 5[2547].

Gegen dieses Verständnis der Norm wurden aber unterschiedliche Argumente vorgebracht. Zu kurz greift jedoch die Begründung, dass die Siegermächte die deutschen Einbürgerungen der Volksdeutschen nicht anerkennen wollten, weil sie die Annexionen Deutschlands nach dem 31. Dezember 1937 nicht anerkannt haben[2548]. Dieser Ansatz überzeugt nicht, da die Verleihung der Staatsbürgerschaft an Menschen mit Wohnsitz außerhalb des eigenen Territoriums nicht ausgeschlossen ist. Eine ganz andere Frage wäre wiederum, ob eine derartige Staatsbürgerschaft nach den Kriterien des *Nottebohm*-Falles den Verleiherstaat auch zur Geltendmachung diplomatischen Schutzes berechtigt hätte.

Eine andere Argumentation führt an, dass im frühen Stadium des Erlasses von KRG Nr. 5 im Jahre 1945 überhaupt noch nicht klar war, ob die per Reichsgesetz oktroyierte deutsche Staatsbürgerschaft durch die Alliierten anerkannt werden sollte. Bei den Sudetendeutschen habe es sich *„...bestenfalls um Flüchtlinge mit ungeklärter Staatsbürgerschaft...“*[2549] gehandelt; die Folge der Einbürgerungen der Volksdeutschen war vor allem zwischen Großbritannien und der Sowjetunion umstritten[2550]. Andere Stimmen argumentieren mit Art. III Abs. 2, 2. HS KRG Nr. 5, der folgendermaßen lautet: *„...dagegen soll dieser Begriff [der sich außerhalb Deutschlands befindlichen Person deutscher Staatsangehörigkeit] sich nicht auf irgendeinen Bürger eines Landes erstrecken, das Deutschland seit dem 31. Dezember 1937 annektiert oder annektiert zu haben behauptet hat..."*. Der tschechoslowakische Staat habe die Einbürgerungen der Volksdeutschen nie umfassend rechtmäßig anerkannt[2551].

[2546] Vgl. bereits Kap. 5, C.III.2.a)bb)(1).

[2547] So jedenfalls BGHZ 8, S. 380/382.

[2548] EHLERS, Die Rechtslage des deutschen Auslandseigentums nach dem AHKG 63, S. 467.

[2549] BLUMENWITZ, Der Prager Vertrag, S. 81.

[2550] ALLSTADT, Die offene Völkerrechtslage im deutsch-tschechischen Verhältnis und ihre Bedeutung für die Osterweiterung der EU, S. 179, Fn. 590.

[2551] Vgl. IGNAZ SEIDL-HOHENVELDERN in einer Anmerkung zu BGHZ 8, S. 378 ff, NJW 1953, S. 1389 f. (1390) mit Details zur innertschechischen Anerkennung der Reichsgesetze zur Einbürgerung der Volksdeutschen; BLUMENWITZ, Der Prager Vertrag, S. 81.

Die Vier Mächte konnten sich demnach mittels Kontrollratsgesetz demnach nicht ohne Beteiligung der Tschechoslowakei in der Frage festlegen, so dass Art. III Abs. 2 KRG Nr. 5 derart auszulegen ist, dass die auf tschechoslowakischem Boden angesiedelten Volksdeutschen unter Halbsatz 2 der Norm zu subsumieren sind. Nach tschechoslowakischer Rechtsansicht waren die Sudetendeutschen keine Staatsbürger; folglich stellt aber sudetendeutsches Vermögen auch kein *„deutsches Vermögen"* im Sinne des KRG Nr. 5 dar. Diese Auslegung vertrat offenbar auch die Tschechoslowakei, da sie das konfiszierte Vermögen der Sudetendeutschen nicht bei der IARA anmeldete und es damit nicht als dem Reparationsregime unterfallend einordnete[2552]. Diesen Umstand darf eine Interpretation des Überleitungsvertrages nicht außer Acht lassen, so dass auch sudetendeutsches Vermögen kein *„deutsches Vermögen"* im Sinne des Art. 3 Abs. 1, VI. Teil ÜV darstellt[2553].

bb) Zum geeigneten Beschlagnahmezweck

Selbst wenn das Vermögen liechtensteinischer Staatsangehöriger dem Begriff des *„deutschen Vermögens"* unterfallen würde, wäre damit nicht automatisch auch der Klagestopp bewirkt. Denn ein solcher wird nach den Regelungen des Überleitungsvertrages nicht durch alle Maßnahmen gegen deutsches Auslandsvermögen ausgelöst. Vielmehr muss die Beschlagnahme nach Art. 3 Abs. 1, VI. Teil ÜV erfolgt sein *„...für Zwecke der Reparation oder Restitution oder auf Grund des Kriegszustandes oder auf Grund von Abkommen, die die Drei Mächte mit anderen alliierten Staaten, neutralen Staaten oder ehemaligen Bundesgenossen Deutschlands geschlossen haben oder schließen werden"*. Eine Restitution bezeichnet die Beseitigung eines völkerrechtswidrigen Zustandes[2554]; unter Umständen werden darunter auch Gegenstände erfasst, die vom Angreifer nach Kriegsrecht requiriert worden sind[2555]. Der Fürst von Liechtenstein hatte das konfiszierte Gemälde aber nicht im Rahmen des Zweiten Weltkrieges illegal erworben, sondern die Familie besaß es nachweislich seit mindestens 1767. Auch wenn das Beneš-Dekret Nr. 12 als Vergeltung für nationalsozialistisches Unrecht am tschechischen Volk auszulegen sein sollte, steht dies nicht in Beziehung

---

2552 Auf diesen ins Auge stechenden Zusammenhang weisen hin: BLUMENWITZ, Der Prager Vertrag, S. 81; ALLSTADT, Die offene Völkerrechtslage im deutsch-tschechischen Verhältnis und ihre Bedeutung für die Osterweiterung der EU, S. 180, beide mit dem Argument, dass gerade auf diese Weise der Behandlung des volksdeutschen Vermögens der von den Siegermächten anerkannte Grundsatz der möglichst großen Schadenersatzleistungs Deutschland in die Realität umgesetzt werden konnte.

2553 Zu diesem Ergebnis kommt auch TOMUSCHAT, Die Vertreibung der Sudetendeutschen, S. 55 – Auf Grund der Tatsache, dass der Begriff *„Deutschland"* – unabhängig davon, ob die Sudetendeutschen *„deutsch"* im Sinne des Überleitungsvertrages sind – mit den Grenzen vom 31. Dezember 1937 verbunden bleibt, stellt auf dem Boden der Tschechoslowakei konfisziertes Vermögen auf jeden Fall *„Auslandsvermögen"* im Sinne des Überleitungsvertrages dar; vgl. dazu ALLSTADT, Die offene Völkerrechtslage im deutsch-tschechischen Verhältnis und ihre Bedeutung für die Osterweiterung der EU, S. 177/180.

2554 Vgl. WENGLER, Völkerrecht, Band I, S. 510.

2555 BLUMENWITZ, Der Prager Vertrag, S. 84.

mit dem Erwerb des Gemäldes; die damit praktizierte Vergeltung ist deshalb nicht vom Begriff der Restitution erfasst[2556]. Ein einschlägiges Abkommen zwischen den Drei Mächten und der Tschechoslowakei existiert nicht und kann nach der Wiedervereinigung Deutschlands auch nicht mehr geschlossen werden[2557], so dass auch dieser Beschlagnahmezweck im Sinne des Art. 3 Abs. 1, VI. Teil ÜV entfällt. Auch ergingen die Konfiskationen durch das Beneš-Dekret Nr. 12 nicht auf Grund des Kriegszustandes. Dies ergibt sich sogar aus zwei Gründen. Zum einen kann Vermögen auf Grund des Kriegszustandes nur dann wirksam konfisziert werden, wenn dies das Kriegsrecht zulässt. Wenn BERBER schreibt, dass Kriegsbeute lediglich das im Operationsgebiet aufgegriffene bewegliche öffentliche Vermögen ist[2558], dann deckt sich dies mit dem in der Arbeit bereits begründeten Grundsatz, dass das Privateigentum vom *ius in bello* geschützt wird[2559]. Da es sich bei einem Gemälde zudem um kein kriegsrelevantes Gut handelt, kann von diesem Grundsatz auch nicht abgewichen werden[2560]; schon aus diesem Grund ist die Beschlagnahme des Bildes nicht auf Grund des Kriegszustandes erfolgt.

Der zweite Grund ergibt sich aus dem zeitlichen Zusammenhang: im Zeitpunkt des Erlasses des Beneš-Dekrets Nr. 12 war der Kriegszustand im Sinne des Überleitungsvertrages bereits beendet. Zugegebenermaßen endete dieser nicht sofort mit der Kapitulation am 8. Mai 1945; jedoch bietet der Vertrag selbst eine Auslegungshilfe in Art. 1, IX. Teil ÜV, welcher auch nach Ziffer 3 der Vereinbarung vom 27./28. September 1990 noch Bestand hat, sofern der Notenwechsel überhaupt zu beachten ist[2561]. Art. 1, IX. Teil ÜV beinhaltet einen Einwendungsverzicht zum Nachteil deutscher Staatsangehöriger in Bezug auf Schäden, die ihnen durch die Alliierten bzw. deren Staatsangehörigen „*...in der Zeit zwischen dem 1. September 1939 und dem 5. Juni 1945 wegen des in Europa bestehenden Kriegszustandes (sic!)...*" zugefügt worden sind. Daraus folgt, dass für die Westalliierten der Kriegszustand mit dem Zeitpunkt der Berliner Erklärung beendet war. Das Beneš-Dekret Nr. 12 datiert vom 21. Juni 1945 und ist mithin nach der Beendigung und demnach auch nicht mehr auf Grund des Kriegszustandes erlassen worden. Dass der Kriegszustand im bilateralen Verhältnis mit der Tschechoslowakei erst am 3. Februar 1955 beendet wurde, kann in diesem Kontext keine Rolle spielen, da die Ansicht der Vertragspartner bei der Auslegung des Überleitungsvertrages vorgeht und ansonsten bis zum Jahr 1955 ausgeübte tschechische Eingriffe in deutsches Vermögen

---

[2556] So auch BLUMENWITZ, Der Prager Vertrag, S. 84/85, WENK, Das konfiszierte deutsche Privatvermögen in Polen und der Tschechoslowakei, S. 115; CZARNECKI / LENSKI, Fallrepetitorium Völkerrecht, S. 96.

[2557] BLUMENWITZ, Versteckte Kollisionsnormen in völkerrechtlichen Verträgen? – Der liechtensteinische Bilderstreit in Deutschland, S. 1390.

[2558] BERBER, Völkerrecht, Band II, § 31, S. 176.

[2559] Vgl. bereits Kap. 4, A.I.3.a)ee)(2)(a).

[2560] Ähnlich BLUMENWITZ, Liechtenstein, S. 40.

[2561] Dazu vgl. Kap. 5, C.III.3.a).

nicht angreifbar wären[2562]. Auf Grund der inneren Kohärenz des Vertragswerkes muss angenommen werden, dass der Begriff des *„Kriegszustandes"* in den beiden Regelungen des Vertrages mit demselben Sinngehalt ausgestattet ist[2563]. Damit bleibt als einzig möglicher Beschlagnahmezweck die Konfiskation für Zwecke der Reparation.

Der VI. Teil des Überleitungsvertrages ist zwar mit *„Reparationen"* überschrieben, eine Definition des Begriffes sucht man darin jedoch vergeblich. Gemeinhin ist darunter die Wiedergutmachung von (Kriegs-)Schäden zu verstehen, die regelmäßig von dem im bewaffneten Konflikt obsiegenden gegenüber dem unterlegenen Staat geltend gemacht wird[2564]. Da die deutschen Gerichte die überleitungsvertraglichen Normen unter der Prämisse einer Vollverweisung auf das tschechoslowakische Recht geprüft haben[2565], ist zunächst zu überprüfen, ob dieses selbst von einer Konfiskation für Zwecke der Reparation ausgeht. Schon das LG Köln stellte darauf ab, dass es sich bei dem Beneš-Dekret Nr. 12 um eine Maßnahme gegen Feindvermögen handelt. Jedoch handelt es sich bei der tschechoslowakischen Regelung zuvörderst um eine Strafmaßnahme[2566]. Auch kann dieses Interpretationsergebnis nicht anders ausfallen, weil – wie das LG Köln anführt – die tschechische Seite im Vorfeld des Erlasses des Beneš-Dekrets Nr. 12 ein anderes Konfiskationskonzept verfolgt hat[2567], da sich das ursprünglich geplante Vorgehen gerade nicht in der Textform des Dekretes niedergeschlagen hat[2568]. Demnach ergibt sich bereits aus der grundlegenden tschechoslowakischen Regelung selbst, dass die

---

2562 Vgl. TOMUSCHAT, Die Vertreibung der Sudetendeutschen, S. 55/56, mit Verweis auf die entsprechende Note des Präsidenten der Tschechoslowakischen Republik.

2563 Zum selben Ergebnis kommen: BÖTSCH, Die Nachbefolgung des westalliierten Besatzungsrechts, S. 74; WENK, Das konfiszierte deutsche Privatvermögen in Polen und der Tschechoslowakei, S. 115.

2564 Vgl. zur Begrifflichkeit: SEIDL-HOHENVELDERN, Reparations, in: BERNHARDT, EPIL, Band IV, S. 178 ff.

2565 Vgl. bereits Kap. 5, B.IV.2.c).

2566 Dazu vgl. beispielsweise bereits Kap. 5, C.III.2.a)cc).

2567 Dem sog. *„Smutny-Bericht"* zufolge, in dem ein Sekretär aus der Entourage von Eduard Beneš Auskunft über Gespräche im Dezember 1943 über Vertreibungs- und Reparationsfragen zwischen Beneš einerseits und Stalin und Molotow andererseits gibt, war zunächst vorgesehen, dass Reparationsleistungen dadurch erbracht werden sollten, dass das Vermögen der Ausgewiesenen auf den tschechoslowakischen Staat übergehen sollten. Diese thematische Verknüpfung von Vertreibung und Reparation findet sich wieder in einem Entwurf der Kriegsgegner für die Aushandlung von Kapitulationsbedingungen gegenüber Deutschland aus dem November 1944; vgl. dazu ALLSTADT, Die offene Völkerrechtslage im deutsch-tschechischen Verhältnis und ihre Bedeutung für die Osterweiterung der EU, S. 181 f. mit weiteren Hinweisen.

2568 ALLSTADT, Die offene Völkerrechtslage im deutsch-tschechischen Verhältnis und ihre Bedeutung für die Osterweiterung der EU, S. 182, spricht in diesem Zusammenhang von einer *„Strategieänderung"*, die sich dadurch bedingte, dass sich die Tschechoslowakei in die Systematik des Pariser Reparationsabkommen einbinden ließ.

Konfiskationen auf der Grundlage des Beneš-Dekrets Nr. 12 nicht „*...für Zwecke der Reparation...*" im Sinne des Überleitungsvertrages erfolgt sein konnten. Vielmehr gibt das Dekret in § 1 Abs. 1 selbst Auskunft über seine angebliche[2569] Zielsetzung: „*Mit sofortiger Wirkung und ohne den Ersatz wird* zum Zwecke der Bodenreform *das Landwirtschaftsvermögen (...) konfisziert*". Die Norm manifestierte damit die neben der Strafabsicht offensichtliche Intention der Tschechoslowakei, die sich bereits unter sowjetischem Einfluss befand, „*...eine neue Gesellschaftsordnung zu errichten....*"[2570]. Das Dekret verfolgt demnach die Zwecke der Kollektivstrafe und der Bodenreform[2571].

Aber selbst wenn das Dekret die Konfiskationen der unmittelbaren Nachkriegszeit ausdrücklich als Maßnahmen „*...für Zwecke der Reparation...*" bezeichnen würde, könnte diese Festlegung im Rahmen des Überleitungsvertrages nicht bindend sein. Dies ergibt sich aus der Tatsache, dass der Vertrag lediglich reparationsregimekonforme Akte sanktionieren wollte. Da das Vermögen weder der deutschen Volksgruppe noch der liechtensteinischen Staatsbürger ganz offensichtlich nicht in Brüssel bei der IARA angemeldet wurde, sind die Konfiskationen bereits aus diesem Grund keine Reparationen im Sinne des Überleitungsvertrages. Die bloße tschechoslowakische Intention in diese Richtung vermag es nicht, konzeptfremde Enteignungen zu Konfiskationen im Sinne des Pariser Reparationsabkommens zu machen. Dieses Ergebnis lässt sich zudem auch aus Regeln des allgemeinen Völkerrechtes herleiten. Das völkerrechtliche Verbot des *venire contra factum proprium*[2572] hätte der Tschechoslowakei verboten, einerseits unter dem Reparationsregime zu enteignen, um den Grundsatz der Geschütztheit des Privatvermögens in kriegerischen Auseinandersetzungen umgehen zu können, die entzogenen Vermögensmassen andererseits aber dem systemimmanenten Kontrollmechanismus IARA nicht zu melden. Der tschechoslowakische Staat hat mit dem Beneš-Dekret Nr. 12 Millionen Menschen auf Verdacht abgestraft und auf diese Weise versucht, eine – im Rahmen moderner Wortwahl – ethnische Säuberung zu legalisieren[2573]. Derartige Maßnahmen sollten nach richtigem Verständnis des Überleitungsvertrages von den Westmächten nicht sanktioniert werden[2574].

Der Umstand, dass die Tschechoslowakei mit ihrer Konfiskation auf der Grundlage des Beneš-Dekrets Nr. 12 das Reparationsregime verlassen hat, ist auch

---

2569 Vgl. dazu bereits Kap. 5, B.III.2.a)cc).

2570 CZARNECKI / LENSKI, Fallrepetitorium Völkerrecht, S. 96.

2571 BLUMENWITZ, Vermögensrechtliche Folgen der Ostverträge, S. 242, allgemein zu den Konfiskationen in den Vertreibungsgebieten: „*...es handelte sich hier überwiegend um Nationalisierungsmaßnahmen und um die Lösung von Minderheitsfragen durch Vertreibung, deren quasi strafrechtliche Folgemaßnahmen die Konfiskationen waren*".

2572 Dazu vgl. HEINTSCHEL VON HEINEGG in: IPSEN, Völkerrecht, § 18, Rn. 7.

2573 Vgl. BLUMENWITZ, Die Liechtenstein-Entscheidung des EGMR, S. 237.

2574 Zu diesem Ergebnis kommt auch TOMUSCHAT, Die Vertreibung der Sudetendeutschen, S. 43.

der Argumentation des OLG Köln[2575] entgegenzuhalten, welches den Reparationszweck gegeben sah und darauf hinwies, dass der Überleitungsvertrag nicht verlange, dass dieser Zweck der einzige sei. Dieses Argument geht hier jedoch ins Leere, da die Tschechoslowakei in den gegebenen Umständen *überhaupt* nicht auf den Reparationszweck verweisen kann[2576]. Damit wurde auch das im Liechtenstein-Fall streitgegenständliche Gemälde nicht *„...für Zwecke der Reparation...“* konfisziert[2577].

cc) Zu den einen Klagestopp auslösenden Klagegegnern

Der Klagestopp nach Art. 3 Abs. 3, VI. Teil ÜV umfasst nach seinem Wortlaut nur Personen, die auf der Grundlage einer Maßnahme nach Abs. 1 *„...Eigentum erworben oder übertragen haben...“*. Daneben verhindert die Norm *„Ansprüche und Klagen gegen internationale Organisationen, ausländische Regierungen oder Personen, die auf Anweisung dieser Organisationen oder Regierungen gehandelt haben“*. Die Stadt Köln fällt als Beklagte des *Liechtenstein*-Falles unter keine dieser Varianten; sie war lediglich Besitzerin des Gemäldes. Trotzdem gehen die beiden ersten Instanzen mit teleologischen Erwägungen über die Anwendbarkeit der Norm in personaler Hinsicht hinweg, ohne sich die dogmatische Qualität des eigenen Handelns zu vergegenwärtigen[2578]. Denn einer Auslegung nach Sinn und Zweck gem. Art. 31 Abs. 1 WVK sind selbst bei der Annahme einer extensiven Auslegungstechnik Grenzen gesetzt; eine Interpretation *contra verbum* ist ausgeschlossen, was sich direkt aus dem Grundsatz *pacta sunt servanda* ergibt[2579]. Wenn sich der Vertragstext aber messerscharf subsumieren lässt, weil nur Neueigentümer erfasst sind, nicht aber Personen, die den betreffenden Gegenstand lediglich in Besitz haben, stellt die Einbeziehung der letztgenannten Personengruppe eine Analogie dar. Schon weil in der Literatur vielerorts vertreten wird, dass Vertragsnormen, die eine Verpflichtung formulieren, im klassischen

---

[2575] Urteil des OLG Köln vom 9. Juli 1996, Aktenzeichen 22 U 215/95, S. 26.

[2576] Das OLG Köln hatte zudem unter Auslassung jeglicher Argumentation schlicht auf zwei Stellungnahmen SEIDL-HOHENVELDERNs hingewiesen (RIW 1957, S. 179 ff. (179); NJW 1953, S. 1389 f. (1390)), die aber die Ansicht des OLG gerade nicht tragen, was der Autor andernorts auch feststellt (SEIDL-HOHENVELDERN, Nachwirkungen der Kontrollratsgesetzgebung und die deutsche Souveränität, S. 985: *„Nach Ansicht des Oberlandesgerichts kann sich die ČSR schon dann auf den ÜV berufen, wenn die Konfiskation auch nur teilweise Reparationszwecken diene. Das Oberlandesgericht stützt sich insoweit zu Unrecht auf meine Ausführungen. Ich stelle dort ausdrücklich fest, dass die ČSR in das Vermögen der Sudetendeutschen nicht, also auch nicht nur zum Teil zu Reparationszwecken, sondern als Strafmaßnahme eingegriffen hat.“*).

[2577] So auch ausdrücklich BLUMENWITZ, Versteckte Kollisionsnormen in völkerrechtlichen Verträgen? – Der liechtensteinische Bilderstreit in Deutschland, S. 1396.

[2578] Wie die Gerichte argumentieren auch: CZARNECKI / LENSKI, Fallrepetitorium Völkerrecht, S. 95.

[2579] DOEHRING, Völkerrecht, Rn. 396; BERNHARDT, Interpretation in international Law, in: BERNHARDT, EPIL, Band II, S. 1420, mit Verweis auf Interpretation of Peace Treaties with Bulgaria, Hungary and Romania (Advisory Opinion), ICJ Reports (1950), p. 229: *„...contrary to their [peace treaties] letter...“*.

Völkerrecht im Zweifel restriktiv auszulegen sind[2580], sind auch an Voraussetzungen der Analogie strenge Anforderungen zu stellen, so dass eine solche nur ausnahmsweise zuzulassen sein wird; erforderlich ist deshalb der „...*Nachweis, dass der Konsens der Parteien auch den vertraglich nicht geregelten Fall umfasst*“[2581]. Dieser Nachweis ist im Fall der Klage gegen die Stadt Köln schwer zu führen. Wie bereits mehrfach ausgeführt wurde, ist der Überleitungsvertrag im Lichte der Regelungen des Reparationsregime zu verstehen und auszulegen. So findet sich der Hintergrund des Art. 3 Abs. 3, VI. Teil ÜV im Rückverbringungsverbot[2582] in Art. 6 des Pariser Reparationsabkommens[2583]. Darin verpflichten sich die Siegerstaaten, dafür zu sorgen, dass das konfiszierte deutsche Vermögen dauerhaft dem deutschem Einflussbereich entzogen bleibt[2584], wobei ein gesonderter Schutz für Gegenstände, die entgegen des Verbotes doch auf deutsches Territorium gelangen, nicht vorgesehen ist. Art. 6 des Reparationsabkommens sieht mit der Formulierung „*ownership or control*“ vor, dass deutscher Einfluss sowohl in rechtlicher als auch in tatsächlicher Hinsicht zu unterbinden ist; die beiden beschriebenen Einflussarten schlagen sich nach intern-juristischem Verständnis in Eigentum und Besitz nieder. Art. 3 Abs. 3, VI. Teil ÜV geht insofern von diesem Regime ab, als nach der neuen Regelung eine Verbringung konfiszierter Gegenstände auf das Gebiet offenbar gestattet ist, dann jedoch über den Klagestopp ein Zugriff der Alteigentümer verhindert wird. Art. 3 Abs. 3, VI. Teil ÜV könnte Art. 6 des Pariser Reparationsabkommens in seiner Wirkung aber nur vollständig *incidenter* derogieren, wenn er auch dieselbe Anwendungsbreite besitzen würde, was aber nicht der Fall ist. Da die überleitungsvertragliche Norm ausdrücklich nur auf die Neueigentümer abstellt, ist die Regelung als Ausnahmevorschrift zu Art. 6 des Reparationsabkommen zu werten. Damit ist eine Analogie im Grunde bereits ausgeschlossen, da Ausnahmevorschriften auch im Völkerrecht restriktiv auszulegen sind [2585], so dass sich die Anforderungen an die Prüfung der Analogie noch einmal verstärken. Letztlich fehlt es aber an einer für die Analogie erforderlichen planwidrigen Lücke[2586], da nicht nachgewiesen

---

[2580] Vgl. etwa SEIDL-HOHENVELDERN/STEIN, Völkerrecht, § 20, Rn. 344; VERDROSS, Völkerrecht, S. 174; BUERGENTHAL / DOEHRING / KOKOTT / MAIER, Grundzüge des Völkerrechts, Rn. 216, a. A. BERNHARDT, Interpretation in international Law, in: BERNHARDT, EPIL, Band II, S. 1421.

[2581] HEINTSCHEL VON HEINEGG in: IPSEN, Völkerrecht, § 19, Rn. 5/6.

[2582] So BLUMENWITZ, Liechtenstein, S. 52.

[2583] Art. 6 des Pariser Reparationsabkommens lautet folgendermaßen: „*Each signatory Government shall under such procedures as it may choose, hold or dispose of German assets within its jurisdiction in manners designed to preclude their return to German ownership or control...*“.

[2584] RUMPF, Die Regelung der deutschen Reparationen nach dem Zweiten Weltkrieg, S. 80.

[2585] BERNHARDT, Die Auslegung völkerrechtlicher Verträge, S. 182.

[2586] KRENBERGER, Deutschland im Spannungsfeld zwischen EMRK und nachzubefolgendem Besatzungsrecht, S. 206.

werden kann, dass das Abweichen des Überleitungsvertrages von Art. 6 des Reparationsabkommen nicht absichtlich bewirkt wurde[2587].

Darüber hinaus können der teleologischen Argumentation der deutschen Gerichte eigene teleologische Erwägungen entgegen gehalten werden. Niemand wird bestreiten, dass das Reparationsregime nicht eingeführt wurde, um deutsche Interessen zu wahren. Vielmehr ging es darum, die durch das Deutsche Reich im Rahmen des Zweiten Weltkrieges angerichteten Schäden auszugleichen. Der Schutz von deutschen natürlichen oder juristischen Personen durch Regelungen des Reparationsregimes ist demnach konzeptfremd[2588]. Aus diesen Erwägungen kann die Stadt Köln, die unbestreitbar als deutsche juristische Person zu kategorisieren ist, nicht vom Schutzzweck der Norm umfasst sein. Sollte demnach mit Analogien an Art. 3 Abs. 3, VI. Teil ÜV herangegangen werden, müsste man mit einer analogen Reduktion dahingehend beginnen, dass deutsche Beklagte gerade nicht in den Schutz des Klagestopps kommen dürften[2589].

dd) Ergebnis

Auf der Grundlage der hier vertretenen Auslegungsmethodik kommt die Analyse der Entscheidungen des LG und des OLG Köln zu dem Ergebnis, dass die Gerichte hinsichtlich der drei diskutierten Voraussetzungen zu falschen Resultaten gelangen. Das streitgegenständliche Gemälde war nicht als *„deutsches Vermögen"* im Sinne des Überleitungsvertrages einzuordnen, auch wurde es nicht *„für Zwecke der Reparation"* konfisziert. Letztlich hätte die Stadt Köln als Beklagte auch nicht in den Genuss des Klagestopps kommen dürfen, da sie nicht Eigentümerin des Bildes war und obendrein deutsch im Sinne des Überleitungsvertrages. Eine analoge Anwendung der Vorschrift auf die Stadt Köln als Besitzerin des Gemäldes kommt nicht in Betracht.

d) Der *ordre public* als letzte Grenze für eine kollisionsrechtliche Auslegung

Die Urteile des LG und des OLG Köln verkennen die Rechtslage aber nicht nur im Hinblick auf die Methodik der Vertragsinterpretation. Auch ohne Anknüpfung an den Text des Überleitungsvertrages ergeben sich direkt aus dem Völkerrecht weitere Grenzen für eine weite Auslegung des Art. 3, VI. Teil ÜV im Sinne einer Vollverweisung auf tschechoslowakisches Recht durch die ersten beiden deutschen Instanzen. Entscheidend wird vor allem die Frage sein, ob die Bundesrepublik völkerrechtlich dazu verpflichtet war, die Anerkennung der tschechoslowakischen Enteignungen zu verweigern. Darüber hinaus wird sich das Problem eines eigenen

---

2587 Vgl. dazu BLUMENWITZ, Liechtenstein, S. 52.

2588 BLUMENWITZ, Die Liechtenstein-Entscheidung des EGMR, S. 226; BÖTSCH, Die Nachbefolgung des westalliierten Besatzungsrechts, S. 75: *„Somit müssen ‚deutsche' Einwendungen gegen eine enteignende Siegermacht vorliegen"*.

2589 Mit demselben Ergebnis: BLUMENWITZ, Liechtenstein, S. 52.

deutschen Völkerrechtsverstoßes stellen, der sich daraus ergeben könnte, dass die deutschen Gerichte den Sachverhalt bezüglich des Fürsten von Liechtenstein fälschlicherweise unter Art. 3 Abs. 1 und 3, VI. Teil ÜV subsumiert haben.

aa) Einfache Völkerrechtswidrigkeit der Enteignungen und *ordre public*

Zunächst muss demnach ermittelt werden, ob bereits die schon festgestellten Verstöße der Tschechoslowakei gegen einfaches[2590] Völkerrecht die Bundesrepublik hinsichtlich der Auslegung des Überleitungsvertrages binden. Es müsste somit eine völkerrechtliche Verpflichtung nachweisbar sein, welche die Bundesrepublik veranlasst, den Wirkungen aus den Enteignungen, die unter Verstoß gegen Fremdenrecht[2591] und unter Missachtung der liechtensteinischen Neutralität[2592] bewirkt wurden, auf deutschem Boden die Anerkennung zu versagen. Es lässt sich jedoch kein völkerrechtlicher Rechtssatz nachweisen, der gebieten würde, dass ein Staat oder dessen Gerichte die von einem anderen Staat durchgeführten Enteignungen nicht anerkennen dürfen[2593]. Die Frage ist darüber hinaus ohnehin nur diskutabel, wenn die betroffenen Vermögensgegenstände sich im Zeitpunkt der Enteignung auf dem Territorium der enteignenden Macht befinden, denn das Völkerrecht verbietet es einem Staat auf der Grundlage des Territorialitätsprinzips, Hoheitsakte auf fremdem Staatsgebiet zu setzen[2594]. Für den Bereich der Werte, die sich im Ausschlag gebenden Zeitpunkt auf dem Boden des enteignenden Staates befanden, konnte darüber hinaus auch die über eine gewisse Zeitspanne hinweg anders lautende amerikanische Rechtsprechung die Staatenpraxis nicht beeinflussen. Der *US-Supreme Court* vertrat in einem Urteil[2595] aus dem Jahr 1964 unter Berufung auf die dem amerikanischen Verfassungsrecht entstammende „*Act of State*"-Doktrin die Ansicht, dass fremde Enteignungsmaßnahmen nicht auf ihre Völkerrechtswidrigkeit überprüft werden dürften. Diese Theorie konnte sich, wohl auch wegen ihrer innerstaatlichen Herkunft, jedoch nicht durchsetzen; auch der Supreme Court setz-

---

2590 Der Begriff dient hier als Gegenbegriff zum *ius cogens*.

2591 Vgl. Kap. 5, C.III.2.a)aa).

2592 Vgl. Kap. 5, C.III.2.a)cc).

2593 DOEHRING, Völkerrecht, Rn. 960; GLORIA in: IPSEN, Völkerrecht, § 47, Rn. 31; BIRKE, Die Konfiskation ausländischen Privatvermögens, S. 194; allgemein zur Anerkennung fremder staatlicher Akte MENG, Recognition of foreign legislative and administrative acts, in: BERNHARDT, EPIL, Band IV, S. 52: „*There is no evidence in international practice that a duty to recognize foreign acts of State exists. The recognition of a foreign State or government in itself clearly does not entail such a duty*".

2594 In diesem Sinn hat sich bereits der Ständige Internationale Gerichtshof ausgesprochen: „*Now the first and foremost restriction imposed by international law upon a State is that – failing the existence of a permissive rule to the contrary – it may not exercise its power in any form in the territory of another State*", P.C.I.J., Series A, N° 10, 1927, S. 18.

2595 Vgl. die Entscheidung *Banco Nacional de Cuba v. Sabbatino*, AJIL 58 (1964), S. 779 ff.

te sich bereits im Jahr 1972 über seine eigene Rechtsprechung hinweg[2596]. Damit hat sich die Auffassung durchgesetzt, „...*dass es einem Staat zwar unbenommen bleibt, die act of state-Theorie zu akzeptieren, dass er aber auch frei ist, dem Hoheitsakt des fremden Staates die Wirkung deswegen abzusprechen, weil diese fundamentalen Grundsätzen der eigenen Rechtsordnung widerspricht*"[2597]. Damit ist die Frage der Anerkennung Regelungsgegenstand des nationalen Rechts, sofern keine Bindungen auf der Grundlage völkerrechtlicher Verträge existieren[2598]. Maßstab ist dabei in der Regel der nationale *ordre public*[2599], in Deutschland damit Art. 30 a. F. bzw. Art. 6 n. F. EGBGB. Dieses Ergebnis entspricht zudem der Bedeutung der staatlichen Souveränität, da auf diese Weise jeder Staat über die Anerkennung völkerrechtswidriger Akte anderer Staaten selbst entscheiden kann. Es lässt sich demnach festhalten, dass aus der Perspektive des Völkerrechts deutsche Gerichte keine Pflicht traf, die Enteignungen durch die Tschechoslowakei aus dem Grund nicht anzuerkennen, dass die Konfiskationen sowohl gegen das Entschädigungsgebot als auch gegen die Neutralitätsrechte des Fürstentums verstießen.

Immerhin könnte jedoch die inkorrekte Auslegung der überleitungsvertraglichen Normen einen Verstoß gegen nationales Recht dadurch bewirkt haben, dass die Gerichte auf den angeblich nur prozessualen Charakter der ÜV-Regelungen hingewiesen haben und auf diese Weise den Sachverhalt fälschlicherweise nicht am Maßstab des deutschen *ordre public* maßen. Ein solcher Verstoß ist jedoch nur dann gegeben, wenn die tschechoslowakischen Konfiskationen des fürstlich-liechtensteinischen Vermögens einer Kontrolle über Art. 6 EGBGB nicht standgehalten hätten, was im Falle des betroffenen Fürsten von Liechtenstein nicht unproblematisch ist. Denn bevor überhaupt überprüft werden könnte, ob die beiden festgestellten einfachen Völkerrechtsverstöße, die über das Eingangstor des Art. 25 GG in die deutsche Rechtsordnung einfließen würden, die Eingriffstiefe des nationalen *ordre public* erreichen würden[2600], ist herauszuarbeiten, ob der Sachverhalt in Bezug auf das streitgegenständliche Gemälde eine hinreichende Inlands- und Gegenwartsbeziehung besitzt. Die deutsche Rechtsprechung setzt diese beiden Elemente den allgemeinen Regeln zum *ordre public* entsprechend auch für die Aner-

---

[2596] Vgl. die Entscheidung *First National City Bank v. Banco Nacional de Cuba*, AJIL 66 (1972), S. 856 ff.; allgemein zur „*Act of State*"-Doktrin: FONTEYNE, Acts of State, in: BERNHARDT, EPIL, Band I, S. 17 ff.; VERDROSS / SIMMA, Universelles Völkerrecht, § 1180 ff.; GLORIA in: IPSEN, Völkerrecht, § 47, Rn. 31.

[2597] DOEHRING, Völkerrecht, Rn. 960.

[2598] GLORIA in: IPSEN, Völkerrecht, § 47, Rn. 31.

[2599] FONTEYNE, Acts of State, in: BERNHARDT, EPIL, Band I, S. 19; VERDROSS / SIMMA, Universelles Völkerrecht, § 1181.

[2600] PALANDT-HELDRICH, Art. 43 EGBGB, Rn. 14, mit Verweis auf BGHZ 104, S. 244, KG NJW 1988, S. 343: „*Eine entschädigungslose Enteignung verstößt bei Vorliegen der erforderlichen Inlandsbeziehung gegen den deutschen ordre public, Art. 6 S. 2 i.V.m. Art. 14 GG*"; KREUZER in: Münchener Kommentar, Band 10, nach Art. 38 Anh. III, Rn. 41 m.w.N.

kennung von extraterritorialen Enteignungen voraus[2601]. Die internationale Zuständigkeit deutscher Gerichte genügt anerkanntermaßen dabei nicht, um diese Inlandsbeziehung zu begründen[2602]. Ob die Belegenheit des enteigneten Gegenstandes auf dem Territorium dafür ausreicht, ist umstritten, muss jedoch abgelehnt werden, da das Territorialitätsprinzip sonst bezüglich beweglicher Gegenstände grundsätzlich aufgehoben wäre[2603]. In diesem Sinne bejaht die deutsche Rechtsprechung eine Verletzung des Art. 6 EGBGB nur, wenn die Konfiskation Deutsche betraf, dagegen nicht, wenn die Betroffenen Ausländer waren[2604]. Schon deshalb wäre die Berufung des Fürsten auf den *ordre public* als Staatbürger des Fürstentums Liechtenstein in diesem Fall wenig erfolgreich gewesen, da die Gerichte auf eine gefestigte Rechtsprechung hätten verweisen können, die für Klagen von Ausländern, deren einzige Inlandsbeziehung die Belegenheit der Sache im Inland darstellt, diese als nicht ausreichend ansieht. Ein anderes Ergebnis wäre nur möglich, wenn man sich der Ansicht anschließen wollte, welche die Belegenheit der streitgegenständlichen Sache in Deutschland für die Inlandsbeziehung ausreichen lassen will.

Damit waren die mit der Causa *Liechtenstein* befassten deutschen Instanzgerichte weder auf der Grundlage völkerrechtlicher Regelungen noch durch nationales Recht dazu verpflichtet, die Enteignungen auf Grund ihrer Entschädigungslosigkeit bzw. der mit den Konfiskationen verbundenen Neutralitätsverletzung nicht anzuerkennen.

bb) *Ius cogens*-Verstöße und *ordre public*

Letztlich müsste aber auch der Streit hinsichtlich der Voraussetzungen der Inländerbeziehung für die Anwendung des Art. 6 EGBGB nicht entschieden werden, da sich im Ergebnis aus der Bejahung der Völkermordqualität der Konfiskationen

2601 *„Die Hinnahme fremder Enteignungen wird (...) nur durch den Vorbehalt zugunsten des ordre public (...) eingeschränkt, der aber nur eingreift, wenn und soweit eine hinreichende Inlands- und Gegenwartsbeziehung besteht (...). Die Entschädigungslosigkeit der Enteignung oder ein ihr sonst nach inländischer Gerechtigkeitsvorstellung anhaftender Makel reicht danach, soweit die Enteignung Objekte [bezogen auf den Zeitpunkt der Enteignung] im Territorium des enteignenden Staates betrifft, für sich allein nicht aus, um ihr die Wirksamkeit abzusprechen.“*, BVerfGE 84, S. 90 ff. (S. 123).

2602 KREUZER in: Münchener Kommentar, Band 10, nach Art. 38 Anh. III, Rn. 42 mit vielen Hinweisen auf die deutsche Rechtsprechung; DOEHRING, Völkerecht, Rn. 963.

2603 Vgl. BEHRENS, Rechtsfragen im chilenischen Kupferstreit, S. 432, ebenfalls ablehnend: OLG Hamburg JZ 1951, S. 444 f.; OLG Oldenburg BB 1954, S. 326; LG Bremen RIW 1959, S. 105 ff. mit Anmerkung Seidl-Hohenveldern; DAHM, Zum Problem der Anerkennung im Inland durchgeführter völkerrechtswidriger Enteignungen im Ausland, S. 91; DOEHRING, Völkerrecht, Rn. 963; RAAPE / STURM, Internationales Privatrecht, § 66 II 1c; a. A. KG NJW 1988, S. 341 ff. (S. 343, DDR), BAADE, Die Anerkennung im Ausland vollzogener Enteignungen, S. 140; BEITZKE, Probleme der Enteignung im Internationalprivatrecht, S. 108.

2604 KREUZER in: Münchener Kommentar, Band 10, nach Art. 38 Anh. III, Rn. 42 mit umfangreichen Hinweisen in den Fn. 178, 179 und 180.

im Hinblick auf die Einbeziehung des Fürsten in die Vertreibung der Volksdeutschen ohnehin die verpflichtende Nichtanerkennung durch deutsche Gerichte direkt aus der *ius cogens*-Klassifizierung des Völkermordes ergibt. In dieser Konstellation entzieht das zwingende Völkerrecht in seiner Funktion als vorrangiger völkerrechtlicher *ordre public* [2605] dem deutschen nationalen Recht den Regelungsgegenstand der Anerkennung von völkerrechtswidrigen extraterritorialen Enteignungen. Einseitige Akte, die gegen eine Norm mit *ius cogens*-Qualität verstoßen, sind nichtig[2606]. Diese Nichtigkeit ist mit *erga omnes*-Wirkung ausgestattet[2607]. Wenn die Pflicht selbst jedem Staat gegenüber gelten soll, ist es begriffslogisch auch erforderlich, dass alle Staaten im selben Maße ebenfalls die Wirkungen des zwingenden Völkerrechts hinzunehmen haben; ein Staat, der die Nichtanerkennungspflicht ignoriert, begeht selbst einen Verstoß gegen zwingendes Völkerrecht[2608]. Diese Einschränkung der staatlichen Entscheidungsfreiheit ist damit schlicht die Konsequenz aus dem Umstand, dass das Prinzip der Staatensouveränität in den Fällen der Verletzung von *ius cogens*-Regeln zurücktreten muss[2609]. Denn wollte man „*...die Hinnahme oder Anerkennung von Hoheitsakten, die gegen das ius cogens verstoßen, in das Belieben der Staaten [stellen], könnte gerade von einem zwingenden Charakter des völkerrechtlichen ius cogens nicht mehr gesprochen werden*“[2610]. Eine gegen zwingendes Völkerrecht verstoßende Konfiskation ist demnach auch innerstaatlich *ipso iure* als nichtig anzusehen[2611].

Damit ist aber nicht zwingend festgelegt, auf welchem Wege die Wirkung des *ius cogens*-Verstoßes umgesetzt wird. Möglich wäre die Bewerkstelligung über General-

---

2605 Hier sind die Begriffe des völkerrechtlichen *ordre public* und des internationalen *ordre public* zu unterscheiden. Während der erstere selbst Bestandteil des Völkerrechts ist und sich mit den Normen des zwingenden Völkerrechts erschöpft, steht die Gestaltung des internationalen *ordre public* im Ermessen des jeweiligen Staates. Der letztgenannte Begriff beschreibt den Umstand, dass der einzelne Staat seinen *ordre public*-Begriff insofern erweitert, dass in einem Fall von internationalprivatrechtlicher Relevanz, der einen Völkerrechtsverstoß beinhaltet, völkerrechtswidrigem Recht des betreffenden anderen Staates die Vorbehaltsklausel entgegensetzt. In diesem Rahmen erweitert das Grundgesetz den deutschen ordre public gem. Art. 25 S. 1 um die allgemeinen Grundsätze des Völkerrechts, zur begrifflichen Unterscheidung vgl. BLUMENWITZ in: STAUDINGER, Kommentar, Band Einführungsgesetz zum Bürgerlichen Gesetzbuch/IPR, Art. 6 EGBGB, Rn. 64.

2606 Kap. 5, C.III.2.b)aa).

2607 KADELBACH, Zwingendes Völkerrecht, S. 178: „*Es scheint weitgehend Einigkeit darüber zu bestehen, dass zwingende Normen zugleich Pflichten erga omnes begründen*“; zum Verhältnis von zwingendem Völkerrecht und dem Begriff der *erga omnes*-Wirkung vgl. ALLSTADT, Die offene Völkerrechtslage im deutsch-tschechischen Verhältnis und ihre Bedeutung für die Osterweiterung der EU, S. 40.

2608 GORNIG, Völkerrechtswidrigkeit von Vertreibung und Enteignung, S. 28 f.

2609 Vgl. HÜBNER, Das Verbrechen des Völkermordes, S. 359.

2610 BLUMENWITZ in: STAUDINGER, Kommentar, Band Einführungsgesetz zum Bürgerlichen Gesetzbuch/IPR, Art. 6 EGBGB, Rn. 65.

2611 Ausdrücklich HÜBNER, Das Verbrechen des Völkermordes, S. 359.

klauseln des nationalen Rechts, allen voran über die entsprechende Auslegung der Voraussetzungen des Art. 6 S. 1 EGBGB[2612]; ebenso könnte die Öffnung der deutschen Rechtsordnung über Art. 25 S. 1 GG vollzogen werden[2613], indem man die Wirkungen des *ius cogens* als allgemeine Grundsätze des Völkerrechts zulässt[2614]. Auf die Beantwortung dieser Frage kann es letztlich aber nicht ankommen, da das Ergebnis in allen Fällen derart gelagert sein muss, dass die Umsetzung der zwingenden Nichtanerkennungsverpflichtung nicht durch einfachgesetzliche Kriterien des national-innerstaatlichen Rechts beschränkt werden darf[2615]. Auch wenn das Ergebnis im Einzelfall damit in allen Fällen identisch ausfallen wird, erscheint doch die Lösung über Art. 25 S. 1 GG angesichts der Ausgestaltung der Vorschrift als *„...offene Verweisungsnorm...“*[2616] am elegantesten. Aus der Feststellung, dass das nationale Recht keine Hindernisse für das zwingende Völkerrecht errichten darf, folgt auch, dass der Verweis der deutschen Gerichte darauf fehlgeht, dass mit der Anwendung des Überleitungsvertrages lediglich eine prozessuale Wirkung hervorgerufen wurde, aber über die Rechtsmäßigkeit der Enteignungen nichts ausgesagt sei. Denn die Bundesrepublik war verpflichtet, die Nichtigkeit der Konfiskationen anzuerkennen.

e) Zwischenergebnis

Damit steht fest, dass die Entscheidungen der deutschen Instanzgerichte in mehrfacher Hinsicht fehlerhaft sind. Zum einen wird bezüglich der Klage des Fürsten von Liechtenstein bereits die Gerichtsbarkeit auf der Grundlage einer Vor-

---

2612 So offenbar DOEHRING, Völkerrecht, Rn. 94, der den Inlandsbezug im Falle einer Verletzung zwingenden Völkerrechts stets annehmen will: *„Auch ist darauf hinzuweisen, dass der Eigentumsschutz im Rahmen des Fremdenrechts zwar zum sog. Mindeststandard zählt, nicht aber zum unabänderbaren ius cogens. Nur bei Verletzung fundamentaler allgemeiner Menschenrechte kann diese Inlandsbeziehung immer angenommen werden, weil der Menschenrechtsschutz als im Interesse jedes Staates der Welt, also mit Wirkung erga omnes, anerkannt wird“*; ähnlich KOKOTT, Grund- und Menschenrecht als Inhalt eines internationales ordre public, S. 107.

2613 BLUMENWITZ, Das Offenhalten der Vermögensfrage, S. 125; Regeln des zwingenden Völkerrechts sind stets *„allgemeine Regeln des Völkerrechts“* im Sinne von Art. 25 S. 1 GG, PERNICE in: DREIER, Grundgesetz Kommentar, Band II, Art. 25, Rn. 18; der Fürst von Liechtenstein genießt auch den Schutz des Art. 25 S. 2, 2. HS GG, da er als *„Bewohner“* im Sinne der Norm verstanden werden muss, PERNICE in: DREIER, Grundgesetz Kommentar, Band II, Art. 25, Rn. 27: *„...‚Bewohner‘ sind sowohl deutsche als auch sich in Deutschland aufhaltende ausländische Personen. Dabei kommt es nicht auf den Wohnsitz an, sondern auf den Geltungsbereich deutschen Rechts, das inhaltlich um die Regeln des Völkerrechts angereichert ist.“*; der Fürst bewegt sich mit seinen Klagen vor deutschen Gerichten ohne Zweifel im Geltungsbereich deutschen Rechts.

2614 Zu den Angriffspunkten des zwingenden Völkerrechts in der deutschen Rechtsordnung vgl. auch GORNIG, Völkerrechtswidrigkeit von Vertreibung und Enteignung, S. 28 ff.

2615 BLUMENWITZ in: STAUDINGER, Kommentar, Band Einführungsgesetz zum Bürgerlichen Gesetzbuch/IPR, Art. 6 EGBGB, Rn. 68.

2616 ROJAHN in: V. MÜNCH / KUNIG, Grundgesetz-Kommentar, Band 2, Art. 25, Rn. 3.

schrift verneint, die aus Gründen der Normkonkurrenz nicht auf den Sachverhalt hätte angewandt werden dürfen. Im Weiteren wird die Regelung in vielfacher Hinsicht falsch ausgelegt. Letztlich entsprechen die beiden Gerichte, obwohl in den klägerischen Schriftsätzen bereits darauf hingewiesen worden war, nicht der die Bundesrepublik mit *ius cogens*-Gewalt treffende Verpflichtung, den tschechoslowakischen Konfiskationen, die unter Verstoß gegen zwingendes Völkerrecht bewirkt wurden, auf dem Territorium der Bundesrepublik nicht die Anerkennung zu versagen.

4. Zur Entscheidung des BGH vom 25. September 1997

Der BGH geht in seiner Entscheidung vom 25. September 1997 nicht mit einem Wort auf die vorgebrachten Argumente des Revisionsklägers ein und begnügt sich im Grunde mit der Wiederholung des Normtextes des heute nicht mehr existierenden § 554 b ZPO. Der Wortlaut der Norm gestattete dem BGH die Verweigerung der Annahme der Revision für all jene Fälle, in denen die Sache keine grundlegende Bedeutung aufweist[2617]. Das Bundesverfassungsgericht sah die Vorschrift jedoch als zu restriktiv an, denn die Revision war auf jeden Fall auch dann anzunehmen, wenn eine grundlegende Bedeutung zwar fehlte, die Revision im Endergebnis aber Aussicht auf Erfolg hatte[2618]. Im Fall der Causa *Liechtenstein* wurden in der vorliegenden Arbeit eine ganze Reihe von Fehlern der beiden Instanzgerichte nachgewiesen, weshalb die Revision zweifelsfrei erfolgsversprechend war. Auf das Vorliegen einer grundsätzlichen Bedeutung kam es demnach überhaupt nicht an. Insgesamt ist damit festzuhalten, dass auch die Entscheidung des höchsten deutschen Zivilgerichts als fehlerhaft zu bewerten ist.

5. Kritik an der Begründung des BVerfGs im Fall Liechtenstein

Auch die Entscheidung des Bundesverfassungsgerichts wurde nach ihrer Veröffentlichung in zahlreichen Aufsätzen und Besprechungen zum Teil vehement kritisiert[2619]. Bei einer Überprüfung der Argumentation des Gerichts kann – ausgehend von dem Umstand, dass das Bundesverfassungsgericht keine Superrevisionsinstanz darstellt – die Fehlerhaftigkeit des Beschlusses nur dadurch aufgezeigt werden, dass

---

2617 § 554b Abs. 1 ZPO a. F.: *„In Rechtsstreitigkeiten über vermögensrechtliche Ansprüche, bei denen der Wert der Beschwer sechzigtausend Deutsche Mark übersteigt, kann das Revisionsgericht die Annahme der Revision ablehnen, wenn die Rechtssache keine grundsätzliche Bedeutung hat"*.

2618 Plenarentscheidung des BVerfG (E 54, S. 277, abgedruckt in NJW 1981, S. 39).

2619 BLUMENWITZ, Die Offenheit der Vermögensfrage, S. 158 ff.; FASSBENDER, Klageausschluss bei Enteignungen zu Reparationszwecken – Das Gemälde des Fürsten von Liechtenstein, S. 1445 ff.; WEBER, Anmerkung zur „Liechtenstein-Entscheidung" des Bundesverfassungsgerichts vom 28. Januar 1998, S. 188 ff.; DOEHRING, Völkerrechtswidrige Konfiskation eines Gemäldes des Fürsten von Liechtenstein als „deutsches Vermögen": Ein unrühmlicher Schlusspunkt, S. 465 ff.

nachgewiesen wird, dass durch die Entscheidungen der Zivilgerichte ein spezifischer Grundrechtsverstoß zum Nachteil des Fürsten als Privatperson verwirklicht wurde[2620].

a) Vereinbarkeit der Rechtsprechung mit Art. 101 Abs. 1 S. 2, Art. 100 Abs. 2 GG

Den Ansatz der Verfassungsbeschwerde, die Nichteinholung einer Entscheidung des Bundesverfassungsgerichts im Sinne von Art. 100 Abs. 2 GG durch die Zivilgerichte am grundrechtsgleichen Recht des Art. 101 Abs. 1 S. 2 GG zu messen, hat die Entscheidung grundsätzlich anerkannt. Damit entspricht das Gericht seiner eigenen Rechtsprechung, wonach das Recht auf den gesetzlichen Richter auch davor schützt, dass das Gericht eine nach Art. 100 Abs. 2 GG gebotene Vorlage an das Bundesverfassungsgericht willkürlich unterlässt[2621]. Gemäß Art. 100 Abs. 2 GG hat ein Gericht die Entscheidung des Bundesverfassungsgerichts einzuholen, wenn in einem Rechtsstreit zweifelhaft ist, ob eine Regel des Völkerrechts Bestandteil des Bundesrechts ist und ob sie unmittelbar Rechte und Pflichten für den Einzelnen erzeugt (Art. 25 GG). Gegenstand der Vorlage ist damit neben der Existenz und Tragweite einer allgemeinen Regel des Völkerrechts auch die Allgemeinheit der Regel und ihr Charakter als zwingendes Völkerrecht[2622]. Zweifel im Sinne von Art. 100 Abs. 2 GG bestehen bereits dann, wenn diese in ernstzunehmender Weise auch außerhalb des Gerichts - etwa in der Literatur – geäußert wurden[2623]. Dieses objektive Verfahren[2624] ist jedoch nur dann zulässig, wenn die jeweilige allgemeine Regel des Völkerrechts für die Entscheidung des betreffenden Gerichts erheblich ist[2625].

aa) Zum Konfiskationsverbot hinsichtlich neutralen Privatvermögens

Bezüglich der konkret vom Bundesverfassungsgericht geprüften Regel, nämlich dass das Vermögen von Angehörigen neutraler Staaten von Siegern eines Krieges nicht konfisziert werden darf, kommen die Karlsruher Richter auf der Grundlage der hier vertretenen Ansicht zum richtigen Ergebnis. Denn das Privatvermögen ist im Kriege, bis auf die beschriebenen Ausnahmen, zwar geschützt[2626], also auch vor Eingriffen durch Siegermächte, jedoch ist die besagte völkerrechtliche Regel im

---

2620 SCHMIDT-BLEIBTREU in: SCHMIDT-BLEIBTREU / KLEIN, Kommentar zum Grundgesetz, Art. 93, Rn. 9; zum Prüfungsumfang der Verfassungsbeschwerde vgl. auch WIELAND in: DREIER, Grundgesetz Kommentar, Band III, Art. 93, Rn. 76.

2621 BVerfGE 18, S. 441 ff. (S. 447); 23, S. 288 ff. (S. 315); 64, S. 1 ff. (S. 12).

2622 WIELAND in: DREIER, Grundgesetz Kommentar, Band III, Art. 100, Rn. 30.

2623 BVerfGE 23, S. 288 ff. (S. 319); 64, S. 1 ff. (S. 14 ff.); 92, S. 277/316; PIEROTH in: JARASS / PIEROTH, GG-Kommentar, Art. 100, Rn. 20.

2624 SCHMIDT-BLEIBTREU in: SCHMIDT-BLEIBTREU / KLEIN, Kommentar zum Grundgesetz, Art. 100, Rn. 9.

2625 BVerfGE 15, S. 25 (S. 30); 18, S. 441 (S. 448); 46, S. 342 ff. (S. 359); 75, S. 1 ff. (S. 12).

2626 Kap. 4, A.I.3.a)ee)(2)(a).

konkreten Fall nicht entscheidungserheblich, da die durch die tschechoslowakische Konfiskation bewirkte Neutralitätsverletzung mangels *ius cogens*-Verstoß die Bundesrepublik nicht zur Nichtanerkennung der Enteignung verpflichtet[2627]. Erfolgsversprechender im Sinne der Verfassungsbeschwerde wäre gewesen, auf die gegen die Grundregeln zur Auslegung von völkerrechtlichen Verträgen verstoßende Anwendung des Klagestopps im Überleitungsvertrages als eigenständige Verletzung des Verbotes der Konfiskation neutralen Privatvermögens abzustellen. Denn die fälschliche Subsumtion des Fürsten als Staatsbürger eines neutralen Staates unter die *Kriegs*folgenregelung[2628] des Art. 3 Abs. 1 und 3, VI. Teil ÜV ist nicht vereinbar mit dem die (hier ehemals) kriegsführenden Parteien treffenden Gebot[2629] der Unparteilichkeit gegenüber den neutralen Staaten[2630]. Für die Geltendmachung dieses Eingriffs in diese Neutralitätsregel im Rahmen der Verfassungsbeschwerde kommt es auch nicht darauf an[2631], dass keine völkergewohnheitsrechtliche Regel existiert, die Deutschland verpflichten würde, seine Gerichte Angehörigen eines fremden Staates für die Verfolgung von Ansprüchen zur Verfügung zu stellen, deren Adressat letztlich ein Drittstaat ist. Denn die Einbeziehung in das Reparationsregime durch die deutschen Urteile stellt eine eigene Verletzung der liechtensteinischen Neutralität dar, die im Rahmen von Art. 101 Abs. 1 S. 2 GG geltend gemacht werden kann. Der Überleitungsvertrag konnte die Neutralitätsregel nicht zum Nachteil eines am Vertrag nicht beteiligten Staates abbedingen[2632]. Dass der Fürst kein Deutscher Staatsbürger ist, spielt keine Rolle, da über den Verweis in Art. 100 Abs. 2 GG Art. 25 S. 2 GG maßgeblich ist; die Bewohnereigenschaft nach dieser Norm ist jedoch gewahrt[2633].

Über den Neutralitätsverstoß hinaus hätten die deutschen Gerichte aber jedenfalls die Zweifel in der Literatur daran beachten müssen, dass die tschechoslowakischen Konfiskationen hinsichtlich ihrer Verbindung mit dem Vertreibungsgeschehen gegen *ius cogens* verstoßen haben könnten und deshalb nicht anerkannt werden dürfen. Spätestens seit der Veröffentlichung des Gutachtens von ERMACORA[2634] über die sudetendeutschen Fragen konnten die Stimmen in der Literatur, welche die Pflicht zur Nichtanerkennung vertreten, nicht mehr überhört werden. Diese

---

2627 Kap. 5, C.III.2.b)dd).

2628 BLUMENWITZ, Die Offenheit der Vermögensfrage, S. 164: *„Der Überleitungsvertrag ist ein zwischen* Kriegs*gegnern über typische* Kriegs*folgen geschlossener Vertrag"*.

2629 Dazu vgl. bereits Kap. 5, C.III.2.a)cc).

2630 Mit dem selben Ergebnis: WEBER, Anmerkung zur „Liechtenstein-Entscheidung" des Bundesverfassungsgerichts vom 28. Januar 1998, S. 192.

2631 In diesem Sinne auch SEIDL-HOHENVELDERN, Nachwirkung der Kontrollratsgesetzgebung und die deutsche Souveränität, S. 988, a. A. FASSBENDER, Klageausschluss bei Enteignungen zu Reparationszwecken – Das Gemälde des Fürsten von Liechtenstein, S. 1447.

2632 Vgl. dazu BVerfGE 18, S. 441 ff. (S. 448).

2633 Vgl. Kap. 5, C.III.3.d)bb).

2634 ERMACORA, Die sudetendeutschen Fragen, S. 170 ff.

allgemeine Regel des Völkerrechts haben die deutschen Instanzgerichte wie auch das Bundesverfassungsgericht verkannt. Da die Verfassungsrichter darauf überhaupt nicht eingehen, dagegen darauf hinweisen, die Zivilgerichte hätten sich zur materiellen Frage nicht geäußert und hätten dies auch nicht tun müssen[2635], muss hier von einer willkürlichen Nichtbeachtung der Völkerrechtsregel ausgegangen werden. Das Fehlverhalten der Gerichte war zudem entscheidungserheblich, denn wenn sie die Nichtigkeit der Konfiskation beachtet hätten, wozu sie verpflichtet waren, hätten sie die Stadt Köln auf Herausgabe des Gemäldes verurteilen müssen. Damit liegen alle Voraussetzungen für die Verletzung von Art. 101 Abs. 1 S. 2 i.V.m. Art. 100 Abs. 2 GG vor.

bb) Zum Verbot völkerrechtlicher Verträge zu Lasten dritter Staaten

Dagegen konnte in der Verfassungsbeschwerde des Fürsten hinsichtlich des Verbotes völkerrechtlicher Verträge zu Lasten dritter Staaten kein weiterer Verstoß gegen eine Regel des Völkerrechts im Sinne von Art. 100 Abs. 2 GG geltend gemacht werden. Im Völkerrecht gilt die sich in Art. 34, 35 WVK manifestierende allgemeine Regel, wonach völkerrechtliche Verträge für einen Drittstaat ohne dessen Zustimmung weder Pflichten noch Rechte begründen. Man spricht in diesem Zusammenhang von Verträgen zu Lasten und zugunsten Dritter. Die Regelungen der Wiener Vertragsrechtskonvention zum Vertrag zu Lasten Dritter fassen allerdings nur das Verbot der Begründung *vertraglicher* Pflichten zu Lasten eines Dritten; hinsichtlich *faktischer* Beeinträchtigungen zu Lasten eines dritten Staates auf der Grundlage eines völkerrechtlichen Vertrages schweigt die Konvention[2636]. Da der Klagestopp im Überleitungsvertrag aber – wie das Bundesverfassungsgericht zutreffend feststellt – in der Tat keine vertraglichen Pflichten zu Lasten Liechtensteins begründet, sondern lediglich die Handlungsmöglichkeiten deutscher Gerichte beschränkt, liegt mit dem Überleitungsvertrag – vor allem in der Auslegung der deutschen Gerichte – ein Fall des zuletzt beschriebenen Problemkreises der faktischen Beeinträchtigung vor[2637]. Hinsichtlich derartiger Verträge, die keine echten Verträge zu Lasten Dritter sind[2638], hindert das für echte Verträge zu Lasten Dritter

[2635] Dazu DOEHRING, Völkerrechtswidrige Konfiskation eines Gemäldes des Fürsten von Liechtenstein als „deutsches Vermögen“: Ein unrühmlicher Schlusspunkt, S. 467: *„Es wird behauptet, dass die deutschen Zivilgerichte ‚nach Völkerrecht' nicht verpflichtet seien, die Rechtsmäßigkeit der tschechoslowakischen Enteignung zu prüfen.* Das ist ein obskurer Ausspruch. *Die deutschen Gerichte sind immer nach Völkerrecht berechtigt und nach innerstaatlichem Recht verpflichtet, die Geltung von völkerrechtlichen Normen zu prüfen, wenn eine solche Entscheidung rechtserheblich ist“*, Hervorhebung des Verfassers.

[2636] DOEHRING, Völkerrecht, Rn. 347.

[2637] WEBER, Anmerkung zur „Liechtenstein-Entscheidung“ des Bundesverfassungsgerichts vom 28. Januar 1998, S. 192 f., kommt ebenfalls zu diesem Ergebnis und spricht von der *„...Reflexwirkung eines gleichsam unechten Vertrages zu Lasten Dritter...“*.

[2638] GEIGER in: SEIDL-HOHENVELDERN, Lexikon des Rechts, Völkerrecht, Stichwort Verträge, allgemeines, S. 477.

geltende „...*Erfordernis der Verfügungsbefugnis...*" über den Vertragsgegenstand „...*nicht, dass völkerrechtliche Verträge zwischen verfügungsbefugten Staaten vielfach erhebliche Rückwirkungen auf die Interessen anderer Staaten und ihrer Staatsangehörigen haben...*"[2639]. Bedingt ein Vertrag eine Intervention in die inneren Angelegenheiten eines Drittstaates, stellt dies durchaus eine Rechtsverletzung dieses Staates dar, diese ist aber von der WVK nicht erfasst; erst bei Verstoß gegen *ius cogens* greift die Rechtsfolge der Nichtigkeit (Art. 53 WVK)[2640]. Der Überleitungsvertrag in der hier vertretenen Auslegung verstößt nicht gegen zwingendes Völkerrecht, da danach weder liechtensteinisches noch sudetendeutsches Vermögen erfasst ist. Jedoch kann der faktische Eingriff in die Rechtspositionen Liechtensteins durch die fälschliche Auslegung des Überleitungsvertrages durch deutsche Gerichte gegebenenfalls die Rechtsfolgen der Staatenverantwortlichkeit zum Nachteil der Bundesrepublik auslösen[2641]. Damit war die Regel des Verbotes von Verträgen zu Lasten Dritter nicht entscheidungserheblich, da der Klagestopp im Überleitungsvertrag keinen (echten) Vertrag zu Lasten des Fürstentums darstellt. Deshalb mussten die deutschen Gerichte die Frage der Tragweite der Regelung auch nicht dem Verfassungsgericht vorlegen.

cc) Zum Eingriff in das Regelungsrecht hinsichtlich der Staatsbürgerschaft

Nach der Rechtsprechung des IGH im *Nottebohm*-Fall musste die Bundesrepublik die Staatsangehörigkeit des Fürsten anerkennen, denn er verfügte als Staatsoberhaupt mit Wohnsitz im Fürstentum über den denkbar engsten „*genuine link*" zu Liechtenstein. Es drängt sich demnach die Frage auf, ob die Nichtanerkennung der liechtensteinischen Staatsangehörigkeit dadurch, dass das fürstlich-liechtensteinische Vermögen als deutsches Auslandsvermögen im Sinne des Überleitungsvertrages konfisziert wurde, nicht die allgemeine Regel des Völkerrechts beschneidet, wonach sich die Frage der Staatsangehörigkeit einer natürlichen Person ausschließlich nach dem Recht des die Staatsangehörigkeit vermittelnden Staates richtet. So verweist bereits SEIDL-HOHENVELDERN in seiner Anmerkung[2642] zum Urteil des Landgerichts Köln in der Sache *Liechtenstein* auf die aus dem *Nottebohm*-Urteil zu ziehenden Konsequenzen; schon angesichts der Kritik dieses angesehenen Völkerrechtlers waren Zweifel hinsichtlich der Tragweite der einschlägigen überleitungsvertraglichen Norm unübersehbar. Das fragliche Rechtsproblem war im Verfahren um das Kalkofen-Gemälde auch entscheidungsrelevant, da die Entscheidungen zum Vorteil des Fürsten hätten ausfallen müssen, wenn die Völ-

---

2639 WENGLER, Völkerrecht, Band I, S. 244 f.

2640 DOEHRING, Völkerrecht, Rn. 347.

2641 Vgl. WEBER, Anmerkung zur „Liechtenstein-Entscheidung" des Bundesverfassungsgerichts vom 28. Januar 1998, S. 193.

2642 SEIDL-HOHENVELDERN, Völkerrechtswidrigkeit der Konfiskation, S. 411.

kerrechtsregel bewirkt hätte, dass das fürstlich-liechtensteinische Privatvermögen nicht als deutsches Auslandsvermögen hätte angesehen werden dürfen.

dd) Ergebnis

Damit haben die Zivilgerichte in zweifacher Hinsicht nicht ihrer Vorlagepflicht genügt; im selben Maße ist damit auch Art. 101 Abs. 1 S. 2, Art. 100 Abs. 2 GG verletzt. Lediglich bezüglich des völkerrechtlichen Verbots von Verträgen zu Lasten Dritter war die Vorlage zum Bundesverfassungsgericht nicht erforderlich.

b) Vereinbarkeit der Rechtsprechung mit Art. 14 GG

aa) Die verfahrensrechtliche Dimension des Schutzbereiches

Art. 14 GG erschöpft sich nicht in der klassischen Funktion eines Grundrechtes als Abwehrrecht, sondern der *„...Eigentumsgarantie wächst nach der Rechtsprechung [des Bundesverfassungsgerichts] partiell eine leistungsrechtliche Komponente zu...“*[2643]. Daraus ergibt sich ein unmittelbar aus dem Grundrecht folgender Anspruch auf effektiven Rechtsschutz[2644], der im Rahmen eines zivilrechtlichen Verfahrens über den Schutz des Art. 19 Abs. 4 GG hinaus geht[2645]. Dieser Schutz wird nicht nur deutschen natürlichen Personen zuteil, da Art. 14 GG als Menschenrecht ausgestaltet ist[2646]. Außerdem wird auch Eigentum vom Schutzbereich des Grundrechts erfasst, das sich nur vorübergehend im Geltungsbereich des Grundgesetzes befindet[2647]. Dagegen ist durch eine ausländische Rechtsordnung gegründetes Eigentum lediglich im Rahmen des *ordre public* durch Art. 14 GG geschützt. Im Fall *Liechtenstein* war die Konfiskation des streitgegenständlichen Gemäldes und damit das Eigentum nach tschechoslowakischem Recht auf Grund des beschriebenen Verstoßes gegen zwingendes Völkerrecht nicht anzuerkennen[2648]. Damit greift die leistungsrechtliche Komponente des Eigentumsgrundrecht in verfahrensrechtlicher Hinsicht zum Vorteil des Fürsten[2649]. Da der überleitungsvertragliche Klagestopp nur auf der Grundlage einer unzulässigen Auslegung der Norm zustande kam, worin sich der Eingriff in das verfahrensrechtliche Grundrecht manifestierte, wurde die Klage als unzulässig abgewiesen, ohne dass dafür eine gültige verfassungskonforme Rechtsgrundlage zur Verfügung stand. Schon aus diesem Grund scheitert eine Rechtferti-

---

[2643] PAPIER in: MAUNZ / DÜRIG, Grundgesetz Kommentar, Art. 14, Rn. 45.

[2644] BVerfGE 49, S. 252 ff. (S. 257) unter Verweis auf BVerfGE 24, S. 367 ff. (S. 407); vgl. auch WENDT in: SACHS, Grundgesetz Kommentar, Art. 14, Rn. 43.

[2645] Vgl. zum Verhältnis der verfahrensrechtlichen Garantien in Art. 14 GG und Art. 19 Abs. 4 GG: PAPIER in: MAUNZ / DÜRIG, Grundgesetz Kommentar, Art. 14, Rn. 46.

[2646] PAPIER in: MAUNZ / DÜRIG, Grundgesetz Kommentar, Art. 14, Rn. 206.

[2647] WEBER, Anmerkung zur „Liechtenstein-Entscheidung“ des Bundesverfassungsgerichts vom 28. Januar 1998, S. 193.

[2648] Vgl. bereits Kap. 5, C.III.3.e).

[2649] Mit dem selben Ergebnis: FASSBENDER, Klageausschluss bei Enteignungen zu Reparationszwecken – Das Gemälde des Fürsten von Liechtenstein, S. 1447.

gung des Eingriffes nach Art. 14 Abs. 1 S. 2 GG, womit grundsätzlich die Verletzung von Art. 14 GG festgestellt ist.

bb) Zum zeitlichen Anknüpfungspunkt für einen Grundrechtsverstoß

Ein anderes Ergebnis könnte sich aber unter dem vom Bundesverfassungsrecht vorgebrachten intertemporalrechtlichen Aspekt ergeben. Das in der Entscheidung zitierte Bodenreformurteil behandelt jedoch einen völlig anderen Fall und kann aus diesem Grund im Fall *Liechtenstein* nicht weiterhelfen. Denn nach dem besagten Urteil des Gerichts, in dem es darum ging, ob die Enteignung des landwirtschaftlichen Großgrundbesitzes in der SBZ in den Jahren 1945-49 anzuerkennen oder rückgängig zu machen war, hatte die bezüglich der SBZ später effektive ***deutsche*** Staatsmacht der Deutschen Demokratischen Republik die Enteignungsakte als *„...bestandskräftig behandelt...“*, sodass die geltend gemachte Eigentumsposition auch nach *„...der Rechtslage im Gebiet (...) der Deutschen Demokratischen Republik (...) nicht mehr...“* bestand[2650]; demnach ging es im Bodenreformurteil, anders als im Fall *Liechtenstein*, nicht um die Anerkennung einer Eigentumsveränderung auf der Grundlage einer fremden Rechtsordnung. Darüber hinaus ist es auch bezüglich des Urteils zum Reparationsschädengesetz fraglich, ob die dort gewonnen Ergebnisse unproblematisch auf den hier zu analysierenden Fall übertragen werden können. Es ist zwar richtig, dass das Gericht im Fall des Reparationsschädengesetzes davon ausging, dass die Bundesrepublik bezüglich vorkonstitutioneller Enteignungen wegen der einmaligen Lage im Zusammenhang mit dem Staatsbankrott des Deutschen Reiches auf mögliche Rechte von Reparationsgeschädigten zu deren Nachteil verzichten durfte[2651]. Angesichts der auf Grund der Nichtanmeldung der Konfiskationen von fürstlich-liechtensteinischem Vermögen bei der IARA in Brüssel fraglichen Reparationsqualität[2652] des Beneš-Dekrets Nr. 12 erscheint die Anwendung der *reparations*bezogenen Rechtsprechung im Fall des *Reparations*schädengesetz zumindest nicht als zwingend[2653].

Auf diese Einordnung kommt es hier aber letztlich nicht an, da die intertemporalrechtliche Begrenzung der Grundrechtsprüfung im Fall *Liechtenstein* nicht von der Frage entschieden wird, ob der Klagestopp generell im Lichte des Art. 14 GG untersucht werden darf, sondern vielmehr lediglich von der Frage, ob sich die An-

---

2650 BVerfGE 84, S. 90 ff. (S. 122).

2651 BVerfGE 41, S. 126 ff. (S. 168).

2652 Dazu vgl. Kap. 5, C.III.3.c)bb).

2653 Dazu WEBER, Anmerkung zur „Liechtenstein-Entscheidung“ des Bundesverfassungsgerichts vom 28. Januar 1998, S. 194: *„Im vorliegenden Fall des verweigerten Eigentumsschutzes zu Lasten eines liechtensteinischen Staatsangehörigen ist nicht überzeugend im Beschluss des Bundesverfassungsgerichts dargelegt worden, warum das der Enteignung zugrundeliegende Benesch-Dekret und die ihm beigelegten Intentionen der Tschechoslowakischen Republik zwingend als ‚vorkonstitutionelle Vorgänge‘ verstanden werden müssen, die im Rahmen des Art. 14 GG zu beachten seien“.*

wendung der Norm im konkreten Sachverhalt durch die deutschen Zivilgerichte in den 1990er Jahren am Eigentumsgrundrecht messen lassen muss. Denn erst die falsche Interpretation durch die deutschen Gerichte hat den Ausschluss der deutschen Gerichtsbarkeit im konkreten Fall erzeugt[2654]; bei richtiger Auslegung des Überleitungsvertrages wäre der hier behandelte Fall gerade nicht vom Klagestopp erfasst gewesen[2655]. Damit verletzte der Umstand, dass die Zivilgerichte unterlassen haben, die Einwendungen des Beschwerdeführers in materieller Hinsicht zu prüfen, das Eigentumsgrundrecht des Fürsten in dessen verfahrensrechtlicher Dimension[2656].

cc) Die Wirkung des Grundrechtsverstoßes und der deutsche *ordre public*

Das Eigentumsgrundrecht des Grundgesetzes stand damit der falschen Auslegung des Überleitungsvertrages entgegen. Da die deutschen Gerichte an die Verfassungsordnung gebunden sind, setzt der Grundrechtsverstoß somit an einem Akt deutscher öffentlicher Gewalt an, weshalb Art. 14 GG direkt wirken kann und ein Rückgriff auf Art. 6 S. 2 EGBGB als Einbruchstelle[2657] der Grundrechte ins Privatrecht nicht erforderlich ist. Auf das Vorliegen einer ausreichenden Inlandsbeziehung kommt es demnach nicht an.

c) Vereinbarkeit der Rechtsprechung mit Art. 3 Abs. 1 GG

Im Rahmen der Prüfung des Gleichheitsrechts verneint das Bundesverfassungsgericht die Willkürlichkeit der Ergebnisse der deutschen Zivilgerichte, da es nicht ersichtlich sei, dass die Entscheidungen *„...schlechterdings unvertretbar wären...“*. Damit bleiben die Verfassungsrichter zwar in der Gesamtschau ihres Urteil konsequent, allerdings kann ihr Ergebnis nicht überzeugen. Das in Art. 3 Abs. 1 GG gefasste Gebot, alle Menschen vor dem Gesetz gleich zu behandeln, kann in das Verbot umgegossen werden, *„...weder wesentlich Gleiches willkürlich ungleich, noch wesentlich Ungleiches willkürlich gleich zu behandeln...“*[2658]. Willkürlich in diesem Sinne ist eine Maßnahme, *„...wenn sich für sie keine vernünftigen Erwägungen finden lassen, die sich aus der Natur der Sache ergeben oder sonst wie einleuchtend sind“*[2659]. Die Unzulässigkeit der Klagen des Fürsten vor den deutschen Gerichten war nur zu bewirken, indem die Erfor-

---

2654 Erst auf diese Weise wurde die *„...Übernahme der tschechoslowakischen Enteignungsmaßnahmen und ihrer exzessiven Intentionen in die ‚Zweckorientierte Auslegung' des Überleitungsvertrages...“* bewirkt; WEBER, Anmerkung zur „Liechtenstein-Entscheidung“ des Bundesverfassungsgerichts vom 28. Januar 1998, S. 194.

2655 Kap. 5, C.III.3.b)dd).

2656 So auch FASSBENDER, Klageausschluss bei Enteignungen zu Reparationszwecken – Das Gemälde des Fürsten von Liechtenstein, S. 1447.

2657 Dazu vgl. SONNENBERGER in: Münchner Kommentar, Band 10, Art. 6 EGBGB, Rn. 53.

2658 BVerfGE 4, S. 144 ff. (S. 155).

2659 BVerfGE 10, S. 234 ff. (S. 246), HEUN in: DREIER, Grundgesetz Kommentar, Band I, Art. 3, Rn. 19.

dernisse zwingenden Völkerrechts ignoriert wurden[2660] und zugleich dem Überleitungsvertrag durch eine Auslegung entgegen völkerrechtlicher Regeln[2661] eine Bedeutung zugesprochen wurde, die erlaubte, die von tschechoslowakischen Behörden und Gerichten vollzogene Bewertung der liechtensteinischen Staatsbürgerschaft nachzuzeichnen. Da der Überleitungsvertrag damit keine zufriedenstellende Rechtfertigung für die Gleichbehandlung von deutschem und liechtensteinischem Vermögen und damit dessen Eigentümer bieten kann, sind keine vernünftigen Erwägungen ersichtlich, die es einleuchten lassen würden, warum die Verweisung auf das tschechoslowakische Recht auch im Falle des Fürsten greifen sollte[2662].

d) Vereinbarkeit der Rechtsprechung mit Art. 2 Abs. 1, Art. 59 Abs. 2 S. 1 GG

Die offensichtliche *ultra vires*-Auslegung des Überleitungsvertrages führt des Weiteren dazu, dass die Maßnahme mangels Rechtsgrundlage gleichzeitig auch einen ungerechtfertigten Eingriff in die allgemeine Handlungsfreiheit darstellt. Angesichts der Tatsache, dass die Vereinbarung vom 27./28. September 1990 hinter den *„2+4"*-Vertrag zurücktritt und auch im Wege der verfassungskonformen Auslegung nicht mehr gerettet werden kann[2663], hätte die Anwendung des Klagestopps darüber hinaus auch bei ordnungsgemäßer Auslegung einer ausreichenden Rechtsgrundlage entbehrt.

e) Zur grundsätzlichen verfassungsrechtlichen Bedeutung des Verfahrens

Grundsätzlich kann der Fall des § 93 a Abs. 2 lit. b BVerfGG, wonach eine Verfassungsbeschwerde dann anzunehmen ist, wenn es zur Durchsetzung der Grundrechte angezeigt ist, bei offensichtlicher Unzulässigkeit oder Unbegründetheit der Beschwerde ausgeschlossen werden[2664]. Angesichts der festgestellten Grundrechtsverletzungen zum Nachteil des beschwerdeführenden Fürsten war dieser Ausschluss durch die Entscheidung des Bundesverfassungsgerichtes aber nicht zulässig. Vielmehr wäre die Beschwerde gem. § 93 a Abs. 2 lit. a BVerfGG anzunehmen

---

[2660] Kap. 5, C.III.3.d)bb).

[2661] Kap. 5, C.III.3.b)dd).

[2662] Mit dem selben Ergebnis: WEBER, Anmerkung zur „Liechtenstein-Entscheidung" des Bundesverfassungsgerichts vom 28. Januar 1998, S. 195: *„Die Ignorierung der Staatsangehörigkeit eines fremden Staates (...) stellt jedoch einen Akt grober Willkür dar, den keine Rechtsordnung (...) honoriert. Mit der Begründung, die Enteignung des Beschwerdeführers ‚habe den Intentionen des handelnden Staates entsprochen', hat das Bundesverfassungsgericht die tschechoslowakische Bewertung der liechtensteinischen Staatsangehörigkeit als deutsche nachvollzogen und sich die Willkür der tschechoslowakischen Enteignungsmaßnahme vollinhaltlich zueigen gemacht"*.

[2663] Vgl. bereits Kap. 5, C.III.3.a)bb).

[2664] PIEROTH in: JARASS / PIEROTH, GG-Kommentar, Art. 93, Rn. 47.

gewesen[2665], da der Entscheidung grundsätzliche verfassungsrechtliche Bedeutung zukommt. Eine grundsätzliche verfassungsrechtliche Bedeutung liegt vor, „...*wenn die aufgeworfene verfassungsrechtliche Frage sich nicht ohne weiteres aus dem GG beantworten lässt und noch nicht durch die verfassungsgerichtliche Rechtsprechung geklärt oder durch veränderte Verhältnisse erneut klärungsbedürftig geworden ist...*"[2666]. Im Fall *Liechtenstein* ging es um die Stellung von Privatvermögen neutraler Staatsangehöriger im Rahmen der Bewältigung der deutschen Kriegsfolgeschäden. Zu dem nicht direkt aus dem Wortlaut der Verfassung zu klärenden Problem hatte sich das Gericht zuvor nicht geäußert; in den zitierten Urteilen[2667] waren stets deutsche Staatsbürger betroffen.

f) Zwischenergebnis

Das Bundesverfassungsrecht hätte die Beschwerde annehmen müssen und zudem die Verletzung von Art. 101 Abs. 1 S. 2 i.V.m. Art. 100 Abs. 2, Art. 14, Art. 3 Abs. 1 und Art. 2 Abs. 1 i.V.m. Art. 59 Abs. 2 S. 1 GG feststellen müssen. Dabei wurde nicht nur nationales Recht völkerrechtswidrig ausgelegt, sondern gar zwingendes Völkerrecht ignoriert.

6. Kritik an den richterlichen Wertungen des EGMR im Fall Liechtenstein

Mit dem Urteil des EGMR und den beiden Sondervoten sind dem Rechtsanwender drei Lösungsansätze geboten. Jedoch bedeutet dies nicht, dass eine der damit dargestellten Herangehensweisen die richtige ist. Angesichts der Kritik in der Literatur sowohl gegenüber der Mehrheitsmeinung als auch gegenüber den Sondervoten ist eine genaue Analyse des Sachverhaltes an den Maßstäben der EMRK erforderlich.

a) Art. 6 Abs. 1 EMRK („*access to court*")

Parallel zum Vorgehen des EGMR nähert sich auch die vorliegende Untersuchung zunächst Art. 6 Abs. 1 EMRK unter dem Gesichtspunkt der Rechtsverweigerung der deutschen Gerichte, da dies als „...*Dreh- und Angelpunkt des gesamten Verfahrens...*"[2668] anzusehen ist.

[2665] Mit dem selben Ergebnis: WEBER, Anmerkung zur „Liechtenstein-Entscheidung" des Bundesverfassungsgerichts vom 28. Januar 1998, S. 188: „*Der Beschluss [des Bundesverfassungsgerichts vom 28. Januar 1998] geht über die Bedeutung einer Individualentscheidung weit hinaus, denn er wirft prinzipielle Fragen des Eigentumsschutzes und der Gleichbehandlung von Ausländern unter den Kategorien des Grundrechtsschutzes wie der Menschenrechte auf*".

[2666] BVerfGE 90, S. 22 ff. (S. 24 f.); 96, S. 245 ff. (S. 248); PIEROTH in: JARASS / PIEROTH, GG-Kommentar, Art. 93, Rn. 46.

[2667] Gemeint sind das „*Bodenreformurteil*" und das Urteil zum Reparationsschädengesetz, vgl. bereits bei Kap. 5, C.III.5.b)bb).

[2668] BLUMENWITZ, Die Liechtenstein-Entscheidung des EGMR, S. 219.

aa) Anwendbarkeit von Art. 6 Abs. 1 EMRK

Bevor aber das Konventionsrecht materiell überprüft werden kann, ist vor allem angesichts der Ausführungen in den *concurring opinions* die Frage zu beantworten, ob Art. 6 Abs. 1 EMRK im vorliegenden Fall einer Anwendung überhaupt offensteht. Fraglich ist in diesem Zusammenhang, ob Deutschland für die vom Beschwerdeführer gerügten Maßnahmen im Sinne von Art. 1 EMRK verantwortlich ist[2669]. Jedoch könnten hier Maßnahmen einzig *ratione materiae* im Zusammenhang mit der besonderen Stellung Deutschlands nach dem Zweiten Weltkrieg im Rahmen eines wie auch immer gearteten Sonderregimes von der Überprüfung ausgenommen sein. Daraus dass Art. 3, VI. Teil ÜV letztlich nur die Infragestellung *ausländischer* Konfiskationsmaßnahmen vor deutschen Gerichten verhindern will, lässt es sich jedenfalls schon deshalb nicht folgern, dass die Bundesrepublik für die Verweigerung des Zugangs zum Gericht nicht verantwortlich ist, da Deutschland angesichts des *ius cogens*-Verstoßes der tschechoslowakischen Enteignung zu deren Nichtanerkennung verpflichtet war[2670]. Aber auch der Ansatz des Richters RESS überzeugt letztlich nicht. Vor allem ist es nicht möglich, mittels eines Verweises auf die vermeintlich offensichtliche Souveränitätsbeschränkung der Bundesrepublik das Verbot des Art. 57 Abs. 1 S. 2 EMRK (Art. 64 Abs. 1 S. 2 EMRK a. F.) auszuhebeln. Diese Norm verbietet ausdrücklich die Einführung *„allgemeiner Vorbehalte"*. Nach der Rechtsprechung der Kommission im Fall *Temeltasch* liegt ein allgemeiner Vorbehalt dann vor, *„...wenn er sich entweder nicht auf eine bestimmte Vorschrift der Konvention bezieht oder wenn er so formuliert ist, dass seine Bedeutung und Tragweite nicht eindeutig erkennbar ist...*"[2671].

Die Herausnahme von Maßnahmen mit Bezug zur besonderen Stellung des Nachkriegsdeutschlands aus dem Anwendungsbereich der Konvention wäre dem-

---

[2669] *Ratione loci* steht dies zweifelsfrei fest, da die betreffenden staatlichen Akte dafür lediglich der Staatsgewalt des Beschwerdegegners zuzurechnen sind (Vgl. FROWEIN in: FROWEIN / PEUKERT, EMRK-Kommentar, Art. 1, Rn. 4); die Urteile der deutschen Gerichte im Fall Liechtenstein sind letztlich Maßnahmen der Bundesrepublik. Auch *ratione temporis* entzieht sich die Verweigerung nicht der materiellen Prüfung am Maßstab der EMRK – das sieht auch der EGMR in der Entscheidung so(ausdrücklich zu Art. 1 ZP Nr. 1 in *Prince Hans-Adam II of Liechtenstein v. Germany*, ECHR Reports 2001-VIII, Ziffer 81, jedoch konkludent auch in Bezug auf Art. 6 Abs. 1 EMRK, da er in die materielle Prüfung der Konventionsrechts eintritt). Zudem stellt auch die Tatsache, dass der Fürst von Liechtenstein kein deutscher Staatsbürger ist, kein Hindernis für die Verantwortlichkeit der Bundesrepublik dar, da *ratione personae* jeder Mensch unabhängig von seiner Staatsangehörigkeit den Schutz der Konvention genießt (PETERS, Einführung in die EMRK, S. 15; FROWEIN in: FROWEIN / PEUKERT, EMRK-Kommentar, Art. 1, Rn. 3: *„Die EMRK gilt für alle der Herrschaft (...) eines Staates unterstehenden Personen. Dabei ist es gleichgültig, welche Staatsangehörigkeit diese Personen haben"*).

[2670] Vgl. bereits Kap. 5, C.III.3.d)bb).

[2671] FROWEIN / PEUKERT in: FROWEIN / PEUKERT, EMRK-Kommentar, Art. 64, Rn. 5, mit Verweis auf EuGRZ 1983, S. 150, Beschwerde Nr. 9116/80 (*Temeltasch v. Schweiz*).

nach als ein solcher Vorbehalt zu bewerten, da sich die Ausnahme nicht an einem bestimmten Artikel der EMRK festmachen lässt. Die Annahme eines solchen Vorbehaltes erscheint deshalb im höchsten Grade systemfremd. Dazu kommt, dass Art. 57 EMRK gerade auf *„...Offenkundigkeit und Rechtsklarheit...“* ausgelegt ist, weshalb Behauptungen und Mutmaßungen, die Vertragsparteien hätten Abweichungen davon hingenommen, ohne dass diese Einschränkungen dokumentiert worden wären, schlicht nicht haltbar sind[2672]. Zudem entspricht die Unterstellung des Richters RESS nicht der Praxis der Bundesrepublik, die hinsichtlich menschenrechtlicher Verpflichtungen grundsätzlich keine Vorbehalte erhebt[2673].

Außerdem versagt der *force majeure*-Ansatz jedenfalls hinsichtlich der angeblichen Festschreibung des Klagestopps im Jahre 1990 und vor allem in Bezug auf die Einbeziehung des fürstlich-liechtensteinischen Vermögens in den Begriff des deutschen Auslandsvermögens. Selbst wenn man ein Sonderregime Deutschlands im Rahmen der EMRK annehmen sollte, kann sich die Bundesrepublik nicht für Maßnahmen unverantwortlich erklären, die vom nachzubefolgenden Besatzungsrecht bei richtiger Auslegung desselben nicht einmal erfasst werden[2674]. *Force majeure* kann auch nicht bezüglich des Notenwechsels im Jahre 1990 angenommen werden, denn die Fortgeltung von Art. 3, VI. Teil ÜV wurde der Bundesrepublik nicht von den ehemaligen Siegermächten aufgezwungen, sondern die Initiative dazu ging von deutschen Stellen aus. Dass die Wiedervereinigung an der Verweigerung Deutschlands, den Klagestopp nicht fortbestehen lassen zu wollen, gescheitert wäre, geht demnach an der Realität vorbei[2675].

Damit haben sich nicht nur die Argumente des Richters RESS erschöpft, sondern auch jene des Richters COSTA, der ebenfalls zum einen auf den Begriff *force majeure* setzt. Das zweite Standbein seiner Argumentation, nämlich die Annahme des Vorranges des Überleitungsvertrages über nationales Recht, geht schon deshalb fehl, da es nicht die Aufgabe des EGMR ist, über die Auslegung nationalen Rechts zu sinnieren, solange keine Verletzung eines Konventionsrechts in Frage steht[2676]. Damit steht fest, dass es im Rahmen des europäischen Menschenrechtsschutzes für Akte mit Bezug zum besonderen Status Nachkriegsdeutschlands kein Sonderregime gibt, die Bundesrepublik mithin für die im Fall *Liechtenstein* gerügten Maßnahmen auch *ratione materiae* im Rahmen der EMRK verantwortlich bleibt. Nichts

---

2672 Vgl. BLUMENWITZ, Die Liechtenstein-Entscheidung des EGMR, S. 232.

2673 BLUMENWITZ, Die Liechtenstein-Entscheidung des EGMR, S. 232/233.

2674 KRENBERGER, Deutschland im Spannungsfeld zwischen EMRK und nachzubefolgendem Besatzungsrecht, S. 220: *„Keinesfalls liegt (...) in der Auslegungstätigkeit der deutschen Richter ein Fall von force majeure“*.

2675 FASSBENDER, Der Fürst, ein Bild und die deutsche Geschichte, S. 465: *„Es war als nicht eine äußere Zwangslage oder force majeure (Richter Ress), welche 1990 zur Verlängerung der Beschränkungen des Überleitungsvertrags geführt hat, sondern der Wille der Bundesregierung...“*.

2676 Dazu vgl. unten in Kap. 5, C.III.6.a)cc)(1).

anderes ergibt sich aus dem Verhältnis zwischen EMRK und Überleitungsvertrag. Zwar tritt der letztere für die Bundesrepublik später in Kraft als die Konvention[2677], jedoch kann dieser Umstand keine Abänderung der EMRK unter Berufung auf den *lex posterior*-Grundsatz bewirken, da der Kreis der überleitungsvertraglichen Vertragsstaaten nicht alle Mitgliedstaaten der EMRK umfasst[2678]. Zudem besteht nach der EGMR-Rechtsprechung die Verantwortlichkeit der Vertragsstaaten auch dann weiter, wenn diese vertragliche Verpflichtungen übernehmen, nachdem die Konvention und/oder die Protokolle für sie in Kraft getreten sind[2679].

bb) Schutzbereich und Eingriff

Langer Ausführungen bedarf weder die Subsumtion des Sachverhaltes unter den Schutzbereich des Art. 6 Abs. 1 EMRK noch die Feststellung des Eingriffes in denselben. Im vorliegenden Fall konzentrierten sich die deutschen Gerichte auf die Anwendung des Klagestopps und gingen deshalb nicht auf darüber hinausführende materiell-rechtliche Argumente hinsichtlich des (zivilrechtlichen) Herausgabeanspruchs des Klägers – vor allem zum deutschen *ordre public* – ein. Darin liegt ein Eingriff in den Schutzbereich von Art. 6 Abs. 1 EMRK. Der EGMR stellt dazu schlicht fest: „*The Court considers that the applicant was thereby deprived of his right to a determination of his property claim, in application of the rules of private international law*“[2680].

cc) Rechtfertigung des Klagestopps als Norm

Mit der Anwendung von Art. 3, VI. Teil ÜV steht aber nicht nur die Anwendung der Norm, sondern auch die Vorschrift selbst auf dem Prüfstand. Denn sollte bereits eine Rechtfertigung für alle Fälle des Klagestopps im Rahmen der Systematik des Konventionsrechts ausscheiden, ergäbe sich schon daraus die Verletzung des Rechts auf Zugang zum Gericht. Zwar verfügt Art. 6 Abs. 1 EMRK nicht über eine geschriebene Schrankenklausel, jedoch muss die Garantie der Norm impliziten Schranken unterworfen sein. Eine staatliche Regelung des Zugangsrechts zu den Gerichten ist vielmehr gerade nur dann garantiert, wenn der Zugang gesetzlich geregelt wird, denn ohne ein Normkorsett ist ein Gerichtssystem schlicht nicht aufrecht zu erhalten[2681].

2677 Während der Überleitungsvertrag für die Bundesrepublik erst am 5. Mai. 1955 (BGBl. 2004 II, Fundstellennachweis B, S. 381) in Kraft tritt, geschieht dies für die Konvention bereits am 3. September 1953 (Ziffer 54 des Urteils).

2678 Ausdrücklich zum Verhältnis EMRK-Überleitungsvertrag KRENBERGER, Deutschland im Spannungsfeld zwischen EMRK und nachzubefolgendem Besatzungsrecht, S. 191: „*Nicht anwendbar auf das Verhältnis der beiden völkerrechtlichen Verträge wäre der lex posterior-Grundsatz, da die Vertragspartner des Überleitungsvertrages und der EMRK nicht identisch sind*“.

2679 So Ziffer 47 des Urteils mit Verweis auf EGMR, mutatis mutandis, *Matthew v. Vereinigtes Königreich*, Ziffer 29, 32-34, EuGRZ 1999, S. 201.

2680 *Prince Hans-Adam II of Liechtenstein v. Germany*, ECHR Reports 2001-VIII, Ziffer 52.

2681 Vgl. dazu maßgebend EGMR, *Golder v. Vereinigtes Königreich*, Series A, vol. 18

(1). Erforderlichkeit einer gesetzlichen Grundlage

Eine Rechtfertigung eines Eingriffs in ein Konventionsrecht erfordert in jedem Falle das Vorliegen einer gesetzlichen Rechtsgrundlage[2682]. Nach in dieser Arbeit vertretenem Verständnis lebt der Klagestopp des Überleitungsvertrages innerstaatlich jedoch nur als administrative Regelung mit reiner Ordnungsfunktion unterhalb der Parlamentsebene fort[2683], so dass aus dieser innerstaatlichen Perspektive keine gesetzliche Rechtsgrundlage gegeben wäre. Es wäre nun jedoch falsch, an dieser Stelle die nationale Sicht der Dinge – wie sie nach objektiver Auslegung zu vertreten wäre – der EMRK-Prüfung zugrunde zu legen.

Zwar existiert in diesem Rahmen anders als im deutschen Recht keine Wesentlichkeitstheorie, so dass der Gerichtshof im Fall *Sunday Times v. Vereinigtes Königreich* feststellen konnte, dass sogar nicht kodifizierte Normen als gesetzliche Grundlage möglich sind[2684]. Damit ist aus der Sicht des EGMR auch eine administrative Regelung mit reiner Ordnungsfunktion unterhalb der Parlamentsebene grundsätzlich ausreichend für eine aus der Sicht der europäischen Menschenrechtskontrolle nicht zu beanstandende Maßnahme[2685]. Nach der Entscheidung *Herzogfaly v. Österreich* aus dem Jahre 1992 kommt es allein darauf an, ob die Vorschrift für den betroffenen Bürger zugänglich und bestimmt war[2686]. Beides kann für Art. 3, VI. Teil ÜV nicht angezweifelt werden. Damit dürfte der Klagestopp auch unter Zugrundelegung der hier vertretenen eingeschränkten rechtlichen Qualität der Norm im System der EMRK als Rechtsgrundlage ausreichen.

Dieses Verständnis des Gesetzesbegriffes würde aber übersehen, dass durch die nachsichtige Praxis des EGMR nur die unterschiedlichen Rechtssysteme der Mitgliedstaaten der Konvention in die Logik der EMRK eingebunden werden sollen. So passt sich der Gerichtshof der jeweiligen Rechtsordnung an und verlangt für die deutsche Rechtsordnung wie das nationale System eine auf ein formelles Gesetz

---

(1975), aber auch die Entscheidung im Liechtenstein-Fall selbst, Ziffer 44 des Urteils: *„The right of access to the courts secured by Article 6 § 1 of the Convention is not absolute, but may be subject to limitations; these are permitted by implications since the right of access by its very nature calls for regulations by the State“.*

2682 PETERS, Einführung in die EMRK, S. 27, weist darauf hin, dass das Erfordernis einer gesetzlichen Rechtsgrundlage von der EMRK nur in den Fällen mit expliziten Schrankenbestimmungen vorsieht, dass das Erfordernis jedoch auf die Fälle impliziter Schranken auszudehnen ist, da sonst über die ungeschriebenen Schrankenregelungen weitergehende Einschränkungen der Konventionsrechte möglich wären als über die geschriebenen Schrankennormen.

2683 Vgl. dazu Kap. 5, C.III.3.a)bb).

2684 Der Gerichtshof stellt damit *„...keine allzu hohen Anforderungen an das Merkmal ‚gesetzliche Grundlage'...“*; EGMR, *Sunday Times v. Vereinigtes Königreich*, Series A, vol. 30 (1979), Rn. 46-53 = EuGRZ 6 (1979), S. 386 ff.

2685 CZARNECKI / LENSKI, Fallrepetitorium Völkerrecht, S. 104, Fn. 62.

2686 EGMR, *Herzogfaly v. Österreich*, Series A, vol. 242-B (1992), Rn. 88 und 91.

zurückgehende Legitimation[2687]. Damit wäre der Klagestopp angesichts der in der Arbeit festgestellten Qualität der Norm keine ausreichende Rechtsgrundlage.

Jedoch darf in diesem Zusammenhang nicht vergessen werden, dass die Argumentation der deutschen Gerichte darauf verweist, dass der Notenwechsel lediglich deklaratorisch gewirkt hätte und damit die Rechtsgrundlage direkt im Überleitungsvertrag zu sehen sei. Nimmt man diese Prämisse als richtig an, verfügt der Klagestopp über eine nach der deutschen Rechtsordnung ausreichenden Rechtsgrundlage. Bleibt allein fraglich, wie es sich auswirkt, dass die Vorschrift einer objektiven Auslegung nach nationalem deutschen Recht gerade nicht standhält[2688]. Entscheidend ist, in welchem Maße der Gerichtshof die fälschliche Bezugnahme deutscher Gerichte auf eine nationale Regel zu hinterfragen hatte. Der EGMR hält sich bei der Auslegung von innerstaatlichem Recht stark zurück, da er nicht als vierte Instanz fungieren soll[2689]. Vielmehr ist es „...*in erster Linie Aufgabe der nationalen Behörden, insbesondere der Gerichte, Probleme der Auslegung innerstaatlicher Rechtsvorschriften zu lösen. (...) Dies gilt auch, wenn das innerstaatliche Recht auf allgemeine Regeln des Völkerrechts oder auf völkerrechtliche Vereinbarungen verweist. Die Rolle des Gerichtshofs ist auf die Beantwortung der Frage beschränkt, ob die Auswirkungen einer solchen Auslegung mit der Konvention vereinbar ist*“[2690]. Damit hat der Gerichtshof schlicht eine Willkürkontrolle durchzuführen[2691]. Angesichts der Tatsache, dass die deutschen Gerichte Art. 3, VI. Teil ÜV in allen Instanzen angewandt haben, ihn also nicht wegen Unvereinbarkeit mit der Verfassung oder mit dem Völkerrecht außer Acht gelassen haben, durfte der Gerichtshof die Gültigkeit des Klagestopps in der Tat grundsätzlich annehmen. Die Frage, ob Konventionsrechte verletzt wurden, kann im Rahmen der Prüfung einer Rechtfertigung hinreichend geklärt werden.

2687 GRABENWARTER, Europäische Menschenrechtskonvention, § 18, Rn. 8: „*So gilt für die stark richterrechtlich geprägte französische Rechtsordnung oder das System des common law des Vereinigten Königreichs und Irlands etwas anderes als für die Rechtsordnungen Deutschlands, Österreichs und der Schweiz, in denen das Gesetz im formellen Sinn stets größere Bedeutung hatte. Vor diesem Hintergrund ist es zutreffend, wenn von unterschiedlichen Anforderungen an die gesetzliche Grundlage in Abhängigkeit von der jeweiligen Rechtsordnung und ihrem Rechtsquellensystem ausgegangen wird*“.

2688 Vgl. dazu Kap. 5, C.III.3.b)dd).

2689 PETZOLD, The Convention and the Principle of Subsidiarity, S. 50 ff.

2690 EGMR, *Waite und Kennedy v. Deutschland*, Urteil vom 18. Februar 1999 (Große Kammer), EuGRZ 26 (1999), S. 207 ff. (S. 211), Ziffer 54.

2691 Ergibt sich auch aus *Prince Hans-Adam II of Liechtenstein v. Germany*, ECHR Reports 2001-VIII, Ziffer 65: „...*it cannot be said that the German courts' interpretation of Chapter 6, Article 3 of the Settlement Convention was inconsistent with previous German case-law or that its application was manifestly erroneous or was such as to reach arbitrary conclusions*“.

(2). Legitimer Zweck

Die Rechtfertigung eines Konventionsrechtseingriffes bedarf eines legitimen Zweckes. Dieser Begriff wurde aber bislang vom Gerichtshof nicht abstrakt definiert. Allerdings kann festgehalten werden, dass der EGMR „...*die Zulässigkeit eines Grundrechtseingriffs nur in Ausnahmefällen am Mangel eines legitimen Zieles scheitern...*" lässt[2692]. In einem der in diesem Zusammenhang seltenen Urteile stellt das Gericht schlicht fest, dass der angegebene Zweck *nicht überzeugt*[2693]. Diese Handhabung der Zweckkontrolle stellt zwar einerseits keine greifbaren Kriterien zur Verfügung, hinterlässt auf diese Weise aber andererseits einen offenen Platzhalter für Argumentation.

In einem sehr ausführlichen Artikel zur *Liechtenstein*-Entscheidung des EGMR wirft GATTINI mit Bezug auf den Überleitungsvertrag die kritische Frage auf, ob die Einhaltung von Pflichten aus völkerrechtlichen Verträgen, die nach dem Inkrafttreten der EMRK geschlossen wurden, als legitimer Zweck im Sinne der Rechtfertigungslogik der Konvention herangezogen werden darf. In diesem Zusammenhang sei zu klären, ob zum einen die Normen der EMRK *lex specialis*-Qualität besitzen und wie sich zum anderen die *erga omnes*-Wirkung der Konventionsnormen im Verhältnis zwischen der EMRK und dem Überleitungsvertrag bemerkbar macht[2694]. Allerdings leidet der Ansatz des italienischen Autors unter einer entscheidenden Ungenauigkeit. Denn der Gerichtshof stützt sich in der Entscheidung gerade nicht auf die vertraglichen Pflichten aus dem Überleitungsvertrag als legitimen Zweck, sondern vielmehr auf die asymmetrischen Machtverhältnisse im Zeitpunkt des Vertragsschlusses[2695]. Damit ist der Überleitungsvertrag für den EGMR lediglich Symptom der politischen Umstände, die dem Abschluss des Vertrages zugrunde liegen. Als legitimen Zweck der Beschränkung des Zugangs zu den deutschen Gerichten definierte der Gerichtshof die Beendigung des Besatzungsre-

---

2692 GRABENWARTER, Europäische Menschenrechtskonvention, § 18, Rn. 13.

2693 EGMR, *Burghartz v. Schweiz*, Serie A, vol. 280-B, Ziffer 28 f., der Fall behandelt den Schweizer Versuch, eine Bevorzugung des Namen des Ehemannes mit dem Zweck der Einheit der Familie zu begründen: „...*le Gouvernement invoque d'abord le souci du législateur suisse de manifester l'unité de la famille à travers celle du nom.* L'argument ne convainc pas à la Cour, *car l'adjonction par le mari de son patronyme au nom commun, emprunté à sa femme, ne reflèterait pas l'unité de la famille à une degré moindre que la solution inverse, admise par le code civil*"; Hervorhebungen durch den Verfasser.

2694 GATTINI, A Trojan Horse for Sudeten Claims? On Some Implications of the *Prince of Liechtenstein v. Germany*, S. 533: „*In other words, it is a matter of assessing whether the legitimate aims that permit restrictions to Article 6 (1) include the need to perform certain subsequent treaty obligations. The question is doubly difficult, on the one hand owing to the uncertainty over whether the ECHR should be considered lex specialis or lex generalis, and, on the other hand, owing to its particular character, that is to say, the erga omnes character of the norms*".

2695 Vgl. Kap. 5, B.V.1.a).

gimes[2696]. Für die Heranziehung dieses vom EGMR anvisierten Zweckes kommt es demnach nicht auf das Verhältnis von EMRK und Überleitungsvertrag an. Zudem könnte die Beantwortung der Frage der grundsätzlichen Normenhierarchie zwischen den beiden völkerrechtlichen Verträgen nicht weiterhelfen, wenn der Klagestopp im Überleitungsvertrag als gerechtfertigte Abweichung von den Garantien der EMRK gelten müsste. Auf die beschriebene Weise lässt sich das Urteil des EGMR demnach nicht kritisieren.

Allerdings begegnet die Entscheidung des Gerichtshofs jedoch in Bezug auf dessen eigene Prüfungslogik ernsthaften Bedenken, da die Begründung des EGMR in sich widersprüchlich ist. Zunächst stellt das Gericht in Ziffer 47 des Urteils fest, dass Mitgliedstaaten der EMRK für später geschlossene Verträge vollumfassend verantwortlich bleiben. Dies wird auch in Bezug auf den Überleitungsvertrag angenommen, was schlicht daran ersichtlich ist, dass in die Verhältnismäßigkeitsprüfung eingetreten wird. Der an sich nicht zu kritisierende Zweck der Beendigung des Besatzungsregimes über Deutschland (Ziffer 55 und 59 des Urteils) wird aber mit der Aussage in Ziffer 58 verknüpft, dass Deutschland sowohl im Zeitpunkt des Abschlusses des Überleitungsvertrages als auch im zeitlichen Kontext der Wiedervereinigung schlicht keine andere Wahl hatte, als die Beschränkung seiner Gerichtsbarkeit hinzunehmen[2697]. Zudem belegt die Entscheidung die angeblich fehlende Handlungsfähigkeit Deutschlands zu Unrecht mit den zwei Kommissionsentscheidungen in Sachen *Hess*[2698] und in Sachen *Restitutionsgerichtsbarkeit*[2699].

Der erstgenannte Fall kann aber bereits schon deshalb zur Lösung des *Liechtenstein*-Falles nicht herangezogen werden, da die Entscheidung *Hess* zwar eine Ausnahme vom Grundsatz postuliert, dass der Verweis auf anderweitige völkervertragliche Verpflichtungen keine Eingriffe in Konventionsrechte rechtfertigen können, dies aber auf Fälle begrenzt, in denen die betreffende Verpflichtung vor Inkrafttreten der EMRK eingegangen wurde[2700]. Dies ist aber beim Überleitungsvertrag nicht

---

2696 *Prince Hans-Adam II of Liechtenstein v. Germany*, ECHR Reports 2001-VIII, Ziffer 55: *„The Court finds that, when negotiating the terms of the Settlement Convention and the related agreements, the Federal Republic of Germany was not negotiating a transfer of competences or the restriction of sovereignty in matters of jurisdiction which it already possessed. On the contrary, it was negotiating for the transfer to itself of sovereign authority and for the* termination of the Occupation Regime", Hervorhebung hinzugefügt durch den Verfasser.

2697 *„The Court finds that when half a century after the end of the Second World War, a final settlement with respect to Germany and the unification of the two German States were within reach, the position of the Federal Republic of Germany had not changed. In the negotiations with the Three Powers, the Federal Republic of Germany had to accept that this specific limitation on its jurisdiction was not abolished".*

2698 Application No. 6231/73, Entscheidung vom 28. Mai 1975, EuGRZ 1975, S. 482 ff.

2699 Application No. 235/56, Entscheidung vom 10. Juni 1958, ECHR Yearbook 2, S. 257 ff.

2700 Application No. 6231/73, Entscheidung vom 28. Mai 1975, EuGRZ 1975, S. 482 ff. (S. 485); vgl.auch FASSBENDER, Der Fürst, ein Bild und die deutsche Geschichte, S. 463.

der Fall. Auch die zweite zitierte Entscheidung beruht auf einem mit der Causa *Liechtenstein* nicht vergleichbaren Sachverhalt. Denn die Restitutionsgerichtsbarkeit besaß zwischenstaatlichen Charakter und war der deutschen Staatsgewalt entzogen[2701]; spätestens hinsichtlich des Notenwechsels im Jahre 1990 kann jedoch nicht mehr davon ausgegangen werden, dass die Übernahme des Klagestopps der Bundesrepublik aufgezwungen wurde[2702]. Wer aber – was vom Gerichtshof für den Fall Deutschlands angenommen wurde – keine Handlungsfreiheit hat, dessen Handeln kann auch nicht der Verhältnismäßigkeitsprüfung unterzogen werden.

Der EGMR hat mit seiner Beschreibung der Realität im Grunde fälschlicherweise jene Basis geschaffen, von der Richter RESS in seiner *concurring opinion* die – auf den eigenen Vorgaben des Gerichtshofes – allein konsequente Schlussfolgerung zieht: *„The Federal Republic of Germany had in fact no choice. To regain the full authority of a sovereign state it had to accept in 1954 as well as in 1990 these restrictions on the jurisdiction of the German courts. That limitation on the jurisdiction of its courts cannot be judged according to the principle of proportionality since it was absolute…"*. Das methodische Vorgehen des Gerichts wird in der Literatur als *„…[v]öllig unverständlich…"* angesehen[2703]. An anderer Stelle wird angesichts der Widersprüchlichkeit der Entscheidung im Hinblick auf die Handlungsfähigkeit der Bundesrepublik vom *„…juristische[n] Paradoxon…"* eines *„…voll verantwortlichen Unzurechnungsfähigen…"* gesprochen[2704].

Zu der Widersprüchlichkeit der Entscheidung tritt der Umstand, dass der Gerichtshof durch die Aussage, die Bundesrepublik *musste* auch im Jahr 1990 die Beschränkung ihrer Gerichtsbarkeit hinnehmen, Gesamtdeutschland die *„volle Entscheidungsfreiheit"*[2705] hinsichtlich der Nachbefolgung besatzungsrechtlicher Vorschriften abspricht. Damit stellt der EGMR nicht nur eine vertragliche Verpflichtung durch den Notenwechsel vom 27./28. September 1990 fest, sondern impliziert einen Souveränitätsmangel des deutschen Staates, der nach der Wiedervereinigung angeblich fortdauert[2706]. Dies ist aus zwei Gründen beachtlich. Zum einen findet die Feststellung der eingeschränkten Souveränität Deutschlands nach der Wiedervereinigung *„…weder in der Staatenpraxis noch in der ‚Lehrmeinung der fähigsten Völkerrechtler der verschiedenen Nationen' Rückhalt…"*[2707]. FASSBENDER spricht in diesem

---

2701 Application No. 235/56, Entscheidung vom 10. Juni 1958, ECHR Yearbook 2, S. 257 ff. (S. 300), vgl. auch BLUMENWITZ, Die Liechtenstein-Entscheidung des EGMR, S. 228.

2702 Vgl. Kap. 5, C.III.6.a)a).

2703 BLUMENWITZ, Die Liechtenstein-Entscheidung des EGMR, S. 231.

2704 KRENBERGER, Deutschland im Spannungsfeld zwischen EMRK und nachzubefolgendem Besatzungsrecht, S. 232 f.

2705 Vgl. dazu bereits Kap. 3, A.II.3.c)cc)(3).

2706 BLUMENWITZ, Die Liechtenstein-Entscheidung des EGMR, S. 230: *„…erstreckt der Gerichtshof den bei der Bundesrepublik Deutschland der Nachkriegszeit festgestellten Souveränitätsmangel auf das wiedervereinigte Deutschland"*.

2707 BLUMENWITZ, Die Liechtenstein-Entscheidung des EGMR, S. 230; vgl. zur Annahme voller Souveränität Deutschlands auf der Grundlage des *„2+4"*-Vertrages, BRAND,

Zusammenhang von „...*großzügige[m] Umgang mit der Wirklichkeit...*", der dazu führe, dass die Bundesrepublik bescheinigt bekommen habe, „...*niemals aus der Stellung rechtlicher Inferiorität gegenüber den Drei Mächten hinausgelangt zu sein...*"[2708]. Der zweite Grund, warum dieser Umstand beachtlich ist, ergibt sich aus der Tatsache, dass sich zum einen der Beschwerdegegner, mithin die Bundesrepublik Deutschland, im Verfahren des Fürsten von Liechtenstein vor dem EGMR niemals auf Souveränitätsmängel berufen hat, zum anderen aber auch von Seiten des Gerichts keine Hinweise in diese Richtung gegeben wurden. Vielmehr verteidigte sich die deutsche Seite mit einem weiten Ermessensspielraum bei der Anwendung von Art. 3, VI. Teil ÜV. Insgesamt spielte „...*,[d]er Vorteil, nicht ganz souverän zu sein' (...) im Prozess keine Rolle...*"[2709].

(3). Zwischenergebnis

Auch wenn die Überwindung des Besatzungsregimes an sich durchaus als legitimer Zweck angesehen werden kann, überzeugt die damit verbundene Begründung in der Entscheidung aus verschiedenen Gründen nicht. Der Gerichtshof ist aus eigenem Antrieb fälschlicherweise von einer eingeschränkten Souveränität der Bundesrepublik ausgegangen. Zudem wirft die dargestellte Widersprüchlichkeit in der Prüfungslogik weitere Zweifel auf. Es wäre demnach begrüßenswert gewesen, wenn der EGMR sich jeglicher Aussage über die Entscheidungsfähigkeit der Bundesrepublik im Jahr 1990 enthalten hätte. Einen ehrlicheren Ansatz bieten CZARNECKI / LENSKI, die davon ausgehen, dass die Anwendung des Klageausschlusses im Fall Liechtenstein bezwecke, „...*die Bundesrepublik vor außenpolitischen Verwicklungen zu bewahren, die eine notwendige Folge eines Urteils eines deutschen Gerichts gewesen wären, mit dem der Fürst von Liechtenstein ein durch die Beneš-Dekrete enteignetes Gemälde zurück erhalten hätte...*"[2710]. Die Absicht der Verhinderung politischer Konflikte wäre als legitimer Zweck für den gesamten Notenwechsel denkbar und grundsätzlich anzuerkennen. Bezüglich dieses Zweckes wäre auch eine Verhältnismäßigkeitsprüfung zulässig gewesen.

S. 254 ff.; KRENBERGER, Deutschland im Spannungsfeld zwischen EMRK und nachzubefolgendem Besatzungsrecht, S. 54: „*Das Völkerrechtssubjekt Deutschland ist nach (...) dem Abbau der die Souveränität formell beschränkenden Rechte der vier Besatzungsmächte ein vollwertiges souveränes Mitglied der Staatengemeinschaft. Materielle Beschränkungen bestehen nur noch durch völkervertragliche Verpflichtungen. Diese beeinträchtigen die Ausübung deutscher Hoheitsgewalt nach innen und nach außen nicht in einem Maße, welches die Annahme beschränkter Souveränität untermauern würde*".

2708 FASSBENDER, Der Fürst, ein Bild und die deutsche Geschichte, S. 161, der dann weiter fragt: „*Ist dies [die Attestierung eingeschränkter Souveränität] nicht ein sehr hoher Preis für den Sieg über den Fürsten von Liechtenstein?*".

2709 BLUMENWITZ, Die Liechtenstein-Entscheidung des EGMR, S. 228.

2710 CZARNECKI / LENSKI, Fallrepetitorium Völkerrecht, S. 106.

dd) Rechtfertigung der Anwendung des Klagestopps im konkreten Fall

Jedoch kommt es auf das Vorliegen eines legitimen Zweckes für den Klagestopp als solchen nicht an, wenn eine Rechtfertigung der Anwendung des Klagestopps ohnehin aus anderen Gründen scheitern muss.

(1). Die Frage der Verletzung des Kernbereichs des Konventionsrechts

Überprüfenswert ist dabei die vom EGMR vollzogene Schlussfolgerung von der angeblichen Verhältnismäßigkeit der Maßnahme darauf, dass damit automatisch ein Eingriff in den Kernbereich der Garantie ausgeschlossen ist. Die Prüfung der Frage, ob im konkreten Einzelfall in den Kernbereich eines Konventionsrechtes eingegriffen wurde, muss sich dabei in zwei Schritten vollziehen. Zunächst ist zu klären, ob in Bezug auf das betreffende Recht überhaupt ein zu schützender Kernbereich besteht, denn einen *„...absoluten Schutz des Wesensgehalts jeder Garantie vergleichbar mit Art. 19 Abs. 2 GG enthält die EMRK nicht...“*[2711]. Anschließend muss dieser absolut geschützte Bereich definiert und der jeweilige Sachverhalt unter ihn subsumiert werden.

Für die Umsetzung des ersten Prüfungsschrittes bleibt dem Rechtsanwender lediglich die Rechtssprechung des EGMR, der für das jeweilige Recht in Einzelrechtsprechung entscheidet, ob es eine äußerste Grenze der Beschränkung geben muss[2712]. Für den Fall des Art. 6 Abs. 1 EGMR scheint es allgemeine Ansicht zu sein, dass es einen zu schützenden Kernbereich gibt. Dies folgt bereits aus der Entscheidung des EGMR im Fall *Liechtenstein* selbst (Ziffer 44): *„It must be satisfied that the limitations applied do not restrict or reduce the access left to the individual in such a way or to such an extent that the very essence of the right is impaired“*. Art. 3, VI. Teil ÜV nahm der Klage des Fürsten jegliche Möglichkeit, eine Entscheidung in der Sache zu erhalten, wodurch das Recht auf Zugang zu den Gerichten im konkreten Fall seines wesensbestimmenden Zwecks beraubt und in seinem Kernbereich beschränkt wurde. Dieses Ergebnis findet sich auch in der *concurring opinion* des Richters RESS, der feststellt, dass das Zugangsrecht unter dem Überleitungsvertrag zu einem rein theoretischen und illusorischen Recht wird und dabei jegliche praktische und effektive Bedeutung verliert[2713]. In ähnlicher Weise subsumiert auch Richter COSTA[2714].

2711 GRABENWARTER, Europäische Menschenrechtskonvention, § 18, Rn. 15.

2712 *„Nur ausnahmsweise findet sich ein Hinweis auf Kerngehalte von Rechten, wie etwa beim Recht auf Heirat, beim Recht auf Bildung sowie beim Recht auf freie Wahlen“*, GRABENWARTER, Europäische Menschenrechtskonvention, § 18, Rn. 15, mit Verweis auf: EGMR, *Rees*, Serie A, vol. 106, Ziff. 50; EGMR, *Campbell u. Cosans*, Serie A, vol. 48, Ziff. 41; EGMR, *Mathieu-Mohin u. Clerfayt*, Serie A, vol. 113, Ziff. 52.

2713 *„Under the rule of the Settlement Convention the guarantee of access to court becomes really theoretical and illusory. Under the Settlement Convention this right has no practical and effective significance“*, ECHR Reports 2001-VIII, S. 36.

2714 *„Hans-Adam II's access to a court was in fact so limited that ‚the very essence' of that*

Bleibt zu fragen, ob dieser Eingriff in den Kernbereich von Art. 6 Abs. 1 EMRK im Rahmen der Verhältnismäßigkeitsprüfung eine Rechtfertigung erfahren kann, so wie es der Gerichtshof offenbar vollzogen hat. Dies ist jedoch aus begriffslogischen Gründen nicht möglich. Denn wenn für ein Konventionsrecht ein solcher Kernbereich angenommen wird, stellt dieser die äußerste Grenze der Beschränkung dar, die es in absoluter Weise zu schützen gilt. Auf Grund dieser Logik stellt sich die Frage der Verhältnismäßigkeit einer Einschränkung des Rechts auf Zugang zum Gericht erst, nachdem festgestellt wurde, dass der Kernbereich eben nicht verletzt ist. Die hier vertretene Prüfungsweise findet ihre Stütze in den *concurring opinions*[2715] und in der Literatur[2716]. Jedoch muss sich das Gericht nicht nur vorwerfen lassen, in beschriebener Weise *„both unorthodox and illogical"*[2717] vorgegangen zu sein, sondern dazu kommt, dass die Entscheidung die richtige Auslegungspraxis in Ziffer 44 sogar ausführt, sie dann aber nicht umsetzt[2718]. Angesichts dieser offensichtlich fehlerhaften Prüfung erscheint die Bewertung FASSBENDERS[2719], die Argumentation des Gerichtshofes sei *„...schwer nachvollziehbar..."*, geradezu euphemistisch.

---

right was indeed impaired",ECHR Reports 2001-VIII, S. 40.

2715 Concurring opinion of Judge RESS joined by Judge ZUPANČIČ, ECHR Reports 2001-VIII, S. 36: *„That rule of the Settlement Convention infringed the very essence of the right of access to courts, so that the question whether this kind of limitations can be regarded as a reasonable relationship of proportionality between the means employed and the aims sought to be achieved does not, in my view, even arise"*; Concurring opinion of Judge COSTA (Translation), ECHR Reports 2001-VIII, S. 39: *„The question of proportionality arises only as a subsidiary issue, in the event that the very essence of the right to a court has not been affected. To deduce that there has not been an infringement of that right because there was a satisfactory relationship of proportionality is not at all convincing to my mind"*.

2716 PETERS, Einführung in die EMRK, S. 27: *„Der EGMR hat die Anforderungen der immanenten Schranken der genannten diversen Grundrechte noch nicht völlig vereinheitlicht. Grundsätzlich fordert er ein legitimes Ziel der Einschränkung, deren Verhältnismäßigkeit sowie die Achtung des Kerns des Rechts."*; die Unterstreichung wurde durch den Verfasser hinzugefügt und betont, dass PETERS die Verhältnismäßigkeitsprüfung und die Frage der Wahrung des Kernbereichs als zwei getrennt zu prüfende Punkte sieht.

2717 Concurring opinion of Judge COSTA (Translation), ECHR Reports 2001-VIII, S. 39; dagegen nähert sich PETERS, Einführung in die EMRK, S. 27, dem Problem lediglich deskriptiv und spricht im Zusammenhang mit dem Vorgehen des Gerichtshof in der Liechtenstein-Entscheidung von einem *„...relativen Kerngehaltsbegriff..."*.

2718 In *Prince Hans-Adam II of Liechtenstein v. Germany*, ECHR Reports 2001-VIII, Ziffer 44 fährt das Gericht folgendermaßen fort, nachdem es, wie bereits zitiert, darauf hinweist, dass auch bei Art. 6 Abs. 1 EMRK ein Kernbereich zu schützen ist: „Furthermore, *a limitation will not be compatible with Article 6 § 1 if it does not pursue a legitimate aim and if there is not a reasonable relationship of proportionality between the means employed and the aim sought to be achieved"*; Hervorhebung durch den Verfasser hinzugefügt.

2719 FASSBENDER, Der Fürst, ein Bild und die deutsche Geschichte, S. 460.

Die festgestellte Verletzung des Kernbereichs lässt sich auch nicht unter Verweis auf die *„Rechtsnatur"* des geltend gemachten Anspruches rechtfertigen, womit auf die Undurchsetzbarkeit des Eigentumsanspruchs zur Zeit des Eisernen Vorgangs angespielt wird. Auch der Hinweis, für den besagten Anspruch sei ohnehin die Klagemöglichkeit vor Gerichten der Tschechoslowakei bzw. deren Rechtsnachfolgerstaaten der *„genuinere"* Rechtsweg, vermag das Ergebnis nicht zu beeinflussen[2720]. Beide Argumente haben in der Prüfung des Art. 6 Abs. 1 EMRK keinen Platz, denn für den Schutz der Verfahrensgarantie kommt es weder *„...auf die Erfolgsaussichten eines zivilrechtlichen Anspruchs.."* an, noch darauf, ob *„...in einer Sache auch die Zuständigkeit der Gerichte eines anderen Konventionsstaates oder eines Drittstaates gegeben ist..."*[2721].

(2). Kontrolle des vom EGMR durchgeführten Verhältnismäßigkeitstests

Auch wenn das Gericht nach korrekter Umsetzung der eigenen Rechtsprechung eine Verhältnismäßigkeitsprüfung gar nicht hätte beginnen dürfen, soll die im Urteil vollzogene Prüfung unter Ausblendung der Verletzung des Kernbereichs auf (weitere) Fehler untersucht werden. Dabei wird zunächst auf den vom Gerichtshof angegebenen legitimen Zweck Bezug genommen. Danach wird die Möglichkeit der Verhältnismäßigkeit der Maßnahme geprüft, wenn auf den Zweck der Vermeidung von politischen Verwicklungen abgestellt wird. Auf Grund des hinsichtlich der Auslegung nationalen Rechts eingeschränkten Prüfungsmaßstabes des EGMR verbleibt dem Gerichtshof in beiden Fällen allerdings nur eine Willkürkontrolle[2722].

Hinsichtlich des Zwecks der Beseitigung des Besatzungsregimes bringt FASSBENDER vor, dem Klagestopp fehle – in der Begrifflichkeit der deutschen Grundrechtsdogmatik – bereits die Geeignetheit. Dies sei der Fall, weil der Zweck *„...bereits erreicht..."* gewesen sei, *„...als der Fürst 1991 seine Klage erhob..."*[2723]. Dieser Ansatz kann aber letztlich nicht überzeugen, denn auf diese Weise kann man den Abschluss eines völkerrechtlichen Vertrages nicht von dessen innerstaatlicher Umsetzung trennen. Gesetzt den Fall, der Kernbereich des Konventionsrechts wäre nicht verletzt gewesen, hätte der legitime Zweck des Vertragsschlusses in der Anwendung im konkreten Einzelfall nachgewirkt. Wäre dem nicht so, würde dies nichts anderes bedeuten, als dass kein völkerrechtlicher Vertrag innerstaatlich umgesetzt werden könnte, wenn der Vertragspartner des Heimatstaates in Vorleistung getreten ist. Der Heimatstaat müsste folglich *zwangsläufig* entweder gegen seine Verpflichtungen aus dem völkerrechtlichen Vertrag oder gegen die Anforderungen der EMRK verstoßen.

[2720] Zu den beiden vom Gerichtshof vorgebrachten Argumenten vgl. bereits Kap. 5, B.IV.3.a)aa).

[2721] FASSBENDER, Der Fürst, ein Bild und die deutsche Geschichte, S. 460 f.

[2722] Dazu vgl. unten in Kap. 5, C.III.6.a)cc)(1).

[2723] FASSBENDER, Der Fürst, ein Bild und die deutsche Geschichte, S. 460.

Allerdings hat die Anwendung des Klagestopps auf den Fürsten von Liechtenstein im konkreten Fall die Grenze der Willkürlichkeit überschritten. Dies ergibt sich bereits aus der Verletzung des Kernbereichs des Rechts, da man zwar nicht sagen kann, dass eine positive Verhältnismäßigkeit automatisch die Einhaltung des Kernbereichs bedingt, jedoch in der umgekehrten Richtung geschlussfolgert werden darf. Die Verletzung eines absolut geschützten Rechtsraumes kann begriffslogisch mit keinem Zweck gerechtfertigt werden. Wenn die Beschränkung des Prüfungsumfanges des EGMR auch gilt, wenn das nationale Recht auf das Völkerrecht verweist[2724], bedeutet dies jedoch nichts anderes, als dass der Gerichtshof willkürliche Verletzungen des Völkerrechts feststellen darf. Dies übersieht die Entscheidung ebenso wie jene Autoren, welche die Einschränkung des Klageweges für einige Bürger gegenüber dem hehren Zweck der Beseitigung des Besatzungsregimes als nachrangig einordnen[2725]. Zwar mag die in vielfacher Hinsicht falsche[2726] Auslegung von Art. 3, VI. Teil ÜV bereits die Willkürschwelle überschritten haben[2727], auf jeden Fall wiegt der Verstoß gegen *ius cogens*, der darin liegt, dass die Bundesrepublik im Wege des Vollverweises auf die nach völkerrechtlichen Maßstäben nichtige[2728] Konfiskation durch tschechoslowakische Stellen verweist, derart schwer, dass diese Verfehlung der deutschen Rechtsprechung auf jeden Fall die Grenzen der eingeschränkten Prüfungstiefe des EGMR überschreitet. Aus diesem Grund muss die Annahme des Vollverweises auf das tschechoslowakische Recht entgegen der Ansicht des Gerichtshofes sehr wohl als abwegig gelten. Zudem ist die Argumentation, die sowohl auf die besondere Rechtsnatur des zivilrechtlichen Anspruches als auch auf den angeblich genuineren Klageweg im Enteignungsstaat verweist, nicht nur im Hinblick auf die Bestimmung des Kernbereichs des Rechts

---

2724 Vgl. dazu bereits Kap. 5, C.III.6.a)cc)(1).

2725 In diesem Sinne GATTINI, A Trojan Horse for Sudeten Claims? On Some Implications of the *Prince of Liechtenstein v. Germany*, S. 541 f.: *„...the Federal Republic of Germany's interest in reacquiring the sovereign rights belonging to a state far outweighed its interest in seeking to support the alleged rights claimed by a number of its citizen, and the waiver was therefore fully justified.“*; vgl. aber auch CZARNECKI / LENSKI, Fallrepetitorium Völkerrecht, S. 108: *„Das Mittel, die Klage des L [gemeint ist der Fürst von Liechtenstein] nicht zuzulassen, erscheint jedoch in Anbetracht des außenpolitischen Interesses der Bundesrepublik relativ milde“*.

2726 Hier vgl. Kap. 5, C.III.2.b) und c).

2727 So BLUMENWITZ, Die Liechtenstein-Entscheidung des EGMR, S. 220: *„Die* schlicht willkürliche *Auslegung des Art. 3 VI. Teil Überleitungsvertrag im Falle der Einbeziehung eines liechtensteinischen Bürgers und dessen Vermögens in das deutsche Post-war Reparation Regime...“*; Hervorhebung durch den Verfasser; vgl. aber auch FASSBENDER, Der Fürst, ein Bild und die deutsche Geschichte, S. 461: *„[Die] Prüfung hätte den Gerichtshof (...) zur Feststellung der Konventionswidrigkeit der Auslegung der genannten Bestimmung [der Klagestopp] des Überleitungsvertrages führen müssen. Diese waren nämlich ‚manifestly erroneous' (vgl. Ziff. 65), weil unvertretbar weit“*; vgl. auch PRAXL, Recht und Macht – Der Fall Liechtenstein zwischen Beneš-Dekret, Besatzungsrecht und Völkerrecht, S. 43.

2728 Dazu vgl. bereits Kap. 5, C.III.3.d)bb).

als systemfremd zurückzuweisen, sondern dies gilt mit derselben Begründung[2729] auch im Rahmen der Verhältnismäßigkeitsprüfung. Insgesamt hat der Gerichtshof damit die Willkürlichkeit der deutschen Maßnahme, die den Zweck der Beseitigung des Besatzungsregimes verfolgt hat, zu Unrecht verneint.

Kein anderes Ergebnis kann ermittelt werden für den möglichen legitimen Zweck, die Bundesrepublik vor politischem Unbill zu bewahren, welches gegebenenfalls Entscheidungen in der Sache zugunsten des Fürsten von Liechtenstein ausgelöst hätten. Denn auch dieser Zweck wird, wenn er unter Verletzung von *ius cogens* verfolgt wird, zu einer willkürlichen Anwendung des Klagestopps führen müssen.

(3). Zwischenergebnis

Auf Grund der willkürlichen Anwendung des Klagestopps darf der Gerichtshof die Anwendung durch die nationalen Gerichte überprüfen. Gleichzeitig scheitert die Rechtfertigung angesichts der Willkürlichkeit auch hinsichtlich grundsätzlich denkbarer legitimer Zwecke.

ee) Ergebnis

Die Prüfung des Art. 6 Abs. 1 EMRK durch den Gerichtshof überzeugt nicht. Angesichts der Verletzung des Kernbereiches des Konventionsrechts wäre die Feststellung einer Rechtsverletzung durch die Bundesrepublik die allein richtige Entscheidung gewesen. Auffällig am Urteil ist, dass in der Entscheidung alles getan wird, um auf die *„...unique circumstances...“*[2730] zu verweisen, welche die Bundesrepublik zur Hinnahme der Einschränkung ihrer Gerichtsbarkeit gedrängt haben soll, während die Tschechoslowakei geradezu unter Abkoppelung des historischen Kontextes betrachtet wird. So wird der Fürst auf den angeblich genuineren Rechtsweg vor tschechoslowakischen Gerichten verwiesen[2731], ohne darauf einzugehen, dass das tschechoslowakische Rechtssystem der 1950er Jahre unter Umständen nicht alle Merkmale der Rechtsstaatlichkeit erfüllt hat. Deshalb drängt sich der Verdacht auf, dass der Gerichtshof im beschriebenen Sinne mit zweierlei Maß gemessen hat.

b) Art. 6 Abs. 1 EMRK (*„fair hearing“*)

Der Gerichtshof verneint des Weiteren eine Verletzung von Art. 6 Abs. 1 EMRK auch unter dem Gesichtspunkt der Garantie des *„fair hearing“*.

[2729] Vgl. Kap. 5, C.III.6.a)dd)(1).

[2730] *Prince Hans-Adam II of Liechtenstein v. Germany*, ECHR Reports 2001-VIII, Ziffer 59.

[2731] *Prince Hans-Adam II of Liechtenstein v. Germany*, ECHR Reports 2001-VIII, Ziffer 66: *„Indeed, in 1951 the applicant's father had availed himself of the opportunity of challenging the expropriation in question before the Bratislava Administrative Court“*.

aa) Die Aussagen des Gerichts zum *„fair hearing"* im Kontext des Gesamturteils

Überraschend ist zunächst, dass sich die Entscheidung überhaupt argumentativ mit dem materiellen Gehalt des Konventionsrechts auseinandersetzt, indem sie darauf verweist, dass der Beschwerdeführer in den Genuss eines kontradiktorischen Verfahrens gekommen ist, in ausreichender Weise rechtliches Gehör gefunden hat und ihm alle Feststellungen bekannt waren, auf welchen das Urteil aufbaut. Überraschend ist dies, da das Gericht zuvor zu dem Ergebnis gelangt war, dass die Bundesrepublik dem Fürsten von Liechtenstein den Zugang zu den deutschen Gerichten versagen durfte. Wenn der Beschwerdeführer aber noch nicht einmal das Recht auf Zugang zu den Gerichten besitzt, dann muss er aus logischen Gründen auch den Anspruch auf rechtliches Gehör eingebüßt haben[2732]. Denn ein Anspruch auf rechtliches Gehör muss ohne die Zurverfügungstellung eines gerichtlichen Forums zu einem bloßen Abstraktum degenerieren. Hier zeigt sich demnach ein weiteres Mal ein Fall von innerer Widersprüchlichkeit der Entscheidung.

bb) Überprüfung des gerichtlichen Ergebnisses

Inhaltlich stellt sich zunächst die Frage, ob der Umstand, dass das Bundesverfassungsgericht in Abweichung der Aussagen des OLG zum ersten Mal explizit das Drei-Mächte-Recht als eine vom Vier-Mächte-Recht unabhängige und eigenständige Rechtsmaterie dargestellt hat, überhaupt den Schutzbereich des Konventionsrechts eröffnet, wenn davon auszugehen ist, dass das Gericht zuvor nicht auf die Möglichkeit dieser Entscheidung hingewiesen hat. Bei PEUKERT[2733] kann man zur Abgrenzung des Rechts auf *„fair hearing"* folgendes lesen: *„Das Gericht ist nicht verpflichtet, durch Belehrung der Parteien darauf hinzuwirken, dass sie sich zu allen Rechtsfragen äußern, die sich nach seiner Sicht im konkreten Fall stellen. Wenn allerdings ein Gericht beabsichtigt, von ständiger Rechtsprechung abzuweichen, dürfte es der Fairness entsprechen, die Beteiligten darauf hinzuweisen und ihnen Gelegenheit zur rechtlichen Stellungnahme zu geben"*. Dies kann aber nur für rechtliche Fragestellungen gelten, die für das Gericht entscheidungserheblich sind[2734].

Im vorliegenden Fall war allerdings die Frage der veränderten Haltung zum Verhältnis von Dreimächte- und Viermächterecht gerade nicht entscheidungserheblich, denn das BVerfG kommt, wie auch schon das LG und das OLG Köln, zu dem Ergebnis, dass der Überleitungsvertrag durch den *„2+4"*-Vertrag nicht aufge-

---

2732 So auch BLUMENWITZ, Die Liechtenstein-Entscheidung des EGMR, S. 233.

2733 PEUKERT in: FROWEIN / PEUKERT, EMRK-Kommentar, Art. 6, Rn. 74.

2734 Commission, *X & Co. (England) Ltd. v. Germany*, Entscheidung vom 7. Februar 1968, Application No. 3147/67, zugänglich über www.echr.coe.int: *„...whereas in certain systems the concept of ‚fair hearing' is interpreted in the sense that courts are required to invite the parties to make submissions on those points of law which appear to the courts to be* significant*; whereas, however, other legal systems do not make any such requirement..."*, Hervorhebung durch den Verfasser.

hoben wurde. Da das BVerfG die Frage im Rahmen der Prüfung der allgemeinen Handlungsfreiheit abhandelt, hätte sich die Änderung der Rechtsprechung etwa nur dann ausgewirkt, wenn die Instanzgerichte auf Grund des Konnex zwischen Dreimächte- und Viermächterecht zuvor die Rechtsgrundlage des Klagestopps als weggefallen betrachtet hätten. Damit mussten die Verfassungsrichter den Beschwerdeführer nicht auf ihre geänderte Rechtsmeinung aufmerksam machen.

Dagegen wurde die allein entscheidungserhebliche Frage, nämlich ob Art. 3, VI. Teil ÜV als Rechtsgrundlage für einen Eingriff fortbesteht, auf allen Ebenen des Verfahrens diskutiert. Damit ist der Schutzbereich von Art. 6 Abs. 1 EMRK unter dem Gesichtspunkt des *„fair hearing"* nicht eröffnet.

cc) Ergebnis

Damit hat der Gerichtshof bezüglich des Rechts auf richterliches Gehör im Ergebnis richtig entschieden. Allerdings bleibt die Inkonsequenz, die darin zu sehen ist, dass überhaupt in die Prüfung des *„fair hearing"*-Grundsatzes eingestiegen wurde.

c) Art. 1 Abs. 1 ZP Nr. 1 (*„enjoyment of possessions"*)

Die Entscheidung setzt sich auch mit der eigentumsrechtlichen Relevanz der Rückgabe des Gemäldes an die Denkmalanstalt in Brno auseinander. Dreh- und Angelpunkt jeder Bewertung der Argumentation des Gerichts ist dabei die Frage, ob sich der EGMR hinsichtlich der Vorfrage, wie sich die Enteignung auf der Grundlage des Beneš-Dekrets Nr. 12 auf das Eigentum des Vaters des Beschwerdeführer ausgewirkt hat, für unzuständig *ratione temporis* erklären durfte. Diesbezüglich wurde das Gericht in der Literatur in vielfacher Weise kritisiert.

aa) Argumentation mit der Entscheidung Ehemaliger König von Griechenland u. a. gegen Griechenland

Zum Teil wird vorgebracht, der Gerichtshof hätte sich mit seiner Verweigerung der Vorfrageprüfung[2735] selbst widersprüchlich verhalten, da er in seinem Urteil vom 23. November 2000 in Sachen des *Ehemaligen Königs von Griechenland u. a. gegen Griechenland*[2736] gerade eine derartige Prüfung vorgenommen habe, *„...und zwar unter Berücksichtigung von tatsächlichen und rechtlichen Umständen, die bis in das neunzehnte Jahrhundert zurückgehen..."*[2737]. Zudem würde die Annahme der Auffassung der Mehrheitsmeinung im Fall *Liechtenstein* dazu führen, dass *„...die Vertragstaaten des 1. Zusatzprotokolls [dann] nach Belieben mit Eigentumsrechten verfahren [könnten], sofern nur*

2735 Dazu vgl. bereits Kap. 5, B.V.1.a).

2736 EGMR, *Former King of Greece and others v. Greece*, Application No. 25701/94, zugänglich über www.echr.coe.int; deutsche Übersetzung in EuGRZ 2001, S. 397 ff.

2737 FASSBENDER, Der Fürst, ein Bild und die deutsche Geschichte, S. 465; aber auch KRENBERGER, Deutschland im Spannungsfeld zwischen EMRK und nachzubefolgendem Besatzungsrecht, S. 182 f.

fraglich ist, ob diese schon vor Inkrafttreten des Zusatzprotokolls entzogen oder beeinträchtigt worden sind" [2738]. Auch wenn der letztgenannte Missbrauchsansatz jeden Gerechtigkeit empfindenden Menschen überzeugen mag, so kann diese Argumentation nicht über den bereits aus dem allgemeinen Völkerrecht bekannten Grundsatz hinweghelfen, dass sich völkerrechtliche Verpflichtungen, sofern dies nicht abweichend vertraglich geregelt wurde, nur *pro futuro* gelten. Diesen intertemporalrechtlichen Rahmen vermögen Gerechtigkeitserwägungen auch in Bezug auf die EMRK nicht zu sprengen.

Zudem kann auch der Verweis auf die Entscheidung *Ehemaliger König von Griechenland u. a. gegen Griechenland* nicht überzeugen, da die beiden Sachverhalte nicht vergleichbar sind. Im griechischen Fall setzt sich das Gericht in der Tat mit der Eigentumslage ehemalig königlicher Latifundien in einem Zeitrahmen auseinander, der weit über die *ratione temporis*-Grenze des Inkrafttretens des 1. Zusatzprotokolls für Griechenland hinausgeht[2739]. Jedoch wird hinsichtlich der Vorfrage keine (weitere) Eingriffsmaßnahme des griechischen Staates in Art. 1 Abs. 1 ZP Nr. 1 relevant, da die betroffenen Grundstücke bereits 1924 und 1973 enteignet, aber anschließend jeweils wieder zurückgegeben worden waren; vielmehr geht es allein um die Einordnung des ehemalig königlichen Besitzes in das Begriffspaar privates oder öffentliches Eigentum[2740]. Damit hat sich im Fall um das Eigentum den ehemaligen griechischen Königsfamilie keine wirkliche Vorfragenproblematik gestellt.

bb) Die Grundlagen der Bewertung des Eigentums im Sinne des ZP Nr. 1

Der Liechtenstein-Entscheidung des EGMR zufolge schützt Art. 1 Abs. 1 ZP Nr. 1 neben *„existing possessions"* auch *„legitimate expectations of obtaining effective enjoyment of a property right"*; dagegen sei die bloße Hoffnung auf Anerkennung des Fortbestandes eines *„old property right"*, welches über lange Zeit nicht effektiv ausgeübt werde konnte, nicht vom Schutzbereich der Norm erfasst[2741]. Obwohl sich das streitgegenständliche Bild im Zeitraum, in dem das Verfahren in Sachen *Liechtenstein* vor deutschen Gerichten ausgefochten wurde, in den Händen eines deutschen Sequesters befand und jedenfalls deshalb durchaus berechtige Erwartungen

---

[2738] FASSBENDER, Der Fürst, ein Bild und die deutsche Geschichte, S. 465.

[2739] Der früheste in der Entscheidung erwähnte Zeitpunkt ist das Jahr 1864, EGMR, *Former King of Greece and others v. Greece*, EuGRZ 2001, S. 398; das Zusatzprotokoll ist für Griechenland jedoch erst am 28. November 1974 in Kraft getreten, wobei Griechenland bereits in der Zeit vom 3. September 1953 bzw. 18. Mai 1954 bis 13. Juni 1970 Vertragspartei der Konvention und des Zusatzprotokolls war, BGBl. 2004 II, Fundstellennachweis B, S. 344.

[2740] Die griechische Regierung hatte argumentiert, der betroffene Grundbesitz sei kein Privateigentum gewesen und aus diesem Grund auch nicht vom Schutz des Art. 1 ZP Nr. 1 umfasst, EGMR, *Former King of Greece and others v. Greece*, EuGRZ 2001, S. 398, Ziff. 51.

[2741] *Prince Hans-Adam II of Liechtenstein v. Germany*, ECHR Reports 2001-VIII, Ziffer 83.

des Fürsten von Liechtenstein entstanden sind, das Bild zurück zu erhalten, blendet die Entscheidung diesen Umstand komplett aus und stellt allein darauf ab, dass sich das Bild für Jahrzehnte, während derer es aus politischen Gründen für den Fürsten unerreichbar war, auf tschechoslowakischem Boden befunden hatte. Die Entscheidung kann demnach nicht in überzeugender Weise erklären, warum im Fall *Liechtenstein* keine *„berechtigte Erwartung"* im Sinne der EGMR-Rechtsprechung zu Art. 1 Abs. 1 ZP Nr. 1 vorgelegen haben soll[2742].

Aber auch hinsichtlich der Zeitspanne, in der das Gemälde in Brno verwahrt wurde, konnte der Gerichtshof nicht ohne weiteres davon ausgehen, dass keine *„berechtigte Erwartung"* mehr bestanden hatte. Denn zumindest nach deutschem Verständnis galten die mit den Beneš-Dekreten verbundenen Vermögensfragen jedenfalls bis in das Jahr 1997 als *„offen"*, weshalb sie auch in der deutsch-tschechischen Erklärung vom 21. Januar 1997 explizit ausgeklammert wurden[2743]. Indem das Urteil ohne Beachtung dieser über lange Jahre verteidigten Haltung der Bundesregierung zum gegenteiligen Ergebnis gelangt, drängt sich der Verdacht auf, der EGMR habe sich die tschechische Sicht der Dinge zueigen gemacht[2744], wie sie sich auch noch in Urteilen der post-kommunistischen Zeit niederschlägt[2745]. Dies würde – ebenso wenig wie die Zugrundelegung der deutschen Rechtsansicht – nicht in Einklang zu bringen sein mit der Rechtsprechung des Gerichtshofes, wonach dem Begriff *„Eigentum"* im Sinne des 1. Zusatzprotokolls ein autonomer Inhalt zu geben ist[2746]. Demnach ist dem Gericht zumindest vorzuwerfen, die Grundlagen seiner Argumentation nicht ausreichend aufgedeckt zu haben.

2742 Vgl. auch BLUMENWITZ, Die Liechtenstein-Entscheidung des EGMR, S. 236.

2743 Vgl. BLUMENWITZ, Die deutsch-tschechische Erklärung vom 21. Januar 1997, S. 163 f.; BLUMENWITZ, Die Liechtenstein-Entscheidung des EGMR, S. 236: *„Noch am 14. Januar 1997 hatte der Kanzler der Bundesrepublik Deutschland dem Beschwerdeführer bestätigt, dass die ‚Rechtsfragen im Zusammenhang mit Enteignungen in der damaligen Tschechoslowakei' weiter offen sind."*; BLUMENWITZ, Die Offenheit der Vermögensfrage, S. 157: *„Sie [die Bundesregierung] hat auf die aus Flucht und Vertreibung resultierenden Ansprüche nie verzichtet, insbesondere die Vermögensverluste der Vertriebenen nie anerkannt oder mit anderen Ansprüchen aufgerechnet"*.

2744 So auch BLUMENWITZ, Die Liechtenstein-Entscheidung des EGMR, S. 235: *„Ratione personae ist die Frage, ob dem Beschwerdeführer noch ‚legitimate expectations' zustanden, nicht aus der Sicht der damaligen Tschechoslowakei (...) zu beantworten"*.

2745 Beispielhaft genannt sie die sog. *„Erste Dreithaler-Entscheidung"* des Verfassungsgerichts der Tschechischen Republik vom 8. März 1995, deren Tenor zufolge (Ziffer 2), in der deutschen Übersetzung in BayVBl. 1996, S. 14 ff. (mit Anmerkung RZEPKA), das Konfiskations-Beneš-Dekret Nr. 108 *„...nicht nur ein legaler, sondern auch ein legitimer Akt..."* gewesen sei.

2746 *„Der Gerichtshof stellt fest, dass das Konzept des ‚Eigentums' im ersten Teil von Art. 1 eine autonome Bedeutung hat, die von einer formellen innerstaatlichen Qualifizierung unabhängig ist."*, EGMR, *Former King of Greece and others v. Greece*, EuGRZ 2001, Ziff. 60, mit Verweis auf EGMR, *Beyerler v. Italy* [GC], Application Nr. 33202/96, ECHR Reports 2000-I, Ziff. 100.

cc) Folgen der *Loizidou*-Entscheidung für Fälle mit *ius cogens*-Verstoß

Stellt sich eine Enteignung als punktueller Akt, nicht aber als fortdauernde Verletzung des Eigentumsrechts dar, ist eine Beschäftigung des EGMR mit der Wirksamkeit der Maßnahme unbestrittenerweise *ratione temporis* ausgeschlossen. In vielen Verfahren hat sich deshalb der Gerichtshof – aber auch bereits die Kommission – einer Prüfung der Protokollgarantie enthalten und sich diesbezüglich für unzuständig erklärt[2747], wobei es jedoch eine unterdessen berühmte Ausnahme darzustellen gilt: *Loizidou v. Türkei* [2748]. Frau LOIZIDOU, die im Süden der geteilten zypriotischen Insel lebt, rügte in diesem Verfahren, dass sie fortwährend daran gehindert werde, ihre Eigentumsrechte bezüglich ihrer Grundstücke im Norden der Insel wahrzunehmen. Das Problem des Falles bestand darin, dass sich die Türkei erst mit Wirkung zum 22. Januar 1990 dem 1. Zusatzprotokoll unterworfen hatte, obwohl das Grundeigentum der Beschwerdeführerin von Enteignungsmaßnahmen der Türkischen Republik Nordzypern (TRNC) aus dem Jahre 1985 erfasst worden war[2749]. Das Urteil nimmt Bezug auf den Begriff der *„fortdauernden Verletzung"*, welchen der Gerichtshof für zeitliche Beschränkungen der Zuständigkeit der Konventionsorgane entwickelt hatte, und stellt schlicht fest, dass eine derartige *„fortdauernde Verletzung"* auch im Fall *Loizidou* vorläge, wenn die Beschwerdeführerin auch nach dem Jahr 1985 noch als Eigentümerin anzusehen wäre[2750]. Dies nimmt der EGMR schließlich mit der Begründung an, die TRNC habe mangels Staatsqualität keine wirksamen Enteignungswirkungen erzeugen können[2751]. Offensichtlich haben Enteignungen nach der Rechtsprechung des EGMR demnach nur dann einen punktuellen Charakter, wenn sie als solche nach allgemeinem Völkerrecht wirksam sind, auch wenn sie gegebenenfalls völkerrechtswidrig sein sollten. Erzeugen sie jedoch keinerlei Wirksamkeit, sind sie auch im Rahmen der Prüfung des Art. 1 Abs. 1 ZP Nr. 1 nicht existent, so dass der *ratione temporis*-Einwand scheitern muss.

In diese Vorgaben des Gerichts passen sich die Umstände des *Liechtenstein*-Falles zweifelsohne dergestalt ein, dass die Konfiskationen auf der Grundlage des Beneš-Dekrets Nr. 12 wegen des festgestellten *ius cogens*-Verstoßes nichtig und damit aus

---

[2747] Vgl. etwa EGMR, *Malhous v. The Czech Republic*, Application No 33071/96, ECHR Reports 2000-XII; EGMR, *Mayer and others v. Germany*, Application Nr. 18890/91, 19048/91, 19342/92 and 19549/92, Decision and Reports 85, S. 5 ff.

[2748] EGMR, *Loizidou v. Turkey*, Urteil vom 18. Dezember 1996, Application Nr. 40/1993/435/514, ECHR Reports 1996-VI; in deutscher Sprache abgedruckt in EuGRZ 1997, S. 555 ff.

[2749] Zum Sachverhalt vgl. etwa ALLSTADT, Die offene Völkerrechtslage im deutsch-tschechischen Verhältnis und ihre Bedeutung für die Osterweiterung der EU, S. 119 f.; HUSHEER, ZEuS 1998, S. 390 ff.

[2750] EGMR, *Loizidou v. Turkey*, ECHR Reports 1996-VI, Ziff. 41.

[2751] EGMR, *Loizidou v. Turkey*, ECHR Reports 1996-VI, Ziff. 46/47.

der Sicht des allgemeinen Völkerrechts ebenfalls nicht existent sind[2752]. Wenn aber die Enteignung nicht existent ist, muss das Eigentumsrecht als existent betrachtet werden. Die lange bestehende faktische Verhinderung der Ausübung dieses Rechts kann dem schon deshalb nicht entgegenstehen, da eine Verjährung völkerrechtlichen Unrechts hinsichtlich der Verletzung zwingenden Völkerrechts nicht eintreten kann[2753]. Damit hätte der EGMR, um seine *Loizidou*-Rechtsprechung konsequent fort- und umzusetzen, auch im *Liechtenstein*-Fall die Vorfrage klären müssen, wie er es hinsichtlich der Enteignung durch die TRNC getan hat; die ostentative Behauptung, mit der Beschwerde des Fürsten sei keine *„fortdauernde Verletzung"* betroffen, geht fehl.

Dass eine Bezugnahme auf das allgemeine Völkerrecht dem Eigentumsschutzsystem der EMRK nicht fremd ist, beweist der ausdrückliche Verweis in Art. 1 Abs. 1 ZP Nr. 1[2754]. Zwar hätte der Gerichtshof selbstredend nicht über die Beneš-Dekrete als eigenen Beschwerdegegenstand urteilen dürfen, jedoch wäre die Zulässigkeit der Prüfung als Vorfrage der Konsequenz geschuldet gewesen. Das Argument, eine derartige Entscheidung im Fall *Liechtenstein* hätte zu einer regelwidrigen Umgehung des *ratione temporis*-Einwandes geführt, kann nicht in überzeugender Weise vorgebracht werden, da das identische Problem[2755] den EGMR im Fall *Loizidou* nicht von seiner Entscheidung abhalten konnte.

dd) Ergebnis

Damit steht fest, dass der EGMR dem Fürsten von Liechtenstein zu Unrecht den Eigentumsschutz verweigert hat. Denn der Gerichtshof hätte den Schutzbereich als eröffnet ansehen müssen. Konsequenterweise hätte die fortzusetzende Prüfung eine Verletzung des Eigentumsrechts ergeben müssen. Da die Bundesrepublik kraft zwingenden Völkerrechts verpflichtet war, die Enteignungen durch die Tschechoslowakei nicht anzuerkennen[2756], kann die Nichtbeachtung von *ius cogens*

2752 Vgl. dazu bereits Kap. 5, C.III.3.e). Die Vergleichbarkeit der Fälle stellt auch fest: ALLSTADT, Die offene Völkerrechtslage im deutsch-tschechischen Verhältnis und ihre Bedeutung für die Osterweiterung der EU, S. 121; BLUMENWITZ (Zur *Loizidou*-Entscheidung des EGMR, S. 577, und Liechtenstein-Entscheidung, S. 236) geht ebenfalls vom Fortbestehen von *„existing positions"* der Vertriebenen im allgemeinen und des Fürsten von Liechtenstein im besonderen aus.

2753 Zur Unverjährbarkeit von *ius cogens*-Verstößen vgl. ERMACORA, Die sudetendeutschen Fragen, S. 226; BLUMENWITZ, Die Beneš-Dekrete – Eine Bestandsaufnahme, S. 261.

2754 Darauf verweist auch BLUMENWITZ, Zur *Loizidou*-Entscheidung des EGMR, S. 577.

2755 HUSHEER, ZEuS 1998, S. 418: *„Die Tatsache, dass der Gerichtshof bei seiner Entscheidung das Institut der ‚fortdauernden Verletzung' verwendet hat, wirkt sicher nicht dem Eindruck entgegen, dass der Zeitraum vor 1990 mittelbar doch maßgeblichen Einfluss auf die Erwägungen des EGMR hatte, und die zulässigen* Beschränkungen ratione temporis *der Türkei dadurch* letztendlich unterlaufen *werden."*; Hervorhebungen des Verfassers.

2756 Vgl. Kap. 5, C.III.3.d)bb).

auf Grund der Stärke der Rechtsverletzung nicht mit dem öffentlichen Interesse, politische Verwicklungen mit der Tschechischen Republik zu vermeiden, in ein gerechtes Gleichgewicht gebracht werden[2757]. Die Rückgabe des Gemäldes muss – ebenso wie die Verweigerung des Klageweges vor deutschen Gerichten[2758] – als willkürlich bezeichnet werden. Angesichts der Tatsache, dass die *Liechtenstein*-Entscheidung bereits auf den *Loizidou*-Fall Bezug nimmt, jedoch dann die Konsequenzen nicht zieht, drängt sich der Verdacht auf, dass der Gerichtshof voreingenommen vom Ergebnis her argumentiert hat.

d) Art. 14 EMRK

In Bezug auf das Diskriminierungsverbot des Art. 14 EMRK kann dem Gerichtshof dagegen zumindest keine dogmatische Inkonsequenz vorgeworfen werden. Angesichts der Tatsache, dass die Eigentumsgarantie nach der Ansicht des Gerichtshofes *ratione personae* nicht eröffnet war, musste das Gericht auch einen Verstoß gegen Art. 14 EMRK verneinen, denn das Diskriminierungsverbot hat keine von den übrigen Konventionsgarantien losgelöste Bedeutung[2759]. Das Gericht hätte von einer Prüfung des Art. 14 EMRK dann aber auch vollständig absehen können. Denn Art. 14 EMRK spielt typischerweise erst dann eine inhaltliche Rolle, wenn zwar der Schutzbereich eines Konventionsrechts eröffnet ist, jedoch dann eine Rechtfertigung angenommen wurde[2760]. Da diese Konstellation im Fall *Liechtenstein* nach dem eigenen Ergebnis des EGMR bezüglich Art. 1 Abs. 1 ZP Nr. 1 jedoch – wie eben aufgezeigt wurde[2761] – nicht in Frage kommt, scheidet auch eine Diskriminierung aus.

Aber gerade wenn man von den Wertungen der deutschen Gerichte ausgeht, ergibt sich ein neuer Ansatz für die Prüfung einer Diskriminierung. Denn auch dann steht hier ein eigentumsrechtlicher Bezug in Frage, nämlich Entschädigungsansprüche, deren Existenz aus der inneren Logik des Überleitungsvertrages folgt. Wenn man der Ansicht der deutschen Gerichte nachgibt, das Eigentum des Fürsten von Liechtenstein habe unter den Begriff des *„deutschen Auslandsvermögens"* im Sinne von Art. 3, VI. Teil ÜV subsumiert werden müssen, dann hätte es der logische Zusammenhang erforderlich gemacht, auch Art. 5, VI. Teil ÜV anzuwenden, der dafür sorgen sollte, dass die Bundesrepublik als Reparationsschuldnerin die Entschädigung für die ansonsten völkerrechtswidrigen Enteignungen zum Vorteil der betroffenen Privatpersonen übernimmt[2762]. Das deutsche Reparationsschäden-

---

[2757] Zur Prüfung der Rechtfertigung von sonstigen Eigentumsstörungen (neben Enteignungen und Benutzungsregelungen) vgl. PETERS, Einführung in die EMRK, S. 197 ff.

[2758] Vgl. Kap. 5, C.III.6.a)dd).

[2759] PEUKERT in: FROWEIN / PEUKERT, EMRK-Kommentar, Art. 14, Rn. 2.

[2760] PETERS, Einführung in die EMRK, S. 214.

[2761] Kap. 5, C.III.6.c)dd).

[2762] Vgl. bereits Kap. 5, C.III.3.c)aa).

gesetz aus dem Jahre 1969 berechtigte jedoch keine fremden Staatsangehörigen, die ihr Vermögen wie Deutsche opfern mussten[2763].

Die Argumentation des EGMR zu dieser Problematik geht in zweifacher Hinsicht fehl. Denn zum einen stellte die Rückgabe des Gemäldes an tschechische Stellen durchaus eine Konventionsverletzung dar[2764], so dass schon deshalb die unterlassene Entschädigung auch den Schutzbereich der Garantie des 1. Zusatzprotokolls berührt. Zum anderen übersieht das Gericht den richtigen zeitlichen Ansatz für die Verletzung, die den Entschädigungsanspruch auslöst. Denn an der Stelle, an der das Urteil die Behauptung aufstellt, die Konvention gewährleiste keinerlei Recht auf Entschädigung für Schäden, deren ursprünglicher Grund keine Verletzung der Konvention darstellt, zitiert die Entscheidung das Urteil *Mayer (u. a.) v. Deutschland* [2765]. Darin[2766] blieben die Beschwerdeführer jedoch deshalb erfolglos, weil der die Entschädigung auslösende Umstand – hier Enteignungen in der SBZ – vor Inkrafttreten der EMRK erfolgt ist. Im Fall *Liechtenstein* wird der Entschädigungsanspruch aber erst dadurch ausgelöst, dass das streitgegenständliche Gemälde wider die Logik des Überleitungsvertrages unter den Begriff des *„deutschen Auslandsvermögens"* des Klagestopps subsumiert wird. Diese fehlerhafte Anwendung von Art. 3, VI. Teil ÜV ist erst in den 1990er Jahren erfolgt und liegt damit eindeutig nach dem Inkrafttreten der EMRK für Deutschland. Allein die eventuell im tschechisch-liechtensteinischen Verhältnis bestehenden Ansprüche datieren im Zeitpunkt der tatsächlichen Enteignung im Jahre 1945. Angesichts dieses undifferenzierten Vorgehens des Gerichts liegt der Verdacht nahe, dass *„...die Richter (...) es nicht der Mühe Wert befunden [haben], sich mit den wahren Grundlagen des deutschen Reparationsschäden- und Lastenausgleichsrechts auseinander zu setzen"* [2767].

e) Zwischenergebnis

Insgesamt ist die *Liechtenstein*-Entscheidung des EGMR demnach aus vielen Gründen angreifbar. Der Gerichtshof bestätigt der Bundesrepublik entgegen der Staatenpraxis eine Souveränitätsbeschränkung hinsichtlich der nachzubefolgenden Besatzungsregeln; aus demselben Grund sind auch die Ansätze der *concurring opinions* abzulehnen. Des Weiteren wendet das Gericht das als *„...mutige, progressive.."* Entscheidung gefeierte Urteil im Fall *Loizidou*, mit dem der EGMR *„...wie schon häufig zuvor im Interesse des Menschenrechtsschutzes gehandelt und sich bei seiner Entscheidungsfindung nicht von einer möglicherweise drohenden Beschwerdeflut mit vergleichbaren Sachverhalten..."* hat beeindrucken lassen[2768], im Fall *Liechtenstein* bewusst nicht an, obwohl sich die

---

[2763] Vgl. dazu BLUMENWITZ, Die Liechtenstein-Entscheidung, S. 238.
[2764] Vgl. bereits Kap. 5, C.III.6.a)dd)(3) und Kap. 5, C.III.6.c)dd)..
[2765] *Prince Hans-Adam II of Liechtenstein v. Germany*, ECHR Reports 2001-VIII, Ziffer 93.
[2766] EGMR, *Mayer and others v. Germany*, Application Nr. 18890/91, 19048/91, 19342/92 and 19549/92, Decision and Reports 85, S. 5 ff.
[2767] BLUMENWITZ, Die Liechtenstein-Entscheidung, S. 239.
[2768] HUSHEER, ZEuS 1998, S. 419 f.

Vergleichbarkeit der Sachverhalte aufdrängte. Letztlich hat die Entscheidung die *„...intertemporalrechtlichen Probleme, die sich aus der noch nicht abgeschlossenen deutschen Vergangenheit ergeben (...), nicht bewältigt...“*[2769].

7. Wertung der Entscheidung des IGH im Fall *Certain Property* vom 10. Februar 2005

Am 10. Februar 2005 hat auch der IGH im deutsch-liechtensteinischen Bilderstreit entschieden. In diesem Verfahren, in dem das Fürstentum im Wesentlichen seine Souveränität und Neutralität verteidigen wollte, ist wiederum das liechtensteinische Interesse unterlegen.

a) Zur entscheidenden Frage der Zuständigkeit *ratione temporis*

Nach Art. 27 lit. a) EuFriedStÜ begründet das Übereinkommen keine Zuständigkeit für Streitigkeiten, die Tatsachen oder Verhältnisse aus der Zeit vor dem Inkrafttreten des Übereinkommens im Verhältnis der jeweiligen Parteien betreffen. Das bedeutet hier nichts anderes, als dass keine völkerrechtlichen Rechtsverletzungen oder Ansprüche geltend gemacht werden können, die auf Tatsachen beruhen, die sich vor dem 28. Februar 1980 ereignet haben. Schon aus diesem Grund können die Umstände der Enteignungen der Nachkriegsjahre nicht vorgebracht werden. Es kam demnach entscheidend darauf an, deutsche Akte isolieren zu können, welche nach dem Jahr 1980 ausgeübt wurden und die als Anknüpfungspunkt für die Klage tauglich sind. Selbst wenn man den dogmatischen Ansatz der IGH-Entscheidung akzeptiert[2770], der darin besteht, die Aussagen älterer IGH- und StIGH-Rechtsprechung zu einseitigen Unterwerfungserklärungen für die Auslegung des Europäischen Übereinkommens zur friedlichen Beilegung von Streitigkeiten vom 29. April 1957 heranzuziehen, überzeugt die weitere Argumentation des Gerichtshofes nicht. Denn die Mehrheitsmeinung gibt sich selbst einen zu prüfenden Obersatz, den sie anschließend nicht konsequent subsumiert. So stellt das Gericht zunächst fest, dass die zu entscheidende Auseinandersetzung sich nur dann auf Geschehnisse in den 1990er Jahren beziehen könne, wenn Deutschland in diesem Zeitfenster von einer gemeinsamen Position mit Liechtenstein abgewichen sein sollte, die eine Einigung darüber beinhaltet, dass der Überleitungsvertrag gerade nicht auf liechtensteinisches Vermögen anzuwenden ist, oder wenn die Anwendung überleitungsvertraglicher Vorschriften auf liechtensteinisches Vermögen bedeuten würde, dass der Vertrag mit den Drei Mächten nach dem Stichtag auf eine *„...neue Situation...“* angewandt wird[2771].

[2769] BLUMENWITZ, Die Liechtenstein-Entscheidung, S. 241.

[2770] An dieser Stelle sei daran erinnert, dass die Richter ELARABY und BERMAN in ihren dissenting opinions bereits diesen Ansatz kritisieren; vgl. bereits Kap. 5, B.V.2.b)bb) und dd).

[2771] International Court of Justice, Case concerning *Certain Property* (Liechtenstein v. Ger-

In der Folge verneint die Mehrheitsmeinung, dass sich die deutschen Gerichte einer solchen neuen Situation gegenüber sahen, als sie über die Frage der Einbeziehung von Vermögen in den Überleitungsvertrag zu entscheiden hatten, welches zum Nachteil eines Staatsbürgers eines im Zweiten Weltkrieg neutralen Staates enteignet worden war. Die Argumentation bleibt dabei dürftig. Da der Fall unauflöslich mit dem Überleitungsvertrag verwoben sei und auch nicht von den Beneš-Dekreten getrennt werden könne, seien die deutschen Entscheidungen im *Liechtenstein*-Fall nicht der *„real cause"* der Auseinandersetzung. Wenn das Urteil diesen Schluss selbst konsequent nennt[2772], mag dies einer Beschwörung der eigenen Unsicherheit gleichkommen. Eine Argumentation ersetzt es nicht. Denn die Anwendung des Klagestopps im Überleitungsvertrag auf Vermögen liechtensteinischer Staatsbürger stellt im Vergleich zur vorherigen deutschen Rechtsprechung zum Überleitungsvertrag unbestreitbar eine Neuerung insofern dar, als zuvor eine Anwendung auf neutrales Vermögen noch nicht stattgefunden hatte. Demnach erscheinen auch die Begründungen der *dissenting opinions*[2773] der Richter KOOIJMANS, ELARABY, OWADA und BERMAN gegenüber der Begründung der Mehrheitsmeinung vorzugswürdig.

Kritikabel ist an der Entscheidung des IGH auch, dass sie sich geradezu sklavisch an früherer Rechtsprechung abmüht, obwohl es viel naheliegender gewesen wäre, die Lösung des Falles direkt durch Auslegung von Art. 27 lit. a) EuFriedStÜ zu suchen. Dabei hätte sich die Mehrheitsmeinung besser vom Geist des Übereinkommens leiten lassen, welchem als Zweck von den Vertragsstaaten ausdrücklich die Beilegung bestehender Streitigkeiten mitgegeben wurde. In der Präambel des Übereinkommens kann man nachlesen, dass die Unterzeichnerstaaten *„entschlossen [sind], alle etwa zwischen ihnen entstehenden Streitigkeiten mit friedlichen Mitteln beizulegen"*. Diese Intention hätte der Gerichtshof mittels Auslegung der wesentlichen Vertragsnorm in das Verfahren hineintragen können und auch müssen. Dafür bieten die auch hier Anwendungsregeln in Art. 31 WVK den juristischen Hintergrund. Nach Abs. 1 der Regelung ist eine völkerrechtliche Vertragsbestimmung im Lichte von Ziel und Zweck des Vertrages auszulegen. Dabei ist nach Abs. 2 der Norm auch der Wortlaut des Abkommens, also auch die Präambel, zu berücksichtigen. Zu Recht stellt IRMSCHER deshalb fest, dass das Urteil einen *„...schalen Beigeschmack..."* hinterlässt, (auch) weil sich der IGH demnach ohne Zwang *„...vor einer Sachentscheidung gedrückt..."* hat[2774].

many), Preliminary Objections, Judgment of 10 February 2005, para. 49; erhältlich auf: http://www.icj-cij.org.

2772 *„...these decisions cannot consequently be considered as the (...) real cause of the dispute..."*; die Argumentation des Gerichts findet sich in: International Court of Justice, Case concerning *Certain Property* (Liechtenstein v. Germany), Preliminary Objections, Judgment of 10 February 2005, para. 51; erhältlich auf: http://www.icj-cij.org.

2773 Vgl. bereits Kap. 5, B.V.2.b).

2774 IRMSCHER, Anmerkungen zur Liechtenstein-Entscheidung des Internationalen Gerichts-

Außer durch Bezugnahme auf Akte deutscher Gerichte, die aus den Jahren nach 1980 datieren, hätte man das Vorliegen einer *„...neuen Situation...“* auch aus einem zweiten Grund bejahen können. Wie bereits an anderer Stelle angesprochen wurde[2775], hatte die Bundesrepublik die sich im Zusammenhang mit den Beneš-Dekreten ergebenden Vermögensfragen während der Nachkriegszeit stets als *„offen“* betrachtet, das heißt sie hat *„...die Vermögensverluste der Vertriebenen nie anerkannt oder mit deren Ansprüchen aufgerechnet...“*[2776]. Noch im Zusammenhang mit der Deutsch-tschechischen Erklärung vom 21. Januar 1997 wurde dem Fürstentum vom deutschen Bundeskanzler zugesichert, dass die besagte Erklärung keine Auswirkungen auf den deutsch-liechtensteinischen Bilderstreit haben würde, *„...da sie Rechtsfragen im Zusammenhang mit Enteignungen in der damaligen Tschechoslowakei offenhält...“*[2777]. Hintergrund der deutschen Haltung war der Spagat zwischen faktischer Hinnahme der Konfiskationen, die auf Grund der politischen Lage gleich nach dem Zweiten Weltkrieg unumgänglich war, und der rechtlichen Nichtanerkennung der – aus der Sicht der Bundesrepublik – völkerrechtswidrigen Enteignungen. Aufrecht zu erhalten ist dieses Denkgerüst aus logischen Gründen jedoch nur mit der Perspektive auf einen Friedensvertrag, der alle durch den Krieg entstandenen Ansprüche regelt[2778]. Mit der Rechtsprechung im Fall *Liechtenstein*, welche die Aufrechterhaltung von Art. 3, VI. Teil ÜV kraft Notenwechsel vom 27./28. September 1990 anerkannt hat, obwohl Art. 1 Abs. 1, VI. Teil ÜV, der die Aussicht auf einen Friedensvertrag festgeschrieben hatte[2779], aufgehoben worden war, ist die bisherige Haltung der Bundesrepublik zusammengebrochen. Denn seit der Entscheidung des BVerfG in Sachen *Liechtenstein „...steht für Deutschland nicht nur verbindlich fest, dass alle Reparationsenteignungen sakrosankt sind, sondern dass dem beschlagnahmenden Staat auch*

---

hofes, S. 394. Der Autor bietet auf S. 382 ff. desselben Beitrages eine ausführliche Analyse der Auslegung, die hier erforderlich gewesen wäre, die jedoch vom IGH im Wesentlichen unterlassen wurde.

2775 Kap. 5, C.III.6.c)bb).

2776 BLUMENWITZ, Die Offenheit der Vermögensfrage, S. 157.

2777 Vgl. den Brief des Bundeskanzlers DR. HELMUT KOHL an den Fürsten von Liechtenstein vom 14. Januar 1997, der Klageschrift an den IGH als *„Attachment 2“* angeheftet, International Court of Justice, Application instituting proceedings filed in the Registry of the Court on 1 June 2001, *Certain Property* (Liechtenstein v. Germany), S. 30.

2778 Bericht des Ausschusses für Rechtswesen und Verfassungsrecht (23. Ausschuss) zur Frage der Vereinbarkeit des Überleitungsvertrages mit dem Grundgesetz, Bericht vom 15. November 1952, Bundestags-Drucksache, No. 1/3900, S. 32 ff. (S. 37): *„[E]ine rechtliche Anerkennung der Enteignung ist damit nicht gegeben. Der Klageverzicht geht über die Hinnahme des einmal von den Alliierten einseitig geschaffenen Rechtszustandes nicht hinaus, da auch nach bisherigem Recht Klagen unzulässig waren und der Verzicht auf das der Klage zugrunde liegende Recht gerade nicht ausgesprochen worden ist.* Im Gegenteil bildet die Aufrechterhaltung des materiellen Rechts die Grundlage für die nunmehr eröffneten Verhandlungsmöglichkeiten mit allen beteiligten Staaten.“; Hervorhebung durch den Verfasser.

2779 Dazu vgl. bereits Kap. 5, C.III.3.a)bb).

das uneingeschränkte Recht zusteht, selbst zu bestimmen, was eine Reparationsenteignung ist..."[2780]. Dieser Umschwung in der deutschen Haltung wird in der Literatur als „*change of position*" gewertet[2781]. Die Behauptung der Bundesrepublik, ein derartiger Umschwung der deutschen Haltung habe nie stattgefunden, da Deutschland die Rechtmäßigkeit der tschechoslowakischen Enteignungen liechtensteinischen Vermögens nie anerkannt habe[2782], geht ins Leere, da sie sich die Entscheidungen der eigenen Gerichte, welche die Konfiskationen als Maßnahmen zum Zwecke der Reparation – also zum Ausgleich der deutschen Kriegsschuld – behandelt haben, zurechnen lassen muss. Auch auf Grund dieser Zusammenhänge haben sich die deutschen Gerichte einer „*...neuen Situation...*" gegenüber gesehen.

Als Argumentationsstütze gegen die Entscheidung des IGH in der *ratione temporis*-Frage kann auch auf das Urteil des EGMR zur Zulässigkeit der Beschwerde des Fürsten rekurriert werden. Denn die Straßburger Richter bejahten die Zulässigkeit mit der folgenden Begründung[2783]:

> „*...that the applicant's complaint (...) does not concern the original confiscation of the painting which had been carried out by authorities of former Czechoslovakia in 1946. In the present proceedings, the applicant complains that, as in the German court proceedings instituted in 1992 he could not obtain a decision on the merits of his claim for ownership of the painting, it was eventually returned to the Czech Republic. The Court's competence to deal with this aspect of the application is therefore not excluded ratione temporis.*"

Der EGMR war, anders als der IGH, offensichtlich in der Lage, die Entscheidungen der deutschen Gerichte aus den 1990er Jahren vom Überleitungsvertrag und den Beneš-Dekreten zu trennen. Wenn der IGH nun aber diesbezüglich eine Untrennbarkeit postuliert, ohne sie weiter zu begründen, und diese als (einziges) Argument dafür einsetzt, der Klage des Fürstentums den Einwand der zeitlichen Beschränkung der deutschen Unterwerfungserklärung entgegenzuhalten, kann man

---

2780 BLUMENWITZ, Die Offenheit der Vermögensfrage, S. 161; zur Legalisierungswirkung bezüglich der Enteignungen durch die Fortschreibung der Beschränkungen in Ziffer 3 des Notenwechsels ohne friedensvertraglichen Vorbehalt vgl. bereits Kap. 5, C.III.3.a)bb).

2781 vgl. GATTINI, A Trojan Horse for Sudeten Claims? On Some Implications of the *Prince of Liechtenstein v. Germany*, S. 516/544, im Ergebnis aber ablehnend.

2782 International Court of Justice, Case concerning certain property (*Liechtenstein v. Germany*), Priliminary Objections of the Federal Republic of Germany, 27 Juni 2002, zugänglich auf de Homepage des IGH http://www.icj-cij.org, S. 39: „*No change of position of Germany regarding (...) has ever occurred. Germany has never recognized the validity of the relevant Czechoslovak measures against Liechtenstein property, neither before nor after 1995*".

2783 *Prince Hans-Adam II of Liechtenstein v. Germany*, European Court of Human Rights, Application No. 42527/98, Judgment, 12 July 2001 (Preliminary Objections of Germany, Vol. II, Ann. 1, p. 27, para. 81.

verstehen, warum Richter ELARABY, der ebenfalls auf die Zulässigkeitsentscheidung des EGMR hinweist, in seiner abweichenden Meinung sein Bedauern und seine Sorge über das Endergebnis des Verfahrens ausgedrückt hat[2784]. Dies gilt umso mehr, wenn man mit Richter BERMAN[2785] davon ausgeht, dass der Gerichtshof hinsichtlich der Frage, was *„real cause"* eines Verfahrens sei, mit einem gewissen Beurteilungsspielraum ausgestattet ist.

Letztlich war im Fall der gerichtlichen Auseinandersetzung zwischen der Bundesrepublik und dem Fürstentum demnach das Jahr 1998 entscheidend, als das Bundesverfassungsgericht die Einbeziehung des Vermögens liechtensteinischer Bürger in Art. 3, VI. Teil ÜV als mit dem Grundgesetz vereinbar betrachtete[2786]. Damit wäre die eigentliche Streitfrage nicht von Einwand *ratione temporis* erfasst gewesen[2787]. Das Gericht hätte sich lediglich wegen Art. 27 lit. a) EuFriedStÜ nicht mit den Konfiskationen der Jahre 1945 als Vorfrage beschäftigen dürfen.

b) Zu den übrigen Problemen der Zulässigkeit

Der *ratione temporis*-Einwand war jedoch nicht die einzige argumentative Verteidigung der Bundesrepublik – die Beklagte erhob insgesamt sechs *preliminary objections*. Die ersten beiden davon, der Einwand, es bestünde überhaupt kein *„dispute"*, und eben der *ratione temporis*-Einwand wurden bereits behandelt[2788].

aa) Das Problem der *necessary third party rule*

Das Vorfragenproblem taucht in Form der *necessary third party rule*, welche die Bundesrepublik als fünfte *preliminary objection* vorgebracht hat, ein zweites Mal in einem anderem Gewand auf. Nach der *necessary third party rule* kann der Gerichtshof nicht entscheiden, wenn über rechtliche Interessen einer dritten Partei zwangsläufig als wesentliche Vorfrage im zu bearbeitenden Fall mitzuentscheiden ist. Den rechtlichen Hintergrund dieser Regel erkennt man in dem Umstand, dass der IGH seine Gerichtsbarkeit über einen Staat nur mit dessen Zustimmung ausüben kann[2789]. Wichtig dabei ist jedoch, dass nicht jede Auswirkung einer Entscheidung

---

2784 International Court of Justice, Case concerning *Certain Property* (Liechtenstein v. Germany), Dissenting Opinion of Judge Elaraby, para. 14 und 17; zugänglich auf http://www.icj-cij.org; para. 17:

„I cannot conclude without expressing my concern regarding the final outcome".

2785 Vgl. dazu Kap. 5, B.V.2.b)dd).

2786 FISCHER / KÖCK, Allgemeines Völkerrecht, Rn. 817:

„...ist es vielmehr so, dass das völkerrechtliche Delikt erst durch die Bestätigung der Entscheidungen der Unterinstanzen durch die letzte Instanz völkerrechtlich vollendet ist".

2787 So auch DAHLKE, Der „Certain Property"-Fall vor dem IGH, S. 487; CZARNECKI / LENSKI, Fallrepetitorium Völkerrecht, S. 111.

2788 Vgl. dazu bereits Kap. 5, B.V.2.a).

2789 Dazu im grundlegenden Fall IGH, *Monetary Gold Removed from Rome in 1943*, Judg-

auf einen Drittstaat die Zuständigkeit des Gerichts ausschließt, sondern erst wenn die mitzuentscheidende, den dritten Staat betreffende Frage die Qualität einer *„...very subject-matter...“* der Entscheidung erreicht[2790]. Wendet man die *necessary third party rule* auf den Liechtenstein-Fall an, bedeutet dies, dass der IGH nicht über die Rechtmäßigkeit der Beneš-Enteignungen entscheiden darf. Dieses Zuständigkeitshindernis wird nicht von Art. 32 Abs. 1 EuFriedStÜ überwunden, der in der Tat die *necessary third party rule* auszuschließen versucht[2791]. Denn eine Derogation der allgemeinen Regel, der zufolge eine Gerichtsbarkeit nicht ohne Zustimmung der betroffenen Staaten begründet wird, ist nicht mit dem Verbot von Verträgen zu Lasten Dritter (Art. 34 f. WVK) vereinbar[2792].

Im Fall *Certain Property* ging es aber nicht um die Bewertung der Beneš-Dekrete, vielmehr wurde die Feststellung begehrt, dass die deutschen Gerichte in den 1990er Jahren liechtensteinisches Vermögen zu Unrecht unter den Begriff des *„deutschen Auslandsvermögens“* subsumiert haben. Dies allein war *subject-matter* des Falles; zu ähnlichen Ergebnissen kommen auch die Richter KOOIJMANS, OWADA und BERMAN in ihren *dissenting opions*[2793].

---

ment, I.C.J. Reports 1954, S. 19-45 (S. 32): *„...the international responsibility of Albania without her consent would run counter to a well-established principle of international law (...), namely, that the Court can only exercise jurisdiction over a State with its consent.“*; zum *Monetary Gold*-Fall vgl. WÜHLER, Monetary Gold Case, in: BERNHARDT, EPIL, Band III, S. 445 ff.

2790 So ausdrücklich der IGH im Fall *Continental Shelf (Libyan Arab Jamahiriya v. Malta)*, Italy's Application to Intervene, 21 March 1984, I.C.J. Reports 1984, S. 26, Ziffer 40: *„In the absence in the Court's procedures of any system of compulsory intervention (...) it must be open to the Court (...) to give the fullest decision it may in the circumstances of each case, unless of course, as in the case of the Monetary Gold (...), the legal interest of the third State ‚would not only be affected by a decision, but would form* the very subject-matter of a decision' *(I.C.J. Reports 1954, p. 32),...“*, Hervorhebung hinzugefügt durch den Verfasser.

2791 Art. 32 Abs.1 EuFriedStÜ lautet: *„Dieses Übereinkommen findet zwischen den Parteien auch dann Anwendung, wenn ein dritter Staat, gleichgültig, ob er Vertragspartei des Übereinkommens ist oder nicht, an der Streitigkeit ein Interesse hat“*.

2792 Das problematische Verhältnis von Art. 32 Abs. 1 EuFriedStÜ zu Art. 34 f. WVK scheint DAHLKE, Der „Certain Property“-Fall vor dem IGH, S. 488, übersehen zu haben; insofern überzeugender und mit dem hier vertretenen Ergebnis CZARNECKI / LENSKI, Fallrepetitorium Völkerrecht, S. 112; GATTINI, A Trojan Horse for Sudeten Claims? On Some Implications of the *Prince of Liechtenstein v. Germany*, S. 544: *„It does not seem likely that this provision [Art. 32 Abs. 1 EuFriedStÜ] could bar the International Court of Justice from evaluating the applicability of the ‚necessary third party rule'...“*.

2793 International Court of Justice, Case concerning *Certain Property* (Liechtenstein v. Germany), Dissenting Opinion of Judge Kooijmans, para. 32 ff.; Dissenting Opinion of Judge Owada, para. 52 ff. und Dissenting Opinion of Judge *ad hoc* Berman, para. 25 ff.; alle zugänglich auf http://www.icj-cij.org.

bb) Zu den übrigen *preliminary objections*

Die übrigen drei *preliminary objections* lassen sich ohne großen Aufwand entkräften; Richter BERMAN geht auf sie überhaupt nicht ein, da er sie *als „...devoid of any substantial merit...“* ansieht[2794]. Angesichts der im Fall verborgenen Probleme des Völkerrechts und des Umstandes, dass Deutschland sich selbst auf internationale Verpflichtungen berufen hat, muss der dritte Einwand gegen die Zulässigkeit scheitern, da schon deshalb nicht nur die *„domestic jurisdiction of Germany“* betroffen ist[2795]. Der Einwand eines nicht ausreichend substantiierten Vortrages des Fürstentums muss zurückgewiesen werden, denn die deutschen Prozessvertreter schienen den Gegenstand und die Reichweite der Klage sehr gut zu kennen[2796]. Die sechste und letzte *preliminary objection* stellte einen Verweis auf die *local remedies rule* dahingehend dar, dass die Liechtensteiner ihr Recht vor tschechoslowakischen Gerichten hätten suchen müssen, da es nach deutscher Lesart im Prozess auf die tschechoslowakischen Enteignungen ankam. Diese Argumentation bezeichnet Richter BERMAN als *„...bizarre defence...“*[2797]. Dies gilt umso mehr, als zumindest der Fürst sowohl angesichts der tschechoslowakischen als auch der deutschen Justiz alle Register gezogen hat.

cc) Ergebnis

Damit hätte der Gerichtshof die Klage des Fürstentums in dem Maße zulassen müssen, als es der Klägerseite gelungen wäre, einen Anspruch zu begründen, für den es nicht auf die Völkerrechtswidrigkeit der Beneš-Dekrete ankommt.

c) Mögliche Anspruchsgrundlagen

Unter der Prämisse, das Gericht hätte die Zulässigkeit bejaht, sollen nun im Folgenden die Erfolgsaussichten für die Begründetheit geprüft werden. Auf Grund der Einschränkungen durch die Einwände *ratione temporis* und der *third party rule* wird sich die eine oder andere der in der Folge zu untersuchenden Anspruchsgrundlagen als wenig tauglich erweisen. Wichtigste Anforderung an einen An-

---

2794 International Court of Justice, Case concerning *Certain Property* (Liechtenstein v. Germany), Dissenting Opinion of Judge *ad hoc* Berman, para. 25; zugänglich auf http://www.icj-cij.org.

2795 International Court of Justice, Case concerning *Certain Property* (Liechtenstein v. Germany), Dissenting Opinion of Judge Kooijmans, para. 29; zugänglich auf http://www.icj-cij.org.

2796 International Court of Justice, Case concerning *Certain Property* (Liechtenstein v. Germany), Dissenting Opinion of Judge Kooijmans, para. 30; zugänglich auf http://www.icj-cij.org: *„Germany appears to be perfectly aware of the object and scope of Liechtenstein's claims, and this is shown by its arguments“*.

2797 International Court of Justice, Case concerning *Certain Property* (Liechtenstein v. Germany), Dissenting Opinion of Judge *ad hoc* Berman, para. 30; zugänglich auf http://www.icj-cij.org.

spruch ist demnach neben den materiellen Voraussetzungen die Bedeutungslosigkeit der beiden genannten Einwände. Ansetzend an die beiden alternativen Behauptungen[2798] der liechtensteinischen Prozesspartei soll bei der Analyse der möglichen Anspruchsgrundlagen zwischen solchen, die sich aus der Tatsache der Subsumtion liechtensteinischen Vermögens unter den Klagestopp des Überleitungsvertrages ergeben, und solchen unterschieden werden, die sich aus der Systematik der Überleitungsvertrages begründen lassen.

aa) Ansprüche resultierend aus der Einbeziehung in den Regelungsbereich des Überleitungsvertrages

(1). Unterlassene Nichtanerkennung einer völkerrechtswidrigen Konfiskation

Voraussetzung für die völkerrechtliche Verantwortlichkeit ist vor allem die Verletzung einer völkerrechtlichen Pflicht[2799]. Diesbezüglich drängt sich hier vor allem der Umstand auf, dass die bundesdeutschen Gerichte die Konfiskation des fürstlich-liechtensteinischen Vermögens auf der Grundlage des Beneš-Dekretes Nr. 12 wider das Völkerrecht nicht als nichtig behandelt und auf diese Weise selbst einen *ius cogens*-Verstoß begangen haben. Denn ein Staat, der die Nichtanerkennungspflicht nicht respektiert, begeht selbst einen Verstoß gegen zwingendes Völkerrecht[2800].

Dieser aus materieller Hinsicht sicherlich vielversprechende Ansatz ist im Fall des Fürstentums vor dem IGH allerdings auf Grund der *necessary third party rule* nicht aufgreifbar, da sich der Verstoß der Bundesrepublik gegen zwingendes Recht nicht ohne Bewertung der tschechoslowakischen Enteignungen darlegen lässt. Die Völkerrechtswidrigkeit des betroffenen Beneš-Dekrets wäre im Verfahren vor dem IGH ein „*...very subject-matter...*“ im Sinne der Rechtsprechung des Gerichtshofes.

(2). Eigenständige Neutralitäts- und Souveränitätsverletzung

Anders verhält es sich bei dem Umstand, dass deutsche Gerichte überhaupt den Überleitungsvertrag auf das Vermögen liechtensteinischer Staatsbürger anwenden. Die Staatsbürger neutraler Staaten genießen bis auf Ausnahmen, die das Neutralitätsrecht ausdrücklich regelt, die Behandlung nach den Regelungen des für Friedenszeiten geltenden Fremdenrechts[2801]. Die deutschen Gerichte haben im Fall *Liechtenstein* durch die Anwendung des Überleitungsvertrages eine Reparationsregel[2802] auf das Eigentum eines liechtensteinischen Bürgers angewandt. Damit ver-

---

[2798] Vgl. Kap. 5, B.V.2. am Anfang.

[2799] Vgl. etwa HERDEGEN, Völkerrecht, § 58, Rn. 4.

[2800] Vgl. bereits Kap. 5, C.III.3.d)bb).

[2801] Vgl. Kap. 4, A.I.3.a)cc).

[2802] Das ergibt sich bereits aus der Überschrift des VI. Teils des Überleitungsvertrages: „*Reparationen*“; vgl. auch FASSBENDER, Der Fürst, ein Bild und die deutsche Geschichte,

lässt die deutsche Rechtsprechung das Friedensrecht, da sich Reparationsregelungen schon aus Gründen der Begriffslogik nur an die Kriegsparteien wenden[2803]. Eine Rechtfertigung unter Verweis auf die Bindungswirkung des Überleitungsvertrages scheitert, da die deutsche Rechtssprechung nur auf Grund einer den völkerrechtlichen Auslegungsmethoden widersprechenden Interpretation von Art. 3, VI. Teil ÜV zur Anwendung der Norm gelangt war[2804]. Da die Subsumtion des Sachverhaltes unter den Klagestopp als spezifisches Kriegsrecht gegen die Grundsätze der Behandlung neutraler Staatsbürger verstößt, liegt damit auch eine Verletzung des Neutralitätsrechts zu Lasten Liechtensteins vor. Diese Verletzung der liechtensteinischen Neutralität ist der Bundesrepublik Deutschland auch zurechenbar, da sich ein Staat, dessen Rechtsprechungsorgane deliktisch handeln, nicht auf deren Unabhängigkeit berufen kann[2805]. Damit sind die beiden maßgeblichen Voraussetzungen der völkerrechtlichen Verantwortlichkeit, nämlich die Verletzung einer völkerrechtlichen Norm sowie die Zurechenbarkeit der Verletzung, bereits erfüllt. Angesichts der vorsätzlichen Handlung der deutschen Gerichte kommt es des Weiteren auf die umstrittenen Verhaltensstandards im Rahmen des völkerrechtlichen Deliktes nicht an[2806]. Falls für die Annahme eines völkerrechtlichen Deliktes überhaupt der Eintritt eines Schadens verlangt wird, „*...gilt hiernach jede Beeinträchtigung völkerrechtlich begründeter Rechtspositionen, gleichviel, ob sie materieller oder immaterieller Art ist...*“ als Schaden[2807]. Demnach ist die bloße Verletzung der liechtensteinischen Neutralität für die Vollendung des völkerrechtlichen Delikts ausreichend. Dem Bruch der Neutralitätsrechte des Fürstentums ist zudem eine Verletzung der liechtensteinischen Souveränität immanent, da sich die Entscheidung eines Staates, sich bezüglich einer bestimmten kriegerischen Auseinandersetzung neutral zu erklären, gerade als Ausfluss seiner souveränen Staatsgewalt darstellt[2808].

S. 462.

2803 Berber, Völkerrecht, Band II, § 48, S. 238 f.: „*Da nach heutigem Völkerrecht der Beginn eines Krieges für eine Kriegspartei die Verletzung einer eingegangenen Verpflichtung, nicht zum Kriege zu schreiten, darstellen, also illegal sein kann, so haftet der illegale Kriegsöffner nach allgemeinem Völkerrecht für alle Schäden, die dem Staat aus dieser illegalen Kriegseröffnung erwachsen. (...) Dieser Schadensersatz wird regelmäßig ‚Reparation' bezeichnet*“.

2804 Vgl. bereits Kap. 5, C.III.3.a) und b).

2805 FISCHER / KÖCK, Allgemeines Völkerrecht, Rn. 804.

2806 Vgl. dazu etwa HERDEGEN, Völkerrecht, § 58, Rn.8; IPSEN, in: IPSEN, Völkerrecht, § 39, Rn. 34 ff.

2807 IPSEN, in: IPSEN, Völkerrecht, § 39, Rn. 43.

2808 Vgl. HAILBRONNER, Der Staat und der Einzelne, S. 212 f., der diesen Zusammenhang ebenfalls herstellt.

(3). Deutschlands *„change of position"* im Lichte des *„Estoppel"*-Grundsatzes

Ein Autor will direkt aus der bereits dargestellten *„change of position"*[2809] der Bundesrepublik unter dem Gesichtspunkt des *„Estoppel"*-Grundsatzes einen Entschädigungsanspruch des Fürstentums gegenüber dem deutschen Staat herleiten, da Liechtenstein bis zur Entscheidung des BVerfG keine Veranlassung gehabt habe zu glauben, Deutschland habe die Enteignung liechtensteinischen Vermögens als *„deutsches Auslandsvermögen"* anerkannt[2810]. Jedoch vermag der *„Estoppel"*-Ansatz nicht zu überzeugen. In der Tat bedeutet der Grundsatz, dass Staaten, von deren Zustimmung zu einer bestimmten Rechtslage auf Grund einer unmissverständlichen Aussage des Staates ausgegangen werden kann und wird, zu einem späteren Zeitpunkt von ihrer Position nicht mehr abweichen können[2811]. Jedoch waren alle bisher zum *„Estoppel"*-Prinzip entschiedenen Fälle geprägt von dem Umstand, dass die Zustimmung des vom Grundsatz verpflichteten Staates zugunsten des sich auf das Prinzip berufenden Staates im Verhältnis zwischen den beiden Staaten eine vorteilhafte Rechtsposition bestätigt hat, die ihm anschließend durch *„Estoppel"*-widriges Verhalten wieder abgesprochen werden sollte[2812]. Im hier zu behandelnden Fall beinhaltete die frühere deutsche Haltung gerade keine Zustimmung zu einer Rechtslage, die der Bestätigung einer schützenswerten Position *im deutsch-liechtensteinischen Verhältnis* gleich gekommen wäre; ganz im Gegenteil begründet, wie eben herausgearbeitet, gerade die neue deutsche Haltung Ansprüche zugunsten des Fürstentums unter dem Gesichtspunkt eines Neutralitäts- und Souveränitätsverstoßes, während sich solche auf der Grundlage der offiziellen Haltung bis 1998 nicht begründen ließen. Damit konnte Deutschlands *„change of position"* auch nicht

---

[2809] Vgl. bereits Kap. 5, C.III.7.a).

[2810] DAHLKE, Der „Certain Property"-Fall vor dem IGH, S. 495: *„Vor diesem Hintergrund bestand in der Vergangenheit für das Fürstentum Liechtenstein keine Veranlassung, von der Einbeziehung liechtensteinischen Vermögens in das Reparationsregime des Überleitungsvertrages auszugehen. Im Anschluss an die Entscheidung des deutschen Bundesverfassungsgerichts änderte die Bundesrepublik Deutschland im Jahr 1998 ihr Rechtsauffassung .Dieser Sinneswandel stellt gegenüber dem klagenden Fürstentum ein vertrauensschutzwidriges Verhalten dar, das seine geltend gemachten Entschädigungsansprüche begründet erscheinen lässt"*.

[2811] SHAW, International Law, S. 351: *„Estoppel is a legal technique whereby states deemed to have consented to a state of affairs cannot afterwards alter their position"*; vgl. auch MÜLLER / COTTIER, Estoppel, in: BERNHARDT, EPIL, Band II, S. 116 ff.; BROWNLIE, Public International Law, S. 645 ff.

[2812] Im Fall *Arbitral Award by the King of Spain* (I.C.J. Reports 1960, S. 192 ff. [S. 213]) hatte Nicaragua einen Schiedsspruch angegriffen, den es zuvor als gültig anerkannt hatte; Nicaragua war nun auf Grund des *„Estoppel"*-Prinzips gehindert, die Gültigkeit des Schiedsspruches anzuzweifeln; im Fall *Temple of Preah Vihear* (I.C.J. Reports 1962, S. 6 ff. [S. 32]) führte der *„Estoppel"*-Grundsatz dazu, dass Thailand ein Grenzabkommen nicht mehr in Frage stellen durfte, welches der Staat durch sein Verhalten zuvor als gültig anerkannt hatte.

in eine solche Position eingreifen. Jedoch ist der mit dem genannten Schlagwort betitelte Meinungsumschwung nicht ohne Bedeutung, allerdings besteht diese vielmehr in der zeitlichen Festlegung des deutschen Eingriffs in liechtensteinische Rechtspositionen, die unabhängig von der früheren Haltung der Bundesrepublik bestehen.

bb) Die Grundsätze des Bereicherungsrechts im Völkerrecht

Die Feststellung der eben noch einmal erwähnten Verletzung der liechtensteinischen Neutralität und Souveränität durch die Einbeziehung in das Regime des Überleitungsvertrages hat noch keine Klarheit über deren Rechtsfolgen gebracht. Denn bei einer Wiedergutmachung in Form des Wertersatzes „*...wird nur der adäquat-kausal verursachte Schaden berücksichtigt...*"[2813]. Angesichts der Tatsache, dass sich – die ehedem enteigneten Güter auf vormals tschechoslowakischem Boden sind den liechtensteinischen Eigentümers nach 1998 ebenso unzugänglich wie vorher – für die liechtensteinische Seite durch die Einbeziehung des liechtensteinischen Vermögens in den Begriff des „*deutschen Auslandsvermögens*" hinsichtlich des Schadens faktisch nichts ändert, kann ein durch den deutschen Meinungsumschwung kausal bewirkter Schaden nur schwer argumentiert werden. Unbestreitbar ist dagegen aber, dass die Bundesrepublik seit 1998 konkludent behauptet, die Beneš-Enteignungen hätten zum Zwecke der Reparation, demnach letztlich im deutschen Interesse stattgefunden[2814]. Diese Umwidmung der Konfiskationen mit der damit verbundenen Vorteilsverlagerung von den Nachfolgerstaaten der Tschechoslowakei auf die Bundesrepublik erinnert deshalb auch weniger an einen deliktischen Eingriff als an eine Situation, die im deutschen internen Recht mit dem Begriff der bereicherungsrechtlichen Eingriffskondiktion umschrieben wird[2815]. Da die Ausgleichspflicht bei einer „*unjust enrichment*" als allgemeines Rechtsprinzip zu gelten hat, kann die Grundidee des Bereicherungsrechts auch im Völkerrecht Anwendung finden[2816]. So nahm bereits der Schiedgerichtshof im Fall *Lena Goldfields* im Jahre 1930 Bezug auf das Prinzip der ungerechtfertigten Bereicherung[2817]. Die schiedsge-

---

[2813] IPSEN, in: IPSEN, Völkerrecht, § 40, Rn. 66.

[2814] Insofern erkennt GATTINI, A Trojan Horse for Sudeten Claims? On Some Implications of the *Prince of Liechtenstein v. Germany*, S. 543, den Ansatz der IGH-Klage durchaus richtig, kann sich diesem aber letztlich nicht anschließen: „*In other words, Liechtenstein alleges that Germany is now, for whatever reason, wilfully taking advantage of Czechoslovakia's post-war seizures of Liechtenstein's property*".

[2815] Zur Eingriffskondiktion vgl. beispielhaft PALANDT-SPRAU, § 812, Rn. 10 ff.

[2816] MOSLER, General Principles of Law, in: BERNHARDT, EPIL, Band II, S. 520: „*In (...) many domestic legal orders (...) a person who has been enriched at the expense of another without legal justification must either restore the object of enrichment or make compensation. The details of this obligation vary (...) The basic principle, however, is also applicable in international law, since the same problem may arise between States.*"; DOEHRING, Völkerrecht, Rn. 410.

[2817] Vgl. *Lena Goldfields, Ltd. v. USSR*, Entscheidung vom 3. September 1930, Text abgedruckt in: Cornell Law Quarterly, Vol. 36 (1950-1951), S. 42 ff. (S. 51).

richtliche Praxis hat hinsichtlich der inhaltlichen Ausgestaltung vier Voraussetzungen erarbeitet: (1) eine Bereicherung der einen Partei, (2) eine Entreicherung der anderen Partei, (3) eine kausale Verknüpfung zwischen der Be- und Entreicherung und schließlich (4) das Fehlen eines rechtlichen Grundes zum Behaltendürfen der Bereicherung[2818].

Die Bereicherung ist im *Liechtenstein*-Fall offensichtlich: nachdem die Bundesrepublik über Jahrzehnte die Enteignungen der Nachkriegszeit in der Tschechoslowakei über Jahrzehnte hinweg materiell nicht anerkannt hat, da sie in einem abschließenden Friedensvertrag behandelt werden sollten, nimmt die deutsche Rechtsprechung nach der Abschaffung des Art. 1 Abs. 1, VI. Teil ÜV an, dass die Enteignung des Vermögens auch der liechtensteinischen Staatsbürger erfolgt ist, um tschechoslowakische Reparationsansprüche der Bundesrepublik gegenüber zu befriedigen. Mit dem liechtensteinischen Vermögen wurde demnach eine deutsche Schuld getilgt[2819], wodurch die Bundesrepublik damit im selben Umfang bereichert ist. Die Entreicherung auf liechtensteinischer Seite folgt bereits aus dem Umstand, dass den liechtensteinischen Eigentümern die Ausübung ihrer Eigentumsrechte nicht mehr möglich ist. Problematisch könnte hier die Frage sein, ob Be- und Entreicherung auf derselben Maßnahme beruhen; dieses Erfordernis wurde auch im Schiedsspruch im Fall *Sea-Land Service, Inc. v. The Islamic Republic of Iran, et al.* gefordert. Allerdings ist hier auf die Legalisierungswirkung in Bezug auf die tschechoslowakischen Enteignungen abzustellen[2820], die wie die Bereicherung der Bundesrepublik erst im Moment des *„change of position"* eingetreten ist. Ohne dass es dabei auf die Völkerrechtswidrigkeit der tschechoslowakischen Konfiskationen ankam, hat sich die Bundesrepublik damit die Beneš-Enteignungen zueigen gemacht. Dazu kommt, dass die Nachfolgestaaten der Tschechoslowakei in möglichen Auseinandersetzungen mit Liechtenstein um Wiedergutmachung auf den Umstand verweisen werden, dass Deutschland gewissermaßen die Verantwortung für die Eigentumsentziehungen übernommen hat. Die Gefahr einer doppelten Entschädigungsleistung (*„double recovery"*) besteht schon aus dem Grunde nicht, da möglicherweise im tschechisch-liechtensteinischen Verhältnis bestehende Ansprü-

---

2818 Beispielhaft das Iran-United States Claims Tribunal, Award No. 135-33-1, 22 June 1984, *Sea-Land Service, Inc. v. The Islamic Republic of Iran, et al.*, 6 Iran-United States Claims Tribunal Reports, 1984-II, S. 149 ff. (S. 168): *„There must have been an enrichment of one party to the detriment of the other, and both must arise as a consequence of the same act or event. There must be no justification for the enrichment, and no contractual or other remedy available to the injured party whereby he might seek compensation from the party enriched"*.

2819 Deutschland verfuhr damit nach dem Motto *„To pay with other people's money"*; so wird jedenfalls der Prozessvertreter des Fürstentums bei SCHORNSTHEIMER, Völkerrechtsschlacht, S. 21, zitiert; vgl. dazu auch DAHLKE, Der „Certain Property"-Fall vor dem IGH, S. 492.

2820 Vgl. dazu bereits Kap. 5, C.III.3.a)bb) und Kap. 5, C.III.3.a)cc).

che bei einer Entschädigung durch die Bundesrepublik erlöschen würden[2821]. Des Weiteren besteht auch ein kausaler Zusammenhang zwischen Ent- und Bereicherung, da sich die Einbeziehung liechtensteinischen Vermögens in den Begriff des *„deutschen Auslandsvermögens"* und die Legalisierungswirkung in Bezug auf die tschechoslowakischen Enteignungen gegenseitig bedingen und nicht getrennt voneinander vorstellbar sind.

Darüber hinaus besteht kein rechtlicher Grund für das Behaltendürfen der Bereicherung, da im deutsch-liechtensteinischen Verhältnis kein Umstand ersichtlich ist, der die Vermögensverschiebung rechtfertigen könnte. Selbst wenn man annimmt, Deutschland hat in einer *force majeure*-Situation gehandelt, würde dies lediglich den Eingriff in die Neutralität und Souveränität des Fürstentums rechtfertigen, aber die Bundesrepublik nicht zum Behaltendürfen der Bereicherung ermächtigen. Demnach ist ein Erstattungsanspruch Liechtensteins[2822] gegenüber der Bundesrepublik begründbar, der vom Umfang her das gesamte liechtensteinische Vermögen erfasst, welches einst in der Tschechoslowakei enteignet wurde.

cc) Ansprüche aus der Systematik des Überleitungsvertrages

Angesichts des eben gefundenen Ergebnisses kommt es auf weitere anspruchsbegründende Regelungen im Grunde nicht mehr an. Jedoch kann jede weitere gefundene Anspruchsgrundlage die Basis des Anspruchs sowie seinen argumentativen Hintergrund nur verstärken.

(1). Anspruch aus Art. 3, VI. Teil ÜV i.V.m. Art. 5, VI. Teil ÜV

So könnten sich unter Umständen Ansprüche direkt aus dem Überleitungsvertrag ergeben. Dies ist umso nachvollziehbarer, als dieser Vertrag in Art. 5, VI. Teil ÜV ursprünglich auch eine Entschädigungspflicht der Bundesrepublik zugunsten all jener, die unter Art. 3, VI. Teil ÜV fallen, vorgesehen hatte. Auf die logische Verknüpfung zwischen Klagestopp und Entschädigung wurde bereits hingewiesen[2823]. Jedoch kann Art. 5, VI. Teil ÜV nicht ohne Weiteres bemüht werden, da dieser durch den Notenwechsel vom 27./28. September 1990 aufgehoben wurde. Nun könnte man versuchen, den Notenwechsel dahingehend gem. Art. 31 Abs. 1 WVK ergänzend auszulegen, dass Sachverhalte, die erst nach 1990 in das Regime

---

2821 Vgl. DAHLKE, Der „Certain Property"-Fall vor dem IGH, S. 495 f.

2822 Das Fürstentum Liechtenstein mediatisiert hier seine Staatsbürger; ein Staat kann im Wege des diplomatischen Schutzes *„...sein eigenes Recht darauf geltend machen, dass das Völkerrecht in der Person seins Staatsangehörigen beachtet wird...“*, DAHLKE, Der „Certain Property"-Fall vor dem IGH, S. 489, mit Verweis auf entsprechende Rechtsprechung, z. B. *Mavrommatis Palestine Concessions*-Fall, Permanent Court of International Justice, Series A, No. 2, S. 12.

2823 Kap. 5, C.III.3.c)aa); vgl. auch DOEHRING, Völkerrechtswidrige Konfiskation eines Gemäldes des Fürsten von Liechtenstein als *„deutsches Vermögen“*: Ein unrühmlicher Schlusspunkt, S. 466.

des Überleitungsvertrages einbezogen werden – *„Neufälle"* sozusagen – auch trotz der Abschaffung des Art. 5, VI. Teil ÜV von der Norm erfasst werden, da die Bundesrepublik angesichts der Entschädigung in Abwicklung des Reparationsschädengesetz im Jahr 1990 davon ausgegangen ist, dass die Entschädigung bereits vollzogen und Art. 5, VI. Teil ÜV deshalb obsolet geworden war[2824].

Dem Ansatz, wonach die Norm auf die beschriebene Weise wiederaufleben kann, begegnen jedoch einige grundsätzliche Bedenken. Zunächst ist eine solche teleologische Auslegung des Notenwechsels nach Art. 31 Abs. 1 WVK bereits deshalb zweifelhaft, da sie sich über die Wortlautgrenze des völkerrechtlichen Vertrages hinwegsetzt. Der Notenwechsel hebt den Überleitungsvertrag ausdrücklich umfassend auf, wovon er nur ganz exakt beschriebene Ausnahmen nennt. Dabei darf aber selbst eine *„...extensive Auslegung (...) nicht dazu führen (...), contra legem und also gegen ausdrücklich gezogene Grenzen verstoßen zu dürfen..."*; dies *„...ergibt sich (...) aus der Regel pacta sunt servanda..."*[2825]. Zudem basiert eine teleologische Auslegung auf dem Grundsatz von Treu und Glauben[2826]. Dabei erhebt sich die Frage, ob die Vertragspartner des Notenwechsels dem Fürstentum dies überhaupt schulden, womit das Problem korreliert, ob Notenwechsel und Überleitungsvertrag für Drittstaaten einen Anspruch begründen können. Die Grundregel des Art. 34 WVK spricht allerdings deutlich dagegen. Dass eine Abweichung von dieser Norm nicht ohne Weiteres angenommen werden kann, wurde bereits im Zusammenhang mit der Frage um die angeblich *„drittbegünstigende Wirkung"* des Überleitungsvertrages zugunsten der Tschechoslowakei deutlich[2827]. Ob dies hinsichtlich des Fürstentums angenommen werden kann, ist angesichts der Neutralität Liechtensteins im Zweiten Weltkrieg noch fraglicher[2828]. Insgesamt vermag der dargestellte Ansatz der ergänzenden Vertragsauslegung im Falle Liechtensteins jedenfalls nicht zu überzeugen.

(2). Anspruch aus Art. 3, VI. Teil ÜV i.V.m. den Grundsätzen der Staatenverantwortlichkeit

Letztlich scheitert auch der denkbare Ansatz, der das Auseinanderreißen der aus logischen Gründen[2829] als Einheit zu betrachtenden Vorschriften der Art. 3 und 5,

---

2824 So DAHLKE, Der „Certain Property"-Fall vor dem IGH, S. 490.

2825 DOEHRING, Völkerrecht, Rn. 396.

2826 HEINTSCHEL VON HEINEGG in: IPSEN, Völkerrecht, § 11, Rn. 17.

2827 Vgl. Kap. 5, C.III.3.b)cc).

2828 DAHLKE, Der „Certain Property"-Fall vor dem IGH, S. 493, Fn. 85: *„Gleichwohl bestehen auch hier Bedenken, ob neutralen Staaten wie dem Fürstentum Liechtenstein der Anwendungsbereich des Vertrages eröffnet sein soll"*.

2829 Da das Vermögen von Privatpersonen an sich nicht Gegenstand von Enteignungen sein darf, kann die Vereinbarung von Reparationen, wodurch auch Vermögen von Privatpersonen betroffen sein soll, nur dann völkerrechtsmäßig sein, wenn die Vereinbarung eine Entschädigungspflicht beinhaltet, vgl. bereits Kap. 5, C.III.2.a)aa).

VI. Teil ÜV derart auflösen will, dass er bereits die Aufrechterhaltung von Art. 3, VI. Teil ÜV als Völkerrechtsverstoß im Sinne der Staatenverantwortlichkeit ansieht[2830]. Denn ohne die Anwendung der Norm durch deutsche Gerichte, also lediglich durch die bloße Verursachung des beschriebenen Rechtszustandes greift die Bundesrepublik nicht in liechtensteinische Rechtspositionen ein. Insofern ist es deshalb wohl einzig richtig, direkt an die Einbeziehung liechtensteinischer Sachverhalte in den Regelungsbereich des Überleitungsvertrages anzuknüpfen. Im Verhältnis zum Fürstentum Liechtenstein ist der Bundesrepublik auch nicht vorwerfbar, dass sie Art. 5, VI. Teil ÜV abgeschafft hat, da auch Art. 3, VI. Teil ÜV nach richtiger Auslegung auf das Vermögen von Liechtensteinern nicht anwendbar sein sollte.

d) Ergebnis zum Verfahren vor dem IGH

Insgesamt sind deshalb keine Ansprüche *aus* dem Überleitungsvertrag denkbar, jedoch Ansprüche auf Grund der Tatsache der Einbeziehung des Vermögens liechtensteinischer Staatsbürger *in* den Überleitungsvertrag. Nach den hier gewonnenen Erkenntnissen hätte der IGH zum einen feststellen müssen, dass die Subsumtion der fürstlichen Klagen unter den Klagestopp den liechtensteinischen Staat in dessen Neutralität und Souveränität verletzt hat. Zudem hätte der Gerichtshof zu dem Ergebnis gelangen müssen, dass die Bundesrepublik auf der Grundlage eines Anspruches nach den Grundsätzen der ungerechtfertigten Bereicherung verpflichtet ist, an Liechtenstein Entschädigung zu leisten, wobei von diesem Anspruch nicht nur das ursprünglich streitgegenständliche Gemälde, sondern all jenes Vermögen umfasst ist, welches auf Grund der Beneš-Dekrete liechtensteinischen Staatsbürgern in der Tschechoslowakei konfisziert wurde.

8. Bewertung des liechtensteinischen Vorgehens im Rahmen der EWR-Osterweiterung

Insgesamt hat das liechtensteinische Vorgehen keines der beiden ursprünglich mit der Zustimmung zum Beitritt der Tschechischen und der Slowakischen Republik verbundenen Ziele erreicht. Die beiden aus der Tschechoslowakei hervorgegangenen Staaten haben nicht nur Zusagen im Hinblick auf Verhandlungen hinsichtlich einer Entschädigung für die Beneš-Enteignungen verweigert, sondern auch davon Abstand genommen, die Staatlichkeit des Fürstentums im eingeforderten zeitlichen Umfang anzuerkennen[2831].

[2830] Auch dieser Ansatz findet sich bei DAHLKE, Der „Certain Property"-Fall vor dem IGH, S. 492.

[2831] Dies wird sehr deutlich im Statement des liechtensteinischen Regierungsrates ERNST WALCH, welches er anlässlich der Unterzeichung des EWR-Erweiterungsabkommen am 11. November 2003 in Vaduz abgegeben hat: *„Wie Sie wissen, konnten wir das Abkommen wie ursprünglich am 14. Oktober 2003 vorgesehen nicht unterzeichnen, aufgrund offener Fragen betreffend die Anerkennung Liechtensteins durch Tschechien und die Slo-*

a) Motivationslage Liechtensteins für das Einlenken

Von offizieller liechtensteinischer Seite wird vorgetragen, das Fürstentum habe letztlich *„...im Interesse der andauernden multilateralen Zusammenarbeit im Rahmen des Europäischen Wirtschaftsraumes...“* zugestimmt[2832]. Was zunächst wie ein vorgeschobenes Argument klingt, könnte letzten Endes doch wörtlich zu verstehen gewesen sein. Bemüht man sich, die offizielle Begründung als altruistische Aussage zu werten, wonach Liechtenstein eigene Interessen hintan stellt, um der fortschreitenden europäischen Integration nicht im Wege zu stehen, würde dies den Umstand übergehen, dass das Fürstentum angesichts seiner Weigerung, das Erweiterungsabkommen zu unterzeichnen, *„...unter Druck [stand] wie noch nie...“*[2833]. Denn ein Scheitern der EU-Osterweiterung an der Verweigerungshaltung des Fürstentums war von Anfang an nicht im Rahmen des politisch Denkbaren[2834]. Dem Bericht der liechtensteinischen Regierung an den Landtag vom 27. Januar 2004 zufolge war sich auch die Regierung bei ihrem *„...Vorgehen bewusst, dass angesichts der politischen und wirtschaftlichen Bedeutung des EWR-Erweiterungsabkommens und damit schließlich des EWR insgesamt nur ein relativ beschränktes zeitliches Fenster für die Suche nach einer Lösung verblieb...“*[2835]. Denn es war nicht gewiss, dass die finale Verweigerung der Unterzeichnung zwangsläufig zu einer Nichtaufnahme Tschechiens und der Slowakei führen würde; vielmehr war zu befürchten, dass die EU-Staaten den gesamten EWR zum Nachteil der EFTA-EWR-Staaten in Frage stellen könnten. Ob diese unausgesprochene Variante in den Verhandlungen eine Rolle gespielt hat, kann hier nur vermutet werden. Unbestreitbar ist jedoch, dass gerade politischer Druck von Seiten der beiden anderen EFTA-EWR-Staaten auf das Fürstentum ausgeübt wurde. Zwar hatten sich die beiden skandinavischen Länder, wie bereits erwähnt, zunächst mit Liechtenstein solidarisch erklärt, *„...vor allem Norwegen aber machte deutlich, dass es eine baldige Lösung des Problems erwarte und gewillt sei, das EWR-*

---

wakei. Leider ist in dieser Frage noch keine Lösung gefunden worden...“; zugänglich auf http://www.liechtenstein.li (Stand: 28. April 2004).

2832 So der liechtensteinische Außenminister ERNST WALCH in seinem Statement, welches er anlässlich der Unterzeichung des EWR-Erweiterungsabkommen am 11. November 2003 in Vaduz abgeben hat; zugänglich auf http://www.liechtenstein.li.

2833 Mit diesen Worten wird der liechtensteinische Politiker und Abgeordnete PAUL VOGT (FL) auf der Internetseite http://www.welcome.li/news-233.html zitiert (Stand 11. Oktober 2004).

2834 So wurde beispielsweise auch für den Fall, dass nicht alle EWR-Staaten rechtzeitig die Ratifikationsurkunde beibringen hätten können, eine provisorische Anwendung des EWR-Abkommens vereinbart, um auf jeden Fall ein paralleles Inkrafttreten des EWR-Abkommens und des Verträge der Europäischen Union in den neuen EU-Mitgliedstaaten zum 1. Mai 2004 zu garantieren; vgl. Regierung des Fürstentums Liechtenstein, Bericht und Antrag der Regierung an den Landtag des Fürstentums Liechtenstein betreffend das EWR-Erweiterungsabkommen vom 14. Oktober 2003 vom 27. Januar 2004, S. 23.

2835 Regierung des Fürstentums Liechtenstein, Bericht und Antrag der Regierung an den Landtag des Fürstentums Liechtenstein betreffend das EWR-Erweiterungsabkommen vom 14. Oktober 2003 vom 27. Januar 2004, S. 50.

Erweiterungsabkommen zu unterschreiben..."[2836]. Denn die EWR-Erweiterung war selbstredend auch für die EFTA-EWR-Staaten aus wirtschaftlichen Gründen ein wichtiges Projekt[2837].

b) Positive Aspekte für Liechtenstein im Zusammenhang mit seinem Verhalten

Aus der Unterzeichnung des Abkommens lassen sich aber auch für Liechtenstein positive Aspekte herauslesen. Denn auf diese Weise wird nicht nur die Anerkennung des Kleinstaates zumindest *pro futuro* im Verhältnis der Neu-Mitgliedstaaten gesichert, sondern auch der liechtensteinischen Ökonomie werden neue Märkte eröffnet. Der Regierung des Fürstentums zufolge soll die Unterschrift unter das EWR-Erweiterungsabkommen „*...die Verankerung des Kleinstaates in Europa vertiefen. Das ganze Land, Industrie und Dienstleistungen profitieren davon*"[2838].

Um diesen Vorteil zu erreichen, hätte es jedoch keiner vorübergehenden Verweigerung der Unterschrift unter den Vertrag bedurft; diese war im Grunde sogar kontraproduktiv, da die Vorteile eines erweiterten EWR gerade eine Unterzeichnung Liechtensteins erforderten. Das Vetorecht im Rahmen der EWR-Erweiterung bot dem Fürstentum jedoch die Möglichkeit, die Probleme im Verhältnis Liechtensteins zu Tschechien und der Slowakei auf der großen multinationalen europäischen Bühne zu Gehör zu bringen[2839]. Die Unterzeichung am 11. November 2003 in Vaduz bot der liechtensteinischen Regierung zudem das Forum, den beiden Nachfolgestaaten der Tschechoslowakei den Spiegel vorzuhalten[2840]. Zudem dürften sich die übrigen EWR-Staaten zu gegebener Zeit dankbar

---

2836 http://www.nzz.ch vom 5. November 2003 (Stand 11. Oktober 2004); in der liechtensteinischen Tageszeitung VATERLAND war sogar vermeldet worden, Norwegen hätte dem Fürstentum ein Ultimatum gesetzt, was der liechtensteinische Außenminister vehement dementierte, vgl. mit Stand 11. Oktober 2004: http://www.welcome.Liechtenstein/news-233.html.

2837 Zu den in Island und Norwegen aufgetreten innenpolitischen Irritationen in Folge der Solidarität für die liechtensteinische Weigerung sagten die Außenminister der beiden Staaten, „*...dass es sich bei der EWR-Erweiterung um ein wichtiges Abkommen für ihre Länder und somit um eine heikle Angelegenheit handelt...*", vgl. http://www.welcome.li /news-242.html (Stand 11. Oktober 2004).

2838 Quelle: http://www.swissinfo.org (Stand 11. Oktober 2004).

2839 Diese Intention lässt sich auch anhand des Regierungsberichts nachweisen, Regierung des Fürstentums Liechtenstein, Bericht und Antrag der Regierung an den Landtag des Fürstentums Liechtenstein betreffend das EWR-Erweiterungsabkommen vom 14. Oktober 2003 vom 27. Januar 2004, S. 48: „*Allen künftigen Vertragsparteien (...) wurde das Aide mémoire vom 4. April 2003 verteilt, das die Position Liechtensteins bezüglich der Beziehungen zu den beiden Nachfolgestaaten der ehemaligen Tschechoslowakei ausführlich darstellte. Diese Darstellung war somit allen Unterzeichnerstaaten des Abkommens zum Zeitpunkt der Paraphierung und Unterzeichnung des EWR-Erweiterungsabkommens bekannt*".

2840 Der liechtensteinische Außenminister ERNST WALCH im Statement, welches er anlässlich

an das Nachgeben der liechtensteinischen Seite erinnern[2841], so dass auf diese Weise ein Unterpfand für zukünftige Verhandlungen auf europäischer Ebene erworben wurde, während ein fortgesetzter Konfrontationskurs gegebenenfalls dazu geführt hätte, dass Liechtenstein das Wohlwollen der EU hätte verspielen können, welches dem Kleinstaat erst die Möglichkeit des Beitritts in den EWR – unter Einräumung der beschriebenen Sonderregelungen – ermöglicht hatte[2842].

Darüber hinaus wurden sowohl Prag als auch Pressburg gezwungen, in der liechtensteinischen Vermögensfrage Farbe zu bekennen, so dass die europäische Erweiterungseuphorie die noch offenen Kriegsfolgeschäden nicht schlicht ignorieren konnte. Außerdem hätte das Vetorecht durchaus ein Impuls zur Regelung dieser Fragen sein können, wenn sich Tschechien und die Slowakei nicht fortgesetzt ihrer historischen Verantwortung gegenüber einem im Zweiten Weltkrieg neutralen Staat verweigern würden. In Bezug auf die materiellen Fragen hatte das Verhalten Liechtensteins zudem durchaus eine wichtige Funktion, da auf diese Weise für weitere Verhandlungen auf der Ebene des EWR eine negative Präjudizierung verhindert wurde[2843]. Eine darüber hinausgehende materielle Wirkung etwa der Erklärung Liechtensteins in der Schlussakte des Erweiterungsabkommens oder im Anhang zur Ratifikationsurkunde, worin das Fürstentum die Annahme formuliert, dass die Vertragspartner Liechtenstein als einen seit langem souveränen Staat ansehen, kann dagegen nicht angenommen werden. Zwar könnten die Erklärungen grundsätzlich als Urkunden im Sinne von Art. 31 Abs. 2 lit. b WVK angesehen werden, jedoch darf angesichts der (Gegen-)Erklärungen Tschechiens und der Slowakei, wonach sie die Erklärungen Liechtensteins als rechtlich irrelevant betrachten, nicht zulässigerweise davon ausgegangen werden, dass die beiden Republiken die liech-

---

der Unterzeichung des EWR-Erweiterungsabkommen am 11. November 2003 in Vaduz abgab: „*Das Fürstentum Liechtenstein muss festhalten, dass der Mangel an Respekt vor der Souveränität und den Rechten eines der EWR-Staaten, welcher durch zwei künftige Mitglieder des EWR gezeigt wird, weder mit dem Geist und den Prinzipien des Europäischen Wirtschaftsraums noch mit den allgemein anerkannten Prinzipien des Völkerrechts vereinbar ist.*“; zugänglich auf http://www.liechtenstein.li (Stand 11. Oktober 2004).

2841 Dazu beispielhaft http://www.welcome.li /news-242.html: „*...Freude bekundeten die Außenminister der EFTA-EWR-Staaten (...) darüber, dass Liechtenstein trotz der ungelösten bilateralen Probleme mit den EU-Beitrittsländern inzwischen von der ursprünglichen Haltung abrückte und somit den Weg für die Unterzeichnung des EWR-Erweiterungsvertrages ebnete...*“.

2842 Auch schon bei der Aufnahme der Tschechischen Republik in den Europarat konnte die Enteignung liechtensteinischen Vermögens auf tschechischen Boden nach dem Ende des Zweiten Weltkrieges thematisiert werden, ohne allerdings konkrete Ergebnisse zu erreichen; vgl. bereits Kap. 4, C.III.2.b)dd)(2).

2843 Auf http://www.welcome.li /news-233.html wird der liechtensteinische Außenminister WALCH folgender Maßen zitiert: „*Würde Liechtenstein nicht beim EWR ein klares Zeichen setzen, hätte man einen Präzedenzfall gesetzt, den man auch bei späteren, ähnlich weit reichenden Verträgen mit der EU nicht ohne Weiteres korrigieren kann*“.

tensteinischen Erklärungen im Sinne von Art. 31 Abs. 2 lit. b WVK *angenommen* haben.

c) Ergebnis

Insgesamt fällt die Bewertung der liechtensteinischen Aktion demnach ambivalent aus. Einerseits hat sich gezeigt, dass sich die Frage der Ausübung oder Nichtausübung theoretisch bestehender institutioneller Rechte bei entsprechendem politischen Gegendruck nicht nach eigenem Interesse mit anderweitigen Forderungen verbinden lässt. Geht man mit PRANGE[2844] allerdings davon aus, dass angesichts der historischen Dimension der Osterweiterung der EU grundsätzlich nur wenig Chancen bestanden, nationale Individualinteressen einzelner EFTA/EWR-Staaten im Rahmen der Verhandlungen einzubringen, hat das Fürstentum doch die Chance genutzt, seine Interessen und die einiger seiner Staatsbürger für einige Zeit in das Zentrum der europäischen Aufmerksamkeit zu rücken.

9. Zusammenfassende Wertung der Grenzen der Effektivität der Maßnahmen zur Bewältigung der Kriegsfolgeschäden Liechtensteins

Neben dem eben bereits formulierten Ergebnis, dass das Fürstentum seine institutionellen Rechte nicht zur Erreichung des gesetzten Primärziele nutzen konnte, kann zusammenfassend festgestellt werden, dass sowohl Fürst als auch liechtensteinischer Staat in den gerichtlichen Verfahren vor dem IGH im Fall *Nottebohm*, vor den tschechoslowakischen und deutschen Gerichten, aber auch vor dem EGMR und dem IGH im Bilderstreit unterlegen sind, *obwohl* das materielle (Völker-) Recht in allen Fällen für die liechtensteinische Position sprach. Im Folgenden sollen nun Hintergründe und mögliche Motive für das Auseinanderfallen von materiellem Recht und faktischem Misserfolg hinsichtlich der Durchsetzung liechtensteinischer Interessen erhellt und dargestellt werden.

a) Der Vorwurf des Rechtsmissbrauchs

Einen Anhaltspunkt für die Beantwortung der soeben aufgeworfenen Frage kann unter Umständen bereits die dokumentierte Außenansicht des liechtensteinischen Versuchs, die Kriegsfolgeschäden zu bewältigen, bieten. Auffällig ist dabei der gegenüber Liechtenstein immer wieder erhobene Vorwurf des Rechtsmissbrauches. So unterstellt bereits das Urteil im Fall *Nottebohm*, wie bereits in der Zusammenfassung der Entscheidung dargestellt wurde[2845], dass NOTTEBOHM die Einbürgerung vorrangig beantragt habe, gerade um sich den diplomatischen Schutz eines neutralen Staates zu verschaffen. Ohne jedoch die einschlägigen Rechtsinstitute konkret auszusprechen, spielen die Mehrheitsrichter damit auf die Begriffe des Rechtsmissbrauches (*abus de droit*) und der Gesetzesumgehung (*fraude à la loi*) an.

[2844] PRANGE, Liechtenstein im Europäischen Wirtschaftsraum – Wirtschaftliche Erfolgsbilanz eines Kleinstaates?, S. 183.

[2845] Kap. 5, B.II.2. (am Ende).

Mit einer starken Meinung in der Literatur[2846] sind diese Vorwürfe der Mehrheitsrichter jedoch als haltlos zu werten. Denn im Zeitpunkt der Naturalisierung NOTTEBOHMs war Guatemala selbst noch ein neutraler Staat. Der liechtensteinische Neubürger hätte auch bei aufrechterhaltener Neutralität des mittelamerikanischen Staates nichts zu befürchten gehabt, wenn er die deutsche Staatsbürgerschaft beibehalten hätte. Allerdings war Guatemala im Gegenzug nicht dahingehend schutzwürdig, dass der Status von Bürgern eines kriegsführenden Staates sich nicht ändern durfte, damit die guatemaltekische Republik nach Eintritt in den Zweiten Weltkrieg noch Feindvermögen vorfinden konnte, das sie dann enteignen konnte[2847].

Die hier vertretene Ansicht, die sich mit der dargestellten in der Literatur deckt, kann sich auf die deutlichen Worte des Minderheitsvotums des Richters KLAESTAD stützen, der ebenfalls zum Ergebnis gelangt, dass die Geltendmachung diplomatischen Schutzes durch Liechtenstein auf der Grundlage der Einbürgerung NOTTEBOHMs weder unter dem Gesichtspunkt des Rechtsmissbrauchs noch dem Ansatzpunkt der Gesetzesumgehung ausgeschlossen war[2848].

Auch in den Besprechungen zum deutsch-liechtensteinischen Bilderstreit finden sich vergleichbare Vorwürfe. So unterstellt GATTINI den fürstlichen und staatlich-liechtensteinischen Klagen und Beschwerden in seinem Aufsatz zur Entscheidung des EGMR in Sachen *Prince Hans-Adam II of Liechtenstein v. Germany* – unter dem vielsagenden Titel *„A Trojan Horse for Sudeten Claims? On some implications of the Prince of Liechtenstein v. Germany"* – , dass mit diesen Maßnahmen lediglich eine vom konkreten Fall losgelöste Debatte um die Beneš-Dekrete und um die immer noch nicht befriedigten Ansprüche der Sudetendeutschen wiederentfacht werden sollte[2849]. Es gehe dabei darum, Art. 3, VI. Teil ÜV und damit einen Eckstein in der Struktur der Nachkriegsbeziehungen Deutschland mit dem Rest der Welt neu zu interpretieren [2850]. Der Autor scheint aus objektiv nicht nachvollziehbaren Gründen davon aus-

---

[2846] LOEWENFELD, Der Fall Nottebohm, S. 406 ff.; MAKAROV, Das Urteil des IGH im Fall Nottebohm, S. 423 ff.; SEIDL-HOHENVELDERN, Der Fall Nottebohm, S. 149.

[2847] Vgl. dazu SEIDL-HOHENVELDERN, Der Fall Nottebohm, S. 149, der deutliche Worte findet und meint, eine *„...Mentalreservation..."* dahingehend, die Neutralität zu beenden, wenn sich der Kriegsverlauf zu Ungunsten des Deutschen Reiches ändert, um dann *„...am Fischzug gegen das deutsche Auslandseigentum teilzunehmen..."*, könne kein legitimes Interesse Guatemalas sein.

[2848] I.C.J. Reports 1955, S. 31 ff.

[2849] GATTINI, A Trojan Horse for Sudeten Claims? On Some Implications of the *Prince of Liechtenstein v. Germany*, S. 513: *„The article maintains that the real motive for the claim is an attempt to reignite an international juridical-political debate on the merits of the 1945 Beneš Decrees and of the still unsettled Sudeten claims"*.

[2850] GATTINI, A Trojan Horse for Sudeten Claims? On Some Implications of the *Prince of Liechtenstein v. Germany*, S. 522 f.: *„What we are witnessing is a clear attempt by some German legal commentators to reinterpret Article 3 of Part VI of the Settlement Convention, one of the cornerstones of the structure of post-war relations between Germany and*

zugehen, dass es nicht vorstellbar ist, dass die Klagen schlicht der Durchsetzung kleinstaatlicher Interessen oder der Interessen eines Staatsbürgers eines Kleinstaates dienen sollten. Die Unterstellung, die liechtensteinischen Maßnahmen gehorchten in der beschriebenen Weise einer geradezu subversiven Intention, da sie angeblich als Trojanisches Pferd für Forderungen der Vertriebenen vorgeschoben wurden, geraten schließlich vollständig abstrus, als GATTINI schließlich zu dem Ergebnis gelangt, die eigentliche Motivation der Maßnahmen könne jedenfalls mittels der Klage vor dem IGH überhaupt nicht erreicht werden, weil FÜRST FRANZ JOSEF II. weder Sudetendeutscher noch Vertriebener war (sic !)[2851]. Damit stellt der Autor den Sachverhalt auf den Kopf. Der Umstand, dass der Fürst kein Deutscher im Sinne von Art. 3, VI. Teil ÜV war, ist schließlich gerade der Hintergrund der gerichtlichen Maßnahmen der liechtensteinischen Seite. Eine Erklärung, warum Liechtenstein oder der Fürst von Liechtenstein ein Interesse am Schicksal der sudetendeutschen Ansprüche über die Klärung der Unrechtmäßigkeit der liechtensteinisches Vermögen treffenden Konfiskationen hinaus haben sollte, bleibt der italienische Wissenschaftler schuldig.

Derartige aktuelle Stellungnahmen zum Vorwurf des Rechtsmissbrauchs beschränken sich nicht nur auf Einzelstimmen in der Literatur. Auch die Bundesrepublik Deutschland wirft dem Fürstentum in ihren *preliminary objections* im Fall *Certain Property* vor dem IGH vor, eine Streitigkeit im Sinne von Art. 38 Abs. 1 IGH-Statut für andere Zwecke erfunden zu haben[2852]. Nach der Rechtsprechung des IGH definiert man eine Streitigkeit im Sinne des Statuts als *„...disagreement on point of law or fact, a conflict of legal views or interests between parties...*"[2853]. Angesichts der Erfolglosigkeit der Konsultationen[2854] über die Folgen der Bundesverfassungsgerichtsentscheidung im Fall Liechtenstein sind aber unterschiedliche Rechtsansichten und damit die Existenz einer Streitigkeit im Sinne des Statuts offensichtlich[2855].

---

the rest of the world".

2851 GATTINI, A Trojan Horse for Sudeten Claims? On Some Implications of the *Prince of Liechtenstein v. Germany*, S. 544: *„But (...) Liechtenstein's application simply misses the target: Prince Franz Joseph II was neither a Sudeten German nor a Vertriebener".*

2852 International Court of Justice, Case concerning certain property (*Liechtenstein v. Germany*), Priliminary Objections of the Federal Republic of Germany, 27 Juni 2002, zugänglich auf de Homepage des IGH http://www.icj-cij.org, S. 38: *„Since adjudicating purposefully invented disputes is contrary to the Court's judicial function, the Court should not accept Liechtenstein's claims as establishing a ‚dispute' with Germany within the meaning of the Court's Statute, and should reject the Applicant's case on this ground".*

2853 Bereits erarbeitet vom Ständigen Internationalen Gerichtshof, *Mavrommatis Palestine Concessions*, Judgment No. 2, 1924 PCIJ, Ser. A, Nr. 2, p. 11; zuletzt in IGH, *Land and Maritime Boundary between Cameroon and Nigeria*, Jurisdiction and Admissibility, I.C.J. Reports 1998, pp. 314-315, para. 87.

2854 Vgl. dazu Kap. 5, B.V.2.a)

2855 So auch das Fürstentum in: INTERNATIONAL COURT OF JUSTICE, Case concerning certain

Insgesamt scheinen die Bemühungen Liechtensteins und des Fürsten, die eigenen und die Interessen seiner Staatsbürger durchsetzen zu wollen, grundsätzlich in einem negativen Licht wahrgenommen zu werden. Dies mag daran liegen, dass das kleine Land und seine Bürger mangels politischer Machtmittel[2856] gezwungen sind, Maßnahmen zu ergreifen, die aus der Sicht eines großen Nationalstaates nicht naheliegend sind. Vor diesem Hintergrund ist es leichter zu verstehen, warum der Fürst die Ausstellung in Köln nutzte, um die völkerrechtswidrige Einbeziehung des Vermögens seines Vaters auf tschechoslowakischem Boden in die Anwendung des Beneš-Dekretes Nr. 12 zur Sprache zu bringen. Aus der Außenperspektive wird jedoch übersehen, dass die Wahl der Mittel keine freiwillige darstellt, sondern schlicht dem Umstand zu verdanken ist, dass für einen kleinen Kleinstaat tendenziell keine anderen Maßnahmen greifbar sind.

Die negative Bewertung des Kampfes um die Bewältigung der liechtensteinischen Kriegsfolgeschäden in der internationalen Wahrnehmung könnte auch schlicht Ergebnis des allgemeinen Images des Fürstentums sein. Ein Staat, der bereits in untendenziösen Feuilletonartikeln der deutschen Presse als *„Fluchtgeldoase"* und *„Made im Speck"* bezeichnet wird[2857], darf offenbar auf internationaler Bühne keine geldwerten Ansprüche erheben, ohne Missgunst und Neid zu ernten.

b) Relevante Aspekte im Zusammenhang mit dem Misserfolg der gegen die Kriegsfolgen gerichteten Maßnahmen

Schlechte *public relations* allein kann aber weder eine Auswirkung auf die Rechtsprechung sowohl internationaler als auch nationaler Gerichte begründen[2858], die

---

property (*Liechtenstein v. Germany*), Observations of the Principality of Liechtenstein, S. 19.

2856 Zu diesem kleinstaatenspezifischen Funktionsdefizit vgl. Kap. 5, C.I.2.

2857 Marcus Jauer in: Die besseren Schweizer, als Beitrag in einer Reihe von Artikel zum Thema: Europas kleinste Hauptstädte (2), Süddeutsche Zeitung vom 2./3. Oktober 2004, Wochenendbeilage, S. IV; der Artikel reduziert Vaduz auf seine Nischenwirtschaft. Im folgenden eine Auswahl der Wertungen des Autors: *„Und Banken gibt es. Viele, viele Banken."*; *„Wie viel Geld die Banken in Vaduz verwalten, weiß niemand. Wüsste es doch jemand, etwa der Fürst, würde er es natürlich nicht verraten. Schließlich gilt hier noch immer das Bankgeheimnis."*; *„...Briefkastenfirmen..."*; *„Vaduz ist ein Ort, in dem Besitzhabende aus aller Herren Länder ihr erarbeitetes, ererbtes, erspieltes oder gespendetes Geld in Sicherheit bringen können – vorbei am Fiskus. Eine florierende Steueroase, die nichts dafür kann, dass rund um sie nur Wüste ist"*; *„Neutralität, das lernt man in Vaduz, dem lieblichen Finanzplatz, ist nur ein anderes Wort für Egoismus und Anpassung"*; der Neidfaktor wird gesteigert durch die folgenden Feststellungen: *„In Vaduz leben Menschen, die fast keine Arbeitslosigkeit und fast keine Inflation kennen und über eines der höchsten Pro-Kopf-Einkommen der Welt verfügen. Deren maximaler Einkommensteuersatz bei 18 Prozent liegt und für die eine lückenlose soziale Absicherung besteht"*.

2858 Dies gilt insbesondere auch deshalb, weil die Presse hinsichtlich ihrer Wertung auch zum Teil positiv gefärbte Stellungnahmen zur gegen die Bundesrepublik gerichteten IGH-Klage veröffentlicht haben. So titelt die Süddeutsche in ihrer Ausgabe vom 2./3./4. Juni

das dargestellte Auseinanderfallen von materiell-rechtlicher Position und den betreffenden Urteilen erklären könnte. Noch kann eine kritische Darstellung des Fürstentums in der europäischen Öffentlichkeit der Grund dafür sein, dass sich die liechtensteinischen Primärziele anlässlich der Aufnahme der Nachfolgerepubliken der Tschechoslowakei in die EU nicht durchsetzen ließen. Die Bewältigung der liechtensteinischen Kriegsfolgeschäden muss demnach noch von anderen Umständen und Zusammenhängen behindert worden sein, die es im folgenden darzustellen gilt.

aa) Die besondere Stellung der Bundesrepublik Deutschland nach dem Zweiten Weltkrieg

Im Rahmen der Verfahren vor den deutschen Gerichten und im Verfahren vom dem EGMR hat ganz offensichtlich die besondere Stellung Deutschlands nach dem Zweiten Weltkrieg eine Rolle gespielt. Diese Feststellung mag zunächst banal klingen angesichts der Tatsache, dass der Klagestopp sich aus einer Norm ergibt, die in die Kategorie des nachzubefolgenden Besatzungsrechts einzuordnen ist. Es stellt sich jedoch die Frage, ob sich die deutsche Selbstsicht, nämlich sich – in den Worten des EGMR – in *„...unique circumstances...“* zu befinden[2859], nicht verselbständigt hat, als die deutschen Gerichte Art. 3, VI. Teil ÜV entgegen völkerrechtlicher Interpretationsregeln zu weit auslegten[2860]. Nur vor diesem Hintergrund lässt sich die folgende Aussage des LG Köln zum überleitungsvertraglichen Klagestopp im deutsch-liechtensteinischen Bilderstreit erklären: *„Die Hinnahme derartiger aus der Niederlage Deutschlands im Zweiten Weltkrieg resultierender Maßnahmen ohne jegliche Überprüfung auf ihre Rechtmäßigkeit entspricht (...) geltendem Recht“*[2861].

(1). Das *„Schlussstrich“*-Argument als überobligatorische Erfüllung völkervertraglicher Pflichten

Die Wahrnehmung einer Bindung Deutschlands über den von den Alliierten intendierten Inhalt des Überleitungsvertrages hinaus manifestiert sich in dem von den deutschen Gerichten fälschlicherweise aus dem Klagestopp entnommenen *„Schlussstrich“*-Argument. Diese Autodetermination der Bundesrepublik durch die Rechtsprechung ihrer eigenen Justiz verlässt die juristische Systematik der Norminterpretation, um sich dem allgemeinen politischen Unwillen anzupassen, sich mit der Vergangenheit Deutschlands auseinanderzusetzen. In der Literatur wurde des-

---

2004 mit dem sympathischen biblischen Vergleich *„David verklagt Goliath – Liechtenstein bringt Deutschland vor den UN-Gerichtshof“*.

2859 EGMR, *Prince Hans-Adam II of Liechtenstein v. Germany*, ECHR Reports 2001 VIII, Ziffer 59; vgl. bereits Kap. 5, B.V.1.a).

2860 Dazu vgl. bereits Kap. 5, C.III.3.b)dd) bzw. c)dd).

2861 Urteil des LG Köln vom 10. Oktober 1995, Aktenzeichen 5 O 182/92, veröffentlicht in IPRax 1996, S. 421.

halb auch bereits der „*Schlussstrich*“ als „...*Schlüsselwort zur Erklärung der deutschen Gerichtsentscheidungen...*“ im Fall *Liechtenstein* erkannt[2862].

(a) Vermeintliche Zwänge im Verhältnis Deutschlands zu den Siegermächten

Ein Grund für diese überobligatorische Erfüllung des Überleitungsvertrages mag im speziellen Verhältnis Deutschlands zu den Siegermächten, insbesondere aber zu den Westmächten zu finden sein. Der große Einfluss dieser Staaten – vor allem in ihrer Funktion als Besatzungsmächte – auf die Bundesrepublik über die lange Zeitspanne von 1945-1990 hat offenbar eine bestimmte Form von vorauseilendem Gehorsam generiert. Während DOEHRING lediglich neutral feststellt, die deutschen Gerichte hätten sich bei der Auslegung des Klagestopps „...*nicht ausreichend bemüht...*“[2863], konstatiert SEIDL-HOHENVELDERN in diesem Zusammenhang folgendermaßen: „*Ein unbefangener ausländischer Beobachter der deutschen Rechtsprechung kann nur leise den Kopf schütteln über deren beflissenen Respekt vor Maßnahmen der Siegermächte des Zweiten Weltkrieges – auch und gerade nach der Wiederherstellung der vollen Souveränität über das wiedervereinigte Deutschland am 3. Oktober 1990*“[2864]. Die Verweigerung der Aufnahme von offiziellen Verhandlungen mit dem Fürstentum Liechtenstein und damit die Umsetzung der deutschen Rechtsprechung im Fall *Liechtenstein* spiegelt nach einer Literaturmeinung des Weiteren die „...*Einstellung der Bundesregierung [wider], gegenüber ‚Siegermächten' den ‚Musterknaben' spielen zu wollen, selbst wenn dies deutschen Interessen zuwider läuft und eine Verletzung völkerrechtlich geschützter Menschenrechte bedeutet...*“[2865]. Der Autor sieht demnach nichts anderes als den erwähnten vorauseilenden Gehorsam Deutschlands gegenüber den Siegern des Zweiten Weltkrieges. Aber die deutsche Rücksichtnahme beschränkt sich nicht nur auf die Besatzungsmächte. So müssen die Entscheidungen der deutschen Gerichte vor allem auch vor dem Hintergrund der nach dem Niederfall des Eisernen Vorhangs intensivierten Aussöhnung mit der Tschechischen Republik gesehen werden. Auf diesem Zusammenhang wies BLUMENWITZ[2866] bereits in einem Aufsatz aus dem Jahr 1999 hin: „*In einer schwierigen Phase der deutsch-tschechischen Beziehungen waren Äußerungen deut-*

[2862] So FASSBENDER, Der Fürst, ein Bild und die deutsche Geschichte, S. 465, der anschließend fortfährt: „*Mit diesem Teil der deutschen Vergangenheit möchte sich die Bundesrepublik partout nicht mehr auseinandersetzen...*“.

[2863] DOEHRING, Völkerrechtswidrige Konfiskation eines Gemäldes des Fürsten von Liechtenstein als „deutsches Vermögen“: Ein unrühmlicher Schlusspunkt, S. 466.

[2864] SEIDL-HOHENVELDERN, Nachwirkungen der Kontrollratsgesetzgebung und die deutsche Souveränität, S. 975; der Autor fährt auf S. 975 f. hinsichtlich der Bindung der Bundesrepublik durch den Überleitungsvertrag fort: „*Gewiss wird jeder Völkerrechtler dafür eintreten, dass Verträge zu halten sind – aber müssen sie immer zu Gunsten der Siegermächte ausgelegt werden?*“.

[2865] PRAXL, Recht und Macht – Der Fall Liechtenstein zwischen Beneš-Dekret, Besatzungsrecht und Völkerrecht, S. 38.

[2866] BLUMENWITZ, Deutsche Souveränität im Wandel, S. 203.

scher Gerichte zu den Benesch-Dekreten im Zusammenhang mit einem aktuellen *Rechtsfall nicht wünschenswert und wären wohl auch nur schwer mit der neuen political correctness der deutsch-tschechischen Erklärung vom 21. Januar 1997 in Einklang zu bringen gewesen*". Die Kombination aus dem beschriebenen beflissenen Respekt gegenüber den Maßnahmen der Besatzungsmächte und der *political correctness* im Verhältnis zur Tschechischen Republik scheint demnach die Entscheidung der deutschen Gerichte beeinflusst zu haben.

Die Außergewöhnlichkeit der Einbeziehung (vermeintlicher) politischer Zwänge in die Entscheidungsfindung durch die deutschen Richter lässt sich angesichts der folgenden Feststellung DOEHRINGs erahnen: „*Die vom Bundesverfassungsgericht so nachdrücklich betonte völkerrechtsfreundliche Tendenz des GG scheint im vorliegenden Fall keine Geltung mehr zu beanspruchen*"[2867]. Da sich die Feststellung DOEHRINGs mit den in dieser Arbeit gefundenen Ergebnissen[2868] insofern deckt, als das BVerfG bei pflichtgemäßer Beachtung des Völkerrechts zu einer Verletzung von Grundrechten des Fürsten von Liechtenstein hätte kommen müssen, kann damit festgehalten werden, dass das BVerfG und damit die gesamte deutsche Rechtsprechung in der Tat ihren sonst propagierten Grundsatz der Völkerrechtsfreundlichkeit aufgegeben hat, um anderen (politischen) Zusammenhängen zu gehorchen. Es bleibt im Weiteren zu fragen, ob die Gerichte dieses Prinzip bewusst außer Kraft gesetzt haben, oder ob die mit den Entscheidungen offenbar verfolgten Sekundärziele vielmehr im Unterbewusstsein der Richter angesetzt haben. Bei FASSBENDER[2869] kann man dazu lesen:

> „*Nach deutschem Zivilprozessrecht wie der durch Art. 6 EMRK begründeten völkerrechtlichen Verpflichtung waren die Gerichte gehalten, die Klage zur Entscheidung anzunehmen. Der große Aufwand, den die Gerichte zur Begründung ihres Ergebnisses betrieben haben, deutet darauf hin, dass ihnen dies auch bewusst war*".

Angesichts dieser aus politischen Gründen verfälschten Auslegung des Überleitungsvertrages ist es jedoch überraschend, dass sich der EGMR der deutschen Rechtsprechung nicht entgegenstellt, obwohl sich dafür ein ausreichendes rechtliches Fundament angeboten hat[2870]. Indem der Gerichtshof die Anwendung des Klagestopps auf das fürstlich-liechtensteinische Vermögen und damit das Schlussstrichargument den Willkürtest bestehen lässt, führen die Menschenrechtsrichter die Rücksichtnahme auf die deutschen Sekundärziele hinsichtlich des *Liechtenstein*-Falles fort. Äußerungen in diesem Sinne finden sich bereits in der Literatur[2871]:

2867 DOEHRING, Völkerrechtswidrige Konfiskation eines Gemäldes des Fürsten von Liechtenstein als „deutsches Vermögen": Ein unrühmlicher Schlusspunkt, S. 467.

2868 Vgl. dazu Kap. 5, C.III.5.f.

2869 FASSBENDER, Der Fürst, ein Bild und die deutsche Geschichte, S. 463.

2870 Vgl. dazu Kap. 5, C.III.6.(insbesondere e)).

2871 FASSBENDER, Der Fürst, ein Bild und die deutsche Geschichte, S. 463 f.

„Der Gerichtshof hat sich (...) mehr von politischen Rücksichten auf Deutschland leiten lassen als von einer unvoreingenommenen Würdigung des Falles. Es erschien ihm inopportun, die vom Bundesverfassungsgericht bestätigten zivilgerichtlichen Entscheidungen für konventionswidrig zu erklären. Noch viel weniger war er bereit, die Rechtmäßigkeit einer jahrzehntelangen Praxis des Klageausschlusses nach dem Überleitungsvertrag in Frage zu stellen."

Diese Feststellungen erklären auch das in dieser Arbeit bereits gefundene Ergebnis, wonach der EGMR seine mutige *Loizidou*-Rechtsprechung im Falle des Fürsten von Liechtenstein überraschenderweise nicht weiterentwickelt hat, obwohl sich dies angeboten hätte[2872]. Den Straßburger Richtern schien es offenbar zu gefährlich, sich in die rechtlichen Nachwirkungen des Zweiten Weltkrieges verstricken zu lassen. Vor diesem Hintergrund muss sich der Gerichtshof den Vorwurf gefallen lassen, „...*Erwägungen der ‚political correctness' (...) einen zu breiten Raum...*" aus dem Grund eröffnet zu haben, dass der „...*EGMR (...) dem Anschein nach mit der ‚German post war mess' nichts zu tun haben...*" will[2873].

Demnach war auch hier der Hintergrund der Entscheidung das Verlangen der Rechtsprechung, sich nicht zu den Maßnahmen der Siegermächte äußern zu müssen. So wurden die wirklich relevanten materiellen Fragen im *Liechtenstein*-Fall ebenso wenig entschieden, wie dies bereits für den *Nottebohm*-Fall vor dem IGH festgestellt wurde[2874]. Auch die Mehrheitsrichter im Fall *Certain Property* vor dem IGH wollten sich offenbar nicht zu den materiellen Fragen des Falles äußern; sie verneinten die Zulässigkeit der Klage mit der schlichten Behauptung, der zu entscheidende Fall sei nicht von den Beneš-Dekreten und dem Überleitungsvertrag zu trennen[2875].

(b) Die Causa Liechtenstein als Präzedenzfall für das Vertriebenenvermögen?

Hinter den Entscheidungen der deutschen Gerichte steht aber nicht nur der Respekt gegenüber dem nachzubefolgenden Besatzungsrecht, sondern auch die Furcht davor, mit ihren Entscheidungen unabsehbare und nachteilige finanzielle Folgen für die Bundesrepublik zu produzieren. In der Literatur wird dieser Zusammenhang zum Teil nur angedeutet, wenn beispielsweise von der „...*Furcht [der deutschen Rechtsprechung] vor der Aufarbeitung lang vergangener Vorgänge...*" berichtet wird[2876]. Bei anderen Autoren finden sich diesbezüglich anschaulichere Umschreibungen; ein Autor fasst den Problembereich mit der Feststellung zusammen, die

---

[2872] Kap. 5, C.III.6.e).

[2873] BLUMENWITZ, Die Liechtenstein-Entscheidung des EGMR, S. 241.

[2874] Kap. 5, C.III.1.d).

[2875] Vgl. bereits Kap. 5, C.III.7.a).

[2876] KRENBERGER, Deutschland im Spannungsfeld zwischen EMRK und nachzubefolgendem Besatzungsrecht, S. 207.

deutschen Gerichte *„...scheuten...“* die Überprüfung des Schlussstriches an Hand des allgemeinen Völkerrechts *„...wie der Teufel das Weihwasser...“*[2877]. In dieser Motivation setzt sich der politische Wille der Bundesrepublik fort, die vermeintlichen Vorteile aus der Aufrechterhaltung der Offenheit der Vermögensfrage in Bezug auf das Vermögen der Vertriebenen einerseits und des Schlussstriches auf der anderen Seite zu kombinieren. Die Initiative zum Notenwechsel vom 27./28. September 1990 kam von der Bundesrepublik[2878], denn sie *„...wollte diese Büchse der Pandora, die mit dem Überleitungsvertrag so schön geschlossen worden war, nicht mehr öffnen. Sie befürchtete, eine Vielzahl früher für unzulässig erklärter Klagen könnte nun erneut vor die Gerichte getragen werden“*[2879].

Diese Logik übersieht jedoch, dass eine völkerrechtsgemäße Auslegung des Klagestopps die Büchse der Pandora eben nicht geöffnet hätte, wenn die Anwendung von Art. 3, VI. Teil ÜV im Fall *Liechtenstein* mit der Begründung abgelehnt worden wäre, dass die Norm nicht das Vermögen eines Staatsbürgers eines im Zweiten Weltkrieg neutralen Staates erfassen kann. Damit wäre die Gültigkeit des Klagestopps für alle übrigen unter den Beneš-Dekreten Enteigneten nicht angetastet worden, weshalb für die Vertriebenen bezüglich des Klageweges vor deutschen Gerichten kein Präzedenzfall geschaffen worden wäre.

Allerdings wäre ein Urteil im Rahmen der Prüfung des materiellen Eigentumsrecht des Klägers am Kalkofen-Bild nicht um eine Stellungnahme zu den Auswirkungen der Beneš-Enteignung auf das Eigentum des Vaters des Klägers herum gekommen. Diesbezüglich offenbarte sich eine Zwickmühle: Wären die deutschen Gerichte zu dem Ergebnis gelangt, dass sie die Enteignung anerkennen müssen, hätte dies nicht mit der Politik des Offenhaltens der Vermögensfrage vereinbart werden können, weshalb es innerstaatlich zu einer Hinterfragung der Lastenausgleichsregelungen gekommen wäre, da diese unter der Annahme formuliert worden waren, dass die Eigentumsfrage gerade noch nicht beantwortet sei[2880]. Andererseits wäre die Feststellung, die Enteignung auf der Grundlage des einschlägigen Beneš-Dekret Nr. 12 sei wegen eines *ius cogens*-Verstoßes nicht anzuerkennen, in der Tat generalisierbar gewesen, sofern die Nichtanerkennung nicht auf die Neutralitätsverletzung als *ius cogens*-Verstoß hätte gestützt werden können, was in der Tat nicht möglich ist[2881]. In Folge der zweiten Alternative hätten Klagen von Vertriebenen, nachdem der tschechoslowakische Verstoß gegen zwingendes Völkerrecht einmal

---

2877 PRAXL, Recht und Macht – Der Fall Liechtenstein zwischen Beneš-Dekret, Besatzungsrecht und Völkerrecht, S. 30.

2878 Kap. 5, C.III.6.a)aa).

2879 FASSBENDER, Der Fürst, ein Bild und die deutsche Geschichte, S. 465.

2880 Vgl. dazu bereits Kap. 5, C.III.3.c)aa).

2881 Kap. 5, C.III.2.b)dd).

festgestellt gewesen wäre, vor deutschen Gerichten dann auch den Klagestopp über den Umweg des *ordre public* überwinden können[2882].

Insofern ist die Causa *Liechtenstein* in der Form der deutschen Entscheidungen gerade kein Präzedenzfall für Klagen von Vertriebenen, jedoch manifestiert sich in ihnen der deutliche Wunsch, den Fall nicht zu einem Präzedenzfall werden zu lassen. Lediglich die „...*Zuflucht*...“[2883] zur Subsumtion des liechtensteinischen Vermögens unter das „*deutsche Auslandsvermögen*“ im Sinne von Art. 3, VI. Teil ÜV und der damit verbundene Verweis auf die lediglich prozessuale Wirkung der Vorschrift[2884] erlaubte es der deutschen Rechtsprechung, der beschriebenen Zwickmühle zu entkommen.

Auch vor dem EGMR hat des Weiteren die Befürchtung, einen Präzedenzfall für Vertriebenen-Klagen zu schaffen, offensichtlich eine Rolle gespielt. In seiner Besprechung zum Straßburger Urteil im Fall *Liechtenstein* stellt beispielsweise GATTANI[2885] eine eindeutige Verbindung zwischen dem Ausgang hinsichtlich der Beschwerde des Fürsten von Liechtenstein und dem Schicksal möglicher Klagen nicht-liechtensteinischer Betroffener der Beneš-Enteignungen her:

> „Before considering the issue, *however, it is appropriate to remark on the political significance of the case brought before the European Court of Human Rights. If the Court had judged Germany to be in breach of Article 6(1) of the Convention, then the obstacle posed by Article 3(3) of Part VI of the Settlement Convention would have been surmounted.* Consider what would happen if this obstacle were to be removed. *(...) To do so would open the way for a large number of claims to be brought in German Courts.*“

Der Autor führt demnach seine Betrachtung vom Ergebnis her, und zwar unter dem Motto: Was hätte nicht alles passieren können, wenn der Gerichtshof die Beschwerde nicht abgelehnt hätte. Angesichts der festgestellten kritisch zu hinterfragenden Punkte in der Argumentation des Gerichtshofes[2886] kann hier nur befürchtet werden, dass Angst vor einer von Vertriebenen losgetretenen Prozessflut, wie sie bei GATTINI offen zu Tage getreten ist, auch im Rahmen der Entscheidungsfindung des EGMR Eingang gefunden hat. Dabei wäre die Schaffung eines Präzedenzfalles leicht zu verhindern gewesen, wenn etwa die Verhältnismäßigkeitsprü-

---

2882 Vgl. zur parallelen Betrachtung Kap. 5, C.III.3.d)bb).

2883 Diesen Begriff verwendet PRAXL, Recht und Macht – Der Fall Liechtenstein zwischen Beneš-Dekret, Besatzungsrecht und Völkerrecht, S. 30, in diesem Zusammenhang.

2884 So das OLG Köln im Urteil vom 9. Juli 1996, vgl. Kap. 5, B.IV.2.a)bb)(2).

2885 GATTINI, A Trojan Horse for Sudeten Claims? On Some Implications of the *Prince of Liechtenstein v. Germany*, S. 526; Hervorhebungen vom Verfasser hinzugefügt.

2886 Vgl. dazu Kap. 5, C.III.6.

fung spezifisch auf die Einbeziehung eines Staatsbürgers eines *neutralen* Staates in den Klagestopp ausgelegt worden wäre, so dass eine Schlussfolgerung für die Sudetendeutschen ausgeschlossen gewesen wäre; den Entscheidungen des EGMR kommt zudem lediglich eine Wirkung *inter partes* zu[2887].

Bedenken finden sich auch in Presseartikeln in Bezug auf das Verfahren des Fürstentums vor dem IGH. So konnte man in der SÜDDEUTSCHEN ZEITUNG vom 18. Juni 2004 unter der Zwischenüberschrift *„Heikler Präzedenzfall"* hinsichtlich finanzieller Risiken für Deutschland in Form von Entschädigungsleistungen für das Fürstentum Folgendes lesen[2888]:

> *„Zudem könnten sich von der Tschechoslowakei enteignete und vertriebene Sudetendeutsche ermutigt fühlen, nun mit ähnlicher Argumentation vor deutschen Gerichten Entschädigung einzuklagen. Die Sudetendeutschen könnten behaupten: Unser Vermögen wurde eingezogen, um deutsche Kriegsschulden zu begleichen. Schließlich: In einem Urteil würden die Weltrichter womöglich nicht darum herumkommen, sich zu ganz grundsätzlichen Fragen zu äußern – zur Unrechtmäßigkeit der Beneš-Dekrete etwa oder zur Frage deutscher Reparationspflichten. Dies könnte in politisch prekäre Situationen führen".*

Insgesamt haben die nationalen und internationalen Gerichte bislang erfolgreich verhindert, dass durch ihre Rechtsprechung für die Vertriebenen verwertbare Aussagen geschaffen worden sind. Im Falle des Straßburger Urteils wäre wohl auch eine für den Fürsten günstige Entscheidung möglich gewesen, ohne weitere Folgen hinsichtlich des enteigneten sudetendeutschen Vermögens auszulösen.

(2). Eingeschränkte Souveränität der Bundesrepublik?

Jedenfalls waren die auf die Richter des Europäischen Menschenrechtsgerichtshofes einwirkenden Zwänge und Zusammenhänge, die mit der eigentlich zu entscheidenden Rechtsfrage nichts zu tun hatten, offenbar so stark, dass die Richter eine Rechtfertigung der deutschen Maßnahmen vollzogen, obwohl sie dabei auf einen angeblichen Souveränitätsmangel der Bundesrepublik abgestellt haben[2889], den die deutsche Seite selbst nicht vorgetragen hatte. Denn die *„...Bundesregierung hatte in Straßburg ihre Verteidigungsstrategie gerade nicht auf Inkompetenz, sondern auf ihr gerichtlich nicht nachprüfbares freies Ermessen aufgebaut...*"[2890]. Dadurch dass der Gerichtshof auf der Grundlage seiner in diesem Punkt zu kritisierenden[2891] Argumentation

---

[2887] Kap. 4, D.II.3.

[2888] STEFAN ULRICH, mit dem Artikel *„Der Preis der Vergangenheit – Ein skurriler Streit zwischen Liechtenstein und Deutschland treibt das Weltgericht in Den Haag um"* in: Süddeutsche Zeitung vom 18. Juni 2004, S. 11.

[2889] Vgl. Kap. 5, C.III.6.a)cc)(2).

[2890] BLUMENWITZ, Die Liechtenstein-Entscheidung des EGMR, S. 239.

[2891] Vgl. zu dieser Kritik Kap. 5, C.III.6.a)cc)(2) und Kap. 5, C.III.6.a)dd)(1).

die Bundesrepublik dabei gewähren ließ, in den Kernbereich der Menschenrechte des Fürsten einzugreifen, weil dies angeblich über den Zweck der Überwindung des Besatzungsregimes gerechtfertigt sei, räumte er der Nachbefolgung des westalliierten Besatzungsrechts Vorrang ein. Stellt man lediglich auf den unmittelbaren Vorteil im Verfahren vor dem EGMR ab, kann man mit BLUMENWITZ vom *„Vorteil, nicht ganz souverän zu sein"* sprechen[2892]. Dieser Vorteil hat aber gleichzeitig negative Aspekte, *„...tischte [er doch] aber gleichzeitig kaum überschaubare neue Probleme auf..."*[2893], wie sie sich etwa in einer Staatenhaftung Deutschlands gegenüber dem Fürstentum Liechtenstein niederschlagen könnte[2894].

bb) Der politische Wille zur europäischen Einigung

Hinsichtlich der Erfolglosigkeit der liechtensteinischen Maßnahmen zur Bewältigung der Kriegsfolgeschäden mag neben der Achtung der vermeintlichen Rechte der ehemaligen Besatzungsmächte und dem Problemkreis der Vertriebenenansprüche auch schlicht der politische Wille zur europäischen Einigung eine Rolle gespielt haben. Diese Motivation hatte sicherlich ihre größte Bedeutung anlässlich der liechtensteinischen Blockade des EWR-Beitrittes der Tschechischen Republik. Nachdem man sich anlässlich des EU-Beitrittes Prags darauf verständigt hatte, davon auszugehen, dass die Beneš-Dekrete keine Wirkung *pro futuro* haben[2895], sollte die Frage der Enteignungen aus dem Jahre 1945 der historischen Erweiterung der europäischen Zusammenarbeit nicht weiter im Wege stehen. Diesem starken Gegendruck sah sich das Fürstentum gegenüber, als es versuchte, die Interessen seiner Staatsbürger mit der Rücknahme seines Vetos zu verbinden. Zudem kann es nicht ausgeschlossen werden, dass nicht auch im Rahmen der gerichtlichen Verfahren mögliche Auswirkungen einer Entscheidung auf den Fortgang der europäischen Einigung berücksichtigt wurden. So ist es wieder GATTINI[2896], der die Befürchtung in diesem Zusammenhang formuliert, welche sich bei einer für den Fürsten von Liechtenstein positiven Entscheidung des EGMR realisiert hätte: *„If this were to happen, the whole relationship between Germany and its eastern neighbours would be put in jeopardy"*. Die Gefährdung der guten Beziehungen Deutschlands zu seinen

---

2892 Vgl. dazu BLUMENWITZ, Die Liechtenstein-Entscheidung des EGMR, S. 240; BLUMENWITZ, Deutsche Souveränität im Wandel, S. 203.

2893 BLUMENWITZ, Deutsche Souveränität im Wandel, S. 203.

2894 Vgl. Kap. 5, C.III.7.c); allerdings haben sich diese Risiken auf Grund der Entscheidung des IGH zugunsten der Bundesrepublik Deutschland nicht realisiert.

2895 Vgl. dazu das Gutachten Prof. FROWEIN, Legal Opinion concerning Beneš-Decrees and related issues, September 12, 2002 (http://www.mpil.de/de/hp/benes/Frowein.pdf); mit einer kritischen Betrachtung zu diesen Zusammenhängen, insbesondere zu den Problemen mit der Nachbefolgung der Beneš-Dekrete im Gemeinschaftsrecht, BLUMENWITZ, Die Beneš-Dekrete – eine Bestandsaufnahme, S. 263 ff.

2896 GATTINI, A Trojan Horse for Sudeten Claims? On Some Implications of the *Prince of Liechtenstein v. Germany*, S. 526.

östlichen Nachbarn hätte vor dem 1. Mai 2004 auch die Osterweiterung der Europäischen Union behindern oder gar in Frage stellen können.

cc) Das Fürstenhaus und die Kriegsfolgeschäden

Über die bereits dargestellten Einflüsse auf den Erfolg der liechtensteinischen Maßnahmen zur Überwindung der Kriegsfolgeschäden hinaus darf jedoch nie der historische Hintergrund für die Enteignung von Vermögen liechtensteinischer Staatsbürger auf tschechoslowakischem Boden vergessen werden. Die Bedeutung der besonderen Beziehung des liechtensteinischen Fürstenhauses zu den historischen Regionen Böhmens und Mährens kann dabei nicht hoch genug eingeschätzt werden.

(1). Die historische Stellung des Fürstenhauses in den Ländern der Wenzelskrone und ihre Auswirkung auf die Entstehung der Kriegsfolgeschäden

Die ersten historischen Spuren des Geschlechts der Liechtenstein sind im niederösterreichischen Raum nachweisbar[2897]. Als erster Liechtensteiner erwirbt HEINRICH I. VON LIECHTENSTEIN in Form der Herrschaft Nikolsburg am 14. Januar 1249 mährischen Boden[2898]. Die Hauptmasse des Familienbesitzes liegt seit dem Beginn des 17. Jahrhunderts auf dem Territorium Böhmens und Mährens[2899]. Am Ende des Zweiten Weltkrieges stehen demnach, von 1815 an gerechnet[2900], lediglich 130 Jahre der Existenz eines souveränen Fürstentums einer Geschichte der Liechtenstein als grundbesitzendes Adelsgeschlecht in den Ländern der Wenzelskrone gegenüber, die bereits 700 Jahre angedauert hat und demnach offensichtlich zu böhmisch-mährischem Selbstverständnis geworden war. Auch nach 1815 bleibt der jeweils regierende Fürst dem kleinen Land am Oberlauf des Rheins fern. Erst der Vater des aktuellen Fürsten verlegte angesichts des drohenden Einmarsches der Wehrmacht in Österreich seinen ständigen Aufenthalt im Jahre 1938 nach Vaduz[2901]. Dazu kommt, dass das Fürstentum bis zum Niedergang der Donaumonarchie über Verträge eng an diese angelehnt[2902] und die Familie der Liechtenstein dynastisch mit den Habsburgern verwoben war[2903]. Angesichts dieser Nähe war die Souveränität Liechtensteins wohl nicht immer ganz offensichtlich,

---

[2897] Vgl. Kap. 2, B.I.2.d).

[2898] Vgl. Kap. 2, C.I.2.a).

[2899] Vgl. Kap. 2, C.I.2.b).

[2900] Zur materiellen Souveränität des Fürstentums vgl. Kap. 3, B.III.

[2901] Kap. 2, C.I.3.a).

[2902] Kap. 3, B.I.4.

[2903] Hierzu ist vor allem die Heirat eines liechtensteinischen Prinzen mit einer Nichte des österreichischen Kaisers im Jahre 1903 zu bemerken, vgl. Kap. 2, B.III.3.

womit sich eine Schwäche kleinstaatenspezifischer Adaption der Machtpolitik größerer Staaten realisiert hat[2904].

Trotz der langen Historie der Liechtenstein in Böhmen und Mähren blieb das Haus Liechtenstein aber über die Jahrhunderte in der Wahrnehmung der slawischen Bevölkerung ein fremdes Geschlecht. Dies wiederum lag zum einen an der eben bemerkten Nähe zum Wiener Herrscherhaus, aber auch an den Umständen der Erlangung des Löwenanteils der liechtensteinischen Güter in den Ländern der Wenzelskrone. Der Zusammenhang des Erstarkens der Liechtensteiner in Böhmen und Mähren mit der Schlacht vom *„Weißen Berg"* 1620 und deren geschichtsverfälschende Interpretation aus dem 19. Jahrhunderts als Niederlage des tschechischen Volkes gegenüber der eindringenden habsburgischen Macht[2905], machte das Haus Liechtenstein in tschechisch-nationalistischen Augen gewissermaßen zu Kriegsgewinnlern zum Nachteil der tschechischen Bevölkerungsanteile. Die erfolgreiche Strategie der liechtensteinischen Fürsten, ihre Besitzungen stets über die Einflusssphären mehrerer Herrscher zu verteilen – was sich auch in der Disparität[2906] von Gebietsaspekt und Identifikationsaspekt im Fürstentum selbst niedergeschlagen hat – und damit eine relative Unabhängigkeit zu genießen[2907], hat sich 1945 als Nachteil erwiesen. Insofern kann man es wohl als historische Revanche betrachten, dass der Landesnationalausschuss in seinem Beschluss vom 16. Januar 1946 feststellt, dass *„...Franz Josef II. von Liechtenstein deutscher Nationalität ist, was in unserem Lande allgemein bekannt war und ist..."*[2908]. Dies dürfte, neben dem grundsätzlichen kommunistischen Anliegen, sich des Einflusses des Adels zu entledigen, auch der wahre Hintergrund der tschechoslowakischen Nichtanerkennungspolitik gegenüber dem Fürstentum nach dem Zweiten Weltkrieg gewesen sein, wodurch auch den von den Beneš-Dekreten betroffenen liechtensteinischen Staatsbürgern, die nicht der fürstlichen Familie selbst angehören, wegen der ehemaligen Stellung des Hauses Liechtenstein auf tschechoslowakischem Boden das Fremdenrecht verweigert wurde und sie als Sudetendeutsche behandelt wurden.

(2). Die Bedeutung des Fürstenhauses für die Erfolglosigkeit der Überwindung der Kriegsfolgeschäden

Auch im Rahmen des Bewältigungsversuches hinsichtlich der liechtensteinischen Kriegsfolgeschäden hat die Tatsache, dass die Führer des tschechischen Volkes eine historische Revanche am Haus Liechtenstein nehmen wollten, eine Rolle gespielt. Auch wenn sich der Landesnationalausschuss in seinem Beschluss vom 16. Januar 1946 Mühe mit der Behauptung gibt, historische Zusammenhänge hätten keine Bedeutung für die Subsumtion fürstlich-liechtensteinischen Vermö-

---

[2904] Vgl. dazu bereits Kap. 1, C.III.4.

[2905] Dazu vgl. Kap. 2, C.I.2.c) und d).

[2906] Vgl. dazu Kap. 2, C.

[2907] Vgl. Kap. 2, C.I.4.a).

[2908] Vgl. bereits Kap. 5, B.III.1.a).

gens unter die Beneš-Dekrete gehabt[2909], sah sich die fürstliche Vertretung im Prozess vor tschechoslowakischen Gerichten offenbar veranlasst, die zumindest in tschechischen Augen bestehende Schuld der Liechtenstein gegenüber dem tschechischen Volk zu relativieren. Denn nach der Entscheidung des Landesnationalausschuss in seinem Beschluss vom 16. Januar 1946 wandte die fürstliche Partei in ihrer Beschwerde in materieller Hinsicht ein[2910],

> *„...dass die Familie Liechtenstein kein ausländischer Adel ist, welcher nach der Schlacht von Bílá Hora das Eigentum in unseren Ländern erworben hat und, dass Fürst Karl von und zu Liechtenstein einer beträchtlichen Teilnahme an der Exekution nach Bílá Hora* [Weißer Berg] *nicht beschuldigt werden kann."*

Allein daraus muss gefolgert werden, dass die historische Rolle des Hauses Liechtenstein im Vorfeld der und im Zusammenhang mit den Konfiskationen diskutiert wurde oder zumindest nicht vollständig bedeutungslos war. Die einseitige Wahrnehmung der geschichtlichen Geschehnisse des Jahres 1620 spielt des Weiteren selbst im aktuellen Diskurs noch eine unübersehbare Rolle. So wurde beispielsweise Fürst HANS-ADAM II. VON LIECHTENSTEIN in einem Interview mit einem tschechischen Journalisten vom 26. Februar 2004 noch nach seiner Einschätzung der Person des KARL VON LIECHTENSTEIN und dessen historischen Wirkens befragt[2911]. Das offenbar belastete Verhältnis zwischen dem Fürstenhaus Liechtenstein und der tschechischen Öffentlichkeit in Konnex mit der Tatsache, dass das in der Tschechoslowakei enteignete Vermögen liechtensteinischer Staatsbürger hauptsächlich der fürstlichen Familie zuzuordnen ist, mag die Bereitschaft Tschechiens, im Zusammenhang mit der liechtensteinischen Blockade des tschechischen EWR-Beitrittes Zugeständnisse zu machen, nicht gerade erhöht haben.

Damit wurde unter Umständen der Vorteil des gesamtheitlichen Ansatzes[2912] der liechtensteinischen Strategie relativiert, der im Zusammenhang mit der Bewältigung der Kriegsfolgeschäden bedeutet, dass staatliche Maßnahme und Maßnahmen

---

2909 Geschäftsnummer 86/VIII 26-1946, S. 6 der Übersetzung: *„Es hängt nicht davon ab, ob derjenige, dem jetzt sein Landwirtschaftsvermögen konfisziert wird, zu dem Adel nach der Schlacht von Bílá Hora [Weißer Berg] gehört oder nicht, oder ob der Fürst Karl von und zu Liechtenstein wesentlich an der Exekution nach Bílá Hora teilgenommen hat"*.

2910 Geschäftsnummer 86/VIII 26-1946, S. 3.

2911 LADISLAV KAHOUN, *„Liechtenstein Prince Hans Adam II: I want my property back"*, Interview vom 26. Februar 2004, zugänglich auf http://www.blisty.cz/art/17123.html (Stand: 23. Oktober 2004): *„Among your ancestors was also Karel of Liechtenstein [1569-1627], who from our perspective had ill reputation due to his acting as an imperial governor after the Battle of White Mountain. Among other things, he sent 27 Czech lords to death and he also made fortune by participating in a consortium, which brought about the biggest currency breakdown in the history of the Czech lands and the following complete impoverishment of the whole country? What do you think about him? Would you be ready to agree with the opinion that these historical events, say, ‚unfortunate'?"*.

2912 Vgl. Kap. 5, C.II.1.a).

des Fürsten als Privatperson konzertiert werden, um ein für das Fürstentum, das Fürstenhaus und die ebenfalls betroffenen übrigen liechtensteinischen Enteignungsopfer positives Gesamtergebnis zu erreichen. Die Verknüpfung pekuniärer Interessen der fürstlichen Privatschatulle, wie sie bezüglich des sequestrierten Kalkofen-Bildes vor deutschen Gerichten verfolgt wurden, mit politischen Blockademaßnahmen scheint aber auch außerhalb der Grenzen der Nachfolgestaaten der Tschechoslowakei auf wenig Verständnis zu stoßen. So sah sich Erbprinz ALOIS während des kurzzeitigen liechtensteinischen Vetos anlässlich des tschechischen EWR-Beitrittes veranlasst, explizit deutlich zu machen, *„...dass es seiner Familie nicht um die Durchsetzung privater Vermögensansprüche gehe...“*[2913]. Eine derartige Verteidigungshaltung wäre nicht erforderlich gewesen, wenn nicht wieder einmal der Rechtsmissbrauchsvorwurf im Raum gestanden hätte. Das nicht immer ganz positive Bild des Fürstentums in der internationalen Presse[2914] verbindet sich hier mit der Persönlichkeit des aktuellen Fürsten, von dem die Journalisten nicht müde werden zu behaupten, er sei ein intelligenter Ökonom, was letztlich nichts anderes bedeutet, als dass ihm unterschwellig unterstellt wird, vorrangiges Prinzip der Führung seiner Amtsgeschäfte sei die Vermehrung des fürstlichen Vermögens[2915]. Dass diese Wahrnehmung allerdings auch auf die Entscheidungen der deutschen Gerichte und des EGMR eingewirkt haben mag, kann nicht nachgewiesen werden und ist wohl auch auszuschließen.

dd) Ergebnis

Zusammenfassend kann festgehalten werden, dass dem Erfolg der Bewältigung der liechtensteinischen Kriegsfolgeschäden eine Reihe von Interessen entgegenstanden, die zum Teil in die Vergangenheit, zum Teil aber auch in die Zukunft weisen. Im Verhältnis zur Tschechoslowakei bzw. zu ihren Nachfolgestaaten erwies es sich als hinderlich, dass in der Masse gerade Mitglieder des Fürstenhauses über Besitzungen auf tschechoslowakischem Boden verfügten und damit Opfer der Beneš-Enteignungen wurden. Deren völkerrechtlich korrekte Behandlung widerstrebte den Ressentiments, welche dem Geschlecht der Liechtenstein von Seiten des tschechischen Volkes entgegengebracht wurden und werden. Im Verhältnis zur Bundesrepublik hingegen hätte eine völkerrechtlich korrekte Behandlung die deutschen Gerichte unter Umständen gezwungen, sich mit den Beneš-Dekreten auseinander zu setzen und damit Fragen aufzuwerfen, mit denen der politische Wille in Deutschland bereits abgeschlossen hatte. In die Zukunft gewandt und auf eine

---

2913 REINHARD MÜLLER, *„Man muss sich gegenseitig für voll nehmen“*, in: F.A.Z. vom Mittwoch, den 29. Oktober 2003, Nr. 251, S. 7.

2914 Vgl. Kap. 5, C.III.9.a).

2915 So konnte man in der SÜDDEUTSCHEN ZEITUNG vom 2./3./4. Juni 2004 unter der Rubrik *„Im Profil“* auf S. 4 über den Fürsten lesen: *„Wer in Liechtenstein eine Bank besitzt, der muss sich nicht mehr allzu große Sorgen machen. Hans-Adam ist außerdem noch Wirtschaftswissenschaftler und hat mit geschicktem Management dem ohnehin beträchtlichen Familienvermögen noch einiges hinzugefügt“*.

europäische Ebene transponiert, hätte ein Gewährenlassen Liechtensteins in der Frage des Vetos hinsichtlich des tschechischen EWR-Beitritts gegebenenfalls die europäische Einigung gefährdet. In all diesen Fällen mussten die liechtensteinischen Interessen hintanstehen.

c) Die Entwicklung der Effektivität der Maßnahmen

Trotzdem muss der aktuelle Stand des liechtensteinischen Bewältigungsversuches bezüglich der Kriegsfolgeschäden nicht zwangsläufig negativ bewertet werden. Schließlich lässt sich eine Entwicklung hin zu einer höheren Effektivität der Maßnahmen konstatieren. Auch wenn dies zu einem bestimmten Anteil der eben bereits beschriebenen Art der Amtsführung des aktuellen Fürsten zuzurechnen ist, der entgegen der passiven Persönlichkeit[2916] seines Vor-Vorgängers nichts unterlassen hat, um sich und dem Fürstentum in der Sache Recht zu verschaffen, kann nicht geleugnet werden, dass die unterdessen eingegangene internationale Verflechtung des Fürstentums in Formen der internationalen Zusammenarbeit – wie eben des EWR – und der Zugang zu internationalen Gerichten – auch wenn die Stellung Liechtensteins wie vor dem EGMR nur im Rahmen einer Menschenrechtsbeschwerde des Fürsten als Vorfrage ins Spiel gebracht werden kann – die Möglichkeiten Liechtensteins erhöht haben, sich Gehör zu verschaffen. Nach dem Ende des Ersten Weltkrieges und damit nach der ersten Enteignungswelle in der neu gegründeten Tschechoslowakei standen dem Fürstentum solche Instrumente noch nicht zur Verfügung. Darüber hinaus darf nicht übersehen werden, dass zwar jeweils die Primärziele verfehlt, dass aber durch die angestrengten Maßnahmen zum Teil Sekundärziele gewissermaßen kollateral erreicht wurden. Verwiesen sei in diesem Zusammenhang beispielsweise darauf, dass das Urteil im Fall *Nottebohm* die Souveränität des Fürstentums bestätigt[2917].

d) Bedeutung der Kleinstaatlichkeit für den Misserfolg der liechtensteinischen Maßnahmen

Stellt man sich nun die Frage, ob der Umstand, dass das Fürstentum ein Kleinstaat ist, Bedeutung für die Erfolglosigkeit der liechtensteinischen Maßnahmen gehabt hat, muss man zunächst festhalten, dass dies weder in den dargestellten Urteilen noch in der Auseinandersetzung um den EWR-Beitritt der tschechoslowakischen Nachfolgerepubliken offen zutage tritt[2918]. Allerdings ist auffällig, dass entgegenstehende Interessen sich regelmäßig gegenüber der liechtensteinischen Position durchsetzen. Sowohl im *Nottebohm*-Fall als auch in den Urteilen der deutschen

---

[2916] Vgl. Kap. 5, B.I.

[2917] Vgl. bereits Kap. 5, B.II.3.

[2918] Allenfalls in der Presse wird ein derartiger Zusammenhang angedeutet. REINHARD MÜLLER beispielsweise fragt in seinem Artikel *„Man muss sich gegenseitig für voll nehmen"* in der F.A.Z. vom Mittwoch, den 29. Oktober 2003, Nr. 251, S. 7: *„Scheitert die Erweiterung des Europäischen Wirtschaftsraumes (EWR) an einem Kleinstaat mit 34.000 Einwohnern?"*.

Gerichte im *Liechtenstein*-Fall spielen für die liechtensteinische Seite negative Analogien[2919] eine Rolle, die offenbar verhindern sollen, dass die Konfiskation von Privatvermögen zum Zwecke der Reparation im Lichte des Völkerrechts überprüft wird, was Folgen für die deutschen Kriegsfolgen gehabt hätte. Es liegt die Vermutung nahe, dass gerade dies verhindert werden sollte, auch wenn die kleinstaatlichen Rechte dafür geopfert werden mussten. FASSBENDER[2920] äußert sich in diesem Sinne zur deutschen *„Schlussstrich"*-Rechtsprechung, die eine Beurteilung von Beschlagnahmen im Zusammenhang mit dem Zweiten Weltkrieg verbietet:

> *„Mit diesem Teil der deutschen Vergangenheit möchte sich die Bundesrepublik partout nicht mehr auseinandersetzen, mag dies auch zu Lasten eines im Weltkrieg neutralen Landes und seiner Bürger sowie der Integrität des europäischen Menschenrechtsschutzsystems gehen".*

Im Zusammenhang mit der deutsch-tschechischen Erklärung vom 21. Januar 1997 war die Thematisierung der Beneš-Dekrete auch politisch nicht gewollt. In den deutschen Urteilen mag demnach auch der Aussöhnung mit dem tschechischen Volk Vorrang vor der Sicherung der sich aus den Rechten des Fürstentums abzuleitenden Rechtsposition des Fürsten eingeräumt worden sein. Die Beziehungen zum Kleinstaat wurden so dem Verhältnis zu den im Vergleich zu Liechtenstein viel größeren Nachfolgestaaten der Tschechoslowakei untergeordnet. Auch den Richtern am EGMR kann unterstellt werden, sich einer Beschäftigung mit den Nachwirkungen der Enteignungen aus dem zeitlichen Umfeld des Zweiten Weltkrieges entzogen zu haben[2921]; dieses Ziel war offenbar wichtiger als die konsequente Fortentwicklung der *Loizidou*-Rechtsprechung. In derselben Logik konnten die Tschechische und die Slowakische Republik hinsichtlich des liechtensteinischen Vetos getrost unversöhnlich bleiben, da sie sich ausrechnen und sich darauf verlassen konnten, dass die versammelte Europäische Union ihre Erweiterung sicherlich nicht am Widerstand eines sehr kleinen Kleinstaates scheitern lassen würde[2922]. Sogar Aspekte, die objektiv betrachtet nicht allzu schützenswert erscheinen, reichen aus der Perspektive eines großen Nationalstaates offenbar aus, sich über kleinstaatliche Rechtspositionen hinwegzusetzen. So brachte die deutsche Delegation im Rahmen der Konsultationen nach der Veröffentlichung des Beschlusses des Bundesverfassungsgerichts im *Liechtenstein*-Fall unter anderem folgende Argumentation vor: *„Eine Entscheidung zu Gunsten des Fürsten von Liechtenstein (...) hätte gravierende Auswirkungen auf den internationalen Leihverkehr gehabt"*[2923]. Damit scheinen sich die Stim-

---

2919 Vgl. Kap. 5, C.III.1.b)bb) bzw. Kap. 5, C.III.3.c)cc).

2920 FASSBENDER, Der Fürst, ein Bild und die deutsche Geschichte, S. 465.

2921 Vgl. zu diesen politisch-historischen Zwängen bereits Kap. 5, C.III.9.b)aa)(1)(a).

2922 Dies gilt umso mehr, als selbst negative Referenden in Mitgliedstaaten der EU, wie etwa im Falle Irlands, auf Grund des in solchen Fällen aufgeübten politischen Druckes bislang eine Erweiterung der Union auf Dauer nicht verhindern konnten.

2923 FÜRSTENTUM LIECHTENSTEIN, Amt für Auswärtige Angelegenheiten, Bericht, Bilaterale

men in der Literatur zu bewahrheiten, die davon ausgehen, dass ein Kleinstaat in den meisten Fällen seine Rechtsposition gegenüber einer Großmacht nicht durchzusetzen vermag, da es den „*...Großmächten (...) nicht schwer [fällt], Mittel, Wege und Argumente zu finden, um lästige Rechtsansprüche kleinerer Staaten zurückzuweisen...*"[2924].

e) Fazit

Damit muss leider festgestellt werden, dass trotz der hochentwickelten Teilnahme des Fürstentums an der internationalen Zusammenarbeit und der Möglichkeit des Zugangs zu (nationalen Gerichten über den Umweg der Klage des Fürsten als Privatperson und) internationalen Gerichten das Völkerrecht in seiner Umsetzung einer starken Beeinträchtigung durch machtspezifische Faktoren unterliegt. Am Maßstab der versuchten Bewältigung der liechtensteinischen Kriegsfolgeschäden steht fest, dass die kleinstaatliche Strategie des Fürstentums im Einzelfall weniger effektiv ist, als dies angesichts der im Vorkapitel dargestellten Umstände zu erwarten war. Um das Bild vom Anfang von Kapitel 5 noch einmal aufzugreifen, scheint man dem kleinen Nachbarsjungen auch zu Beginn des 21. Jahrhunderts einen Sieg im internationalen Spiel nach wie vor nur dann zuzugestehen, wenn keine wichtigen eigenen Interessen betroffen sind.

10. Anmerkungen zu einem Verfahren der Streitbeilegungsorgane der OSZE

In der SÜDDEUTSCHEN ZEITUNG konnte man am 11. Februar 2005 Folgendes lesen: „*Der Internationale Gerichtshof der Vereinten Nationen hat sich in einem seit Jahren laufenden Rechtsstreit zwischen Deutschland und Liechtenstein am Donnerstag für unzuständig erklärt. Damit dürfte die Auseinandersetzung um Eigentum, das nach dem Krieg in der damaligen Tschechoslowakei beschlagnahmt wurde, beendet sein*"[2925]. Im zweiten Satz des Autors schwingt eine offensichtliche Unsicherheit darüber mit, ob der deutsch-liechtensteinische Bilderstreit nun endlich ein Ende haben sollte. Darin drückt sich keine intuitive Ungläubigkeit des Journalisten aus, sondern darin spiegeln sich schlicht Aussagen liechtensteinischer Repräsentanten, wie sie just nach Verkündung des IGH-Urteils der Presse gegenüber getätigt wurden. So kündigte der liechtensteinische Erbprinz, der unterdessen den Fürsten in dessen Amtsgeschäften vertritt[2926], in einem Interview mit der Tageszeitung VATERLAND an, dass er die Erfolgsaussichten von Verfahren im Rahmen der OSZE-Streitbeilegungsverfahren überprüfen lassen werde; dabei nahm er Bezug auf die IGH-Entscheidung und gab

---

Konsultationen in der Angelegenheit der Entscheidung vom 28. Januar 1998 („*Kalkofen*"-Urteil) am 10. Juli 1998 in Bonn, S. 5.

2924 GREWE, Außenpolitik und Völkerrecht in der Praxis, S. 3; bereits zitiert in Kap. 5, am Anfang.

2925 SÜDDEUTSCHE ZEITUNG, Nr. 34, Freitag, 11. Februar 2005, S. 7.

2926 Vgl. etwa Archiv der Gegenwart vom 15. August 2004, S. 47022.

zu erkennen, dass nun die Tschechische und die Slowakische Republik die neuen Gegner sein würden[2927].

Dass auf der OSZE-Ebene nun Ansprüche gegen die Nachfolgerepubliken der Tschechoslowakei gerichtet werden sollen, dagegen (offenbar) nicht mehr gegen die Bundesrepublik, erklärt sich schlicht damit, dass die subsidiären Streitbeilegungsverfahren gegen Deutschland nicht mehr greifen würden; denn angesichts des die Parteien bindenden IGH-Urteils stellt dieses eine *res iudicata* dar[2928]. Fraglich ist darüber hinaus, ob ein Verfahren gegen Prag und Bratislava überhaupt denkbar ist. Eine obligatorische Streitbeilegung wäre nur möglich, wenn sich die beiden osteuropäischen Staaten mittels einer Erklärung, die einer solchen nach Art. 36 Abs. 2 IGH-Statut nachgebildet wäre, der Gerichtsbarkeit unterworfen hätten[2929]. Unabhängig von der Problematik der Eröffnung der Zuständigkeit müsste auch in diesem Verfahren die Frage beantwortet werden, ob nicht ein *ratione temporis*-Einwand erhoben werden könnte. Darüber hinaus stellen sich weitere komplexe materielle Probleme. Deren Erläuterung soll anderen wissenschaftlichen Arbeiten vorbehalten bleiben.

2927 *„Es war ein notwendiger Schritt, um unsere Souveränität zu verteidigen“*, Beitrag vom 11. Februar 2005 auf http://www.welcome.li (Stand: 21. Februar 2005); mit derselben Ankündigung, den Streit auf die OSZE-Ebene weiterzutragen der liechtensteinische Sonderbeauftragte im IGH-Verfahren, ALEXANDER GOEPFERT, Quelle: http://www.123recht.net (Stand: 21. Februar 2005).

2928 Zur Zuständigkeit der OSZE-Streitbeilegungsgremien vgl. bereits Kap. 4, D.V.

2929 Die beiden Staaten sind bislang nicht dem Übereinkommen vom 15. Dezember 1992 über Vergleichs- und Schiedsverfahren innerhalb der KSZE beigetreten (BGBl. 2004 II, Fundstellennachweis B, S. 730 f.). Allein die Slowakische Republik hat das Übereinkommen am 31. März 1993 unterzeichnet; das Übereinkommen ist aber im Verhältnis zur Slowakischen Republik noch nicht in Kraft getreten (List showing signatures and ratifications or accessions with respect to the Convention on Conciliation and Arbitration within the OSCE, 26 juin 2003, erhältlich auf http://www.osce.org [10. März 2005]).

IV. Fazit

Sowohl im *Nottebohm*-Fall[2930] als auch in den Verfahren, die unter dem Schlagwort des deutsch-liechtensteinischen Bilderstreites zusammengefasst werden, war ein entscheidender Aspekt die Furcht der Entscheidenden davor, die Frage der Behandlung von privatem Eigentum unter Kriegsrecht im allgemeinen zu hinterfragen. Hinsichtlich des Bilderstreits hätte die korrekte Nichtanwendung des überleitungsvertraglichen Klagestopps gar zu einer Auseinandersetzung mit den politisch höchst belasteten Beneš-Dekreten geführt[2931]. Diese Berührungsängste der deutschen Justiz haben zu der hier beschriebenen Verantwortlichkeit der Bundesrepublik geführt[2932]. In diesem Sinne ist die recht kräftig formulierte Behauptung, Deutschland habe *„...sich in die groteske Lage manövriert, als Prügelknabe für einen völkerrechtswidrigen ‚ethnischen Raubzug' der CSSR gegenüber allen Deutschsprachigen herhalten zu sollen...“*[2933], im Kern richtig.

Auch der IGH hat sich nun geweigert, die Konsequenzen aus der deutschen Behandlung liechtensteinischer Rechte im Rahmen des deutsch-liechtensteinischen Bilderstreits zu ziehen. BLUMENWITZ schien in diesem Zusammenhang noch recht hoffnungsvoll, denn er ging in seiner Besprechung des EGMR-Urteils offenbar davon aus, dass die Klage des Fürstentums die Richter in Den Haag hätte dazu zwingen müssen, sich mit den völkerrechtlichen Hintergründen des Falles auseinander zu setzen: *„Die im Straßburger Rechtsstreit angesprochenen und vom Gerichtshof aber weitgehendst ausgegrenzten völkerrechtlichen Vorfragen stehen in Den Haag im Mittelpunkt der rechtlichen Argumentation“*[2934]. Die Gefahr, einen Präzedenzfall in Bezug auf das Vertriebenenvermögen zu schaffen, bestand vor dem IGH im *Certain Property*-Fall ohnehin nicht, da auf Grund der *necessary third party rule* keinerlei Stellungnahme zu den Beneš-Dekreten zulässig gewesen wäre. Da ein für Liechtenstein positives Urteil demnach lediglich das direkte Verhältnis Deutschland-Liechtenstein betroffen hätte, wäre es von vornherein ausgeschlossen gewesen, dass die Entscheidung an

---

2930 LANGEN, Wechsel der Staatsangehörigkeit und Eigentumsschutz im Kriege, S. 107: *„...so hätte dieser Fall [der Nottebohm-Fall] besonderen Anlass gegeben, zur Frage der Behandlung von Privateigentum im Kriege wenigstens einig Bemerkungen von hoher Warte zu machen. Auch das ist leider nicht geschehen.“*; SEIDL-HOHENVELDERN, Der Fall Nottebohm, S. 147, zum Vorwurf, Nottebohm habe in betrügerischer Absicht versucht, deutsches Eigentum den Kriegsfolgen zu entziehen: *„...hätte sich nämlich unter Umständen die Möglichkeit ergeben, durch den Internationalen Gerichtshof die Völkerrechtsmäßigkeit der Konfiszierung des deutschen Privateigentums überprüfen zu lassen. Nottebohm hätte nämlich auf diese Anschuldigung erwidern können, er habe auf diese Weise nur einem Gesetz den Gehorsam verweigert, das seinerseits völkerrechtswidrig sei. Zu einer Diskussion dieser Frage kam es aber nicht“*.

2931 Vgl. dazu bereits Kap. 5, C.III.9.b)aa)(1)(a).

2932 Vgl. dazu bereits Kap. 5, C.III.7.c).

2933 PRAXL, Recht und Macht – Der Fall Liechtenstein zwischen Beneš-Dekret, Besatzungsrecht und Völkerrecht, S. 38.

2934 BLUMENWITZ, Die Liechtenstein-Entscheidung des EGMR, S. 242.

der Nachkriegsordnung der Siegermächte des zweiten Weltkrieges gerüttelt hätte. Deutscherseits war auch im Fall vor dem IGH die Absicht vernehmbar zu verhindern, dass eine Entscheidung über die materiellen Fragen des Sachverhaltes zustande kommen würde: *„Berlin versucht (...), das Verfahren im Ansatz zu stoppen"*[2935]. Diese Feststellung spiegelt den großen argumentativen Aufwand der Bundesrepublik wider, bereits die Zulässigkeit der Klage anzugreifen[2936]. Da Deutschland damit bei der Mehrheitsmeinung des Gerichtshof Erfolg hatte, blieben auch in diesem Verfahren viele materielle Fragen leider ungeklärt.

[2935] STEFAN ULRICH, mit dem Artikel *„Der Preis der Vergangenheit – Ein skurriler Streit zwischen Liechtenstein und Deutschland treibt das Weltgericht in Den Haag um"* in: Süddeutsche Zeitung vom 18. Juni 2004, S. 11.

[2936] International Court of Justice, Case Concerning *Certain Property* (Liechtenstein v. Germany), Preliminary Objections of the Federal Republic of Germany, 27 June 2002, zugänglich über http://www.icj-cij.org, S. 29 ff.

Zusammenfassung, Resümee und Ausblick

Selbst ein moderner und gut geführter Kleinstaat, der sich selbstbewusst aller ihm zugänglicher Mittel bedient, um seine kleinstaatenspezifischen Funktionsdefizite auszugleichen, leidet unter Umständen auch heute noch im Rahmen einer rechtlichen Auseinandersetzung unter den Auswirkungen seiner Kleinstaatlichkeit. Angesichts dieses Ergebnisses wird deutlich, dass nach wie vor machtpolitische Aspekte unübersehbar eine Rolle in der zwischenstaatlichen Auseinandersetzung spielen. Sicherlich hat sich die Hoffnung ZSCHOKKEs[2937] insoweit erfüllt, als dass das internationale Recht seit 1945 an Bedeutung gewonnen hat, jedoch bleibt im Einzelfall das Spannungsverhältnis von Macht und Recht unübersehbar. So wurden im Rahmen der Untersuchung des liechtensteinischen Versuches, die Kriegsfolgeschäden des Fürstentums zu überwinden, bestehenden kleinstaatlichen Rechtspositionen entgegen den Regelungen des materiellen Völkerrechts der Nachrang zugewiesen, sobald Interessen größerer Staaten oder internationaler Bedeutung in Frage standen. Diese Benachteiligung kleinstaatlicher Belange vollzieht sich allerdings nicht offen, sondern wird mit viel Aufwand hinter Argumenten verborgen, die keinen Bezug zur Kleinstaatlichkeit haben[2938].

I. Zusammenfassung

1. Kapitel 1

Der Begriff *„Kleinstaat"* wird in der deutschsprachigen Literatur nicht einheitlich gebraucht. Man verwendet ihn in Bezug auf *„kleinste"*, ebenso wie auf *„kleinere"* Staaten, aber auch als Überbegriff für diese beiden Kategorien. Bei anderen Autoren wiederum wird die Kleinstaatlichkeit auch als einheitliche Terminologie gesehen, so dass die Unterscheidung zwischen *„kleinsten"* und *„kleineren"* Staaten wegfällt[2939]. Auch die Begrifflichkeiten anderer Sprachen ergeben kein konsistentes Bild[2940]. In den 1960er Jahren wurde unter dem Schlagwort des *„Mikro-Staates"* versucht, Mindestkriterien für die Aufnahme in die Vereinten Nationen zu bestimmen[2941]. Zum Teil wurde gar aus der Subsumtion unter diesen Begriff auf die fehlende Staatlichkeit der betroffenen Gemeinwesen geschlossen (Abgrenzung *„nach unten"*)[2942]. Am anderen Ende der Größenskala der Kleinstaaten steht die Abgrenzung zum Normstaat (Abgrenzung *„nach oben"*)[2943]. Hinsichtlich dieser beiden Ab-

---

[2937] Vgl. Einleitung, I.

[2938] Vgl. dazu Kap. 5, C.III.9.d) und e).

[2939] Kap. 1, B.I.1.

[2940] Kap. 1, B.I.2.

[2941] Kap. 1, B.III.2.b).

[2942] Kap. 1, B.II.1.

[2943] Kap. 1, B.II.2.

grenzungslinien werden ähnliche Abgrenzungskriterien diskutiert, wie etwa die Größe der Bevölkerung oder des Territoriums, aber auch soziologische, ökonomische und innenpolitische Aspekte [2944]. Jedoch lassen sich für alle angedachten Kriterien Ausnahmen finden; die Kombination verschiedener Kriterien unterliegt von Anfang an dem Verdacht der willkürlichen Auswahl[2945]. Da sich demnach eine scharfe terminologische Abgrenzung mit Hilfe einer Definition verbietet[2946], fasst die vorliegende Dissertation den Begriff des Kleinstaates als Typusbegriff im Sinne der Typenlehre[2947] von KARL LARENZ, wobei die spezifischen Funktionsdefizite des Kleinstaates als Typenelemente herangezogen werden; diese Funktionsdefizite wurden zum Großteil bereits als mögliche Kriterien für eine Definition bemüht[2948]. Der Typusbegriff des Kleinstaates beschreibt einen Staat, der auf Grund mangelnder menschlicher und naturräumlicher Ressourcen typischerweise durch einen hohen Konnektivitätsgrad innerhalb seiner Gesellschaft, einen kleinen Inlandsmarkt, eine schwache Staatgewalt, die Unfähigkeit, eine umfassende diplomatische Repräsentation zu garantieren, und durch ein Sicherheits- und Abhängigkeitsdilemma charakterisiert wird[2949]. Den kleinstaatenspezifischen Funktionsdefiziten stehen kleinstaatenspezifische Strategien zur Überwindung dieser Defizite gegenüber. Als derartige Strategieansätze werden neben der Bewahrung und Betonung der kleinstaatlichen Souveränität die Betonung der Bedeutung des internationalen Rechts (sowohl materiell als auch prozessual) erkannt, ebenso wie das vermehrte Engagement in internationalen Organisationen, die Adaption der Machtpolitik mächtigerer Staaten (Parallelverhalten) und die Beschränkung auf bestimmte Ziele kleinstaatlicher Strategie. Die Subsumtion des Fürstentums Liechtenstein unter den ausgearbeiteten Typusbegriff ergibt angesichts der Zugehörigkeit Liechtensteins zur Gruppe der kleinsten selbständigen Gemeinwesen der Welt, dass das Land am Oberrhein in offensichtlicher Weise zumindest eine Reihe von Typenelementen erfüllt.

2. Kapitel 2

Das Fürstentum Liechtenstein entsteht am 23. Januar 1719, als die reichsunmittelbaren Herrschaften Schellenberg und Vaduz zu einem Reichsfürstentum unter

---

[2944] Die für die Abgrenzung *„nach unten"* diskutierten Kriterien finden sich in Kap. 1, B.III.3., diejenigen, die für die Abgrenzung *„nach oben"* angedacht werden, sind in Kap. 1, B.IV.2. dargestellt.

[2945] Kap. 1, B.III.3.b)bb) bzw. Kap. 1, B.IV.2.e.

[2946] Kap. 1, B.V.

[2947] Vgl. dazu Kap. 1, C.I.

[2948] Zu den Funktionsdefiziten des Kleinstaates als Typenelemente vgl. Kap. 1, C.II.

[2949] Kap. 1, C.IV.1., ausdrücklich soll hier noch einmal darauf hingewiesen werden, dass die hier getroffene Charakterisierung weder eine Definition des Begriffes geben kann noch soll. Als Typusbegriff sind die Kriterien weder abschließend noch konstituierend.

neuem Namen zusammengefasst werden[2950]. Die geographische Einheit besteht mangels Grenzverschiebungen bis auf den heutigen Tag unverändert fort. Fürst JOHANN ADAM ANDREAS hatte die beiden Herrschaften 1699 und 1712 gekauft, um den ständischen Aufstieg des Geschlechts der Liechtenstein fortzuführen. Trotz erblicher Reichsfürstenwürde blieb die Notwendigkeit des Besitzes von reichsunmittelbaren Gütern bestehen, um einen Sitz auf dem Reichsfürstentag beanspruchen zu können.

Die Herkunft des Hauses Liechtenstein selbst ist bis heute nicht abschließend geklärt[2951]; früheste Vertreter des Adelsgeschlechts lassen sich Anfang des 12. Jahrhunderts im niederösterreichischen Raum nachweisen[2952]. Gesteigerte Bedeutung und Reichtum erwerben sich die Liechtenstein allerdings erst als Hausmacht der Habsburger[2953]. Den bedeutendsten Entwicklungsschub erfuhr das Haus Liechtenstein unter KARL I.; dieser wurde für seine Unterstützung im *„habsburgischen Bruderzwist"* von Kaiser MATTHIAS im Jahre 1608 unter Überspringung der Grafenwürde in den Fürstenstand erhoben und mit umfangreichen Lehen belohnt[2954]. Im Verlauf des 30-jährigen Krieges steht er zudem auf der Seite der katholischen kaiserlich-habsburgischen Gewinnerseite, während die vom zumeist tschechischen Adel dominierte protestantische Streitmacht, die sich gegen die habsburgische Herrschaft erhoben hatte, am 8. November 1620 in der Schlacht am Weißen Berg vernichtend geschlagen wird[2955]. Für seine Verdienste und seine Loyalität im Zusammenhang mit der Niederringung dieses Adelsaufstandes wird KARL I. am 23. Juni 1620 in den erblichen Reichsfürstenstand erhoben und erhält Besitz der enteigneten Aufständischen in Böhmen, Mähren und Schlesien als kaiserliches Lehen in gewaltigem Umfang (*„liechtensteinische Güterschwemme"*)[2956]; in die Folgezeit fällt der Erwerb der reichsfreien Güter[2957]. Das Fürstentum Liechtenstein übersteht die sog. napoleonische Flurbereinigung; dadurch bleibt das Haus Liechtenstein mit den anderen regierenden Familien Europas auf einer Stufe, was sich auch in Eheschließungen mit Mitgliedern der Häuser Habsburg und Wittelsbach niederschlägt[2958]. Nach dem Ende des Zweiten Weltkrieges verliert das Haus Liechtenstein alle Güter auf dem Boden der damaligen Tschechoslowakei[2959].

2950 Kap. 2, A.III.

2951 Zu den unterschiedlichen Theorien vgl. Kap. 2, B.I.2.

2952 Kap. 2, B.I.1. bzw. Kap. 2, B.I.2.d).

2953 Kap. 2, B.II.3.

2954 Kap. 2, B.II.5.a).

2955 Kap. 2, B.II.5.b).

2956 Kap. 2, B.II.5.c).

2957 Kap. 2, B.III.2. und 4.

2958 Kap. 2, B.III.3.

2959 Kap. 2, B.IV.

Die Besitzungen des Geschlechts waren im Zenit der Entwicklung über eine ganze Reihe von Ländern verstreut. Mit dem Gebiet der heutigen Republik Österreich ist das Geschlecht schon auf Grund seines ersten nachweisbaren geographischen Ursprungs verbunden[2960]. Darüber hinaus war das jahrhundertelange symbiotische Verhältnis zu den Habsburgern die wahrscheinlich prägendste Komponente der liechtensteinischen Entwicklung[2961]. In der Zeit vor der Erweiterung der habsburgischen Macht auf die Länder der Wenzelskrone ist die Stellung des Geschlechts der Liechtenstein jedoch gerade geprägt durch den Balanceakt zwischen den Loyalitätsansprüchen der Herrscher in Wien und Prag[2962]. Erst im Rahmen der Geschehnisse zu Beginn des 30-jährigen Krieges schlägt sich das Haus Liechtenstein dauerhaft auf die Seite Habsburgs. Vor dem Hintergrund dieser Unterstützung der kaiserlichen Sache vor allem in der Schlacht am Weißen Berg zeichnet die spätere tschechische Geschichtsschreibung ein Bild vom Geschlecht der Liechtenstein als Invasoren und Feinde des tschechischen Volkes[2963]. Einer objektiven Bewertung der historischen Umstände des Jahres 1620 hält eine derartige Interpretation nicht stand; vielmehr ging es damals im Grunde um den Kampf zwischen Absolutismus und Ständemacht bzw. um eine konfessionelle Auseinandersetzung[2964].

Hauptgrund für die dauerhaft erfolgreiche Bilanz ist vor allem der Umstand, dass sich das Haus Liechtenstein stets bemüht hat, nie vollständig *einem* Herrscher unterworfen zu sein. In der Zeit vor KARL I. VON LIECHTENSTEIN profitierte das Geschlecht von seiner Präsenz sowohl in der Prager als auch der Wiener Machtsphäre. Nach dem Erwerb des Fürstentums Liechtenstein verfügte man über ein zweites Standbein außerhalb des habsburgischen Territoriums, welches nach dem Zweiten Weltkrieg zudem als Rückzugsbastion dienen konnte[2965]. Außerdem spielen sowohl der geschickte Umgang mit diesem taktischen Vorteil[2966] als auch die innere Einigkeit des Hauses Liechtenstein ein wichtige Rolle[2967].

3. Kapitel 3

Nach völkerrechtlicher Terminologie wird die Frage der Staatlichkeit eines Gemeinwesens über die Voraussetzungen der von JELLINEK entwickelten Drei-Elemente-Lehre beantwortet. Die drei Elemente sind: Staatsgebiet, Staatsvolk und effektive Staatsgewalt. Weder hinsichtlich des Staatsgebietes noch hinsichtlich des Staatsvolkes kann das Erfordernis einer Mindestgröße propagiert werden, denn

[2960] Kap. 2, C.I.1.a)aa).
[2961] Kap. 2, C.I.1.b)bb).
[2962] Kap. 2, C.I.2.a).
[2963] Kap. 2, C.I.2.c).
[2964] Kap. 2, C.I.2.d).
[2965] Kap. 2, C.I.4.a).
[2966] Kap. 2, C.I.4.b).
[2967] Kap. 2, C.I.4.c).

selbst die Stimmen in der Literatur, die diesbezüglich anderer Ansicht sind, stellen im Grunde lediglich die Effektivität der Staatsgewalt von sehr kleinen Einheiten in Frage[2968]. Die Voraussetzung der Effektivität der Staatsgewalt wird im Begriff der Souveränität terminologisch gefasst, wobei zwischen äußerer und innerer Souveränität der Staatsgewalt zu unterscheiden ist. Erstere manifestiert sich in der Unabhängigkeit, letztere in der Selbstregierung[2969]. Die Souveränität als rechtlicher Begriff war über die Jahrhunderte einem stetigen Wandel unterworfen[2970].

Die im völkerrechtlichen Zusammenhang allein entscheidende äußere Souveränität ist nach heute allgemeiner Ansicht keine absolute, sondern nur eine *relativ* höchste Gewalt unter dem Recht. Diese relative Souveränität wird mit dem Begriff der Völkerrechtsunmittelbarkeit erfasst[2971]. Darüber hinaus ist umstritten, ob neben diesem formellen Kriterium auch ein materielles verlangt werden muss. Während die formelle Theorie davon ausgeht, dass ein Staat auf der Grundlage von völkerrechtlichen Verträgen seine Souveränität nicht einbüßen kann[2972], stellt die materielle Theorie genau diese These auf. Allerdings ist innerhalb dieser materiellen Theorie umstritten, wie die Schwelle zum Souveränitätsverlust gezogen werden soll. Einigkeit besteht allein darüber, dass das Maß der Beschränkung der staatlichen Handlungsfreiheit jenes der üblichen Interdependenz übersteigen muss, mit dem alle Staaten auf Grund von grenzüberschreitenden faktischen Bindungen konfrontiert sind. Neben einer ganzen Reihe von Abgrenzungsvorschlägen erscheint der Ansatz SEIDL-HOHENVELDERNs am prägnantesten, der die Souveränität von der Sicherung der *„vollen Entscheidungsfreiheit"* des betroffenen Staates abhängig machen will. Im Zusammenhang mit der europäischen Einigung wird die Bewahrung der *„Kompentenzverteilungskompetenz"* als Abgrenzungskriterium gesehen[2973].

Die äußere Souveränität des Fürstentums kann in der Retrospektive nicht einheitlich beurteilt werden. Im Zeitraum zwischen Entstehung des Reichsfürstentums Liechtenstein im Jahre 1719 und dem Jahr 1806 verfügte die kleine Einheit auf Grund ihrer bestehenden Einbindung ins Reich jedenfalls nicht über volle Souveränität[2974]. Für die Jahre 1806-1815 kann angesichts der napoleonischen Vormacht entgegen vielfacher Beteuerung in der Literatur nicht von einer liechtensteinischen Souveränität im modernen materiellen Sinn der Begrifflichkeit ausgegangen werden[2975]. Dagegen stellt die lockere Bindung des Deutschen Bundes

---

2968 Kap. 3, A.I.

2969 Kap. 3, A.II.3.c)bb).

2970 Zur Geschichte des Begriffs: Kap. 3, A.II.3.b).

2971 Kap. 3, A.II.3.c)cc)(1).

2972 Kap. 3, A.II.3.c)cc)(2).

2973 Kap. 3, A.II.3.c)cc)(3).

2974 Kap. 3, B.I.1.

2975 Kap. 3, B.I.2.

(1815-1866) keine Beschränkung liechtensteinischer Souveränität mehr dar[2976]. Auch auf Grund der Anlehnung Liechtensteins an Österreich-Ungarn (1852-1919) bestanden angesichts einer Kündigungsklausel in allen bilateralen Verträgen letztlich keine Zweifel an der *„vollen Entscheidungsfreiheit"* des Fürstentums[2977].

Die Souveränität des Fürstentums in der Gegenwart kann zumindest theoretisch auf Grund von drei Problemfeldern bezweifelt werden: fehlende Verteidigungsfähigkeit/Neutralität, bilaterale Bindung an die Schweiz und die zunehmende internationale Integration. Jedoch kann sich die fehlende Verteidigungsfähigkeit nicht auf die Souveränität eines Staates auswirken, solange die Eigenständigkeit des Staates respektiert wird[2978]. Auch die liechtensteinische Neutralität stellt schon deshalb kein Problem für die Souveränität des Fürstentums dar, da sich Liechtenstein nicht zur dauernden Neutralität verpflichtet hat[2979]. Das Fürstentum Liechtenstein hat sich stets einen starken Partner gesucht, wobei nach dem Ersten Weltkrieg die Wahl auf die schweizerische Eidgenossenschaft fiel. Vor allem auf Grund der Kündigungsregelungen in den (meisten) Verträgen[2980] mit der Eidgenossenschaft, verbunden mit der realen Möglichkeit, diese im Zweifelsfall auch zu nutzen, ist diese Bindung an den Nachbarstaat jedoch so gestaltet, dass die *„volle Entscheidungsfreiheit"* Liechtensteins nicht beeinträchtigt ist[2981]. Da das besondere Verhältnis zwischen der Schweiz und dem Fürstentum nicht in herkömmliche Schemata internationaler Zusammenarbeit passt, ist eine deskriptive Benennung am präzisesten: Politische Staatenverbindung ohne Gemeinschaftsorgane auf der Basis freiwilliger Zuordnung[2982]. Für ein sehr kleines Gemeinwesen birgt die Akzeptanz seiner gleichberechtigten Teilnahme an den internationalen Beziehungen gleichzeitig souveränitätsbezogene Vor- und Nachteile. Als positiv fällt die Stärkung der Souveränität vor allem durch die Indizwirkung der Mitgliedschaft in den Vereinten Nationen auf[2983]. Da für die Übertragung von Hoheitsrechten auf internationale Organisationen hinsichtlich der Wahrung der Souveränität im Grunde dieselben Grenzen wie für die Übertragung auf andere Staaten gelten, kann eine vertiefte Integration aber auch eine Gefährdung der Souveränität mit sich bringen. Während in Bezug auf die übliche multilaterale Zusammenarbeit ein Verlust von Souveränität nicht ernsthaft diskutiert wird, ergeben sich Fragen durch die fortgesetzte europäische

---

2976 Kap. 3, B.I.3.

2977 Kap. 3, B.I.4.

2978 Kap. 3, B.II.1.a).

2979 Kap. 3, B.II.1.b).

2980 Hier wurden konkret der Zollvertrag (1923), das Währungsabkommen (1980), der Post- und Fernmeldevertrag (1920/1978) und die Übernahme der diplomatischen Vertretung Liechtensteins durch die Schweiz (seit 1919) auf ihre Verträglichkeit mit der liechtensteinischen Souveränität untersucht, Kap. 3, B.II.2.b)aa)-dd).

2981 Kap. 3, B.II.2.b)ff).

2982 Kap. 3, B.II.2.c).

2983 Kap. 3, B.II.3.a).

Integration. Die EFTA ist jedoch diesbezüglich als intergouvernemental strukturierte Organisation im Rahmen der Souveränitätsdebatte nicht relevant[2984]. Aber auch die Mitgliedschaft des Fürstentums im EWR kann die *„volle Entscheidungsfreiheit"* des Fürstentums nicht beschränken, da einerseits das EWR-Abkommen ein Kündigungsrecht beinhaltet und andererseits der Umsetzungsautomatismus des Gemeinschaftsrechts durch ein Vetorecht der EFTA-EWR-Staaten verhindert werden kann[2985]. Liechtenstein ist (spätestens seit 1815) ein souveräner Staat im Sinne des Völkerrechtes.

4. Kapitel 4

Das Fürstentum Liechtenstein bediente sich im Verlauf der beiden Weltkriege der kleinstaatenspezifischen Strategie der Neutralität. Die Neutralität lässt bestimmte Rechte und Pflichten der neutralen Staaten als Rechtsreflex des Krieges entstehen. Auf Grund der thematischen Nähe ist das Neutralitätsrecht Teil des Kriegsrechtes[2986], wobei das Neutralitätsrecht lediglich zum Friedensrecht hinzutritt, welches im Verhältnis von kriegführenden und neutralen Staaten weiterhin gilt[2987]. Neben dieser gewöhnlichen Neutralität existieren drei Unterarten: die dauernde und die faktisch dauernde Neutralität, sowie die Neutralisation. Der wesentliche Unterschied der dauernden Neutralität zur gewöhnlichen Neutralität liegt darin, dass die erstgenannte Variante den betreffenden Staat, entweder durch Abschluss eines völkerrechtlichen Vertrages oder auf der Grundlage von völkerrechtlicher Anerkennung, dazu verpflichtet, auch in zukünftigen Konflikten neutral zu bleiben[2988]. Der Begriff der Neutralisation ist auf Grund seiner uneinheitlichen Verwendung im Grunde unbrauchbar[2989]. Die Neutralität faktisch dauernd neutraler Staaten stellt lediglich eine außenpolitische Maxime des betroffenen Staates dar, weshalb die Erklärung der faktisch dauernden Neutralität völkerrechtlich keine Erheblichkeit besitzt; in Kriegszeiten gelten die Regeln der gewöhnlichen Neutralität[2990].

Dem Recht des neutralen Staates sowohl auf territoriale Integrität als auch auf Fortbestand der friedlichen Beziehungen zu anderen Staaten[2991] stehen neben der Verpflichtung, sich der kriegerischen Auseinandersetzung zu enthalten[2992], der

2984 Kap. 3, B.II.3.b)aa).
2985 Kap. 3, B.II.3.b)bb).
2986 Kap. 4, A.I.1.
2987 Kap. 4, A.I.1.
2988 Kap. 4, A.I.4.b).
2989 Kap. 4, A.I.5.a).
2990 Kap. 4, A.I.6.a) und b).
2991 Kap. 4, A.I.3.b)aa) und bb).
2992 Kap. 4, A.I.3.a)aa).

Pflicht zur Unparteilichkeit[2993] und der Verpflichtung, Neutralitätsverletzungen durch die Kriegsführenden entgegenzutreten[2994], vor allem bestimmte Duldungspflichten gegenüber. Solche existieren hinsichtlich der Behandlung von neutralem Vermögen auch für den Landkrieg. Feindliches Staatsvermögen ist im besetzten Gebiet in umfassender Weise Beschlagnahmerechten unterworfen; im unbesetzten Gebiet sind noch stärkere Eingriffe zulässig[2995]. In Bezug auf neutrales Staatsvermögen sind – bis auf einzelne Ausnahmen, die alle eine Rückgabe- oder Entschädigungspflicht vorsehen – Eingriffe nur in den Grenzen des Friedensrechtes zulässig[2996]. Da nach richtiger Ansicht bereits das Eigentum von Staatsangehörigen der Feindstaaten vor entschädigungsloser Enteignung geschützt sein muss[2997], hat dieser Grundsatz auch für das Privatvermögen der Staatsangehörigen der neutralen Staaten zu gelten[2998]. Auch das Fürstentum sieht sich mit diesen Rechten und Pflichten konfrontiert, da es die Taktik der faktisch dauernden Neutralität verfolgt[2999]. Eine Verpflichtung zur dauernden Neutralität wurde nicht begründet, insbesondere auch nicht durch Völkergewohnheitsrecht[3000].

Die Neutralitätswirkungen werden nur ausgelöst, wenn die Neutralität effektiv gewahrt wurde. Dies bleibt für Liechtenstein hinsichtlich des Ersten Weltkrieges problematisch[3001]. Allerdings konnte die Effektivität der liechtensteinischen Neutralität im Zweiten Weltkrieg aufgezeigt werden[3002]. Die Neutralität ist als kleinstaatliche Strategie theoretisch äußerst erstrebenswert, da sich der neutrale Staat aus den Streitigkeiten der Staatengemeinschaft heraushalten und dabei unbehelligt seine eigenen Interessen verfolgen kann. Dieses Handlungsinstrumentarium ist jedoch für sehr kleine Staaten nur begrenzt sinnvoll, da sich das stark defensive Verhalten zwar auf das sicherheitspolitische Defizit des Kleinstaates auswirkt, die übrigen Funktionsdefizite jedoch nicht abgemildert werden. Im Falle Liechtensteins konnte die neutralistische Strategie nur in Kombination mit der Anlehnung an die Schweiz ein Erfolgsmodell werden[3003].

Die zweite kleinstaatenspezifische Strategie, die das Fürstentum seit langem verfolgt, ist die Anlehnung an einen größeren Nachbarstaat als Unterfall des Parallelverhaltens. Die heutige, bereits mit der liechtensteinischen Souveränität vereinbar

---

[2993] Kap. 4, A.I.3.a)cc).

[2994] Kap. 4, A.I.3.a)bb).

[2995] Kap. 4, A.I.3.a)ee)(1)(a).

[2996] Kap. 4, A.I.3.a)ee)(1)(b).

[2997] Kap. 4, A.I.3.a)ee)(2)(a).

[2998] Kap. 4, A.I.3.a)ee)(2)(b).

[2999] Kap. 4, A.II.2.b.

[3000] Kap. 4, A.II.2.a.

[3001] Kap. 4, A.III.1.

[3002] Kap. 4, A.III.2.f.

[3003] Kap. 4, A.IV.

befundene Zusammenarbeit mit der Eidgenossenschaft auf völkervertraglicher Basis erfasst höchst unterschiedliche Bereiche staatlicher Aktivität und ist dabei nicht auf bestimmte Inhalte beschränkt. Die Vereinbarungen lassen sich jedoch in drei Gruppen einteilen. Die zahlenmäßig bedeutendste Vertragskategorie hat seine Auswirkungen unmittelbar auf liechtensteinischem Boden; sie garantiert wichtige Funktionen, wie sie in einem modernen Staatswesen erwartet werden (Beispiel: Post- und Fernmeldevertrag). Die zweite Gruppe an Vereinbarungen hat eine entgegengesetzte Perspektive und sichert den Liechtensteinern und vor allem der liechtensteinischen Wirtschaft den freien Zugang zur Schweiz und zum schweizerischen Markt (Beispiel: Zollvertrag). Der Notenwechsel zur diplomatischen Vertretung des Fürstentums durch die Schweiz lässt sich in dieses System nicht integrieren, da er in seiner Wirkung über die Grenzen sowohl des Fürstentums als auch der Schweiz hinausgeht; der Notenwechsel repräsentiert damit die dritte Ebene des liechtensteinischen Anlehnungsbedürfnisses[3004]. Die Bindung an die Eidgenossenschaft konnte damit den Mangel an menschlichen und naturräumlichen Ressourcen abmildern; gerade in den letzten Jahrzehnten werden jedoch auch die negativen Seiten dieser Menage betont[3005].

Seit dem Zweiten Weltkrieg hat die Strategie der Teilnahme an der internationalen Zusammenarbeit zur Überwindung von kleinstaatentypischen Nachteilen stetig an Bedeutung zugenommen. Vor dem Zweiten Weltkrieg wird dem Fürstentum eine gleichberechtigte Teilnahme jedenfalls insofern verweigert, als im Jahre 1920 sein Antrag auf Aufnahme in den Völkerbund abgelehnt wird[3006]. Erst die Aufnahme Liechtensteins in das Statut des IGH im Jahre 1950 spiegelt eine veränderte Haltung der Völkergemeinschaft gegenüber dem Fürstentum wider[3007]. Seit den 1960er Jahren beginnt der Kleinstaat, sich in Organisationen und Konferenzen sowohl der UN-Familie als auch solcher europäischer Dimension und in sonstigen Organisationen und Institutionen zu engagieren[3008]; der Fokus bleibt dabei aber zunächst auf die punktuelle Problemlösung im meist technischen Kontext durch internationale Zusammenarbeit vor allem in den Bereichen Post/Kommunikation, gewerblicher Rechtschutz und Umwelt/Verkehr, aber auch Entwicklungshilfe beschränkt[3009]. Im darauffolgenden Jahrzehnt gelingt dem Fürstentum zunehmend auch der Beitritt zu europäischen Organisationen und Konferenzen mit einem breiteren thematischen Ansatz und (macht-)politischer Bedeutung (KSZE/OSZE[3010], Europarat[3011]). Ein weiterer Entwicklungsschritt gelingt Liech-

3004 Kap. 4, B.I.1.

3005 Kap. 4, B.II.

3006 Kap. 4, C.I.1.c).

3007 Kap. 4, C.I.2.b).

3008 Ein umfassender Überblick findet sich in Kap. 4, C.II.

3009 Kap. 4, C.II.4.a).

3010 Kap. 4, C.III.2.a).

3011 Kap. 4, C.III.2.b).

tenstein in den 1990er Jahren, als der Kleinstaat auch in europäische Organisationen genuin ökonomischer Prägung als eigenständiger Mitgliedstaat vordringt (EFTA[3012], EWR[3013]), wofür in beiden Fällen eine Änderung des Zollvertrages mit der Eidgenossenschaft erforderlich wurde. Da die wirtschaftlichen Vorteile der EFTA-Freihandelszone auch über eine Einbindung über den Zollvertrag mit der Schweiz erreichbar gewesen wären, liegt die Bedeutung der liechtensteinischen EFTA-Mitgliedschaft in der Demonstration des Willens der kleinstaatlichen Politik, in Zukunft auch in wirtschaftlicher Hinsicht mehr Eigenverantwortung tragen zu wollen[3014]. Die Mitgliedschaft im EWR brachte Liechtenstein wiederum einen weiteren Schritt in Richtung politische Selbständigkeit, da die Schweiz dieser Form der europäischen Zusammenarbeit fern geblieben ist. Das liechtensteinische Volk hat in der aktuellen Lage das große Glück, sowohl die Vorteile einer erstarkten europäischen Position als auch die der Zusammenarbeit mit der Schweiz zu genießen. Für das kleine Land scheint dieses Arrangement jedenfalls für den Moment die perfekte Lösung zu sein[3015]. Das Fürstentum hat demnach seit dem Zweiten Weltkrieg seine bilaterale Bindung an den Nachbarstaat so weit wie möglich gelockert, um eine multilaterale Tendenz auszuprägen[3016]. Während das europäische Projekt für die meisten beteiligten Staaten eine Zunahme der Interdependenz bewirkt, stellt sich für Liechtenstein lediglich eine Verlagerung von der Schweiz auf die Institutionen der europäischen Zusammenarbeit ein. Insgesamt hat sich das kleine Fürstentum eine verblüffende Stellung im Geflecht der europäischen Organisationen erstritten und gesichert[3017].

Mit dem gegenwärtigen fragilen *status quo*, dessen Fortbestand vor allem davon abhängen wird, ob die Schweiz auch in Zukunft der EU fern bleiben wird, ist das Fürstentum an die Grenzen seiner kleinstaatenspezifischen Integrationsfähigkeit gestoßen. Das liechtensteinische Interesse an der Aufrechterhaltung seiner Nischenwirtschaft im Finanzbereich ist mit dem Harmonisierungsstreben der EU auch in Bezug auf diese Branche unvereinbar, weshalb ein EU-Beitritt des Fürstentums schon auf Grund dieses Interessenkonfliktes nahezu ausgeschlossen erscheint[3018]. Da die Festlegung auf die Nische als Steuerparadies als kleinstaatenspezifisch zu klassifizieren ist, ergeben sich die Grenzen der liechtensteinischen Teilnahme an der europäischen Integration letztlich ebenfalls aus der Kleinheit des Fürstentums. Damit scheitert eine vertiefte Integration nicht etwa an der Unfähigkeit, die institutionellen Anforderungen einer EU-Mitgliedschaft zu erfüllen, sondern vielmehr an einer kleinstaatenspezifischen Strategie. Die Frage der Größen-

---

[3012] Kap. 4, C.III.3.a).

[3013] Kap. 4, C.III.3.b).

[3014] Kap. 4, C.III.3.a)ee).

[3015] Kap. 4, C.III.3.b)ee).

[3016] Kap. 4, C.III.4.a).

[3017] Kap. 4, C.III.4.d).

[3018] Kap. 4, C.III.5.e)bb)(2).

verträglichkeit[3019] einer EU-Mitgliedschaft Liechtensteins bleibt dagegen bei vorhandenem politischen Willen der übrigen Mitgliedstaaten zweitrangig[3020].

Die 1990er Jahre brachten neben einer Vertiefung der internationalen Zusammenarbeit in Europa auch die Aufnahme in globale internationale Organisationen mit (macht-)politischer Bedeutung (Vereinte Nationen[3021], WTO[3022]). Die Anpassung des schweizerisch-liechtensteinischen Zollvertrages im Zusammenhang mit dem Beitritt zur EFTA hat auch die Aufnahme in die Welthandelsorganisation erheblich erleichtert. Die Vollmitgliedschaft in den Vereinten Nationen erscheint schließlich als Schlussstein liechtensteinischer Souveränitätspolitik[3023]. Damit hat sich Liechtenstein zunächst selektiv in die internationale Zusammenarbeit hineingetastet und sich anschließend mehr und mehr eigenständige Verantwortung zugetraut; dabei bleibt es jedoch bei der grundlegenden Anlehnung an die Schweiz[3024]. Die unterdessen erkämpfte Stellung in den internationalen Beziehungen wirkt sich in vielfältiger Weise positiv auf die kleinstaatenspezifischen Funktionsdefizite Liechtensteins aus[3025].

Als vierte kleinstaatenspezifische Strategie wurde die Verschaffung möglichst umfassenden Zugangs Liechtensteins bzw. der liechtensteinischen Staatsbürger zu internationaler Gerichtsbarkeit herausgearbeitet. Neben der Möglichkeit der Inanspruchnahme des IGH[3026] bestehen Klage- bzw. Beschwerdemöglichkeiten vor dem EGMR[3027], den Streitbeilegungsorganen des EWR[3028] und der WTO[3029] sowie der OSZE[3030]. Während der EGMR für die Staatenbeschwerde, der EFTA-Gerichtshof für die EFTA-Säule des EWR und der DSB des DSU ein hohes Maß an obligatorischer Gerichtsbarkeit und Streitbeilegung bieten, leidet bedauerlicherweise gerade der IGH, der über eine umfangreiche Zuständigkeit *ratione materiae* verfügt, in diesem Punkt an einem Defizit[3031] (ähnlich auch der Vergleichs- und Schiedsgerichthof der OSZE).

Insgesamt muss anerkannt werden, dass das kleine Land sich seinen Schwächen gestellt und diese mit den dargestellten Strategien in verblüffender Weise aufgefan-

---

3019 Dazu vgl. Kap. 4, C.III.5.d).

3020 Kap. 4, C.III.5.f).

3021 Kap. 4, C.IV.1.

3022 Kap. 4, C.IV.2.

3023 Kap. 4, C.IV.3.

3024 Kap. 4, C.V.1.

3025 Kap. 4, C.V.2.

3026 Kap. 4, D.I.

3027 Kap. 4, D.II.

3028 Kap. 4, D.III.

3029 Kap. 4, D.IV.

3030 Kap. 4, D.V.

3031 Kap. 4, D.VI.

gen hat, so dass es nicht nur die Weltkriege ohne Einbeziehung in die Kampfhandlungen überstehen konnte, sondern seinen Bürgern in zunehmendem Maße Wohlstand beschert hat[3032]. Die Ausführungen zeigen, dass sich das Fürstentum Liechtenstein durch eine geschickte Politik im Laufe des 20. Jahrhunderts eine Stellung in den internationalen Beziehungen erarbeitet hat, die die Kleinheit des Staates am Oberrhein fast vergessen lässt.

5. Kapitel 5

Anhand des liechtensteinischen Versuches, die Kriegsfolgeschäden des 20. Jahrhunderts zu bewältigen, sollte untersucht werden, ob und inwieweit die beschriebenen kleinstaatenspezifischen Strategien in Bezug auf die Lösung eines konkreten Problems Effektivität genießen. Als Kriegsfolgeschäden in der Folge des Ersten Weltkrieges figuriert hier die entschädigungslose Enteignung von über 40 % des ursprünglichen fürstlich-liechtensteinischen Grundbesitzes auf dem Territorium der sich neu formierenden Republik Tschechoslowakei[3033]. Nach dem Zweiten Weltkrieg werden nicht nur die verbliebenen fürstlichen Güter in der Tschechoslowakei auf Grund der Dekrete des tschechoslowakischen Staatspräsidenten BENEŠ als Eigentum von Personen deutscher Nationalität entschädigungslos enteignet, sondern auch der Besitz anderer liechtensteinischer Staatsbürger[3034]. Als weiterer Fall eines liechtensteinischen Kriegsfolgeschadens ist die Konfiszierung des Vermögens des ehedem Deutschen, später naturalisierten Liechtensteiners NOTTEBOHM in Guatemala berühmt geworden[3035]. Angesichts des Umfanges der insgesamt entzogenen Werte kann die Bewältigung der liechtensteinischen Kriegsfolgeschäden als einmaliger Beispielsfall zur Überprüfung der wahren Akzeptanz und Anerkennung kleinstaatlicher Rechte in den internationalen Beziehungen herangezogen werden.

Während gegen die Enteignung nach dem Ersten Weltkrieg keine rechtlichen Schritte unternommen wurden[3036], wehrt sich der Kleinstaat gegen die Behandlung seines Staatsbürgers NOTTEBOHM im Rahmen einer Klage vor dem IGH. Das Gericht verweigert dem Fürstentum die Aktivlegitimation, da es im konkreten Fall an der Effektivität der liechtensteinischen Staatsbürgerschaft gefehlt habe[3037]. Die Klage des Fürsten vor tschechoslowakischen Gerichten gegen die Enteignung auf der Grundlage eines Beneš-Dekretes wird in zwei Instanzen im wesentlichen mit der Begründung abgewiesen, der Fürst von Liechtenstein sei ohne Zweifel deutscher Nationalität und es bestünden keine (völker-)rechtlichen Hindernisse, die

---

[3032] Kap. 4, E.III.
[3033] Kap. 5, A.I.2.
[3034] Kap. 5, A.II.1 und 2.
[3035] Kap. 5, A.II.3.
[3036] Kap. 5, B.I.
[3037] Kap. 5, B.II.2.

dieser Einordnung entgegenstünden[3038]. Als der Fürst in den 1990er Jahren ein aus dem im Jahr 1945 enteigneten Besitz stammendes Gemälde in Deutschland beschlagnahmen ließ und auf Herausgabe klagte, sahen die deutschen Gerichte in zwei Instanzen die deutsche Gerichtsbarkeit als nicht eröffnet an. Dabei verwiesen sie auf eine Norm des Überleitungsvertrages, die eine Verpflichtung der Bundesrepublik den Westmächten gegenüber dahingehend enthält, keine Einwendungen gegen solche Maßnahmen zuzulassen, die einst gegen deutsches Auslandsvermögen getätigt wurden. Die deutschen Gerichte sahen sich von der Auslegung der tschechoslowakischen Rechtsprechung gebunden, der zufolge der Fürst als Person deutscher Nationalität zu gelten hat[3039]. Weder eine Revision zum BGH[3040] konnte das Urteil zu Fall bringen, noch eine Verfassungsbeschwerde zum BVerfG[3041]. Gegen die deutschen Entscheidungen legte der Fürst als Privatperson beim EGMR in Straßburg Beschwerde ein. Der Gerichtshof sah jedoch kein Konventionsrecht als verletzt an; insbesondere standen die Richter in der Mehrheit der Bundesrepublik die Rechtsverweigerung gegenüber dem Fürsten zu und begründeten dies mit den besonderen Zwängen, mit denen sich Deutschland nach dem Krieg konfrontiert sah[3042]. Anschließend hat das Fürstentum in der Sache Klage vor dem IGH erhoben; es brachte Verletzungen der liechtensteinischen Souveränität und Neutralität vor und verlangte wegen dieser Behandlung Entschädigung von der Bundesrepublik; der IGH hat sich in seiner Entscheidung für unzuständig *ratione temporis* erklärt, da die zu entscheidenden Rechtsfragen inhaltlich nicht vom Überleitungsvertrag und den Beneš-Dekreten getrennt werden könnten[3043]. Im Verhältnis zu Prag und Bratislava versuchte das Fürstentum, die sich aus der Konfiskation der liechtensteinischen Besitztümer auf der Grundlage der Beneš-Dekrete ergebenden Vermögensfragen mit seiner erforderlichen Zustimmung zur Aufnahme sowohl der Tschechischen als auch der Slowakischen Republik in den EWR zu verknüpfen; hinsichtlich seines Primärzieles blieb das Fürstentum damit erfolglos[3044]. Insgesamt bleibt festzuhalten, dass alle im liechtensteinischen Interesse unternommenen Maßnahmen zur Bewältigung der Kriegsfolgeschäden jedenfalls hinsichtlich des jeweiligen Primärzieles erfolglos geblieben sind[3045].

Bei der Entstehung der Kriegsfolgeschäden und dem erfolglosen Versuch ihrer Bewältigung haben eine Reihe von kleinstaatenspezifischen Funktionsdefiziten, aber auch Auswirkungen kleinstaatenspezifischer Strategien eine wichtige Rolle gespielt. Ohne den Umstand, dass das Fürstentum nicht bereits frühzeitig und ei-

[3038] Kap. 5, B.III.1.
[3039] Kap. 5, B.IV.2.a).
[3040] Kap. 5, B.IV.2.b).
[3041] Kap. 5, B.IV.2.c).
[3042] Kap. 5, B.V.1.a).
[3043] Kap. 5, B.V.2.a).
[3044] Kap. 5, B.VI.2.c).
[3045] Kap. 5, B.VI.3.

genständig diplomatische Beziehungen mit den Mächten Europas aufgenommen hat, wäre die von der Tschechoslowakei nach 1945 Liechtenstein gegenüber praktizierte Nichtanerkennungspolitik wohl nicht denkbar gewesen; vor diesem Hintergrund hat sich das kleinstaatenspezifische Funktionsdefizit der diplomatischen Repräsentation durch einen Drittstaat anerkennungspolitisch als realer Nachteil erwiesen[3046]. Des Weiteren führte die kleinstaatenspezifische Strategie der neutralistischen Haltung dazu, dass das Fürstentum sich nach Kriegsende nicht im Kreise der den Ton angebenden alliierten Mächte wiederfand, was zur Folge hatte, dass die konsequent neutralen Staaten zwar willkürlich vom Reparationsregime der Alliierten erfasst wurden, andererseits hinsichtlich ihrer eigenen Interessen keine Unterstützung erfuhren. Diese Erkenntnis muss aus liechtensteinischer, aber auch aus schweizerischer Perspektive mit einem gewissen Maß an Bitterkeit wahrgenommen werden, da eine Vielzahl im Verlauf des Zweiten Weltkrieges neutraler Staaten gegen Ende der Auseinandersetzungen dem deutschen Reich noch den Krieg erklärt hatten, um die Zugehörigkeit zum Kreis der Alliierten zu erreichen[3047]. Zudem verfügte der Kleinstaat typischerweise über keinerlei Machtmittel, um im Verhältnis zur Tschechoslowakei gegen die Enteignungen zum Nachteil seiner Staatsangehörigen vorzugehen; dies wird etwa im Vergleich mit der Behandlung von deutschsprachigen Staatsangehörigen der Republik Italien deutlich[3048]. In der Behandlung liechtensteinischer Staatsangehöriger als Personen deutscher Nationalität und der damit einhergehenden Missachtung der kleinstaatlichen Personalhoheit realisierte sich die von Kleinstaaten gefürchtete Marginalisierung und Mediatisierung durch Nachbarstaaten in kultureller Hinsicht, womit ein Aspekt des kleinstaatlichen Abhängigkeitsdilemmas deutlich wurde[3049].

Die vom Fürstentum Liechtenstein (zum Teil über den Umweg über Klagen des Fürsten als Privatperson) in der Sache unternommenen Maßnahmen beschränken sich vor allem auf die Konfliktlösung vor nationalen und internationalen Gerichten[3050], aber auch – in einem Fall – auf die Wahrnehmung institutioneller Rechte im Zusammenhang mit einer Mitgliedschaft in einer Form der internationalen Zusammenarbeit[3051]. In materieller Hinsicht bringt die liechtensteinische Seite in den Klagen und Beschwerden die Neutralität[3052] des Kleinstaates im Zweiten Weltkrieg vor und ist stetig dazu veranlasst, auf die souveränen Recht des Fürstentums hinzuweisen[3053]. Damit sind nicht nur die gewählten Maßnahmen selbst, sondern auch die vorgebrachten materiellen Rechtspositionen kleinstaatenspezifisch.

[3046] Kap. 5, C.I.1.
[3047] Kap. 5, C.I.2.a).
[3048] Kap. 5, C.I.2.b).
[3049] Kap. 5, C.I.3.
[3050] Kap. 5, C.II.1.a).
[3051] Kap. 5, C.II.1.b).
[3052] Kap. 5, C.II.2.b).
[3053] Kap. 5, C.II.2.a).

Die Überprüfung der Umstände der Erfolglosigkeit der liechtensteinischen Maßnahmen ergibt für den Fall NOTTEBOHM, dass keine rechtliche Grundlage dafür bestand, bereits die Aktivlegitimation zum Nachteil des klagenden Fürstentums zu verneinen. Die eigentliche materielle Frage des Prozesses, nämlich die Frage der Unzulässigkeit von Feind-Liquidationsmaßnahmen gegenüber Angehörigen eines neutralen Staates, blieb damit – absichtlich oder nicht – unbeantwortet[3054]. Hinsichtlich der Urteile der tschechoslowakischen Gerichte aus der unmittelbaren Nachkriegszeit konnte nachgewiesen werden, dass die tschechoslowakische Rechtsprechung durch das Völkerrecht sehr wohl gezwungen gewesen wäre, zu anderen Ergebnissen zu kommen. Denn im Zeitpunkt des Erlasses und der Umsetzung der Beneš-Dekrete bestand ein gewohnheitsrechtlich gefestigtes Verbot der entschädigungslosen Enteignung von fremdem Privateigentum, welches selbst im Rahmen des Kriegsrechts zum Schutze von Staatsbürgern der Feindstaaten galt[3055]. Das Fremdenrecht war insbesondere auch auf die Person des damaligen Fürsten von Liechtenstein anwendbar, da er über die liechtensteinische Staatsbürgerschaft hinaus die tschechoslowakische nicht besaß, und es auf die Anerkennung eines über seine Bürger Personalhoheit ausübenden Staates im Grunde nicht ankommen kann[3056]; zudem hatte die Tschechoslowakei das Fürstentum in einer Note aus dem Jahr 1938 konkludent anerkannt[3057]. Auch angesichts der Strafqualität der Beneš-Dekrete ist die Behandlung liechtensteinischen Vermögens durch die tschechoslowakische Rechtsprechung zudem nicht mit den Grundsätzen des Neutralitätsrechtes vereinbar[3058]. Da die Entziehung des Vermögens liechtensteinischer Staatsangehöriger durch die Einbeziehung in das System der besagten Dekrete den Vorgang zu einem Bestandteil der Vertreibung der ethnisch-deutschen Bevölkerung machte[3059] und diese insgesamt als Völkermord gewertet werden muss[3060], stellen sich die Konfiskationen bereits im Jahr 1945 als *ius cogens*-Verstoß dar[3061], was die Rechtsfolge der Nichtigkeit der Enteignungen bewirkt hat[3062]. Dagegen beinhaltet die Verletzung des Neutralitätsrechts keinen Verstoß gegen zwingendes Recht[3063].

Aber auch die deutschen Urteile sind im Wesentlichen fehlerhaft. Denn der einen Klagestopp beinhaltenden Regelung im Überleitungsvertrag fehlt es nach der Ratifizierung des *„2+4"*-Vertrages an einer formgültig zustandegekommenen völ-

3054 Kap. 5, C.III.1.d).
3055 Kap. 5, C.III.2.a)aa).
3056 Kap. 5, C.III.2.a)bb)(2)(a).
3057 Kap. 5, C.III.2.a)bb)(2)(b).
3058 Kap. 5, C.III.2.a)cc).
3059 Kap. 5, C.III.2.b)cc)(2).
3060 Kap. 5, C.III.2.b)cc)(3).
3061 Kap. 5, C.III.2.b)cc)(4).
3062 Kap. 5, C.III.2.b)aa).
3063 Kap. 5, C.III.2.b)dd).

kervertraglichen Grundlage[3064]. Mangels besatzungsrechtlicher Qualität der überleitungsvertraglichen Regelung muss sich die „*zweckorientierte*“ Auslegung der deutschen Gerichte, die zu einer kollisionsrechtlichen Vollverweisung auf das tschechoslowakische Recht führen soll, an den allgemeinen völkerrechtlichen Auslegungsregeln messen lassen[3065]. Eine unvoreingenommene Auslegung der Voraussetzungen des Klagestopps im Überleitungsvertrag ergibt jedoch, dass die Konfiskation von liechtensteinischem Vermögen nicht erfasst sein sollte[3066]. Außerdem findet die kollisionsrechtliche Auslegung der deutschen Instanzgerichte jedenfalls ihre Grenze im internationalen *ordre public*. Enteignungen, die sich in Widerspruch zu zwingendem Recht setzen, dürfen auch von Drittstaaten nicht anerkannt werden[3067]. Die Nichtannahme der Revision durch den BGH beruht auf einer fehlerhaften Anwendung des § 554 b ZPO a. F[3068]. Das Bundesverfassungsgericht hätte die Beschwerde ebenfalls annehmen und zudem die Verletzung von Art. 101 Abs. 1 S. 2 i.V.m. Art. 100 Abs. 2[3069], Art. 14[3070], Art. 3 Abs. 1[3071] und Art. 2 Abs. 1 i.V.m. Art. 59 Abs. 2 S. 1 GG[3072] feststellen müssen. Dabei wurde nicht nur nationales Recht völkerrechtswidrig ausgelegt, sondern auch hier zwingendes Völkerrecht ignoriert.

Aber auch die *Liechtenstein*-Entscheidung des EGMR ist aus vielen Gründen angreifbar; insbesondere ergeben sich in der Argumentation des Gerichtshofes an mehreren Stellen Widersprüchlichkeiten. Im Rahmen der möglichen Prüfung einer konventionsrechtsrelevanten Rechtsverweigerung durch die deutsche Rechtsprechung stellt das Gericht zunächst fest, dass Mitgliedstaaten der EMRK für später geschlossene Verträge, also auch für den Überleitungsvertrag, vollumfassend verantwortlich bleiben; wenig später gesteht der Gerichtshof der Bundesrepublik aber zu, dass sie sowohl im Zeitpunkt des Abschlusses des Überleitungsvertrages als auch im zeitlichen Kontext der Wiedervereinigung schlicht keine andere Wahl hatte, als die Beschränkung ihrer Gerichtsbarkeit hinzunehmen. Der Gerichtshof bestätigt der Bundesrepublik damit entgegen der Staatenpraxis eine Souveränitätsbeschränkung hinsichtlich der nachzubefolgenden Besatzungsregeln[3073]. Des Weiteren wird in dem Urteil des EGMR eine Verhältnismäßigkeitsprüfung durchgeführt, obwohl ein Fall einer Kernbereichsverletzung zu diagnostizieren war[3074]. Selbst

---

[3064] Kap. 5, C.III.3.a)cc).
[3065] Kap. 5, C.III.3.b)bb).
[3066] Kap. 5, C.III.3.c)dd).
[3067] Kap. 5, C.III.3.d)bb).
[3068] Kap. 5, C.III.4.
[3069] Kap. 5, C.III.5.a)dd).
[3070] Kap. 5, C.III.5.b).
[3071] Kap. 5, C.III.5.c).
[3072] Kap. 5, C.III.5.d).
[3073] Kap. 5, C.III.6.a)cc)(2).
[3074] Kap. 5, C.III.6.a)dd)(1).

wenn man eine solche Prüfung für zulässig hielte, müsste diese jedoch angesichts der in Frage stehenden *ius cogens*-Verletzung zu einem negativen Ergebnis gelangen[3075]. Im Rahmen des konventionsrechtlichen Eigentumsschutz führt der EGMR überraschenderweise die mutige Rechtsprechung des Falls *Loizidou* nicht fort, obwohl sich die Vergleichbarkeit der Sachverhalte aufgedrängt hatte[3076].

Hinsichtlich des Verfahrens *Certain Property* vor dem IGH kommt die objektive Rechtsanwendung zum Ergebnis, dass jedenfalls die Behandlung der liechtensteinischen Rechtsposition durch die deutsche Rechtsprechung in den 1990er Jahren nicht dem Vorbehalt *ratione temporis* unterfällt, da das Fürstentum lediglich darauf abgestellt hatte, dass der Überleitungsvertrag völkerrechtswidrig auch auf das Vermögen *neutraler* Staatsangehöriger angewandt wurde; insofern ist die Entscheidung der Mehrheitsmeinung des Gerichtshofes zu kritisieren, die den maßgeblichen Grund für die Auseinandersetzung fälschlicherweise im Überleitungsvertrag selbst und in den Beneš-Dekreten sieht, mit denen die deutschen Entscheidungen der 1990er Jahre zum deutsch-liechtensteinischen Bilderstreit unauflöslich verbunden seien, weshalb der IGH *ratione temporis* keine Zuständigkeit habe[3077]. Aber auch aus anderen Gründen wäre die Zulässigkeit der Klage nicht zu verneinen gewesen. Zwar ist auf Grund der *necessary third party rule* die Klage des Fürstentums nur insofern zulässig, als es der Klägerseite gelingt, einen Anspruch zu begründen, ohne dass es dafür auf die Völkerrechtswidrigkeit der Beneš-Dekrete ankommt[3078]. In materieller Hinsicht ergibt sich jedoch eine Anspruchsgrundlage auf Entschädigung auf Grund der Verletzung der liechtensteinischen Neutralität[3079]. Ebenso lässt sich ein Anspruch nach den Grundsätzen der ungerechtfertigten Bereicherung gegen die Bundesrepublik begründen[3080]. Neben diesen Ansprüchen auf Grund der Tatsache der Einbeziehung des Vermögens liechtensteinischer Staatsbürger *in* den Überleitungsvertrag in den 1990er Jahren – dieser Ansatzpunkt unterliegt nicht dem Vorbehalt *ratione temporis* – bestehen jedoch keine Ansprüche *aus* dem Überleitungsvertrag[3081]. Die Berührungsängste der deutschen Justiz gegenüber den wahren materiellen Rechtsfragen im *Liechtenstein*-Fall haben zu dieser Verantwortlichkeit der Bundesrepublik geführt, die sich jedoch im Rahmen des IGH-Verfahrens nicht niedergeschlagen hat, da der Gerichtshof bereits seine Zuständigkeit verneint hat.

Was die kurzzeitige Blockade der Aufnahme der beiden Nachfolgestaaten der Tschechoslowakei in den EWR durch das Fürstentum betrifft, konnte dadurch weder in Prag noch in Bratislava ein Einlenken in der Vermögensfrage erreicht

3075 Kap. 5, C.III.6.a)dd)(2).
3076 Kap. 5, C.III.6.c)dd).
3077 Kap. 5, C.III.7.a).
3078 Kap. 5, C.III.7.b)aa).
3079 Kap. 5, C.III.7.c)aa)(2).
3080 Kap. 5, C.III.7.c)bb).
3081 Kap. 5, C.III.7.c)cc).

werden. Liechtenstein war auf Grund politischer Zwängen letztlich veranlasst, das EWR-Erweiterungsabkommen zu ratifizieren, ohne das eigene Ziel verwirklichen zu können[3082]. Es zeigt sich, dass sich die Frage der Ausübung oder Nichtausübung theoretisch bestehender institutioneller Rechte bei entsprechendem politischen Gegendruck nicht nach eigenem Interesse mit anderweitigen Forderungen verbinden lässt[3083].

Im Rahmen einer Gesamtbewertung der Grenzen der Effektivität der liechtensteinischen Maßnahmen zur Bewältigung der Kriegsfolgeschäden dürfen neben dem Aspekt der Kleinstaatlichkeit nicht die übrigen Zwänge und Motive übersehen werden, die zur – jedenfalls hinsichtlich der primären Zielsetzung – Erfolglosigkeit der liechtensteinischen Bemühungen beigetragen haben. So hat im Rahmen der Verfahren vor den deutschen Gerichten und im Verfahren vor dem EGMR ganz offensichtlich die besondere Stellung Deutschlands nach dem Zweiten Weltkrieg eine wichtige Rolle gespielt[3084]. Einerseits spiegeln das Schlussstrichargument der deutschen Justiz und die damit verbundene überobligatorische Erfüllung des Überleitungsvertrages das spezielle Verhältnis Deutschlands zu den Siegermächten (insbesondere zu den Westmächten) wider, welches durch eine bestimmte Form des vorauseilenden Gehorsams gegenüber diesen Besatzungsmächten geprägt war. Andererseits scheint der deutsche Wille zur Aussöhnung vor allem mit dem tschechischen Volk und die damit einhergehende *political correctness* im Verhältnis zur Tschechischen Republik die Entscheidungen der deutschen Gerichte beeinflusst zu haben. Indem der EGMR die Anwendung des Klagstopps auf das fürstlich-liechtensteinische Vermögen und damit das Schlussstrichargument den Willkürtest bestehen lässt, führen die Menschenrechtsrichter die Rücksichtnahme auf die deutschen Sekundärziele im Rahmen des *Liechtenstein*-Falles fort[3085]. Zudem sollte keine Rechtsprechung geschaffen werden, die hinsichtlich des Vermögen der ethnisch-deutschen Vertriebenen als Präzedenzfall hätte dienen können[3086]. Außerdem mag sich auch der politische Wille zur europäischen Einigung hinsichtlich der Erfolglosigkeit der liechtensteinischen Maßnahmen zur Bewältigung der Kriegsfolgeschäden ausgewirkt haben; diese Motivation gewann Bedeutung anlässlich der liechtensteinischen Blockade des EWR-Beitrittes der Tschechischen Republik[3087]. Des Weiteren kann weder die Entstehung[3088] der liechtensteinischen Kriegsfolgeschäden noch die Erfolglosigkeit[3089] des Versuches, diese Kriegsfolgeschäden zu bewältigen, ohne die Berücksichtigung der besonderen Rolle des liechtensteinischen

3082 Kap. 5, C.III.8.a).
3083 Kap. 5, C.III.8.c).
3084 Kap. 5, C.III.9.b)aa).
3085 Kap. 5, C.III.9.b)aa)(1)(a).
3086 Kap. 5, C.III.9.b)aa)(1)(b).
3087 Kap. 5, C.III.9.b)bb).
3088 Kap. 5, C.III.9.b)cc)(1).
3089 Kap. 5, C.III.9.b)cc)(2).

Fürstenhauses auf dem Territorium der ehemaligen Tschechoslowakei untersucht werden. Immerhin kann festgehalten werden, dass das Fürstentum sich heute jedenfalls überhaupt in der Lage sieht, die Frage seiner Kriegsfolgeschäden vor (nationalen und) internationalen Gerichten, aber auch im institutionellen Rahmen von internationalen Organisationen zur Sprache zu bringen und zu problematisieren; im Vergleich zu den Enteignungen nach dem Ersten Weltkrieg stellt dies aus der Sicht des Kleinstaates eine positive Entwicklung dar[3090].

Hinsichtlich der Frage, ob die Kleinstaatlichkeit des Fürstentums Bedeutung für die Erfolglosigkeit der liechtensteinischen Maßnahmen gehabt hat, muss man zunächst festhalten, dass dies weder in den dargestellten Urteilen noch in der Auseinandersetzung um den EWR-Beitritt der tschechoslowakischen Nachfolgerepubliken offen zutagetritt. Allerdings ist auffällig, dass entgegenstehende Interessen, seien sie objektiv betrachtet auch noch so geringwertig, sich regelmäßig gegenüber der liechtensteinischen Position durchsetzen[3091]. Damit ist zu konstatieren, dass trotz der hochentwickelten Teilnahme des Fürstentums an der internationalen Zusammenarbeit und der Möglichkeit des Zugangs zu (nationalen Gerichten über den Umweg der Klagen des Fürsten als Privatperson und) internationalen Gerichten das Völkerrecht in seiner Umsetzung einer starken Beeinträchtigung durch machtspezifische Faktoren unterliegt. Am Maßstab der versuchten Bewältigung der liechtensteinischen Kriegsfolgeschäden steht fest, dass die kleinstaatliche Strategie des Fürstentums im Einzelfall weniger effektiv ist, als dies angesichts der in Kapitel 4 der vorliegenden Arbeit dargestellten Umstände zu erwarten gewesen wäre[3092].

II. Resümee und Ausblick

Liechtenstein ist hinsichtlich seiner Kriegsfolgeschäden offenbar nicht in der Lage, seine Rechte unabhängig von machtpolitischen Einflüssen durchzusetzen. Dieses Ergebnis überrascht angesichts der Tatsache, dass das Fürstentum dank einer kleinstaatenspezifischen Nischenwirtschaft nicht nur in ökonomischer Hinsicht höchst erfolgreich ist, sondern es auch verstanden hat, den Wandel der internationalen Zusammenarbeit im Verlauf der letzten Jahrzehnte zu seinem Vorteil zu nutzen[3093]. Wenn nun aber selbst ein wirtschaftlich erfolgreicher Kleinstaat, der zudem hinsichtlich seiner entwickelten Teilnahme an den multilateralen Beziehungen in Bezug auf eine ganze Reihe von Aspekten als Sonderfall unter den Klein-

---

[3090] Kap. 5, C.III.9.c).

[3091] Kap. 5, C.III.9.d).

[3092] Kap. 5, C.III.9.e).

[3093] THÜRER, Liechtenstein und die Völkerrechtsordnung, S. 126: „*...ist es Liechtenstein bisher wohl insgesamt erstaunlich gut gelungen, sich trotz Begrenztheit seiner Mittel und Möglichkeiten in die dynamisch und tiefgreifend wandelnden Strukturen des modernen, durch Interdependenz und komplexe Globalisierungsprozesse gekennzeichneten internationalen Systems einzuordnen*".

staaten zu gelten hat[3094], sehr schnell an die Grenzen der Durchsetzbarkeit seiner Rechte stößt, besteht für eine Bewertung des Verhältnisses von Macht und Recht auch im modernen Völkerrechtssystem kein Grund für Optimismus. Wenn schon das einflussreiche Liechtenstein bei der Verfolgung seiner Rechte scheitert, mag man nur mutmaßen, wie aussichtsreich sich die realistischen Möglichkeiten eines kleinen, wirtschaftlich schwachen und wenig entwickelten Staates darstellen, im Rahmen eines Interessenkonfliktes mit einem großen, machtpolitisch bedeutsamen Normstaat zu obsiegen. Insofern scheint GREWE[3095] mit seinen Aussagen zum Verhältnis des Kleinstaates zum Völkerrecht, auch wenn man dies bedauern mag, Recht zu behalten:

> *„Ein Kleinstaat ist im allgemeinen einer Großmacht gegenüber nicht in der Lage, seine Rechtsansprüche durchzusetzen. Den Großmächten fällt es nicht schwer, Mittel, Wege und Argumente zu finden, um lästige Rechtsansprüche kleinerer Staaten zurückzuweisen“.*

Problematisch ist in diesem Zusammenhang, dass im Völkerrecht, anders als im nationalen Recht, keine übergeordnete Rechtsprechungs- und Vollstreckungsgewalt existiert, so dass die von ZSCHOKKE[3096] beschriebene Auseinandersetzung von Macht und Recht in jedem einzelnen Streitfall von neuem ausgefochten werden muss. Deshalb wäre aus kleinstaatlicher Perspektive eine umfassende obligatorische Gerichtsbarkeit etwa des IGH wünschenswert. In diesem Kontext wird offenkundig, dass Macht nicht in jedem Fall der Gegenpol zum Recht sein wird, sondern dass Macht, die zwingend bewirkt, dass sich jeder Staat für alle Streitfälle den Sprüchen der Haager Richter unterwerfen müsste, dem Recht erst zu seiner Durchsetzung verhelfen würde[3097]. Jedoch ist die Hoffnung auf die Begründung einer allgemeinen Zuständigkeit internationaler Gerichte aus der heutigen Sicht zumindest für die nähere Zukunft alles andere als realistisch[3098]. Orientiert man sich am Verhalten der Vereinigten Staaten von Amerika, die im aktuellen Weltgefüge als Prototyp des machtpolitisch bedeutsamen Staates gelten können, hat gera-

---

[3094] Vgl. dazu BRUHA / GEY-RITTER, Kleinstaat und Integration, S. 186.

[3095] GREWE, Außenpolitik und Völkerrecht in der Praxis, S. 3; damit wird nicht eine Ansicht aus vergangenen Jahrzehnten wiedergegeben, sondern eine aktuelle Meinungsäußerung, denn der zitierte Aufsatz ist im Jahr 1998 erschienen; dabei ist es durchaus typisch, Klagen bereits im Stadium der Zuständigkeit vorzubeugen, da die Träger der politischen Macht stets rechtliche Legitimität suchen, und eine Verurteilung diese gerade in Frage stellen würde; BROWNLIE, The relation of Law and Power, S. 22: *„...it is a rule of experience that the winner always seeks legitimacy as well as power...“*.

[3096] Vgl. dazu die Einleitung zur vorliegenden Arbeit.

[3097] Vgl. zu diesen zwei Dimensionen des Verhältnisses von Recht und Macht bei: MAIWALD, Recht und Macht, S. 1073.

[3098] In diesem Zusammenhang stellt GREWE, Außenpolitik und Völkerrecht in der Praxis, S. 3, lapidar fest: *„Sie* [die Großmächte] *unterwerfen sich weder einer obligatorischen Gerichtsbarkeit noch einer zwangsweisen Vollstreckung eines Urteils“*.

de im Zeitalter des aufkommenden internationalen Terrorismus die Bereitschaft, sich internationalen Streitbeilegungsorganen zu unterwerfen, eben nicht zugenommen[3099]. Als Beispiel kann hier wiederum die Weigerung der USA bemüht werden, dem Statut des Internationalen Strafgerichtshof beizutreten[3100]; im Zusammenhang mit der Gerichtsbarkeit des IGH ist der sog. Connally-Vorbehalt zu beachten, mit dem Washington im großen Umfang die Entscheidung über die Gerichtsbarkeit des IGH nicht aus den Händen gibt[3101].

Trotz des tendenziell pessimistischen Ergebnisses der vorliegenden Arbeit hinsichtlich des kleinstaatlichen Interessenschutzes wäre Resignation des einzelnen Kleinstaates die falsche Reaktion. Gerade das Beispiel des Fürstentums Liechtenstein zeigt, dass geschicktes Taktieren und überdurchschnittliche Teilnahme an der multilateralen Zusammenarbeit den Kleinstaat immerhin in die Lage versetzen, sich auf internationaler Bühne Gehör zu verschaffen, auch wenn die verfolgten Primärziele nicht immer realisiert werden können. Insofern darf die weitere Entwicklung des Fürstentums mit Spannung beobachtet werden[3102].

3099 WELZEL, Macht und Recht, S. 833: *„Das Verhältnis von Macht und Recht ist eines jener großen Themen der Menschheitsgeschichte, von denen das Goethesche Wort gilt, dass sie von Zeit zu Zeit neu geschrieben werden müssen. So ewig das Problem als solches ist, so wird doch jede Generation auf ihre Weise davor gestellt; sie muss auf ihre Weise mit ihm fertig zu werden versuchen".*

3100 Vgl. dazu bereits die Einleitung zur vorliegenden Arbeit; zum Verhalten der USA im Zusammenhang mit der Begündung des Internationalen Strafgerichtshofes liest man bei STEFAN GEIGER, einem Autor der STUTTGARTER ZEITUNG, in einem Gastkommentar in der DRiZ, August 2002, S. 282: *„Aber man muss den schon brachialen Druck ernst nehmen, den die Vereinigten Staaten gegenwärtig auf all die anderen Staaten ausüber, die mit Hilfe eines Internationalen Gerichtshofs dem Missbrauch politischer Macht Grenzen wollen. Realpolitik, bei der das Recht oft genug auf der Strecke bleibt, betreiben alle Staaten dieser Welt. Was die Vereinigten Staaten gegenwärtig tun, ist qualitativ etwas anderes. Sie fordern ganz unverbrämt, dass sich das Recht der Macht zu beugen habe".*

3101 Mit einer Erklärung vom 26. August 1946 entziehen die USA der Gerichtsbarkeit des IGH die folgenden Fälle: *„...disputes with regard to matters which are essentially within the domestic jurisdiction of the United States of America as determined by the United States of America..."*, vgl. SCHLOCHAUER, International Court of Justice, in: BERNHARDT, EPIL, Band II, S. 1092; FISCHER in: IPSEN, Völkerrecht, § 62, Rn. 45: *„Da dieser Vorbehalt mit der Entscheidung des Staates verbunden wird, selbst zu bestimmen, welche Streitgegenstände im Bereich des ‚domaine reservé' liegen, bleibt die Zuständigkeit letztendlich vollständig der einzelstaatlichen Entscheidung vorbehalten".*

3102 Angesichts der wichtigen Rolle des jeweiligen Fürsten für die jeweilige Richtung der liechtensteinischen Politik ist von höchsten Interesse, welche Impulse von der Arbeit des Erbprinzen ALOIS ausgehen werden, der seit dem 15. August 2004 auf der Grundlage einer Fürstlichen Verordnung als Stellvertreter seines Vaters mit den Regierungsgeschäften betraut ist.

Literaturverzeichnis

Abt, Clark C. / Deutsch, Karl W.
Basic Problems of Small Countries, in: Waschkuhn, Arno (Hrsg.), Kleinstaat – Grundsätzliche und aktuelle Probleme, LPS Band 16, Vaduz, 1993, S. 19 ff.
zitiert: Abt / Deutsch, Basic Problems of Small Countries, Seite

Allgäuer, Thomas
Die parlamentarische Kontrolle über die Regierung im Fürstentum Liechtenstein, Vaduz, 1989, zitiert: Allgäuer, Parlamentarische Kontrolle, Seite

Allgäuer, Robert
Instrumente einer liechtensteinischen Außenpolitik, in: Allgäuer, Robert u. a., Fragen an Liechtenstein, LPS Band 1, Vaduz, 1972, S. 119 ff.
zitiert: Allgäuer, Instrumente einer liechtensteinischen Außenpolitik, Seite

Allstadt, Markus
Die offene Völkerrechtslage im deutsch-tschechischen Verhältnis und ihre Bedeutung für die Osterweiterung der Europäischen Union, Frankfurt am Main, 2000
zitiert: Allstadt, Die offene Völkerrechtslage im deutsch-tschechischen Verhältnis und ihre Bedeutung für die Osterweiterung der EU, Seite

Andersen,Uwe / Woyke, Wichard (Hrsg.)
Handwörterbuch Internationale Organisationen, 2. Auflage, Opladen, 1995; zitiert: Bearbeiter in: Andersen / Woyke, Handwörterbuch Internationale Organisationen, Seite

Anzilotti, D.
Lehrbuch des Völkerrechts, Übersetzung der 3. italienischen Auflage, Band I, Berlin und Leipzig, 1929, zitiert: Anzilotti, Völkerrecht, Seite

Baade, Hans W.
Die Anerkennung im Ausland vollzogener Enteignungen, in: Jahrbuch für Internationales Recht, Band 3 (1954), S. 132 ff.
zitiert: Baade, Die Anerkennung im Ausland vollzogener Enteignungen, Seite

Bacot, Bernard
Des Neutralités Durables, Paris, o.J., zitiert: Bacot, Neutralités Durables, Seite

Baehr, Peter R.
Small States: a tool for analysis?, in: World Politics, Vol. 27, 1974/1975, S. 456 ff.
zitiert: Baehr, Small States: a tool for analysis?, Seite

Barston, Ronald P.
The External Relations of Small States, in: Schou, August / Brundtland, Arne Olav, Small States in International Relations, Stockholm, 1971, S. 39 ff.
zitiert: Barston, The External Relations of Small States, Seite
Bastid, Suzanne
L'Affaire Nottebohm devant la Cour Internationale de Justice, in: Revue critique de droit international privé, Vol. 45 (1956), S. 607-633
zitiert: Bastid, L'Affaire Nottebohm devant la Cour Internationale de Justice, Seite
Batliner, E. H.
Der Währungsvertrag Schweiz - Liechtenstein mit einem währungsgeschichtlichen Rückblick, Liechtenstein Wirtschaftsfragen Heft 9, Vaduz, 1981
zitiert: Batliner, Währungsvertrag, Seite
Batliner, Gerard
Strukturelemente des Kleinstaates – Grundlagen einer liechtensteinischen Politik – ein Versuch, in: LPS Band 1, Vaduz, 1972, S. 11 ff.
zitiert: Batliner, Strukturelemente des Kleinstaates, Seite
Batliner, Gerard
Zu heutigen Problemen unseres Staates – Gegebenheiten, Ziele und Strategien, in: LPS Band 6, Vaduz, 1976, S. 161 ff.
zitiert: Batliner, Zu heutigen Problemen unseres Staates, Seite
Batliner, Gerard
Liechtenstein - ein staatsrechtliches und politisches Portrait, in: Liechtenstein Wirtschaftsfragen, Heft 13, Vaduz, 1986, zitiert: Batliner, Portrait, Seite
Batliner, Gerard
Einführung in das liechtensteinische Verfassungsrecht (1. Teil), in: LPS, Band 21, Vaduz, 1994
zitiert: Batliner, Einführung in das liechtensteinische Verfassungsrecht (1. Teil), Seite
Baudenbacher, Carl
Vier Jahre EFTA-Gerichtshof, in: EuZW 1998, S. 391 ff.
zitiert: Baudenbacher, Vier Jahre EFTA-Gerichtshof, Seite
Baumstark, Reinhold
Traditionsbewusstsein und Kennerschaft – Zur Geschichte der Sammeltätigkeit der Fürsten von Liechtenstein, in: Baumstark, Reinhold, Meisterwerke der Sammlungen des Fürsten von Liechtenstein – Gemälde, Zürich, 1980
zitiert: Baumstark, Traditionsbewußtsein und Kennerschaft, Seite
Baumstark, Reinhold
Introduction, in: Bradford D. Kelleher (Publisher), Liechtenstein – The Princely Collections, New York, 1985; zitiert: Baumstark, Introduction to The Princely Collections, Seite

Beck, Franz
Liechtensteins Mitgliedschaft im Europarat und Neuorientierung der liechtensteinischen Außenpolitik, in: Verwaltungs- und Privat-Bank Aktiengesellschaft, Liechtensteins Mitgliedschaft im Europarat, Liechtenstein – Wirtschaftsfragen, Heft 6, S. 12 ff.; zitiert: Beck, Liechtenstein Mitgliedschaft im Europarat, Seite

Behrens, Peter
Rechtsfragen im chilenischen Kupferstreit, RabelsZ 37 (1973), S. 394 ff.
zitiert: Behrens, Rechtsfragen im chilenischen Kupferstreit, Seite

Beitzke, Günther
Probleme der Enteignung im Internationalprivatrecht, in: Ipsen, Hans Peter (Hrsg.), Festschrift für Leo Raape zu seinem siebzigsten Geburtstag, Hamburg, 1948, S. 93 ff.
zitiert: Beitzke, Probleme der Enteignung im Internationalprivatrecht, Seite

Berber, Friedrich
Lehrbuch des Völkerrechts,
- Band I, Allgemeines Friedensrecht, 2. Auflage, München, 1975
- Band II, Kriegsrecht, 2. Auflage, München, 1969
zitiert: Berber, Völkerrecht, Band, Paragraph, Seite

Bergmann, Wilfried / Korth, Jürgen
Deutsches Staatsangehörigkeits- und Paßrecht, Köln, Berlin, Bonn, München, 1985, zitiert: Bergmann / Korth, Staatsangehörigkeitsrecht, Randnummer

Bernhardt, Rudolf
Die Auslegung völkerrechtlicher Verträge – insbesondere in der neueren Rechtsprechung internationaler Gerichte, Köln, Berlin, 1963
zitiert: Bernhardt, Die Auslegung völkerrechtlicher Verträge, Seite

Bernhardt, Rudolf (Hrsg.)
Encyclopedia of Public International Law, Amsterdam u.a.
- Band I, 1992
- Band II, 1995
- Band III, 1997
- Band IV, 2000
zitiert: Bearbeiter, Stichwort, in: Bernhardt, EPIL, Band, Seite

Bethge, Herbert
Der teilsouveräne Nationalstaat – Ein Zukunftsmodell, in: Oberreuter, Heinrich / Piazolo, Michael (Hrsg.), Global denken – Die Rolle des Staates in der internationalen Politik zwischen Kontinuität und Wandel, München, 2001, S. 13 ff.
zitiert: Bethge, Der teilsouveräne Nationalstaat – Ein Zukunftsmodell, Seite

Bindschedler, Rudolf L.
Die Neutralität im modernen Völkerrecht, in: ZaöRV 17 (1956/1957), S. 1 ff.
zitiert: Bindschedler, Neutralität im modernen Völkerrecht, Seite
Birke, Wolfgang
Die Konfiskation ausländischen Privatvermögens im Hoheitsbereich des konfiszierenden Staates nach Friedensvölkerrecht, Hamburg, 1960
zitiert: Birke, Die Konfiskation ausländischen Privatvermögens, Seite
Bjøl, Erling
The Small State in International Politics, in: Schou, August / Brundtland, Arne Olav, Small States in International Relations, Stockholm, 1971, S. 11 ff.S. 29 ff.
zitiert: Bjøl, The Small State in International Politics, Seite
Bleckmann, Albert
Fremdherrschaft und Dekolonisierung in rechtlicher Hinsicht, in: Verfassung und Recht in Übersee, 4. Jahrgang, Hamburg, 1971, S. 237 ff.
zitiert: Bleckmann, Fremdherrschaft und Dekolonisierung in rechtlicher Hinsicht, Seite
Bleckmann, Albert
Analogie im Völkerrecht, in: AVR, 17. Band (1977/1978), Tübingen, 1978, S. 161 ff.
zitiert: Bleckmann, Analogie im Völkerrecht, Seite
Bleckmann, Albert
Völkerrecht, Baden-Baden, 2001, zitiert: Bleckmann, Völkerrecht, Randnummer
Bloch, Oscar / Wartburg, W. von
Dictionnaire étymologique de la langue française, Paris, 1964
zitiert: Bloch / v. Wartburg, Seite
Blumenwitz, Dieter
Die Grundlagen eines Friedensvertrages mit Deutschland, Schriften zum öffentlichen Recht, Band 27, Berlin, 1966; zitiert: Blumenwitz, Friedensvertrag, Seite
Blumenwitz, Dieter
Die vermögensrechtlichen Folgen der Ostverträge, in: JOR 1972, 2. Halbjahresheft, S. 179 ff.; zitiert: Blumenwitz, Die vermögensrechtlichen Folgen der Ostverträge, Seite
Blumenwitz, Dieter
Was ist Deutschland? - Staats- und völkerrechtliche Grundsätze zur deutschen Frage und ihre Konsequenzen für die deutsche Ostpolitik, Bonn, 1982
zitiert: Blumenwitz, Was ist Deutschland?, Seite

Blumenwitz, Dieter
Inhalt und völkerrechtliche Grenzen der „Rechte und Verantwortlichkeiten" der Vier Mächte, in: Meissner/Zieger (Hrsg.), Staatliche Kontinuität unter besonderer Berücksichtigung der Rechtslage Deutschlands, Köln, 1983, zitiert: Blumenwitz, Rechte und Verantwortlichkeiten, Seite
Blumenwitz, Dieter
Stichwort Deutsche Frage, in 5 Bänden herausgegeben von der Görres-Gesellschaft, Band I, 7. Auflage, Freiburg, Basel, Wien, 1985
zitiert: Blumenwitz, Staatslexikon Deutsche Frage, Seite
Blumenwitz, Dieter
Der Prager Vertrag – Eine Einführung und Dokumentation zum Vertrag vom 11. Dezember 1973 unter besonderer Berücksichtigung des Münchner Abkommens und seiner Auswirkung auf Deutschland als Ganzes, Bonn, 1985
zitiert: Blumenwitz, Der Prager Vertrag, Seite
Blumenwitz, Dieter (Hrsg.)
Flucht und Vertreibung, Vorträge eines Symposiums veranstaltet vom Institut für Völkerrecht der Universität Würzburg 19.-22. November 1985, Köln u. a, 1987
zitiert: Autor, Beitrag in: Blumenwitz, Flucht und Vertreibung, Seite
Blumenwitz, Dieter
Die Wiedererlangung der deutschen Souveränität durch die Bundesrepublik Deutschland und ihre Begrenzung durch die alliierten Vorbehaltsrechte, in: Die Deutschlandfrage vom 17. Juni 1953 bis zu den Genfer Viermächtekonferenzen von 1955, Berlin, 1990, S. 133 ff., zitiert: Blumenwitz, Wiedererlangung, Seite
Blumenwitz, Dieter
Staatennachfolge und die Einigung Deutschlands, Teil I, Völkerrechtliche Verträge, Berlin, 1992; zitiert: Blumenwitz, Staatennachfolge und die Einigung Deutschlands, Seite
Blumenwitz, Dieter
Das Offenhalten der Vermögensfrage in den deutsch-polnischen und deutsch-tschechoslowakischen Beziehungen, in: Blumenwitz, Dieter / Mangoldt, Hans von, Fortentwicklung des Minderheitenschutzes und der Volkgruppenrechte in Europa, Bonn, 1992, S. 115 ff.; zitiert: Blumenwitz, Das Offenhalten der Vermögensfrage, Seite
Blumenwitz, Dieter
Die Beneš-Dekrete aus dem Jahr 1945 unter dem Gesichtspunkt des Völkerrechts, in: Forum für Kultur und Politik, Heft 6, 1993, S. 5 ff.; zitiert: Blumenwitz, Die Beneš-Dekrete unter dem Gesichtspunkt des Völkerrechts, Seite

Blumenwitz, Dieter
Gutachten zum Fall Liechtenstein vom 29. April 1996, Würzburg, 1996
Zitiert: Blumenwitz, Liechtenstein, Seite
Blumenwitz, Dieter
Die deutsch-tschechische Erklärung vom 21. Januar 1997, in: BayVBl. 1997, S. 161 ff.
zitiert: Blumenwitz, Die deutsch-tschechische Erklärung vom 21. Januar 1997, Seite
Blumenwitz, Dieter
Intertemporales und interlokales Verfassungskollisionsrecht", in: Isensee, Josef / Kirchhof, Paul (Hrsg.), Handbuch des Staatsrechts, Band IX, Heidelberg, 1997, § 211, S. 455 ff.; zitiert: Blumenwitz, Verfassungskollisionsrecht, Randnummer
Blumenwitz, Dieter
Die tschechisch-liechtensteinischen Beziehungen- Ein anhaltender Konflikt in Mitteleuropa, in: Kick, Karl G. / Weingarz, Stephan / Bartosch, Ulrich (Hrsg.), Wandel durch Beständigkeit, Studien zur deutschen und internationalen Politik, Jens Hacker zum 65. Geburtstag, Berlin, 1998, S. 347 ff.
zitiert: Blumenwitz, Die tschechisch-liechtensteinischen Beziehungen, Seite
Blumenwitz, Dieter
Die Offenheit der Vermögensfrage in den Beziehungen zwischen Deutschland und seinen östlichen Nachbarn im Lichte der höchstrichterlichen Rechtsprechung zur Reparationsenteignung, in: Blumenwitz, Dieter / Gornig, Gilbert H. / Murswiek, Dietrich (Hrsg.), Rechtsanspruch und Rechtswirklichkeit des europäischen Minderheitenschutzes, Köln, 1998, S. 153 ff.
zitiert: Blumenwitz, Die Offenheit der Vermögensfrage, Seite
Blumenwitz, Dieter
Deutsche Souveränität im Wandel, in: ZfP, 46. Jahrgang, 1999, S. 195 ff.
zitiert: Blumenwitz, Deutsche Souveränität im Wandel, Seite
Blumenwitz, Dieter
Versteckte Kollisionsnormen in völkerrechtlichen Verträgen? – Der liechtensteinische Bilderstreit in Deutschland, in: Gerkens, Jean-François / Peter, Hansjörg / Trenk-Hinterberger, Peter / Vigneron, Roger, Mélanges Fritz Sturm, offerts par ses collègues et ses amis à l´occasion de son soixante-dixième anniversaire, Volume II, Liège, 1999, S. 1385; zitiert: Blumenwitz, Versteckte Kollisionsnormen in völkerrechtlichen Verträgen? – Der liechtensteinische Bilderstreit in Deutschland, Seite

Blumenwitz, Dieter
Der Schutz des Eigentums vertriebener Volkgruppen – Zur Loizidou-Entscheidung des Europäischen Menschenrechtsgerichtshofs, in: Hofmann, Mahulena / Küpper, Herbert (Hrsg.), Kontinuität und Neubeginn – Staat und Recht in Europa zu Beginn des 21. Jahrhunderts, Festschrift für Georg Brunner aus Anlass seines 65. Geburtstags, Baden-Baden, 2001; zitiert: Blumenwitz, Zur Loizidou-Entscheidung des EGMR, Seite

Blumenwitz, Dieter
Die Liechtenstein-Entscheidung des Europäischen Gerichtshofs für Menschenrechte, in: AVR, Band 40, 2002, S. 215 ff.
zitiert: Blumenwitz, Die Liechtenstein-Entscheidung des EGMR, Seite

Blumenwitz, Dieter
Die Fragen der deutschen Reparationen, in: Cremer, H.-J. / Giegerich, T. / Richter, D. / Zimmermann, A. (Hrsg.), Tradition und Weltoffenheit des Rechts, Festschrift für Helmut Steinberger, Berlin u. a., 2002, S. 63 ff.
zitiert: Blumenwitz, Die Fragen der deutschen Reparationen, Seite

Blumenwitz, Dieter
Die Beneš-Dekrete – eine Bestandsaufnahme im Lichte der tschechischen Betrittsverhandlungen zur EU, in: Goll, Thomas / Leuerer, Thomas / Mayer, Tilman / Merz, Hans-Georg (Hrsg.), Staat und Politik, Beiträge aus Politischer Wissenschaft und Politischer Bildung, Festschrift für Paul-Ludwig Weinacht zum 65. Geburtstag, Baden-Baden, 2003, S. 258 ff.
zitiert: Blumenwitz, Die Beneš-Dekrete – eine Bestandsaufnahme, Seite

Bötsch, Christine
Die Nachbefolgung des westalliierten Besatzungsrechts im Lichte des Staats- und Völkerrechts, Frankfurt am Main, 2000
zitiert: Bötsch, Die Nachbefolgung des westalliierten Besatzungsrechts, Seite

Borchard, Edwin M.
The Diplomatic Protection of Citizens Abroad or The Law of International Claims, Reprint, New York, 1970; zitiert: Borchard, The Diplomatic Protection of Citizens Abroad, Seite

Bortloff, Jens
Die Organisation für Sicherheit und Zusammenarbeit in Europa – eine völkerrechtliche Bestandsaufnahme, Berlin, 1996
zitiert: Bortloff, Die Organisation für Sicherheit und Zusammenarbeit in Europa, Seite

Bothe, Michael
Stichwort Besatzungsrecht, in: Staatslexikon in 5 Bänden, herausgegeben von der Görres-Gesellschaft, Band I, 7. Auflage, Freiburg, Basel, Wien, 1985
zitiert: Bothe, Staatslexikon Besatzungsrecht, Seite

Boyd, Andrew
Die Vereinten Nationen, Frankfurt am Main, 1967
zitiert: Boyd, Die Vereinten Nationen, Seite

Bothe, Michael
Friedenssicherung und Kriegsrecht, in: Vitzthum, Wolfgang Graf (Hrsg.), Völkerrecht, 2. Auflage, Berlin, New York, 2001, S. 603 ff.
zitiert: Bothe, Friedenssicherung und Kriegsrecht, Randnummer

Brand, Christoph-Matthias
Souveränität für Deutschland: Grundlagen, Entstehungsgeschichte und Bedeutung des Zwei-plus-Vier-Vertrages vom 12. September 1990, Köln, 1993; zitiert: Brand, Seite

Brauneder, Wilhelm
175 Jahre Allgemeines Bürgerliches Gesetzbuch in Liechtenstein, LJZ 1988, S. 94 ff., zitiert: Brauneder, 175 Jahre ABGB, Seite

Brockhaus Enzyklopädie
Enzyklopädie in zwanzig Bänden, 17. Auflage, Wiesbaden, 1966-1974
zitiert: Brockhaus Enzyklopädie, Band, Stichwort, Seite

Brotschi-Zamboni, Livia
Die Auswirkungen des Ersten Weltkrieges auf die liechtensteinische Außenpolitik, in: Amelunxen, C. und andere (Hrsg.), Beiträge zur liechtensteinischen Staatspolitik, LPS Band 2, Vaduz, 1973, S. 9 ff.
zitiert: Brotschi-Zamboni, Erster Weltkrieg und liechtensteinische Außenpolitik, Seite

Brownlie, Ian
The relation of Law and Power, in: Cheng, Bin / Brown, E.D., Contemporary Problems of International Law, Essays in honour of Georg Schwarzenberger on his eightieth birthday, London, 1988, S. 19 ff.
zitiert: Brownlie, The relation of Law and Power, Seite

Brownlie, Ian
Principles of Public International Law, 5. Auflage, Oxford, 1998
zitiert: Brownlie, Public International Law, Seite

Bruha, Thomas
Verfassungsstaatliche Aspekte der Rechtsetzung im EWR, in: Außenwirtschaft – Schweizerische Zeitschrift für internationale Wirtschaftsbeziehungen, 46. Jahrgang, 1991, S. 349 ff.; zitiert: Bruha, Verfassungsstaatliche Aspekte der Rechtsetzung im EWR, Seite

Bruha, Thomas
Liechtenstein im europäischen Integrationsprozess, in: Kleinheit und Interdependenz, LPS Band 14, Vaduz, 1990, S. 181 ff.
zitiert: Bruha, Liechtenstein im europäischen Integrationsprozess, Seite

Bruha, Thomas / Gey-Ritter, Katja
Kleinstaat und Integration: Liechtenstein im europäischen Integrationsprozess und in der Welthandelsordnung, in: AVR, 36. Band, Tübingen, 1998, S. 154 ff.
zitiert: Bruha / Gey-Ritter, Kleinstaat und Integration, Seite

Büchel, Hubert
Der Kleinstaat aus ökonomischer Sicht. Ergänzende Anmerkungen, in: Waschkuhn, Arno (Hrsg.), Kleinstaat – Grundsätzliche und aktuelle Probleme, LPS Band 16, Vaduz, 1993, S. 97 ff.; zitiert: Büchel, Der Kleinstaat aus ökonomischer Sicht, Seite

Büchel, Hubert
Die wirtschaftliche Entwicklung Liechtensteins. Welche Rolle spielt der EWR? Eine Zwischenbilanz, Liechtenstein – Wirtschaftsfragen, Heft 32, Vaduz, 2000, S. 14 ff.; zitiert: Büchel, Welche Rolle spielt der EWR? – Eine Zwischenbilanz, Seite

Büchergilde Gutenberg
Lexikon der Büchergilde, Lexikon in zwei Bänden, Frankfurt am Main, 1956 zitiert: Büchergilde Gutenberg, Lexikon der Büchergilde, Band, Stichwort, Seite

Bürgenthal, Thomas / Doehring, Karl / Kokott, Juliane / Maier, Harold G.
Grundzüge des Völkerrechts, 2. Auflage, Heidelberg, 2000; zitiert: Buergenthal / Doehring / Kokott / Maier, Grundzüge des Völkerrechts, Randnummer

Bundesministerium für Vertriebene, Flüchtlinge und Kriegsgeschädigte (Hrsg.)
Dokumentation der Vertreibung der Deutschen aus Ost-Mitteleuropa, Band IV/1 (Die Vertreibung der deutschen Bevölkerung aus der Tschechoslowakei), Berlin, 1957

Bundesregierung (Hrsg.)
OSZE – Aufgaben, Arbeitsweisen, Perspektiven, Bonn, 1998
zitiert: Bundesregierung, OSZE, Seite

Busse, Christian
Die völkerrechtliche Einordnung der Europäischen Union, Köln, Berlin, Bonn, München, 1999, zugleich: Münster (Westfalen), Univ., Diss., 1997
zitiert: Busse, Die völkerrechtliche Einordnung der Europäischen Union, Seite

Bydlinski, Franz
Juristische Methodenlehre und Rechtsbegriff, Wien, New York, 1982
zitiert: Bydlinski, Juristische Methodenlehre und Rechtsbegriff, Seite

Calliess, Christian / Ruffert, Matthias (Hrsg.)
Kommentar des Vertrages über die Europäische Union und des Vertrages zur Gründung der Europäischen Gemeinschaft, Neuwied, Kriftel, 1999
zitiert: Bearbeiter in: Calliess / Ruffert, Kommentar zu EUV und EGV, Artikel, Randnummer

Canal-Forgues, Eric
Le système de règlement des differends de l´Organisation Mondiale du Commerce, in: RGDIP 1994, Band XCVIII, S. 675 ff.
zitiert: Canal-Forgues, Le système de règlement des differends de l´Organisation Mondiale du Commerce, Seite

Carrino, Agostino
Verfassung und Souveränität in Europa am Beispiel Italiens, ZeuS 1998, S. 427 ff.
zitiert: Carrino, Verfassung und Souveränität in Europa am Beispiel Italiens, Seite

Carter, Barry E. / Trimble, Phillip R.
International Law, 3. Auflage, New York, 1999
zitiert: Carter / Trimble, International Law, Seite

Castrén, Erik
Neutralität, in: AVR 5 (1955/1956), S. 21 ff.; zitiert: Castrén, Neutralität, Seite

Castrén, Erik
La position des grands et petits états dans la communauté internationale et particulièrement dans les organisations internationales, in: Brüel, Erik u. a. (Hrsg.), Internationale und staatsrechtliche Abhandlungen, Festschrift für Walter Schätzel zu seinem 70. Geburtstag, Düsseldorf, 1960, S. 25 ff.; zitiert: Castrén, La Position des Grands et Petits Etats dans la Communauté Internationale, Seite

Centrum für angewandte Politikforschung der Universität München (Forschungsgruppe Europa) Mittel- und Osteuropa auf dem Weg in die Europäische Union, Strategiepapier, vorgelegt zum International Bertelmann Forum, Warschau, 25.-26. Juni 1999; Quelle: http://www.bertelsmann-stiftung.de/documents/stratpap.doc+%22EU-Mitgliedschaft%22+und+Liechtenstein&hl=de&ie=UTF-8
zitiert: Centrum für angewandte Politikforschung, Mittel- und Osteuropa auf dem Weg in die Europäische Union, Seite

Chappez, Jean
Les micro-états et les nations unies, in: Annuaire Français de Droit International, Band XVII (1971), Paris, 1972, S. 541 ff., zitiert: Chappez, micro-états, Seite

Christmas-Møller, Wilhelm
Some thoughts on the scientific applicability of the small state concept: a research history and a discussion, Höll, Otmar (Hrsg.), Small States in Europe and Dependence, Wien, 1984, S. 35 ff.; zitiert: Christmas-Møller, Thoughts on the scientific applicability of the small state concept, Seite

Cohen, Rosalyn

The Concept of Statehood in United Nations Practice, in: University of Pennsylvania Law Review 1961, S. 1127; zitiert: Cohen, The Concept of Statehood in United Nations Practice, Seite

Cot, Jean-Pierre / Pellet, Alain

La Charte des Nations Unies, Commentaire article par article, 2. Auflage, Paris, 1991
zitiert: Bearbeiter in: Cot / Pellet, La Charte des Nations Unies, Artikel, Seite

Council of Europe

Manual of the Council of Europe – Structure, Functions and Achievements, London, 1970; zitiert: Council of Europe, Manual of the Council of Europe, Seite

Crawford, James

The criteria for statehood in International Law, in: BYIL, Band 48, Jahrgang 1976-1977, Oxford, 1978, S. 93 ff., zitiert: Crawford, Statehood, Seite

Creifelds, Carl

Rechtswörterbuch, begründet von Carl Creifelds, herausgegeben von Hans Kauffmann, 12. Auflage, München, 1994; zitiert: Creifelds, Rechtswörterbuch, Stichwort, Seite

Czarnecki, Ralph / Lenski, Edgar

Fallrepetitorium Völkerrecht, Berlin, Heidelberg, New York, 2003
zitiert: Czarnecki / Lenski, Fallrepetitorium Völkerrecht, Seite

Däniken, Franz von

Is the notion of small state still relevant?, in: Goetschel, Laurent (Hrsg.), Small States inside and outside the European Union – Interests and Policies, Boston, Dordrecht, London, 1998, S. 43 ff.
zitiert: v. Däniken, Is the notion of small state still relevant?, Seite

Dagtoglou, Prodromos

Stichwort Souveränität, in: Evangelisches Staatslexikon, Band II, 3. Auflage, Stuttgart, 1987, Spalte 3155 ff., zitiert: Dagtoglou, Souveränität, Spalte

Dahlke, Peter

Der „Certain Property"-Fall vor dem IGH, in: Schweizerisches Zentralblatt für Staats-und Verwaltungsrecht, 105. Jahrgang, Nr. 9, September 2004, S. 476 ff.
zitiert: Dahlke, Der „Certain Property"-Fall vor dem IGH, Seite

Dahm, Georg

Völkerrecht, Band II, Stuttgart, 1961, zitiert: Dahm, Völkerrecht, Band II, Seite

Dahm, Georg
Zum Problem der Anerkennung im Inland durchgeführter völkerrechtswidriger Enteignungen im Ausland, in: Recht im Dienste der Menschenwürde, herausgegeben vom Göttinger Arbeitskreis, Würzburg, 1964, S. 67 ff.
zitiert: Dahm, Zum Problem der Anerkennung im Inland durchgeführter völkerrechtswidriger Enteignungen im Ausland, Seite

Dahm, Georg / Delbrück, Jost / Wolfrum, Rüdiger
Völkerrecht, Band I / 1, 2. Auflage, Berlin, New York, 1989
zitiert: Dahm / Delbrück / Wolfrum, Band I / 1, Paragraph, Seite

Darsow, Thomas
Zum Wandel des Staatsbegriffes, Franfurt am Main, 1984
zitiert: Darsow, Zum Wandel des Staatsbegriffes, Seite

Degenhart, Christoph
Staatsrecht I – Staatsorganisationsrecht, 18. Auflage, Heidelberg, 2002
zitiert: Degenhart, Staatrecht I, Randnummer

Denninger, Erhard
Vom Ende nationalstaatlicher Souveränität in Europa, JZ 2000, S. 1122 ff.
zitiert: Denninger, Vom Ende nationalstaatlicher Souveränität in Europa, Seite

Diestelkamp, Bernhard
Rechtsgeschichte als Zeitgeschichte. Historische Betrachtungen zur Entstehung und Durchsetzung der Theorie vom Fortbestand des Deutschen Reiches nach 1945, ZNR 7 (1985), S.181ff.; zitiert: Diestelkamp, Seite

Dijk, P. van / Hoof, G. J. H. van
Theory and Practice of the European Convention on Human Rights, 3. Auflage, Den Haag u. a., 1998; zitiert: van Dijk / van Hoof, Theory and Practice of the European Convention on Human Rights, Seite

Doehring, Karl
Internationale Organisationen und staatliche Souveränität, in: Grewe, Wilhelm (Hrsg.), Festgabe für Ernst Forsthoff, München, 1967, S. 105 ff.
zitiert: Doehring, Internationale Organisationen und staatliche Souveränität, Seite

Doehring, Karl
Neutralität und Gewaltverbot, in: AVR 31 (1993), S. 193 ff.
zitiert: Doehring, Neutralität und Gewaltverbot, Seite

Doehring, Karl
Völkerrechtswidrige Konfiskation eines Gemäldes des Fürsten von Liechtenstein als „deutsches Eigentum“: Ein unrühmlicher Schlusspunkt, in: IPRax 1998, S. 465 ff.
zitiert: Doehring, Völkerrechtswidrige Konfiskation eines Gemäldes des Fürsten von Liechtenstein als „deutsches Eigentum“: Ein unrühmlicher Schlusspunkt, Seite

Doehring, Karl
Völkerrecht, Heidelberg, 1999, zitiert: Doehring, Völkerrecht, Randnummer
Doehring, Karl
Allgemeine Staatslehre, 2. Auflage, Heidelberg, 2000
zitiert: Doehring, Allgemeine Staatslehre, Randnummer
Doehring, Karl
Einseitiger Austritt aus der Europäischen Gemeinschaft, in: Dörr, Dieter / Fink, Udo / Hillgruber, Christian / Kempen, Bernhard / Murswiek, Dietrich (Hrsg.), Die Macht des Geistes, Festschrift für Hartmut Schiedermair, Heidelberg, 2001, S. 695 ff.
zitiert: Doehring, Einseitiger Austritt aus der Europäischen Gemeinschaft, Seite
Doerfert, Carsten
Europarecht – Die Grundlagen der Europäischen Union mit ihren politischen und wirtschaftlichen Bezügen, Neuwied, Kriftel, 2001
zitiert: Doerfert, Europarecht, Seite
Dörre, Wibke
Der Beschwerdegegenstand im Verfahren der Europäischen Konvention zum Schutze der Menschenrechte und Grundfreiheiten, Berlin, 2004
zitiert: Dörre, Der Beschwerdegegenstand im Verfahren der EMRK, Seite
Dolzer, Rudolf
Eigentum, Enteignung und Entschädigung im geltenden Völkerrecht, Beiträge zum ausländischen öffentlichen Recht und Völkerrecht, Band 88, Berlin u. a., 1985; zitiert: Dolzer, Eigentum, Enteignung und Entschädigung im geltenden Völkerrecht, Seite
Dolzer, Rudolf
Die Vertreibung der Sudetendeutschen 1945-1946 und die Beneš-Dekrete im Lichte des Völkerrechts, Gutachten für die Staatsregierung des Freistaates Bayern, 2002
zitiert: Dolzer, Die Vertreibung der Sudetendeutschen, Textzeichen
Dominicé, Christian
La notion du caractère ennemi des biens privés dans la guerre sur terre, Genf, 1961
zitiert: Dominnicé, La notion du caractère ennemi des biens privés dans la guerre sur terre, Seite
Drolshammer, Jens / Walter, Regula
Die Schweiz und die Gestaltung ihrer Beziehungen zur EG nach dem 6. 12. 1992, in: EuZW 1994, S. 549 ff.; zitiert: Drolshammer / Walter, Die Schweiz und die Gestaltung ihrer Beziehungen zur EG nach dem 6. 12. 1992, Seite

Dreier, Horst (Hrsg.)
Grundgesetz Kommentar
- Band I, Artikel 1-19, 2. Auflage, Tübingen, 2004
- Band II, Artikel 20-82, Tübingen, 1998
- Band III, Artikel 83-146, Tübingen, 2000
zitiert: Bearbeiter in: Dreier, Grundgesetz Kommentar, Band, Artikel, Randnummer

Dupuy, Pierre-Marie
Observation sur le ‚crime international de l´État', in: RGDIP, Band 84 (1980), S. 449 ff., zitiert: Dupuy, Observation sur le „crime international de l´État", Seite

Eek, Hilding
The Conception of Small States, in: Schou, August / Brundtland, Arne Olav, Small States in International Relations, Stockholm, 1971, S. 11 ff.
zitiert: Eek, The Conception of Small States, Seite

EFTA-Sekretariat
Die Europäische Freihandelsassoziation, 2. Auflage, Genf, 1980
zitiert: EFTA-Sekretariat, Die Europäische Freihandelsassoziation, Seite

Ehlers, Kurt
Die Rechtslage des deutschen Auslandseigentums nach dem AHKG 63, in: JZ 1952, S. 465 ff.; zitiert: Ehlers, Die Rechtslage des deutschen Auslandseigentums nach dem AHKG 63, Seite

Ehrhardt, Dieter
Der Begriff des Mikrostaates im Völkerrecht und in der internationalen Ordnung, Aalen, 1970, zitiert: Ehrhardt, Mikrostaat, Seite

Eick, Christophe / Trittel, Andreas
Verfassungsrechtliche Bedenken gegen deutsche Mitarbeit bei Interpol, in: EuGRZ 1985, S. 81 ff.; zitiert: Eick / Trittel, Verfassungsrechtliche Bedenken gegen deutsche Mitarbeit bei Interpol, Seite

Eisele, Manfred
Die Zukunft des Staates zwischen Souveränität und Supranationalität, in: Oberreuter, Heinrich / Piazolo, Michael (Hrsg.), Global denken – Die Rolle des Staates in der internationalen Politik zwischen Kontinuität und Wandel, München, 2001; zitiert: Eisele, Die Zukunft des Staates zwischen Souveränität und Supranationalität, Seite

Eisenstadt, Shmuel Noah
Small States in the „Post-Modern" Era, in: Waschkuhn, Arno (Hrsg.), Kleinstaat – Grundsätzliche und aktuelle Probleme, LPS Band 16, Vaduz, 1993, S. 107 ff.
zitiert: Eisenstadt, Small States in the "Post-Modern" Era, Seite

Epiney, Astrid / Felder, Andreas
Europäischer Wirtschaftsraum und Europäische Gemeinschaft: Parallelen und Divergenzen in Rechtsordnung und Auslegung, in: ZVglRWiss 100 (2001), S. 425 ff.
zitiert: Epiney / Felder, EWR und EG: Parallelen und Divergenzen in Rechtsordnung und Auslegung, Seite

Ermacora, Felix
20 Jahre österreichische Neutralität, 2. Auflage, Frankfurt am Main, 1975
zitiert: Ermacora, 20 Jahre österreichische Neutralität, Seite

Ermacora, Felix
Die sudetendeutschen Fragen – Rechtsgutachten mit dem Text des Vertrages zwischen der Bundesrepublik Deutschland und der Tschechischen und Slowakischen Föderativen Republik über gute Nachbarschaft und freundschaftliche Zusammenarbeit, München, 1992; zitiert: Ermacora, Die sudetendeutschen Fragen, Seite

Ermacora, Felix
Anmerkungen zum europäischen Einigungsprozess, in: Riklin, Alois / Wildhaber, Luzius / Wille, Herbert (Hrsg.), Kleinstaat und Menschenrechte, Festgabe für Gerard Batliner zum 65. Geburtstag, Basel, Frankfurt am Main, 1993, S. 247 ff.
zitiert: Ermacora, Anmerkungen zum europäischen Einigungsprozeß, Seite

Falke, Jacob von
Geschichte des fürstlichen Hauses Liechtenstein
- Band 1, Wien, 1868
- Band 2, Wien, 1877
- Band 3, Wien, 1882
alle drei Bände im unveränderten Neudruck, Vaduz, 1984
zitiert: v. Falke, Geschichte des Hauses Liechtenstein, Band, Seite

Fanger, Ulrich
Öffentliche Verwaltung und Beamtenschaft in Kleinstaaten der Dritten Welt, in: Die Verwaltung – Zeitschrift für Verwaltungswissenschaft, 14. Band, Berlin, 1981, S. 69 ff.; zitiert: Fanger, Die Verwaltung 1981, Seite

Farran, Ch. D´Olivier
The position of Diminutive States in International Law, in: Festschrift für Walter Schätzel, Düsseldorf, 1960, zitiert: Farran, Diminutive States, Seite

Fassbender, Bardo
Klageausschluss bei Enteignungen zu Reparationszwecken – Das Gemälde des Fürsten von Liechtenstein, in: NJW 1999, S. 1445 ff.
zitiert: Fassbender, Klageausschluss bei Enteignungen zu Reparationszwecken – Das Gemälde des Fürsten von Liechtenstein, Seite

Fassbender, Bardo
Der Fürst, ein Bild und die deutsche Geschichte – Anmerkung zur Entscheidung des Europäischen Gerichtshofs für Menschenrechte im Fall Fürst Hans-Adam II. von und zu Liechtenstein gegen Deutschland, in: EuGRZ 2001, S. 459 ff.
zitiert: Fassbender, Der Fürst, ein Bild und die deutsche Geschichte, Seite
Feilchenfeld, Ernst H.
The International Economic Law of Belligerent Occupation, Washington, 1942, Neudruck: New York, London, 1971; zitiert: Feilchenfeld, Belligerent Occupation, Randnummer
Fiedler, Wilfried
Die Wiedererlangung der Souveränität Deutschlands und die Einigung Europas, JZ 1991, S. 685 ff.; zitiert: Fiedler, Die Wiedererlangung der Souveränität Deutschlands und die Einigung Europas, Seite
Fischer, Leni
Liechtenstein und der Europarat: Geschichte und Perspektiven, LJZ 1/1998, S. 12 ff.
zitiert: Fischer, Liechtenstein und der Europarat, Seite
Fischer, Peter / Köck, Heribert Franz
Allgemeines Völkerrecht, 5. Auflage, Wien, 2000
zitiert: Fischer / Köck, Allgemeines Völkerrecht, Randnummer
Fischer, Peter / Köck, Heribert Franz
Europarecht – einschließlich des Rechtes supranationaler Organisationen, 2. Auflage, Wien, 1995; zitiert: Fischer / Köck, Europarecht, Seite
Fleiner, Thomas
Die Kleinstaaten in den Staatenverbindungen des zwanzigsten Jahrhunderts, Zürcher Studien zum Internationalen Recht Nr. 38, Zürich, 1966
zitiert: Fleiner, Kleinstaaten in Staatenverbindungen, Seite
Fleiner-Gerster, Thomas
Allgemeine Staatslehre, Berlin, Heidelberg, New York, 1980
zitiert: Fleiner-Gerster, Paragraph, Randnummer
Fox, Annette B.
The power of small states, Diplomacy in world war II, Chicago, 1959
Frankenbach, Carl Otto Heinrich
Die Rechtsstellung von neutralen Staatsangehörigen in kriegführenden Staaten, Marburg, 1910; zitiert: Frankenbach, Neutrale Staatsangehörige, Seite
Franzel, Emil
Sudetendeutsche Geschichte – Eine volkstümliche Darstellung, Augsburg, 1958
zitiert: Franzel, Sudetendeutsche Geschichte, Seite

Freytagh-Loringhoven, Freiherr von
Neue Neutralität, in: Zeitschrift für Völkerrecht, Band XX, Berlin, 1936, S. 1 ff.
zitiert: v. Freytagh-Loringhoven, Neue Neutralität, Seite
Frick, Mario
Liechtenstein 5 Jahre im EWR, in: Liechtenstein – Wirtschaftsfragen, Heft 32, Vaduz, 2000, S. 6 ff.; zitiert: Frick, Liechtenstein 5 Jahre im EWR, Seite
Frowein, Jochen Arbr. / Peukert, Wolfgang
Europäische Menschenrechtskonvention, EMRK-Kommentar, 2. Auflage, Kehl, Straßburg, Arlington, 1996; zitiert: Bearbeiter in Frowein / Peukert, EMRK-Kommentar, Artikel, Randnummer
Fuchs, Michael
Das NATO-Truppenstatut und die Souveränität der Bundesrepublik Deutschland, in: ZRP 1989, S. 181 ff., zitiert: Fuchs, Seite

Gabriel, Jürg Martin
Kleinstaatlichkeit und Identität – oder das Problem der Kontextlosigkeit, www.ipw.unisg.ch/publikationen/240.pdf (Stand: 19. Februar 2002)
zitiert: Gabriel, Kleinstaatlichkeit und Identität, Seite
Gattini, Andrea
A Trojan Horse for Sudeten Claims? On Some Implications of the Prince of Liechtenstein v. Germany, in: European Journal of International Law, Volume 13, Issue 2, 2002, S. 513-544; zitiert: Gattini, A Trojan Horse for Sudeten Claims? On Some Implications of the Prince of Liechtenstein v. Germany, Seite
Geiger, Peter
Anschlußgefahren und Anschlußtendenzen in der liechtensteinischen Geschichte, in: Kleinheit und Interdependenz, LPS Band 14, Vaduz, 1990
zitiert: Geiger, Anschlußgefahren, Seite
Geiger, Peter
Geschichtliche Grundzüge der liechtensteinischen Außenbeziehungen, in: Waschkuhn, Arno (Hrsg.), Kleinstaat - Grundsätzliche und aktuelle Probleme, LPS Band 16, Vaduz, 1993, S. 321 ff., zitiert: Geiger, Geschichtliche Grundzüge, Seite
Geser, Hans
Die „neue Weltordnung" im Spannungsfeld zwischen Kleinstaatlichkeit und internationalen Organisationen", in: Riklin, Alois / Wildhaber, Luzius / Wille, Herbert (Hrsg.), Kleinstaat und Menschenrechte, Festgabe für Gerard Batliner zum 65. Geburtstag, Basel, Frankfurt am Main, 1993, S. 199 ff.
zitiert: Geser, Die neue Weltordnung, Seite

Geser, Hans
Ausgangspunkte zu einer Soziologie kleiner Staaten: Drei systemtheoretische Perspektiven, in: Waschkuhn, Arno (Hrsg.), Kleinstaat – Grundsätzliche und aktuelle Probleme, LPS Band 16, Vaduz, 1993, S. 37 ff.
zitiert: Geser, Ausgangspunkte zu einer Soziologie kleiner Staaten, Seite
Glahn, Gerhard von
Law Among Nations – An Interduction to Public International Law, 7. Auflage, Boston, London, Toronto, Sydney, Tokio, Singapur, 1996
zitiert: v. Glahn, Law Among Nations, Seite
Goetschel, Laurent
The foreign and security policy interest of small states in today´s Europe, in: Goetschel, Laurent (Hrsg.), Small States inside and outside the European Union – Interests and Policies, Boston, Dordrecht, London, 1998, S. 13 ff.; zitiert: Goetschel, The foreign and security policy interest of small states in today´s Europe, Seite
Goetschel, Laurent
Introduction, in: Goetschel, Laurent (Hrsg.), Small States inside and outside the European Union – Interests and Policies, Boston, Dordrecht, London, 1998, S. 9 ff.; zitiert: Goetschel, Introduction to Small states inside and outside the European Union, Seite
Goetze, Clemens von
Die Rechte der Alliierten auf Mitwirkung bei der deutschen Einigung, NJW 1990, S.2161ff., zitiert: v. Goetze, Seite
Götzenberger, Anton-Rudolf
Schwarzgeldanlage in der Praxis, 4. Auflage, München, 1994
zitiert: Götzenberger, Schwarzgeldanlage in der Praxis, Seite
Götzenberger, Anton-Rudolf
Steueroase Liechtenstein: Bankgeheimnisse, Versicherungen, Treuhandwesen, Stiftungen und Trusts, Wien, 2000; zitiert: Götzenberger, Steueroase Liechtenstein, Seite
Gornig, Gilbert
Völkerrechtswidrigkeit von Vertreibung und entschädigungsloser Enteignung der Sudetendeutschen, in: Forum für Kultur und Politik, Heft 16, 1996, S. 3 ff.
zitiert: Gornig, Völkerrechtswidrigkeit von Vertreibung und Enteignung, Seite
Gould, Wesley L.
An Introduction to International Law, New York, 1957
zitiert: Gould, Introduction to International Law, Seite

Grabenwarter, Christoph
Europäische Menschenrechtskonvention, Ein Studienbuch, München und Wien, 2003
zitiert: Grabenwarter, Europäische Menschenrechtskonvention, Paragraph, Randnummer

Graefrath, Bernhard
Responsibility and Damages Caused: Relationship between Responsibility and Damages, in: Recueil des Cours, Band 185 (1984-I), S. 1 ff., zitiert: Graefrath, Responsibility and Damages Caused, Seite

Grard, Loïc
L'Union européenne et ses « petits' États », in: Dumoulin, Michel / Duchenne, Geneviève (Hrsg.), Les petits États et la construction européenne, Bruxelles, Bern, Berlin, Frankfurt/M., New York, Oxford, Wien, 2002, S. 47 ff.
zitiert: Grard, L'Union européenne et ses petits États, Seite

Greenwood, Christopher
Iraks Invasion in Kuwait, in: Neue Zeitschrift für Wehrrecht, Jahrgang 33, Frankfurt am Main, München, 1991; zitiert: Greenwood, Iraks Invasion in Kuwait, Seite

Grewe, Wilhelm G.
Außenpolitik und Völkerrecht in der Praxis, in: AVR, Band 36, Tübingen, 1998, S. 1 ff.; zitiert: Grewe, Außenpolitik und Völkerrecht in der Praxis, Seite

Grimm, Jacob/Grimm, Wilhelm
Deutsches Wörterbuch, Band 16 (Seeleben-Sprechen), Nachdruck der Erstausgabe von 1905 in der Bearbeitung von Moriz Heyne und R. Maiszner, München, 1984
zitiert: Gebr. Grimm, Deutsches Wörterbuch, Spalte

Grabitz, Eberhard / Hilf, Meinhard (Hrsg.)
Das Recht der Europäischen Union, Loseblatt-Kommentar, 4 Bände, München, Stand September 2004 (24. Ergänzungslieferung); zitiert: Bearbeiter in: Grabitz / Hilf, Das Recht der Europäischen Union, Kommentar, Band I, Artikel, Randnummer

Groeben, Hans von der / Schwarze, Jürgen (Hrsg.)
Kommentar zum Vertrag über die Europäische Union und zur Gründung der Europäischen Gemeinschaft
- Band 1, Baden-Baden, 2003; zitiert: Bearbeiter in: v. d. Groeben / Schwarze, Kommentar zum EUV und EGV, Band, Artikel, Randnummer

Grossen, Jacques-Michel
Nationalité et Protection Diplomatique, in: Juristische Fakultät der Universität Freiburg/Schweiz (Hrsg.), Ius et lex, Festgabe zum 70. Geburtstag von Max Gutzwiller, Basel, 1959, S. 489-502
zitiert: Grossen, Nationalité et Protection Diplomatique, Seite
Grotius, Hugo
De iure belli ac pacis, Paris, 1625, in: Walter Schätzel (Hrsg.), Die Klassiker des Völkerrechts, Band 1, Tübingen, 1950
Gschnitzer, Franz
Lebensrecht und Rechtsleben des Kleinstaates, in: Goop, Adulf Peter (Hrsg.), Gedächtnisschrift Ludwig Marxer, Zürich, 1963, S. 19 ff.
zitiert: Gschnitzer, Lebensrecht und Rechtsleben des Kleinstaates, Seite
Gstöhl, Sieglinde
Flexible Integration für Kleinstaaten? – Liechtenstein und die Europäische Union, LPS Band 33, Vaduz, 2001; zitiert: Gstöhl, Flexible Integration für Kleinstaaten? – Liechtenstein und die Europäische Union, Seite
Gugerbauer, Norbert
Das EWR-Kartellrecht, Die wettbewerbs- und verfahrensrechtlichen Bestimmungen des EWR-Abkommens, des Abkommens zwischen den EFTA-Staaten zu Errichtung einer EFTA-Überwachungsbehörde und eines EFTA-Gerichtshofs und der Anpassungskontrolle, München, 1993
zitiert: Gugerbauer, EWR-Kartellrecht, Seite
Gugerbauer, Norbert
Der EFTA-Gerichtshof und sein Zusammenwirken mit dem EuGH, in: NJW 1994, S. 2743 ff.; zitiert: Gugerbauer, Der EFTA-Gerichtshof und sein Zusammenwirken mit dem EuGH, Seite
Guggenheim, Paul
Lehrbuch des Völkerrechts
- Band I, Basel, 1948
zitiert: Guggenheim, Völkerrecht, Seite
- Band II, Basel, 1951
zitiert: Guggenheim, Völkerrecht, Band II, Seite
Guggenheim, Paul
Wirtschaftliche Neutralität der Schweiz und Liechtensteins im Verhältnis zu den übernationalen Wirtschaftsorganisationen, in: Goop, Adulf Peter (Hrsg.), Gedächtnisschrift für Ludwig Marxer, Zürich, 1963; zitiert: Guggenheim, Wirtschaftliche Neutralität, Seite
Gunter, Michael M.
What happened to the United Nations ministate problem?, in: AJIL, vol. 71, 1977, S. 110 ff.; zitiert: Gunter, Ministate Problem, Seite

Gunter, Michael M.
Liechtenstein and the League of Nations: A Precedent for the United Nation´s Ministate Problem?, in: AJIL, vol. 68, 1974, S. 496 ff.
zitiert: Gunter, Liechtenstein and the League of Nations, Seite
Gyger, Walter Bruno
Das Fürstentum Liechtenstein und die Europäische Gemeinschaft, LPS Band 4, Vaduz,1975, zitiert: Gyger, Liechtenstein und die EG, Seite

Haas, Giulio
Die institutionellen Bestimmungen des EWR-Abkommen (Art. 89-110), in: Zäch, Roger / Thürer, Daniel / Weber, Rolf H., Das Abkommen über den Europäischen Wirtschaftsraum – Eine Orientierung, Zürich, 1992; zitiert: Haas, Die institutionellen Bestimmungen des EWR-Abkommen, Seite
Häberle, Peter
Föderalismus, Regionalismus, Kleinstaaten – in Europa, in: Die Verwaltung – Zeitschrift für Verwaltungswissenschaft, 25. Band, Berlin, 1992, S. 1 ff.
zitiert: Häberle, Die Verwaltung 1992, Seite
Häberle, Peter
Der Kleinstaat als Variante des Verfassungsstaates, in: Waschkuhn, Arno (Hrsg.), Kleinstaat – Grundsätzliche und aktuelle Probleme, LPS Band 16, Vaduz, 1993, S. 121 ff.; zitiert: Häberle, Der Kleinstaat als Variante des Verfassungsstaates, Seite
Hänggi, Heiner
Small States as a third state: Switzerland and Asia-Europe interregionalism, in: Goetschel, Laurent (Hrsg.), Small States inside and outside the European Union – Interests and Policies, Boston, Dordrecht, London, 1998, S. 79 ff.
zitiert: Hänggi, Small States as a third state, Seite
Hailbronner, Kay
Der Staat und der Einzelne als Völkerrechtssubjekte, in: Vitzthum, Wolfgang Graf (Hrsg.), Völkerrecht, 2. Auflage, Berlin, New York, 2001, S. 161 ff.
zitiert: Hailbronner, Der Staat und der Einzelne, Randnummer
Han, Hyong-Kon
Die Aufnahme von Mitgliedern in die UNO, in: Vereinte Nationen, 14. Jahrgang, Bonn, 1966, S. 121 ff. zitiert: Han, Aufnahme in die UNO, Seite
Handel, Michael
Weak states in the international system, London, 1981
zitiert: Handel, Weak states in the international system, Seite

Harbert, Joseph R.
The behavior of the ministates in the United Nations, 1971-1972, in: International Organization 1976 (volume 30), S. 109 ff.; zitiert: Harbert, The behavior of the ministates, Seite
Hartung, Fritz
Deutsche Verfassungsgeschichte, 7. Auflage, Stuttgart, 1959
zitiert: Hartung, Verfassungsgeschichte, Seite
Haug, Hans
Neutralität und Völkergemeinschaft, Zürich, St. Gallen, 1962
zitiert: Haug, Neutralität und Völkergemeinschaft, Seite
Hausen, Christof H.
Das grundsätzliche Verhältnis der Rechtsprechung von EuGH und EFTA-Gerichtshof, in: RIW 1998, S. 842 ff.; zitiert: Hausen, Das grundsätzliche Verhältnis der Rechtsprechung von EuGH und EFTA-Gerichtshof, Seite
Hauser, Heinz / Schanz, Kai-Uwe
Das neue GATT – die Welthandelsordnung nach Abschluss der Uruguay-Runde, München, 1995, zitiert: Hauser / Schanz, Das neue GATT, Seite
Hecker, Jan
Souveränitätswahrung durch Einstimmigkeit im Rat: Der Conseil Constitutionnel zum Vertrag von Amsterdam, JZ 1998, S. 938 ff.; zitiert: Hecker, Souveränitätswahrung durch Einstimmigkeit im Rat: Der Conseil Constitutionnel zum Vertrag von Amsterdam, Seite
Heintschel von Heinegg, Wolff
Seekriegsrecht und Neutralität im Seekrieg, Schriften zum Völkerrecht, Band 119, Berlin, 1995, zitiert: Heintschel von Heinegg, Seekriegsrecht, Seite
Henkel, Heinrich
Einführung in die Rechtsphilosophie, Grundlagen des Rechts, 2. Auflage, München, 1977; zitiert: Henkel, Einführung in die Rechtsphilosophie, Seite
Herdegen, Matthias
Internationales Wirtschaftsrecht, 4. Auflage, München, 2003
zitiert: Herdegen, Internationales Wirtschaftsrecht, Paragraph, Randnummer
Herdegen, Matthias
Völkerrecht, München, 2000, zitiert: Herdegen, Völkerrecht, Paragraph, Randnummer
Heydte, Friedrich August Freiherr von der
Die Geburtsstunde des souveränen Staates, Regensburg, 1952
zitiert: v. d. Heydte, Geburtsstunde, Seite
Heydte, Friedrich August Freiherr von der
Die Entwicklung der deutschen Rechtslage, in: Jahrbuch für Internationales Recht, Göttingen, 1962, S. 137 ff., zitiert: v. d. Heydte, Deutsche Rechtslage, Seite

Heydte, Friedrich August Freiherr von der
Völkerrecht
- Band I, Köln, 1958
- Band II, Köln und Berlin, 1960
zitiert: v. d. Heydte, Völkerrecht, Band, Seite
Hirsch, Ernst E.
Macht und Recht, JZ 1962, S. 1 ff.
zitiert: Hirsch, Macht und Recht, Seite
Hoensch, Jörg K.
Geschichte Böhmens – Von der slavischen Landnahme bis zur Gegenwart, 3. Auflage, München, 1997; zitiert: Hoensch, Geschichte Böhmens, Seite
Hofacher, Peter
Die schweizerische Neutralität zwischen Krieg und Frieden, Zürich, 1972
zitiert: Hofacher, Schweizer Neutralität, Seite
Hoop, Wilfried
Die Auswärtige Gewalt nach der Verfassung des Fürstentums Liechtenstein, Freiburg/Schweiz, 1995; zitiert: Hoop, Die Auswärtige Gewalt nach der Verfassung des Fürstentums Liechtenstein, Seite
Hroch, Miroslav
Der Kleinstaat in der europäischen Geschichte – Außenpolitische Aspekte, in: Waschkuhn, Arno (Hrsg.), Kleinstaat – Grundsätzliche und aktuelle Probleme, LPS Band 16, Vaduz, 1993, S. 233 ff.
zitiert: Hroch, Der Kleinstaat in der europäischen Geschichte, Seite
Hübner, Jan
Das Verbrechen des Völkermordes im internationalen und nationalen Recht, Frankfurt am Main, 2004; zitiert: Hübner, Das Verbrechen des Völkermordes, Seite
Hummer, Waldemar
Der EWR und seine Auswirkungen auf Österreich, in: EuZW 1992, S. 361 ff.
zitiert: Hummer, Der EWR und seine Auswirkungen auf Österreich, Seite
Hummer, Waldemar / Prager Dietmar
Zur GATT-Kompatibilität von Mehrfachmitgliedschaften in regionalen Präferenzzonen – dargestellt am Beispiel Mexikos in der NAFTA/ALADI und Liechtensteins im EWR/Zollanschlussvertrag Schweiz, in: AVR, 35. Band, Tübingen, 1997, S. 367 ff.
zitiert: Hummer / Prager, Zur GATT-Kompatibilität von Mehrfachmitgliedschaften in regionalen Präferenzzonen, Seite

Hummer, Waldemar / Wagner, Gerhard (Hrsg.)
Österreich im Europarat 1956-1986 – Bilanz einer 30jahrigen Mitgliedschaft
- Band I (Textband), Wien, 1988
- Band II (Materialienband), Wien, 1990
zitiert: Bearbeiter, in: Hummer / Wagner, Österreich im Europarat, Band, Seite

Husheer, André
Die völkerrechtliche Verantwortlichkeit der Türkei für Menschenrechtsverletzungen in Nordzypern nach den Entscheidungen der Europäischen Kommission und des Europäischen Gerichtshofes für Menschenrechte im Fall Loizidou ./. Türkei, in: ZEuS 1998, S. 398 ff.; zitiert: Husheer, ZEuS 1998, Seite

Ipsen, Knut
Völkerrecht, 5. Auflage, München, 2004
Bearbeiter in Ipsen, Völkerrecht, Paragraph, Randnummer

Irmscher, Tobias H.
Anmerkungen zur Liechtenstein-Entscheidung des Internationalen Gerichtshofes, in: AVR, 43. Band, 3. Heft, September 2005, S. 375
zitiert: Irmscher, Anmerkungen zur Liechtenstein-Entscheidung des Internationalen Gerichtshofes, Seite

Isensee, Josef
Staat und Verfassung, in: Isensee, Josef / Kirchhof, Paul (Hrsg.), Handbuch des Staatsrechts, Band I, 2. Auflage, Heidelberg, 1995, § 13, S. 591 ff.
zitiert: Isensee, Staat und Verfassung, Randnummer

Jackson, John H.
Observations sur les resultats du cycle de l´Uruguay, in: RGDIP 1994, Band XCVIII, S. 675 ff., zitiert: Jackson, Observations sur les resultats du cycle de l´Uruguay, Seite

Jacobs, Francis Geoffrey / White, Robin / Ovey, Clare
The European Convention on Human Rights, 3. Auflage, Oxford, New York, 2002
zitiert: Jacobs / White / Ovey, The European Convention on Human Rights, Seite

Jacot-Guillarmod
Droit international et droit communautaire dans le futur Traité instituant l´EEE, in: Außenwirtschaft - Schweizerische Zeitschrift für internationale Wirtschaftsbeziehungen, 46. Jahrgang, 1991, S. 317 ff.
zitiert: Jacot-Guillarmod, Droit international et droit communautaire, Seite

Jacovides, Andrew A.
International Tribunal: Do they really work for small states?, New York University journal of international law & politics, Band 34, 2001, S. 253 ff.
Jacovides, International Tribunal: Do they really work for small states?, Seite

Jaenicke, Günther
Der Abbau der Kontrollratsgesetzgebung, in: Beiträge zum ausländischen öffentlichen Recht und Völkerrecht, Heft 28, Köln, Berlin, 1952; zitiert: Jaenicke, Seite

Jansen, Norbert
Liechtenstein und die Vereinten Nationen, Liechtenstein – Wirtschaftsfragen, Heft 18, Vaduz, 1991; zitiert: Jansen, Liechtenstein und die Vereinten Nationen, Seite

Jaquet, L. G. M.
The role of a Small State within Alliance Systems, in: Schou, August / Brundtland, Arne Olav, Small States in International Relations, Stockholm, 1971, S. 57 ff.
zitiert: Jaquet, Small State within Alliance System, Seite

Jarass, Hans D. / Pieroth, Bodo
Grundgesetz für die Bundesrepublik Deutschland, Kommentar, 7. Auflage, München, 2004; zitiert: Jarass / Pieroth, GG-Kommentar, Artikel, Randnummer

Jellinek, Georg
Allgemeine Staatslehre, 3. Auflage, Berlin, 1914
zitiert: Jellinek, Seite

Jennings, Robert / Watts, Arthur (Hrsg.)
Oppenheim´s International Law, 9. Auflage, Volume I (Peace), London, 1992
zitiert: Jennings/Watts, Oppenheim´s International Law, Band I, Seite

Jescheck, Hans-Heinrich
Die internationale Genocidium-Konvention vom 9. Dezember 1948 und die Lehre vom Völkerstrafrecht, ZStW 66 (1954), S. 193 ff.
zitiert: Jescheck, Genocidium-Konvention, Seite

Jessup, Philip C. / Deák, Francis
Neutrality - its history, economics and Law , Volume I: The Origins, New York, 1935, zitiert: Jessup / Deák, Neutrality, Vol. I, Seite

Kadelbach, Stefan
Zwingendes Völkerrecht, Berlin, 1992
zitiert: Kadelbach, Zwingendes Völkerrecht, Seite

Kägi, Werner
Der Kleinstaat in Geschichte und Gegenwart – Gedanken in einem bedrohten Europa, in: Beck u. a. (Hrsg.), Liechtenstein in Europa, LPS Band 10, Vaduz, 1984, S. 9 ff.; zitiert: Kägi, Der Kleinstaat in Geschichte und Gegenwart, Seite

Kaiser, Peter
Geschichte des Fürstentums Liechtenstein: nebst Schilderungen Chur-Rätien's Vorzeit, Unveränderter Nachdruck der Ausgabe Chur 1847, Ruggell, 1983
zitiert: Kaiser, Geschichte Liechtensteins, Seite

Kaltenbrunner, Gerd-Klaus (Hrsg.)
Lob des Kleinstaates – Vom Sinn überschaubarer Lebensräume, München, 1979
zitiert: Kaltenbrunner, Lob des Kleinstaates, Seite

Kaufman, Robert G.
To balance or to bandwagon? Alliance Decisions in 1930s Europe, in: Security studies, Vol. 1, No. 3 (Spring 1992), S. 420 ff.
zitiert: Kaufman, To balance or to bandwagon?, Seite

Kaufmann, Erich
Deutschlands Rechtslage unter der Besatzung, Stuttgart, 1948
zitiert: Kaufmann, Seite

Kegel, Gerhard / Schurig, Klaus
Internationales Privatrecht – Ein Studienbuch, 8. Auflage, München, 2000
zitiert: Kegel / Schurig, Internationales Privatrecht, Seite

Keohane, Robert O.
Lilliputians´ Dilemmas: Small States in International Politics, in: International Organization 1969, S. 291 ff.; zitiert: Keohane, Small States in International Politics, Seite

Kilb, Wolfgang
Die besondere Geographie von „Euroland", in: JA 1999, S. 909 ff.
zitiert: Kilb, Geographie von „Euroland", Seite

Kilian, Michael
Staat – Kleinstaat – Kleinststaat: eine völkerrechtliche Betrachtung, in: Cremer, Hans-Joachim u. a. (Hrsg.), Tradition und Weltoffenheit des Rechts, Festschrift für Helmut Steinberger, Berlin u. a., 2002; zitiert: Kilian, Staat – Kleinstaat – Kleinststaat, Seite

Kimminich, Otto
Der Warschauer Vertrag – Grundlage oder Vernichtung privater Entschädigungsforderungen, in: JZ 1971, S. 485 ff.
zitiert: Kimminich, Der Warschauer Vertrag, Seite

Kimminich, Otto
Deutsche Verfassungsgeschichte, 2. Auflage, Baden-Baden, 1987
zitiert: Kimminich, Verfassungsgeschichte, Seite
Kimminich, Otto
Der Bundesstaat, in: Isensee, Josef / Kirchhof, Paul (Hrsg.), Handbuch des Staatsrechts, Band I, 2. Auflage, Heidelberg, 1995, § 26, S. 1113 ff.
zitiert: Kimminich, Bundesstaat, Randnummer
Kimminich, Otto
Einführung in das Völkerrecht, 7. Auflage, Tübingen und Basel, 2000
zitiert: Kimminich, Einführung, Seite
Kipp, Heinrich
Österreichs immerwährende Neutralität und die europäische Integration, Juristische Blätter 82 (1960), S. 85 ff.; zitiert: Kipp, Neutralität und Integration, Seite
Kirt, Romain
Kleinstaat und Nationalstaat im Zeitalter der Globalisierung, Bonn, 1999
zitiert: Kirt, Kleinstaat und Nationalstaat im Zeitalter der Globalisierung, Seite
Klein, Friedrich
Die Mitgliedschaft in den Vereinten Nationen, in: AVR, Band 1, Tübingen, 1948 / 1949, zitiert: Klein, Mitgliedschaft, Seite
Kluge, Friedrich
Etymologisches Wörterbuch der deutschen Sprache, Bearbeitet von Elmar Seebold, 23. Auflage, Berlin, New York, 1995; zitiert: Kluge, Seite
Knudsen, Olav F.
Analysing Small-State Security: The Role of External Factors, in: Bauwens, Werner / Cleese, Armand / Knudsen, Olav (Hrsg.), Small States and the security challenge in the new Europe, London, Washington, 1996, S. 3 ff.
zitiert: Knudsen, Analysing Small-State Security: The Role of External Factors, Seite
Köck, Heribert Franz / Fischer, Peter
Das Recht der Internationalen Organisationen, 3. Auflage, Wien, 1997
zitiert: Köck / Fischer, Das Recht der Internationalen Organisationen, Seite
König, Christian / Haratsch, Andreas
Europarecht, 3. Auflage, Tübingen, 2000
zitiert: König / Haratsch, Europarecht, Randnummer
Kohn, Walter S. G.
The sovereignty of Liechtenstein, in: AJIL, vol. 61, 1967, S. 547 ff.
zitiert: Kohn, Sovereignty, Seite

Kokott, Juliane
Grund- und Menschenrechte als Inhalt eines internationalen ordre public, in: Berichte der Deutschen Gesellschaft für Völkerrecht, Band 38, S. 71 ff.; zitiert: Kokott, Grund- und Menschenrechte als Inhalt eines internationalen ordre public, Seite

Koller, Arnold
Die Schweiz und der EWR, in: Zäch, Roger / Thürer, Daniel / Weber, Rolf H., Das Abkommen über den Europäischen Wirtschaftsraum – Eine Orientierung, Zürich, 1992
zitiert: Koller, Die Schweiz und der EWR, Seite

Koller, Fritz
Die Entstehungsgeschichte der Europäischen Konferenz der Verwaltungen für Post und Fernmeldewesen, in: Archiv für das Post- und Fernmeldewesen, Vol. 12 (1960), S. 237 ff.; zitiert: Koller, Die Entstehungsgeschichte der Europäischen Konferenz der Verwaltungen für Post und Fernmeldewesen, Seite

Kraetzl, Franz
Das Fürstentum Liechtenstein und der gesamte Fürst von und zu Liechtensteinsche Güterbesitz, Unveränderter Neudruck der Ausgabe Brünn 1914, Vaduz, 1984
zitiert: Kraetzl, Fürstentum Liechtenstein und liechtensteinischer Güterbesitz, Seite

Kramer, Helmut
Kleinstaaten-Theorie und Kleinstaaten-Außenpolitik in Europa, in: Waschkuhn, Arno (Hrsg.), Kleinstaat – Grundsätzliche und aktuelle Probleme, LPS Band 16, Vaduz, 1993, S. 247 ff.
Kramer, Kleinstaaten-Theorie und Kleinstaaten-Außenpolitik, Seite

Kranz, Walter (Hrsg.)
Fürstentum Liechtenstein – Eine Dokumentation, Vaduz, 1978; zitiert: Bearbeiter, Stichwort, in: Kranz, Fürstentum Liechtenstein – Eine Dokumentation, Seite

Krauel, W.
Neutralität, Neutralisation und Befriedung im Völkerrecht, München, Leipzig, 1915, zitiert: Krauel, Neutralität, Seite

Kreile, Michael / Michalsky, Helga
Kleinstaaten im Prozeß der europäischen Integration – Erfahrungen und Perspektiven, in: Riklin, Alois / Wildhaber, Luzius / Wille, Herbert (Hrsg.), Kleinstaat und Menschenrechte, Festgabe für Gerard Batliner zum 65. Geburtstag, Basel, Frankfurt am Main, 1993, S. 227 ff.
zitiert: Kreile / Michalsky, Kleinstaaten im Prozeß der europäischen Integration, Seite

Krenberger, Benjamin
Deutschland im Spannungsfeld zwischen Europäischer Menschenrechtskonvention und nachzubefolgendem Besatzungsrecht, Frankfurt am Main, 2004
zitiert: Krenberger, Deutschland im Spannungsfeld zwischen EMRK und nachzubefolgendem Besatzungsrecht, Seite

Krüger, Alfred
Souveränität und Staat, insbesondere Bundesstaat, Berlin, 1928
zitiert: Krüger, Souveränität und Staat, Seite

Krülle, Siegrid
Vertreibung im Völkerrecht – Deportation, Flucht, Ausweisung und Umsiedlungsverträge, in: Zieger, Gottfried / Meissner, Boris / Blumenwitz, Dieter (Hrsg.), Deutschland als Ganzes, Rechtliche und historische Überlegungen, Köln, 1985, S. 43 ff.; zitiert: Krülle, Vertreibung im Völkerrecht, Seite

Kuijper, Pieter Jan
The New WTO Dispute Settlement System – The Impact on the European Community, in: JWT 29 (1995), Nr. 6, S. 49 ff.
zitiert: Kuijper, The New WTO Dispute Settlement System, Seite

Kunz, Josef L.
The Nottebohm Judgment (Second Phase), in: AJIL, Vol. 54 (1960), S. 536-571
zitiert: Kunz, The Nottebohm Judgment, Seite

Labs, Eric J.
Do weak states bandwagon?, in: Security studies, Vol. 1, No. 3 (Spring 1992), S. 383-416
zitiert: Labs, Do weak states bandwagon?, Seite

Lalive, J. F.
International Organisation and Neutrality, in: BYIL XXIV (1947), S. 72 ff.
zitiert: Lalive, International Organisation and Neutrality, Seite

Langen, Eugen
Wechsel der Staatsangehörigkeit und Eigentumsschutz im Kriege (Der Fall Nottebohm), in: Kränzlin, Fritz / Müller, H. E. A., Der Schutz des privaten Eigentums im Ausland, Festschrift für Hermann Janssen zum 60. Geburtstag, Heidelberg, 1958; zitiert: Langen, Wechsel der Staatsangehörigkeit und Eigentumsschutz im Kriege, Seite

Larenz, Karl
Methodenlehre der Rechtswissenschaft, 6. Auflage, Berlin u. a., 1991
zitiert: Larenz, Methodenlehre der Rechtswissenschaft, Seite

Lauterpacht, H.
Angary and requisition of neutral property, in: BYIL 27 (1950), S. 455 ff. zitiert: Lauterpacht, Angary and requisition, Seite

Lauterpacht, H.
International Law, Band II (Disputes, War and Neutrality), 7. Auflage, London and Harlow, 1952, zitiert: Lauterpacht, Oppenheim's International Law, Band II, Seite

Leach, Philip
Taking a case to the European Court of Justice, Blackstone´s Human Rights Series, London, 2001; zitiert: Leach, Taking a case to the European Court of Justice, Seite

Ledebur, Graf M. von
Licht und Schatten über der KSZE, in: Beck, Marzell u. a., Liechtenstein in Europa, LPS Band 10, Vaduz, 1984, S. 133 ff.
zitiert: v. Ledebur, Licht und Schatten über der KSZE, Seite

Lehmler, Lutz
Die Strafbarkeit von Vertreibungen aus ethnischen Gründen im bewaffneten nicht-internationalen Konflikt, Baden-Baden, 1999
zitiert: Lehmler, Die Strafbarkeit von Vertreibungen, Seite

Leipold, Dieter
Erbrecht, 12. Auflage, Tübingen, 1998
zitiert: Leipold, Erbrecht, Randnummer

Letzel, Hans-Joachim
Streitbeilegung im Rahmen der Welthandelsorganisation, Münster, Köln, 1999
zitiert: Letzel, Streitbeilegung im Rahmen der Welthandelsorganisation, Seite

Liechtenstein, Prinz Nikolaus von
Der UNO-Beitritt in seiner politischen Dimension, in: Jansen, Norbert, Liechtenstein und die Vereinten Nationen, Liechtenstein Wirtschaftsfragen, Heft 18, Vaduz, 1991, zitiert: v. Liechtenstein, UNO-Beitritt, Seite

Liechtenstein, Prinz Nikolaus von
Liechtensteins Mitgliedschaft im Europarat, in: Beck, Marzell u. a., Liechtenstein in Europa, LPS Band 10, Vaduz, 1984, S. 195 ff.
zitiert: v. Liechtenstein, Liechtensteins Mitgliedschaft im Europarat, Seite

Liechtenstein, Prinz Nikolaus von
Liechtensteinische Außenpolitik an einer Wende, in: Waschkuhn, Arno (Hrsg.), Kleinstaat – Grundsätzliche und aktuelle Probleme, LPS Band 16, Vaduz, 1993, S. 307 ff.
zitiert: v. Liechtenstein, Liechtensteinische Außenpolitik an einer Wende, Seite

Liechtenstein, Prinz Nikolaus von
Szenarien zur integrationspolitischen Zukunft Liechtensteins, in: Liechtenstein 5 Jahre im EWR – Bilanz und Perspektiven, Liechtenstein Wirtschaftsfragen, Heft 32, Vaduz, 2000, S. 68 ff.; zitiert: v. Liechtenstein, Szenarien zur integrationspolitischen Zukunft Liechtensteins, Seite

Lipstein, Kurt / Loewenfeld Erwin H.
Liechtenstein gegen Guatemala – Der Nottebohmfall, in: Goop, Adulf Peter (Hrsg.), Gedächtnisschrift Ludwig Marxer, Zürich, 1963, S. 275 ff.
zitiert: Lipstein / Loewenfeld, Liechtenstein gegen Guatemala, Seite

Loewenfeld, Erwin H.
Der Fall Nottebohm – Ein Beitrag zur Rechtsprechung des Internationalen Gerichtshofes im Haag, in: AVR, Vol. 5 (1955/56), S. 387-410
zitiert: Loewenfeld, Der Fall Nottebohm, Seite

Macdonald, R. St. J.
Fundamental Norms in Contemporary International Law, The Canadian Yearbook of International Law, Volume XXV (1987), S. 115 ff.
zitiert: Macdonald, Fundamental Norms in Contemporary International Law, Seite

Maher, Joanne
The Europa World Year Book, 42. Auflage (2001), Band I, London, 2001
zitiert: Maher, The Europa World Year Book 2001, Vol. I, Seite

Maiwald, Manfred
Recht und Macht, in: JZ 2003, S. 1073 ff.
zitiert: Maiwald, Recht und Macht, Seite

Makarov, Alexander N.
Das Urteil des Internationalen Gerichtshofes im Fall Nottebohm, in: ZaöRV, Vol. 16 (1955/56), S. 407-426; zitiert: Makarov, Das Urteil des IGH im Fall Nottebohm, Seite

Makarov, Alexander N.
Allgemeine Lehren des Staatsangehörigkeitsrechts, 2. Auflage, Stuttgart, 1962
zitiert: Makarov, Allgemeine Lehren des Staatsangehörigkeitsrechts, Seite

Malanczuk, Peter
Akehurst´s Modern Introduction to International Law, 7. Auflage, London und New York, 1997, zitiert: Malanczuk, Akehurst´s Introduction, Seite

Malin, Georg
Die Souveränität Liechtensteins, in: Jahrbuch des Historischen Vereins für das Fürstentum Liechtenstein, 55. Band, Vaduz, 1955, S. 7 ff.
Zitiert: Malin, Souveränität Liechtensteins, Seite

Malin, Georg
Bemerkungen zu 150 Jahre Liechtensteinische Außenpolitik, in: Amelunxen u. a. (Hrsg.), Beiträge zu liechtensteinischen Staatspolitik, LPS Band 2, Vaduz, 1973, S. 49 ff.; zitiert: Malin, 150 Jahre Liechtensteinische Außenpolitik, Seite

Malunat, Bernd M.
Die Verträge zwischen dem Fürstentum Liechtenstein und der Schweizerischen Eidgenossenschaft - Politische Implikationen und völkerrechtliche Beurteilung, in: Österreichische Zeitschrift für öffentliches Recht und Völkerrecht, Band 36, Wien, New York, 1986, zitiert: Malunat, Verträge, Seite

Malunat, Bernd M.
Der Kleinststaat im Spannungsfeld von Dependenz und Autonomie – Eine Fallstudie über das Fürstentum Liechtenstein, Frankfurt am Main, Bern, New York, Paris, 1987; zitiert: Malunat, Der Kleinststaat im Spannungsfeld von Dependenz und Autonomie, Seite

Mann, F.A.
Völkerrechtswidrige Enteignungen vor nationalen Gerichten, in: NJW 1961, S. 705 ff.
zitiert: Mann, Völkerrechtswidrige Enteignungen vor nationalen Gerichten, Seite

Marschall von Bieberstein, Walter Freiherr
Zum Problem der völkerrechtlichen Anerkennung der beiden deutschen Regierungen, Berlin, 1959, zitiert: Marschall von Bieberstein, Anerkennung, Seite

Martin, Graham
Das Haus Liechtenstein in der deutschen Literatur, in: Jahrbuch des Historischen Vereins für das Fürstentum Liechtenstein, Band 88, Vaduz, 1990, S. 81 ff.
zitiert: Martin, Das Haus Liechtenstein in der deutschen Literatur, Seite

Maunz, Theodor / Dürig, Günter (Hrsg.)
Grundgesetz Kommentar, Loseblattkommentar, 4 Bände, München, 1962 ff., Stand Februar 2004 (43. Ergänzungslieferung)
Zitiert: Bearbeiter in: Maunz / Dürig, Grundgesetz Kommentar, Artikel, Randnummer

Maurer, Andreas
Der Vertrag von Nizza – Kurzanalyse im Lichte der Vertragsfortbildungen seit 1952; Quelle: http://www.uni-koeln.de/wiso-fak/powi/wessels/andreas.htm (Stand: 25. September 2002)
zitiert: Maurer, Der Vertrag von Nizza, Seite

Maury, Jacques
L'Arrêt Nottebohm et la condition de nationalité effective, in: Zeitschrift für ausländisches und internationales Privatrecht, Vol. 23 (1958), S. 515-534 zitiert: Maury, L'Arrêt Nottebohm et la condition de nationalité effective, Seite

McCaffrey, Stephen C.
The Thirty-Fifth Session of the International Law Commission, in: AJIL, Band 78 (1984), S. 457 ff.; zitiert: McCaffrey, The Thirty-Fifth Session of the International Law Commission, Seite

Meessen, Karl Matthias
Die Verstaatlichung des Kupferbergbaus in Chile vor deutschen Gerichten, in: RiW 1973, S. 177 ff.; zitiert: Meessen, Die Verstaatlichung des Kupferbergbaus in Chile vor deutschen Gerichten, Seite

Mendelson, M. H.
Diminutive States in the United Nations, in: The International and Comparative Law Quarterly 1972, S. 609 ff.; zitiert: Mendelson, Diminutive States in the United Nations, Seite

Merlin, Helmuth M.
Das souveräne Fürstentum Liechtenstein aus der Sicht des Völkerrechts, in: Schreuer, Christoph (Hrsg.), Autorität und internationale Ordnung, Aufsätze zum Völkerrecht, Berlin, 1979; zitiert: Merlin, Liechtenstein aus der Sicht des Völkerrechts, Seite

Mitscha-Märheim, Herbert
Zur Geschichte der älteren Liechtensteiner und ihres Besitzes in Niederösterreich, in: Jahrbuch der Heraldisch-Genealogischen Gesellschaft „Adler", Jahrgang 1971/73, Der ganzen Reihe dritte Folge, Band 8, Wien, 1973, S. 19 ff.
zitiert: Mitscha-Märheim, Geschichte der älteren Liechtensteiner, Seite

Molle, Willem
Small States in the European Union: Coping with the Calim-Eco Effect, in: Dumoulin, Michel / Duchenne, Geneviève (Hrsg.), Les petits États et la construction européenne, Bruxelles, Bern, Berlin, Frankfurt/M., New York, Oxford, Wien, 2002, S. 135 ff.
zitiert: Molle, Small States in the European Union, Seite

Morgenthau, Hans J.
Politics among Nations – The struggle for power and peace, Third Edition, New York, 1960

Mouritzen, Hans A.
Defensive acquiescence: Making the best out of Dependence, in: Höll, Otmar (Hrsg.), Small States in Europe and Dependence, Wien, 1984, S. 239 ff.
zitiert: Mouritzen, Defensive Acquiescence, Seite

Müller, Friedrich
Juristische Methodik, 6. Auflage, Berlin, 1995
zitiert: Müller, Juristische Methodik, Seite
Müller, Helmut M.
Schlaglichter der deutschen Geschichte, 2. Auflage, Sonderauflage für die Bayrische Landeszentrale für politische Bildungsarbeit, Mannheim, 1994
zitiert: Müller, Schlaglichter der deutschen Geschichte, Seite
Münch, Ingo von / Kunig, Philip (Hrsg.)
Grundgesetz-Kommentar
- Band 2 (Art. 20 bis Art. 69), 5. Auflage, München, 2001
zitiert: Bearbeiter in: v. Münch / Kunig, Grundgesetz-Kommentar, Band, Artikel, Randnummer
Münchner Kommentar
Münchner Kommentar zum Bürgerlichen Gesetzbuch
- Band 10, Einführungsgesetz zum Bürgerlichen Gesetzbuche (Art. 1-38), Internationales Privatrecht, 3. Auflage, München, 1998
zitiert: Bearbeiter in: Münchner Kommentar, Band, Artikel, Randnummer

Nell, Philippe G.
Liechtenstein: Strategy for joining the European Economic Area while remaining part of Swiss Monetary Union, in: Außenwirtschaft - Schweizerische Zeitschrift für internationale Wirtschaftsbeziehungen, 51. Jahrgang, 1996, S. 101 ff.
zitiert: Nell, Liechtenstein: Strategy for joining the EEA, Seite
Nettesheim, Martin
Der EU-Beitritt Tschechiens: Die Beneš-Dekrete als Beitrittshindernis?, Rechtsgutachten erstattet im Auftrag der Staatskanzlei des Freistaates Bayern, Tübingen, 2002; zitiert: Nettesheim, Der EU-Beitritt Tschechiens, Seite
Niedermann, Dieter J.
Liechtenstein und die Schweiz - eine völkerrechtliche Untersuchung, in: LPS Band 5, Vaduz, 1976, zitiert: Niedermann, Liechtenstein und Schweiz, Seite
Niedermann, Dieter J.
Die Bedeutung der Staatskriterien für den Kleinstaat, in: C. Amelunxen u. a. (Hrsg.), Beträge zur liechtensteinischen Staatspolitik, LPS Band 2, Vaduz, 1973, S. 75 ff., zitiert: Niedermann, Staatskriterien und Kleinstaat, Seite
Nolde, Baron Boris
Droit et technique des traités de commerce, in: Recueil des Cours, Académie de Droit International, Band 1924 / II, Paris, 1925, S. 291 ff.
zitiert: Nolde, Traités de Commerce, Seite

Norberg, Sven / Hökberg, Karin / Johansson, Martin / Eliasson, Dan / Dedichen, Lucien, The European Economic Area – EEA Law – A Commentary on the EEA Agreement, Stockholm, 1993
zitiert: Norberg / Hökberg / Johansson / Eliasson / Dedichen, EEA Law, Seite

Norton, Patrick M.
Between the Ideology and the Reality: The Shadow of the Law of Neutrality, in: Harv.ILJ 17 (1976), S. 249 ff., zitiert: Norton, Ideology and the Reality, Seite

Oberhammer, Evelin
Das Hausarchiv der Regierenden Fürsten von Liechtenstein, in: Jahrbuch des Historischen Vereins für das Fürstentum Liechtenstein, 81. Band, Vaduz, 1981, S. 111 ff., zitiert: Oberhammer, Hausarchiv, Seite

Oeckl, Albert (Hrsg.)
Taschenbuch des Öffentlichen Lebens – Deutschland, 51. Jahrgang (2001 / 2002), Bonn, 2001, zitiert: Oeckl, Taschenbuch des Öffentlichen Lebens, Seite

O´Connell, D. P.
International Law, Volume I, London, 1965
zitiert: O´Connell, International Law, Seite

Oeter, Stefan
Die Ursprünge der Neutralität - Die Herausbildung des Instituts der Neutralität im Völkerrecht der frühen Neuzeit, in: ZaöRV 48 (1988), S. 447 ff.
zitiert: Oeter, Ursprünge der Neutralität, Seite

Oeter, Stefan
Souveränität und Demokratie als Probleme in der „Verfassungsentwicklung" der Europäischen Union, ZaöRV 55 (1995), S. 659 ff.
zitiert: Oeter, Souveränität und Demokratie als Probleme in der „Verfassungsentwicklung" der Europäischen Union, Seite

Ólafsson, Björn G.
Small states in the global system – analysis and illustrations from the case of Iceland, Aldershot, Brookfield, Singapore, Sydney, 1998
zitiert: Ólafsson, Small states in the global system, Seite

Oppermann, Thomas
Europarecht – Ein Studienbuch, 2. Auflage, München, 1999
zitiert: Oppermann, Europarecht, Randnummer

Palandt, Otto
„Bürgerliches Gesetzbuch“, Kurzkommentar, 64. Auflage, München, 2005
zitiert: Palandt-Bearbeiter, Paragraph, Randnummer

Pawlowski, Hans-Martin
Methodenlehre für Juristen, 3. Auflage, Heidelberg, 1999
zitiert: Pawlowski, Methodenlehre für Juristen, Randnummer

Pescatore, Pierre / Davey, William J. / Lowenfeld, Andreas F.
Handbook of WTO/GATT Dispute Settlement, Loseblattsammlung, Zwei Bände, Release Number 16, January 2004, Den Haag, 2004
zitiert: Pescatore / Davey / Lowenfeld, Handbook of WTO/GATT Dispute Settlement, Band, Abteilung, Seite

Peters, Anne
Einführung in die Europäische Menschenrechtskonvention, München, 2003
zitiert: Peters, Einführung in die EMRK, Seite

Petersen, N.
Adaption as a framework for the analysis of foreign policy behaviour, London, 1977

Petersen, N.
International power and foreign policy behaviour: The formulation of Danish security policy in the 1870-1914 period, in: K. Goldmann / G. Sjöstedt (Hrsg.), Power, capabilities, interdependence, London, 1979, zitiert: Petersen, International power and foreign policy behaviour, Seite

Petzold, Herbert
The Convention and the Principle of Subsidiarity, in: Macdonald, R. St. J. / Matscher, F. / Petzold, H. (Hrsg.), The European System for the Protection of Human Rights, Dordrecht u. a., 1993, S. 41 ff.
zitiert: Petzold, The Convention and the Principle of Subsidiarity, Seite

Pfeifer, Wolfgang
Etymologisches Wörterbuch des Deutschen, Band H-P, verfaßt vom Autorenkollektiv des Zentralinstitutes für Sprachwissenschaften unter der Leitung von Wolfgang Pfeifer, Berlin, 1989; zitiert: Pfeifer, Etymologisches Wörterbuch, Seite

Pfusterschmid-Hardtenstein
Kleinstaat, Kleinstaat?, Wien, Köln, Weimar, 2001
Pfusterschmid-Hardtenstein, Kleinstaat, Kleinstaat?, Seite

Phillipson, Coleman
International Law and the Great War, London, 1915
zitiert: Phillipson, International Law and the Great War, Seite

Pieper, Ulrike
Neutralität von Staaten, Schriften zum internationalen und zum öffentlichen Recht, Band 15, Frankfurt am Main, 1997, zitiert: Pieper, Neutralität, Seite

Plischke, Elmer
Microstates in World Affairs, Washington, 1977
zitiert: Plischke, Microstates in World Affairs, Seite
Porto, Manuel
The role of Small States in the European Union, in: Dumoulin, Michel / Duchenne, Geneviève (Hrsg.), Les petits États et la construction européenne, Bruxelles, Bern, Berlin, Frankfurt/M., New York, Oxford, Wien, 2002, S. 159 ff.
zitiert: Porto, The role of Small States in the European Union, Seite
Prange, Heiko
Liechtenstein im Europäischen Wirtschaftsraum – Wirtschaftliche Erfolgsbilanz eines Kleinstaates?, LPS Band 29, Vaduz, 2000; zitiert: Prange, Liechtenstein im Europäischen Wirtschaftsraum – Wirtschaftliche Erfolgsbilanz eines Kleinstaates?, Seite
Praxl, Herwig
Recht und Macht – Der Fall Liechtenstein zwischen Beneš-Dekret, Besatzungsrecht und Völkerrecht, Sonderdruck aus: Literaturspiegel Nr. 44 (Oktober 2001) des Arbeitskreises Sudetendeutscher Akademiker e. V. (Erstveröffentlichung in der Sudetendeutschen Zeitung), S. 21 ff.; zitiert: Praxl, Recht und Macht – Der Fall Liechtenstein zwischen Bene-Dekret, Besatzungsrecht und Völkerrecht, Seite
Press, Volker
Das Fürstentum Liechtenstein im Rheinbund und im Deutschen Bund (1806-1866), in: Liechtenstein in Europa, LPS Band 10, Vaduz, 1984
zitiert: Press, Liechtenstein in Rheinbund und Deutschem Bund, Seite
Press, Volker
Die Entstehung des Fürstentums Liechtenstein, in: Müller, Wolfgang (Hrsg.), Das Fürstentum Liechtenstein - Ein landeskundliches Portrait, Bühl/Baden, 1981
zitiert: Press, Entstehung, Seite
Press, Volker
Das Haus Liechtenstein in der europäischen Geschichte, in: Press, Volker / Willoweit, Dietmar (Hrsg.), Liechtenstein – Fürstliches Haus und staatliche Ordnung, München, Wien, 1987; zitiert: Press, Haus Liechtenstein in der europäischen Geschichte, Seite
Press, Volker
Fürst Franz Josef II. von Liechtenstein und die Habsburgermonarchie, in: Kleinstaat und Menschenrechte, Festgabe für Gerard Batliner zum 65. Geburtstag, Basel, Frankfurt am Main, 1993, S. 79 ff., zitiert: Press, Franz Josef II. und die Habsburgermonarchie, Seite

Quaderer, Rupert
Neutralitäts- und Souveränitätsprobleme Liechtensteins im Umfeld des Ersten Weltkrieges, in: Riklin, Alois u. a. (Hrsg.), Kleinstaat und Menschenrechte, Basel, Frankfurt am Main, 1993
zitiert: Quaderer, Neutralitäts- und Souveränitätsprobleme, Seite
Quaritsch, Helmut
Staat und Souveränität, Band 1: Die Grundlagen, Frankfurt/Main, 1970
zitiert: Quaritsch, Seite

Raap, Christian
Die Souveränität der Bundesrepublik Deutschland unter besonderer Berücksichtigung des militärischen Bereichs und der deutschen Einheit, Frankfurt am Main, 1992, zugleich: Würzburg, Univ., Diss., 1991; zitiert: Raap, Souveränität, Seite
Raap, Christian
Das Ende der Vier-Mächte-Rechte, BayVBl. 1991, S.196ff.
zitiert: Raap, Das Ende der Vier-Mächte-Rechte, Seite

Raape, Leo / Sturm, Fritz
Internationales Privatrecht, Band I, 6. Auflage, 1977
zitiert: Raape / Sturm, Internationales Privatrecht, Paragraph
Radovanović, Ljubomir
Das Zwergstaaten-Problem, in: Internationale Politik, 20. Jahrgang, Heft 467, Belgrad, 1969, S. 26 ff., zitiert: Radovanović, Zwergstaaten-Problem, Seite
Randelzhofer, Albrecht
Staatsgewalt und Souveränität, in: Isensee, Josef / Kirchhof, Paul (Hrsg.), Handbuch des Staatsrechts, Band I, 2. Auflage, Heidelberg, 1995, § 15, S. 691 ff.
zitiert: Randelzhofer, Staatsgewalt und Souveränität, Randnummer
Rapaport, Jacques / Muteba, Ernest / Therattil, Joseph J.
Small States & Territories – Status and Problems, A UNITAR Study, New York, 1971; zitiert: Rapaport und andere, UNITAR-Studie, Seite
Raschhofer, Hermann / Kimminich, Otto
Die Sudetenfrage – Ihre völkerrechtliche Entwicklung vom Ersten Weltkrieg bis zur Gegenwart, 2. Auflage, München, 1988
zitiert: Raschhofer / Kimminich, Die Sudetenfrage, Seite
Raton, Pierre
Liechtenstein - Staat und Geschichte, Vaduz, 1969
zitiert: Raton, Liechtenstein, Seite

Rauschning, Dietrich (Hrsg.)
Rechtsstellung Deutschlands - Völkerrechtliche Verträge und andere rechtsgestaltende Akte, Textausgabe mit Sachverzeichnis und Einführung, 2. Auflage, Stand August 1989, München, 1989; zitiert: Rauschning, Seite

Richter, Karl
Über den Strukturwandel der grundbesitzenden Oberschicht Böhmens in der neueren Zeit, in: Probleme der böhmischen Geschichte, Vorträge der wissenschaftlichen Tagung des Collegium Carolinum in Stuttgart vom 29. bis 31. Mai 1963, Veröffentlichung des Collegium Carolinum, Band 16, München, 1964
zitiert: Richter, Strukturwandel der grundbesitzenden Oberschicht Böhmens, Seite

Richthofen, Freiherr Klaus von
Die Wiedererlangung der deutschen Souveränität für das Gebiet der Bundesrepublik Deutschland nach den Pariser Verträgen vom 23. Oktober 1954, Göttingen, Univ., Diss., 1972; zitiert: v. Richthofen, Die Wiedererlangung der deutschen Souveränität, Seite

Rieber, Heinrich
EFTA – Übereinkommen zur Errichtung der Europäischen Freihandelszone, Textausgabe mit Einführung, Baden-Baden, 1967; zitiert: Rieber, EFTA – Übereinkommen zur Errichtung der Europäischen Freihandelszone, Seite

Riklin, Alois
Liechtensteins politische Ordnung als Mischverfassung, in: Eröffnung des Liechtenstein-Instituts (Kleine Schriften 11), Vaduz, 1987, S. 21 ff.
zitiert: Riklin, Liechtensteins politische Ordnung als Mischverfassung, Seite

Riklin, Alois / Wildhaber, Luzius / Wille, Herbert (Hrsg.)
Kleinstaat und Menschenrechte, Festgabe für Gerard Batliner zum 65. Geburtstag, Basel, Frankfurt am Main, 1993

Ritter, Michael
Das Fürstentum Liechtenstein im Europäischen Wirtschaftsraum - ein besonderes Integrationsmodell, LJZ 1996, S. 1 ff.; zitiert: Ritter, Europäischer Wirtschaftsraum, Seite

Robinson, Nehemiah
The Genocide Convention, New York, 1960
zitiert: Robinson, The Genocide Convention, Seite

Röttinger, Moritz / Weyringer, Claudia
Handbuch der europäischen Integration, Strategie – Struktur – Politik der Europäischen Union, 2. Auflage, Wien, 1996; zitiert: Bearbeiter, in: Röttinger / Weyringer, Handbuch der europäischen Integration, Seite

Roos, Gerd Joachim
Zur Konfiskation privater deutscher Auslandsvermögen, Stuttgart, 1956
zitiert: Roos, Konfiskation privater deutscher Auslandsvermögen, Seite

Rothschild, Kurt W.
Kleinstaat und Interdependenz. Anmerkungen zur Kleinstaatentheorie aus ökonomischer Sicht, in: Waschkuhn, Arno (Hrsg.), Kleinstaat – Grundsätzliche und aktuelle Probleme, LPS Band 16, Vaduz, 1993, S. 71 ff.
zitiert: Rothschild, Kleinstaat und Interdependenz, Seite

Rothschild, Kurt W.
Liechtenstein ist ein kleiner Staat – na und? Gedankensplitter zum Kleinheitsthema, in: Riklin, Alois / Wildhaber, Luzius / Wille, Herbert (Hrsg.), Kleinstaat und Menschenrechte, Festgabe für Gerard Batliner zum 65. Geburtstag, Basel, Frankfurt am Main, 1993, S. 27 ff.; zitiert: Rothschild, Liechtenstein ist ein kleiner Staat – na und?, Seite

Rothstein, Robert L.
Alliances and small powers, New York und London, 1968
zitiert: Rothstein, Alliances and small powers, Seite

Rotter, Manfred
Die dauernde Neutralität, Schriften zum Völkerrecht, Band 70, Berlin, 1981
zitiert: Rotter, Dauernde Neutralität, Seite

Ruby, Maurice
L'Évolution de la nationalité allemande, Baden-Baden, 1954
zitiert: Ruby, Nationalité allemande, Seite

Rüthers, Bernd
Rechtstheorie, München, 1999; zitiert: Rüthers, Rechtstheorie, Randnummer

Rumpf, Helmut
Die Regelungen der deutschen Reparationen nach dem Zweiten Weltkrieg, in: AVR 23 (1985), S. 74 ff.; zitiert: Rumpf, Die Regelungen der deutschen Reparationen nach dem Zweiten Weltkrieg, Seite

Sachs, Michael (Hrsg.)
Grundgesetz, Kommentar, 3. Auflage, München, 2003
zitiert: Bearbeiter, in: Sachs, Grundgesetz Kommentar, Artikel, Randnummer

Sack, Jörn
Europas Zwerge – Die Sonderbeziehungen der EG zu den europäischen Zwergstaaten und teilautonomen Gebieten von Mitgliedstaaten, EuZW 1997, S. 45 ff., zitiert: Sack, Europas Zwerge, Seite

Sailer, Norbert / Ismer, Roland
Steuergerechtigkeit in Europa durch Information über Zinserträge und ihre Besteuerung an der Quelle?, IStR 2005, S. 1 ff.; zitiert: Sailer / Ismer, Steuergerechtigkeit in Europa durch Information über Zinserträge und ihre Besteuerung an der Quelle?, Seite

Saladin, Peter
Kleinstaaten mit Zukunft?, in: Riklin, Alois / Wildhaber, Luzius / Wille, Herbert (Hrsg.), Kleinstaat und Menschenrechte, Festgabe für Gerard Batliner zum 65. Geburtstag, Basel, Frankfurt am Main, 1993, S. 133 ff.; zitiert: Saladin, Kleinstaaten mit Zukunft?, Seite

Sarasin, Alfred E.
Das Fürstentum Liechtenstein und die Schweiz - Währungs-, Wirtschafts- und Schicksalsgemeinschaft? - Eine Betrachtung aus bankwirtschaftlicher Sicht, Liechtenstein Wirtschaftsfragen Heft 8, Vaduz, 1981; zitiert: Sarasin, Betrachtung, Seite

Sartorius II
Internationale Verträge - Europarecht, Textausgabe mit Anmerkungen und Verweisungen sowie einem systematischen und einem alphabetischen Inhaltsverzeichnis und einem ausführlichen Sachverzeichnis, Loseblattsammlung, bearbeitet von Daniel-Erasmus Khan, München, Stand 1. Februar 2004 (36. Ergänzungslieferung); zit.: Sartorius II, Text, Norm

Schabas, William A.
Genocide in international Law: the crimes of crimes, Cambridge, 2000
zitiert: Schabas, Genocide in international Law, Seite

Schermers, Henry G. / Blokker, Niels M.
International Institutional Law – Unity within diversity, 3. Auflage, Den Haag, London, Boston, 1995; zitiert: Schermers / Blokker, International Institutional Law, Paragraph

Scheuner, Ulrich
Die Neutralität im heutigen Völkerrecht, Arbeitsgemeinschaft für Forschung des Landes Nordrhein-Westfalen, Heft 61, Köln, 1969
zitiert: Scheuner, Neutralität im heutigen Völkerrecht, Seite

Schlapp, Manfred
Das ist Liechtenstein, Stuttgart, 1980; zitiert: Schlapp, Das ist Liechtenstein, Seite

Schlapp, Manfred
Ohne drohende Gebärde, in: Kaltenbrunner, Gerd-Klaus, Lob des Kleinstaates – Vom Sinn überschaubarer Lebensräume, München, 1979, S. 107 ff.
zitiert: Schlapp, Ohne drohende Gebärde, Seite

Schmid, Georg M. C.
Das Hausrecht der Fürsten von Liechtenstein, Dissertation, Zürich, 1978
zitiert: Schmid, Hausrecht, Seite

Schmidt-Bleibtreu, Bruno / Klein, Franz
Kommentar zum Grundgesetz, 9. Auflage, Neuwied und Kriftel, 1999; zitiert: Bearbeiter in: Schmidt-Bleibtreu / Klein, Kommentar zum Grundgesetz, Artikel, Randnummer

Schmitt, Hans Peter
Die Rechtsgrundlagen der Neutralität von Staaten, München, 1970
zitiert: Schmitt, Rechtsgrundlagen der Neutralisation, Seite
Scholz, Richard
Die Publizistik zur Zeit Philipps des Schönen und Bonifaz´ VIII, Stuttgart, 1903
Schornstheimer, Falk
Völkerrechtsschlacht – In einem Rechtsstreit vor dem IGH vertritt Freshfields Liechtenstein gegen die Bundesrepublik, in: JUVE Rechtsmarkt 06/02, S. 20 ff.
zitiert: Schornstheimer, Völkerrechtsschlacht, Seite
Schram, Gunnar G.
The Role of the Nordic States in the U.N., in: Schou, August / Brundtland, Arne Olav, Small States in International Relations, Stockholm, 1971, S. 123 ff.
zitiert: Schram, The Role of the Nordic States in the U.N., Seite
Schreuer, Christoph
Die Internationalen Organisationen, in: Neuhold, Hanspeter / Hummer, Waldemar / Schreuer, Christoph, Österreichisches Handbuch des Völkerrechts, Band 1 (Textteil), Wien, 1983, S. 154 ff., zitiert: Schreuer, Internationale Organisationen, Seite
Schröder, Dieter (Hrsg.)
Das geltende Besatzungsrecht, 1. Auflage, Baden-Baden, 1990
zitiert: Schröder, Das geltende Besatzungsrecht, Seite
Schröder, Meinhard
Verantwortlichkeit, Völkerstrafrecht, Streitbeilegung und Sanktionen, in: Vitzthum, Wolfgang Graf (Hrsg.), Völkerrecht, 2. Auflage, Berlin, New York, 2001, S. 545 ff.
zitiert: Schröder, Verantwortlichkeit, Völkerstrafrecht, Streitbeilegung und Sanktionen, Randnummer
Schroeder, Werner / Schonard, Pascal
Die Effektivität des WTO-STreitbeilegungssystems, in: RIW 2001, S. 658 ff.
zitiert: Schroeder / Schonard, Die Effektivität des WTO-Streitbeilegungssystems, Seite
Schweitzer, Michael
Staatsrecht III, 7. Auflage, Heidelberg, 2000
zitiert: Schweitzer, Staatsrecht III, Randnummer
Schweitzer, Michael
Die Verträge Deutschlands mit den Siegermächten, in: Isensee, Josef / Kirchhof, Paul (Hrsg.), Handbuch des Staatsrechts, Band VIII, Heidelberg, 1995, § 190, S. 199 ff.
zitiert: Schweitzer, Verträge Deutschlands, Randnummer

Schweitzer, Michael
Dauernde Neutralität und europäische Integration, Forschungen aus Staat und Recht, Band 40, Wien, New York, 1977
zitiert: Schweitzer, Dauernde Neutralität, Seite
Schweitzer, Michael / Weber, Albrecht
Handbuch der Völkerrechtspraxis der Bundesrepublik Deutschland, Baden-Baden, 2004, zitiert: Schweitzer / Weber, Handbuch der Völkerrechtspraxis der Bundesrepublik Deutschland, Randnummer
Schweller, Randall L.
Bandwagoning for profit: Bringing the revisionist state back, in: International Security, Vol. 19, No. 1 (Summer 1994), S. 72-107
zitiert: Schweller, Bandwagoning for profit: Bringing the revisionist state back, Seite
Schwok, René
Théories du « petit État » européen et pays originairement de l´AELE, in: Dumoulin, Michel / Duchenne, Geneviève (Hrsg.), Les petits États et la construction européenne, Bruxelles, Bern, Berlin, Frankfurt/M., New York, Oxford, Wien, 2002, S. 111 ff.
zitiert: Schwok, Théories du „petits État" européen, Seite
Seger, Otto
Überblick über die liechtensteinische Geschichte, 3. Auflage, Vaduz, 1974
zitiert: Seger, Liechtensteinische Geschichte, Seite
Seger, Otto
Gundacker von Liechtenstein und Albrecht von Wallenstein, in: Jahrbuch des Historischen Vereins für das Fürstentum Liechtenstein, 80. Band, Vaduz, 1980, S. 77 ff.
zitiert: Seger, Gundacker von Liechtenstein und Albrecht von Wallenstein, Seite
Seidl-Hohenveldern, Ignaz
Der Fall Nottebohm, in: RIW 1955, Heft 5, S. 147 ff.
zitiert: Seidl-Hohenveldern, Der Fall Nottebohm, Seite
Seidl-Hohenveldern, Ignaz
Der Begriff der Neutralität in den bewaffneten Konflikten der Gegenwart, in: Kipp, Heinrich (Hrsg.), Um Recht und Freiheit, Festschrift für F. A. Freiherr von der Heydte zur Vollendung des 70. Lebensjahres, Erster Halbband, Berlin, 1977, S. 593 ff.
zitiert: Seidl-Hohenveldern, Neutralität in bewaffneten Konflikten, Seite
Seidl-Hohenveldern, Ignaz
Völkerrechtswidrigkeit der Konfiskation eines Gemäldes aus der Sammlung des Fürsten von Liechtenstein als angeblich „deutsches" Eigentum, IPRax 1996, S.410ff.
zitiert: Seidl-Hohenveldern, Völkerrechtswidrigkeit der Konfiskation, Seite

Seidl-Hohenveldern, Ignaz
Nachwirkungen der Kontrollratsgesetzgebung und die deutsche Souveränität – Zu den Urteilen über die „Bodenreform" und zur Fortgeltung des Klagestops nach dem Überleitungsvertrag, in: Götz, Volkmar (Hrsg.), Liber amicorum Günther Jaenicke – Zum 85. Geburtstag, Berlin, 1998, S. 975 ff.; zitiert: Seidl-Hohenveldern, Nachwirkungen der Kontrollratsgesetzgebung und die deutsche Souveränität, Seite

Seidl-Hohenveldern, Ignaz / Loibl, Gerhard
Das Recht der Internationalen Organisationen einschließlich der Supranationalen Gemeinschaften, 7. Auflage, Köln u. a., 2000; zitiert: Seidl-Hohenveldern / Loibl, Das Recht der Internationalen Organisationen, Randnummer

Seidl-Hohenveldern, Ignaz / Stein, Torsten
Völkerrecht, 10. Auflage, Köln u. a., 2000
zitiert: Seidl-Hohenveldern / Stein, Völkerrecht, Paragraph, Randnummer

Seidl-Hohenveldern, Ignaz (Hrsg.)
Lexikon des Rechts, Völkerrecht, 3. Auflage, Neuwied u. a., 2001; zitiert: Bearbeiter in: Seidl-Hohenveldern, Lexikon des Rechts, Völkerrecht, Stichwort, Seite

Seiler, Markus R.
Die besonderen Beziehungen der Schweiz mit dem Fürstentum Liechtenstein, in: LJZ 1991, S. 101 ff., zitiert: Seiler, Schweiz und Liechtenstein, Seite

Seiler, Markus R.
Liechtensteins Weg in den Europarat, in: LJZ 1994, S. 5 ff.
zitiert: Seiler, Europarat, Seite

Seiler, Markus-René
Kleinststaaten im Europarat – Fallstudien zu Island, Liechtenstein, Luxemburg, Malta und San Marino, Dissertation St. Gallen, Bamberg, 1995
zitiert: Seiler, Kleinststaaten im Europarat, Seite

Sens, Allen
Small-State Security in Europe: Threats, Annxieties and Strategies After the Cold War, in: Bauwens, Werner / Cleese, Armand / Knudsen, Olav (Hrsg.), Small States and the security challenge in the new Europe, London, Washington, 1996, S. 74 ff.
zitiert: Sens, Small-State Security in Europe, Seite

Senti, Richard
WTO: System und Funktionsweise der Welthandelsordnung, Zürich, 2000
zitiert: Senti, WTO: System und Funktionsweise der Welthandelsordnung, Randnummer

Sevón, Leif
The EEA Judicial System and the Supreme Courts of the EFTA States, in: Olivier Jacot-Guillarmod (Hrsg.), Accord EEE, Commentaires et réflexions – EWR-Abkommen, Erste Analysen – EEA Agreement, Comments and reflexions, Zürich, 1992, S. 603; zitiert: Sevón, The EEA judicial system and the Supreme Courts of the EFTA states, Seite

Shaw, Malcolm N.
International Law, 4. Auflage, Cambridge, 1997; zitiert: Shaw, International Law, Seite

Shearer, I. A.
Starke´s International Law, 11. Auflage, London u. a., 1994
zitiert: Shearer, Starke´s International Law, Seite

Sieber, Margret
Dimensions of Small States´ Dependence: The case of Switzerland, in: Höll, Otmar (Hrsg.), Small States in Europe and Dependence, Wien, 1984, S. 107 ff.
Sieber, Dimensions of Small States´ Dependence, Seite

Simma, Bruno (Hrsg.)
The Charter of the United Nations – A Commentary, München, 1995
zitiert: Bearbeiter in: Simma, The Charter of the United Nations, Artikel, Randnummer

Singer, Romuald /Singer, Margarete
Europäisches Patentübereinkommen, Kommentar, Köln u. a., 1989
Singer / Singer, EPÜ-Kommentar, Artikel, Randnummer

Sittmann, Jörg W.
Das Streitbeilegungsverfahren der World Trade Organization (WTO), in: RIW 1997, S. 749 ff.; zitiert: Sittmann, Das Streitbeilegungsverfahren der WTO, Seite

Sonntag, Ansgar
Die Konferenz über Sicherheit und Zusammenarbeit in Europa – Versuch einer Gesamtdarstellung, München, 1994; zitiert: Sonntag, KSZE, Seite

Stapper, Volker
Europäische Mikrostaaten und autonome Territorien im Rahmen der EG, Baden-Baden, 1999; zitiert: Stapper, Europäische Mikrostaaten und autonome Territorien im Rahmen der EG, Seite

Starmer, Keir
European Human Rights Law, The Human Rights Act 1998 and the European Convention on Human Rights, London, 1999
zitiert: Starmer, European Human Rights Law, Seite

Statistisches Bundesamt (Hrsg.)
Statistisches Jahrbuch 2004 – Für das Ausland International Statistical Yearbook 2004, Wiesbaden, 2004, zitiert: Statistisches Bundesamt, Statistisches Jahrbuch 2004, Seite

Staudinger, J. von (Hrsg.)
Kommentar zum Bürgerlichen Gesetzbuch mit Einführungsgesetz und Nebengesetzen
- Band Einführungsgesetze zum Bürgerlichen Gesetzbuche/IPR, 13. Auflage, Berlin, 1996; zitiert: Bearbeiter in: Staudinger, Kommentar, Band, Artikel, Randnummer

Steinberger, Helmut
Aspekte der Rechtsprechung des Bundesverfassungsgerichts zum Verhältnis zwischen Europäischem Gemeinschaftsrecht und deutschem Recht, in: Hailbronner, Kay / Ress, Georg / Stein, Torsten (Hrsg.), Staat und Völkerrechtsordnung, Festschrift für Karl Doehring, Berlin u. a., 1989, S. 951 ff.; zitiert: Steinberger, Verhältnis zwischen Europäischem Gemeinschaftsrecht und deutschem Recht, Seite

Steppacher, Burkard
Der Europäische Wirtschaftsraum (EWR) – Ein Modell für Mittel- und Osteuropa?, Interne Studien Nr. 87/1994, herausgegeben von der Konrad-Adenauer-Stiftung, Sankt Augustin, 1994; zitiert: Steppacher, Der EWR – Ein Modell für Mittel- und Osteuropa?, Seite

Steppacher, Burkard
Historische Erfahrungen, Politik und kollektives Bewußtsein – Ist die Schweiz „eurokompatibel"?; in: Die politische Meinung, Nr. 386, Januar 2002, S. 73, Quelle: http://www1.kas.de/publikationen/europa02/html (Stand 30. Oktober 2004)
zitiert: Steppacher, Ist die Schweiz „eurokompatibel?", Seite

Stiebler, Georg W.
Die Institutionalisierung der internationalen polizeilichen Zusammenarbeit auf dem Gebiet der Verbrechensverhütung und –bekämpfung in der ‚Internationalen Kriminalpolizeilichen Organisation INTERPOL, Bochum, 1981
zitiert: Stiebler, INTERPOL, Seite

Stillschweig, Kurt
Das Abkommen zur Bekämpfung von Genocide, in: Die Friedenswarte 1949, S. 93 ff.
zitiert: Stillschweig, Das Abkommen zur Bekämpfung von Genocide, Seite

Stolleis, Michael
Besatzungsherrschaft und Wiederaufbau deutscher Staatlichkeit 1945-1949, in: Isensee, Josef / Kirchhof, Paul (Hrsg.), Handbuch des Staatsrechts, Band I, 2. Auflage, Heidelberg, 1995, § 15, S. 691 ff.; zitiert: Stolleis, Besatzungsherrschaft und Wiederaufbau, Randnummer

Stone, Julius
Legal Controls of International Conflict, London, 1954
zitiert: Stone, International Conflict, Seite
Streinz, Rudolf
Europarecht, 6. Auflage, Heidelberg, 2003
zitiert: Streinz, Europarecht, Randnummer
Streinz, Rudolf (Hrsg.)
EUV/EGV – Vertrag über die Europäische Union und Vertrag zur Gründung der Europäischen Gemeinschaft, Kommentar, München, 2003
zitiert: Bearbeiter in: Streinz, EUV/EGV-Kommentar, Artikel, Randnummer
Streit, Arnold
Das Abkommen über den Europäischen Wirtschaftsraum, in: NJW 1994, S. 555 ff.
zitiert: Streit, Das Abkommen über den Europäischen Wirtschaftsraum, Seite
Strupp, Karl / Schlochauer, Hans-Jürgen (Hrsg.)
Wörterbuch des Völkerrechts, Berlin
- Band I, 2. Auflage,1960
- Band II, 2. Auflage, 1961
- Band III, 2. Auflage, 1962
zitiert: Bearbeiter, Stichwort, in: Strupp / Schlochauer, WbVR, Band, Seite
Sundelius, Bengt
Coping with structural security threats, in: Höll, Otmar (Hrsg.), Small States in Europe and Dependence, Wien, 1984, S. 281 ff.
zitiert: Sundelius, Coping with structural security threats, Seite

Taubenfeld, Howard J.
International Actions and Neutrality, in: AJIL, Vol. 47, 1953, S. 377 ff.
zitiert: Taubenfeld, Neutrality, Seite
Taylor, Charles L.
Statistical typology of micro-states and territories towards a definition of a micro-state, in: UNITAR Series No. 3, 1969, S. 183 ff.
Tchakaloff, Marie-France Christophe
La question des micro-États et l´ Union européenne, in: Dumoulin, Michel / Duchenne, Geneviève, Les petits États et la construction européenne, Bruxelles, Bern, Berlin, Frankfurt/M., New York, Oxford, Wien, 2002, S. 101 ff.
zitiert: Tchakaloff, La question des micro-États et l´ Union européenne, Seite

Thürer, Daniel
Kleinstaat – Außenpolitische Aspekte, in: Waschkuhn, Arno (Hrsg.), Kleinstaat – Grundsätzliche und aktuelle Probleme, LPS Band 16, Vaduz, 1993, S. 215 ff.
zitiert: Thürer, Kleinstaat – Außenpolitische Aspekte, Seite

Thürer, Daniel
WTO – Teilordnung im System des Völker- und Europarechts, in: Thürer, Daniel / Kux, Stephan (Hrsg.), GATT 94 und die Welthandelsorganisation, Herausforderung für die Schweiz und Europa, Zürich, 1996, S. 41 ff.
zitiert: Thürer, WTO – Teilordnung im System des Völker- und Europarechts, Seite

Thürer, Daniel
Liechtenstein und die Völkerrechtsordnung. Ein Kleinstaat im völkerrechtlichen Spannungsfeld zwischen Singularität und Modell rechtlicher Integration, in: AVR, 36. Band, Tübingen, 1998, S. 98 ff.
zitiert: Thürer, Liechtenstein und die Völkerrechtsordnung, Seite

Thürer, Daniel
The perception of small states: myth and reality, in: Goetschel, Laurent (Hrsg.), Small States inside and outside the European Union – Interests and Policies, Boston, Dordrecht, London, 1998, S. 33 ff.
zitiert: Thürer, The perception of small states: myth and reality, Seite

Tomuschat, Christian
Die Vertreibung der Sudetendeutschen – Zur Frage des Bestehens von Rechtsansprüchen nach Völkerrecht und deutschem Recht, in: ZaöRV 56 (1996), S. 1 ff.; zitiert: Tomuschat, Die Vertreibung der Sudetendeutschen, Seite

Trappe, Paul
Macht und Recht, Müller, Georg / Rhinow, René A. / Schmid, Gerhard / Wildhaber, Luzius, Staatsorganisation und Staatsfunktionen im Wandel, Festschrift für Kurt Eichenberger zum 60. Geburtstag, Basel und Frankfurt/Main, 1982, S. 93 ff.
Trappe, Macht und Recht, Seite

Triffterer, Otto
Die Bestrafung von Vertreibungsverbrechen, in: Blumenwitz (Hrsg.), Flucht und Vertreibung, Vorträge eines Symposiums veranstaltet vom Institut für Völkerrecht der Universität Würzburg 19.-22. November 1985, Köln u. a, 1987, S. 259 ff.
zitiert: Triffterer, Die Bestrafung von Vertreibungsverbrechen in: Blumenwitz, Flucht und Vertreibung, Seite

Türk, Helmut
Neutralität und Mitgliedschaft bei den Vereinten Nationen, in: Ginther, Konrad und andere (Hrsg.), Völkerrecht zwischen normativem Anspruch und politischer Realität, Festschrift für Karl Zemanek zum 65. Geburtstag, Berlin, 1994, S. 439 ff.
zitiert: Türk, Neutralität und UN, Seite

Unser, Günther
Liechtenstein: rühriger Fürst, zögerndes Volk, in: Vereinte Nationen 5/1990, S. 163 ff., zitiert: Unser, Liechtenstein: rühriger Fürst, zögerndes Volk, Seite

U.S. Government Printing Office
A Decade of American Foreign Policy, Basic Documents 1941-49, Washington, 1950

Valleix, Claude
INTERPOL, in: RGDIP, Band 88 (1984), S. 621 ff.
zitiert: Valleix, INTERPOL, Seite

Väyrynen, Raimo
Small states in different theoretical traditions of international relations research, in: Höll, Otmar (Hrsg.), Small States in Europe and Dependence, Wien, 1984, S. 83 ff.; zitiert: Väyrynen, Small states in different theoretical traditions of international relations research, Seite

Väyrynen, Raimo
Small States in the New European Context, in: Bauwens, Werner / Cleese, Armand / Knudsen, Olav (Hrsg.), Small States and the security challenge in the new Europe, London, Washington, 1996, S. 109 ff.
zitiert: Väyrynen, Small States in the New European Context, Seite

Vattel, Emer de
Le droit des gens ou Principes de la loi naturelle, 1758, in: Walter Schätzel (Hrsg.), Die Klassiker des Völkerrechts, Band 3, Deutsche Übersetzung von Wilhelm Euler, Tübingen, 1959; zitiert: de Vattel, Le droit des gens ou Principes de la loi naturelle

Veiter, Theodor
Die Republik San Marino – staats- und völkerrechtliche Entwicklung, in: D. Wilke und H. Weder (eds.), Gedächtnisschrift für F. Klein (1977), S. 535-541
zitiert: Veiter, Die Republik San Marino – staats- und völkerrechtliche Entwicklung, Seite

Veiter, Theodor
Nation und Volk als Rechtsbegriffe unter besonderer Berücksichtigung der deutschen Frage, in: Blumenwitz, Dieter / Meissner, Boris (Hrsg.), Staatliche und nationale Einheit Deutschlands – ihre Effektivität, Köln, 1984, S. 105 ff.; zitiert: Veiter, Nation und Volk als Rechtsbegriffe unter besonderer Berücksichtigung der deutschen Frage, Seite

Vellas, Pierre
Les états exigus en droit international public, in: Revue Générale de Droit International Public 1954, Paris, 1954, S. 559 ff., zitiert: Vellas, états exigus, Seite

Verdross, Alfred
Abendländische Rechtsphilosophie, Ihre Grundlagen und Hauptprobleme in geschichtlicher Schau, 2. Auflage, Wien, 1963
zitiert: Verdross, Abendländische Rechtsphilosophie, Seite

Verdross, Alfred
Völkerrecht, 5. Auflage, Wien, 1964; zitiert: Verdross, Völkerrecht, Seite

Verdross, Alfred
Die völkerrechtliche und politische Souveränität der Staaten, in: Um Recht und Freiheit, Festschrift für Friedrich August Freiherr von der Heydte zur Vollendung des 70. Lebensjahres, Erster Halbband, Berlin, 1977, S. 703 ff.
zitiert: Verdross, Festschrift für v. d. Heydte, Seite

Verdross, Alfred
Die völkerrechtliche Neutralität im Wandel der Geschichte, Sonderabdruck aus dem Anzeiger der phil.-hist. Klasse der Österreichischen Akademie der Wissenschaften, Jahrgang 1957, Nr. 8, Wien, 1957; zitiert: Verdross, Neutralität im Wandel, Seite

Verdross, Alfred / Simma, Bruno
Universelles Völkerrecht – Theorie und Praxis, 3. Auflage, Berlin, 1984
zitiert: Verdross / Simma, Universelles Völkerrecht, Paragraph

Vereinte Nationen
Die Mitgliedstaaten der Vereinten Nationen, in: Vereinte Nationen, 52. Jahrgang, Nr. 1, Februar 2004, S. 37 ff.
zitiert: Vereinte Nationen, Die Mitgliedstaaten der Vereinten Nationen, Seite

Verhest, Sabine
Les petits pays et la construction européenne: une synthèse, in: Dumoulin, Michel / Duchenne, Geneviève, Les petits États et la construction européenne, Bruxelles, Bern, Berlin, Frankfurt/M., New York, Oxford, Wien, 2002, S. 345 ff.
zitiert: Verhest, Les petits pays et la construction européenne, Seite

Verosta, Stephan
Die dauernde Neutralität, Wien, 1967; zitiert: Verosta, Dauernde Neutralität, Seite

Visscher, Charles de
Théorie et Réalités en Droit International Public, 4. Auflage, Paris, 1970
zitiert: Visscher, Théorie et Réalités, Seite

Visscher, Paul de
L´Affaire Nottebohm, in: RGDIP, Vol. 60 (1956), S. 238-266
zitiert: de Visscher, L´Affaire Nottebohm, Seite

Vital, David
The analysis of Small Power Politics, in: Schou, August / Brundtland, Arne Olav, Small States in International Relations, Stockholm, 1971, S. 15 ff.
zitiert: Vital, The analysis of Small Power Politics, Seite

Vital, David
The survival of small states. Studies in small power /great power conflict, London, 1971

Vitzthum, Graf Wolfgang
Begriff, Geschichte und Quellen des Völkerrechts, in: Vitzthum, Wolfgang Graf (Hrsg.), Völkerrecht, 2. Auflage, Berlin, New York, 2001, S. 6 ff.
zitiert: Vitzthum, Begriff, Geschichte und Quellen des Völkerrechts, Randnummer

Vogel, Hans
Der Kleinstaat in der Weltpolitik – Aspekte der schweizerischen Außenbeziehungen im internationalen Vergleich, Frauenfeld, 1979
zitiert: Vogel, Der Kleinstaat in der Weltpolitik, Seite

Vogel, Hans
Small States´ Efforts in international relations: Enlarging the scope, in: Höll, Otmar (Hrsg.), Small States in Europe and Dependence, Wien, 1984, S. 54 ff.
zitiert: Vogel, Small States´ Effort in international relations, Seite

Vogel, Joachim
Juristische Methodik, Berlin, New York, 1998
zitiert: Vogel, Juristische Methodik, Seite

Vogelsang, Henning von
Kriegsende – in Liechtenstein, Das Schicksal der Ersten Russischen Nationalarmee der Deutschen Wehrmacht, Freiburg, Basel, Wien, 1985
zitiert: v. Vogelsang, Kriegsende in Liechtenstein, Seite

Wagner, Peter M.
Deutschlandpolitik der Vier Mächte, in: Weidenfeld, Werner / Korte, Karl-Rudolf (Hrsg.), „Handbuch zur deutschen Einheit“, Neuausgabe für die Bundeszentrale für politische Bildung, Bonn, 1996; zitiert: Wagner, Handbuch zur deutschen Einheit, Seite

Waitz von Eschen, Friedrich Freiherr von
Die völkerrechtliche Kompetenz der Vier Mächte zur Gestaltung der Rechtslage Deutschlands nach dem Abschluss der Ostvertragspolitik, Frankfurt am Main, 1988, zugleich: Würzburg, Univ., Diss., 1988; zitiert: v. Waitz von Eschen, Seite

Waldkirch, Eduard von / Vanselow, Ernst
Neutralitätsrecht, Stuttgart, 1936
zitiert: v. Waldkirch / Vanselow, Neutralitätsrecht, Seite

Wallace, Rebecca M. M.
International Law – A Student Introduction, 3. Auflage, London, 1997
zitiert: Wallace, International Law, Seite

Walters, F. P.
A History of the League of Nations, London, 1965
zitiert: Walters, A History of the League of Nations, Seite

Waschkuhn, Arno (Hrsg.)
Kleinstaat – Grundsätzliche und aktuelle Probleme, LPS Band 16, Vaduz, 1993
zitiert: Waschkuhn, Kleinstaat, Seite

Waschkuhn, Arno
Die Mischverfassung Liechtensteins, in: LJZ 1/89, S. 9 ff.
zitiert: Waschkuhn, Die Mischverfassung Liechtensteins, Seite

Waschkuhn, Arno
Zur Bedeutung der Monarchie für Liechtenstein, in: LJZ 2/89, S. 41 ff.
zitiert: Waschkuhn, Zur Bedeutung der Monarchie für Liechtenstein, Seite

Waschkuhn, Arno
Strukturbedingungen des Kleinstaates und ihre Auswirkungen auf den politischen Entscheidungsprozeß, in: LPS Band 14, Vaduz, 1990
zitiert: Waschkuhn, Strukturbedingungen des Kleinstaates, Seite

Weber, Christine
Das Gegenzeichnungsrecht unter besonderer Berücksichtigung der Verfassung des Fürstentums Liechtenstein, Schriften zum Staats- und Völkerrecht, Band 75, Frankfurt am Main, 1997, zitiert: Weber, Gegenzeichnungsrecht, Seite

Weber, Hermann
Anmerkungen zur „Liechtenstein-Entscheidung“ des Bundesverfassungsgerichts vom 28. Januar 1998, in: AVR, Band 36, 1998, S. 188 ff.; zitiert: Weber, Anmerkungen zur „Liechtenstein-Entscheidung“ des Bundesverfassungsgerichts vom 28. Januar 1998, Seite

Weber, Max
Wirtschaft und Gesellschaft, 4. Auflage, 1956

Wedel, Henning von
Der sogenannte „Mikrostaat" im internationalen Verkehr, in: Verfassung und Recht in Übersee, 5. Jahrgang, Hamburg, 1972, S. 303 ff.
zitiert: v. Wedel, Der sogenannte ‚Mikrostaat' im internationalen Verkehr, Seite

Weis, Paul
Nationality and Statelessness in International Law, 2. Auflage, Alphen aan den Rijin, 1979; zitiert: Weis, Nationality and Statelessness in International Law, Seite

Weiß, Wolfgang / Herrmann, Christoph
Welthandelsrecht, München, 2003
zitiert: Bearbeiter in: Weiß / Herrmann, Welthandelsrecht, Randnummer

Welzel, Hans
Macht und Recht (Rechtspflicht und Rechtsgeltung), in: Festschrift für Karl Gottfried Hugelmann zum 80. Geburtstag am 26. September 1959 dargebracht von Freunden, Kollegen und Schülern, Aalen, 1959, Band II, S. 833-845
zitiert: Welzel, Macht und Recht, Seite

Wengler, Wilhelm
Völkerrecht, Band I und II, Berlin, Göttingen, Heidelberg, 1964
zitiert: Wengler, Völkerrecht, Band, Seite

Wenig, Marcus
Möglichkeiten und Grenzen der Streitbeilegung ethnischer Konflikte durch die OSZE, Berlin, 1996; zitiert: Wenig, Streitbeilegung ethnischer Konflikte durch die OSZE, Seite

Wenk, Silke
Das konfiszierte deutsche Privatvermögen in Polen und der Tschechoslowakei – Die Rechtslage nach Abschluss des deutsch-polnischen und deutsch-tschechoslowakischen Nachbarschaftsvertrages, Frankfurt am Main u. a., 1993
zitiert: Wenk, Das konfiszierte deutsche Privatvermögen in Polen und der Tschechoslowakei, Seite

Wiberg, Håkan
Security Problems of Small Nations, in: Bauwens, Werner / Cleese, Armand / Knudsen, Olav (Hrsg.), Small States and the security challenge in the new Europe, London, Washington, 1996, S. 21 ff.
zitiert: Wiberg, Security Problems of Small Nations, Seite

Wiedmann, Thomas
Anmerkungen zum Vertrag von Nizza, JuS 2001, S. 846 ff.
zitiert: Wiedmann, Anmerkungen zum Vertrag von Nizza, Seite

Wildhaber, Luzius
Entstehung und Aktualität der Souveränität, in: Staatsorganisation und Staatsfunktionen im Wandel, Festschrift für Kurt Eichenberger zum 60. Geburtstag, Basel, Frankfurt am Main, 1982, S. 131 ff.
zitiert: Wildhaber, Entstehung und Aktualität, Seite

Wilhelm, Gustav
Der Weg der Liechtenstein-Galerie von Wien nach Vaduz, in: Jahrbuch des Historischen Vereins für das Fürstentum Liechtenstein, Band 95, Vaduz, 1998, S. 1 ff.
zitiert: Wilhelm, Der Weg der Liechtenstein-Galerie von Wien nach Vaduz, Seite

Wilhelm, Gustav
Zur älteren Geschichte des Hauses Liechtenstein, in: Neues Jahrbuch der Heraldisch-Genealogischen Gesellschaft „Adler", Jahrgang 1951/54, Der ganzen Reihe dritte Folge, Band 3, Wien, 1954, S. 12 ff.
zitiert: Wilhelm, Älteste Geschichte des Hauses Liechtenstein, Seite

Willoweit, Dietmar
„Deutsche Verfassungsgeschichte", 4. Auflage, München, 2001
zitiert: Willoweit, Verfassungsgeschichte, Paragraph, Seite

Willoweit, Dietmar
Verfassungsinterpretation im Kleinstaat. Das Fürstentum Liechtenstein zwischen Monarchie und Demokratie, in: Arno Waschkuhn (Hrsg.), Kleinstaat-Grundsätzliche und aktuelle Probleme", LPS Band 16, Vaduz, 1993, S. 191 ff.
zitiert: Willoweit, Verfassungsinterpretation, Seite

Wittinger, Michaela
Die Einlegung einer Individualbeschwerde vor dem EGMR, in: NJW 2001, S. 1238 ff.
zitiert: Wittinger, Die Einlegung einer Individualbeschwerde vor dem EGMR, Seite

Wolfrum, Rüdiger (Hrsg.)
Handbuch Vereinte Nationen, 2. Auflage, München, 1991
zitiert: Bearbeiter in: Wolfrum, Handbuch Vereinte Nationen, Seite

Wolgast, Ernst
Völkerrecht, Berlin, 1934, zitiert: Wolgast, Völkerrecht, Seite

Yildiz, Ersin
Recht und politische Macht in der postmodernen Rechts-Staats-Form, Anmerkungen zu politischen Koordinaten der Postmoderne, in: ForumRecht, Heft 1/2003, S. 9 ff., auch zugänglich unter http://www.forum-recht-online.de/2003/103/103yildiz.htm; zitiert: Yildiz, Recht und politische Macht in der postmodernen Rechts-Staats-Form, Seite

Zayas, Alfred de
Vertriebene , in: Weidenfeld, Werner / Korte, Karl-Rudolf (Hrsg.), Handbuch zur deutschen Einheit, Neuausgabe für die Bundeszentrale für politische Bildung, Bonn, 1996, S. 713 ff.
zitiert: de Zayas, Handbuch zur deutschen Einheit, Seite

Zayas, Alfred de
Das Recht auf die Heimat, ethnische Säuberungen und das Internationale Kriegsverbrechertribunal für das ehemalige Jugoslawien, in: AVR, Band 35 (1997), S. 29 ff.; zitiert: de Zayas, Das Recht auf Heimat, Seite

Zemanek, Karl
Wirtschaftliche Neutralität, in: Juristische Blätter 81 (1959), S. 249 ff.
zitiert: Zemanek, Wirtschaftliche Neutralität, Seite

Zihlmann, Rudolf
Heilkraft der Bünde, in: Kaltenbrunner, Gerd-Klaus, Lob des Kleinstaates – Vom Sinn überschaubarer Lebensräume, München, 1979, S. 23 ff.
zitiert: Zihlmann, Heilkraft der Bünde, Seite

Zöllner, Erich
Geschichte Österreichs, 7. Auflage, München, 1984
zitiert: Zöllner, Geschichte Österreichs, Seite

Zschokke, Peter
Das Recht des Kleinstaates, in: Umkreis und Weite, Festschrift Albert Oeri, Basel, 1945, S 234 ff.; zitiert: Zschokke, Das Recht des Kleinstaates, Seite

AUGSBURGER SCHRIFTEN ZUM STAATS- UND VÖLKERRECHT

Begründet von Professor Dr. Dieter Blumenwitz

Band 1 Fritz-Harald Wenig: Rechtsprobleme des innerdeutschen Handels.

Band 2 Wilfried Niedermeier: Der Beitritt der Bundesrepublik Deutschland zum Statut des Internationalen Gerichtshofes unter besonderer Berücksichtigung der obligatorischen Gerichtsbarkeit.

Band 3 Johann G. Gleich: Die Anerkennung der DDR durch die Bundesrepublik.

Band 4 Matthias Weigand: Der Vertrag über die gegenseitigen Beziehungen zwischen der Bundesrepublik Deutschland und der Tschechoslowakischen Sozialistischen Republik vom 11. Dezember 1973 - Eine völkerrechtliche Analyse.

Band 5 Werner Trützschler von Falkenstein: Die sich ändernde Bedeutung der Feindstaatenartikel (Artikel 53 und 107 der Satzung der Vereinten Nationen) für Deutschland.

Band 6 Reiner Schenk: Die Viermächteverantwortung für Deutschland als Ganzes, insbesondere deren Entwicklung seit 1969.

Band 7 Wolfgang Wagner: Die Verwirklichung der Menschenrechte im Pakt der Vereinten Nationen über bürgerliche und politische Rechte vom 16. Dezember 1966, im Grundvertrag und den ihn begleitenden Nebeninstrumenten.

Band 8 Ulrich Wacker: Der Konflikt verschiedener Rechtssysteme vor, während und nach der Kolonialzeit in Kenia.

Band 9 Wolfgang Enders: Der mexikanische Bundesstaat. Die politische und sozioökonomische Problematik eines föderalen Verfassungssystems in einem Land der "Dritten Welt".

Band 10 Heiner Hasford: Die Jurisdiktion der Europäischen Gemeinschaften. Zur extraterritorialen Wirkung des Gemeinschaftsrechts.

SCHRIFTEN ZUM STAATS- UND VÖLKERRECHT

Begründet von Professor Dr. Dr. h.c. mult. Dieter Blumenwitz
Herausgegeben von Gilbert Gornig, Burkhard Schöbener
und Winfried Bausback

Band 11 Wolf Dieter Remmele: Die Selbstdarstellung der Bundesrepublik Deutschland im Ausland durch den Rundfunk als Problem des Staats- und Völkerrechts.

Band 12 Elisabeth Lichtenstern: Die Gesetzgebung im Spannungsverhältnis zwischen Bund und Ländern.

Band 13 Peter Gassner: Kollektivmacht und Individualschutz im amerikanischen Arbeitsrecht.

Band 14 Helga Walter: Das Selbstverständnis des modernen Algeriens. Die historisch-nationalen und islamischen Elemente.

Band 15 Dieter Schütz: Der internationale ordre public. Der Ausschluß völkerrechtswidrigen fremden Rechts im Internationalen Privatrecht der Bundesrepublik Deutschland.

Band 16 Klaus-Peter Kißler: Die Zulässigkeit von Wirtschaftssanktionen der Europäischen Gemeinschaft gegenüber Drittstaaten.

Band 17 Rainhardt Freiherr von Leoprechting: Die neue Rohrwaffen-Artillerie-Munition im Lichte des I. Genfer Zusatzprotokolles vom 12. Dezember 1977. Zur Frage der Völkerrechtskonformität der Verteidigung der Bundesrepublik Deutschland mit modernen konventionellen Artilleriesystemen.

Band 18 Roland Steinmeyer: Die Schiffsgläubigerrechte im südafrikanischen nationalen und internationalen Privatrecht. Eine rechtsvergleichende Darstellung unter Einbeziehung des englischen und deutschen internationalen Privatrechts und unter besonderer Berücksichtigung des ordre public.

Band 19 Martin C. Ney: Der Einsatz von Atomwaffen im Lichte des Völkerrechts. Summary: The Use of Nuclear Weapons and International Law.

Band 20 Teodoro Ribera Neumann: Das chilenische Verfassungsgericht und das deutsche Bundesverfassungsgericht - Ein Rechtsvergleich -. 1985.

Band 21 Theodora Antoniou: Europäische Integration und griechische Verfassung. 1985.

Band 22 Georg Teyssen: Deutschlandtheorien auf der Grundlage der Ostvertragspolitik. 1987.

Band 23 Karin Klüpfel: Selbstbestimmung durch Assoziation. Die Assoziation als Verwirklichung des Selbstbestimmungsrechts der Völker - dargestellt am Beispiel von Puerto Rico. 1987.

Band 24 Friedrich Dehner: Die Stellung Berlins im Bundesrat. 1987.

Band 25 Thilo Morhard: Die Rechtsnatur der Übereinkommen der Internationalen Arbeitsorganisation. Zugleich ein Beitrag zur Lehre vom "soft law". 1988.

Band 26 Ralf Jahn: Ansiedlung von Einzelhandelsgroßprojekten (§ 11 Abs. 3 BauNVO 1977). Zur Frage der Bestimmtheit grundrechtsbeschränkender Eingriffsnormen. 1988.

Band 27 Wolfgang Götzer: Der völkerrechtliche Status der Donau zwischen Regensburg und Kelheim. Eine völkerrechtliche Untersuchung des Donauabschnittes Regensburg - Kelheim unter Einbeziehung der gesamten deutschen Donau. 1988.

Band 28 Michael Hakenberg: Die Iran-Sanktionen der USA während der Teheraner Geiselaffäre aus völkerrechtlicher Sicht. 1988.

Band 29 Renate Oxenknecht: Der Schutz ethnischer, religiöser und sprachlicher Minderheiten in Art. 27 des Internationalen Paktes über bürgerliche und politische Rechte vom 16. Dezember 1966. 1988.

Band 30 Raphael Quarshie Avornyo: Deutschland und Togo. (1847-1987). 1988.

Band 31 Friedrich Frhr. Waitz von Eschen: Die völkerrechtliche Kompetenz der Vier Mächte zur Gestaltung der Rechtslage Deutschlands nach dem Abschluß der Ostvertragspolitik. 1988.

Band 32 Gisela Süß: Die Zulassung von Zahnärzten aus dem EG-Bereich zur deutschen Kassenarztpraxis. Ein Beitrag zu Standort und Bedeutung der Grundrechte im Europäischen Gemeinschaftsrecht. 1988.

Band 33 Meggy Steffens: Die deutsche Ostpolitik im Spiegel publizistischer Stellungnahmen in den USA 1969-1973. 1988.

Band 34 Norbert Karl Riedel: Der Einsatz deutscher Streitkräfte im Ausland - verfassungs- und völkerrechtliche Schranken -. 1989.

Band 35 Heidi Dünisch: Der Mundatwald - Zur Bereinigung letzter Kriegsfolgenprobleme zwischen Deutschland und Frankreich.1989.

Band 36 Sabine Niedermeyer-Krauß: Kommunalwahlrecht für Ausländer und Erleichterung der Einbürgerung. Integrationsmöglichkeiten für Ausländer aus verfassungs- und europarechtlicher Sicht. 1989.

Band 37 Dirk-Hermann Voß: Regionen und Regionalismus im Recht der Mitgliedstaaten der Europäischen Gemeinschaft: Strukturelemente einer Europäischen Verfassungsordnung. 1989.

Band 38 Tilo Klinner: Satellitenfernerkundung im Völkerrecht. Inwieweit existiert ein völkerrechtlicher Datenschutz? 1989.

Band 39 Barbara Schmidt: Die Erweiterung der seewärtigen Hoheitsrechte der Bundesrepublik Deutschland und der DDR unter besonderer Berücksichtigung deutschlandrechtlicher Probleme. 1989.

Band 40 Hans-Joachim Brauns: Wiedervereinigung und europäische Integration. 1990.

Band 41 Gilbert-Hanno Gornig: Der Hitler-Stalin-Pakt. Eine völkerrechtliche Studie. 1990.

Band 42 Gudrun Lehnberger: Kommunale Entwicklungshilfe. Eine Aufgabe der Gemeinden? - Bestandsaufnahme und rechtliche Würdigung unter besonderer Berücksichtigung der bayerischen Verwaltungspraxis. 1990.

Band 43 Heike Kaup: Der Schwangerschaftsabbruch aus verfassungsrechtlicher Sicht. Eine rechtsvergleichende Untersuchung anhand des deutschen und des amerikanischen Rechts. 1991.

Band 44 Bernadette Steinmeyer: Verfassungsrechtliche Ansätze zur Neuordnung der multirassischen Gesellschaft Südafrikas unter Berücksichtigung des Vorschlages des Verhandlungsforums der "KwaZulu/Natal Indaba". 1991.

Band 45 Burkhard Schöbener: Die amerikanische Besatzungspolitik und das Völkerrecht. 1991.

Band 46 Christian Raap: Die Souveränität der Bundesrepublik Deutschland unter besonderer Berücksichtigung des militärischen Bereichs und der deutschen Einheit. 1992.

Band 47 Andrea Wagner: Der argentinisch-chilenische Konflikt um den Beagle-Kanal. Ein Beitrag zu den Methoden friedlicher Streiterledigung. 1992.

Band 48 Ralf Wittkowski: Die Staatensukzession in völkerrechtliche Verträge unter besonderer Berücksichtigung der Herstellung der staatlichen Einheit Deutschlands. 1992.

Band 49 Michael Piazolo: Das Recht auf Abtreibung als Teilaspekt des Right of Privacy. 1992.

Band 50 Silke Wenk: Das konfiszierte deutsche Privatvermögen in Polen und der Tschechoslowakei. Die Rechtslage nach Abschluß des deutsch-polnischen und deutsch-tschechoslowakischen Nachbarschaftsvertrages. 1993.

Band 51 Antje Kießwetter: Die Verfassungsentwicklung in Namibia. 1993.

Band 52 Angelika Kleffner-Riedel: Regionalausschuß und Subsidiaritätsprinzip. Die Stellung der deutschen Bundesländer nach dem Vertrag über die Europäische Union. 1993.

Band 53 Jerzy Kranz: Entre l'influence et l'intervention. Certains aspects juridiques de l'assistance financière multilatérale. 1994.

Band 54 Knut Kettwig: Rechtsgrundlagen dezentraler grenzüberschreitender Zusammenarbeit im deutsch-polnischen und deutsch-tschechischen Grenzraum. 1994.

Band 55 Ulrich Seidenberger: Die diplomatischen und konsularischen Immunitäten und Privilegien. Ein Beitrag zur Diskussion über die Reformbedürftigkeit des Diplomaten- und Konsularrechts aus staats- und völkerrechtlicher Sicht. 1994.

Band 56 Christian Schede: Bundesrat und Europäische Union. Die Beteiligung des Bundesrates nach dem neuen Artikel 23 des Grundgesetzes. 1994.

Band 57 Florian Prugger: Die Nachfolge in das Vermögen der ehemaligen DDR. Ein Beitrag zu Art. 21 ff Einigungsvertrag unter besonderer Berücksichtigung der Firma F.C. Gerlach des Bereichs Kommerzielle Koordinierung. 1994.

Band 58 Mark Zimmer: Einsätze der Bundeswehr im Rahmen kollektiver Sicherheit. Staats- und völkerrechtliche Grundlagen unter Berücksichtigung des BVerfG-Urteils vom 12.07.1994. 1995.

Band 59 Gerd von Laffert: Die völkerrechtliche Lage des geteilten Zypern und Fragen seiner staatlichen Reorganisation. 1995.

Band 60 Wolfram Schneeweiß: Die rechtliche Stellung der Indianerstämme innerhalb der Vereinigten Staaten von Amerika. Ein Modell für den Schutz der *indigenous peoples*. 1995.

Band 61 Marianne Janik: Möglichkeiten und Grenzen einer gemeinsamen Exportkontrolle für sensitive Waren und Dienstleistungen im Lichte des europäischen Gemeinschaftsrechts. 1995.

Band 62 Michael Brems: Die politische Integration ethnischer Minderheiten aus staats- und völkerrechtlicher Sicht. 1995.

Band 63 Martin Vocke: Verfassungsinterpretation und Normbegründung - Grundlegung zu einer prozeduralen Theorie der Verfassungsgerichtsbarkeit. 1995.

Band 64 Stefan von der Beck: Die Konfiskationen in der Sowjetischen Besatzungszone von 1945 bis 1949. Ein Beitrag zu Geschichte und Rechtsproblemen der Enteignung auf besatzungsrechtlicher und besatzungshoheitlicher Grundlage. 1996.

Band 65 Stephanie Baer: Der Zerfall Jugoslawiens im Lichte des Völkerrechts. 1995.

Band 66 Christine Sauerwald: Die Unionsbürgerschaft und das Staatsangehörigkeitsrecht in den Mitgliedstaaten der Europäischen Union. 1996.

Band 67 Silke Buchner: Die Rechtswidrigkeit der Taten von "Mauerschützen" im Lichte von Art. 103 II GG unter besonderer Berücksichtigung des Völkerrechts. Ein Beitrag zum Problem der Verfolgung von staatlich legitimiertem Unrecht nach Beseitigung des Unrechtssystems. 1996.

Band 68 Bernd Weiß: Einführung und Umsetzung der Europäischen Charta der kommunalen Selbstverwaltung in Deutschland, insbesondere in Bayern und Nordrhein-Westfalen. 1996.

Band 69 Gesine Katharina Neumann: Boliviens Recht auf freien Zugang zum Pazifik. Zur völkerrechtlichen Problematik des Zugangs der Binnenstaaten zum Meer. 1997.

Band 70 Elvira Pfrang: Das Verhältnis zwischen Europäischem Gemeinschaftsrecht und deutschem Recht nach der Maastricht-Entscheidung des Bundesverfassungsgerichts. Eine Studie zu den Konflikten beider Rechtsordnungen auf dem Gebiet des Grundrechtsschutzes und der Kompetenzen. 1997.

Band 71 Dieter Blumenwitz / Burkhard Schöbener: Stabilitätspakt für Europa. Die Sicherstellung mitgliedstaatlicher Haushaltsdisziplin im Europa- und Völkerrecht. 1997.

Band 72 Matthias Weinberg: Schutz der deutschen Minderheit in Polen nach den Weltkriegen. Ein Vergleich unter Berücksichtigung der aktuellen Rechtslage. 1997.

Band 73 Reinhard Müller: Der "2+4-Vertrag und das Selbstbestimmungsrecht der Völker. 1997.

Band 74 Stefan Strobl: Das Nichtverbreitungsregime für Kernwaffen nach 1995 und der freie Zugang zu nuklearen Technologien und Materialien. 1997.

Band 75 Christine Weber: Das Gegenzeichnungsrecht unter besonderer Berücksichtigung der Verfassung des Fürstentums Liechtenstein. 1997.

Band 76 Stephan Semrau: Die Gemeinsame Außen- und Sicherheitspolitik der Europäischen Union. 1998.

Band 116 Christoph Holthusen: Der Nordirlandkonflikt. Geschichte, zentrale Aspekte und Lösungsmodelle unter völkerrechtlicher Betrachtung. 2005.

Band 117 Christoph Junck: Die Gerichtsbarkeit des Internationalen Strafgerichtshofs. Vorbedingungen und Auslösemechanismen nach dem Römischen Statut vom 17. Juli 1998. 2006.

Band 118 Corinna Margit Hartmann: Staatliche Beteiligung an terroristischen Gewaltaktionen. Neue Herausforderungen für das Friedenssicherungssystem der Vereinten Nationen. 2006.

Band 119 Dagmar Wurst: Eigentums- und Investitionsgüterschutz im Völkerrecht. Das Beispiel der Landenteignung in Zimbabwe. 2006.

Band 120 Türkmen Tezcan: Der Zypernkonflikt vor dem Europäischen Menschenrechtsgerichtshof. Eine Analyse unter besonderer Berücksichtigung der Loizidou-Rechtsprechung und ihrer Auswirkung auf die zwischenstaatlichen Beziehungen. 2006.

Band 121 Dorothee von Arnim: Der Standort der EU-Grundrechtecharta in der Grundrechtsarchitektur Europas. 2006.

Band 122 Alexander Brexendorff: Rohstoffe im Kaspischen Becken. Völkerrechtliche Fragen der Förderung und des Transports von Erdöl und Erdgas. 2006.

Band 123 Markus A. Meckler: Der Kleinstaat im Völkerrecht. Das Fürstentum Liechtenstein im Spannungsfeld zwischen Souveränität und kleinstaatenspezifischen Funktionsdefiziten. 2006.